# साहित्यिक संवाद

प्रो. के. वनजा अभिनन्दन ग्रन्थ

# साहित्यिक संवाद

## प्रो. के. वनजा अभिनन्दन ग्रन्थ


**एन. मोहनन**
*प्रधान संपादक*

**सजी आर. कुरुप**
*संपादक*

**श्यामकुमार एस.**
*सह-संपादक*



अनुज्ञा

प्रथम संस्करण : 2021

ISBN 978-93-89341-70-6

*प्रकाशक*

**अनुज्ञा बुक्स**

1/10206, लेन नं. 1E, वेस्ट गोरख पार्क, शाहदरा, दिल्ली-110 032
e-mail : anuugyabooks@gmail.com • salesanuugyabooks@gmail.com
फोन : 011-45506552, 09350809192

www : anuugyabooks.com

मूल्य : 1999 रुपये

*आवरण*

मीना-किशन सिंह

*मुद्रक*

अर्पित प्रिंटोग्राफर्स, दिल्ली-32

---

SAHITYIK SAMVAD

*A Festschrift in Honour of* ***Prof. K. Vanaja*** *edited by* ***Prof. N. Mohanan, Prof. Saji R. Kurup & Prof. Shyamkumar S.***

# प्रधान सम्पादकीय

डॉ. के वनजा की अवकाश प्राप्ति के अवसर को ध्यान में रखते हुए उनके छात्र डॉ. सजी आर कुरुप और डॉ. श्यामकुमार और मैंने मिलकर सोचा कि इस अवसर पर उनका समुचित सम्मान करने के लिए क्या क्या करना है। बहुत सारे अध्यापक हर साल में अवकाश प्राप्त करके विस्मृति में डूब जाते हैं। यह साधारण प्रक्रिया मात्र है। पर डॉ. वनजा को उसी प्रकार छोड़ने के लिए हम तैयार नहीं थे।

धन्यता की बात है कि उनकी अपनी कई पुस्तकें साहित्यिक जगत् में अमरता प्रदान करते हुए अब निकल चुकी हैं। लेकिन उन्होंने हमसे जो प्रेम दिखाया है, उसके लिए एक उचित पुरस्कार अनिवार्य समझा गया, जो चिरंजीव भी हो। हम तीनों ही नहीं, उनके छात्र, उनके मित्र और उनको भली भाँति जाननेवाले सज्जन भी। लेकिन शुरुआत हम तीनों ने मिलकर की। सोचा कि अप्रैल 30 को उनका रिटायरमेंट है, उसके बाद मई 9 को एक कार्यक्रम चलाएंगे एरणाकुलम के किसी अच्छे होटल के सभागार में। इसके लिए वाट्स आप ग्रुप बनाया, उनके साथ जितने छात्रों ने पी एच डी ली है, उन सब को मिलाकर, बाहर से सिर्फ मैं इस कार्यक्रम के उपदेशक के रूप में। इसके अलावा मेरे साथ जितने छात्रों ने पीएच डी ली है, उनमें से चुने गये कुछ नामों को भी जोड़ने का निर्णय लिया गया। ग्रुप में मेसेज गया, सबने बड़े हर्ष एवं उल्लास के साथ स्वीकार किया। ये सब फरवरी महीने में हुए। मार्च तक आते आते लॉक डाउण की उद्घोषणा हुई। हमने तय किया यह कार्यक्रम मई में चलाना मुश्किल है। लॉक-डाउण के बाद ही होगा। उसका और लम्बा होने की सम्भावनाएँ भी है। पर ग्रुप सक्रिय रहा। लगभग सभी लोग मेसेज करते रहे।

एक दिन रात का समय लगभग सात आठ बज गया होगा, डॉ. सजी का एक मेसेज आया कि हम उस आदरणीय गुरुनाथा के सम्मानार्थ एक अभिनन्दन ग्रन्थ क्यों न निकाले। यह उनके लिए सारस्वत पूजा ही रहेगी। सजी ने यह भी सूचित किया 4 अप्रैल के अन्दर सबको लेख डी.टी.पी. करके ई.मेल में भेजना है। इस मेसेज ने मेरे मन को भड़काया ही नहीं मुझे उकसाया भी। मुझे लगा कि मेरा भी दायित्व है इस योजना को आगे बढ़ाना और एक बिलकुल उचित सम्मान ग्रन्थ को रूपायित करना। मैंने ग्रुप में मेसेज दिया मेरी तरफ से दो लेख सुनिश्चित हैं। फिर मैंने सोचा कि मेरे और वनजा के मित्रगण जो केरल के बाहर हैं, लगभग समान हैं। उनका भी उपयोग इस अवसर पर करना संगत ही होगा। इस कार्यक्रम की गरिमा ही नहीं वनजा के प्रति समर्पित सम्मान की गरिमा भी शिखर तक पहुँच जायेगी।

मैंने एक मेसेज तैयार करके बाहर के मित्रों को भेज दिया। यह मार्च महीने के मध्य में था। फिर धीरे-धीरे मैंने सबसे फोन पर बात भी की। लेकिन फोन करने के पहले ही लगभग सभी मित्रों ने मेरे वाट्सआप में प्रतिक्रिया जता दी और कहा कि "ज़रूर लेख भेजूँगा, खुशी की बात है, वनजा जी का उचित सम्मान होना ही चाहिए।" ये सब हिन्दी के प्रतिष्ठित आलोचक, कवि, तथा रचनाकार हैं। मुझे आश्चर्य हुआ कि एक मेसेज मात्र से इन सबने तुरन्त अपनी सहमति

जता दी ही नहीं अपने-अपने लेख भेजना भी शुरू कर दिया। पहला लेख आया मित्रवर डॉ. करुणाशंकर उपाध्याय जी का। फिर अरुण कमल, राजेश जोशी, अनामिका, सुधीश पाचौरी, कमल कुमार, गगन गिल, अजय तिवारी, असगर वजाहत, शंभूनाथ, रंजना अरगडे, रोहिणी अग्रवाल, गरिमा श्रीवास्तव, मुन्ना तिवारी, सुधाकर सिंह, श्रीप्रकाश शुक्ल, नाम देव, रमाशंकर कुशवाह, दयाशंकर त्रिपाठी, प्रभाकर सिंह, राजीव रंजन गिरी, प्रतिभा मुदलियार आदि आदि। दिन-ब-दिन यह तालिका बढ़ती रही। अप्रैल तीस तक केरल के बाहर से लगभग साठ-पैंसठ लेख और भीतर हमारे छात्रों, अध्यापक बन्धुओं, एवं मित्रों के लगभग पचास-पचपन लेख। कुल मिलाकर एक सौ तीस लेख मिल गये और इसका सम्पादन भी लगभग पूरा हो गया मई अन्त तक। मैं सचमुच मन्त्रमुग्ध रह गया कि कैसे यह सम्पन्न हो पाया? प्रायः किसी से खासकर दक्षिण के केरल जैसे हिन्दीतर प्रदेश में बैठकर उत्तर के विद्वानों से एक लेख प्राप्त करना कठिन कार्य ही है। पर मुझे तसल्ली मिल रही है कि हमारी मित्रता नाम के वास्ते नहीं थी। लेन-देन पर बनी हुई नहीं थी। उसमें प्यार, सम्मान और ईमानदारी अवश्य है। उन सब ने हमें सच्चे मित्र ही मान लिए हैं। इसलिए सच्चे मित्रों को पहचानने का और वनजा जी के प्रति उनकी मित्रता की जो गहराई है, उसको प्रमाणित करने का भी यह एक अवसर भी बना। सबके प्रति तहे दिल से आभार प्रकट कर रहा हूँ।

इसी बीच मैंने मित्रवर अनुज्ञा बुक्स के निदेशक सुधीर वत्स जी से बात की, इस योजना को साकार बनाने के बारे में। उन्होंने भी बड़े हर्ष के साथ बताया कि "हो जायेगा"। इस शब्द ने भी हमारी हिम्मत को बढ़ा दिया। वत्सजी के मन में हमारे प्रति सम्मान एवं स्नेह है यह हम जानते भी हैं।

इस सन्दर्भ में मैं यह भी सूचित करना चाहूँगा कि सच्चा अध्यापक वही है जो अपने अध्ययन-अध्यापन एवं व्यवहार से छात्रों के मन में जगह पा लेता है। जो अध्यापक वैसी जगह पा लेता है उसको छात्रों, मित्रों एवं शुभ चिन्तकों के मन से हटा लेना असम्भव है। वह तो छोटे दिलवालों की लांछनाओं से बिखर जानेवाली जगह नहीं है। वह काफी मज़बूत ठोस एवं स्थिर है। वनजा जी ने वैसी जगह पा ली है। इसका प्रमाण है यह अभिनन्दन ग्रन्थ।

इस सन्दर्भ में श्रीमती पुलरमणी के प्रति विशेष आभार प्रकट करना मेरा कर्तव्य है कि उन्होंने बहुत प्रयास करके पूरे लेखों को त्रुटिहीन डी.टी.पी करके हमारे इस प्रयत्न में सहयोग दिया है। उनको शुभकामनाएँ।

यह पुस्तक एक यात्रा है। संवादों से भरी, यादों से भरी, प्यार, मित्रता एवं स्नेह से भरी एक यात्रा। संघर्षों में साथ होने का, दुःखद स्थितियों को पार करने में हाथ बँटाने का जो महान दायित्व मानवता का है, उसकी पहचान करनेवाले व्यक्तियों के आत्मसमर्पण का भी यह दस्तावेज है। गुरु-शिष्य सम्बन्धों में और मित्रताओं की गहनता में ज़िन्दगी के अनगिनत अर्थों को ढूँढ़ने का यह एक साक्ष्य है। जिन्होंने हमारे प्यार भरे दिलों को पहचाना है, उनके लिए यह एक सुकोमल तोफा है, जो हार गये उन्हें यह हमारा सार्थक जवाब है।

यह ग्रन्थ मैं उनके छात्रों, मित्रों एवं शुभचिन्तकों के नाम सहृदय पाठकों के सामने सविनय प्रस्तुत कर रहा हूँ।

सधन्यवाद

**प्रो. (डॉ). एन. मोहनन**
प्रधान सम्पादक

# सम्पादकीय

**विश्वमस्या नानाम चक्षसा जगज्ज्योतिष्कृणोति सूनरी**
**अपद्वेषो मधोनी दुहिता दिव उषा उच्छदप स्त्रिधः**

"उषा प्राणियों को सही रास्ता दिखाती है। सब को प्रकाशित करती है। सम्पूर्ण प्राणिजगत् इसलिए उषा का प्रणाम करता है कि वह अन्धकार से इस जगत् की रक्षा करती है। स्वर्ग की पुत्री, धनवती उषा शत्रुओं से हमें बचाती है।"

इस वैदिक स्तुति में प्रकृति के दिव्यप्रकाश का वर्णन है जो सम्पूर्ण जगत् को अन्धकार से बचाकर उसे तेजोमय बनाता है। हमारी प्रिय अध्यापिका डॉ. वनजा जी के सन्दर्भ में इससे बढ़कर किसी मिथक की ज़रूरत नहीं है। अज्ञान की तिमिरान्धता से ज्ञान-प्रकाश का रास्ता दिखानेवाला गुरु उषा ही है। हम शिष्यों के लिए वनजा जी साक्षात् गुरु इसलिए है कि वे हमें सही रास्ता ही दिखाती नहीं रहती, बल्कि हमारे आध्यात्मिक एवं भौतिक जीवन को मंगलमय बनाने का सलाह भी देती रहती है। कभी अध्यापिका, कभी मित्र, कभी बहन, कभी माँ के रूपों में वे हमेशा हमारे साथ हैं। उस प्यार, ममता, वात्सल्य और आत्मीयता की शाब्दिक प्रस्तुति नामुमकिन है।

स्नातकोत्तर शिक्षा के दिन हमारे छात्रजीवन के बहुत ही महत्त्वपूर्ण समय है। क्योंकि इन दिनों में ज़िन्दगी का रूपायन होता है। दस पन्द्रह सालों की शिक्षा के बाद व्यक्ति अपने अर्जित ज्ञान की थैली हाथ में लेकर जीवन के अनजाने रास्तों पर चलने लगता है। अपनी यात्रा में वह भलाई-बुराई को पहचानता है, अन्धेरे को पहचानता है और उजाले को भी। इस यात्रा में अपने हाथ की थैली कभी उसे बेकार लगती है तो कभी सदुपयोगी। कभी कभी करणीय और अकरणीय के द्वन्द्व के बीच अपने आप को भी नष्ट हो जाता है। जीवन की इस अजीब यात्रा में उसका साथ देनेवाला सबसे बड़ा साकार रूप गुरु का है। पाठ्यक्रमों के सीमित दायरे से बाहर ज़िन्दगी के व्यावहारिक गणितों की तालिका लेकर सही गुरु शिष्य के सामने उपस्थित होते हैं। उसके जीवन के तमाम सवालों के जवाब प्रस्तुत करनेवाले गुरु शिष्य का नसीब हैं। यह हमारा निजी अनुभव है। कोच्चिन विज्ञान व प्रौद्योगिकी विश्वविद्यालय के स्नातकोत्तर पढ़ाई के दिनों से लेकर अब तक हम ऐसे नसीब का अनुभव करते आ रहे हैं– डॉ. वनजा जी और डॉ. मोहनन जी के रूप में।

डॉ. वनजा जी की अवकाश प्राप्ति के सन्दर्भ में एक अभिनन्दन ग्रन्थ का प्रकाशन हमारी सबसे बड़ी आशा थी। उनके लिए यह हमारी गुरुदक्षिणा है। भाषा एवं साहित्य के लिए समर्पित उनके जीवन के प्रति हमारा विनम्र प्रणाम है। ज़िन्दगी के अनिवार्य संघर्षों को सधैर्य सामना करने का और विजय पाने का साहस वनजा जी ने ही हमें दिया है। पार्थिव जीवन की क्षणिकता एवं तुच्छता को अथक प्रयत्न एवं प्रेम के द्वारा पार करने का सन्देश है उनका जीवन। वे हमें भी उत्सुक बना देती हैं। वैसा अनुभव किसी दीगर गुरु से हमें नहीं मिला है। उन्होंने ही हमें

दूसरों के सामने सगर्व खड़ा होने की शक्ति प्रदान की थी। सत्य की खोज करने का, धर्म यज्ञ में सक्रिय होने का पाठ पढ़ाते हुए हमारे बीच में सदा सक्रिय वनजा जी को शत् शत् नमन।

बहुत सारे अध्यापकों के साथ पढ़ने का, साथ चलने का अवसर मिलते रहे हैं, लेकिन डॉ. एन मोहन जी के साथ का अनुभव सबसे अनूठा और अनुपम है। वे वात्सल्य और प्रेम की साकार मूर्ति है। वनजा जी और मोहनन जी के बीच की मित्रता ने हमें जितनी शक्ति प्रदान की है, उसको मापना असम्भव है। अन्याय एवं अत्याचार के विरुद्ध लड़ते रहने का संबल इन दोनों अध्यापकों ने ही हमें प्रदान किया है। ज़िन्दगी की क्षतियों में और संघर्षों में आपस में हाथ बँटाते हुए जीने का महान सबक इन्होने ही हमें सिखाया है। इस ग्रन्थ के पीछे मोहनन जी की प्रेरणा और प्रयत्न सीमातीत है। उनके प्रति हमारी कृतज्ञता भी असीम रहेगी।

इस ग्रन्थ का सबसे बड़ा महत्त्व इसकी विषयगत बहुलता और बहुस्वरता है। कुल मिलाकर 128 लेख इसमें संकलित। इसके दो भाग हैं। पहला भाग वनजा जी को लेकर लिखे गये स्मृति चित्र एवं अभिनन्दन हैं। जिसके अन्त में वनजा जी के चार लेखों को भी शामिल किया गया है। दूसरे भाग में हिन्दी क्षेत्र के तथा केरल के बाहर के विद्वानों के लेख तथा उनके मित्रों, शिष्यगणों एवं शुभचिन्तकों के लेख हैं। जैसे कि मोहनन जी ने अपनी भूमिका में सूचित किया कि केरल के और उत्तर के विद्वज्जनों और मित्रों ने मिलकर बहुत ही खुशी के साथ अपने बहुमूल्य लेखों से हमारे इस प्रयत्न को सार्थक बना दिया है। उनके प्रति शाब्दिक आभार बिल्कुल औपचारिक ही रह जायेगा, इसलिए सबको विनम्र प्रणाम।

इसमें पुस्तक समीक्षाएँ हैं, आलोचनात्मक लेख हैं, और शोधपरक निबन्ध हैं। काव्यशास्त्र और भाषा शास्त्र से लेकर कविता, कहानी, नाटक, उपन्यास, आलोचना, नये विमर्श आदि से सम्बन्धित संवाद हैं। उत्तर और दक्षिण के मशहूर विद्वानों से लेकर शोध छात्रों तक इस संवाद में है। विषय की बहुलता और बहुस्वरता पर हमें ज़रूर गर्व का अनुभव है क्योंकि ये हमारे इस उद्यम की सफलता ही नहीं बल्कि आगे पाठकों के लिए समृद्ध साहित्यिक संवाद की दावत भी होंगे।

हमारी प्रिय बहिन पुलरमणी के प्रति हम विशेष आभारी हैं कि उन्होंने इसका सारा डी.टी. पी कार्य बहुत ही सूक्ष्मता एवं प्रेम के साथ पूरा कर दिया। इस पुस्तक को प्रकाशित करने का वादा देकर दिल्ली के अनुज्ञा बुक्स के निदेशक आदरणीय सुधीर वत्स जी ने हमारी हिम्मत को बढ़ा दी है। इसके लिए उनके प्रति विशेष आभार।

निस्सन्देह इस प्रयत्न का मूल्य भविष्य में साबित हो जायेगा। बार बार कहने को प्रेरित हो जाते हैं कि इसकी सफलता का कारण हमारे प्रिय गुरुजनों का असीम प्रेम ही है। आजीवन उस प्रेम को संबल बनाकर जीना चाहते हैं और उसे हम सबसे बड़ी धन्यता समझते हैं। छन्यवाद।

**डॉ. सजी आर कुरुप**

**डॉ. श्यामकुमार एस**

सम्पादक

# अनुक्रम

# अभिनन्दन

# आशीर्वाद

***अरुण कमल***

वन देवी की सहज सौम्यता और लिए ऐश्वर्य
वनजा जी ने स्नेह बिखेरा हर्ष और माधुर्य;
विदुषी वनजा समालोचना की सद् यात्री
पारिस्थितिकी स्त्री-विमर्श की सबला धात्री;
चार दशक तक रही बाँटती मुक्त ज्ञान की राशि
अब लेती विश्राम, मगर विश्राम कहाँ अविनाशी;
मैं भी करता अभिनन्दन तेरा हे सागर वनकन्या
पाकर तुझे छात्र छात्राएँ हुईं कृतज्ञा धन्या;
चलती जाये लेखनी तेरी भरी रहे दावात
भरा फूल फल से वन उपवन दिवस अहर्निश रात;
सुन्दर वनजा शोभित वनजा सुघर सुवासित वनजा
देना आशीर्वाद यही कि रहें सुखी जन धरती परिसर प्रजा!

# ढेरों ढेरों हार्दिक शुभकामनाएँ

***चित्रा मुद्गल***

वर्षों वर्षों पूर्व की एक गंदूकी रंगत लिए लावण्यमई शील संकोच से भरी एक लड़की याद आ रही है मुझे। जहाँ तक मुझे याद है वहाँ 14 सितंबर हिन्दी दिवस का अवसर था जो दिल्ली के सटे नोएडा के कैलाश हॉस्पिटल के सुसज्जित सभागार में सम्पन्न हो रहा था और जिसकी संयोजिका और कर्ता-धर्ता थी हमारी पूज्य लेखिका एवं सामाजिक कार्यकर्ता आशारानी बोहरा दीदी।

देश के अनेक जाने माने हिन्दी सेवी विद्वानों के अलावा मंच पर हिन्दी के उद्भट विद्वान रामन नायर जी भी उपस्थित थे अपनी पत्नी के साथ। जिसका आशा दीदी ने डाक्टर वनजा के रूप में खाचाखच भरे हॉल से परिचय करावाया और जिसकी सौम्य उपस्थिति मुख्य अतिथि होने के बावजूद मुझे उसकी ओर बार बार देखने के लिए विवश कर रही थी।

विद्वानों के एक के बाद एक वक्तव्य के बीच जब आशा दीदी ने डॉ. वनजा से आग्रह किया कि वह भी हिन्दी के प्रचार-प्रसार और उसके उन्मेष के सम्बन्ध में अपने विचारों से सभा में उपस्थित विद्वानों को परिचित करवाएँ तो सच कहूँ मुझे बहुत उम्मीद नहीं थी कि यह संकोच से भरी लड़की विशेष कुछ बोल पाएगी।

मगर मैं ही नहीं सभागार में सभी हिन्दी प्रेमी चकित रह गये जब उसने अपनी बुलन्द और स्पष्ट आवाज़ में अपने विचारों को रेखांकित करते हुए निस्संकोच अपना मत प्रकट किया। संक्षिप्त वक्तव्य के बावजूद उसने हिन्दी के सन्दर्भ में कुछ ऐसे मुद्दों को बेहिचक उठाकर हमें आश्वस्त किया कि उस लड़की के पास अपना चेतन विवेक है। हिन्दी के सन्दर्भ में चिन्ताएँ जो उसकी हैं गौर करने लायक हैं।

वह मलयाली उच्चारण के लावण्य से पगी शुद्ध हिन्दी बोल रही थी। उसे सुनते ही मुझे लगा और शायद उपस्थित सभी जनों को लगा होगा कि वह कुछ देर और बोलती हो और हम उसे सुनते। वक्तव्य देने वाला जब अपनी तर्क की कसौटी पर स्वयं को कसते हुए आकंठ डूब कर बोलता है तो संक्षिप्तता के बावजूद बहुत कुछ औरों से अलग हटकर सौंपने की कोशिश करता है अपने वक्तव्य में।

देव पुरुष से भव्य व्यक्तित्व के धनी डाक्टर नायर साहब ने हमारे घर आकर हमारे आदित्य का भी मान रखा और एक बार फिर मुझे उस आत्मविश्वास से भरे व्यक्तित्व से दोबारा मिलने का मौका मिला और जो मुझे बहुत बहुत अच्छा लगा। बहुत अरसे बाद मुझे फिर से उस तेजस्वी व्यक्तित्व से मिलने का मौका मिला और मेरी खुशी का पार वार न रहा। हिन्दी सम्बन्धित उसके विश्वविद्यालय की दो दिवसीय अन्तर्राष्ट्रीय सेमिनार थी। तब तक डाक्टर वनजा हिन्दी की विभागाध्यक्षा बन चुकी थी।

समकालीन हिन्दी आलोचना को वह तब तक अनेक महत्त्वपूर्ण विषयों पर लिखी गयी पुस्तकों से समृद्ध कर चुकी थी। इकोफेमिनिज़्म पर सबसे पहले आलोचना के परिदृश्य में नए हस्तक्षेप के साथ लिखी गयी प्रोफसर वनजा की पुस्तक ने दिल्ली, इलाहाबाद, बनारस, लखनऊ जैसी सभी जगहों पर आलोचकों का ध्यान आकृष्ट किया और तो फिर उसके बाद इकोफेमिनिज़्म पर बहुतों को कलम चलाना ज़रूरी लगा और उन्होंने लिखा भी।

फिर तो इस प्रोफसर की कई खूबियों में से एक खूबी मुझे बहुत आकर्षित करती है और प्रेरित भी करती है कि उसके भीतर बैठा हुआ जो गहन अध्येता है। वह किसी भी विषय की आलोच्य शल्य क्रिया जब करती है तो उसके समक्ष उस समय केवल उस लेखक की सर्जना का पाठ मात्र होता है। किसी भी प्रभाव और सम्बन्धों से मुक्त होकर है उसकी आलोचना। बल्कि मैं कहना चाहूँगी कि मुझे प्रोफसर वनजा का आलोचना कर्म उच्च रचना के पाठ की मनोवैज्ञानिकता को समझने के लिए जिन नए औजारों की आवश्यकता होती है उन्हें वह स्वयं निर्मित भी करती है।

प्रोफसर बनजा केरल में है और वह भी कोच्ची में है जो उन्हें अपेक्षित एकान्त भी प्रदान करता है। वह खुलकर कहती है कि जो भी कुछ हिन्दी में प्रकाशित होकर आता है चित्रा जी नया और महत्त्वपूर्ण उसे सबसे पहले दक्षिण पढ़ता है। हिन्दी आलोचना परिदृश्य में प्रोफसर वनजा का अवदान महत्त्वपूर्ण और अविस्मरणीय है। अगर मैं किन्हीं दो लोगों का नाम उनके सथ लेना चाहूँगी तो गरिमा श्रीवास्तव के अलावा अनामिका का नाम भी।

प्रोफसर वनजा उम्मीदों का एक ऐसा सिलसिला है जो हिन्दी आलोचना को लेकर अनेक अपेक्षाएँ रखती हैं। और उन अपेक्षाओं की पूर्ति के लिए मैं उन्हें अपनी ढेरों ढेरों हार्दिक शुभकामनाएँ देना चाहती हूँ और आशीर्वाद भी।

# सर्वशुक्ला सरस्वती

***अनामिका***

नवजागरण काल की अन्य पत्रिकाएँ जब हिन्दी प्रदेश के इन विवादों में उलझी थीं कि हिन्दी उर्दू के निकट होनी चाहिए या संस्कृत के या अपनी लोक भाषाओं के, महादेवी की पीढ़ी जो तब पाठशाला में ही होगी, नयी तरह की सर्वसमावेशी हिन्दी का सपना चुपचाप देख चुकी थी- ऐसा आभास मुझे महादेवी द्वारा सम्पादित "चाँद" और उसकी समकालीन अन्य स्त्री पत्रिकाओं के पन्ने पलटते हुए हुआ! उनमें हिन्दीतर प्रदेशों की विदुषी महिलाओं के अनेक लेख हैं और उनकी हिन्दी का मराठी, तमिल, पंजाबी या बंगाली फ़्लेवर उसी सम्मान के साथ बरकरार रखा गया है!

प्रोफ़ेसर वनजा उसके बाद की तीसरी पीढ़ी की ऐसी विदुषी हैं जो ऐसी धाराप्रवाह हिन्दी लिखती– बोलती हैं कि कोई जल्दी पकड़ नहीं पाए कि यह उनकी मातृभाषा नहीं! और उससे भी बड़ी बात कि मलयालम और हिन्दी साहित्य में समानांतर भाव से फूले- फले आन्दोलनों के तुलनात्मक अध्ययन के लिए जैसी पैनी और विराट दृष्टि चाहिए, वह इनके पास है!

तीसरी मत्तवपूर्ण बात है इनकी गहरी प्रतिबद्धता! वाणी प्रकाशन के लिए भारतीय भाषाओं की स्त्रीवादी कहानियों का सम्पादन करते हुए मैने इनका चरित्रबल परखा! उस समय हम दोनों छोटे थे और हमारी मुलाक़ात भी छोटी-सी ही थी– रमणिका फ़ाउंडेशन के एक कार्यक्रम में इन्हें सम्मानित किया जाना था– साहित्य अकादमी के मंच से जब ये अपना वक्तव्य देकर उतरीं, मन्त्रमुग्ध श्रोताओं से घिरी हुई ये सर्वशुक्ला सरस्वती ही लग रही थी! एक बार में इन्होंने मेरा अनुरोध स्वीकार किया और सही समय पर मलयालम कहानियों के अनुवाद ही उपलब्ध नहीं कराए, एक सम्यक् आलेख भी भेजा मलयालम के स्त्री कथा-परिदृश्य पर!

बाद में जब हिन्दी और मलयालम के नवजागरण परिदृश्य पर एक भव्य संगोष्ठी इन्होंने कोची में करायी, तब छात्रों, शोधार्थियों और सहकर्मियों की आँखों में इनके लिए जो गहरा अनुराग देखा, उसका आस्वाद मुझे भूलता नहीं!

और उसके बाद जो एक रात इनके कमल-कुंज वाले सुहावने-से घर पर गुज़ारी, वह मुझे जन्म भार के लिए इनकी कृतज्ञ कर गयी! वह रात मेरे लिए एक भयावह रात थी! फ़्रान्स के पास के भयंकर तूफ़ान में मेरे बेटे का विमान फँस गया था! जब तक वह लैंड नहीं कर गया, मैने इन्हें कितना तंग किया और कितने धीरज से इन्होंने और इनकी ममतामयी हाउस्कीपर ने मुझे सम्भाला, यह तो मैं ही जानती हूँ!

अगली सुबह जब साँस में साँसआयी तब जाकर डाँटा मुझे और ज़ाहिर है, यह अपनत्व-भरी डाँट मुझे इनकी खीर से भी मीठी लगी! केरल के हरे-भरे रास्ते, गोद में बच्चा लिए खड़ी आदिवासी औरत-से लुभावने कटहल के पेड़– सब इनको एकटक देख रहे थे– उन्हें तो पता था कि यह विदुषी कितनी बहादुर है, इसलिए इसका हक़ बनता है पिद्दीमल को डाँटने का!

# मेरी मित्र : वनजा

*एन. मोहनन*

एक व्यक्ति के जीवन के स्मरणीय सन्दर्भ हैं उनका कार्यक्षेत्र में प्रवेश और उससे विराम। पहले में अत्यधिक खुशियाँ एवं आकांक्षाएँ भरी रहती हैं तो दूसरे में अनेक भावों का सम्मिलन होता है। प्रिय जन वियोग का दुःख, कार्यकाल को सार्थक कर पाने की तृप्ति से उत्पन्न खुशी, फिर भी कुछ आशंकाएँ, इन सब का एक सम्मिलित भाव– इसे कौन सा नाम दे पाऊँ कहना मुश्किल है। लेकिन एक बात सुनिश्चित है कि जिसने अपने कार्यकाल को कठिन परिश्रम से, ईमानदारी से और समर्पण से सार्थक बनाया उसे अनिर्वचनीय आत्मतुष्टि के अलावा कुछ भी हासिल नहीं होगा। ऐसे व्यक्तित्व बहुत कम ही होते हैं। अधिकांश लोग अवकाश प्राप्ति के उपरान्त के आर्थिक लाभ तथा शेष जीवन को सुखमय बनाने की ताक में लग जाते हैं। यहाँ अपवाद के रूप में एक नाम का उल्लेख करना अनिवार्य बन जाता है, वह नाम है डॉ. वनजा का। 30 अप्रैल 2020 को वह अपना कार्यकाल पूरा करके अवकाश प्राप्त कर चुकी है। यह एक मामूली अवकाश प्राप्ति नहीं, बल्कि विशिष्ट इसलिए है कि उसने अपने कार्यकाल को अपने समर्पित व्यक्तित्व से सार्थक बनाया है। इसलिए वह गर्व के साथ सिर उठाके कोच्चिन विज्ञान व प्रौद्योगिकी विश्वविद्यालय के हिन्दी विभाग की सीढियाँ उतर आयी हैं। बहुत कम लोग ही उसी प्रकार वहाँ से निकले हैं। लेकिन डॉ. वनजा की खासियत यह है कि उसने हिन्दी साहित्य को, खासकर आलोचना साहित्य को अपनी बहुमूल्य रचनाओं से सम्पुष्ट किया है। समकालीन हिन्दी आलोचना को उसने सत्रह पुस्तकों का योगदान दिया है। यह भी नहीं, समकालीन साहित्य के विमर्शों में पारिस्थितिक विमर्श उनका अनूठा योगदान है। लगभग 1980 के बाद हिन्दी साहित्य जगत में विभिन्न विमर्शों का आविर्भाव हुआ था, उनमें प्रमुख रहे स्त्री-विमर्श, दलित विमर्श, आदिवासी विमर्श, वृद्ध विमर्श, बाल विमर्श आदि। करीब 2000 ई. तक हिन्दी जगत में पारिस्थितिक विमर्श पर किसी ने ध्यान तक नहीं दिया था और उस पर एक लेख भी नहीं लिखा गया था। उस समय श्री गोविन्द चातक की एक पुस्तक निकली थी जो बिल्कुल वैज्ञानिक आँकडों वाली थी। साहित्य और परिस्थिति के बीच के जैविक सम्बन्धों पर प्रकाश डालनेवाला पहला सैद्धान्तिक ग्रन्थ डॉ. वनजा का "साहित्य का पारिस्थितक दर्शन" है, जिसका प्रकाशन 2011 में वाणी प्रकाशन दिल्ली से हुआ। आगे इस सिलसिले में उनकी दो और किताबें निकलीं– इको फेमिनिज़म् (2013) और हरित भाषा वैज्ञानिक विमर्श (2015)। इको फेमिनिज़्म स्त्री और परिस्थिति के बीच के अटूट सम्बन्ध के विभिन्न पहलुओं को अनावृत करनेवाली पुस्तक है, जो सैद्धान्तिक भी है और व्यावहारिक भी। हरित भाषा वैज्ञानिक विमर्श- नाम से ही स्पष्ट है पारिस्थितिक सौन्दर्यशास्त्र की भाषा सम्बन्धी पुस्तक है जिसमें भाषा के नये नये प्रयोगों का बृहत् विश्लेषण किया गया है। इन पुस्तकों ने सचमुच हिन्दी जगत में

पारिस्थितिक विमर्श का सूत्रपात ही नहीं किया बल्कि उसको एक मज़बूत विमर्श के रूप में प्रतिष्ठित भी किया। वैसा योगदान दक्षिण के किसी अन्य विद्वानों या विदूषियों की कलम से नहीं हुआ है। हिन्दी क्षेत्र के बहुत से प्रतिष्ठित लेखक इस योगदान को लेकर प्रो. वनजा की प्रशंसा तथा सम्मान करते आ रहे हैं।

वनजा का जन्म 15 नवम्बर 1959 को केरल के कोट्टयम जिला के रामपुरम में हुआ। पिता परमेश्वरन नायर का घर ओणक्कूर में और माता कार्त्यायनी अम्मा का घर रामपुरम के कोण्डाड गाँव में था। उस प्रान्त से मट्टत्तिप्पारा नामक गाँव में आकर उनका परिवार रहने लगा। यह जगह जो है बिल्कुल गाँव है। ग्रामीण वातावरण में पली बढ़ी होने की वजह से वनजा सरल, ईमानदार एवं सीधा सादा व्यक्तित्व वाली बन गयी। प्राथमिक स्कूली शिक्षा मट्टत्तिप्पारा हॉली क्रोस यू.पी.एस में तथा हाईस्कूली शिक्षा करिंकुन्नम सेन्ट अगस्टिन स्कूल में हुई थी। उसके बाद उच्च शिक्षा के लिए वह पाला के मशहूर महिला महाविद्यालय अल्फोन्सा कॉलेज चली गयी। वहाँ से भौतिक विज्ञान में उसने बी.एस. सी की उपाधि प्राप्त की। इसके उपरान्त वह पाला के ही सेन्ट थॉमस कॉलेज से हिन्दी भाषा और साहित्य में एम.ए की उपाधि प्राप्त की। ये दोनों कॉलेज कोट्टयम के महात्मा गान्धी विश्वविद्याल के अधीन आनेवाले हैं। एम.ए. के बाद शोध के लिए वह कोच्ची विज्ञान व प्रौद्योगिकी विश्वविद्यालय में आ गयी। वहाँ आचार्य रामन नायर जी के निदेशन में "आनन्दशंकर माधवन के गद्य साहित्य" पर शोध करके 1988 में पीएच.डी की उपधि प्राप्त हुई। उसके उपरान्त दक्षिण भारत हिन्दी प्रचार सभा मद्रास से बी.एड (1988) तथा डी.लिट. (1994) की उपाधियाँ प्राप्त कीं। केरल के हिन्दी माहौल में डी.लिट की उपाधि प्राप्त लोग बहुत कम हैं। उनमें महिला मेरे ख्याल से उस समय सिर्फ वनजा ही थी। हम जानते हैं कि बहुत सारे लोग पीएच. डी, डी लिट लेते हैं, पर उन उपाधियों के साथ न्याय थोड़े ही करते हैं। यह सोचने का विषय है। पर वनजा ने जितनी उपाधियाँ ली हैं, उन सबके साथ न्याय भी किया है। मतलब कि निरन्तर पठन-पाठन, अध्ययन और अध्यवसाय से उसने अपने क्षेत्र में दक्षता प्राप्त करके अपनी योग्यता को प्रमाणित किया है। यह उसकी मेधाशक्ति और सूक्ष्म निरीक्षण क्षमता का परिणाम है। 30 जून 1994 में उनकी शादी हुई आचार्य रामन नायर जी के साथ। अठारह साल के वैवाहिक जीवन के उपरान्त 24 अगस्त 2012 को रामनायर जी का निधन हो गया। उसके उपरान्त वह पूर्णतः अध्ययन एवं अध्यापन में तथा लेखन में अपने को समर्पित कर स्वतन्त्रता एवं आत्मविश्वास के साथ ज़िन्दगी गुज़ार रही है।

## नौकरी के क्षेत्र में

सबसे पहले उसको एरणाकुलम जिला के कोतमंगलम् के मार अत्तनेष्यस् कॉलेज में अध्यापिका के रूप में नियुक्ति मिली। फिर एरणाकुलम के दक्षिण भारत हिन्दी प्रचार सभा में जब उच्च शिक्षा एवं शोध केन्द्र शुरू हुआ तो वहाँ सहायक आचार्य बनी। कईयों ने उसके इस निर्णय की आलोचना की, क्योंकि प्रचार सभा में तनख़्वाह बहुत कम थी। पर उच्च शिक्षा एवं शोध के क्षेत्र में काम करने की उनकी रुचि के कारण वह अपने निर्णय पर अडिग रही। लगभग दस साल तक वहाँ काम करती रही, फिर कोच्चिन विज्ञान व प्रौद्योगिकी विश्वविद्यालय के हिन्दी विभाग में सहायक आचार्य के रूप में वह चुन ली गयी, 1998 में। 1998 से अवकाश प्राप्ति 30 अप्रैल 2020 तक वह वहाँ काम करती रही। इसी बीच में वह रीडर, प्रोफसर बन गयी।

विभाग की अध्यक्षा, मानविकी संकाय की अध्यक्षा, सिंडिकेट मेंबर, अकादमिक कौंसिल मेंबर, सेनट मेंबर, बोर्ड ऑफ स्टडीस की चेयरपेर्सन, यु जी सी. डी आर. एस. प्रोजेक्ट की सदस्या, फिर डी.एस.ए प्रोजक्ट की संयोजिका जैसे पदों पर आसीन हुई और उन सभी पदों पर अपनी एक अलग छाप लगाने का कार्य भी किया। भारत के लगभग सभी विश्वविद्यालयों में बोर्ड ऑफ स्टडीस की सदस्या के रूप में, पीएच. डी के परीक्षक के रूप में, अध्यापकों की चयन समितियों की सदस्या के रूप में रह चुकी है। दक्षिण तथा उत्तर के प्रतिष्ठित विश्वविद्यालों में कॉलेज के अध्यापकों के लिए चलाए जानेवाले पुनश्चर्या पाठ्यक्रमों में विषय विशेषज्ञा के रूप में भी उसने अपना बहुमूल्य योगदान दिया है। केरल विश्वविद्यालय, कालिकट विश्वविद्यालय, आंध्र विश्वविद्यालय, तिरुपति विश्विद्यालय, गुजरात विश्वविद्यालय, बनारस विश्वविद्यालय, दिल्ली विश्वविद्यालय, जे. एन. यू आदि उनमें उल्लेखनीय हैं।

## प्रशासक वनजा

डॉ. वनजा 2014 से 2017 तक कोच्ची विज्ञान व प्रौद्योगिकी विश्वविद्यालय के हिन्दी विभाग की अध्यक्षा रही है। वह समय जो है सचमुच हिन्दी विभाग का समृद्ध समय रहा है अकादमिक तथा प्रशासनिक स्तर पर। 2011 में जब मैं विभागाध्यक्ष पद से निवृत्त हो गया तो अगले वरिष्ठ मित्र को कार्यभार सौंपते समय मैंने उनसे विनती की थी अब विभाग का प्रशासन और अकादमिक कार्यक्रम ठीक रास्ते पर बढ़ रहा है उसको उसी प्रकार संभाल कर रखिए और अपनी तरफ से जो कुछ जोड़ना है जोड़िए। पर इस व्यवस्थित चाल को बर्बाद मत करिएगा। पर हुआ क्या था कि चन्द दिनों में ही सारी व्यवस्थाओं का उलट फेर हुआ, क्रम-भंग हुआ। इस प्रकार पूर्णतः प्रशासकीय और अकादमिक दृष्टि से अव्यवस्थित एक विभाग को ही वनजा जी को अपने ऊपर लेना पड़ा। एक संस्था को संभालना और उसको सुचारु ढंग से चलाना कोई आसान कार्य नहीं। उसके लिए सक्रिय दिमाग की ज़रूरत है। इसलिए सभी स्तरों पर उसे शून्य से शुरू करना पड़ा। विमाग के दफ्तर में कोई फयल व्यवस्थित नहीं था। कई विषायों पर फयल है ही नहीं थे। छात्रों को क्लास चलाने के लिए योग्य टाइम टेबिल तक नहीं। फिर "नाक" के लिए विभाग को तौयार करने का भार भी आ पड़ा। मदद के लिए कोई नहीं। अकेली तथा कुछ छात्रों की सहायता से उसने सब कुछ शून्य से स्थूल बना कर दिखा दिया। नाक अक्रेडिटेशन के लिए उसने जितने फयल बनाए हैं वे ही अब हैं। सब के सब अब भी उन फयलों के पीछे हैं। उसी प्रकार मानविकी संकाय की अध्यक्षा के रूप में भी उसने बहुत ही सराहनीय कार्य किया, एम.ए, एम. फिल, पी.जी डिप्लोमा जैसे कोर्सस जो हैं उन सब के पाठ्यक्रम का नवीकरण करके नवीनतम तथा उत्तर भारत के हिन्दी विभागों के पाठ्यक्रमों से सान रखने योग्य बना दिया। इसके लिए उत्तर के विद्वानों को भी बोर्ड ऑफ स्टडीस के सदस्य बनाए। उसके कार्यकाल में ही सबसे अधिक उत्तर के विद्वानों का आना जाना हिन्दी विभाग में हुआ है। इसलिए सहज ही अकादमिक स्तर ऊँचा भी हो गया था। विभाग का पुस्तकालय अब जिस स्थिति में है उसको उसी प्रकार बनाने की योजना बनाकर विश्वविद्यालय आधिकारियों के सामने प्रस्तुत कर उसे लागू करने का कठिन प्रयत्न किया। यू.जी. सी को लिखकर उसके लिए आवश्यक धनराशि संजोने का कार्य भी किया। अब हिन्दी विभाग की जो लाइब्रेरी है उसके पीछे का सारा प्रयत्न सचमुच वनजा का था। लेकिन कुछ ऐसे लोग हमेशा हमारे बीच में होते हैं जो

दूसरों के प्रयत्न फल पर जीते हैं उसका फायदा उठाते हैं। पिष्टपेषण में कोई लज्जा तक नहीं। इस प्रकार उन्होंने अपने अध्यक्षीय कार्य काल में हिन्दी विभाग को अकादमिक एवं प्रशासनिक स्तर पर उसके शिखर तक पहुँचाने का तथा इस विभाग को उत्तर के कोने कोने तक पहुँचाने का कार्य किया है। बाद वाले को इसकी याद होनी चाहिए। किसी ऊँचे पद पर किसी न किसी प्रकार पहुँचना कोई बड़ी बात नहीं। सोचना चाहिए कि उसके लिए अपने में क्षमता है? क्षमता है तो स्वीकारना चाहिए और अपनी क्षमता को प्रकट करना चाहिए। नहीं तो अधिकार का दुरुपयोग करके उस संस्था का सर्वनाश करना और परिहास का पात्र बनना सहज परिणाम मात्र है। वह तो हर कोई बेवकूफ कर सकता है। पर वनजा अपनी क्षमता को प्रमाणित करके तथा संस्था के प्रति अपने दायित्व को निभा के बाहर आयी है।

## लेखन के क्षेत्र में

वनजा सत्रह पुस्तकें लिख चुकी है। अब भी पुस्तकों एवं आलोचनात्मक लेखों की रचना में सक्रिय है। उसकी पहली पुस्तक माखनलाल चतुर्वेदी की रचनाओं में मानव मूल्य है, जिसका प्रकाशन 1998 में सूर्यभारती प्रकाशन नई दिल्ली से हुआ। दूसरी किताब "तुलना और तुलना" 2001 में मथुरा के जवाहर पुस्तकालय से प्रकाशित है। उसमें हिन्दी और मलयालम की प्रमुख रचनाओं रचनाकारों और प्रवृत्तियों का तुलनात्मक अध्ययन प्रस्तुत है। 2007 में दिल्ली के कविसभा प्रकाशन से "हिन्दी उपन्यासः आज" शीर्षक बहु चर्चित पुस्तक प्रकाश में आयी। उसमें हिन्दी के श्रेष्ठ उपन्यासों का आलोचनात्मक अध्ययन हुआ है। 2008 में जवाहर पुस्तकालय से प्रकाशित "समीक्षा का साक्ष्य" उनके उस समय तक के आलोचनात्मक आलेखों का समाहार है। उसके लेखों से गुज़रनेवाले अनायास ही समझ लेते हैं कि वनजा में निहित आलोचक कितना गहरा एवं सूक्ष्म है। 2011 में सामयिक प्रकाशन, दिल्ली से प्रकाशित उनकी पुस्तक "चित्रा मुद्‌गलः एक मूल्यांकन" उनके आलोचक जीवन का मील का पत्थर है। उसके प्रकाशन से वह हिन्दी क्षेत्र की आलोचक बन जाती है। चित्रा जी के समग्र साहित्य का इतना सूक्ष्म अध्ययन एवं विवेचन उनसे सम्बन्धित किसी भी अन्य पुस्तकों में उपलब्ध नहीं है। यह खुद चित्रा जी की राय भी है।

पहले ही सूचित किया था कि वनजा पारिस्थितिक सौन्दर्य शास्त्र पर विशेष रुचि रखनेवाली है। 2011 में वाणी प्रकाशन दिल्ली से प्रकाशित उनकी पुस्तक "साहित्य का परिस्थितिक दर्शन" ने हिन्दी पट्टी में एक आलोचक के रूप में वनजा को प्रतिष्ठित किया। क्योंकि हिन्दी आलोचना साहित्य की यह पहली पुस्तक थी जिसने परिस्थिति एवं साहित्य के बीच के सम्बन्ध को उद्घाटित किया। सचमुच वहीं से समकालीन हिन्दी साहित्य में पारिस्थितिक विमर्श की नींव डाली गयी थी। इस विमर्श को उसने ही पुष्ट किया अपनी इको फेमिनिज़्म (2013) और हरित भाषा वैज्ञानिक विमर्ष (2015) शीर्षक पुस्तकों से। उनका भी प्रकाशन वाणी प्रकाशन, नई दिल्ली से हुआ। ये तीनों पुस्तकें बहुचर्चित हैं। हिन्दी के जाने माने आलोचक भी इन पुस्तकों को मानते हैं, प्रशंसा करते हैं और वनजा को हिन्दी आलोचक के रूप में वे स्वीकार भी करते हैं। 2014 में नेशनल बुक ट्रस्ट आफ इंडिया ने उनकी एक पुस्तक प्रकाशित की। शीर्षक है "मलयालम भाषा, साहित्य एवं संस्कार"। मलयालम भाषा संस्कार एवं साहित्य को समझने के लिए बिल्कुल योग्य पुस्तक मानकर ट्रस्ट ने इस पुस्तक का प्रकाशन किया था।

इसी बीच 2017 में "स्त्री लेखन" शीर्षक पुस्तक अनुज्ञा प्रकाशन, नई दिल्ली से प्रकाशित हुई। यह तो उसकी सम्पादित पुस्तक है। इसकी खासियत यह है कि हिन्दी की सभी प्रतिष्ठित लेखिकाओं के लेख उसमें संकलित हैं। यह स्त्री-विमर्श के अध्ययन एवं शोध के लिए दिशा निर्देश देने की क्षमता रखनेवाली पुस्तक है। मलयालम के प्रसिद्ध उपन्यासकार सेतुमाधवन (सेतु) का केन्द्र साहित्य अकादमी द्वारा पुरस्कृत उपन्यास "पाण्डवपुरम" का अनुवाद 2014 में किया और उसका भी प्रकाशन वाणी प्रकाशन दिल्ली ने किया। अभी अभी वाणी से उनकी नवीनतम पुस्तक प्रकाशित होनेवाली है "राष्ट्र, राष्ट्रीयता नवराष्ट्रीयता"। इनके अलावा "अक्षरा, वागर्थ, इन्द्रप्रस्थ भारती, वाक्, गगनांचल, युद्धरत आम आदमी, हंस" जैसी हिन्दी की लगभग सभी प्रतिष्ठित पत्रिकाओं में उनके आलेख प्रकाशित हो रहे हैं। इस दृष्टि से वनजा हिन्दी साहित्य को दक्षिण की देन बनकर हिन्दी आलोचना के नभोमण्डल में सुशोभित व्यक्तित्व बन गयी हैं।

## पुरस्कार

वनजा अनेक पुरस्कारों से भी सम्मानित हो चुकी है। उसको पहला सम्मान मिला 2012 में। भारत सरकार ने 2012 में दक्षिण आफ्रीका के जोहन्नस बर्ग में आयोजित नवीं विश्व हिन्दी सम्मेलन में हिन्दी भाषा एवं साहित्य को दिए गये समग्र योगदान को मानकर वनजा का सम्मान किया है। इसी काल में उसे इण्डिया इण्डर नेशनल फ्रेंण्डशिप सोसाइटी, नई दिल्ली का "राष्ट्रीय गौरव पुरस्कार" मिला। यह उच्च शिक्षा के क्षेत्र में उनके योगदानों को मानकर दिया गया था।

2013 में उदयपुर के नाथद्वारा में स्थित साहित्य मंडल नामक साहित्यिक एवं सांस्कृतिक संस्था का "हिन्दी भाषा भूषण" पुरस्कार मिला। 2014 में दिल्ली की जनसत्ता पत्रिका ने वनजा की पुस्तक "इको फेमिनिज़्म" को उस साल (2013-14) में प्रकाशित हिन्दी पुस्तकों में स्तरीय 20 पुस्तकों में स्थान देकर उनकी रचनाधर्मिता को स्वीकृति दी। 2015 में दिल्ली आकाशवाणी ने उन्हें कवि-अनुवादक के रूप में भुवनेश्वर में आयोजित भारतीय कवि सम्मेलन में सम्मानित किया। 2015 में ही विशाखापट्टणम के विशाखा परिषद ने विशिष्ट हिन्दी सेवी सम्मान से उन्हें विभूषित किया। 2017 में लखनऊ के भारतीय भाषा प्रतिष्ठापन राष्ट्रीय परिषद ने भारतीय भाषा प्रतिष्ठापन सम्मान पत्र प्रदान करके उनकी हिन्दी सेवा का सम्मान किया। 2018 में इकोफेमिनिज़्म के लिए कमला गोयन्का पुरस्कार प्राप्त हुआ। 2019 में बिहार राष्ट्र भाषा समिति ने सम्मानित किया। वनजा को 2019 में ही केन्द्र मानव संसाधन मन्त्रालय के एक लाख रूपए का राष्ट्रीय पुरस्कार उनकी पुस्तक "इको फेमिनिज़्म" को मिला। इस प्रकार पुरस्कारों के घेरे में है वनजा। उसकी हिन्दी सेवा की सर्वस्वीकृति के प्रमाण हैं ये सारे पुरस्कार।

## केरल का हिन्दी माहौल और वनजा

केरल का हिन्दी माहौल बहुत पुराना तो नहीं है फिर भी काफी गहरा एवं विशाल है। मुझे लगता है कि केरल में हिन्दी का इतिहास लगभग सौ साल का होगा। महाराजा स्वातितिरुनाल केरल का पहला हिन्दी रचनाकार थे। वे हिन्दी में कविता करते थे और हिन्दी के बड़े प्रेमी थे। लेकिन हिन्दी अध्ययन और अध्यापन का क्रम शुरू हुआ स्वतन्त्रता संग्राम से। गाँधीजी का आगमन, राष्ट्र मुक्ति के लिए संघर्षरत होने का आह्वान, विविधता में एकता स्थापित करने

के लिए एकमात्र उपाय राष्ट्रभाषा का अध्ययन और प्रचार है जैसे उद्‌बोधन आदि ने मिलकर केरल में हिन्दी के लिए एक अनुकूल वातावरण बना लिया। स्वतन्त्रता संग्राम में भाग लेनेवाले सभी राजनीतिक नेता हिन्दी प्रेमी बन गये। इसलिए हिन्दी पठन-पाठन राष्ट्रप्रेम का निशाना बन गया। स्कूलों में, फिर कॉलेजों में हिन्दी पढ़ाई जाने लगी। यह भी नहीं वहाँ छात्रों में भी हिन्दी पढ़ने में होड़ दिखाई देने लगी थी। केरल में त्रिभाषा पद्धति लागू हो गयी तो पाँचवीं कक्षा से दसवीं तक अनिवार्य रूप से हिन्दी पढ़नी पड़ती थी। फिर महाविद्यालयों में दूसरी भाषा के रूप में हिन्दी, मलयालम, संस्कृत और अरबी में से किसी एक भाषा को चुनने की छूट छात्रों को दी जाती थी। आश्चर्य की बात यह है कि लगभग अस्सी प्रतिशत छात्र हिन्दी को ही चुनते थे। मलयालम मातृभाषा है, फिर भी मलयालम को चुने बिना दूसरी भाषा के रूप में हिन्दी को लेकर छात्रगण भी हिन्दी के प्रति अपना प्रेम तथा राष्ट्रभाषा के प्रति अपनी निष्ठा जताते थे। लेकिन सच्चाई यह है कि केरल में हिन्दी के प्रचार-प्रसार में हिन्दी प्रचारकों की भूमिका ही महत्त्वपूर्ण रही है। वे सचमुच दरिद्र, अधनंगे भूखे थे फिर भी राष्ट्रभाषा हिन्दी के प्रचार-प्रसार में प्रतिबद्ध रहे। पुलिस की लाठियाँ बहुत खाई हैं फिर भी हिन्दी के प्रति, राष्ट्र के प्रति समर्पित प्रचारकों के अथक परिश्रम का फल है केरल में हिन्दी का गहरा एवं विशाल माहौल। इसमें दक्षिण भारत हिन्दी प्रचार सभा, नगरीप्रचारणी सभा, केरल हिन्दी प्रचार सभा तथा केरल के कोने कोने के हिन्दी विद्यालयों का योगदान चिरस्मरणीय है। महाविद्यालयों और विश्वविद्यालयों के सफेद पोश हिन्दी बुद्धिजीवियों का प्रवेश बाद में हैं। उन्हें मालूम नहीं है, जिन काँटेदार रास्तों को पार कर के उन प्रचारकों ने हिन्दी को सुरक्षित रखा था अपनी आत्मा में। विश्वविद्यालयों में जब हिन्दी का स्नातकोत्तर अध्ययन और शोध कार्य शुरू किया गया तब बहुत सारे लोग स्नातकोत्तर हिन्दी अध्ययन एवं शोधकार्य के लिए बनारस, दिल्ली, सागर, आगरा जैसे प्रतिष्ठित एवं मशहूर विश्वविद्यालय जाकर उपाधि लेते थे।

लगभग बीस-पच्चीस साल पहले तक केरल में हिन्दी का जो सुवर्ण काल बना रहा। वह धीरे-धीरे गिरने लगा। एक कारण मलयालम अध्यापकों ने आन्दोलन चलाया कि मलयालम को स्कूलों, कॉलेजों तथा विश्वविद्यालयों में पहली भाषा का स्थान देना चाहिए और सब जगह सभी विषयों के साथ चाहे वह विज्ञान हो, तकनीकी हो, कुछ भी हो, मलयालम भाषा को भी पढ़ाना ज़रूरी है। यह भी नहीं केरल सरकार की नौकरियों में प्रवेश पाने के लिए मलयालम की जानकारी अनिवार्य बनाने की माँग की गयी है। सरकार ने उनके दावों को हाल ही में स्वीकार किया जिससे हिन्दी का अस्तित्व अब केरल में बिल्कुल खतरे में है।

दूसरी बात जो उससे भी महत्त्वपूर्ण यह है कि बीस पच्चीस सालों से केरल के हिन्दी अध्ययन की उच्च संस्थाओं में दीर्घकाल तक अध्यापन कार्य करते हुए तथा उससे सेवानिवृत्त हुए कुछ अध्यापकों की धृतराष्ट्र नीति। ये लोग अपने स्वार्थ लाभ के लिए शिष्यों का गुट बनाकर गुटबाजी एवं गुण्डागर्दी से पूरे माहौल को ही नहीं, उन शिष्यों का तथा उन संस्थाओं का भी सर्वनाश कर रहे हैं। धृतराष्ट्र ने पुत्र वात्सल्य के कारण जिस अन्याय के रास्ते को अपनाया था उससे महाभारत हुआ था। पर ये लोग वात्सल्य के कारण नहीं, अपने स्वार्थ लाभ के लिए पीढियों को बर्बाद कर रहे हैं, साथ ही संस्थाओं को भी। ये सचमुच अयोग्य अध्यापक हैं जो पढ़ते नहीं, पढ़ाते भी नहीं। मुँह खोलकर हिन्दी बोल न पानेवाले पढ़ाते कैसे? ये छात्रों के ऊपर असर डालने के लिए गलत रास्ते को अपना लेते हैं। छात्रों के कंधे पर हाथ डाल कर

मित्रता का भाव जताते हैं। सिगार-शराब एक साथ बैठकर पीते हैं। वे वैसी एक अनैतिक मित्रता का सम्बन्ध जोड़ लेते हैं। बच्चों को सही गलत का विवेचन करने की क्षमता प्रदान करना वास्तव में अध्यापकों का धर्म है। लेकिन ऐसे लोग न अपना धर्म निभाते हैं और न छात्रों को धर्म का रास्ता दिखाते हैं। इनके माध्यम से पूरे हिन्दी माहौल में गुटबाजी एवं गुण्डागर्दी चलाके सचमुच अच्छे एवं सुयोग्य अध्यापकों को बदनाम करने और उन्हें मानसिक स्तर पर गिरा देने का प्रयत्न कर रहे हैं। इसके लिए नेतृत्व देनेवाले तथाकथित उन वरिष्ठ एवं बुजुर्ग अध्यापकों से केरल के हिन्दी प्रेमी लज्जित हैं। सच्चे अध्यापक इनके खिलाफ कुछ कर नहीं पा रहे हैं, वे हाशिएकृत हो रहे हैं, क्योंकि वहाँ शकुनी-मंथरा तन्त्र चालू है। अधिकारी वर्ग इनके द्वारा दिये जानेवाले निन्दा रस में डूबे हुए हैं। पर समझना चाहिए कि जो निन्दारस का मजा लेते हैं, शकुनियों एवं मंथराओं की मन्त्रणाओं में अपने आप को भुला देते हैं, उनकी नियति भी उस रस में मर मिटने की है। इनके साथ नई पीढ़ी के कुछ अध्यापक भी जुड़े हुए हैं। वे इनके जूते चाटकर भी अपना स्वार्थ पाने के लिए तुले हुए हैं। ये सूरत में पुरुष या स्त्री लगते हैं, पर हैं सचमुच नपुंसक भस्मासुर। उनको जानवर कहना जानवर के लिए अपमान होगा। इसके लिए योग्य नाम अभी ढूँढना है। इनसे पीढ़ियाँ कैसे सृजित होंगी? श्रीप्रकाश शुक्ल जी ने इस पुस्तक के अपने लेख में इन्हें कलिगुला कहा है, जो पाश्चात्य मिथक है पर मैं तो भारतीय मिथकों का ही इस्तेमाल करना चाहूँगा कि ऐसे राक्षसों एवं उनकी वृत्तियों से भारतीय जनता सुपरिचित है। खेद की बात यह है कि इनका अड्डा मध्य केरल है संख्या में ऊँगली भर के हैं पर भरा है कालकूट से भी तीक्ष्ण विष।

इतने विस्तार से केरल के हिन्दी माहौल को चित्रित करने का कारण यह है कि ऐसी प्रतिकूल परिस्थितियों एवं राक्षसों का निरन्तर सामना करते हुए, उनसे संघर्ष करते हुए ही वनजा ने अपनी अनूठी सारस्वत साधना की है। उसे जड से उखाड फेंकने के अनेक षड्यन्त्र इन धृतराष्ट्रों, दुर्योधनों, शकुनियों एवं मंथराओं से रचे गये हैं, पर एक भी उसके साथ नहीं चला। इसलिए कि वह जानती थी कि ये लोग निकम्मे हैं, मूरख हैं, अयोग्य हैं, इनके करने की सीमा कहाँ तक है। मुल्ला की दौड मसजिद तक। वनजा ने इन धृतराष्ट्रों, दुर्योधनों, शकुनियों, मंथराओं एवं भस्मासुरों से निरन्तर संघर्ष करते हुए अनुपम शक्ति अर्जित की है। इनके बीच में वनजा ने उत्तर-दक्षिण, पूर्व-पश्चिम के हिन्दी माहौल में अपनी अलग अस्मिता को प्रतिष्ठित करके दिखाया है। हिन्दी के मनीषियों, सच्चे अध्यापकों एवं सहृदयों को इस स्त्री शक्ति को और शक्ति प्रदान करने के लिए एक जुट होने का अवसर आ गया है। उन क्षुद्र शक्तियों को, कालकूट से भी भीषण विष वाले को पहचान कर उनके संहार करने का अवसर आ गया है नहीं तो केरल में हिन्दी की मृत्यु अवश्यंभावी है।

## मेरी मित्र

वनजा के साथ मेरा सम्बन्ध कोच्ची विज्ञान व प्रौद्योगिकी विश्वविद्यालय में अध्यापिका बनकर आने के बाद का है। उसके पहले जब वहाँ पढ़ती थी तो एकाध बार मिले तो थे। सहयोगी बनने के बाद भी कुछ सालों तक सामान्य सम्बन्ध ही रहा। 1998 में वह आयी विभाग में, लेकिन निकट का परिचय शुरू हुआ 2007 से मेरी पत्नी की बीमारी की इलाज के सिलसिले में। एलोपथि चिकित्सा जब समाप्त हो गयी और रोग की शान्ति पूर्णतः नहीं हो पायी

तो मैं कोट्टयम के एक मशहूर होमियोपति चिकित्सक के पास ले जाने का विचार कर रहा था। उस समय आनुषंगिक रूप से वनजा से बातचीत हुई। पत्नी उसकी भी मित्र थी। हालचाल पूछ लिया तो मैंने यह कार्य उसको बताया। अगले दिन वनजा ने मेरे कमरे में आकर कहा कि शीला (मेरी पत्नी का नाम) की चिकित्सा सम्बन्धी सारा रिपोर्ट लेकर घर आने को रामनायर जी ने कहा है। वे हम सबके अध्यापक थे और वनजा के पति हैं बड़े होमियोपथि चिकित्सक भी थे। अगले दिन उनके घर जाकर बातचीत हूई, दवा ली। यह चिकित्सा महीनों तक बढ़ती रही। इस प्रकार उसके साथ का सम्बन्ध भी बढ़ गया तो अच्छी मित्रता में परिणत हो गया।

इस सिलसिले में मैंने पहचान लिया कि वनजा में अकादमीय रुचि काफी हद तक है। वह हमेशा पढ़ने-लिखने के बारे में ही कहती रहती है। नौकरी में दाखिल होने के बाद अध्यापकों में जो अलसता छा जाती है, वह वनजा में कभी दिखाई नहीं दी। तब से हम दोनों ने आपस में चर्चा करके, सहायता एवं सहयोग करके कुछ काम करने का निर्णय लिया। उसका परिणाम है मेरी समकालीन हिन्दी उपन्यास, आत्मनिर्वासन और मोहन राकेश का साहित्य, आलोचना के आयाम जैसी पुस्तकें। मैंने जो लिखा, उन सब को पढ़कर उसका संशोधन एवं सुधार करके मेरे रचनात्मक कार्यों में उसने बड़ा सहयोग दिया है। वैसे ही उनकी किताबों की पाण्डुलिपियाँ पढ़कर सुधार एवं संशोधन मैं भी कर देता था। इस प्रकार की अकादमीय मित्रता अब भी बनी रहती है। साथ ही उसके घर के साथ का सम्बन्ध भी दृढतर बनता गया। रामन नायर जी की बीमारी के सन्दर्भ में और उनके निधन के सन्दर्भ में भी मैंने एक सच्चे मित्र का दायित्व निभाया। अब भी वह मित्रता ज़ारी है। हम आपस में सम्मान करते हुए उस मित्रता को बनाये रखते हैं। आशा है कि वह आगे भी बनी रहेगी। छात्रों एवं विभाग के लिए ही प्रतिकूल वृत्तियाँ जब हमारे विभाग में शुरू हुईं तो हम ने एकजुट होकर उसका प्रतिरोध किया तो हमें बदनाम करने और तहस-नहस कर डालने का बहुत ही नीच षड्यन्त्र कोच्ची की उस कौरव सेना ने शुरू किया। पर जल्दी ही सब कुछ बेकार सिद्ध हुए। क्योंकि हमें छुपाने के लिए कुछ भी नहीं था। जो कुछ हम करते थे खुलकर करते थे। इसलिए इन प्रतिकूलताओं के बावजूद हमारी मित्रता बनी रही।

वनजा मुँह फट बोलनेवाली है। मैं समझता हूँ कि वह उसके सहज-सरल-अकृत्रिम चरित्र की विशेषता है। जहाँ अन्याय है, वहाँ वह खुलकर बोलती है। लोग क्या सोचेंगे, वैसा कोई विचार उसमें नहीं। चाहे वह बड़े बड़े अधिकारी क्यों न हो जहाँ अन्याय है वहाँ वह बोलेगी अवश्य। इसके बिना वह रह नहीं सकती। छात्रों के साथ, दफ्तर के कर्मचारियों के साथ, मित्रों के साथ यही व्यवहार है। द्विमुखेपन नहीं। जो कुछ कहती है, साफ-साफ कह डालती है पर उसके मन में कोई प्रतिशोध की भावना नहीं। जो कुछ कहना है, कह डालती है, अगले क्षण उनके साथ बड़े प्रेम के साथ ही वह बातें करती है। लेकिन इस प्रकार मुँहफट बोलने के कारण मित्रों की अपेक्षा उसे दुश्मनों की सम्पत्ति ज़्यादा है। क्योंकि आज के ज़माने में खुलकर बोलनेवालों को लोग दूर रखते हैं। न्याय-अन्याय पर कोई सोचने के लिए तैयार नहीं। फिर एक स्त्री इस प्रकार कहने लगती तो उसको बदनाम करने का सारा अस्त्र लेकर लोग तैयार हो जाते हैं। फिर भी वनजा जो है हिलने डुलनेवाली नहीं। विश्वविद्यालय के उपकुलपतियों से भी इसी प्रकार खुलकर अन्याय के खिलाफ बात करते हुए मैंने उसे देखा है। लेकिन उसका एक दूसरा रूप भी है जो बिल्कुल प्रेम, ममता, दया एवं सेवा के भावों से भरा हुआ है। जो अभावग्रस्त है, उनकी सेवा करने में वह कभी हिचकती नहीं। बहुत सारे छात्रों को उसने अपने प्रेम, दया एवं

सेवा से पाला पोसा है। वापस वह कुछ भी प्रतीक्षा नहीं करती। बहुत सारे छात्रों, अनाथालयों, वृद्ध सदनों को निरन्तर आर्थिक सहायता देते हुए मौन समाज सेवा में संलग्न व्यक्ति भी है वनजा। ये सारा कार्य जो हैं वह किसी को जानने नहीं देती, अपने आप में सीमित रखना ही चाहती है। उससे सहायता प्राप्त कुछ लोगों से बहुत बुरा अनुभव भी हुआ है, पर उसकी परवाह किए बिना वह अब भी अपने सत्कर्म में लगी रहती है। अपने दुःख को भीतर ही भीतर पीते हुए दूसरों की खुशी के लिए अपने को मिटाने वह कई बार तैयार हो चुकी है, अब भी तैय्यार हो कर आगे जी रही है।

वनजा दृढसंकल्प की स्त्री है। जो निर्णय वह लेती है, उसे कर पाने के लिए कठिन से कठिन कार्य करने को वह तैयार हो जाती है। पढ़ने और लिखने के सन्दर्भ में ही नहीं, जीवन के छोटे छोटे कार्यों को लेकर भी उसमें एक दृढ संकल्प है। इसी वजह से वह इतनी पुस्तकें, शोधपरक लेख आदि लिख सकी है। केरल का शायद ही कोई दीगर हिन्दी लेखक हो जिसकी पुस्तकें उत्तर भारत के प्रतिष्ठित प्रकाशकों ने माँग माँग कर प्रकाशित की हैं। लगभग सभी प्रतिष्ठित पत्रिकाएँ उनसे आलेखों का अनुरोध करती रहती हैं। ऐसी विदुषी मेरे मित्र वनजा को उसकी सेवानिवृत्ति के इस अवसर पर सारी शुभकामनाएँ। वह सबसे पहले मेरे लिए गुरु पत्नी है इसलिए उसके प्रति आदर एवं सम्मान है। फिर वह मेरी परम मित्र है। अतः मित्र सहज स्नेह-सम्मान-परवाह सदा बने रहेंगे। धृतराष्ट्रों, दुर्योधनों, शकुनियों, मंथराओं तथा पूरी कौरव सेनाओं से मुझे यही कहना है कि आप अपने दुष्कर्मों की भट्टी में भस्म हो जायेंगे पर वनजा अपनी साधना से चिरस्मरणीय बनी रहेगी। सारी शुभकामनाओं एवं दीर्घायू की प्रार्थनाओं के साथ समाप्त करता हूँ।

# प्रो. वनजा : ज्ञान और संवेदना का योग

***असग़र वजाहत***

हिन्दी भाषा और साहित्य के प्रति केरल वासियों का जो प्रेम दिखाई पड़ता है वह शायद दूसरे दक्षिण भारतीय प्रदेशों मे कम है। केरल में हिन्दी को लेकर जो उत्साह है वह भी दूसरे दक्षिण भारतीय प्रदेशों में नहीं दिखाई पड़ता मलयालम और हिन्दी के बीच अनुवाद की जो सशक्त परम्परा है वह भी मेरे विचार से किसी दूसरी दक्षिण भारतीय भाषा और हिन्दी के बीच नहीं है। मेरे पास कभी कभी केरल के किसी स्कूल से हिन्दी टीचर का फोन आ जाता है और बताते हैं कि वे कक्षा में मेरी कहानी पढ़ा रहे हैं और छात्र-छात्राएँ मुझसे बात करना चाहते हैं। मैं बड़ी खुशी-खुशी उनके सवालों का जवाब देता हूँ और उनसे बात करता हूँ। इस तरह के फोन किसी दूसरे दक्षिण भारतीय प्रदेश से क्या हिन्दी प्रदेशों से भी नहीं आते। केरल में हिन्दी के प्रति प्रेम और उत्साह बढ़ाने का काम जिन लोगों ने किया है उनमें प्रो. वनजा का नाम बहुत प्रमुखता से लिया जाता है।

प्रोफेसर वनजा से मेरा परिचय कितना पुराना है यह भी ध्यान नहीं कि पहली बार कब और कहाँ मिला था। शायद पहली मुलाकात दिल्ली के किसी सेमिनार या संगोष्ठी में हुई होगी। मैं उनके नाम और काम से अच्छी तरह परिचित हो गया था। लगभग तीन-चार साल पहले अपनी पत्नी के इलाज के सिलसिले में कोच्चि जाने का संयोग बना। मैंने प्रोफेसर वनजा को फोन करके बताया कि मैं कोच्चि आ रहा हूँ तो उन्होंने बड़ी प्रसन्नता व्यक्त की और कहा कि उसी समय उनके विभाग में एक अन्तर्राष्ट्रीय संगोष्ठी हो रही है जिसमें मैं भाग ले सकता। गोष्ठी के दौरान पता लगा है कि पिछले कई वर्षों से प्रोफेसर वनजा बहुत कर्मठता और लगन के साथ हिन्दी विभाग का संचालन कर रही है। हिन्दी के नए पाठ्यक्रम शुरू किए हैं और हिन्दी के प्रति छात्रों का उत्साह लगातार बढ़ रहा है।

प्रोफेसर वनजा के अकादमिक पक्ष के बारे में सब जानते हैं। उन्होंने आधुनिक हिन्दी साहित्य और मलयालम साहित्य के बीच अनुवाद के माध्यम से एक सेतु बनाने का जो काम किया है वह बहुत उल्लेखनीय और महत्त्वपूर्ण है। तुलनात्मक साहित्य के क्षेत्र में भी उनका योगदान माना जाता है। दरअसल उन्होंने दोनों भाषाओं के ज्ञान का पर्याप्त लाभ उठाया है। हिन्दी और मलयालम के श्रेष्ठ साहित्य का तुलनात्मक अध्ययन करते हुए उन्होंने अनेकता में एकता की अवधारणा को स्थापित किया है। इसके अतिरिक्त उन्होंने स्त्री-विमर्श के मुद्दों पर भी शोध कार्य किया है। कोच्चि यूनिवर्सिटी ऑफ साइंस एंड टेक्नोलॉजी के हिन्दी विभाग को राष्ट्रीय और अन्तरराष्ट्रीय स्तर पर गतिशील बनाने की दिशा में भी उनके कार्य की सराहना की जाती है उन्होंने न केवल स्वयं उच्च स्तर का शोध कार्य किया है बल्कि उनके निर्देशन में अनेकों छात्रों ने महत्त्वपूर्ण विषयों पर शोध कार्य सम्पन्न किया है। यूजीसी के कई प्रोजेक्ट्स में उनका

योगदान महत्त्वपूर्ण है। उनकी प्रकाशित पुस्तकों से छात्र लाभान्वित होते रहते हैं।

मैं उनके अकादमिक योगदान से हटकर उनके मानवीय रूप की चर्चा करना चाहूँगा। साहित्य और कलाएँ मनुष्य को अच्छा मनुष्य बनाती हैं। मेरे विचार से पूरा केरल प्रदेश ही इसका बहुत अच्छा उदाहरण है। केरल में मानवीय संवेदना और सहजता दिखाई पड़ती है। यह आश्चर्य की बात नहीं कि केरलवासी सहयोग और मित्रता पर विश्वास करते हैं। मुझे व्यक्तिगत रूप से जो अनुभव हुए उनकी चर्चा करना चाहूँगा। पत्नी के इलाज के सिलसिले में प्रोफेसर वनजा और प्रोफेसर मोहन ने न केवल अच्छी और महत्त्वपूर्ण जानकारियाँ दी बल्कि इलाज के लिए सही अस्पताल तक ले जाने का कष्ट भी उठाया। अस्पताल में भर्ती कराने के बाद भी वे लोग कई बार हालचाल पूछने अस्पताल आये जो कोच्चि से काफी दूर भी था। वे फोन पर भी वह हाल-चाल लेती रहती थी। प्रोफेसर वनजा अन्तरराष्ट्रीय स्तर पर भी सक्रिय रही है। 2012 में साउथ अफ्रीका में आयोजित अन्तरराष्ट्रीय हिन्दी सम्मेलन में उन्होंने अपना पेपर पढ़ा था। इसके अतिरिक्त यूएसए और यूरोप के अन्य देशों में आयोजित संगोष्ठियों में भी उन्होंने भाग लिया है। उनकी प्रकाशित पुस्तकों की सूची काफी लम्बी है। उनके रिसर्च पेपर भी बड़ी संख्या में प्रकाशित हो चुके हैं। उन्होंने अनेकों पुस्तकों का सम्पादन किया है। उनको इस योगदान के लिए सन 2012 राष्ट्रीय गौरव पुरस्कार से सम्मानित किया गया था। 1913 में उन्हें हिन्दी भाषा भूषण सम्मान दिया गया था।

अवकाश प्राप्त करने के बाद प्रोफेसर वनजा एक नए जीवन में प्रवेश कर चुकी है। मुझे पूरा विश्वास है कि उनकी सक्रियता बढ़ जायेगी। उनके जैसा संवेदनशील और कर्मठ व्यक्ति बेकार नहीं बैठ सकता। मैं आशा करता हूँ कि मलयालम और हिन्दी के बीच अनुवाद के कार्य को वे और आगे बढ़ाएँगी। हिन्दी साहित्य का परिचय मलयालम वालों को और मलयालम साहित्य का परिचय हिन्दी के पाठकों को मिलेगा।

शुभकामनाएँ

# दक्षिण से उठता सशक्त नारी स्वर : के.वनजा

***श्रीप्रकाश शुक्ल***

के. वनजा का नाम एक प्रोफेसर व पारिस्थितिकी विमर्श की लेखिका के रूप में काफी पहले से सुन रखा था। दक्षिण के केरल से आने वाला मेरे लिए यह एक महत्त्वपूर्ण रचनात्मक स्वर था। केरल की जब भी चर्चा होती, इनकी चर्चा अवश्य होती। एक स्त्री स्वर के रूप में कोचीन का मतलब मेरेलिए वनजा है। इनकी तरफ मेरा ध्यान तब गया जब कथाकार चित्रामुद्गल पर वर्ष 2011 में प्रकाशित इनकी पुस्तक को पढ़ने का अवसर मिला। यद्यपि इसके पहले माखनलालचतुर्वेदी और हिन्दी उपन्यास पर इनकी पुस्तकें प्रकाशित हो चुकी थीं लेकिन जब यह पुस्तक पढ़ी तब पहली बार इनके व्यक्तित्व से परिचित हुआ। यूँ तो पुस्तक में मूल्यांकन चित्रा जी का है लेकिन जिस भाषा में मूल्यांकन किया गया है उससे के. वनजा के व्यक्तित्व के अन्तरंग को समझने में सुविधा हुई और तब केरल से आती इस **नारी** की आवाज की तरफ मैं कान लगाकर बहुत ध्यान से सुनने लगा। जैसे समुद्र से हवा चल रही हो और नारियल के पेड़ के नीचे खड़ा मैं एक मन्द्र स्वर सुन रहा हूँ जिसमें अरब सागर लहर ले रहा हो और ठीक उसके थपेड़ों के बीच नारियल है कि भयानक उमस भरे मौसम में एक शीतल प्राणवायु का संचार कर रहा हो!

फिर फोन पर बातचीत का सिलसिला शुरू हुआ। मैं इनको अपने द्वारा सम्पादित **'परिचय'** पत्रिका भी भेजने लगा और अनुरोध किया कि उसके लिए कुछ भेजें। इन्होंने सहर्ष भेजा भी और उनका एक लम्बा शोध परक लेख 'परिचय' के जुलाई 2013 के अंक *में 'पारिस्थितिक स्त्रीवाद' (ईकोफेमिनिज्म)* नाम से प्रकाशित हुआ जिसके माध्यम से पहली बार मैं इस शब्द से परिचित हुआ। इस लेख का पहला ही वाक्य मुझे अच्छा लगा कि 'जिस बीसवीं सदी का आरम्भ विकास के नारे से हुआ उसका अवसान मनुष्य के अस्तित्व की भीषण चिन्ताओं से हुआ है'.इसके बाद इसी वर्ष इनकी पुस्तक *'ईकोफेमिनिस्म'* नाम से वाणी प्रकाशन से जब छपकर आयी तो इनके ज्ञान और अध्ययन के प्रति मेरा झुकाव बढ़ गया और इनमें एक स्त्री का मौलिक आलोचनात्मक स्वर सुनाई देने लगा जो अपने होने के अस्तित्व को लेकर चिन्तन कर रही है जिससे कि प्रकृति व पर्यावरण के बीच एक सन्तुलित मानवीय रिश्ता स्थापित हो सके। पश्चिम के महिला विचारकों के उद्धरण के साथ हिन्दी के महिला रचनाकारों पर इनकी आलोचना दृष्टि ने इनके प्रति मेरे मन में एक गहरा सम्मान भाव जगाया।

फिर तो वनजा जी से बातचीत का सिलसिला शुरू हुआ और हम परस्पर एक दूसरे की रचनात्मकता को पढ़ने व समझने लगे। मुझे यह जानकर अच्छा लगता कि 'इकोफेमिनिस्म' पर ये गम्भीर काम कर रही हैं और धीरे-धीरे मैं भी इस शब्द की व्याप्ति से इनके लेखन के प्रति आकर्षित होता चला गया। इनसे जब भी बात होती इनके स्वर में एक ग़ज़ब का आत्म

विश्वास होता। हर मुद्दे पर खुलकर और कई बार आक्रामक होकर अपनी बात रखतीं। आरम्भ में कई बार इनके मलयाली उच्चारण के कारण इनकी हिन्दी मैं ठीक से समझ नहीं पाता लेकिन मुझे इस नासमझी में भी लगता कि ये कुछ बहुत अच्छा कह रही है। *ग़ज़ब के आत्म विश्वास से भरी रहतीं और बातचीत के बाद मुझे हमेशा लगता कि स्थानीय स्तर पर कुछ जरूर ऐसा है जो इन्हें विचलित करता है अथवा यह भी लगता कि इनकी प्रतिभा के लिए गालिबन' कुछ और चाहिए बुसअत मेरी बयान के लिए' वाली बात ज्यादेमौजूँ है।*

अब तक इनकी बात को बहुत साफ साफ समझने लगा था और टेलीफोन पर इनकी भारी व भरी हुई आवाज मुझे बहुत अच्छी लगती और इस आवाज के फलस्वरूप इनकी काया के बारे में मन ही मन एक छवि भी बनाने लगा था जिसको लेकर लगभग सही ही साबित हुआ जब इन्हें पहली बार अपने विभाग में देखा। आत्मविश्वास से भरा हुआ वस्तु और रूप दोनों में एक समृद्ध स्वरूप!

हुआ यूँ कि बीएचयू के हिन्दी विभाग की एक मौखिकी के सन्दर्भ में जब 2017 में बनारस आयी तब इनकी एक झलक देखने को मिली। बहुत बात तो नहीं हो सकी क्योंकि उस दौर में यहाँ का हिन्दी विभाग भी अपने आन्तरिक संघर्ष के सर्वोत्तम दौर से गुजर रहा था जिसमें 'कालीगुला' अपनी पालक टीम के साथ अविश्वास व विध्वंश के लिए उद्यत था, लेकिन दो तीन मिनट में ही इनकी साहसिकता, गम्भीरता और मन्द्र स्वर को समझ गया। टेलीफोन पर बातचीत में इनके गूँजते हुए भारी स्वर की अनुनादित गहराई से किंचित परिचय तो मिल गया था लेकिन जब ये पहली बार प्रत्यक्ष हुईं तब व्यापकता का भी पता चला। जितना पुष्ट आकार उतनी की परिष्कृत आवाज। चेहरे पर मासूमियत, कौतूहल और विनम्रता लेकिन एक सर्जक के दर्प और ज्ञान से भरा हुआ आत्म विश्वास। कुछ क्षण मैं इन्हें देखता रहा और फिर एकाध वाक्य का आदान प्रदान हुआ। बात आयी गयी हो गयी। कक्षा के नाम पर इनसे विदा लिया तो ये तपाक से उठीं और हाथ मिलाते हुए कहा-फिर मिलेंगे।

और यह मिलना तब हुआ जब मैंने इन्हें अपने छात्र अनिल पांडेय की शोध मौखिकी के सन्दर्भ में 16 मई 2019 को बीएचयू बुलाया और मैने इस अवसर पर भोजपुरी अध्ययन केन्द्र में इनका एक व्याख्यान आयोजित किया। विषय था–'*साहित्य और पारिस्थितिकी के अन्तः सम्बन्ध।*' अवसर पर खूब जमकर बोलीं। छात्रों के सवालों का खुलकर उत्तर दिया। एक भारी व गूँजती आवाज से केन्द्र का सभागार भर उठा। पहला ही वाक्य था–

'आज के साहित्य में डर और दुख की अभिव्यक्ति साहित्य की पारिस्थितिकीय चिन्ता की अभिव्यक्ति है'। इस क्रम में आगे कहा कि आज की पूँजी, सत्ता व व्यवस्था के बरक्स पर्यावरण व पारिस्थितिकी की बात करना स्वदेशी व स्थानीयता की बात करना है और इसको लेकर समकालीन हिन्दी साहित्य भी गम्भीर है। इसमें जोड़ते हुए उन्होंने कहा कि आधुनिकता ने बहुत कुछ अच्छा दिया लेकिन उसने जिस प्रकार का अहंकार बोध व वर्चस्व की चेतना दी उसने अन्य का नुकसान करने के साथ प्रकृति का भी नुकसान किया। आज का साहित्य इसी अन्य के साथ खड़ा होने की कोशिश में पारिस्थितिकी के निकट है जहाँ प्रकृति व स्त्री उसके अध्ययन के विषय हैं।

इस अवसर पर लगभग एक घंटे के प्रवाह पूर्ण भाषण में एक एक शब्द उनके ज्ञान व अध्ययन की गवाही दे रहे थे और उनके भीतर की जागरूक स्त्री स्वदेशी व बहुलता के माध्यम

से भौम सदाचार, हरित आध्यात्मिकता और मूल्यवत्ता को पारिस्थितिकी का प्रमुख तत्व मानते हुए उसके पक्ष में तर्क पर तर्क दिए जा रही थी।

वे जैसे जैसे आगे बढ़ रही थी धार और भी तीव्र हो रही थी। मुट्ठियाँ तन रही थी और जोश था कि देखने लायक था। इस अवसर पर ग़ज़ब का आत्म विश्वास था और लग रहा था जैसे स्त्री के वर्षों के भीतरी डर व भय के भीतर से एक दहकती हुई आवाज बाहर आ रही है जिसमें गाँधी के 'हिन्द स्वराज' और प्रसाद की 'कामायनी' का रेशा रेशा गवाही दे रहा था।

चूँकि मैं सत्र की अध्यक्षता कर रहा था इसलिये एक एक बात को गौर से सुन रहा था। उनके द्वारा पर्यावरण के साथ मानवता के रिश्तों और स्त्री की सर्जनात्मक भूमिका पर कही हुई बात आज भी मेरे कानों में गूँजती है।

इसके बाद जब हम शाम को खाने पर मिले तब इनका एक दूसरा ही स्नेहिल व वत्सल स्वरूप देखने को मिला। एक एक छात्रों से उनके बारे में जानकारी हासिल करते हुए जिस तरह से उन सभी से ये संवाद कर रही थी वह सभी को अच्छा लगा। साथ में मेरी पत्नी सुनीता भी थीं जो आज तक इनकी प्रशंसा करती हैं। वे कहती हैं कि वनजा जी का व्यक्तित्व पारदर्शी है और विश्वसनीय। वे जहाँ होती हैं, वहाँ पूरे विश्वास के साथ होती हैं। मैं उनसे अक्सर कहता था कि हिन्दी जगत की महिला आचार्य सह लेखकों से मेरे सम्बन्ध जितनी तेजी से बनते हैं उतनी ही तेजी से टूटते भी हैं। अब तो इस पर ध्यान भी नहीं देता। मुझे अक्सर लगता कि इस क्षेत्र में मैं विफल हूँ और अक्सर परिस्थिति का शिकार रहता हूँ लेकिन वनजा जी से मिलने के बाद पत्नी आज तक कहती है कि इनका व्यक्तित्व एकदम अलग और अनूठा है। इनसे आपको शायद ही कोई शिकायत मिले और यही सच भी है। दरअसल इसके पीछे इनकी स्वीकार्यता की भावना और व्यक्तिगत निष्कंप आत्म विश्वास की चेतना है जो इन्हें अकारण की निन्दा से रोकती है और सम्बन्धों की आत्मीयता को बचाये रखती है। ये उन कुछ लोगों में हैं जो दुश्मन का दोस्त भी दुश्मन ही होगा, (चाहे उससे कितना ही अच्छा सम्बन्ध हो और उसने कितना भी उपकार किया हो) के सिद्धान्त को नहीं मानतीं। इसलिए उनकी भी कभी निन्दा नहीं करती जिनसे मेरे सम्बन्ध तो ठीक हैं लेकिन इनके खुद के गड़बड़। *यह बताना इस कारण जरूरी है कि मैं ऐसे कई महिला आचार्यों को जानता हूँ जिन्होंने यह करके अपने को अलग थलग कर लिया है और एक शानदार आत्मविश्वास से भरे निर्वासन का जीवन जी रही हैं!वे नहीं समझतीं कि कटुता की सामाजिकता में सबसे पहले कटी हुई वैयक्तिकता का ही अंकुरण होता है!*

बहरहाल, इसी शाम हम गंगा बोटिंग व आरती में साथ थे। गंगा की लहरों पर तैरते हुए दियों के प्रकाश में मुझे बनजा जी को काफी निकट से देखने का अवसर मिला। उनका काशी कौतूहल और रमणीय आत्म विश्वास आज भी मुझे आकर्षित करता है। अपनी अध्ययन शीलता, नवाचारी दृष्टि और सम्बन्धगतऔदात्य से आज भी मुझे वे जब तब याद आती रहती हैं। गंगा दर्शन के बाद उन्होंने मुझसे धीरे से कहा–'आपके गंगा व शिष्य प्रेम को सोशल मीडिया के माध्यम से देखती सुनती थी और मन ही मन आपके साथ इस दृश्य को देखने की इच्छा भी रहती थी। आज वह पूरी हुई तो बहुत अच्छा लगा।'

यह सुनकर मैं भावुक हो गया और उन्हें बनारस आते रहने का खुला निमन्त्रण दे डाला।

इसी बीच सितम्बर, 2019 के तीन तारीख को मेरे फोन पर एक अनाम काल आती है– जी, आप श्रीप्रकाश शुक्ल बोल रहे हैं। मैने कहा-जी, बताएँ।' अरे कोई बात नहीं सर। मैं

कोचीन के महाराजा कालेज से डॉ. जीता बोल रही हूँ। मुझे आपका नम्बर प्रो. वनजा जी ने दिया है। मैं अपने कॉलेज के हिन्दी विभाग से *'हिन्दी साहित्य में समकालीन विमर्श'* विषय पर एक दो दिवसीय सेमिनार कर रही हूँ। आप आयें।' और हाँ-आपको उद्घाटन वक्तव्य देना है। मैं चुपचाप सुनता रहा। कारण यह कि आधी बात तो समझ में नहीं आयी। उन्होंने दुहराया भी लेकिन सीमा मेरी ही थी कि मैं मलयाली लोगों के हिन्दी उच्चारण को थोड़ा देर से समझता हूँ खैर, मैंने उनसे मेल पर डीटेल भेजने का आग्रह करते हुए इस सन्दर्भ में दो दिन बाद बात करने को कहा। विषय तो अच्छा ही था लेकिन मैं हमेशा सोचता हूँ कि केरल के हिन्दी लोग क्यों विमर्श पर ही इतना ध्यान देते है! वहाँ के लेखकों में ज़्यादातर की पुस्तकें या तो विमर्श पर हैं या फिर उनके सेमिनार विमर्श आधारित होते हैं।

इस कार्यक्रम की तिथि निर्धारित थी। 10 व 11 अक्टूबर 2019। उधर इसी तिथि के आस पास मेरा अरुणांचल का कार्यक्रम बना हुआ था लेकिन प्रस्ताव सुनने के बाद कोचीन जाने के लिए मेरा मन मचल भी रहा था। एक तो वहाँ गया नहीं था, दूसरे आयोजक ने वनजा जी का नाम लिया था जिनके स्नेह की रक्षा भी करनी थी। दो दिन बाद जैसे ही फोन आया मैने हाँ कह दिया और जाने का मन बना लिया। *इस पूरे प्रसंग में वनजा का फोन कभी नहीं आया, यह बात दर्ज करने लायक है!*

इसी बीच दो अक्टूबर को अचानक वनजा जी का फोन मिला तो उनसे पूरे कार्यक्रम के बारे में बताया। मैंने कहा कि मैं आपके विभाग भी आना चाहूँगा। आप चाहें तो छात्रों के साथ एक बातचीत रख लें या फिर चाय जैसा कुछ जिसमें शिक्षक भी शामिल हों। वे चुप थीं। कुछ नहीं बोलीं। केवल इतना कहा कि आइए। देखते हैं। और नौ अक्तूबर को कोचीन पहुँचकर उन्हें अपने आने की जानकारी दे दी। वे अगले दिन दस तारीख को समय पर आयीं। उद्घाटन भाषण में श्रोता की तरह रही। उसके बाद बीज भाषण की उन्होंने अध्यक्षता की। मैंने समलैंगिक, स्त्री, आदिवासी, किसान विमर्श पर विस्तार से बात की। वे ध्यान से सुनती रहीं। मैंने जब पहला ही वाक्य बोला-*जहाँ वनजा जैसी सशक्त लेखिका हों वहाँ स्त्री-विमर्श बतियाने का नहीं सीखने का विषय है।* सभागार तालियाँ से गूँज उठा। इस सभागार में निन्यानबे फीसदी महिलाये थीं और सभी साहसी, सक्रिय और समझदार। इसी आयोजन में आचार्य एन.मोहनन के साथ इन्दु वेलसर, जया प्रभा, शैलजा, बिन्दु, विनोद बाबू, हरमन, आतिरा जैसे शिक्षकों से पहली बार मिलने का अवसर भी मिला। हाँ, एक बात यह भी मजेदार थी कि यहाँ से ज़्यादातर हिन्दी शिक्षक आपस की बातचीत मलयालम में ही कर रहे थे और कई बार चाहकर भी मैं उनकी आपसी बातचीत का हिस्सा नहीं हो पा रहा था। भोजपुरी में इसे कहते हैं– बातचीत में भक्कू बने रहना!

बहरहाल, जब वनजा जी का अध्यक्षीय उद्‌बोधन आरम्भ हुआ तब सभागार में' गुरु जी' को सुनने के लिए सन्नाटा था। पहला ही वाक्य था– आज मैं बहुत उदास हूँ कि चाहकर भी अपने मित्र को अपने विभाग नहीं ले जा पाई'। इसके बाद दो मिनट तक पूरे पीड़ा बोध के साथ उन्होंने मेरे बारे में कुछ अच्छी अच्छी बातें की। हिन्दी के कुछ दृढ संशयी और विषाक्त *'कालिगुलाओं'* (कालिगुला, ख्यात नाटककार अल्बैरकामू का नाटक है जिसमें मुख्य चरित्र कालिगुलारोम का तीसरा सम्राट था जिसे लोग सनकी कहते थे। दूसरों को परेशान करने में उसे ख़ुशी मिलती। वह किसी की प्रगति नहीं देख सकता था। खुद को लेकर हमेशा सशंकित

रहता था) का संकेत किया जो काशी से लेकर कोचीन तक में व्याप्त हैं! फिर पारिस्थितिक विमर्श पर जमकर एक घंटा बोलीं। मेरी इस स्थापना का खुलकर प्रतिवाद भी किया जिसमें मैंने 'ईकोगिरियाट्रिसिसम' पर चर्चा करने की बात कही थी। यह उनकी विद्वता और ज्ञान के रिसाव का सर्वोत्तम क्षण था जिसमें उपस्थित श्रोता डूब रहे थे। अवसर पर मुझे लगा कि कुछ है जो उनके मन को मथ रहा है और जिसे मैंने छुपाना चाहा है, वह उन तक पहुँच चुका है!

इसीलिए यह भी महसूस हुआ कि वनजा जी जब उत्तेजना में होती हैं तब बहुत अच्छी बोलती हैं। पीड़ा एक स्त्री को संस्कार देती है और जब वह पीड़ा में होती है तब अपने बौद्धिकता के सर्वोत्तम क्षण में होती है। सदियों की उपेक्षा के दंश के भीतर से आज एक स्त्री बोल रही थी और सदियों की जड़ संरचना को शिथिल ही नहीं ध्वस्त कर रही थी। वह प्रकृति व जगत के सम्पूर्ण चराचर को सम्बोधित करते हुए पूरी सामाजिक संरचना में आमूल परिवर्तन का आवाहन कर रही थी।

आज केरल का उपस्थित बौद्धिक जगत भी अपनी इस बौद्धिक सत्ता के आत्मविश्वास से पुलकित था और काशी की पांडित्य परम्परा से गया हुआ मैं सिर्फ सुन रहा था। बनजा को ही नहीं, परम्परा व संस्कृति के भीतर से एक उस स्त्री को भी जो शोषण के हर पक्ष को नकारते हुए प्रकृति की उलझी हुई शिराओं को सुलझा रही थी। हिन्दी में महिला लेखक तो बहुत हैं लेकिन महिला आलोचक उतने ही कम। इस दिशा में उत्तर के रोहिणी अग्रवाल की तरह ही दक्षिण की इस के .वनजा को बहुत उम्मीद व आदर से देखता हूँ।

मुझे अब तक की सभी जानी, सुनी 'बनजाओं' में यह बनजा, यानी प्रो.के. वनजा आज भी बहुत याद आती हैं और अब जब वह अवकाश ग्रहण कर रही हैं, मैं बनारस से कोचीन के लिए अपनी शुभकामनाएँ भेज रहा हूँ। वे स्वस्थ रहें और खूब लिखें। अभी उनका बहुत कुछ आना बाकी है।

# डॉ. के वनजा– मेरी नज़र में

***प्रतिभा मुदलियार***

आज से लगभग बारह पन्द्रह साल पहले की बात है... त्रिलोचन पर राष्ट्रीय संगोष्ठी चल रही थी.. मुझे संगोष्ठी में अपना आलेख प्रस्तुत करने के लिए हिन्दी विभाग, कोचिन विश्वविद्यालय, कोचिन से निमन्त्रण मिला था। मैं पहली बार कोचिन आयी थी और पहली बार ही वहाँ के संकाय से मिली भी थी। वैसे तबतक मैं बहुत ही कम वहाँ के संकाय को जानती थी। संगोष्ठी में आलेख आदि पढ़े जा रहे थे और उसी दौरान डॉ. वनजा जी से मेरी मुलाकात हुई। मैंने देखा कि मैडम अपने विचारों को बहुत ही प्रभावी ढंग से प्रस्तुत कर रही हैं। उनका वह आत्मविश्वास और अपने विचारों की प्रस्तुति पर डटे रहना मुझे बहुत ही अच्छा लगा था। और उसके बाद आज तक मेरा उनको साथ सम्पर्क है। मुझे यदि किसी विषय पर कुछ बोलना है या जानना हो तो हम एक-दूसरे के साथ बात कर लते हैं।

वनजा जी का व्यक्तित्व बहुत ही प्रभावशाली है। उनके व्यक्तित्व में से अक्सर एक अननुशासित प्रशासक को झाँकते देखा है। लगातार अध्ययनरत रहकर ही साहित्य के विभिन्न आयामों को छूकर नए सिद्धान्तों का अनुसंधान करना वनजा जी की विशेषता है। उनके व्यक्तित्व के बारे में कहा जाय तो इतना अवश्य कहन चाहती हूँ कि वह एक मजबुत, दृढ तथा विवेकी महिला है। मैंने उनको अक्सर कॉटन की साडी में देखा है। और एक विशेष बात यह कि साडी से मैच करनेवाला नेकलेस भी पहनती हैं जो उनके व्यक्तित्व पर अधिक फबता है। जब वह अपनी बड़ी-सी कार लेकर आती हैं और उससे जब शान से उतरती है तब अपना कद्दावार प्रभावी व्यक्तित्व आँखों में भर जाता है। जितने सलीके से वह रहती हैं उतने ही सलीके से वह अपना कमरा, अपना कैबिन, अपना घर भी रखती हैं। उनका वस्तुओं का चयन दाद देने लायक है। उनके कार से एक दो बार मैं उनके घर भी गयी हूँ। उनका घर बहुत तरतीब से सजा हुआ है। घर के उपरी हिस्से में उनकी लाइब्रेरी है जहाँ हजारों किताबों को बहुत ही करीने से सजाया गया है। मिलनसार होने के नाते वनजा जी अपने छात्र छात्राओं में लोकप्रिय हैं। उनके छात्र भी उनके प्रति बहुत ही आदर और सम्मान व्यक्त करते हैं।

जहाँ तक उनके एकेडेमेशियन होने का सवाल है, मुझे यह कहने में गर्व होता है कि दक्षिण भारत में हिन्दी के इने गिने चुने हिन्दी के अद्येताओं में वनजा जी का नाम अभिमान से लिया जाता है। किन्तु उनके "इकों फेमिनिजम" पर किए काम के कारण आज वह हिन्दी प्रदेश में भी गम्भीर अकादमिशयन के रूप में जानी जाती है। उनका मलयालय, अँग्रेजी और हिन्दी पर विशेष अधिकार है। इसलिए उन्होंने अनुवाद के माध्यम से हिन्दी और मलयालम दोनों भाषाओं के साहित्य को समृद्ध किया है।

स्त्री वाद, स्त्री-विमर्श, पारीस्थितिक स्त्री वाद, उपनिवेशवाद आदि उनके अध्ययन के

विषय है। उन्होंने अपने अध्ययन के माध्यम से 'इको फेमिनिजम' पर अपना मौलिक कार्य किया है। उनके अनुसार पूँजीवाद व्यवस्था में स्त्री और प्रकृति पुरुष के अधीन है। दोनों उसके उपयोग की वस्तुएँ हैं। वे दोनों पर बीज बोते हैं और अपना मर्जी के अनुसार उनका उपभोग करते हैं। इसलिए पारिस्थितिक स्त्रीवाद समस्त जैव वैविध्यों के साथ सहिष्णुता और स्नेह के व्यापार को मुख्य स्थान देता है। अतः स्त्री और प्रकृति दोनों के खिलाफ पारिस्थितिक स्त्री वाद लड़ता जा रहा है। इस बात को उन्होंने अपने इको फेमिनिजम थेरी में बताकर हिन्दी साहित्य के विभिन्न कथाकारों की कथाओं और कविताओं का विश्लेषण कर साहित्य में अध्ययन की एक नई दिशा प्रस्तुत की। उन्होंने अबतक तेरह से भी अधिक पुस्तकें विभिन्न विषयों पर सृजित की हैं। उनके योगदान को रेखांकित कर विभिन्न पुरस्कारों से भी उनको सम्मानित किया गया है। सतत अध्ययनरत रहनेवाली वनजा जी विद्यार्थी वर्ग तथा अध्ययन करनेवालों के लिए प्रेरणा देनेवाला व्यक्तित्व की धनी हैं।

प्रत्येक व्यक्ति के जीवन में अवकाश प्राप्त करने का दिन आता ही हैं। हम बस रोज की दिनचर्या से मुक्त होकर होते हैं। किन्तु अध्येता हमेशा अध्येता ही रहता है। मुझे विश्वास है कि वनजा जी अपना सारा समय अपने अध्ययन तथा सृजन कर्म में व्यतीत करेंगी। मैं जानती हूँ वह एक समाज कार्यकर्ता भी है इसिलए कम्युनीटी सर्विस उनके कृतित्व का एक अन्य हिस्सा है। मैं इस अवसर उनको अनेक शुभकामनाएँ देती हूँ और विश्वास करती हूँ कि वह साहित्य, समाज और संस्कृति के लिए अपना योगदान देकर अपने जीवन को सार्थक बनाए।

शुभकामनाएँ।

# अभिनन्दन

***गंगा सहाय मीणा***

आदरणीय प्रोफेसर वनजा जी से परिचय प्रोफेसर मोहनन के माध्यम से हुआ और प्रोफेसर मोहनन से प्रोफेसर रामबक्ष जी के सन्दर्भ से, जब मैं 2011 में अपनी पत्नी के साथ केरल घूमने गया। मैं कोचीन एयरपोर्ट पर उतरकर सीधे कोचीन यूनिवर्सिटी ऑफ साइंस एण्ड टैक्नोलॉजी पहुँचा जहाँ प्रोफेसर मोहनन मेरा इंतजार कर रहे थे। उस दौरान केवल प्रोफेसर वनजा के व्यक्तित्व से परिचय मात्र हो पाया था। यह परिचय निजी रिश्ते में बदला प्रोफेसर मोहनन और प्रोफेसर वनजा के दिल्ली आने पर। पिछले 9 वर्षों में उनका कई बार दिल्ली आना हुआ और हमारी मुलाकात लगभग हर बार हुई। जेएनयू के अरावली गेस्ट हाउस में ठहरने के दौरान लम्बी बातचीत भी हुई।

प्रोफेसर वनजा का व्यक्तित्व अनूठा है। ऊपर से सख्त और भीतर से नाजुक। उनके सख्त व्यवहार के बारे में उनके सहकर्मियों और विद्यार्थियों से सुना है और उनका संवेदनशील व्यवहार और विशाल हृदय स्वयं देखा और महसूस किया है। हिन्दी के सब बड़े साहित्यकार दिल्ली में रहते हैं और वनजा जी का उनमें से अधिकांश से बहुत अच्छा रिश्ता है। एक बार इत्तेफाक ऐसा हुआ कि मैं भी वनजा जी के साथ साहित्यकारों के मिलन अभियान का हिस्सा बन गया। किसी के लिए साड़ी, किसी के लिए काजू तो किसी के लिए कुछ अन्य उपहार। सबसे इस तरह मिलना मानो सबसे गहरे रिश्ते तो उसी व्यक्ति के साथ है वनजा जी के। हमारे घर आने पर हम तो यह देखकर हतप्रभ रह गये कि वे केरल से हमारे बच्चे के लिए कपड़े लेकर आयीं और हमारे लिए काजू। हतप्रभ होने की वजह यह थी कि तब तक हमारे रिश्ते इतने गहरे नहीं थे। इससे हमने सीखा कि रिश्तों को गहराई प्रदान करने के लिए एक पक्ष को पहल करनी होती है।

यह वनजा जी की संवेदनशीलता के विशद दायरे का ही परिणाम है कि उन्होंने हिन्दी में परिस्थितिकी पर अध्ययन करना चुना। मुझे यह जानकर खुशी हुई कि उनकी किताबें हिन्दी के सबसे बड़े प्रकाशकों के यहाँ से छपी हैं। उनका स्थान हिन्दी साहित्यालोचन में सम्मानित है। इसका श्रेय जाता है उनकी साहित्य-साधना को। प्रोफेसर वनजा ने एक सफल और सार्थक पारी पूरी की है। मैं उनके उज्ज्वल भविष्य की कामना करता हूँ।

# प्रकृति और साहित्य की आत्मजा : आचार्य के. वनजा

*अनुपमा तिवारी*

मानव जीवन में शिक्षा का सही अर्थ है– गूढ़ रूप से सीखना तथा सीखे हुए का अनुपालन कर उसे दैनिक जीवन में विस्तार देना। एक ध्रुव सत्य यह भी है कि– सीखने की अद्‌भुत अभिक्षमता मानव में होती है और मनुष्य, मनुष्य से ही सीखता है। जिस प्रकार जल से जलाशय भरता है, दीप से दीप जलता है उसी प्रकार प्राण से प्राण सचेत होता है। चरित्र को देखकर ही चरित्र का निर्माण बहुत हद तक होता है। भारतीय समाज में तो गुरू के सम्पर्क, सानिध्य और उनके पदचिन्हों पर चलकर व्यक्ति अपने चरित्र और आचरण को निर्मित करता है। शिक्षा एक प्रतिपादन है और उसका मूर्त रूप शिक्षक है। शिक्षक द्वारा सिखाए गये नैतिक मूल्य, उच्च विचार और शिष्टाचार को छात्र जीवन पर्यंत किसी न किसी रूप में आत्मसात किये ही रहते हैं। ऐसी ही मूर्त, विशिष्ट, मिलनसार, मृदुभाषी और सरल शिक्षिका हैं– प्रो. के. वनजा। 15 नवम्बर 1959 में केरला में जन्म लेनेवाली वनजा जी की मातृभाषा मलयालम है परन्तु अहिन्दी प्रान्त में हिन्दी के प्रति उनकी निष्ठा, तपस्या, कार्यशैली एवम उपलब्धि हम जैसे आजीविका के लिए संघर्षरत यूवापीढ़ी के लिए प्रेरक है। हिन्दी में डी.लिट मानद की उपाधि प्राप्त करने वाली वनजा जी के व्यक्तित्व के दो आयाम हैं– बहिर्मुखी एवम अन्तर्मुखी। बाह्य व्यक्तित्व की बात करें तो, मुझे वनजा जी के प्रथम दर्शन का सौभाग्य 1 और 2 मार्च 2015 में विशाखापत्तनम के प्लेटिनम जुब्ली हाल में प्राप्त हुआ था। दो दिवसीय संगोष्ठी में अपनी भुमिका निभानेवाली वनजा जी ने अपने शानदार व्यक्तित्व से सब को आकर्षित कर रखा था। लम्बी-चौड़ी काया, गेहुँआ रंग, स्मित मुस्कान, शान्त और गहरी आँखें, चाल-ढाल में एक लचक वनजा जी के रूप को विशिष्ट बना देता है। सोने पर सुहागा यह कि दमदार, बुलन्द पर मीठी आवाज से सबका ध्यान अपनी ओर केन्द्रित करने की कला में भी आप पारंगत हैं। शायद यह भी एक कारण है कि आपके निर्देशन में 35 पीएच. डी., 75 एम.फिल और 02 पी.डी. एफ. शोधकार्य, नवीन विषयों और शोध-सिद्धान्त के नये प्रतिमान पर सम्पन्न हुए हैं। एक आदर्श शिक्षिका, अकादमिक कार्यों में दक्ष और स्वतन्त्र विचारधारा से सम्पन्न वनजा जी ने अपने अदम्य साहस से अहिन्दी क्षेत्र में अपनी विशिष्ट पहचान को प्रतिस्थापित किया है। अति धनाढ्य, कुलीन और साम्भ्रान्त परिवार से सम्बद्ध वनजा जी ने अपने अन्दर निहित साहित्यिक अभिरुचियों को निखारकर कई पुस्तकों का सृजन किया है। आपके लेखन का वैशिष्ट्य यह है कि लेखिका के जीवन में भोगे हुए यथार्थ उसमें कम परिलक्षित हुए हैं। सामाजिक परिवेश, दयनीय स्थितियों और विसंगतियों से प्रभावित होकर वनजा जी के भीतर का लेखक छटपटाने लगा और परिणाम स्वरूप 2001 में 'तुलना और तुलना' पुस्तक के प्रकाशन से आपके लेखकीय का सफर आरम्भ हो गया। यद्यपि इस पुस्तक के पूर्व 1998 मे ही आपकी पीएच. डी. शोध-प्रबन्ध 'माखनलाल चतुर्वेदी

की रचनाओं मे मानव-मूल्यों की अवधारणा' प्रकाशित हो चुकी थी। समाज और व्यवस्था के प्रति जब किसी व्यक्ति का आक्रोश प्रस्फुटित होता है तो साधारण व्यक्ति मौखिक रूप से कुछ बोलकर या कहकर शान्ति पाता है। वहीं लेखक, मन के उद्‌गार शब्दों में उतारकर सदा के लिए कृति को अमर बना देता है। प्रो. के. वनजा भी इसी की साक्ष्य हैं। आप निरन्तर अध्ययनशील रहती हैं। साहित्य पढ़कर उसकी खूबी और खामी के प्रति आपके मन में जो भावनाएँ तरंगित होती रहती हैं, आलोचना के वही भाव आपकी पुस्तकों को समृद्ध करते हैं। इस श्रेणी में आप द्वारा लिखित पुस्तकों के शीर्षक का विवरण इस प्रकार है– हिन्दी उपन्यास : आज, समीक्षा का साक्ष्य, चित्रा मुद्‌गल एक मूल्यांकन, साहित्य का पारिस्थितिक दर्शन, इको– फेमिनिज्म, भारतीय कहानियाँ, मलयालम मे गान्धी, मलयालम : भाषा, साहित्य एवम संस्कार, हरित भाषा वैज्ञानिक विमर्श, समकालीन कहानियाँ, स्त्री लेखन और काव्य यात्रा आदि। आप द्वारा लिखित प्रत्येक पुस्तक की अपनी अलग विशेषता है परन्तु एक लेखिका के रूप में आपको लोकप्रियता 'इको फेमीनिज्म' से अधिक मिली। इस सन्दर्भ में अपने एक साक्षात्कार में आपने कहा कि– "हिन्दी में पर्यावरण पर कई पुस्तकें लिखी गयी हैं, लेकिन वे सब वैज्ञानिक तथ्यों पर केन्द्रित हैं। पर्यावरण एवम साहित्य के अन्तः सम्बन्धों पर केन्द्रित जो दर्शन है उसकी चर्चा पहली बार हिन्दी में मेरी पुस्तक "साहित्य का पारिस्थितिक दर्शन" में हुई है। उसकी अगली कडी के रूप में "इकोफेमीनिज्म" और तीसरी किताब है "हरित भाषा वैज्ञानिक विमर्श"। समकालीन साहित्य-विमर्श के क्षेत्र में पर्यावरण विमर्श को लेकर हिन्दी पट्टी जब मौन रही तब इन तीनों किताबों ने हिन्दी साहित्यलोचना के क्षेत्र में पारिस्थितिक विमर्श की शुरुआत की ओर उसको प्रतिष्ठित भी किया। इसलिए पारिस्थितिक विमर्श के सन्दर्भ में लिखनेवाली पहली पहली महिला कहना ठीक नहीं है, पहला व्यक्ति कहना संगत रहेगा। बहुत ही विनम्रता के साथ मैं इस गौरव को स्वीकार करती हूँ।" लेखिका का यह कथन अक्षरशः सत्य है। साहित्य में व्याप्त विमर्श को स्थापित करने में किसी न किसी की भुमिका होती ही है जिन्हें हम साहित्यिक भाषा मे जनक की उपाधि देते हैं। हिन्दी में पर्यावरण और पारिस्थितिक विमर्श के जनक के रूप में वनजा जी को स्वीकारना अतिशयोक्ति न होगा। हिन्दी साहित्य में जो पक्ष विद्वानों द्वारा उपेक्षित या अनदेखा रहा वनजा जी ने उसे एक नूतन ढंग से साहित्य में स्थापित किया। अपने पर्यावरण पारिस्थितिक ग्रन्थों में लेखिका ने जन्मदात्री स्त्री और जीवनदायिनी प्रकृति को प्रतिष्ठित किया है। आपका मानना है– "इको-फेमिनिज्म का मकसद स्त्री और प्रकृति के अधिकार और उसकी संरचना को शिथिल करना है। स्त्री- पुरुष भेद के बिना मनुष्य को मनुष्य के रूप में देखने, समझने और माननेवाले एक संसार के सृजन में इको फेमिनिजम काम करता आ रहा है। स्त्री को इस पारिस्थितिक आन्दोलन के नेतृत्व में आना चाहिए।" यह सत्य है कि अनादिकाल से पुरुष सत्तात्मक समाज स्त्री और प्रकृति पर अपना वर्चस्व दिखाकर आधिपत्य जमाता ही रहा है, जिसके निरर्थक परिणाम समाज की गति को पर्याप्त रूप से अवनति की ओर ले गये हैं। लेखिका वनजा जी की यह सोच कि यदि नर-नारी के शक्ति, लिंग भेद, भाव और कार्य में भेदभाव किये बिन मात्र एक मनुष्य के रूप में उन्हें समझा जाये और समनता का व्यवहार परस्पर किया जाये तब जाकर एक स्वस्थ समाज की परिकल्पना साकार हो सकती है, यह देश नहीं अपितु विश्वहित में निहित है। इस दिशा में इको-फेमिनिज्म का सार्थक और सोद्देश्यपूर्ण अवतरण प्रगति के नये आयाम को प्रतिस्थापित करने में सहायक है। कहना न होगा

कि समुद्रसमशील और गहराई लिए वनजा जी की ओजपुर्ण विचारधारा भौतिक क्षमता लिए बुद्धिजीवियों को इस दिशा में सोचने के लिए प्रेरित किया है।

व्यक्तिगत जीवन में अति सरल एवम प्रतिभा सम्पन्न वनजा जी के गुणों को कुछ पृष्ठों में नहीं समेटा जा सकता। परिवार में, समाज में, प्रदेश में और हिन्दी साहित्य जगत में आपने अपने ज्ञान के सिन्धु से लोगों का कल्याण किया है। सेवानिवृत्त होना मतलब एक परिसर के सीमेंट से बने कक्ष से अलग होना मात्र होगा जबकि आपकी शैक्षिक और साहित्यिक उपादेयता सदैव गतिशील ही रहेगी। वनजा जी की तरह मृदुभाषी, न्यायप्रिय, वक्त की पाबन्द और अध्ययनशील मां, महिला, शिक्षिका और लेखिका के संसर्ग से कोई भी व्यक्ति गौरवान्वित हो सकता है। मुझे भी यह सौभाग्य प्राप्त हुआ है। आपके साथ अल्प परन्तु मजबूत आत्मीय सम्बन्ध से मैं अभिभूत हूँ। भविष्य में भी आपके स्नेह, आशीर्वाद से मैं सम्पन्न रहूँ, यही अभिलाषा है।

# चन्द सतरें : शिक्षा और शिक्षक के बारे में

*अंजली ज्योतिष*

केरल के प्रमुख अध्यापक तथा चिन्तक डॉ. एम पी मन्मथन्, आधुनिक शिक्षा शैली पर व्यंग्य करते हुए अपने एक भाषण में बताया कि आधुनिक शिक्षा शैली जैसे, केरल के लोग "पुट्टु" नामक खाद्य बनाते हैं, वैसा है। पुट्टु, चावल के आटे से बनती है। पहले आटे को थोड़ा पानी डाल कर हाथ से मिला लेते हैं। पुट्टु बनाने का, सिलेंडर जैसे विशेष प्रकार का एक लम्बा बरतन है। पहले उस बरतन में कसा हुआ नारियल डालते हैं, उसके ऊपर चावल का मिलाया हुआ आट्टा थोड़ा भर देता है, फिर थोड़ा-सा कसा नारियल, फिर से आटा और अन्त में फिर से थोड़ा नारियल। फिर इस को बन्द करके उबलते हुए पानी वाले घड़े के ऊपर कुछ देर के लिए रख देते हैं। ऊपर से जब भाप निकलती है तो 'पुट्टु' तैय्यार हो जाती है। फिर उस बरतन को लेकर एक दण्ड से उसके पीछे से दबाकर 'पुट्टु' को थाली में थकेल देती है। डॉ. मन्मथन जी की राय में आधुनिक शिक्षा प्रणाली इस से बहुत मिलती-जुलती प्रक्रिया है। यहाँ प्रत्येक छात्र 'पुट्टु' बनाने का बरतन मात्र है, जिसके अन्दर नारियल की तरह थोड़ी भाषा तथा अन्य मानवीय विषय डाल दिया जाता है और बीचोंबीच विज्ञान, गणित जैसे विषयों को मिला कर अच्छी तरह से रगड़ कर तैय्यार करके, कूट-कूट कर भर दिया जाता है। फिर साल भरत पती भाप पर रख देते हैं, पकने के लिए! वर्षांत में परीक्षा की पर्ची में, उसको पीछे से जोर से धकेल दिया जाता है, परीक्षा हॉल सेवा पस आनेवाला छात्र, अपने अन्दर भर दिये गये बोझ को उतार कर फिर एक बार पुट्टु के बरतन जैसे खाली हो जाता है!

पुराने ज़माने से लेकर भारत ज्ञान को सबसे अधिक महत्त्व देनेवाला देश है। "न हि ज्ञाने नसदृ शंपवित्र मिह विद्यते"– ज्ञान सदृ शप वित्रयाने कि श्रेष्ठ कुछ भी और नहीं। अतः शिक्षा को समाज की रीढ़ की हड्डी या पथ-प्रदर्शक शक्ति मानी जाती थी। ज्ञान के भण्डार ऋषि-मुनि-आचार्यों को कोई भी राजा, महाराजा, चक्रवर्ती से ऊँचे मानते थे, और उन्हें ईश्वर से भी परे। विश्व का सबसे पुरातन साहित्य ऋग्वेद से लेकर असंख्य ग्रन्थ गुरु शिष्य परम्परा द्वारापाला-पोसा हुआ, सदियों से विश्व भर में ज्ञान की रोशनी फैलाते रहे।

ज्ञान, असत्य सं सत्य की ओर, तमस से प्रकाश की ओर तथा स्वार्थ से परार्थ की ओर व्यक्ती को ले जानेवाली शक्ति है। विद्या किसी व्यक्ति या विश्व पर विजय पाने के लिए नहीं, परन्तु "ज्ञानाय दानाय चरक्षणाय" थी। परन्तु आधुनिक सभ्यता की जिस लहरने चार- पांच सदियों से, 5000 वर्षों से अधिक पुरानी हमारी संस्कृती के ऊपर वार किया, उसके मूल्यों के नींव कोहिला दिया, प्रतिष्ठित आदर्शों की मूर्तियों को चूरकर दिया तो वह ज्ञानाधिष्ठित संस्कृति धनाधिष्ठित या बाजारू संस्कृति बन पड़ी। परिणामतः हम सिर्फ व्यापार की दृष्टि से, उससे मिलने वाले लाभ की दृष्टि से सबको देखने समझने और स्वीकारने लगे तो ज्ञान का स्तर

धनोपार्जन के एक उपाय के रूप में गिर गया। ज्ञान की किस विधा पर अधिकार पाकर उसको सबसे अधिक मोल पर बिक सकता है, यही सोच समाज की बन गयी। व्यक्ती में निहित रुचि, कुशलता, प्रतिभास बन कार दिएगये। तकनीकी, मैनेजमेंट, वित्तीय, स्वास्थ्य जैसी कुछ गिनी-चुनी विधाओं की ओर 'प्रतिभा पलायन' याने 'ब्रेनड्रेन' होने लगा। धन कमाना ही जीवन का पर मध्येय बन गया तो धन लिप्सा ने जिज्ञासा पर विजय पाली।

महाभारत काल आज से करीब 5000 साल पूर्व माना जाता है। उससे भी पहले भारत में मानव संसाधन विकास की एक सुदृढ परम्परा प्रचलित थी, इस का सबूत हमें उस समय की रचनाओं से मिलता है।

"चातुर्व्वर्ण्यंमयासृष्टं
गुणकर्मविभागशः"

भगवतगीता की ये पंक्तियाँ बहुचर्चित है। इसके प्रथम चरण से तो अधिकांश लोग परिचित होंगे; श्रीकृष्ण बताते हैं–"मैंने ही चातुव्र्ण्य की रचना की, परन्तु द्वितीय पंक्ति के बिना उसका अर्थ अधूरा है; जिसका अर्थ है– व्यक्ति के "गुण और कर्मकुशलता के आधर पर"। इस सचका नज़र अन्दाज़ करते हुए हम अपनी परम्परा और संस्कृति पर कीचड उछालते रहे। सामाजिक पिछ्डेपन पर, शोषक वर्ग की कूटनीति पर ऊँची ऊँची बातें करते रहे। परन्तु "गुण कर्म विभागशः" वाली पंक्ति तो अधिकांश के ध्यान में नहीं आयी, या सुविधापूर्वक विस्मृत की गयी होगी। प्रत्येक व्यक्ति के गुण, रुचि तथा कुशलता के आधार पर उस के लिए योग्य ज्ञान प्राप्त करने का, कर्मक्षेत्र को चुनने का अधिकार 5000 साल पहले ही भारतीय समाज में चालू रहा था।

यहाँ वर्णव्यवस्था का पक्ष लेना कतई मेरा उद्देश्य नहीं है। निश्चय ही बाद वाली पीढ़ी की महत्त्वाकांक्षा, तथा स्वार्थ लिप्सा ने ही, जो कूटनीति सदियों से बनी रही उसको स्वतन्त्रता के तिहत्तर साल बाद भी समाज का अभिशाप बनकर रहने दिया होगा। फलस्वरूप समाज का एक बहुत बड़ा हिस्सा आज भी प्रगति की रोशनी से वंचित होकर जी रहा है। बीमारी क्या है, कैसी चिकित्सा की ज़रूरत है, यह जाने बिना इलाज करना मरीज के लिए जान लेवा हो सकती है। मनीषियों ने जिस विश्वकल्याण की दृष्टी से सामाजिक संरचना की शैली अपनाई थी, उसमें स्वार्थता का विष घोलने का तो भर सक प्रया सहो रहा है। परन्तु इस बीमारी का जड़ ढूँढ़नेवालों को महामनीषियों की इस पारखी दृष्टि का पता ज़रूर मिल जाता है। "मत्स्य पुराण" की ये पंक्तियाँ उसके लिए पर्याप्त है–

"न जातिर्न्कुलंराजन्नस्वाद्ध्यायंनश्रुतंनच
कारणानिद्विजत्वस्य, वृत्तमेवतुकारणं"

अर्थात्, हे राजन्, किसी व्यक्ति की जाति, कुल, उसकी अध्ययन शीलता, ज्ञान, इन में से कुछ भी उसके ब्राह्मणत्व का कारण नहीं होता है, द्विजत्व का कारण व्यक्ति का चरित्र मात्र है।

व्यक्ति के चरित्र को सबसे ऊँचा माना जाता था, और व्यक्ति का चारित्रिक विकास ही प्राचीन भारतीय शिक्षा प्रणाली का उद्देश्य था। इसलिए पुरानी भारतीय शिक्षा प्रणाली में जिज्ञासा की, चरित्र निर्माण की, समाजोन्मुखता की, जन कल्याण की, कृतज्ञता की, अहं के विलयन की, युक्ति भद्रता की और निर्भीकता की जो शिक्षा दी जाती थी, उसकी ओर देखना तथा काल और परिस्थीति के अनुसार उनका पुनर्मूल्यांकन करना हमारा कर्तव्य है। उनमें से जो लेना है, उसे

लेना है, जिसको त्यागना है, उसे त्यागना है, जहाँ परिवर्तन की आवश्यकता है, वहाँ आवश्यक परिवर्तन लाना है; ये सब ही सचमुच सही शिक्षा के मर्म हैं।

भारतीय शास्त्र परम्परा परिवर्तन के अचूक नियम को सदा मानती आयी है। अपनी युक्ति, नीति और कर्तव्यबोध पर अडिग रहते हुए कहीं भी परिवर्तन लाने की स्वतन्त्रता हमारी संस्कृति ने हमें दी है। कहते हैं–

"युक्तियुक्तोवचोग्राह्यं, न ग्राह्यं गुरु गौरवात्"

अर्थात्, गुरु या शास्त्र ग्रन्थों के प्रति श्रद्धा या

निष्ठा मात्र से नहीं, बल्कि अपनी बुद्धि से परखने के बाद ही किसी के वचन या ज्ञान को स्वीकारना है। गुरुवचन, शास्त्रग्रन्थों, या धर्म ग्रन्थों में जो बताया है, उसका अंधानुकरण करने की शैली भारतीय परम्परा में बिलकुल नहीं थी। गुरु-शिष्यों के बीच की चर्चाओं के माध्यम से ही शिक्षा आगे बढ़ती थी। मनुष्य की युक्ति तथा धैषणिकता को स्थान देते हुए ही हमारे पूर्वज सत्यान्वेषण के पथ पर अग्रसर हुए। "वादेवादे जायते तत्वबोधः"। वादों के खंडन-मंडन और तर्क-वितर्क से ही यथार्थ ज्ञान सामने आता है– इसी धरणा से ज्ञान के अथाह सागर को मथने का अवसर प्रत्येक जिज्ञासु को प्राप्त था, और उससे निकलने वाले अमृत के लिए सारा समाज अधिकारी था।

ज्ञान जब संकुचित स्वार्थ साधने का एक उपाय मात्र रह जाता है, एक बिकाऊ चीज बन जाती है, तब सामाजिक मूल्यों का ह्रास हो जाता है, मानवता, मनकी आर्द्रता नष्ट हो जाती है। मनुष्य का मन रेगिस्तन बन जाता है और वह 'सरवैवल ऑफ दि फिटेस्ट' के नियम पर चलने लगता है। मानवीय मूल्यों की प्रतिष्ठा करनेवाला साहित्य, उसकी ही नहीं, सम्पूर्ण मानवीय संस्कृति की नींव रूपी भाषा, सामाजिक विकास के पथ-प्रदर्शक अन्यमान विकी विषय-इन सबको हाशिए पर डालते हुए मात्र विज्ञान तथा प्रौद्योगिकी के विकास से हम प्रगति नहीं पा सकते। विज्ञान तथा प्रौद्योगिकी भौतिक संसाधनों के ढेर मानव के लिए लाकर खड़े कर सकते हैं, पर क्या मात्र उससे मानव सुखी हो सकता है? उसका अन्तरंग शान्त हो जाता है? जीवन की सभी समस्याओं का समाधान पा सकता है?

सम्पूर्ण विश्व को ग्रसी हुई वैश्विक महामारी तो कम से कम अब तो हमें इस ओर सोचने के लिए मजबूर कर रही हैं। यहाँ विज्ञान और तकनीकी की अनिवार्यता है। साथ ही आध्यात्मिक सुदृढ़ता के बिना जीवन सन्तुलित नहीं होगा। इस केलिए उचित शिक्षा अनिवार्य है। सोचना तब चाहिए कि शिक्षा का क्या मतलब है? यह प्रश्न भारत के एक आध्यात्मिक गुरु से, जिनकी औपचारिक शिक्षा मात्र चौथी कक्षा तक है– पूछा गया तो उन्होंने झट से उत्तर दिया– "शिक्षा बस दो प्रकार की होती है, जीवनयापन के लिए आवश्यक शिक्षा और जीवन के बारे में शिक्षा"।

यह सोचने का विषय है कि हम आज इनमें से किस को स्वीकारा है। यदि जीवन का आधार बनने योग्य शिक्षा को अपनाया है तो आई आई टी जैसे भारत की सर्वश्रेष्ठ उच्च शिक्षालय में अपनी योग्यता के आधार पर प्रवेश पायी हुई, करीब बीस साल की लड़की, जो कम आयु में ही सम्पूर्ण विश्व क्लासिक पढ़ चुकी थी, जो सम्पन्नता में पली-बढ़ी थी, आत्महत्या नहीं करती! तब जीवन की प्रतिकूलताओं का सामना करने की सीखन देनेवाली शिक्षा से भला क्या प्रयोजन!

इससे यह मतलब निकलता है कि हमारी शिक्षा प्रणाली में चूक हो गयी है। पुराने ज़माने

के विद्यार्थी या ब्रह्मचारी गुरुकुल के सीमित सुविधाओं में रहकर अध्ययन करते थे, उदर पूरण के लिए समाज से भिक्षा ले आते थे। सभी गृह कार्यों में गुरु पत्नी की सहायता करते थे, चाहे वह राजा का पुत्र हो या गरीब का। ऐसे छात्रों के मन में समाज के प्रति दायित्व भावना अवश्य जाग उठती हैं, छात्र जीवन की सरलता उसे किसी भी परिस्थिति में जीने योग्य बना छोड़ती है। वे अपने अन्दर मिथ्याभिमान या अहंकार पनपने नहीं देते।

आज के सन्दर्भ में उस अतीत की ओर लौटने की सोच निस्सन्देह मूर्खता होगी। परन्तु उस अतीत से प्राप्त मूल्यों को लेकर हम आज की कमिओं की पूर्ति कर सकते हैं। उनमें नयी परिस्थिति के अनुकूल आवश्यक परिवर्तन करते हुए हम आगे बढ़ सकते हैं। नई परिस्थितियों के अनुकूल परिवर्तन की अनिवार्यता है, शिक्षा का समाजोन्मुख होना चाहिए। प्रत्येक व्यक्ति स्वावलम्बी हो जाये; आर्थिक रूप से ही नहीं बल्कि सम्पूर्ण जीवन यापन में। यह समय की माँग है। समाज और देश के प्रति निष्ठा होने के साथ साथ अपनी संस्कृति और परम्परा के प्रति गर्व एवं श्रद्धा का होना आवश्यक है। इससे ही व्यक्ति का आत्मविश्वास बढ़ेगा। उससे ऊर्जा ग्रहण करते हुए अपनी अस्मिता को ढालना है। जडों से कटे हुए वृक्ष का अस्तित्व कहाँ? पंचतन्त्र की ये पंक्तियाँ सदैव उस ओर हमारा ध्यान आकर्षित करती है–

"स्थान भ्रष्टाः न शोभन्ते
दन्ताः, केशाः नखाः नराः"

अपनी जड़ों से कटे हुए दाँत, बाल, नाखून की कोई शोभा नहीं होती, उसी प्रकार है परम्परा से कटे हुए आदमी की स्थिति। इसलिये परम्परा की मजबूत नींव पर खड़े हुए विशाल जड़ से युक्त युवापीढ़ी का निर्माण ही शिक्षा का पर मध्येय होना चहिए।

इसमें सबसे बड़ी भूमि का अध्यापकों की है। अच्छे अध्यापकों के बिना अच्छे छात्रों का गठन असम्भव है। अगर अध्यापक फिसल गये तो छात्र सौगुना फिसल जायेंगे। ऐसे सन्दर्भ में कोच्ची विज्ञान व प्रौद्योगिकी विश्वविद्यालय के हिन्दी विभाग से सेवा निवृत्त होनेवाली अध्यापिका डॉ. वनजा जी को याद कर रही हूँ। वे सचमुच ऐसी अध्यापिका है जिन्होंने पीढ़ी दर पीढ़ी को सही ढंग से संवारा है। छात्रों के अन्तरंग में जगह पा लिया है। यह किसी टेढ़े-मेढ़े रस्ते से नहीं, प्रेम, ईमानदारी एवं आत्मसमर्पण के माध्यम से।

अध्ययन अध्यापन से अध्यापक कदादि निवृत्त नहीं होते, होना भी नहीं चाहिए। वे ज्ञानार्जन को जीवन व्रत बना ये हुए हैं। वे पीढ़ी दर पीढ़ी को मूल्यों, सामाजिक दायित्वों एवं स्वावलम्बिता के पथ पर अग्रस रहे ने को प्रेरित करते रहेंगे। वैसी एक आदरणीय अध्यापिका है डॉ. वनजाजी। उनको अपनी औपचरिक सेवानिवृत्ति के इस अवसर पर शत प्रणाम अर्पित करती हूँ।

# साधुवाद

## *जी सुजिदा*

गुरु गोविन्द दोऊ खड़े, काके लांगू पांय।
बलिहारी गुरु अपने गोविन्द दियो बताय॥

कबीर का यह दोहा, मेरे गुरु 'डॉ. के वनजा' जी के लिए सटीक ठहरता है। उन्होनें मुझे भक्ति का सही अर्थ सिखाया है। गुरु-शिष्य सम्बन्ध की एक नई रूपरेखा मैंने उन्हीं से सीखी है। हिन्दी साहित्य जगत की जानी-मानी हस्ती 'डॉ. के वनजा' अपने आप में एक अनूठी मिसाल हैं। हिन्दी जगत के लिए उनकी अनमोल देन "इकोफ़ेमिनिज्म" नामक पुस्तक ही है। जो हिन्दी साहित्य जगत के लिए एक नवीन विषय को आधारित बना कर के लिखी गयी। इससे पहले इस विषय पर सैद्धान्तिक आलोचना न के बराबर थी। वैसे तो आलोचक के रूप में उनकी कई पुस्तकें प्रकाशित हो चुकी हैं। हर विषय पर उनकी पकड़ श्रेष्ठ है। उन्हें कई अनगिनत पुरस्कारों से भी नवाजा जा चुका है।

2009 को मैंने कोचीन विश्वविधालय में प्रवेश लिया था। तब से लेकर आज तक मैं अपनी प्रिय आध्यापिका से अपना रिश्ता जोड़ी हुई हूँ। उनकी कही हर बात मेरे जहन में घर कर जाती है। कभी गुरु की तरह, कभी एक माँ की तरह उन्होंने हमेशा हमारा मार्ग दर्शन किया है। आज भी वह दिन मुझे अच्छी तरह याद है। जब मैं अपना शोध कार्य बीच में छोड़ना चाहती थी, उस दिन हिन्दी विभाग की गलियाँ मेरे लिए सूनी हो गयी थीं। शिल्पा यानी शिलू के इस दुनिया से चले जाने के बाद तो जैसे मुझे हिन्दी विभाग काटने को दौड़ता था। मैंने अपना शोध कार्य छोड़ने का निर्णय ले लिया था। इस निर्णय के साथ जब मैं अपने गुरु के कमरे में गयी तो गुरु ने मुझे बिठाया और समझाया कि तुम इस तरह अपने भविष्य के साथ खिलवाड़ नहीं कर सकती। तुम्हें अपना शोध कार्य हर हालत में पूरा करना ही होगा। बस उस दिन के बाद मैंने अपना शोध कार्य करना शुरू कर दिया और आज मैं पोस्ट डाक्टरल फ़ेलोशिप कर रही हूँ। जीवन में और भी कई मुश्किल दौर आये तब भी मेरी अध्यापिका ने ही मुझे सहारा दिया।

उनकी सेवानिवृति की बात तो मुझे झूठ सी लगती है। बस इस बात की खुशी है कि उनसे मिलने के लिए ज़्यादा दूर जाने की जरुरत नहीं है। हिन्दी विभाग उनका सदा आभारी रहेगा। हिन्दी विभाग के लिए की गयी उनकी अनेक सेवाएँ अकथनीय हैं। हिन्दी विभाग डा मोहन जी का भी आभारी है क्योंकि इन दोनों की कडी परिश्रम का नतीजा ही है जो कोचीन विश्वविधालय का हिन्दी विभाग आज पूरे हिन्दी जगत में ख्याति प्राप्त कर रहा है। लिखना तो बहुत कुछ चाहती हूँ पर सीमा का पालन करते हुए समेटती हूँ। एक बार फ़िर से 'दिल से' मैं अपनी प्रिय अध्यापिका को अपनी ओर से और शिल्पा पी बी की ओर से साधुवाद देते हुए समाप्त करती हूँ। यदि मेरी कोई भी बात बुरी लगे तो क्षमाप्रार्थी हूँ।

साधुवाद और प्यार

# आत्मीयता की प्रतिमूर्ति डॉ. के. वनजा

***पवन भारती***

डॉ. के. वनजा मैम से मिलने का सुअवसर 9 दिसम्बर, 2013 को मिला। मैडम से उस समय शोध को लेकर बात हुई थी। आपने मुझे जनवरी में मिलने के लिए कहा था। आपकी कर्तव्यनिष्ठता एवं सहयोग की भावना के दर्शन इस बात से मिलते हैं कि आपने स्वयं मुझे फोन करके जनवरी के प्रथम सप्ताह में आने के लिए कहा। उस समय विभाग में राष्ट्रीय मानवाधिकार आयोग के तत्वावधान में सेमीनार चल रहा था। मैडम ने बहुत व्यस्थ होने पर भी समय निकालकर प्रवेश की सभी औपचारिक्ताएँ पूरी करवाईं। आपको अनेक व्याख्यानों में सुनने का अवसर मिला है बहुत ही आत्मीयतापूर्ण होता है व्याख्यान प्रस्तुतीकरण आपका। मैंने आपको गुरु के रूप में पाया यह मेरे लिए परम सौभाग्य की बात है। जीवन में जहाँ कहीं आवश्यकता पड़ी आपने मुझे सहारा दिया। विभागाध्यक्ष के रूप में आपने विभाग को उत्तरोत्तर ऊँचाइयों तक पहुँचाया। इन सबके बावजूद आपने अपने विद्याथियों के लिए सदैव समय निकाला। और उनका उत्साहवर्द्धन किया। मेरे व्यक्तिगत जीवन के कठिनाइयों के दौर में मुझे एक माँ की भांति प्रेम दिया। और अवलम्बन प्रदान कर मुहे मजबूती से खड़े होने की शक्ति प्रदान की। जिसके लिए मैं आजीवन आपका आभारी रहूँगा। आप दीर्घायु हों एवं स्वस्थ रहकर हम विद्यार्थियों पर कृपा दृष्टि बनाए रखें। एक शिष्य अपने गुरु के लिए इन भावों के अतिरिक्त दे ही क्या सकता है? आपने जीवन जीना सिखाया मानों जीवन को सार्थकता प्रदान की।

तना दिया प्रभू ने मुझको,
इतनी मेरी औकात नहीं।
ये तो कर्म है मेरी गुरु का,
मुझमें ऐसी कोई बात नहीं॥

आपके विषय में मैं अपनी स्वरचित कविता प्रस्तुत कर रहा हूँ।

जिसने मुझको ज्ञान देकर, ऋषियों का सम्मान दिया है।
क्या है उचित और क्या अनुचित है, जिसने मुझको ज्ञान दिया है॥
जीवन की अलबेली राहें, कहाँ हैं कण्टक कहाँ सुमन हैं।
कहाँ है उन्नति कहाँ है अवनति जिसने मुझको ज्ञान दिया है।
सियारों के चोलों को तज़कर, जीवन जीकर देखों तो तुम।
दृढता रखो विचारों में तुम, सिंहों का अभिमान दिया है॥
जीवन नय्या पड़ी भँवर में, जिसको जिसने तारा है।
जिसने अपनी कृपा से, मुझको साहिल का आश्रयमान दिया है॥
अज्ञानी तो मरते हैं जग में, ज्ञानी का जीवन अनश्वर है।

ज्ञान के दर्शन देकर मुझको, अमरता का वरदान दिया है।।
कुछ भी नहीं है मेरा मुझको, वो तो उनका दर्शन है।
मैं कुछ भी नहीं उनके सम्मुख, मुर्दे में इक प्राण दिया है॥
दर्शन जीवन का है अनुभव, पोथी पढ़कर आया ना कुछ।
जीवन की हर कसौटी पर, जिसने समय को अवसान दिया है॥
विचारों में यदि हो दृढता, कोई नहीं तुम्हें हरा सकता।
निर्भय होकर करो सामना, रत्नों का भण्डार दिया है॥
गुरुवर मेरे मैं हूँ याचक, कृपा दृष्टि बनाए रखना।
झुलस ना जाऊँ इन शोलों में, मैंने तुम्हें पहचान लिया है।।
तन है अर्पण, मन है अर्पण धन की मुझको नहीं लालसा।
वृष्टि ज्ञान की होगी मुझ पर आपने ऐसा वरदान दिया है॥
आशा है कि मेरे भावों को समझकर अपनी कृपादृष्टि मुझपर बनाए रखोगे।

# साहित्य की पारिस्थितिकी

## के. वनजा

आधुनिकता औद्योगिक संस्कृति का सौन्दर्यशास्त्र है पर समकालीनता सांस्कृतिक विमर्श है। आधुनिकता की हार जीत से उत्पन्न सांस्कृतिक तर्क भी इसे कहा जा सकता है। या यों कहिए कि आधुनिकता का सांस्कृतिक प्रतिरोध है समकालीनता। सहज स्वाभाविक संस्कृति की गरिमा की उद्घोषण है इसमें। आधुनिकता की संस्कृति में मनुष्य की निर्मितियाँ हैं यानी वह कृत्रिम है। औद्योगिक उपजों की निर्मिति के लिए मनुष्य ने प्रकृति का शोषण किया। वह प्रकृति से अलग होकर एक नवीन संस्कृति का निर्माण करने लगा। इसकी खतरनाक परिणति है पर्यावरण नाश। इससे जो सामाजिक, सांस्कृतिक, संवेदनात्मक एवं अध्यात्मिक विचलन उत्पन्न हुए उससे समकालीनता सजग हो उठी है। इसलिए शेष वन्य प्रकृति, मनुष्य और आगामी पीढ़ी को बचाने हेतु जो दर्शन रूपायित हुआ वे सब शुरू में आन्दोलनों में प्रकट हुए तो बाद में सर्जनात्मकता से मिलकर उच्च साहित्यिक रचनाओं में। इसलिए अवचेतन में सुप्त पड़ी सहज वासनाएँ, आद्य बिम्ब मिथक, लोककथा, लोकगीत, अनुष्ठान आदि से संश्लिष्ट प्रकृति जन्य संस्कृति की स्मृति दिलाती और जगाती समकालीन साहित्यिक रचनाएँ पर्यावरण विमर्श पर सोचने की प्रेरणा देती हैं।

### पारिस्थितिकीः अवधारणा एवं विस्तार

खेती से उद्योग की ओर मनुष्य का कर्मक्षेत्र जब बदल गया तब पारिस्थितिक दर्शन पर भी बड़े पैमाने पर परिवर्तन आना शुरू हुआ। कृषि बिलकुल प्रकृति के स्पंदन से जुड़ी हुई वृत्ति है। कृषि युग में जलवायु एवं भौगोलिक स्थिति मनुष्य की ज़िन्दगी एवं संस्कृति को चालित करती थी। कृषि से मिलकर सामूहिक जीवन का आविर्भाव हुआ। स्वाभाविक रूप से इसके साथ मनुष्य की ज्ञान-वृद्धि भी हुई, चिन्तनों एवं दृष्टियों में भी बदलाव आने लगा। मिट्टी को जानने के साथ पर्यावरण को भी जाना। मनुष्य के मनोमण्डल को हवा, वर्षा, पेड़-पौधे, जीव-जन्तु और सूर्य-चन्द्र ने प्रदीप्त कर दिया। जहाँ जहाँ खेती शुरू हुई वे सारे प्रदेश खेती की उर्वर भूमि बन गये।

मनुष्य, संसार के अन्य जीवन-जन्तु तथा उनकी परिस्थितियाँ मिलकर उत्पन्न पारिस्थितिक व्यवस्था है इकोसिस्टम। चेतन एवं अचेतन सब इसके हिस्से हैं। "इकोलजी" शब्द का प्रथम प्रयोग जर्मन विद्वान एणेस्ट हैकिल ने किया (Oclclogie–1886)। जीव-जन्तुओं के परस्पर सम्बन्धों पर केन्द्रित इस अध्ययन में आज भौतिक, भौतिकेतर संसार, भावलोक एवं मनोलोक भी दर्ज हुए हैं। हमारी सांस्कृतिक व्यवस्था इन सबके मेलमिलाप से निर्मित है। साथ ही देश-देशान्तर का भ्रमण करके दीगर भूमियों एवं भूखण्डों की विशेषता की जाँच करने वाले यात्रीगण

भी आ गये। उनकी खोजों से वे खुद भ्रमित हो गये। धीरे-धीरे यह उपनिवेश के रूपायन की वजह बन गया। परिणामतः जिन जिन देशों में संस्कृति निर्मित हुई वे देश शिकार तथा जिन्होंने उन संस्कृतियों को खोज निकाला वे शिकारी बन गये। मनुष्य और प्रकृति की अवस्थिति से जब एक सन्तुलित सात्विकता पैदा हुई तब मनुष्यता और सहज-स्वाभाविक जो भी है उन सबको धन से मापने-नापने की प्रतिसंस्कृति शिकारियों द्वारा निर्मित की गयी। इस प्रतिसंस्कृति की सीमातीत घुसपैठ के बीच में भी अपने समृद्ध पारम्परिक संस्कार को बचाए रखने की कोशिश भी ज़ारी रही। इसका सर्वोत्तम उदाहरण है, एक रेड इंडियन का एक अमेरिकन प्रेसिडेंट से अनुरोध कि मिट्टी, वायु और पानी की बिक्री कभी नहीं होनी चाहिए।

## पर्यावरण संकट

दर्शनों एवं आन्दोलनों के आगमन के पहले ही मनुष्य की जीवननचर्या को पर्यावरण से अलग करके देखना नामुमकिन ही था। तब जीवन इतना जटिल तो नहीं था। संस्कृति की यात्रा की रफ्तार बहुत धीमी थी। मनुष्य की संख्या भूमि के लिए बोझ नहीं थी। सुरक्षा और सुख की वृद्धि के साथ मनुष्य की आबादी भी बढ़ गयी। आज की बढ़ती जनसंख्या की बुनियादी ज़रूरतों की पूर्ति करने में भूमि नाकाबिल है। बिना किसी नियन्त्रण के बढ़ती आबादी भूमि के सन्तुलन को ही नष्ट करके दूसरे जीवजन्तुओं के लिए भी बहुत बड़ी धमकी बन गयी है। जनसंख्या वृद्धि के फलस्वरूप कई विकास योजनाओं की ज़रूरत आ पड़ी है। पर आज ज़रूरत से ज़्यादा विकास योजनाएँ पूँजीवादी औद्योगीकरण से हुईं हैं। पर समकालीन दौर के भूमंडलीकरण में नवउपनिवेशी पूँजीवाद का सबसे भयानक रूप दिखाई देने लगा है। इस प्रक्रिया में उच्चवर्ग के साथ मिलकर मध्यवर्ग भी सुख की लालची बनकर पारिस्थितिक सन्तुलन को बिगाडनेवाली कई विकास योजनाओं के समर्थक बन गये। वे तात्कालिक प्रयोजन में अन्धे हो गये, भविष्यद्रष्टा नहीं रहे।

विकास योजनाओं के आयोजन से मुख्यतः दो प्रकार के पारिस्थितिक संकट पैदा होते हैं। वे हैं जैव संकट और दूसरा सामाजिक संकट। जैव संकट पेड़-पौधे, जीव-जन्तु, मिट्टी, समुद्र, वायु, जल आदि के शोषण से उत्पन्न है। सामाजिक संकट में मुख्यतः शहरीकरण के उपलक्ष्य में जो विकास योजनाएँ हो रही हैं जैसे बाँधों का निर्माण, औद्योगिक नगरियों या विशेष आर्थिक क्षेत्रों (Sez) की योजना, एक्सप्रेस हाईवे आदि के निर्माण से जो लोग भूमिहीन बनकर विस्थापित हो जाते हैं वे सब दरिद्र या समाज के निम्न तबके के हैं। इन योजनाओं से मुनाफा कमानेवाले पूँजीपति वर्ग हैं। बहुसंख्यकों का विकास अवरुद्ध रह जाता है और वे मानसिक सामाजिक एवं सांस्कृतिक दृष्टि से विस्थापित हो जाते हैं।

## गाँधीजी और पारिस्थितिकी

गाँधीजी दुनिया के सबसे बड़े पर्यावरण चिन्तक एवं पर्यावरण मित्र थे। पर्यावरणिक समस्याओं का वैज्ञानिक ढंग से गहरा विश्लेषण विवेचन कर उनका समाधान भी प्रस्तुत करने में वे समर्थ हुए। प्रकृति और मनुष्य के अन्योन्याश्रित जीवन के समग्र दर्शन को संसार के सामने प्रस्तुत करते हुए उन्होंने अपनी दूरदर्शिता प्रमाणित की। पर्यावरण सम्बन्धी गाँधीजी के विचार बहुत ही महत्त्वपूर्ण हैं। यूरोपीय देशों में औद्योगिक क्रान्ति से जो परिवर्तन उभर आया

उसने एक नवीन संस्कृति को जन्म दिया। गाँधीजी ने उस संस्कृति को फाक्टरी संस्कृति कहकर उसे मनुष्य का हिंसक माना। यह मानवीयता और प्रकृति का शोषण करनेवाला उपभोग संस्कार है। यह यन्त्र संस्कार हमेशा आडंबरप्रियता को बढ़ावा देता है और पूँजीवाद को बनाए रखनेवाले साम्राज्यवादी संस्कार को मज़बूत भी करता है।

धार्मिकता और आध्यात्मिकता को छोड़कर जो आधुनिक संस्कृति रूपायित हुई है वह लम्बे समय तक टिकेगी नहीं। गाँधीजी ने एक समग्र जीवन दर्शन को हमारे सामने प्रस्तुत किया। वेद और उपनिषदों द्वारा दिये गये भौम सदाचार की व्याख्या है गाँधीजी के पारिस्थितिक दर्शन का मूलाधार। उन्होंने सभी क्षेत्रों में भौतिकता तथा आध्यात्मिकता को समन्वित करने की ज़रूरत पर बल दी। भूमि और धरती के पोषण को महत्त्व देनेवाले भारतीय दर्शन का निचोड़ भी वही है। 1909 में रचित "हिन्द स्वराज" सचमुच पारिस्थितिक दर्शन का "घोषणापत्र" माना जा सकता है। उन्होंने उसमें यह जाहिर किया कि भौतिकता पर केन्द्रित संस्कृति, औद्योगिक संस्कृति प्राकृतिक संसाधनों के निर्मम नाश एवं लूट तथा सभी ऊर्जस्रोतों के शोषण की वजह बनेगी।

मशीनीकृत प्रौद्योगिकी विद्यायें बाह्याडम्बर एवं उपभोग संस्कार के लिए मार्ग प्रशस्त करनेवाले विकास के गलत नमूने हैं। यह गाँधीजी की चेतावनी है।

गाँधीजी के दर्शन की आधार शिलाएँ हैं सत्य और अहिंसा। उन्होंने प्राकृतिक संसाधनों के शोषण को हिंसा माना। इसलिए आडंबरपूर्ण जीवन को उन्होंने हिंसा कहा। मनुष्य की आत्मा के विकास को उन्होंने सही विकास कहा। उन्होंने अपने विचारों से भारतीय संस्कृति को एक नूतन रूप प्रदान करने की कोशिश की। भारतीय संस्कृति के महत्त्वपूर्ण तत्व हैं आत्मनियन्त्रण, सादगी, प्रकृति के साथ सहृदयता, स्नेह, सत्य और अहिंसा। गाँधीजी द्वारा निर्धारित नवीन संस्कृति के मेरुदंड ही भारतीय संस्कृति के ये तत्व हैं। गाँधीजी ने 1909 में जो संवाद "हिन्द स्वराज" के ज़रिए शुरू किया उसकी प्रासंगिकता आज बढ़ रही है।

## मार्क्स और पारिस्थितिक दर्शन

द्वन्द्वात्मक भौतिकवाद है मार्क्सवाद। इसका जैवविकास सिद्धान्त है डरविन का विकासवाद। उसके अनुसार प्रकृति से प्रकृति का ही हिस्सा बनकर रूपायित है मनुष्य। इस प्रकार रूपायित मनुष्य अन्य जीवों से अपने प्रयत्नों के द्वारा भिन्न हो गया और इस संसार का संचालक बन गया। इस विकास यात्रा में मनुष्य द्वारा हासिल की गयी कामयाबियाँ हैं आज की दुनिया, संस्कृति, प्रगति आदि। मनुष्य द्वारा प्रकृति में जो जो निर्मितियाँ सम्पन्न हो रही हैं उन्हें संस्कृति या प्रगति नाम से हम अभिहित करते हैं। लेकिन इनमें हर प्रगति एक प्रकार से प्रकृति से हमारी दूरी को सूचित करनेवाली पड़ाव है। ये निर्मितियाँ मनुष्य को आधुनिक बना देती हैं और मनुष्य की शक्तियों एवं सिद्धियों को सीमातीत भी। यह प्रकृति और मनुष्य के बीच के सन्तुलन को बनाए रखने मे बाधा बन जाती है। इस द्वन्द्वात्मक साम्राज्यवादी परिवेशिक विकास नीति ने समकालीन पर्यावरण समस्याओं को बहुत मार्मिक बना दिया है। एंगेल्स ने "प्रकृति की द्वन्द्वात्मकता में सूचित किया है कि प्रकृति पर मनुष्य द्वारा आर्जित जीतों पर सीमातीत आत्मप्रशंसा करने की ज़रूरत नहीं है। प्रत्येक जीत के लिए प्रकृति हमसे प्रतिशोध करती है। हर जीत हमें प्रत्याशा देती है तो बारबार सोचविचार करने पर वह बिलकुल उलटे परिणाम में पहुँचती है। मेसोपोट्टामिया, ग्रीक, एशियामैनर जैसे प्रदेशों में खेती के लिए जंगलों का नाश किया गया तब जंगल के साथ

जलस्रोतों और जलसंचयों का भी नाश हुआ। यह उन देशों के अनाथत्व का कारण बन गया। इसका तात्पर्य यह है कि एंगेल्स उसी समय से ही प्रकृति के शोषण के प्रति चिन्तित थे और इसलिए आज "Dialects of Nature" बहुत प्रासंगिक नज़र आता है।

भूमि, प्रकृति, व्यक्ति, मनुष्यसमूह, विवेक, शक्तिसिद्धि आदि को रूपायित करना, अच्छा करना, सबसे श्रेष्ठ बनाकर वापस करना विकास एवं दुनिया की प्रगति सम्बन्धी मार्क्स के दर्शन के मूलतत्व हैं। वर्तमान प्रकृति का विनाश किए बिना उसका पोषण करते रहना ही हर परिस्थितिवादी का मुख्य लक्ष्य है। लेकिन कुछ लोगों की मान्यता यह है कि मनुष्य-प्रयत्न और उस पर केन्द्रित विकास को मुख्य मकसद माननेवाला मार्क्सवाद मनुष्य केन्द्रित है। मार्क्सवाद ऐतिहासिक प्रक्रिया से प्रकृति और मनुष्य में उत्पन्न विकास का वैज्ञानिक विश्लेषण करके उसकी सफलता एवं असफलता की ओर हमेशा इशारा करता आ रहा है। मनुष्य और प्रकृति इस विश्वसत्ता के दो अभिन्न अंग हैं और प्रकृति से अलग मनुष्य का अस्तित्व सम्भव नहीं है, यह अच्छी तरह पहचानता है मार्क्सवाद।

प्राकृतिक नियमों को पहचानकर उन्हें प्रकृति के ऊपर ही प्रयुक्त करके अपनी निर्मितयाँ तैयार करते हुए मनुष्य प्रकृति का मालिक बनता आ रहा है। ये तो मनुष्य और प्रकृति की पुनःसृष्टियाँ हैं। लेकिन ये मनुष्य-निर्मितियाँ और प्रकृति के ऊपर अधिकार ज़माना आदि तात्कालिक स्वार्थलाभ के लिए प्राकृतिक संसाधनों का उपयोग करना ही है। सचमुच मनुष्य की ये वृत्तियाँ संहारात्मक हैं और वह पर्यावरण-विरुद्ध भी। पूँजीवादी-साम्राज्यवादी दुनिया में ये वृत्तियाँ प्रकृति-शोषण की सीमाओं को पार कर पर्यावरण विनाश में परिणत होने के राजनैतिक एवं प्राकृतिक कारण हैं। समकालीन पारिस्थितिक चिन्तन एवं संवाद का परिवेश सचमुच यही है। इसलिए मार्क्सवाद के अनुसार पर्यावरण विनाश को समाप्त करने का व्यावहारिक हल कम्यूनिस्ट व्यवस्था ही है। उसमें वैयक्तिक स्पत्ति को हासिल करने, बनाए रखने और बढ़ाने का प्रयत्न और पूँजी रूपी औद्योगिक चालक शक्ति की केन्द्रीयता आदि से उत्पन्न एक प्रदूषित हाशियेकृत समूह नहीं होगा। इसलिए मनुष्य और प्रकृति के बीच सम्पूर्ण ऐक्य इसमें रहेगा।

## पारिस्थितिक दर्शन

1970 से शुरू होकर 1990 तक बिलकुल नई साहित्यिक दृष्टि बनकर दुनिया भर में विकास प्राप्त एक मानसिकता है पारिस्थितिक दर्शन। "इको-क्रिटिसिसम" (पारिस्थितिक सौन्दर्यशास्त्र) शब्द का सर्वप्रथम प्रयोग विलियम रुकेर्ट ने 1978 में प्रकाशित अपने निबन्ध 'Literature and Ecology an experiment' में किया। साहित्यिक अध्ययन में परिस्थितिशास्त्र और पारिस्थितिक तत्वों के प्रयोग पर विचार करना उस निबन्ध का लक्ष्य था। यद्यपि विलियम रूकेर्ट ने इस शब्द का प्रयोग सर्वप्रथम किया तो भी प्रथम साहित्यिक समीक्षात्मक ग्रन्थ 1974 में जोसफ मीकर द्वारा लिखित "The comedy of Survival studies in literary Ecology" है। साहित्यिक परिस्थितिशास्त्र को मीकर ने साहित्यिक कृतियों में अभिव्यक्त जीवशास्त्रपरक विषय के रूप में देखा। इसके साथ Human Ecology में साहित्य की हिस्सेदारी पर विचार करने की कोशिश भी उसमें की गयी है। उनके अनुसार साहित्यिक कृतियों में प्रकृति की प्रक्रियाओं में मनुष्य का विश्वास एवं आधुनिक पर्यावरण संकट के कारणीभूत सांस्कृतिक दर्शन भी प्रकट होते हैं। उन्होंने इसपर बल दिया कि मनुष्य

के अस्तित्व एवं ज़िन्दगी पर साहित्य के प्रभाव के अध्ययन करने में साहित्यिक परिस्थितिशास्त्र को सक्षम बनाना ज़रूरी है।

1990 के आसपास ही पारिस्थितिक सौन्दर्यशास्त्र एक नई समीक्षा पद्धति के रूप में संसार भर में उभर कर आने लगा। 1996 में अँग्रेज़ी में "The Eco-criticism Reader" शीर्षक आलोचनात्मक ग्रन्थ प्रकाशित हुआ। इसकी मुख्य सम्पादिका है शेरिल ग्लोफेलटिया। इस ग्रन्थ की भूमिका में शेरिल ग्लोफेलटिया ने इस नई आलोचनात्मक पद्धति की परिभाषा यों दी है– "मानव संस्कृति की प्रकृति के साथ अटूट सम्बन्ध है। वे परस्पर प्रभावित हैं। यह आलोचना प्रकृति और संस्कृति के बीच के सम्बन्ध को ढूँढती है। एक आलोचनात्मक पद्धति के रूप में इसका एक पैर साहित्य में और दूसरा भूमि में है। एक दर्शन के रूप में यह एक साथ मनुष्य और मनुष्येतर सत्ताओं के साथ जुड़ा हुआ है।" उनके अनुसार आधुनिक साहित्य में संसार मनुष्य के सामाजिक संसार में सिमट रहा है। लेकिन इको-क्रिटिसिसम में "संसार" व्यापक बनकर मनुष्य की पूरी आवास व्यवस्था को धारण करता है। यही तो इको-क्रिटिसिसम को अन्य आलोचना-पद्धतियों से अलगाता है। अथवा यह एक भौम केन्द्रित साहित्यिक अध्ययन है।

प्रसिद्ध पारिस्थितिक चिन्तक लोरेस बुवल के अनुसार "हम कथापात्र, विषय, कथावस्तु से परिचित हैं। थल सम्बन्धी बोध की उपेक्षा एवं अपमान किया जा रहा है। इस अवस्था को परिवर्तित करना पारिस्थितिक आलोचकों का लक्ष्य है। विविध प्रकार से इस अध्ययन में प्रयुक्त वर्ग, वर्ण, लिंग आदि प्रतिमानों के साथ 'थल' को भी जोड़ने के पक्ष में अनेक नव आलोचक हैं। स्वेन बिरकेट्स नामक आलोचक का मानना है कि पारिस्थितिक चिन्तन के केन्द्र में बाह्य संसार या थल नहीं बल्कि मनुष्य ही है। वे इको-क्रिटिसिसम को 'अहंबोध समीक्षा' (Ego-Criticism) नाम से अभिहित करना चाहते हैं। क्योंकि इसमें मनुष्य की प्रकृति, उसकी लालच, अधिकार के प्रति अतिमोह आदि की खोज आवश्यक है।

पाश्चात्य पारिस्थितिक चिन्तकों में ज़्यादातर लोग इतिहास के बदले प्रकृति को स्थान देनेवाले हैं। पर पारिस्थितिक दर्शन इतिहास से मुक्त नहीं है। प्रकृति के संरक्षण का मतलब प्राचीनता का संरक्षण नहीं है। इतिहास की उपेक्षा से काल की गति रुक जायेगी। इसके फलस्वरूप पारिस्थितिक दर्शक किसी प्रागैतिहासिक युग की ओर वापसी और भूतकाल की पुनरावृत्ति बनकर सीमित हो जायेगा। वाल्टर बंज़मिन और लूयी मंफोड के यन्त्रविरुद्ध दर्शन, रैमेंड विलियम्स के समाजवाद, इकोलजी और ग्राम-नगर के द्वैत सम्बन्धी चिन्तन, अडोणो, हेरबर्ट मक्र्यूस जैसे फ्रांकफर्ट-स्कूल के चिन्तकों की कृतियाँ एवं एगेंल्स के 'डयलटिक्स ऑफ नेचर' के पुनर्पाठ नये पारिस्थितिक मार्क्सवाद के लिए दार्शनिक पृष्ठभूमि प्रदान करते हैं। पारिस्थितिक चिन्तक जॉन एल्डर के अनुसार इको-क्रिटिसिसम की सबसे बड़ी अहमियत इसका अविश्वसनीय वैविध्य है।

परिस्थितिवाद की मुख्य शाखाएँ हैं गहन परिस्थितिवाद (Deep Eco-Criticism), सामाजिक परिस्थितिवाद (Social Eco-Criticism), समाजवादी परिस्थितिवाद (Marxist Eco-Criticism) पारिस्थितिक स्त्रीवाद (Eco-Feminism)

## गहन परिस्थितिवाद

1973 में नोर्वे के चिन्तक अर्ननेस ने गहन परिस्थितिवाद नाम से एक नई दर्शनशाखा

को जन्म दिया। इसके आधारभूत दो तत्व हैं। पहला है, मनुष्य के समान इस प्रकृति की सभी सत्ताओं का अपना मूल्य है और उन्हें अपने अस्तित्व को खुद ढूँढने का अधिकार है। प्रत्येक सत्ता का मूल्य इसपर केन्द्रित नहीं है कि वह मनुष्य के लिए उपयोगी है या नहीं। इसलिए प्रकृति से मनुष्य को अपनी बुनियादी ज़रूरतों से ज़्यादा संसाधनों को एकत्रित करने का अधिकार नहीं है। दूसरा है कि दर्शन को मनुष्य केन्द्रित तत्व से जैव केन्द्रित बनाना है। तब भूमि में प्रत्येक सत्ता को अपना अस्तित्व प्राप्त हो जायेगा।

मनुष्य का आर्थिक जीवन स्तर लगातार बढ़ता जा रहा है। उसके लिए प्रकृति का अनुचित शोषण करना सही रास्ता नहीं है। उस दौर में मनुष्य की नीति, अर्थशास्त्र, कर्मप्रणाली आदि में परिवर्तन लाना चाहिए। इसके लिए अहिंसा के मार्ग को अपनाना चाहिए। भारतीय दर्शनों में बौद्ध-सेन दर्शन गहन परिस्थितिवाद को बढ़ावा देनेवाले हैं। विश्वसाहित्य में यह भाव बड़े पैमाने पर प्रयुक्त हो रहा है।

## सामाजिक परिस्थितिवाद

पूँजीवाद ने प्रकृति और सामाजिक संरचना में समान रूप से आघात पहुँचाया। पूँजीवाद के ज़रिए जो प्राकृतिक विनाश हो रहा है उसके सम्बन्ध में उन्नीसवीं शताब्दी के अन्त से मार्क्सवादी दृष्टिकोण से पीटर क्रोपोरकीन, चाल्स फेरियर, विलियम मॉरीस जैसे विद्वानों ने लिखना शुरू किया था। बीसवीं शताब्दी के अन्तिम तीन दशकों तक आते-आते पारिस्थितिक दर्शन को नया प्राण मिलने लगा। यह अरुण हरित संगम मुख्यतः दो धाराओं से आगे बढ़ाः Social Ecology और Eco-Marxism। इन दोनों की मुख्य समानता यह है कि गहन परिस्थितिवाद से अलग होकर ये पारिस्थितिक संकट के सामाजिक-सांस्कृतिक एवं आर्थिक कारणों पर ध्यान देते हैं। संकट के जैव रूप को दोनों पहचानते हैं।

1962 में रेचल कर्सन ने मौन वसन्त (Silent Spring) लिखा। उसी वर्ष में मुरे बुक्कच्चिन नामक एक अमेरिकी दार्शनिक ने कृत्रिम परिस्थिति नामक एक रचना की। इस रचना के ज़रिए सामाजिक परिस्थितिवाद को एक सुस्पष्ट परिभाषा एवं दार्शनिक आधार प्राप्त हुआ। बुक्कच्चिन ने कहा कि शुरू में मनुष्य ने अन्य मनुष्यों के ऊपर अधिकार जमाने का कार्य किया था। अधीनस्थ बनाना उसकी सहज एवं स्वाभाविक वृत्ति ही है। मनुष्य जब गोत्र बनकर रहने लगा तब वह प्रकृति का अनुसरण करके ही जी रहा था। पर धीरे-धीरे गोत्र में पुरुष का अधिकार बढ़ने लगा। इसे सुदृढ रखने के लिए कई अधिकार सम्बन्धी संरचनाएँ की गयीं। परिणामतः पुरुषसत्तात्मक व्यवस्था में स्त्रियों को अधीन कर दिया गया। इस सामाजिक प्रभुत्व का स्वाभाविक परिणाम है प्रकृति पर अधिकार ज़माने की प्रणाली। इस प्रभुत्व को समाज से दूर करने का प्रयत्न है बुक्कच्चिन का सामाजिक परिस्थितिवाद।

## इको-मार्क्सवाद

इको-मार्क्सवाद के समकालीन प्रचारकों में मुख्य हैं जेम्स. ओ. कोणोर। बुक्कच्चिन के सामाजिक परिस्थितिवाद से भिन्न होकर इको-मार्क्सवाद राजनैतिक अर्थशास्त्र का विश्लेषण करता है। इसके अनुसार प्रयत्न, शोषण, उत्पादन, मुनाफे का दर, पूँजी का बँटवारा और केन्द्रीकरण जैसे मुख्य मुद्दों के अध्ययन से ही पूँजीवाद के अधीन उत्पन्न होनेवाले प्राकृतिक

नाश पर विचार किया जा सकता है। पूँजीवादी व्यवस्था के आमूल परिवर्तन से ही पारिस्थितिक संकट का हल सम्भव होगा। गहन परिस्थितिवादियों और सामाजिक परिस्थितिवादियों के समान ये भी प्रकृति की सत्ता और जैव वैविध्य को मानने के साथ ही साथ इसको इक्कीसवीं शती के मनुष्य के आधारभूत विज्ञान के रूप में मान्यता देते हैं।

## इको-फेमिनिसम

आधुनिक फेमिनिस्टों में सबसे पहले सीमोन द बुआ ने स्त्री और प्रकृति को साथ रखकर विचार प्रस्तुत किया। पुरुषसत्तात्मक समाज ने स्त्री और प्रकृति की समानता पहचानकर दोनों का वस्तूकरण किया। इसलिए पुरुष ने स्त्री और प्रकृति को अपनी शक्ति के अधीन बनाकर नई संस्कृतियों का निर्माण करना शुरू किया। स्त्री और प्रकृति से भी बढ़कर श्रेष्ठ की सृष्टि करने की व्यग्रता में पुरुष प्रकृति को खोकर औद्योगिक संस्कृति के निर्माण में लगा जाता है। बुआ के अनुसार पुरुष द्वारा निर्मित औद्योगिक संस्कृति में आर्थिक पहलू ही नहीं मनोवैज्ञानिक पहलू भी है। विकास का यह पागलपन पुरुष के लिए विस्मृति है, स्त्री और प्रकृति को भूलने और उनसे दूर जाने का मार्ग भी है। शेरी आटनर नामक अमेरिकी फेमिनिस्ट ने 1971 में यह सवाल उठाया कि क्या संस्कृति के लिए प्रकृति के समान है पुरुष के लिए स्त्री? (Is female to man as nature is to culture) इसका तात्पर्य यह है कि बुआ के चिन्तन एवं शेरी के सवाल में पारिस्थितिक स्त्रीवाद नामक दर्शन का बीजरूप विद्यमान है।

बीसवीं शताब्दी के सातवें दशक में नारीवादी आन्दोलन को नवीन चेतना प्रदान करते हुए पारिस्थितिक स्त्रीवाद अथवा इको-फोमिनिसम विकासित हुआ। पारिस्थितिक दर्शन की अन्य शाखाओं से यह विकास प्राप्त करने लगा। इको-फेमिनिसम नामक संकल्पना की दार्शनिक व्याख्या सबसे पहले फ्रेंच फेमिनिस्ट फ्रान्स्वा द यूबोण ने प्रस्तुत की। 1974 में उनके द्वारा फ्रेंच भाषा में रचित "फेमिनिसम अथवा मृत्यु" शीर्षक रचना के 'इको-फेमिनिसम का समय' (The time for Eco-Feminism) नामक अध्याय में पारिस्थितिक स्त्रीवाद का प्रारम्भ देख सकते हैं। फ्रान्स्वा के अनुसार भूमि के नाश का दायित्व पुरुषों पर है। उनके आक्रमणों से भूमि को मनुष्य की भलाई के लिए बचाए रखने में स्त्री समर्थ है। पाँच हज़ार वर्षों पहले खेती स्त्रियों के नियन्त्रण में थी। उसे पुरुष ने अपने अधीन कर लिया। मिट्टी की उत्पादनक्षमता के साथ स्त्री की उर्वरता को भी अपने अधीन कर पुरुष ने अपनी सत्ता को आगे बढ़ाया। मिट्टी और स्त्री में बीज बोने का अधिकार पुरुष ने छीन लिया। आज की मुख्य दो समस्यायें हैं– सीमारहित जनसंख्यावृद्धि और प्राकृतिक संसाधनों का नाश। ये दोनों पुरुष लिंगाधिपत्य की सृष्टियाँ हैं। पूँजीवाद और समाजवाद दोनों समान रूप से पर्यावरण नाश के कारण हैं। यदि पूँजीवाद मुनाफे के नाम पर काम करता है तो समाजवाद प्रगति के नाम पर।

फ्रान्स्वा ने इको-फेमिनिसम को मानवतावाद के रूप में देखा। इसका लक्ष्य पुरुष के बदले स्त्री को प्रतिष्ठित करना नहीं है। इको-फेमिनिसम का मकसद अधिकार और उसकी संरचना को शिथिल करना है। इसके साथ अमरिका में Institute of Social Ecology" ने इको-फेमिनिसम" शब्द का अँग्रेज़ी में प्रथम बार प्रयोग किया। इस संस्था ने 1976 में इको-फेमिनिसम का पाठ्यक्रम चलाया। इको-फेमिनिसम की मुख्य दार्शनिक नेस्त्रा किंग (ynestrg king) ने इसका दायित्व संभाला। उन्होंने "फेमिनिसम और प्रकृति की कला"

शीर्षक प्रामाणिक पुस्तक तैयार की। इसके बीच 1978 में मेरी डाली का 'गौन इकोलॉजी' और सूसन ग्रीफ की 'स्त्री और प्रकृति' शीर्षक रचनाएँ भी प्रकाशित हुईं। 1980 में प्रकाशित करोलिन मरचेंट का ग्रन्थ "प्रकृति की मृत्यु" इको-फेमिनिसम के प्रचार में बहुत सहायक निकला। बंगारे मथाई जैसी नोबल पुरस्कार प्राप्त महिला भी इसी क्षेत्र में सक्रिय थी।

भारत में प्रकृति को बचाने में स्त्री हमेशा अगुआ ही है। वैष्णोई आन्दोलन में पेड़ काटने के बदले में अमृता देवी ने अपना सिर रख दिया था। वैसे ही चिपको आन्दोलन में भी गाँधीजी के विचारों से प्रेरित उनकी शिष्याएँ शुरू में आन्दोलन के नेतृत्व में थीं। भारत में सबसे ज़्यादा सक्रिय इको-फेमिनिसम की चिन्तक एवं कार्यकर्ती वन्दना शिवा है। उन्होंने इको-फेमिनिसम पर केन्द्रित कई किताबें लिखी हैं। वन्दना शिवा के अनुसार पितृसत्तात्मक पूँजीवादी विश्वदृष्टि से इस पृष्वी के सारे जीवों के विमोचन एवं संरक्षण के लिए स्त्रियों को लड़ना चाहिए। पूँजीवादी संरचना पर आधारित सभी वृत्तियों का विरोध इको-फेमिनिसम करता है। शिवा की प्रकृति परक दृष्टि एवं सिद्धान्त भौगोलिक और राजनैतिक है और उसका एक ठोस लक्ष्य भी है। तीसरी दुनिया की स्त्रियों पर भूमंडलीकरण और उपनिवेशवाद का जो दुष्परिणाम पड़ा उसकी चर्चा उनकी कई किताबों में उन्होंने बहुत ही संजीदगी से की है। पाश्चात्य देशों में प्रचलित आध्यात्मिक इको-फेमिनिसम से इको-फेमनिसम को अलग करके समाजवाद के परिप्रेक्ष्य में देखने का कार्य भी उन्होंने किया है।

कुल मिलाकर इको-फेमिनिसम एक अन्तर अनुशासनात्मक आन्दोलन है जो प्रकृति, राजनीति, स्त्री और आध्यात्मिकता के सम्बन्ध में नए ढंग से सोचने के लिए प्रेरित करता है। यह सिद्धान्त सभी पितृसत्तात्मक व्यवस्थाओं को नकारता है और पुरुष द्वारा स्त्री का जो शोषण हो रहा है उससे पर्यावरण शोषण को जोड़ता भी है।

### पारिस्थितिकीय भाषाशास्त्र (Eco-Linguistics)

पारिस्थितिकीय समीक्षक समाज पर प्रभाव डालने की साहित्य की क्षमता को मानते हैं। उनका मानना है कि जनता को नियन्त्रित करने और उनकी दृष्टि को बड़े पैमाने पर प्रभावित करने में साहित्य कामयाब है। जनसमूह के पर्यावरण सम्बन्धी नज़रिए को सुधारने में साहित्य समर्थ है, अथवा उसको समर्थ होना चाहिए। उसको ध्यान में रखकर रचना करना है साहित्यकार को। वे संरचनावाद का विरोध करते हैं। संरचना की स्वतन्त्र अस्मिता नहीं है, उसको परिस्थिति के साथ सम्बन्ध भी नहीं है। साहित्य की संरचना परिस्थितिवाद से उत्पन्न होनी चाहिए। क्रिस्टफर कुक्किनोस ने 'कंपोस्ट स्ट्रक्चरलिसम' (Compost Structuralism) नाम इसी लक्ष्य से स्वीकार किया। यह एक सच्चाई है कि साहित्य की संरचना और भाषा में सुस्पष्ट पारिस्थितिकीय दर्शन होना चाहिए। हर रचना में पारिस्थिति को स्थान देते हुए उसकी समकालीनता पर विचार करना है। रचनाओं की श्रेष्ठता पारिस्थितिक दर्शन से रूपायित होनी चाहिए। पारिस्थितिक दर्शन मनुष्य द्वारा प्रयुक्त भाषा में कैसे प्रकट है, इसकी खोज करनेवाला भाषाध्ययन है इको-भाषाशास्त्र। इको-भाषावैज्ञानिक की जाँच से उस काल का परिस्थितिबोध प्राप्त हो जायेगा। यह उदाहरणों के माध्यम से उन्होंने जाहिर किया है।

भाषाविज्ञान ने स्थापित कर दिया कि जनसमूह के द्वारा प्रयुक्त भाषा से उनकी जीवनदृष्टि और जीवन परिस्थितियाँ रेखांकित हो जाती हैं। व्यक्ति की अपनी भाषा में प्रयुक्त शब्दों से ज़रिए

उसकी ज़िन्दगी की परिस्थितियों की पहचान तथा सांस्कृतिक इतिहास का भी पता मिल जायेगा। इस तरह के रहस्यों की सीपी है सचमुच प्रत्येक भाषा शब्द। आज यह विचार मज़बूत है कि परिस्थितिवाद की जीवंतता की पहचान भाषा के शब्दों से की जा सकती है।

भाषा के अध्ययन में भी पारिस्थितिकी का प्रवेश 1990 में हुआ। आलविन फील के अनुसार 1990 में ए ऐ एल ए सम्मेलन में मिशेल हालिडे द्वारा प्रस्तुत "अर्थ के नए रास्ते" (New ways of meaning) शीर्षक प्रपत्र में सबसे पहले पर्यावरण समस्याओं को अभिव्यक्त करने में भाषा की भूमिका पर विस्तार से विचार किया गया। लेकिन 1960 में एयनर हेगन ने पर्यावरण से मिलाकर भाषा अध्ययन शुरू किया था। उनके 'The Ecology of Language' शीर्षक अध्ययन में यह दृष्टि दिखाई देती है। तब भी यह मत प्रचलित था कि इसके पहले भी पर्यावरण से जुड़ा भाषाध्ययन हुआ था। लेकिन नब्बे के दशक के बाद ही यह अध्ययन स्पष्ट रूप धारण कर सामने आया था। भाषा को केवल आशयविनिमय के माध्यम तक सीमित किए बिना पर्यावरण और वैयक्तिक क्षेत्रों में भी भाषा कैसे मिलजुलकर प्रकट होती है इसकी जाँच करनेवाले भाषा विज्ञान के रूप में इको-भाषाविज्ञान सामने आता है।

एयनर हेगन के अनुसार "भाषा एवं पर्यावरण के बीच के सम्बन्ध का अध्ययन है इको-भाषाविज्ञान।" यहाँ पर्यावरण शब्द से भाषासंकेत को प्रयुक्त करनेवाले समूह को ही सूचित करता है। प्रयोक्ता के मन में है भाषा। वह उन्हें आपस में तथा प्रकृति के साथ मिला देती है। हेगन के अनुसार इस अध्ययन का एक हिस्सा मनोवैज्ञानिक और दूसरा समाजशास्त्रीय है। हेगन ने कहा कि भाषा को सबसे पहले पर्यावरण से वोये जलीस और नोयल डब्ल्यू बूड्स जूनियर ने मिला दिया। उन दोनों के अनुसार इको-भाषाविज्ञान किसी एक भाषा का अध्ययन नहीं है बल्कि एक विशेष प्रदेश की सभी भाषाओं पर केन्द्रित अध्ययन है।

सरोज चौला के अनुसार भाषा के अध्ययन से उस भाषा के बोलनेवालों के नज़रिए को पहचान लिया जा सकता है। उनके विचार में भूत-वर्तमान-भविष्य की ऋजुरेखा की कालसंकल्पना विश्वदृष्टि की जोखिम की वजह बन गयी। भूतकाल बीत गया, इसलिए वह उपेक्षित है। इस कालसंकल्पना के कारण परम्परा और पारम्परिक विश्वासों का इनकार कर नए में मात्र भ्रमित होनेवाली दृष्टि पर्यावरण समस्याओं में सबसे ज़्यादा विचारणीय मुद्दा है। विश्वास एवं पारस्परिक सम्बन्ध आदि भूत के साथ जुड़ा हुआ है। भूतकाल को नकारने का मतलब इन मूल्यों को नकारना है। इसका तात्पर्य यह है कि भाषा के प्रयोक्ताओं की जीवनदृष्टि भाषा के प्रयोग से पहचान लिया जा सकती है।

पारिस्थितिकीय अवबोध भाषा के शब्दों में रेखांकित होने के कारण प्रान्तीय भाषाओं का अस्तित्व अत्यन्त ज़रूरी है। यह विचार आज बहुत प्रबल दिखाई देता है। खास प्रान्तीय शब्द उस प्रदेश के विचारों, रीतिरिवाज़ों, संवेदनाओं को प्रकट करनेवाली रहस्य भरी सीपियाँ हैं। 'Time is money' और "सम्पत्ति के समय दस पौधे लगा ले तो गरीबी के समय खूब खा सकते हैं।" ये दो लोकोक्तियाँ एक ही आशय को प्रकट करती हैं, लेकिन दो भिन्न जीवन परिस्थितियों को उजागर करती भी हैं। दूसरी लोकोक्ति केरल की कृषक संस्कृति को प्रकट करती है तो पहला पाश्चात्य देश की औद्योगिक संस्कृति को। संक्षेप में प्रान्तीय भाषा उस प्रदेश की संस्कृति को द्योतित करती है। इसलिए ही प्रान्तीय भाषाओं के संरक्षण की बात उठती आ रही है। पीटर म्यूलहासलर ने इसलिए कहा कि प्रान्तीय एवं स्थानीय भाषाओं के नाश को रोकना चाहिए।

इको-भाषावैज्ञानिकों का दावा है कि हर देश का पर्यावरण और संस्कार उस देश की भाषा से खोज निकाला जा सकता है। बीथ षूड्स के अनुसार उद्योग के लिए प्रयुक्त भाषा में उसकी विशेषताएँ उपलब्ध हैं। कई स्वतन्त्र शब्दों को खास लक्ष्य के साथ प्रयुक्त किया जाता है। "विकास" (Development) शब्द को उदाहरण रूप में लिया जा सकता है। इसके कई अर्थों में कुछ हैं– "to bring out the capabilities of posibilities of, to build on (Land), to prepare (Vacant Land) for housing by the provision of roads, sewage आदि। ये सारे के सारे अर्थ यह लक्षित करते हैं कि पर्यावरण को हानी पहुँचाए बिना विकास करना है। लेकिन आज जो चल रहा है वह सही विकास नहीं है। इसलिए वंदना शिवा ने "Maldevelopment" शब्द का इस्तेमाल किया। सही Development के लिए sustainable development कहने लगा है। इसका तात्पर्य यह है कि औद्योगिक रुचि के लोगों ने Development " शब्द को चुन लिया। परम्परावादी लोग इसलिए Ecologically Sustainable Development का प्रयोग करने लगे। षूड्स ने कहा कि कभी भी जो sustainable नहीं है उसके लिए इस शब्द का इस्तेमाल आज कर रहा है। औद्योगिक युग सोच समझकर कुछ ऐसे पदों का इस्तेमाल करता है वैसे "Improving on nature, value adding आदि। कृषि में अब "fully improved farms" का प्रयोग प्राप्त है। प्राकृतिक पौधों का नाश कर एक खास प्रकार के बीज मात्र को बढ़ाने का वातावरण पैदा करने की प्रक्रिया है यह।

संक्षेप में भाषाप्रयोग में निश्चित लक्ष्य दर्ज है। औद्योगिक युग ने पहचान लिया कि प्रकृति के साथ के रिश्ते और परिस्थिति के साथ जुड़े शब्दों के दुरुपयोग करने का कार्य सर्वत्र हो रहा है। जैसे कोई दवा, साबुन अथवा सौन्दर्य प्रसाधनों के विज्ञापन में हमेशा यह शब्द प्रयुक्त किया जा रहा है कि "आयुर्वेदिक जडीबूटियों से निर्मित"। ऐसे श्रमों के खिलाफ चुनौतिपूर्ण कोशिश इको-भाषा वैज्ञानिकों के अध्ययन से सम्भव हो रहा है। बदलती दुनिया की गतियों को सुचित करने में भाषा की जो क्षमता है वह इको-भाषावैज्ञानिक ढूँढ निकालते रहे हैं। वे ससूर के संरचनावाद से उत्पन्न खतरे की ओर इशारा कर रहे हैं।

गोया कि मनुष्य की वैश्विक दृष्टि में परिस्थितिवाद को मुख्य स्थान है। यह पहचान हुई कि पर्यावरण से अलग मनुष्य का कोई अस्तित्व नहीं है। परिस्थितिवाद यह सिखाता है कि इस धरती के समस्त चराचरों के विकास से ही संसार का विकास सम्भव हो जाता है, मनुष्य मात्र से नहीं। यह विकास सबकी अवस्थिति का परिणाम है। साहित्य सांस्कृतिक अध्ययन है। साहित्य का जन्म, उसकी परिस्थितियाँ, लक्ष्य सब पारिस्थितिकी पर आधारित है। मनुष्य को केन्द्र में प्रतिष्ठित करने के बदले प्रकृति के प्रत्येक के स्थान को इस दर्शन में व्याख्यायित है। भारतीय जीवन दर्शन के भौमसदाचार और साकल्यता पारिस्थितिकी का मूलमन्त्र है। संसार के विकास, प्रगति और परिवर्तन का विरोध वह करता नहीं है। इतना अवश्य होना चाहिए कि सभी परिवर्तन पारिस्थितिकीय मूल्यों के अनुकूल होना चाहिए। इसके मूल्य सार्वभौमिक एवं कालातीत हैं। इसलिए मनुष्य के सारे कर्मक्षेत्रों में पारिस्थितिक दर्शन बड़ी ठोस भूमिका निभाता आ रहा है। इस दर्शन का साहित्यिक क्षेत्र में सबसे ज़्यादा बोलबाला है। हिन्दी साहित्य में भी इसकी लहर उठने लगी है।

## सहायक ग्रन्थ

1. Silent Spring-Raichel Carson
2. The Second Sex-Simon de Boeuvier
3. The rights of Nature-Roderick Frazier Nash
4. हिन्द स्वराज-महात्मा गाँधी
5. Ecology and the politics of survival-Vandana Siva
6. Dialectics of Nature-Frederic Engels
7. The Eco-Criticism Reader- Cheryll, Glotfelthy and Herold Fromm
8. The Eco-linguistic Reader-Fill, Alwin and Peter Mubihavester
9. Kathayum Paristhithiyum- G. Madhusudanan
10. Jaivamanushyan- Anand

# हिन्दी की नयी समीक्षा में भारतीय काव्यशास्त्रीय चिन्तन

*के. वनजा*

भारतीय साहित्य-चिन्तन की परम्परा पर यदि विचार किया जाये तो यह विदित है कि नये-नये विचारों को चाहे वह पाश्चात्य हो या भारतीय हो, अपनाकर वह अपने को संवर्द्धित करती आ रही है। लेकिन पाश्चात्य को स्वीकारते वक्त भी अपनी बुनियादी मिट्टी के संस्पर्श से अलग होती नहीं है। भारतीय-विचारक जब कभी कोई भी साहित्यिक वाद एवं सिद्धान्त को अपनाता है, तब वह उसके औचित्य पर संजीदगी से विचार-मंथन करता है और योग्य है तो स्वीकार करता है। यह बात रस, अलंकार, वक्रोक्ति, ध्वनि, रीति, औचित्य आदि सिद्धान्तों के सन्दर्भ में भी हमने देखी। हमारी परम्परा किसी भी विचार को जस का तस स्वीकारने की नहीं। हम सभी पर कालानुसार शंकाएँ उठाते हैं और प्रश्नाकुलता से सबका सामना करते हैं। प्रत्येक की सार्थकता, प्रासंगिकता, शक्ति एवं सीमा पर गहराई से विचार करते हैं। इसलिए आज रस एवं ध्वनि को जो स्थान प्राप्त है, वह अन्यों के सन्दर्भ में नहीं है।

हिन्दी की नयी समीक्षा के वक्त तक आते-आते हमारे यहाँ के कई विद्वानों को रस, वक्रोक्ति, रीति, अलंकार जैसे प्रत्ययों का नाम सुनते ही घृणा और हँसी आती थी। 'नयी समीक्षा' के सभी लेखकों ने कहा कि हमारा 'रस' के साथ कोई सम्बन्ध नहीं है। इस सन्दर्भ में आचार्य रामचन्द्र शुक्ल का यह विचार उल्लेखनीय है– "आज कल इस प्रकार के लड़के कहते हैं कि 'रस-अलंकार' तो पुरानी चीज़ें हैं, उनका ज़माना गया; इधर-उधर से नोचकर ही दुहराए जाते हैं। वे कहाँ से आये हैं, उनका पूरा मतलब क्या है। यह सब जानने या समझने की कोई ज़रूरत नहीं मानते हैं कि रस-अलंकार आदि हमारे साहित्य में बहुत काल से व्यवहृत शब्द हैं, अँग्रेज़ी शब्दों के अनुवाद नहीं। इससे इनका नाम लेना फैशन के खिलाफ है। दिनों में सैकड़ों बार 'हृदय की अनुभूति', हृदय की अनुभूति" चिल्लाएंगे, पर रस का नाम सुनकर ऐसा मुँह बनाएंगे, मानो उसे न जाने कितना पीछे छोड़ आये हैं। भलेमानुस इतना भी नहीं जानते कि हृदय की अनुभूति ही साहित्य में रस और भाव कहलाती है।" नयी समीक्षा के प्रतिमानों में 'हृदय की अनुभूति' की जगह 'अनुभूति की प्रामाणिकता', 'अनुभूति की ईमानदारी' आदि शब्दों का प्रयोग चल रहा है। तब शुक्ल जी ने 'सभ्यता समीक्षा' का जो प्रयोग किया, वह इन शब्दों के सन्दर्भ में सत्य सिद्ध होता है। अर्थात् समय की गति के अनुसार समीक्षकों का काम भी जटिल बनता जा रहा है। नये शब्दों में आवरणों को हटाकर मूल तक पहुँचने की ज़रूरत पड़ती है।

हिन्दी की नयी समीक्षा दृष्टियों पर भारतीय एवं पाश्चात्य काव्यशास्त्र का प्रभाव है। हिन्दी के आलोचकों ने पाश्चात्य समीक्षा सिद्धान्तों का यथायोग्य प्रयोग हिन्दी की "नयी समीक्षा" के निर्माण में किया। लेकिन नयी समीक्षा-दृष्टि पश्चिमी समीक्षा-शास्त्र या उसका उपनिवेश नहीं

है, उसकी अपनी संस्कृति एवं परम्परा है। इस नज़रिए से हिन्दी की 'नयी समीक्षा' के कुछ मुख्य हस्ताक्षरों के विचारों एवं प्रतिमानों पर यहाँ विचार किया जायेगा।

पश्चिम में बीसवीं शताब्दी की बहुचर्चित आलोचनात्मक दृष्टि है– नयी समीक्षा। परम्परागत स्वच्छन्दतावादी, मार्क्सवादी, मनोविश्लेषणात्मक, आलोचनात्मक पद्धतियों का विरोध करना है इसका लक्ष्य। अर्थात् साहित्य के भाववादी एवं अमूर्त चिन्तन का विरोध है इसमें। साहित्य को वस्तु के रूप में देखना इस प्रवृत्ति का उद्देश्य है। यह काव्यभाषा की सशक्त क्रान्ति है। इस क्रान्ति का गहरा प्रभाव है हिन्दी की नयी समीक्षा में। नये समीक्षकों ने "काव्य भाषा" को कविता माना है। तार सप्तक के कवि-वक्तव्य में अज्ञेय ने कहा– "काव्य सबसे पहले शब्द है। और सबसे अन्त में भी यही बात बच जाती है कि काव्य शब्द है। सारे कवि-धर्म इसी परिभाषा से निःसृत होते हैं। शब्द का ज्ञान, शब्द की अर्थवत्ता की सही पकड़ ही कृतिकार को कृति बनाती है। ध्वनि, लय, छन्द आदि सभी प्रश्न इसी में से निकलते हैं और इसी में विलय होते हैं। इतना ही नहीं, सारे सामाजिक सन्दर्भ भी यहीं से निकलते हैं।..।" (तार स्पतक, दूसरा सं., पुनश्च-भाग)

यह अजीब संयोग है कि एक ओर तो अज्ञेय इलियट की तमाम मान्यताओं से प्रभावित हैं, दूसरी ओर वे भारतीय काव्य-चिन्तन परम्परा की भी उपेक्षा नहीं करते हैं। काव्य की निर्वैयक्तिक परिभाषा में टी.एस. इलियट की ध्वनि फूट रही है– "कविता भावों का उन्मोचन नहीं है, बल्कि भावों से मुक्ति है; वह व्यक्तित्व की अभिव्यंजना नहीं, बल्कि व्यक्तित्व से मोक्ष है।" परम्परा तथा मौलिकता सम्बन्धी अज्ञेय जी के विचारों पर टी.एस इलियट का निबन्ध- "ट्रेडीशन एण्ड इंडिविजुअल टेलेंट" का गहरा प्रभाव है। अज्ञेय ने प्रायः सम्पूर्ण सैद्धान्तिक दृष्टि वहीं से ग्रहण की है। अज्ञेय जी मानते हैं कि आधुनिक आलोचना तथा साहित्य में यह प्रवृत्ति बल पकड़ रही है 'रूढ़ी' का तिरस्कार किया जाये। रूढ़ि और परम्परा, परम्परा के प्रति जागरूकता कैसे प्राप्त हो सकती है और किस प्रकार वह साहित्यकार के मानस को, उसके कार्य के मूल्य को प्रभावित करती है आदि पर अज्ञेय ने अपने विचारों को यों प्रकट किया– "इस जागरूकता का मुख्य उपकरण है– एक ऐतिहासिक चेतना– अर्थात् जो कालानुक्रम में बीत गया है, उसके बीतेपन की नहीं, उसकी वर्तमानता की भी तीखी और चिरजाग्रत अनुभूति। साहित्य के लिए आवश्यक है साहित्य में और जीवन में 'असीत' का और 'अस्ति' का, जो 'अचिर' हो गया है, उसका और जो 'चिर' है, उसका और इन दोनों की परंपरता, अन्योन्याश्रयता का ज्ञान उसमें बना रहे।" (त्रिशंकु, पृ. 31) अज्ञेय जी को परम्परा की ऐतिहासिक चेतना का विचार सचमुच इलियट से मिला। पुराण और संस्कृति के महत्त्व को अज्ञेय ने पाश्चात्य सम्पर्क से प्राप्त किया। अज्ञेय जी ने देखा कि ग्रीक दार्शनिकों ने ग्रीक पुराणों का नया मूल्यांकन किया, वे धार्मिक रूढ़ियों की भौतिक एवं ऐतिहासिक व्याख्या करते रहे हैं। उन्होंने पाया कि पुराणों के चरित्र प्रायः प्राकृतिक क्रियाओं के काव्यमय मानवीकृत प्रतिचित्र थे। इसलिए ग्रीक पुरण की देन को यूरप की प्रत्येक साहित्यिक कृतज्ञता के साथ आज भी स्वीकार करता है। अज्ञेय की धारणा है कि आज के भारतीयों को यूरोप के इस दृष्टिकोण को औचित्य के साथ स्वीकार करना चाहिए। इसके माध्यम से हम पुरातत्व, नृतत्व, समाजशास्त्र और मनोविश्लेषण के नये आविष्कारों से भी लाभ उठा सकते हैं। युग के सामूहिक अवचेतन सिद्धान्त से प्रभावित अज्ञेय जी ने कहा– "किसी भी देश के जीवन के गहनतम रहस्य तक पहुँचने के लिए उसका पुराण साहित्य ही उसकी अच्छी कुंजी है, कि

उसमें समष्टिगत आदर्शों और जातिगत आकांक्षाओं में वे स्वप्नचित्र मिल सकते हैं, जिनका कि विभिन्न व्यक्ति अपनी-अपनी रुचि, दीक्षा-योग्यता और संस्कारों के आधार पर परिष्कार करते हैं। पुराण ही वह सांस्कृतिक इकाई है, जिसमें जीवन की बहुरूपता प्रस्फुटित हुई है। (त्रिशंकु, पृ. 45) मिथ पाश्चात्य देश में काव्य सिद्धान्त का एक अनिवार्य अंग रहा है। इसी दृष्टि को अज्ञेय ने ग्रहण कर प्रवृत्त किया है।

अज्ञेय साहित्य को एक "सांस्कृतिक विभूति" मानते हैं। डी.एच. लोरेंस से प्रभावित होकर अज्ञेय ने भी समझा कि जीवन से लोक-नृत्य, लोकगीत, पूस के छप्पर आदि निकले जा रहे हैं। आज जीवन केवल देहाती से शहरी ही नहीं हुआ, जीवन का ढंग ही नहीं बदला, जीवन ही बदला है। अब समाज न देहाती रहा है न शहरी, अब उसका संगठन भी नष्ट हो गया है। (त्रिशंकु, पृ. 14) अज्ञेय जी मानते हैं कि प्राचीन व्यवस्था के टूटने का कारण मशीन है। उनके अनुसार संस्कृति का मूल आधार भाषा है, और भाषा का चरम उत्कर्ष साहित्य में प्रकट होता है। अतः साहित्य का पतन संस्कृति का और अन्ततः जीवन का पतन है। मशीनी युग हमारे जीवन को सस्ता, घटिया और अर्थविहीन बना रहा है। स्वस्थ संस्कृति से ही हम स्वस्थ साहित्य की आशा कर सकते हैं। अज्ञेय जी के उपरोक्त विचारों पर डेनिस टॉमस और एफ.आर. लीविस का गहरा प्रभाव है।

'त्रिशंकु' में अज्ञेय एडलर के प्रभुत्व कामना अर्थात् क्षतिपूर्ति के सिद्धान्त को अपनाते दृष्टिगत होते हैं। उन्होंने लिखा– "कला सामाजिक अनुपयोगिता के विरुद्ध अपने को प्रमाणित करने का प्रयत्न अपर्याप्तता के विरुद्ध विद्रोह है। (त्रिशंकु, पृ. 23) इसलिए उनके अनुसार कल सम्पूर्णता की ओर जाने का प्रयास है, व्यक्ति की अपने को प्रमाणित करने की चेष्टा है। इस दृष्टि से कला एक आत्मदान है, यह आत्मदान अहं को पुष्टकरने के लिए है, क्योंकि अहं को छोटा करके व्यक्ति सम्पूर्ण नहीं रह सकता। यहाँ कला को आत्मदान मानने का पक्ष टी.एस इलियट का है। फ्रायड एवं एडलर से प्रभावित होकर उन्होंने माना कि आधुनिक युग का साधारण व्यक्ति यौन वर्जनाओं का पुंज है।

ऊपर अज्ञेय पर पड़े पाश्चात्य सिद्धान्तों के प्रभाव पर प्रकाश डालने की कोशिश की गयी है तो उनके भारतीय विचारों को भी अनदेखा नहीं किया जा सकता। पहले हम देख चुके हैं कि अज्ञेय कविता को शब्द ही मानते हैं। हमारी भारतीय परम्परा में शब्द के इस महत्त्व को पहचानकर शुक्ल जी ने कहा था– "हृदय की इसी मुक्ति की साधना के लिए मनुष्य की वाणी, जो शब्द विधान करती आयी है, उसे कविता कहते हैं।" ('चिन्तामणी' प्रथम भागः कविता क्या है?) अज्ञेय जी भारतीय चमत्कारवाद के सिद्धहस्त थे। वे इसी दृष्टि से शब्द औरअर्थ के सम्बन्ध पर ध्यान देते हैं। वे 'गुलाबी' शब्द के उदाहरण से कहते हैं कि कभी इसमें 'चमत्कार' रहा होगा, किन्तु निरन्तर प्रयुक्त होने से वह चमत्कार मर गया है। काव्य-भाषा में इसी प्रक्रिया से चमत्कार मरता जाता है और चमत्कारिक अर्थ अभिनव बनता रहता है। यों कहें कि कविता की भाषा निरन्तर गद्य भाषा होती रहती है। इस प्रकार कवि के सामने हमेशा चमत्कार की सृष्टि की समस्या बनी रहती है– वह शब्दों को निरन्तर नया संस्कार देता चलता है और वो संस्कार क्रमशः सार्वजनिक मानस में पैठकर फिर वैसे हो जाते हैं कि उस रूप में कवि के कर्म के नहीं रहते। इसलिए अज्ञेय कहते हैं कि "बासन अधिक घिसने से मुलम्मा छूट जाता है।" इसी बात को समझने के लिए अज्ञेय कालिदास के रघुवंश के आरम्भ के-

"वागार्थविवसम्पृक्तौ वागर्थप्रगतिपथ्यो,
जगतः पितरौ वन्दे पार्वतीपरमेश्वरै।"

को लेते हैं। तब इस बात को उन्होंने समझा था कि इसलिए वाक् में अर्थ की प्रतिपत्ति की प्रार्थना की गयी थी। जो अभिधेय है, जो अर्थ वाक् में है ही, उसकी प्रतिपत्ति की प्रार्थना कवि नहीं करता। अभिधेय युक्त शब्द तो वह मिट्टी, वह कच्चा माल है, जिससे वह रचना करता है। ऐसी रचना जिसके द्वारा वह अपना नया अर्थ उसमें भर सके, उसमें जीवन डाल सके। यही वह अर्थ प्रतिपत्ति है, जिसके लिए कवि वागर्थाविवसम्पृक्त" पार्वती-परमेश्वर से वन्दना करता है। जब चमत्कारिक अर्थ मर जाता है और अभिधेय बन जाता है, तब उस शब्द की रागोत्तेजक शक्ति भी क्षीण हो जाती है। कवि जब उस अर्थ की प्रतिपत्ति करता है, जिससे पुनः रागात्मक सम्बन्ध स्थापित हो। अज्ञेय मानते हैं कि साधारणीकरण का अर्थ यही है। नहीं तो अगर भाव भी वही जाने-पुराने हैं, रस भी और संचारी-व्यभिचारी सबकी तालिकाएँ बन चुकी हैं, तो कवि के लिए नया करने को क्या रह गया है। कवि नये तथ्यों को उनके साथ नये रागात्मक सम्बन्ध जोड़कर जो नये सत्य का रूप है, उन नये सत्यों को प्रेष्य बनाकर उनका साधारणीकरण करे, यही नयी रचना है।

अज्ञेय के अनुसार नयी कविता के कवियों का साधारणीकरण का आग्रह भी कम नहीं है, बल्कि यह देखकर कि आज साधारणीकरण अधिक कठिन है और उसकी पूर्ति के लिए अधिक जोखिम उठाने को तैयार है। यह किसी हद तक ठीक है कि जहाँ कवि की संवेदनाएँ अधिक उलझी हुई हैं, वहाँ ग्राहक या सहृदय में भी उन्हीं परिस्थितियों के कारण वैसा ही परिवर्तन हुआ है और इसलिए कवि को प्रेषण की कुछ सुविधाएँ भी मिलती हैं। आधुनिक ज्ञान-विज्ञान की समूची प्रगति और प्रवृत्ति विशेषीकरण की है, इस बात को पूरी तरह समझकर ही यह अनुभव किया जा सकता है कि साधारणीकरण काम कितना कठिनतर हो गया है– समूचे ज्ञान-विज्ञान की विशेषीकरण की प्रवृत्ति को उलांघकर, उससे ऊपर उठकर कवि को उसके विभाजित सत्य को समूचा देखना और दिखाना है। इसलिए शुक्ल जी ने कहा कि सभ्यता के विकास के अनुसार कवि कर्म जटिल होता जा रहा है। क्योंकि सभ्यता के हर आचरण को निकालकर मूल वासना या अनुभूति तक पहुँचने की गंजाईश कविता में होनी चाहिए। इसलिए आजकल की जटिल स्थिति को सामने रखकर अज्ञेय कहना चाहते हैं कि साधारणीकरण को उसने छोड़ नहीं दिया है, पर जितनों तक पहुँच सके उन तक पहुँचता रहकर और आगे जाना चाहता है, उनको छोड़कर नहीं।

रसनिष्पत्ति, रस और ध्वनि सिद्धान्त की परम्परा से गहराई से परिचित अज्ञेय जी कहते हैं– "बड़ा कवि वाक्-सिद्ध होता था और भी बड़ा कवि रस-सिद्ध होता था।" (तीसरा सप्तक, भूमिका, पृ. 11) इस कथन से स्पष्ट है कि रसवादी आलोचकों से आगे बढ़कर अज्ञेय जी काव्य पर नये ढंग से सोचते हैं। अज्ञेय साधारणीकरण और सम्प्रेषण को समस्या के रूप में मानते हैं जिस प्रकार पश्चिम में रिचड्र्स, ह्यूम, टी.एस. इलियट, एजरा पाउण्ड तथा एफ. आर. लीविस बड़े चिन्तिक रहे हैं। हमारे यहाँ रस निष्पत्ति एवं साधारणीकरण जैसे एकात्मवाद को आधार बनाया गया है वैसे ही सम्प्रेषण सम्बन्धी मान्यताओं में रिचड्र्स भी मन के धरातल पर एकात्मकता को स्वीकृति देते हैं।

रामविलास शर्मा, नामवर सिंह, मुक्तिबोध जैसे आलोचकों ने यद्यपि मार्क्सवाद को अपनी

आलोचना दृष्टि माना तो भी उन्होंने अपने विचारों को भारतीय धरातल पर प्रस्तुत किया। रामविलास जी ने यह माना कि प्रगतिशील साहित्य जनता की तरफदारी करने वला साहित्य है, इसलिए वह उसकी जातीय विरासत; उसकी साहित्यिक परम्पराओं की रक्षा करने के लिए भी लड़ता है। सांम्राज्यवादी शक्तियाँ जनता की स्वाधीनता का ही आचरण नहीं करतीं, उससे जातीय-राष्ट्रीय अभियान, संस्कृति, अर्जित ज्ञान को भी कुचलने के साथ गुमराह करती हैं। इसलिए जनता और जातीय संस्कृति की रक्षा के लिए संघर्ष उसकी स्वाधीनता तथा जनवादी अधिकारों के लिए संघर्ष का दुर्निवार अंग है। भारतीय जनता के पास साहित्य की एक समृद्ध परम्परा है। यह सांस्कृतिक निधि धन्ना सेठों तथा महन्तों की न होकर जनता की अपनी कमाई है और इसमें उसी के कमाये मूल्यों का भण्डार है। इसलिए युग बोध के साथ सम्पूर्ण परम्परा को नये ढंग से खोजने-थाहने-पाने की आवश्यकता पर डॉ. शर्मा बल देते हैं। डॉ. शर्मा का विचार है कि सामाजिक विकास में कोई भी नवीन व्यवस्था पुरानी समाजिक व्यवस्था से एकदम अलग नहीं हो सकती, वैसे ही साहित्य में विकास-क्रम को भंग करके शून्य में एक नयी प्रगति नहीं आरम्भ हो सकती। परम्परा के उसी अंश को नया साहित्यकार ग्रहण करता है, जो उसके लिए प्रासंगिक है। (स्वाधीनता और राष्ट्रीय साहित्य में रामविलास शर्मा, पृ. 82) इस दृष्टि से डॉ. शर्मा जिस प्रकार हज़ारी प्रसाद द्विवेदी ने इतिहास-बोध एवं संस्कृति-बोध को अपनी समीक्षा में ग्रहण किया, वैसा ही प्रगतिवादी समीक्षा में अनिवार्य रूप से ग्रहण करते हैं। इसे रेल्फ फॉक्स, लेविस, लुकाच आदि से जोड़ने की ज़रूरत नहीं है। डॉ. शर्मा ने रस सिद्धान्त की वस्तुवादी व्याख्या की है। उन्होंने अपने "स्वाधीनता और राष्ट्रीय साहित्य" में लिखा है कि रस-सिद्धान्त एक बहुत ही भरा-पूरा और विस्तार पाया हुआ सिद्धान्त है। उसके आध्यात्मिक रूप को हटाने के बाद उसमें बहुत-सा सारतत्व बचा रहता है, जो आधुनिक आलोचना के लिए महत्त्वपूर्ण होगा। किन्तु वे रस को नायिका भेद तथा मनोविज्ञान में ले जाने का विरोध करते हैं क्योंकि मनोविज्ञान की वैज्ञानिकता सन्देहास्पद है।

रस को वे नौ रसों तक सीमित नहीं मानते। उन्होंने कहा है कि साहित्य की विषय वस्तु नौ रसों के साँचे में ढलने से इनकार करती है। साथ ही वे काव्यानन्द को काव्य का अन्तिम साध्य मानने को तैयार नहीं हैं, "साहित्य से आनन्द मिलता है, यह अनुभव सिद्ध बात है। लेकिन साहित्य-शास्त्र यहाँ समाप्त नहीं होता बल्कि यहीं से इसका श्रीगणेश होता है। .. इससे आपके कर्ममय जीवन पर किस तरह का प्रभाव पड़ता है, किस तरह के संस्कार आपके मन में बनते-बिगड़ते हैं, ये तमाम समस्याएँ साहित्यशास्त्र की समस्याएँ हैं।" (लोकजीवन और साहित्य, रामविलास शर्मा, पृ. 7) फिर भी वे रस को सौन्दर्य-सापेक्ष्य मानते हुए उसे कलाकृति का उत्कर्ष मानते हैं। अर्थात् सौन्दर्य की वस्तुगत सत्ता की आनन्दमूलक परिणति ही रस है। क्योंकि इन्द्रियबोध भाव तथा विचार की तुलना में जल्दी परिवर्तित न होने वाला आधार है। मानव का भाव-बोध समाज-बोध के साथ ही विकासित तथा परिवर्तित होता है। इस प्रकार डॉ. शर्मा ने प्रगतिवादी चिन्तन में सौन्दर्य-बोध, भाव-बोध, इन्द्रिय-बोध के पारस्परिक सम्बन्ध को दिखाते हुए रस-सिद्धान्त का नया रूप प्रस्तुत किया है।

डॉ. शर्मा ने विषय-वस्तु को रूप से अधिक महत्त्व देते हुए दोनों के अन्तः सम्बन्ध को सदैव ध्यान में रखा है। कविता में काव्य-भाषा अन्य रूपों की भाँति सामाजिक वस्तु है। भाषा एक सांस्कृतिक उपकरण है– उसे बनाने बढ़ाने-विकासित-परिष्कृत करने में युगीन विचारधारा,

भावबोध आदि का गहरा हाथ होता है। प्रतिभाशाली कवि की शक्ति काव्य में सही शब्दों के चुनाव में उजागर होने लगती है।

आस्थावादी आलोचक मुक्तिबोध को छायावादी तथा प्रगतिवादी आलोचकों से शिकायत रही है कि वो नयी कविता को सही परिप्रेक्ष्य में समझने में असमर्थ रहे हैं। नयी कविता से पूरी तरह सम्बन्ध मुक्तिबोध ने अपना सैद्धान्तिक चिन्तन 'नयी कविता का आत्मसंघर्ष तथा अन्य निबन्ध', 'एक साहित्यिक की डायरी', 'नयी कविता का आत्मसंघर्ष तथा अन्य निबन्ध', 'एक साहित्यिक की डायरी', 'नये साहित्य के सौन्दर्यशास्त्र' 'तार सप्तक के कवि-वक्तव्य' में व्यक्त किया है। उनकी साहित्यिक दृष्टि विश्वदृष्टि है, वह उन्होंने मार्क्सवाद में देखा। उन्होंने नयी आलोचना में अस्तित्ववाद से प्रेरित लक्ष्मीकान्त वर्मा के लघुमानव सिद्धान्त का घोर विरोध किया। मुक्तिबोध का विचार अधिकांशतः आचार्य रामचन्द्र शुक्ल से मिलता है। शुक्ल जी की सभ्यता समीक्षा सम्बन्धी विचार, सम्प्रेषण सम्बन्धी विचार, काव्य की सृजन-प्रक्रिया में भाव-विभाव व्याख्या आदि में भारतीय काव्यशास्त्र की नवीन दृष्टि का उद्घाटन वे करते हैं। यद्यपि मुक्तिबोध, काडवेल, जार्ज लुकाच जैसे पश्चिमी विचारकों से बखूबी प्रभावित हैं तो भी भारतीय काव्य शास्त्र को उन्होंने यथावत् नवीन प्रगतिशील दृष्टि से व्याख्यायित भी किया है। वे जानते हैं कि आज के काव्य पर पुराने काव्य-लक्षण अपर्याप्त सिद्ध होते हैं, क्योंकि कविता पुराने काव्य युगों से कहीं अधिक बहुत अधिक, अपने परिवेश के साथ द्वन्द्व-स्थिति में प्रस्तुत है। इसलिए उसके भीतर तनाव का वातावरण है। कवि-हृदय द्वन्द्वों का समूह है– वास्तविकता को हार्दिकता से नयी बौद्धिक-दृष्टि की सूक्ष्मता से समझने की ज़रूरत है। तभी जीवन-जगत् की व्यवस्था के साथ अन्तर्जीवन के भीतर के आन्दोलन आरपार फैली हुई वास्तविकता के सन्दर्भ में व्याख्यायित, विश्लेषित और मूल्यांकित हो सकते हैं। मानव वास्तविकता के मार्मिक पक्ष बौद्धिक प्रतिभा के फलस्वरूप संवेदनात्मक ज्ञान और ज्ञानात्मक संवेदना अधिक पुष्ट होंगे। अनुभूति ज्ञान में व्यक्त हो सकेगी। कविता में वैविध्य युक्त, स्पन्दनमय, वेदनामय चित्रण के लिए तत्व के साथ, रूप-शक्ति भी चाहिए-ऐसी स्थिति में तीव्र मानसिक संवेदना घातों की प्रतिक्रिया को व्यक्त करने वाली काव्य-शैली को अधिक सक्षम बनाना होगा। कवि-हृदय सूक्ष्म संवेदनाओं को मूर्तिमान करने के साथ वास्तविक जगत् की लहर को वाणी दे सके। यानी "पुरानी शास्त्रीय शब्दावली में कहा जाये तो उसे भाव-पक्ष के साथ विभाव-पक्ष का चित्रण करना होगा।" (नयी कविता का आत्मसंघर्ष तथा अन्य निबन्ध, पृ. 2) यह विचार बिल्कुल आचार्य रामचन्द्र शुक्ल के काफी निकट है। मुक्तिबोध 'नये साहित्य का सौन्दर्यशास्त्र' में स्पष्ट करते हैं कि कलाकार को 'स्व' के घेरे से ऊपर उठकर अन्य के मर्म में प्रवेश करने की ताकत चाहिए। यही ताकत अनुभूत विशिष्टों का सामान्यीकरण करती है– इसे ही भारतीय आचार्य साधारणीकरण तथा पश्चिमी आचार्य निर्वैयक्तिकता-सम्बन्धी सिद्धान्त मानते हैं। इस प्रकार-निजबद्धता से छूटकर कलाकार आत्म-विस्तार करता है। मुक्तिबोध ने काव्य-रूप-फैंटेसी का मार्क्सवादी आलोचक, काडवेल की प्रख्यात पुस्तक "इल्यूशन एंड रियलिटी" के 'दे साइक एंड फैंटसी' से ग्रहण किया। इसलिए कला-सृजन के तीन क्षणों को हिन्दी साहित्य को प्रदान करने में मुक्तिबोध काडवेल के ऋणी हैं। वैसे ही लक्ष्मीकान्त वर्मा के अस्तित्ववाद से प्रभावित आधुनिकता सम्बन्धी विचारों में लघुमानव के विरोध करने की शक्ति एवं उपजीव्य मुक्तिबोध ने जार्ज लूकाच से ग्रहण किया। मुक्तिबोध मानते हैं कि "साहित्य का उद्देश्य संस्कृतिक परिष्कार

है, मानसिक परिष्कार है। किन्तु यह परिष्कार साहित्य के माध्यम द्वारा भी सम्भव है, जब सुनने वाले पढ़ने वाले की अवस्था पर आश्रित हैं। 'जनता का साहित्य' का अर्थ 'जनता के लिए साहित्य' से है और वह जनता कुछ ऐसी ही शिक्षा तथा संस्कृति के द्वारा कुछ स्टैंडर्ड प्राप्त कर चुकी है।" (नये साहित्य का सौन्दर्यशास्त्र, पृ. 78) शुक्ल जी ने अपने "साहित्य का इतिहास" में भी साहित्य को शिक्षित जनता के साथ जोड़कर देखने का कदम उठाया है।

मुक्तिबोध के मत के अनुसार कवि वस्तु-तत्व के प्रति पूर्ण सचेत हो तथा भीतरी-बाहरी आग्रहों तथा अनुरागों के रूप में ही भाषा-शैली का चयन करे। भाषा एक सामाजिक क्रिया है और सांस्कृतिक-प्रक्रिया का अंग है। भाषा ही काव्यानुभवों की सम्प्रेषणीयता का माध्यम है। कवि अर्थ-अनुबन्धों के नये सौन्दर्य-बोध तथा कलात्मक रूपान्तरण के लिए शब्द-साधना करता है। यह शब्द-साधना भाषा-साधना में भाव-साधना से भिन्न नहीं है। कवि शब्दों को नये ढंग से नये अर्थ देता है– नये बिम्बों-प्रतीकों-विचारों की योजना करता है। इस प्रकार काव्य माध्यमों में भाषा, छन्द, बिम्ब, प्रतीक, ध्वनि-योजना, पद विन्यास आदि का महत्त्व है। यद्यपि मुक्तिबोध काडवेल से खूब प्रभावित हैं तो भी भाषा सम्बन्धी विचारों में अज्ञेय के निकट ही हैं। संक्षेप में यह कहा जा सकता है कि मुक्तिबोध ने मार्क्सवादी-समाजवादी आधार के बावजूद आचार्य रामचन्द्र शुक्ल के विचारों का समर्थन किया है। उन्होंने रस की शब्दावली को नये ढंग से इस्तेमाल किया और आचार्य शुक्ल की भाँति ही काव्यानुभूति तथा जीवनानुभूति में पार्थक्य नहीं किया।

डॉ. नामवर सिंह का 'कविता के नये प्रतिमान' हिन्दी की नयी समीक्षा का मेरुदण्ड माना जाता है। सचमुच नामवरजी ने इस पुस्तक में देश-विदेश के सिद्धान्तों से नया काव्य-शास्त्र निर्मित किया है। मार्क्सवादी-रूपवादी दृष्टि के प्रभाव से भारतीय सिद्धान्तों की यह नवीन निर्मित काफी सुखद है। पश्चिम के मार्क्सवादी सौन्दर्यशास्त्र का उसके ऊपर गहरा प्रभाव है तथा आलोचना के वर्गीय आधार को वे केन्द्र में रखते हैं। "ऐसी स्थिति में मुक्तिबोध को केन्द्र में रखते ही डॉ. सिंह पर वे सभी पश्चिमी प्रभाव जाने-अनजाने ही आ जाते हैं, जो मुक्तिबोध ने लिए हैं। इसके अतिरिक्त रूपवादी समीक्षा या नयी समीक्षा के समीक्षक जान क्रो रेन्सम, विमसार, एफ.आर. लिविस, आडेन आदि के विचारों की धमक भी इन पर कम नहीं है।" (हिन्दी आलोचना के नये वैचारिक सरोकार, कृष्णदत्त पालीवाल, पृ. 216) भारतीय काव्य-सिद्धान्त-परम्परा में वे आचार्य अभिनवगुप्त, आचार्य रामचन्द्र शुक्ल तथा हज़ारी प्रसद द्विवेदी परम्परा के समर्थक विचारक हैं।

काव्य प्रतिमानों में 'काव्य-भाषा तथा सृजनशीलता' में पश्चिमी रूपवादी आलोचना का जादू चढ़ता है। 'काव्य बिम्ब और सपाट बयानी' एक प्रतिमान के रूप में प्रतिष्ठित करते समय आचार्य रमचन्द्र शुक्ल, पन्त आदि की बिम्ब सम्बन्धी धारणाओं की ओर संकेत करते हुए एफ.आर. लीविस और टी.एस इलियट तक आते हैं। बिम्बवाद के व्यक्तिवादी स्वरूप पर प्रहार करते हुए वे मार्क्सवादी भी बनते हैं। 'विसंगति और विडम्बना' में अस्तित्ववादी रुख है। काव्य-संरचनाः प्रतीकात्मकता और नाटकीय प्रतिमान स्वच्छन्दतावादी एवं मार्क्सवादी, दोनों द्वारा स्वीकार्य हैं। 'अनुभूति की जटिलता और तनाव' मुक्तिबोधीय प्रतिमान हैं। वैसे ही 'ईमानदारी और प्रामाणिक अनुभूति' में आचार्य रामचनद्र शुक्ल एवं मुक्तिबोध का असर स्पष्टतः प्रतिफलित है। अनुभूति की प्रामाणिकता का सम्बन्ध अवश्य रस सिद्धान्त से है।

प्रामाणिक अनुभूति है तो उससे साधारणीकरण जल्दी सम्भव हो जाता है। इसलिए मार्क्सवादी समीक्षा का विकास भारतीय शास्त्र-चिन्तन की वस्तुनिष्ठ परम्परा से कटकर नहीं हुआ है। वास्तव में आचार्य शुक्ल की परम्परा का सच्चा विकास रामविलास शर्मा तथा कवि-आलोचक-मुक्तिबोध के सैद्धान्तिक चिन्तन में ही हुआ। गहरे अर्थ में यह चिन्तन संस्कृत काव्यशास्त्र के पुनर्विकास तथा पुनर्विचार की ओर भी अग्रसर है। यहाँ रस, ध्वनि, औचित्य, रीति-अलंकार, वक्रोक्ति आदि प्रतिमान पर भी बहस है।

धर्मवीर भारती साहित्य में परम्परा के ऐतिहासिक मूल्यांकन पर बल देते हैं। काव्यकृति के मूल्यांकन में तीन तत्वों पर उन्होंने विचार किया है कि ये तीनों तत्व अलग नहीं हैं, न इन पर एक-दूसरे से पृथक रूप में विचार हो सकता है। एक कलाकृति पहले रूप में एक संचित शास्त्रीय परम्परा, जातीय सौन्दर्य-बोध और परम्परागत काव्य-श्रृंखला की विशिष्ट कड़ी होती है। दूसरे रूप में वह एक विशिष्ट समाज-व्यवस्था की सांस्कृतिक निधि होती है और उसका एक विशिष्ट मूल्य होता है। तीसरे रूप में वह एक विशिष्ट व्यक्ति की एक विशिष्ट क्षण की अनुभूति की शब्दात्मक अभिव्यक्ति होती है और कुछ विशिष्ट तत्वों से समन्वित होकर वह कला-कृति का महत्त्व प्राप्त करती है। इससे यह स्पष्ट है कि एक कलाकृति हमारी सांस्कृतिक परम्परा से गहरी जुड़ी है। लेकिन भारती जी संस्कृत काव्यशास्त्रीय परम्परा की सामन्ती प्रवृत्ति मानते हुए लोकतत्वों को समुचित प्रश्रय देते हुए भारतीय ऐतिहासिक परम्परा के पुनर्मूल्यांकन की ज़रूरत पर बल देते हैं। वह उन्होंने गाँधी, ठाकुर जैसे विद्वानों के प्रयत्न में देखा। वह इसे प्रयत्न के सिलसिले में आनेवाला छोटा-सा कार्य समझते हैं। हज़ारी प्रसाद द्विवेदी की "हिन्दी साहित्य की भूमिका" धर्मवीर भारती के अनुसार "साहित्य की महत्ता और सामाजिक उपयोगिता इसी में है कि वह हमारी चेतना में बहुत गहरे उतरकर हमारी वृत्तियों को संस्कारित करता है। उन्हें एक उदात्त समाजिकता प्रदान करता है।" (समीक्षा के आयामः धर्मवीर भारती) साहित्यकार अपने स्तर पर, अपने ढंग से संस्कृति की विराट प्रक्रिया में योग देता है। रसानुभूति और सौन्दर्यबोध उसके माध्यम हैं; और युग, काल एवं स्थितियों के अनुसार जैसी भी जटिलताएँ होती हैं, वैसी ही सूक्ष्म तथा अप्रत्यक्ष रीति से वह अपना कार्य करता है। इसका तात्पर्य यह है कि धर्मवीर भारती की साहित्य सम्बन्धी मान्यताएँ आचार्य शुक्ल जी से अलग नहीं हैं।

शिल्पगत, चमत्कारों को लेकर उठी बहस ने कविता में एक आन्दोलन का रूप धारण कर लिया है। इस बहस में विचारों से समाजवादी और संस्कार से व्यक्तिवादी नेमीचन्द्र जैन, डॉ. रघुवंश, विजयदेव नारायण साही से लेकर मलयज तक-सभी शामिल हैं। ये सभी न केवल सृजन-प्रक्रिया, सृजन के उत्पादन और सृजन माध्यम को ही व्यक्ति विशिष्ट मानते हैं, बल्कि नये काव्य-सौन्दर्य के भाव और आस्वाद के लिए सामाजिक के विशिष्ट साहित्यिक, सांस्कृतिक और बौद्धिक संस्कारों से युक्त व्यक्तित्व की कल्पना करते हैं। इनके द्वारा रस सिद्धान्त का विरोध हुआ, लेकिन वे साधारणीकरण सिद्धान्त को नये ढंग से व्याख्यायित विश्लेषण कर समर्थन करते हैं। सभी चिन्तक सम्प्रेषण सिद्धान्त को कला में प्रधान सिद्धान्त के रूप में प्रतिष्ठित करना चाहते हैं। उनकी नवीन मूल्य दृष्टि और विश्लेषणात्मक प्रविधि-प्रक्रिया पर टी.ई. ह्यूम, एजरा पउंड, इलियट, रिचड्र्स, एप.आर. लीविस, विलयंथ, ऐलन टेट, एम्सन, रेनेवोलोक आदि बोलते सुनाई-दिखाई देते हैं। इस नयी समीक्षा की शक्ति का रूप यही है कि यह समीक्षा-पद्धति परम्परागत सिद्धान्तों पर पुनर्विचार कर रही है और उसका नया मूल्यपरक

चिन्तन हमारे साहित्य का रक्त-मांस बनकर उसके स्वास्थ्य की रक्षा कर रहा है। इस पीढ़ी के प्रतिनिधि चिन्तकों में अज्ञेय, गिरिजाकुमार माथुर, धर्मवीर भारती, लक्ष्मीकान्त वर्मा, रामस्वरूप चतुर्वेदी, डॉ. जगदीश गुप्त, विजय नारायण साही, नेमिचन्द्र जैन आदि में सांस्कृतिक मूल्यों के विघटन का गहरा बोध है। इसी के परिणामस्वरूप इस चिन्तन में निराशावादी जीवन दर्शन की प्रधानता है। पश्चिमी विचारधाराओं में अस्तित्ववाद, क्षणवाद, अतियथार्थवाद, निराशावादी वैज्ञानिक मानववाद आदि ने इधर के लेखकों-समीक्षकों को भीतर-बाहर से झकझोरा है। भारत में आज़ादी के बाद के सपनों की खिन्नता ने भी हिन्दी लेखक या भारतीय लेखक को पाश्चात्य चिन्तन की ओर प्रवृत्त किया है। राजनीतिक-आर्थिक-सामाजिक परिस्थितियों की गड़बड़ी से आस्थावादी मूल्यों का स्थान अनास्थावादी मूल्य-दृष्टि ने ग्रहण किया।

जीवन-मूल्यों का यह संकट ही नयी-समीक्षा के मूल्यों का संकट बना है। रूपवादी, शैली वैज्ञानिक, भाषावादी या शिल्पपरक समीक्षा का साहित्य पर गहरा असर पड़ा। एक नवीन चमत्कारवाद, बिम्ब, प्रतीक, काव्य-भाषा, संरचना, मिथक, अलंकार, छन्द की सीधी परिणति-नयी समीक्षा में हुई है। भाषा से ही कृति को समझने-समझाने का संकल्पबद्ध यत्न किया जाने लगा। इस तमाम परिप्रेक्ष्य का हवाला देते हुए डॉ. रघुवंश ने 'मूल्यगत संक्रमण और समीक्षा का मानदण्ड' नामक निबन्ध में नयी समीक्षा की समस्याओं को वैचारिक ढंग से उठाते हुए लिखा– "इस प्रकार मूल्यगत संक्रमण के युग में द्वन्द्वात्मक भौतिकवाद जीवन के साथ साहित्य में मूल्यों की स्थापना में असफल रहा। इस प्रकार रूढ़िगत धर्म, रूढ़िगत भौतिकवाद तथा रूढ़िगत समाजवाद तीनों ही आज मानवीय जीवन की समस्या को सुलझाने में असमर्थ हैं। परिणामस्वरूप साहित्य के समीक्षात्मक मूल्यों के विषय में आज अनिश्चय की स्थिति है।" (पृ. 14) यह सचमुच आधुनिकता से समकालीनता की ओर कदम रखने की सूचना है।

निष्कर्षतः यद्यपि हिन्दी की नयी समीक्षा के मूल में पश्चिमी चिन्तन है तो भी उस चिन्तन को कोरी नकल मानना कठिन है। हिन्दी की नयी समीक्षा की अन्तर्धारा के रूप में भारतीय चेतना का स्वच्छ एवं गतिशील चिन्तन प्रवहमान है।

# समाजवादी नारीवाद
## Socialist Feminism

***के. वनजा***

इटालियन नाटककार दारियों फो ने एक बार कहा था कि मज़दूर को सौ शब्द मालूम हैं, उसके मालिक को हज़ार शब्द। इसलिए वह मालिक है। यह बात मज़दूरों पर ही नहीं; बल्कि सभी पराधीन लोगों पर लागू होती है। विश्व के इतिहास में, सभी कालों में, जिस प्रकार स्त्री को गुलाम बनाकर, उसे मौन का पुतला बना दिया गया है– उसके लिए सबसे उपयुक्त हैं दारियों फो के ये शब्द। अभी तक स्त्री पुरुषों द्वारा निर्मित भाषा और व्याकरण का इस्तेमाल करती आ रही है। उसकी सत्ता पुरुष द्वारा निर्मित सत्ता है। इस सन्दर्भ में लोरा मलवी का स्त्री सम्बन्धी यह निरीक्षण उल्लेखनीय है कि स्त्री सदा पुरुष द्वारा निर्मित अर्थों का सूचक मात्र रही है, वह खुद अर्थ की सृष्टि नहीं करती। पुरुष स्त्री को परिभाषित करने में समर्थ है; क्योंकि भाषा पर उनका पूरा अधिकार है। रोलांग बार्थ ने कहा है, "किसी भी सूचक के समान स्त्री भी एक वस्तु को नहीं, बल्कि संसार की एक विशेष वस्तु को सूचित करती है।" स्त्री शरीर अब एक शून्य स्थल नहीं रह गया है– उसको पढ़ा जा सकता है। (एलिस बेर्थ लेंटकों) इन सभी कथनों से यह जाहिर होता है कि स्त्री अपने को पढ़ सकने में अभी तक समर्थ नहीं हो पाई है। पुरुष द्वारा निर्मित स्त्री सम्बन्धी प्रतिमानों के अनुसार ही आज भी वह अपने को पढ़ती और सँवारती है। स्त्री, अपने को समझकर, अपने लिए जीना जब शुरू करेगी, तब सामाजिक व्यवस्था में परिवर्तन अवश्य आयेगा।

स्त्री जब खुद को समझकर, अपनी परिभाषा देने के लिए तैयार होती है, तब वह समाज द्वारा तिरस्कृत कर दी जाती है। इसका अच्छा उदाहरण है क्रिस्टा वुल्फ का उपन्यास 'कस्सान्ड्रा'। अप्पोलो देवता की काम-पूर्ति का साधन बनने के लिए कस्सान्ड्रा जब तैयार नहीं होती, तब वह अप्पोलो के शाप का शिकार बन जाती है। ट्रोजन शासन के समस्त अन्याय एवं अत्याचारों का सूक्ष्म निरीक्षण कर उसे पेश करने की शक्ति कस्सान्ड्रा में थी। इसीलिए वह ट्रोजन शासकों से प्रतिशोध लेने के साथ-साथ यौन-शोषण के खिलाफ देवता से भी भिड़ने के लिए तैयार हो जाती है। उसे कफी यातनाएँ सहनी पड़ीं। परन्तु अपने महान विचारों से जनता को उत्प्रेरित करने का कस्सान्ड्रा का प्रयत्न कामयाब नहीं हुआ; क्योंकि उसको पुरुष रूपी अपोलो देवता का शाप मिला था। युगों-युगों से पुरुष-प्रधान समाज के अन्यायों को सहते रहन वाली स्त्री जाति का प्रतीक है कस्सान्ड्रा। लेकिन कुँवारी 'मेरी' यूरोपीय समाज में पुरुष द्वारा निर्मित एवं परिभाषित स्त्री का प्रतीक है। पुरुष की अधीनता स्वीकार कर देव-वचन का अनुसरण करने वाली है कुँवारी मेरी। वह ईश्वर के निश्चयों का रंग-स्थल है। वह भूमि में बच्चों को जन्म देने वाली आदर्श माता का प्रतीक है। बच्चों को जन्म देने को समाज सबसे पवित्र

धर्म समझता है। उस धर्म को किसी भी प्रकार के विरोध के बिना अचंचल होकर विनयपूर्वक आत्मसात् करने से कुँवारी 'मेरी' पुरुष-प्रधान संस्कृति के लिए सबसे प्रिय प्रतीक बन गयी; जबकि पुरुषों की अधीनता स्वीकार कर प्रेमिका, पत्नी और माता का रोल अदा करने के लिए 'कस्सान्ड्रा' तैयार नहीं होती। इसलिए वह शाप की पात्रा बन जाती है। पुरुष द्वारा निर्मित स्त्री की परिभाषा में कुँवारी मेरी स्त्रीत्व का आदर्श है। पुरुष के आयीने में अपने को देखने के बदले खुद को समझने का प्रयत्न 'कस्सान्ड्रा' ने किया। इस वजह से 'कस्सान्ड्रा' ट्रोजन समाज में हमेशा शापग्रस्त और अनाथ बनकर भटकती रही। इस दृष्टि से क्रिस्टा वुल्फ सबसे बड़ी नारीवादी लेखिका हैं। भारतीय मिथकों में भी जितनी आदर्श स्त्रियाँ हैं, वे सभी शोषित स्त्रियाँ हैं।

इस दुनिया में सबसे बड़ा शोषण है स्त्री-शोषण। वह वर्ग, जाति जैसे शोषणों की तुलना में अधिक दारुण है। स्त्री उच्च जाति की क्यों न हो, वह निर्मम ढंग से शोषित होती रही है। मलयालम में श्रीमती ललितांबिका अन्तर्जन्म द्वारा लिखी 'अग्निसाक्षी' नामक उपन्यास स्त्री कामेच्छा का दमन करने वाले सवर्ण जाति के पुरुष-प्रधान समाज का एक ज्वलंत उदाहरण प्रस्तुत करता है। इस उपन्यास में पुरुष वर्चस्व वाली जाति (ब्राह्मण जाति) में जन्म लेने के कारण घर की चहारदिवारी में अपनी कामेच्छाओं का दमन कर घुटने वाली अनेक स्त्रियों की व्यथा कथा है। पुरुष-प्रधान समाज-व्यवस्था में पागल बन जाने वाली स्त्रियों की कथा इस उपन्यास में बहुत मार्मिक ढंग से कही गयी है। लेकिन स्त्री की समस्त कामनाओं का दमन करने वाले पौरोहित्य और पुरुष वर्चस्व को चुनौती देते हुए घर की चहारदिवारी को तोड़कर समाज में प्रवेश करके स्त्री की स्वतन्त्रता के लिए प्रयत्न करने वाली "देवी बहन" समाजवादी नारीवाद की दृष्टि से प्रखर, तेजस्वी एवं साहसी स्त्री पात्र है।

स्त्री शोषण के उन्मूलन के लिए पुरुष के मनोलोक को अत्यन्त सूक्ष्म ढंग से परिवर्तित करना होगा। पुरुष की प्रधानता एवं सामाजिक जकड़बन्दी से स्त्री की मुक्ति का आशय है, बुनियादी स्तर पर, इस विश्व की सबसे बड़ी मानव-मुक्ति। इस मुक्ति की ज़रूरत पहचानकर खुद स्त्री कई शताब्दियों से पुरुष। वर्चस्व वाली समाज-व्यवस्था के खिलाफ लड़ने लगी। इस प्रकार पुरुष वर्चस्व वाले समाज में नारी का सशक्तीकरण जो चाहता है, उसे 'नारीवादी' नाम से अभिहित किया जाता है। नारी की समता-समानता, आज़ादी, समाज में पुरुष और महिलाओं की सापेक्ष स्थिति, परिवार, कानून और लिंग के सम्बन्ध में जो चुप्पी सर्वत्र व्याप्त है, उस पर नारीवाद प्रश्न उठाता है। इस प्रश्न को उठाने के लिए जिस चिन्तन और शैली को अपनाया गया है, उसमें फर्क दिखाई देता है। इस भिन्नता के अनुसार नारीवादी सिद्धान्तों के मुख्य तीन भेद हैः उदारवादी नारीवाद, समाजवादी नारीवाद और रेडिकल नारीवाद।

## समाजवादी नारीवाद

समाजवादी नारीवादियों के अनुसार आर्थिक क्षेत्र का उच्च और निम्न का भेद ही मनुष्य को दो वर्गों में विभक्त करता है। गरीबी एवं स्त्री-शोषण की समाप्ति के बिना उसका उन्मूलन सम्भव नहीं। यह नारीवाद एक उद्योगपति की पत्नी और एक मज़दूर या बेरोज़गार की पत्नी को एक वर्ग में नहीं रखता। पुरुष-प्रधानता एवं वर्ग-शोषण को परस्पर जोड़कर देखता है। समाजवाद को कुछ सीमित बिन्दुओं के आधार पर परिभाषित नहीं किया जा सकता। यह बिल्कुल पूँजीवाद विरोधी सिद्धान्त है। इसलिए समाजवादी नारीवाद मूलतः मार्क्स और एंगेल्स

के विचारों का समर्थन करता है। इस नारीवाद के मुख्य सिद्धान्तों पर विचार करने के लिए समाजवादी सिद्धान्तों पर जिन-जिन विचारकों ने चिन्तन किया है, उनके विचारों पर थोड़ा प्रकाश डालना आवश्यक है।

उन्नीसवीं शताब्दी के कार्ल मार्क्स एवं फ्रेडरिक एंगेल्स के विचारों को मुख्यतः हम समाजवादी सिद्धान्त मानते हैं। लेकिन उनके पूर्व भी नारीवाद से जुड़े कई समाजवादी चिन्तक हुए हैं। उनमें मुख्य हैं विलियम थॉम्पसन और चार्ल फारियर। थॉम्पसन के अनुसार, मनुष्य की समान सुविधाओं के लिए सहयोगी संगठनों के बीच संसाधनों का समान वितरण होना चाहिए। उनके विचार में भविष्य में स्त्री को समान सुविधाएँ प्राप्त करने के लिए उन्हें अपनी स्थिति को सुधारना होगा। इसके लिए अपनी पारिवारिक गुलामी से स्त्री को अपने आपको मुक्त करना होगा। इसके लिए नागरिक एवं राजनैतिक अधिकारों की समानता के लिए माँग करनी है। संगठनों में पुरुष और स्त्री के एक साथ मिलकर प्रयत्न करने से स्त्री को सम्पत्ति में समान अधिकार मिल जायेगा। ऐसे समाज में स्त्री का सबसे बड़ा लाभ यह है कि वह पुरुष की अधीनता से बच जायेगा। ऐसे समाज में स्त्री का सबसे बड़ा लाभ यह है कि वह पुरुष की अधीनता से बच जायेगी। वे बच्चों के पालन आदि का दायित्व सरकार पर छोड़ते हैं– न माँ और पिता पर। यहाँ थॉम्पसन के विचारों से यह बात जाहिर होती है कि वे स्त्री को पूर्णतः स्वतन्त्र बनाना चाहते हैं।

चार्ल्स फारियर प्राचीन काल से स्त्रियों पर हो रहे अन्याय एवं अत्याचार को समझते हैं। उनके अनुसार किसी समाज के विकास के लिए मेरुदंड अर्थात् स्त्री को अपनी शारीरिक दुर्बलता सुधारनी होगी। बच्चों का पालन-पोषण माता-पिता से अलग कर एक विशेष प्रकार के श्रमिकों के द्वारा किया जाना अच्छा होगा। इन दोनों के विचारों को यहाँ प्रस्तुत करने का मक्सद यह है कि मार्क्स और एंगेल्स के पूर्व ही कई समाजवादी विद्वानों ने मानव के विकास के लिए नारी जाति का विकास ज़रूरी माना है।

मार्क्स ने स्पष्ट कर दिया है कि समाजवाद पुरुष के समान स्त्रियों का भी स्वातन्त्र्य लक्षित करता है। पूर्णतः यह जाहिर है कि मार्क्सवादी नारीवाद में आर्थिक क्षेत्र की असमानता को दूर कर सामाजिक परिवर्तन के द्वारा स्त्रियों को भी स्वतन्त्र करने का विचार दर्ज है। 1884 में एंगेल्स ने 'द ओरीजिन ऑफ द फेमिली, प्राइवेट प्रॉपर्टी एन्ड द स्टेट' नामक पुस्तक में मार्क्स से भिन्न होकर महिलाओं के उत्पीड़न के सवाल को ज़्यादा योजनाबद्ध ढंग से हल करने की कोशिश की थी। एंगेल्स के अनुसार, महिलाओं की गुलामी के प्रश्न को जीव विज्ञान के बजाय इतिहास में समझना होगा; और अपनी रचना में उन्होंने उस उत्पीड़न को समझने की कोशिश की थी: "भौतिकवादी अवधारणाओं के अनुसार, अन्तिम तौर पर इतिहास का निर्धारक तत्व जीवन के उत्पादन और पुनरुत्पादन में निहित होता है। एक ओर जीवन-यापन के लिए अन्न, वस्त्र और आश्रय के लिए साधन निर्मित करने का सवल होता है, तो दूसरी ओर मनुष्य मात्र की स्वयं की उत्पत्ति का सवाल है अर्थात् उसकी प्रजाति को आगे बढ़ाने का सवाल। लोग जिन सामाजिक संस्थाओं के तहत जीते हैं वे दोनों किस्म के उत्पादनों से– जिसमें एक तरफ श्रम के विकास की अवस्था है तो दूसरी तरफ परिवार के विकास का सवाल दर्ज है– निर्धारित है। श्रम का विकास जितना कम होगा और उसके उत्पादन की मात्रा जितनी सीमित होगी, तब उसकी कुल सम्पत्ति भी सीमित होगी। वहाँ सामाजिक प्रणालियाँ बड़े पैमाने पर लिंग के हिसाब से निर्धारित होती दिखेंगी।

एंगेल्स का कहना था कि प्राथमिक किस्म के समाज में महिलाएँ घरों के अन्दर उत्पादन के साधनों पर (घरेलू उपकरण और बरतन) और पुरष घर के बाहर के अन्य उपकरणों-औजारों पर नियन्त्रण रखते थे। घर के बाहर उत्पादन की अधिकता हुई। उसके परिणामस्वरूप पूरुष आर्थिक दृष्टि से ज़्यादा समर्थ बन गया। यह मातृसत्तात्मक परिवार के पितृसत्तात्मक परिवार में परिवर्तित होने की वजह बन गया। इस प्रकार घर के बाहर का उत्पादन अधिकाधिक महत्त्वपूर्ण होता गया। इसलिए एंगेल्स के मुताबिक नारी की मुक्ति तब तक सम्भव नहीं होगी, जब तक वह घऱ के बाहर मज़दूरी प्राप्त करने वाला काम नहीं स्वीकार करेगी।

क्रान्ति सिर्फ उत्पादक श्रम में भाग लेने वालों द्वारा की जाने वाली कार्रवाई है। मार्क्स की इच्छा थी कि महिलाएँ भी इस कार्रवाई में बराबर की हिस्सेदार बनें। उन्होंने कल्पना की थी कि जब-जब स्त्री श्रम करेगी, वह नियन्त्रित होनेवाली शक्ति से बदलकर नियन्त्रणकारी शक्ति बन जायेगी; परिवार की पुरानी संस्था टूट जायेगी; नया परिवार जन्म लेगा और स्त्री-पुरुष सम्बन्ध एक नये उन्नत धरातल पर पहुँच जायेंगे। कई महिलाओं ने "दुनिया के मज़दूरों एक हो" के संग्रामी नारे के साथ "दुनिया की मज़दूरिनें भी मज़दूरों के साथ एक हो" का नारा भी जोड़ने की कोशिश की। इस प्रयास में उनका आग्रह रहा कि मार्क्सवाद शोषण और दमन की वर्गीय परिभाषा में लिंग सम्बन्धी वर्ग को भी स्वीकार करे; ताकि सर्वहारा की क्रान्ति केवल पुरुष केन्द्रित न रह जाये। इन महिलाओं में स्वयं मार्क्स की बेटी एलिनर मार्क्स के साथ ओलाइव श्राइनर, एम्मा गोल्डमान, एंजेलिका बालावनोव, विक्टोरिया वुडहुड, वोल्टन क्राफ्ट, एलैग्डेंडा कोलताई, सीमोन द बोउवार तथा क्लारा जेटकिन जैसी कई विदुषियाँ शामिल थीं। कई पुरुष सिद्धान्तकारों ने भी "समाजवादी नारीवाद" की धारा विकासित करने और मार्क्सवाद को लैंगिक संघर्ष के प्रति संवेदनशील बनने में कई महिलाओं की मदद की। इन पुरुषों में मार्क्स और एंगेल्स के अलावा बेबल, एडवर्ट कारपेटर, विलियम मारस और हैवलाक एलिस की उल्लेखनीय भूमिका रही। इन सब लोगों ने मिलकर अलग-अलग रूपों में जो विचार प्रस्तुत किए, वे मार्क्सवाद के आन्तरिक जगत् में एकता और संघर्ष की लम्बी श्रृंखला के रूप में उभरे। महिलाओं ने बार-बार सर्वहारा क्रान्ति के विभिन्न चरणों में पुरुष क्रान्तिकारियों का साथ दिया और उस प्रक्रिया में अपनी अलग-अलग भूमिकाएँ स्थापित कीं। चाहे वे फ्रांस में कम्यूनार्डो के साथ लड़ने वाली महिलाएँ हों; अथवा भारत में तेलंगाना में चापामार युद्ध चलाने वाली स्त्रियाँ हों, विडम्बना यह रही है कि हर बार क्रान्ति पुरुष के हित में साबित हुई है। हर बार महिलाओं का सहयोग ले लेने के बाद क्रान्ति के नायकों ने नायिकाओं को घर-परिवार की सीमाओं में लौट जाने के लिए कहा। ज्याँ डेरियन को हर बार अपनी भूमिका स्वयं ही शुद्ध कर लेनी पड़ी। हर बार वृंदा करात ने असन्तोष की आवाज़ तो उठाई, लेकिन हर बार पुरुष केन्द्रित नेतृत्व ने उसे खारिज कर दिया।

नारिवादियों के लिए ओगस्ट बेबेल की पुस्तक 'वुमन एन्ड सोशलिज़्म' एक तरह का प्रकाश-स्तम्भ है, जो मार्क्सवाद की नारीवादी सम्भावनाओं को आलोकित करती रहती है। बेबेल ने स्वयं एंगेल्स के सहयोग से जर्मनी में महिलाओं के लिए प्रथम समाजवादी आन्दोलन खड़ा करने के प्रयासों को प्रोत्साहित किया था। इन महान सिद्धान्तकारों के कारण सम्भव हुए "समाजवादी नारीवाद" के इस सांगठनिक आग्रह से 1891 में जर्मनी की पार्टी ने महिलाओं की समानता के अधिकार को स्वीकृति दी थी। बेबल ने ही सबसे पहले नारीवादियों के दिमाग में यह बात डाली थी कि उन्हें अनी मुक्ति के लिए पुरुषों की तरफ देखना बन्द कर देना चाहिए;

क्योंकि जिस तरह मज़दूरों को पूँजीपति वर्ग से उम्मीद नहीं रखनी चाहिए, उसी तरह स्त्रियों को भी पुरुषों से कोई आशा नहीं रखनी चाहिए। यह एक क्रान्तिकारी वक्तव्य था। इसके पहले मेरी वोल्टन क्राफ्ट और फ्लौरा ट्रिस्टन जैसी नारीवादियों को पुरुषों से अपनी मुक्ति उपहार स्वरूप मिलने की अपेक्षा थी। समाजवादी पुरुष कॉमरेडशिप के आवरण में सुरक्षित रहते हैं और नारी के शोषण को उसी तरह देखने और समझने के लिए तैयार नहीं हैं, जिस तरह पूँजीवादी सेवा-योजना अपने श्रमिक कर्मचारियों के शोषण को महसूस करने के लिए तैयार नहीं है। बेबल ने घोषित किया कि वे समाजवादियों की कॉमरेडशिप के आवरण में लैंगिक शोषण को ढँकने के लिए तैयार नहीं है। कॉमरेडशिप यौनिकता, प्रजाति और वर्ग की चेतना से जुड़े अन्तर्विरोधों को हल करने के बजाय उन्हें छिपा देती है; और इस तरह नये समाज की रचना में विघ्न डालती है। बेबल ने एक ऐसे भविष्य का चित्र खींचा, जो आगे चलकर समाजवादी नारीवादियों के लिए स्त्री-पुरुष की समानता से परिपूर्ण जगत की सम्भावना का स्रोत बन गया। बेबेल का विचार था कि समाजवाद में घर और बाहर का अलग अस्तित्तव घटता चला जायेगा। लोग सामूहिक रूप से खायेंगे-पियेंगे और सामूहिक तथा सामुदायिक गतिविधियों के लिए अनगिनत बड़े-बड़े हॉल होंगे। साथ-साथ खेलने, पढ़ने और संगीत का आनन्द लेने, नाटक देखने और घूमने-फिरने के लिए सामूहिक व्यवस्थाएँ होंगी। परिवार का आन्तरिक जगत् बाह्य समाज में विलीन हो जायेगा। महिलाओं और पुरुषों की पृथक् भूमिकाओं का विभाजन समाप्त हो जायेगा। प्रेम सामाजिक न रहकर पूरी तरह निजी हो जायेगा। यानी स्त्री-पुरुष के सम्बन्धों में समाज का हस्तक्षेप नहीं रहेगा। बेबल जैसे नारी समर्थक पुरुषों और अनगिनत नारीवादियों को मार्क्स और एंगेल्स के जिन सूत्रों से प्रेरणा मिलती थी, वे इस प्रकार थेः

मार्क्स ने प्रकृति और मनुष्य के सम्बन्धों की व्याख्या करने के लिए स्त्री का एक सूचकांक की तरह प्रयोग किया। उन्होंने पूँजीवादी परिवार के आन्तरिक पाखंड और पूँजीवादी पुरुष की दोहरी नैतिकता का पर्दाफाश किय। 'इकोनॉमिक एन्ड फिलॉसफिकल मैन्यूस्क्रिप्ट', "जेर्मन आइडियोलॉजि" और 'हॉली फेमिली' से लेकर "दास कैपिटल" तक उन्होंने स्त्री-मुक्ति की वकालत की और सिद्धान्त दिया कि स्त्री को उत्पादक श्रम में लाने से तीन बड़े परिवर्तन होंगे। पहला-पुरुष और स्त्री के बीच सम्बन्ध उच्चतर स्तर पर पहुँचेगा; दूसरा-एक नये तरह के परिवार का जन्म होगा और तीसरा–श्रमिक स्त्री अपने बाह्य जगत पर अपना नियन्त्रण स्थापित कर सकेगी। मार्क्स ने स्वीकार किया कि जब तक उत्पादन के सामाजिक सम्बन्धों के साथ-साथ प्रजनन के सामाजिक सम्बन्ध नहीं बदलेंगे, तब तक शोषण-मुक्त समाज की स्थापना असम्भव है।

एंगेल्स ने प्रजनन के सामाजिक सम्बन्धों पर मार्क्स द्वारा छोड़े गये अधूरे विचारों को आगे बढ़ाया। उन्होंने औरतों की दासता की जड़ परिवार को करार दिया और सूत्र दिया कि परिवार के अन्दर स्त्री सर्वहारा की तरह होती है और पुरुष पूँजीपति की तरह। वे इस निष्कर्ष पर पहुँचे कि व्यक्तिगत सम्पत्ति के खत्म होने के साथ ही परिवार का आधार खत्म हो जायेगा और नारी मुक्ति की सम्भावनाओं के द्वार खुल जायेंगे। एंगेल्स ने "फ्री लव" की धारणा का भी प्रतिपादन किया, जिसमें निजी रुचि और प्रेम के आधार पर स्त्री और पुरुष की आत्यंतिक मैत्री को कल्पित किया गया था। मार्क्स और एंगेल्स के विचार नारी-मुक्ति के लिए संघर्षरत तत्वों के लिए उर्वर ज़मीन का काम कर सकते थे– यदि इनका आगे विकास किया गया होता।

नारीवादी महिलाओं ने मार्क्सवाद के नारी-प्रसंग की आलोचना को और आगे बढ़ाया और स्पष्ट किया कि-

1. मार्क्स नारी को पुरुष की स्थिति की व्याख्या करने के लिए प्रतीक की तरह प्रयुक्त करते हैं; लेकिन उनकी नायिका संघर्ष करती हुई, विद्रोह करती हुई और अपना प्रतिनिधित्व करती हुई नज़र नहीं आती।

2. सैद्धान्तिक रूप से मार्क्सवाद द्वारा औरत को मज़दूर वर्ग में सम्पूर्ण अधिकारों के साथ प्रवेश दिया गया; परन्तु व्यावहारिक रूप से वे असम्भव निकले। परिवार में लौटकर पुनः पूँजीपति पुरुष के मुकाबले उसे सर्वहारा बन जाना पड़ा और बाहर का जुलूस का साथी घर में घुसते ही उसके मालिक के रूप में बदल गया।

3. परिवार और प्रजनन की दुनिया में होने वाले यौन खेल की मार्क्सवाद ने पूरी तरह से उपेक्षा कर दी। उसने यौन मुद्दे को दार्शनिक विचार की वस्तु ही नहीं माना। ज्ञान शास्त्रीय विषय वस्तुओं में अरुचि और केवल उत्पादन सम्बन्धों पर अत्यधिक ज़ोर देने के कारण मार्क्सवाद का केन्द्र नारी-मुक्ति के समग्र प्रश्न के मसले में भटक गया। फलस्वरूप नारी-मुक्ति एक विषय के रूप में मार्क्सवाद विद्वानों के बीच चर्चा का केन्द्र तो रहा, लेकिन व्यावहारिक मार्क्सवाद उससे भटकने लगा।

नारीवादी महिलाओं द्वारा किया जाने वाला मार्क्सवाद की सैद्धान्तिक सीमाओं को उजागर करने का कार्य बीसवीं शताब्दी में उत्तरोत्तर प्रखर होता चला गया। नारीवाद यह काम इसलिए भी कर सका; क्योंकि वह पूरी तरह से मार्क्सवाद की सन्तान नहीं था। उन्नीसवीं सदी से मज़दूर आन्दोलनों में नारीवादी महिलाओं की भागीदारी काल्पनिक समाजवादियों के आदर्शवादी विचारों के प्रभाव में ज़्यादा होती थी। मार्क्स की रचनाओं के व्यापक प्रचार-प्रसार के पूर्व ही क्रान्ति, मज़दूर वर्ग और मुक्ति के प्रश्नों पर बिना मार्क्सवादी प्रभाव के विचार करने की लम्बी और समृद्ध परम्परा नारीवादियों के पास थी। एजवर्ड कारपेंटर की 1916 में प्रकाशित रचना 'लव्स कमिंग ऑफ एज' ने स्त्री यौन समस्या के अनछुए पहलुओं का उद्घाटन करके सभी को चौंका दिया।

इस तरह समाजवादी नारीवाद ने बीसवीं सदी में 'लव्स कमिंग ऑफ एज' की उद्घोषण के साथ प्रवेश किया। 'अक्टूबर क्रान्ति' के बाद बने सोवियत संघ में एंगेल्स के 'फ्री लव' को एलोक्ज़ेंड्रा कोलंताई के द्वारा अमल करने की कोशिश की गयी। शुरुआत में सोवियत संघ की कम्युनिस्ट पार्टी ने उनका साथ दिया। पार्टी ने सोवियत पार्टी का कामगार और किसान महिला विभाग स्थापित किया। परिवार की संस्था नये सोवियत संविधान में खारिज कर दी गयी। स्त्री को मज़दूर वर्ग में पुरुष सर्वहारा के समान ही दर्जा मिला और एक बार लगा कि वह व्यक्तिगत सम्पत्ति की संस्था को कानूनी मान्यता से वंचित किए जाने के साथ ही आज़ादी के रास्ते पर चल पड़ी है। इसी के साथ इसकी सूचना भी होने लगी कि मार्क्स द्वारा 'कैपिटल' में किया गया वह दावा सही सिद्ध होने वाला है, जिसमें स्त्री के श्रमिक बनने की प्रक्रिया से नये स्त्री-पुरुष सम्बन्धों और नये तरह के परिवार के जन्म लेने की भविष्यवाणी की गयी थी। लेकिन 1930 तक आते-आते यह सुनहरा सपना धूल धूसरित हो चुका था। सोवियत पार्टी का महिला विभाग भंग कर दिया गया था और परिवार तथा विवाह को वापसी हो चुकी थी। 'अक्टूबर क्रान्ति' के परिणाम लगभग पूरी तरह पुरुष-प्रधान सत्ता की जकड़न में फँस चुके थे। कोलंताई की आवाज़

दबा दी गयी थी। क्लारा जेटकिन जैसी विदुषियों के साथ बहस भी करने के लिए कोई तैयार न था। "फ्री लव" से सोवियत कम्युनिस्ट बिदकते थे।

प्रतिष्ठानवादी मार्क्सवाद की उपेक्षा के बावजूद समाजवादी नारीवाद के सामने सबसे बड़ी चुनौती यह थी कि वह स्त्री को पुरुष श्रम से अलग कर पुनः परिभाषित करे और उत्पादन के सामाजिक सम्बन्धों को बदलने के साथ-साथ प्रजनन के सामाजिक सम्बन्धों को पुनर्गठित करने की कोशिश करे। उसने दावा किया कि स्त्री सर्वहारा पुरुष सर्वहारा के मुकाबले एक विशेष प्रकार के दमन का शिकार है, जिसे यौन-दमन के रूप में परिभाषित किया जाना चाहिए। इस दमन पर ध्यान केन्द्रित किए बिना मार्क्सवाद द्वारा प्रतिपादित सामाजिक सम्बन्धों के दोहरे रूप यानी उत्पादन और पुनरुत्पादन (प्रजनन) के अन्तः सम्बन्धों को नहीं समझा जा सकता। इस तरह समाजवादी नारीवाद पूँजीवादी पितृसत्ता और प्रजातीय दमन का अन्त-सम्बन्ध खोजने में लग गया।

## श्रम और स्त्री श्रम का अन्तर

एंगेल्स के अनुसार परिवार के अन्दर श्रमिक पति का रूप पूँजीपति वर्ग का सदस्य जैसा हो जाता है और स्त्री का रूप सर्वहारा जैसा हो जाता है। स्त्री अपनी भिन्न लैंगिकता के कारण उत्पादन से भिन्न पुनरुत्पादन करने के लिए विवश है। इस भिन्न लैंगिकता और पुनरुत्पादन की बाध्यता का मार्क्सवाद विश्लेषण नहीं करता। परिवार की अन्तरंग दुनिया का श्रम-संयोजन और सार्वजनिक जगत् में स्त्री को हाशिये पर रखा जाना एक साथ घटित होते हैं। परिवार की पूँजी में स्त्री अपना श्रम लगाती है; मगर पारिवारिक निर्णय के क्षेत्र में उसकी बात का महत्त्व दूसरे दर्जे का होता है। एक पुरुष की तुलना में उसके निजी यौन जीवन में स्वतन्त्रता भी कम रहती है। स्त्री के श्रमिक बनने से मार्क्स द्वारा अपेक्षित लाभ तब तक प्राप्त नहीं होंगे, जब तक मार्क्सवाद पितृसत्ता द्वारा स्त्री के माँ बनने की प्रक्रिया को तुच्छ करके देखने का समर्थन करता रहेगा। नारीवाद के अनुसार, एंगेल्स की परिवार सम्बन्धी प्रस्थापना को घर के बाहर समाज में भी लागू किया जाना चाहिए। नारी आर्थिक रूप से आत्मनिर्भर होने के लिए जब दहलीज पार करती है, तब उसे पता चलता है कि घर का यौन-विभाजन बाहर समाज में भी उसका दमन करने में लगा हुआ है। इसलिए स्त्री घर के अन्दर और बाहर समान रूप से पराजित हुई। घर में रहते-रहते उसने कुछ ऐसे गुण विकासित कर लिए थे, जो स्त्रीयोचित गुणों की श्रेणी में डाल दिए गये थे। घर के बाहर उसकी श्रम क्षमता का मूल्यांकन इन्हीं कथित स्त्रीयोचित गुणों की सीमा के अन्दर किया गया।

स्त्री के काम को स्त्रीयोचित परिभाषा का मानदंड बनाकर बाह्य कार्यक्षेत्र में भी उसके पारम्परिक गुणों का दोहन किया गया है। इसके कारण कार्यक्षेत्र में वह पुरुष से स्वतन्त्र होने के बदले उस पर अधिक निर्भर होती जाती है। जैसे नर्सिंग का मॉडल स्त्रीयोचित है तथा चिकित्सा का मॉडल पुरुषोचित। कंपनियों में बॉस के निजी सचिव का पद वास्तव में माँ और पत्नी की भूमिका का ही तीसरा बिन्दु है। स्त्री के कार्यक्षेत्र की परिसीमा में इसी लिए आज वेश्याओं को यौन-श्रमिक (सेक्स वर्कर) की संज्ञा दी गयी है। मनोरंजन का क्षेत्र भी स्त्रियों का है। एयर लाइन्स, ट्रेवेल सर्विस आदि ऐसे ही क्षेत्र हैं। स्त्री-श्रम के लिंगीकरण का अर्थ यह निकलता है कि स्त्री एक प्रकार के अलगाव से पीडित हो जाती है। यह अलगाव मार्क्स द्वारा वर्णित

अलगाव नहीं है; बल्कि यह अलगाव तो उसे स्त्री होने के कारण झेलना पड़ता है। श्रम के क्षेत्र में स्त्री-पुरुष के लिंग-विभाजन का अर्थ यह भी निकलता है कि जंगल, खदान और उद्योग आदि का नियन्त्रण पुरुष श्रमिकों के हाथ में चला जाये और स्त्री-श्रमिकों के हाथ में केवल सेवा-व्यवस्था रह जाये। इस सन्दर्भ में सीमोन द बोउवर का यह कथन विचारणीय हैः "स्त्री कहीं झुंड बनाकर नहीं रहती। वह पूरी मानवता का आधा हिस्सा होते हुए भी पूरी एक जाति नहीं। गुलाम अपनी गुलामी से परिचित है और एक काला आदमी अपने रंग से; परन्तु स्त्री घरों, अलग-अलग वर्गों एवं भिन्न-भिन्न जातियों में बिखरी हुई है। उसमें क्रान्ति की चेतना नहीं; क्योंकि अपनी स्थिति के लिए वह स्वयं जिम्मेदार है। वह पुरुष की सह-अपराधिनी है। अतः समाजवाद की स्थापना मात्र से स्त्री मुक्त नहीं हो जायेगी। समाजवाद भी पुरुष की सर्वोपरिता की ही विजय बन जायेगा।" (द सेकेंड सेक्स) इसका तात्पर्य यह है कि उन्होंने भी मार्क्सवाद पर उम्मीद रखी; लेकिन उससे निराश हुई।

समाजवादी नारीवादियों के अनुसार, श्रम को इसलिए पुनर्परिभाषित करना चाहिए; ताकि यौनवादी व्यवस्था को भी खत्म किया जा सके। भेद को मिटाने का यह अर्थ नहीं हुआ कि समकालीन पूँजीवाद में ज्ञान का स्वरूप पुरुषोचित हो जायेगा और प्रत्येक प्रकार का काम निर्वैयक्तिक, संवेदनारहित और यौन-आकर्षण से रहित हो जायेगा। स्वतन्त्र उत्पादन श्रम की तरह समकालीन नारीवाद स्त्री श्रमिकों को उनकी भावना, संवेदना तथा यौन-चुनाव की स्वतन्त्रता देना चाहता है। इसलिए सभी पूँजीवादी मानसिकता को चुनौती देते हुए स्त्री ने संगठित होना शुरू किया। उन्होंने स्वयं को लैंगिक पहचान से मुक्त श्रमिक की संज्ञा न देकर स्त्री की संज्ञा दी। कामकाजी स्त्री की एक नयी इकाई उभरने लगी। इनका सबसे प्रमुख मुद्दा था कि काम के दौरान यौन-उत्पीड़न का विरोध किया जाना चाहिए। यौन-उत्पीड़न व्यवस्थिति रूप से ज़ारी रहता है और प्रत्येक कामकाजी स्त्री को हर कहीं इसका सामना करना पड़ता है। पुरुष की हिंसा के सामने स्त्री का यों असुरक्षित होना इस बात का द्योतक है कि यह दो व्यक्तियों के बीच की घटना नहीं; और न ही यह दो व्यक्तयों का पारस्परिक सम्बन्ध है– बल्कि उत्पीड़न एक ऐसी सामाजिक घटना है, जिसको अनदेखा किया जाता है; ताकि कार्यक्षेत्र में पुरुष वर्चस्व बना रहे और बहुतेरे क्षेत्रों में स्त्री प्रवेश ही न कर सके। यह पुरुष की अपनी राजनीति है। शोषित का वह और अधिक शोषण करना चाहता है।

अधिकतर कामकाजी स्त्रियों के बच्चे हैं। चूँकि बच्चों के भरण-पोषण का अधिकतर बोझ माँ पर होता है; अतः स्त्रियों को दुगुनी मेहनत करनी पड़ती है। बाहरी जगत के श्रम का मूल्य पुरुष के मुकाबले स्त्री को कम मिलता है और घर का कामकाज उसे मुफ्त में करना पड़ता है। हर तरह से शोषित होने के कारण आज स्त्री की उत्पीड़ित चेतना और अधिक विकासित हो रही है। इसलिए वह सत्ता के खिलाफ आवाज़ उठाने लगी है। स्त्री व्यवस्था से न केवल सुविधा माँग रही है, बल्कि व्यवस्था को बदलना भी चाहती है। पश्चिम में स्त्रियाँ बच्चों के भरण-पोषण की भी कीमत माँग रही हैं। गृहस्थी के काम के विनिमय में अर्थ की माँग की आवाज़ सबसे पहले 1970 में इटली में उठाई गयी थी। आब प्रायः दुनिया के हर देश की स्त्री की यही माँग हो गयी है। इस माँग के मूल में यह भावना है कि गृहकार्य को महत्त्व दिया जाये तथा केवल घर में काम करने वाली स्त्रियों की भी एक श्रमिक के रूप में पहचान बने। 1980 से यह आन्दोलन कुछ धीमा-सा दिखाई देता है; क्योंकि अधिकतर स्त्रियाँ बाहरी जगत में अपनी पहचान स्थापित करना

चाहती हैं। समाजवादी नारीवाद लेनिन जैसे नेताओं से भिन्न होकर नयी सामाजिक व्यवस्था खड़ी करना चाहता है। उसका उद्देश्य है स्त्रियों के स्वतन्त्र समूह की संरचना। ऐसा समूह, जो न केवल पूँजीवाद के विनाश के लिए प्रतिबद्ध हो; बल्कि पुरुष वर्चस्व के खिलाफ भी संघर्षरत हो। पुरुष वर्चस्व के खिलाफ उठाई गयी हर आवाज़ को ये स्त्रियाँ समर्थन देना चाहेंगी– भले ही वह पार्टी के वर्चस्व के खिलाफ क्यों न हो। स्त्री पर यौन-आधिपत्य और अपने लिए आराम के घंटों की माँग पुरुष ने की है। वह घर-गृहस्थी के कामों से छुट्टी चाहता है। स्त्री यह चाहती है कि पुरुषों को मिलने वाली यह सुविधा तुरन्त खत्म हो; और इसी कारण समाजवादी नारीवाद ट्रेड यूनियन से हटकर इन अधिकारों को प्राप्त करने के लिए अलग से आन्दोलन की ज़रूरत पर ज़ोर देता है।

मार्क्सवाद द्वारा वर्ग-संघर्ष की पहल एक प्रकार से स्त्री के वर्चस्व विरोधी व्यवहार को प्रोत्साहन देती है। वह दमन के खिलाफ आवाज़ उठाना सिखाती है। पुरुषों का साथ देकर समाजवादी नारीवाद केवल पूँजीवाद को खत्म कर सकता है; किन्तु पुरुष जाति की तानाशाही को नहीं खत्म कर सकता। स्त्रियों पर होने वाली बेइंतहाँ हिंसा, यौन-उत्पीड़न, घर के काम-काज में बराबर की साझेदारी का अभाव, वर्चस्ववादी घटनाएँ तमाम क्रान्तिकारी संस्थाओं में पाई जाती हैं। इस पुरुष-वर्चस्व का सामना करने के लिए अनिवार्य है कि स्त्री अपनी स्वतन्त्र संस्था का निर्माण करे।

## प्रजनन के सामाजिक सम्बन्धों पर दार्शनिक विचार

समाजवादी नारीवाद प्रजनन के सामाजिक सम्बन्धों पर दार्शनिक विचार की माँग करता है। लेकिन मार्क्सवाद यह स्वीकार नहीं कर सकता। मानव इतिहास के भौतिक आधार के रूप में वंशानुगत नैरंतर्य की ज़रूरत पर मार्क्स का ध्यान नहीं गया और न ही उन्होंने स्त्री-शक्ति को इस श्रम के प्रसंग से विश्लेषित किया। परिणामस्वरूप मातृत्व को पुरुष समाज ने एक विशिष्ट गुण के रूप में सर्वोच्च पद पर आसीन तो किया; परन्तु कालांतर में यह एक औपचारिक महिमा-मंडन ही बनकर रह गया। माँ के रूप में स्त्री-श्रम से ठगी ही जाती रही। परिवार सम्बन्धी मार्क्सवादी विचार स्त्री की समता एवं आज़ादी के लिए सहायक नहीं है।

परिवार एक अन्तःसंरचनात्मक घटना है, जो पूँजीवादी सम्बन्धों के दौरान स्त्री-शरीर के वस्तुकरण पर एवं विवाह के बाज़ार में स्त्री को जिस्म की तरह व्यवहृत होने पर प्रकाश डालता है। विवाह-बाज़ार में पुरुष एक व्यापारी है। मार्क्स पूँजीवादी विवाह-संस्था की तीखी आलोचना भी करते हैं; किन्तु इस संस्था की वैकल्पिक प्रगतिशील रूपरेखा कैसी होनी चाहिए, इस पर उनके लेखन में महज भावनात्मक उच्छ्वास के अलावा हम औरतें कुछ पातीं। एंगेल्स के अनुसार, उत्पादन एवं पुनरुत्पादन दोनों मिलकर अनिवार्य निर्णायक तत्व के रूप में परिवार का स्वरूप निर्धारित करते हैं। किन्तु वे उत्पादन की कोटि में पुनरुत्पादन को अन्तर्निहित मान लेते हैं। एंगेल्स के अनुसार, पितृसत्ता द्वारा प्रतिपादित विवाह-संस्था को स्त्री ने इसलिए सहर्ष स्वीकार किया; ताकि वह भिन्न-भिन्न पुरुषों के संसत से बची रहे। यह स्त्री की आवश्यकता और कामना के सन्दर्भ में संकुचित परिभाषा है। एंगेल्स कहते हैं कि कामना एक ऐसी अनिवार्यता है, जिसे प्राचीन समय की स्त्री ने भी समझा था और यौन-उत्पीड़न से बचने के लिए पुरुष के आधिपत्य को स्वीकार किया था। साथ ही उसने पुरुष की इस शर्त को

भी माना कि सन्तान का भरण-पोषण वह पुरुष की बीज-रक्षा हेतु करती रहेगी; ताकि सन्तति को पुरुष की विरासत मिले।

इतिहास का सबसे महत्त्वपूर्ण मुद्दा प्रकृति और मनुष्य के अलगाव को खारिज करना है। जिस अनुभवजन्य तत्व को मार्क्स खोजते हैं, उसके दो आयाम हैं– भूख और काम। पेट की भूख को शान्त करने के लिए उत्पादन की ज़रूरत है; किन्तु कामना की तुष्टि फौरी तौर पर की जा सकती है। उनके अनुसार, प्रजनन शक्ति के ह्रास या बंध्याकरण की प्रक्रिया से न तो मानवीय मूल्यों का उत्पादन होगा और न ही इतिहास का निर्माण। इस तरह जन्म को मार्क्स ने एक अधीनस्थ सम्बन्ध की तरह रखा। नारीवाद की प्रमुख आपत्ति इसी बिन्दु पर है; क्योंकि इस धारणा के कारण मार्क्स एक विशेष प्रकार के अलगाव का विश्लेषण करने से चूक गये। उनकी दुनिया में श्रम के बल व्यक्ति एवं वस्तु के बीच का सम्बन्ध है। व्यक्ति जो उत्पन्न करता है, वह उसका नहीं। नतीजतन वह स्वयं उत्पादन करते हुए भी, स्वयं द्वारा उत्पादित वस्तुओं पर दूसरे व्यक्ति के स्वामित्व को सहन करता है। प्रजनन भी एक श्रम है। पुरुष अपनी सत्ता के नैरंतर्य के कारण अपनी रक्षा हेतु स्त्री के पुनरुत्पादन सम्बन्धी श्रम का शोषण करता है। सन्तान पैदा करने का श्रम स्त्री करती है; किन्तु वंश पुरुष के नाम से चलता है। सन्तान पिता की परम्परा एवं इतिहास के बोझ को ढोने के लिए बाध्य होती है।

पुरुष के लिए पितृसत्ता दोहरी स्वतन्त्रता का द्योतक है। उसे अपने परिवार में पत्नी एवं सन्तान के रूप में मुफ्त क्षमिकों की उपलब्धि होती है। पुरुष आज भी अपने बच्चे को स्वीकारने या खारिज करने के लिए स्वतन्त्र है। हालाँकि पुरुष जन्म के नैरंतर्य की गारंटी बच्चे के माध्यम से करता है; ताकि जन्म की प्रक्रिया से उसका अलगाव दूर हो सके। किन्तु उत्पन्न सन्तान असहाय है और उसके भरण-पोषण की कुछ ज़िम्मेदारियाँ भी हैं। स्त्री बच्चे को न खारिज कर सकती है और न उससे मुक्ति पा सकती है। इस तरह वह पुरुष के नैरंतर्य को ढोने के लिए अभिशप्त हो जाती है।

## प्रजनन की पूर्ण स्वतन्त्रता की माँग

मार्क्सवादी क्रान्ति के दायरे में नारी की पूर्ण स्वतन्त्रता को सुनिश्चित करने के लिए आवश्यक हो जाता है कि समाजवादी नारीवाद विशेष रूप से इस प्रश्न पर विचार करे कि पुरुष के वंश-नेरंतर्य और प्रजातीय-नैरंतर्य से बाँध देने वाली मज़बूरी यानी प्रजनन की बाध्यता से स्त्री स्वयं को मुक्त करे। प्रत्येक स्त्री को– चाहे वह किसी भी वर्ग या जाति की हो-प्रजनन की सम्पूर्ण स्वतन्त्रता मिलनी चाहिए। प्रजनन की स्वतन्त्रता का अर्थ हुआ अच्छे, सस्ते और आरामदायक गर्भ-निरोधक साधनों की उपलब्धि, गर्भपात की सुविधा और जबरदस्ती बंध्याकरण के चलन को खत्म करना, अच्छे सार्वजनिक शिशु-पालन केन्द्रों की उपलब्धि, परिवार-सुरक्षा, लोक कल्याणकारी राज्य, चिकित्सा की सुविधा आदि। इसका अर्थ यह भी हुआ कि स्त्री को यौन चुनाव करने की स्वतन्त्रता मिले; ताकि वह माँ बनने की विशता से मुक्त हो सके। प्राचीन काल में यह जिम्मेदारी केवल माँ नहीं, बल्कि समुदाय तथा परिवार की अन्य स्त्रियाँ भी मिलकर संभालती थीं- जबकि आधुनिक पूँजीवादी सभ्यता में स्त्री का अलगाव एवं आणविक परिवार की अवधारणा एक ऐतिहासिक विशेषता है। इस अलगाव के कारण ही स्त्री बच्चे के भरण-पोषण के बोझ से दबकर बौखला उठी है; और इसी लिए वह चाहती है कि

सन्तान का भरम-पोषण माँ और पिता दोनों मिलकर करें। नैसी शोडोरो के अनुसार, केवल स्त्री को ही भरण-पोषण की ज़िम्मेदारी देने का अर्थ हुआ परिवार में लड़के-लड़की में किए जाने वाले भेदभाव को बढ़ावा देना। परिणामस्वरूप, जहाँ लड़का बाह्य दुनिया में संवेदनात्मक लगाव एवं भाईचारे की भावना के साथ बड़ा होता है, वहाँ लड़कियाँ ज़्यादा भावुक और दूसरे की स्वीकृति और अनुमोदन पर निर्भर रहती हैं।

पुनरुत्पादन की नारीवाद अवधारणा वास्तव में सामाजिक जीवन में स्त्रियों की भागीदारी को प्रोत्साहित करेगी। स्त्री अब तक या तो पारिवारिक ढाँचे की यथास्थिति से समझौता करती रही है या सन्तान-विहीन या बंध्या जीवन जीने को बाध्य हुई है। समलैंगिक माँ या कुँवारी माँ की कल्पना भी पितृसत्तात्मक समाज नहीं कर सकता। स्त्री को प्रजनन सम्बन्धी चुनाव को मिलना समाजवादी नारीवाद का सबसे बड़ा नारा है। इस सम्बन्ध में चित्रा मुद्गल के उपन्यास “आवाँ” में एक पात्र सुनिता की याद मुझे आ रही है। यद्यपि सुनिता की भूमिका छोटी है, फिर भी वह नायिका जैसे पात्रों को भी पीछे कर सबसे सशक्त उद्दीपक पात्र के रूप में नज़र आती है। सुनन्दा का ब्याह उसके मुसलमान प्रेमी के साथ इस वजह से नहीं हुआ कि सुनन्दा ने ससुराल वालों के दबाव में आकर इस्लाम कबूल करने से इंकारकर दिया। शादी किए बिना उसने एक बच्चे को जन्म दिया। जिस कम्पनी में वह काम कर रही थी, उस कम्पनी ने सुनन्दा को नोटिस ज़ारी कर दी और चेतावनी दी कि वह काम पर लौटे। यदि वह ब्याह का प्रमाण-पत्र नहीं प्रस्तुत करेगी, तो न कम्पनी उसकी जचकी की छुट्टियाँ कानून न मंजुर करेगी और न छुट्टियों की तनख्वाह देगी। ब्याहता स्त्रियाँ ही जचकी के फायदे की कानून हकदार हैं। लेकिन सुनन्दा अपने अधिकार के लिए लड़ती है। वह इस बात पर अटल रही कि सुविधा का प्रावधान गर्भवती स्त्री और उसके बच्चे को लेकर है, न कि कुँवारी माँ या ब्याहता माँ के विशेषणों के लिए। कुँवारी माँ क्या ब्याहता माँ के ही समान जचकी के घोर कष्टों से होकर नहीं गुज़रती? माँ बनना किसी के निजी मामले के बजाय कम्पनी का मामला कैसे हो जायेगा? उसका मातृत्व ब्याह के टुच्चे प्रमाण-पत्र का मोहताज नहीं है। स्वतन्त्रता और मातृत्व की भूमिका के चुनाव का अधिकार बाह्य जगत में स्त्री की और अधिक हिस्सेदारी बढ़ाता है। घर के बाहर उचित कार्यों को करने की सुविधा मिलने से न केवल स्त्री को आत्मविश्वास और आर्थिक सुरक्षा मिलेगी; बल्कि एक सुरक्षित माँ अपने बच्चों का पालन-पोषण भी अधिक आत्मविश्वास के साथ कर सकेगी।

1960 के बाद स्त्री-मुक्ति आन्दोलन का पहला मुद्दा स्त्री के यौन-जीवन के सन्दर्भ में है। इस प्रसंग में लिंटा गार्डन का दावा है कि प्रजनन की स्वतन्त्रता से प्रजातीय वर्गीय समाज का उन्मूलन सम्भव होगा। पूँजीवादी समाज में गर्भ-निरोध पर रोक का प्रमुख उद्देश्य था कि वह इस वर्गीय सुविधा को बनाये रखे। आज परिवार में हम सत्ता और सुविधा को किस प्रकार आने वाली पीढ़ी को सौंपते हैं। वहाँ न केवल धन की विरासत सौंपी जाती है, वरन् शिक्षा, आत्मविश्वास, राजनैतिक और सामाजिक सम्बन्ध भी पीढ़ियों द्वारा हस्तांतरित होते हैं। समाजवादी नारीवाद के अनुसार, विचार और व्यवहार, वर्ग और सेक्स, समाज और परिवार, उत्पादन और पुनरुत्पादन के सन्दर्भ में स्त्री-पुरुष के भेद का विरोध कभी भी पितृसत्ता के सामाजिक यथार्थ के अनुकूल नहीं बैठेगा। पुनरुत्पादन को महत्त्व देने का– स्त्री को प्रजनन की स्वतन्त्रता देने का अर्थ होगा उत्पादन के पारम्परिक तरीकों में आमूल परिवर्तन।

आज मार्क्सवादी क्रान्तियाँ दुनिया में अपनी प्रासंगिकता खोती जा रही हैं। पूँजीवाद के

सामने उनके पिछड़ते चले जाने का एक बहुत बड़ा कारण यह है कि मार्क्सवाद दुनिया की आधी आबादी को मुक्ति का ठोस आश्वासन देने में असफल रहा है। वर्गीय परिप्रेक्ष्य के साथ लैंगिक परिप्रेक्ष्य का सृजनात्मक समायोजन होना बाकी है। इस सन्दर्भ में सिमोन द बोउवार का यह कथन बहुत प्रासंगिक लगता है कि "स्त्री की गुलामी आधी दुनिया की गुलामी का सवाल है, जिसमें अमीर-गरीब हर जाति और हर देश की महिला जकड़ी हुई है। कोई भी मुक्त नहीं है। स्त्री की समस्या साम्यवाद से नहीं सुलझ सकती।" (द सेकेंड सेक्स)

## धर्म और समाजवादी नारीवाद

प्राचीन काल से लेकर स्त्री का शोषण सबसे ज़्यादा धर्म के माध्यम से होता रहा है। धर्म द्वारा निर्मित स्त्री मिथकों का मुख्य लक्ष्य स्त्री को पुरुष के अधीन करना है। ईसाइ धर्म में प्रचलित मिथक है– स्त्री पुरुष की हड्डी से निर्मित है। इस मिथक का गहरा असर पुराने यूरोपीय समाज पर पड़। उनके अनुसार, मनुष्य के पूर्ण गुणों से सम्पन्न है पुरुष। उनकी हड्डी से निर्मित स्त्री कई प्रकार से कमज़ोर और अपूर्ण है। अरस्तू जैसे महान दार्शनिक भी इस मत की पुष्टि करते दिखाई देते हैं। डारविन के विकासवाद के साथ स्त्री सम्बन्धी इस मान्यता में थोड़ा परिवर्तन हुआ। इसके बाद वैज्ञानिक सिद्धान्त डारविन के विकासवाद से प्रभावित मार्क्सवाद ने पुरुष और स्त्री को बराबरी का दर्जा दिया। यह समाजवादी नारीवाद के लिए बहुत सहायक हुआ।

समकालीन जीवन को नियन्त्रित करने में धर्म की भूमिका बड़ी है। इस सिलसिले में स्त्री शक्ति का दमन वह प्रत्यक्ष और परोक्ष रूप से करता आ रहा है। इस साम्प्रदायिक फासीवाद की गिरफ्त में वाकई स्त्री का दम घुटता है। प्रत्येक धर्म दूसरे धर्म से लड़ने के लिए स्त्रियों को औजार बनाता है और उसे आगे खड़ा कर देता है। आज की उपभोक्तावादी संस्कृति में स्त्री जिसे अपना स्वातन्त्र्य समझती है, वह परोक्ष रूप से उसको वस्तु के रूप में तब्दील करता है– वैसे ही धर्म भी स्त्री की सहायता लेकर उसका शोषण करता है। धर्म स्त्रियों के ड्रेसकोड को ही नहीं, बल्कि उनके कई प्रकार के व्रतानुष्ठानों को भी निर्धारित करता है। धर्म कई प्रकार के अंधविश्वासों को फैलाकर स्त्री जीवन को और दुखद बना देता है। मार्क्स धर्म को "ओपियम" समान नशीला मानते हैं। इसलिए मार्क्सवाद एक साथ पूँजीवाद और फासीवाद का विरोध करता है। इतिहास पर सरसरी दृष्टि डालने पर यह जाहिर होता है कि फासीवाद पूँजीवाद से भयानक था। भारत की समकालीन सामाजिक व्यवस्था में भी दोनों हाथ से हाथ मिलाकर स्त्री का बड़े पैमाने पर शोषण कर रहे हैं। इस खतरनाक स्थिति को रोने के लिए समाजवादी नारीवाद को समर्थ होना पड़ेगा।

## भारत और तीसरी दुनिया

भारत जैसे विकासशील देशों में गरीबी आज भी एक मुख्य मुद्दा है। अलग-अलग देशों में स्त्रियों की समस्याएँ अलग-अलग हैं। अफ्रीका, एशिया, दक्षिण अमेरिका जैसे देशों का मुख्य सवाल भोजन, पानी और आवास जैसी जीवन की प्राथमिक आवश्यकताएँ हैं। जो भी अभाव हो, वह स्त्रियों को सबसे ज़्यादा तंग करता है। स्त्रियाँ कुछ भी खाए बिना घर के पुरुषों को खिलाती हैं। बच्चों को खिलाने का बोझ भी उन्हीं पर छोड़ दिया जता है। विकासशील देशों में पौष्टिक

भोजन के बिना बच्चे मर जाते हैं। प्राथमिक ज़रूरतों की पूर्ति के अभाव में बच्चे कई प्रकार की बीमारियों के शिकार बनते हैं। रीडर्स डाइजेस्ट के एक अंक में, हृदय रोग में सबसे माहिर डॉ. क्रिटैन बेरनाडी द्वारा की गयी एक शल्यक्रिया का वर्णन है: अफ्रीका के एक बच्चे के सभी वॉल्व खराब हो गये थे। पहला ऑपरेशन सफल हो गया। दूसरी बार और एक ऑपरेशन करना पड़ा। ऑपरेशन के पहले उस बच्चे ने अपना आग्रह प्रकट किया कि उसे रोटी का एक टुकड़ा चाहिए। भूख से बच्चा तड़प रहा था। ऑपरेशन के बाद पेट भर भोजन देने का वादा डॉक्टर ने किया। लेकिन ओपरेशन के समय ही बच्चा मर गया। इस प्रकार अफ्रीका के देशों में भयंकर गरीबी का अनुभव करने वाले समाज हैं। आज तीसरी दुनिया का समाजवादी नारीवाद इन सबसे अवगत है और अपनी प्राथमिक ज़रूरतों के लिए लड़ रहा है।

पूँजीवाद के द्वारा हमारे पर्यावरण का जो दोहन-शोषण हो रहा है, उससे बचाने की कोशिश स्त्रियों के द्वारा हो रही है। प्रकृति पर आने वाले विनाश का प्रथम असर स्त्रियों पर ही पड़ता है। जल नहीं है, तो कितनी भी दूर हो, जाकर उसे लाना पड़ता है। जल-स्रोतों को सुखाने वाले पूँजीवादी औद्योगिक उद्यमों का विरोध स्त्रियों की ओर से हो रहा है। इसके लिए उदाहरण है केरल में प्लाच्चिमडा में कोकाकोला फैक्टरी के खिलाफ मयिलम्मा नामक आदिवासी स्त्री के नेतृत्व में सम्पन्न आंदोनलन। समाजवादी नारियों ने उसे अपना समर्थन दिया है। प्रकृति को बचाने का मतलब सम्पूर्ण मानव जाति को बचाना है। पूँजीवादी औद्योगीकरण के द्वारा गरीब आदिवासी महिलाओं का शोषण बढ़ रहा है। प्रकृति के साथ मिलकर चलने वाले आदिवासियों के जीवन पर पूँजीवादी तौर-तरीकों से कहरा आघात पहुँचा है। इन सबके प्रति भी समाजवादी नारीवादी आन्दोलन सजग है। प्रकृति और स्त्री समान रूप से पितृसत्तात्मक सामाजिक शोषण की शिकार हैं। इसलिए स्त्रियाँ इस क्षेत्र में प्रवेश करके प्रकृति के विनाश के खिलाफ आन्दोलन चलाती आ रही हैं। इनमें महाश्वेता देवी, मेधा पाटकर, वंदना शिवा, अरुंधति राय, सुगतकुमारी आदि के नाम उल्लेखनीय हैं। पूँजीवाद के गिरफ्त से बचाना एक महान समाजवादी कार्य है।

घर में सीमित रहने वाली स्त्रियों को बाहर निकालने एवं उनके आत्मविश्वास तथा आर्थिक स्वावलम्बन को बढ़ावा देने के लिए कई लघु उद्योगों की योजनाएँ सरकार की ओर से चलाई जाती हैं। उनमें भी स्त्रियाँ संगठित होकर कार्य करती हैं। केरल में "कुटुंब श्री पद्धति" के तहत स्त्रियाँ संगठित होकर लघु उद्योगों में भाग लेती हैं। समाजवादी नारीवाद की भागीदारी इसमें है।

कोई भी नारीवाद सिद्धान्त पूर्ण नहीं है। उनमें संशोधन की ज़रूरत है। लेकिन सामाजिक समता पर बल देने वाले समाजवादी नारीवाद में समय की माँग के अनुसार संशोधन होने पर भारत जैसे तीसरी दुनिया के देशों के लिए सहायक होगा। आज भूमंडलीकरण के तौर पर स्थापित पूँजीवादी सामाजिक व्यवस्था के अनुसार जहाँ आधुनिक समाजशास्त्र ने खुद को समाजिक यथार्थ में समायोजित किया था, वहीं उत्तर-आधुनिकतावाद भी अपने उत्तर-आधुनिक तरीके से स्थापित व्यवस्था में फिट होने की चेष्टा कर रहा है। किन्तु ये दोनों विचार बुर्जुआ समाज के उन्हीं सांस्कृतिक एवं नैतिक मूल्यों के प्रति आदर भाव रखते हैं, जिनके खिलाफ समाजवादी नारीवाद संघर्ष करता रहा है। दर्शन में हमेशा वाम विचारधारा ने मानव धर्म और मानव मूल्यों की चर्चा की है। मुक्ति की रणनीति हमें जहाँ से मिलेगी, जो अच्छा लगेगा, वही स्वीकारना होगा। आज भी दुनिया की अधिकतम जनसंख्या गरीबी, शोषण और आतंक से पीड़ित है। पढ़ी-लिखी स्त्री कुछ बोल पाए या नहीं; किन्तु ग्रामीण एवं अशिक्षित स्त्री के तेवर

देखकर सच में आश्चयं होता है। स्त्री की इस हालत में परिवर्तन की ज़रूरत है। ऐसी स्थिति में मानवता के परिष्कार के लिए किसी राजनीतिक दल के साथ न मिलकर-जाति, धर्म, वर्ग, लिंगगत भेदभावों से मुक्त समाज की प्रतिष्ठा की उम्मीद समाजवादी नारीवाद से की जाती है। तब एक नयी संस्कृति का उदय होगा। यह है समानता के लिए लड़ने वाले प्रत्येक इंसान का आन्तरिक लक्ष्य-

*संकल्प चाहिए*
*अद्भुत-अन्तहीन*
*इस सांद्र, क्रूरता भरे अंधेरे में*
*जीना ही क्या कम है*
*एक स्त्री के लिए*
*जो वह*
*रचने लगी*
*कविता* (कात्यायनीः इस पौरुषपूर्ण समय में)

**सन्दर्भ ग्रन्थ**

1. फेमिनिस्ट एस्थेटिक्स : सम्पा. गिसेला एकर
2. फेमिनिज़म : जॉन चारनेट
3. द सेकेंड सेक्स ; सीमोन द बोउवार
4. उपनिवेश में स्त्री : प्रभा खेतान

# भारतीय मन्दिरों का स्रोत एवं उनका विकास क्रम

***के. वनजा***

सहस्राब्दियों के परिवर्तन तथा परिवर्द्धन के पश्चात पुरातन रेखाओं का सीमा-निर्धारण और नवीन अन्वेषण असम्भव नहीं तो कठिन भी नहीं है। देवालयों के उद्‌भव और विकास का इतिहास भी काल के प्रवाह में पड़ कर जब धुँधला-सा दृष्टिगत होता है तो उनका स्रोत ढूँढ़ निकालना कितना दुष्कर कार्य होगा, यह अनुमाननीय है। किसी भी देश में अनेक जाति तथा वर्ग के लोग जब घुल-मिल जाते हैं तो सांस्कृतिक एवं सामाजिक योगदान अधिक सम्भव होता है। भारतवर्ष में हज़ारों वर्षों से कई धर्म, जाति, वर्ग, रंग और संस्कार के लोग आये और उनके मिलने-जुलने से पारम्परिक आदान-प्रदान का कार्य सम्पन्न हुआ। जहाँ तक इतिहास की सीमा है, आर्येतर जन ही यहाँ की प्रथम संस्कृक चित्त जनता सिद्ध होते हैं। उनके यहाँ मूर्ति-पूजा की प्राचीन प्रथा थी। अनुमानतः ईसा से चार हज़ार वर्ष पूर्व भारत में देवमन्दिर थे और मूर्ति-पूजा का विधान भी प्रस्तुत था, इसका उल्लेख मिलता है। सगुण और निर्गुण भक्ति का आन्दोलन भी आर्येतर जनता का उपादान सिद्ध हुआ है। "भक्ति दक्षिण उपजी" वाला कथन अब सर्वसम्मत हो गया है। संस्कृत के पुराणकाल से बहुत पहले दक्षिण में भक्ति-सम्प्रदाय की परम्परा प्रचलित थी। दक्षिणी शैव भक्ति तथा वैष्णव भक्ति की परम्परा अवश्य संस्कृत-भक्ति-परम्परा से प्राचीन तथा संस्कृत-भक्ति परम्परा के लिए सहायक रही है। नायनार और आलवार भक्त इस पूर्व परम्परा की श्रृंखलाएँ हैं। प्रकृति की अनेक शक्तियों की आराधना का क्रम भी आर्यों के आगमन से पूर्व जहाँ परिलक्षित होता है। प्राचीन द्रविड़ों ने भौगोलिक परिस्थिति की विशेषता को लक्ष्य बनाकर देश को कुरिंचि (पार्वत्य देश), मुल्लै (पर्वत और तराई के बीच का भागः, मरुत (नदी मुख का समतल), नेत्यल (समुद्र तट) और पालै (मरुभूमि) नामक पांच भागों में विभक्त किया है। इन देशों के देवता हैं क्रमशः मुरुकन (शेयोन), मायोन, इन्द्र, वरुण एवं कोट्टवै हैं।"[1] वे प्राकृतिक देवता थे और आज उनको आर्य देवताओं का पर्याय माना जाता है। शेयोन या मुरुकन ही सुब्रह्मण्य है, मायोन विष्णु हैं तथा कोट्टवै को देवी कही गयी है। इसका कारण यही सिद्ध होता है कि आर्यों के उपनिवेश से लेकर पुराण एवं तन्त्र साहित्य का प्रभाव दक्षिण में भी हुआ और आर्यों के पूजा-क्रम एवं देवता के नाम का प्रचार दक्षिण देवालयों में होने लगा। इसमें रंच मात्र भी आश्चर्य की बात नहीं कि सहस्राब्दियों के सम्पर्क से आर्य और आर्येतर देवों और मन्दिरों का मौलिक स्वरूप-विधा नष्टप्रायः सा हुआ और संश्लेषण की मात्रा बढ़कर सम्मिश्रण अधिक हुआ और उसका विश्लेषण असम्भव सा हो गया। यहाँ तर्क यही है कि भारतीय मन्दिरों का स्रोत एवं विकास केवल आर्य तांत्रिक सिद्धान्तों से ही सम्पन्न हुआ है या आर्येतर स्वरूप विधान भी इसमें संकलित है? अगर आर्येतर अंश है ही तो वह किस कोटि का है और कहाँ तक वह प्राचीन है? आधुनिक मन्दिरों की दशा के निदान क्या-क्या हो सकते हैं?

भारतीय मन्दिरों एवं मूर्तियों में आर्येतर संस्कृति का समावेश निस्तर्क हुआ है। केरल साहित्य के प्रसिद्ध इतिहासकार उल्लूर एस. परमेश्वरय्यर का विचार है कि द्रविड़-आर्य-सम्पर्क के पूर्व कौन-कौन देवता (दक्षिण में) थे, उनमें किन-किनको आर्यों ने परिष्कृत बनाया, यह कहा नहीं जा सकता। पर निःसन्देह पुराण-काल के हिन्दू-धर्म में, द्रविड़ धर्म में कतिपय अंश अवश्य जुड़े हैं।"[2] अब भी आर्येतर संस्कृति के वे चिह्न यत्र-तत्र दिखाई पड़ते हैं। यद्यपि वे केवल खँडहर रह गये हैं तो भी वे अपने अन्यून प्राचीन उत्कर्ष का शंखनाद कर रहे हैं। केरल, तमिलनाडू, मैसूर और आंध्र के मन्दिरों की आकृति, प्रकृति तथा उनका पूजा-क्रम उत्तर से बहुत भिन्न है। उनमें आर्येतर मुद्रा का अंश अंकित है। असम एवं कश्मीर की पुजाविधियों में और मन्दिरों के स्वरूप में भी आर्येतर भव्य भाव दृष्टिगोचर होता है। विद्वानों का अनुमान है कि जैन चैत्यों और बौद्ध विहारों-स्तूपों का परिणत रूप ही भारतीय मन्दिर हैं। एक सीमा तक उनका अनुमान भी वास्तविक है, क्योंकि दक्षिण के कुछ मन्दिर स्तूपों के आकार के अनुकरण हैं। लेकिन यहाँ बहुत से मन्दिर ऐसे भी हैं, जो कुटीर, लताकुंज, वृक्षवेदिका और श्मशान वेदी हैं, जिनमें बौद्ध, जैन या आर्य प्रभाव का लेशमात्र स्पर्श नहीं है। शून्यता पर बने इन आराधना स्थानों के न उत्तुंग स्तूप या गोपुर हैं या वृहदाकार आलय निर्मित हुए हैं। यद्यपि ये क्षेत्र केरल तथा दक्षिण भारत में सार्वजनिक एवं कौटुंबिका आराधना के पवित्र स्थान हैं तथापि अब्राह्मण लोग ही इन देवस्थानों की पूजा में अधिक मात्रा में लगे हुए हैं।

आर्येतर देवताओं में चुटलै माटन, वेताल, भैरव या शिव, कोट्टवै (आज वही काली या देवी है), शेयोन या मुरुकन (सुब्रह्मण्य है आज) और अय्यनार (वह अब शास्ता या बुद्ध माना गया है) प्राचीन एवं आर्येतर प्रकृति के हैं।"[3] इनकी पूजा का विधान ही प्राचीनतम माना जा सकता है। प्राचीन शिवमन्दिरों का उद्‌भव स्थान "चुअलै" या श्मशान है। चुटुकाड़ या चुटल कल (श्मशान) में मृतक के दाह कर्म के बाद एक स्तूपाकृति का पत्थर रखा जाता था, जो बाद में लिंगम् कहलाया गया। आज भी दक्षिण के श्मशानों में ऐसे कई लिंगम् कोई भी साधारण यात्री देख सकता है, "[4] जो मस्जिदों के या गिरजाघरों के पत्थर अथवा स्मृति चिह्न हैं। महाभारत के अनुशासन पर्व के 141 अध्याय में शिवजी का उद्घोष है कि मेरे लिए श्मशान से बढ़कर हृदयंगम स्थान दूसरा नहीं है.... इसलिए वही मेरा पवित्र आवास है... वही मेरा स्वर्ग है। शिवालयम् का अर्थ बी श्मशान है।"[5] इस श्मशान देवता के विकास क्रम की कई दक्षिणी रेखाएँ हैं। जिनका आनुषंगिक प्रतिपादन भी आर्यरचनाओं में उपलब्ध नहीं होता। नवीं शताब्दी ईस्वीं के एक प्रमाण से पता चलता है कि चोल राजा राजादित्य ने अपने पिता की चिता के स्थान पर एक देवमन्दिर की स्थापना की थी। चोल सम्राट् आदित्य प्रथम तथा राजा चोलेश्वर राजराज प्रथम ने ऐसे मन्दिरों की स्थापना की है।"[6] श्मशानों में मन्दिर बनाने की प्रथा आज भी कमालर, बेल्लालर, जांद्र आदि जातियों में प्रचलित है। निर्धन लोग चिता स्थान में एक लिंगम् की प्रतिष्ठा करते हैं, जो शिवजी का लघुतम पर निष्ठ रूप माना जाता है। इससे अद्‌भुत कार्य यही है कि नीलगिरी के तोड़ा लोग मृतों का दाहकर्म पत्थरों के टुकड़ों से बनाए एक गोलाकार स्थान में करते हैं।[7] आँध्र देश में भी कई स्थानों में ऐसी रीति चलती है। तोड़ा लोग उन्हीं गोलाकार स्थानों में पूजा का कार्य शुरू करता है। चिता स्थान में एक ओर वे एक काले पत्थर की प्रतिष्ठा करते हैं और उसकी वंदना करते हैं। मृत स्थानों को वे आजारं कहते हैं। इन्हीं आज़ारं से भविष्य में मन्दिर का रूपविधान हुआ है, यही निर्णय समीचीन सिद्ध होता

है। इस निर्णय की और भी उपपत्ति प्राप्त है। नीलगिरी के कुरुंबा लोग गोलाकृति के एक पत्थर की पूजा करते हैं। वे इसे लिंगम् नहीं कहते, यद्यपि वे शैव कहलाते हैं।[8] तोड़ा लोग भी ऐसे ही पत्थर की अपने इष्ट देव "बोत" कहकर पूजा करते हैं। उसमें इतना अन्तर है कि उसके ऊपर एक स्तूपाकृति का ताड़ के पत्तों से आच्छादित मंडपवितान है, जो वर्तुलाकृति की दीवारों पर बसा है। ऐसे मन्दिरों के चारों तरफ़ पत्थर के टुकड़ों को कतार में रखकर दीवार खड़ी की गयी है।[9] केवल पुरुषों के दाहकर्म के समय चिता स्थान में पत्थर रखने और उसकी पूजा करने का विधान है। इससे प्रमाणित होता है कि पहले केवल पत्थर रखकर मृतक की आत्मा का संकेत करके पूजा की जाती थी और पीछे उसे "लिंगम्" का अभिधान प्राप्त हुआ था। इस पत्थर या "कल्लु" को लिंगम् कहने की रीति बाद की ही हुई होगी। कोडुंङ्ङल्लूर नामक प्रसिद्ध केरल के स्थान का संस्कृतिकरण यहाँ विचरणीय है।

कोटुं अ कल्लु अ ऊरु उ कोटुंङ्ङल्लूर
कोटि अ लिंग अ पुरम उ कोटिलिंगपुर

इसमें "कल्लू" को संस्कृत में लिंगम् कर दिया है। इसका तात्पर्य यही है कि दक्षिण श्मशानों में प्रतिष्ठित "कल्लू" ही बाद में लिंगम् बने और श्मशान देव के प्रतीक हुए। शिव का रूप विकास इसी से हुआ समझना चाहिए और वही आर्येतर शिव बाद में वैदिक रुद्र के तथा बाद की शिवाकृति की कल्पना के अनुरूप बना होगा। प्राकृत विषय के सम्बन्ध में और भी प्रमाण प्रस्तुत हैं। शिव को क्षेत्रपाल और भैरव के तीन नेत्र विग्रह पाए जाते हैं।[11] इसका यही आशय है कि आर्य-जाति शिव को बहुत समय तक अपने देवों के बीच समुन्नत स्थान देने के लिए तैयार नहीं थी, इसलिए निम्न कोटि का समझ द्वार में उसको प्रतिष्ठित करने को मान्यता दी थी। केरल में भी चिता में तीन आँखवाले नारियल के पक्व फल को लगाने की रीति है। वही आगे चलकर "चुडलैतेङ्ङु" (श्मशान के नारियल का पेड़) बनता था। इसमें भी तीन नेत्र वाले शिव का ही संकेत माना जाना चाहिए। शिवजी के आराधकों की संख्या और शिव पूजा की प्रधानता देखकर ही बाद में आर्यों ने उन्हें प्रमुख देवता और वैदिक रुद्र का पर्याय समझा होगा। इसी प्रकार डकान और पश्चिमी भारत के कुछ लोग चिता के चारों तरफ गोल पत्थरों की चारदीवारी नहीं बनाते अपितु वर्तुल चारदीवारी के अन्दर अपने इष्टदेव वेताल की प्रतिष्ठा कर उसकी पूजा करते हैं। अब वह वेताल शिवजी का अवतार बन गया है।[11] वेताल मूर्ति के ऊपर स्तूपाकृति के आलय का निर्माण भी किया जात है। इसी भाँति नीलगिरी के इरूल लोगों के ऐसे ही मन्दिर रंगस्वामी पर्वत में हैं। यहाँ के देव रंगस्वामी हैं। जो आर्येतर देव थे। परन्तु अब आर्य प्रभाव से विष्णु के अवतार पुरुष बने हैं। इन प्राचीन मूर्ति गृहों के उदाहरण से हम आगे अनुमान कर सकते हैं कि इन्हीं के आधार पर भविष्य में श्रीचक्र की नींव पर बने कई आर्यमन्दिरों का निर्माण-क्रम शुरू हुआ है। वैसे भारतवर्ष के अनेक या अधिकतर मन्दिरों का आधारखंड श्रीचक्र है।"[12] समय प्रवाह में इससे भी परिवर्तन आये और षट्कोण एवं चतुष्कोण गर्भगृह मन्दिरों की सविशेषता हो गया।

पूर्विक श्मशान के मृतकों की आत्मा से भयभीत होकर उनको सम्प्रीत करने के मार्ग ढूँढ़ने लगे। इसके फलस्वरूप उन मृतों के पूजाक्रम का आरम्भ हुआ। मृतों को तृप्त करने के लिए वे कई प्रकार की चीज़ें भी चितास्थान या 'अस्थिमाट' (अस्थिवेदिका) पर अर्पित करते आये। पशु-पक्षी की बलि भी इन आत्मभावों को सन्तुष्ट करने के उद्देश्य से की जाती थी। बहुधा उन्हें

विशिष्ट भोजन भी देने की प्रथा चली आयी। ताड़ या नारियल की मदिरा (कल्लु) भी उन्हें पीने के लिए दी जाती थी। अतृप्त इच्छाओं के मरे लोगों का प्रेत या पिशाच के रूप में जीवित मनुष्यों को अनेक आपत्तियाँ पहुँचाता है, यही उनका विश्वास है। केरल में कई जातियों में आज भी यह रिवाज है। असभ्य जातियों में यह रूढ़मूल विश्वास पर आधारित अनुष्ठान हो गया है। केरल के लोग मृतक की संचित अस्थियों को एक घड़ं में रखकर घर के दक्षिण भाग में आस्थिमाडं या अस्थिकुटीर बनाकर उसमें रखते हैं और उसमें नित्य दीप जलाते हैं। विशेष त्योहारों के दिनों में एक निर्जन कमरे में इन्हीं लोगों को प्रथमतः दावत दी जाती है, बाद में घर के लोग भोजन करते हैं।

श्मशान से सम्बन्धित देवस्थान के समान एक देवालय का रूप सर्पपूजा के क्रम में पाया जाता है। असम के नागलोगों तथा केरल के हिन्दुओं में खासकर नायर जाति में सर्पपूजा प्रचलित है। केरल में सर्पकावु या सर्पपूजा का स्थान हर हिन्दू के घर में था। ज़मीन के एक कोने में वनराजियों एवं लता निकुंजों से विभूषित स्थान अथवा “कावु” में तैयार हुई पत्थर की वेदिका की सर्पमूर्तियों का अस्थान है। जीवित सर्पजाल भी स्वेच्छा से दिनांधकार पूर्ण इस वनस्थली में रेंग सकते हैं। केरल की जनता का यही विश्वास भी है। इन वेदिकाओं के ऊपर आलय नहीं बनाया होता। त्योहारों और पर्वों में उस वेदिका के ऊपर नारियल के नवांकुर पत्ते से वितान बनाया जाता है। सर्पों के दूध का अमिष्ठ भोजन भी दिया जाता है। सर्पपूजा का यही कारण रहा होगा कि केरल और असम में सर्पों की अधिकता और उनकी पीड़ा बड़ी मात्रा में थी। अब उनको सन्तुष्ट करने के लिए सर्पपूजा का क्रमिक विकास हुआ। केरल पर्वतों से आच्छादित समुद्र तटीय प्रदेश है। यहाँ सर्पों की अधिकता देखकर ही आर्यों ने अपने पुराणों में पाताल तथा नागलोग की कल्पना की होगी। भारत के अन्य किसी स्थान में सर्पमन्दिर या कावु की प्रथा नहीं है।

सर्पाराधना की तरह शक्तिपूजा भी प्राचीन आर्योतर जाति की पूजा विधि मालूम होती है। ये प्रकृति को शक्ति, प्रकृति माता के रूप में स्त्रीलिंग सूचक तथा आगे देवी, लोकमाता, लोककन्या के विभिन्न स्वरूपों में ग्रहीत हुई होगी। भारतीय किसानों ने अपनी सन्तान और खेती पर आने वाले प्राकृतिक महारोगों से भयभीत होकर प्रकृति की अधिष्ठात्री की पूजा अभिष्ट सिद्धि के लिए शुरू की होगी, यह बाद में ग्राम देवता के पूजाक्रम की आधारशिला बनी होगी। भारत के अनेक आर्येतर शक्ति के मन्दिरों का पता चला है। वे सब देशी नामों से अभिहित हैं। देवी पूजा के स्रोत को आर्येतर मानने के अनेक प्रमाण प्राप्त हैं। आर्येतर भारत में एक समय ऐसा था जब देश भर में देवी, शक्ति, दुर्गा, काली या अंबा की पूजा प्रचलित रही थी। उनका आर्येतर नाम भी था। किन्तु आर्यसंस्कृति के प्रवाह में वे सब देवियाँ ही गोत्र की या बहुत से आर्यदेवों से सम्बन्धित गिनी जाने लगीं। वे सब अब किसी आर्य देव की पत्नी, बहन या कन्या रूप में विराजमान हैं। प्राचीन तमिल संघ कृति में प्रतिपादित कण्णकी अब मीनाक्षी बन गयी है। द्रविड़ मंकम्मा भी वैष्णव देवी हो गयी है। विजयवाड़ा की कनक दुर्गम्मा, नेल्लूर की पोडिलम्मा, तमिलनाडु की मारियम्मन, कलत्ता की कालिका आदि आर्येतर देवियाँ अब आर्य देवों की दारा-स्नुता परिणत हुई हैं। देवी-पूजा का इतिहास भारत में अत्यन्त प्राचीन है। मोहनजदडो और हड़प्पा के भू-खनन में दो देवी-विग्रह तथा एक शिव मूर्ति प्राप्त हुई हैं। सिंधुतट संस्कृति आर्येतर संस्कृति का प्रतीक है। इतनी पुरानी सभ्यता का चित्र भारत में कहीं प्राप्त नहीं हुआ है। इसलिए देवी-पूजा

की प्राक्तनता एवं उसके आर्येतर अंश का पूरा पता चलता है। देवी-पूजा के बाद ही शिव-पूजा का प्रचार भारत में हुआ होगा। इस कथन का भी एक तथ्य प्राप्त है। चिंदंबर आज शिवपूजा का केन्द्र है। परन्तु यहाँ पहले कलिका की ही प्रतिष्ठा थी। प्रचलित विश्वास है कि शिवजी ने एक बार नृत्य में देवी को पराभूत किया और मन्दिर से उसे बाहर कर वहाँ अपनी प्रतिष्ठा की। कहा जाता है कि उस नगर की सीमा में दिखाई देने वाली देवी इस प्रकार अपने आलय से निकली हुई है।[13] इस कथा का यही अर्थ हो सकता है कि एक आर्येतर जाति में शिव तथा दूसरी है काली की पूजा का विधान और जब द्वितीय को प्रथम के हाथ से पराजित होने का अवसर आया तो प्रथम आर्येतर जाति के इष्ट देव की प्रतिष्ठा द्वितीय के आराध्य देवता के स्थान पर हो गयी। देवी पूजा की प्राचीनता व्यक्त करने वाली और भी प्राक्तन अवशेष अब भी दक्षिण में हैं। केरल और तमिलनाडु के अधिकतर ग्राम देवता देवियाँ हैं। ये देवी मन्दिर आज भी आर्येतर स्वभाव को बनाए रहते हैं। इन मन्दिरों के मध्य में उल्लंपलं या गर्भगृह में देवीग्रह है। उसके चारों तरफ चार द्वारों से युक्त कच्ची मिट्टी या पत्थर की दीवार बनाई होती है। प्राचीन केरल के देवी मन्दिरों का यही रूप है। गाँवों में भी ऐसे प्राचीन मन्दिर अपनी प्राचीनता एवं आर्येतर स्वभाव को स्पष्ट करते हुए सिथ्त हैं। कई ऐसे देवी मन्दिर (कोविल, कोयिल या अंपलं) हैं जहाँ अब्राह्मण पूजारी ही नित्य पूजा करते हैं। तांत्रिक आभिचारों के प्रभाव के पहले ही इन मन्दिरों में पशुबलि, मदिरदान आदि प्रथाएँ भी परम्परा से चली आ रही हैं। देवियों के समान दक्षिण के ग्राम-देवताओं में शिव, मुरुकन (सुब्रह्मण्य), गणपति तथा शास्ता भी स्थान लेते हैं। उनके मन्दिर भी उपरोक्त रूप विधान के ही होते हैं। देवी-पूजा की प्रधानता और प्राचीनता व्यक्त करने वाली और एक बात यहाँ दर्शायी जा सकती है। बौद्ध लोग यद्यपि वे मूर्तिपूजा के विरुद्ध थे और उनमें मूर्ति की पूजा प्रचलित होने पर भी केवल बौद्ध-विग्रह की ही पूजा किया करते थे, वे भी हारिति, यक्षी आहि देवियों की पूजा करते आये। कौन जाने मैसूर की चामुँडी और कर्नाटक की मूकांबा भी आर्येतर देवी की प्रतिनिधि नहीं रही होंगी।

श्मशान देवों तथा ग्राम देवताओं के मन्दिर के समान वृक्षदेवता के मन्दिर की भी पुरानी परम्परा दक्षिण में है। वृक्ष देवता का संकल्प भी आर्येतर है। विष्णु के लिए अश्वत्थ, शिव के लिए विध्न आदि का सम्बन्ध ऐसा प्रतीत होता है कि आर्यों ने आर्येतर वृक्षदेवता के सन्दर्भ में अवश्य कराया है। केरल तथा दक्षिण भारत के कई स्थानों में किसी विशेष वृक्ष के नीचे ही ऐसे देवों का आस्थान बनता है। न ईंटप्रस्तर का मन्दिर उनमें बना होता है न उन मूर्तियों के लिए चारदीवारी रची होती है। उन्हें धूप-शीत से बचने के लिए एकमात्र वृक्ष की घनी छाया प्राप्त है। यक्षी के मन्दिर अधिकतर ऐसे ही होते हैं जो यक्षिक्कावु कहलाते हैं। वह पहले आर्येतर यक्षी थी, यह वर्ग की प्रतिनिधि थी, पीछे वही स्वर्ग वर्ग की तथा यक्षों की स्त्री मानी गयी है। केरल के यक्षी मन्दिर ऐसे आधुनिक संकल्प के नहीं हैं। वे पुराने आर्येतर प्रतीक अवश्य हैं। वैसे ही माटन (अस्थि माटं या चुटल माटं के अधीश रहे होंगे) देवता भी वृक्षों की छाया में या खुले मैदान में नीरव स्थानों में एक प्रस्तर खंड के रूप में पड़े मिलते हैं। उनको भी माटनकावु या माटननटा का नामकरण दिया गया है। देवता का प्रतिनिधित्व एक प्रस्तर खंड मात्र है। शायद यह भी शिवलिंग के पूर्व स्वरूप ही माने जा सकते हैं। चुटलैमाटन तो शिवजी है ही। दक्षिण में भैरव, वीरन, इरुलन कारेट्टी, नोण्डि, पंचरूली आदि ग्राम-देवता प्रसिद्ध है। केरल में देवी को भगवती पर्याय भी प्रख्यात है। दमिलनाडु में मारियम्मा, कलियम्मन, द्रौपतियम्मान आदि ग्राम

देवियों की मुख्यता है। तमिल संघ कृतियों में प्रतिपादित कोट्टरै ही प्राचीनतम आर्येतर ग्राम देवी प्रतीत होती है। ग्राम देवताओं के लिए विग्रह विरले ही प्रचलित थे। स्तूप और मन्दिर भी पहले नहीं थे। आर्य पूजाक्रम के संयोग से ग्राम देवताओं की मूर्तियाँ भी अब बन चुकी हैं। पर विशेष उल्लेखनीय बात यह है कि केरल के देवालय पुराने एट्टुकेट्टु (केरलीय प्राचीन घर) के नमूने ही रहा करते हैं, न कि आर्य मन्दिर के नमूने में।

देवस्थान का और भी एक प्रकार है। दक्षिण भारत में अति प्राचीन काल से पूर्व सूरियों का पूजा क्रम चलता है। द्रविड़ों में मृत-पूर्वकों की आराधना प्रस्तुत थी। डॉ. एलमोर का मत है कि द्रविड़ों के अधिकतर देव-देवियाँ सांसारिक मनुष्य-आत्मायें हैं, जो धरती पर लौटे हैं।[14] विजयवाड़ा की कनक दुर्गम्मा और लिंगम्मा का इतिहास यही सिद्ध करता है। वे दोनों ग्रामीण नारियाँ थीं, जिनकी अपमृत्यु के बाद उनकी आत्मा अपना ग्रामों की जनता को तंग करने लगी। इसी से भयभीत ग्रामीणों ने उनकी आराधना की सुविधा कर दी। केरल में भी प्राचीन हिन्दू घराने में योगीश्वर, योगमूर्ति आदि की पूजा होती आ रही है या तो घर के दक्षिणी कोण में इनकी प्रतिष्ठा होती है या दक्षिण भाग में अलग-अलग स्थान इनके लिए तैयार किया जाता है। इन देवालयों को तेक्तु अर्थात् 'दक्षिणी देवालय' कहा जाता है। इनमें मूर्ति या विग्रह नहीं रखा जाता। केवल एक पीठ मुख्य रूप से रहता है। उनके ऊपर जपमाला भस्मपात्र, सोंटा, तलवार आदि रखे जाते हैं। पीठ तो गेरुए वस्त्र से सजी जाती है और विशेष वर्षों में उत्सव भी मनाया जाता है। इन देवालयों में प्रतिष्ठित संकल्प देव उस घर का कोई पूर्व महान् व्यक्ति ही होता है। मूर्ति या मन्त्रमूर्ति वही देव है, जो उस घर का पूर्विक है, जिसकी मृत्यु चेचक के रोग से हुई हो। योगमूर्ति और योगीश्वर दिव्य शक्ति प्राप्त घर के पूर्विकों के ही कल्पित रूप होते हैं। कई ऐसे देवालय वीरों की कलरी या आयुधविद्या संकेत रहे थे। इसी कारण तलवार भी पूजा-सामग्रियों में स्थान लेती है। अधिकतर कलरी आशान (कलरी के गुरु) आयुध-विद्या दाता थे। वे तन्त्र और मन्त्र के भी आचार्य रहा करते थे। कई ऐसे गुरु योगाचार्य भी होते थे। उनके पूर्व गुरुओं की पूजा वे धूमधाम से करते आ रहे हैं। यह आर्येतर पूजन सम्प्रदाय आर्यधर्म में भी पाश्चात्य काल में प्रचलित हुआ होगा। आदिशंकराचार्य के बाद आज तक शंकराचार्यों की परम्परा काल में प्रचलित हुआ होगा। आदिशंकराचार्य के बाद आज तक शंकराचार्यों की परम्परा अक्षुण्णा रहती है। अन्य मठों और आर्यों की परम्परा भी आज तक चली आ रही है। वे सब इन दक्षिण पूर्व सूरियों की पूजा-परम्परा का परिणत रूप ही मालूम होता है। वीराराधना का प्राचीन सम्प्रदाय भी इसी प्रकार आर्येतर संस्कृति सेआर्य संस्कृति में संक्रमित हुई प्रतीत होती है।

पल्वकालीन दक्षिण भारत के मन्दिरों के विश्वास एवं उत्तुंग गोपुर एवं रथ के निर्माण कौशल की ओर सब लोग हठात् आकृष्ट होते हैं। कई इतिहासकारों के मन में गोपुर और विमान बौद्ध स्तूपों का ही रूपांतर है। लेकिन वे यह भूल जाते हैं कि दक्षिण में मन्दिरों के कलारूप ईंट-पत्थर के न होकर काठ के होते थे। मलबार के अधिकतर मन्दिरों में आज भी ऐसे काठ की अद्‌भुत प्रतिभाएँ देखने को मिलती हैं। विमानों और रथों के निर्माण में लक़ड़ी ही कम आती थी। पल्लव राजाओं के समय में कलोपासन की इतनी उन्नति हुई कि उनका प्रयोग देवालयों में तथा राजप्रसादों में किया जाने लगा। पल्लवों के पहले भी यहाँ देवालय तथा उनसे सम्बन्धित कलारूप प्रस्तुत थे। लंका के रावण भी शिवभक्त कहे जाते हैं। उनके पुष्पक विमान का उल्लेख रामायण में है। देवों के लिए विमान की सवारी की कल्पना ही दक्षिणी मन्दिरों के

विमान की रचना में सहायक रही होगी या रावण के समय ऐसे विमान अवश्य रहे थे। जिनका कलात्मक परिधान ही आज के मन्दिरों के विमान हैं। विमान के समान देवरथ की भी कल्पना की जाती है। इसलिए कतिपय मन्दिरों में चार चक्रवाले भीमाकार रथ रखे हुए हैं। रथोत्सव भी इन मन्दिरों में प्राचीन काल से चलता है। इसलिए विमानों और रथों के निर्माण के सम्बन्ध में बौद्ध स्तूपों का परिणत स्वरूप देखना भ्रामक सिद्ध होता है। गोपुरों के सम्बन्ध में भी यही कहा जा सकता है। अगर स्तूपों का प्रभाव इन गोपुरों के निर्माण के लिए सहायक रहे होते तो प्रश्न उठता है कि ऐसे गोपुर केवल दक्षिण में ही क्यों दिखाई देते हैं? उत्तर में इनका एक भी रूप क्यों प्राप्त नहीं होता? इन उत्तुंग गोपुरों को दक्षिणी राजाओं की कलात्मकता का परिचायक मानना ही समीचीन है।

यहाँ एक और विषय पर विचार करना आवश्यक है, जिसके सम्बन्ध में सूचना दी जा चुकी है। अधिकतर विद्वानों का मत है कि जैन-बौद्ध चैत्य एवं स्तूप ही भारतीय मन्दिरों के रचनाक्रम के आधार हैं। अब तक इसमें यही तर्क रखा गया है कि श्मशानों में गोलाकार का जो बाड़ा बनाया जाता था, वही भविष्य में मन्दिरों की रूप रचना के लिए सहायक हुआ है। इस तर्क के लिए सहायक है चैत्यम और स्तूप का शब्दार्थ। चैत्यम् या चैत्य, शब्द के कई अर्थ होते हैं। (1) सीमा-चिह्न बनाने वाले पत्थरों का डेर (2) समाधि प्रस्तर, स्मारक, यज्ञमंडप (3) धार्मिक पूजा स्थान वेदी, वह स्थान जहाँ देवमूर्ति प्रस्थापित रहती है। (4) देवालय (5) बौद्ध और जैन मन्दिर।[15] इससे स्पष्ट है कि चैत्य का प्रथम अर्थ हमारे तर्क को सिद्ध करता है। बाकी अरथ काल की धारा में आये उस शब्द के अर्थ-परिवर्तनों के सूचक हैं। शायद चैत्य शब्द चिता शब्द से ही सम्बन्धित होगा, जो श्मशान भू से सम्बन्धित अवश्य है। यही समय की अविराम गति में पड़कर श्मशान मंडप, श्मशान मन्दिर आदि अर्थों में प्रयुक्त हुआ होगा। श्मशान मन्दिरों के इष्टदेवता श्मशान देव तो बाद में शिवजी के रूप में प्रसिद्ध हुआ। शिव का आर्येतर संकल्प वैसे स्थिर हुआ होगा। शिव शब्द का एक पर्याय है क्रुतध्वंसी, [16] जो याग विनाशी के अर्थ में प्रयुक्त है। आर्यों के यज्ञ को नाश पहुँचाने वाले इस आर्येतर शिव को बाद में आर्यों ने स्वीकार किया होगा। अतः सम्भव है कि आर्यों ने श्मशान मन्दिर चैत्य को अपने देवालय की रचना के लिए नमूना बनाया होगी और उस शब्द के वास्तविक रूप को भी उन्होंने अपनाया नहीं। शिव का भव्य स्वागत भी इसी काल-सीमा में हुआ प्रतीत होता है। पीछे जैन और बौद्ध लोगों ने भी इसी को अपने मन्दिरों का नमूना बनाया, उसी शब्द में अपने मन्दिरों को अभिहित भी किया। इसी प्रकार चैत्यम् से मिलता-जुलता शब्द तित्यम् है, जिसका अर्थ है– शवदाह करने का स्थान तथा चित्या शब्द है, जिसका अर्थ है– चिता या काष्ठ चयन का निर्माण।[17] इससे यह प्रकट होता है कि "चैत्यम्" चित्यम" से बना शब्द है और हमारा तर्क आधारपूर्ण है। अब दूसरे शब्द स्तूप को लें। उसके भी कई अर्थ हैं,– (1) ढेर मिट्टी का ढेर (2) बौद्ध स्मारक चिह्न, पावन अवशेषों को (जैसे कि बुद्ध के) रखने के लिए एक प्रकार का स्तम्भ सदृश्य स्मृति-चिह्न (3) चिता।[18] मेरा विचार है कि स्तूप का पुराना अर्थ चिता था और वही चैत्यम के समान विभिन्नार्थ में प्रचलित हुआ। एक प्रमाण भी इस पर प्राप्त है। दक्षिण कन्नस के बिल्लव लोग अपने बन्धुओं की मृत देहों का एक स्थान पर दाह कर्म करा कर वहाँ उनके फूल संचित कर रखते हैं और वहाँ एक स्तूपाकृति की मिट्टी का ढेर बनाते हैं। इसे वे धूप कहते हैं। इसके ऊपर तुलसी का पौधा लगाते हैं। दाहकर्म के चौदहवें दिन उसके ऊपर बाँस का विमान जैसा "निरनेरलू" जातीय

क्षुरक तैयार करता है। उसके नीचे एक खाट डालकर उस पर मृतक की अमूल्य वस्तुएँ रखी जाती हैं। यह 'निरनेरलु' कई विशिष्ट वस्त्रों से अलंकृत होता है। बन्धु-मित्रादि इसके चारों तरफ तीन बार प्रदक्षिणा करके चले जाते और बाद में क्षुरक सारी चीज़ें बटोरकर ले जाता। मृत व्यक्ति ग्राम-मनुष्य हो तो इस 'निरनेरलु' का लोग जुलूस निकालते हैं।"[19] अतः हमारा अनुमान है कि स्तूप शब्द उपरोक्त धूप से ही बना है या ऐसा कोई आर्योतर शब्द अवश्य विमान रथ का प्रचार भी इसी निरनेरलु के अनुकरण पर हुआ है।

ऊपर कतिपय तर्क खड़े किए गये हैं और कुछ उपर्युक्त प्राप्त प्रमाण भी रखे गये हैं, उनसे यही निष्कर्ष निकलता है कि देवालय के प्राचीनतम तीन रूपों का जो उल्लेख ऊपर हुआ है। वे ही आधुनिक मन्दिरों के स्त्रोत हैं। अब के भारतीय मन्दिरों के रूपविधान में तथा उन्हीं के विकास और परिणामों के वे ही प्रत्यक्ष चिह्न हैं। उल्लूर के शब्दों में मन्दिर के आर्येतर प्रमाणों को खोज निकालना टेढ़ी खीर है, परन्तु अब भी वे प्राचीन चिह्न हमारे दक्षिण में, असभ्य जातियों के बीच ही सही बिखरे पड़े हैं। उनका अनुसंधान और क्रोडीकरण आवश्यक है। तभी अंधकारावृत प्राक्तन मानवराशि के स्मृतिचिह्नों की अविच्छन्न श्रृंखला सम्प्राप्त होगी।

## सन्दर्भ


1. केरल साहित्य चरित्रं प्रथम वाल्यं, प्रथम संस्करण, अं. 5, पृ. 45
2. केरल साहित्य चरित्रं प्रथम वाल्यं, प्रथम संस्करण, अं. 5, पृ. 45
3. वही
4. An Essay "on the origin of the South Indian Temple– Dr. N. Vendata Ramanayya– Ch. 1 Page 3
5. संस्कृति हिन्दीकोष-वामन शिवराम आप्ते-संस्रण– 1196, पृ. 1136
6. A. Krishna Sastri– Report of Arch. Sur Southern Circle 1915-16.
7. J.W. Breeks– Ethe Primitve Tribes of Nilgir, p. 96. 96
8. Page 96-97
9. William E. Marshal– A.Phrenologist Amongst the Todas– P. 163

10 वेट्टम माणि-पुराण निघंटु, भाग-दो, पृ. 16

# साहित्यिक संवाद

# हिन्दी भाषा का स्वत्व एवं विनिमय

*विजय बहादुर सिंह*

हिन्दी का स्वत्व क्या है? हिन्दी का जो स्वत्व है वह केवल शब्दों का स्वत्व नहीं है, वह उसकी चेतना का स्वत्व है और उसके विचारों का स्वत्व है। ये जो जनवादी संघ है, मैं उसका आठ साल तक स्टेट प्रसिडेण्ट था और चार साल तक नेशनल सेक्रेटरी था, तो मैंने उसे छोड़ा, उसके किस्से बहुत हैं। तो नम्पूतिरिपाडु मेरे घर आये थे, मैने उनका सर्किट हाउस में इन्तजाम किया था। उन्होंने कहा, मिस्टर सिंह कैन आय स्टे युअर रेसिडेन्स? यू आर सो इम्मोरटेण्ट पर्सन। बेशक, बट यू शुड बी स्टे इन दिस सर्किट हाउस। तो उन्होंने कहा, नो नो, आय विल गो टू युअर हाउस। तो मैंने उन्हें नास्ता पूछा, कॉमरेड आर यू वेजेटेरिअन ऑर नॉन-वेजिटेरियन? यू डोण्ट नो आय एम बिलाँग टू ग्रेट शंकराचार्य फैमिली? मैंने कहा, एक मार्किस्ट को शंकराचार्य काहे को याद आ रहा। उसका कारण यह था, उनके शील का बदलाव नहीं हुआ था, विचारों का बदलाव हो गया था। विचारों के बदलाव में खतरा होता है, लेकिन अगर शील का बदलाव हो गया, जो बात मैं अपने शुरू में मंगलाचरण वाले में कह रहा था, कि 47 के बाद हमारे शील का बदलाव हो रहा है। कोई बात हो, यस सर, गाली दे दिया, यस सर, सम्पेण्ड कर दिया, यस सर। अरे भई, कभी नो सर भी तो कहना सीखो। आज़ादी के पहले लोग नो सर कहना जानते थे, गलत बात पर। अब जिसको देखो, वही सफल होने के लिए, यस सर, यस सर कह रहा है। ये कौन-सा शील हुआ? इसका मतलब हुआ, सिम्पली, यू आर मेम्बर ऑफ टोटल क्राउड। आप इस भीड़ की एक उपस्थिति हैं। यू हैव नो पर्सनालिटी। तो मेरा यह कहना है कि आप इस शील को, स्वत्व को समझिये। मुझसे कई बार कहा जाता है और मैंने इसको लिखा भी है कि मुक्तिबोध, हरिशंकर परसाई, श्रीलाल शुक्ल, शरद जोशी ये जो राइटर्स हैं, क्या ज़रूरत है इनको अंधेरा महसूस करने की, जवाहरलाल नेहरू के समय में धर्मवीर भारती ने अन्धा युग जैसा नाटक लिख दिया। मेरे आचार्य गुरुदेव नन्ददुलारे वाजपेयी ने मुझसे कहा, तुम काम तो कर रहे हो, लेकिन इस बात का ध्यान रखना कि इसका नाम अन्धा युग है और अभी-अभी देश आज़ाद हुआ। ये ब्लैक पिरियड कैसे आ गया। ये पोयट हिन्दी के क्या देख रहे हैं? क्या गिनती से भी बाहर हो गये। लेकिन भारती को मैं प्रणाम करना चाहता हूँ, कि उसने 1954-55 में महसूस कर लिया था कि लोकतन्त्र, ये जो आज़ादी है, वो अपने रास्ते नहीं चल पा रही है। जवाहरलाल नेहरू ने क्या कहा था, अब कोई अँधेरे में नहीं रहेगा। प्रत्येक घर रोशन हो जायेगा, यही कहा था न? तो 1974-75 में दुष्यन्त कुमार ने शेर लिख दिया, कहाँ तो तय था चिराग हर घर के लिए...। वो याद दिला रहा है कि तुम्हारे बाप नेहरू, उसने कहा कि प्रत्येक घर रोशन हो जायेगा। कहाँ तो तय था चराग हर एक घर के लिए, कहाँ चराग मयस्सर नहीं शहर के लिए। और न हो कमीज तो पांव से पेट ढँक लेंगे, ये लोग कितना मुनासिब हैं

इस सफ़र के लिए। ये सारा-का-सारा ये प्रोटेस्ट का ही काव्य है। मैं आपसे कहना चाहता हूँ, जो समाज प्रतिवाद करना भूल जाता है, वो सिर्फ गूलामों का समाज होता है, क्योंकि उसमें व्यक्तित्व नहीं बचता। वो जिन्दा इसलिए रहता है, क्योंकि बायलॉजिकली उसकी साँसें चल रही होती हैं। उसकी चेतना मर चुकी होती है।

असल में विनिमय जो है वो अँग्रेज़ी का एक्सचेंज है। तो हम लोग उसे यूँ कह सकते हैं कि भाषा का आदान-प्रदान। कल मैंने ये इशारा किया था कि खुसरो ने जब हिन्दी को मंजूर किया और स्वीकार किया और उसमें बहुत सारी चीजें लिखीं, तो मुझे एक बात याद आती है गालिब की। गालिब से पूछा गया कि आपके अलावा फारसी किसे आती है? और ध्यान रखियेगा, उनसे पहले मेरा जैसा शायर हो चुका था। तो गालिब ने कहा या तो मुझे आती है या खुसरो को आती थी। मीर भी था। ऐसा कह रहे है जैसे मीर नाम का आदमी कोई खास आदमी न हो या हो भी तो मेरे जैसा नहीं था। तो मेरा मतलब यह है कि उसको हम गालिब का अब्सेशन नहीं मान सकते, लेकिन कहीं-न-कहीं वो मीर को लेकर परेशान तो रहते ही थे। लेकिन जब फारसी की बात आयी तो उन्होंने मीर को नहीं कहा उन्होंने कई साल पहले हुए खुसरों के लिए कहा कि किसी को अगर फारसी आती थी तो खुसरो को आती थी। खुसरो तो पाँच-छः भाषाएँ जानते थे। उन पाँच-छः भाषाओं में, जबकि उनका शासन था, उनकी मज़बूरी क्या थी कि वो पहेलियाँ लिखते, मुकरियाँ लिखते और कव्वालियाँ लिखते। इसका मतलब पहले जो मित्रता का हाथ बढ़ाया गया वो हिन्दुओं के द्वारा नहीं बढ़ाया गया, कल्चरल ग्राउण्ड पर वो बढ़ाया गया मुसलमानों के द्वारा। उसकें बारे में आगे भी है, जैसे रहीम कोई छोटी-मोटी पोस्ट पर नहीं थे, नवरत्न तो थे ही, लेकिन उन्होंने अवधी में लिखा, व्रजभाषा में लिखा, उनकी ऐसी कोई मज़बूरी नहीं थी। बैरम खाँ के बेटे थे, अकबर के लगभग बराबर, भाई माने जाते थे, उस स्थिति में उसकी कोई मज़बूरी नहीं थी कि फारसी छोड़कर के हिन्दी में लिखते। लेकिन लिखा। रसखान ने लिखा, नजीर अकबराबादी ने और डॉक्टर इकबाल ने हमारे बहुत सारे देवी-देवताओं को लेकर के, नज्में लिखीं। हमारे पास एक आयडियल मौजूद हैं उनकी किताबें। इसलिए मैं ये मानता हूँ कि वो एक खास प्रकार की परम्परा थी जो हिन्दी के करीब आने की और हिन्दी की चेतना को समझने की कोशिश कर रही थी। जैसे की आज-कल भी राजनीति में कई धाराएँ हैं, तो पण्डितों के बीच में भी कई धाराएँ चलती रहती हैं, विद्वानों के बीच में भी कई धाराएँ चलती हैं वैचारिक, उसमें एक धारा थी, जो फारसी और संस्कृत से उर्दू या हिन्दी का प्लेटफॉर्म तैयार करना चाहती थी। उसका अभी मैं जिक्र करूँगा, लेकिन एक धारा थी कि पूरी-की-पूरी संस्कृत जो है, उस पर बेस कर दी जाये हिन्दी। तो उसमें कोई झगड़ा नहीं था क्योंकि, अगर कभी आप कवि रघुपति सहाय गोरख को पढ़ें, जो सईद जाफरी और हरिवंशराय बच्चन के टीचर रहे इलाहाबाद विश्वविद्यालय में, अंग्रज़ी के अध्यापक थे। में उनका इन्टरव्यू पढ़ रहा था। आप खुद जानते हैं उनको ज्ञानपीठ का पुरस्कार मिल चुका है तो उन्होंने कहा कि ये उर्दू जो है न ये कभी भी भारतीय समाज को रिप्रसेण्ट नहीं कर पायेगी। पूछा गया क्यों? कहने लगे आज तक इसने ऐसा कोई कैरेक्टर पैदा नहीं किया जिस केरेक्टर को लेकर भारतीय समाज अपनी आस्थाओं और चरित्र को उससे जोड़ सके। और फिर उन्होंने उदाहरण दिया कि इसमें कोई सीता है न कोई सावित्री है, न कोई शकुन्तला और न कोई द्रौपदी है, कहीं कोई जिक्र नहीं है। उर्दू शायरी अभी ठीक से इण्डियन नहीं हो पा रही है। लेकिन फरि भी उर्दू शायरी ने कम-

से-कम इतना तो किया ही कि हिन्दी और उर्दू के लोगों को यह कहना पड़ा कि दोनों वस्तुतः एक ही धर्म से पैदा हुई बोलियाँ हैं, क्योंकि मेरठ से लेकर दिल्ली तक या अधिक-से-अधिक आगरा तक, मथुरा तक, लेकिन कुल मिला के दिल्ली में ही केन्द्र बना लें तो उर्दू और हिन्दी यहीं पैदा हुई मेरठ में। तो इसका मतलब ये है कि इन दो-तीन भाषाओं का आपस में झगड़ा नहीं है। फारसी, संस्कृति, हिन्दी और उर्दू। लेकिन ऐहतशाम हुसैन ने जो उर्दू साहित्य का इतिहास लिखा है उसमें आप देखिये उसके सेण्ट्रल कौन-कौन से हैं, वो सेण्ट्रल्स दिल्ली, लखनऊ हैं। और लखनऊ की ये बात आप ध्यान रखिये, ये तो हमारे दोस्त जो हैं, फतेहपुर के हैं, जो इलाहाबाद के पास के हैं, में फैजाबाद का हूँ, ये ठीक से बतायेंगे, मैं तो अनजान हूँ, उस क्षेत्र में। फैजाबाद जो है, सेण्ट्रल था, जहाँ से उमरालजान अदा थी। वस्तुतः फैजाबाद में ही वाजिद अली शाह के पुरखे, बाबा वगैरह रहते, थे, अभी भी हैं। बशीर बद्र जैसा बड़ा शायर वो भी फैजाबाद का है। तो मेरा यह कहना है कि फैजाबाद और लखनऊ, ये दो थे, पहले उसको फैजाबाद कह लीजिये फिर लखनऊ कह लीजिये। ये दोनों जो हैं, सेण्ट्रल्स थे। क्योंकि दिल्ली के स्कूल के उखड़ने के बाद जो सबसे बड़ा सेण्टर था, जहाँ बड़ा-बड़े शायर आकर रह रहे थे, वो फैजाबाद था। तो ये ध्यान रखने की ज़रूरत है, कि चाहे या अनचाहे ही उर्दू हिन्दी की ग्रेमेटिकल पर्सनालिटी थी। वो दोनों करीब आ रही थी। दोनों का ग्रामर एक है, फिर वो चाहे क्रिया हो, चाहे क्रियापद हो, चाहे वाक्य की रचना हो...। कैसा हर्सी गुनाह किया जा रहा हूँ मैं, हँस-हँस के आह-आह किये जा रहा हूँ मैं। अब इसमें कौन कहेगा कि ये उर्दू है? ठीक है न? तो मेरा यह कहना है उर्दू की चर्चा किये बगैर हिन्दी की चर्चा पूरी नहीं होती। लेकिन यह भी सही बात है, जो फिराक गोरखपुरी ने कहा कि उर्दू जहाँ लेंक करती है, जैसे फिराक साहब ने तो किया, वो तो हिन्दू शायर थे, इसलिए उन्होंने उर्दू शायरी में हिन्दू फिलॉसॉफी को डालने की कोशिश की, जैसे मैं एक उदाहरण दे रहा हूँ, "कौन हर ले गया है सीता को, ज़िन्दगी है कि राम का वनवास"। अब आप इसमें देख रहे हैं, राम भी आ रहे हैं और सीता भी आ रही हैं, वनवास भी आ रहा है। लेकिन अगर आप गालिब को पढ़ते हैं, वो गालिब की बहुत प्रसिद्ध गजल है, "हजारों ख्वाइशें ऐसी कि हर ख्वाइश पे दम निकल, बहुत निकले मेरे अरमाँ लेकिन फिर भ कम निकले।" आगे जो पढ़ पहा हूँ, उस पर ध्यान दीजियेगा। ये जो है बगैर इस्लाम की फिलॉसॉफी के लिखा ही नहीं जा सकता। "निकलना खुल्द से आदम का सुनते आये थे लेकिन, बहुत बेआबबरू होके तेरे कूचे से हम निकले।" अब वो जो फिलॉसॉफी दे रहे हैं, निकलना खुन्द से आदम का सुनते आये हैं, आदम और हौवा का निकाला जाना, स्वर्ग से और ये जो निकाला जाना है, ये हिन्दू फिलॉसॉफी नहीं, ये इस्लामिक फिलॉसॉफी है। मैं ये नहीं कहना चाहता कि इस्लामिक फिलॉसॉफी को इंट्रेस्ट लेने का काम शायरी को नहीं करना चाहिए, मैं ये कहना चाहता हूँ कि किसी तरह अगर हिन्दू फिलॉसॉफी को लेना हो, जैसे वैदिक या पौराणिक उसे कहते हैं। लेकिन आजकल के सारे प्रोग्रैम्स में आप देखें, सारे हिन्दुस्तान में फिल्मों के गानों के बाद जिस काव्य संगीत की तूती बोल रही है तो वह गजल है। तो मेरा आपसे ये कहना है कि आप सब बातों को देखकर के फिर हिन्दी को देखने की कोशिश कीजिये। क्योंकि उर्दू का कोई अलग बिहैवियर नहीं था। वो यही था। इस सन्दर्भ को मैं क्यों कह रहा हूँ, इतना ज़्यादा खींच क्यों रहा हूँ, इसका कारण है कि गाँधी की भाषा नीति देखिये, गाँधी ने सत्य के प्रयोग जो आत्मकथा लिखी है उसमें ये बात लिखी है कि भई गुजराती

मेरी मातृभाषा है लेकिन गुजराती मैं बोलूँ तो कौन सुनेगा? समझेगा ही नहीं। तो इसलिए गुजराती तो नेशनल कनवर्सेशन के लिए है ही नहीं, अगर मैं संस्कृतवाली हिन्दी बोल दूँ तो भी दिक्कत आयेगी, हालाँकि दक्षिणवाले लोगों को संस्कृतवाली हिन्दी ज़्यादा पसन्द है उसके कारण है संस्कृत के बहुत सारे शब्द दक्षिण की भाषाओं में हैं। इसलिए संस्कृत गर्भित हिन्दी बोलते हैं, उसको शायद दक्षिणवाले पसन्द भी करते हों, उसको शायद मोहन जी बता सकते हैं, मैं नहीं जानता। गाँधी जी ने कहा कि मैं फारसी केवल सीखकर के बोलने लगूँ, तो वो भी चलेगा नहीं। तो गाँधी जी ने कहा कि मतलब ऐसी भाषा होनी चाहिए न खास हिन्दी न खास उर्दू, जुबान गोया मिली-जुली। इस मिली-जुली जुबान का सौन्दर्य जो है गाँधी जी ही जानते थे। पिछले दिनों जब महाश्वेता देवी भारत भवन आयी थीं। उनके तो आप जानते हैं, जादवपुर यूनिवर्सिटी कलकत्ता में इंग्लिश की प्रोफेसर हैं, रिटायर हो गयीं लेकिन इंग्लिश पढ़ाती हैं। भारत भवन आयीं। उनकी मातृभाषा बँगला है, इंग्लिश की प्रोफेसर। उन्होंने कहा कि मैं इंग्लिश बोलूँगी तो सबकी समझ में नहीं आयेगा, और बंगला तो आयोगी नहीं। तब मैं ऐसा करती हूँ कि हिन्दी में कहा लेकिन वो ऐसी हिन्दी थी, अगर हम लोग महाश्वेता देवी को न जानते तो शायद हँसते। लेकिन मैं जानता हूँ, दुनिया जानती है कि वो बँगला की महान लेखिका हैं। अँग्रेज़ी की प्रोफेसर हैं। उनको कोई गरज नहीं पड़ी थी कि वो हिन्दी में बोले। सिंपली भाषाओं का काम क्या है? एक-दूसरे के साथ कनवर्स करने के लिए लैंग्वेज पहली चीज़ है। जिसको आजकल कम्यूनिकेशन कहा जा रहा है। हालाँकि हमारी हिन्दी में और संस्कृत पहली चीज है। जिसको आजकल कम्यूनिकेशन कहा जा रहा है। हालाँकि हमारी हिन्दी में और संस्कृत में कम्यूनिकेशन का अनुवाद नहीं है जो ये पत्रकारिता वाले लेते हैं। हमारे यहाँ सम्प्रेषण का अर्थ रसानुभूति है। इसलिए वो ठीक है, लेकिन कभी-कभी शब्दों का उतार-चढ़ाव होता रहता है। तो मैंने कहा कि ये जो विनिमय है हिन्दी का वो इन सब भाषाओं से चलता है, लेकिन हमें नहीं भूलना चाहिए कि हिन्दी का विकास जिन अपभ्रंशों की मदद से हुआ है, उन अपभ्रंशों की परम्परा भी हिन्दी में आयी है। और दूसरी बात, ब्रजभाषा और अवधी की परम्परा तो आयी ही है। कल मैंने कहा था कि तुलसीदास तो हिन्दी के पोयट नहीं हैं, अवधी के हैं और ब्रज के हैं, लेकिन हिन्दी उन्हें दावे के साथ मानती है कि वे हिन्दी के पोयट हैं। सूरदास को मानती हैं। लेकिन कबीर और मीरा को देख, तो कहीं पंजाब के शब्द मिल रहे हैं, कहीं राजस्थान के शब्द मिल रहे हैं। वो भी हिन्दी है। मेरा मतलब वो हिन्दी जो इस तरह से उदार होकर ग्रहण कर रही थी, और स्वयं को रच रही थी, वो उसका स्वत्व भी था और उसका विनिमय भी था। लेकिन विनिमय का दूसरा सरदर्द जो है, वो आधुनिक बाज़ारवाद से है। आपने सुना होगा कि अमरिका को अब बहुत उतावली है कि वहाँ के नौजवान हिन्दी पढ़ें। चीन को तो है ही। मैंने सोचा कि आखिर इनको क्या चिन्ता है? क्योंकि हिन्दुस्तान को, पाकिस्तान को तो अमरिका अपना उपनिवेश ही मानता है। वह घोषित भले न करता हो। लेकिन है वो उपनिवेशक। अमरिका इससे ज़्यादा हिन्दुस्तान को अहमियत नहीं देता। बाकी सब उसकी लीला है या नाटक है। तो मैं ये कहना चाहता हूँ कि अमरिका को क्या चिन्ता है साहब कि उनके नौजवान हिन्दी पढ़ें। वो इसलिए कि अँग्रेज़ी से वो ठीक तरह से मार्केट का कनवर्सेशन और मार्केट का रहस्य नहीं जान सकते। इसलिए वो हिन्दी सीखें। वो हिन्दी इसलिए नहीं सीख रहे हैं कि उनको तुलसीदास पढ़ना है या प्रेमचन्द से बहुत प्रेम है। हमको इस मुगालते में नहीं आना चाहिए। जैसे कोई शेर

मेमने की भाषा इसलिए सीखने की कोशिश करे कि मेमने से हमारा प्रारम्भिक संवाद, इण्ट्रोडेक्शन हो सके। तो शेर या भेड़ की जो स्थिति है, अमरिका उसी स्थिति में है। अभी चीन तो कुछ इस स्थिति में न भी हो, तो भी शुद्ध रूप से वह अपने बाज़ार के लिए सीखना चाहता है। तो मेरा यह कहना है कि हिन्दी अगर सीखी जा रही है, कुछ अन्य मुल्कों द्वारा तो इसमें ऐसी बात नहीं है कि उनको हिन्दी से बहुत प्रेम है और वो हिन्दी का कुछ करेंगे। लेकिन मैं ये ज़रूर कहना चाहता हूँ अगर वो सीखते हैं तो सीखें। ठीक है जब हम 1947 तक गुलाम रहकर आजाद हो गये, न सही हमारी पीढ़ी, न सही आपकी पीढ़ी, कोई एक पीढ़ी आयेगी इससे भी आज़ा होने की कोशिश करेगी, क्योंकि सरफरोशी की तमन्ना जो गजल है, रामप्रसाद बिस्मिल की सरफ़रोशी की तमन्ना हब हमारे दिल में है, देखना है जोर कितना बाजू ए कातिल में है और इसमें एक शेर आता है कि वक्त आने दे बता देंगे तुझे ऐ आसमाँ, हम अभी से क्या बतायें क्या हमारे दिल में है? तो ये जो यंगर जनरेशन बैठी हुई है, वो शायद उस गुलामी को तोड़ देने के लिए आगे आये। क्योंकि अब टी.वी के सारे चैनल्स हिन्दी में आ रहे हैं, जितनी देर आप किसी सिरियल को देखते हैं, उससे ज़्यादा देर आप विज्ञापन देखते हैं। माने ऐसा लगता है कि हम विज्ञापन के लिए सिरियल देख रहे हैं। आप कोई फिल्म भी बिना रुके नहीं देख सकते, लेकिन हम भी कितने बेशर्म हो गये हैं कि जब विज्ञापन शुरू होता है तो कोई दूसरा काम करने लगते हैं और फिर कैलक्युलेट करके फिर जब उसका टाइम होता है तो फिर ओपन कर लेते हैं। माने, तू डाल-डाल मैं पात-पात। तो मेरा यह कहना है कि ऐसा होता रहता है कि विनिमय की एक स्थिति है और विनिमय की इस स्थिति ने हिन्दी को भले ही कल्चरली कहीं-न-कहीं नुकसान पहुँचाया हो, हमारे बहुत सारे गंर्भ शब्द विज्ञापनों के द्वारा बहुत ही कमर्शलाइज कर दिये गये हों, लेकिन इस तरह विकास में तो नुकसान और फायदा चलता ही रहता है। हम लोगों को घबराना नहीं चाहिए। लेकिन जो कल्चरल विनिमय है हिन्दी का, उसको लेकर कुछ परेशानी मेरे जैसे लेखक को है। जैसे मैं असगर वजाहत को पढ़ता हूँ, तो मुझे नहीं लगता कि असगर पश्चिम से ले रहे हैं, लेकिन बहुत सारे अपने आलोचक मित्रों को पढ़ता हूँ जो बड़े रेवल्यूलेशनरी हैं, तो मुझे ये खोजना पड़ता है कि अपना कहाँ कुछ कह रहे हैं। सारी टर्मिनॉलॉजी उनकी वहाँ से आ रही है। इसको मैं नहीं कह रहा हूँ, पहले नामवर सिंह ने भी वाद-विवाद और संवाद में कहा है। आपने पश्चिम की चार किताबें पढ़ ली और उसमें स्वानामधन्य भी कई आलोचक हैं, तो पश्चिम की किताब पढ़ ली और लिख दी। तो नामवर सिंह के बारे में मुझसे पूछा गया, कि आपकी क्या राय है, तो मैंने कहा उनके जीनियस के सामने किसी का जीनियस नहीं, ही इज मोस्ट जीनियस पर्सन। लेकिन दिक्कत यह है कि जब इण्डियन पोयटिक्स को देखते हैं, काव्यशास्त्र को देखते हैं, तो मैं बहुत निराश होता हूँ कि उनका कोई कण्ट्रीब्यूशन उस तह का नहीं आया जिस तरह से आचार्य रामचन्द्र शुक्ल का है या आचार्य नन्ददुलारे वाजपेयी का है। कोई कण्ट्रीब्यूशन वहाँ नहीं है, और नामवर जी इससे प्रायः घबराते भी हैं। और ये बहुत भयभीत करने वाली बात है। ऐसा नहीं है कि मैंने ऐसा कहा, यह छपी हुई बात है। तो कण्ट्रीब्यूशन का मतलब क्या? जो बड़ा आलोचक है, उसका कण्ट्रीब्यूशन ये है कि जहाँ तक साहित्यिक चिन्तन, काव्यशास्त्रीय चिन्तन आया है, उसके आगे उसको वो ऐड करे या रिवाइज करे या इम्प्रोवाइज करे, कुछ भी करे, लेकिन उसे करना चाहिए। नामवर जी प्रायः बचते हैं। कभी किसी से कन्फ्रण्ट नहीं करते। यहाँ तक कि अपने गुरु से भी कन्फ्रण्ट नहीं

करते। गुरु की स्तुति या प्रशंसा में बहुत लिखा है। मैंने भी अपने गुरु की बायोग्राफी लिखी है। वो ठीक है, लेकिन मेरा यह कहना है कि उससे हमारी पहचान... थिंकिंग में नहीं बनती। हमारी जो परम्परा है, उस परम्परा में हमारा अवदान क्या है? और नयी आलोचना परम्परा में अवदान नहीं कर पा रही है, तो नयी परम्परा चिन्तनीय विषय तो है काव्यशास्त्र का। ये है। और बाज़ार की जो हिन्दी है, उस लेखक का नाम है उदय प्रकाश। अभी उनका एक इण्टरव्यू आया है लहर में। ये कलकत्ता से निकलती है मैगजीन। उसमें उदय प्रकाश जो हैं, क्या कह रहे हैं, सुनिये, वैसे कहा जाये तो हिन्दी बनी ही है बाज़ार के लिए। एक सम्पर्क भाषा के तौर पर। साहित्य की भाषा। सृजनात्मकता की भाषा हिन्दी थी ही नहीं। ब्रजभाषा, अवधी और दूसरी भाषाएँ थीं। अब मार्केट के लिए आपने एक भाषा बनायी, सम्पर्क के लिए, और फिर धीरे-धीरे बड़ी चतुराई से उसमें संस्कृत के शब्दों को लाकर इसके शब्द-भण्डार को एक पवित्र-सा रूप दे दिया। ध्यान रखियेगा, ये जो छोटा-सा टुकड़ा है, पवित्रता ये सटायर है। ये आडवोकेसी नहीं, सटायर है। पवित्र रूप दे दिया। बहुत सारे लोग तो आज भी उसमें अपनी अभिव्यक्ति नहीं कर पाते। इस वाक्य को थोड़ा-सा मैं उद्धृत करना चाहूँगा। मेरे दो कवियों से काफी अन्तरंग सम्बन्ध रहे हैं और बहुत जबरदस्त स्नेह मुझे मेरे गुरु से मिला है। इसलिए मैं अपने गुरु आचार्य नन्ददुलारे वाजपेयी के बाद, दो महागुरुओं को प्रणाम करता रहता हूँ, वे दो लोग हैं– एक तो नागार्जुन, दूसरे भवानी प्रसाद मिश्र। और इसको लेकर के हमारे टीचर, जनवादी लेखक संघ के अध्यक्ष, उन्होंने कहा कि तुम्हारी सन्दिग्धता इसलिए प्रमाणित है, कि तुम्हें नागार्जुन और भवानी प्रसाद मिश्र दोनों प्यार करते हैं और दोनों तुम पर विश्वास करते हैं। मैं तो दोनों के लिए प्रामाणिक हूँ। वे दोनों एक-दूसरे के लिए प्रामाणिक हैं कि नहीं। तो मैं ये कहना चाहता हूँ जो ये उदय प्रकाश कह रहे हैं कि बड़ी चतुराई से उसमें संस्कृत के शब्दों को मिला दिया गया है और छायावाद इसका सबसे बड़ा उदाहरण है। और छायावाद में सबसे बड़ा उदाहरण राम की शक्तिपूजा है। पढ़िये, तो लगेगा कि जैसे कोई बिच्छी का मन्त्र हो, शुरू-शुरू में। रवि हुआ अस्त ज्योति के पत्र पर रह गया लिखा राम रावण का अपराजेय समर। आज का तीक्ष्ण शर विद्रत शीघ्र कर भेद प्रखर... क्या है? कुछ ऐसा ही है, मैं गलत पढ़ रहा हूँ। अती शील संवरित नील लघु रंजित दल... इस तरह की भाषा चलती है। या विजन वन वल्लरी पर सोती थी सुहाग भरी अमल कोमल तरु तरुणी जुही की कली, दृग बन्द किये शिथिल पत्रांक में। तो भवानी प्रसाद मिश्र ने कहा ये कोई हिन्दी नहीं हुई। तो छायावाद में इस तरह की हिन्दी थी। और इसके कारण अनेक लोगों ने इसकी आलोचना की। लेकिन एक वो पोयट्री जो अपनी टोटल ट्रेडिशन की रिचनेस लेकर के आ रही थी, जो अपनी परम्परा की सारी समृद्धि लेकर आ रही थी, आज भी उसके मुकाबले न प्रयोगवाद ठहरता है न प्रगतिवाद, न नयी कविता ठहरती है। भक्तिकालीन काव्य-साहित्य से और चिन्तन से अगर कोई मुकाबला कर सकता है, फिलॉसॉफिकल ग्राउण्ड पर, कल्चरल ग्राउण्ड पर, तो केवल छायावाद है।

तो छायावाद तो हमारा आधुनिक हिन्दी का मुकुट काव्य है लेकिन फिर भी, कवियों को बच्चन ने रिजेक्ट कर दिया। महादेवी तक था, लेकिन बच्चन ने रिजेक्ट कर दिया। आज मुझसे तू बोल बादल, गम भरा तू गम भरा मैं, तब भरा तू तब भरा मैं, ये जो भाषा है, बच्चन की, या बाद में दिनकर की भाषा आप देख लीजिये, सबकी भाषा, भवानी प्रसाद मिश्र ने तो बिल्कुल ही घोषणात्मक तौर पर कह दिया जिस तरह हम बोलते हैं, उस तरह तू लिख और इसके बाद

भी हमसे बड़ा तू दिख, यह न कि तेरी भर न हो तो कर। और इसी के आगे की पंक्ति है, और सादे ढंग से लिख। उन्होंने कहा कि हमें तो ऐसी ही भाषा पसन्द है। तो मेरा यह कहना है कि संस्कृत वाली हिन्दी को बाद के कवियों ने मंजूर नहीं किया। अब तो जो लोग यह लिखते हैं उनके पहले इनके पुरखे, उनकी आस्था के प्रेमचन्द्र ने, प्रेमचन्द को ठीक से हिन्दी लिखनी तो आती नहीं थी, उर्दू के मास्टर थे। बहुत सारे लोग जो आज भी अपने को ऐडजस्ट नहीं कर पाते हैं, उनके लिए असम्भव-सी है। नाजिम हिकमत कहते हैं जब मैं टर्कीश में लिखना चाहता हूँ, इंकलाब, तो उसका अर्थ निकलता है, जिहाद। इस प्रकार जो शब्द आते हैं, अपने साथ पूरी अर्थ स्मृति को लेकर आते हैं। तो मेरा यह कहना है कि हिन्दी का जो विनिमय संसार है वो बहुत बड़ा है और मेरा दूसरा कहना यह है जब वो अँग्रेज़ी के शब्दों को ले रही है, जैसे एक बार मैं रोटी शब्द को खोज रहा था, शब्दकोश में मुझे मिला ही नहीं। उर्दू के शब्दकोश में रोटी नहीं है और हम लोग समझते हैं हमारी है, लेकिन 1857 में रोटी और कमल का आदान-प्रदान हो रहा था, उसमें एक तरफ कमल था एक तरफ रोटी थी। मैं फिर पढ़ता रहा, पढ़ता रहा, फिर उर्दूवालों से पूछा, फिर मैं चकराया कि रोटी कहाँ का शब्द है। क्योंकि हिन्दुस्तान में तो चपाती वगैरह है। तो बाद में डॉ. राजेन्द्र प्रसाद, जो हमारे पहले राष्ट्रपति थे, कालिदास पर उनका मैं एक भाषा देख रहा था तो उसमें यह जिक्र है कि ये तुर्की का शब्द है। रोटी शब्द टर्किश का है। अब आप किसी से कहिये कि आप तुर्की बोल रहे हो, तो कहेगा कि तुम्हारी अकल टिकाने है कि नहीं! जबकि कल यहाँ भी रोटी की चर्चा हो रही थी। तो मेरा यह कहना है कि रोटी आपका शब्द नहीं है, वो तुर्की शब्द है, लेकिन अब लगता है कि आपका ही है, जैसे पैण्ट-शर्ट आपका नहीं है। कुर्ती भी लगभग आपका नहीं है, जो मैं पहने हुए हूँ। तो मेरा यह कहना है कि आपका ये हो सकता है लेकिन कमी भी उनकी नहीं है। क्या आपका है क्या नहीं है, ये जो शुद्धतावाद है, वह हिन्दी को न मंजूर है। हम कुछ भी पहन ले, टाई भी लगा ले, लेकिन आप हमारी चेतना को नहीं बदल सकते। असल बदलाव तो तब होता है जब चेतना बदल जाती है। इसलिए विनिमय में जो खतरे हैं, लाख कोशिश करे, हमारी चेतना नहीं बदलेगी। घूम-फिर करके वहीं आ जायेंगे। जहाँ हमें होना चाहिए।

# राहुल सांकृत्यायन और हिन्दी

*सुधीश पचौरी*

दो हजार अठारह का वर्ष महापंडित राहुल सांकृत्यायन का सवा सौवाँ जयंती वर्ष था।

नौ अप्रेल सन् अठारह सौ तिरानबे में ननिहाल ग्राम पंदहा आजमगढ़ यूपी में उनका जन्म हुआ था। वे सत्तर बरस तक जिए। एक सौ अड़तीस पुस्तकें मार्क्सवाद तक वैचारिक यात्रा की संस्कृत फारसी उर्दू अंग्रेजी पाली प्राकृत पर अबाध पांडित्य रहा राष्ट्रभाषा कोश तैयार किया तिब्बती हिन्दी कोश तैयार किया। बुद्ध धर्म सम्बन्धी अनके दुर्लभ पांडुलिपियाँ ग्रह खच्चरों पर लाद कर लाए और श्रीलंका के विद्यालंकार में दान दी बहुत पांडुलिपियाँ पटना विश्वविद्यालय के पुस्तकालय में रखें। पैसे की परवाह न की। दुनिया घूमे और घुमक्कड़ाचार्य कहलाए घुमक्कड़ शास्त्र जैसा नायाब ग्रन्थ लिखा। कहानी उपन्यास लिखे 'बाइसवीं सदी' अगर भविष्यमूलक कहानी है तो 'वोल्गा से गंगा' मानप इतिहास के छह हजार बरसों के अतीत की कथा है। 'क्या करें?', 'भागो नहीं, दुनिया को बदलो', 'साम्यवाद ही क्यों?', 'तुम्हारी क्षय', 'कम्युनिस्ट क्या चाहते है?', 'रामराज्य और मार्क्सवाद' जैसी पापूलर विचार पुस्तकें लिखीं जिनको पढ़-पढ़कर न जाने कितने युवा मार्क्सवाद की ओर आकृष्ट हुए। बौद्ध धर्म के अनेक ग्रन्थ न केवल मूल रूप में रक्षित किये बल्कि 'त्रिपिटक' की टीका लिखकर त्रिपिटकाचार्य कहलाए। आचार्य रामचन्द शुक्ल ने अपने हिन्दी साहित्य के इतिहास में राहुल का नाम त्रिविटिकाचार्य के रूप में बड़े आदर से लिया है। राहुल ने सरहपा के दोहों का छायानुवाद प्रकाशित किया जिससे हिन्दी साहित्य के आदि काल का स्वरूप बदल गया। 'हिन्दी साहित्य का वृहद इतिहास' (भाग सोलह) का संपादन इसलाम धर्म की रूप रेखा हिन्दी में लिखी। ऋग्वैदिक आर्यों के बारे में लिखा। मध्य एशिया का इतिहास लिखा। संस्कृत पाली प्राकृत के प्रकांड विद्वान माने गए। हिमालय को मानो उनका घर आँगन बन गया। नेहरू तक उनके प्रशंसक रहे। राजनीतिक आन्दोलन किये जेल गए। कम्युनिस्ट बने नाम कमाया, लेकिन अपने विचारों के लिए अपनी प्रिय कम्युनिस्ट पार्टी को छोड़ने से न हिचके!

टगर गुणाकर मुले कृत उनका जीनवृत्त कोई पढ़े तो उसे वहा एक बेहद बेचैन आत्मा के दर्शन होंगे जो बहुत जल्दी इस देश के लिए बहुत कुछ कर डालना चाहता है वह एक-एक पल लिखने-पढ़ने में लगाता है। न कैरियर बनाता है न इनामों की परवाह करता है वह ऐसा विरल ज्ञान पिपासु है जो 'गहरे पानी पैठना' जानता है जिसके पास गजब का सम्प्रेषण है और भाषा ज्ञान है।

ऐसा आदमी एक जगह टिकता। नये ज्ञान की भूख उसे दुनिया भर में चक्कर लगवाती है। और इस निरन्तर अस्थिरता में भी उसकी कलम एक पल नहीं रुकती। वे लेखक नहीं थे सचमुच के लिख्खाड़ थे वे एकदम रेनेंसा कालीन लेखकों की तरह बहुज्ञ और कर्मठ थे। उनके

वक्त में लोग उनको विश्वकोशीय प्रतिभा का धनी मानते थे। आज भी उनके जोड़ का कोई नहीं हैं। पुरातत्व से आधुनिकता तक के ज्ञान से संवलित मेध, बेधड़क, दो टूक और कुशाग्र रचनाशील और उतने ही कल्पनाशील! आज अगर हिन्दी क्षेत्र में और बिहार में खास कर कम्युनिस्ट विचारधारा का जो कुछ प्रभाव बचा हुआ है उसमें कहीं-न-कहीं राहुल की 'भागो नहीं दुनिया को बदलो' से लेकर 'क्या करें' और 'तुम्हारी क्षय', 'कम्युनिस्ट क्या चाहते हैं' और 'राम राज्य और मार्क्सवाद' आदि का बहुत बडा हाथ है।

इतनी प्रतिभा और कीर्ति अपने शत्रु साथ लाती है राहुल के भी थे और सबसे अच्छे शत्रु चूँकि कम्युनिस्टों में ही होते हैं इसलिए उनके सबसे अच्छे शत्रु भी वहीं थे।

यह प्रसंग राहुल चर्चाओं में इन दिनों अक्सर छोड़ दिया जाता है लेकिन यहाँ नहीं छोड़ा जा सकता क्योंकि जिस तरह यह प्रसंग राहुल के समय में मौजूं था अब भी मौजूं है बल्कि अधिक आकर्षक भी है।

जब आदमी ज्यादा लिखेगा और अपने समकालीन चुनौतियों से बचने की जगह उनसे बौद्धिक मुठभेड़ करेगा तो उसे उन अनसुलझे सवालों से दो चार तो होना ही पड़ेगा जिनके सामने आते ही समझदार लोग चुप्पी लगा लेते हैं और सुरक्षित रहते हैं।

हिन्दी भाषा का प्रश्न, राष्ट्र भाषा का प्रश्न और लिपि सम्बन्धी प्रश्न ऐसे ही प्रश्न थे और सन्दर्भ हिन्दी साहित्य सम्मेलन का अधिवेशन था।

राहुल सांस्कृत्यायन बहुत पहले बिहार साहित्य सम्मेलन के लिए लिपि सम्बन्धी सवालों को उठा चुके थे और अपनी समझ के अनुसार हिन्दी के लिए नागरी की जगह रोमन लिपि की वकालत कर रक्षात्मक हो चुके थे बाद में उन्होंने हिन्दी के लिए रोमन लिपि के आग्रह को स्वयं ही तिरस्कृत कर दिया था।

बहरहाल सम्मेलन वालों ने राहुल के सकल हिन्दी योगदान को देखते हुए उनको मुम्बई के सम्मेलन (1947) कि लिए अपना सभापति बनाना चाहा जिसके लिए राहुल जी ने अपनी स्वीकृति दे दी थी। चुनाव में उन्होंने सेठ गोविन्द दास को हराया। तब वे कम्युनिस्ट पार्टी के सिर्फ एक आम सदस्य मात्र नहीं थे बल्कि कम्युनिस्ट नेतृत्व के बीच उनकी खासी प्रतिष्ठा थी और वे शायद प्रगतिशील लेखक संघ में भी महत्त्वपूर्ण थे।

राहुल जी को सम्मेलन में सभापति पद से भाषण देना था उसके लिए उन्होंने एक लम्बा लेख लिखा और कायदे के अनुसार पहले पार्टी के नेताओं को उसे पढ़ने को दिया। पार्टी नेता उर्दू और इसलाम को लेकर उनके नजरिये से सहमत न थी इसलिए उनसे कहा गया कि वे सम्मेलन में जाएँ तो उर्दू तथा इसलाम वाले हिस्सों को वहाँ न पढ़ें। राहुल ने कहा कि लेख तो छप चुका है अब कुछ भी छोड़ा तो नहीं जा सकता। कम्युनिस्ट पार्टी को उनकी पोजीशन पर ऐतराज था जो बना रहा।

इसके बाद इतिहास दो कहानी कहता है—एक कि पार्टी ने उनको गलत लाइन लेने के कारण निकाला। दूसरी कहानी कहती है कि कि राहुल ने पार्टी लाइन से असहमत होते हुए इस्तीफा दे दिया। हमें पहली कहानी सच लगती है क्यों कि कम्युनिस्ट पार्टी लाइन तोड़ने वालों को कभी माफ नहीं किया करती। कहते हैं उनको निकलवाने में तब के प्रगतिशील लेखक संघ के महासचिव की भूमिका भी रही।

अपने भाषण की जिन 'आपत्तिजनक' स्थापनाओं के कारण राहुल पार्टी से निकाले गए, वे क्या थीं?

हिन्दी भाषा और भारतीय संस्कृति को लेकर राहुल जी की दो स्थापनाएँ थीं जो इस प्रकार थीं–

पहली यह कि 'सारे देश की राष्ट्र भाषा और राष्ट्र लिपि हिन्दी होनी चाहिए। उर्दू भाषा और लिपि के लिए अब वहाँ कोई स्थान नहीं है' और दूसरी स्थापना यह थी कि 'इस्लाम को भारतीय बनाना चाहिए–उनका भारतीयता के प्रति विद्वेष सदियों से चला आया है सही किन्तु नवीन भारत में कोई भी धर्म भारतीयता को पूर्णतया स्वीकार किये बिना फलफूल नहीं सकता। ईसाइयों, पारसिया और बौद्धों को भारतीयता से एतराज नहीं तो फिर इस्लाम को ही क्यों? इस्लाम की आत्म रक्षा के लिए भी आवश्यक है कि वह उसी तरह से हिन्दुस्तान की सभ्यता, साहित्य, इतिहास, वेशभूषा, मनोभाव के साथ समझौता करे जैसे उसने तुर्की ईरान और सोवियत मध्य एशिया के प्रजातन्त्रों में किया...'! उक्त दोनों उद्धरण गुणकार मुले की पुस्तक 'महापंडित राहुल सांकृत्यायन' में मय विवरण के उपलब्ध है।

हो सकता है कि इन अंशों को पढ़कर आज के हिन्दुत्ववादी परम प्रसन्न हों लेकिन यह भी कह दिया जाय कि राहुल ब्राह्मणवाद और हिन्दुत्ववादी विचारों के प्रति भी अपने लेखन में कोई रहम नहीं बरतते। आप सहमत हों या असहमत वे अपने विचारों को दो टूक रखते हैं। वे आज के प्रगतिशीलों की तरह 'पालिटीकली करेक्ट' रहने के चक्कर में नहीं रहते।

कहने की जरूरत नहीं कि वे एक जीवन्त और साहसी बुद्धिजीवी थे जो किसी की सहमति या असहमति की परवाह किये बिना सिर्फ विचार के लिए जीते थे और उसी के लिए मरते थे। आज कौन है ऐसा जो अपने विचार के लिए अपना जरा नाखून तक खुरचवाए?

# क्या भारतीयता एक खोया स्वप्न है

***शम्भुनाथ***

भारतीयता में बहुलता को मिटाकर जब भी केन्द्रवाद पनपेगा, यह देश के लिए घातक होगा। भारतीयता एक ऐसी बहुलतावादी धारणा है जिसमें विशिष्टता तथा अखण्डता के बीच अन्तर्विरोध नहीं है। आज हम कल्पना नहीं कर सकते कि देश में जो अन्तरधार्मिक या अन्तरजातीय परिवार हैं, इनके स्त्री-पुरुष अपनी उदारता में कितने बेगानेपन और बेचैनी का अनुभव का रहे हैं।

क्या भारतीयता में अब कोई आकर्षण नहीं बचा है? क्या यह अन्धों का हाथी है? यदि देखा जाय, भारतीयता को एक कल्पित चिन्तन माना गया या इसे 'हिन्दूकरण' में सीमित कर दिया गया। कई बुद्धिजीवियों को यह गैर-ज़रूरी विषय लगा, उन्हें अन्तर्राष्ट्रीयतावाद ज़्यादा आकर्षक नज़र आया। भारतीयता क्या है, यह बताना ऐसे भी कठिन हो जाता है क्योंकि भारत कई धर्मो, कई जनजातियों, 36 राज्यों-केन्द्र-शासित क्षेत्रों और सैकड़ों भाषाओं वाला देश है। भारतीयता की कोई एक सर्वमान्य परिभाषा बनाना मुश्किल है। फिर भी इन दिनों सभी किस्म के धर्मनिरपेक्ष लोग इतना मानने लगे हैं कि भारत की आत्मा पर संकट है, घृणा की राजनीति ने आम लोगों के भारतबोध को काफी प्रभावित किया है और भारतीयता को हिन्दुत्त्ववादियों ने लगभग "हाईजैक" कर लिया है।

कुछ भी हो, भारतीयता को लेकर इकहरा हिन्दुत्ववदी चिन्तन अधिक हुआ है और अपने नये अर्थ में यह वस्तुतः भारत के लोगों की मानसिकता का हिस्सा अभी तक नहीं बन पायी है। भारतीयता को योग, अध्यात्म, आयुर्वेद, पूजा-पाठ, शाकाहार जैसी चीज़ों से ज़्यादा समझा गया, बल्कि इसे "अपरिवर्तनशीलता" से जोड़कर भी रखा गया। कइयों को लगा कि यह गूँगे के गुड़ की तरह है जिसका स्वाद लिया जा सकता है लेकिन उसका बयान नहीं किया जा सकता।

भारत आपस में लड़ते-झगड़ते, लूट-खसोट से आतंकित और रक्त से लथपथ देश का बिम्ब लेकर इतिहास में बार-बार उपस्थिति हुआ हो, लेकिन ऐसे ही देश में वेदान्त, गौतम बुद्ध, भक्ति आन्दोलन, नवजागरण और स्वाधीनता आन्दोलन जैसी घटनाएँ भी हुई हैं। भारत के अतीत में बड़ा अँधेरा रहा है और सबकुछ महान-महान, हरा-हरा नहीं है, जैसा पुनरुत्थानवादी बताते हैं, लेकिन युद्धों और ठकराहटों के बीच संवाद, अन्तः मिश्रण, शान्तिपूर्ण सहिस्तत्व, सहिष्णुता, भेद में अभेद और सहकार के बोध के उदाहरण भी कम नहीं हैं। बहते रक्त के उन अँधेरे में भी ऐसे कई थे जो प्रकाश स्तम्भ बनकर खड़े थे। वे भारत की धारणा रच रहे थे और भारतीयता में कई स्रोतों से बहुत कुछ जुड़ता चला आ रहा था। इसलिए भारतीयता के बारे में पहली बात यही है कि इसका सम्बन्ध "अपरिवर्तनशीलता" से नहीं है और यह "बहुस्रोत परक" है। निश्चय ही भारतीयता को निरन्तरताओं के बीच नवोन्मेषों के साथ समझना होगा।

"महाभारत" में अनगिनत राज्यों, जातियों और समुदायों की चर्चा है। इसमें कोई "बाहरी"

नहीं है। कोई "विजातीय" के रूप में नही देखा जाता। हम इतिहास में अशोक, हर्षवर्धन, अकबर और नेहरू जैसे सत्ताधारी व्यक्तियों को इस देश के निरंकुश सत्ताधारियों से इस अर्थ में अलग पाते हैं कि उन्होंने कभी अलगाववाद, कूपमण्डूकता और अन्ध-राष्ट्रवाद को नहीं उकसाया, जो स्वेच्छाचारी शासन के लिए ज़रूरी होता है। कबीर जैसे सन्त कवियों ने "जातिवाद" और धार्मिक पाखण्ड का विरोध किया ही था, सूर ने भी कहा था, "जाति पाति हमते बड़ नाहीं"। तुलसी ने लिखा है, "भलि भारत भूमि।" उन्होंने भलि हिन्दू भूमि नहीं लिखा। इन सभी की भारत भूमि पर ईश्वर के सामने सभी बराबर हैं। इसमें सन्देह नहीं कि भारत में ज्ञान और प्रेम को सदा एक स्वर से महत्त्व इसलिए दिया गया कि धार्मिक कट्टरवाद इन दोनों की राह में रुकावट था और यह हर काल में रुकावट था।

धार्मिक कट्टरवाद जब भी उभरेगा, प्रेम की जगह घृणा और हिंसा फैलेगी, ज्ञान भी उजड़ जायेगा। फिर गणेश का हाथी का सिर प्लास्टिक सर्जरी माना जायेगा। ब्रह्मास्त्र को आधुनिक मिसाइल का प्रतिरूप सिद्ध किया जायेगा। गोबर और गौमूत्र पर वैज्ञानिक अनुसंधान शुरू हो जायेंगे। प्रेम के उजड़ने का असर ज्ञान पर तथा ज्ञान के उजड़ने का असर प्रेम पर पड़ता है। इसलिए भारतीयता उस सिक्के की तरह है जिसक एक पहलू प्रेम है तो दूसरा ज्ञान-एक के बिना दूसरे की कल्पना नहीं की जा सकती।

समस्या यह पैदा हुई कि इस ज़माने की ज़्यादा ऊँची शिक्षा, ज़्यादा बड़ी डिग्रियाँ व्यक्तियों को लोकविमुख और आत्मकेन्द्रित करने लगीं। इसी का एक रूप अन्ध-राष्ट्रवाद है। अब प्रेम और स्वार्थपरता में अन्तर नहीं रह गया है। हमने चित्त और समाज वैज्ञानिक खोजों के स्तर पर भी देखा है कि किस तरह 'टोटलिटी' की जगह "फ्रैगमेट्स" को प्रधानता मिली। समग्रता यदि केन्द्रवाद का खतरा पैदा करती है तो खण्डित चिन्तन पृथकतावाद को उकसाता है। आज भारत एक साथ दोनों की चपेट में है। नयी शिक्षा ने ज्ञान फैलाया, घृणा का बाज़ार का खड़ा कर दिया। इसने 'दूसरे' के बोध को ईधन दिया। ज्ञान का अर्थ हो गया 'हुनर' 'चालाकी' और अज्ञान के निर्माण में कुशलता। इस वजह से भी भारतीयता की धारणा में दरारें आयीं और समुदाय-आधारित स्वार्थ पनपे।

भारतीयता को 'हिन्दू राष्ट्रीयता' में सीमित करना भारत को तोड़ने का अभियान है, यह हिन्दू धर्म को भी संकुचित करके वर्ण वर्चस्व और लैंगिक वर्चस्व के हवाले कर देना है। यह एक तरह से 19वीं सदी के नवजागरण की उपलब्धियों को मिटा देना है। इसमें सन्देह नहीं कि भारत के अब तक के इतिहास में ब्रिटिश साम्राज्यवाद ही सबसे बड़ी चुनौती के रूप में था। इससे टकराहट की प्रक्रिया में भारतीयता एक सांस्कृतिक यथार्थ से राजनीतिक यथार्थ में रूपान्तरित हुई। हिन्दू राष्ट्रीयता की लड़ाई साम्राज्यवाद से नहीं थी। इस पर सबसे अच्छी टिप्पणी भारतेन्दु हरिश्चन्द्र ने की है, "हिन्दू चूरन इसका नाम, विलायत पूरन इसका का।" (अँधेर नगरी) आज भी हिन्दू राष्ट्रवाद और डोनाल्ड ट्रम्प सहोदर-से लगते हैं। अब इंग्लैण्ड की जगह अमेरिका है। अँग्रेज़ शासक जब हिन्दुस्तान को आजाद छोड़कर जा रहे थे, वे भारत के ऐसे ही विद्वेष और हिंसा भरे दिनों का स्वप्न देखते हुए जा रहे थे।

भारत के लोग अतीत और पश्चिम दोनों के एख साथ कैदी होते गये हैं। भीतर कूपमण्डूकता-बाहर आधुनिकता. हम देख सकते हैं कि भारत जब ब्रिटिश साम्राज्यवद से अपनी स्वाधीनता की लड़ाई लड़ रहा था, तब लोग कुछ बिन्दु पर अतीत की खोज कर रहे थे तो कुछ बिन्दुओं पर उससे आजाद भी हो रहे थे। वे रूढ़ियों, पाखण्डों और भेदभाव से आजाद हो रहे थे, जबकि आज

फिर इन चीज़ों से घिर रहे हैं। इसी तरह पश्चिम से रिश्ते को भी उस पुराने दौर में औपनिवेशिक आधुनिकता से बाहर निकल कर देखा जा रहा था। कुछ बिन्दुओं पर पश्चिम का अनुकरण तो कुछ बिन्दु पर उससे छुटकारा। आज देखें तो सिर्फ अन्धानुकरण है। इसलिए आज जो जितना अधिक राष्ट्रवादी है, वह उतना अधिक न सिर्फ अमानवीय बल्कि भारतीयता का शत्रु भी है।

मैथिलिशरण गुप्त और मुँशी जी मुसलमान थे आपस में बड़ा प्रेम था। मुँशी जी मुसलमान थे और हिन्दू देवी-देवताओं के प्रति बड़ा आदर रखते थे। उनकी उदारता देखकर एक बार हिन्दू संगठन वालों ने उन्हें कहा– "मुँशी जी, आप शुद्ध होकर हिन्दू हो जायें।" मुँशी अजमेरी ने गहरे दर्द से पूछा, "ऐसा मुझमे अशुद्ध क्या है जो मैं शुद्धि करने जाऊँ।" ये वही अजमेरी हैं जिन्हें मैथिलीशरण गुप्त के विवाह के समय जब पंत से बाहर रखा गया तो मैथिलीशरण गुप्त ने विद्रोह कर दिया– जब तक अजमेरी मरे साथ नहीं बैठेंगे, मैं नहीं खाऊँगा। नाराज दूल्हे की बात सभी को रखनी पड़ी। वह एक समय था जब भावनात्मक एकता की आँधी थी। कट्टरवादियों का विरोध आँधी में पतंग उड़ाने की तरह था।

आज 21वीं सदी में धार्मिक ध्रुवीकरण की भयंकर साजिश चल रही है। इसका एक उदाहरण हाल में हुई दिल्ली की हिंसा है। हालाँकि धर्मनिरपेक्ष भाव से पड़ोसी को बचाने, दूसरे धर्म के लोगों को विपत्ति में सहारा देने, मन्दिरों-गुरुद्वारों में पीड़ितों की सेवा करने के भी उदाहरण हैं। मनुष्य मनुष्य को बचाएगा, यही सम्भावित है। दरअसल मानवता ही भारतीयता की मुख्य बुनियाद है। जो "हम-वे" का भेद न करे और "दूसरे" का कृत्रिम निर्माण न करे, वही सच्चा भारत भाग्य विधाता है।

भारतीयता एक "कम्पोजिट विजन" है, एक मिश्रित अन्तर्दृष्टि है। भारतीयता की मंजिलें मानवता की मंजिलें हैं। तमिल कवि सुब्रह्मण्यम भारती भारतीय महाजातीयता की बात करते थे, "कावेरी घाटी की पान की कोमल पत्तियों के बदले हम गंगा-यमुना के मैदानों का गेहूँ बटोर लेंगे। केरल के हाथीदाँत के उपहारों के साथ हम करेंगे अभिनन्दन पराक्रमी मराठों की शौर्यगाथा गाने वाले कवियों का। करेंगे कुछ ऐसा उपाय कि बैठ कर सुन सकें वाराणसी के शास्त्रार्थों को। अपने बोठों से भारत देश नाम उच्चारो। आओ, उतार फेकें हम भय और गरीबी को" (भारत देश) भारतीय महाजातीयता के बोध से जुड़ी एक अन्य ज़रूरी चीज़ उनमें हे, "जब भी कहते हैं मधुर तमिल भूमि/हमारे कानों में आ गिरता है मीठा मधु।" भारतीय महाजातीयता और स्थानीय जातीयता में कोई अन्तर्विरोध नही है। इसलिए भारतीयता को "महान परम्परा-लघु परम्परा" या "मुख्यधारा-उपधारा" के विभाजनों के साथ नहीं समझा जा सकता। भारतीयता वस्तुतः विश्वबोध, भारतबोध और स्थानीय जातीय चेतना का बौद्धिक त्रिभुज है। भारतीयता एक लगातार बड़े होते मन का बोध है। यह राष्ट्रीय खुलेपन और पुनर्निर्माण की माँग है।

आज भारत के लोग कब भारतीयता के उच्च लहरयान पर होते हैं और कब छिटक कर अपने धर्म, जाति या क्षेत्रीय जातीयता के बिल में घुसकर आक्रामक हो उठते हैं, यह देखने की चीज़ है। उनका यह आक्रामक हो उठना एक बौद्धिक परिसीमन घटित करता है। जब एक जगह से बौद्धिक परिसीमन शुरू हो जाता है तो यह प्रक्रिया आदमी को साम्प्रदायिक, जातिवादी, जातीय या जनजातीय या व्यक्तिवादी घृणा के किसी भी स्वरूप तक ले जा सकता है। सभी संकीर्णतावादी अन्तर्धाराएँ आपस में उठापटक खेलतीं साथ-साथ कई बौद्धिक कैदखानों में अपनी निजी स्वर्ग रचता रहता है और देश को नरक बनाता जाता है। भारतीयता अपना सम्पूर्ण

सामाजिक आकार ग्रहण नहीं कर पाती। फलस्वरूप जातिवाद के विलोप, अन्तर्जातीयता और धर्मनिरपेक्षता की प्रक्रिया कमज़ोर हो जाती है। मजबूत होती है सिर्फ कबूतर के साथ कबूतर के उड़ने, तोते के साथ तोते के उड़ने और हाथी के साथ हाथी का झुण्ड बनने की प्रक्रिया। इस तरह आदमी पशु-पक्षी धर्म से बाहर निकल कर अपनी मनुष्यता हासिल नहीं कर पाता।

कहा न होगा कि भारतीयता को विरूपित करने के लिए वैश्विक पूँजीवादी ताकतों के अलावा घरेलू सामन्ती तत्वों की सदा से एक भूमिका रही है। उपनिवेशवाद ने जो विभाजन, खाइयाँ और फूट पैदा कर दी थीं, वह बौद्धिक स्तर पर आज भी सफलता पूर्वक काम कर रही हैं। फलस्वरूप कोई बड़ा राष्ट्रीय जनविक्षोभ या आन्दोलन बहुत कठिन हो चुका है और घृणा की राजनीति भी सत्ता तक पहुँचने का हथियार बनी हुई है। मुँह से लोकतन्त्र, बहुलता की रक्षा और शान्ति की नीति और करनी में हिंसा को अप्रत्यक्ष समर्थन-आज यही दृश्य हैं।

भारतीयता में बहुलता को मिटाकर जब भी केन्द्रवाद पनपेगा, यह देश के लिए घातक होगा। भारतीयता एक ऐसी बहुलतावादी धारणा है जिसमें विशिष्टता तथा अखण्डका के बीच अन्तर्विरोध नहीं है। आज हम कल्पना नहीं कर सकते कि देश में जो अन्तर धार्मिक या अन्तर्जातीय परिवार हैं, इनके स्त्री-पुरुष अपनी उदारता में कितने बेगानेपन और बेचैनी का अनुभव कर रहे हैं। समुदाय से समाज में ढलने की आधुनिक प्रक्रिया उलट गयी है। अब समाज समुदायों में विभाजित होता जा रहा है और दीवारें मोटी होती जा रही हैं। यह भारतीयता पर उपस्थित सबसे बड़ा संकट है।

निराला ने कहा था, "जिस भारतीयता के गर्व से दूसरे तुच्छ जान पड़ते हैं, वह भारतीयता में कुछ रूढ़ियों से चलती हुई अभारतीयता है।" उन्होंने भारतीयता के हिन्दूकरण का विरोध किया था, "विजातीय भावों के मिश्रण से ही संस्कार हो सकता है। यदि किसी सृष्टि को प्रगतिशील रखना है तो इसकी शक्ति बढ़ाने के लिए विजातीय भावों का समावेश करना अत्यन्त आवश्यक है।" निराला भारतीयता को छुई-मुई नहीं समझते ते। वे उसके एक प्रमुख गुण "खुलापन" को महत्त्व देते थे।

भारतीयता कोई ऐसी अमूर्त चीज़ नहीं है कि यदि कोई इसे सही परिप्रेक्ष्य में समझना चाहे तो समझ नहीं सकता। सैकड़ों साल से भारत में उदारचिन्तन की इतनी परतें बनी हैं कि उन्हें आँख खोलकर देखने-समझने की ज़रूरत है। भारतीयता न शर्म की चीज़ है और न अहंकार की। सवाल है "भूमण्डलीय और "स्थानीय" की जुगलबन्दी में भारतीयता क्या अब एक फटा ढोल है? अब धार्मिक दूरियाँ ही नहीं बढ़ी हैं, एक राज्य में दूसरे राज्य या दूसरी जातीयता के लोगों को अनुदार भाव से देखा जाता है। धार्मिक कट्टरवादियों ने हिन्दीत्तर राज्यों में हिन्दी भाषियों के प्रति अनुदारता बढ़ा दी है क्योंकि वे हिन्दी का अर्थ हिन्दू केन्द्रवाद समझते हैं। हर तरफ ही एक न एक रूप में कठोर हृदयहीनता पनप रही है। मानवता अब घृणा के समुद्र में छोटे-छोटे द्वीपों की शक्ल में है। वर्तमान विपर्यय के दौर में सोचने की ज़रूरत है कि धार्मिक कट्टरता और मुक्त बाज़ार-व्यवस्था की विडम्बनाओं से टकराते हुए भारतीयता को क्या अर्थ दिया जाये और इसे नवोन्मेषों से कैसे जोड़ा जाये।

निश्चय ही भारतीयता अतीत की "फॉसिल" नहीं है। हर युग ने नये ढंग से इसका बौद्धिक पुनर्सृजन किया है और इसे अतीत के प्रेतों से मुक्त किया है। यदि विश्व में भारत की अपनी कोई पहचान बननी है तो निश्चय ही यह भारतीयता को खोकर सम्भव नहीं है।

# एक कवि की नोटबुक : स्मृति का बँटवारा

*राजेश जोशी*

नयी प्रौद्योगिकी ने हमारे मेमॅरी बॉक्स में जानकारियों का जो बोझ था उसका बँटवारा कर दिया है। किसी भी तरह की जानकारियों के लिए अब रट्टा लगाने की ज़रूरत समाप्त हो गयी है। किसी जानकारी के लिए न तो अपने स्मृति बॉक्स को बार बार खंगालने की ज़रूरत है और न ही किताबों के पन्ने पलटने की। अब तो उंगली की झुअन भर से स्मार्ट फोन आपको आपकी मनचाही तमाम सूचनाएँ पल भर में प्रदान कर देता है। बशर्ते कि आप इस नयी प्रौद्योगिकी से दोस्ती कर चुके हों। इस अविष्कार ने क्या सिर्फ हमारी स्मृति और सूचनाओं के बीच जो सम्बन्ध था, उसीको बदला है? कहीं ऐसा तो नहीं है कि एक प्रकट बदलाव के नेपथ्य में और भी बहुत घट रहा है, बहुत कुछ बदल गया है और लगातार बदलता जा रहा है, जिसकी अभी हमको भनक तक नहीं लग पायी है।

स्मृति बॉक्स से इस बोझ के कम होते जाने से कई प्रत्यक्ष और परोक्ष परिवर्तन हो रहे होंगे। उन परिवर्तनों की मुकम्मल सूचना अभी हमको नहीं मिल रही है। प्रौद्योगिकी से मिल रही सुविधाओं का लालच और आकर्षण इस तरह सिर चढ़ कर बोल रहा है कि उसके साइड इफेक्ट पर हमारी नज़र ही नहीं जा पा रही है। कभी कभी मुझे लगता है स्मृति और मानवीय सम्बन्धों के बीच जो रिश्ता था उसमें भी धीमे धीमे बदलाव आ रहे हैं। और इन परिवर्तनों का एक अप्रत्यक्ष प्रभाव स्मृति और सृजन के सम्बन्ध पर भी हो रहा है। उसमें बदलाव आ रहा है। अभी यह कहना मुमकिन नहीं है कि यह प्रभाव नकारात्मक ही होगा। उसके कुछ ऐसे प्रभाव भी सम्भव हो सकते हैं जो रचना के मिजाज को ही पूरी तरह बदल दें। किसी विधा में ऐसे विघटन सम्भव हो सकते हैं जिससे न केवल उसका पूरा चरित्र बदल जाये बल्कि एक नई विधा भी जन्म ले सकती है। औद्योगिकीकरण ने जिस तरह महाकाव्य को विघटित कर दिया और उपन्यास जैसी विधा का जन्म हुआ। प्रौद्योगिकी के कारण होने वाले बदलाव के क्या क्या परिणाम होंगे, वह किस किस तरह से अपने को व्यक्त करेगा, इसको देखने के लिए शायद सब्र की भी ज़रूरत है और बहुत पैनी नज़र की भी।

मुझे लगता है इस बीच पाठकों की रुचि में एक बदलाव आया है, या आ रहा है। कहानी उपन्यास के बनिस्बत संस्मरण, यात्रा वृत्तान्त, आत्मकथाएँ या पुराने शहरों की गाथाओं के प्रति आकर्षण बढ़ा है। कथा से ज़्यादा कथेतर पर बात हो रही है। विधाएँ अपने बने बनाये खाँचों से बाहर आ रही है या उनमें कसमसाती सी प्रतीत हो रही हैं। कथेतर विधाओं में लेखन बढ़ रहा है। कई बार तो जिसे नास्टेल्जिया कहा जाता था, वह भी बढ़ता दिख रहा है। इन बदलावों के कोई कारण तो होने ही चाहिये। ये सारी विधाएँ कहीं न कहीं स्मृतियों पर आश्रित विधाएँ हैं। कहीं ऐसा तो नहीं है कि सूचना और मेमॅरी बाक्स के रिश्ते में हो रहे बदलाव के साथ ही, स्मृति और सृजनात्मकता का रिश्ता भी बदल रहा है!

## श्रेष्ठता के शिखर का सँकरापन

भारतेन्दु युग में भारतेन्दु मण्डल था। सनेही मण्डल था। छायावाद और प्रगतिवाद में भी त्रयी की चर्चा होती थी। छायावाद में प्रसाद पन्त और निराला की त्रयी बनी। यह क्रम श्रेष्ठता के आधार पर निर्धारित नहीं किया गया। मुझे लगता है यह क्रम लय से निर्धारित हुआ होगा। इसलिये प्रसाद, पन्त, निराला का क्रम बना होगा। मुख सुख के सिद्धान्त में सरगम की लय ने कितना काम किया, कहना कठिन है। प्रगतिवाद में भी नागार्जुन, केदारनाथ अग्रवाल और त्रिलोचन की त्रयी बनायी गयी। लेकिन स्वाधीनता के बाद नयी कविता में त्रयी नहीं रही। उसके शिखर पर तीन के लिए जगह नहीं थी। वहाँ सिर्फ एक के ही लिये जगह थी। नई कविता में श्रेष्ठ का शिखर सिकुड़ गया। इस कैनन में एक समय में एक ही को श्रेष्ठ रहने की इजाजत थी। एक समूह के कैनन में मुक्तिबोध श्रेष्ठ कवि थे तो दूसरे में अज्ञेय। शिखर पर दोनों को एक साथ रखे जाने के लिए जगह नहीं थी। क्या यह नई कविता के व्यक्तिवाद की देन थी? लेकिन जो प्रगतिशील आलोचक थे, उनके कैनन में भी एक ही की जगह क्यों थी? वहाँ एकाधिक कवि क्यों नहीं थे? प्रगतिवाद में तो त्रयी का भी कई बार अतिक्रमण हो जाता है।

श्रेष्ठता के मानदण्ड सिर्फ विचारधारा तक सीमित नहीं हो सकते। साहित्यिक मानदण्डों पर परखें तो एक ही समय में एकाधिक रचनाकार श्रेष्ठता में लगभग आसपास ही होते हैं। कैनन के आधार बहुत हद तक विवादी....पॉलेमिकल होते हैं और उनके पीछे एक हद तक राजनीतिक आग्रह भी होते हैं या हो सकते हैं। कई बार रचना और रचनाकार की श्रेष्ठता को परखने में ये सहायक होते हैं, हो सकते हैं। लेकिन हमेशा यह सहायक ही नहीं होते। कई बार ऐसे आग्रहों के चलते एक ही क़द के रचनाकार या रचना में से किसी का क़द दूसरे से छोटा या बड़ा कर दिया जाता है। इस तरह के आग्रहों से कहीं न कहीं कुछ नुकसान भी होता है। आलोचना की विश्वसनीयता कम होने लगती है। मुझे लगता है रचना और आलोचना के लोकतन्त्र में श्रेष्ठता के शिखर को इतना सँकरा नहीं होना चहिये कि वहाँ दूसरे के लिए जगह ही न हो।

## जादूगर जो समय को रोक देता था

कभी कभी लगता है कि एक रोचक किताब पढ़े जाते समय अपने पाठक को और लिखे जाते समय अपने रचनाकार को, अपने भीतर के समय में, इतना अधिक डुबो देती है, आवेष्टित कर लेती है कि लिखे जाते समय रचनाकार के लिए किसी भी प्रकार के अन्य समय का वजूद ख़त्म हो जाता है। पाठक को भी जब कोई रचना पूरी तरह आवेष्टित कर लेती है तो उसके लिए भी रचना से बाहर का समय ठहर सा जाता है। रचना उस जादूगर की तरह काम करती है जो बाहर की सभी घड़ियों के समय को या तो रोक देता है या हर घड़ी में अपने द्वारा निर्धारित समय बजा देता है।

गोगिया पाशा नाम का एक जादूगर था जो अक्सर इस तरह के करतब दिखाया करता था। वह दर्शकों की घड़ी का समय बदल देता था। यह शायद सम्मोहन की कला थी। हिप्नोटिज़्म की कला। एक रोचक किताब भी इसी तरह के सम्मोहन पैदा कर सकती है।

तो किताब एक ऐसी जादूगर है जो रचनाकार और पाठक दोनों को कुछ समय के लिए अपने भीतर रचे गये समय के सम्मोहन में क़ैद कर लेती है। लेकिन इस तरह भीतर और बाहर के समय के बीच सम्बन्ध विच्छेद नहीं होता, बल्कि पाठक और रचनाकार में अपने वर्तमान

को देखने की एक अलग समझ पैदा होती है।

कविता के भीतर का समय, कविता के बाहर के समय, याने जीवन के कार्यकलापों के समय, सामाजिक और राजनीतिक समय से ही आयत्त समय है। लेकिन कविता के भीतर का समय बाहर के समय की अनुकृति या पैरोडी नहीं है। कविता के भीतर का समय, बाहर के समय से स्वतन्त्र, एक पुनर्सृजित समय है। कविता के भीतर पुनर्सृजित जीवन की तरह।

शब्द, ध्वनि या दृश्य द्वारा रची गयी किसी भी कला में, समय उसका आवश्यक हिस्सा है। तारकोवस्की के अनुसार उसी तरह जैसे संगीत में ध्वनि, चित्र में रंग और नाटक में पात्र। तारकोवस्की के तर्क को अगर कविता पर लागू करें तो कहा जा सकता है कि कविता की लय वस्तुतः एक पुनर्सृजित समय है या वह अपने समय का दबाव है।

## दो समयों में आवाजाही

जब मैं दूसरे देश में पहुँचा तो साथ के दोस्तों ने अपनी घड़ी के समय को वहाँ के समय से मिला लिया। मैंने ऐसा नहीं किया। मेरी घड़ी में वही समय बज रहा था जो मेरे देश का समय था। यह किस्सा बैंकाक का है। उस समय भारतीय समय के हिसाब से 5 बज कर 40 मिनिट हुए थे और बैंकाक की घड़ी में 7 बज कर 19 मिनिट हो रहे थे। मैं घड़ी देख कर अपने देश के उस समय की कल्पना करता था। मैं जान चुका था कि मेरे देश के समय और इस देश के समय में कितना अन्तर है। कभी कभी मैं उस अन्तर को जोड़ घटा कर उस देश के समय को जान लेता। इस तरह मैं दो समयों के बीच आता जाता रहता।

कई बार लिखते हुए भी क्या हम इसी तरह दो समयों में आते जाते नहीं रहते। यह आवाजाही कभी कभी रचना में दिखती है और कई बार नहीं दिखती। किसी मिथक को लेकर लिखी जाने वाली रचना में यह आवाजाही साफ साफ दिख जाती है। शायद किसी मिथक को लेकर लिखी जाने वाली रचना की सबसे बड़ी दिक्कत यह दो समयों के बीच आवाजाही ही है।

## मैं मुट्ठी भर भर कर शब्द फेंकता हूँ

नेहरू युग से मोहभंग की कविता इतनी अधिक शब्द बहुल और अराजक क्यों है? कविता में भाषा का इतना अधिक फैलाव या कहें कि अपव्यय अचानक क्यों बढ़ गया? साठोत्तरी की इस प्रवृत्ति पर अलग से विचार किया जाना चाहिये। साठोत्तरी की रचना को कोसने के बजाय इस प्रवृत्ति के सामाजिक-राजनीतिक कारणों को खोजा जाना चाहिये। यह शब्द बहुलता सिर्फ अकविता के कवियों में ही नहीं है। इसका प्रभाव तो उस दौर में नई कविता के कवियों और अकविता का विरोध करने वाले कवियों में भी एक हद तक दिखाई देता है। साठोत्तरी के चर्चित कवि मणिमधुकर ने एक बार बातचीत में कहा था कि– मैं तो मुट्ठी भर भर कर शब्द फेंकता हूँ, उन शब्दों के टकराने से जो शोर पैदा होगा उसमें से ही हमारे समय का अर्थ भी पैदा होगा। सुनने में यह वाक्य काफी चमकदार और चमत्कारी था। लेकिन क्या सचमुच उस अराजक शोर से कोई नया अर्थ पैदा हो रहा था?

साठ का दशक पूरी दुनिया में आन्दोलनों का दशक रहा है। दगाल के विरूद्ध छात्र आन्दोलन हो या ढाका में विश्वविद्यालय पर छात्रों का कब्ज़ा हो। बीटनिक कवि हैं या अकविता के कवि हर जगह गुस्सा है, क्षोभ है, एक बड़बड़ाहट है। अकविता या बीटनिक कविता के कुछ

प्रभाव मुक्तिबोध और रघुवीर सहाय की कविता पर दिख जाते हैं लेकिन मुक्तिबोध भाषा को शोर के भरोसे नहीं छोड़ते कि उसमें से अर्थ अपने आप प्रकट होगा! लेकिन कविता की इस प्रवृत्ति को समझने के लिए उस दौर की सामाजिक राजनीतिक व्याख्या की ज़रूरत है। इसी दौर में संविद सरकारें बन रही थीं जिसमें सभी गैर कांग्रेसी राजनीतिक दल अपनी विचारधारा को किनारे रखकर एकजुट होकर सत्ता पाने की कोशिश कर रहे थे और इसी दौर में नक्सलबाड़ी से एक सशस्त्र विद्रोह की शुरूआत हो रही थी।

सामाजिक राजनीतिक विरोधाभासों ने इस दौर की कविता को एक ओर अमूर्त और एम्बीग्यूअस बनाया और दूसरी ओर उसमें बड़बोलेपन और वाग्मिता को बढ़ाया।

## अवकाश का अपहरण

हर नई प्रौद्योगिकी कई तरह की सुविधाओं को पैदा करती है। वह काम की गति को गुणात्मक रूप से बढ़ा देती है। इस प्रक्रिया से मनुष्य के लिए अवकाश का विस्तार होता है। लेकिन नई प्रौद्योगिकी इस अवकाश को ज़्यादा देर तक हमारे पास रहने की इजाजत नहीं देती। वर्गीय सत्ता मनुष्य के अवकाश के खतरे को पहचानती है। शायद इसीलिए काम के घंटे तय करने के लिए श्रमजीवि वर्ग को बहुत दिन तक संघर्ष करना पड़ा। नई प्रौद्यागिकी ने औद्योगिक समाज में लम्बे संघर्ष से पाये गये समय के घंटों की सुविधा को बहुत गुपचुप ठंग से हड़प लिया। आज काम के घंटों के बारे में कोई विवाद ही नहीं होता। युवा पीढ़ी जो नई प्रौद्योगिकी द्वारा स्थापित संस्थानों में काम कर रहे हैं, बड़े पैकेज के लालच में उनसे उनका अवकाश लगभग छीना जा चुका है। नई प्रौद्यागिकी लालच भी पैदा करती है और मनोरंजन के नाम पर ऐसे आकर्षण पैदा करती है जो इस बढ़े हुए अवकाश का अपहरण कर लेता है। वह केवल ललचाती ही नहीं है बाध्यताएँ भी पैदा करती है, जिसके चलते आप अपने अवकाश को उसके सामने समर्पित करदें। वह आपको अपने ही द्वारा पैदा किये गये नये उपकरणों में उलझा लेती है। नये उपकरण धीरे-धीरे लत बन जाते हैं। बीमारी की हद तक।

प्रौद्योगिकी के समय का पूँजीवाद बढ़े हुए अवकाश के खतरे को जानता है। वह उसे खतरे के निशान तक नहीं पहुँचने दे सकता, वरना उसका अपना अस्तित्व खतरे में आ जायेगा, यह बात उसे पता है। अवकाश मनुष्य को सोचने समझने की स्वतन्त्रता देता है। यह बात कोई भी वर्गीय सत्ता स्वीकार नहीं कर सकती। किसी भी शक्ति संरचना के लिए मनुष्य को सोचने समझने का अधिक समय मिलना घातक होने लगता है।

अवकाश का अपहरण करने वाले उपकरणों ने मनुष्य को निर्वैयक्तिक बनाया है और उसके अलगाव को चरम स्थिति तक पहुँचा दिया है।

## गेंद वापस लौट आती है

पचमढ़ी में धूपगढ़ की पहाड़ी पर सूर्यास्त हो रहा था। धरती के किसी दूसरे हिस्से में सूर्योदय हो रहा होगा। मुझे लगता है कि डूबना या अस्त होना जैसी क्रिया हमेशा निराशा का पद नहीं हो सकती। दीवार पर जोर से फैंकी गयी गेंद एक छोटे से अन्तराल में ही वापस लौट आती है।

उम्मीद एक सूर्यास्त है या दीवार पर मारी गयी गेंद।

# स्त्री-विमर्श और आत्मालोचन

***मैत्रेयी पुष्पा***

स्त्री-विमर्श और आत्मालोचन इस शब्दयुग्म से बहुत से लोगों का साहित्यिक जायका कड़ुवा हो जाता है। अगर ऐसा अनुभव है तो यह कोई विचित्र बात भी नहीं है। सबको अपनी तरह से सोचने का अधिकार है। बात यह भी है कि स्त्री-विमर्श के चलते साहित्य में अनेक भ्रान्तियाँ फैली हुई हैं, जैसे- यह विमर्श आखिर किसके हित में है? यह एक पुरुष-विरोधी अभियान है। तीसरी बात कि यह विचार विदेशों से आयातित है, जो भारतीय जीवन-मूल्यों को ध्वस्त कर रहा है।

ऊपर की मान्यता प्राप्त बातों का उत्तर न सहज है, न आसान। नहीं बताया जा सकता कि स्त्री-विमर्श स्त्री के हित में है और पुरुष वर्ग का अहित करने के लिए लागू हुआ है। मामला यहीं से उलझने लगता है, जब लिखित या व्यावहारिक तौर पर स्त्री पितृसत्ता के सौतेले और कठोर व्यवहारों पर सीधी नहीं, मरखनी गाय की तरह सींग हिलाने लगती है, यानी मुझे तुम्हारा निजाम मंजूर नहीं। हमारा पुरुष समाज देखता है, अरे यह क्या हुआ, त्यागमयी सहिष्णु नारी, सेवाभावी स्त्री, अपने स्वामी के इशारों पर उठने-बैठने और चलने-फिरने वाली औरत और अपनी दसों इन्द्रियों को निग्रह के हवाले रखने वाली सती, आज कैसी उल्टी-सीधी बातें करने लगी है!

मरखनी गाय को पीटने का विधान है, मुँहजोर और जिद्दी औरत की अक्ल ठिकाने लगाने वालों को भी दोषी नहीं माना जाता, क्योंकि औरत की जिद खुद एक अपराध है। जिद भी किन बातों की? उन बातों की, जिन पर पुरुष सत्ता का हुक्मनामा लागू रहा है। पिता, पति और पुत्र इन आज्ञा-पत्रों के मालिक माने गये हैं।

मगर स्त्री-विमर्श! यह पुरुष-विरोधी मुहिम नहीं, तो क्या है? वह अपने मनुष्यगत अधिकारों की माँग करती है– वह शिक्षा का अधिकार माँगती है, घर की चौखट लांघने का उच्छृंखल आचरण करती है। वह विवाह में अपना फैसला देना चाहती है, मतलब कि कन्यादान को चुनौती देती है। वह विवाह से भी पहले 'करिअर' बनाने की बात करती है, यानी परम्परा से चले आ रहे उम्र-विधान को टंगड़ी मारती है। वह वंश चलाने के लिए अपनी इच्छा की बात करती है। सन्तान कब और कितनी, यह सवाल उसका अपना है, क्योंकि यह उसके तन-मन से जुड़ा मुद्दा है। वह कहाँ जायेगी, कहाँ नहीं, इसका फैसला भी खुद ही करेगी। किसी के साथ जायेगी या अकेली, वह खुद तय करेगी। क्या पहनेगी, यह भी उसी का अपना चुनाव होगा।

यह औरत आजाद है या आवारा? यह भारतीय स्त्री कैसे हो सकती है? यह भारतीय औरत के रूप में विदेशिनी है। यह जो कुछ करना चाहती है, सब आयातित स्त्री-विमर्श की देन है। इसे रोका जाना चाहिए। अगर ऐसा हमारे सामाजिक और साहित्यिक लोग मानते हैं तो हम उनको

दोषी नहीं ठहरा सकते, क्योंकि व्यवस्था छिन्न भिन्न हो जाने का डर अपनी जगह मामूली नहीं होता। जमींदार की तरह रहे स्त्री के मालिक लोग उसको वे हक कैसे दे सकते हैं, जिन्हें बड़े कौशल से हथिया कर उन्होंने औरत को गुलाम बनाया है। धरती पर धन-दौलत, सोना-चाँदी, महल-हवेली जैसी चीजें मिल जाती हैं। मगर गुलाम और दासी तो खुद ही पालने-पोसने पड़ते हैं, पालन भी ऐसा रहे कि वे भागने या छूटने के लिए खुद को अपाहिज समझें। ऐसा होता आया है।

इस व्यवस्था का कमाल देखिए कि इसने कितना लम्बा जीवन पाया है और आज जब व्यवस्थाओं के लिए खतरा खड़ा होता है कि उनके गुलाम विरोध ही नहीं, विद्रोह पर उतारू हैं, तो उन्होंने अपना निजाम और भी कठोर तथा क्रूर बना दिया है। विदेशों में शिक्षा पाने और कमाने वाले सपूतों के पिताओं का वश चले तो वे स्त्री को भारतीय नियमावली के बमों से उड़ा दें। 'आदर्श बहू' के खंजर तो औरत पर रोज ही चलते हैं। समाज में स्त्री के लिए दरिंदगी का जो सिलसिला चला है, वह इसी डर का परिणाम है कि औरत उनके हाथ से निकल रही है। यहाँ हम यह कह कर मर्दों को माफी नहीं दे सकते कि वे अनपढ़, अशिक्षित या बेहाल, कंगाल हैं जो औरत पर जुल्म करते हैं। नहीं, उनमें कोई भूखा-नंगा नहीं होता।

तुम अपने हक माँगोगी, जिसमें तुम्हारी आजादी होगी कि तुम खुले आसमान के नीचे निकलोगी तो हम तुम्हें रोकेंगे नहीं, तुम्हारा शिकार करेंगे, अपनी ताकत दिखाएंगे। फिर भी अगर तुम हमें पराजित करने की ठानोगी तो हम झुंड बाँध कर आयेंगे और तुम्हें धराशायी कर देंगे। औरत मर्द के लिए दहशत का विषय बने? धिक्कार है ऐसी मर्दानगी पर!

हमारे समाज का ऐसा चेहरा और स्त्रियों की जांबाज मुहिम! मुहिम में रणनीतियों का उपयोग न किया गया हो तो दरिंदगी भरे समाज से, सड़ी-गली परम्पराओं की बजबजाती दल-दल से और आजकल शानदार चमकदार तस्वीर दिखाते बाजार से खतरों के उफान उमड़ते ही रहेंगे। क्या स्त्रियों, नवयुवतियों को अपने लिए ऐसे संकल्प नहीं लेने होंगे, जो उनकी मुहिम को मजबूत कर सकें? रूढ़ियों का सड़ांध भरा कीचड़ औरत का रास्ता रोक देता है, इसका उल्लेख हमें आज ही नहीं, पिछली शताब्दी के शुरुआती दौर से ही मिलने लगता है। बात बस गौर करने की है।

साहित्य में महादेवी वर्मा, सुभद्रा कुमारी चौहान से लेकर उनके समय की लेखिकाओं ने अपनी गद्य रचनाओं में उसी आग के दर्शन कराए हैं, जिसे आज हम स्त्री-विमर्श के नाम से जानते हैं। उनके भीतर वही विरोध-प्रतिरोध थे, मर्दानी व्यवस्था के प्रति जो आज हमारे हैं। हाँ, उनके प्रतिकार के ढंग थोड़े भिन्न थे। फिर भी स्त्री नाइंसाफियों के खिलाफ बोल रही थी और पुरुष परम्परा को बाकायदा चुनौती देती है, पुलिस से जूझती है, जेल जाती है, यानी घर की चौखट हर हालत में लांघती है।

यही धारा तो बहती चली आयी कृष्णा सोबती, मन्नू भंडारी से लेकर मृदुला गर्ग, ममता कालिया, चित्रा मुद्गल, गीतांजलीश्री, अनामिका से और आगे तक। स्त्री की वह छवि साहित्य में अपना होना दर्ज करती गयी, जो अपने मनुष्यगत अधिकारों के लिए सजग है और उनको हासिल करने के लिए अग्रसर। स्त्री द्वारा लागू किए गये इस विधान को आप किसी नाम से पुकारिए, जब वरक खोलेंगे तो एक चेतना सम्पन्न लोकतांत्रिक स्त्री का दर्शन होगा।

साहित्य के ऐसे सफे ही सामाजिक स्तर पर अपना असर छोड़ते हैं। पढ़ने वाले के अन्तरमन में जीवित रहते हैं, क्योंकि इनका वास्ता पाठक से उसके एकान्त में होता है। अगर

आप गौर करें तो पाएंगे कि स्त्रियों का ऐसा लेखन, जिसमें वे अपनी नागरिकता का दावा करती हैं। किसी या किन्हीं पुरुषों के विरोध में नहीं है, बस ऐसा लगता है कि क्योंकि हक छीनने वालों से अधिकार वापस लेना उनसे दुश्मनी ठानने जैसा हो जाता है। सही मायने में तो बात यह है कि स्त्रियों को पुरुषों के रूप में शासक नहीं, सहयोगी और साथी चाहिए, यही स्त्री लेखन का मकसद है और होना भी चाहिए।

अपने इस मकसद के लिए उन रचनाकारों को भी सचेत होना पड़ेगा, जिनको हम लेखिका कहते हैं। उनको भी आत्मालोचन की जरूरत है। जरूरत है कि जिस मुहिम को हमारी पूर्वज लेखिकाओं ने पूरे साहस के साथ छेड़ा, बिना समझौते और सौदेबाजी के निभाया, उसी मुहिम को हम यहाँ तक किस रूप में लाए हैं? क्या हमने उस बहादुर लेखन का फलक विस्तृत किया है या उतना ही रहने दिया? या नया भी कुछ जोड़ा है? समाज में स्त्री के लिए फैली हुई नियमों की कुरूपता, सजाओं की सजावट या सजावटों की वीभत्सता को खुली आँखों देखते हुए हमने क्या फैसले किए?

इक्कीसवीं सदी में जबसे 'युवा लेखन' का फतवा चला है, लेखन की दुनिया में खासी तेजी आयी है। लेखिकाओं की भरी-पूरी जमात हमें आश्वस्त करती है। किताबें और किताबें। लोकार्पण और लोकार्पण। इनाम, खिताब, पुरस्कार जैसा बहुत कुछ। प्रकाशक, सम्पादक भी अपने-अपने स्टाल लेकर हाजिर। अपने-अपने जलसों की आवृत्तियाँ। कैसा उत्सवमय समां है। कौन कहता है कि यह दरिंदगी और दहशत भरा समय और समाज है? साहित्य जगत तो यहाँ आनन्दलोक के साथ है। नाच-गाने और डीजे। शानदार पार्टियाँ और आपसी रिश्तों के जश्न। ऐसा लगता है जैसे कितनी ही कालजयी रचनाएँ आयी हैं।

मगर इस समय की कलमकार के अपने रूप क्या हैं? युवा के सिवा कुछ भी नहीं, यह युवा लेखिका का फतवा किस दोस्त या दुश्मन ने चलाया कि इस समय की रचनाकार अपनी उम्र का असली सन तक अपने बायोडाटा में दर्ज नहीं करतीं, क्योंकि उम्र जगजाहिर करना युवा लेखन के दायरे से खारिज होना है। वे लेखन के हल्केपन की परवाह नहीं करतीं, जवानी को संजोए रखने की चिन्ता में हैं। इसी तर्ज पर कि रचना में कमी-बेसी से डर नहीं लगता साब, वयस्क कहे जाने से डर लगता है। परवाह नहीं उम्र पैंतालीस से पचास पर पहुँच जाये, युवा कहलाने का अनिर्वचनीय सुख मिलता रहे।

हम बड़े गौर से देखते हैं, कोई रचना मिले जो अपनी गम्भीरता के साथ मेच्योर हो, जो देश के सामाजिक हालात से सम्बन्धित राजनीतिक दायरों के अनुभवों पर आधारित हो, जो स्त्री का हस्तक्षेप पंचायतों से लेकर विधानसभा और संसद तक रेखांकित करे। जो धार्मिक और राजनीतिक गठजोड़ का परदाफाश करे। यानी जो 'जिन्दगीनामा', 'महाभोज', 'अनित्य', 'हमारा शहर उस बरस', 'आंवा' से आगे का आख्यान बने। नहीं तो इक्कीसवीं सदी का रचनात्मक इतिहास दर्ज कौन करेगा? क्या इसका जिम्मा भी युवा लेखिकाओं ने उन पर ही छोड़ा है, जिन्हें वे बीतती हुई पिछली पीढ़ी मानती हैं। सम्भव है यह, क्योंकि आज की रचनाओं में लिव इन रिलेशनशिप, अफेयर, मैरिज, डाइवोर्स और कितने-कितने लोगों से यौन सुख का रिफ्रेशमेंट यहाँ तक कि एग्जाम के लिए भी बायफ्रेंड से यौन सुख की खुराक... उफ यह स्त्री-विमर्श! स्त्री का मनुष्य रूप केवल यही है? उसने अपने हक-हकूक केवल इसी स्थिति के लिए लेने चाहे थे?

माना कि श्लील-अश्लील, मर्यादा, नैतिकता और चारित्रिक दृढ़ता के पैमाने औरत को लेकर बदलने की जरूरत थी और वे बदले भी हैं। यौन सुख को स्त्री के दमन का आधार बनाया जाता रहा है, इससे भी औरत ने इनकार किया है। उसके व्यक्तित्व के विकास के लिए जो बाड़ें, बन्दिशें थीं, उनको तोड़ा है। नतीजे हमारे सामने हैं कि वह हर कहीं उन क्षेत्रों में है, जिनको अब तक पुरुषों के लिए आरक्षित माना जाता था। यह स्वागतयोग्य कदम है, यह स्त्री-विमर्श का चमकदार इलाका है। इस इलाके पर रचनाएँ आनी चाहिए।

लेकिन सोचना यह भी पड़ता है कि इस उपलब्धियों के इलाके को धूमिल कौन कर रहा है? हमारी रचनाएँ क्यों नहीं कहतीं कि दहेज का विरोध करने वाली दुल्हनों, यह भी कहो कि बाजार की गुलामी नहीं करोगी। शादी का पैकेज बेचते दुकानदार तुमको गुलामी के मंच पर ऐसे वीभत्स श्रृंगार में पेश कर देते हैं, जहाँ तुम्हारा वजूद बचता ही नहीं। बचती है एक चमकीले सुनहरे जेवरों में मढ़ी और रेशमी कपड़ों के गोटे-पट्टे, सलमा-सितारे जैसे चमकते पत्थरों से जड़े लहंगे ओढ़नी के तंबू में ढंकी युवती, जिसके वास्तविक चेहरे को पहचानना मुश्किल होता है। कमाल है कि साहित्य और समाज में आप अपनी पहचान की बात करती हैं। देखती नहीं, हर चौराहे पर होडिंग में स्त्री का अधनंगा और लगभग नंगा शरीर लटका रहता है? कभी इसके खिलाफ भी लेखकीय मुहिम छेड़ो और इसे बाजार की नीतियों से लेकर सरकार के नियमों से जोड़ो। जोड़ो कि आखिर औरत किस कानून के तहत विज्ञापनों में अपनी देह के साथ बिक्री पर चढ़ी हुई है? इन बिकने वाली युवतियों में इनकार का साहस भरो। मत भूलो कि साहित्य में भी तुम्हारे सामने पुरुष वर्ग का वह बड़ा हिस्सा होगा, जो तुम्हारा ध्यान कलम से हटा कर वहीं ले जायेगा, जहाँ उसकी मस्ती का इलाका है। वह तुम्हें तारीफों का नशा पिलाएगा और मदहोश कर देगा। स्त्री-विमर्श जब न तब ऐसे ही तो ढेर होता रहा है। इक्कीसवीं सदी में हिन्दी साहित्य के स्त्री लेखन की पस्तमिजाजी का यही कारण तो नहीं कि औसत रचनाओं का धूम धड़ाका!

कितना चंचल वक्त है, ऊपर से आपकी उम्र भी युवा युवा! हाथ में कलम है और माहौल जवां जवां! फिर क्या-क्या न लिख दे कोई? बस स्त्री अगर अपनी प्रखरता में शोषितों, वंचितों और छद्म के शिकारों की कथाएँ लिखने में लिहाज करती रही तो उन आशिकों और साहित्य के मालिकों की मेहरबानी कि उसकी कलम ने वे तेवर नहीं पकड़े जो 'दिलोदानिश' लिखते। क्या जो लेखिकाएँ अपने आप को मुक्ति की मशाल लिए हुए दिखा रही हैं, उस मशाल की लौ धुंआ-धुंआ नहीं है? मशाल तो उनकी ही लौ दे रही है, जिनको आज पिछली पीढ़ी माना जा रहा है, क्योंकि रचनाओं को उम्र की दरकार नहीं होती। भले आप सोलह साल की बनी रहें, रचना तो अपने परिपक्व रूप को ही धारण करने का आग्रह रखती है और उसका नाम भी तभी साहित्य में मुकम्मल रूप से दर्ज होता है। नहीं तो, यों तो फिल्में भी सिनेमाघरों में हर हफ्ते लगती हैं और उतर जाती हैं।

# यात्रा, यात्री और वृतान्त

*गगन गिल*

मैं सेंट थॉमस कॉलेज, प्रोफ़ेसर वनजा, प्रोफ़ेसर मोहनन, प्रोफ़ेसर शीना ईप्पन की आभारी हूँ, जिन्होने आप सब के बीच मुझे उपस्थित होने का मौका दिया। यात्रा-वृतान्तों पर बात करनी हो और God's Own Country में आने का मौका हो, तो कौन हाथ से जाने देगा!

मैंने जब पढ़ा, केरल में 44 नदियाँ हैं, तो बेहोश होते-होते बची। हमारी दिल्ली में एक ही नदी है, यमुना जी, जिसे हम सब ने अपनी लापरवाही से गंदे नाले जैसा कर रखा है, फिर भी कभी पुल से गुज़रती हूँ, तो नीचे झाँकती हूँ। अच्छा लगता है। कभी भगवान कृष्ण उनके तट पर खेला करते थे।

आपके यहाँ तो बरकत ही बरकत है। द्वारका नगरी डूबने लगी, तो श्रीकृष्ण ने वायु देव और गुरु बृहस्पस्ति को बुला कर कहा, मुझे दक्षिण ले चलो। उस स्थान का नाम पड़ा– गुरुवायूर। जीसस की मृत्यु के बाद शिष्यों की मुश्किल होने लगी तो सेंट थॉमस की नौका आपके यहाँ आ कर लगी।

अब देखिये, ईश्वर की इस नगरी में हम कैसे मगन बैठे हैं।

करीब 20 बरस पहले मेरा कोच्चि आना हुआ था। एक लेखक मित्र ने अखिल भारतीय कोई आयोजन किया था। उसके बाद मैं जब कन्याकुमारी जाने लगी, तो वह बहुत चिन्तित हुए। बोले, यहाँ हर मलयाली ने कम से कम तीन रेप कर रखे हैं, संभल कर रहना! बात झूठी थी पर वे आंकड़ों में बात करते थे। बाद में मैंने जाना, अकेली कोई महिला यात्रा कर रही हो तो जाने-अनजाने सब पुरुष ऐसी ही बातें करते हैं। गार्जियन बन कर।

कन्याकुमारी मैं ट्रेन से गयी। रास्ते में दो रेल पुलिस वाले मेरी चिन्ता करने लगे। किसी तरह झूठी कहानियाँ गढ़-गढ़ कर मैंने उनसे जान छुड़ायी। कहा, मेरे पति और बच्चे वहाँ मिलेंगे। वगैरह वगैरह। रात को अरब सागर के किनारे जाकर बैठी, तो एक साइकिल सवार ने दूर से देखा, वह औरत मरने जा रही है। वह मुझे बचाने आ पहुँचा। सच कहती हूँ, उससे पहले तक मेरी ऐसी कोई मंशा न थी। लेकिन उसके जाते ही ज़रूर मन हुआ, समुद्र में डूब कर देखूँ!

आप लोगों ने कॉनफ्रेंस का एक सत्र रखा है, क्या महिला यात्री अलग तरह से देखती हैं? मैं बहुत उत्सुक हूँ उसे सुनने के लिए। महिला यात्री अलग तरह से देखती है कि नहीं, यह तो आप लोग बतायेंगे, पर उसे दूसरे सब अलग नज़र से देखते हैं, यह मैं कह सकती हूँ। देश हो या विदेश, ऐसा कभी नहीं हुआ कि मुझे कोई गार्जियन न मिला हो। अगर कोई महिला सचमुच अकेली हो कर यात्रा कर सके, तो वह सार्वजनिक अभिनन्दन करने योग्य है!

यात्रा करने का सबसे बड़ा आनन्द यही है। आप अनजान लोगों की कहानियाँ सुनते हैं, वे आपकी। कितनी तसल्ली रहती है, उनसे फिर कभी मिलना नहीं होगा। उन्हें कभी आपके

झूठ-सच का पता नहीं चलेगा। हर आदमी बड़ा नहीं तो छोटा एडवेंचर तो कर ही सकता है!

कभी-कभी हम सब के भीतर एक अंधड़ उठता है। बेघर हो जाने का मन करता है। हम अपने से कहते हैं– चले जाना है, कहीं दूर चले जाना है।

कुछ मालूम नहीं होता, कहाँ जाना है? किसे छोड़ना है? किसी खतरे का होश नहीं रहता। न उसकी कोई परवाह।

ये गूँज इस तरह जब-तब हमारे भीतर क्यों उठती है?

हज़ारों बरस पहले, जिस दिन मनुष्य ने पहले-पहल आग जलायी होगी, फिर अपनी कुटिया, खेत और खूंटा बाँधा होगा, उसके घुमंतू मन का एक हिस्सा बाहर छूट गया होगा। आसमान के नीचे, किसी नदी-पर्वत के पास।

वही हमारा पुरातन मन जब-तब लौटता है। कहता है, कहीं दूर चले जाना है।

यात्रा करना एक बात है, उसके बारे में वृतान्त लिखना दूसरी। मैं इस व्याख्यान में इन्हें अलग-अलग रखना चाहती हूँ। यात्रा, यात्री और वृतान्त।

हमें इनका अन्तर समझ लेना चाहिए। महान यात्राएँ करना और उनका वृतान्त लिखना– ये अलग-अलग चीज़ें हैं।

यह संसार हर समय कुछ कहता है। 'In the begining was the word and the word was with God..' यह तो आपको याद होगा?

मनुष्य ने भाषा बनायी ही इसलिए होगी कि वह दूसरे को अपना आश्चर्य बता पाये! इस पृथ्वी पर होने का।

हमारे आस-पास अब इतना शोर है कि सिर्फ़ यात्रा के दौरान हमें वह मद्धिम सी आवाज़ सुनायी पड़ती है, आदिम सृष्टि की। कैसी भी यात्रा हो, किसी खंडहर की, अनजान देश की, समुद्र-पर्वत या जंगल-झरने की– हर यात्रा में एक बिन्दु आता है, जब यात्री अपने भीतर एक स्पंदन महसूस करता है, सृष्टि की बुदबुदाहट।

लेकिन हर कोई उसे नहीं कह पाता। जो कह पाता है, वही लेखक है। इसलिए ये तीनों चीज़ें अलग हैं– यात्रा, यात्री, लेखक। अगर आप अपने जीवन में सिर्फ़ एक काम कर पायें, यात्रा, तो भी वह काफ़ी है।

दरअसल जितना यह धरती, इसकी धुरी हमें अपनी ओर खींचती है, उससे कहीं ज़्यादा ऊपर की चीज़ें– आसमान, हवा, चिड़िएँ, स्वर्ग की कल्पनाएँ। जिसने भी हवाई जहाज़ बनाया, चिड़िया की तरह उड़ने के लिए था। वह ज़मीन और जल पर सबसे तेज़ भागेगा, यह बाद में पता चला।

मैं बंधे आदमी देखती रही, उड़ते हुए।

कैसी बेचैनी थी। मैं सभाओं में बैठी थी और वहाँ आसमान में आदमी उड़ रहे थे!

सौभाग्य से आखिरी दिन पैरासेलिंग करने का मेरा संयोग हुआ। उन्होंने मुझे खुले गुब्बारे जैसी किसी पाल के साथ बाँध, रस्सी से, समुद्र के ऊपर लहरा दिया। एक तेज़ रफ़्तार नौका से मैं बँधी थी। मैं ऊपर उठती गयी, पतंग की तरह। शायद सौ-डेढ़ सौ मीटर ऊपर।

वहाँ कुछ न था, न ऊपर, न नीचे– न स्वर्ग, न देवता। केवल पारदर्शी हवा का समुन्दर, उसके रंगहीन भँवर। वे मुझे वैसे ही खींच रहे थे, डुबोते हुए, जैसे जल के भँवर।

जो आदमी नीचे से हवा में मज़े करता दिखता था, ऊपर डर के मारे मरा जा रहा था।

अगर आपने आइज़ैक डाइनेसन की किताब 'आउट ऑफ़ अफ्रीका' पढ़ी हो तो उसमें ऐसा ही एक वाकया है। वह उड़ान से लौटती है तो उसका सेवक पूछता है, 'ऊपर क्या था?' 'हवा।' 'उसके ऊपर?' 'बादल' 'और ऊपर?' वह बताती जाती है। "क्या वहाँ ईश्वर दिखा था?" वह कहती है, नहीं। 'फिर उड़ने का क्या फ़ायदा?'

मैं यही सोचती हुई धरती पर लौटी।

विडम्बना देखिये, लौटते ही पता चला, वहीं, उसी तट पर, नीचे जाकर, समुद्र के धरातल पर चला जा सकता था, बॉडी सूट और ऑक्सीजन मास्क पहन कर!

जिज्ञासा का कोई अन्त नहीं।

समुद्र के धरातल से और नीचे जायें, तो वहाँ भी कुछ होता होगा?

बीबीसी का एक प्रोजेक्ट है– 'जर्नी टू द सेंटर ऑफ़ अर्थ'। अभी कुछ दिन पहले मैं यों ही उसे देखते-देखते नीचे चली गयी। धरती के पेट में। लगभग केन्द्र तक। नक्शा कह रहा था, इस वक्त आप इतना नीचे आ गये, यह देख रहे हैं, वह देख रहे हैं। इस समय आपके सिर पर इतने हाथियों का भार है। दो हाथी, दो हज़ार, दस हज़ार हाथी।

मैं नीचे उतरती गयी। अब करीब पचास हज़ार हाथियों का भार मेरे सिर पर था। मैं करीब 000 ,5 किलोमीटर धरती के अन्दर थी। अचानक नक्शे ने मुझे बधाई दी। "अब आप धरती के केन्द्र तक आ पहुँचे हैं, चारों दिशाएँ आपको अपनी तरफ़ खींच रही हैं, इस वक्त आप बिलकुल भारहीन हैं।"

इससे पहले कि मैं खुश होती, नक्शा झिपझिपाया, "बहुत खुश न हों, इस वक्त यहाँ का तापमान छह हज़ार डिग्री सेल्सियस है, आप कब के राख हो चुके हैं!

हँसी की बात नहीं। आप इंटरनेट पर इसे देख सकते हैं।

जहाँ हम जा नहीं सकते, वहीं क्यों जाना चाहते हैं?

पहले चाँद, अब मंगल। सुना है, कई लोगों ने एक तरफ़ा टिकट बुक करायी है! उन्हें यहाँ लौटने की कोई इच्छा नहीं।

कोई हमें छिप-छिप कर देखता ज़रूर है। दूर ग्रह का प्राणी, कोई खंडहर, कोई पुरखा। लगातार बुलाता रहता है। जब तक हम जूते न बाँध लें, आसमान के नीचे न आ जायें।

रॉबिनसन क्रूसो तो आपको याद होगा? निर्जन द्वीप पर बह आया डूबा नाविक। और गुलीवर की यात्राएँ, लिलिपुट, राक्षस?

हमारे बचपन की दुनिया को ये वृतान्त कैसे भरे रहते थे। यदि हमारी दुनिया में सचमुच वैसे लोग न होते, हमारे बड़े, यदि हम सचमुच बौनों जैसे उत्सुक बच्चे न होते, तो क्या ये कथाएँ हमारे मन में इसी तरह रहतीं?

यात्राएँ लिखने के लिए नहीं की जातीं। बल्कि कई बार इसलिए लिखी जाती हैं कि वे लेखक की आकांक्षा में जन्म लेती हैं। विभूतिभूषण ने जो उपन्यास लिखा था, चाँदेर पहाड़, अफ्रीका के जंगलों के बारे में, कोरी कल्पना से लिखा था, बंगाल के जंगलों में बैठे हुए।

जो यात्राएँ इसलिए की जाती हैं, कि कभी उनके बारे में लिखेंगे, हमेशा बेहतरीन नहीं बन पातीं, हालाँकि इधर के वर्षों में इसके अपवाद हैं– वी एस नायपॉल की भारत पर पुस्तकें, अमिताभ घोष का इजिप्ट पर संस्मरण, दुनिया के विविध कोनों से लिखे पीको आयर के रिपोर्ताज।

और हमारे अपने कृष्णनाथ, जिन्होंने हिमालय के बौद्ध जगत पर महत्त्वपूर्ण वृतान्त लिखे। नागार्जुनकोंडा लिखा। अभी दो सप्ताह पहले उनका 80 बरस की उम्र में निधन हो गया। बैंगलौर में।

यात्रा-वृतान्त को समर्पित इस आयोजन में मैं आप सब के साथ कृष्णनाथ जी की पुण्य स्मृति को नमन करती हूँ।

इतिहास गवाह है, ह्वेन सांग का वृतान्त हो या अल बरूनी का, मार्को पोलो, साँ एक्ज़ुपरी, या एलेक्ज़ेन्डरा डेविड नील का। इन में से किसी ने लिखने के उद्देश्य से यात्राएँ नहीं कीं।

यात्राएँ केवल "देखने" के लिए की जाती हैं।

कोई चीज़, कोई स्थान, कोई प्राचीन स्मृति हममें कौंधती है और हम निकल पड़ते हैं– केदारनाथ-बद्रीनाथ देखने, बनारस की गंगा में डुबकी लगाने, गुरुवायूर, कन्याकुमारी, रामेश्वरम पहुँचने।

कोई यात्री कभी पूरा वापस घर नहीं लौटता। थोड़ा सा अपना अंश उस स्थान पर छोड़ आता है।

सदियों बाद हम उस स्थान पर जाते हैं, तो हमें पता होता है, यहाँ राम रुके थे, गिलहरी को छुआ तो उसमें लहरियाँ पड़ गयी थीं। नालन्दा के इस खंडहर में कभी ह्वेन सांग चला करते थे। इस तट पर सेंट थॉमस की नाव आ लगी थी, गुरुवायूर में। ब्राह्मणों की तरह उन्होंने भी ईश्वर को जल भेजा, फिर ईश्वर ने उनका जल पकड़ लिया, बूंदें हवा में अटकी रह गयीं थीं।

यात्री के साथ, उस स्थान के साथ, पाठक का अनवरत संवाद चलता रहता है। सदियों पार से।

मार्को पोलो को चीन के राजा कुबलाइ काह्न के यहाँ बिताये 24 बरस वेनिस के कारावास में याद आये थे। एक साथी कैदी को वह अपनी आपबीती सुनाया करते थे, उसी ने उनकी यात्रा लिखी थी, बीच में अपना भी बहुत कुछ जोड़ दिया।

यही सांस्कृतिक यात्रा है, दूसरे की आपबीती में अपना भी थोड़ा सा कुछ जोड़ देना।

साँ एक्ज़ुपरी बीसवीं सदी के शुरुआती उड़ाकू चालकों में थे। कहते हैं, विमान उड़ाते हुए वह लिखने लग जाते थे, भूल जाते थे, हवा में अकेले हैं। उनके लेखन में हमें आसमान के, सितारों के, रेगिस्तान के अद्‌भुत वर्णन मिलते हैं। उनकी एक पुस्तक का नाम ही है– Wind, Sand and Stars। एक बार क्रैश हो कर वह सहारा रेगिस्तान में जा गिरे। बड़ी मुश्किल से बचे। दूसरी बार समुद्र में गिरे, लाश तक नहीं मिली।

बीसवीं सदी की शुरुआत में फ्रांस की एलेक्ज़ेन्डरा डेविड नील। वह सिक्किम में और फिर वहाँ से तिब्बत पैदल सिर्फ़ इसलिए चलती गयीं क्योंकि वहाँ विदेशियों का जाना निषिद्ध था। उन्होंने भोटी सीखी, उड़ने वाले लामाओं के साथ रहीं, खुद भी तन्त्र से उड़ना सीखा। अपने सब कारनामे चिट्ठियों में पति को लिखती रहीं, जो बाद में छपे। पति बेचारे फ्रांस में बैठे उनकी राह ताकते रहे। उन्नीस महीने की यात्रा का कह कर गयीं थीं, 14 साल बाद लौटीं!

जो व्यक्ति यात्रा के लिए निकलता है, वह वही नहीं, जो उस यात्रा से लौटता है।

ज़रूरी नहीं, वह अपना सम्पूर्ण अनुभव लिख ही पाये। और मानवीय अनुभव– वह है भी तो बहुत जटिल। स्मृति कितनी धीरे-धीरे अपनी परतें खोलती है। कभी एक कोने पर रोशनी पड़ती है, कभी दूसरे पर। हमें पता नहीं होता, हमारे अन्दर क्या-कुछ भरा पड़ा है। यात्री स्वयं

ऊपरी-बाहरी ब्योरे लिखता है और कोई दूसरा उसकी यात्रा की आन्तरिक प्रक्रिया। फिर सदियों बाद हम दोनों ब्योरों को पढ़ कर उस व्यक्ति की एक मुकम्मिल तसवीर बनाते हैं।

मैं जानती हूँ, यहाँ आने वाले तीन दिनों में बड़े विचारोत्तेजक विमर्श होने वाले हैं। हम कई तरह के वृतान्तों की बात करेंगे, कई दुनियाओं में आयेंगे-जायेंगे। यहाँ हिन्दी, अँग्रेज़ी, मलयालम के विद्वान-विदुषियाँ बैठे हैं। नयी-नयी बातें जानने को मिलेंगी। मैं आपके साथ एक-दो ऐतिहासिक वृतान्तों की चर्चा करके इस प्रक्रिया को समझना चाहती हूँ– ये जो हमारी दुनिया है, मूर्त-अमूर्त, पुस्तकों-इंटरनेट से भरी, इसमें ये वृतान्त क्या एक-दूसरे से जुड़ते हैं?

मेरा मानना है, ठीक उस समय जब हमारी एक दुनिया मिट रही होती है, कहीं दूर कोई दूसरा यात्री उसे बचाने निकल चुका होता है!

वृतान्त सिर्फ़ स्मृतियाँ नहीं हैं, एक मिटती जाती दुनिया का अभिलेखन हैं।

जैसा किसी कवि ने कहा है– "हाथों में पता नहीं रबड़ है कि पेंसिल है, जितना भी लिखता हूँ, उतना ही मिटता है।"

सबसे पहले चीनी यात्री ह्वेन सांग।

सातवीं शताब्दी के उनके यात्रा-वृतान्त में अधिकतर राजनीतिक ब्योरे हैं। वृतान्त उनके चीनी राजा के ज्ञानवर्धन के लिए लिखा गया था, राजा की रुचि जिस तरह की कूटनीतिक जानकारियों में हो सकती थी, ज़्यादातर इसी सब का ब्योरा वहाँ है, जब तक कि ह्वेन सांग चीन देश पार नहीं कर लेते।

भारत आने पर ह्वेन सांग के विवरण तीर्थ-यात्री के हो जाते हैं। उनका राजा बौद्ध था। यहाँ का हर्ष राजा कुंभ पर अपना सारा कोष दान कर देता था, फिर दोबारा उसे अर्जित करता था, हिन्दू-बौद्ध प्रजा को एक समान रखता था, इस सब का वर्णन वह बड़े कौतुक से करते हैं।

यात्री ह्वेन सांग के व्यक्तिगत कष्टों की कोई जानकारी हमें उनके वृतान्त में नहीं मिलती। न उनके मन का हवाला। ज़ाहिर है, जिस के लिए लिख रहे थे, उसकी रुचि उनके कष्टों में न थी!

वह यात्रा कैसी उत्कटता में से निकली थी, इसका पता हमें उनके शिष्य द्वारा लिखी उनकी जीवनी से चलता है। बौद्धों के एक ग्रन्थ योगाचार में मिलावट थी। संस्कृत में उसे पढ़ते हुए ह्वेन सांग ने महसूस किया। कैसे किया?

इसका थोड़ा-सा अनुमान चार सौ साल बाद लिखी अल बरूनी की एक टिप्पणी से मिल सकता है। ज़रा देखिये, कैसे एक वृतान्त दूसरे का अनकहा समझने में हमारी मदद करता है!

अल बरूनी दर्ज करते हैं– "हिन्दू अपनी पुस्तकें याद रखने के लिए उन्हें छंद में लिखते हैं।

तब क्या ह्वेन सांग को छंद की बुनावट में, उसके उच्चारण में कोई अन्तर मिला था? उसकी किरकिरी से उन्हें इतनी बेचैनी हुई थी?

शिआन के मठ में, जिसे हम आज टेराकोटा आर्मी वाले नगर की तरह जानते हैं, उन्होंने संस्कृत सीखी थी। चीनी मठ में भारतीय गुरु वहाँ पढ़ाते थे!

कल्पना कीजिये, सातवीं सदी में भारतीय संस्कृति के प्रसार का। ह्वेन सांग योगाचार का मूल ग्रन्थ देखना चाहते थे, उसमें कितने श्लोक हैं, आदि। जब चीन में अकाल की भूखमरी फैली, लोग शहर छोड़ कर जाने लगे, चौबीस बरस के ह्वेन सांग ने सोचा, शहर छोड़ कर जाना ही है तो भारत क्यों न चला जाऊँ।

रास्ता आसान न था। बीच में गोबी रेगिस्तान। अफ़्रीका के सहारा जैसा दुरूह, कंकालों से पटा हुआ। दूर-दूर छितरी रियासतें। कोई बौद्ध, कोई तुर्की। कहीं-कहीं चीनी राजाओं की भारतीय रानियाँ। जीता-जागता रेशम मार्ग। ऊँटों के काफ़िले।

बूढ़े ह्वेन सांग अपने शिष्य हुइली को अपनी गाथा सुनाते हैं। वह उसे दर्ज करता है। तब हमें पता चलता है, एक दिन ह्वेन सांग प्यास से मरने वाले थे रेगिस्तान में। उनका घोड़ा बेहोशी की हालत में उन्हें गोबी के एक नखलिस्तान तक पहुँचा कर स्वयं मर गया।

आगे पहुँचे तो एक राजा उनकी विद्वता पर ऐसा मुग्ध हुआ कि कैद कर दिया, भारत न आने दे। तब ह्वेन सांग ने भूख हड़ताल की। वहाँ से छूटे, राजा के उपहारों से लक-दक, तो रास्ते में डाकुओं का हमला। समरकंद होते हुए बामियान। जो विशालकाय बुद्ध अभी कुछ बरस पहले अफ़गानिस्तान में बारूद से उड़ाये गये थे, इन्हें ह्वेन सांग ने देखा था। इनका ज़िक्र वह करते हैं।

फिर कंधार में पर्वत की गुफ़ा का दर्शन, जहाँ महात्मा बुद्ध की छाया का पहले-पहल चित्रण हुआ था। कहते हैं, ऐसे तेजस्वी थे बुद्ध कि कोई चित्रकार उनके मुखमंडल का सामना न कर पाता। एक सुबह वह गुफ़ा के द्वार पर आये तो उनकी अनुमति से शिष्यों ने दीवार पर गिरती उनकी छाया का चित्रण किया। ह्वेन सांग बुद्ध के निर्वाण के 1200 बरस बाद वहाँ पहुँचे, तब तक कंधार की उस गुफ़ा में यह चित्र मिलता था।

मैं आपको ह्वेन सांग की यात्रा के काल के चक्के में घुमाना चाहती हूँ, जहाँ कुछ भी स्थिर नहीं। इससे हमें समझ में आयेगा कि हम जो देखते हैं, यात्राओं में, जिसके बारे में पढ़ते हैं, वह हर पल बदल रहा होता है।

कुछ माह ह्वेन सांग कश्मीर में रहे, पंडितों के साथ संस्कृत ग्रन्थों की पढ़ाई। फिर मथुरा, इलाहाबाद का कुम्भ, नालंदा। पहले शिष्य, फिर अध्यापक।

नालन्दा पहुँचे तो चार द्वार। चारों पर पहरा। अपने समय का महान गुरुकुल, दूर-दूर से आये दस हज़ार विद्यार्थी जहाँ पढ़ते थे। जहाँ द्वार पार करने की अनुमति से पहले आचार्य परीक्षा लेता था!

प्रहरी उन्हें भीतर न जाने दें। जैसा आज भी कॉलेज-युनिवर्सिटी में होता है।

नालंदा के कुलाधिपति, आज की शब्दावली में कहें तो चांसलर, आचार्य शीलभद्र तक समाचार पहुँचा तो उन्होंने बुलवाया। देखा, यह तो वही विदेशी है, जिस का पूर्वाभास उन्हें स्वप्न में मिला था! यह बौद्ध धर्म का संदेश दूर-दूर तक पहुँचायेगा।

ज़रा देखिए, ह्वेन सांग की यात्रा कितने स्तरों पर चल रही है– भूगोल की दुरूहता में, तुर्क-मंगोलों की मार-काट में, उनकी देह के कष्टों में, एक ग्रन्थ की तलाश में, अपने समय के एक बड़े मनीषी के स्वप्न में!

हर यात्रा के इतने ही बहुल पक्ष होते हैं। बस पात्र बदल जाते हैं। जिज्ञासा बदल जाती है। कोई खंडहर देखने निकलता है, कोई ग्रन्थ लेने, कोई किसी दिग्विजयी यात्रा के समूह में।

क्या कोई एक वृतान्त एक यात्रा के इतने सारे पक्षों के साथ न्याय कर सकता है?

अब हमारे दूसरे यात्री– अल बरूनी। मध्यकालीन युग के सबसे बड़े इसलामी इतिहासकार, खगोलशास्त्री, भाषाविद।

जैसा कि मध्ययुग का चलन था, शाही दरबारों में कलाकारों, विद्वानों की कद्र होती थी।

दरबारी होने का मतलब था, उस राज्य में अपनी प्रतिभा में सबसे श्रेष्ठ होना। अकबर के यहाँ नवरत्न थे, आप जानते ही हैं।

अल बरूनी अपने देश ख्वारेज़्म, अब उज़्बेकिस्तान, के दरबारी विद्वान थे। उनके राजा का तखता पलटा तो वह बन्दी बना लिए गये, लेकिन जल्द ही नये राजा ने उनकी प्रतिभा पहचानी और वह फिर से दरबारी बना दिये गये। अब वह राज ज्योतिषी थे और राजा के आधिकारिक इतिहासकार।

जानते हैं, नया राजा कौन था? महमूद गज़नवी! सोमनाथ का मन्दिर लूट कर, स्त्रियों-पुरुषों को घोड़ों के पीछे बाँध कर दास बना ले जाने वाला बर्बर राजा। उसने भारत पर कुल सत्रह हमले किये। सन 1024 में सोमनाथ पर उसका सोलहवाँ हमला था।

अल बरूनी गज़नवी के साथ उसके पहले हमले के समय भारत आये, 1017 में, उसकी "यश-गाथा" का इतिहास लिखने। गज़नवी कन्नौज, मथुरा आदि में लूट-मार करता रहा और अल बरूनी भारत जैसी विचित्र भूमि का अध्ययन। गज़नवी लूट का माल गज़नी ले जाता और उलटे पैर वापस लौटता, भारत के किसी नये हिस्से पर हमला करने। भारत के रजवाड़ों में कोई ताल-मेल न था, सब मार खाते रहे।

इस बीच अल बरूनी भारत के रूढ़ समाज में पैठ करते हैं। इतिहासकार मानते हैं, कई बरस वह पंजाब क्षेत्र में रहे। ब्राह्मणों की शास्त्रार्थ करने की लत का यह हाल कि उन्होंने एक मलेच्छ को अपनी देव भाषा सिखायी। उनके यहाँ संसार को कैसे देखते हैं, बताने-जानने को।

धीरे-धीरे किस्सा बड़ा दिलचस्प होता जाता है। एक दरबारी अपनी मुलाज़मत भूल कर पराये देश के ज्ञान के आकर्षण में सब भूल जाता है। महमूद गज़नवी को भारत में सोमनाथ के हीरे-जवाहरात दिखते हैं, अल बरूनी को उपनिषदों की चर्चाएँ। जिसके भीतर जो है, वह उसे बाहर दिखता है। ज़रा ध्यान दीजिये। दोनों यात्री हैं। एक साथ भारत आये हैं। ज्ञानी ज्ञान खोजता है, हत्यारा रक्त। दोनों इतिहास में बचते हैं लेकिन कितनी अलग-अलग तरह से याद किये जाते हैं!

आज कोई अल बरूनी को गज़नवी के दरबारी की तरह याद नहीं करता। उन्हें गज़नवी के हमलों का वृतान्त लिखना था, लेकिन वह भारत की ज्ञान-परम्परा का वृतान्त लिखने लगे। जिस वर्ष महमूद गज़नवी मरा, 1030 में, उसी बरस अल बरूनी की भारत पर पुस्तक छपी। कुल बारह किताबें उन्होंने भारत पर लिखीं, संस्कृत से अनुवाद भी किये।

शायद उन्हें मालूम था, हमलावर बीत जायेगा, ज्ञान बचा रहेगा।

आज युनाइटेड नेशन्स के आँगन में उनकी मूर्ति लगी है, स्विट्ज़रलैंड में।

इस सब से क्या सिद्ध होता है?

यही कि सिर्फ़ ज्ञान बचता है।

ज्ञान ही ज्ञान को खींचता है। पुस्तकें, इमारतें, ज्ञान को दिमाग में संभालने वाला शरीर– ये सब भले नष्ट हो जायें, ज्ञान बच जाता है, पुस्तक में नहीं, अन्तःज्ञान में, intuitive wisdom में। हम सब की असली यात्रा यही होनी चाहिए– intuitive wisdom तक।

यह भी मालूम होता है– कि यात्रा करने जो जाता है, वह केवल शरीर नहीं। शरीर शायद एक आवरण है, उस मन, संस्कार और जिज्ञासा का, जो यात्रा करने जाते हैं।

एक बात और समझ में आती है। हर किसी की यात्रा सांस्कृतिक कर्म नहीं। हमारे

यहाँ इतनी तीर्थ यात्राएँ होती हैं, हज़ारों लोग दुर्गम यात्राएँ करते हैं– अमरनाथ, वैष्णोदेवी, शबरीमला, पंढरपुर, सेंट थॉमस की पहाड़ी। जब तक एक की यात्रा दूसरे की भावना में, अन्तःप्रज्ञा और अन्तर्दृष्टि में कुछ नया नहीं जोड़ती, वह मूल्यवान नहीं।

यात्रा सांस्कृतिक कर्म तभी बनती है जब वह उस स्थान से, वहाँ आये अपने पूर्व यात्रियों से, संवाद करती है।

ज़रा इस क्षण को ध्यान से देखिये। मैं बात कर रही हूँ, आप सुन रहे हैं। इसी एक क्षण में हमारी छाया समय पर और समय की छाया हम पर पड़ रही है।

आप इसे साफ़ देख सकते हैं।

स्मृति सिर्फ़ मनुष्यों में नहीं होती, स्थान भी याद रखते हैं, कौन कब वहाँ आया था। मूल्यवान वृतान्त वही है, जिसमें इन दोनों पक्षों की स्मृति एक बिन्दु पर आ कर ठहर जाये।

ह्वेन सांग ने कपिस में, उड्डयन में (आज का अफ़गानिस्तान) जो बौद्ध राज्य देखे थे, वह उस समय ही पतनग्रस्त थे। आज उनका नामोनिशान नहीं। अल बरूनी ने हिन्दुओं की जो रूढ़ जीवन पद्धति दर्ज की थी, वह ग्यारहवीं सदी में ही संक्रमण काल से गुज़र रही थी। उसमें लोच न होती तो अल बरूनी कभी संस्कृत न सीख पाते। मलेच्छ बने रहते।

अपने यहाँ हम अकसर सुनते हैं, हिन्दुओं ने कभी इतिहास नहीं लिखा। जैसे इतिहास न लिख कर हमने कोई बड़ा ज्ञान पा लिया हो!

आज जिस बोधगया मन्दिर में लाखों बौद्ध सिर झुकाते हैं, आप जानते हैं, दो सौ साल पहले तक किसी को उसका पता न था?

इतनी मार-काट से भारत गुज़र चुका था। नालन्दा-राजगीर कहाँ हैं, किसी को पता भी न होते यदि अलेक्ज़ेन्डर कनिंगम नाम के एक ब्रिटिश सेना अफ़सर ने ह्वेन सांग की पुस्तक न पढ़ी होती। देखिये, एक पाठक कैसे एक संस्कृति का उद्धार करता है!

डेढ़ हज़ार साल पहले एक पुस्तक ढूँढते हुए कभी ह्वेन सांग यहाँ आये थे। अब उनका यात्रा-वृतान्त पढ़ कर यह अँग्रेज़ जंगल-जंगल घूम रहा था। ह्वेन सांग ने जो दूरियाँ लिखी थीं, दिशाएँ लिखीं थीं, उन स्थानों को कनिंगम अनुमान से खुदवा रहा था।

हमारे पुरातत्व की खोज किसी भारतीय ने नहीं की, अँग्रेज़ सरकार ने की। उन्होंने उसके लिए अलग से पुरातत्व विभाग बनाया। धीरे-धीरे भारतीयों को पता चला, ये उनके धरोहर हैं। सांची, महाबलीपुरम, अजण्ता-एलोरा, खजुराहो, लद्दाख के हेमिस, आल्ची, कपिलवस्तु, लुम्बिनी। कोई मिट्टी में दबा पड़ा था, कोई समुद्र में, कोई घने जंगलों में।

ये हैं असल यात्राएँ। वृतान्त। यह नहीं कि इस गाड़ी में, जहाज़ में हम बैठे, वहाँ उतरे, एक भालू मिला, चीते से मैं मरते-मरते बचा!

उन्नीसवीं शताब्दी हमारे राष्ट्रीय जीवन का संक्रमण काल है। विरोधाभास देखिये। बाहर से आये विदेशी, केवल एक हज़ार-बारह सौ वर्ष की बाल सभ्यता वाले लोग, हमें "आइडिया ऑफ़ इन्डिया" बता रहे थे!

इससे पहले हमारी पूरी संस्कृति ने आत्म के बारे में सोचा था, हिन्दू-मुसलमान-मलेच्छ होने के बारे में सोचा था। ब्राह्मण-शूद्र होने के बारे में भी। लेकिन "भारतीय होना? यह क्या था?

पाँच-छह सौ से ज़्यादा रजवाड़ों में बसा यह देश। राजाओं के पराक्रम के अनुसार हर दस-बीस बरस में बदलता नक्शा। भारत के पुराने नक्शे देखिये। दो-ढाई हज़ार साल पुराने

नक्शे आसानी से इंटरनेट पर हैं। कभी भारत पश्चिम में अफ़गानिस्तान तक फैला है, लेकिन दक्षिण में महाराष्ट्र से नीचे नहीं।

पाकिस्तान में तक्षशिला की तरफ़ जाइये, जहाँ सिकंदर-पोरस युद्ध हुआ था, सिन्धु नदी की बाढ़ से डर कर सिकंदर लौट गया था। वहाँ साधारणतः घुंघराले बालों वाले, गोरे, साढ़े छह फ़ीट ऊँचे सुदर्शन पुरुष आपको दिख जायेंगे। यवनों के रक्त-बीज। कम्बोडिया जाइये, दक्षिण के चोल राजा वहाँ अंगकोर वाट बनवा रहे थे। श्रीलंका के पोलोन्नुरुवा में शिव मन्दिर हैं, राजा बौद्ध था, रानी हिन्दू।

क्या यात्राएँ हमें आत्म-बिम्ब दे सकती हैं? हमारी सांस्कृतिक अस्मिता की पहचान दे सकती हैं?

जैसे ही राष्ट्रवाद की संकीर्णता जड़ पकड़ती है, पहले विश्व युद्ध के बाद, अँग्रेज़ी राज के खिलाफ़ भारत-भारत का शोर मचता है, कट्टरता बढ़ती है, टैगोर हमें चेताते हैं, हम हमेशा से सार्वभौमिक रहे आये हैं, केवल भारतीय नहीं!

यह चेतना टैगोर में कहाँ से आयी होगी? उपनिषदों के ज्ञान से? अपनी अन्तहीन यात्राओं से?

उन्होंने देखा होगा, कैसे भारत की मनीषा बिना घोड़े-तलवार के, बिना किसी देश का पुस्तकालय जलाये, केवल अपने मनीषियों के जीवनचरित से आधी से ज़्यादा दुनिया को अपना बनाती आयी है।

क्या यात्राएँ हमें एक उदात्त, एक सम्पूर्ण, मनुष्य बना सकती हैं?

हम यहाँ यात्रा-वृतान्तों पर चर्चा करने इकट्ठा हुए हैं। मैं आपके साथ मिलकर उन्हें किसी बड़े परिप्रेक्ष्य में समझने का प्रस्ताव रखती हूँ।

यदि शाश्वत समय कोई संरचना है और उसमें मनुष्य के बौद्धिक उद्यमों के तरह-तरह के खांचे हैं, मनुष्य ने यदि इस सृष्टि को अपनी जिज्ञासा से कई तरह से उधेड़ा-बुना है, तो यात्रा-वृतान्तों के बिना इसकी तसवीर पूरी नहीं बनती।

जो वैज्ञानिक नासा में टेलीस्कोप लगाये आसमान की गतिविधि देखता है, जो वैज्ञानिक ईश्वर का "हिग्स बोसोन" तत्त्व ढूँढ निकालता है, वह भी यात्री है, और जिसे अन्तरिक्ष में दूर-दूर तक जा कर भी ब्रह्मांड का कर्ता नहीं दिखता, वह भी।

लेकिन यात्री– स्वयं– वह कौन है?

वह नहीं जो आपसे अपना सच-झूठ कह कर अगले स्टेशन पर उतर जायेगा। बल्कि वह जो आपके भीतर सन्नाटा छोड़ जायेगा। जहाँ आप सृष्टि की बुदबुदाहट सुनेंगे।

हर यात्री कुछ बताना चाहता है, पर बता नहीं पाता।

'I can tell, there I have been
But where? I can not say'

जैसा कि बहुत पहले एक कवि कह गया था।

(सेंट थॉमस कॉलेज, कोज़ेनचेरी, केरल के तत्त्वावधान में 22-25 सितम्बर, 2015 को हुई "यात्रा-वृतान्त व सांस्कृतिक आदान-प्रदान" अन्तर्राष्ट्रीय संगोष्ठी में दिया गया बीज-भाषण)

# वनजा का इकोफ़ेमिनिज़्म

*अनामिका*

सांख्य के इस पक्ष से बनजा की गुपचुप सहमति भले हो, पर आधुनिक स्त्रीवादियों की तरह वे भी इकोफ़ेमिनिज़्म के आन्दोलनधर्मी पक्ष से बात शुरू करती हैं, यानी पश्चिमी विचारकों जैसे रेचल सर्सल, मैडम नेस्बा किंग, मेरी रेड़फोर्ड रूथर ग्रेटा गार्ड आदि से।

पेदू केल्ली हीलिंग द व्यूँड्ज नामक पुस्तक की भूमिका में वैश्विक बहनापे की चर्चा करती है, और उसके विकास में "चिपको आन्दोलन (भारत) ग्रीन होम कॉमन (इंग्लैण्ड), 'क्रीम रीलिजन' (पूरा सोवियत यूनियन) आदि की भूमिका भी स्पष्ट है। इस क्रम में साली मकधाग की द बॉडी ऑफ गॉडः ऐन इकोलोजिकल थियोलॉजी की सम्यक् चर्चा करती हुई वनजा कहती हैं कि हरित अध्यात्म के लिए सबसे महत्त्वपूर्ण है अमूर्तीकरण अर्थात् अमूर्त ज्ञान (द्वंद्वात्मक मन और शरीर) और अमूर्त कर्म (ईश्वर और संसार) के बीच करुणामय सामंजस्य स्थापित करना।

बेकन और गेटे के प्रकृति विषयक विचार आमने-सामने रखकर और 1970 से 2000 तक के पूरे इको फेमिनिस्ट आन्दोलन का गम्भीर ब्योरा देने के बाद वनजा पौर्वात्य और पश्चिमी मिथकों, लोकगीतों, कहावतों और नारों के आलोक में पृथ्वीवादी विकास का एक प्रज्ञापूर्ण मॉडल सामने रखती हैं और हिन्दी साहित्य में इस मॉडल की झलकें ढूँढती हुई अलमा कबूतरी, कठगुलाब, दस द्वारे का पिंजरा, कामायनी, पहला राजा आदि से लेकर महादेवी वर्मा और अन्य स्त्री कवियों के प्रकृति-दर्शन पर सम्यक् टिप्पणियाँ भी करती जाती है। अज्ञेय और निर्मल वर्मा के चिन्तन– पक्ष और स्वयं प्रकाश की कहानियों के बाद वनजा कौशल्या बैसन्त्री के दोहरा अभिशाप और समकालीन हिन्दी उपन्यासों की लोकचेतना के अन्तर्दृष्टिपूर्ण विश्लेषण तक भी आती है। एक अलग अध्याय में अज्ञेय रचित हीलीबोन की बतखें की विनिर्मिती तो उन्होंने क्लासकीय गरिमा के साथ की हैः 'हरी घास पर क्षण भर' की भाषा का हीली बोन के क्रमिक आत्मिक विकास में मद्धिम समायोजन तो अनूठा जान पड़ता है जब वे कहती हैं: 'उसका अहं थी बतखें'। अहं से मुक्ति, जीव-जन्तुओं की संवेदना तक क्षुद्र अहं के विस्तार में ही निजात देखती नयी स्त्री मानव-मात्र की मुक्ति का कारक कैसे बनती है– वनजा इसका बहुत धारदार प्रकाशन करती है।

अज्ञेय और निर्मल वर्मा के चिन्तन-पक्ष की 'गहन-पारिस्थितिकी' की भी गवेषणा वनजा ने मनोयोग से की है। जॉन पा और जॉन सेशंस की सैद्धातिकी रेखांकित करती हुई वे स्थापित करती हैं कि गहन पारिस्थिति के मुख्य आधार भी अनुभव, अवबोध और आविष्कार ही हैं– "अनुभव की अग्नि में शुद्ध की गयी आन्तरिक दृष्टि" जो प्रकृति के साथ तादात्म्य प्राप्त करने और समस्त चराचरों के साथ अपने को प्रतिष्ठित करने में मनुष्य को कामयाब और प्रत्येक

विकास-योजना और राजनैतिक व्यवस्था को प्रकृति के सौन्दर्य-संरक्षण के लिए बाध्य करें।

इस क्रम में प्रसाद, महादेवी वर्मा, जगदीशचन्द्र माथुर, अज्ञेय, मृदुला गर्ग, मैत्रेयी पुष्पा आदि की प्रमुख कृतियों में अनुस्यूत गहन पारिस्थितिकीय चेतना के अलावा वे निर्मल वर्मा के चिन्तनप्रधान निबन्धों में रेखांकित मिथकीय अवचेतन की भी सजग चर्चा करती हैः "निर्मल वर्मा ने याद दिलाया कि मिथक और इतिहास के बीच महाकाव्य एक सेतु है जो पुरातन स्पप्नों को काव्यात्मक ढाँचे में अवतरित करता है... रूपक और मिथक से तर्क की ओर बढ़ती हुई (मनुष्यता) (एक खास तरह के) ऐतिहासिक विकास को रेखांकित करती है। इसके फलस्वरूप मनुष्य की सामूहिक अवचेतना धीरे-धीरे व्यक्ति की आत्मचेतना में परिणत होने लगी थी...लेकिन बाद में महाकाव्य प्रकृति से छिटक गये।"

पश्चिम की द्वैतवादी संस्कृति और भारत के चक्राकार काल-क्रम पर ज्ञानवर्द्धक टिप्पणियाँ करती हुई वनजा यह भी रेखांकित करती हैं कि क्यों भारतीय दर्शन में "काल" और "कला" का एक ही देवता है– शिव... और यही शिव प्रकृति-दोहन या शक्ति-दोहन पर कुपित प्रलय का कारक कैसे बनता है– वनजा इस ओर भी सम्यक इशारा करती है। वनजा यह भी गहन धैर्य से बताती है कि डी.डी.टी के उपयोग से प्राणियों और पक्षियों के सतत विनाश और अंधे विकास की ऐसी अनेक योजनाओं के कारण 'मौन पड़ा वसन्त', 'असाध्य वीणा', 'बन्धु हैं नदियाँ', 'हरी घास पर क्षण भर', 'हिरोशिमा', 'बाबरा अहेरी', 'नन्दा देवी'– जैसी कविताओं में कैसे अवरुद्ध कंठ से बोलता है। आधुनिकतावादी कशमकश के पहले भी प्रसाद की कामायनी, महादेवी की कविताएँ और मेरा परिवार और अतीत के चलचित्र-जैसी रचनाएँ कैसे उस गहन पारिस्थितिकीय चेतना का अग्रकथन करती है जो बाद में कठगुलाब (मृदुला गर्ग), अलमा कबूतरी (मैत्रेयी पुष्पा), दोहरा अभिशाप (कौशल्या बैसन्त्री) आदि उपन्यासों, स्वयं प्रकाश की कहानियों और समूचे भारतीय भूखण्ड की स्त्री-दलित आदिवासी रचनाओं में चटक कर फूला।

कुछ पुराने आलोचक सारांशवादी समीक्षा के विपक्ष में खड़े नज़र आते हैं, किन्तु वनजा की यह पुस्तक इस बात का भास्वर प्रमाण है कि सार-संक्षेपमूलक आलोचना भी कितनी अन्तदृष्टिपूर्ण हो सरती है। तथ्यों के जंगल से वनजा वनदेवी का धीरज और विवेक दिखाती हुई ऐसे संदीप्त क्षण, प्रसंग, किरदार, संवाद और कथा-मोड़ चुनती हैं जो उनकी बात स्थापित करने में उपयोगी हों। जैसे लेखक बिखरे हुए जीवन से चुनिन्दा क्षण छाँटकर अपनी रचना में उनका एक सुन्दर प्रतिसंसार रचता है, आलोचक को भी चाहिए कि वह रचनाओं के भास्वर क्षण छाँटकर एक और छोटा प्रतिसंसार रचे, एक ऐसा नन्हा शीशमहल, एक ऐसा माइक्रो-माइक्रोकॉज्म जो समीक्षित कृति के प्रति वह पूर्वराग जगा दे जो रत्नसेन के मन में पद्मावती के लिए हिरामन तोते ने जगाया था।

वनजा मलयालम जैसी समृद्ध भाषा की चिन्तक हैं, पर उनकी हिन्दी वैसी ही प्रांजल है जैसे प्रांजल फ्रेंचभाषी मॉनरैड की अँग्रेज़ी थी। बहुलतावादी विश्व का अवलम्ब बहुभाषिकता ही तो होगी। हर भाषा का अपना एक विशिष्ट विश्वबोध होता है, इस तर्क से जितनी भाषाएँ जानिए, उतनी ही संश्लिष्ट आपकी विश्वदृष्टि बनेगी। बनजा जैसे अहिन्दीभाषी हिन्दी विद्वानों की सूची बहुत लम्बी नहीं है।

# स्त्री सर्जनात्मकता : ऐतिहासिक सन्दर्भ

*नमिता सिंह*

आदिम समाज मातृसत्तात्मक था। उत्पादन का साधन केवल जानवरों का शिकार और जंगलों में घूमते हुए भोजनोपयोगी खाद्य-सामग्री का संग्रहण था जिसमें स्त्री की नेतृत्वकारी भूमिका थी। सामाजिक विकास के इस प्रारम्भिक चरण में जहाँ केवल मानव समूह थे और स्त्री-पुरुष यौनिक इकाई, स्त्री का नेतृत्व सर्जनात्मकता के कारण ही था जो सन्तानोत्पत्ति के अलावा जीवनोपयोगी उत्पादन के काम में प्रमुख भूमिका के रूप में तथा समूह के संचालन के रूप में मान्य था।

सामाजिक विकास के अगले चरण में जब उत्पादन के साधन के रूप में कृषि आधारित व्यवस्था स्वरूप ग्रहण करने लगी और स्थायी रूप से मानव समूह विभिन्न क्षेत्रों में बसने लगे तो उत्पादन और भोजन सम्बन्धी व्यवस्था का मुख्य कार्यभार पुरुषों के हाथ में आ गया। कृषि-उत्पादों के विकास और आवश्यकता से अधिक अतिरिक्त उत्पादों के संग्रहण ने जहाँ लेन-देन की प्रणाली विकासित की और व्यापार की ओर प्रेरित कर पुरुष वर्चस्व के सामाजिक स्वरूप का विस्तार कर उसे मज़बूत किया वहीं "परिवार" के स्वरूप को भी धीरे-धीरे व्यवस्थित-संगठित कर स्त्री को अन्तःपुर की ओर धकेल दिया गया। उत्पादन सम्बन्धी व्यवस्था में स्त्री भूमिका नगण्य होने लगी तो सामाजिक विकास के परिदृश्य से भी वह गायब होने लगी। समूहों के बीच परस्पर संघर्ष से प्राप्त भूमिधन और पशुधन के साथ अन्तःपुर में अवस्थित स्त्रियाँ भी सम्पत्ति के रूप में गिनी जाने लगीं। स्त्री जीवन को सन्तानोत्पादकता तक सीमित कर कृषि-आधारित विकासित सामन्ती समाज में स्त्रियाँ अब पुरुष की सम्पत्ति थीं जिनका संग्रहण-संरक्षण न केवल उसका दायित्व था, बल्कि समाज में उसकी प्रतिष्ठा का प्रतीक भी था। स्त्री का अस्तित्व केवल उसकी यौनिकता तक सीमित हो गया और अब वह पुरुष की भोग्या थी, सन्तानोत्पत्ति का साधन भर थी। इसके साथ ही परिवार की संरचना की अवधारणा विकासित हुई, उत्तराधिकार के प्रश्न उठे तथा स्त्री की भूमिका और अधिक सीमित होंगे वंशबल के दायित्व तक सिमट गयी।

भूमी का स्वामित्व, पशुधन और सम्पत्ति की रक्षा पुरुष के शौर्य और पराक्रम पर निर्भर था लेकिन स्त्री जो उसी तरह हाड़-मांस की बनी थी, मन और मस्तिष्क के गुणों से परिपूर्ण थी, विचार और संवेदना के संवेगों से संचालित थी– उसे जड़ और मूक बनाना, विचार शून्य उद्वेग और संवेदना रहित बनाना कैसे होता? उत्तर-वैदिक काल तक वर्णव्यवस्था स्थापित हो चुकी थी। बड़े भू-स्वामियों का वर्चस्व, मुख्य उत्पादन के संसाधन के रूप में कृषि का विस्तार दासों और शूद्रों के रूप में सस्ते या मुफ्त श्रम की माँग करता था। इसलिए लम्बे समय तक संहिताओं और स्मृतियों के रूप में सामाजिक नियम-कानूनों का निर्माण होता रहा। उपनिषद्, पुराण आदि धर्मग्रन्थों ने सामाजिक और राजनैतिक व्यवस्था के सन्दर्भ में जहाँ चारों वर्णों की भूमिका को न सिर्फ स्थापित किया बल्कि उसे पुरुष वर्चस्ववादी दृष्टि से व्याख्यायित करते हुए नीति-रीति

बना नियमबद्ध कर कठोरता से लागू किया। सामाजिक संगठन में ब्राह्मणों की आधिकारिक भूमिका पूर्णतः मान्य हो चुकी थी। राज्य व्यवस्थापक और सामाजिक व्यवस्थापक के रूप में क्षत्रिय और ब्राह्मण समुदाय परस्पर सहयोगी थे। स्त्री जो अब मात्र भोग्या के रूप में थी और जननी का दायित्व वहन कर रही थी वह भी चतुवर्णीय ब्राह्मणवादी व्यवस्था के नियम-कानूनों से संचालित थी। इस प्रकार दास, शूद्र और स्त्रियों के अमानवीय शोषण के सामाजिक नियम अब धर्मशास्त्रों द्वारा सम्मत थे जिसे राज्य-व्यवस्था का समर्थन प्राप्त था और जिनके विरुद्ध जाने का किसी समाज-इकाई या समूह का साहस नहीं था, क्योंकि इस दशा में कठोर दण्ड विधान की व्यवस्था थी।

इस पृष्ठभूमि के साथ आज के सन्दर्भों में स्त्री सर्जनात्मकता की बात करना शताब्दियों की यात्रा की पड़ताल करना जैसा है। मानव समाज के विकास का इतिहास वास्तव में शूद्रों और स्त्रियों के निरन्तर बढ़ते अवमूल्यन और शोषण का इतिहास है।

धर्म सम्मत सामाजिक नियम-कानूनों ने स्त्री को घर की चारदीवारी के भीतर सीमित कर उसे सामाजिक विकास की मुख्य धारा से अलग किया लेकिन उससे भी अधिक अपराधिक कृत्य हुआ उसे मानसिक-वैचारिक स्तर पर गुलामी की जंजीरों से जकड़ना। आज 21 वीं सदी में जब बड़े सामाजिक परिवर्तनों के हम गवाह हैं लेकिन मानसिक गुलामी की जहनियत को दूर करना कितना मुश्किल है और इस बदलाव में कितने युग बीतेंगे.. कहा नहीं जा सकता। इसके बावजूद स्त्री सर्जनात्मकता ने पिछड़े डेढ़-दो सौ वर्षों में न केवल अपनी प्रभावी उपस्थिति दिखाई है बल्कि इतिहास में नये आयाम भी रचे हैं। आज स्त्री-लेखन साहित्यिक चर्चा में एक मुख्य विषय है। समकालीन स्त्री रचनाकारों ने ऐतिहासिक-सामाजिक विकास क्रम की स्थितियों में बड़ी सीमा तक संविधान-प्रदत्त बराबरी के अधिकारों का उपयोग करते हुए अभिव्यक्ति की स्वतन्त्रता प्राप्त की है। सदियों से दबी-कुचली स्त्री की आवाज़ को शब्द दिये हैं तथा समकालीन सन्दर्भों में स्त्री-स्वातन्त्र्य और समानता के विभिन्न आयामों को अपनी समकालीन सन्दर्भों में स्त्री-स्वातन्त्र्य और समानता के विभिन्न आयामों को अपनी सर्जनात्मकता द्वारा साहित्य में स्थापित किया है। आज न सिर्फ हिन्दी बल्कि अन्य भारतीय भाषाओं में स्त्री-जीवन के प्रश्नों और मनोभावों को लेखन का विषय बनाकर भारतीय साहित्य को समृद्ध किया गया है। स्त्री लेखन आज साहित्य के केन्द्र में है लेकिन इस स्थिति तक पहुँचने के लिए प्रारम्भिक अवस्थाओं में जिन सर्जक-साधकों ने संघर्ष किये, वह बेहद महत्त्वपूर्ण हैं। आज समाज-संस्कृति की जिस ठोस धरती पर स्त्री-लेखन अपने मज़बूत पैरों पर खड़ा है, उस बंजर-पथरीली, काँटों भरी भूमि को हथियाने, उसे गोड़कर समत करने और आगे आने वाली रचनाकार पीढ़ी के लिए रास्ता बनाने का काम जो पूर्ववर्ती रचनाकारों ने किया, उनके अनथक संघर्ष का ऐतिहासिक महत्त्व है जो सर्जनात्मकता की राह में रोशनी बिखेरता हुआ प्रेरणा पुंज है। इसे स्त्री सर्जनात्मकता का ऐतिहासिक विकास क्रम ही कहा जा सकता है। यहाँ यह जोड़ना आवश्यक है कि यह परिवर्तन नवजागरण काल से पहले सम्भव नहीं था। हम इतिहास की बहसों में नहीं जाना चाहते। आजकल इस पर बहस हो रही है कि इसे नवजागरण काल कहा जाये या पुनर्जागरण कहना ठीक होगा। इतिहासकार इस समय के व्यक्तियों व समाज-सुधार आन्दोलनों की विसंगतियों, द्वन्द्वों और उसके सार्थक-अनर्थक पक्षों पर बौद्धिक बहस कर रहे हैं। तत्कालीन परिस्थितियों में बन रहे नये इतिहास के प्रत्यक्ष अनुभव और प्रमाणित स्थितियों

के आधार पर कहना समीचीन होगा कि अँग्रेज़ों के बढ़ते राजनैतिक प्रभाव ने जो सामाजिक वातावरण निर्मित किया और जिसे लोगों ने नवजागरण काल कहा, स्त्री जीवन के प्रति बदलाव का वातावरण उसी से पैदा हुआ। अँग्रेज़ी राज्य को सामाजिक भावभूमि पर मज़बूती देने के लिए मिशनरियों के शिक्षा प्रसार कार्यक्रमं के (कुछ हद तक) प्रतिक्रिया स्वरूप उपजे, क्योंकि यह सन्देश व्यक्त किया जा रहा था कि मिशनरी अँग्रेज़ी शिक्षा के साथ-साथ ईसाइयत की शिक्षा पर जोर देते हैं और धर्मान्तरण के लिए प्रोत्साहित करते हैं। भद्र समाज अँग्रेज़ी शिक्षा-दीक्षा के माध्यम से दुनिया के दूसरे भागों की समाज व्यवस्था, संस्कृति से परिचित हो रहा था। अपने भारतीय समाज की रूढ़ियों, वर्ण-व्यवस्था से उपजी भेदभाव की पद्धति, सती-प्रथा, बाल-विवाह जैसी कुरीतियों और विधवाओं की दुर्गति के बारे में परम्परावादी सोच से अलग नयी संवेदनशील दृष्टि से विचार कर रहा था। इसलिए स्त्री प्रश्नों पर, उनके प्रति दमनकारी परम्परागत व्यवस्था पर सवाल इसी काल में उठाये जा सकते थे। यंग बंगाल मूवमेण्ट के साथ ब्रह्मसमाज का बढ़ता प्रभाव और राम मोहन राय के अथक प्रयासों के बाद 1932 से सती-प्रथा निषेध कानून ने इस नवोन्मेषकारी वातावरण की शुरुआत कर दी थी।

इस नये बनते वातावरण में सबसे पहले स्त्री-शिक्षा का प्रश्न ही केन्द्र में आया, क्योंकि परिवर्तन के दरवाजे शिक्षा की कुंजी से ही खुलते हैं जहाँ से नयी सृजन की राहें निकलती हैं।

इस क्रम में साबित्री बाई फुले सम्भवतः पहली महिला शिक्षिका, पहली महिला शिक्षाविद के साथ ही पहली महिला कवयित्री और पहली महिला मुक्तिदात्री के रूप में स्मरण की जायेंगी। महाराष्ट्रीय समाज के पिछड़े वर्ग से आने वाली इस अविस्मरणीय महिला का विवाह महात्मा कहलाये गये समाज सुधारक, लेखक और विचारक ज्योतिबा फुले से हुआ था। उच्च जातियों की संकीर्णता और रूढ़वादिता के कारण नारकीय जीवन जीने को विवश अछूतों के सम्मान और अधिकार के लिए संघर्ष करने वाले ज्योतिबा फुले ने घर-परिवार, समाज का विरोध सहा और इसमें सावित्री बाई फुले कदम-दर-कदम साथ रहीं। पति की प्रेरणा और मदद से स्वयं पढ़ना-लिखना सीखा, शिक्षित हुई और फिर 1848 में प्रथम बालिका विद्यालय की स्थापना कर बालिकाओं को शिक्षा देने के काम में जुट गयीं। विद्यालय जाते समय रास्ते में सवर्ण समाज द्वारा उन पर गन्दगी-कीचड़ फेंका जाता, अपशब्द कहे जाते लेकिन सारी कठिनाइयाँ सहते हुए उन लोगों ने और भी विद्यालय खोले और शिक्षा के साथ-साथ सामाजिक न्याय के सभी आन्दोलनों में अग्रणी रहे। ज्योतिबा स्वयं कवि थे, लेकिन सावित्री बाई फुले भी कविताएँ लिखती थीं। स्त्री अधिकारों के लिए संघर्ष करते हुए उन्होंने लेख भी लिखे जिनका बाद में प्रकाशन हुआ। जाहिर हैं संघर्षों की आँच में तपे हुए हाथों की कलम से ही प्रेरणा के स्वर निकलते हैं।

श्रीमती रास सुन्दरी देवी (1817) उच्च कुलीन बंगाली परिवार से थीं जिनका विवाह बारह वर्ष की अवस्था में एक ज़मींदार परिवार में हुआ। स्त्री शिक्षा निषेध की परम्परानुसार रास सुन्दरी देवी भी शिक्षा से वंचित रहीं, लेकिन लिखने-पढ़ने की अदम्य आकांक्षा से उन्होंने जो प्राप्त किया उसने उन्हें स्त्री-लेखन के इतिहास में अग्रणी स्थान दिलाया। अपनी जन्म स्थल, छोटे से गाँव पाबना में उनके घर के निकट एक ईसाई मिशनरी महिला द्वारा लड़कों के लिए पाठशाला खोली गयी। वे पाठशाला से लगे अपने घर के कक्ष में सटकर बैठ जातीं और जो सुनतीं उसे आत्मसात करने की कोशिश करतीं। शादी के बाद बच्चे हुए, स्कूल जाने लगे। अपने बेटे की कॉपी और किताब से पृष्ठ फाड़कर वे रसोई घर में छिपाकर रखतीं और समय मिलने

पर छिप-छिपकर अध्ययन करतीं और लिखने का अभ्यास करतीं। इसी क्रम में उन्होंने अपनी जीवनी बाँगला में "आमार जीबोन" (मेरा जीवन) लिखी।

जब उनके पति का देहान्त हो गया, उसके बाद ही 1876 में वह पुस्तक प्रकाशित हुई। यह उनकी संस्मरणात्मक जीवनी है जिसमें उन्होंने अपने बचपन, बाल अवस्था में विवाह और विवाह के बाद अपनी ससुराल की स्थितियों और जीवन-परिस्थितियों का और साथ ही अपने पढ़ने-लिखने और शिक्षित होने की उत्कट आकांक्षा के लिए की गयी जद्दोजहद का वर्णन है। बाद में इसके संशोधित रूप में उन्होंने अपनी जीवनी का दूसरा भाग भी जोड़ा और उस समय उनकी आयु 88 वर्ष की थी। "आमार जीबोन" को विस्तृत जीवनी की प्रथम पुस्तक होने का गौरव प्राप्त है जिसे एक कुलीन वर्ग की एक महिला ने लिखा और उसने इसके लिए स्वयं ही अपने को शिक्षित किया। पुस्तक छपने में विलम्ब का वही कारण कि सामाजिक परम्पराओं के अनुसार स्त्रियों का शिक्षित होना, लिखना-पढ़ना निषेध था और परम्पराओं के विरुद्ध आचरण था। यही कारण है कि नवजागरण काल में अनेक कुलीन घरानों ने और शिक्षा ग्रहण करने की इच्छुक स्त्रियों ने ईसाई धर्म ग्रहण लिया। बन्धिनी स्त्री को सामान्य मनुष्यत्व के अधिकार प्रदान करने और उन पर होने वाले विविध अत्याचारों और सामाजिक कुरीतियों को दूर करने के लिए न केवल बंगाल में बल्कि मद्रास, महाराष्ट्र और उत्तरी भारत, पंजाब में भी इन विचारों का आन्दोलन के रूप में प्रचार-प्रसार हुआ। अँग्रेज़ों में स्त्री-पुरुष को समान अधिकार, स्त्री को शिक्षा के अवसर तथा समाज में उचित सम्मान मिलते देखकर बहुत लोग स्वेच्छा से ईसाइयत की ओर आकर्षित हुए। लेखक माइकेल मधुसूदन दत्त भी जो यंग बंगाल मूवमेण्ट का हिस्सा थे, उन्होंने ईसाई धर्म अंगीकार किया। बाद में पण्डिता रमाबाई और महाराष्ट्र में ही कृपाबाई सत्तीनन्दन ने भी तत्कालीन 'नवमूल्यबोध' और 'नयी सामाजिक व्यवस्था' से प्रभावित होकर ईसाई धर्म स्वीकार किया। कृपाबाई सत्तीनन्दन ने "सगुना" नाम का आत्म कथात्मक उपन्यास लिखा जो स्त्री-दृष्टि से लिखा गया अपने समय का दस्तावेज है। न केवल तत्कालीन हिन्दू समाज स्त्री की दयनीय स्थिति का, बल्कि ईसाई समाज में अँग्रेज़ और भारतीय ईसाई समाज के अंतर्द्वंद्वों को भी रेखांकित करता है। कृपाबाई सत्तीनन्दन के पिता हरिपत्त बंबई प्रेसिडेन्सी में ईसाई धर्म ग्रहण करने वाले पहले ब्राह्मण नवयुवक थे। उनके साथ उनका पूरा परिवार ईसाई हो गया। 'सगुना' उपन्यास का प्रथम प्रकाशन (1887-88) में मद्रास क्रिश्चियन कॉलेज की पत्रिका में धारावाहिक रूप से हुआ। इसका उपशीर्षक था– ये स्टोरी ऑफ नेटिव क्रिश्चियन लाईफ।" कृपाबाई (1861-1894) की मृत्यु के बाद यह उपन्यास पुस्तक रूप में छपा। 1998 में पुनःप्रकाशन के समय इसका शीर्षक कर दिया गये, "सगुना-द फर्स्ट ऑटोबायोग्राफिकल नॉवेल इन इंग्लिश बाय एन इण्डियन वुमेन।" (पत्रिका "आयीना"-अवधेश कुमार मिश्र/ बी.आर. रामन, अंक-2, सं. मंजु शुक्ला) दकन क्षेत्र में सती-प्रसंग, बाल-विवाह और उसके फलस्वरूप स्त्री के जीवन की विभीषिका, परदा प्रथा, पुरुषों के बहुविवाह, वैधव्य और उससे उठने वाली समस्याओं को यह उपन्यास छूता है।

आज से सवा सौ साल पहले 1882 में महाराष्ट्र की ताराबाई शिन्दे ने मराठ में एक चोटी-सी पुस्तक "स्त्री-पुरुष तुलना" लिखी। इस पुस्तिका में ताराबाई ने पराधीन स्त्री-समाज के सन्दर्भ में उस काल के तीन विषयों को प्रस्तुत किया है– (1) विधवाओं की दयनीय स्थिति और उन्हें पुनर्विवाह की अनुमति, (2) पुरुष प्रधान संस्कृति में विवाहित स्त्री का पुरुष द्वारा

शोषण, (3) पुरुष के दुर्गुण। ताराबाई पुस्तक में स्त्री-पुरुष के गुणों-अवगुणों की चर्चा करती हैं। उनकी आकांक्षा है कि सारे जग में स्त्रियों की स्थिति पर विचार हो और उसे समानता मिले। शास्त्रों पर आधारित रूढ़िवादी परम्पराएँ कितनी गलत हैं, यह वे तर्कसम्मत ढंग से सामने रखती हैं। लगभग एक शताब्दी बाद 1975 में इस पुस्तक की पहचान की गयी और श्री मालशे जी ने सबसे पहले इसे छपवाकर व्यापक पाठक जगत के सामने रखा। (हिन्दी अनुवादः जुई पालेकर) ताराबाई शिन्दे नवजागरण में अँग्रेज़ों द्वारा शिक्षा (विशेष रूप से स्त्री-शिक्षा) के प्रचार-प्रसार को उत्साहजनक मानती हैं। उत्तर भारत के बंगाल में स्त्री-शिक्षा की मुहिम बहुत तीव्र थी। विधवा विवाह के पक्ष तथा बाल-विवाह के निषेध समाज-सुधार आन्दोलनों के प्रमुख मुद्दे थे। महाराष्ट्र में यह प्रयास (बावजूद प्रार्थना समाज जैसे आन्दोलनकारी संगठनों के) बहुत धीमे और कमजोर थे। ताराबाई शिन्दे ने समाज-सुधारकों की उस प्रवृत्ती का भी विरोध किया जहाँ वे स्त्री सशक्तीकरण के लिए अँग्रेज़ों द्वारा उठाये गये कदमों की आलोचना करते थे और उसे अपने धार्मिक मामलों में हस्तक्षेप समझते थे। "स्त्री-पुरुष तुलना" में उन्होंने लिखा, "जब से यह राज शुरू हुआ, स्त्रियों को शिक्षा का वरदान मिला और उनमें इतनी मानसिक दृढ़ता आयी कि वे हर तरह की मानसिक और व्यावहारिक कठिनाइयों का हिम्मत से मुकाबला कर सकें। उनके दिल-दिमाग में घर बनाकर बैठा अज्ञान का अन्धकार दूर हुआ और उनमें यह समझ आनी शुरू हिई कि उनके लिए क्या भला और क्या बुरा है? किससे कैसा बर्ताव करना चाहिए और जीवन की गाड़ी सही ढंग से कैसे चलानी चाहिए? उन्हें यह भी समझ आने लगा कि सत्य क्या है, धर्म और पतिव्रत क्या है?"

ताराबाई शिन्दे की स्त्री-चेतना का सबसे महत्त्वपूर्ण प्रश्न उनकी यह समझ है कि मध्यवर्गीय पुरुष ब्रिटिश शासन द्वारा पेश नयी शिक्षा और सभ्यता को अपने लिए पूरी तरह हथिया लेना चाहते हैं, उसे स्त्रियों तक पहुँचने देना नहीं चाहते। आधुनिक ज्ञान एक शक्ति है। उससे लैस होकर पुरुष खुद को शक्तिशाली बनाना चाहते थे, और स्त्रियों को कमजोर ही रखना चाहते थे। अपने इस स्वार्थ को पुरुष सुधारकों ने राष्ट्रवाद के सिद्धान्त के आवरण में पेश किया कि ब्रिटिश शासन और सब मामलों में कानून बना सकता है और ज़रूर बनाये, लेकिन हमारे धर्म के मामले में हस्तक्षेप न करे। भारत अँग्रेज़ों का उपनिवेश भले ही बना रहे, लेकिन घर-परिवार पुरुषों का अपना उपनिवेश था। जहाँ ब्रिटिश शासन के कानून नहीं पहुँच सकते थे। राष्ट्रवाद की शक्ल में इस सिद्धान्त को सबसे पहले तिलकपन्थियों ने पेश किया और थोड़ा-बहुत विरोध करने के बाद सुधारकों ने भी इस "राष्ट्रवाद" के आगे सिर झुका दिया। (वीर भारत तलवार, तद्भव)

बंगाल में ब्रह्मसमाज के पुरोधा केशवचन्द्र सेन, रवीन्द्रनाथ टैगोर आदि भी स्त्री-शिक्षा की मुहिम में शामिल थे लेकिन स्त्री-सशक्तीकरण और स्त्री-मुक्ति के लिए किये जा रहे अँग्रेज़ों के प्रयासों को भारत की संस्कृति और आस्था में हस्तक्षेप समझते हुए उनका विरोध भी कर रहे थे। महाराष्ट्र में प्रार्थना समाज के संस्थापक और प्रखर आन्दोलनकर्ता महादेव गोविन्द रानाडे वहाँ के ब्राह्मण समाज के विरोध का सामना नहीं कर सके। वे स्त्री-शिक्षा के साथ-साथ बाल-विवाह का विरोध और विधवा-विवाह के समर्थक थे, लेकिन विधुर हो जाने पर उन्होंने दस वर्ष की कन्या रमाबाई के साथ विवाह रजाया। सती प्रथा पर कानूनी तौर पर प्रतिबन्ध लगने के बाद विशेष रूप से बंगाल में सती होने की घटनाएँ बढ़ गयीं। "अँग्रेज सरकार को कभी भी हमारे

धर्म के मामले में हाथ नहीं डालना चाहिए।" रूढ़िवादी समाज के लोगों द्वारा निरन्तर विरोध करने और ऐसा शोर मचाने पर ताराबाई ने सख्त प्रतिक्रिया की– "अँग्रेज़ों और तुम्हारे धर्म के बीच अब फर्क बचा ही क्या है? सिवाय अपनी जाति से बाहर विवाह न करने के। अँग्रेज़ों की कौन-सी प्रथा है जिसकी नकल भारतीय पुरुषों ने नहीं की?" यह छोटी-सी पुस्तक आज से सवा सौ साल पहले उभरती हुई स्त्री-चेतना का विस्फोट थी।

1882 में ही उत्तर भारत में आर्य समाजी विचारों से प्रभावित 'एक अज्ञात हिन्दू औरत' ने 'सीमन्तनी उपदेश' नामक पुस्तक लिखी जो न सिर्फ दबी-कुचली भारतीय स्त्री के जीवन का चीत्कार है बल्कि स्त्री के प्रति होने वाले अमानवीय शोषण और असम्मान पर पूरी तरह से प्रहार करता है।

पहली बार इस पुस्तक का प्रकाशन 01 फरवरी, 1982 ई. में हुआ। बाद में डॉ. धर्मवीर के प्रयासों से उनकी लम्बी भूमिका के साथ यह 1988 में पुनः प्रकाशित हुई। डॉ. धर्मवीर के अनुसार– "ऐसा प्रतीत होता है कि महिला पढ़ी-लिखी, कुलीन परिवार की थी, निःसन्तान थी, पंजाब की थी। धारदार भाषा में यह पुस्तक सम्भवतः पहले फारसी लिपि में लिखी गयी और किसी अन्य ने इसका देवनागरी में लिप्यान्तरण किया।"

तेईस शीर्षक के अन्तर्गत लिखे गये विषयों में कुछ इस प्रकार हैं– हिन्दी औरतों की हालत, जूती, हिन्दी औरतों की पोशाक, प्राचीन औरतों की हालत से आजकल की औरतों की निस्बत, औरतों के खराब होने के सब, बदमाशों की हालत, मुसीबतें, जवाब एक औरत का, विधवा की दूसरी शादी, एक निहायत दर्दनाक विधवा औरत का हाल पुरुष की हर रोज मार खाने से हाँड़ रहना अच्छा है। आजकल औरतों की गुजरान, राँड़ों पर सितम, औलाद की ख्वाहिश, पतिव्रता धर्म आदि। इन पर तत्कालीन समाज में औरतों की स्थिति पर कठोर टिप्पणियाँ हैं। 'निवेदन' में लेखिका अपनी "तमाम हिन्दी औरतों को उन लोगों को 'औतार' मान शुक्रिया अदा करने की बात करती है जो औरतों के हित और उनकी समानता, शिक्षा के अधिकार की बात कहते हैं और पत्र-पत्रिकाओं में लिखते रहते हैं। इनमें स्वामी दयानन्द सरस्वती के नाम का भी जिक्र है। "हिन्दी औरतों की हालत में वे हिन्दुस्तान की औरतों को ललकारती हैं और लम्बी नीदं से जगाने की कोशिश करती हैं। कुछ कथा का हाल लिखा जाता है"– लेख में लेखिका धर्मशास्त्रों में स्त्री के पातिव्रत्य धर्म की जिसकी कहानियाँ सुना-सुनाकर स्त्रियों को मूढ़ साबित कर मूक-बधिर की तरह रहने की शिक्षा दी जाती रही, उसकी धज्जियाँ उड़ाती हैं– "ऐ नेक भोली गरीब हिन्दनियों... तमुको पतिव्रता महात्म्य सुनाते हैं और तुम्हारे खाविन्दों को कोकशास्त्र और नायिका भेद, बहार ऐस और लज्जतुल निसा की पोथियाँ सुनाकर कहते हैं– इस दुनिया में जिसने दो-चार, दस-बीस कन्याओं से संग नहीं किया, उसका पैदा होना ही निष्फल है।" सवाल सौ साल पहले इस गुमनाम लेखिका ने जो अपना नाम उजागर करने का साहस नहीं कर सकी, अपने समय की "हिन्दू" औरतों की स्थितियों पर गम्भीरता से सोचा और विचारों को शब्द दिये, आगे आने वाली पीढ़ी की स्त्रियों के लिए पथ प्रशस्त किया कि वे अपनी पूरी पहचान के साथ अपने मन और मस्तिष्क को समाज के सामने रखने का साहस करेंगी। सबसे बड़ी बात कि यह अज्ञात हिन्दू औरत, 'हिन्दू' स्त्रियों में भेद नहीं करती। उसने शास्त्रों द्वारा किये गये 'ब्राह्मणी', 'क्षत्रीया', 'वैश्या' और "शूद्रा" के अन्तर को भी स्वीकार नहीं किया है। वह सम्यक् रूप से समस्त स्त्री-समाज के लिए चिन्ता करती है। सीमन्तनी उपदेश में पूरी संवेदना के साथ

लेखिका समाज में स्त्री के प्रति भेदभाव, उनकी शिक्षा का निषेध, पतिव्रता के नाम पर होने वाले अत्याचार, वैधव्य की दारुण स्थिति, विधवा विवाह के लिए उचित तर्क प्रस्तुत करते हुए स्त्रियों का औलाद के लिए अन्धा मोह और जेवर, पोशाकों के प्रति आसक्ति की भी आलोचना करती हैं। नवजागरण काल के समाज-सुधारों को सचमुच हृदय से आत्मसात कर उस "एक अज्ञात हिन्दू औरत ने 'हिन्दी' स्त्रियों को जिस प्रखरता और बेबाकी के साथ सम्बोधित किया वह निश्चय ही एक क्रान्तिकारी काम था।

उन्नीसवीं सदी के उत्तरार्ध और बीसवीं सदी के पूर्वार्ध की अवधि में जिन भारतीय महिलाओं ने अपनी मेधा, विद्वत्ता और सामाजिक क्षेत्र में आन्दोलनकारी व्यक्तित्व से समाज के बड़े हिस्से को प्रभावित किया तथा स्त्री स्वातन्त्र्य को सार्थक रूप में ग्रहण कर अपनी शर्तों पर जीवन जिया, पण्डिता रमाबाई उनमें अग्रणी है। संस्कृति की प्रकाण्ड विद्वान, शास्त्रों की विदुषी जिन्होंने भूख देखी, अकाल से मृत्यु का ग्रास बनते अपने ऋषि तुल्य विद्वान पिता व माता को देखा। अपने भाई के साथ भ्रमण करते हुए विद्वत सभाओं में भाषण-प्रवचन कर आजीविका के लिए जीवन-संघर्ष किया, जाति-भेद की परवाह न करते हुए प्रेम-विवाह किया और वैधव्य के बाद पूरी तरह समाज को समर्पित हो गयीं। बाल विवाह, वैधव्य, सती-प्रथा में बालिका का भस्म होना जैसे अमानवीय कृत्य उन्हें विचलित करते। अन्ततः उन्होंने ईसाई धर्म ग्रहण कर लिया और इंग्लैण्ड जाकर अँग्रेज़ी का ज्ञान हासिल किया। वे काँग्रेस के अधिवेशनों में शामिल हुईं और स्त्री-विरोधी कुप्रथाओं के खिलाफ अधिवेशन को संवेदित करने का भी प्रयास किया। समाज द्वारा तिरस्कृत विधवाओं, असहाय स्त्रियों, बालिकाओं के लिए आश्रम खोला और उन्हें स्वावलम्बी बनाने के लिए शिक्षित करने व प्रशिक्षण के कार्यक्रम चलाये। घोर आलोचनाओं व संकटों के बीच भी दृढ़ रहीं। उनकी आत्मकथा बेहद प्रेरित करती है जो अपने समय के भारतीय समाज, आन्दोलनों की स्थिति, स्त्रियों के प्रति समाज की संवेदनहीनता, समाज सुधारकों के चिन्तन और कार्य-शैली की विसंगतियों और द्वन्द्वों तथा राजनैतिक परिस्थितियों का वस्तुपरक-यथार्थ आकलन कर एक ऐतिहासिक दस्तावेज प्रस्तुत करती है। 1888 में उनकी पुस्तक "दा हाई कास्ट हिन्दू वुमन" न सिर्फ प्रकाशित हुई बल्कि बेहद चर्चित भी हुई। वे लगातार पत्र-पत्रिकाओं में स्त्रियों की विभिन्न समस्याओं को केन्द्र में रखकर लेख और पत्र लिखती रहती थी। 1882 में शिक्षा सम्बन्धी परिस्थितियों के आकलन और वस्तुपरक सुझावों के लिए हण्टर कमीशन का गठन हुआ तो पण्डिता रमाबाई ने स्त्री-शिक्षा सम्बन्धी अनेक महत्त्वपूर्ण और व्यावहारिक सुझाव भी दिये। स्त्रियों के स्वास्थ्य और चिकित्सा सम्बन्धी उनके सुझाव तथा महिला चिकित्सकों द्वारा ही स्त्रियों की जाँच और इलाज के लिए उनका आग्रह अन्ततः फलीभुत हुआ। भारत में महिलाओं की चिकित्सा के लिए डफरिन महिला अस्पतालों की एक पूरी श्रृंखला तैयार हो गयी।

पण्डिता रमाबाई सरस्वती को ये उपाधियाँ उनकी विद्वता के आधार पर विद्वत सभा के लोगों ने प्रदान कीं। अपने प्रखर चिन्तन, संघर्ष और क्रान्तिकारी-सामाजिक आन्दोलनकर्ता के रूप में भारतीय स्त्रीत्व की सर्जनात्मकता का प्रतीक कही जा सकती हैं।

"एक अज्ञात हिन्दू औरत की तरह 'बंग महिला' (जन्म 1882) के नाम से राजेन्द्रबाला घोष ने भी बीसवीं सदी के पहले दो दशकों में अपनी रचनात्मकता के साथ साहित्य में प्रवेश किया और अपनी सिर्फ जगह ही नहीं बनायी बल्कि हिन्दी कथा-साहित्य के लिए नयी भावभूमि

भी तैयार की। जहाँ स्त्रियों के लिए शिक्षा का न सिर्फ निषेध हो, बल्कि उसे धर्म-विरुद्ध भी समझा जाये, ऐसे समय में उत्तर प्रदेश के मीरजापुर के पढ़े-लिखे बंगाली परिवार की पुत्री भी अपने असली नाम से लिखने का साहस नहीं जुटा सकी। शिक्षित परिवार होने के बावजूद तत्कालीन परम्परा के अनुसार उनकी शिक्षा-दीक्षा घर पर ही हुई जहाँ पिता और भाइयों द्वारा निर्मित पढ़ने-लिखने का वातावरण था। बंगा महिला ने हिन्दी में कहानियाँ लिखीं, लेख लिखे और मुख्यतः स्त्री-समाज को सम्बोधित करते हुए उसके पिछड़ेपन और घर की चारदीवारी में कैद होकर रहने को ही अपनी नियति बना लेने की प्रवृत्ति पर प्रहार भी किया। बीसवीं सदी के पहले दशक में कहानी के स्वरूप को विधा के रूप में स्थापित करने वाली पत्रिका 'सरस्वती' (सं. महावीर प्रसाद द्विवेदी) में उनके नाम से तीन कहानियाँ छपीं, 'कुंभ में छोटी बहू', 'चन्द्रदेव मेरी बातें' तथा 'दुलाई वाली'। विडम्बना ही कही जायेगी कि उनकी पहली दो रचनाओं पर सन्देह करते हुए इन्हें बँगला कृतियों का अनुवाद माना गया। बीसवीं सदी के पहले दो रचनाओं पर सन्देह करते हुए इन्हें बँगला कृतियों का अनुवाद माना गया। बीसवीं सदी के पहले दशक की कहानियों के संकलन में डॉ. भवदेव पाण्डेय ने 'कुंभ में छोटी बहू' को बंगा महिला द्वारा लिखी गयी कहानी के रूप में स्थान दिया है। डॉ. भवदेव पाण्डेय स्वयं मीरजापुर के रहने वाले थे और राजेन्द्रबाला घोष (बंग महिला) की प्रकाशित और अप्रकाशित पाण्डुलिपियों को हस्तगत कर उन्होंने गहन शोध कार्य किया था। वे इसे बंग महिला की मौलिक रचना मानते हैं। किन्ही कारणों से स्वयं बंग महिला ने जो इस कहानी पर टिप्पणी दी कि यह उनकी माँ द्वारा लिखित कहानी का अनुवाद है– सत्य नहीं है। उनकी माँ इतनी पढ़ी-लिखी नहीं थीं। यह मौलिक रचना कहीं प्रकाशित नहीं हुई। उनकी माँ के नाम से अन्य कहीं कुछ नहीं छपा। भाषा-शैली भी बंग महिला की अन्य कहानियों के समान ही है। 'कुंभ में छोटी बहू' कहानी में पहली बार ग्रामीण समाज के परिवेश में एक निम्नमध्यमवर्गीय परिवार को कथा के केन्द्र में रखा गया है। विषय-वस्तु की दृष्टि से भी कुंभ के महात्म्य और गंगा स्नान से जुड़ी धार्मिकता को केन्द्र में रख आलोचनात्मक स्वर में लिखी गयी यह एक साहसिक कहानी थी जिसने कथा-साहित्य के उद्देश्य और फलक को विस्तार देने की शुरुआत की। पहली बार विस्तार से पात्रों का चरित्र-चित्रण, प्रभावी संवाद और पारिस्थितिक वर्णन है। आगे चलकर कथा-सम्राट प्रेमचन्द ने इसी भावभूमि पर आधारित अपनी कहानियों और उपन्यासों की रचना की। उस समय जब हिन्दी गद्य का विकास हो रहा था तथा कथानक अधिकतर समाज-सुधार दृष्टि से निर्मित होते थे उस समय 'कुंभ में छोटी बहू' ने आधुनिक कथा-साहित्य के निर्माण की नींव तैयार की। अफसोस ये है कि हमारे साहित्य-इतिहास के लेखक-विद्वानों ने उन्हें केवल 'दुलाई वाली' जैसी कहानी लेखिका तक सीमित कर दिया। 'दुलाई वाली' एक रोचक, हास्य व्यंग्य से परिपूर्ण सधी हुई रचना है जो 1907 में "सरस्वती में छपी थी।

प्रारम्भ में बंग महिला की रचनाएँ साहित्यिक पत्रिका 'आनन्द कादंबिनी' (सं. प्रेमघन) में छपीं। फिर 'समालोचक', 'सरस्वती' सहित सभी तत्कालीन पत्र-पत्रिकाओं में वे सम्मानपूर्वक छपती रहीं। उनकी कहानियों और लेखों के अलावा उनके द्वारा अनूदित साहित्य का संग्रह 'भारतेन्दु स्मारक ग्रन्थ मालिका' श्रृंखला का शुभारम्भ उसके प्रथम अंक के रूप में हुआ और जिसका नामकरण श्रृंखला सम्पादक रामचन्द्र शुक्ल ने 'कुसुम संग्रह' किया।

'चन्द्रदेव से मेरी बातें' आख्यायिका जो 1904 में सरस्वती में छपी, बंग महिला के

साहसिक लेखन का दस्तावेज है। हिन्दी में सम्भवतः पहली बार आत्म कथ्यात्मक शैली में सामयिक स्थितियों का उद्घाटन सम्बोधन के स्तर पर किया गया है। उन्होंने अँग्रेज़ शासकों के अनुग्रह पर जीने वाले भारतीयों पर व्यंग्य कर उनकी भरपूर खिल्ली उड़ायी है। "आत्मकथ्य और अभिकल्पना शैली के मिश्रित रूप से कथा-लेखन की जो विधा व्यवहृत हुई वह आज के ललित निबन्धों के रूप में सामने आयी है"– (बंग महिलाः नारी मुक्ति का संघर्ष– भवदेव पाण्डेय)। अपने लेखों में शिक्षा की ओर उन्मुख करते हुए बाल-विवाह तथा विधवाओं की स्थिति पर उन्होंने बेबाकी से अपनी राय रखी। उन्होंने लिखा कि भारतीय स्त्री का जीवन रसोईघर से लेकर शय्या तक सीमित हो जाता है। तत्कालीन ब्रिटिश साम्राज्य से नजदीकी बढ़ाने के लिए उत्सुक मध्यवर्गीय हिन्दुस्तानी नौजवानों पर उन्होंने अपनी रचनाओं में बहुत व्यंग्य किया है। बंग महिला ने अपने लेखों में निरन्तर स्त्री-शिक्षा के लिए जोरदार वकालत की और बाल-विवाह, विधवाओं की स्थिति के साथ-सथ स्त्री-पुरुष के बीच भेदभाव और स्त्रियों को शिक्षा के अधिकार से वंचित रखने पर क्षोभ जताया है। उन्होंने यूरोप की महिलाओं को शिक्षा और सम्मान में बराबरी का स्थान, अपनी इच्छा और पसन्द से विवाह करने के तथा वैवाहिक जीवन अनुकूल न होने पर सम्बन्ध विच्छेद के अधिकार की भी सराहना की, तो हालाँकि उनके इन प्रगतिशील विचारों की भरपूर आलोचना भी होती रही। बंग महिला अपनी कलम के माध्यम से बीसवीं सदी के आरम्भिक काल में नारी-मुक्ति अभियान की एक महत्त्वपूर्ण इकाई बनीं।

लगभग इसी कालखण्ड में रुकैया खातून, (1884) का जन्म रंगपुर (जो अब बँगला देश में है। जिसने के पेराबाउड़ में एक जमीदार परिवार में हुआ था। परिवार के कड़े नियम, बचपन से ही कट्टर पर्दा-प्रथा, सिवाय कुरान के शिक्षा का निषेध जैसे परिवार के कड़े नियम उन्होंने झेले। रुकैया की शिक्षा के प्रति तीव्र इच्छा देख रात को मोमबत्ती जलाकर उनके भाई अँग्रेज़ी के प्रारम्भिक पाठ पढ़ाने लगे। सोलह वर्ष की अवस्था में भागलपुर के डिप्टी मजिस्ट्रेट सैयद सखावत हुसैन से जो अधेड़ उम्र के विधुर थे, विवाह हो गया। विवाह के बाद पति ने उनकी शिक्षा के प्रति तीव्र इच्छा देखकर अँग्रेज़ी सीखने में मदद की। रुकैया खातून 13 वर्ष बाद ही वे विधवा हो गयीं, लेकिन फिर उन्होंने भागलपुर में सखावत मेमोरियल गर्ल्स स्कूल शुरू किया। कुछ समय बाद ही बारिवारिक विरोध के चलते अन्ततः स्कूल को कलकत्ते स्थानान्तरित करना पड़ा। 11 बच्चियों से शुरू हुआ यह स्कूल उनकी मृत्यु के बाद सरकारी नियन्त्रण में आ गया और आज "सखावत मेमोरियल गवनर्मेण्ट गर्ल्स स्कूल" के रूप में एक प्रतिष्ठित शिक्षा केन्द्र है।

रुकैया खातून की एक बेहद चर्चित और बहु उद्धृत कहानी हैः ड्रीम ऑफ सुल्ताना (हिन्दी अनुवादः सुल्ताना का सपना) जिसमें एक लड़की जो अपने चारों ओर स्त्री पराधीनता के सामाजीक वातावरण से मुक्ति पाना चाहती है वह कल्पना में सपना देखती है जो यथार्थ की परिस्थितियों से बिल्कुल उलट है। सपने में सुल्ताना को वही स्थितियाँ उपलब्ध हैं जिनका उपभोगा दैनन्दिनी में लड़के या पुरुष समाज करता है। अँग्रेज़ी में लिखी गयी इस कहानी का अनेक भाषाओं में अनुवाद हुआ।

स्त्री-शिक्षा के लिए समर्पित रुकैया सखावत हुसैन का साहित्य में भी बड़ा योगदान है। वे उन प्रारम्भिक महिलाओं में हैं जिन्होंने स्त्री-विरोधी सामाजिक और धार्मिक रूढ़ियों के विरुद्ध तर्कपूर्ण ढंग से लिखा और साथ ही साहित्य-सृजन में योगदान दिया। बाँग्ला भाषा में उनकी

अनेक पुस्तकें हैं– मोतीचूर-प्रथम खण्ड (1904), मोतीचूर-द्वितीय खण्ड (1922)। मोतीचूर में अनेक निबन्ध ठोस तर्कों पर आधारित हैं। उन्होंने साहसपूर्वक लिखा– "धर्मों की पुस्तकें आचरण-संहिताओं तथा पुरुषों द्वारा दियेगये निर्देशों के अतिरिक्त और कुछ भी नहीं हैं। पुरुष सन्तों द्वारा दी गयी व्यवस्थाएँ (आज्ञाएँ) यदि महिला सन्तों द्वारा दी गयी होती तो एक दम उलट दी जातीं।"

उनकी अन्य पुस्तकें हैं– पद्मराग (1924), अवरोधवासिनी (1931)। उन्होंने कविताएँ भी लिखीं और अभी भी उनकी अनेक अप्रकाशित पाण्डुलिपियाँ प्रकाशन की प्रतीक्षा कर रही हैं। पद्मराग उनका एकमात्र उपन्यास है जिसमें स्पष्ट सन्देश है कि विवाह स्त्री जीवन का अन्तिम लक्ष्य नहीं है। "एक अज्ञान हिन्दू औरत" के समान "अवरोध वासिनी" में उन्होंने भारतीय समाज में महिलाओं के अमानवीय बन्दीकरण के ठोस उदाहरण दिये हैं। अपनी अधिकांश रचनाओं में उन्होंने मुस्लिम महिलाओं को बलपूर्वक उनके घरों की चारदीवारी के भीतर दारुण कैद में डाले जाने के विरुद्ध विवेकपूर्ण तर्क दिये तथा शिक्षा के अधिकार पर जोर दिया। स्त्री-पुरुष के बीच असमानताओं का वर्णन करते हुए उन्होंने सभी सम्प्रदायों को दोषी ठहराया। 'एक अज्ञात हिन्दू औरत' को दासता का प्रतीक कहा। उनके निबन्धों में समाज सुधार की ज़रूरतों पर तथा स्त्री-शिक्षा और उसके सशक्तीकरण पर बल दिया गया है।" 9 दिसम्बर, 1932 को जब उनकी मृत्यु हुई, पिछली रात लिखा गया उनका अधूरा लेख "महिलाओं के अधिकार" मेज पर मिला।

बीसवीं सदी की शुरुआत में जन्मी (1909) प्रख्यात मलयालम लेखिका ललितांबिका अन्तर्जनम का लेखन भी मलयाली समाज की महिलाओं (विशेष रूप से कुलीन नंबूतिरी ब्राह्मण स्त्रियों) के परम्परागत शोषण और दारुण अत्याचार के केन्द्र में रखता है। केरल के उच्चकुलीन (नंबूतिरी) ब्राह्मण परिवरों में केवल बड़े पुत्र को वैधानिक रूप से विवाह का अधिकार था। परिवार के अन्य पुरुष "सम्बन्धम" प्रथा द्वारा दूसरी जाति की स्त्रियों से सम्बन्ध बना सकते थे और सामान्यतः मातृसत्तात्मक संरचना वाले "नायर" समाज की स्त्रियों के साथ उनका सम्बन्ध होता था। नायर स्त्रियों से प्राप्त सन्तानों को किसी प्रकार के वंशानुगत अधिकार प्राप्त नहीं होते थे। नंबूतिरी कन्याएँ अक्सर इसी कारण अविवाहित रह जाती थीं और इसीलिए अगर 80 वर्ष का नंबूतिरी परुष किसी बालिका से भी विवाह कर ले तो यह उस बालिका का सौभाग्य गिना जाता था।

नंबूतिरी स्त्रियाँ दुनिया से कटी हुई रहती थीं और भोर से लेकर रात तक श्रम करती उनका जीवन धुएँ भरी रसोई और सीलन भरे आँगन से लेकर पति की शय्या तक में बीत जाता था। उन्हें खिड़की से बाहर देखने तक की मनाही थी और अगर कभी बाहर निकलना ही पड़े तो मोटी चादर में लिपटी पूरी तरह से पर्दे के भीतर, बड़े से छाते के भीतर वे मुँह छिपाये रहतीं। इसी के विपरीत निम्न जाति की स्त्रियों को कुलीन समाज के सामने सीना ढकने की मनाही थी और उन्हें कमर तक वक्षस्थल खुले रखने होते थे।

ललितांबिका अन्तर्जनम ने स्वयं प्रयासों से, लुक-छिपकर पढ़ना-लिखना सीखा। वे कुलीन नंबूतिरी स्त्रियों के बन्दी जीवन से बेहद आहत थीं। छिप-छिपकर रात में, लैम्प की मद्धिम रोशनी में लिखने-पढ़ने के कारण उनकी आँखें कमज़ोर हो गयी थीं। इन परिवारों में एक प्रथा और थी किसी भी स्त्री के चरित्र के बारे में यदि किसी ने सन्देह किया तो स्मार्त विचारम्-पद्धति

से पुरुष समाज उस स्त्री का पारिवारिक अदालत में विचार करता। अधिकांश में अन्ततः स्त्री ही दोषी पायी जाती। स्मार्त साधनम प्रक्रिया के द्वारा उसका अन्तिम संस्कार कर उसे घर से बाहर निकाल दिया जाता और वह मृत घोषत कर दी जाती। वह स्त्री भटकने, आत्महत्या करने अथवा अपनी मर्जी के मुताबिक जहाँ शरण मिले जाने को स्वतन्त्र होती। आपसी रंजिश या मनमानी न कर पाने के कारण कितनी ही स्त्रियों को स्मार्त साधनम द्वारा मृत घोषित कर जीते ही मार दिया जाता। इस अमानवीय प्रथा को केन्द्र में रखकर ललितांबिका अन्तर्जनम ने बड़ी उम्र में अपना सुप्रिद्ध उपन्यास "अग्नि साक्षी" लिखा जो पहले "मातृभूमि" में धारावाहिक छपा और फिर 1976 में पुस्तकाकार में आया। "अग्निसाक्षी" मलयलायम साहित्य में क्लासिक उपन्यास का स्थान रखता है। इसके अतिरिक्त उनके नौ कहानी-संग्रह और छह कविता-संग्रह हैं। उनका लेखन स्त्रियों के प्रति समाज की अमानवीय परम्पराओं, पाखण्ड और उनके बन्दी जीवन के प्रतिरोध में खड़ा होता है और स्त्री-यौनिकता तथा स्वातन्त्र्य के प्रश्नों को संवेदनशील रूप में प्रस्तुत करता है। बीसवीं सदी की जागरूक और साहसी स्त्री लेखन में ललितांबिका अन्तर्जनम अग्रणी हैं।

मलयालम साहित्य में नयी दृष्टि से स्त्री-यौनिकता के प्रश्नों को कमलादास (माधवी कुट्टी) जिन्होंने जीवन के अन्तिम वर्षों में अपना धर्म परिवर्तन कर कमला सुरैया नाम रख लिया था, ने अपनी बेहद चर्चित पुस्तक "एण्टे कथा" (माय स्टोरी-मेरी कहानी) में स्त्री के अन्तर्मन को टटोलते हुए उसके मनोभाव, इच्छा आकांक्षाओं के साथ प्रेम और देह के प्रश्नों को भी समेटा। इस सन्दर्भ में पंजाबी लेखिका अमृता प्रीतम का आत्म कथात्मक उपन्यास "रसीदी टिकट" ऐसे ही बेबाक तरीके से स्त्री के विचार स्वातन्त्र्य और सामाजिक वर्जनाओं के सम्मुख स्त्री-पुरुष सम्बन्धों पर एक सर्जनात्मक धरातल पर सक्रिय संवेदनशील स्त्री का पक्ष प्रस्तुत करता है। रसीदी टिकट का रचनाकाल भी बीसवीं शताब्दी का उत्तर-मध्यकाल है।

स्त्री लेखन के इस ऐतिहासिक क्रम में तीन अन्य लेखिकाओं का उल्लेख करना आवश्यक है जिन्होंने बीसवीं शताब्दी के पूर्वार्थ में अपनी सशक्त उपस्थिति दर्ज की और नयी राहों का निर्माण किया। 1907 में जन्मी महादेवी वर्मा ने आधुनिक हिन्दी साहित्य के विकास के प्रारम्भिक चरणों में कविता और गद्य लेखन, दोनों में ही अपनी सशक्त उपस्थिति दर्ज करायी और छायावाद के एक प्रमुख स्तम्भ के रूप में स्थापित हुईं। केवल साहित्य ही नहीं उनका अनुराग संगीत, कला के क्षेत्र में भी था। वे गाँधी जी की अनन्य भक्त थीं, खादी पहनती थीं, चरखा चलाती थीं और स्वाधीनता आन्दोलन में सहयोगी थीं। बाद में स्त्री-शिक्षा के लिए उनकी प्रतिब्धता उनके द्वारा लड़कियों के लिए शुरू किये गये कन्या विद्यापीठ के रूप में हुई। वे संगीत में निपुण और उच्चकोटि की कलाकार भी थीं। कविता में उस संवेदनशील कवयित्री का सहज मानवीय प्रेम आध्यात्मिकता के आवरण में आबद्ध हो मूर्त हुआ जिसने छायावाद की रहस्यवादी भाव विधा का सृजन किया। लौकिक-अलौकिक प्रेम के बीच कड़ी बनी उनकी कविताएँ दीपशिखा, नीरजा, रश्मि, यामा और सान्ध्यगीत में संग्रहीत हैं। सम्भवतः प्रेम और अनुराग-विराग की मुक्त भावनाओं को निःसंकोच जैसे कमलादास और अमृता प्रीतम ने व्यक्त किया, वह तत्व महादेवी वर्मा की शैली में अनुपस्थिति था। इसीलिए 'आधुनिक मीरा' जैसे विशेषण महादेवी वर्मा पर सटीक बैठता है। आज से पांच सौ साल पहले घर-परिवार, समाज और परम्पराओं की रीति-नीति को ध्वस्त कर अपनी अस्मिता को और भावाभव्यक्ति के अधिकार

को सुरक्षित रखने हेतु मीरा ने अपनी जीवन और सर्जनात्मकता इष्ट देव के नाम को समर्पित कर दी और साहित्य को अपनी काव्य प्रतिभा से न सिर्फ समृद्ध किया, विद्रोह के स्वरों को भी मुखर किया। महादेवी ने इस हेतु एक पारलौकिक, निर्गुण सत्ता को अपनी भावनाएँ समर्पित कर उन्हें काव्य रूप प्रदन किया।

महादेवी जी ने गद्य के रूप में स्मृति की रेखाएँ, अतीत के चलचित्र और श्रृंखला की कड़ियाँ जैसी कृतियाँ दीं। 'श्रृखला की कड़ियाँ' उनके सामाजिक चिन्तन और स्त्री की पराधीनता के स्वरूप को इंगित करती हुई महत्त्वपूर्ण पुस्तक है। स्त्री-विमर्श के क्षेत्र में फ्रांस की नारीवादी लेखिका सीमोन द बउवा की पुस्तक "द सेकण्ड सेक्स" जो 1940 में आयी, प्रारम्भिक पुस्तक समझी जाती है। श्रृंखला की कड़ियाँ में जो 1936 में प्रकाशित हुई उसमें महादेवी स्त्री पराधीनता की मानसिकता पर विस्तार से चर्चा करती हैं और सशक्तीकरण हेतु शिक्षा तथा स्वावलम्बन पर जोर देते हुए मानसिक दासता से मुक्ति पाने का आग्रह करती हैं। निश्चित रूप से इस पुस्तक के लेख पराधीन भारत में स्त्री स्वातन्त्र्य के प्रश्नों को सिलसिलेवार प्रस्तुत करते हैं।

महादेवी वर्मा के अलावा 20वीं शताब्दी के प्रारम्भिक वर्षों में दो अन्य क्रन्तिकारी भारतीय स्त्रियों का जन्म हुआ जो राष्ट्रीय स्वाधीनता आन्दोलन में अग्रणी थीं और अपने व्यापक सामाजिक सरोकारों के साथ-साथ अपने कालजयी लेखन के लिए जानी जाती हैं। सुभद्रा कुमारी चौहान (जनम 16 अगस्त, 1904) न केवल साहित्य में बल्कि भारतीय जनमानस में अपनी कविता 'खूब लड़ी मर्दानी वह तो झाँसी वाली रानी थी' के माध्यम से अमर रहेंगी। नौ वर्ष की अवस्था में नीम के पेड़ पर लिखी कविता प्रतिष्ठित पत्रिका 'मर्यादा' में छपी। हमेशा खादी पहना और अपने कर्मठ तथा राष्ट्रीय आन्दोलन से सक्रिय रूप से जुड़े पति ठाकुर लक्ष्मण सिह के साथ कन्धे-से-कन्धा मिलाकर आन्दोलनों में अग्रणी भूमिका निभायी। 1923 और 1942 में वे जेल भी गयीं। जब उनकी रचनाकार बेटी सुधा चौहान का विवाह प्रेमचन्द के लेखक बेटे अमृतराय से हुआ, उस समय दोनों पति-पत्नी जेल में थे। राष्ट्रीय भावनाओं से ओत-प्रोत उनकी ओजपूर्ण कविताएँ झाँसी की रानी के अतिरिक्त वीरों का कैसा हो बसन्त तथा जलियाँ वाले बाग में बसन्त बहुत चर्चित हैं। उनके तीन काव्य संकलन सितारा, मुकुल और ये कदंब का पेड़ प्रकाशित हुए।

सुभद्रा कुमारी चौहान एक कुशल गद्यकार भी थीं और विभिन्न सामाजिक-राजनैतिक पक्षों को केन्द्रित कर उन्होंने अनेक कहानियाँ लिखीं। उनकी कहानियों के तीन संग्रह, बिखरे मोती, उन्मादिनी और सीधे-सादे चित्र उपलब्ध हैं। उनकी कहानियों में सामाजिक प्रश्न हैं, जात-पाँत, धार्मिकता की सीमाएँ ध्वस्त करते कथानक हैं और स्त्री-अस्मिता, स्वाभिमान के प्रसंग हैं। उनकी कहानियाँ उनके आस-पास के परिवेश और जीवनानुभवों से उपजी हैं इसीलिए उनमें ईमानदारी के साथ-साथ भावों की कहराई है जो पाठक के हृदय में उतरती है। राष्ट्रीय आन्दोलन और महात्मा गाँधी के जीवन-दर्शन से निर्मित समाज-सुधार के आदर्श उन्होंने अपने जीवन में व्यावहारिक तौर पर ग्रहण किये। धर्म-जाति-समुदाय आधारित किसी प्रकार के भेदभाव का उनके जीवन में कोई चिह्न नहीं था और यह उनके जीवन-व्यवहार की ओढ़ी हुई नहीं, बल्कि सामान्य जीवन गति थी। नवजागरण काल से लेकर गाँधी के जीवनकाल में इन आदर्श स्थितियों पर बहुत चर्चा हुई, व्यापक उपदेश-विमर्श हुए लेकिन व्यवहार में इसे अपने जीवन का दृढ संकल्प बनाने का साहस कुछ ही लोगों में देखा गया। सुभद्रा कुमारी चौहान इस रूप में एक

महान व्यक्तित्व थीं। उनके घर, चौके के दरवाजे सभी के लिए खुले थे और यह कोई प्रदर्शन-आडंबर नहीं था बल्कि वह उनका सामान्य व्यवहार था। उनकी आत्मकथा 'हिन्दी साहित्य के निर्माता' श्रृंखला में साहित्य अकादमी ने प्रकाशित की जिसे उनकी पुत्री सुधा चौहान ने 'जैसा जीवन जीया' लिखा है, उसमें उन्होंने ऐसे अनेक प्रसंगों का वर्णन किया है। जबलपुर में एक बार जब वहाँ काँग्रेस की सरकार थी और वे काँग्रेसी विधायक थीं, मेहतरों ने हड़ताल की। सरकार हड़ताल तोड़ना चाहती थी और उनका दमन कर रही थी। ऐसे में सुभद्रा जी उन मेहतरों के घरों में जातीं, उनकी औरतों-बच्चों को धीरज बँधातीं और स्नेह वश वे उनको चाय बनाकर देते, वे पूरे सम्मान से उसे ग्रहण करतीं। इसी तरह उनका घर, चौका और खानपान सभी के लिए खुला था, कवि, लेखक, भद्रजन, अछूत, गरीब, अमीर, किसी प्रकार के भेदभाव के लिए कोई जगह नहीं थी और सभी को, जो खाने-पीने के लिए उपलब्ध होता, वे परोस देतीं। उनका न सिर्फ सहित्य, बल्कि उनका जीवन भी उतना ही प्रेरणास्पद है।

आज साहित्य में और सामाजिक जीवन में भी स्त्री-विमर्श का दायरा बेहद संकुचित हो गया है और केवल स्त्री अधिकार और स्त्री-अस्मिता के लिए की जाने वाली जद्दोजहद पर ही चिन्तन करता है। ये आधारभूत सामाजिक प्रश्न जो सामाजिक अलगाव और भेदभाव की पुरातन पद्धति से जुड़े हैं, इन्हें स्त्री-विमर्श के दायरे में लाकर विमर्श का हिस्सा बनाने का प्रयास नहीं किया जाता। सम्भवतः इसीलिए स्त्री और पुरुष समाज के बीच परम्परागत अलगाव और भेदभाव की स्थितियों में वांछिक सुधार नहीं हो पा रहा है। इस रूप में सुभद्राकुमारी चौहान का जीवन आदर्श परिधि में आता है। उनकी कथनी और व्यवहार में भेद नहीं था। इसके अतिरिक्त स्त्री-प्रश्नों के साथ-साथ राष्ट्रीय स्वाधीनता के प्रति चिन्ता और क्रियशीलता ने उन्हें एक प्रमुख आन्दोलकारी के रूप में स्थापित किया। उनके विचारों और कर्म की समरूपता के कारण ही उनकी लेखनी की प्रखरता से ओतप्रोत उनकी रचनाएँ, भारतीय समाज की अनिवार्य हिस्सा बन गयी हैं। स्त्री-अस्मिता के नये आयामों से उन्होंने आने वाली पीढ़ियों का मार्ग प्रशस्त किया। निरन्तर जीवन-संघर्ष के विविध रूपों से गुजरते हुए यह महान व्यक्तित्व अदम्य आशावाद से हमेशा परिपूर्ण रहा मैंने हँसना सीखा है/ मैं नहीं जानती रोना। बरसा करता पलपल पर/ मेरे जीवन में सोना.. कहते हैं होती जाती/ खाली जीवन की प्याली। पर मैं उससे पाती हूँ/ प्रतिपल मदिरा मतवाली। .. सुख भरे सुरहले बादल/ रहते हैं मुझको घेरे/ विश्वास, प्रेम, साहस हैं / जीवन के साथी मेरे।

1905 में जन्मी एक और क्रान्तिकारी महिला जो राजनीति और सामाजिक मोर्चे पर सक्रिय रहीं और अपने साहित्य के माध्यम से दबे-कुचले-पिछड़े समाज की सच्चाइयों को व्यापक पठक-वर्ग के सामने प्रस्तुत करने पर रूढ़िवादी समाज के गहन विरोधों को झेला, उन डॉ. रशीद जहाँ ने अपने समकालीन फैज अहमद फैज जैसे युवा रचनाकारों को भी वैचारिक स्तर पर प्रेरित किया तथा सामाजिक स्तर पर उन्हें जागरूक करने का बीड़ा भी उठाया। डॉ. रशीद जहाँ के पिता शेख अब्दुल्ला (कश्मीर के पूर्व बजीरे आज नहीं) मुस्लिम स्त्री-शिक्षा में अग्रणी थे और 1906 में उन्होंने घोर विरोध के बावजूद अपनी पत्नी के सहयोग से मुस्लिम लड़कियों के लिए एक स्कूल खोला। अँग्रेज़ी पढ़े-लिखे, प्रगतिशील विचारों के माता-पिता की यह सबसे बड़ी सन्तान थीं। यह मुस्लिम गर्ल्स स्कूल आज विशाल वृक्ष के रूप में अलीगढ़ मुस्लिम विश्वविद्यालय के वीमेन्स कॉलेज के रूप में प्रख्यात है। रशीद जहाँ ने अलीगढ़ के बाद लखनऊ के आयी. टी. कॉलेज से शिक्षा प्राप्त की और फिर लेडी हार्जिग्ज से मेडिकल का

कोर्स कर लखनऊ में मेडिकल आफिसर के रूप में तैनात हुईं। कॉलेज में रहते हुए कॉलेज मेगजीन के लिए उन्होंने पहली कहानी "द टॉम टॉम बीट्स" लिखी जिसका उर्दू अनुवाद बहुत बाद में "सलमा" के रूप में आया। सदैव खादी की धोती पहनने वाली रशीद जहाँ महात्मा गाँधी के स्वाधीनता आन्दोलन से बहुत प्रभावित थीं और स्वाधीनता आन्दोलन की गतिविधियों में भरसक सहयोग करती थीं। लखनऊ में महिला चिकित्सक के रूप में व्यापक महिला समाज के सम्पर्क में आयीं। उन्होंने देखा कि मुस्लिम समाज में अभिजात्य वर्ग की कुलीन कही जाने वाली महिलाएँ थीं तो निम्न वर्ग की, जीवन के लिए जद्दोजहद करने वाली महिलाएँ भी थीं। सामन्ती समाज की इन कुलीन महिलाओं की स्थिति नरक से भी बदतर थी। अपने पति के लिए सिर्फ बच्चे पैदा करना और हमेशा सौत के डर से आक्रान्त पर्दे के पीछे मूक-बधिर की तरह ज़िन्दगी गुज़ार देना उनकी नियति थी। उनकी त्रासद जिन्दगियों को उन्होंने पूरी संवेदना के साथ नज़दीकी से देखा और यही उनके आगे लेखन की भावभूमि और सामाजिक-राजनीतिक क्षेत्र में कर्मभूमि बनी। कॉलेज के दिनों में लिखी गयी "सलमा" कहानी (1923) में भी स्त्री के अपने बारे में स्वयं निर्णय लेने के अधिकार को उन्होंने विषय बनाया था।

सज्जाद जहीर समेत चार युवा रचनाकारों का संग्रह "अंगारे" 1932 में जब प्रकाशित हुआ तब रूढ़िवादी मुस्लिम समाज ने उन कहानियों को अश्लील, धर्म और परम्परा के विरुद्ध कहकर उसका भीषण विरोध किया। यूँ तो अंगारे में सज्जाद जहीर, अहमद अली और महमूदज्जफर के साथ रशीद जहँ की "दिल्ली की सैर" और नाटक "पर्दे के पीछे" सम्मिलित थे, लेकिन रशीद जहाँ का विरोध सबसे ज़्यादा इसलिए हुआ कि महिला होकर उसे मुस्लिम समाज के अन्तरंग वातावरण की आलोचना करने की हिम्मत कैसे हुई। उनके नाक-कान काट लेने की फतवा जारी किया गया। उग्र विरोध के चलते अन्ततः "अंगारे" प्रतिबन्धित हो गयी। "दिल्ली की सैर" कहानी में एक सम्पन्न परिवार का पति अपनी पर्देदार बुर्कापोश पत्नी को लखनऊ से दिल्ली लाकर और स्टेशन पर ही छोड़कर दोस्तों से शहर में मिलने-जुलने चला जाता है। भूखी, प्यासी, डरी-सहमी अकेली पत्नी जो पहली बार अपने शहर से बाहर गयी थी, पूरे समय स्टेशन पर सामान के साथ बैठी रही। शाम को खा-पीकर और घूम-घामकर पति महोदय आये और वापिसी की यात्रा हुई। यह सीधी-सादी स्त्री की ओर उपेक्षा और उसके प्रति संवेदनहीनता की कहानी थी। "पर्दे के पीछे" नाटक में कुलीन परिवार की औरतों की घुटन, आँसू, विवशताएँ, देह के शोषण और बीमारियों से जूझते अपने अस्तित्वहीन जीवन का वर्णन है जिसको विषय बनाने और सच्चाई बयान करने के कारण पुरुष समाज की खीझ और गुस्से को उन्होंने झेला।

रशीद जहाँ ने ढेर सारी कहानियाँ और नाटक लिखे। वे नाटक लिखतीं और समय-समय पर उनका मंचन भी होता। उनकी कुछ कहानियाँ "वह तथा अन्य कहानियाँ" संग्रह में सम्मिलित हैं। अधिकांश कहानियाँ तथा नाटक स्त्री-समाज की विडम्बनाओं और त्रासद जीवन को प्रदर्शित करती हैं। धार्मिक संस्कारों और मान्यताओं की आड़ में पितृसत्ता ने औरत को मात्र सन्तान पैदा करने की मशीन समझ लिया है। इस धारणा को उन्होंने अपनी कहानियाँ, नाटकों के अलावा लेखों में भी कहा और महिला संगठनों के बीच जाकर अपने भाषणों के दौरान भी बार-बार जिक्र किया और उन्हें शिक्षित होने के लिए प्रेरित किया। उनकी कहानियों में साम्प्रदायिकता के प्रश्न भी उठाये गये हैं। सामाजिक पाखण्ड और स्त्री-पुरुष के प्रति समाज के दोहरे मानदण्डों पर भी केन्द्रित किया है।

रशीद जहाँ वैचारिक रूप से समृद्ध राजनीतिक कार्यकर्ता भी थीं और अपने वामपन्थी पति महमूदज्जफर के साथ सभी राजनीतिक-समाजिक गतिविधियों में सहयोग करती थीं। 1936 में जब प्रगतिशील लेखक संघ की स्थापना हुई और लखनऊ में उसका स्थापना सम्मेलन हुआ, उसमें उनकी अग्रणी भूमिका थी। उन्हीं के प्रयासों से प्रेमचन्द यद्यपि अस्वस्थ थे, लेकिन वे आये और उन्होंने अध्यक्ष के रूप में अपना चर्चित अध्यक्षीय भाषण दिया।

लेखन और कार्यक्षेत्र दोनों में उन्होंने अपने अदम्य साहस और जिजीविषा का परिचय दिया। कठिन परिस्थितियों में ज़रूरत पड़ने पर उन्होंने पत्रकारिता भी की और वरिष्ठ राजनैतिक कार्यकर्ताओं के जेल चले जाने पर क्रान्तिकारी पत्रिका 'चिनगारी' का सम्पादन, लेखन और प्रकाशन किया। समाज के साथ उनके निकटतम सम्पर्क और व्यापक सरोकारों से उनका लेखन अपने समय का जीवन्त और प्रेरणास्पद दस्तावेज है। उनकी कहानियों ने उर्दू कथा-साहित्य की आगे आने वाली एक सम्पूर्ण पीढ़ी को प्रभावित किया और एक यथार्थवादी प्रगतिशील धारा का निर्माण किया।

सुप्रसिद्ध उर्दू कथा-लेखिका इस्मत चुगताई ने स्वयं रशीद जहाँ के बारे में लिखते हुए कहा– सन् 1938 में रशीदा आपा अंगारों वाली रशीदा आपा बन चुकी थीं। अब उनकी सुलगती हुई बातें पल्ले भी पड़ने लगी थीं। .. मिट्टी से बनी रशीदा आपा ने सारे बुत मुनहदिम (ध्वस्त) कर दिये थे, ज़िन्दगी की नंगी सच्चाई सामने आकर खड़ी हो गयी थी। ..।"

स्वयं इस्मत चुगताई (जन्म 1915) ने सामाजिक यथार्थ का वही रास्ता अख्तियार किया और जीवन की उसकी समस्त विद्रूपताओं, पाखण्डों और परम्परागत स्त्री के शोषण के विविध रूपों को अपनी कहानियों का केन्द्र बिन्दु बनाया। विभाजन से पहले ही उनकी कहानी "लिहाफ" पर अश्लीलता का आरोप लगा, क्योंकि सामन्ती समाज के भीतर औरत की घुटन और विकृतियों की इस कहानी में चर्चा थी। लाहौर में चले मुकदमें में अन्ततः यह आरोप निराधार सिद्ध हुआ। इस्मत चुगताई ने विपुल साहित्य लेखन किया और अपने बेबाक लेखन और विशिष्ट भाषा-शैली के कारण जहाँ प्रसिद्धि पायी वहीं कट्टरवादी मुस्लिम समाज के विरोधों का भी समय-समय पर सामना किया। अपनी मृत्यु के समय उन्होंने अन्तिम इच्छा के रूप में कब्र में दफनाने के बजाय दाहसंस्कार की बात की। परिणामतः उन्हें मृत्यु के बाद भी अपने समुदाय से अभद्र और विरोधपूर्ण उद्गार झेलने पड़े।

इस्मत चुगताई की पहली कहानी "गेंदा" थी जो उर्दू की सर्वोत्कृष्ट पत्रिका "साकी" में छपी। उनका पहला उपन्यास जिद्दी 1941 में आया। मासूमा, सैदाई, जंगली कबूतर, दिल की दुनिया, अजीब आदमी तथा बाँधी उनके अन्य उपन्यास हैं। उनके अनेक कहानी-संग्रहों में कलियाँ, चोटें, एक रात, चुई-मुई, दो हाथ दोजखी, शैतान प्रमुख हैं। उनके लगभग सभी कहानी-संग्रह हिन्दी में लिप्यान्तरित हो चुके हैं। तीन संग्रह अँग्रेज़ों में भी प्रकाशित हुए। उनकी आत्मकथा "कागजी है पैरहन" भी हिन्दी में अब उपलब्ध है। इसमत ने मुस्लिम समाज की स्त्रियों की विशेष रूप से निम्नमध्यवर्गीय लड़कियों की दबी-कुचली ज़िन्दगियों की मनोदशा और समाज के परम्परावादी-पिछड़ेपन की मानसिकता को बहुत शिद्दत से अपनी कहानियों और उपन्यासों का विषय बनाया है।

उपर्युक्त संघर्षशील महिलाओं की चर्चा बेहद संक्षिप्त है। हिन्दी तथा दूसरी भारतीय भाषाओं में और भी प्रेरक नाम और उनका कृतित्व मिलेगा। सांकेतिक रूप में कुछ प्रतिनिधि

नामों की चर्चा ही यहाँ सम्भव है।

आज इक्कीसवीं सदी में स्त्रियों की दशा-दिशा पर दृष्टिपात करें तो देखते हैं कि लगभग दो शताब्दियाँ बीत गयीं। स्त्री-समाज इन दो सौ सालों में बहुत कुछ बदला है। छह-सात साल की कच्ची उम्र में विवाह, कुलीनता के अभिशाप स्वरूप पति की चिता से बँधी साँसें, बाल विधवाओं का नारकीय जीवन, सामान्य स्त्री का आँगन भर में सिमटा आकाश, बन्द कपाटों के भीतर बन्द मन-मस्तिष्क के भीतर कोई खुली खिड़की नहीं... अज्ञान, अशिक्षा के अन्धकार में भटकता जीवन... ऐसी विकट परिस्थितियों के मध्य स्त्री ने राह टटोली, दीपक दिखाते हाथों का संबल लिया और फिर रोशनी की एक मद्धिम किरण-भर पर्याप्त थी रास्ते बनाने के लिए। आज स्त्री-अस्मिता के प्रश्न समाज के केन्द्र में हैं। स्त्री सर्जनात्मता ने केवल अपना पथ प्रशस्त नहीं किया, पूरे समाज के सम्मुख मानव जीवन का सर्वोत्तम प्रस्तुत किया। जीवन सार्थक्य के आयाम विस्तारित किये।

नवजागरण काल की अनेक चर्चित-अचर्चित आन्दोलनकारी, समाज-सुधारक महान विभूतियाँ जिन्होंने बन्दिनी स्त्री-समाज की एक-एक बेड़ी को खोलने के लिए अथक संघर्ष किया, उनके सम्मुख हम नतमस्तक हैं। इक्कीसवीं सदी में हम स्त्रियाँ जिन्होंने स्वतन्त्रता, समानता और विकास के अधिकार प्राप्त कर सृजन क्षेत्र में और समाज में अपने लिए स्थान बनाया, परम्परा-नित परिवार अथवा व्यवस्था-जनित समाज के स्तर पर होने वाले अन्याय के प्रतिरोध के लिए अपनी पूर्ववर्ती महिलाओं के संघर्षों से ऊर्जा और प्रेरणा प्राप्त की, हम उनके प्रति भी नतमस्तक हैं। उनका यह संघर्ष स्वयं के संस्कारों के साथ था और समाज की परम्पराओं, रूढ़ियों से ग्रस्त मूढ़ समाज के द्वारा निर्मित भीषण विरोध के साथ था। इसलिए स्त्री-समाज आज ऋणी है नवजागरण काल के पुरोधाओं का। यद्यपि उनके भी अपने अन्तर्विरोध थे, सामाजिक वातावरण से निर्मित प्रतिरोध के सम्मुख दुर्बलताएँ भी थीं फिर भी एक बार गतिमान होने के बाद नदी की धारा वापिस नहीं लौटती.... घात-प्रतिघात सहती आगे बढ़ना ही नियति होती है। आज जब हम पलटकर पीछे देखते हैं तो पिछली दो शताब्दियाँ लहूलुहान शब्दों को थामे कलम की स्याही को रोशनी में बदलकर चमकती दिखाई देती हैं।

नवजागरण काल द्वारा प्रदत्त जीवन-मूल्यों और संघर्षों को स्वाधीनता संग्राम के दौरान निर्मित राजनीतिक-सामाजिक परिदृश्य में गति मिली। आजादी के लिए अपना सर्वस्व बलिदान करने की भावना केवल राजनीतिक स्वतन्त्रता तक सीमित नहीं थी। दलित प्रश्न थे, स्त्री स्वातन्त्र्य और समानता के प्रश्न थे और भावी समाज की रूपरेखा, रंगत की चिन्ताएँ थीं। लोकतान्त्रिक व्यवस्था के स्वरूप और समाज की प्रगति को निर्धारित करने वाले सामाजिक मूल्य आज भी हमारे सम्मुख हैं। सामाजिक विविधताओं के साथ समानता और न्याय की अवधारणा को जीवनमूल्यों में तब्दील करना और उसे परम्परा के निर्माण की वस्तु बनाना आज स्त्री सर्जनात्मकता की कसौटी है और चुनौती भी है। स्त्री-समाज के प्रति होने वाले अन्याय और असमानता के विरुद्ध स्त्री लेखन आज प्राथमिक सरोकारों में है। इसके साथ ही दूसरे सामाजिक समूहों की पीड़ा चाहे वे दलित हों, आदिवासी हों, अल्पसंख्यक धार्मिक समूह के लोग हों, उनके प्रति होने वाले अन्याय भेदभाव और असमानता के प्रश्न भी स्त्री-सर्जनात्मकता के दायरे में आने चाहिए। खानों में बँटा प्रतिरोध अन्ततः स्त्री-सशक्तिकरण को भी संकुचित करता है। सामाजिक अन्याय के प्रतिरोध की गाथा का एक सर्जनात्मक उदाहरण मन्नू भण्डारी

का "महाभोज" है। स्त्री लेखन ने चिन्तन और परिवर्तन के विविध आयामों को अपने लेखन में मूर्त किया है। विशेष रूप से तेजी से बदलते भारतीय समाज और स्त्री स्वातन्त्र्य के नये अर्थ लेखिकाओं ने सृजित किये हैं। स्त्री यौनिकता के प्रश्न आज दबे-ढके वर्जित क्षेत्र नहीं हैं। वे जीवनतत्व के सा गुँथे सहज, स्वाभाविक हैं। स्वतन्त्र भारत में पहली बार "मित्रो मरजानी" में कृष्ण सोबती सुमित्रावन्ती के रूप में एक अविस्मरणीय चरित्र प्रस्तुत करती हैं और परिवार की संरचना के बीच देह के सन्दर्भ में स्त्री-यौनिकता के प्रश्न की फोकस करती हैं।

मन्नू भण्डारी और उषा प्रियंवदा जैसी "नयी कहानी" दौर की लेखिकाओं ने सोद्देश्य इन प्रश्नों को उठाया। स्त्री स्वातन्त्र्य की अवधारणा को न केवल शिक्षा वरन् उसके स्वावलम्बन और आर्थिक पक्ष से भी जोड़ा, जिसमें सामाजिक उत्पादन की प्रक्रिया का एक हिस्सा बनने का आग्रह था जो सामाजिक विकास का स्वाभाविक अंग है। आज स्त्रियाँ, दलित स्त्रियाँ अपने जीवनानुभवों को, अप्रिय प्रसंगों को सामने लेकर आ रही हैं। यह भी साहसपूर्म कदम है। ये परम्परा रससुन्दरी देवी द्वारा उन्नीसवीं सदी में लुक-छिपकर अक्षर ज्ञान प्राप्त कर अपने मनोभावों को अपनी आत्मकथा "आमार जीबोन" की परम्परा से जोड़ती है।

महिला लेखन में अभी कई गह्वर खुलने हैं। जड़ सामाजिक परम्पराएँ जो आज भी पितृसत्तात्मक मानसिकता वाले समाज में जस-की-तस व्याप्त हैं, उन पर नये सिरे से विचार कर उन्हें चेतना और विचार के स्तर पर केन्द्रित करने की ज़रूरत है। यह व्यवस्था जनित मूल प्रश्न है। व्यवस्था की यह सामाजिक रीति-नीति हज़ारों वर्ष पुरानी मानसिकता से जुड़ी है। सामाजिक भेदभाव के प्रश्न आज भी सामाजिक स्तर पर महत्त्वपूर्ण हैं। आज एक दूसरे प्रकार का अमानवीकरण दिखाई देता है जो दूर जाकर भारतीय समाज के दूसरे धार्मिक समुदायों और जातियों के प्रति जड़ जमाये पूर्वाग्रहों से लबालब है। व्यवस्था का तन्त्र इन प्रश्नों को राजनीति में सत्ता साधन के यन्त्र के रूप में इस्तेमाल करता है।

स्त्री सर्जनात्मकता के सामने ये नयी चुनौतियों से भरे रणक्षेत्र हैं। केवल देह का अधिकार और स्त्री बनाम पुरुष के बीच का द्वन्द्व अपने लोकतान्त्रिक अधिकारों के लिए संघर्षरत स्त्री की चेतना को संकीर्ण दायरे में निबद्ध कर देगा। अगर सामाजिक न्याय की व्यवस्था आहत होगी तो विभाजन की रेखाएँ गहरी होंगी। विभाजन की प्रक्रिया अगर एक बार शुरू हो जाती है तो धीरे-धीरे पूरे समाज की अस्मिता अलग-अलग स्तरों पर खंडित होने लगती है। आज समाज के सामने सबसे बड़ी चुनौती इस विभाजन-दर-विभाजन को रोकने की है। राज्य व्यवस्था सत्ता समीकरणों से संचालित होती है। एक ओर समाजिक विकास की अवधारणा है तो दूसरी ओर जातिगत-धर्मगत-सम्प्रदायगत विभाजन की मानसिकता उत्तरोत्तर बढ़ रही है। स्त्री सर्जनात्मकता के लिए यह भी विचारणीय है। वरना समाज में अगर जाति-धर्म-समुदाय के आधार पर भेदभाव और विभाजन के प्रभाव में स्त्री-समाज भी है, वो भी राजनीति द्वारा निर्मित घृणा और पूर्वाग्रह से ग्रसित है तो फिर कैसे समग्र स्त्री समुदाय सुरक्षित और विकासित होगा। ये अपने समय के ज्वलन्त प्रश्न हैं– राजनीति जनित सामाजिक प्रश्न हैं और इन्हें भी लेख में समेटना होगा। अपने समय की इन ऐतिहासिक परिस्थितियों का प्रतिरोध भी स्त्री-सर्जनात्मकत का दायित्व होगा।

# भारतीय रंगमंच पर रवीन्द्रनाथ के नाटकों का प्रभाव

*उषा गांगुली*

थियेटर का एक कर्मी या विद्यार्थी होने के नाते इस माध्यम की शक्ति को बूझते, जानते, खोजते पिछले कई सालों से रवीन्द्रनाथ के नाटकों की प्रस्तुति रंगमंच में देखकर या उनको पढ़ते-पढ़ते विस्मित होती, कभी भयभीत होती, अपने पर कभी क्षोभ होता नाटकों के मंचन की कमी को देखकर कभी-कभी सन्ताप भी होता उनके नाटकीय अनुवादों का अध्ययन करके। सम्पूर्ण भारतीय रंगमंच के इतिहास में रवीन्द्रनाथ के नाटक और उनकी नाट्यभावना अपने आप नव नाट्य की, एक नये तरह की नई चेतना की, थियेटर व्याख्या करती है। बिलकुल अलग स्वतन्त्र और सम्पूर्ण। भारतीय जीवन धारा, व्यापक मानवीय चेतना, उसका दर्शन, उसका अन्तर्भाव, नाट्य शिल्प, नित्य संगीत, कला को समेटते हुए अपने काल की नाटकीयता से बिलकुल अलग।

बचपन में प्रवासी बने दक्षिण कलकत्ता के मोहल्लों में बसी बंग संस्कृति का पहला परिचय कवि के संगीत से ही हुआ। आस-पास के घरों से आती रवीन्द्र संगीत की ध्वनियाँ, स्वयं स्कूल के दिनों में किये गये वर्षा मंगल, नोटीर पूजा और श्यामा नृत्य संगीत ध्वनियाँ, स्वयं स्कूल के दिनों में किये गये वर्षा मंगल, नोटीर पूजा और श्यामा नृत्य नाट्य की गतियों से लय ताल भाव का परिचय पाते कचदेवयानी तक आते-आते रवीन्द्र संगीत और नृत्य ने जीवन के अद्‌भुत आनन्द के रस से सराबोर कर दिया शान्तिनिकेतन से आयी नृत्य शिक्षिका के द्वारा कराए प्रथम पूजा की तैयारी ने एक अन्दरूनी, अद्‌भुत बोध और आन्तरिक लय का निखार दिया और नृत्य से थियेटर की ओर मुड़ते-मुड़ते बंगाल के परिवेश और थियेटर ने पूरा थियेटर यानि लिखने से लेकर संगठन, अभिनय और प्रायोजन तक जाने की सारी यात्राओं का अनुभव दे डाला।

रवीन्द्रनाथ के नाटकों में बाहरी सत्ता के द्वन्द्व, राग-विराग, मानवीय संवेदनाओं के कई-कई स्तर हैं। सूक्ष्म से सूक्ष्मतर होती हुई स्थितियाँ, सामाजिक वैषम्य की आन्तरिक व्याख्या या व्यक्ति का यन्त्रों के जाल से प्रतिवाद को भी संकेतों और प्रतीकों, रूपकों से अपनी अभिव्यक्ति पाता है। रवीन्द्रनाथ के नाटक राजा हो या रक्तकरोबी, अचनाचन हो या डाकघर, मुक्तधारा हो या रथ की रस्सी या निर्मल आनन्द की रसधारा के नाटक चिरकुमार सभा या शेष रक्षा या नृत्य नाटिकाएँ-चंड़ालिनी, श्यामा, चित्रांगदा या बाल्मीकि प्रतिभा गीत नाट्य या मायार खेला। उनकी लेखनी उनकी नाट्यकला को आज भी अपेक्षा हैं उन नाट्य निर्देशकों को जो अपनी बौद्धिक दृष्टि से नहीं पर आन्तरिक बोध से उनके नाटकों को एक नई व्याख्या, नया प्रयोग अपनी समकालीन दृष्टि से एक नया रूप, नया अर्थ देंगे।

रवीन्द्रनाथ के नाटकों को बंगाल के पब्लिक थियेटर या साधारण रंगालय ने मर्यादा से उतना नहीं अपनाया जितना बंगाल के ग्रुपथियेटर ने। राजा ओ रानी, विसर्जन, योगायोग,

चिरकुमार सभा, कुछ उपन्यासों के नाट्य रूपान्तरण के सिवाय रवीन्द्रनाथ के चर्चित अन्य नाटकों का प्रयोग इस तरह के थियेटर ने नहीं किया। शायद कर भी नहीं पाते।

पर बंगाल में रवीन्द्र नाथ के नाटकों को खूब खेला गया। समझते या न समझते, सफल होते, असफल होते, सम्मोहित होते, स्कूल, कॉलेज, विश्वविद्यालय, सांस्कृतिक केन्द्रों से लेकर बंगला थियेटर के वर्तमान संस्थानों के ग्रुप थियेटर उनके नाटकों को मंचित करने की परम्परा बराबर बनाए रखी। पर पहली बार शम्भु मित्र और बहुरूपी ने रवीन्द्र नाटकों को एक नया आयाम, नया अर्थ और एक नई मर्यादा दी। एक साथ इतने नाटक राजा, रक्तकरबी, मुक्तधारा, डाकघर नें बंगला रंगमंच को ही नहीं बल्कि सम्पूर्ण भारतीय रंगमंच के दर्शकों को अद्भुत परिकल्पना, गम्भीर अभिनय, आन्तरिक गहन भावों की सरस व्यजना से रवीन्द्रनाथ के नाटकों की नई व्यंजना दी। रवीन्द्रनाथ के नाटकों को अति दुर्बल या अति काव्यात्मक समझने वालों ने भी इन नाटकों को बार-बार देखा, अभिभूत हुए और उनके नाटकों को एक नए सिरे से समझने की कोशिश भी की।

सम्पूर्ण भारतीय रंगमंच में नाटक को बराबर करते रहना और देखते रहने की दीर्घ परम्परा बंगाल और महाराष्ट्र में ही सीमित रही।

भारतीय थियेटर में रवीन्द्रनाथ के नाटकों के प्रभाव की समीक्षा करते समय सम्पूर्ण भारत के वर्तमान परिदृश्य और स्थिति को समझ-जान लेना भी बड़ा ज़रूरी हो जाता है। पूरा का पूरा हिन्दी भाषी प्रदेश अपने पूर्व की परम्परा से छूट किसी निश्चित निर्देशन, संरक्षण और प्रशिक्षण के अभाव में निरन्तर जूझते अपने को बचाए रखने का संघर्ष कर रहा है। न मंच है, न नियमित प्रदर्शन और नहीं नाट्यलेखन की सम्भावनाएँ। यहाँ तक कि सही प्रशिक्षण देने की सुविधा तक नहीं है। रवीन्द्रनाथ के नाटकों को पढ़ने जानने तक की गुँजाइश कम है। कभी मुक्तधारा, कभी गोरा, कभी छुट-पुट कहानियाँ का नाट्यरूपान्तरण। रवीन्द्रनाथ के नाटकों को समझने, करने पुनः आविष्कार करने की कोई सम्भावना यहाँ नहीं दिखती।

सुदूर दक्षिण में कर्नाटक हो या तामिलनाडू, केरला हो या आन्ध्र प्रदेश वहाँ रवीन्द्र भवन तो निर्मित हो गये, पर रवीन्द्रनाथ के नाटकों के मंचन का अभाव बराबर लगा रहा। संस्कृत भाषा के भास से लेकर कालिदास के नाटकों को गहरी निष्ठा और नव शिल्प से लगातार केरला से सम्पूर्ण भारतवर्ष में भ्रमण करने वाले पनिक्कर जी को नाट्य अनुवादों से नहीं बल्कि शम्भु मित्रा के साहचर्य से रवीन्द्रनाथ के नाटकों के प्रति उत्सुकता जागी। शम्भु मित्र का त्रिचुर प्रवास, रवीन्द्र सदनों का पुनः संस्कार और वही किसी एक सन्ध्या में शम्भु मित्र द्वारा राजा एक अंस का नाट्य पाठ पनिक्कर के मन में तीव्र आग्रह जगा दिया। कालान्तर में जाकर निजी शिल्प, कल्पना बोध और संवेदनाओं के साथ उन्होंने राजा नाटक सफलता से मंचित किया।

भारत की राजधानी दिल्ली भी थियेटर का एक चर्चित केन्द्र रही है। एम. के. रैना, अनुराधा कपूर, कीर्ति जैन, अनामिका हक्सर, अंकुर बजाज जैसे ढेरों निर्देशक लगातार अपने दलों के साथ नित नव शिल्प की प्रस्तुतियों में जुटे रहते हैं। 1986 में अनुराधा कपूर के निमन्त्रण पर महीना भर हिमांचल प्रदेश का प्रवास रहा। कसौली में रवीन्द्रनाथ के घर बाहर की तैयारी शुरू हुई। नाट्य रचना में जुटी हिन्दी की कथाकार गीतांजलि श्री बीच-बीच में दिल्ली से आते हुए बुद्धिजीवियों की गोष्ठियों में रवीन्द्रनाथ के नाटकों की नई व्यंजना करने का प्रयास होता। पर इसके साथ एक अनुभव भी होता रहा कि सम्पूर्ण देश में रवीन्द्र संगीत या नृत्य के लिए वो

अन्दरूनी श्रद्धा की स्थिति भी कम लगती है। कभी उन्हें उसमें मोनोटोनी एकरसता, कभी मन्द गतियाँ, शायद उस लेखन के आन्तरिक अर्थ को ना समझ पाने की वजह से द्विमत हैं। पर कहीं कुछ खटका रहा था। एक की जगह दो विमला का विभाजन केवल प्रयोग की नवीनता के लिए या नाटक के अन्तरंग के लिय समझ नहीं पायी। अद्भुत यन्त्रणा रही अभिव्यक्तियों की प्रस्तुतियों के बाद कलकत्ता लौट आयी। बचपन के नृत्य नाटिकाओं के मंचन के उस आन्तरिक असीम आनन्द की अनुभूतियों के बोध से अलग एक अतृप्ति और तृप्ति के मध्य की स्थिति।

देश की इसी राजधानी दिल्ली में भारतवर्ष का एकमात्र प्रशिक्षण केन्द्र राष्ट्रीय नाट्य विद्यालय। हज़ारों छात्रों से कुछ चुन कर ये प्रशिक्षण देता है जिसमें भर्ती की लालसा हिन्दुस्तान भर के नाट्य छात्रों को रहती है। संस्थान में देश-विदेश के नाट्यकारों से लेकर हर तरह के नाटक खेले जाते हैं। क्लासिकल से लेकर वास्तवधर्मी नाटक की शिक्षा रंगमंच के प्रयोग, पूरे थियेटर की शिक्षा, सब की शिक्षा। एक अचरज और कौतूहल भर रह जाता है। जिस रवीन्द्रनाथ को हम दुनिया का बेहतरीन नाट्यकार, ज़मीन की जड़ों से मानवीयता के चरम उत्कर्षों का नाट्यकार कहते हैं तो आजतक किसी रवीन्द्रनाथ के नाटक को एक नए अर्थ से प्रयोग से मंचित क्यों नहीं कर पाया रवीन्द्र के नाटकों की समझ से, बोध से, नई खोज से यहाँ का छात्र कैसे अतृप्त और छूटा और अधूरा रह गया। इसी राजधानी में रवीन्द्रनाथ के नाटकों मुक्तधारा और गोरा तथा डाक घर के सफल प्रयोग एम. के. रैना, अनामिका हक्सर तथा अनुराधा कपूर द्वारा हुए।

भारतीय रंगमंच में अन्य भाषाओं की प्रस्तुतियों में रवीन्द्रनाथ के नाटकों के मंचन का अभाव एक और गम्भीर संकेत देता है। मूल से अन्य भाषाओं के अनुवाद का और बिना जाने, समझे, रवीन्द्रनाथ के नाटकों को दुर्बोध या अतिकाव्यात्मक होने के प्रवाद का प्रसार का। मुझे अभी तक याद है शान्तिनिकेतन के प्रवास से लाये रवीन्द्र नाटकों के हिन्दी अनुवादों को पूरा पढ़ने का साहस वर्षों तक नहीं जुड़ा पायी। अनुवाद में नयी सृष्टि होती है, अभिनय के लिए सही संवादों की भाषा, मूल से वाक्य संगठन का बदलाव, नई ध्वनियाँ, मूल के संरक्षण के साथ थियेटर की नई भाषा, अभिनय की भाषा उस लय-छन्द कोष की आवश्यकता होती है। हिन्दी में हो सकता है उर्दू और बंगला भाषा की सी मिठास न हो पर नित नये शब्दों की भरमार और एक अद्भुत निजी शक्ति है, चुस्ती है और प्रवाह है। हिन्दी या किसी भी रंगमंच की अभिनेत्री के लिए का अभिनय करते ये संवाद किसी मनःस्थिति को नहीं उभार पायेगा।

1. मेरे भय पर आघात न करो।
2. हे भीषण कठोर होकर मेरे मन को अपने चरणों पर नत करो।

इस हिन्दी अनुवाद से निकल कर पुनः जब बहुरूपी के राजा का प्रदर्शन तृप्ती मित्र और सावली मित्र के गम्भीर मान को और संगीत के देखती हूँ तो अवाक् होने के साथ मूल के लय को ना अनुवाद कर पाने का आघात भी लगता है। थियेटर की एक नई भाषा मंच योग्य थियेटरी, चुस्त वाक्यावली और शब्दों के प्रयोग से देवाशीष मजूमदार के चण्डालिनी के अनुवाद के बाद जब किसी नाट्य दल के लिए शेष रक्षा का अनुवाद किया तो विश्वभारती से खेलने की मनाही और मेरे भीतर थियेटर की भाषा को लिखने और खोजने के सवाल पर प्रश्न चिन्ह लग गये। बहुत वर्षों वाद विसर्जन के अनुवाद में निर्देशक से मिली स्वतन्त्रता ने फिर उसी खोज को कहीं आगे बढ़ाया। निर्देशन में रवीन्द्र की तलाश का कोई आसार नहीं स्पष्ट हो पाया। कोई नई दिशा, नया आविष्कार नहीं।

वैसे देखा जाय तो सर्वभारतीय स्तर पर रवीन्द्रनाथ को दूसरें क्षेत्रों में अँग्रेज़ी के माध्यम से ज़्यादा समझाने की कोशिश होती है। पूर्वोत्तर प्रदेशों में आसाम में कई नाटक खेले गये, शायद सफलता से अनुवाद भी हुआ हो। मनीपुर के लोकेन्द्र की प्रस्तुति राजा और एच.कनाई लाल द्वारा निर्देशित डाकघर, रवीन्द्र के नाटकों के मंचन की दिशा में नई खोज नई कविता सी, शिल्प कला और संवेदनाओं के नये स्तर व्यक्त करते हैं। मैने कानाई लाल के नाटकों में हमेशा एक नई व्यंजना, ताजगी और अलग ट्रिटमेंट, एक निदेशक की अन्दरूनी यात्रा का प्रभाव देखा है। द्रौपदी हो या कर्स हो या लज्जा पर कानाई लाल द्वारा निर्देशित डाकघर रवीन्द्र नाटकों में एक असाधारण प्रस्तुति, एक नई तलाश, एक नई व्यंजना दिखती है। पूरा नाटक एक सवाक चित्र या एक लय भरी खामोश कविता का सा आभास दे जाता है। घोर धोरे, देशे-देशे से सूत्र को कानाई लाल अमल को खोज की सत्ता से सार्वकालिक, सार्वदेशिक बना देते है। सावित्री जी द्वारा अमल का अभिनय उन्हें विश्व की अभिनेत्रियों की कतार पर में खड़ा कर देता है। पूरें अन्तर की सत्ता, भाव, गतियाँ जागृत इन्द्रियों से बन्द-बन्द जड़ताओं से अन्ध जड़ता से मुक्ति की तलाश-डाकघर एक मिसाल है। रवीन्द्रनाथ के नाटकों पुनः आविष्कार के नए अर्थ, नयी सृष्टि की तलाश सम्पूर्ण प्रस्तुति की कल्पना, उसकी लयात्मक, उसकी इमेज्स दर्शक से बँधे तार को अद्रुत ठंडक और पूरेपन का तार थमा देती है।

डाक घर-रवीन्द्रनाथ का ये नाटक देश-विदेश में खूब खेला गया। भारतीय रंगमंच की तीन प्रसिद्ध महिला शिल्पियों ने अपनी अनूठी उद्भावनाओं से तीन स्तर के प्रयोग किये। इसी डाक घर को लेकर महाराष्ट्र की सुलभा देश पाण्डे ने मराठी में और दिल्ली की अनामिका हक्सर हिन्दी तथा बंगाल की सुप्रसिद्ध अभिनेत्री तृप्ति मित्र ने बंगला डाकघर का निर्देशन दिया था। तीन अनुभव की तीन प्रस्तुतियाँ।

रवीन्द्रनाथ नाटक लिखते, अभिनय करते, सिखाते। प्रयोजना तक कभी शायद पूरी तरह तृप्त न होते। हर बार की प्रस्तुतियों में लेखन से लेकर अभिनय तक का परिवर्तन फिर कई नई खोज, तलाश नई सृष्टि की आशा। आज भी इसी दृष्टि, इसी खोज, इसी तलाश की ज़रूरत है।

बादल सरकार ने भी मुक्त मंच मेंथियेटर की तमाम साधनों, तामझाम से मुक्त अलग थियेटर करते हैं। उनके द्वारा निर्देशित पथसेना का रक्तकोरबी भी एक अलग अनुभव दे जाता है। रवीन्द्र भी शायद कभी दर्शक और अभिनेता के बेड़े को तोड़ना चाहते थे। खुले आकाश में दर्शकों के बीच धूल माटी से सने, सीधी सादी पोशाक में कलाकार जब सम्पादित रक्तकोरबी का अभिनय करते हैं तो उसकी सादगी थियेटर के कम्यूनिकेशन की शक्ति से प्रभावित हुए बिना नहीं रहा जाता। मैं कभी चुपके-चुपके सोचती की रवीन्द्रनाथ ये प्रस्तुती देख पाते तो सचमुच बड़े आनन्दित होते।

आज बंगाल में नई पीढ़ी जुटी है नई प्रस्तुतियों के मंचन में। एक साथ कई रक्तकोरबी की प्रस्तुतियाँ नटधा और मनीष की प्रस्तुतियाँ नहीं देख पाई पर सुमन मुखर्जी का रक्तकोरबी उनके फाल्गुनी की अभिज्ञता से अलग रही फाल्गुनी में उनकी कल्पना प्रयोग अनोखे थे। कौशिक सेन डाकघर और बिदूषक के मंचन में जुटे हैं। कलकत्ते का हिन्दी रंगमंच शायद अभी भी साहस नहीं जूटा पाया, पर उर्दू के लिटिल थेसपियन के ऊणा और अजहर दुराशा और शेषेरे रात्रि के मंचन से कुछ तलाश में जुटे हैं। वहीं देवाशीष सेक्रीफाइस और पथ से कुछ ढूँढने का प्रयास कर रहे हैं।

पटना के संजय उपाध्याय की स्वप्न मंगल कथा, बहरूल इस्लाम की मध्यवर्त्तिनी की प्रस्तुतियों से एक नई आशा जगा रहे हैं। मनाहेशाह अचलायतन गुजराती में। स्वप्नदर्शी चेतन दातार जो हमारे बीच नहीं रहे उनके कई सपनों में केवल गिरिबाला करने का सपना सार्थक हो पाया था।

आज सारे देश में रवीन्द्रनाथ के नाम से हज़ारों मंच बन गये जिनकी स्थापना शायद रवीन्द्रनथ की नाट्य भावना से मेल भी नहीं खाती। रवीन्द्र के नाटकों को समझाने के लिए उनकी मीमांसा के लिए कोई जातीय नाट्य शाला नहीं। रिसर्च के लिए हम रवीन्द्रनाथ के नाटकों की आन्तरिक शक्ति को समझते हुए भी उनके नाटकों के नवीन व्याख्या खोज के लिए तत्पर नहीं हो पाते। शायद इसी के साथ सवाल उठता है हमारे नाट्य बोध का कलाकार की तैयारी का। आने वाला समय शायद तत्पर करे नवीन पीढ़ी को जो उन्हें समझने के खोज के प्रश्न के साथ उनके नाटकों के मंचन के थियेटर को नया आयाम देंगे।

# साहित्य का देश-काल

*अजय तिवारी*

## प्रस्तावना

तीन मूर्ति नेहरू संग्रहालय के प्रति आभार व्यक्त करना मेरा कर्तव्य है कि आपने, इस संस्था के निदेशक श्री शक्ति सिन्हा ने, यह चुनौतीपूर्ण विषय चुना और मुझे इसपर बातचीत करने की ज़िम्मेदारी दी। यह विषय चुनौतीपूर्ण इसलिए है कि यह विशुद्ध साहित्य का विषय नहीं है। कारण यह कि देश-काल की अवधारणा मूलतः साहित्य की नहीं है। वह दर्शन, विज्ञान और इतिहास (समाजशास्त्र) से सम्बद्ध है। दिलचस्प बात यह है कि दर्शन, विज्ञान और समाजशास्त्र में देश-काल की धारणा एक जैसी नहीं है। उनमें काफी भिन्नताएँ है। साहित्य के देश-काल पर बात करने का अर्थ है ज्ञान के इन अनुशासनों के आलोक में साहित्य को देखना। स्वभावतः यह अन्तर्ज्ञानानुशासनात्मक (Interdisciplinary) विषय है। उसके विस्तार, उसके आयाम, उसकी जटिलता का सम्बन्ध इसी बात से है कि वह दर्शन-विज्ञान-इतिहास जैसी बिलकुल भिन्न और स्वतन्त्र ज्ञानशाखाओं के सन्दर्भ में साहित्य पर विचार करने की अनिवार्यता उत्पन्न करता है।

जिसे हम देश-काल कहते हैं, वह हमारे दृष्टिकोण (Stand-point) का निर्धारण करता है। हम चाहकर भी इस दृष्टिकोण से निरपेक्ष नहीं हो सकते, भले उसके प्रति सजग हों या न हों। कालिदास बहुत महान कवि हैं। लेकिन आज कोई कालिदास की तरह लिखकर महान तो क्या, महत्त्वपूर्ण भी नहीं हो सकता। न वैसी परिस्थितियाँ रहीं, न अभिरुचि और संस्कार। यह बदलाव किसी भी प्रतिभाशाली व्यक्ति की इच्छा से नहीं होता। इस बदलाव के साथ साहित्य का स्वरूप परिवर्तित होता है। कालिदास से प्रेरणा लेकर निराला या नागार्जुन महान साहित्य लिख सकते हैं, उनकी आवृत्ति करके नहीं। निरन्तरता के इस परिवर्तनशील सम्बन्ध को समझना देश-काल के माध्यम से ही सम्भव है। इसी प्रकार, होमर या शेक्सपीयर की महानता में भी सन्देह नहीं है। लेकिन भारत में होमर या शेक्सपीयर नहीं हो सकते थे, जैसे यूरोप में वाल्मीकि या कालिदास नहीं हो सकते थे। यदि कलिदास से हमारे समय का अन्तर कालगत भिन्नता का सूचक है तो होमर से निराला का अन्तर देशगत भिन्नता का। इन प्रश्नों पर विचार करना देश-काल की धारणा से ही सम्भव है। इसके बिना न हम अब तक के अपने विकास और वैशिष्ट्य को समझ सकते हैं, न भविष्य की दिशा का निर्णय कर सकते हैं।

## साहित्य और ज्ञान की विद्याएँ

दूसरी बात यह है कि दर्शन, विज्ञान और समाजशास्त्र एक-दूसरे से अलग-अलग विद्याएँ है। लेकिन साहित्य में दर्शन, विज्ञान, समाजशास्त्र या इतिहास और राजनीति सभी समाहित

हैं। ज्ञान के दूसरे अनुशासनों में जीवन के अंश होते हैं, साहित्य ही अभिव्यक्ति का वह रूप है जिसमें पूरा जीवन समाहित होता है। यूनानी विचारक प्लेटो बहुत चिन्तिति होते थे कि कवि या त्रासदीकार शिल्पी नहीं है फिर भी शिल्प पर बोलता है, वह वैद्य नहीं है फिर भी चिकित्सा पर बोलता है, दार्शनिक या इतिहासकार न होकर भी दर्शन या इतिहास के बारे में बात करता है, राजनीतिज्ञ न होकर भी शासन के बारे में राय देता है! साहित्य की यह जो व्याप्ति है, वह इनमें से अन्य किसी अनुशासन में नहीं है। लेकिन साहित्य में सभी अनुशासनों की व्याप्ति है। इसलिए साहित्य को यह अधिकार है कि वह देश-काल के माध्यम से इन सभी अनुशासनों पर विचार करे या इन अनुशासनों के सन्दर्भ में देश-काल के बारे में विचार करे। यह विभिन्न अनुशासनों के साथ एक प्रकार का संवाद है जिसमें साहित्य की अपनी विशिष्ट स्थिति है।

एक बात और। साहित्य में जो चित्रण होता है, वह चाहे पुराने समय का साहित्य हो, मध्यकालीन साहित्य हो या आज का साहित्य हो, वह दो आधारों पर होता है। एक आधार है भाव। उस भाव के बिना साहित्य नहीं हो सकता। जैसे तर्क के बिना दर्शन नहीं हो सकता या प्रमाण के बिना विज्ञान नहीं हो सकता, वैसे ही भाव के बिना साहित्य नहीं हो सकता। दूसरे शब्दों में, साहित्य को अन्य विद्याओं से अलग करने वाली शक्ति उसकी भावमयता है। अपनी भावमयता के कारण साहित्य का प्रभाव दर्शन या राजनीति से अधिक पड़ता है। यही कारण है कि प्लेटो कवि से कहते थे, दार्शनिक शासकों को सुधारने का काम करे और कवि नागरिकों को सुधारने का। दूसरी बात यह कि भाव मनुष्य के होते हैं। इसलिए साहित्य में उन मनुष्यों के सम्बन्ध चित्रित किये जाते हैं। मानव-सम्बन्धों के चित्रण के नाते साहित्य का अनुकरणीय प्रभाव और विद्याओं से कहीं अधिक होता है।

भाव और मानव-सम्बन्ध– यही दो चीजें साहित्य को अपना स्वरूप प्रदान करती हैं। साहित्य मानव-सम्बन्धों के ज़रिये इन सारी चीजों को चित्रित करता है और सारे जीवन को समाहित करता है, यही साहित्य का वैशिष्ट्य है और इसी कारण साहित्य वास्तविक देश-काल का प्रतिनिधि न होकर भी अधिक वास्तविक होता है। इसका कारण है। हमारे जीवन में केवल दर्शन नहीं होता, केवल राजनीति नहीं होती, केवल विज्ञान नहीं होता, जीवन में सारी चीजें समाहित हैं। अन्य विद्याएँ जब जीवन को चित्रित करती हैं तो वे कोई एक अंग लेकर चलती हैं, इसलिए वे अपने देश-काल का एक अंग चित्रित करती हैं। साहित्य ऐसी विद्या है जो जीवन के सभी पक्षों को एक साथ चित्रित करती है। निस्सन्देह, जीवन साहित्य नहीं है, लेकिन जीवन जब साहित्य में आता है, तब वह हू-ब-हू चित्रित न होते हुए भी अधिक वास्तविक चित्र होता है, अधिक विश्वसनीय चित्र होता है।

हू-ब-हू चित्र न होने का अर्थ क्या है? जीवन जब विज्ञान, दर्शन या राजनीति में आता है तो वह काफी निरपेक्ष होकर आता है; जब साहित्य में आता है तो रचनाकार के भाव के माध्यम से आता है। रचनाकार का भावजगत यथार्थ को देखने का 'प्रिज़्म' होता है। जीवन का यथार्थ वह किरण है जो रचनाकार के मानस के प्रिज़्म में से होकर व्यक्त होती है। इस प्रिज़्म से होकर जीवन जब आता है तो उसमें बहुत से रंग आ जाते हैं। इसलिए साहित्य में जीवन थोड़ा परिवर्तित होकर आता है। यह परिवर्तन कैसे होता है? सबसे महत्त्वपूर्ण बात यह कि कोई रचनाकार *स्मृति* के बिना रचना नहीं करता और कोई रचनाकार *स्वप्न* के बिना रचना नहीं करता। स्मृति अतीत की खोज है और स्वप्न भविष्य की। जीवन अगर हू-ब-हू होगा तो वर्तमान

जैसा है, वैसा ही चित्रित होगा; लेकिन साहित्य में आने पर वह स्मृति यानी अतीत की खोज और स्वप्न यानी भविष्य की खोज से मिलकर आयेगा, इसलिए साहित्य में आनेवाला जीवन हू-ब-हू न होकर भी अधिक मानवीय, अधिक विश्वसनीय और अधिक सम्भावनाशील होगा।

संक्षेप में कहें तो जीवन का यथार्थ देश-कालबद्ध तात्कालिक वस्तुस्थिति है, रचनाकार का मानस स्मृति और स्वप्न से स्पन्दित माध्यम है; अतः साहित्य में व्यक्त यथार्थ के साथ अतीत और भविष्य का सन्दर्भ जुड़ जाता है, वास्तविकता त्रिकालबोध-सम्पन्न हो जाती है, त्रिआयामी स्वरूप ग्रहण कर लेती है। वह इसीलिए अधिक वास्तविक और मानवीय होती है क्योंकि प्रत्येक वस्तुस्थिति अतीत का प्रतिफलन होती है और वह भविष्य की ओर अग्रसर होती है।

एक समस्या और है। प्लेटो मानते थे कि साहित्य *अज्ञान* पर आधारित है। उससे भी बुरी बात यह है कि जनता पर दार्शनिक से ज्यादा असर कवि का पड़ता है, जबकि दार्शनिक को वास्तविक सत्य का ज्ञान है और कविता *सत्य से दुगुनी* दूरी पर है– परम सत्य 'इदोस' (प्रत्यय) की नक़ल यह संसार है और संसार की नक़ल कला है। अतः साहित्य या कला में न वास्तविक जगत का प्रतिनिधित्व होता है, न वास्तविक ज्ञान का अस्तित्व. फिर भी वह मनुष्य के जीवन पर सत्य के दावेदार माध्यमों से अधिक प्रभाव डालती है। इसलिए प्लेटो चाहते हैं कि कवि अगर दार्शनिक के विचारों के अनुसार लोगों को सुधारने में हाथ बँटाता है तो ठीक वरना उसे गणराज्य में रहने की इजाज़त नहीं है। आदर्श राज्य के स्वप्नदर्शी प्लेटो को इतनी शिकायत किसी और ज्ञानानुशासन से नहीं थी, वे किसी और विद्या को नागरिक सुधार के कार्य में लगाने को उत्सुक भी नहीं थे।

इससे यह प्रमाणित होता है कि साहित्य में भले अपना समाज और समय यथावत न आया हो, उसमें ज्ञान और शिक्षा की अन्तर्वस्तु अन्य ज्ञानशाखाओं की तरह न हो, फिर भी उसकी मानवीय सारवस्तु ऐसी है जिसका प्रभाव समाज पर पड़ता है, प्रायः दूसरी विद्याओं से अधिक पड़ता है। इसलिए शासक या सुधारक हमेशा साहित्य-कला को लेकर द्वंद्व की स्थिति में रहते हैं। साहित्य-कला की इस प्रभावकारिता का सम्बन्ध दो बातों से है। कलाकार जब संसार की छवि उतारता है तब वह उसकी व्यावहारिक उपयोगिता का क्षरण अवश्य कर देता है लेकिन अपने भावनात्मक अन्तर्जगत से छानकर वह जो चित्र देता है, उनकी मानवीय उपयोगिता बहुत बढ़ जाती है। वास्तविक मोनालिज़ा की मृत्यु हो गयी लेकिन लिओनार्दो द विन्ची की पेंटिंग का सौन्दर्य और जीवन अक्षुण्ण है। वह अपने वास्तविक देश-कल से आगे भी सार्थक बनी हुई है। लेकिन यह सम्भव नहीं था यदि विन्ची अपने समय के वास्तविक जीवन से उदासीन रहते। अतएव साहित्य का देश-काल वास्तविक न होकर विशिष्ट होता है, अधिक संश्लिष्ट और अधिक मानवीय, वह इतिहासकार या चिकित्सक की तरह उपयोगी नहीं होता लेकिन उनकी तरह एकांगी भी नहीं होता। साहित्य का सम्बन्ध पूरे जीवन से है। वह मानव-सम्बन्धों के माध्यम से अपने देश-काल को अभिव्यक्त करता है। इसीलिए यथावत न होकर भी अधिक वास्तविक और प्रभावशाली होता है।

संक्षेप में, भावमय अन्तर्जगत और मानव-सम्बन्ध– इन दो विशिष्ट आधारों के कारण साहित्य का देश-काल अपना स्वतन्त्र अस्तित्व प्रकट करता है, जिसपर गम्भीरता से विचार करना अनिवार्य हो जाता है।

## देश-काल के शर से बिंधकर

महान हिन्दी कवि सूर्यकांत त्रिपाठी 'निराला' ने अपनी प्रसिद्ध कविता 'तुलसीदास' में लिखा था–

*देश-काल के शर से बिंधकर*
*वह जागा कवि अशेष छविधर।* (निराला रचनावली, 1/288)

देश-काल का तीर जिसे बींध देता है, वह अपनी काव्यप्रतिभा की शोभा बिखेरता है। 'अशेष छवि'– ऐसा सौन्दर्य जिसके बाद सौन्दर्य शेष न रहे। यह देश-काल का शर जब रचनाकार को बींध देता है, तब रचना अपने उत्कर्ष पर पहुँचती है। देश-काल के शर से बिद्ध होने का अर्थ है देश-काल की चेतना से बिद्ध होना। बिंधना वर्णन करना नहीं है। इसलिए स्पष्ट रूप से न दिखने पर भी रचना में देश-काल की सत्ता अन्तर्निहित होती है। कलाकार चाहे भी तो उससे बच नहीं सकता। इसका स्पष्टीकरण आगे होगा। लेकिन यह देश-काल-बिद्धता कवि की संवेदना को, उसकी दृष्टि को एक वस्तुगत आधार देती है, उसे हम 'कोण' या 'स्टैंड पॉइंट' कह सकते हैं।

यहाँ दो बातों पर ध्यान जाता है। एक, निराला अपने पुरखे तुलसीदास को याद कर रहे हैं। इस तरह उनकी विशेषता पहचान रहे हैं और अपना रास्ता भी पहचान रहे हैं। देश-काल का शर तुलसी के समय एक तरह से बींध रहा था, निराला के समय दूसरी तरह से बींध रहा था। अगर तुलसी और निराला अपने-अपने समय में देश-काल के शर से बींधे जा रहे हैं तो इनके बीच एक परम्परा का भी निर्माण होता है। इसलिए साहित्य में जब भी देश-काल के सम्बन्ध का प्रश्न आता है तो उसके माध्यम से एक परम्परा का बोध भी होता है। दूसरी चीज़ है, शर से बिंधने का बिम्ब कहाँ से आया है? यह आया है आदिकवि से। क्रौंच पक्षी का जोड़ा प्रेम कर रहा था। बहेलिये ने उनमें से एक को मार दिया. वाल्मीकि ने इस दृश्य को देखा। वे इस दृश्य से इतने व्यथित हुए कि कुछ समय बाद उनके मुख से एक छंद निकला, बहुत प्रसिद्ध छंद है–

*मा निषाद प्रतिष्ठाम त्वमगमः शाश्वती समाः।*
*यत्क्रौंचमिथुनादेकम् अवधीह काममोहितम्।।* (*रामायण*, बालकाण्ड, २.15)

काम से मोहित अवस्था में क्रौंच को एक बहेलिये ने मार दिया– यह चार चरणों में लिखा गया श्लोक है। उसके बाद वाल्मीकि खुद चकित होते हैं और कहते हैं कि पक्षी के शोक से सन्तप्त-व्यथित होकर मैंने यह क्या कह डाला– 'शोकार्तेनास्य शकुने किमिदं व्यहृते मया।' वाण से बिद्ध वह पक्षी हुआ था। लेकिन उसका शोक वाल्मीकि के हृदय में प्रतिबिम्बित हुआ। इसीलिए 'शोकः श्लोकत्वमागतः.' (*रामायण*, बालकाण्ड, 2.40) देश-काल के शर से बिंधने का बिम्ब निराला ने यहाँ से लिया है।

तुलसीदास पर लिखते हुए वाल्मीकि से जुड़ना एक लम्बी परम्परा का विवेक निर्मित करता है। निराला केवल अपने पुरखे को याद नहीं कर रहे हैं, अपनी राह भी बना रहे हैं। इसलिए नयी कृति के आने पर पुरानी कृति ख़ारिज नहीं होती, अधिक प्रासंगिक हो जाती है। जैसे तुलसी के बाद वाल्मीकि, निराला के बाद तुलसी, या नागार्जुन-केदार के बाद निराला। भिन्न-भिन्न काल में जन्म लेने वाले कवियों का यह अन्तस्सम्बन्ध बताता है कि इनके बीच अलगाव भी है और जुड़ाव भी। निरन्तरता और परिवर्तन का यह मायालोक ही विकास कहलाता है; संस्कृति के क्षेत्र में हम उसे परम्परा कहते है। यदि पूरी तरह अलगाव है तो वह विकास न होगा, यदि पूरी तरह

समरूपता है तो वह परम्परा न बनेगा। इसीलिए दर्शन, विज्ञान या समाजविज्ञान में जहाँ अगली खोज पुरानी धारणा को ख़ारिज करती है, वहीं साहित्य-कला-संस्कृति में वह अलगाव के साथ जुड़ाव भी व्यक्त करती है। देश-काल की धारणा हमें इस परम्परा को पहचानने और विकास की दिशा समझने में मदद करती है।

दूसरी बात यह कि देश-काल का शर प्रत्येक कलाकार को बेधता है, भले वह सचेत हो या न हो, वह स्वीकार करे या न करे। तुलसी के समकालीन कवि थे केशवदास। उसके काव्य में देश-काल से बिद्ध होने का बिलकुल दूसरी तरह का उदहारण मिलता है। वह काव्यशास्त्र के मानदंडों से निर्धारित है। इसलिए वाल्मीकि का 'शोक' हो या केशव का 'शास्त्र', दोनों में देश-काल का शर अपनी-अपनी तरह से मौजूद है। इसपर थोड़ा विचार करें। वाल्मीकि का जो देश-काल था, जिसमें पहली बार श्लोक का जन्म हुआ, जिसके कारण वह आदिकाव्य कहलाया, उस देश-काल में जो घटना हुई थी, उसमें एक क्रौंच-युगल ही नहीं था, एक बधिक भी था। जब वह घटना साहित्य में प्रतिमूर्तित हुई, तब साहित्य के भीतर का देश-काल इकहरा नहीं रहा. उसमें बधिक भी है, क्रौंच भी है। यदि बधिक और क्रौंच एक दूसरे की विरोधी दो शक्तियाँ हैं और उनमें इतना विरोध है कि क्रौंच को बधिक मार देता है, तब यह देखना आवश्यक हो जाता है कि रचनाकार इनमें से किससे संवेदित होता है? खुद रचनाकार के लिए यह चुनाव निर्णायक हो जाता है कि उसकी संवेदना किससे प्रेरित हो, वह अपनी प्रतिश्रुति या प्रतिबद्धता किसके साथ अनुभव करे? इस चुनाव पर बहुत कुछ निर्भर करता है।

कहा जा सकता है कि बहेलिये के साथ, यानी अत्याचारी के साथ शायद ही कोई लेखक सहानुभूति रखे! लेकिन ऐसा नहीं है। इसके बहुत से उदहारण मिलते हैं। अभी बीसवीं सदी के अन्तिम चरण में हिन्दी कवि ध्रुव शुक्ल ने एक कविता में लिखा था– 'धरती सबकी माँ है। / अन्यायी भी बो देते हैं/अन्न नियम से/बदव प्रेम से उग आता है।' (*पूर्वग्रह*-70-71, सितम्बर-दिसम्बर 1985) यहाँ धरती माँ के बिम्ब को अन्यायी के पक्ष में तर्क बना देने का उद्यम है या नहीं? यह क्रौंच का पक्ष हुआ या बहेलिये का? निश्चित रूप से यह बहेलिये का पक्ष हुआ। अतः तटस्थता सम्भव नहीं है। लेकिन आप देखेंगे कि बहेलिये का पक्ष लेने वाले कभी महान साहित्य के स्रष्टा नहीं होते. इसीलिए नागार्जुन कहते थे– 'शासन के कुछ और सत्य हैं, जनता के कुछ और।' नागार्जुन बहेलिये और क्रौंच, दो तरह के सत्यों की अवधारणा हमारे सामने प्रस्तुत करते हैं। वास्तविक देश-काल में जो बहेलिये और क्रौंच हैं, वे साहित्य के देश-काल में कवि की सहानुभूति से रँगकर आयेंगे, उसकी पक्षधरता से मंडित होकर चित्रित होंगे। इसलिए भी वे हू-ब-हू देश-काल नहीं होते।

एक बड़ा उदाहरण लें। अगर शासन के सत्य से रचनाकार जुड़ता है तो कैसा परिदृश्य उपस्थित होता है? इसका बहुत बड़ा प्रमाण हिन्दी का रीतिकाव्य है। रीतिकाल मोटे तौर से 1657 से 1857 तक, लगभग दो सौ साल रहा। (यह अवधि आ. रामचन्द्र शुक्ल ने लक्षित की है– संवत 1700 से 1900 तक। रीति का अर्थ है परम्परा का निर्वाह करना। कुछ काव्यशास्त्रीय कसौटियाँ हैं– रस, छंद, अलंकार, नायक-नायिकाभेद, आदि। रीतिसाहित्य इन्हीं परिपाटियों का अनुसरण करता है। इस रीतिकाव्य की रचना कहाँ हुई, किस परिवेश में हुई? राजाओं के दरबार में, नवाबों के दरबार में, रईसों के आश्रय में। यह समाज का एक विशेष समुदाय है, जिसके सांस्कृतिक वातावरण और प्रभाव में रहकर रीतिसाहित्य लिखा गया. वह भी उसी देश-काल

का, उस समाज का अभिन्न-अनिवार्य अंग है। उस परिवेश से प्रभावित होकर, उसकी दृष्टि और अभिरुचि से प्रेरित होकर जब हम काव्य-सृजन करते हैं, तब रस, छंद, अलंकार, नायक और नायिकाभेद वाला पूरा काव्यशास्त्र तो आता है, लेकिन क्या चीज़ नहीं आती? 1757 में प्लासी की लड़ाई के बाद भारत गुलाम हुआ। भारत की गुलामी का इतिहास 1757 में शुरू हुआ और 1857 में पहला स्वतन्त्रता संग्राम हुआ। भारत की गुलामी के जो प्रारम्भिक सौ वर्ष हैं, वे रीतिसाहित्य के उत्कर्ष के परवर्ती सौ वर्ष भी हैं। अपने उत्कर्ष के परवर्ती सौ वर्षों में लिखे गये रीतिसाहित्य में भारत की गुलामी के प्राम्भिक सौ वर्षों का कोई चिह्न नहीं है। रीतिबद्ध कविता लिखने वाला एक कवि नहीं मिलता, दरबारों में बैठकर लिखने वाला एक कवि नहीं मिलता, जिसके यहाँ कोई ऐसा चिह्न मिले कि यह गुलाम भारत का साहित्य है।

लोकभाषाओं में ऐसा साहित्य लिखा गया। अवधी में, भोजपुरी में, राजस्थानी में बहुत-सी रचनाएँ लिखी गयीं कि अँग्रेज़ भारत में क्या तबाही मचा रहे हैं, कैसी लूट और ठगी कर रहे हैं। लोकसाहित्य में यह सब मिलता है, पर दरबारों में लिखे गये साहित्य में नहीं मिलता। यह पूरा युग है। सौ साल तक चलने वाला दौर है। इसलिए दोनों तरह के उदाहरण मिलते हैं, जब क्रौंच के पक्ष से देखते हैं तब अन्यायी दिखाई देता है, हत्यारा पहचान में आता है। लेकिन जब शासन के पक्ष से देखते हैं, तब ऐतिहासिक नियति के प्रश्न भी गौण हो जाते हैं। राष्ट्र की पराधीनता तक ओझल हो जाती है। जनता के सत्य को अपनाने वाले के लिए क्रौंच और बहेलिये से समान दूरी बरतना आवश्यक नहीं है। दोनों से समान दूरी रखने का आदर्श वे अपनाते हैं, तटस्थता को साहित्यिक मूल्य वे मानते हैं, जो शासन के या अन्याय के पक्ष में खड़े हैं। जीवन के बदले शास्त्र उनका सहारा बनता है। चूँकि हमें दोनों तरह के उदाहरण मिलते हैं इसलिए भी साहित्य का देश-काल वास्तविक देश-काल का प्रतिरूप नहीं है।

केशवदास के समकालीन दो महत्त्वपूर्ण कवि थे। एक अकबर के दरबार में रहीम और दूसरे दरबार के बाहर तुलसीदास। मुझे क्षमा करें, मैं थोड़ा बड़बोलेपन से काम लेना चाहता हूँ– तुलसी से बड़ा उस युग में संसार का कोई कवि नहीं था। बहरहाल, तुलसीदास रहीम के अभिन्न मित्र थे। तुलसी ने केशवदास को सामने रखकर कहा था–

कवित विवेक एक नहिं मोरे। सत्य कहहुँ लिखि कागद कोरे..

उल्लेखनीय है कि कबीरदास से तुलसी के झगड़े को लोग बहुत दिखाते हैं, जो उनसे डेढ़ सौ साल पहले थे, लेकिन केशवदास से भी उनका कोई झगड़ा था, यह नहीं देखते। कवित-विवेक एक नहिं मोरे– यह उक्ति कबीर से झगड़े का परिणाम नहीं हो सकता। कबीर खुद ही कहते थे– मसि कागद छूयो नहीं। केशव को अपने कवि होने का गर्व था। जिस तुलसी के आगे कोई टिकता नहीं, कलात्मक दृष्टि से भी जिससे बढ़कर कोई नहीं है, वह कह रहा है 'कवित विवेक एक नहिं मोरे!' मेरे पास कवित-विवेक नहीं है। कवित-विवेक यानी रस-छंद-अलंकार-नायक-नायिकाभेद वाला जो काव्यशास्त्र है, उस शास्त्र का विवेक मेरे पास नहीं है। ऐसा नहीं कि वे काव्यशास्त्र से अनभिज्ञ थे। उन्होंने उस 'विवेक' का तिरस्कार किया। कवित-विवेक यानी शास्त्रवादी विवेक का तिरस्कार किया। उसी देश-काल में जैसे बहेलिये और क्रौंच में, उत्पीड़क और निरीह में संघर्ष चल रहा था, वैसे ही साहित्य में भी एक संघर्ष चल रहा था। इसीलिए मैंने कहा कि वह अधिक सम्भावनाशील यथार्थ होता है, हू-ब-हू न होते हुए भी यथार्थ का अधिक उदात्त रूप होता है।

ध्यान देने की बात है कि इस कवित-विवेक के मुकाबले तुलसी क्या प्रस्तावित करते हैं? 'रामचरितमानस' में उनके सबसे प्रिय दो शब्द हैं– मंगल और विवेक। यह मंगल-विवेक जीवन-विवेक से पैदा होता है। इस तरह दो समांतर विवेक-परम्पराएँ हैं– एक तरफ कवित-विवेक है, शास्त्रवादी अभिव्यक्ति है; दूसरी तरफ मंगल-विवेक है, जीवन का स्पन्दनशील रूप है। इसलिए हम कह सकते हैं कि शास्त्र का विवेक केशवदास को पैदा कर सकता था, जीवन का विवेक कबीर, सूर, तुलसी, मीराँ, जायसी को पैदा कर सकता था। शास्त्रबद्ध कविता जीवन को अस्वीकार करती थी, जीवन विवेक का तिरस्कार करती थी। यह सर्वविदित है कि रीतिकविता सामंतों-रईसों के आश्रय में लिखी जाती थी। पहले वह जनता की उपेक्षा करनेवाले सामंतों के वैभव-विलास के स्वप्न में डूबी हुई थी, वह जनता की जगह शासन के सत्य से जुड़ी कविता थी। पतनशील सामंतवर्ग को जनता के जीवन से कुछ लेना-देना नहीं था। अँग्रेजों का राज्य कायम होने पर सामंतवर्ग उनका सहायक बन गया। उनके दरबार के कवियों के लिए जनता के संघर्ष और राष्ट्र की पराधीनता का कोई अर्थ नहीं था। क्या ऐसे में उसे हम देश-काल और समाज से तटस्थ कह सकते हैं? प्रकटतः देश-काल से निरपेक्ष होकर भी वह कविता देश-काल से बहुत गहराई से जुड़ी है, समाज से तटस्थ होकर भी समाज में एक विशेष वर्ग के हितों का प्रतिबिम्ब है। शासन के हितों से अलग जनता के हितों की भी अपनी परम्परा वाल्मीकि-तुलसी से होते हुए आज तक चली आयी है। जिन्हें राजेश जोशी 'इत्यादि' कहते हैं, उनकी भी अपनी चेतना और परम्परा है। 'अन्यायी' से पृथक 'इत्यादि' का दृष्टिकोण बद्री नारायण की 'शब्दपदीयम्' में व्यक्त होता है–

मैं शब्द हूँ इसलिए ब्रह्म हूँ
बीच जंगल में न जाने कोई ब्याध/मुझी को सुन
सरवर तट पानी पीती हिरणी पर शब्दभेदी वाण चलाए,
कब कोई गवैया, कब कोई भाँट आये/ और मुझी से
किसी आततायी राजा का/ इतिहास लिखवाए
मैं शब्द हूँ मैं नहीं चाहता
फिर किसी क्रौंच पक्षी की कराह में बदलना। (*शब्दपदीयम्*, पृ. 17)

यहाँ आदिकवि का स्मरण संयोगवश नहीं है। वह जनता की संवेदना और अभिव्यक्ति परम्परा का सजग चुनाव है। इसलिए निराला की बात पूरी तरह सही है कि कविता देश-काल के शर से बिंधकर ही सम्भव होती है।

## आदिकाव्य अथवा मानव-केन्द्रित सृजन का सूत्रपात

साहित्य पर बात करते समय आदिकाव्य के रूप में रामायण ही याद आती है, हालाँकि उसके पहले ऋग्वेद है और दोनों के बीच दो-ढाई हज़ार साल का फासला है। वैदिक भाषा मूलतः प्राकृत है। पाणिनि ने उसका संस्कार किया तब वह संस्कृत बनी। (जिन्हें प्राकृत भाषा पढ़ने में असुविधा हो, उनके लिए ऋग्वेद का पूरा काव्यानुवाद डॉ. गोविन्दचन्द्र पांडे ने किया है।) फिर भी आदिकाव्य का दर्ज़ा ऋग्वेद को नहीं मिलता, वह रामायण को ही मिलता है। आखिर क्यों?

इसके दो प्रमुख कारण हैं। एक तो यह कि ऋग्वेद में अपने से पहले की बहुत सी

ऐतिहासिक और सांस्कृतिक स्मृतियाँ सुरक्षित हैं। ऋग्वेद खुद हज़ार साल से अधिक समय में रचा गया है। वैदिक काल से पहले के पात्र हैं मरुत। उन्हें देवताओं का स्थान प्राप्त था। ऋग्वेद में उन्हें देवता के आसन से हटाया गया। वरुण हैं, वे पहले से स्थापित हैं और ऋग्वेद में भी देवता हैं लेकिन यहाँ उनका महत्त्व क्रमशः कम होता जाता है, इन्द्र का महत्त्व बढ़ता जाता है। इन्द्र यहाँ सबसे बड़े देवता हैं। विष्णु वहाँ आते हैं लेकिन इन्द्र के सखा के रूप में आते हैं और वे उपेन्द्र हैं– उप-इन्द्र; बाद में वे बड़े देवता बनते हैं। यहाँ छोटे देवता हैं। इस देवतन्त्र के अलावा वहाँ बहुत-सा यथार्थवाद है, बहुत-सी लौकिक और बेहतरीन चीजें हैं, लेकिन ऋग्वेद की कविता का मूलस्वर देवताओं की उपासना का स्वर है। हालाँकि सिर्फ देवताओं की उपासना का स्वर नहीं है। देवों से ऋषि जो माँगते हैं, वह सब भौतिक जीवन से सम्बद्ध है। साथ ही, ऋषियों के स्वतन्त्र कार्यकलाप और परिवेश का चित्रण भी है। जीवन की विविध गतिविधियों का अद्‌भुत चित्रण है। यह सब स्वतन्त्र विचार-विमर्श का विषय है। इस अर्थ में वहाँ हम यथार्थवाद का प्राचीन रूप देखते हैं। लेकिन वे अपने सुख-साधन देवताओं से माँगते है। रामायण देवोपासना से पूरी तरह मुक्त है। उसमें कोई मंगलाचरण नहीं है; न शुरू में किसी देवता की उपासना है न बाद में। युद्ध कांड के अन्त में राम कहते हैं– '*दैव सम्पदितो दोषः मनुषेण मया जितः*।' (युद्धकाण्ड, 118.5) मेरे भाग्य का दोष देवताओं का बनाया हुआ था, मनुष्य होकर मैंने उसपर विजय पायी। देवताओं की उपासना से हटकर मनुष्य के संघर्ष और मनुष्य की महिमा पर पहली बार काव्य लिखा गया इसलिए उसे आदिकाव्य का दर्जा मिला।

संक्षेप में, काव्य की, साहित्य की अवधारणा एक निश्चित देश-काल में निर्मित हुई, जब मनुष्य-केन्द्रित दृष्टि या सृजन की सम्भावना साकार हो सकी। जिसे आधुनिक अर्थ में 'सेक्युलर' कहते हैं, उसे मैं सेक्युलर नहीं कहूँगा क्योंकि सेक्युलर उस युग का प्रश्न नहीं था। लेकिन जो देवरहित चेतना प्रतिष्ठित हुई, उसे लौकिक कहना उपयुक्त है। जिस चेतना में देवता अपदस्थ हो जाते हैं, उनकी जगह मनुष्य प्रतिष्ठित होते हैं, वह एक तरह की मानववादी, लौकिक चेतना है। इस मानववादी-लौकिक चेतना का साहित्य में आविर्भाव हुआ। दूसरे शब्दों में, साहित्य-संस्कृति में देव-परम्परा से हटकर मानववादी परम्परा की प्रतिष्ठा वाल्मीकि से होती है। इसलिए वाल्मीकि का काव्य आदिकाव्य कहलाया। यहीं हमें यह भी ध्यान रखन चाहिए कि रामायण मनुष्य-केन्द्रित है और मनुष्य-केन्द्रित होने से वह परिस्थिति-सजग रचना है। ऋग्वेद के कवि परिवेश के प्रति सजग हैं लेकिन वह परिवेश तात्कालिक अधिक है। रामायण की परिस्थिति व्यापक सन्दर्भ रखती है। परिवेश और परिस्थिति में फर्क स्पष्ट है।

यहाँ तक काव्य की विषयवस्तु की चर्चा हुई। लेकिन साहित्य क्या केवल विषयवस्तु है? मनुष्य के महत्त्व के बारे में समाजशास्त्रीय अध्ययन को क्या साहित्य कहेंगे? या उसपर निबन्ध लिख दीजिए, क्या वह काव्य होगा? काव्य का अपना स्वतन्त्र रूप होता है। उस रूप में बहुत सी विविधताएँ हो सकती हैं। यदि गौर करें तो ऋग्वेद का ढाँचा यह है कि मन्त्र लिखे जाते हैं और कई मन्त्रों को मिलाकर ऋचा बनती है। मन्त्र का अर्थ है छंद और ऋचा का अर्थ है काव्य। (जैसे ऋषि का अर्थ है कवि।) मन्त्र और ऋचा का वही ढाँचा है जो गीत का होता है। अलग-अलग अनुच्छेद होते हैं और कई अनुच्छेद मिलकर एक गीत बनता है। यह गीत का स्वरूप है और गीत में भावों का प्रवाह होता है। गीत बनते ही हैं भावों के स्वतन्त्र-निर्बाध प्रवाह से जहाँ कोई अंकुश नहीं होता। इसलिए गीतों पर देश-काल का असर सबसे कम होता

है। वह बस कम ही होता है, मौजूद तो रहता है। सूरदास और मीराँ के गीत पढ़ेंगे, निराला और महादेवी के गीतों से तुलना करेंगे, तो फर्क दिखेगा. ऋग्वेद से निराला तक गीत में जो चीज़ सामान है, वह भाव है, भावों का प्रवाह है।

क्या वाल्मीकि का भाव उससे अलग है? उस भाव के स्वरूप पर विचार करें। उसके मूल आधार में था काम-मोहित पक्षी, यानी *श्रृंगार*; उसे बहेलिये ने मार दिया, इससे *क्षोभ* हुआ, क्षोभ श्रृंगार के विपरीत भाव है; क्रौंच युगल का जो दूसरा पक्षी बच गया था, उसके साथ सहानुभूति हुई, यह *करुणा* है; और बहेलिये के प्रति *क्रोध* भी है। विचार करने की बात है कि श्रृंगार, क्रोध, करुणा और क्षोभ, ये अनेक भाव या भावों के अनेक प्रसंग एक ही अनुभव में मौजूद हैं। सभी भाव एक दूसरे से बहुत अलग-अलग हैं, हालाँकि एक ही घटना से उत्पन्न होने के कारण आपस में सम्बन्धित है। इस तरह क्षोभ, करुणा, श्रृंगार, क्रोध, अनेक प्रकार के भाव-प्रसंग पहली बार एक अनुभव में आते हैं। जब अनेक भावप्रसंग एक साथ संश्लिष्ट होकर आते हैं, तब उनके बीच सम्बन्ध और प्रबन्ध की आवश्यकता पड़ती है। यहाँ प्रवाह नहीं, प्रबन्धत्व है। पहली बार ऋचाओं के संकलन की प्रक्रिया से हटकर एक महाकाव्य रचा गया, जिसमें संगठन का गुण आवश्यक था, प्रबन्धत्व आवश्यक था और यह विदित है कि प्रबन्धत्व देश-काल की धारणा से सम्बद्ध है। इसलिए पहली बार रामायण के साथ अनेक प्रकार के भावों के संगठन की, देश-काल के प्रबन्ध की आवश्यकता पैदा हुई। उसे आदि-काव्य बनानेवाली महत्त्वपूर्ण चीज़ यह थी। यह प्रबन्धत्व तात्कालिक स्थितियों की जगह व्यापक परिस्थिति का निर्माण करता है। मनुष्य-केन्द्रित भावबोध के नाते जिस परिस्थिति-सजग दृष्टिकोण का विकास होता है, रामायण की रचना में उसकी प्रेरणा दिखाई देती है और इस महाकाव्य के भीतर परिस्थितियों का लगातार उद्घाटन होता चलता है। दृष्टि, प्रेरणा, संगठन, सभी स्तरों पर भाव, परिस्थिति और प्रबन्धत्व का निर्वाह देश-काल की उपस्थिति का प्रमाण है।

गीत और प्रबन्ध के बीच, परिवेश और परिस्थिति के बीच यह अन्तर आकस्मिक नहीं है। वैदिक ऋषि मुख्यतः अपने लिए माँगता है, बाकि सब उससे सम्बन्धित हैं। लेकिन वाल्मीकि अपने लिए नहीं माँगते, पीड़ित के लिए करुणा-द्रवित होते हैं। यह अन्तर आधुनिक अर्थ में व्यक्तिवाद और सामाजिक चेतना का अन्तर तो नहीं है, किन्तु यह उसका बीजरूप अवश्य है। इस अन्तर से हम प्रारम्भिक जीवन-स्थितियों में मनुष्य की चेतना के स्वरूप और वर्गों या वर्णों में विभाजित समाज की चेतना के रूप में आये बदलाव को भी पहचान सकते हैं। यह अन्तर दो समाजों के बीच ऐतिहासिक परिस्थितियों का द्योतक है। इस रूप में हम दोनों रचनाओं में देश-काल की दो स्थितियों को देखते-पहचानते हैं। दोनों में उनके समय और समाज की झाँकी मौजूद है। इस तरह, देश-काल की सत्ता साहित्य का अन्तरंग है, वह बाहर से आरोपित विचार नहीं है।

## राजनीति का जनतन्त्र और साहित्य का जनतन्त्र

इस विश्लेषण से यह स्पष्ट होता है कि कला का अनुभव और कला का रूप दोनों देश-काल से प्रभावित होते हैं। कोई भी कला अपने अनुभव और अपने रूप दोनों ही स्तरों पर देश-काल की धारणा व्यक्त करती है। यह तभी सम्भव है जब कलाकार अपने समय के जीवन को स्वयं देखे और समझे। समसामयिक जीवन से उदासीन और निरपेक्ष रहकर साहित्यकार

यदि प्रत्यक्षतः नहीं तो परोक्षतः अन्याय का समर्थन करता है। ऐसा 'साहित्य' समाज की अपेक्षा सत्ता के हितों से जुड़ा रहता है। उसका यह कार्य साहित्य के स्वभाव के विपरीत है। इस पर बहस की आवश्यकता है।

आदिकवि निष्पक्ष नहीं थे। पक्षधर थे। वे बहेलिए के पक्ष में नहीं थे, क्रौंच के पक्ष में थे। यह पक्षधरता कवि के कवित्व की कसौटी है। इसके बिना कवित्व पैदा नहीं हो सकता। जिसकी संवेदना किसी से जुड़ेगी ही नहीं, वह संवेदना पर आश्रित रचना क्या करेगा? कवि जब उत्पीड़ित को और उत्पीड़क को साथ-साथ पहचानता है, तब वह उत्पीड़न के सम्बन्धों को बदलने की प्रेरणा देता है। वर्तमान से उसका असन्तोष और भविष्य का स्वप्न इसी प्रेरणा से सम्बद्ध हैं। इसलिए साहित्य की प्रेरणा जितना वर्तमान से असन्तोष में निहित है, उतना ही भविष्य के स्वप्न में भी है। भविष्य के इस स्वप्न में वर्तमान से असन्तोष के कारणों को दूर कर दिया जाता है। इसीलिए कहा गया है कि 'यथास्मै रोचते विश्वं तथैदम् परिवर्तते।' राजनीति जहाँ वर्तमान (उत्पीड़न के) सम्बन्धों की रक्षा करती है, वहीँ कविता अपनी सृष्टि में उन सम्बन्धों को अस्वीकार और परिवर्तित करती है। कवि को अपनी सृष्टि का ब्रह्मा यों ही नहीं कहा गया है– 'कविर्मनीषी परिभू स्वयंभू।'

अपने दृष्टिकोण, सहानुभूति और स्वप्न के नाते कवि इस बात की चिन्ता नहीं करता कि *कितने* लोग क्या बात कर रहे हैं। वह इस बात से प्रेरित होता है कि *किसके* साथ अन्याय हो रहा है। यही राजनीति से साहित्य का अन्तर है। राजनीति का जनतन्त्र, चाहे वाल्मीकि के समय का हो या 20वीं-21वीं शताब्दी का, वह हमेशा बहुमत पर और बहुसंख्यक पर बल देता है जबकि साहित्य का जनतन्त्र पीड़ित पर बल देता है और पीड़ित से सहानुभूति उसकी प्रेरणा बनती है। इसलिए समाज में जहाँ भी अन्याय होगा, उत्पीड़न होगा, उसके प्रतिरोध के रूप में साहित्य का जनतन्त्र अपनी वाणी मुखरित करेगा. यही कारण है कि कोई भी आततायी सत्ता, चाहे वह मध्यकाल की हो या आधुनिक काल की, वह हमेशा साहित्य के विरुद्ध होती है– याद रखिए, हिटलर के डर से सारे लेखक जर्मनी से भाग गये थे। यह सब देखते हुए कहना पड़ता है, हमारे पुरखे बहुत समझदार थे, वे कहते थे कि जो साहित्य और कला से विहीन होता है, वह सींग-पूँछ के बिना पशु होता है, वह देखने में भले मनुष्य लगता हो!

यह देखना साहित्य के लिए आवश्यक है कि राज्य की शक्ति दमन में परिणत होती है और साहित्य की शक्ति दमन के विपरीत प्रतिरोध की दिशा में चलती है। जनता की चेतना का निर्माण राज्य की दमनकारी शक्ति से नहीं होता, साहित्य की मानवीय शक्ति से होता है। ऐसा इसलिए कि साहित्य पीड़ित के पक्ष में होता है और इस पक्षधरता को भाव के माध्यम से व्यक्त करता है, इसलिए उसका प्रभाव व्यापक होता है। दूसरे अर्थ में कहें तो वाल्मीकि अगर क्रौंच के मन में प्रवेश न करते तो श्लोक न रचते, तुलसी अगर अपने समय के पीड़ितों से सहानुभूति अनुभव न करते तो वैसी रचना न करते, निराला हों या प्रेमचंद या नागार्जुन, सभी लेखक उत्पीड़ितों से अपनी सहृदयता के तार जोड़ते हैं। इस प्रक्रिया के लिए साहित्य में एक पारिभाषिक पद है– '*परकायाप्रवेश*'।

साहित्यकार उसकी पीड़ा को अपनी पीड़ा की तरह अनुभव करता है, जो उत्पीड़ित है। यह सामान्य नागरिक और साहित्यकार का मौलिक अन्तर है। इसलिए अपनी पीड़ा पर सामान्य नागरिक साहित्य रचना नहीं कर पाता जबकि उसी पीड़ा पर साहित्यकार लिखता है, भले वह

उसकी निजी पीड़ा न हो। जिस जनता की पीड़ा का अनुभव साहित्यकार करता है, वह उसके अपने समय की जनता होती है। कोई व्यक्ति अगर पाँच हज़ार साल पहले की या पाँच सौ साल पहले की पीड़ा अनुभव करे लेकिन वर्तमान की पीड़ा को अनुभव न करे तो वह साहित्य की रचना नहीं कर सकता, प्रचारात्मक "साहित्य" भले लिख ले। साहित्य रचना तब तक नहीं हो सकती जब तक अपने सामने के जीवन और यथार्थ से हम अपनी करुणा और सहृदयता के तार न जोड़ें। यह प्रक्रिया साहित्य रचना की अनिवार्य शर्त है।

क्रौंच और बहेलिए का हो या शासक और प्रजा का अथवा अन्यायी और किसान का, सभी सम्बन्ध सामाजिक सम्बन्ध हैं। साहित्य इन सम्बन्धों का चित्रण करता है। इस चित्रण का समाज में रहने वाले मनुष्यों पर असर पड़ता है। साहित्य-कला के दर्शक, श्रोता और पाठक को 'भावक' या 'सामाजिक' कहा गया है। वह सामाजिक इसलिए है कि साहित्य में जिस जीवन का चित्रण हो रहा है, वह सामाजिक सम्बन्धों का गठन है और जो सामाजिक है, वह इन सम्बन्धों के चित्रण से प्रेरित-प्रभावित होता है। वह उस चित्रण को अपने अनुभव की तरह ग्रहण करता है। परकायाप्रवेश की तरह हमारे यहाँ साहित्य में अभिव्यक्त सामाजिक सम्बन्ध को भी परिभाषित किया गया है– '*वसुधैव कुटुम्बकम्.*' वसुधा यानी पृथ्वी, कुटुंब यानी परिवार; वसुधा कुटुंब की तरह है– एक परिवार है। यह भी सामाजिक सम्बन्ध है। सम्बन्धों के साथ भाव जुड़े हुए हैं। सम्बन्धों और भावों की इस व्याप्ति के कारण साहित्य में उदात्त की भूमिका महत्त्वपूर्ण होती है। उदात्त केवल आदर्श नहीं है। आदर्श में असम्भाव्यता का पक्ष होता है, उदात्त जीवन में उपस्थित रहता है।

## सामाजिक संस्कृति और खलनायक की भूमिका

यदि साहित्यकार दूसरे के अनुभवलोक में प्रवेश करके अपने साहित्य की वस्तु निर्मित करता है, तो निराला का यह कथन याद आता है कि साहित्य में केवल धर्म की सफेदी पर्याप्त नहीं है, वह मनुष्य को और साहित्य को विकृत करती है, पाप की स्याही भी पर्याप्त नहीं है, वह भी मनुष्य और साहित्य को विकृत करती है; साहित्यकार के लिए धर्म की सफेदी और पाप की स्याही, दोनों की कलाएँ आवश्यक हैं। धर्म और पाप, सफेदी और स्याही– दोनों मनुष्य की अतिरंजित कल्पनाएँ हैं। जीवन में दोनों घुले-मिले रहते हैं। जैसे देवता और दानव, मनुष्य में दोनों तरह की प्रवृत्तियाँ हैं; इन्हीं के आधार पर अतिरंजित कल्पनाएँ की गयी हैं। जीवन कल्पना नहीं है, वह दोनों विपरीत शक्तियों के मेल से बना है। इस दृष्टि से धर्मशास्त्र या किसी भी अन्य आदर्शवादी ज्ञान की अपेक्षा साहित्य जीवन के अधिक निकट है।

साहित्य में धर्म की सफेदी और पाप की स्याही दोनों काम्य नहीं हैं। जीवन जैसा है, उसे उसी रूप में अपनाने और ग्रहण करने का प्रश्न है। अगर ऐसा है तो साहित्य में आप खलनायक आसानी से नहीं बना सकते। उदहारण के लिए, 'गोदान' में प्रेमचंद ने राय अमरपाल सिंह को चित्रित किया है। क्या 'पाप' के अर्थ में वे खलनायक हैं? और क्या होरी 'धर्म' के अर्थ में नायक है? प्रेमचंद ने अमरपाल सिंह के जीवन के दुखों को भी सहानुभूति से चित्रित किया है। रायसाहब की बेटी भरी जवानी में विधवा हो गयी, यह खलनायक का नहीं, मनुष्य का दुःख है; वे किसानों का उत्पीड़न करते हैं और अँग्रेज़ रायसाहब को परेशान करते हैं, उनसे अधिक से अधिक उगाही करते हैं, जिसके लिए रायसाहब फिर किसानों पर दबाव बनाते हैं; राय अमरपाल

सिंह एक तरफ स्वराज्य का पक्ष लेते हैं, जेल जाते हैं, दूसरी तरफ अँग्रेजों के आगे घुटने भी टेकते हैं, डर के मारे नज़राने और डालियाँ भी पहुँचाते हैं।

इस तरह, जीवन को हम धूप-छाँही रूप में देखते हैं। जब इस तरह देखेंगे तो आप किसी को खलनायक नहीं बनाएंगे। साहित्य में खलनायक बनाना सबसे कठिन काम है। इस दृष्टि से गाँधी सबसे बड़े कलाकार थे। उन्होंने कहा कि जो विरोधी है, वह ज़रूरी नहीं कि शत्रु हो. विरोधी हमेशा शत्रु नहीं होता– यह उदात्त भावभूमि है। जब आप किसी को शत्रु मानते हैं, तब खलनायक बनाते हैं। जब केवल विरोधी मानते हैं, तब मनुष्य के रूप में देखते हैं; जब मनुष्य के रूप में देखते हैं, तब उसमें सारी चीजें आती हैं, केवल स्याही या सफेदी नही. इसलिए साहित्य हमें अधिक बेहतर मनुष्य बनाता है। स्वभावतः वह आदर्श नहीं, उदात्त है।

विभिन्न देश-काल में ऐसी स्थितियाँ होती हैं, जब खलनायक बनाये जाते हैं। शेक्सपीयर का नाटक 'ओथेलो' देखें। उसका एक पात्र है इयागो। वह इर्ष्या का, छल और विश्वासघात का प्रतिरूप है। ऐसा ही 'जूलियस सीज़र' का डंकन है। ऐसे अधिक पात्र शेक्सपीयर में भी नहीं हैं। ये दो चरित्र खलनायक हैं। लेकिन शेक्सपीयर के यहाँ खलनायक हमेशा मुस्कुराते रहते हैं। हैमलेट एक जगह अपने चाचा के बारे में कहता है, 'One may smile and smile and be a villain.' एक आदमी हमेशा मुस्कुराता रह सकता है लेकिन वह खलनायक है– महानीच है। वहाँ यूरोप में यह चरित्र पैदा होता है। आप इयागो या डंकन या इस महानीच के समकक्ष कोई खलनायक भारतीय साहित्य में खोजें. जहाँ तक मेरी सीमित जानकारी है, ले-देकर एक खलनायक मिलता है– जायसी का अलाउद्दीन। बस। वैसा खलनायक पूरे भारतीय साहित्य में– बंगला, तमिल, मलयालम, कन्नड़, हिन्दी में– कहीं भी नहीं मिलता। इसका कारण यह हो सकता है कि जायसी ने इस्लाम की धारणा के अनुसार 'शैतान' बनाया है और शैतान अति-निन्दित है। कंडेम्ड है।

जायसी के सौ साल बाद तुलसी हैं। उनके यहाँ खलनायक रावण है। वह असुर है, राक्षस है। लेकिन रावण विद्वान है और मर्यादा का बहुत ख्याल रखता है। सीता को पुष्पवाटिका में यातना तो देता है, राम की बुराई करता है, कहता है, तुम मेरी बात मान लो, लेकिन सीता को स्पर्श नहीं करता, बल्कि सीता की देख-रेख के लिए जिस राक्षसी को लगाता है, वह रामभक्त है, यह गौर करने की बात है। और, वह मरने से पहले लक्ष्मण को राजनीति के सारे पाठ पढ़ाता है। उसमें दुर्बलताएँ हैं। जिनके कारण उसका विनाश अनिवार्य है और राम विनाश करते हैं, वह एक पक्ष है। लेकिन उसके बावजूद वह इयागो या डंकन की तरह या अलाउद्दीन की तरह 'खलनायक' नहीं है। मतलब यह कि खलनायक की धारणा भारतीय साहित्य में लगभग नहीं मिलती। अपवाद रूप में कहीं-कहीं मिलती है। यह दो देशों की सांस्कृतिक परम्पराओं का अन्तर है। अतः देश-काल की धारणा बिलकुल एक जैसा काम नहीं करती। एक ही काल में दो समाजों के बीच या अलग-अलग कालों में एक ही समाज के भीतर विभिन्न प्रक्रियाएँ दिखाई देती हैं।

एक बात पर और ध्यान जाता है। 'परकायाप्रवेश' का सिद्धान्त केवल आदर्श नहीं है। वह सहृदय रचनाकार का व्यवहार है। तुलसी के लिए 'स्वांतः सुखाय' और 'सबकँह हित' के बीच विरोध नहीं है। निजी और सामाजिक पीड़ा का एकीकरण श्रेष्ठ रचना का आधार है। इसीलिए व्यक्तिवाद भारतीय साहित्य का जीवन दर्शन नहीं बना। परिणामस्वरूप हमारे कवियों ने मनुष्य

के रूप में मनुष्य को देखने की क्षमता प्रदर्शित की, केवल 'शत्रु' मानकर नहीं देखा। वह लेखक हो ही नहीं सकता जिसमें सब प्रकार के मनुष्यों के अन्तःकरण में प्रवेश की क्षमता न होगी। इलियट कहते थे, सभी चरित्रों में लेखक का अंश होता है। यह बात यूरोप के साहित्य से अधिक भारत के साहित्य पर लागू होती है।

## त्रिआयामी देश और एकायामी काल

यहाँ एक और बात पर ध्यान देना ज़रूरी है। देश की धारणा त्रिआयामी है और काल की धारणा एकायामी. काल एक ही दिशा में चलता है, दूसरी दिशा में नहीं चलता। त्रिआयामी देश और एकायामी काल– इनका सम्बन्ध साहित्य में काफी जटिल होता है। जब देश त्रिआयामी है तो एक ही काल में विभिन्न देशों के साहित्य में मिलती-जुलती प्रवृत्तियाँ दिखाई देती हैं। जैसे, शेक्सपीयर और उन्ही के युग में जायसी और तुलसी। इनके साहित्य में बहुत-सी भिन्नताओं के बावजूद कई मिलती-जुलती प्रवृत्तियाँ देखी जा सकती हैं। वे अपने-अपने समाज में आधुनिकता की करवट से संबद्ध नए जागरण के प्रतिनिधि हैं, जिसे यूरोप में पुनर्जागरण कहते हैं और भारत में लोकजागरण। इस प्रकार, विभिन्न साहित्यों में और साहित्य के इतिहास में समांतरता का एक सम्बन्ध दिखाई देता है। लेकिन यह किसी प्रकार सम्भव नहीं है कि साहित्य का एक युग बीत जाय तो फिर आगे उसकी वापसी हो जाय। पुनरागमन नहीं होता।

जैसे एक युग बीत जाय तो वापस नहीं लौट सकता, वैसे साहित्य में भी एक प्रवृत्ति बीत जाय तो वापस नहीं लौट सकती। पुनरुत्थान हो सकता है लेकिन पुनरुत्थान कभी भी ज्यों-का-त्यों अतीत का आगमन नहीं होता। जैसे आचार्य रामचन्द्र शुक्ल ने रीतिकाव्य के बारे में लिखा है कि संस्कृत की एक संक्षिप्त उद्धरणी हिन्दी में तैयार हो गयी। रीतिकवियों ने संस्कृत काव्यशास्त्र की बहुत नक़ल की। फिर भी केवल संक्षिप्त उद्धरणी तैयार हुई। उसका ज्यों-का-त्यों आगमन हो नहीं सकता था। इसलिए कि वह दौर जिसमें केशव थे, उसमें कबीर भी थे, तुलसी भी थे, रैदास भी थे, वह संस्कृत के पिछले दौर से अलग था। संस्कृत रीतिकाव्य उस समय की रचना है जब सामंती सत्ता को चुनौती नहीं थी, वर्ण-व्यवस्था अटूट थी, कवि उच्च-कुलीन वंश के होते थे, अधिकांशतः ब्राह्मण। हिन्दी रीतिकाव्य उस समय की रचना है जब व्यापारिक उन्नति ने सामंती सम्बन्धों को कमज़ोर कर दिया है, व्यापार के कारण समृद्धि आयी है, कारीगरों को– हाथ से श्रम करनेवाले मनुष्यों को– संस्कृति में भूमिका निभाने का अवसर मिला है। ज़रा सोचिए, जिन श्रम करने वालों को कुलीन सामंती-पुरोहिती संस्कारों के नाते 'अछूत' समझा जाता था, वे आत्मसम्मान के साथ खड़े होते हैं, बराबरी का दर्ज़ा माँगते हैं और कविता लिखते हैं, अपनी कविता से जनता में आदर पाते हैं। इस दौर में लिखे गये रीतिसहित्य की वही भावभूमि नहीं हो सकती थी जो संस्कृत रीतिकाव्य की थी। अकारण नहीं है कि रीतिकवि अधिकांशतः अपनी काव्य-प्रतिभा का चमत्कार दिखाते हैं, शास्त्रज्ञान का नहीं; वे अपने को 'कविता का सौदागर' कहते हैं, जो किसी संस्कृत रीतिकवि के लिए असम्भव था।

व्यापारिक क्रान्ति भारत से यूरोप तक सब जगह दिखाई देती है। इतिहासकार इस बात पर अब सहमत हैं। इयागो जैसे जो चरित्र मुस्कुराते रहते हैं और महानीच हैं, वे नए व्यापारी वर्ग का सांस्कृतिक चेहरा हैं। सामंत इस तरह के नहीं होते। सामंत में अकड़ होती है, हेकड़ी होती है, वह क्रूर है तो स्वभाव और आचरण दोनों में एक जैसा है। लेकिन यह नया व्यापारी

वर्ग क्रूर ही नहीं होता, कमीना भी होता है। इस वर्ग की पहचान शेक्सपीयर में है, उनसे पहले कबीर के यहाँ है–

मन बनियाँ बनिज न छोड़े. ...
कुनबा वाके सकल हरामी अमृत मा विस घोले।

सूरदास के यहाँ भी इस नए व्यापारी वर्ग की पहचान है– 'आयो घोष बड़ो व्यापारी।' गोपियाँ उद्धव से कहती हैं, 'नफा जान कै ह्याँ लै आयो सबै वस्तु अकरी।' हमें बेवक़ूफ़ समझते हो, अपनी सारी टेढ़ी-मेढ़ी चीजें हमारे पास ले आये हो? तुम समझते हो, हम गोपियाँ हैं, भावुक हैं, हमें ठग लोगे? इस तरह नए व्यापारी वर्ग की सांस्कृतिक छवियाँ यूरोप के साहित्य में भी हैं और भारतीय साहित्य में भी हैं। यह एक युग में सामान परिस्थितियों के चलते दूर-दूर तक मिलते-जुलते चरित्रों का उद्भव है। देश की भिन्नता के बावजूद काल की समानता के कारण सामान प्रवृत्तियों का विकास होता है, भले उस समय के लेखक इस बारे में स्वयं जागरूक न रहे हों। सांस्कृतिक जीवन में ऐसी व्यापक अन्तर्राष्ट्रीय समानता के युग में सामंती अलगाव के युग की प्रवृत्तियों का ज्यों-का त्यों पुनरागमन असम्भव था।

दूसरी तरफ एक फर्क भी था। शेक्सपीयर के 'जूलियस सीज़र' का एक चरित्र है ब्रूटस। उसके विरोधी भी मानते हैं कि वह हमेशा सार्वजनिक हित के लिए काम करता है। खलनायकों से अलग वह आदर्श चरित्र है। तुलसी के चरित्रों की तरह वह भी परिस्थितियों का दास नहीं है। सार्वजनिक हित के कार्य वह स्वतन्त्र प्रेरणा और अपने विवेक से करता है। जो परिस्थितियों का दास होगा, वह विवेक की प्रेरणा से नहीं चलेगा. तुलसी के राम की तरह ब्रूटस भी लोककल्याण का वाहक है। वह नैतिक है, साहसी है और निरन्तर संघर्ष करता है। वह राज्य के लिए या सम्पत्ति के लिए संघर्ष नहीं करता। इसलिए बड़ा भव्य चरित्र है। उदात्त। लेकिन ब्रुटस जिस जनता के लिए संघर्ष कर रहा है, वह जनता ब्रूटस के साथ नहीं है। वह जनता ऐसी है जिसे बरगलाना आसान है। वह अस्थिर है, चंचल है। दूसरी तरफ भारत में देखें। राम भी सार्वजनिक हित के लिए संघर्ष कर रहे हैं। 'सुरसरि सम सबकँह हित होई'– सबकँह हित का अर्थ सार्वजनिक हित ही है। राम जिस जनता के लिए संघर्ष कर रहे हैं, वह जनता– कोल, किरात, वनवासी– सब राम के साथ हैं।

नायक और जनसाधारण का जैसा निकट सम्बन्ध भारतीय साहित्य में है, वह यूरोपीय साहित्य में नहीं है। यूरोप के व्यापारी और दस्यु 'नयी' दुनिया की खोज कर रहे थे, उनके लिए नैतिकता और मानवता का कोई अर्थ नहीं था, किसी भी कीमत पर सफलता चाहिए थी। ऐसे में नैतिक नायक और अनैतिक व्यापारी का अन्तर्विरोध अनेक रूपों में दिखता है। भारत समृद्ध, उन्नत और स्थिर समाज था। यहाँ अपवादों को छोड़कर वैसी स्थितियाँ नहीं मिलतीं। कबीर की विद्रोही वाणी को भी जनता में स्वीकृति थी। उनके शत्रु उनका कुछ नहीं बिगाड़ सके थे। भारतीय साहित्य की इस परम्परा का विकास हिन्दी के आधुनिक साहित्य में मिलता है। राम की तरह नागार्जुन की 'हरिजन गाथा' का वीर नायक दलित लड़का कलुआ भी अपनी प्रजा का आत्मीय और चहेता है– होंगे उसके सौ सहयोद्धा, लाख-लाख जन अनुचर होंगे! अगर यह कवि का स्वप्न है तो भी यह स्वप्न एक सांस्कृतिक परम्परा में ही है, यूरोप की परम्परा से उसका काफी फासला है। लोकप्रिय नायक और जनसाधारण का यह निकट सम्बन्ध भारतीय साहित्य में ही मिलता है। औपनिवेशिक काल में लिखी गयी जयशंकर प्रसाद की 'कामायनी'

इसका अपवाद है, जहाँ राजा-प्रजा के बीच रक्तरंजित संघर्ष का दृश्य उपस्थित होता है। जिस राजा को जनता अपना हितरक्षक समझती थी, वह अपने भोग-विलास में डूबकर लोकहित का तिरस्कार करता है। ऐसे राजा को यदि प्रजा हथियार उठाकर परस्त करती है तो कवि उसका साथ देता है। यह औपनिवेशिक समाज का दृश्य है और कवि का विद्रोही भावबोध है, जो अपने चित्रण के समर्थन में प्राचीन वांग्मय से कथानक ही नहीं, औचित्य भी ले आता है।

ब्रूटस जैसी नियति निराला की है। 'सरोज स्मृति' में वे अनुभव करते हैं, 'मैं खड़ा देखता रहा अपल/ वह शरक्षेप वह रणकौशल।' वीरनायक अकेला है, चारों ओर से प्रहार हो रहे हैं। वह आक्रान्ता नहीं है। वह सभी प्रहार झेल रहा है, न 'अहो' कहता है, न 'अहा' कहता है। वह इसे निजी हार-जीत नहीं मानता। 'यह हिन्दी का स्नेहोपर'– वह भाषा-साहित्य के लिए संघर्ष कर रहा है। उसे साहित्य के रूढ़िवादियों से ही नहीं समाज के रूढ़िवादियों से भी संघर्ष करना पड़ता है। लेकिन विडम्बना ज्यादा गहरी इसलिए है कि उसका भाग्य अपने संघर्ष और जीवन-मूल्यों से तय नहीं होता, उसे तय करती हैं समाज की आर्थिक शक्तियाँ। यह अनुभव पहली बार हिन्दी काव्य में निराला के माध्यम से व्यक्त हुआ कि

लखकर अनर्थ आर्थिक पथ पर
हारता रहा मैं स्वार्थ-समर।

आर्थिक शक्तियों की यह नियामक भूमिका तुलसी के सामने नहीं थी। यह आधुनिक पूँजीवाद है, संयोग देखिए कि यह औपनिवेशिक युग है, जिसने सांस्कृतिक संघर्ष को भी आर्थिक मोर्चे से जोड़ दिया है और जीवन को स्वार्थ-समर बना दिया है। इन परिस्थितियों ने नायक और जनता में अलगाव ला दिया है। ऐसा अलगाव लोकजागरण काल में नहीं था। बन्दर-भालू पूजक कोल-किरात वनवासियों के सहयोग से राम सीता को पुनः प्राप्त करते हैं और राज्य भी प्राप्त करते हैं। यह परिदृश्य केवल स्वप्न और विश्वास का अन्तर नहीं प्रकट करता, दोनों समाजों का अन्तर भी प्रकट करता है।

इंग्लैण्ड और भारत के नवजागरणकालीन समाज का अन्तर दो बातों में है। इंग्लैण्ड उस समय सभ्यता में बहुत पिछड़ा हुआ था, व्यापार में भी पिछड़ा हुआ था। भारत की सभ्यता बहुत पुरानी थी। यूरोप के जो व्यापारी भारत आते थे, वे कहते थे कि दिल्ली और आगरे के बाजारों के आगे लन्दन और पेरिस गाँव जैसे लगते हैं। यह दोनों स्थानों की भौतिक समृद्धि का अन्तर था। फिर भी, व्यापारी समाज के उदय के साथ मनुष्य की नियति प्रभावित होती है, समाज की स्थिरता भंग होती है और मनुष्य अपनी स्थिति से विच्छिन्न होता है। इसका मार्मिक चित्र तुलसी में मिलता है–

खेती न किसान को भिखारी को न भीख बलि
बनिक को बनिज न चाकर को चाकरी. ...

इस समाज की एक समस्या यह है कि जो नैतिक, चरित्रवान मनुष्य है, उसके सामने सबसे अधिक आत्मिक संकट है। यह अभ्युदयशील पूँजीवाद के दौर की सार्वभौम समस्या है। शेक्सपीयर का हैमलेट कहता है, 'To be or not to be-that is the question।' यह अस्तित्वगत प्रश्न है। तुलसीदास ने शेक्सपीयर को नहीं पढ़ा था। यह भी निश्चित है कि शेक्सपीयर ने भी तुलसी को नहीं पढ़ा था। लेकिन यही संकट तुलसी का भी है, 'कियो न कछू, करिबो न कछू, कहिबो न कछू, मरिबोई रह्यो है।'

दोनों जगह संक्रमणशील समाज में जब नयी व्यवस्था उभर रही है, पुरानी व्यवस्था टूट रही है, तब समाज के भीतर की उथल-पुथल से सर्वाधिक पीड़ित वे होते हैं जो समाज को उत्पीड़ित जनता के हित में बदलने का संघर्ष करते हैं। लेकिन समाज जिनके हाथों बदल रहा है, वे जनता का उत्पीड़न ही कर रहे हैं। वे जनता के हित में समाज को बदलने वाले नहीं हैं। इसका परिणाम पूरे वातावरण में दिखाई देता है। हमने कुछ चरित्रों के उदहारण देखे। कुछ परिस्थितियों के उदहारण भी देखे जा सकते हैं। संक्रमण की अवस्था में मानव-सम्बन्ध टूट रहे हैं, नैतिक मूल्य भी टूट रहे हैं। पद्मावत, मानस, हैमलेट, मैकबेथ, सबमें इसके उदहारण मिलते हैं। भविष्य का रूप क्या होगा, इसकी परिकल्पना हैमलेट और मैकबेथ में नहीं है, जायसी में भी नहीं है। वह सौ साल बाद तुलसी में झलकता है। लेकिन शेक्सपीयर, जायसी, तुलसी के साहित्य में राज्य के भीतर इर्ष्या और षड्यन्त्र का बोलबाला है। सत्ता के लिए हैमलेट का चाचा अपने भाई की हत्या करता है, अपनी भाभी को अपनी पत्नी बना लेता है। इन बातों का पता चलने पर अपनी माँ के विश्वासघात से पीड़ित हैमलेट स्त्री जाति की भर्त्सना करता है– इसे शुक्लजी ने लक्षित किया है। अपने पुत्र को सत्ता दिलाने के लिए कैकेयी षड्यन्त्र करती है, अपने पति की मृत्यु का कारण बनती है। इन बातों का पता चलने पर भरत अपनी माँ की निन्दा करते हैं। राम चूँकि मर्यादा पुरुषोत्तम हैं इसलिए वे इस निन्दा-भाव से दूर रहते हैं। इसे तुलसी का आदर्शवाद कह सकते हैं जो अपने निजी अनुभव के उदात्तीकरण का परिणाम है। खुद तुलसी अपनी पत्नी की अवहेलना से पीड़ित होकर स्त्रीनिन्दा करते हैं, जिसे सन्त मानकर भी शुक्लजी क्षमा नहीं कर पाते! लेकिन यह क्षमता तुलसी में थी कि वे इस निन्दाभावना से ऊपर उठकर स्त्री की दासता को भी देखें। 'कत विधि सृजी नारि जग माहीं। पराधीन सपनेहु सुख नाहीं।' उस युग में यह महान करुणा स्त्रीनिन्दक तो क्या, किसी स्त्रीप्रेमी में भी कहीं देखने को नहीं मिलती।

देश त्रिआयामी है और काल एकायामी, फिर भी उनमें अन्तस्सम्बद्धता होती है। इस अन्तस्सम्बद्धता को हम ऐतिहासिक प्रवृत्तियों में है नहीं। सौन्दर्यबोध में भी देखते हैं। देश की अन्तस्सम्बद्धता यह है कि एक काल में दुनिया सांस्कृतिक जागरण से परिचालित है। भारत में भक्ति आन्दोलन, अरब में सूफ़ी आन्दोलन और यूरोप में पुनर्जागरण। काल की अन्तसस्म्बद्धता हमें किसी देश के विभिन्न युगों के साहित्य में निहित अन्तर्धारा के रूप में दिखाई देती है। भक्ति साहित्य से छायावाद का सम्बन्ध, छायावाद से प्रगतिशील साहित्य का सम्बन्ध ऐसा ही है। तुलसी-निराला-केदार की कविताएँ एक ही अन्तर्धारा से सम्बद्ध हैं, यह भारत की, विशेषतः हिन्दी संस्कृति की अन्तर्धारा है।

यदि सौन्दर्यबोध के स्तर पर देखें तो यूरोप में शेक्सपीयर की ईव का सौन्दर्य देखकर शैतान ठगा-सा रह जाता है, भारत में कालिदास के 'कुमारसम्भव' की उमा का सौन्दर्य 'पापवृत्तये न', पापवृत्ति भुला देता है। सौन्दर्य का प्रभाव शैतान और पाप-वृत्ति का प्रतिषेध कर देता है, यह भारत की ही नहीं, यूरोप की अनुभूति भी है। यह विभिन्न देशों में मानव-संस्कृति की मूल प्रवृत्तियों की समानता है। दूसरी तरफ, 'रघुवंश' में गर्भवती स्त्री को जो महत्त्व मिला है, या दिनकर की 'उर्वशी' में मातृत्व को जैसी गरिमा प्रदान की गयी है, वह यूरोप के साहित्य में दुर्लभ है। इस प्रसंग में डॉ. रामविलास शर्मा ने लिखा है, जैसे पृथ्वी अपने गर्भ में बीज छिपाए रहती है, वैसे ही अग्निवर्ण की रानी (रघुवंश, सर्ग-3) अपने गर्भ में नया जीवन छिपाए हुए

है। "पाश्चात्य साहित्य में गर्भवती स्त्री को यह महत्त्व प्राप्त नहीं हुआ जो उसे भारतीय साहित्य में प्राप्त है।" (*आस्था और सौन्दर्य*, पृ. 63) यह सांस्कृतिक मूल्यों का वैशिष्ट्य हुआ। इसके कारणों का विवेचन यहाँ आवश्यक नहीं है।

सौन्दर्यबोध के निर्माण में जितनी भूमिका सामाजिक परिवेश की है, उतनी ही प्राकृतिक परिवेश की भी है। हमारे इन्द्रियबोध को ही नहीं, भावबोध के भी कई स्तरों को प्राकृतिक परिवेश निर्धारित करता है। इस स्तर पर देश-काल की स्थिति अत्यन्त सूक्ष्म होती है, हालाँकि उसे पहचानना सम्भव है। दुनिया का कौन-सा देश है जहाँ बादलों के प्रेम पर साहित्य नहीं लिखा गया? प्राचीन युग हो या आधुनिक– विशेषतः रोमांटिक युग– प्रायः सभी देशों में बादलों पर मोहक ढंग से लिखा गया। भारत में 'मेघदूत' से 'बादलराग' तक उसकी सुदीर्घ परम्परा है। लेकिन यूरोप के कवियों में वर्षा के प्रति वह आकर्षण नहीं है जो भारतीय जीवन में है। वर्षा को हमारे साहित्य में उत्सव का स्थान प्राप्त है। कविता ही नहीं, संगीत में भी राग मेघ और राग मल्हार से लेकर मेघ मल्हार और मियाँ की मल्हार तक वर्षा के अनेक राग प्रचलित हैं। कारण स्पष्ट है। यूरोप में जहाँ छः-सात महीने की ठंड के बाद वसन्त में बर्फ़ पिघलती है, वहाँ बादल से प्रेम हो सकता है, वर्षा से नहीं। 19वीं शताब्दी के अँग्रेजी, आयरिश और रूसी उपन्यासों में ग्रीष्म ऋतु सुखद दिखाई देती है। भारतीय समाज में ऋतुओं का सन्तुलन है। ग्रीष्म से पीड़ित मन को वर्षा से राहत मिलती है। 'लू के झोंकों झुलसे हुए थे जो/ भरा दौंगरा उन्हीं पर गिरा।' इससे पता चलता है कि प्राकृतिक और सामाजिक परिवेश से बनने वाला मनुष्य का सौन्दर्यबोध विशिष्ट है, उसकी जातीय विशेषताएँ होती हैं, वे अपने भीतर देश-काल के प्रभावों को सूक्ष्म रूप में समाहित किये रहती हैं। साहित्य में विचारधारा या सामाजिक घटनाओं की अपेक्षा यह सौन्दर्यबोध व्यक्त होता है और देश-काल की सत्ता इस स्तर पर अन्तर्निहित होती है।

सौन्दर्यबोध के कारण ही बहुधा साहित्य में सामाजिक देश-काल प्रत्यक्ष नहीं होते। उन्हें पहचानना पड़ता है। इस कार्य में इतिहास और समाजविज्ञान हमारी सहायता करते हैं। उदहारण के लिए कालिदास के साहित्य में हम उनके युग और परिवेश को सीधे नहीं देख पाते। 'देश' तो फिर भी सांस्कृतिक प्रतीकों और कथाओं के माध्यम से पहचाना जाता है। कामदेव जैसी कल्पना और 'कामशास्त्र' जैसा ग्रन्थ किसी दूसरे समाज में नहीं रचा गया। कलिदास के यहाँ इनका उपयोग अपनी सांस्कृतिक परम्परा से सम्बन्ध सूचित करता है। लेकिन काल की पहचान काफी विवादस्पद रही है। कालिदास के काव्य में समसामयिक घटनाओं और चरित्रों का उल्लेख नहीं है। वे हैं तो प्रच्छन्न रूप में हैं। 'मेघदूत' की नागरी स्त्रियों या 'शकुंतला' की वन्य स्त्रियों को देखकर यह पता लगाना कठिन है कि कालिदास का समाज वनचारी है या व्यापारी। एक परिवेश समृद्ध सामंती भोग-विलास का दृश्य प्रस्तुत करता है, दूसरा नैसर्गिक सहजता का। समृद्ध सामंती-व्यापारी परिवेश से भोग-विलास का सम्बन्ध है, नैसर्गिक परिवेश से सहज मानव-भावनाओं का। 'रघुवंश' में एक ओर विवाहिताएँ हैं, दूसरी ओर वारयोषिताएँ; 'मेघदूत' में एक ओर यक्ष की अलका है, स्वाभाविक भावों वाली सुन्दरियाँ है, दूसरी ओर 'पण्यस्त्री' है, 'वेश्यास्त्वन्तो' है– पैसों के लिए शारीर बेचने वाली वेश्याएँ आदिम समाज में नहीं थीं।

डॉ. भगवतशरण उपाध्याय ने बड़े मनोयोग से कालिदास के समय का निर्धारण किया है। उनका कथन है, "कवि की रचनाओं से विदित होता है कि चारों ओर शान्ति और समुन्नति का साम्राज्य था। विलासी जीवन, कला तथा साहित्य की प्रवृत्ति और किसी जाति की सामाजिक

तथा आर्थिक महत्ता केवल सुरक्षित राज्य में ही सम्भव है और कालिदास का काल उन्नतिशील और परोपकारी शासन का है।" (*कालिदास का भारत,* 1954; ज्ञानपीठ, चतुर्थ संस्करण 2010, पृ. 479) हिन्दू देवी-देवताओं की मूर्तियों का और उनकी साज-सज्जा का वर्णन कुषाण काल के बाद का संकेत करता है। (उप. पृ. 477) सबसे बढ़कर, कालिदास के ग्रन्थों में धार्मिक सहिष्णुता का समावेश है, जो गुण गुप्त सम्राटों के शिलालेखों में है और फाहियान ने उसका वर्णन किया है। गुप्तकाल में पौराणिक परम्पराओं का संकलन हुआ, हिन्दू देवी-देवताओं की असंख्य प्रतिमाओं की प्रतिष्ठा हुई; इसके पहले "प्राक-गुप्त युगों में भास्कर्य-कला में यक्ष और बुद्ध की मूर्तियों का अधिपत्य था।" (पृ. 479-80)

कालिदास के साहित्य में एक तरफ पौराणिक परम्पराओं और हिन्दू देवी-देवताओं का प्रचुर उपयोग है, दूसरी तरफ श्रृंगारिक दृश्यों के वर्णन में वात्स्यायन का अनुकरण मिलता है। डॉ. भगवतशरण उपाध्याय ने अन्यत्र कहा है कि, "संसार के सभी साहित्यों ने कामदेव को रूप और अस्त्र दिए हैं पर संस्कृत की परम्परा ने जैसी उसे वेशभूषा दी है वह अनूठी है, नितान्त मृदु, पर नितांत प्राणहर भी।" (*कालिदासम् नमामि,* 1966, रणजीत प्रिंटर्स एंड पब्लिशर्स, नयी दिल्ली, पृ. 63) कामदेव इन्द्र के मित्र हैं। इन्द्रासन की आकांक्षा करने वाले को, इन्द्र को मोह लेने वाली रमणी को, स्वयं शिव को, अपने मृदु वाणों से, वसन्त को साथ लेकर, वे परस्त करते हैं। ऐसा युद्ध दुनिया के किसी अन्य साहित्य में नहीं है। निष्ठा, मित्रता अपनी जगह, लेकिन 'शत्रु' का वध न करके उसे मोहित करना एक समृद्ध, शान्तिमय समाज का चित्र है। यह सब कालिदास को एक समृद्ध, शान्त और सौहार्दपूर्ण वातावरण का रचनाकार सिद्ध करता है। और यह वातावरण भारतीय है, यूरोपीय नहीं। इस प्रकार, देश और काल अत्यन्त सूक्ष्म रूप में रचना ताने-बाने में अन्तर्निहित रहते हैं।

## आदर्श और सम्भावना

पहले हमने 'आदर्श' की चर्चा की। यह चर्चा सकारात्मक नहीं है। क्या साहित्य में आदर्श की भूमिका नहीं होती? या यह भूमिका सहायक नहीं होती? साहित्य जीवन की अभिव्यक्ति है। इसलिए वह वास्तविकता पर आधारित होता है। वह अतीत के चित्र अनुभव और कल्पना के सहयोग से खींचता है लेकिन भविष्य के चित्रण के लिए अनुभव नहीं होता। केवल कल्पना चित्र को अयथार्थ बना सकती है। यहाँ वास्तविकता का ज्ञान रचनात्मक कल्पना की सहायता करता है। काल्पनिक चित्रण कभी अच्छा नहीं माना जाता। भविष्य का वही चित्र विश्वसनीय होता है, जो वास्तविकता के तारतम्य में हो। यह वास्तविकता देश-काल-संयोग का गठन है, यह हम जानते हैं। केवल कल्पना देश-काल के वास्तविक आधार से असम्बद्ध होती है इसलिए वह अन्यत्र काम आये तो आये, साहित्य के काम नहीं आती।

दूसरे शब्दों में, काल्पनिक चित्रण असम्भव कल्पना का कौतुक होता है, वास्तविकता पर आधारित चित्रण सम्भावनाशील जीवन-चित्र होता है। जिसे आदर्श कहते हैं, वह जीवन से उत्पन्न होकर भी सम्भावना की अपेक्षा परिपूर्णता को व्यक्त करता है। परिपूर्णता जीवन का लक्षण नहीं है। जीवन का लक्षण है विकासमानता। सम्भावना इस विकासमानता को व्यक्त करती है। फिर भी आदर्श मनुष्य को प्रेरित करते हैं, परिपूर्णता की ओर बढ़ने की चेतना देते हैं। इसलिए आदर्श जीवन-व्यवहार में न आकर भी मूल्यों की कसौटी का काम करते हैं।

आदर्शवादी साहित्य उपदेशक बन जाता है। उसकी परिपूर्णता का विचार एक असम्भव कल्पना है, सम्भावना एक जीवित प्रेरणा। इसलिए साहित्य का जीवन-चित्र आदर्श नहीं, सम्भावनापूर्ण होता है। यह ध्यान देने की बात है कि प्रचारात्मक या मतवादी साहित्य आदर्श को लेकर चलता है, संघर्ष का साहित्य आदर्श के रूप में भी सम्भावना को लेकर चलता है। धार्मिक कवियों, अर्थात जैन मुनियों, बौद्ध सिद्धों और नाथपंथी योगियों का साहित्य बहुत दूर तक जीवन की आलोचना करते हुए भी आदर्श से प्रेरित है इसलिए उसे साहित्य की कोटि में रखने से कुछ आलोचकों को परहेज़ था। कबीर-सूर-जायसी-मीराँ-तुलसी-रैदास के साहित्य को कभी किसी ने मतवादी नहीं कहा।

इसका एक कारण है। धार्मिक कवियों के साहित्य में एक सिरे पर सामाजिक पाखंड आदि की आलोचना है, दूसरे सिरे पर अपने पंथ की प्रतिष्ठा; बीच में है समाज, जिसके प्रति करुणा के दर्शन ज़रा कम ही होते हैं। उनका दृष्टिकोण लगभग सर्वनिषेध (Nihilism) का-सा है। भक्तकवियों ने अपने इन पूर्वजों से पाखंड-खंडन की युक्तियाँ तो लीं किन्तु किसी पंथ की स्थापना न करके समाज के लिए महान करुणा का परिचय दिया। वे सर्वनिषेधवादी न हो सकते थे। सर्वनिषेध भी एक तरह का आदर्शवाद ही है, जो या तो ऐतिहासिक निराशा से उत्पन्न होता है या चरम व्यक्तिवाद से। मध्यकाल में उसके स्रोत ऐतिहासिक निराशा में थे, आधुनिक काल में वह व्यक्तिवाद की उपज है। इसमें सन्देह नहीं कि देश-काल का जितना परिणाम मध्यकालीन निराशा थी, उतना ही आधुनिक व्यक्तिवाद भी है।

आधुनिक साहित्य में आदर्शवाद के उदहारण प्रायः उन लेखकों में मिलते हैं जो साहित्य की सामाजिकता और उद्देश्यवत्ता से इंकार करते हैं। इसका प्रमाण जैनेन्द्र का साहित्य है। उनके अधिकांश उपन्यास स्त्री और पुरुष के चरम प्रतीक निर्मित करते हैं और उनके आधार पर जीवन को अपनी संकल्पना के ढाँचे में तराशकर प्रस्तुत करते हैं। ऐसा चित्रण न प्रेमचंद ने किया है, न आदर्शवादी कहे जाने वाले जयशंकर प्रसाद ने। बाद के लेखकों में इसकी कोई सम्भावना नहीं थी। इसका एक बड़ा कारण भारतीय समाज का संघर्ष है। उपनिवेशवाद-विरोधी संघर्ष ने आदर्शवाद के मूल्यों की जगह संघर्ष के मूल्यों की आवश्यकता उपस्थित की। यह परिस्थिति स्वाधीनता के बाद भी बनी रही। इसके बहुत-से या बड़े-बड़े उदाहरण लेने की जगह सांकेतिक ढंग से कहें तो औपनिवेशिक दमन और भेदभाव का प्रतिकार करने के लिए जनता के संगठन और जागरण की आवश्यकता थी; इस बात को सामने रखकर अकबर इलाहाबादी ने कहा– '*जब तोप मुकाबिल हो तब अखबार निकालो!*' स्वाधीनता के बाद भी दमन की प्रक्रिया नहीं रुकी लेकिन पर्याप्त प्रतिरोध होता न देखकर नागार्जुन ने प्रकृति का प्रतीक लेकर कहा–

जली ठूँठ पर बैठकर गयी कोकिला कूक।
बाल न बाँका कर सकी शासन की बन्दूक।

शासन और जनता के सत्य अलग-अलग हैं, शासन का साधन बन्दूक है और जनता का साधन भविष्य का विश्वास। दमन के सामने अख़बार निकालना संवाद और जागरूकता का साधन है; जली ठूँठ पर कोयल का कूकना दमन के सामने जीवन के विश्वास का संकेत है। दोनों ही प्रस्ताव किसी आदर्श के नहीं, वास्तविकता पर आधारित सम्भावना के द्योतक हैं। सत्ता के दमनकारी-विध्वंसकारी रूप का प्रतिकार करने के लिए रचनात्मक उपाय पर बल देना राजनीति से साहित्य का अन्तर प्रकट करता है। रचनामक उपाय का यह प्रस्ताव देश-काल

के सजग बोध का परिणाम है। देश-काल से निर्विकार अनुभव के बारे में युवा कवि विवेक निराला ने लिखा है–

धर्म, ध्वजा, धन और धजा/ का शंख बजा
कुल, गोत्र, क्षेत्र और जाति/ के विभाजन से
न मनुष्य रह गया मनुष्य जैसा/ न देश जैसा रहा देश
न भाषा बची भाषा की तरह
शक्ति के अधिवाचन में
इस बार निर्वाचन में. (*ध्रुवतारा जल में,* पृ. 75)

यह कविता लगभग एक दशक पहले की है। यहाँ कविता का परिदृश्य देश की समसामयिक जीवन-वस्तु से बना है। लेकिन जिन प्रवृत्तियों से समसामयिक 'देश' की पहचान निश्चित की जा रही है, वे अतीत की मृतप्राय धारणाएँ है– जाति, धर्म, कुल, गोत्र इत्यादि। नतीजा यह कि देश की पहचान भी खो जाती है। दूसरे शब्दों में, 'देश' तो आज का ही है लेकिन उसकी सारवस्तु अतीत की है इसलिए देश-काल की अविच्छिन्नता खंडित हो गयी है। देश जैसा देश नहीं है, इसका यह कारण है। इससे पृथक, समसामयिकता की एक अन्य प्रवृत्ति है, जहाँ देश-काल दोनों नदारद हो जाते हैं–

महर्षि समाधि में सिर्फ/ अनाहत नाद सुन रहे थे।
पहले भ्रमर फिर किंकिणी/ फिर वंशी और वीणा
वे क्रमशः आठों चक्र/ पार कर/ पहले से ज्यादा वक्र थे।
आश्रम के भीतर सब उज्जवल था, पावन था
आश्रम के बाहर/ कूड़ा था, जलप्लावन था। (उपर्युक्त, पृ. 63)

यहाँ देश के भीतर दो तरह के 'देश' हैं। एक कूड़ा और जलप्लावन वाला, दूसरा निर्विकार साधना वाला. एक 'देश' यदि दूसरे का निषेध नहीं तो वहिष्कार अवश्य कर रहा है। आश्रम की साधना इतनी ठहरी हुई है कि जीवन की गति से उसका सम्बन्ध टूट गया है। यही आज हमारा समाज है, हमारी राजनीति है। जिन चमत्कारिक साधनों से जनसाधारण को बहलाया जाता है, वे उसके जीवन से कोई सम्बन्ध नहीं रखते. अनाहत नाद और अष्ट चक्र उस जनता के लिए सम्भावना नहीं, अयथार्थ हैं। बहेलिये और क्रौंच के जिस संघर्ष में वाल्मीकि, निराला, बद्रीनारायण क्रौंच का पक्ष लेते हैं, यहाँ भी क्या हम उसी पक्ष से इस आडम्बर का चित्रण नहीं पाते? मतलब यह कि अपने देश-काल का निर्विकार चित्र साहित्य को प्रासंगिक और प्रभावशाली नहीं बनाता, उसे प्रासंगिक और प्रभावशाली बनाता है रचनाकार का संवेदनात्मक पक्ष।

## निजता, वास्तविकता और अस्मिता

यहाँ हम वास्तविकता और संवेदनात्मकता के आपसी सम्बन्ध पर कुछ विचार करें। आदिकवि ने जिस असन्तोष का अनुभव किया था, उसके दो पहलू थे। एक, परिस्थिति से असामंजस्य; दूसरा, परिवर्तन का विश्वास। यदि यह विश्वास न होता तो वे परिस्थिति में हस्तक्षेप न करते। असन्तोष ने रचना के लिए प्रेरित किया। अपने बीजरूप में असन्तोष एक अनुभूति या भाव है। लेकिन यह असन्तोष जब पूरी परिस्थिति के बोध से जुड़ा, तब उसने

संवेदना का रूप लिया। उस भाव में करुणा, क्रोध आदि अनुभूति-प्रसंग निहित थे, यह हम देख चुके हैं। इन विभिन्न प्रसंगों की उपस्थिति यह बताती है कि कवि के भाव का दूसरे प्राणियों के अनुभव तक विस्तार हुआ। इसलिए अनुभूति या भाव आत्मगत है लेकिन संवेदना सामाजिक। दूसरे शब्दों में, अनुभूति से संवेदना तक की यात्रा ही सार्थक रचना का स्रोत है। अनुभूति में तात्कालिकता और आवेश होता है। अनुभूति जब अथिर होती है, तब वह भाव बनती है। इसलिए भाव में संयम और अनुशासन होता है। भाव जब सहानुभूति का प्रसार करता है तब संवेदना बनता है। संवेदना का क्षेत्र विस्तृत है। सम-वेदना– एक के भाव का दूसरे के भाव से सम्बन्ध या समानता ही संवेदना की पहचान है। इसलिए भाव, संवेदना मानव-सम्बन्धों पर निर्भर हैं। इस सीमा तक कि भक्ति साहित्य में भगवन भी सम्बन्धों MEIAWATARIT में अवतरित होते हैं। निर्गुण कबीर के राम भी पति हैं, कबीर बहुरिया; राम स्वामी हैं, कबीर उनकी जेवड़ी डाले मुतिया! सगुणभक्त तो सम्बन्धों से ही अपने ईश्वर को परिभाषित करते हैं।

इस पूरी प्रक्रिया पर ध्यान दें। भाव का उदय रचनाकार व्यक्ति में होता है। उसका विस्तार अवश्य सामाजिक सम्बन्धों में होता है, किन्तु संसार से उसका यह सम्बन्ध निजी-विशिष्ट होता है। इसका परिणाम है कि चरित्र कलाकार के आत्मरूप में ढलकर आते हैं। वाल्मीकि अपने समाज से वहिष्कृत किये गये थे। शील से भ्रष्ट होकर समाज के निम्नस्तर पर रहने को अभिशप्त थे। उन्हें 'कुशीलव' कहा गया है। उनके राम भी शील से भ्रष्ट होते हैं। पिता और राज्य के अन्य नियामकों के प्रति राम के क्रोध से अनुमान किया जा सकता है कि वाल्मीकि को अपने विरोधियों पर कितना क्रोध रहा होगा। वाल्मीकि के राम सहज मानव रूप में अपने भाव प्रकट करते हैं। लेकिन तुलसी के राम में बहुत अधिक मर्यादा है। यह मर्यादा कहीं तुलसी की यातना की क्षतिपूर्ति है। जन्म लेते ही तुलसी को उनके माता-पिता ने त्याग दिया था, राम को भी उनके माता-पिता त्याग देते हैं। श्रृंगवेरपुर के लोग पूछते हैं– 'कहु सखि मातु पिता वे कैसे। जिन पठए वन बालक ऐसे।' लगता है, राम के बहाने नगरवासियों के मुँह से तुलसी अपने माता-पिता को धिक्कार रहे हैं। इसी प्रकार, तुलसी के जीवन में दो चरम अभाव थे। दरिद्रता और काम। रामचरित मानस का अन्त वे इन शब्दों से करते हैं–

कामिहि नारि पियारि जिमि, लोभिहि प्रिय जिमि दाम।
तिमि रघुनाथ निरन्तर प्रिय लागहु मोहि राम।।

तुलसी यहाँ अभाव का भाव में रूपान्तरण करते हैं। यह साहित्य की अपनी युक्ति है। निजी कोण से दुनिया के साथ निजी सम्बन्ध बनाना, किन्तु दूसरों के अनुभव से साझेदारी के बिना यह सम्बन्ध नहीं बन सकता और यह साझेदारी सहानुभूति से ही सम्भव है। इसलिए जो बात सबसे अधिक आवश्यक है, वह इसे समझना है कि साहित्य की प्रक्रिया में *अस्मिता* नहीं, *सम्बद्धता* महत्त्वपूर्ण है। जिसे पहले परकायाप्रवेश कहा गया, वह सम्बद्धता का ही पारिभाषिक नाम है। दूसरे शब्दों में, भाव का संवेदना में रूपांतरण साहित्य का आधार है। संवेदना घृणा के विपरीत है। घृणा विच्छिन्नता का भाव है, संवेदना सम्बद्धता का। घृणा आवेशमूलक है। आवेश स्वार्थबद्धता का द्योतक है। वह उत्तेजना से आगे नहीं जाता। श्रेष्ठ साहित्य उत्तेजना से निर्मित नहीं हो सकता। इसलिए हम देखते हैं कि प्रचारात्मक साहित्य, चाहे वह धार्मिक हो या राजनीतिक, साहित्य के आसन तक नहीं पहुँचता। आजकल मंचों पर ऐसे 'साहित्य' की धूम है। साहित्य के भाव उत्तेजना के क्षरण के बाद आते हैं। वड्र्सवर्थ ने नाहक ही नहीं कहा था

कि कविता उन भावों-विचारों का स्वयंस्फूर्त प्रवाह है जो शान्त मन में उठते हैं। तात्कालिक प्रतिक्रिया नहीं, शान्त मन। तब किसी घटना या अनुभव की उत्तेजना समाप्त हो जाती है। उसका आत्मगत स्वरूप भी छँट जाता है। आलोचनात्मक विवेक उसमें काट-छाँट कर देता है। फिर भी जिस भाव या विचार का प्रवाह बरबस हो जाय, वह कविता का भाव है। संक्षेप में, भाव के साथ ज्ञानमयता भी है। विवेक और आत्मपरीक्षा भी है।

यदि इस प्रक्रिया को पुनः व्यक्त करें तो सामाजिक अनुभव पहले आत्मगत भाव में रूपांतरित होता है, फिर वह भाव सम-वेदना में विकासित होता है। देश-काल से सृजन के दोहरे और द्वंद्वात्मक सम्बन्ध का निर्धारण इसी प्रक्रिया से होता है। मतवादी साहित्य इस प्रक्रिया को न अपनाता है, न अपना सकता है। वह आत्मगत आधार पर चलता है, अन्याय के प्रतिरोध की जगह वह न्याय-अन्याय के भेद को धुँधला करता है। इस अर्थ में वह अत्यन्त तात्कालिक होकर भी न अपने समय को व्यक्त करता है, न समाज को. इसलिए हम देखते हैं कि जनता उस साहित्य को अपनी निधि नहीं मानती लेकिन सत्ताएँ उसे संरक्षण देती हैं। जबकि वास्तविक साहित्य अन्याय के प्रतिरोध में खड़ा होता है। यह संयोग नहीं है कि स्थायी भावों पर लिखकर केशव-देव-बिहारी आज के पाठक के लिए अप्रासंगिक हो गये हैं, भूख, गरीबी, जातिवाद, साम्प्रदायिकता, नारी पराधीनता, सामाजिक भेदभाव जैसे नितांत सामयिक समस्याओं पर लिखकर कबीर-मीराँ-तुलसी अमर यश के भागी हो गये हैं।

## देश-काल और रूपगठन

अन्त में, थोड़े-से प्रसंग साहित्य के कलारूप के बारे में, जहाँ देश-काल धँसा रहता है।

रामराज्य कायम होने पर तुलसीदास ने लिखा था– बयरु न कर काहू सन कोई। रामप्रताप विषमता खोई। यह उनका स्वप्न है कि विषमता का अन्त हुआ। लेकिन विषमता का अन्त कैसे हो रहा था? मध्यकालीन समाज में जब जनता संगठित नहीं थी, संगठित होकर अपने जीवन को बदलने का संघर्ष नहीं कर रही थी, तब जीवन को बदलने का स्वप्न किसी ठोस आधार पर साकार नहीं होता। जीवन को बदलना चाहिए, बदलकर विषमतारहित होना चाहिए, पर उसे ऐसा बनाने के लिए सामाजिक शक्ति के अभाव में कवि दैवीशक्ति का सहारा लेता है– राम के प्रताप से विषमता का अन्त हुआ! लेकिन 1857 का अनुभव घटित होने के बाद भारतेन्दु जब लिखते हैं, 'डूबत भारत, नाथ बेगि जागहु अब जागहु।' तब वहाँ वे प्रकटतः कृष्ण की उपासना कर रहे हैं, लेकिन कृष्ण को' भारतनाथ' बना देते हैं। भारतनाथ वस्तुतः भारत की जनता है। इस तरह, 'रामप्रताप' से 'भारतनाथ' तक देश वही है लेकिन काल का फर्क है। काल के साथ साहित्य के प्रतीक कैसे यात्रा करते हैं, कैसे अपना अर्थ बदलते हैं, यहाँ इसका साक्ष्य मिलता है।

एक दूसरा उदहारण लें केशवदास का ज़िक्र हुआ। केशव पनघट पर बैठे हुए थे। उम्र ज्यादा नहीं हुई थी, पर शायद खिजाब तब उतना प्रचलित नहीं था, उनके सफ़ेद बाल देखकर पनघट पर आनेवाली सुन्दर स्त्रियाँ उन्हें 'बाबा' कहकर चली गयीं। उनका प्रसिद्ध दोहा है–

केशव केसन असि करी, जस अरिहू न कराहिं।
चन्द्रवदन मृगलोचनी बाबा कहि कहि जाहिं।।

इसमें 'चन्द्रवदन' पर ध्यान दीजिए. ये स्त्रियाँ चन्द्रवदन है। औरतें हमेशा चाँद जैसे मुखड़े वाली क्यों होती हैं? चाँद का अपना प्रकाश नहीं होता। वह सूर्य के प्रकाश से प्रकाशित होता

है। सामंती समाज में, जहाँ स्त्रियाँ स्वाधीन नहीं हैं, पुरुष पर आश्रित हैं, वहाँ कविता में उनके बिम्ब भी 'चन्द्रमुखी' हैं।

बीसवीं सदी में निराला ने श्रृंगार पर एक गीत लिखा है। उसमें उन्होंने स्त्री के मुख की उपमा सूर्य से दी है–

खुले केश अशेष शोभा भर रहे,
पृष्ठ ग्रीवा बाहु उर पर तर रहे;
बादलों में घिर अपर दिनकर रहे।

श्रृंगार का रूपक है। आप कल्पना कर सकते हैं कि केश खुल गये हैं और अशेष शोभा भर रहे हैं; केश पृष्ठ ग्रीवा बाहु उर पर आ-जा रहे हैं; मानों अपर दिनकर बादलों में घिरे हैं। चारों ओर घेरे हुए बाल बादल हैं, उनके बीच जो मुख है वह सूर्य है। यह आधुनिक जनतान्त्रिक युग का सौन्दर्यबोध है। चन्द्रमुखी नायिकाएँ सूर्यमुखी नहीं हो सकती थीं। जहाँ स्त्री का अपना स्वतन्त्र व्यक्तित्व है, उस स्वतन्त्र व्यक्तित्व की कवि के द्वारा स्वीकृति है, वहाँ सूर्यमुखी नायिका का आविर्भाव होता है। यह काल के साथ चेतना का, विचारधारा का रूपांतरण है। समाज में आनेवाले इस परिवर्तन के साथ कला के उपमान में परिवर्तन आता है। इतिहास की इस अवश्यकता को, देश-काल की ऐतिहासिक अनिवार्यता को, व्यक्त करनेवाला कलाकार असाधारण प्रतिभा का धनी होता है।

शुरू में हमने प्रबन्ध की चर्चा की थी। वह ऋग्वेद की प्रगीतात्मकता से भिन्न था। उसी के कारण आदिकाव्य का स्थान रामायण को मिला. लेकिन वह आदि-काव्य है, उस समय समाज वर्गों में बँट गया है लेकिन अभी यह विभाजन कट्टर नहीं हुआ है। छोटे-बड़े का भेद बहुत कायम नहीं हुआ है। इसलिए वाल्मीकि की कविता में भी विभिन्न भावों में छोटे-बड़े वाला भेद नहीं है। रामायण के प्रबन्धत्व में कोई प्रधान रस हो और कोई गौण रस हो, यानी संचारी-व्यभिचारी हो, ऐसा नहीं है। आगे चलकर महाकाव्य की जो परिभाषा दी गयी, उसमें एक अंगीरस होता था, बाकी संचारी भाव होते थे। यह ढाँचा सामंती दरबारों के ढाँचे का प्रतिरूप था। एक राजा है, बाकी दरबारी हैं– उसी तरह एक अंगीरस है, बाकी संचारी हैं। इतना ही नहीं, 'रसराज' की कल्पना का सम्बन्ध भोग-विलास के राजसी वातावरण से और अधिक प्रत्यक्ष है। इस तरह सामंती ढाँचा ही महाकाव्य के ढाँचे के रूप में आदर्शीकृत हुआ, उसके रूप का प्रतिमान बना।

इससे अलग, आधुनिक समाज ने, सामंती समाज के टूटने के साथ, फ्रांस की क्रान्ति के समय ही, समता-स्वतन्त्रता-बन्धुत्व को आदर्श के रूप में पेश किया। यह आदर्श साहित्यकारों को प्रेरित करता है। सभी मनुष्य मानवीय दृष्टि से एक समान होते हैं, उनके बीच छोटे-बड़े का भेद नहीं माना जाता, यह आधुनिक जनतान्त्रिक समाज की विशेषता है। जब ऐसा समाज आया, तब प्रबन्धत्व का अंगीरस वाला ढाँचा टूट गया। उसकी जगह एक नया ढाँचा उभरा। उसकी व्याख्या डॉ. नित्यानन्द तिवारी ने पहली बार की है। वह है लम्बी कविता का ढाँचा। लम्बी कविता में अनेक भाव होते हैं लेकिन उनमें कोई प्रमुख नहीं होता। अनेक भाव साथ-साथ होते हैं और सभी बराबर महत्त्व के होते हैं। ऐसी पहली लम्बी कविता भारतेन्दु की प्रबोधिनी है, जैसा डॉ. तिवारी ने कहा, प्रबोधिनी में एक तरफ भक्ति है, दूसरी तरफ श्रृंगार है और तीसरी तरफ देशप्रेम है– जिसे देशभाव कहना चाहिए। इस तरह श्रृंगार, भक्ति और देश-प्रेम, तीन स्वतन्त्र

भाव सामान महत्त्व के साथ एक कविता में समाहित हैं। यह नया विधान है। आधुनिक समाज के जनतान्त्रिक मूल्यों ने साहित्य के मूल ढाँचे को परिवर्तित कर दिया, एक नए काव्यरूप को जन्म दिया। इस तरह, देश और काल अपने साथ केवल अन्तर्वस्तु नहीं लाते, कला का ढाँचा भी लाते हैं।

संक्षेप में, देश-काल की सत्ता साहित्य का अंगभूत है। वह उसका बाह्य तत्व नहीं, आतंरिक विधान है। प्रत्यक्षतः देश-काल निरपेक्ष साहित्य भी अपने गठन में देश-काल के दबाव को लेकर चलता है, उससे बाहर नहीं होता। साहित्य में बिम्ब हो या चरित्र, कथानक हो या संवेदना, उपमान हो या ढाँचा, सबपर देश-काल की छाप अनिवार्यतः मौजूद रहती है। इसलिए साहित्य जीवन और इतिहास से ही नहीं, ज्ञान की अन्य शाखाओं से भी सम्बद्ध है। यही उसकी शक्ति है।

# विद्यानिवास मिश्र के निबन्ध: पुनर्नवता के सृजन सन्दर्भ

*चित्तरंजन मिश्र*

बहुत कम लोगों का नाम इतनी गहरी सार्थकता को चरितार्थ करता है जितनी चरितार्थता प्रत्यक्ष होती है पं० विद्यानिवास मिश्र के नाम में। वे सचमुच पंडित भी हैं और विद्या के साक्षात स्वरूप भी। उनका व्यक्तित्व इतना आकर्षक और मधुर रहा है कि उनके प्रशंसक मुग्ध पाठक होकर रह गये और उनके मूल्यांकन की कोशिशों के बाधक भी बने। हिन्दी समुदाय– या कहें भारतीय समाज या तो मूर्ति का पूजक होता है या मूर्ति का भंजक, वह तनिक ठहर कर मूर्ति की विशेषताओं का, उसके स्थापत्य का, उसकी शैली का और उस मूर्ति के कारण समूचे परिवेश पर पड़ने वाले प्रभावों का तटस्थ मूल्यांकन का धैर्य अक्सर खो देता है। इसलिए हम या तो प्रशंसक हो जाते हैं या निन्दक। यह दोनों होकर हम मूल्यांकन की सरणियों को संकरा कर देते हैं। विद्यानिवास मिश्र के व्यक्तिगत आचार-विचार, भाव-प्रसार, कर्मकाण्डी व्यक्तित्व की चर्चा होती है कभी प्रशंसा के रूप में और कभी निन्दा के रूप में, पुराणपंथी के रूप में। इस वजह से उन्होंने अपने समय के साहित्य, संस्कृति, संवेदना विचार, लोक और शास्त्र की जो अद्‌भुत व्याख्याएँ की हैं, उसकी ओर ध्यान ही नहीं दिया जाता है।

विद्यानिवास मिश्र को हजारी प्रसाद द्विवेदी की परम्परा का ललित निबन्धकार माना जाता है, पर इसकी चर्चा कम की जाती है कि पंडित जी स्वयं ललित निबन्धों और व्यक्ति व्यंजक निबन्धों को अलग-अलग मानते हैं। द्विवेदी जी की परम्परा का अनुसरण नहीं करते हैं बल्कि उसे समृद्ध करते हैं, उसे व्यापकता देते हैं और उसे ज्यादा समावेशी बनाते हैं। द्विवेदी जी घोषित रूप से स्वीकार करते हैं कि मनुष्य ही साहित्य का लक्ष्य है, पर विद्यानिवास मिश्र इस सोच के कायल नहीं हैं। उनका मानना है कि केवल मनुष्य ही साहित्य का लक्ष्य नहीं हो सकता है। साहित्य के सरोकार में उस संवेदना की केन्द्रीयता है जिसमें सृष्टि मात्र का महत्त्व है। वे मानते हैं कि प्रकृति है, इसलिए मनुष्य है और मनुष्य है, इसलिए प्रकृति है। केवल मनुष्य को लक्ष्य मान लेना एकांगी और पश्चिमी भोगवादी दृष्टि है। जिसके महत्त्व के कारण आज सृष्टि के विध्वंस का संकट आसन्न है। मिश्र का कथन है 'मैं इन सन्दर्भों से यह इंगित करना चाहता हूँ कि हम जो सीमित रूप से मनुष्यता की बात करते हैं, कविताएँ लिखी जा रही हैं, मानववाद का एक आक्रमण सा हमारे ऊपर हुआ है, वह बहुत शुभ नहीं है। उसके कारण हमारी दृष्टि हमारे अपने परिवेश के प्रति अशुभ हो गयी है। हमारी चिन्ता का विषय तो यह है कि यह समस्त सृष्टि क्या है और उससे हमारा क्या सम्बन्ध है? मानववाद हमारी चिन्ता का विषय नहीं है। मनुष्य का केन्द्र में होना महत्त्वपूर्ण नहीं है, मनुष्यता को केन्द्र में होना चाहिए। यही मनुष्यता- जीव मात्र के प्रति, समस्त प्राणियों के प्रति और पंचभूतों के प्रति हितभाव ही हमारी चिन्ता का विषय हो, यह बात हमारे प्राचीन वाङ्मय से लेकर लोक वाङ्मय तक आ जाती है। उस पर ध्यान देने की आवश्यकता है।

मिश्र जी को निकट से जानने और उनके साहित्य का अध्ययन करने वाले प्रायः सभी अध्येता इस तथ्य से अवश्य ही परिचित होंगे प्राचीन भारतीय वाङ्मय का इतने गहरा अध्येता होने के बावजूद वे उस वाङ्मय की चरितार्थता भी लोक चित्त के आधार पर करते हैं और वहीं से उनकी रचनात्मकता को ऊर्जा मिलती है। वे मानते हैं कि जब शास्त्र लोक से पराजित होता है तभी समाज की संवेदना जीवंत बनी रहती है, लोक की ऊर्जा संसार के काम आती है, लोक की चेतना को वे शास्त्र का दर्पण मानते हैं, और चाहते हैं कि भाव के प्रसार का वास्तवित क्षेत्र लोक ही बने। लोक ही उनके लिए साध्य है, वहीं से वे रस ग्रहण करते हैं और रसपुरुष की उपाधि से विभूषित होते हैं। वे साहित्य और संवेदना के व्यापार को आचार्य शुक्ल की तरह 'शिक्षित जनता की चित्तवृत्तियों' तक सीमित नहीं करना चाहते हैं और लोक की व्यापक चेतना में जो निरन्तरता है, जो जिजीविषा है, जो पारस्परिकता है, जो एक दूसरे पर अधिकार का बोध है, उसे समाज के निर्माण की भित्ति स्वीकार करते हैं।

महात्मा गाँधी, राम मनोहर लोहिया, आनन्द कुमार स्वामी जैसे विचारकों ने जिस देसी आधुनिकता की प्रतिष्ठा का स्वप्न देखा था, और पश्चिमी आधुनिकता के अंधानुकरण से सृष्टि के विनाश के खतरे की सम्भावना जताई थी, मिश्र जी उस देसी आधुनिकता के सबसे समर्थ विचारक और व्याख्याता हैं उन्होंने शास्त्र और पौराणिक प्रसंगों की चर्चा करते हुए भी अपनी इसी दृष्टि का परिचय सर्वत्र दिया है। मिश्र जी मानते हैं कि भारतीय चिन्तन के केन्द्र में श्रम की प्रतिष्ठा है, प्रकृति से साहचर्य की प्रतिष्ठा है और कृत्रिमता का सर्वथा निषेध है। इस बात को वे कालिदास की शकुंतला के उदाहरण से पुष्ट करते हैं। कहते हैं कि दुष्यंत को शकुंतला के लिए सौन्दर्य ने आकर्षित किया था वह फूलों को सींचती हुई शकुंतला थी, प्रकृति के साहचर्य में सहज श्रमपूर्ण जीवन-यापन करने वाली शकुंतला थी। वही शकुंतला जब दुष्यंत के महल में गयी, कृत्रिम जीवन की आकांक्षा या लालसा से भरकर तो पहचानी नहीं गयी। यह मार्मिक प्रसंग मिश्र जी की व्याख्या से और भी मार्मिक और अर्थपूर्ण हो जाता है।

विद्यानिवास मिश्र के निबन्ध 'परम्परा-बंधन नहीं' के प्रथम प्रकाशित प्रारूप को पढ़ने के बाद डॉ. राममनोहर लोहिया जब गोरखपुर आये थे तो यहाँ आयोजित सभा में कहा कि "मैं इस धरती को प्रणाम करने आया हूँ जिसने विद्यानिवास मिश्र जैसा विचारक दिया है, मैं रास्ते में उनका निबन्ध पढ़ते हुए आया हूँ और सन्तोष का अनुभव हुआ है "पंडित जी ने अपने वैचारिक निबन्धों के संकलन 'परम्परा बंधन नहीं' की भूमिका में किंचित् संकोच के साथ इसका जिक्र किया है, पर ऊपरवाली बातें इसमें नहीं है। अपने स्वभाव के अनुसार आत्म प्रशंसा की झलक आने के कारण उक्त पंक्तियाँ पंडित जी ने नहीं दी हैं, पर जो दिया है वह भी कम महत्त्वपूर्ण नहीं है "हिन्दुस्तानी दृष्टि से हिन्दुस्तान को समझने की एक शुरुआत हुई है मैं इसको बहुत शुभ लक्षण मानता हूँ।" यह किसी आलोचक समीक्षक की टिप्पणी नहीं है एक 'पब्लिक इण्टलेक्चुअल और भारतीय समाज तथा राजनीति के क्रांतदर्शी एक्टिविस्ट की टिप्पणी है, इसलिए इसका महत्त्व हिन्दी के किसी भी आलोचक की टिप्पणी से हजार गुना ज़्याद है। याद रखना ज़रूरी है कि इस तरह की माँग आचार्य रामचन्द्र शुक्ल ने भी स्वाधीनता के लिए चल रहे संघर्ष के दौरान की थी कि हमें दूसरों की दृष्टि से अपने को नहीं अपनी दृष्टि से दूसरों को देखना चाहिए। पर इस माँग के वरक्स जो हुआ वह सर्वविदित है कि अधिकांश विद्वानों के चिन्तन का बहुलांश, दूसरों की दृष्टि से, आयातित नजरिये से, अपने को और अपनों को

देखकर धिक्कार की मुद्रा अख्तियार करता रहा और यदि किसी ने साहसपूर्वक अपनी दृष्टि से अपने को देखने की गम्भीर कोशिश की तो उसे पुरातनपंथी और प्रतिक्रियावादी घोषित कर दिया गया– वो रामविलास शर्मा ही क्यों न हों।

विद्यानिवास मिश्र मानते हैं कि उनके निबन्धों के द्वारा एक अन्वित रूप में वैचारिक उन्मुक्तता और प्रतिबद्धता दोनों का एक सम्मुजित रूप से परिचय कराना ही उनका अभीष्ट है। पंडित जी अपनी जिस वैचारिक उन्मुक्तता की बात करते हैं वह उन्मुक्तता भारतीय चिन्तन परम्परा का मूल स्वभाव है, जो किसी भी विचार को, किसी भी आग्रह को रूढ़ि नहीं बनने देती, जड़ नहीं होने देती बल्कि अनवरत उसकी परख करते हुए उसे मनुष्यता के माँगलिक सरोकारों से जोड़ती चलती है। पंडित जी अपनी जिस प्रतिबद्धता को स्वीकार करते हैं, वह उस भारतीय परम्परा के साथ है, जो सिर्फ अपने बारे में चिन्तित नहीं रहती, मात्र आत्मोद्धार के लिए सचेष्ट नहीं रहती, किसी भी कीमत पर अपने को ही सबसे मूल्यवान मानक के रूप में दूसरों पर थोपती नहीं, बल्कि सबके लिए सोचती है, सबको साथ लेकर चलती है और सबको मूल्यवान मानती है। वे भारतीय विचारधारा को परम्परावादी नहीं एक परम्परा के रूप में स्वीकार करते हैं, जो निरन्तर अपने को श्रेष्ठता की ओर अग्रसर करती है, और श्रेष्ठता के मानक बनाते हुए किसी एक दृष्टि की बन्दी नहीं होती है। भारत और भारतीयता की विशिष्टता को बताते हुए अपने महत्त्वपूर्ण निबन्ध 'परम्परा बंधन नहीं' में वे कहते हैं– "भारत का दूसरे देशों से विलगाव सतही राजनीतिक कारणों से मात्र नहीं है। यह विलगाव बड़ा गहरा है। मसीही जीवन दृष्टि में पाप ओढ़ने का आग्रह, पैगंबरी जीवन दृष्टि में सर्वशक्तिमान का विराट आतंक, द्वन्द्वात्मक भौतिकवाद की दृष्टि में सहज अधिकार का अस्वीकार, अस्तित्ववादी दृष्टि में अस्तित्व के ऐतिहासिक सन्दर्भ को स्वीकार करने की विवशता, इन सबसे शुद्ध भारतीय दृष्टि विलग है, पर विलग होती हुई भी वह इनमें से किसी का प्रत्याख्यान या खण्डन नहीं करती, अपने को किसी के विरोध में प्रस्थापित भी नहीं करती। बाहर के अत्यन्त प्रबुद्ध लोगों को भारत से खीझ इसलिए और अधिक तीव्र होती है कि प्राचीनता से इस बुरी तरह बंधा हुआ यह देश, हर आधुनिक मूल्य को सहज भाव से स्वीकार करके भी अपनी परम्परा से विलग नहीं होता।" भारतीयता की यह पहचान, जिसमें अपनी विरासत की विशिष्टता का बोध भी है और उसमें नये मूल्यों को स्वीकारते चलने की, अपने को निरन्तर श्रेष्ठता की ओर उन्मुख रखने की भावना भी है अन्यत्र इतने मुखर और प्रखर रूप में नहीं दिखती है।

भारतीयता को जिसे वे परम्परा का पर्याय मानते हैं, समझाते हुए पंडित जी कहते हैं, "वह इतिहास चक्रों के व्यूह को तोड़ती चलती है, मनुष्य की स्वाधीनता के आयाम तानती चलती है। वह मनुष्य को विचारों से नहीं विचारों से मनुष्य को बाँधती चलती है। पारम्परिक दृष्टि से इसीलिए कयामत का कोई एक दिन मुकर्रर नहीं है, सत्ता का कोई केन्द्रीकरण नहीं है। पारम्परिक दृष्टि का, दूसरे शब्दों में, वैज्ञानिक दृष्टि से कोई विरोध नहीं है। परम्परा उषा की तरह 'पुराणी युवति' है। हर सुर्योदय में वह नई होती है– हर दुपहरी में वह प्रखर होती है, हर संध्या में ध्यानमग्न होती है, हर चाँदनी में स्वप्नाविष्ट होती है। वह बिना मरे नया जन्म लेती है।" वे मानते हैं कि परम्परा पूर्वजों से मिली हुई ऐसी थाती है जो अनवरत साधना से बढ़ती है, पर से परा की ओर श्रेष्ठ से श्रेष्ठतर की ओर अग्रसर होती है, और वही मनुष्य की स्वाधीनता के नये आयामों का सृजन भी करती है। शायद वे इस ओर भी इशारा कर रहे हैं कि साधना के

अभाव में स्वाधीनता भी चरितार्थ नहीं हो पाती है।

महत्त्वपूर्ण मात्र यह नहीं है कि विद्यानिवास जी परम्परा और भारतीयता को एक दूसरे का पर्याय मानते हुए उसके गतिशील स्वभाव की विशद व्याख्या करते हैं, यह और भी महत्त्वपूर्ण है कि वे भारत के संशयालु बुद्धिवादियों के आचरण और विचार के द्वैत को पहचानते हैं, और इसके संकटों से परिचित कराना चाहते हैं। हिन्दू और मुसलमान से अलग-अलग अपेक्षाएँ पालने वालों को भी वे पहचानते हैं और उन्हें देश के वातावरण को स्वस्थ बनाने में एक व्यवधान की तरह देखते हैं।

पंडित जी इतिहास की भारतीय दृष्टि को भी स्पष्ट करते हैं। उनका मानना है कि इतिहास शब्द हिस्ट्री के अर्थ से विशिष्ट और अलग अर्थ रखता है। व्यास ने महाभारत को इतिहास कहा है– वह हिस्ट्री नहीं है– व्यास का इतिहास 'ऐसा रहा है' का अर्थ देने वाला है, ऐसा था अर्थ से सर्वथा भिन्न। इसलिए वे महाभारत को भूतकाल की घटना का विवरण मात्र नहीं मानते हैं उनका मानना है कि वह घटना के विवरण के बहाने मानव धर्म की शाश्वत अभिव्यंजना है।

दुःखद पक्ष यह है कि बार-बार भारतीय परम्परा की दुहाई देने वाले लोग इतिहास का प्रतिक्रियावादी आइना सामने रखते हैं और इतिहास का मसान जगाकर परम्परा की उदारता, उदात्तता और स्वाधीनता की मूल्य-चेतना को सन्देहास्पद बना रहे हैं। पंडित जी इस स्थिति पर उदग्र होते हुए अपनी तरह सोचने वाले विचारकों से भी आगे बढ़ते हैं। स्वाधीनता प्राप्ति के बाद भारत की आन्तरिक सामाजिक संरचना, सद्भाव को प्रभावित करने वाली और वोट की राजनीति का शायद सबसे भयावह एजेण्डा बनती जा रही 'हिन्दू-मुसलमान' समस्या की तह तक जाते हैं। एक पंथनिरपेक्ष देश के गम्भीर चिन्तक के रूप में– (जो चार-पाँच दशक पहले ही इस भयावहता के पद-चाप को महसूस करता है)– वे चेतावनी भी देते हैं कि हमें उस परम्परा को ठीक ढंग से समझना पड़ेगा जो भारत भूमि पर जन्म लेने वाले साधकों मनीषियों, सन्तो और रचनाकारों के विचारों से बनती है। उनका मानना है और ठीक मानना है कि "वह परम्परा प्रतिशोध पर नहीं, सत्य और न्याय की प्रतिष्ठा पर बल देती है।" उनका कहना है कि इस परम्परा को ठीक से पहचानने के लिए प्रतिशोध के बीज बोने वाले इतिहास को नकारना पड़ेगा। इतिहास को नकारे बिना हम इस परम्परा को आत्मसात नहीं कर सकते। पंडित जी की ऋषि वाणी है, "यदि हिन्दू और मुसलमान दो जातियाँ नहीं, दो देश नहीं, दो इतिहास नहीं तो मुसलमान से अतिरिक्त देश भक्ति का आग्रह क्यों? उस हिन्दू नाम की सार्वजनिक जीवन-रक्षा के लिए इतना वितंडा क्यों? जिसके आदर्शों को हम बार-बार झुठला रहे हैं, उस हिन्दुत्व को मात्र ऐतिहासिक प्रतिक्रिया का अस्त्र बनाकर छोटा कर रहे हैं, उस हिन्दुत्व के अधिकारी हम क्यों बने? हम हिन्दू परम्परा को यदि आत्सात करते हैं तो सबसे पहले इतिहास के मसान जगाने वाले ओझाओं-सोखाओं को बाहर करें। ग़ज़नी, गोरी, औरंगज़ेब का अत्याचार उनके साथ गया। उनके वंशधर अत्याचारों की विरासत लेकर नहीं, मानवीय संस्कार लेकर पैदा हुए और भारतीय धरातल पर कम से कम हिन्दू ने कभी किसी के खुदा को नकारा नहीं किसी के आराध्य को तिरस्कारा नहीं।" पंडित जी की विचार-सरणि में यह सतर्कता सदैव सक्रिय है कि 'मज़हब' शब्द 'धर्म' के समूचे भाव को वहन नहीं कर पाता है, इसलिए वे पंथनिरपेक्षता की जगह पर बार-बार मज़हब-निरपेक्षता पद का व्यवहार करते हैं और एक गम्भीर चेतावनी भी देते हैं सत्ता-संचालकों को कि हमें सत्य और न्याय की प्रतिष्ठा के लिए मजहब-निरपेक्षता का

आदर करना चाहिए, उसे अपनाना चाहिए, भयवश, आशंकावश या दिखावे के लिए, किसी के तुष्टीकरण के लिए इस शब्द का निरर्थक व्यवहार नहीं करना चाहिए। वे स्वीकार करते हैं कि पंथनिरपेक्षता की नीति पर सच्चे मन से न चलते हुए हमने तुष्टीकरण की नीति चलाई इसलिए अपने ही जाल में फँसते गये और द्विराष्ट्रवाद के खण्डन का हमारा सारा दावा मिथ्या साबित होता जा रहा है। लगभग आधी शताब्दी पहले सोची गयी और सार्वजनिक रूप से कही गयी ये बातें आज इतने दिनों बाद भी कितनी सार्थक हैं– इसे अनुभव किया जा सकता है।

एक विश्वदृष्टिसम्पन्न विचारक की निगाह मात्र आन्तरिक समस्याओं पर ही नहीं होती है, वह दुनिया के देशों द्वारा अपने देश के साथ बरते जाने वाले आचरण को भी गम्भीर विश्लेषण का विषय बनाता है। विद्यानिवास मिश्र में अपने समकालीन जीवन सन्दर्भों में कराहते-हाँफते आदमी की पीड़ा और उसकी भावी नियति को पहचानने का विवेक भी है और उससे उबरने का यह दृढ़ विश्वास भी है कि अपनी परम्परा के सच्चे (कच्चे नहीं) उत्तराधिकारी और वाहक बनकर ही देश और मनुष्य जाति के भावी जीवन-मार्ग को सहज सुखद बना सकते हैं। वे मात्र यथार्थ के अरण्य-रोदन के रचनाकार नहीं हैं बल्कि उसके कारणों को समझने का विवेक विकासित करने वाले चिन्तक भी हैं। 'परम्परा बन्धन नहीं' निबन्ध में वे इतिहास की सीमाओं का उल्लेख करते हैं और कहते हैं कि "इतिहास बराबर प्रतिशोध माँगता आया है– बैर भूल न जाना! कोई भी वीर इस गाथा को पढ़े तो अपने हाथ से बैरी के प्रासाद को जलाकर ही ऋण का शोधन कर सकेगा। बहुत उदार हुआ इतिहास तो स्वप्न देखता है कि सारे विश्व का एक मज़हब होगा और वह ईसाइयत ही है, इतिहास बराबर मनुष्य की देश और कालबद्ध सीमाओं की पुकार लगाता है। वह सीमाओं का विस्तार माँगता है, सीमाओं की प्रतिरक्षा माँगता है, पर वह सीमाओं से परे कभी सोच नहीं सकेगा।" भारत पाकिस्तान सम्बन्धों पर भी उन्होंने इतिहास और परम्परा के सन्दर्भ में, दोनों की रगड़ के भाव को समझते हुए विचार किया है और उसमें विश्व की नीतियों के नियंता देशों की भूमिका पर सवाल खड़ा किया है। वे मानते और खुले तौर पर कहते हैं कि पश्चिम की आयातित दृष्टि और योजनाएँ, हमें किसी लायक नहीं रहने देंगी। पश्चिम की अमानवीय याँत्रिकता को प्रगति का पर्याय बना देना बहुत बड़ी गलती होगी और यह गलती हम लगातार न सिर्फ कर रहे हैं, बल्कि इसे करने की सान्द्रता और बढ़ती जा रही है। पाकिस्तान युद्ध के समय ब्रिटेन अमेरिका, अरब देशों और एशियाई देशों से भारत के सम्बन्ध कितने खोखले दिखाई पड़े वे इस यथार्थ पर भी हमारा ध्यान आकृष्ट करते हैं और अपनी पैनी निगाह को और पैनी करते हुए लिखते हैं– 'यथार्थ का यह सतही रूप है। यथार्थ और गहरा है। इतिहास की सर्वग्रासी दृष्टि हर शक्तिशाली राष्ट्र को प्रभाव-विस्तार के दायित्व से जीते हुए है। भारत उस दृष्टि को झेल सकता है क्योंकि उसके ऊपर इतिहास का बोझ नया है, और वह हल्का है, वह अभी इस बोझ से पिस नहीं पाया है। पाकिस्तान तो शुद्ध रूप से इतिहास का गुलाम है, तभी तो उसके विधाता अपने को मुगलों से जोड़ते हैं। मुगलों के उत्तराधिकारी अँग्रेजों से जोड़ते हैं, और धरती को काटकर फेंक देते हैं। पर अगर भारत को विजय पानी है तो सबसे पहले अपने भीतर उमड़े हुए संशय के अन्धकार पर विजय पानी होगी। इतिहास और परम्परा में से एक को ही चुना जा सकता है।"

भारतीय संस्कृति और उसमें अन्तर्निहित सनातन मूल्यों की शाश्वत प्रासंगिकता कभी भी विवाद का विषय नहीं रही है। विवाद को अवसर ही तब मिलता है जब उसे आस्था से काटकर

संशय से जोड़ा जाता है, उदारता से उच्छिन्न करके हिंसक बनाया जाता हैः करुणा के मूल्य को दरकिनार करके प्रतिक्रिया के वशीभूत होकर क्रूर हिंसकता का वातावरण बनाया जाता है और मानवीय संवेदना का गला घोटकर उसे अप्रासंगिक करार दिया जाता है तथा उसकी जगह पर सत्ता, राज्य, रूढ़ि और कुण्ठाओं को महत्त्व दिया जाता है। 'परम्परा बंधन नहीं' के निबन्ध इन्हीं बातों के विश्लेषण को केन्द्र में रखते हैं। 'महाभारत का सत्य' में पंडित जी उसकी कथा, उसकी ऐतिहासिकता, उसके रचनाकाल के विस्तार की सोद्देश्य चर्चा करते हैं और उसमें मृत्यु के तीन रूपों की व्याख्या करते हैं, वे कहते हैं कि मृत्यु का पहला रूप इस महाकाव्य में तब दिखाई पड़ता है जब युद्ध के मैदान में अर्जुन के हाथ से गाण्डीव सरकने लगता है और मृत्यु की व्यापक सम्भावना का कारण बनने के भय से अर्जुन गीता के उपदेश के पात्र बनते हैं। मृत्यु के दूसरे रूप की चर्चा युद्ध से हुए महानाश के बाद बिदुर करते हैं धृतराष्ट्र को सब बताने के लिए सान्त्वना के लिए। वे जीवन के साथ निरन्तर पीछा करती हुई मृत्यु की बात करते हैं और पंडित जी टिप्पणी करते हैं "अधर्म ही अपमृत्यु का कारण होता है और यह महानाश अधर्म के कारण हुआ, इसीलिए, मृत्यु का इतना निर्मम रूप ही अधर्म के मोह-तम को चीर सकता है। विद्यानिवास जी मृत्यु का तीसरा रूप युधिष्ठिर के आत्मधिक्कार में देखते हैं और कहते हैं कि यह करुण और मानवीय है। उनके वाक्य में, 'महाभारतकार इसी रूप को सामने रखकर महाभारत की फलश्रुति इसमें दिखलाना चाहते हैं कि राज्य आदि छोटे मूल्य हैं, बड़ा मूल्य है जीवन और उसकी रक्षा। मृत्यु का आघात जिस करुणा के स्रोत को उद्वेलित करता है, वह करुणा ही सबसे बड़ी मानवीय निधि है। "... यह पश्चिमी बीर गाथाओं की तरह एक आदमी के दूसरे आदमी पर पराक्रम या विजय की गाथा नहीं है, यह पूरे आदमी की गैर आदमीयता पर विजय की कहानी है। इसीलिए महात्मा गाँधी हिन्दुस्तान में आते हैं तो हिन्दुस्तान का आदमी सोचता है– युधिष्ठिर फिर वापस आये हैं।" अपनी पुराण-परम्परा के मिथकीय प्रसंगों को जीवन की समकालीनता में पिरोकर उसे मानवीय गरिमा की जरूरत से जोड़ देना पंडित जी की मेधा की बड़ी विशेषता है, वे इतिहास को नकारते हैं, परम्परा को स्वीकारते हैं, वर्तमान को तत्काल से अलगाते हैं और उसे सातत्य से सँवारते हैं। वे बार-बार दुहराते हैं कि इतिहास 'ऐसा था' का अर्थ देता ही नहीं है– उसका अर्थ है– ऐसा रहा है या ऐसा होता आया है, तात्पर्य कि वह बीती हुई घटना नहीं है एक सतत वर्तमान है– शाश्वत प्रवहमानता में प्रमाणित विवरण। पंडित जी के विचार के केन्द्र में है– मनुष्य, इतिहास के बोझ से दबकर खत्म होता हुआ मनुष्य नहीं, परम्परा से रसग्रहण करते हुए चेतना की समग्रता की ओर आगे बढ़ता हुआ मनुष्य है। समग्र अस्तित्व को आत्मसात करने की चुनौती स्वीकार करके उदात्तता की ओर अग्रसर होने को आतुर हो। मनुष्य पर, मानवीय संवेदना पर, समग्रता की चिन्ता पर, आस्था उदारता और करुणा पर, जीवन की निरन्तरता पर पंडित जी का खास बल है, इसलिए वे उन सभी स्थिति से अनवरत जूझते रहते हैं, जो इन्हें सन्देहास्पद बनाने की ओर सक्रिय होती हैं। मनुष्य को विवेक और उसकी चेतना पर तकनीक तथा याँत्रिकता के बढ़ते प्रभावों से कमजोर पड़ते आत्मविश्वास के भाव पर भी वे चिन्तित हैं। वे चाहते हैं कि गाँधी जिस लोक से शक्तिग्रहण करते हैं, जिस परम्परा को आत्मसात करते हैं, वह युग-धर्म बने। भारतीय और पाश्चात्य कला-दृष्टि के अन्तर पर विचार करते हुए भी वे बार-बार भारतीय मिथकों और लोक की परम्परा में बसी हुई आस्था और उदारता को महत्त्व देते हैं। वे व्यवस्था, शासन, अभिजात प्रणाली द्वारा छोटी इकाइयों की

उपेक्षा से मानवीय संवेदना को बचाना चाहते हैं। छोटे-छोटे जीवंत- प्रसंगों के सहारे हर छोटे समझे जाने वाले व्यक्ति के भीतर छिपी हुई महानता को पहचानने का मार्ग-प्रशस्त करते हैं और गहरी आस्था का सृजन करते हुए आश्वस्त करते हैं कि हमारी सृजन-परम्परा यदि अपनी ही धरती से रस खींचकर जीवन-द्रव्य प्राप्त करती रहेगी तो वह अप्रतिहत बनी रहेगी और अपनी जमीन से कटकर न वो खुद जीवित रह सकती है और न किसी को जीने भर की ताकत दे सकती है। आज की परिस्थितियों में ये विचार भारत और भारतीय को तो बचायेंगे ही विश्व-मानवता और मानवीय-संवेदना को बचाने के लिए भी बहुत ज़रूरी हैं।

# विश्व हिन्दी सम्मेलनों में अन्तर्निहित व्यापक दृष्टि

***कैलाशचन्द्र पन्त***

विश्व भर में बस गये भारतीयों के मुख्य रूप से दो श्रेणियों में बाँटा जा सकता है। एक तो वे भारतवंशी है जो गिरमिटिया बना कर ले जाये गये थे और दूसरा समूह उन लोगों का है जो नौकरी या व्यापार की दृष्टि से उन देशों में स्थायि रूप से बस गये थे. इनमें से पहले समूह डेढ़-दो सौ वर्ष बाद भी भारत से भावनात्मक रिश्ता रखता है। दूसरे समूह के लोगों ने वहाँ रहकर अनुभव कि भारत की संस्कृति, सभ्यता और परम्परा विदेशों की अपेक्षा बेहतर है। उनके दिलों का दर्द यह है कि भारत में स्वाधीनता के बाद भी सम्पन्नता, सुशासन और स्वाधीन चेतना विकासित क्यों नहीं हुई। उनकी चिन्ता उचित है। भारत के प्रबुद्ध नागरिक भी राष्ट्रीय चरित्र की गिरावट, उपभोगवाद और भ्रष्टाचार के उभार से चिन्तित हैं। इसका अर्थ यह है कि विदेशों में बसे प्रवासी भारतीयों की चिन्ता भी वही है जो इस देश में रहने वाले भारतीयों की है। फर्क केवल इतना है कि भारत की विकासित होती अर्थव्यवस्था से वे आश्वस्थ होते जा रहे हैं और उसमें अपना भरसक योगदान देने को आतुर हैं। हम लोगों के मन में शंका भी है और सन्देह भी। हमारी मूल चिन्ता उस पाश्चात्य प्रादर्श (मॉडल) को लेकर है जो भारत की आर्थिक प्रगति का आधार माना जा रहा है। हमारी आशंका यह है कि पाश्चात्य अर्थव्यवस्था भारतीय जीवन मूल्यों को ही कहीं विलोपित न कर दे। लेकिन हमें भारतीय स्वभाव के समन्वयवादी गुण का भी परिचय है। हम जानते हैं कि इस देश की प्रकृति के विरुद्ध जाने वाली किसी भी जीवन-शैली को भारतीय जन-मानस स्वीकार नहीं करता। किसी भी जनतन्त्र में जनमत का दबाव कोई भी सरकार नहीं झेल पाएगी।

लेकिन इस समय हम उन दो समूहों की उस सामुहिक भावना की ही चर्चा करेंगे। मज़बीरू मैं और जोर जबरदस्ती से ले जए गये गिरमिटिया भारतवंशी काफी वर्षों तक अलग-थलग पड़े रहे। लेकिन पिछले कुछ दशकों से प्रवासी भारतीयों की बढ़ती हुई संख्या ने उन्हें अपने मूल की ओर-जड़ों से जुड़ने की लालसा पैदा कर दी। प्रवासी भारतीयों को भारतवंशी लोगों के पुरुषार्थ को देखकर भारत की वैश्विक हैसियत का अन्दाज हुआ। इनके आपस में जुड़ने का सूत्र एक भाषा हो सकती थी। भारतीयों के लिए वह भाषा हिन्दी ही थी। इसीलिये हिन्दी के प्रचार-प्रसार में भारतवंशियों के प्रयास को भुलाया नहीं जा सकता।

भारत की विदेश-नीति के नियामकों को बहुत वर्षों बाद भारतवंशियों के प्रभाव का महत्त्व समझ में आया। यह संख्या साधारण नहीं है और ये सारे लोग, एक प्रकार से भारत के सांस्कृतिक दूत हैं। इनका सकारात्मक उपयोग करने के लिए अशासकीय प्रयास अन्तर्राष्ट्रीय रामायण सम्मेलन के रूप में सामने आया। पर उसका सीमित प्रभाव रहा। मुख्यतः वह राम-कथा पर बौद्धिक विमर्श तक सीमित रहा। इसके पूर्व श्रीमती कमला रत्नम ने उत्तर-पूर्व एशिया

से भारत के प्राचीन सांस्कृतिक सम्बन्धों पर कार्य किया था। उनके पति उन देशों में राजदूत रहे थे। लेकिन हिन्दी के माध्यम से भारतीय समुदाय को एक छाते में लाने का महत्त्वपूर्ण कार्य पहली बार सन् 1975 में नागपुर के प्रथम विश्व हिन्दी सम्मेलन में विधिवत शुरू हुआ। इनस कल्पना के पीछे राष्ट्रभाषा प्रचार समिति, वर्धा के अध्यक्ष मधुकर राव चौधरी, श्री सिद्धेश्वरप्रसाद, श्री अनंतगोपाल शेवडे थे। बाबू गंगाप्रसाद सिंह सूत्रधार की भूमिका निभा रहे थे। इन चार व्यक्तियों के प्रयासों से तत्कालीन प्रधानमन्त्री श्रीमती इन्दिरा गाँधी का पूरा समर्थन आयोजन को मिल। उस समय शायद ही किसी ने कल्पना की होगी कि नागपुर का वह सम्मेलन भविष्य में बृहत्तर भारत का ढाँटा खड़ा करने वाला सिद्ध होगा। इस सम्मेलन का उद्घाटन इन्दिराजी ने किया था और अटलबिहारी वाजपेयी जैसे विपक्षी नेता भी शामिल हुआ। हिन्दी के प्रमुख साहित्यकारों के साथ भारतीय भाषाओं के साहित्यकारों ने इसे ज़्यादा अर्थवान बनाया। तभी से यह एक नियमित आयोजन बन गया है। अब भारत सरकार के विदेश मन्त्रालय द्वारा इसका हर तीन वर्ष में आयोजन होता है। अब तक भारत, मॉरीशस, ट्रिनिडाड, लन्दन, न्यूयार्क, द. अफ्रीका, सुरीनाम में सफल विश्व हिन्दी सम्मेलन हो चुके हैं।

प्रारम्भिक लक्ष्यों में हिन्दी को संयुक्त राष्ट्रसंघ में मान्यता दिलाना, वर्धा में अन्तर्राष्ट्रीय हिन्दी विश्व विद्यालय की स्थापना करना और अन्तर्राष्ट्रीय हिन्दी विश्व विद्यालय की स्थापना करना और अन्तर्राष्ट्रीय हिन्दी सचिवालय बनाना था। अन्तिम दो लक्ष्यों को हासिल कर लिया गया है। मान्यता प्राप्त करने का प्रथम महत्त्वपूर्ण लक्ष्य अभी प्राप्त करना है। विभिन्न देशों में आयोजित होने वाले हिन्दी सम्मेलनों से विश्व जनमत हिन्दी के पक्ष में बनता जा रहा है। अब इस लक्ष्य को हासिल करने में ज़्यादा समय नहीं लगेगा। ये तीनों बाते प्रथम विश्व हिन्दी सम्मेलन में घोषित रूप से कई गयी थीं। आधिकारिक प्रस्ताव पारित किये गये थे। लेकिन सम्मेलनों की निरन्तरता से विश्व भर में फैले भारतीय समुदाय में जो एकता स्थापित हुई उससे विदेशों में भारतीय हितों के संरक्षण के लिए एक संगठित समूह भी बन गया है। इस समूह के बीच पारस्परिकता बढ़ती जा रही है और परस्पर संवाद द्वारा एक-दूसरे तक भारत विषयक जानकारी भी पहुँच रही है। प्रवासी लेखकों की रचनाओं को एक व्यापक पाठक समुदाय भी उपलब्ध हो रहा है। सबसे महत्त्वपूर्ण बात इन देशों के और भारत के बीच लेखकों की गोष्ठियाँ और सम्मेलन हो रहे हैं। यदि हम बारीकी से इन गतिविधियों को समझने का प्रयास करेंगे तो समझ में आ जायेगा कि बृहत्तर भारत नया आकार ग्रहण कर रहा है।

हिन्दी भाषा को यह सौभाग्य मिल रहा है कि बृहत्तर भारत के नवोदय का सूत्र वह बन सकी है। भाषा के माध्यम से संस्कृति भी– उसका सैद्धान्तिक और व्यावहारिक पक्ष एक साथ। विदेशों में अपनी अनुगूँज उत्पन्न कर रही है। भारत के लोगों को विश्व हिन्दी सम्मेलनों को इसी दृष्टि से देखना होगा। यह समझना ज़रूरी है कि इन सम्मेलनों की श्रृंखला से वैश्वक भारतीय समुदाय भारत के साथ अपने आत्मीय रिश्तों को समझने में सफल हुआ है। इसके अतिरिक्त वह भारतीय समुदाय भारत के साथ अपने आत्मीय रिश्तों को समझने में सफल हुआ है। इसके अतिरिक्त वह भारतीय कूटनीति के पूरक का काम भी कर रहा है। इन सम्मेलनों के माध्यम से हिन्दी भाषा के कमज़ोर पक्षों की प्रतिपर्ति भी हो रही है। आधुनिक ज्ञान-विज्ञान को हिन्दी में प्रस्तुति के प्रयास तेज़ हो गये हैं। हिन्दी के शब्द दुनिया भर के शब्द कोशों में स्थान पर रहे हैं। बैंक ऑफ बड़ौदा जैसे संस्थान विदेशों में जब दस जनवरी को विश्व हिन्दी दिवस का आयोजन

करते हैं तो एक बड़ा सन्देश जाता है। कुछ लोगों को भ्रम है कि यह साहित्य सम्मेलन है। जो साहित्यकार हैं वे निश्चित ही हिन्दी को विकासित और उन्नत देखना चाहते हैं और सम्मेलन में उनकी उपस्थिति विदेशों में बसे भारतवंशियों को प्रेरणा तथा शक्ति दैती है। लेकिन जो ज्ञान विषयों में हिन्दी लिख रहे हैं उनके महत्त्व को कम आँकने की गलती नहीं करनी चाहिए। हिन्दी भाषा के एक बड़े अभाव की पर्ति उनके द्वारा हो रही है। इसलिए विश्व हिन्दी सम्मेलन में उनकी भागीदारी सुनिश्चित की जाती है। सभी प्रकार के लेखकों का परस्पर संवाद और विमर्श नई प्रेरणा और नई दिशा देता है। भारत के व्यापक हित में विश्व हिन्दी सम्मेलनों पर प्रतिक्रिया व्यक्त करते हुए उसमें निहित उद्देश्यों को पहचानना ज़्यादा उपयोगी होगा।

वैश्विक स्तर पर हिन्दी की पहचान बन रही है और इसे बनते देखने का हमारी पीढ़ी को सौभाग्य मिल रहा है यही क्या कम है। जिन पूर्वज साहित्यकारों ने हिन्दी के लिए जो स्वप्न देखे थे उन्हें साकार करने में हमारा क्या योगदान हो सकता है इस पर विचार करना ही हिन्दी भाषियों का कर्तव्य है। हिन्दी के लेकर देश में जो विवाद खड़े करने की कोशिश की जाती है उन्हें भी ये सम्मेलन सन्देश दे रहे हैं। विदेशों में बसे भारतीय विभिन्न भाषा-भाषी हैं। लेकिन अपने ही बन्धु-बाँधवों के साथ रिश्तो को प्रगाढ़ करने के लिए हिन्दी को स्वीकार कर चुके हैं। वे सही अर्थों में हिन्दी के अन्तर्राष्ट्रीय प्रभाव को बढ़ाने में साथ खड़े हैं। क्या यह सन्देश भारत के हिन्दीतर प्रदेशों तक पहुँचाने की कोशिश नहीं की जानी चाहिये? इसके उत्तर में ही निहित है राष्ट्रभाषा के रूप में हिन्दी की स्वीकार्यता का समाधान। विश्व हिन्दी सम्मेलन के औचित्य को आँकने का यह भी एक पैमाना है।

हमें अपने समय के महान कवि जयशंकर प्रसाद के इन पंक्तियों को याद करना चाहिये-

"हिमालय के आँगन में उसे प्रथम किरणों का दे उपहार।
उषा ने हँस अभिनन्दन किया और पहनाया हीरक हार।
जगे हम, लगे जगाने विश्व लोक में फिर फैला आलोक
व्योम-तम-पुंज तब हुआ नष्ट, अखिल संसृति हो उठी अशोक।"

इन पंक्तियों के प्रत्येक शब्द में हिन्दी के दायित्व का संकेत अन्तर्निहित है।

# समकालीन हिन्दी महिला कथा लेखन : विविध सन्दर्भ

*सुधाकर सिंह*

समकालीनता सदैव मुखर, आधुनिक और प्रश्नवाचक होती है। कभी नहीं बदलनेवाले सन्दर्भों के साथ ही वह नित नये सवालों के साथ हमारे समक्ष प्रस्तुत होती है। जैसा कि साहित्य को प्रायः विभिन्न समय वर्गों और अन्तरालों में विभाजित कर उससे जुड़े सरोकारों और उसकी अर्थवत्ता का मूल्यांकन किया जाता है, समकालीनता की अवधारणा ठीक इसके विपरीत निरन्तर जुड़े रहे आयामों और तनावों का तत्कालीन विवेचन करती है।

आधुनिकता एक विकासमान प्रवृत्ति है। समकालीनता में आधुनिकता का बोध सदैव निहित रहता है। विकासमानता स्थितियों और मूल्यों में परिवर्तन का सूचक है। मूल्य जितने व्यावहारिक होते है उतने ही गतिशील भी होते हैं। प्रश्न जब शाश्वतता को उठता है तो मूल्य स्वतः उससे जुड़ जाते हैं और यहीं से उनका विवेचन परिस्थितियों के आधार पर होने लगता है। मूल्य किस हद तक अपरिहार्य हैं और किस वक्त उनका वर्जित हो जाता श्रेयस्कर है, द्वन्द्व सदैव इन्हीं दो प्रश्नों के मध्य ज़ारी रहता है।

किस्सागोई में अक्सर हमारा ही बयान छुपा होता है। उसमें जहाँ अतीत के दुःख-दर्द की आहटें बसी होती हैं, वहीं किसी ख्वाब सी अधूरी दुनिया का ताना-बाना बुनने के लिए उसमें पर्याप्त अवकाश होता है। परम्पराओं से औरतों का किस्सागोई होता एक अजीब और हैरान कर देने वाला सवाल हो सकता है पर अतीत की सिवटें हमें यह बताती हैं कि मर्दों द्वारा बनाई गयी उनकी दुनिया में बन्द दरवाज़ों के पीछे बहुत कम आसमान बचा था, जहाँ से वह दुनिया को एक छोर से वह दूसरे छोर तक देख सकें। इसलिए एक लम्बे अरसे तक उनकी कहानियों में एक अलग किस्म की संवेदना, करुणा, आदर्श और ईश्वरीय संकल्पों से युक्त दुनिया दिखाई देती रही। अपनी कहानियों में वह स्वयं को नाना कल्पनात्मक रूपों, छवियों और कथाबिम्बों में देखतीं। देवियों, परियों, यक्षिणियों, सौन्दर्य और प्रेम के उपादानों से आपूरित एक रहस्यवादी, उत्कण्ठा और दुख मिश्रित वंचना उनके कथा-संसार को पूर्ण बनाती। जहाँ पुरुष प्रायः रक्षक, विजेता और नायक की भूमिका की रहता। स्वयं को अपने यथार्थ और विस्तार में महसूस करना उनके लिए सम्भव नहीं रहा। पर धीरे-धीरे समय के पन्ने पलटते गये और औरतों ने मर्दों की दुनिया में जगह बनाती शुरू किया। उन्होंने अपनी अनुभूति और तरलता को एकाग्र और सम्पूर्ण रूप में महसूस करना आरम्भ कर दिया। किस्सागोई की धारा बदलती गयी और औरत की कहानी वास्तविक रूप में अपने सुखों और दुःखों के साथ हमारे समक्ष आने लगी। भाषा और लिपि के परस्पर अवगाहन से स्त्री कथा लेखन एक दस्तावेज़ का रूप लेता गया। आज इसे विन्यस्त रूप में स्त्री कथा लेखन की संज्ञा दी जाती है।

प्रायः सभी भाषाओं और साहित्य की तरह हिन्दी साहित्य में भी स्त्री कथा लेखन एक

विशिष्ट विधा के रूप में हमारे समक्ष उपस्थित है। बंग महिला के लेखन से लेकर आज तक इसकी परम्परा सतत प्रवाहमान है। वर्तमान में संवेदनाओं का फलक जहाँ विस्तृत हुआ है, वहीं विभिन्न कोणों से नारी प्रश्नों और तनावों का विश्लेषण निरन्तर गतिमान है। समकालीन महिला कहानी लेखिकायें बेहद संजीदगी से बुनियादी सवालों के बारे में जिक्र रह करती हैं और अपनी कहानियों के माध्यम से समाज में औरत की जगह ढूँढती है। लगातार संधे हुए विश्लेषण और मूल्यांकन से वह सुनिश्चित कर देना चाहते हैं कि देहविमर्श अब हिन्दी साहित्य में स्त्री लेखन का विशेष और लक्ष्यार्थ उद्देश्य नहीं रह गया है। बल्कि पुरुष के ही समान "समान मानवीय धरातल की वह आकांक्षी हैं। सीमोन द बोउवा ने कहा था– "स्त्री पैदा नहीं होती, बनाई जाती है।" स्त्री बनाने की प्रक्रिया का निषेध समकालीन हिन्दी कहानी में बखूबी दिखाई देता है। समकालीन हिन्दी महिला कहानी लेखन से तात्पर्य हालिया दौर की उन समसामयिक कहानियों से है, जो वर्तमान दौर की सभी सामाजिक समस्याओं से भी उतना ही सरोकार रखती हैं, जितना कि स्त्री जीवन के विभिन्न घटकों के चित्रण से। इन कहानियों में चरित्र विभिन्न सामाजिक स्तरों से सम्बन्धित हैं। इसके बावजूद इनकी समस्यामूलकता लगभग एक जैसी है।

समकालीन महिला कहानी लेखन की पृष्ठभूमि अत्यन्त समृद्ध हैं। मेहरुन्निसा परवेज, सिम्मी हर्षिता, इन्दु बाली, मालती जोशी, सुषमा मुनीन्द्र, उषा महाजन, उर्मिला शिरीष, राजी सेठ, जया जादवानी, नासिरा शर्मा, मनीषा कुलश्रेष्ठ, प्रत्यक्षा, वंदना राग, नीलाक्षी सिंह, शर्मिला बेहरा जालान, अल्पना मिश्र, रजनी गुप्त, कृष्णा अग्निहोत्री, मधुर कपिला, नीलम शंकर, कविता, स्वाति तिवारी, नीला प्रसाद इत्यादि के अतिरिक्त अनेकों महिला कथा लेखिकायें लेखन जगत में सक्रिय हैं। ये कहानी लेखिकायें अपनी कहानियों के माध्यम से स्त्री मनोविज्ञान की सूक्ष्मता से लेकर उनके विभिन्न जीवन सैन्दर्यों की पड़ताल कर रही है। इनकी कहानियों के अध्ययन एवं विश्लेषण से विभिन्न तथ्य हमारे समक्ष प्रस्तुत होते हैं।

अंजली काजल की कहानी "मुक्ते से ज़िन्दगी दीवाना कर दे!" स्त्री जीवन से जुड़ी विभिन्न समस्याओं की एक साथ छुटी है। स्त्री होना मानों अलग किस्म की सामाजिक उपस्थिति हो। घर से लेकर बाहर तक समस्याओं और दुरवारियों का अंबार। मानसी चन्दर से प्रेमविवाह करती है। परन्तु चन्दर को मानसी का नौकरी करना अच्छा नहीं लगा। उसने मानसी का नौकरी करना अपनी पारिवारिक और सामाजिक मर्यादा के विरुद्ध मान लिया। सम्बन्धों की दुःखद परिणति अन्ततः तलाक के रूप में होती है। "मानसी सोचती, क्या उससे कहीं गलती ही गयी? चन्दर की उम्मीदें कुछ और थीं और मानसी का जीवन जीने का तरीका कुछ और! वह अक्सर चंदर से पूछती कि उसने आज तक चंदर से कुछ नहीं माँगा, उसकी कभी कोई शर्त नहीं रही, उसने कभी चंदर को बदलता नहीं चाहा, फिर चंदर क्यों चाहता है मानसी उसके लिए अपने आप को बदले?"[1] छद्म सामाजिक कढियों में जकडकर या फिर पत्नी की बराबर की स्थिति देखकर वर्चस्ववादी पुरुष मत को चोट लगती है। ग्रन्थियों के कारण सम्बन्ध त्वरित रूप से बिखर गये। कहानी में स्त्री की आत्मनिर्भरता और आपसी सम्बन्धों की उचित सम्मान प्रदान करने के सम्बन्ध में समकालीन विमर्श स्पष्ट प्रतीत होता है।

"वैलेन्टाइन डे" नूर ज़हीर की अत्यन्त संवेदनशील और मर्मस्पर्शी कहानी है। लतिका अपनी युवा होती हुई बेटी की मोबाइल पर किसी "वीं का "लब मेंसेज" पढ़कर आशंकाओं से घिर जाती है। उसके ज़हन में तमाम खयालात तैर जाते हैं। "लेकिन यह "वी" कौन है?

विक्रम, विक्टर या वसीम! मुम्बई में तो कोई भी हो सकता है। क्या चोरी छुपे उसने अरुणा के मैसेज़ पढ़ने का फैसला उसने इसी डर से लिया था कि कहीं "वी" मुसलमान या क्रिश्चियन ना निकले, या पारसी? अगर निकल आयेगा तो वह क्या करेगी? अरुणा को समझायेगी? पराई कौम से नाता जोड़ना घातक हो सकता है। कैसे कह पायेगी? उसने तो खुद अपने पहले प्यार को यही सब मानकर नकार दिया था। पारिवारिक दबाव में आकर, जात, बिरादरी, गोत्र, जन्मपत्री मिलवाकर शादी करने को राजी हो गयी थी। नतीजा क्या हुआ था। अरुणा को सीने से लगाये वह सात साल मारी-मारी फिरी, दर-दर कितनी बार मुँह के बल गिरी। नहीं, जाति धर्म की बात वह नहीं कर पायेगीं!"[2] अन्ततः लतिका यह निर्णय लेती है कि उसकी बेटी अरुणा अपने निर्णय लेने के लिए स्वतन्त्र है और वह उसके जीवन में में बाधक नहीं बनेगी।

लतिका का जीवन-संघर्ष, उसके अन्दर का द्वन्द्व, प्रेम और विवाह के उसके दबावों में लिये गये भिन्न निर्णय और पुनः उन्हीं निर्णयों की समीक्षा! समकालीन महिला लेखन छद्म रूढ़ियों का घोर विरोधी है। वह आत्मनिर्णय और आत्म-सम्मान का पक्षधर है। समकालीन दौर की महिला कहानियाँ स्वस्थ सम्बन्धों और स्पष्ट स्थितियों की पैरोकारी करती है। वह लोकाचारों का परा सम्मान करती हैं। परन्तु मिथ्याचार और आवरण में लिपटे रूढ़ संस्कारों का प्रबल विरोध भी। इन कहानियों में नैसर्गिकता और शाश्वत मूल्यों के प्रति मोह दिखाई देता है।

मधुर कपिला की कहानी "उदिता" एक ऐसे पुरुष देह की कथा है, जो मन से स्त्री है। उसका स्त्री व्यवहार और चरित्र परिवार स्वीकार नहीं कर पाता है? आखिर क्यों? क्या दैहिक गठन ही स्त्री और पुरुष विशेषण के मायने हैं। किन सामाजिक आक्षेपों से बचने के लिए माँ उदिता से दुःखी रहती है, बहन उसका परिचय अपने दोस्तों से नहीं करवाती। उसकी आन्तरिक पहचान पर इतना संकट क्यों? वह अपनी पहचान पर पुरुष देह का आवरण क्यों ढोये? "माँ यह नहीं चाहती थी कि मैं शरीर से भी लड़की बन जाऊँ। वह इस भ्रम में भी जीना चाहती थी कि उसने परिवार को वारिस दिया है!....माँ भुल्लाती और कहती हूँ क्यों लड़कियों की तरह है? लड़का है लड़कों की तरह रहा लेकिन उसकी लाख कोशिशों के बावजूद मैं वह सब नहीं कर पाता वह जो करवाना चाहती थी। मेरी कई आदतों से वह मुक्त से ख़फा रहती और अपने को और भगवान को कोसती रहती कि मैं उसके किस गुनाह की सज़ा हूँ।"[3] एक नये तरह के कथा वातावरण के द्वारा मधुर कपिला प्रतीकात्मक तौर पर स्त्री अस्मिता और चेतना के विरुद्ध पुरुष अधिकार, उच्चताबोध और संकीर्णता का व्यापक विरोध करती हैं। समकालीन महिला कहानी लेखिकायें स्त्री जीवन संघर्ष से जुड़े प्रश्नों को विविध परिमाणों में टौल कर देखना चाहती हैं। यह सुनिश्चित करना चाहती हैं कि स्त्री संघर्ष और चेतना को आखिर किस हद तक सामाजिक मान्यता प्राप्त होती है और रूढियों का विघटन होता है।

समकालीन महिला कहानी लेखिकाओं ने उच्च और मध्य वर्ग के साथ-साथ निम्न वर्ग के नारी चरित्रों और उनकी विवशताओं को भी अपने कथा-भूमि का विषय बनाया है। समकालीन कहानी लेखन की यह अत्यन्त महत्त्वपूर्ण उपलब्धि है। अभावग्रस्त होने पर किस प्रकार असहाय स्त्री को पुरुष वर्ग की लिप्सा का शिकार होना पड़ता है, यह डॉ. निरुपमा राय की कहानी "चाक पर मिट्टी" है

सहज की दिखाई देती हैं। पति की असामयिक मृत्यु होने के पश्चात् दमयन्ती को भगतू सहारा देने के नाम पर वासना का शिकार बना लेना चाहता। उसकी बुरी दृष्टि दमयन्ती की

दोनों अवयस्क बेटियों पर भी है– "भगत की आँखों में जो आदिम भूख कौंधी थी, वो दमयन्ती के मन पर बिजली की तरहें टटी थी। आजकल उसे भगत का व्यवहार सिहराना सा लगा था। दमयन्ती से बातें करते हुए उसकी दृष्टि कभी-कभी उसकी बेटियों पर भी टिक जाती है। और उन्हें ज़बरन गोद में उठाकर स्नेह दिखाने के बहाने जब वो खींचता है, तो दमयन्ती का सवांग सनसना उठता है, मन में लावा सा खौल उठता है। इसलिये पल भर के लिए भी वो बेटियों को नज़रों से ओझल नहीं होने देती। प्रतिदिन फुटपाथ पर सड़क के गहन कोलाहल के बीच बेटियों के साथ बैठना दमयन्ती की नियति है।"[4] समाज में व्याप्त असुरक्षा और लिप्सा बोध स्त्री को नियति का सबसे क्रूर मज़ाक बना दिया है। किसी भी वर्ग की स्त्री वैश्विक परिदृश्य में असम्मान और असुरक्षाबोध से पीड़ित है। यह हमारे समाज का अत्यन्त शर्मनाक और कुरूप चेहरा है।

हिन्दी की समकालीन महिला कहानी लेखिकायें स्व-अस्तित्व पर पर्याप्त ज़ोर देती हैं। उनका मानना है कि स्त्री की स्वयं की अपनी निजी अस्मिता है और उसे उसका पूरा सम्मान करना चाहिए। घर और परिवार जैसी सामाजिक संस्थाओं को जहाँ वह भरपूर मान्यता देती हैं, वहीं उनका यह भी मानना है कि स्त्री को अपने मन, अपनी रुचियों और स्व का सम्पूर्ण लोप, विलयन या दमन नहीं कर देना चाहिये। उन्हें दोहरी ज़िन्दगी जीने के लिय अभिशप्त नहीं होना चाहिए। दीप्ति गुप्ता की कहानी "एक स्त्री की डायरी" की महिला पाल नीरा इसी सन्त्रास से ग्रस्त है। अच्छी बहू और अच्छी पत्नी होने की नितान्त अपारदर्शी और घरेलू मान्यता के पीछे वह स्वयं को कहाँ होम कर आयी है, याद भी नहीं रखना चाहती। पति के पास उससे प्रेम करने के लिए ज़रा भी वक्त नहीं है। उसके पास अपने आफिस के अनगिनत किस्से हैं और नीरा के पास अव्यक्त दर्द का एक सैलाभ– "ऐसे प्याप का भी क्या लाभ जिसके लिए उसे अपना तन-मन घोलना पड़ा। अगर ससुराल वाले उसकी कमियों को भी स्वीकार कर उसकी प्रशंसा करें, उसे प्यार करें, तो वह अपने आपको भाग्यशाली सम....। सारे दिन घर के कामों में लगी रहती है, तो क्या कोई जान सकता है कि वह वास्तव में अन्दर से एक टूटी हुई और पति द्वारा घोर उपेक्षित औरत है। उसे आश्चर्य होता है अपनी इस संयतता पर। रोज़ सवेरा होते ही वह एक दूसरा लिबास पहने हुई होती है–

अपने असली व्यक्तित्व से एकदम अजनब।। सास, ससुर, ननद, देवर सब समझते हैं कि नीरा कितनी सुघड़ और शान्त स्वभाव की है, पर उसके अन्दर उठते तूफान से वे सरासर अनजान रहते हैं। क्या वे लोग ही उसे समझना नहीं चाहते या वही अपने को उन्हें समझना नहीं चाहती। क्या दूसरों की सेवा करना ही उसका परम धर्म है? एक शहदाना भाव से गृहिणी के पत्ता के कर्तव्य पूरा करता ही नीरा की रोज की दिनचर्या है।"[5] रिश्तों में सामञ्जस्य के प्रति समकालीन लेखिकायें एक हद तक संज़ीदा हैं और मुकम्मल पड़ताल की माँग भी करती हैं। औरत होना उनके लिए उतना द्वेष भरा सवाल नहीं है, जितना कि "औरतबन" के बोझ तले चुपचाप गुज़रती हुई ज़िन्दगी। वह चाहती हैं कि बहस के ज़ायत्त हिस्से में उनको भी मुकम्मल और वास्तविक पहचान मिले।

समकालीन महिला कहानी लेखन में जितनी सजगता है, उतना ही आक्रोश भी विद्यमान है। सजगता रिश्तों में संवेदनशीलता के प्रति है। इन कहानियों में स्त्री का तथाकथित "बोल" परन्तु, अर्द्धविकासित चरित्र और मानदण्ड गढ़े जाने के खिलाफ ये लेखिकायें है। ये गुत्थियों को यथार्थ रूप में अंकित तो करना चाहती हैं परन्तु किसी किसी सांचे में स्त्री का मूल्यांकन नहीं

करना चाहती है, जहाँ सब कुछ अवास्तविक और कृत्रिम जैसा लगे। "प्रायश्चित" कहानी में स्त्री मुक्ति के कथित तौर-तरीकों और मान्यताओं पर स्वाति तिवारी सवाल उठाते हुए लिखती हैं– "टीवी पर स्त्री-मुक्तिवादियों के आन्दोलन की रिपोर्ट का प्रसारा हो रहा है। मैं थोड़ी आवाज़ बढ़ाकर सुनती हूँ। बड़ा इंट्रेस्टग विषय है। नारी-मुक्तिवादी स्त्रियों की रिश्तों से जुड़ी भूमिकाओं को "स्टीरिओटाइप" की संज्ञा देते हैं और अपने अस्तित्व को सिर्फ स्त्री ही रखना चाहती हैं। रिपोर्ट खत्म हुई, तो उसका किचन समेटने लगी, पर भाषण का असर दिमाग पर हावी था और मन न जो कितने रिश्तों का विश्लेषण कर रहा था। सोचती हूँ, ये सभी रिश्ते सात्विक भावनाओं को उभारते हैं। पर यदि रिश्ते अपनी सांत्विकता खो दें तो?"[6]

ये कहानी लेखिकायें "बोल्ड" होने को अति वर्जित विषय नहीं मानती है। पर अर्थ की व्यवहारगत और तरल संकल्पना की यह यथार्थ रूप में देखना चाहती है। अविश्वास और बेवकाई को वह दोनों ही पक्षों से नाज़ायज मानती हैं। सम्प्रभुता के साथ ही समन्वय भी सम्बन्धों की आवश्यक माँ है इसके लिए आत्महीनता के बोध से इधर मानसिक प्रायश्चित भी एक उपयुक्त कारक हो सकता है।

समकालीन हिन्दी साहित्य की महिला कहानी लेखिकाओं में नीलाक्षी सिंह की अपनी एक अलग पहचान है। "कहन" की बिल्कुल अलग शैली। प्रायः लम्बी कहानियों में उनका कथाबोध विभिन्न स्तरों को छूता चला जाता है। उनकी कहानियों में निरन्तर एक संवाद सा चलता रहता है। उनके द्वारा निर्मित वातावरण में एक अनकहा सा स्त्री दर्द तरल रूप में बहता रहता है। आख्यान की यह शैली हमें जितना आक्रोशित नहीं करती, उससे कहीं ज़्यादा फकफोर देती है। आखिर "स्त्री" होना ही "स्त्री" की नियति है? यह सामाजिक कुचक्र ईश्वरीय संकल्पना है या फिर पुरुष मत की अपनी निर्मित या फिर "स्त्री" का सहज स्वीकारबोध! आखिर ऐसा क्यों? समकालीन महिला कहानी लेखन की यह सर्वाधिक महत्त्वपूर्ण विशेषता यह है कि वह प्रश्नों के लिए विस्तृत अवकाश प्रदान करती है। पर क्या कारण है कि प्रश्न प्रायः निरुत्तर रह जाते हैं। इसके पीछे कोई आदिम जड़ता है या फिर कोई अनिश्चित सा डर! इसका उत्तर सवालों के हर के पाछें कहाँ तक जाता है? क्या स्त्री का होना विशेष कारणों से प्रायोजित है? क्या वह केवल पुरुष चाहना के अनुकूल उत्पादन की एक सजीव मशीन भर है? उसके होने का सीमा विस्तार आखिर कहाँ तक है? कुछ ऐसे ही सवालों का अन्तहीन उत्तर नीलाक्षी सिंह अपनी कहानी "साया कोई" में चाहती हैं। "स्त्री के बारे में प्रचलित था कि वह गिनती में एक थी। घर के कामकाज, लिपाई-पुर्ताइ, सिलाई, कढ़ाई से लोकर खेत की खुरपी गढ़ाई तक। एक चुटपुटिया औरत के तमाम लक्षण थे उसमें। वह न कभी थकी हुई पाई जाती न कभी उसके चेहरे पर सिकुड़न ही होती। सुई धागे से पूरा का पूरा पेटीकोट सिल डालना हो कि चावल को धोकर... सुखा कर जाते में दरदरा कर उसका आटा तैयार करना.... घर गृहस्थी के सरे काम... उससे पनाह माँगते फिरते थे। इस कदर सुघड़ कि एक जगह मिला कर रख दिये गये सत्तू और बेसन में से दोनों अन्ताज़ साफ कर अलगा कर रख दे एकदम से! विकृमगंज वाली। छोटी की काया, दुबली पहली देह और चिड़िया की फुर्ती। बस एक चीज़ थी जो उसके स्त्रीत्व पर... बल्कि कहें, अस्तित्व पर सवालिया निशा लगाती थी। समझदार प्राणियों की भाषा में....; जो सब किये कराये पर पाती फेर जाती थी। वही श्वेत वंशबेल का सवाल। सन्तति, वंश, नयी पौध। स्त्री जिससे वंचित।"[7]

सपाट भाषा और घरेलू बिम्बों के माध्यम से नीलाक्षी सिंह के "स्त्री" के अनगढ़ दुखों की कथा गढ़ दी है। यहाँ स्त्री केवल "स्त्री वर्ग से जाती है और उसके होने का मतलब स्त्री की उसी आदिमता को माना गया है। वह जीवन का अविभाज्य अंग बनकर क्यों नहीं रह पाती। उसका सुन्दर होना, सुधड़ होना, पुरुष बेल की उर्वरा भूमि होना ही आखिर उसकी नियति क्यों रह जाती है?

कहानियों अपने बनावट में जहाँ क्षेत्रफल की दृष्टि से एक निश्चित आकार ही ग्रहण कर पाती हैं। बुनावट या यों कहें वातावरण निर्माण की दृष्टि से एक ऐसा वितान खड़ा करती है– जहाँ जीवन का कोई विशेष और कभी-कभी समग्र पहलू भी उधेंडबुन का स्थान पाती है। मानवीय अनुभूतियों, इच्छाओं, संकल्पनाओं, व्यामोहों और निर्मितियों का एक आकाश यहाँ छुपा होता है, जहाँ सुख और दुःख दोनों वास्तविक होते हैं। सुनी हुई, कही हुई, महसूस की हुई तीनों दुनियाओं का सच यहाँ आकार पाता है। अमीर-गरीब और स्त्री-पुरुष की जातियों का संकम्रित दस्तावेज़ बनकर उभरती हैं– कहानियाँ। हर जाति का अपना एक संवेदनशील नज़रिया होता है और वही संवेदनशीलता विभिन्न कथावेगों के माध्यम से वातावरण की सृष्टि करती हैं।

समकालीन हिन्दी महिला कहानी लेखन अपनी अभिव्यक्ति में लगभग सम्पूर्ण हैं। अधूरे बयानों की निरन्तर खोज समकालीनता के अर्थ को बार-बार पुष्ट करता है। इन कहानियों में विविध आयाम हैं, समदर्शी संकल्पनायें और मार्मिक अविग है। महज स्त्री-पुरुष सम्बन्धों की पड़ताल से कहीं आगे बृहत्तप मानवीय दृष्टिकोणों से ये कहानियाँ रची-पायी हुईं हैं। साहित्य के महत्तर अर्थ और दायित्व का ये कहानियाँ बखूबी निर्वाह कर रही हैं। पौलैण्ड की नोबेल पुरस्कार विजेता और सेवदनशील कवयित्री विस्लावा शिम्बोर्स्का के शब्दों में कहा जाये तो-

"मैं असल में सम्भावनाओं पर ध्यान
लगाऊँगी
ताकि अस्तित्व को न्यायोचित
ठहराया जा सके।"

## सन्दर्भ

1. "मुझे ऐ जिन्दगी हीवाना कर ते। अंजली कातल, हं, नवम्बर– 2006
2. "नैलेन्टाइन डे" नूर ज़हीर, कथादिश, जुलाई– 2012
3. "उदिता" मधुर कपिला– नया ज्ञानोदय, मार्च– 2008
4. "चाक पर मिट्टी" डॉ. निरुपमा राम, परिकथा– मार्च– अप्रैल, 2008
5. "एक स्त्री की डायरी" दीप्ति गुप्ता, वागर्थ, मई– 2011
6. "प्रायश्चित" स्वातितिवारी– नया ज्ञानोदय, अक्तूबर– 2011
7. "साया कोई" नीलाक्षी सिंह– तद्भव अंक, 24– अक्तूबर– 2011

# महात्मा गाँधी और भक्ति काव्य

*गोपेश्वर सिंह*

अच्छी कविता मनुष्य को संस्कारित करती है। इसके सर्वोत्तम उदाहरण मोहनदास करमचंद गाँधी हैं। उन्हें भक्ति साहित्य का संस्कार नहीं मिला होता तो वे और चाहे जो होते महात्मा गाँधी नहीं हुए होते। उनके निर्माण में देश-दुनिया के अनेक लोगों और पुस्तकों की भूमिका है, लेकिन बड़ी भूमिका भक्ति साहित्य की है। आदमी के निर्माण में दर्शन, विचारधारा आदि की भी भूमिका होती है। लेकिन उस पर सबसे गहरा और कोमल प्रभाव कविता का होता है। जैसे घनानन्द को उनकी कविता ने निर्मित किया- 'मोहिं कौ मेरो कवित्त बनावत', वैसे ही गाँधी को भक्ति साहित्य ने निर्मित किया।

गाँधी पर भक्त कवियों के प्रभाव की छानबीन के लिए उनके जीवन-प्रसंग और लेखन को देखना जरूरी है। अपनी 'आत्मकथा' के दसवें प्रसंग 'धर्म की झांकी' में उन्होंने भक्ति काव्य के प्रभाव को स्वीकार किया है। गाँधी मानते हैं कि धर्म का अर्थ 'आत्मबोध' या 'आत्मज्ञान' है। वे वैष्णव परिवार में पैदा हुए थे। उन्हें उस तरह के मन्दिरों में जाने का मौका मिलता था। लेकिन वे वहाँ चलने वाले वैभवशाली आयोजनों से प्रभावित नहीं हुए. उन्होंने अपनी नौकरानी रम्भा की चर्चा की है जिसने उन्हें 'रामनाम' जपना सिखाया. गाँधी लिखते हैं।. "बचपन में जो बीज बोया गया, वह नष्ट नहीं हुआ। आज राम नाम मेरे लिए अमोघ शक्ति है। मैं मानता हूँ कि उसके मूल में रम्भाबाई का बोया हुआ बीज है।"[1] रम्भाबाई के बाद उन्होंने अपने चचेरे भाई द्वारा राम रक्षा पाठ में नियमित शामिल होने की बात की है। 'रामायण' पाठ की चर्चा करते हुए गाँधी ने लिखा है... "जिस चीज का मेरे मन पर गहरा असर पड़ा वह था रामायण का पारायण....उस समय मेरी उम्र 13 साल की रही होगी, पर याद पड़ता है कि उनके पाठ में मुझे खूब रस आता था। यह रामायण श्रमण, रामायण के प्रति मेरे आत्मिक प्रेम की बुनियाद है। आज मैं तुलसीदास की रामायण को भक्ति मार्ग का सर्वोत्तम ग्रन्थ मानता हूँ।"[2] उस समय गाँधी के मन पर जो असर हुआ उसकी चर्चा करते हुए उन्होंने लिखा है... "एक चीज ने मन में जड़ जमा ली- यह संसार नीति पर टिका हुआ है। नीति मात्र का समावेश सत्य में है। सत्य को तो खोजना ही होगा। दिन पर दिन सत्यता की महिमा मेरे निकट बढ़ती गयी। सत्य की व्याख्या विस्तृत होती गयी, और अभी भी हो रही है।"[3]

हम जानते हैं कि गाँधी जी की प्रार्थना सभा में बहुत-सी प्रार्थनाएँ गाई जाती थीं। उनमें 'रामधुन' के साथ गुजराती सन्त कवि नरसीं मेहता का यह प्रिय भजन भी होता था—

वैष्णव जन तो तेने कहिए जे पीड़ पराई जाणे रे
पर दुख्खे उपकार करे तोये मन अभिमान न आणे रे
सकल लोक माँ सहने वन्दे, निन्दा न करे केनी रे

वाच काछ मन निश्छल राखे, धन धन तेनी रे....

यह भजन गाँधी को क्यों प्रिय था? इसलिए कि इसके ज़रिए उनके वैष्णव संस्कार का सामाजिकीकरण होता था कि वैष्णव वह है जो किसी दीन-दुखी का दर्द समझता है आदि-आदि। इस पर टिप्पणी करते हुए बिनोवा भावे ने लिखा हैः "....उस वक्त साबरमती आश्रम में था। उस वक्त 'वैष्णव जण तो तेणे कहिए' भजन समय-समय पर गाया जाता था। उसमें भक्त के लक्षण बताए हैं।... मेरी नजर के सामने बापू का जीवन था। इस वास्ते उनके जीवन में ये लक्षण किस तरह और कहाँ दृष्टिगोचर होते हैं, इसका विचार भी मन में चलता है। तब मेरे मन में आता कि लगभग सभी लक्षण बापू पर लागू होते हैं।"[4] इससे पता चलता है कि गाँधी की राजनीति यदि लोकनीति की ओर हमेशा झुकी रही तो उसकी एक बड़ी वजह भक्ति साहित्य के आदर्शों का उनके जीवन में समावेश था। शब्द और कर्म की एकता, अपरिग्रह, त्याग, सत्य, सादगी, लोभ-लाभ रहित जीवन का जो उनका आदर्श था वह नरसीं मेहता एवं अन्य भक्त कवियों के कितना करीब था! यह अकारण नहीं है कि उनकी प्रिय पुस्तकों की सूची में तुलसीदास की रामायण भी थी। और यह भी अकारण नहीं है कि गाँधी के कारण हमारे स्वतन्त्रता सेनानियों में त्याग-बलिदान, सच्चाई, सादगी और सेवा का भाव कमोबेश बना रहा।

दुनिया की सबसे बड़ी साम्राज्यवादी शक्ति से संघर्ष करने वाले बीसवीं सदी के महानायक महात्मा गाँधी को जब हम याद करते हैं तो देखते हैं कि संघर्ष में उनके दोनों हाथों में जो लड़ाई के हथियार हैं वे भक्त कवियों से लिए गये हैं। उनके एक हाथ में कबीर का चरखा था तो दूसरे हाथ में तुलसीदास का रामचरित मानस। चरखा के जरिए उन्होंने गुलाम भारत को स्वाबलम्बन और श्रम की शिक्षा दी तो मानस से उन्होंने रामराज्य की अवधारणा ली जो समतामूलक समाज-रचना का उनका सपना था। कबीर के लिए चरखा सिर्फ रोजी-रोटी का जरिया ही नहीं था, वह उनकी आध्यात्मिक साधना का आधार भी था। कबीर मानते थे, जैसे वे जुलाहा बनकर चरखा चला रहे हैं, वैसे ही ब्रह्म रूपी जुलाहा दुनिया रूपी चरखे को चला रहा है। इस प्रक्रिया में जो संगीत फूटता है वही अनहद नाद है, जिसे उन जैसे साधक ही सुन पाते हैं। यूरोपीय रहस्यवाद की विशेषज्ञ और अँग्रेजी की कवयित्री एवलिन अंडरहिल ने 'पोयम्स ऑफ कबीर' (रवीन्द्रनाथ ठाकुर द्वारा किए गये अँग्रेजी अनुवाद की पुस्तक) की भूमिका में लिखा है कि कबीर अध्यात्म और उद्योग का मेल करते हैं और एक नयी संस्कृति को जन्म देते हैं। गाँधी भी जब चरखा कातते हैं तो सिर्फ उसे स्वाबलम्बन के औज़ार के रूप में ही नहीं देखते, वे उससे निकलता संगीत भी सुनते हैं। उसके एक-एक धागे में उन्हें कबीर की तरह ईश्वर दिखाई देता है। 1926 में 'यंग इंडिया' में लिखी अपनी टिप्पणी 'चरखे का संगीत' में वे लिखते हैंः "मैं जितनी बार चरखे पर सूत निकालता हूँ उतनी ही बार भारत के गरीबों का विचार करता हूँ। भूख की पीड़ा से व्यक्ति और पेट भरने के सिवा और कोई इच्छा न रखने वाले मनुष्य के लिए उसका पेट ही ईश्वर है। उसे जो रोटी देता है वही उसका मालिक है। उसके द्वारा वह ईश्वर के भी दर्शन कर सकता है। ऐसे लोगों को, जिनके हाथ-पैर सही सलामत हैं, दान देना अपना और उनका दोनों का पतन करना है, उन्हें तो किसी न किसी तरह के धन्धे की जरूरत है, और वह धन्धा, जो करोड़ों को काम देगा, केवल हाथ कताई का ही हो सकता है....इसलिए चरखे पर जो मैं सूत निकालता हूँ उसके एक-एक धागे में मुझे ईश्वर दिखाई देता है।"[5] गाँधी के इस कथन का मिलान कबीर के 'उद्योग और अध्यात्म' के मेल वाले उद्यम से करने पर भक्ति काव्य और

गाँधी-दोनों के नए अर्थ खुलते हैं। 'उद्योग और अध्यात्म' का मेल करनेवाले कबीर ने श्रमशील और गार्हस्थ संन्यास की नींव रखी थी। यह नए समाज की रचना का सपना था जिसे उन्होंने अपने कर्म और वाणी से जमीन पर उतारने की कोशिश की। आधुनिक युग में ऐसी कोशिश गाँधी ने की। उनका जीवन भी कबीर की तरह श्रम, सन्यास और गार्हस्थ की अद्‌भुत त्रिवेणी है!

गाँधी कबीर के चरखा के जरिए जिस स्वाबलम्बी और स्वतन्त्र भारत का सपना देखते हैं वह श्रम और अध्यात्म के संगीत से भरा हुआ भारत है। इसी के साथ वे कुटीर उद्योगों के जरिए एक ऐसी आर्थिक और रोजगार नीति भी प्रस्तावित करते हैं जो मनुष्य और प्रकृति के रिश्ते का बहुत ही सुन्दर और कोमल उदाहरण है। वे जानते हैं कि बड़े बाँधों, बड़े कारखानों और बड़ी पूँजी के खेल से संचालित जो विकास नीति है वह थोड़े लोगों को सम्पन्न बनाती है और अधिक से अधिक लोगों को उजाड़ती है। गाँधी ने चरखे के रूप में विकास की जो रूपरेखा देश के नीति-निर्माताओं के सामने रखी उसको न मानने का परिणाम आज हमारे सामने है। गाँव उजड़ रहे हैं, लोग विस्थापित हो रहे हैं और बेरोजगारों की फौज बढ़ती जा रही है। विकास का जो पूँजीवादी मॉडल हमने अख़्तियार किया है वह भारत जैसे देश में सफल नहीं होगा। गाँधी के ही विचारों को आगे बढ़ाने वाले लोहिया, किशन पटनायक और सच्चिदानद सिंहा जैसे विचारकों ने बार-बार इस बात को रेखांकित किया है कि पूँजीवाद जिन देशों में आया वह उपनिवेशों की लूट से सम्भव हो सका। भारत किसे उपनिवेश बनाएगा कि यहाँ पूँजीवादी विकास सम्भव होगा? अगर पूँजीवादी विकास की यह नीति रही तो देश में ही आन्तरिक उपनिवेश बनेंगे। नर्मदा घाटी में विशाल बाँधों के निर्माण, वहाँ से विस्थापन की भारी समस्या और मेधा पाटेकर के संघर्ष को आज याद करें तो पूँजीवादी विकास नीति की व्यर्थता सामने आयेगी और गाँधी के कुटीर उद्योग का महत्त्व भी समझ में आयेगा।

गाँधी की आलोचना उनके जिन राजनीतिक मुहावरों के लिए हुई उनमें एक पद 'रामराज्य' भी है। यह पद उन्होंने तुलसीदास के 'रामचरितमानस' के उत्तर कांड से लिया है। इसके जरिए वे समतामूलक भारत का स्वप्न देखते हैं। जाति, धर्म, अमीरी-गरीबी आदि का जो भेदभाव है उसकी समाप्ति का स्वप्न वे 'रामराज्य' के रूपक में देखते हैं। गाँधी जाति-व्यवस्था को अपने तरीके से कमजोर करना चाहते थे। वे जातिगत भेदभाव के विरुद्ध थे। वे सामंती भारतीय मानस को श्रमशील भारत में बदलना चाहते थे। उनके रामराज्य में किसी तरह के भेद के लिए स्थान नहीं था। 'राम प्रताप विषमता खोई'– तुलसी के रामराज्य के इस आदर्श को जीवन और समाज में उतारना चाहते थे। वे अपने को सनातनी हिन्दू मानते थे और अपने को वर्णव्यवस्था का समर्थक कहते थे, लेकिन वर्णों में जो भेदभाव है, उसके वे खिलाफ थे। वे भेदभाव रहित वर्णव्यवस्था के समर्थक थे। इसलिए वे सबके लिए श्रम करना अनिवार्य मानते थे। श्रम भेद के कारण ही जाति-भेद है। श्रम-भेद समाप्त होगा तो जाति-भेद भी समाप्त होगा, यह गाँधी जानते थे। जाति-भेद समाप्त करने का यह उनका अहिंसक एवं गाँधीवादी तरीका था। जिन लोगों को तुलसी के रामराज्य में सिर्फ वर्णव्यवस्था का समर्थन और हिन्दू मन दिखाई देता है उन्हें 'गाँधी की कहानी' लिखने वाले लुई फिशर का यह कथन ध्यान में रखना चाहिए कि "धर्म विहीन जिन्ना एक धार्मिक राज्य बनाना चाहते थे। पूर्णतया धार्मिक गाँधी धर्म निरपेक्ष राज्य चाहते थे।"[6] भारत विभाजन पर अड़े जिन्ना को लुई फिशर ने भी समझाने की कोशिश की और विभाजन से उत्पन्न खतरे का संकेत किया तो जिन्ना ने उन्हें आदर्शवादी कहा। लुई

फिशर ने लिखा हैः "...गाँधी जी राष्ट्रीयता की लेही से भारत को एक करना चाहते थे। जिन्ना धर्म की बारूद का उपयोग करके उसके दो टुकड़े करना चाहते थे।"[7] मेरा खयाल है कि जिन्ना ने यदि भक्ति काव्य या सूफी कविता पढ़ी होती तो शायद वे दूसरे जिन्ना होते, तब शायद भारत-विभाजन नहीं होता, ऐसी भीषण त्रासदी न घटित होती!

भक्त कवियों ने निजी मोक्ष को सामाजिक मोक्ष में बदल दिया। 'कबीरा सोई पीर है जो जानै पर पीर' या 'परहित सरिस धरम नहीं भाई' का भाव उसका सर्वोपरि सन्देश बन गया। गाँधी ने जिस राम को लिया वह मूर्तियों में बसने वाला दसरथ नन्दन राम नहीं हैं– 'मेरा राम खुद भगवान ही है।'[8] वे मूर्ति पूजा नहीं करते थे– "मैं खुद मूर्तियों को नहीं मानता, मगर मैं मूर्ति पूजकों की उतनी ही इज्जत करता हूँ...."[9] जिस राम को वे जपते थे, वह उनकी आत्मशक्ति एवं राष्ट्र सेवा का ही दूसरा रूप था। गरीब की सेवा में ही गाँधी ने मोक्ष मानाः "....रामनाम से मनुष्य में अनासक्ति और समता आती है....गरीब से गरीब लोगों की सेवा किए बिना या उनके हित में अपना हित माने बिना मोक्ष पाना मैं असम्भव मानता हूँ।"[10] इस सामाजिक मोक्ष का ही परिणाम था कि भक्ति आन्दोलन में बड़ी संख्या में निम्न जातियाँ और स्त्रियाँ शामिल हुईं। और यही स्थिति गाँधी के आन्दोलन की भी है।

भारत का भक्ति साहित्य आधुनिक भारतीय भाषाओं में रचनात्मक विस्फोट का सबसे उज्ज्वल अध्याय है। साहित्यिक रचनाधर्मिता का ऐसा भव्य उत्सव उसके पहले नहीं हुआ था और शायद बाद में भी नहीं हुआ। संस्कृत और फारसी जैसी भाषाओं से अलग भारत की दर्जनों भाषाओं की रचनात्मक पहचान इस काल में कायम हुई। हजारों की संख्या में देश के लगभग सभी प्रदेशों में भक्त कवियों की बाढ़ आ गयी। भक्ति काव्य के रूप में भारतीय भाषाओं के जरिए भाषायी वैविध्य का जो सुन्दर माहौल निर्मित हुआ था आज उस पर खतरा उपस्थित हो रहा है। भूमंडलीकरण ने न सिर्फ आर्थिक साम्राज्यवादी पकड़ भारत पर बनानी शुरू कर दी है, बल्कि उसकी गिरफ्त में भारत का भाषाई वैविध्य भी है। अनेक क्षेत्रिय भाषाएँ संकट के दौर से गुजर रही हैं, जो कभी हमारी साहित्यिक, सांस्कृतिक अभिव्यक्ति का सशक्त माध्यम थीं। भारत के भाषाई वैविध्य को बचाने का एक बड़ा आधार भारतीय भाषाओं में रचा गया भक्ति काव्य है जिसे सामाजिक और आध्यात्मिक मुक्ति के लिए बार-बार पढ़ा जाना चाहिए।

इस भाषाई वैविध्य को बचाने की सबसे बड़ी लड़ाई गाँधी ने लड़ी। वे मातृभाषा में शिक्षा और लिखा-पढ़ी के समर्थक थे। भक्तिकाल में जिस तरह मातृभाषाओं में रचनात्मक विस्फोट हुआ उसी तरह गाँधी युगीन भारत में भी भाषाई रचनात्मक विस्फोट हुआ। अँग्रेजी पढ़े-लिखे गाँधी की मातृभाषा गुजराती थी और वे गुजराती में ही लिखते थे। वे गुजराती के अच्छे लेखक थे। उनके जमाने के बहुत-से नेताओं ने अँग्रेजी में लिखा-पढ़ी की। लेकिन गाँधी गुजराती में ही लिखते रहें। उनके प्रिय लेखक रवीन्द्रनाथ ठाकुर थे जो अपनी मातृभाषा बांग्ला में लिखते थे और दूसरों को भी अपनी मातृभाषा में लिखने के लिए प्रेरित करते थे। मातृभाषा में रचनात्मक लेखन की शक्ति का पता गाँधी को भी था और रवीन्द्र को भी।

भारत के भक्ति काव्य के जरिए सुन्दर संसार का स्वप्न हमारे कवियों ने देखा। हर बड़े कवि के पास अपना एक स्वप्न लोक है– कबीर का अमरपुर, जायसी का सिंघलद्वीप, सूर का वृंदावन, तुलसी का रामराज्य। भक्त कवियों द्वारा देखे गये सुन्दर संसार के सपनों के कुछ उदाहरण हैं। रैदास के सपने का तो कहना ही क्या! 'बेगमपुरा शहर को नाउ'– जब वे कहते

हैं तो एक ऐसे संसार की प्रस्तावना रखते हैं जो दुख रहित तो है ही, इतना अनुशासित है कि वहाँ किसी थानेदार, किसी बादशाह की जरूरत नहीं है। ऐसा स्वप्न 19वीं शताब्दी में कार्ल मार्क्स ने देखा था जब उन्होंने वर्ग विहीन और राज्य विहीन समाज का प्रस्ताव दिया दिया था। ऐसा स्वप्न 20वीं सदी में महात्मा गाँधी ने रामराज्य के जरिए देखा था जो किसी भी तरह के भेद भाव से रहित था।

12 मार्च 1930 को गाँधी ने साबरमती आश्रम से दांडी के लिए अपने 78 साथियों के साथ प्रस्थान किया। उद्देश्य था– नमक कानून को तोड़ना। इसीलिए इसे 'नमक सत्याग्रह' या 'दांडी मार्च' भी कहा जाता है। इस सत्याग्रह की सफलता को लेकर बहुतों में सन्देह का भाव था। लेकिन कहा जाता है कि टैगोर को कोई सन्देह नहीं था। कहा यह भी जाता है कि 1905 में लिखे उनके प्रसिद्ध गीत 'एकला चलो रे....' का पोस्टर प्रसिद्ध चित्रकार नन्दलाल बोस ने बनाया। और रात में चुपके-चुपके दांडी मार्च में गाँधी के चित्र बना-बनाकर जगह-जगह भेजे। यह साहित्य-कला की ओर से गाँधी के दांडी मार्च को नैतिक समर्थन था। आगे का इतिहास हम जानते हैं कि 78 लोगों की उस यात्रा में दिनों-दिन लोग जुड़ते गये और कारवाँ बनता गया। एक शायर की भविष्यवाणी सच हुई। रवीन्द्र का यह गीत गाँधी के 'अभय मन्त्र' का ही दूसरा नाम है। साहित्य और समाज में 'अभय' की यह विरासत टैगोर और गाँधी को भक्ति काव्य परम्परा से मिली थी! यू. आर. अनंतमूर्ति ने 'एकला चलो रे...' गीत में अकेले व्यक्ति का जो बिम्ब रचा गया है उसकी तुलना गाँधी के दांडी मार्च से की है और कहा है कि साहित्य में जब बड़े बिम्ब आते हैं तो समाज में भी देर-सवेर उसकी परिणति दिखाई पड़ती है। दांडी के समुद्र में गाँधी ने एक मुट्ठी नमक उठाकर दुनिया के सबसे बड़े साम्राज्य को चुनौती दी थी। सामने समुद्र और क्षितिज का अनंत विस्तार था और आकाश की ओर तनी हुई गाँधी की मुट्ठी थी। साहित्य और समाज के इन बड़े बिम्बों को याद कीजिए, ये भारत और भारतीय जन के मुक्ति के बिम्ब हैं।

भारत विभाजन के आगे-पीछे साम्प्रदायिक दंगों में देश जब जलने लगा तब उस दौर के नेताओं में अकेले गाँधी थे जो घायल हो रही मनुष्यता को बचाने में लगे रहे। जब भारत और पाकिस्तान के सभी बड़े नेता 'जश्न-ए-आज़ादी' में मशगूल थे, अपने थोड़े-से साथियों के साथ अकेले गाँधी नोआखाली में जान हथेली पर लेकर दंगे की आग में जल रहे लोगों के बीच घूमते रहे। उनकी टोली पर हमले हो रहे थे, सबको जान का खतरा था, लेकिन गाँधी अभय होकर लोगों की प्राण रक्षा में जुटे रहे। वैसे माहौल में गाँव-गाँव घूमते हुए गाँधी और उनके साथी 'रामधुन' और 'वैष्णव जन तो तेने कहिए....' के साथ टैगोर का गीत 'एकला चलो रे...' भी गाते थे. इन गीतों के जरिए वे भय से ग्रस्त समाज में अभय का संचार कर रहे थे। गाँधी के यहाँ अभय और सत्याग्रह का जो भाव है, उस विरासत की कड़ी भक्ति काव्य से जुड़ी हुई है।

गाँधी के अन्तिम वर्षों में लगातार उनके साथ रहनेवाली उनकी प्रपौत्री मनुबेन गाँधी ने नोआखाली में 'रामधुन', 'वैष्णव जन तो....' और 'एकला चलो रे...' के साथ उनके उस अभियान का बड़ा ही जीवंत चित्र उपस्थित किया है। मनुबेन लिखती हैंः "बापू की नोआखाली की सच्ची यात्रा चंडीपुर से शुरू हुई। उस दिन चलने के पहले कई बहनों ने बापू को तिलक किया और सबने प्रार्थना की। बापू की सूचना थी कि उस दिन 'वैष्णव जन तो तेने कहिए' भजन गाया जाये। (यह भजन कभी प्रसंग से ही गाया जाता था, हमेशा नहीं।) लेकिन उसमें इतना फर्क कर दिया जाये कि हर कड़ी पर सिलसिले से 'वैष्णव जन' की जगह एक-एक बार

'मुस्लिम जन', 'ख्रिस्ति जन', 'शीख जन', 'पारसी जन', 'हरिना जन' रखा जाये. उन्होंने खुद भी गाने में सूर मिलाया था।"[11] नोआखाली की ओर गाँधी की यात्रा के प्रसंग को आगे बढ़ाते हुए मनुबेन आगे लिखती हैं: "चंडीपुर से ठीक सुबह 7:30 बजे एक हाथ मेरे कंधे पर रखे और दूसरे हाथ में डंडा लिए नारियल और सुपारी के वन में सबसे पहले कविवर टैगोर का 'एकला चलो रे' गीत गाते हुए बापू ने अपनी यात्रा शुरू की–

"जदि तोर डाक शुने केओ ना आसे
तबे एकला चलो रे!
एकला चलो, एकला चलो,
एकला चलो रे....!"[12]

अपने जीवन के उस कठिन दौर में नरसीं मेहता जैसे भक्त कवि के साथ टैगोर को शामिल कर गाँधी ने दो समयों की कविताओं की न सिर्फ दूरी पाट दी बल्कि उन्हें नए अर्थ-संकेतों से भर दिया।

हजारी प्रसाद द्विवेदी अपने प्रसिद्ध निबन्ध 'मनुष्य ही साहित्य का लक्ष्य है' में लिखते हैं: "इस देश में हिन्दू हैं, मुसलमान हैं, ब्राह्मण हैं, चांडाल हैं, धनी हैं, गरीब हैं– विरुद्ध संस्कारों और विरोधी स्वार्थों की विराट् वाहिनी हैं।...इन समस्त विरोधों और संघर्षों से बड़ा और सबको छापकर विराज रहा है मनुष्य। इस मनुष्य की भलाई के लिए आप अपने आप को निःशेष भाव से देकर ही सार्थक हो सकते हैं। सारा देश आपका है, भेद और विरोध ऊपरी है, भीतर मनुष्य एक हैं।" इसके बाद वे कबीर को याद करते हैं–

कबीर इस संसार को समझाऊँ कै बार।
पूँछ जु पकड़े भेद का, उतरा चाहे पार।।

भेदभाव रखकर इस भव सागर से मुक्ति सम्भव नहीं है। यही सम्पूर्ण भक्ति काव्य का निष्कर्ष है और यही गाँधी के कर्म एवं जीवन का भी निष्कर्ष है। उनकी भक्ति निर्गुण-सगुण के मेल से बनी ऐसी भक्ति थी जिसमें सभी वर्गों और धर्मों की समाही थी। वे निर्गुण भक्ति के सगुण रूप थे।

हिन्दी में निर्गुण-सगुण विवाद और कबीर-तुलसी विवाद को जरूरत से अधिक महत्त्व खींचा गया. निर्गुण-सगुण का अन्तर तो है लेकिन वह भक्ति काव्य का केन्द्रीय भाव नहीं है और न उसके जरिए अखिल भारतीय भक्ति आन्दोलन का सही पता-ठिकाना मिलता है। असम के शंकरदेव, बंगाल के चैतन्य महाप्रभु, उड़ीसा के पंचसखा, महाराष्ट्र के वारकरी आन्दोलन और दक्षिण के भक्ति काव्य के जरिए जिस अभेदमूलक मानवीय संसार की रचना होती है उसे बार-बार समझने की जरूरत है। भक्ति काव्य का प्रभाव उस समय से लेकर आधुनिक काल तक हमारे व्यक्तिगत और सामाजिक जीवन पर है और उसे बनाए रखने की जरूरत है। मराठी के लेखक भालचंद नेमाड़े ने वारकरी आन्दोलन पर लिखते हुए जो लिखा है वह सम्पूर्ण भक्ति आन्दोलन पर लागू होता है। वे लिखते हैं: "साहित्यिक संस्कृति का कोई भी अध्येता वारकरी आन्दोलन में विकासित हुई असाधारण अभिव्यक्त शैली की उपेक्षा कर ही नहीं सकता। भारतीय मन की सर्जनशीलता का पिछले एक हजार वर्ष में सर्वाधिक अर्थपूर्ण उद्रेक ही भक्ति मार्ग का आन्दोलन है। 17वीं सदी की शिवाजी की राजनीति से लेकर 20वीं सदी के महात्मा गाँधी तक के- भारतीय उप-महाद्वीप के विभिन्न सामाजिक और राजनैतिक विद्रोही आन्दोलनों पर इन

सम्प्रदायों का सर्जनशील प्रभाव कम अधिक मात्रा में हुआ ही है....।"[13]

'दिनकर' ने अपनी पुस्तक 'शुद्ध कविता की खोज' की भूमिका में लिखा है कि क्रान्ति, कविता और ईश्वर को जीवन के समुच्चय में प्रवेश किए बिना नहीं समझा जा सकता। भक्तिकाल की कविता ईश्वर से सम्बन्धित तो है ही, वह क्रान्ति भी है और कविता भी, जिसके लिए जीवन के विस्तार और गहराई में उतरने की जरूरत है। भक्ति सम्पूर्ण जीवन-दर्शन है। उसके संस्कार से निर्मित गाँधी का जीवन और जीवन-संदेश भी एक सम्पूर्ण दृष्टि है। भक्ति को भक्त कवियों ने चार वर्णों से ऊपर पांचवां वर्ण माना और नए समाज का स्वप्न देखा. भक्ति काव्य से प्रभावित गाँधी भी अपने 'सुराज' में ऐसे ही समाज का सपना देखते हैं।

रेमंड विलियम्स ने भविष्यवाणी की है कि समाजवादी व्यवस्था में कला की अलग से जरुरत नहीं रह जायेगी, क्योंकि लोग स्वयं ही कला हो जायेंगे। [14] मालूम नहीं कि उनकी यह भविष्यवाणी सच साबित होगी या नहीं, पर इतना तय है कि भारतवर्ष में जो भक्ति साहित्य रचा गया उसका साक्षात्कार जिसने भी किया वह स्वयं कविता हो गया। गाँधी हमारे समय में भक्ति कविता के चलते-फिरते उदहारण थे। वे बीसवीं शताब्दी में भक्ति काव्य के आधुनिक भाष्य थे।

## सन्दर्भ सूची


1. आत्मकथा; नवजीवन प्रकाशन मन्दिर, अहमदाबाद-14, पुनर्मुद्रण– 2005, पृष्ठ सं. 27
2. वही, पृष्ठ- 28
3. वही, पृष्ठ- 30
4. गाँधीः जैसा देखा-समझा विनोबा ने, सर्वसेवा संघ प्रकाशन, राजघाट, वाराणसी- 221001, वर्ष फरवरी, 1883, दूसरा संस्करण, पृष्ठ सं. 133-34
5. मेरे सपनों का भारत, नवजीवन प्रकाशन मन्दिर, अहमदाबाद-14, सातवाँ पुनर्मुद्रण- अप्रैल- 2004 पृष्ठ सं. 121
6. गाँधी की कहानी, सस्ता साहित्य मंडल प्रकाशन, नई दिल्ली- 110001, संस्करण 2013, पृष्ठ सं. 157
7. वही,
8. रामनाम, नवजीवन प्रकाशन मन्दिर, अहमदाबाद- 380014, पृष्ठ- 8-9
9. वही,
10. वही, पृष्ठ सं. 8-9
11. बापू- मेरी माँ, नवजीवन प्रकाशन मन्दिर, अहमदाबाद- 14, छठा पुनर्मुद्रण, मई 2013, पृष्ठ- 40
12. वही, पृष्ठ- 41
13. टीका स्वयंवर, साहित्य अकादेमी, नई दिल्ली-110001, प्रथम संस्करण 2016, पृष्ठ- 51
14. Post-Theory: New Direction in Criticism, Edited by Martin McQuillan and others, Edinburgh University Press, Edinburgh, Page-63

# सौन्दर्य उद्योग की प्रयोगशाला – औरतें

*क्षमा शर्मा*

गाँधी जी की डेढ़ सौवीं मनाई जा रही है। गाँधी जी औरतों की शिक्षा के प्रबल समर्थक थे। वह पर्दा प्रथा और बाल विवाह के भी खिलाफ थे। लेकिन उन्हें भारतीय स्त्रियों का सजना-संवरना, घर गृहस्थी में जीवन खपा देना और आभूषण प्रेम बिल्कुल पसन्द नहीं था। उनका कहना था कि जो स्त्रियाँ सजती-संवरती हैं वे अपने को पुरुषों की भोग्या बना देती हैं। वह यहाँ तक कहते थे कि स्त्रियों को अपने पति के लिए भी नहीं सजना-संवरना चाहिए।

अब कोई कह सकता है कि गाँधी जी कौन होते थे, औरतों को शिक्षा देने वाले। यह औरतों की च्वाइस और पसन्द नापसन्द का अपना मामला है कि वे क्या पहनें और कैसे रहें। अगर वे खुद को सुन्दर दिखाना चाहती हैं तो भला किसी को कोई शिकायत क्यों होनी चाहिए।

गाँधी जी को गुजरे जमाना बीत गया। जिस स्त्री शिक्षा का उन्होंने समर्थन किया था, आज स्त्रियों के लिए यह एक सहज- स्वीकृत तथ्य हो चला है कि स्त्रियों को पढ़ना चाहिए। लेकिन पढ़ने से भी ज्यादा यह बात सर्वमान्य हो चली है कि लड़कियों, महिलाओं को हमेशा सोते-जागते, जिम में जाते, दफ्तर में, बाहर, उत्सव में, त्योहार के वक्त यानि कि हमेशा सुन्दर ही सुन्दर दिखना चाहिए। स्त्रियों की इसी कामना ने सौन्दर्य उत्पादों के बाजार को बेतहाशा बढ़ाया है। बल्कि कहना चाहिए कि स्त्री सशक्तिकरण के हर नारे को सौन्दर्य उत्पाद और उपभोक्ता ब्रांडस ने काबू कर लिया है। दुनियाभर में फैला इनका व्यापार अरबों– खरबों डालर का है।

यह पिछले दिनों का ही दृश्य है। दिल्ली की एक मशहूर त्वचा विशेषज्ञ का क्लिनिक। एक बार की फीस बारह सौ रूपए। मरीजों का नम्बर अस्सी तक जा पहुँचा है और अभी दिन के बारह ही बजे हैं। दोपहर में कुछ देर अवकाश के बाद क्लीनिक देर रात तक खुलेगा। तब हो सकता है कि अस्सी मरीजों की संख्या डेढ़ सौ तक जा पहुँचे। इन मरीजों में निन्यानवे प्रतिशत महिलाएँ हैं। इनमें भी युवा लड़कियों की संख्या सबसे ज्यादा है। उम्र दराज औरतें भी हैं। बहुत सी लड़कियाँ अपनी माताओं के साथ भी आयी हैं। ये सभी शिक्षित हैं। अंगरेजी बोल रही हैं। अधिकांश नौकरीपेशा भी हैं।

इनमें से अधिकांश को कोई रोग नहीं है। ये सब अपने को और अधिक सुन्दर दिखाने और बनाने के लिए यहाँ आयी हैं। कोई अपनी त्वचा पर पड़ गयी झुर्रियों को मिटवाना चाहती है। किसी के चेहरे पर एक छोटा काला दाग हो गया है। किसी को आँखों के नीचे आ गये काले गडढे या किनारों पर पड़ी क्रो लाइंस को हटवाना है। किसी को अपने चेहरे का मस्सा पसन्द नहीं।

जब से चैनल्स ने घर-घर जगह बनाई है, अपने दर्शकों के रूप में औरतों को तलाशा है, तब से उन पर आनेवाले विज्ञापनों ने मामूली लड़कियों के मन में यह बात कहीं गहरे बिठा दी

है कि उनके चेहरे पर झुर्रियाँ नहीं होनी चाहिए। उनके बाल चमकीले लहराते हुए होने चाहिए। उनकी त्वचा रूखी नहीं होनी चाहिए। एक मशहूर लाइन अकसर सुनाई देती है कि उसकी त्वचा से तो उसकी उम्र का पता ही नहीं चलता। हर लड़की चाहती है कि वह सुन्दर ही नहीं सबसे सुन्दर दिखे। इस सुन्दर दिखने में एक चाह यह भी है कि जो देखे खिंचा चला आये। और हर उम्र में बस वह किशोरी ही दिखाई दे।

लड़कियों को सुन्दर दिखना चाहिए यह बात आज से नहीं हमेशा से सुनाई देती रही है। सौन्दर्य के तथाकथित मानकों ने विवाह के बाजार में लड़कियों की कीमत घटाई- बढ़ाई है। कल भी तथाकथित असुन्दर की जगह नहीं थी, आज भी नहीं है। अब सिर्फ चेहरा ही सुन्दर नहीं होना चाहिए, हाथ, पांव, बाल, नाखून और सबसे अधिक त्वचा पर ज़ोर है। यही नहीं कोई लड़की सांवली भी नहीं दिखना चाहती। गोरेपन की क्रीमों ने इस रंगभेद को और बढ़ाया है। फिर कास्मेटिक इंडस्ट्री ने अपने से बड़ी उम्र की औरतों को भी यह बताकर जोड़ा है कि सुन्दर दिखना उनका अपना अधिकार है। उम्र से सौन्दर्य का कोई वास्ता नहीं। उम्र तो एक नम्बर भर है। आप हर उम्र में सुन्दर दिख सकती हैं, जैसे कि अभिनेत्री रेखा, हेमामलिनी या पचास से अधिक की माधुरी दीक्षित।

इन दिनों कास्मेटोलाजिस्ट के पास सत्तर-पचहत्तर साल की स्त्रियाँ भी अपने हाथों की झुर्रियों, अपने जबड़े को ठीक कराने के लिए पहुँचती हैं। पेड़ीक्योर और मेनीक्योर तो हर औरत के लिए जरूरी बना ही दिया गया है। इसीलिए नए नारे चल पड़े हैं कि सेवेन्टी इज न्यू फोर्टी। या कि फिफ्टी इज न्यू टंव्टी।

कब से यह नहीं सुना कि किसी स्त्री की पहली जरूरत उसका ज्ञानवान होना है। ज्ञान को सौन्दर्य से जोड़ दिया गया है। सौन्दर्य ही औरतों के जीवन का प्राथमिक कर्तव्य बना दिया गया है। बुद्धिमती स्त्री न भी हो तो चलेगी।

कोई कह सकता है कि यदि औरतों में सुन्दर दिखने की चाह बढ़ी है, तो किसी को क्या तकलीफ। सच बात है। लेकिन यह जरूर जानना चाहिए कि सौन्दर्य की यह लाठी औरतों को उसी गड्ढे में धकेलती है जिससे निकलने के लिए वे अरसे से छटपटा रही हैं। उत्पादों के विज्ञापन भले ही लगातार उन्हें यह बताएँ कि इन चीजों के इस्तेमाल से वे चाहें तो मुक्त होकर आसमान में उड़ सकती हैं लेकिन इसमें महीन रेखा वही छिपी है कि औरतों का काम आसमान में उड़ना नहीं किसी न किसी बहाने पुरुषों को अपनी ओर आकर्षित करना होता है। यानि कि उनके जीवन का एकमात्र उद्देश्य पुरुषों को रिझाना है। जरा बताइए कि पुरानी जमाने की औरतों के मुकाबले आज की औरत की स्थिति कहाँ फर्क हुई। पहले भी वह सौन्दर्य की लाठी से पिट रही थी आज भी पिट रही है। हाँ आज इसे वह अपनी ताकत समझ रही है क्योंकि उत्पाद बनाने वाले इसी को असली वुमैन एमपावरमेंट कहते हैं कि कितनी बड़ी संख्या में औरतें फलां क्रीम, फलां नेल पालिश, फलां ब्लीच इस्तेमाल करके ताकतवर बन रही हैं।

लेकिन सुन्दर दिखने की चाहत इतनी ज्यादा है कि ज्ञान वान कोई नहीं बनना चाहता है। सालों पहले इस लेखिका की एक पत्रकार मित्र ने कहा था कि अगर आप किसी इंटरव्यू बोर्ड में हों तो उस लड़की को चुनेंगी जो ठीक से तैयार होकर आ है या कि उसे जो ठीक से तैयार होकर तो नहीं ही आयी फूहड़ भी दिखती है। मैं तो उसे ही चुनूंगी जो ठीक से तैयार होकर आयी है। दफ्तर में कौन किसी फटे चीथड़े पहलकर आने वाली को बैठने देगा।

सजने-सँवरने के लिए पैसों की जरूरत होती है। यानि कि जो लड़की साधारण परिवार से आयी है, जिसकी जेब में इतने पैसे नहीं कि वह इंटरव्यू देने के वक्त खूब सज-संवरकर जा सके, क्या उसे नौकरी ही नहीं मिलेगी। कम साधनों के बावजूद उसका पढ़ञना लिना व्यर्थ जायेगा।

जिस सौन्दर्य के कोड़े से औरतें हमेशा लहू-लुहान हुई थीं, उसी को उन्होंने हार बना लिया है।

दरअसल तो स्त्रियों को कास्मेटिक इंडस्ट्री की प्रयोगशाला बना दिया गया है।

बाक्सः

जुलाई 2019 की रिपोर्ट के अनुसार सौन्दर्य का बाजार बढ़ रहा है। अभी यह 532 बिलियन डालर का है। आगे इसके और बढ़ने की सम्भावना है।

बाक्सः

भारत में लेक्मे के सौन्दर्य उत्पाद सबसे अधिक लोकप्रिय हैं।

बाक्सः

विश्व में सौन्दर्य उत्पादों का बाजार 274 बिलियन डालर और भारत में 4.6 बिलियन डालर का है। आन लाइन खरीद के कारण यह दिनोंदिन बढ़ रहा है।

बाक्सः

भारत में सौन्दर्य उत्पादों का बाजार हर साल पचीस प्रतिशत की दर से बढ़ रहा है। औरतों की लगातार बढ़ती क्रय शक्ति और सुन्दर दिखने की इच्छा इसे बढ़ा रही है।

# साहित्यिक पत्रकारिता में स्त्री : कल, आज और कल

*कमल कुमार*

पहले पत्रकारिता में साहित्य पत्रकारिता शामिल थी। राष्ट्रीय समाचार पत्रों, अँग्रेजी हिन्दी दोनों में साहित्यिक पत्रकारिता रहती ही थी। किताबों की समीक्षाएँ, विशिष्ट लेखकों साहित्यकारों की पुस्तकों की समीक्षा। उनके द्वारा लिखित लेखों का उल्लेख। अँग्रेजी के पत्रों में भी विशिष्ट साहित्यिक सामग्री अनुवाद के साथ रहती थी। अगर पत्रकारिता के दूसरे माध्यमों श्रव्य और दृश्य रेडियो टेलीविजन की बात की जाये तो साहित्य का एक विशिष्ट स्थान था। 'पत्रिका' जैसे कार्यक्रम दूरदर्शन पर प्रति सप्ताह आते थे। इन कार्यक्रमों में साहित्यिक विचार विमर्श, पुस्तकों पर चर्चा, लेखकों से बातचीत इत्यादि होते थे। इस कार्यक्रम की मैं वर्षों तक कम्पेयर रही हूँ। रेडियो में भी साहित्यिक कार्यक्रम प्रति सप्ताह होता था। इसमें भी साहित्यिक संवाद, पुस्तकों पर चर्चा, कहानी कविता पाठ, नई पुस्तकों की जानकारी और चर्चा इत्यादि कार्यक्रम होते थे। रेडियो और टेलीविजन पर ये कार्यक्रम बहुत लोकप्रिय भी थे। एक विशेष कार्यक्रम में दूरदर्शन पर बड़े साहित्यकारों का एक घंटे का कार्यक्रम होता था। जिसमें उनके साथ बातचीत होती फिर दर्शक और श्रोता उनसे सवाल पूछते! ये कार्यक्रम बहुत ही लोकप्रिय भी था। इस कार्यक्रम के अन्तर्गत मैंने लगभग सभी बड़े विशिष्ट साहित्यकारों, अज्ञेय, निर्मल वर्मा, भीष्म साहनी, कृष्णा सोबती, मन्नु भंडारी, राम विलास शर्मा, रामदरश मिश्र इत्यादि का साक्षात्कार लिया था। (तुम्हारी रोशनी में- इन्द्रप्रस्थ प्रकाशन से पुस्तक प्रकाशित हुई है जिनमें इन सबके साक्षात्कार है।)

लोकसभा टीवी ने भी सभी वरिष्ठ साहित्यकारों से बातचीत की थी और उन पर एक फिल्म बनाई थी। समकालीन लेखकों पर भी लोकसभा टीवी ने फिल्म बनाई थी। इस माध्यम से सभी बड़े साहित्यकार उनके विचार, हमारे आरकाईवज में सुरक्षित है। भीष्म साहनी की पुण्यतिथि पर मेरा लिया गया साक्षात्कार टीवी पर दिखाया गया था क्योंकि वह आरकाईव में सुरक्षित था।

दूसरी बात बड़े साहित्यकार पत्रकार भी थे। अज्ञेय नवभारत टाईम्स के सम्पादक थे। विद्यानिवास मिश्र भी सम्पादक रहें। रघुवीर सहाय पत्रकार थे और सर्वेश्वर दयाल सक्सेना दिनमान के साथ थे। इस तरह बड़े साहित्यकार, कवि, विचारक पत्रकार और साहित्यकार दोनों ही थे। दोनों में उनका एक जैसा दखल था। ये एक उदाहरण बना।

आज सबसे बड़ी चुनौती यह है कि पत्रों से साहित्य गायब हो गया है। अँग्रेजी पत्रों से विशेष रूप से साहित्य नहीं रहा। कुछ एक ट्रडिशनल, 'हिन्दू' जैसे पेपर है जो साहित्य को किसी न किसी रूप में स्थान दिए है– चाहें अँग्रेजी साहित्य ही हो। हिन्दी साहित्य लगभग गायब है। बड़ी से बड़ी हिन्दी साहित्य जगत की घटना को ये अखबार महत्त्व नहीं देते। चाहे भारतीय ज्ञानपीठ का सम्मान समारोह हो या साहित्य अकादमी पुरस्कारों का आयोजन हो

(अधिक से अधिक चार पंक्तियों का एक न्यूज आयीटम देखने को मिल सकता है। अतिरिक्त इसके साहित्यिक पत्रकारिता के सामने एक खतरा उत्पन्न हो गया है। 19 वीं शताब्दी के अन्तिम दशकों में मीडिया क्रान्ति और वैश्वीकरण की आंधी शुरू हो गयी थी। जिसने बहुत कुछ उखाड़ा पछाड़ा, हमारे सांस्कृतिक, सामाजिक और साहित्यिक परिवेश को नष्ट भ्रष्ट भी किया। वेश्वीकरण के साथ ही 'बाजार' प्रमुख हुआ। बाजार का मतलब 'बिकाऊ' जो बिकेगा वही 'बनेगा' भी। इस दौड़ में साहित्य पिछड़ गया। एक और घटना घटी डिज़िटिलाइज़ेशन! मोबाइल का वर्चस्व! जहाँ पहले फिर भी लोगों के हाथों में किताब होती थी। अब सबके हाथ में, पढ़े-अनपढ़, गरीब– अमीर, ग्रामीण– शहरी- कोई भी हो मोबाईल है। मोबाईल इस पीढ़ी की लाइफ लाईन है। इसलिए किताबों की तरह एक बेरुखी का समय आ गया।

तो भी। यह आधा सच है। पुस्तक मेलों में, विशेष रूप से हिन्दी प्रकाशकों के स्टाल पर सबसे ज्यादा भीड़ उमड़ती है। दिल्ली के बाहर से लोग आते हैं। उत्सुक और उत्साह से भरे हुए पुस्तकें खरीदते हैं! इस बार के पुस्तक मेले में सबसे ज्यादा भीड़ हिन्दी के प्रकाशकों के यहाँ थी। प्रकाशकों ने दावा किया कि उन्होंने 50 लाख की पुस्तकों की बिक्री की। छोटे बड़े सभी प्रकाशक उत्साहित थे। पाठक वर्ग की भीड़ उमड़ रही थी। किताबें खरीदी जा रही थी। साहित्यिक कार्यक्रम हो रहे थे। कुछ लोग बैठे पर पर उनसे दस गुणा साहित्यप्रेमी खड़े होकर उन कार्यक्रमों का हिस्सा बने हुए थे। यह प्रसन्नता की बात थी। मैं स्वयं इस भीड़ का हिस्सा थी। बड़े से बड़ा, नया, समकालीन सभी साहित्यकार लेखक, कवि, आलोचक, शोधार्थी, कहीं न कहीं मिल जाते। चलते चलते किसी न किसी से भेंट हो जाती। यह अनुभव कितना सुखद था और विश्वास दृढ़ कर रहा था कि साहित्य का स्थान अप्रतिम है। अखबार वाले, मीडिया वाले, कैमरा लेकर घूम रहे थे। लेखकों की, साहित्यकारों की, पुस्तकों के लोकापर्ण आयोजनों की, सम्मानित लेखकों से इंटरव्यू ले रहे थे। उनकी फोटो खींच रहे थे। सभी अखबारों में ये खबरें और फोटो छप भी रही थी। ये उत्साहवर्धक था कि साहित्यिक पत्रकारिता भी पत्रकारिता का एक अविभाज्य भाग है।

स्त्रियाँ पत्रकारिता में मुख्य भूमिका निभा रही है। वे सम्पादक हैं, संवाददाता है, रिपोर्टर है और कालम लेखक हैं, मैंनजमेंट में भी है। लेकिन साहित्यिक पत्रकारिता में स्त्रियों की कमी खटकती है। स्त्रियाँ अच्छी उपन्यासकार है, कहानी लेखक हैं, कवि हैं परन्तु समीक्षक और आलोचक नहीं है। बहुत कम है। नहीं के बराबर! एक बार नामवर सिंह ने कहा था, अगर साहित्य में भी स्त्रियाँ आलोचक, समीक्षक, कॉलम लेखक होती तो स्त्री साहित्य का परिदृश्य कुछ और ही होता। तो भी कुछ तो है जो साहित्य लेखन के साथ पत्रकारिता में भी रही है। मृणाल पांडे, सम्पादक भी रही है और साहित्यिक लेखन तो वे कर ही रही है। क्षमा शर्मा भी दैनिक हिन्दुस्तान के साथ पत्रकार है, विविध विषयों पर कालम लिखती हैं और साहित्यक विधाओं में भी लिख रही है।

मृदुला गर्ग भी निरन्तरता में इंडिया टुडे के लिए कालम लिखती रही है। उपन्यासकार और कहानीकार तो वे है ही। 'अचर्ना' हंस पत्रिका की सह सम्पादक रही लम्बे समय तक। फिर कथादेश के सम्पादन के साथ रही। वे उपन्यासकार भी है। उनके उपन्यास अपनी विशिष्टता के कारण चर्चा में रहे हैं। कुसुमलता सिंह, ककसाड़ पत्रिका की सम्पादक है पर वे बहुत अच्छी कहानीकार है। उनके कहानी संग्रह, कविता संग्रह और उपन्यास प्रकाशित है।

कुसुम खेमानी भी वागार्थ पत्रिका की प्रबन्धक है। पर वे बहुत अच्छी उपन्यासकार भी है।

कमल कुमार ने भी पत्र-पत्रिकाओं में साहित्यिक लेख लिखे हैं। लगभग 100 से अधिक लेख प्रकाशित हो चुके हैं। इन लेखों के संग्रह की पांच पुस्तकें प्रकाशित हो चुकी है। कमल की रचनात्मक पुस्तकें तो निरन्तरता में छप भी रही है और उनका एक बड़ा पाठक वर्ग भी है।

हिन्दी के अतिरिक्त दूसरी भाषाओं में स्त्रियाँ साहित्यिक पत्रकारिता में सक्रिय है। मलयालम में तुलसी भास्करन और लीला मेनोन को सभी जानते हैं। केरल की संघमित्रा साहित्य की बड़ी लेखक हैं। उसने बड़े लेखकों के अनुवाद भी किये।

हिन्दी में एक परम्परा रही है। अलग से चाहे साहित्यिक पत्रकारिता में स्त्रियाँ नहीं रही है। या कम रही है। पत्र लेखिकाएँ एक दूसरे अर्थों में- साहित्यिक विषयों पर लिखती रही। पुस्तक की समीक्षाएँ करती रही। समसामयिक सामाजिक विषयों पर भी अपनी चिन्ता लेखों में व्यक्त करती रही है। फिर चाहे मृदुला हो, अनामिका हो, रमणिका गुप्ता का नाम विशेष है। वे पत्रिका की सम्पादक रही है। अनामिका निरन्तरता में साहित्यिक और सामाजिक विषयों पर लिखती रही है। श्रेष्ठ कवि और कथाकार तो वह है ही।

स्त्रियों में एक विशेष अर्न्तदृष्टि और जागरुकता होती है। वे समस्याओं को समझती है। सामाजिक सराकारों से जुड़कर प्रत्यक्षदर्शी की तरह और संवेदनशीलता के साथ लिखती है। सामाजिक विकास में इनके लेखन की एक विशेष भूमिका रही है। समस्या सिर्फ पितृसत्तामक सोच की रही है जो स्त्री के साहित्यिक पत्रकारिता के अवदान को भी कम करके आंकता रहा है। स्त्रिया समग्र दृष्टि के कारण साहित्यक पत्रकारिता को अलग नहीं कर सकी। अपने साहित्यिक लेखन में ही एक बड़े सामाजिक, सामयिक परिदृश्य को प्रस्तुत कर सकी है जिसमें समाज के हर पक्ष का उदघाटन होता रहा है।

साहित्यिक पत्रकारिता का आज एक नया रूप आया है डिज़िटल पत्रकारिता। नेशनल हेराल्ड एक वेबसाइट है जिसे नीलाभ और उसकी इंजीनियर पत्नी ने प्रारम्भ किया था। इस वेबसाइट पर 200 से भी अधिक हिन्दी की पुस्तकें और सभी पत्र पत्रिकाएँ उपलब्ध है। इन्हें पैसे देकर पढ़ना होता है। इसका एक बड़ा पाठक वर्ग है। इसमें देश विदशों में छोटे शहरों में बैठा पाठक वर्ग है– शोधार्थी है जिन तक ये पुस्तकें पहुँचती हैं। वे इनसे लाभान्वित होते हैं और भी ऐसी वेबसाइट हो सकती है या यू टयूब पर भी पुस्तकों को डाला जा सकता है। साहित्यिक विचार विमर्श हो सकता है। आज के समय की यह एक माँग है। इसकी पूर्ति हो रही है। आने वाले समय में साहित्यिक पत्रकारिता का यह रूप और भी समृद्ध हो। इसके साथ और अधिक जागरुक शिक्षित स्त्रियाँ जुड़ सके क्योंकि इसके लिए उन्हें घर बैठक काम आने की सुविधा मिलती है। साथ ही अपनी सुविधा से बिना किसी बाहरी दबाव के काम करना होता है। यह एक सुखद स्थिति है। स्त्री साहित्यक पत्रकारिता की यह नई तकनीक आज के समय की अनुकूलता से भी है।

# अतीत के चलचित्र : स्मृति की रेखाओं में सिमटी जिन्दगी की बदरंग तस्वीर उर्फ समाज से कैफियत माँगते कुछ सवाल

***रोहिणी अग्रवाल***

"सामाजिक विकृति का बौद्धिक निरूपण मैंने अनेक बार किया है, पर जीवन की इस विभीषिका से मेरा यही पहला साक्षात था। मेरे सुधार सम्बन्धी दृष्टिकोण को लक्ष्य करके परिवार में प्रायः सभी ने कुछ निराश भाव से सिर हिलाकर मुझे यह विश्वास दिलाने का प्रयत्न किया कि मेरी सात्विक कला इस लू का झोंका न सह सकेगी और साधना की छाया में पले मेरे कोमल सपने इस धुएँ में जी न सकेंगे। मैंने अनेक बार सबको यही एक उत्तर दिया है कि कीचड़ से कीचड़ को धो सकना न सम्भव हुआ है, न होगा। उसे धोने के लिए निर्मल जल चाहिए। मेरा सदा से विश्वास रहा है कि अपने दलों पर मोती सा जल भी न ठहरने देने वाली कमल की सीमातीत स्वच्छता ही उसे पंक में जमने की शक्ति देती है।" (अतीत के चलचित्र, पृ० 54)

"जब अभी तक मनुष्य बनने की स्वयं मेरी ही साधना पूर्ण नहीं हुई, तब इन बालिकाओं को मनुष्य बनाने का भार लेने का मुझे हौसला कैसे हुआ? ऐसे दंभ को अक्षम्य अपराधियों की कोटि में ही स्थान मिलना चाहिए।" (अतीत के चलचित्र, पृ० 54)

"और मैं अपने मन से प्रश्न कर रही हूँ, क्या तुझे आज भी आभिजात्य का गर्व है? क्या तुझे आज भी समाज द्वारा मिले भलाई-बुराई के प्रमाणों पर विश्वास है?" (अतीत के चलचित्र, पृ० 74)

1920 से 1939 तक की कालावधि में फैले 'अतीत के चलचित्र' में संकलित निबन्धों पर विचार करते हुए देर तक मन में यही सवाल घूमता रहा कि 80-90 वर्ष पूर्व लिखी इस रचना को पढ़ने के लिए मैं कौन सी विधि अपनाऊँ? क्या अपनी जमीन को छोड़कर बीसवीं सदी के पूर्वार्द्ध में प्रविष्ट हो जाऊँ, जहाँ छाए सघन अंधकार से लड़ने के लिए कितनी ही जागरूक मशालें अपने लक्ष्य-पथ को आलोकित करती हुई निरन्तर आगे बढ़ रही हैं? या अपने ही समय के अपेक्षाकृत स्वच्छंद (प्रोग्रेसिव) समाज में अनेक संवैधानिक अधिकार भोगती स्त्री को दृष्टि-पथ में लेकर बीते समय की जड़ता पर चार आंसू बहा लूं? लेकिन ऐसा करूँगी तो रोज-रोज अखबार के पन्नों में अपनी घुटी चीखों के साथ दफन कर दी गयी स्त्री-दमन की खौफनाक सच्चाइयों से मुँह नहीं मोड़ लूंगी? नहीं, मुझे 'अतीत के चलचित्र' की रचयिता महादेवी वर्मा की तरफ दृष्टि को उन्मुक्त, चेतना को प्रखर, संवेदना को प्रगाढ़ और विचार को पूर्वाग्रहमुक्त रखकर ही समय को उसकी समग्रता में जांचना होगा। तब पाती हूँ, दोनों ही विकल्प मुझे घुमा-फिरा कर एक ही मंजिल की ओर ले जाते हैं कि 1920 से 1939 तक के बीस वर्षों के

भारतीय समाज की जड़ता को उसकी तमाम संघर्षशीलता में देखते हुए मैं ठीक आज के समाज का भी विश्लेषण करूँ, क्योंकि साहित्य का अध्ययन-विश्लेषण-मूल्यांकन किसी एक रचना के भीतर बन्द जिन्दगी का एकांगी मूल्यांकन नहीं होता। वह समय के अनंत सागर की गोद में पलती एक लहर भर होता है, इसलिए 'अतीत के चलचित्र' पर मैं दो दृष्टियों से विचार करना चाहूँगी। एक, समाजशास्त्री की भांति इसमें पिरोए गये चरित्रों, घटनाओं, ब्यौरों का डाटा की तरह उपयोग करना। दूसरा, साहित्यिक कृति के रूप में इसकी कलात्मकता पर विचार करना। ऐसा इसलिए कि आज के विमर्शवादी दौर में प्रायः साहित्य को कंटेंट की दृष्टि से परखने और पढ़ने का चलन बढ़ गया है, गोया कलात्मक पक्ष साहित्य-तन्त्र के लिए उतना ही गैरजरूरी हो गया है जैसे मनुष्य के शरीर-तन्त्र के लिए अपेंडिक्स नाम की हड्डी (ऑर्गन) का होना जो तब तक अदृश्य है, जब तक भयंकर पेट दर्द बनकर शरीर की सलामती को चेतावनी न देने लगे। दरअसल दोनों दृष्टिओं को अलग-अलग मनाने का दुराग्रह ही विमर्शवादी साहित्य को लालित्य और रागात्मकता की मजबूत खूंटियों से उखाड़ लाता है। अतः दोनों दृष्टियों के सहमेल से उपजी तरल वस्तुपरक मूल्यांकन-क्षमता के साथ ही मैं 'अतीत के चलचित्र' में निबद्ध भारतीय समाज की संरचना और चरित्र को समझने का प्रयास करूँगी। वह बन्द भारतीय समाज जो प्रेमचंद, जयशंकर प्रसाद, जैनेंद्रकुमार, अज्ञेय, और अमृतलाल नागर जैसे सशक्त रचनाकारों से होते हुए आज भी तमाम प्रगतिशीलता और परिवर्तनशीलता के बावजूद कहीं उसी यथास्थितिवादी स्थिति में खड़ा अपनी हिंसा व असहनशीलता को हाशिए पर छिटका दी गयी अस्मिताओं पर बरसा रहा है।

साहित्य रचनाकार की संवेदनशील बौद्धिकता की मांस-मज्जा से निर्भित सन्तान है— लेखक की अपनी ही वैचारिक प्रतिबद्धताओं का अक्स. इसलिए मैं सबसे पहले इन किरदारों के समानान्तर अपनी ही शंकाओं से दो-चार होती रचयिता महादेवी वर्मा पर ही दृष्टि केन्द्रित करती हूँ, और पाती हूँ कि वह अपनी आभिजात्य परवरिश और कठोर भयावह यथार्थपरकता के बीच फैले अन्तर को पाटने की क्षमता को लेकर शंकित हैं। मुझे एक पाठक-विश्लेषक के तौर पर उनकी वह निर्भीक ईमानदारी छूती है। अपने प्रति सतत शंकालु रहना दरअसल अपने को निरन्तर निखारते रहने का दुर्लभ मानवीय गुण है, जो मंजिल को पड़ाव बनाकर अनंत की अनथक यात्रा को जीवन का अभीष्ट बना डालता है। यह गुण सबसे पहले संकीर्णता के अंधेरे तोड़ वैचारिक उदारता को संवेदना में सान कर व्यवस्थागत विभाजनों को अस्वीकार करता है। दूसरे स्तर पर यह शास्त्र और आचारसंहिताओं के दंभी वर्चस्ववादी स्वरूप पर उंगली उठा कर उसे संवाद करने की चुनौती देता है। तीसरे स्तर पर यह तार्किक दृढ़ता और स्वप्नदर्शी संवेदनशीलता के साथ मनुष्य की एक अखंड सांझी छवि निर्मित करता है। महादेवी वर्मा चूँकि इस मुकम्मल दृष्टि को पाने के लिए निरन्तर प्रयत्नशील रही हैं, और एक निसंग अटैचमेंट के साथ चरित्रों को सामाजिक सन्दर्भों में देख पाई हैं, इसलिए वे 'अतीत के चलचित्र' को सबाल्टर्न स्टडीज का रूप दे पाई हैं, ठीक उसी तरह जैसे उनके समकालीन लेखक जयशंकर प्रसाद 'कंकाल' और 'तितली' उपन्यासों में समाज के वीभत्स चेहरे का पर्दाफाश करते हुए उसकी भीतरी सड़ांध को इलाज के लिए उधाड़ देते हैं, और निराला 'बिल्लेसुर बकरिहा', 'चतुरी चमार' और 'देवी' रचनाओं में मनुष्य करार दी जाने वाली मानवीय अस्मिताओं को उनके तमाम विडम्बनात्मक स्वरूप के साथ उद्घाटित कर देते हैं।

यह स्वीकार करना होगा कि महादेवी वर्मा में स्त्री होने के नाते अपने पुरुष समकालीनों से भिन्न एक विशिष्ट इन्द्रिय-बोध और पड़ताली नजर है, जिस कारण वे न केवल स्त्री के साथ कनेक्ट हो पाई हैं, बल्कि उसके अन्तर्मन में घुटकर जम गये रौरव शोर को भी सुन पाई हैं।

कहने को 'अतीत के चलचित्र' सात स्त्री पात्रों के जरिए स्त्री-जीवन को विषाक्त कर देने वाले भारतीय समाज की भिन्न-भिन्न समस्याओं का दस्तावेज हैं, लेकिन दरअसल यह जीने का मौलिक अधिकार माँगती स्त्री की फरियाद ही है। इसलिए 'अतीत के चलचित्र' के इन निबन्धों में दो चीजें एक साथ दिखाई पड़ती हैं। एक, समस्या के रूप में चिन्हित की गयी स्त्री पात्रों का 'चरित्र' के रूप में न उभरकर केस स्टडी के रूप में आना और दूसरे, लेखिका का स्त्री-विमर्शकार के रूप में पुरुष एवं स्त्री के मनोविज्ञान एवं चरित्र पर विश्लेषणात्मक टिप्पणियाँ करना। उल्लेखनीय है कि ये दोनों विशेषताएँ मिलकर संस्मरणात्मक रेखाचित्र नामक विधा के स्वरूप को गढती हैं, जहाँ लेखक को सुभीता रहता है कि वह यथावसर स्वयं को चिन्तक के रूप में प्रस्तुत कर सके और जब चाहे नेपथ्य में रखकर अपने किरदारों को पाठक से संवाद हेतु प्रस्तुत करे। अलबत्ता यह तय है कि संस्मरणात्मक रेखाचित्र नामक इस विधा में पात्र प्रमुख होते हुए भी केन्द्रीय स्थान लेखक का ही रहता है, क्योंकि यह विधा कथा की भांति न तो काल्पनिक होने का दावा करती है, और न ही रिपोर्ताज के समतुल्य होने के बावजूद चरित्र का हूबहू वर्णन करने का दंम भरती है। मूलतः यह स्मृति-निर्भर विधा है, जहाँ यथार्थ का यथातथ्यात्मक चित्रण नहीं, रीक्रिएशन (पुनर्सृजन) किया जाता है। जाहिर है इस दौरान पुनः दो बातें महत्त्वपूर्ण हो उठती हैं– वर्ण्य-चरित्र के व्यक्तित्व के उन्हीं पक्षों का प्रस्तुत होना जिनसे लेखक का वास्ता रहा, और दूसरे, उसका मनुष्य के रूप में स्वायत्त विकास न होना। संस्मरण का वर्ण्य-चरित्र नाटक विधा के सूच्य पात्र की तरह है, या कहें कि रंगमंच पर अभिनय कर रहे पात्र के हाथ में पकड़े 'प्ले कार्ड' की तरह जिसका अपने मंतव्य के अधीन मनमाना उपयोग करने की स्वतन्त्रता अभिनेता को है। इसलिए अकारण नहीं कि महादेवी वर्मा तमाम सहानुभूति-वर्षण के बावजूद और उनकी आकृति-प्रकृतिगत विशेषताओं के वर्णन की तल्लीनता के बावजूद अपने पात्रों को कर्ता और नायक के रूप में प्रस्तुत नहीं करतीं; एक क़िस्सागो (अलबत्ता संवेदनशील गम्भीर क़िस्सागो) की तरह उनके 'होने' का उपयोग करती हैं। जाहिर है इस वजह से ये संस्मरणात्मक रेखाचित्र कथा-साहित्य के सभी तत्वों से युक्त होने के बावजूद कथा-साहित्य के प्राण-तत्व– रचनात्मकता– की सृष्टि एवं अन्तर्दृष्टि से विहीन रहते हैं। वे अपने समय का अक्स तो बनते हैं, उसमें यथोचित हस्तक्षेप करने की गुहार भी लगाते हैं, लेकिन स्वयं समय में कूदकर कोई निर्णायक हस्तक्षेप करने का अवसर नहीं पाते।

फिर भी 'अतीत के चलचित्र' का महत्त्व इस तथ्य में निहित है कि ये रेखाचित्र अँग्रेजी उपन्यासकार चार्ल्स डिकेंस के औपन्यासिक पात्रों का विराट संसार अपने संक्षिप्त कलेवर में लिए चले आते हैं। लछमा, भाभी, बिट्टो, सबिया, बालिका माँ, अभागी स्त्री और बिंदा– जीवन के अभिशाप को ढोते ये सात चेहरे अपनी विशिष्ट बुनियादी संरचना के कारण आपस में गड्डमड्ड नहीं होते, बल्कि आत्मलीन, समाज-निरपेक्ष पाठक से नागरिक चेतना जागृत करने का आग्रह करते हैं।

अतीत के चलचित्र' की बुनियादी संकल्पना बेशक संस्मरण और रेखाचित्र के घालमेल से तैयार है, लेकिन इसमें न अपने समकालीन लेखक-बन्धुओं पर लिखे गये संस्मरणों की

तरह आत्मीयता का स्नेहिल संस्पर्श है, न मानवेतर प्राणियों– कट्टो, नीलकंठ आदि– पर रचे गये रेखाचित्रों की तरह निस्पृह वस्तुपरकता। वस्तुतः ये संस्मरणात्मक रेखाचित्र 'श्रृंखला की कड़ियाँ' का पूरक रूप हैं जहाँ व्यापक जनसमुदाय तक अपनी बात रसात्मक ढंग से सम्प्रेषित करने के लिए कथा का कलेवर अपनाने का लोभ भी है, और उसे विश्लेषणात्मक बोध के साथ पाठक के मानस-पटल पर अंकित करने दबाव भी। यह विशिष्टता लेखिका के उन निबन्धों में बखूबी देखी जा सकती है जहाँ वे बालिका के रूप में नहीं, वयस्क चिन्तक एवं समाज सुधारक के रूप में दिखाई देती हैं। 'भाभी' और 'बिंदा' चूँकि ये दो रेखाचित्र उनकी बचपन की स्मृतियों की उपज हैं, इसलिए सिर्फ इन दोनों में ही वर्ण्य-चरित्र कथा की रोचकता और चरित्र की मार्मिकता के साथ उभरे हैं।

'बिंदा' निबन्ध अभागन लड़की बिंदा की त्रासदी को शब्दबद्ध करता है जो सौतेली माँ के दुर्व्यवहार के कारण बचपन की मासूमियत से ही हाथ नहीं धोती, अपितु मृत्यु का भी शिकार हो जाती है.[1] महादेवी वर्मा कुशल शब्द -शिल्पी ही नहीं, मनुष्य मनोविज्ञान की सूक्ष्म समझ रखने वाली संवेदनशील स्त्री भी हैं, वह भी धुर बचपन के दिनों में। इसलिए जब वे सौतेली माँ द्वारा बिंदा के घने और काले बालों को निर्ममतापूर्वक काट फेंकने वाले प्रसंग का स्मरण करती हैं तो नई अम्मा की बर्बरता के समानांतर उन्हें जो चीज याद आती है, वह है शोक और अपमान से स्तम्भित बिंदा की निःसंज्ञावस्था– "जब पंडिताइन चाची की कैंची ने उन्हें (बिंदा के बालों को) कूड़े के ढेर पर बिखरा कर उनके स्थान को बिल्ली की काली धारियों जैसी रेखाओं से भर दिया तो मुझे रुलाई आने लगी, पर बिंदा ऐसे बैठी रही मानो सिर और बाल दोनों नई अम्मा के ही हों।"

अकारण नहीं कि पाठक की स्मृति में बिंदा और भाभी अपनी अमिट छाप छोड़ जाते हैं। भाभी इसलिए नहीं कि वह महादेवी वर्मा की रंगीन वस्तुओं के प्रति अरुचि को जस्टिफाई करने वाला बयान है, बल्कि इसलिए कि यह रेखाचित्र भाभी नाम से जानी जाने वाली और अपने घेरे में बन्द 19 वर्षीय मारवाड़ी विधवा का कटआउट न होकर उसे उतने ही भुतहे परिवेश मैं कैद अभिशप्त प्राणी की तरह चित्रित करता है।"उस दिन से वह घर जिसमें न एक भी झरोखा था, न रोशनदान; न एक भी नौकर दिखाई पड़ता था, न अतिथि; और न एक भी पशु रहता था और न पक्षी; मेरे लिए एक आकर्षण बनने लगा। उस समाधि जैसे घर में लोहे के प्राचीर से घिरे फूल के समान वह किशोरी बालिका बिना किसी संगी-साथी, बिना किसी प्रकार के आमोद-प्रमोद के साधन के निरन्तर वृद्धा होने की साधना में लीन थी।"[2]

यहाँ महादेवी वर्मा की स्मृति में शब्द नहीं, चित्र हैं, ब्यौरे नहीं, छवियाँ हैं। वस्तुतः पूरा रेखाचित्र एक कुशल चित्रकार की तूलिका से उकेरी गयी चित्रवीथि का रूप ले लेता है। कहीं

---

1. "दो पैसों में आने वाली खंजड़ी के ऊपर चढ़ी हुई झिल्ली के समान पतले चर्म से मढ़े हुए और भीतर की हरी-हरी नसों की झलक देने वाले उसके दुबले हाथ-पैर न जाने किस अज्ञात भय से अवसन्न रहते थे। कहीं से कुछ भी आहट होते ही उसका विचित्र रूप से चौंक पड़ना और पंडिताइन चाची के शब्द कान में पड़ते ही उसके सारे शरीर का थरथरा उठना मेरे विस्मय को बढ़ ही नहीं देता, प्रत्युत् उसे भय में बदल देता था। और बिंदा की आँखें तो मुझे पिंजरे में बन्द चिड़िया की याद दिलाती थीं।" महादेवी वर्मा, अतीत के चलचित्र, पृ० 34
2. वही, पृ० 27

वह मारवाड़ी विधवा किशोरी जिंदा दीवार में चिन दी गयी मासूम अपराधिनी की तरह पाठक के भीतर तक पीड़ा और अपराध की वैतरणी बहा देती है, [1]" तो कहीं सफेद ओढ़नी और काला लहंगा या काला ओढ़नी और सफेद बूटीदार कत्थई लहंगे के बिम्ब में उतरकर विधवा के सूने जीवन की थरथराहट बन जाती है।

अन्य रेखाचित्रों में महादेवी वर्मा की कलम की जो विशिष्टता गायब मिलती है, वह यहाँ आकर भरपूर प्राचुर्य और ऐश्वर्य के साथ मौजूद है। यह विशिष्टता है दृश्य विधान में कंट्रास्ट का प्रयोग और उसके जरिए कथा को क्लाइमैक्स तक लाने की युक्ति। बालिका महादेवी द्वारा छुप-छुपकर धानी ओढ़नी को नीले फूलों की कढाई से भर देना, फिर तमाम उदासीनता के साथ अपने को खंडहर में खंडहर करती निर्दोष गुइयाँ को ओढ़ा देना, और इस अप्रत्याशित स्नेहिल उपहार को पाते ही बचपन को अनायास छीन लिए जाने के सदमे से उबर कर गुइयाँ का "नए खिलौने से प्रसन्न बालिका के समान एक बेसुधपन में उसे ओढ़. महादेवी की ठुड्डी पकड़कर खिलखिला" उठना दो सखियों की नैसर्गिक बालसुलभ चंचलता नहीं, संकीर्ण भारतीय समाज की नजर में आदर्श भारतीय विधवा की अक्षम्य उद्दंडता बन जाती है, जिसकी परिणति क्षमा के बड़प्पन में नहीं, दंड के नृशंस व्यवहार में है। इसे महादेवी वर्मा शब्दों द्वारा नहीं, बचपन की चीख को दोबारा उसी घनत्व के साथ पिरो कर बयान करती हैं– "इसके उपरांत जो हुआ, वह तो स्मृति के लिए भी अधिक करुण है। क्रूरता का वैसा प्रदर्शन मैंने फिर कभी नहीं देखा। बचाने का कोई उपाय न देखकर ही कदाचित मैंने जोर-जोर से रोना आरम्भ किया, परन्तु बच तो वह तब सकी जब मन से ही नहीं, शरीर से भी बेसुध हो गयी।"[2]

मैं देख रही हूँ, अकस्मात भाभी को परे ठेल कर उसके स्थान पर टेनिसन की सुप्रसिद्ध कविता "द लेडी आफ शैलोट" की नायिका वहाँ आ विराजी है। शैलोट नामक द्वीप की रहवासी वह एकाकी स्त्री एक अभिशप्त मीनार के ऊपरी तल पर टिके रहने के लिए नियतिबद्ध है। कमरे में खिड़की है और खिड़की के नीचे व्यस्त सड़क की जीवंत गतिविधियाँ भी हैं। लेकिन उसे खिड़की से झांकने की मनाही है। मनाही के साथ अभिशाप की काली निर्मम छाया बुन दी गयी है कि जिस दिन खिड़की की ओर मुँह करके, सीधी नजर से नीचे जाती भीड़ को देख लेगी, मृत्यु कहर बनकर उस पर टूट पड़ेगी। अतः उसे ताजिन्दगी खिड़की की ओर पीठ करके बैठे रहना है और व्यस्तता के नाम पर मात्र दो काम करने हैं। एक, खिड़की से प्रतिबिम्बित होकर आती परछाइयों को सामने लगे दर्पण में उभरते देखते रहना है; मगन मन इसे ही जिन्दगी और नियति स्वीकार करना है। दूसरे, दर्पण में प्रतिबिम्बित परछाइयों को सामने रखे करघे पर बुनकर रचनात्मक रूप देना है ताकि ठाली बैठने का अवसाद मन-प्राण पर तारी न हो सके। कविता की वह नायिका हर रोज की वही नित्यक्रमिक और अ-रचनात्मक जिन्दगी जी कर सांस ले रही है। यह क्रम तभी टूटता है जब सेनानायक लार्ड लांसलोट वहाँ से गुजरता है। लॉर्ड की छवि उसके भीतर प्रेम का अंकुरण करती है। प्रेम तमाम वर्जनाओं को नकारते हुए लार्ड लांसलोट का सानिध्य पा लेना चाहता है और उसे खिड़की और भीड़ की ओर ले आता है। लॉर्ड को अपनी नग्न आँखों से देखने का क्षण जिन्दगी के साक्षात्कार का ही क्षण नहीं है, जिन्दगी को

1. "पर्दे की आड़ में गली की हलचल देखना यही उसकी चंचलता का ढिंढोरा पीटने के लिए पर्याप्त था"। वही, पृष्ठ 27
2. वही, पृ 30

अपनी इच्छा और प्राथमिकता के अनुरूप जीने का निर्णय भी है स्त्री का यह फैसलाकुन अंदाज़ व्यवस्था को नहीं भाता। इसलिए निर्णयसम्पन्न नायिका तुरन्त स्त्री नहीं, लाश में तब्दील कर दी जाती है। दोनों कृतियों की तुलना को परे ठेलकर मैं देखती हूँ कि महादेवी वर्मा का लक्ष्य इन संस्मरणात्मक रेखाचित्रों में पितृसत्तात्मक व्यवस्था को टेनिसन की तरह कटघरे में खड़ा करना तो है ही; वे एक-एक कर व्यवस्था के तमाम गलित अंगों को दृश्यमान भी करती हैं और क्रंदन के रूप में चेतावनी भी देती हैं कि स्त्री के प्रति क्रूर समाज अपने ही भविष्य को बहुत जल्द अपने हाथों तबाह कर लेगा।

"प्रायः सोचती हूँ, जब वृद्ध ने कभी न खोलने के लिए आँखें मूंद ली होंगी, तब वह जिसे उन्होंने संसार की ओर देखने का अधिकार ही नहीं दिया था, कहाँ गयी होगी"– वृद्ध ससुर की मृत्यु के पश्चात् भाभी के भयावह भविष्य की कल्पना करके भले ही लेखिका के रोंगटे खड़े हो जायें, लेकिन पाठक उस कल्पना को 'बालिका मां' निबन्ध की पीड़िता में गूँथने में गुरेज नहीं करता। दरअसल 'अतीत के चलचित्र' का प्रत्येक निबन्ध अपनी संरचना में स्वायत्त होते हुए भी माला के मनकों की तरह एक-दूसरे की संगति में अपना वजूद तलाशता है। कभी स्थिति का विस्तार बनकर, कभी पूरक रूप धारण करके। 'भाभी' निबन्ध की अगली कड़ी के रूप में 'बालिका मां' को पाती हूँ जहाँ आठ वर्ष की उम्र में अनाथ और ग्यारह वर्ष की उम्र में विधवा हो जाने वाली बालिका जाने किस अपने-पराए की हवस का शिकार होकर बाईस वर्ष की आयु में माँ बन जाती है।

महादेवी वर्मा अपने निबन्धों में प्रत्यक्षतया जो कहती हैं, उससे कहीं अधिक कथा के नीचे बहती अभिव्यंजनाओं के जरिए कह जाती हैं। उनके निबन्धों का ताना-बाना दो तरह से काम करता दिखाई देता है। सतह पर है पीड़ा, सहानुभूति, करुणा का मटमैला तरल सपाट रूप जो किसी एक चरित्र की बुनावट के रूप में आकार पाता है। सतह के नीचे है चरित्र की त्रासदी को आकार देने वाली व्यवस्था की निसंग बौद्धिक पड़ताल जो पाठक से आँख खोलकर अपने परिवेश को देखने, स्थितियों का संज्ञान लेने, अपने नागरिक बोध को पहचानने और भविष्य का सृजन करने का हौसला पाने की माँग करती है। तब ये रेखाचित्र महज कुछ परिचितों के संस्मरण का उपक्रम नहीं रहते, न ही एक साहित्यकार की लेखनी-प्रसूत सन्तान, बल्कि एक समाजशास्त्री की व्याकुल चिन्ताएँ बन जाते हैं। मैं जब 'बालिका मां' निबन्ध को पढ़ती हूँ तो समाज में जगह-जगह बने वेश्यालयों और दाल-मंडियों के परिपार्श्व में स्त्री अस्मिता की गगनभेदी टंकार करते छोटे-छोटे उन सदनों, आश्रमों को देखने लगती हूँ, जिन्हें पचास के दशक में सावित्रीबाई फुले ने जोतिबा फुले के साथ मिल कर खोला[1] और तदुपरांत उनकी समाजसुधार की मशाल को आगे ले जाते हुए पं० रमाबाई ने पुणे में ही वर्ष 1889 में शारदा सदन और वर्ष 1898 में कृपा सदन की स्थापना की. इन सदनों में वही स्त्रियाँ पनाह पाकर शिणा एवं आर्थिक आत्मनिर्भरता के सहारे आत्मसम्मान अर्जित कर सकीं, जो पहले विवाह, बाल विवाह, अनमेल विवाह के नाम पर बूढे कामुकों की हवस (विवाह) का शिकार बनकर अकाल वैधव्य भोगने को विवश हुईं, , फिर विधवा को मालिकविहीन चरागाह मान मुँह मारने आये सांडों की हवस का शिकार बनीं. विडम्बना यह है कि समाज की हृदयहीनता का शिकार होकर यही निर्दोष स्त्रियाँ कुलटा-पतिता की संज्ञा पाती हैं, और हवस की सन्तान

1. रोहिणी अग्रवाल, स्त्री लेखनः स्वप्न और संकल्प, पृ० 48

उनके लिए गले की फांस बन जाती है जिसे न उगलते बने निगलते। यह निबन्ध अपनी सूक्ष्म अभिव्यंजनाओं के साथ भारतीय समाज में व्याप्त तीन विडम्बनाओं को उद्घाटित करता है। एक, बलात्कारी के रूप में परिवार के भीतर पलते तथाकथित संभ्रांत नातेदारों के रूग्ण चरित्र को पहचानने और दंडित करने का आग्रह। भारतीय परिवारों की संरचना ऐसी है कि पुरुष को तमाम गर्हित-कुत्सित अधिकार देते-देते उसे ऐसा निरंकुश बना डालती है कि वह अपने दुष्कर्म की सजा स्त्री को देकर हर आरोप से बरी होने का सुख पाता है। इसीलिए आज भी स्त्री अनेकविध रूप से यौन-शोषण की शिकार होकर अपने मानवाधिकारों के लिए अकेली लड़ाई लड़ रही है। दूसरे, यह निबन्ध पितृसत्तात्मक व्यवस्था के उस आग्रह को भी प्रश्नांकित करता है, जो सन्तान को 'अवैध' विशेषण के साथ तिरस्कृत करती है।[1]

महादेवी वर्मा इस तथ्य को रेखांकित करना चाहती है कि सन्तान मात्र सन्तान होती है– भविष्य का स्वप्न। उसे वैध-अवैध मानने का सवाल स्त्री की यौनिकता को विवाह-संस्था और पुरुष/पति के वर्चस्व के अधीन रखने का आग्रह भर है। "कोई यदि उसको अपनी पत्नी नहीं स्वीकार करता तो केवल इसी मिथ्या के आधार पर वह अपने जीवन के सत्य को, अपने बालक को, अस्वीकार कर देगी? संसार में चाहे इसको कोई परिचयात्मक विशेषण न मिला हो, परन्तु अपने बालक के निकट तो वह गरिमामयी जननी की संज्ञा ही पाती रहेगी। इसी कर्तव्य को अस्वीकार करने का यह प्रबन्ध कर रही है! किसलिए? केवल इसलिए कि या तो उस वंचक समाज में फिर लौटकर गंगा-स्नान कर व्रत-उपवास, पूजा-पाठ आदि के द्वारा सती विधवा का स्वांग भरती हुई और भूलों की सुविधा पा सके, या किसी विधवा-आश्रम में पशु के समान नीलाम पर चढ़कर कभी नीची कभी ऊँची बोली पर बिके। अन्यथा एक-एक बूंद विष पीकर धीरे-धीरे प्राण दे।"[2]

तीसरे, महादेवी वर्मा समाज की बन्द सोच से टकरा कर स्त्री को अपनी लड़ाई लड़ने का संवेदनशील संदेश भी देती हैं, लेकिन यहीं उनकी एक सीमा भी स्पष्ट होती है कि वह पंडिता रमाबाई की तरह स्त्री-शिक्षा का कोई भी सुनिश्चित पुख्ता प्रबन्ध ऐसी वंचित स्त्रियों के लिए नहीं कर पातीं।

ऐसा प्रतीत होता है कि 'हिन्दू स्त्री का पत्नीत्व' निबन्ध में पिरोए गये विडम्बनात्मक तथ्य 'अतीत के चलचित्र' की प्रस्थान-भूमि बन गये हैं। इस निबन्ध में महादेवी वर्मा कहती हैं कि यह स्त्री यदि दुर्भाग्यवश विधवा न होती, तो भी स्वस्थ-प्रकृत ढंग से जीवन जीने का अवसर ही नहीं पाती। पंडिता रमाबाई[3] के सुर में सुर मिलाकर महादेवी वर्मा मानती हैं कि विवाह स्त्री के नैसर्गिक जीवन को विकासित होने के अवसर देने की अपेक्षा उसकी अन्तर्निहित सम्भावनाओं पर तुषारापात करता है।[4] विवाह संस्था स्त्री से उसकी स्वायत्तता, स्वतःस्फूर्तता और स्वतन्त्र

1. "यह कैसे जीवित रहेगा, इसकी किसी को चिन्ता नहीं. है तो केवल यह कि कैसे अपने सिर बिना हत्या का भार लिए इसे जीवन के भार से मुक्त करने का उपकार मिल सके।" महादेवी वर्मा, अतीत के चलचित्र, पृ० 55
2. वही, पृ० 56
3. पं० रमाबाई, हिन्दू स्त्री का जीवन, पृ० 45
4. "यदि हम कटु सत्य सह सकें तो लज्जा के साथ स्वीकार करना होगा कि समाज ने स्त्री को जीविकोपार्जन का साधन निकृष्टतम दिया है। उसे पुरुष के वैभव की प्रदर्शनी तथा मनोरंजन का साधन बन कर ही जीना पड़ता है." महादेवी वर्मा, हिन्दू स्त्री का पत्नीत्व, श्रृंखला की कड़ियाँ, पृ० 82

निर्णय क्षमता छीन कर उसे शून्य मे तबदील कर देती है, जिसे पातिव्रत्य धर्म से भरकर उसे आजीवन सती की छवि को ढोना पड़ता है।

सतीत्व की भारतीय परिभाषा में स्त्री पति की इच्छा से बंधी खोखली अनुगूँज भर है और पति स्वेच्छाचारी. इसलिए 'सबिया' निबन्ध के जरिये महादेवी वर्मा अपने परिचय-क्षेत्र की उस स्त्री-छवि को उठाती हैं, जो अपने को मिटाकर पति और सपत्नी को हंस-हंस कर झेल रही है। ठीक मंजुल भगत के कालजयी उपन्यास 'अनारो' की तरह। "मुझे तो उसमें काम करने की धुन के अतिरिक्त किसी प्रकार की झक पता न चला"– महादेवी वर्मा हर निबन्ध में अपने वर्ण्य-विषय की केन्द्रीय विशेषता को उकेरती हैं, और हैरत होती है कि अलग-अलग खूबियों से युक्त होने के बावजूद उनकी स्त्रियाँ आदर्श स्त्री की तस्वीर को ही मुकम्मल करती हैं। प्रेमचंद 'गोदान' में मेहता के जरिए जिस ठसके के साथ स्त्रियोचित गुणों और पुरुषोचित गुणों की अलग-अलग सूची गिनाते हैं और स्त्रियोचित गुणों के समावेश से पुरुष के 'महात्मा' हो जाने की घोषणा करते हैं[1]; वे सब गुण– त्याग, क्षमा, दया, सहनशीलत, मूक समर्पण– महादेवी की इन नायिकाओं में कूट-कूट कर भरे हैं; लेकिन वे 'महात्मा' तो क्या, एक जिंदा सामान्य 'इंसान' भी नहीं समझी जातीं। गूँगी स्त्रियों की इस जमात को अपने संरक्षण में लेकर महादेवी वर्मा उनकी पीड़ा को समय का संजीदा सवाल बना देती हैं। प्रत्येक निबन्ध की संरचना ऐसी है, मानो कोर्ट रूम का दृश्य आँखों के सामने चल रहा हो। अभियुक्त के कठघरे में स्त्री खड़ी है और प्रतिपक्षी है पितृसत्तात्मक व्यवस्था। महादेवी वर्मा वकील की हैसियत से स्त्री को बचाने के लिए उसका मुकदमा लड़ रही हैं और अपनी प्रखर तार्किकता के बल पर आरोपी को ही अभियुक्त बनाकर कटघरे में ले आती हैं। तब 1949 में प्रकाशित सिमोन द बोउवा की पुस्तक "द सेकंड सेक्स" में वर्णित मान्यता की सत्यता के बावजूद उस पर पुनर्विचार करना अनिवार्य जान पड़ता है कि जब तक वकील, जज, ज्यूरी, आरोपी, गवाह सब पुरुष हैं, तब तक स्त्री को न्याय नहीं मिल सकता। महादेवी वर्मा इस विद्रूप सत्य को जानते हुए भी अपने गूँगे पात्रों का पक्ष बहरे समाज के सामने रख रही हैं, क्योंकि वे मानती हैं कि साहित्य संवेदना के प्रसार का घटक है– वैचारिक क्रान्ति लाने का एक धीमा माध्यम। इसलिए उनके सारे निबन्ध दलीलों के जरिए वर्ण्य- चरित्र के व्यक्तित्व को बुनते हैं ताकि उनकी सकारात्मकताओं को उभार कर सहानुभूति अर्जित की जा सके, और फिर प्रतिपक्षी की दुर्नीतियों और षडयन्त्रों को आसानी से उजागर किया जा सके। जहाँ तक सबिया का सन्दर्भ है, वे एक के बाद एक उसकी दो विशेषताओं की ओर संकेत करती हैं। एक, "सबिया तो किसी की शिकायत करने में इतना हिचकिचाती थी कि मानो ऐसे किसी शब्द से उसके मुँह में दाह भरे छाले पड़ जायेंगे।"[2] तथा दूसरे, "इतने अंगारों से भरे जाने पर भी इसके वात्सल्य का अंचल दूसरों को छाया देने में समर्थ है। यह जैसे अपने नादान बच्चों के उत्पात की चिन्ता नहीं करती, उसी प्रकार पति की हृदयहीन कृतघ्नता, सपत्नी के अनुचित व्यंग्य और सास की अकारण भर्त्सना पर भी ध्यान नहीं देती. उसके निकट मानो सब बच्चे हैं। इससे उनका कर्तव्य से जी चुराना उसे कर्तव्यविमूढ नहीं बनाता।"[3]

उल्लेखनीय है कि भारतीय नवजागरण आन्दोलन का अगला चरण राष्ट्रीय स्वाधीनता

---

1. प्रेमचन्द, गोदान, पृ० 146-150
2. महादेवी वर्मा, अतीत के चलचित्र, , पृष्ठ 41
3. वही, पृ 43

आन्दोलन स्त्री के सती रूप को गढ़ कर उसमें मातृत्व को आरोपित करता रहा है। स्वयं स्त्री अपने आपको निखूट माँ के रूप में प्रस्तुत कर, बतर्ज शरच्चन्द्र चट्टोपाध्याय की कथा नायिकाएँ, बूढ़े पुरुष के कुकृत्यों को भी माफ कर करती रही हैं। महादेवी वर्मा सप्रयोजन अपने स्त्री चरित्रों को गूँगी गुड़िया के रूप में प्रस्तुत करती हैं, क्योंकि वे उसे बताना चाहती हैं कि "युगों से पुरुष स्त्री को उसकी शक्ति के लिए नहीं, सहनशक्ति के लिए ही दंड देता आ रहा है।"[1]

महादेवी वर्मा के एक ओर यदि पंडिता रमाबाई, ताराबाई शिंदे, अज्ञात हिन्दू महिला (सीमंतनी उपदेश), रुकैया सखावत हुसैन जैसी पूर्ववर्ती प्रखर चिन्तनधारा है, तो दूसरी ओर रशीदजहाँ, इस्मत चुगताई जैसी प्रचंड निर्भीक लेखिकाएँ भी है, जो स्त्री के सवाल पर परम्परा से टकराने में भी गुरेज नहीं करतीं। महादेवी वर्मा की खासियत है कि वे परम्परा से टकराने का जज्बा भीतर नहीं पातीं। व्यवस्था की स्त्री-द्वेषी भूमिका को रेखांकित कर उससे अधिक उदार, मानवीय और लचीला होने की अपेक्षा करती हैं। पूरी पुस्तक में वे दो बार पौराणिक सन्दर्भों के माध्यम से परम्परा को प्रश्नांकित करने का अवसर उपस्थित करती हैं, लेकिन एक व्यंग्यात्मक टिप्पणी के बाद उसे वहीं छोड़ आगे बढ़ जाती हैं। ये दो सन्दर्भ हैं, सावित्री और मर्यादा पुरुषोत्तम राम. 'सबिया' निबन्ध में वे पौराणिक चरित्र सावित्री को याद करती हैं, क्योंकि सबिया का मूल नाम सावित्री का ही भ्रष्ट रूप है, लेकिन समय के साथ भारतीय स्त्री की सामाजिक-पारिवारिक स्थिति के पतन के इतिहास के कारणों पर कोई टिप्पणी नहीं करतीं। इसी कारण सामान्य पाठक सबिया की व्यथा-कथा का आस्वाद करने के अतिरिक्त जान ही नहीं पाता कि निबन्ध की अन्तः तरंगों में पाठक से स्वयं इन कारणों की शिनाख्त करने का आह्वान छुपा है। महादेवी वर्मा बस इतना भर करती हैं कि सावित्री और सबिया को विपरीत-युग्म में प्रतिस्थापित कर सावित्री की जिजीविषा (पति के प्राण लौटाने की संकल्पदृढ़ता के कारण नियति के बदलने का हौसला) को सबिया की बेबसी (तिल-तिल घुलने की नियतिबद्धता) में ढाल देती हैं।"यदि उसे (सावित्री को) जीवन के लिए मृत्यु से लड़ना पड़ा तो यह (सबिया) न मरने के लिए जीवन से संघर्ष करती है "(वही, पृष्ठ 45)

दूसरा पौराणिक सन्दर्भ मर्यादा पुरुषोत्तम राम को लेकर व्यंग्यात्मक टिप्पणी के रूप में आया है जहाँ 'अभागी स्त्री' निबन्ध मैं वेश्या-पुत्री के विवाह और सतीत्व को नकारता ससुराल पक्ष समाज का समर्थन पाकर उसे कुलवधू का मान नहीं देना चाहता। तब वे तल्ख होकर कहती हैं, "स्वेच्छाचार से उत्पन्न यह पवित्रता की साधना उस शूद्र की तपस्या के समान ही बेचारे समाज की वर्ण-व्यवस्था का नाश कर रही है, जिसका मस्तक काटने के लिए स्वयं मर्यादा पुरुषोत्तम दौड़ पड़े थे।" (वही, पृष्ठ 72)

सोचती हूँ, महादेवी वर्मा ने जीवन को चुनौती देते जांबाज चरित्र क्यों नहीं चुने और रचे? यदि रशीद जहाँ 'आसिफ़जहाँ की बहू' कहानी में स्त्री की प्रसव-प्रक्रिया का चित्रण करते हुए प्रसूति में स्त्री एवं शिशु-मृत्यु दर, स्वच्छता, डॉक्टरी देखभाल जैसी अर्हता को सायास समाज के चिन्तन के लिए सामने ला सकतीं हैं[2] (फुटनोट) तो क्यों महादेवी वर्मा 'बदलू' निबन्ध में बदलू कुम्हार की पत्नी रधिया की प्रसूति का दृश्य उपस्थित करते हुए उसकी मुफलिसी और बेबसी को ही दृष्टि-केन्द्रित करती हैं? समृद्धि शिक्षा और चिन्तन के स्तर को प्रभावित करने

1. वही, पृष्ठ 60
2. रशीद जहाँ, आसिफ जहाँ की बहू, रशीदजहाँ की कहानियाँ, पृ० 28-33

वाला अनिवार्य घटक है, जो प्रकारांतर से गत्यात्मकता (मोबिलाइजेशन) को मजबूत करते हुए वैचारिक उदारता को परिवर्तन की परिपक्व मानसिकता में ढाल देता है। विपन्नता व्यक्ति के शारीरिक, मानसिक, नैतिक स्वास्थ्य को कुप्रभावित ही नहीं करती, उसकी मूढता में जड़ता का तत्व घोलकर उसे पशुवत् बना डालती है। अतः हाशिए पर धकेल दी गयी 'अर्ध मानवीयों' की नियति पर विचार करने के लिए जरूरी था कि अपने चिन्तक एवं समाज-सुधारक रूप को उन्नततर करते हुए महादेवी वर्मा उनके कष्टों पर बात करने से ज्यादा, उनकी शिक्षा, आर्थिक आत्मनिर्भरता, मानसिक दृढ़ता जैसी बुनियादी जरूरतों पर ध्यान देतीं। 'लछमा' निबन्ध में चूँकि वे आर्थिक रूप से आत्मनिर्भर स्त्री को प्रकाश में लाई हैं, इसलिए पति-परित्यक्ता यह स्त्री स्वाभिमानपूर्वक अपनी जिन्दगी बसर कर रही है और बिट्टो की तरह शटल कॉक बनकर विवाह के नाम पर इस या उस पुरुष के पाले में जाने से इंकार कर सकी है। कहना न होगा कि 'अतीत के चलचित्र' का यही एकमात्र निबन्ध है जहाँ प्रताड़ित स्त्री महादेवी वर्मा के पास सहारे की आस में नहीं आती, उनकी सखी और पथ प्रदर्शका बन जाती है।[1]

लछमा में सबिया जितनी कर्मनिष्ठा है। अकेले अपनी कमाई पर घर भर का पेट पालने का हौसला भी। अभागी पतिव्रता स्त्री की तरह जमाने भर की ठोकरें खाकर जमाने भर से टकराने की दृढ़ता है और साथ ही इनसे अलग परिवार के अच्छे-बुरे के आगे घुटने न टेक देने की दबंगता भी है। लछमा में यह दबंगता न होती तो औघड़ पति की तरह जमीन-जायदाद के लालची परिवारवालों के षड्यन्त्रों का शिकार होकर जान गंवा बैठती, लेकिन वह तो मृत्यु की वैतरणी पार कर और भी निडर हो गयी है– साक्षात यम की सखी सरीखी। आंसू को संघर्ष की आग में पकाकर लछमा ने उसे तेजस्विता का रूप दिया है। महादेवी वर्मा उसके इसी चारित्रिक वैशिष्ट्य पर रीझी हैं और 'अतीत के चलचित्र' की अन्तिम निर्णायक टेक की तरह लछमा को लेकर वे पाठक तक इसी स्त्री की भास्वरता को नई स्त्री-छवि के रूप में सम्प्रेषित करना चाहती हैं। लछमा के जुनून और अदम्य जिजीविषा को देखकर ही महादेवी वर्मा इस निष्कर्ष पर पहुँची है कि "जब तक स्त्री स्वभाव से इतनी शक्तिशाली नहीं होगी कि मिथ्या पराभव की घोषणा से विचलित न हो, तब तक उसकी स्थिति अनिश्चित ही रहती है।"[2] महादेवी वर्मा की विशेषता है कि कंट्रास्ट पद्धति का उपयोग वे निबन्ध में घटनाओं की गति को त्वरा देने या चरित्र के विकास की स्थितियों को दर्शाने के लिए ही नहीं करतीं, पुस्तक में संग्रहीत निबन्धों को भी विपरीत अथवा पूरक युग्म का रूप देकर अपने मंतव्य को प्रभावशाली ढंग से व्यक्त करती हैं। जैसे लछमा बनाम अभागिन स्त्री, सबिया बनाम लछमा, लछमा बनाम बिट्टो, भाभी बनाम बालिका मां, बिंदा बनाम बिट्टो। महादेवी वर्मा हाँलाकि स्त्री-संघर्ष की कथा कहने की बजाय स्त्री-शोषण की कथा कहना ज्यादा पसन्द करती हैं, और इसी कारण अपने समय को एक सुनिश्चित गढत देने वाली समकालीन या पूर्वजाओं को उद्धरण रूप में अपनी रचनाओं में जगह नहीं देतीं, लेकिन जाने क्यों लछमा निबन्ध पढ़ते-पढ़ते मैं उसके बरअक्स महादेवी वर्मा की पूर्ववर्ती समाज सुधारक डा.रखमाबाई[3] का स्मरण करने लगती हूँ, जिन्होंने बौद्धिक रूप से

1. "वह (लछमा) अपने दुख में न इतनी अस्थिर है, न हल्की कि उसे मेरे सहारे की आवश्यकता जान पड़े। महादेवी वर्मा, अतीत के चलचित्र, पृ० 97-
2. वही, पृष्ठ 102
3. उद्धरण रमाबाई से

कमजोर पति के घर में रहने से ही इनकार नहीं किया, बल्कि कट्टरवादी हिन्दू समुदाय के दबाव में न्यायालय द्वारा मिले जेल के दंड को भी स्वीकारा।

'अतीत के चलचित्र' में स्त्रीविषयक जीवन में जो समस्याएँ ज्यादा जगह घेरती हैं, वे हैं बाल विवाह, विधवा की स्थिति, वेश्या की अभिशप्त जिन्दगी, और बहुविवाह। आज की इक्कीसवीं सदी के भारतीय समाज में ये समस्याएँ प्रायः नहीं हैं। यहाँ तक कि बालिका माँ की मूल समस्या– अवैध सन्तान– भी अब सिंगल मदरहुड की अवधारणा के कारण महानगरीय अभिजात्य समाज में स्वीकृत हो चुकी है। उत्तर आधुनिक संस्कृति ने निःसन्देह तेजी से भारत एवं अन्य एशियाई देशों का पश्चिमीकरण/अमेरिकीकरण किया है जहाँ नैतिकता के परम्परागत मूल्य बेमानी हो गये हैं, लेकिन इसके बावजूद इस तथ्य से भी इनकार नहीं किया जा सकता कि बलात्कार एवं यौन-शोषण की बढ़ती घटनाएँ, विषम होता लिंगानुपात, घरेलू हिंसा के बढ़ते आंकड़े, वीमेन ट्रैफिकिंग की चौंकाने वाली घटनाएँ और पोर्न साइट्स के प्रति बढ़ता रुझान स्त्री को वस्तु समझने की मानसिकता का ही परिणाम है। ये चरित्र आज निर्भया, प्रियंका रेड्डी, लक्ष्मी, गौरी लंकेश, शाहबानो, नैना साहनी के रूप में नाम बदलकर सामने आ खड़े होते हैं और शिद्दत से पितृसत्तात्मक व्यवस्था के पुनरीक्षण की माँग करते हैं। एक शताब्दी के अन्तराल के बाद समस्या का थोड़े हेरफेर के बाद उसी घनत्व एवं परिमाण में मौजूद होना, विकास के नारों की हवा निकाल देना ही नहीं है; हमारी अपनी मनुष्यता पर सवालिया निशान लगा देना भी है।

'श्रृंखला की कड़ियाँ' की तरह 'अतीत के चलचित्र' रचना पाठक से अपनी मनुष्यता की जांच करने का आह्वान भी करती है। मनन योग्य बहुत से बिन्दु पुस्तक में है, लेकिन फिलहाल नए समाज में स्त्री-विमर्श की धमक के बीचोबीच इन दो मुद्दों पर विचार केन्द्रित हो सके और निरंकुश मनोवृत्तियों पर शर्मसार होकर आधी दुनिया के प्रति संवेदनशील हुआ जा सके तो सम्भवतः एक नए समाज और संस्कृति के निर्माण में हम महती भूमिका निभा सकेंगे। ये दो बिन्दु हैः

"पुरुष के प्रति अन्याय की कल्पना से ही सारा पुरुष समाज उस स्त्री से प्रतिशोध लेने को उतारू हो जाता है और एक स्त्री के साथ क्रूरतम अन्याय का प्रमाण पाकर भी सब स्त्रियाँ उसके अकारण दंड को अधिक भारी बनाए बिना नहीं रहतीं।" (वही, पृष्ठ 101)

"पग-पग पर पुरुष से सहायता की याचना न करने वाली वाली स्त्री की नियति कुछ विचित्र सी है। वह जितनी ही पहुँच के बाहर होती है, पुरुष उतना ही झुंझला जाता है और प्रायः यह झुंझलाहट मिथ्या अभियोगों के रूप में परिवर्तित हो जाती है। यह स्वाभाविक भी है क्योंकि जो अप्राप्य है, उसी को प्राप्त प्रमाणित करके हमें सन्तोष है।" (पृष्ठ 102)

निस्सन्देह 'अतीत के चलचित्र' 'श्रृंखला की कड़ियाँ' के विश्लेषण को कथा एवं चरित्र का बाना पहनाकर जीवंत करने वाली सफल कृति है, लेकिन इसकी सार्थकता तब होती जब इसमें निरूपित समस्याएँ वर्तमान युग से गायब होकर इतिहास के पन्नों में दब जातीं। अभी तो इतिहास की किसी बन्द गुफा में ठिठकी खड़ी मनुष्यता को निकाल कर इक्कीसवीं सदी के काबिल बनाना हर नागरिक का दायित्व है।

# भूमण्डलीकरण के दौर में हिन्दी भाषा और अनुवाद

*राम बक्ष*

साहित्य प्राचीनकाल से भूमण्डलीकरण का समर्थक रहा है। इस मामले के आदि कवि भवभूति को याद करें, जब वे अपने समय के सहृदयों से पीड़ित होकर कहते हैं– काल अनन्त है, पृथ्वी विपुल है, कोई तो मेरा समानधर्मा होगा, जो मेरी रचना को सराहेगा, आस्वाद करेगा। यदि काव्यशास्त्र की दृष्टि से देखें तो हमारा साधारणीकरण का सिद्धान्त विश्व मानव के हृदय की एकता की धारणा पर आधारित है। जिस समय संसार में पूँजीवाद की– पूँजीवादी राष्ट्रवाद और साम्राज्यवाद की प्रतिष्ठा हो रही थी उस समय कार्ल मार्क्स ने नारा दिया था, "दुनिया के मज़दूरों एक हो"–उन्होंने किसी एक देश के मज़दूरों को एकता का नारा नहीं दिया था। उन्होंने ही कहा था कि परिवर्तन विश्वव्यापी होता है। एक राष्ट्र में समाजवाद और बाकी दुनिया में पूँजीवाद यह चलने वाला नहीं है। उन्होंने बहुत शास्त्रीय तार्किक-सैद्धान्तिक शब्दों में कहा था– परन्तु बात यही थी। जयशंकर प्रसाद तक ने कहा था कि क्या देश और देशप्रेम?

इस परम्परा के बावजूद पुराने प्रच्छन्न प्रगतिवादी इसका विरोध करते हैं– विशेष रूप से भारत में तो विरोध ही अधिक होता है। जिसका अर्थ यह भी है कि भूमण्डलीकरण जब हमारे घर में घुस जायेगा तब हम अपने घर को कैसे बचायेंगे! इसलिए अपने देश में, अपनी गोष्ठियों में भूमण्डलीकरण का विरोध बिकता है। वैसे भी विरोध का एक रोमांस होता है, गौरव होता है। इस विरोध से छवि बनती है और छवि से प्रतिष्ठा होती है। प्रतिष्ठा से पुरस्कार, सम्मान, सत्ता-सुख सब मिलता है। इसलिए छवि के इतिहास को देखना चाहिए कि कैसे एक व्यक्ति विरोध करते-करते राजसत्ता के कितने करीब पहुँच गया है। विरोध की छवि और छवि की प्रतिष्ठा हमारे इलेक्ट्रॉनिक मीडिया का सबसे बड़ा मंच है। जो समर्थन करता है, उस चापलूस का अब कोई बाज़ार नहीं है। इसलिए हम भी विरोध करते हैं।

हिन्दी में राहुल सांकृत्यायन ने एक किताब लिखी है– "22वीं शताब्दी"।

आज यदि हम विचार करें कि भूमण्डलीकरण की प्रक्रिया पूरी हो जायेगी, तब बाईसवीं शताब्दी में संसार कैसा होगा? यदि इसके पैरोकारों के तर्क परिणति पर पहुँच गये तो क्या होगा? इस सन्दर्भ में पहली बात तो यह होगी कि सेना नहीं होगी, सिर्फ पुलिस होगी जो कानून-व्यवस्था की देखभाल करेगी। कहीं की पुलिस, कहीं भी जाकर अपराधी को पकड़कर लायेगी और अपराधी को फाँसी दे देगी। फ्रांस की पुलिस अफगानिस्तान आ जायेगी या लैण्ड यार्ड वाली पाकिस्तान चली जायेगी, भारतीय पुलिस बोन्सिया पहुँच जायेगी। ऐसा इसलिए, क्योंकि राष्ट्र-राज्य की सीमा तो होगी ही नहीं। सिर्फ भौगोलिक सीमा होगी मसलन समुद्र, पहाड़ और नदियाँ होंगी, जिन्हें मनुष्य अन्तरिक्ष आवागमन से दूर कर देगा। संसार के सारे मनुष्य शिक्षित होंगे, उन्हें वे सब भाषाएँ समझ में आयेगीं, जिन्हें दूसरे मनुष्य जानते हैं। अतः दो-तीन या ज़्यादा-

से-ज्यादा पाँच भाषाएँ होंगी, जिनसे संसार के सारे मनुष्य सम्प्रेषण करते रहेंगे। अनेक भाषाओं को सीखने का, अनुवाद करने का, द्विभाषियों पर होने वाला निरर्थक व्यय समाप्त हो जायेगा। क्या ज़रूरत है? अब नये कालिदास को कहेंगे कि भई अँग्रेज़ी में लिखो। वही मान्य है। सभी मनुष्य समान रूप से तकनीकि ज्ञान से लैस होंगे। जब सब लोग उच्च शिक्षित होंगे तो जातिभेद, नस्लभेद, भूगोल-भेद समाप्त हो जायेगा। रक्त मिश्रण इतना अधिक हो जायेगा कि काली, गोरी और भूरी चमड़ी बचेगी ही नहीं। मनुष्य की चमड़ी का रंग एक ही हो जायेगा। तब एक-दूसरे से अकारण घृणा, क्रोध, दंगे, उपद्रव कुछ नहीं होंगे। सिर्फ सकारात्मक व्यावसायिक दक्षता का रिश्ता बनेगा, निरर्थक भावात्मक, धार्मिक, सांस्कृतिक पिछड़ेपन से उत्पन्न आक्रोश, आतंकवाद कुछ होगा ही नहीं। जो लोग इस प्रक्रिया तक नहीं पहुँच पायेंगे, उन्हें इस भूमण्डल से बहिष्कृत कर दिया जायेगा। उनके लिए कालापानी, शनिग्रह या मंगल ग्रह में व्यवस्था कर दी जायेगी।

इस प्रक्रिया को 21वीं सदी तक पूरा करना है। इसलिए थोड़ा-बहुत अत्याचार भी करना पड़ा तो मन मारकर करेंगे। आखिर समाजवादी क्रान्ति के लिए भी तो बलिदान दिये गये थे। जब निरक्षर, अनपढ़ पिछड़े लोगों को नष्ट करना होगा। पहले अनुदान, छात्रवृत्ति देकर कोशिश करेंगे कि वे भी अँग्रेज़ी पढ़ लें, न हो तो toefel तो पास कर ही लें, अन्यथा वे यहाँ कैसे रह पायेंगे। रेल का टिकट नहीं खरीद पायेंगे? उन्हें अपने इतिहास को भूलना होगा। धर्म संस्कृति को छोड़ना होगा। उन सब चीज़ों को छोड़ना होगा जो आपको विश्व-नागरिक से अलग पहचान देती हैं। अपनी वेशभूषा बदलनी होगी, खाने-पीने की आदतों में सुधार करना होगा। सफाई की आदत डालनी होगी। पंक्ति में मुस्कुरते हुए देर तक खड़े रहना सीखना होगा। प्रदर्शन से आवागमन में बाधा उत्पन्न होती है। उसे तत्काल प्रभाव से बन्द करना होगा। हड़ताल नहीं होगी, बन्द, घेराव जैसी चीजें नहीं होंगी। आदिवासी समाज को जिस तरह से सारे संसार में नष्ट किया गया है, वह प्रक्रिया जल्दी से जल्दी पूरी करनी होगी। थोड़ी-सी पीड़ा ज़रूर होगी, दर्द होगा-परन्तु यह तो करना पड़ेगा। लोगों को आपस में झगड़ा करने की अनुमति नहीं होगी, वे एक-दूसरे को प्यार करें, सराहें ताकि व्यापार चलता रहे। बाज़ार किसी भी हालत में बन्द नहीं होने चाहिए। एक बन्द से कितने करोड़ का नुकसान होता है, यह खबरों में कुछ यूँ ही नहीं बताया जाता।

अभी तो इसमें एक शताब्दी लगेगी। फिर एक प्रश्न यह भी उठता है कि इतिहास में जो परिवर्तन होता है, वह कितना योजना के अनुरूप होता है और कितना अपने-आप हो जाता है। अब यह कहना तो ज़्यादती ही होगी कि भूमण्डलीकृत गाँव में भारत का कुछ होगा ही नहीं। कितना ही कर लो भारतीय जातिवाद तो चलने से रहा और हमारी संस्कृति में वर्णसंकर को प्रोत्साहन दिया जाता है। हाँ, एड्स का प्रकोप फैला तो एक पति-एक पत्नी का रिश्ता आदर्श रूप में मानय हो जायेगा। संसार में इतना सांस्कृतिक वैविध्य है, कितना अनुदान देकर क्या-क्या बचाया जायेगा। आचार्य हज़ारी प्रसाद द्विवेदी ने लिखा है, "मुझे मानव जाति की दुर्दम-निर्मम धारा के हज़ारों वर्ष का रूप साफ दिखाई दे रहा है। मनुष्य की जीवनी-शक्ति बड़ी निर्मम है, वह सभ्यता और संस्कृति के वृथा मोहों को रौंदती चली आ रही है। न जाने कितने धर्माचारों, विश्वासों, उत्सवों और व्रतों को धोती-बहाती यह जीवनधारा आगे बढ़ी है। संघर्षों से मनुष्य ने नयी शक्ति पायी है। हमारे सामने समाज का आज जो रूप है, वह न जाने कितने ग्रहण और त्याग का रूप है। देश और जाति की विशुद्ध संस्कृति केवल बाद की बात है। सब

कुछ में मिलावट है, सब कुछ अविशुद्ध है। शुद्ध है केवल मनुष्य की दुर्दम जिजीविषा (जीने की इच्छा)।" अब जिन्दा रहना है तो इस भूमण्डल में ही रखना होगा। भूमण्डल में यदि रहना है तो...।

वर्तमान समय में भूमण्डलीकरण की प्रक्रिया चार स्तरों पर चल रही है–

1. वैज्ञानिक एवं तकनीकी खोज– संसार में जो भी खोज होती है, सब उसका इस्तेमाल करते हैं– मसलन यह बिजली और भी हैं–
2. सूचना क्रान्ति, जनसंचार और मीडिया– अब यह तो इतना ताकतवर है कि किसी भी व्यक्ति, सरकार, सत्ता को ध्वस्त कर सकता है। इससे सब लोग कितना जुड़ गये हैं–उदाहरण की भी आवश्यकता नहीं है।
3. आर्थिक उत्पादन, वाणिज्य और व्यापार। अब यह तो सभी मानते हैं कि बहुराष्ट्रीय कंपनियों के मार्ग में आने वाली बाधाओं को दूर करने के लिए यह नारा आया है।
4. विस्थापन– अब कौन कहाँ जा रहा है– नौकरी कर रहा है, खरीद-बेच रहा है। हमारे बच्चे अमेरिकी धरती की सेवा में लगे हुए हैं। यहाँ तक हो चुका है। इसके अलावा राजनीतिक रूप से यह तो हो ही गया है कि विश्वजनमत से पूछे बिना आप युद्ध नहीं कर सकते-इसी दबाव से पाकिस्तान में चुनाव हो गये-हमारे यहाँ भी बैठे-ठाले विदेश मन्त्री का रुतबा बढ़ गया। किसी ज़माने में यह रुतबा गृहमन्त्री का हुआ करता था।

इस भूमण्डलीकरण का विरोध हो रहा है– इस विरोध के आधार भी देख लें-

राष्ट्र और राष्ट्रवाद की धारणा। यह अन्तर्राष्ट्रीय भाईचारे की सबसे बड़ी बाधा है, परन्तु यह सबसे बाद में दूर होगी। अभी इसे खोखला करने की ज़रूरत है। बहुराष्ट्रीय कंपनियाँ, अन्तर्राष्ट्रीय संगोष्ठियाँ, विश्व एकादश के खेलकूद, अन्तर्राष्ट्रीय मंच, जनमत सब इस राष्ट्रवाद को कमज़ोर करने में लगे हुए हैं। बीजा की बाधा भी दूर कर रहे हैं। यूरोपीय महासंघ में आने-जाने के लिए बीजा की ज़रूरत नहीं– यूरो मुद्रा है, अमेरिका-कनाडा में कई सहमितयाँ हैं– कई चीजें है जो चल रही हैं। इसी तरह अर्थतन्त्र में राजकीय हस्तक्षेप सबसे बड़ी समस्या है। सरकारें अनुदान दे रही हैं, लाइसेन्स जारी करती रही हैं। इसे ठीक करने के लिए अन्तर्राष्ट्रीय स्तर पर समझाय-धमकाया जाता है। सब लोग सब जगह व्यापार करें। इसमें क्या दिक्कत है। इस विषय पर बड़ी-बड़ी अन्तर्राष्ट्रीय, राष्ट्रीय गोष्ठियाँ, सेमिनार, चर्चाएँ होती रहती हैं। इसी तरह संस्कृतिक भिन्नताएँ, आदतें, व्यवहार भी भूमण्डलीकरण की बड़ी प्रच्छन्न बाधा है। लोग तैयार ही नहीं हो रहे हैं।

इसके लिए विमर्श चलाया जाता है। गोष्ठियाँ होती है। लोग बोलते है। विरोध में यदि बोलें तो और भी अच्छा है। इसलिए भूमण्डलीकरण के पैरोकार चाहते हैं कि आप उनका विरोध करें, ताकि यह आसानी से फले-फूलें। विरोध की मिर्च से समर्थन का स्वाद बढ़ता है। याद करें भारतेन्दु की मुकरियाँ, जिनमें उन्होंने पुलिस, कानून, चुंगी और टैक्स का कैसा चुटीला विरोध किया था। खत्म थोड़े ही हुआ। वह तो है और पूरे उसके साथ है। जिस समय भारत में कंप्यूटर का आगमन हुआ था, तब सारे देश के बुद्धिजीवियों ने राजीव गाँधी की भूरि-भूरि निन्दा की थी। प्रत्येक गोष्ठी में, मंच की कविताओं में मज़ाक उड़ाया गया था– परन्तु आप देखते हैं हर शिक्षित मध्यवर्गीय के घर में एक पी.सी. पड़ा हुआ है। दरअसल, यह निन्दा तो निश्चित पराजय के बोध से पैदा होती है। विरोध स्वीकृति का रास्ता खोलता है।

बस एक अन्तिम बात कहकर मैं अपनी वाणी को विराम देता हूँ। सब जानते और मानते और कहते हैं कि भूमण्डलीकरण का अर्थ अमेरिका है। सो अमेरिका में आजकल भाषा पर बहुत ध्यान दिया जाता है। वे कहते हैं कि बात चाहे जितनी कड़वी हो, खराब हो, परन्तु उसे सुन्दर शब्दों में कहना चाहिए। यदि आप ठीक से बात नहीं कह पाये तो फालतू-सा बखेड़ा खड़ा हो सकता है। न मालूम किसकी भावनाओं को ठेस लग जाये। किसी को चोट पहुँचाना, किसी को अपमानित करना हमारा उद्देश्य नहीं है, हम तो पाँच पैसा कमाने निकले हैं– अहं को टकराने नहीं। इसलिए अमेरिका में अब नीग्रों को नीग्रो नहीं कहा जाता, काला कहकर भी अपमानित नहीं करते, उसे अफ्रीकन अमेरिकन" कहा जाता है– यह पोलिटिकली करक्ट– राजनीतिक दृष्टि से सही शब्द है। इसी तरह शौचालय के लिए अँग्रेज़ी में शब्द चलता है टॉयलट, अब यह शब्द तो बहुत ही पिछड़ा है ओबीसी है– ये इंग्लैण्ड वाले कहते हैं– अमेरिका में शब्द बदला, यह वाष रूम हो गया भारत के पंचसितारा होटलों में यह शब्द चलने लगा। अमेरिका में इसे भी ठीक नहीं समझा गया, यह धोना-धुलाना सही नहीं। इसलिए अब चलता है रेस्ट रूम, शब्द सही होना चाहिए– कर्म तो जो है सो है। वही करना है। परन्तु बोलने में सुहाना होना चाहिए।

यदि इसी तर्क को आगे बढ़ाये तो यह "भूमण्डलीकरण" शब्द की खोज भी बड़ी मोहक हो सकती है। भूमण्डलीकृत गाँव "ग्लोबल विल्लेज" यह नाम है और यह नाम रस्ट रूम की तर्ज पर ही बनाया हुआ प्रतीत होता है। इसे हमारे प्रच्छन्न प्रगतिशील प्रच्छन्न साम्राज्यवाद के रूप में समझते हैं और समझाते हैं।

खैर! जो भी समझें! मेरे इन बिखरे हुए सूत्रों को आपने ध्यान से सुना, इसके लिए आप सबका आभार।

जो भी हो, यदि हम इस आलोक में हिन्दी भाषा और साहित्य को देखें तो दो-एक विचारणीय बातें हैं, जिन्हें आपे सम्मुख रख सकते हैं। वेल्ड पोलिसी फोरम के अध्ययन के अनुसार संसार की आधी से अधिक भाषाएँ लोप होने की कगार पर पहुँची हुई हैं। साक्षर और शिक्षित देशों की भाषिक विविधता पर बात करें तो कह सकते हैं कि भारत के पिछड़ेपन के कारण भाषायी विविधता की दृष्टि से भारत में 125 भाषाएँ बोली जाती है, जबकि अतिशिक्षित देशों में 3 या 4 भाषाओं का ही व्यवहार होता है। जो भाषाएँ बोली भी जाती हैं उन पर भी अँग्रेज़ी का दबाव है और यह दबाव जापानी, कोरियाई पर ही नहीं फ्रैंच, जर्मन भाषाओं पर भी हैं।

भारतीय शिक्षित परिवारों में एक अँग्रेज़ी और एक स्थानीय भाषा बोली जाती है– अतिशिक्षित परिवारों में बोलियों का लोप हो चुका है। जिस दिन भूमण्डलीकरण पूरा होगा तब हिन्दी बचेगी या नहीं? पता नहीं। हाँ, जब तक पिछड़ापन यहाँ मौजूद है भाषायी वैविध्य बचा हुआहै, परन्तु भूमण्डलीकरण तो अपना प्रभाव दिखायेगा ही।

जहाँ तक साहित्य का प्रश्न है– भारतीय मूल के अँग्रेज़ी लेखक अभी अधिक भारतीय प्रतीत होते हैं। हिन्दी के उन लेखकों का बाज़ार है, जिनकी रचनाएँ अँग्रेज़ी में उपलब्ध हैं या अँग्रेज़ी में भी लिख सकते हैं। अब लेखन "ग्लोबल" होकर ही रह सकता है। यहाँ "आरक्षण" नहीं हो सकता। साहित्य सर्जन के स्तर पर भी कुछ बातें हो सकती हैं, परन्तु उन्हों छोड़कर मैं अब अपनी वाणी को विराम देता हूँ।

ऐसे समय में अनुवाद हमारी मदद कर सकता है। संसार में वही भाषा बचेगी जिनमें अन्य भाषाओं का ज्ञान-विज्ञान और साहित्य अनूदित हो गया है। इण्टरनेट पर जिस भाषा में सामग्री

अधिक होती है, वही देश सैनिक शक्ति में भी श्रेष्ठ है। इसलिए विकासित देश अपनी भाषाओं में अनुवाद की मात्रा बढ़ा रहे हैं।

एक बार एक खबर आयी थी। एक व्यक्ति भारत से गया, वहाँ रहने लगा। वहाँ पर वह अपनी भाषा में मादक पदार्थ की तस्करी करने लगा और वह आराम से फोन पर बात करता था। वहाँ को पुलिस को वह भाषा आती नहीं थी, इसलिए आराम से कई वर्षों तक उसका काम चला-बाद में पुलिस ने भाषा और भाषा के संकेतों को समझा और वह पकड़ा गया। कहने का तात्पर्य यह है कि यदि आप उन देशों की भाषाएँ, साहित्य और संस्कृति नहीं जानते, जहाँ के निवासी आके यहाँ आते हैं या आप जहाँ जाते हैं तो आप अपने देश में भी सुरक्षित नहीं हैं। भाषा का अध्ययन राष्ट्रीय सुरक्षा के लिए आवश्यक है। व्यापार और वाणिज्य के लिए तो वह अपरिहार्य है ही। कोई भी भारतीय अँग्रेज़ी में औपचारिक ही हो सकता है। हिन्दी में वह सम्पूर्णता में अभिव्यक्त करता है। इस तथ्य की बारीकी को आज दुनिया-भर के लोग समझ रहे हैं तथा हिन्दी भाषा और साहित्य का अध्ययन कर रहे हैं। यह विश्व शान्ति के लिए, आपसी भाईचारे के लिए बहुत ज़रूरी है।

# यक्ष रक्ष नाग देव-हेल द्वीप, सिंहली : एक अट्टकथा

***रंजना अरगडे***

एक ज़िन्दगी जी चुकने के बाद कोई और भला उस ज़िन्दगी को दुबारा जी सकता है? जो छूट गया हो, उसे दुबारा थाम सकता है? जो बीत गया है उस समय को (बिना पृथ्वी पर) पैदा हुए क्या सम्भव है कि कोई उसे दुबारा जी सके? हाँ, ज्ञान के माध्यम से, साहित्य के माध्यम से यह सम्भव है कि हम दुबारा, छूटा हुआ, भूला हुआ, बिसरा और बिखरा हुआ समेट सकते हैं। सचमुच, वे लोग जिन्होंने ज्ञान का निर्माण किया है, अपने सारे समय को जिन्होंने ज्ञान साधना में लगा दिये वे ही सच्चे मनुष्य हैं क्योंकि उनके द्वारा निर्मित ज्ञान ने ही आगे की पीढ़ियों को यह भरोसा दिलाया कि वे मनुष्य हैं। उस संस्कृत सूक्ति की मैं कायल हो गयी जिसमें यह लिखा है कि कला और ज्ञान के बिना मनुष्य पुच्छ विहीन पशु ही है। जिसने इतिहास लिखा है, इतिहास कथाएँ लिखी हं, प्राचीन काल में ज्ञान का निर्माण कर जो उसे लिपबद्ध कर गया है वही श्रेष्ठ मनुष्य कहलाने के योग्य है। जिस तरह भाषा की खोज ने मनुष्य को प्राणी से भिन्न कोटि प्रदान की, उसी प्रकार लिपि की खोज ने मनुष्य को परम्परा का सातत्य दिया। श्रीलंका यात्रा (18 जनवरी 2014 से 23 जनवरी 2014) के बाद ही मुझे यह सघन बोधात्मक प्रतीति हुए कि मनुष्य के रूप में अगर कोई श्रेष्ठ कार्य है तो वह ज्ञान का निर्माण करना ही है। (सच्ची और उच्च कोटि की रचनाशीलता भी ज्ञान का ही अंग है। रचनाशीलता अर्थात् ज्ञान की रचनात्मक अभिव्यक्ति, प्रस्तुति।)

Good Morning, Everybody, I am Nelmani Rajpaksha and I am not related to Mahindra (Mahinda) Rajpaksha... इस वक्र कथन और एक तिरछे हास्य से हमारा गाईड़ रोज़ सुबह हमारा स्वागत करते हुए हमें जब यह कहता था, तब मुझे नहीं मालूम था कि होना और न होना ही मेरे लिए श्रीलंका यात्रा का तत्वार्थ/तात्पर्यार्थ सिद्ध होगा। नीलमणी राजपक्ष अपनी टूटी अँग्रेज़ी में मार्गदर्शक का रोल निभा रहा था। बस में बैठे अधिकांश सहयात्री अँग्रेज़ी और वह भी नीलमणि राजपक्ष की अँग्रेज़ी, नहीं समझ पा रहे थे अतः गीत, हँसी और बातचीत के शोरगुल में श्रीलंका से सम्बन्धित नीलमणि की अत्यन्त महत्त्वपूर्ण जानकारियाँ खो गयीं और मुझ तक नहीं पहुँच सकी। परिणाम यह हुआ कि मैं श्रीलंका से भारत कई सारे प्रश्न ले कर लौटी।

सम्भवः पहली बार ऐसा हुआ कि यात्रा करने के बाद भी मैं यात्रा में ही होऊँ। श्रीलंका यात्रा ने जहाँ एक ओर मेरे भीतर को यात्रा के भौतिक एवं रचनात्मक आनन्द से लबालब और सराबोरकर दिया वहीं मेरे भीतर ऐसे अनेक प्रश्न उठाए जिनके उत्तर तो मुझे ढूँढ़ने ही थे। यह यात्रा जब मेरी स्मृति में, मेरे चित्त में जागती है तो ऊपर से नीचे तक हरियाली में नहा उठती हूँ, हरियाली में डूब जाती हूँ। मैंने इसके पहले इतनी सातत्यपूर्ण हरियाली कभी नहीं देखी थी।

सघन वनराजि। सही अर्थों में शस्य-श्यामला। ऐसा समृद्ध और इतना अधिक हरा रंग मैंने श्रीलंका ही जा कर देखा। हिमालय की पहाड़ियों को अलग अलग हिस्सों से और दिशाओं से देखा है, केरल भी देखा है... वहाँ पर भी हरियाला है, पर ऐसा नहीं। सघन ऊँचे विस्तीर्ण वृक्षों पर गुच्छ के गुच्छ चमकते धूल-रहित पत्ते कितना आश्चर्य जगा सकते हैं, वह अहमदाबाद के निवासी ही जान सकते हैं। अहमदाबाद को गर्दाबाद भी कहा जाता है। इतनी धूल... कि प्रेम अगर पदार्थ होता तो प्रेमी प्रेमिका को धूल की बारीक पर्त वाला प्रेम-पदार्थ ही दे पाता। इसीलिए वह हरा मेरे अन्दर ऐसा समा गया है कि... गहरे, अन्दर ही अन्दर और अन्दर धँसता जा रहा है।

प्रश्नाकुल यात्री बन कर जब वापस लौटी तो पहला प्रश्न मेरे मन में यही था कि अगर श्रीलंका के जंगलों में सिंह नहीं है तो श्रीलंका की ध्वजा पर पिछले 2000 वर्षों से सातत्य पूर्ण रूप से सिंह की उपस्थिति क्यों? वर्षों पहले जब मैंने कर्णाटक की यात्रा की थी (1978) तब वहाँ के मन्दिरों में सिंह के स्थापत्य थे जिन पर बैठ कर मैंने तस्वीरे खींची और खिंचवाई थीं। कोलम्बो के इंडीपैंडंस स्क्वेयर में जब बहुत सारे सिंहों के शिल्प देखे तो उन पर बैठने का मोह हो आया। मुझे इस बात ने अधिक प्रभावित इसलिए किया होगा कि मैं एक ऐसे राज्य से आ रही हूँ जहाँ सिंह जंगलों में वास्तव में होते हैं। गुजरात की पहचान भी सिंह ही है। सिंह हमारे टूरिज़्म में है और सिंहवाहिनी की पूजा हम लोग करते ही हैं। अतः सिंह -वाहन पर बैठना तो वीरता की निशानी है। मुझे पता नहीं है कि गुजरात जब भारतीय गणतन्त्र का हिस्सा नहीं था तब क्या कभी उसकी ध्वजा पर सिंह रहा होगा। परन्तु अभी तस्वीर खींच पाते कि दूसरी बस के गाईड ने अत्यन्त क्रोध और परेशानी से मुझे कहा कि आपको कितनी बार बताया कि इस पर न बैठें। मैंने प्रतिवाद किया कि आपने मुझो तो नहीं बताया और हमारे गाईड ने तो हमें ऐसी कोई सूचना नहीं दी थी। खैर मैं उठ तो गयी और आसन्न बुढ़ापे में, सबके सामने इस प्रकार से कहे जाने पर शर्मिन्दा भी हुई। परन्तु मेरे मन में यह प्रश्न बना रहा कि सिंह पर बैठने को ले कर इतनी परेशानी। ... याद करने की कोशिश कर रही थी कि हमारे यहाँ राजचिह्नों के प्रति इतना सम्मान क्या अपेक्षित होता है? श्रीलंका में सिंह राष्ट्रीय गर्व और गौरव की निशानी है हमारे लिए आस्था की...। अँग्रेज़ों से मुक्ति पाने के बाद कोलम्बो शहर के मुख्य स्थान पर यह इंडिपेंडन्स स्क्वेयर बना है...। स्वतन्त्रता रक्षा करते वीरता के प्रतीक रूप ये सिंह शिल्प सिंहली प्रजा के लिए बहुत ही श्रद्धा और आदर का प्रतीक थे। मैंने यह सवाल वहाँ कई लोगों से किया कि जब श्रीलंका के जंगलों में सिंह नहीं है तो उनके राष्ट्रीय झंडे पर सिंह का चित्र क्यों? और बहुत गर्व से वे लोग कहते हैं कि पिछले 2000 वर्षों से यह सिंह हमारे ध्वज पर है। श्रीलंका के जंगलों में हाथी हैं और हाथी को उन्होंने अपने टूरीज़्म के लिए सुरक्षित रखा है। जब कोई सन्तोषपूर्ण उत्तर नहीं मिला तो मुझे उन स्रोतों को देखना पड़ा जहाँ से मुझे ये सब जानकारियाँ मिलतीं। मुझे ध्यान आया कि नीलमणि राजपक्ष ने हमें बस में श्रीलंका का ध्वज दिखा कर उसे समझाया था कि कैसे अब उनके ध्वज में हिन्दुओं की उपस्थिति का केसरी रंग और मुसलमानों की उपस्थिति का हरा रंग है। चारों तरफ की पीली बॉर्डर अन्यों की उपस्थिति को दर्शाती है तो चार पत्तियाँ हैं जो करुणा, मित्रता, आनन्द तथा समानता के मूल्यों का प्रतीक है। बिना धर्म निरपेक्षता के झंडे फहराए दूसरों को संवैधानिक स्वीकृति देना। श्रीलंका धर्मनिरपेक्ष राष्ट्र नहीं है। वह एक धार्मिक राज्य है पर अपनी धार्मिक सहिष्णुता को उसने अपने ध्वज पर स्थान दिया है। (486 ई. पू से ले कर सन् 1815 ई तक सिंह ध्वज पर बना रहा। अँग्रेज़ों ने आकर अपना स्वयं

का ध्वज फहराया। फिर सन् 1948 में आज़ादी के बाद से पुनः वह सिंह ध्वज पर आ गया)

पर जो पहला ढटका मुझे लगा वह तो यह कि रावण और श्रीलंका के बारे में जो मैं समझती थी वैसा कुछ भी नहीं है। मेरा पहला भ्रम निरसन यह हुआ कि श्रीलंका में रावण की पूजा नहीं होती। यूँ श्रीलंका में रामायण सम्बन्धी पचास स्थल लक्षित किए गये हैं, परन्तु रामायण अथवा राम श्रीलंका के टूरिज़्म में है, बहुत हुआ तो प्रागैतिहासिक उल्लेखों में कभी-कदाच आ जाता है, पर, श्रीलंका के इतिहास में नहीं। हालाँकि टी.ई परेरा ने 1976 में सिलॉन शाखा की रॉयल एशियाटिक सोसायटी में व्याख्यान देते हुए यह सुझाया था कि सिगिरया वह स्थान हो सकता है जिसका उल्लेख रामायण में लंकापुरी के रूप में हुआ है।"[1]

श्रीलंका का राजनैतिक इतिहास विजय के राज्यकाल से आरम्भ होता है। उसके पहले श्रीलंका में इतिहास-पूर्व का समय था जिसमें रावण और राम नहीं है। बल्कि इतिहास पूर्व ऐसे अनेक प्रसंग तथा घटनाओं का उल्लेख मिलता है कि आपको लग सकता है कि आदिकवि वाल्मीकि लंका के जीवन के बारे में जानते होंगे और उस समय की घटनाओं के प्रेरणा ले कर अथवा उससे मिलती-जुलती घटनाओं का काव्यात्मक रूप रामायण में मिलता है। जैसे यह माना जाता है कि श्रीलंका में यक्षिणीयाँ रहतीं थी जो यात्रिकों को लुभाती थीं फिर (चूँकि मनुष्य भक्षिणी हुआ करती थीं, अतः उन्हें खा जाती थीं) शूर्पणखा का रूप बदल कर राम को लुभाना इसी प्रकार का प्रसंग है। यक्षों द्वारा रूप बदलने की बात भी रामायण में है। कहने का तात्पर्य यह है कि रामायण की मूल कथा का कथ्य-प्रसंग परिवेश उन तथ्यों का काव्यात्मक रूप प्रतीत होता है जो श्रीलंका में विजय-पूर्व इतिहास (प्राग्) में वर्णित मिलता है। ऐसा लगता है कि वाल्मीकि को उस समय की श्रीलंका की वास्तविकताओं एवं श्रीलंका सम्बन्धी मान्यताओं का अवश्य ही परिचय रहा होगा। राम की कथा तो बहुत पुरानी है, पर वाल्मीकि अपने समय (ईसा पूर्व तीसरी शताब्दी) को बहुत अच्छी तरह जानते रहे होंगे। एक सन्दर्भ ऐसा भी आता है कि वाल्मीकि नाग जाति के थे।"[2] इस तथ्य पर विवाद हो सकता है।

मुझे सबसे अधिक निराशा सीता इलिया को देख कर हुई। सीता इलिया में अशोक वाटिका के नाम पर सीताम्मा का जो मन्दिर है, वहाँ हम जैसी कल्पना कर सकते हैं वैसी न वाटिका है, न अशोक वृक्ष हैं। बस, पहाड़ी रास्ते के किनारे एक मन्दिर है जो तमिल स्थापत्य की याद दिलाता है। यानी कि बाद में जब तमिलों ने श्रीलंका पर चढ़ाई की और जब उनका वहाँ पर राज्य रहा होगा (लगभग 800 वर्षों तक) तब यह मन्दिर बना होगा.... मन्दिर के पीछे एक झरना है जहाँ यह मान्यता प्रचलित है कि सीताम्मा नहाया करती थीं और जो छलांग लगा कर हनुमानजी वहाँ पहुँचे थे तो उनके पदचिह्न हैं, एक छोटा एक बड़ा... तर्क यह है कि हनुमानजी तो हनुमानजी थे अतः उनका एक पैर छोटा और एक बड़ा भी हो सकता था। लम्बा समय बीत गया है अतः अशोक के वृक्ष नष्ट हो गये। .. बकौल गाईड़। पर श्रीलंका में अशोक वृक्ष बहुतायत से बॉटेनिकल गार्डन में थे। वह वाटिका भी है और अशोक वृक्ष भी वहाँ हैं

और बहुत प्राचीन हैं यह वृक्ष। पर बॉटेनिकल गार्डन अशोक वाटिका न था और जिसे अशोक वाटिका कहा जाता था वहाँ आज अशोक नहीं थे। जब हम वहाँ थे तो कुछ तमिल परिवार अवश्य वहाँ पर अपने मृतकों का मरणोत्तर संस्कार करने आये थे। सीताम्मा के मन्दिर के पास पहती जल धारा का ऐसा भी उपयोग हो सकता है, यह मालूम नहीं था। इसका मतलब यह था कि वह एक आरक्षित हिन्दू स्थल था। सीताम्मा मन्दिर जिस सड़क पर था वहाँ से

दाहिनी तरफ़ विशाल पहाड़ की चोटियाँ दिख रही थी। हमारी दूसरी बस के गाईड ने हम सभी को बुलाया, उसके चेहरे पर एक व्यंग्य भाव था, उसने हमे वह पहाड़ दिखाते हुए हमें उसके चेहरे को साईड से आधा देखने के लिए कहा और फिर उस पहाड को दिखाया और बताया कि किस तरह वहाँ लेटे हुए हनुमानजी दिख रहे हैं। हम लोगों को अपने कवियों ने बादलों में आकार दिखाए हैं, पर पहाड़ों में आकार दिखाने की कला मैंने इस श्रीलंकाई गाईड़ में ही देखी। लेटे हनुमानजी के आकार को हमें हनुमान मन्दिर ले जाने वाली टुक-टुक (ऑटे रिक्शा) के ड्राइवर ने भी दिखाया। यात्री, विशेष रूप से हिन्दू यात्रियों को अपने पैसे की सार्थकता लगनी चाहिए, इसका ध्यान लंका के टूरिज़्म ने रखा है, यह बात हमें भूलनी नहीं चाहिए। हमारी यात्रा जो आयोजित की गयी थी, उसमें रामायण के अधिक स्थल नहीं थे। मैंने बाद से जब पढ़ा तो पता चला कि वहाँ कुछ यात्रा-पैकेज केवल रामायण सम्बन्धित स्थलों के ही थे। मैंने जितनी वेब-साईट्स देखीं, उनमें लगभग अधिकांश पर्यटन सम्बन्धी थीं, अतः उसमें लिखी जानकारी का आशय इतिहास पढ़ाना तो नहीं ही था। अतः जानकारी प्राप्त करने के लिए अन्य स्रोतों को देखना आवश्यक था।

इसी प्रक्रिया में मेरे ध्यान में ऐसी आकर्षक और विशिष्ट उद्देश्य से बनायी गयी साईट्स भी आयीं जिनमें रावण के इतिहासत्व को स्थापित किया गया है। यह प्रक्रिया जारी है और विकासशील भी दिखाई दी। एक ऐसी ही टूरिज़्म की साईट पर जो विवरण लिखा था वह इस प्रकार है–

**श्रीलंका में प्रवासियों की पहली खेप**

7500 बी सी कैंबीयन, श्रीलंकाई रामायणीय तथा महाभारतियों में सम्बन्ध। उत्तर भारत से श्रीलंका में जो पहली प्रवासियों की खेप आयी वह गुजरात के यदु वंश से संबन्द्ध थी। यदुवंशियों का भारत के दक्षिण-पश्चिमी क्षेत्र में एक तरह का वर्चस्व था। (इसमें गुजरात के कुछ भाग, महाराष्ट्र और राजस्थान का कुछ हिस्सा मथुरा और दिल्ली तक का क्षेत्र)। गुजरात की तरफ से यदुवंशियों के लिए समुद्र का मार्ग उपयोग के लिए सरल एवं सहज था। उसी क्षेत्र में कुछ अवशेष मिले हैं। इस सन्दर्भ में हुई नयी खोजें बताती हैं कि भारत में 6000बी. सी जो हड़ुपा और हड़ुपा– पूर्व अवशेष प्राप्त होते हैं वह वैदिक थे, क्योंकि वे वेदों में प्रसिद्ध सरस्वती नदी के किनारे बसते थे। गुजरात और कच्छ में जो यदुओं का क्षेत्र माना जाता है वहीं पर हड़प्पा के बन्दरगाह वाले शहर लोथल औरधोलावीरा के अवशेष प्राप्त हुए हैं जो लगभग ई. पू. तीसरी शताब्दी के हैं। अतः श्रीलंका में आने वाले उत्तर भारतीय प्रवासियों के आगमन का तारीख और पीछे चली जाती है। रामायण के सघन अध्ययन से पता चलता है कि रावण द्रविड़ नहीं था। बल्कि कुछ इतिहासकारों के अनुसार वह वैदिक यदुवंशी परिवार में से था जो श्रीलंका में प्रवासी के रूप में गये थे और उत्तर भारतीयों की तरह बाद में सिंहली मूल निवासियों में, सिंहली सभ्यता का अंश हो गये।

35, 000 वर्ष पूर्व अथवा उससे पहले श्रीलंका में आधुनिक मनुष्य आ कर बसा था, ऐसा कहा जा सकता है। वह उन बेद्दा जनजाति के पूर्वज रहे होंगे जो आज भी मादरुओया नेशनल पार्क में बसते हैं और आज उनकी जनसंख्या 2000 के करीब है। ईसा पूर्व छठी शताब्दी में उन्हें सिंहली प्रजा ने विजित कर लिया जो उत्तर भारत से आये थे। रामायण में सम्भवतः इसी

आक्रमण का काव्यात्मक रूप है। महावंश के अनुसार विजय वह पहला सिंहली राजा था जो ई. पू 483 लेका की धरती पर आया था। सिंहली उत्तर लंका में आ कर बसे और एक व्यापक सिंचाई प्रणाली का निर्माण किया।"[3]

श्रीलंका के इतिहास के विषय में प्रायः यह मान्यता सर्व स्वीकृत है कि उत्तर भारत (बंगाल) से राजा विजय ने अपने 700 साथियों के साथ श्रीलंका की भूमि पर पहला ऐतिहासिक चरण रखा। अर्थात् श्रीलंका का इतिहास विजय के आगमन के साथ आरम्भ होता है। वहाँ उसने कुवेणी-जो यक्षिणी थी अथवा वहाँ की वेद्दा आदिम जाति की एक कुँवरी थी, की मदद से सभी जनजातीय लोगों को हरा कर उन्हें और पीछे की तरफ़ धकेल दिया। कुवेणी से विवाह किया और बाद में उसे तथा उसकी सन्तानों को त्याग दिया। फिर मदुरा से किसी राजकुमारी को बुला कर दुबारा विवाह किया। कुवेणी के पास अपने लोगों के बीच जाने के सिवा दूसरा विकल्प नहीं था। लेकिन उसके कारण उसकी जाति का जो नुकसान हुआ इसलिए उसे उसके भाइयों ने मार डाला। इस सन्दर्भ में डॉ. इरा शुक्ला ने अनी पुस्तक में बड़े विस्तार से लिखा है।"[4]

श्रीलंका के इतिहास ग्रन्थ-चाहे वह ई.ए. ब्लेज़ का हो अथवा एच. आर. परेरा का हो या डॉ. हरिप्रसाद शास्त्री जी का हो अथवा फिर इरा शुक्ला की पुस्तक में दिया इतिहास विवरण हो अथवा पर्यटन सम्बन्धि साईट्स में लिखा हुआ इतिहास हो... सभी इस बात को स्वीकार करते हैं कि श्रीलंका का व्यवस्थिति इतिहास विजय के आगमन से ही आरम्भ हुआ है।[5] यही बात महावंस में भी उल्लेखित हुई है। जब मैंने बस में नीलमणी राजपक्ष से सवाल किए थे तो उसने कहा कि आपको जो कुछ जाना हो आप महावंस में पढ़िए। इसका मतलब यह हुआ कि आम श्रीलंकावासी के मन में महावंस में लिखे इतिहास पर भरोसा है। और आखिर वह थेरवादी बौद्ध है, तो विशेष रूप से उसमें दी हुई जानकारी उसके लिए विश्वास एवं श्रद्धा का विषय है।

श्रीलंका के इतिहास को देखते हुए यह कहा जा सकता है कि एक पक्ष ऐसा है जो सिंहली को मूल श्रीलंका का ही मानता है (रंजीत दस्सनाइके) और एक पक्ष ऐसा भी है कि जो सिंहली को भारत से आयातित मानता है (ब्लेज़, परेरा तथा शास्त्रीजी)। अब सवाल केवल इतना ही नहीं है कि सिंहली भारत से आये, पर भारत के पूर्व से आये अथवा पश्चिम से? लाड प्रदेश लाट (गुजरात) या राढ या गौड (मध्य बंगाल)[6] यह विवाह भी चलता ही रहा। फिर सिंह तो गुजरात में पाए जाते हैं, बंगाल में तो सफेद चीते होते हैं। श्रीलंका में भी टाइगर (चीते) हैं। तो यानी श्रीलंका के पूर्वज बंगाल से थे। या गुजरात से थे? यह भी एक विवादास्पद प्रश्न है। मैं अपने को टटोला कि मेरे मन में इस प्रश्न ने इतनी जगह क्यों घेर रखी है? क्यों मेरे मन में यह ललक हो कि श्रीलंका का सम्बन्ध गुजरात से हो? क्या इसका एक कारण यह भी है कि इससे मैं गुजरात की धरती पर मनुष्य की बस्ती की प्राचीनता देखना चाहती हूँ? या फिर... गुजरात के सांस्कृतिक एवं वाणिज्यिक महत्त्व की प्राचीनता से गौरवान्वित होना चाहती हूँ। कहीं दूसरों के इतिहास में मैं अपनी महिमा तो नहीं रेखांकित करना चाहती? आखिर लोथल और धोलावीरा के अवशेष इसी भूमि पर हैं। और पुरातत्विक खोजों ने बताया है कि इन प्राचीन अवशेषों में जो मानव अवशेष मिले हैं, उनमें से कुछ द्रविड नर-अवशेष हैं।[7] भारत का पश्चिमोत्तर प्रदेश यदुवंशियों का क्षेत्र माना गया है; एक जानकारी यह भी कहती है कि श्रीलंका में मनुष्यों की पहली खेप गुजरात से गयी थी, सिंहली लिपि गुजराती लिपि से कुछ अंश तक समानता रखती है; एक मान्यता यह भी है कि रामायण की भूमि पूर्व थी तो महाभारत की भूमि भारत का पश्चिमी

भाग था, रावण अगर यदुवंशी था तो यह कहा जा सकता है कि भारतीय महाकाव्यों में गुजरात की भूमि का महत्त्व है। .. इसी सोच में अचानक मेरी समझ में आया कि किस तरह आवेगी और आवेशी ज्ञान-सम्पादन कभी कभी आभासी और खतरनाक साबित हो सकता है।

लेकिन इससे एक और बात भी मेरे ध्यान में आयी कि भारत भूमि पर इक्ष्वाकुओं की अपेक्षा यदुवंशियों का वर्चस्व अधिक रहा। क्योंकि महाभारत में भी यदुवंशियों का ही उल्लेख है। यूँ रावण, कृष्ण, कंस सभी यदुवंशी थे और वे आज तक भारत में एक बड़ी संख्या में विद्यमान हैं। तो इसका एक अर्थ यह हुआ कि महाभारत में जहाँ पारिवारिक युद्ध था वहाँ रामायण में दो वंशों के बीच युद्ध था– इक्ष्वाकुओं और यदुवंशियों के बीच। यानी रामायण में वंशों और नस्लों की लड़ायी थी जो एक व्यापक हित के लिए लड़ी गयी थी, जबकि महाभारत एक पारिवारिक युद्ध था जो सुई की नोक भर ज़मीन भी न देने के कारण हुआ था। यह सत्ता-प्राप्ति की लड़ायी थी। रामायण एक चरित्र पर केन्द्रित कथा को व्यापक सन्दर्भों से, व्यापक हित के साथ जोड़ने की बात करता है (भील, शबर, रक्ष, आर्य, भालू, निषाद आदि) जिसका मूल आधार सत्ता का अधिकार छोड़ने (भरत के हित) और प्राप्त सत्ता को देने (विभीषण) से जुड़ी है। जबकि महाभारत एक परिवार के आपसी मसलों में दुनियाभर की कथाओं प्रसंगों, घटनाओं लोगों को शामिल करने की बात करता है– यत्र भारत तत्र भारत। हमारे आदि कवियों ने मनुष्य जाति के मूलभूत स्वभाव एवं वृत्तियों को जिस तरह चित्रित किया है, क्या आज भी हम उनसे बाहर जा सके हैं?

श्रीलंका के मूल निवासियों की बात करें तो यह भीतर-बाहर का मामला है। यह "बाहर और भीतर" भी एक अजब राजनीति है। इतिहासकारों का घोड़े वाला सिद्धान्त भी जिस तरह भारतीय आर्यों के सन्दर्भ में एक नयी बात करता है (कि आर्य कहीं बाहर से नहीं आये हैं, बल्कि यहीं के निवासी थे) उसी तरह श्रीलंका में घोड़ा गाई का मिलना और उसे मैसेपोटीयन सभ्यता के साथ जोड़ने की बात भी इसी प्रकार के निष्कर्ष पर ले जाती है कि श्रीलंका के मूल निवासी उत्तर भारतीय नहीं थे न ही द्रविड के क्योंकि द्रविड कहीं और से पहले भारत आये, उसी तरह जिस तरह आर्य बाद में आये। एक मान्यता यह भी है कि श्रीलंका के मूल निवासी कहीं बाहर से नहीं आये बल्कि वहीं के मूल निवासी हैं। यक्ष, रक्ष, नाग तथा देव जाति के लोग श्रीलंका के मूल निवासी हैं।[8] वेद्दा वहाँ की जनजातीय प्रजाति है।

लेकिन इधर इस बात का विरोध भी होने लगा है। संडे ऑबज़र्वर में श्री, रंजीत. सी. दिस्सनाइके का एक लेख छपा जिसमें सिंहलियों को भारतीय मूल के साथ जोड़े जाने में बेहद आपत्ती उठायी है। विशेषकर उनके कथनानुसार विजय का इतिहास बहुत सम्मानजनक नहीं है। ऐसा माना गया है कि बंगाल के पास एक सुन्दरी राजकुमारी थी जिसके प्रेम में एक सिंह पड़ गया अथवा वह उसके प्रेम में पड़ी। सिंह उसे उठा कर जंगल में ले गया। उनके समागम से दो सन्तान पैदा हुए– सिंहबाहू तथा शिवाली (सिंहाली) सिंहबाहू को अपने ननिहाल के बारे में पता चला तो वह अपनी माँ तथा बहन को लेकर वहाँ चला गया। सिंह अकेला पड़ गया और मानव बस्ती में आने लगा। वहाँ सिंहबाहू के ननिहाल में सिंह के शिरच्छेदन को राज्य देने की पेशकश हुई। पर उसने मना कर दिया और अपनी माता के दूसरे पति को राज्य दे कर शिवाली को लेकर अन्य राज्य बसाने चला गया। वहाँ सिंहली अथवा शिवाली तथा सिंहबाहू के समागम से सात सन्तान पैदा हुई जिसमें विजय सबसे बड़ा था। परन्तु दुश्चरित्र होने के कारण

उसे सिंहबाहू ने देश निकाले की सजा दी। वह अपने 700 सैनिकों के साथ श्रीलंका पहुँचा। उसीके आगमन से श्रीलंका का इतिहास आरम्भ हुआ माना जाता है।

मनुष्य और प्राणी के समागम के मिथ को स्वीकार कर भी लें तब भी विजय का अपराधी चरित्र किसी भी देशवासी के लिए गौरव की बात नहीं हो सकती है। शायद इसीलिए श्री रंजीत दस्सनाइके ने इसका विरोध किया। उनके इस पत्र की प्रतिक्रिया के रूप में दो चार और पक्ष छपे जिनसे ज्ञात होता है कि श्रीलंका के इतिहास को लेकर मूर तथा मुस्लिमों की मान्यता आलग है तथा तमिलों का पक्ष अलग है। अतः यह मुद्दा अत्यन्त ज्वलनशील है। खैर, कहने का अर्थ यही है कि श्रीलंका जितना प्राचीन है उतना ही उसमें अपनी जड़ों को लेकर आज वहाँ के बौद्धिकों के मन में गम्भीर प्रश्न उठ रहे हैं। मुझे या किसी अन्य को, जिसका सम्बन्ध श्रीलंका की राष्ट्रीयता से नहीं है, सिंहबाहू वाली कथा और उसके फलस्वरूप जन्मी सन्तति वाली बात बहुत आकर्षित कर सकती है, परन्तु बौद्धिक श्री. दिस्कनाइके जी के साथ सहानुभूति और कहीं न कहीं समर्थन का भाव भी जाग सकता है जिन्हें अपनी इन जड़ों तक पैले झूठ से अपने और अपने राष्ट्र को बचाना चाहते हैं। अँग्रेज़ों के आने तक सब ठीक था। इतिहास को लेकर सम्भवतः अँग्रेज़ों के आने के पूर्व वह भाव नहीं होगा जो अँग्रेजों अथवा पाश्चात्य सम्पर्क के कारण उपनिवेशों में एक नये ढंग से सोचने का उपक्रम आरम्भ हुआ होगा अतः श्रीलंका के लोगों ने भी हमारी ही तरह इतिहास को ठीक करने का उपक्रम आरम्भ किया। परन्तु वहाँ के मुद्दे इतने सरल नहीं हैं। विजय के आगमन को महावंस में भी लिखा गया है। थेर बौद्धों के उस राष्ट्र में महावंस के प्रति सामान्य जनता के मन में श्रद्धा और आदर तो बना ही रहेगा, जैसे हमारे टूर गाईट नीलमणि राजपक्ष जी के मन में था जिन्होंने हमें महावंस पढ़ने के लिए कहा था। किन्तु किसी भी देश का बौद्धिक वर्ग अपनी परम्पराओं के तथ्यों को जस का तस स्वीकार नहीं करते। जहाँ मेरे मन में एक सवाल उठता है कि क्या सिंह कथा के कारण इन्हें श्रीलंका के लोगों को सिंहली कहा जाता है? इस सम्बन्ध में सम्भवतः श्री रंजीत दस्सनाइके ने जो सिंहली की उत्पत्ति बतायी है क्या इसे इस रूप में लिया जाये?"[9]

श्रीलंका की अधिकांश जनसंख्या थेरबादी बौद्ध धर्मी है, अतः उन्हें न राम से मतलब न रावण से, सात-आठ प्रतिशत मुसलमान हैं, जो सातवीं आठवीं शताब्दी में आये अरबों के वंशज माने जाते हैं। उन्हें मूर भी कहते हैं। वे तमिल भाषा बोलते हैं। उन्हें राम-राण से लेना-देना नहीं, आठ-दस प्रतिशत ईसाई जिनके न राम हैं न रावण, बचे हुए कुछ, प्रतिशत हिन्दू जिन्हें वहाँ तमिल कहा जाता है, (तमिल दो भागों में बँटे हैं– सिंहली तमिल एवं भारतीय तमिल) उन्हें राम में मतलब था रावण से नहीं। श्रीलंका में एक मन्दिर हनुमान का है और एक विभीषण का है। ये दोनों ही मन्दिर तमिलनाडू में बने मन्दिरों के प्रतिरूप हैं। हम जो हिन्दुस्तान में रहते हैं, जानकारी के अभाव में प्रायः इस ग़लतफ़हमी में रहते हैं कि श्रीलंका में लोग रावण को पूजते हैं।

किसी भी देश की अपनी एक पहचान होती है। प्रत्येक देश के लोग अपनी अलग संस्कृति को ही अपनी अलग पहचान मानते हैं। श्रीलंका की भी अपनी एक विशिष्ट पहचान है। इस सन्दर्भ में, विशेषरूप से जब भारतीय संस्कृति का श्रीलंका पर जो मूलगामी प्रभाव है, उसे देखते हुए इस पहचान के निजिपन पर विचार करना आवश्यक हो जाता है। क्या है वह पहचान? सम्भवतः सिंहली विद्वान एवं राष्ट्रप्रेमी सिंहली अपनी भाषा की ज़ड़ों तक जाकर तथा श्रीलंका के सही (?) इतिहास लेखन की माँग के साथ इसका उत्तर पाने की कोशिश कर रहे हैं।

अप्रवासन यानी डायस्पोरा, पहचान स्थापित करने का यह का नया ज्ञान-क्षेत्र बन कर उभर रहा है। अप्रवासन को समाज, संस्कृति, साहित्य, इतिहास तथा राजनीति के नज़रिए से देखा जाता रहा है। भूस्तर अप्रवासन के सम्बन्ध में अभी बहुत विचार नहीं हुआ है। उस पर अभी काम चल ही रहा है, उसके सम्बन्ध में अभी बहुत लिखा नहीं गया है। परन्तु अगर इस पर काम होने लगेगा तो कई देशों के लिए कई प्रकार के प्रश्न नए सिरे से उठेंगे। यह अन्दर-बाहर की बात बेहद उलझाने वाली है, क्योंकि एक तर्क यह है कि विस्थापन और प्रवासन मनुष्य जाति के साथ आरम्भ से ही लगा हुआ है। लेकिन उत्तर आधुनिक दौर में सभी विमर्शों के मूल में तो राजनीतिक परप्रेक्ष्य ही रहा है। इसी राजनीतिक परिप्रेक्ष्य को हम अच्छे शब्दों में सांस्कृतिक सन्दर्भ कहते हैं। पर यह केवल मनुष्य जाति के साथ ही नहीं भूखंड़ों के सन्दर्भ में भी यह विस्थापन, उसी तरह सम्बन्धित है। डॉ. पॉल एम जयराजन ने सिंहली अक्षरों की व्युत्पत्ति पर लिखी अपनी विद्वत्तापूर्ण पुस्तक की भूमिका में कहा है– "एक द्वीप के रूप में श्रीलंका का जन्म तब हुआ होगा जब वह भारत माता (Mother India) से उनका तात्पर्य माता का शिशु से अलग होने के सन्दर्भ में माना जाना चाहिए, न कि हम लोगों के राष्ट्रीय भाव युक्त सम्बोधन के रूप में) से अलग हुआ होगा या तो महाप्रलय के दौरान जिसमें सिंधु घाटी की सभ्यता के अनेक शहर नेस्तनाबुत हो गये थे या फिर महाद्वीपीय बहाव सिद्धान्त (Continental Drift Theory) के अनुसार क्रमशः धीरे-धीरे विलग हो गया होगा। नाभिनाल से उसका आखिरी विच्छेद दक्षिण पश्चिम एवं उत्तर पूर्व मानसून के द्वारा सतत घर्षण के फलस्वरूप हुआ होगा। अतः दक्षिण भारत के प्रागैतिहासिक निवासी नृजातीय एवं सांस्कृतिक रूप से श्रीलंका वासियों से बहुत कम भिन्न होंगे। जैसा कि सिलॉन युनिवर्सिटी हिस्ट्री ऑफ सिलॉन में कहा गया है– द्वीप के भूवैज्ञानिक जुड़ाव इस बात की गवाही देते हैं कि वह भारतीय उप महाद्वीप के साथ उसका इतिहास आरम्भ से ही था। द्वीप के प्रारम्भिक वासी अपने साथ वहाँ की कला, हस्त-कौशल एवं संस्कृति साथ लाए होंगे।"[10] अप्रवासन या डायस्पोरा अथवा तुलनात्मक दृष्टि से श्रीलंका के साहित्य, संस्कृति एवं समाज का अध्ययन बहुत महत्त्वपूर्ण हो सकता है। भूस्तरीय अप्रवासन की दृष्टि से भी इसे देखा जा सकता है।

श्रीलंका का इतिहास, प्राग्-इतिहास, भाषा और भूगोल पर भारत का ज़बरदस्त प्रभाव है... श्रीलंका में मसाले हैं, मसालेदार भोजन है, चावल है; श्रीलंका की स्त्रियाँ की राष्ट्रीय पोषाक साड़ी है; वे साड़ी हिन्दुस्तानी तरीके से और श्रीलंकाई पद्धति दोनों से भी पहनती हैं; यह ठीक वैसे ही है जैसे भारत में भी अनेक प्रकारों से साड़ी पहनी जाती है, यथा-गुजरती, बंगाली, मराठी, असमी पद्धति से; ठीक उसी प्रकार श्रीलंकाई पद्धति से भी साड़ी पहनी जाती है। वहाँ की स्त्रियाँ भारत से ही साड़ियाँ मँगाती है। वहाँ की साड़ियाँ, जो हैंडलूम की हैं बहुत ही सामान्य हैं, और भारत की तुलना मँहगी भी हैं। आयुर्वेद में श्रीलंका भारत से पीछे नहीं है। पौराणिक सुषेण श्रीलंका में ही था जिसे पता था कि लक्ष्मण किस संजीवनी बूटी से सजीवन हो सकता था। यह एक और संयोग है कि भारत और श्रीलंका का राष्ट्रीय पक्षी नीला मोर है और कमल की ही भाति नीले रंग की वॉटर लिलि श्रीलंका का राष्ट्रीय पुष्प है। यानी कि एक तरह से अतिरिक्त भारत? शायद ऐसा कहना उचित नहीं है क्योंकि आज की वैश्विक समझ के अनुसार यह अन्य देश और संस्कृति पर वर्चस्व के प्रश्न के साथ जुड़ जाता है। किसी भी देश की सम्प्रभुता के प्रश्न के साथ जुड़ जाता है। किसी के सथ अपनी समानता ढूँढने और अपना प्रेम प्रदर्शित करते

हुए इतना लीन नहीं हो जाना चाहिए कि हम कब प्रेम करते-करते वर्चस्व-स्थापन के घेरे में आ जायें, इसका हमें अहसास ही नहीं रहे!

परन्तु एक सम्प्रभू राष्ट्र के रूप में श्रीलंका की संस्कृति भिन्न तो है ही। भारत के साथ इतने प्राचीन समय से और इतना व्यापक प्रभाव होने पर भी उसकी यही भिन्न संस्कृति श्रीलंका की पहचान है। क्या है यह भिन्न संस्कृति? (यहाँ यह सवाल उठता है कि संस्कृति को हम वास्तव में किस तरह से पहचानते हैं।) भाषा, कला, स्थापत्य, साहित्य, समाज-व्यवस्था आदि? रहन सहन, विवाह, उत्सव? सोच, चिन्तन? धर्म, मान्यताएँ? नागरिक जीवन? हाँ, श्रीलंका बहुत पहले से ही एक स्वच्छता प्रिय देश रहा है। और यह उसकी प्राचीन सामाजिक आदत आज तक उस देश में विद्यमान है। चाहे कोलम्बो हो या पहाड़ों से गुज़रती हुई बस से दिखते रास्तो हों या बाज़ार या फिर मन्दिर...कहीं पर भी गंदगी नहीं दिखी। श्रीलंका के पहाडी क्षेत्र से बस में से गुज़रते हुए पहाड़ों पर किसी तरह के प्लास्टिक को न देख कर मुझे अपनी शिमला यात्रा याद आयी। सारे पहाड़ प्लास्टिक के कूड़े से भरे हुए थे। बहुत अफ़सोस हुआ था। हमारी बस में जो टूरिस्ट गाईट था, वह जब बस रुकती तो नीचे गीरा कचरा उठा लेता था, चाहे वह कोई खाली पानी की बोतल हो या चौकलेट की पन्नियाएँ। ...रास्ते पर सफाई करने वाले एक बार सफाई कर के चले नहीं जाते हैं। थोड़े थोड़े समय के बाद वह एकत्रित हुए कचरे को साफ करते हैं। भारतीयों के स्वभाव से ठीक विपरीत श्रीलंका का यह स्वभाव उन्हें एक अलग पहचान देता है।

श्रीलंका प्रवास के दौरान एक और अनुभव मुझे हुआ और वह यह कि वहाँ पर जितने दिन भी रही मेरे भोजन की सामान्य मात्रा तीन गुना बढ़ गयी थी। मुझो याद नहीं है कि मैंने इतना भोजना सातत्यपूर्ण रूप से 6 दिनों तक कभी किया हो और मेरा पेट खराब न हुआ हो! हमारे साथ जितने भी लोग थे शायद पेट की तकलीफ किसी को हुई हो, ऐसा मुझे ज्ञात नहीं। वहाँ की प्रकृति इतनी समावेशी थी कि भोजन पचने में कभी भी समस्या नहीं हुई। यूँ भी श्रीलंका के लोगों की शारीरिक सम्पदा, उनकी यष्टि अत्यन्त हृष्ट-पुष्ट थी। वहाँ के लोगों की कद-काठी ऊँची है। श्रीलंका में मिले मानव-अवशेषों से पता चलता है कि शरीर विज्ञान की दृष्टि से श्रीलंका के प्रागैतिहासिक आधुनिक मनुष्य बालांगोडा नाम से पहचाने जाते थे। इनमें से कुछ नर 174 से. मी. ऊँचे और कुछ मादाएँ 164 से.मी. ऊँची पायी गयी हैं। यह आज के श्रीलंका के लोगों से अधिक ऊँछी माना जाती है। उनकी हड्डियाँ काफ़ी मज़बूत थीं। उनकी खोपड़ी की हड्डियाँ मोटी, माथे की लकीरें प्रमुखता से दृष्टिगोचर होतीं थीं, छोटी नाक, विशाल जबड़े तथा गरदन छोटी थी। दाँत बहुत बड़े थे। यह लक्षण आज भी बेद्दाओं में तथा अमिश्रित सिंहलियों में पाए जाते हैं। बालांगोडा मानव के ये लक्षण श्रीलंका के मूलभूत शारीरिक लक्षण माने जाते हैं।[11]

श्रीलंका में सिंहाली भाषा बोली जाती है और उसकी लिपि सिंहाला है। किसी भी देश की भाषा का इतिहास उसमें रहने वाली प्रजा के साथ जुड़ा है। श्रीलंका में जो कुछ लिखित साहित्य मिलता है वह प्रायः बौद्ध धर्म के आगमन के बाद का ही मिलता है। यह एक सर्वविदित तथ्य है कि श्रीलंका में पालि साहित्य सुरक्षित था। सिंहाला लिपि को तमिल लिपि से प्रभावित माना जाता है। दिखने में वह उड़िया जैसी भी लगती है। परन्तु लिपि विभाजन में एक तो वह इंडो-आर्य परिवार की मानी जाती है। पर दक्षिण एशियायी लिपियों में जो चार मुख्य लिपियाँ हैं– ब्राह्मी, देवनागरी, बंगाली-असमी तथा चकमा। उसमें देवनागरी के विस्तार में गुजराती, कन्नड, मलयालम, गुरुमुखी, खरोष्टी, लेपचा, लिंबु और मीती मायेकआदि नौ लिपियाँ हैं। इनमें मिती

मायेक के विस्तार में ओरिया, शारदा, तमिल तेलगु आदि बारह लिपियों का समावेश है। यानी सिंहाला न कन्नड से न तमिल से और न ही उडिया से प्रभावित है। न ही वह देवनागरी का सीधा विस्तार है। हाँ, देवनागरी के विस्तार का विस्तार अवश्य हैः देवनागरी का विस्तार-मीती मायेक और उसका विस्तार सिंहाला।[12] लिपियों की इतनी चर्चा इसलिए कि भाषा अगर किसी प्रजा के अस्तित्व का बायज़ है तो लिपि उसकी पहचान है। इस अर्थ में विभिन्न प्रजाओं और लोगों के कारण चाहे सिंहाली भाषा में कई तरह के शब्द, रूप आदि प्राप्त हों पर उनकी लिपि क्रमशः विकासित हो कर आज अपने वर्तमान रूप में जिस तरह मिलती है, वह उनकी अपनी पहचान बन गयी है।

पॉल.एम. जयराजन की पुस्तक History of the Evolution of the Sinhala Alphabets में अत्यन्त विस्तार के साथ सिंहली लिपि के मूल स्रोतों की चर्चा की गयी। डॉ. पॉल जयराजन ने सिंहली अक्षरों की व्युत्पत्ति के ब्रह्मी स्रोतों द्रविड की ग्रन्थ लिपि के साथ तुलना करते हुए कहा है कि अनेक परिवर्तन एवं प्रभावों के बावजूद सिंहली लिपि ने क्रमशः अपना एक निजि रूप पाया है। डॉ. राजमल वोरा अपनी पुस्तक-भारत की प्राचीन भाषाएँ में पालि के साथ सिंहली का उल्लेख करते हैं। डॉ. पॉल जयराजन ने इस बात का भी उल्लेख किया है कि सिंहाली भाषा में ऐसे अनेक शब्द हैं जो उत्पत्ति की दृष्टि से न ही द्रविड कुल के हैं और न ही आर्य भाषा कुल के। सम्भवतः इनका सम्बन्ध भारत के मुँडा कबीले से संबद्ध है जो श्रीलंका एवं भारत के प्राचीनतम निवासी माने जाते हैं।[13] डॉ. पॉल.एम.जयरामन ने अपनी पुस्तक में सिंहली अक्षरों की ज़ड़ों की तलाश करते हुए अत्यन्त विश्लेषणात्मक पद्धति से एवं शोध परक दृष्टि से उन तमाम ऐतिहासिक प्रागैतिहासिक तथ्यों की छानबीन करते हुए अपने निष्कर्षों को रखा है। उन्होंने नाग एवं यक्ष जातियों के सन्दर्भों को भी नज़रंदाज़ नहीं किया है।

यह एक संयोग है कि कश्मीर की शारदा लिपि भी मीती मायेक का ही विस्तार है। यूँ लिपि के वर्ग-विभाजन में वे साथ साथ हैं। इस बात का यहाँ उल्लेख इसलिए आवश्यक है कि कश्मीर और श्रीलंका के सूत्र बहुत विचित्र ढंग से जुड़े हैं। महावंश में इस बात का उल्लेख है कि भगवान बुद्ध अपने जीवनकाल में तीन बार श्रीलंका आये थे। उसमें एक बार वे वहाँ के नाग राजाओं के बीच हुए झगड़े को मिटाने आये थे। इस तथ्य की ऐतिहासिकता पर सन्देह हो सकता है परन्तु नागों का उल्लेख इसलिए महत्त्वपूर्ण है कि रंजीत दस्सनायिके इस बात को मानते हैं कि श्रीलंका से भी है और कश्मीर का प्राचीन मिथक नाग से सम्बन्ध्ध है। यूँ भी नाग जातियाँ भारत तथा श्रीलंका दोनों में पायी जाती हैं। दालचीनी का गृह देश श्रीलंका है और कश्मिरी कहवे में वह अनिवार्य रूप से इस्तेमाल होती है, जबकि वह वहाँ पैदा नहीं होती। श्रीलंका की इन प्रागैतिहासिक जातियों के बारे में गुनसेकर का मत देखें तो उसका मानना है कि– यक्ष मंगोलियन थे। वे हिमालय से उतर कर गंगाघाटी में आये और पूर्वी तट से होते हुए श्रीलंका पहुँचे।[14] यहाँ यह उल्लेख करना इसलिए भी आवश्यक है, क्योंकि विजय के सन्दर्भ से श्रीलंका का सम्बन्ध उड़िया बंगाल से, रावण के सन्दर्भ में यदुवंशी होने के नाते गुजरात (पश्चिमोत्तर भारत) से, (विशेष रूप से डॉ. हरिप्रसाद शास्त्री जी ने जिस तरह गुजरात और लेका का सम्बन्ध स्थापित किया है और इस बात का सन्दर्भ भी कि सिंहली भाषा पर गुजराती का प्रभाव है– कहीं न कहीं ये सब बातें विचारणीय हैं); उसी तरह नागों के सन्दर्भ में कश्मीर से और विजय ने कुवेनी का त्याग कर मधुरा प्रदेश से विवाह हेतु राजकन्याएँ मंगवायी, इस

नाते दक्षिण से और फिर बाद में तमिल (चोल तथा पांड्य राजाओं का आक्रमण) आक्रमणों का सन्दर्भ तो है ही। तमिलों ने लगभग 800 वर्षों तक श्रीलंका में शासन किया है।[15] यूँ श्रीलंका का भौगोलिक, पौराणिक, ऐतिहासिक, व्यावसायिक एवं सामाजिक संरचना की दृष्टि से भारत से गहरा सम्बन्ध है। श्रीलंका में भी जाति/ वर्ण व्यवस्था वैसी ही रही है, जैसी भारत में। भारत के प्रभाव के कारण वहाँ एक नए तरह की जाति व्यवस्था को देखा जा सकता है। लेकिन क्षतियों तथा ब्राह्मणों का प्रभाव अधिक था। वैश्यों का विशेष उल्लेख नहीं मिलता। भारत की ही भाँति, अस्पृश्यता भी वहाँ थी। वहाँ मुख्य रूप से चाण्डाल, निषाद, व्याध तथा म्लेच्छ जातियाँ अस्पृश्य मानी जाती थीं। इनमें से निषाद जाति कालांतर में भिक्षु-संघ में सम्मिलित हो गयी। इन के अलावा पुक्कस, वेण तथा रथकारों का उल्लेख भी मिलता है। हीन जातियों को निम्न दृष्टि से देखा जाता था। उन्हें समाज में स्वतन्त्र व्यवसाय की अनुमति नहीं थी। वे समाज द्वारा निर्धारित निम्न कार्य करने के लिए बाध्य थ। यही कारण रहा होगा कि उनका आर्थिक स्तर निम्न था।[16] लेकिन आज श्रीलंका में वर्ण भेद नहीं है। हाँ, वर्ग भेद अवश्य है, पर वह भी भारत की तरह भीषण नहीं है।[17] आज वहाँ का समाज वर्ग (आर्थिक आधारों पर) की दृष्टि से उच्च, उच्च मध्य वर्ग, निम्न मध्य वर्ग तथा निम्न वर्ग में विभाजित है। श्रीलंका में जाति व्यवस्था अत्यन्त जटिल है। वहाँ पर रहने वाले सिंहालियों, श्रीलंकाई तमिल तथा भारतीय तमिलों में अलग प्रकार की जाति व्यवस्था विद्यमान है। किन्तु भारत से भिन्न, वहाँ की जाति व्यवस्था धर्म पर आधारित न हो कर व्यापार, अर्थ व्यवस्था पर आधारित है। अतः अस्पृश्यता के वैसे प्रश्न श्रीलंका में नहीं हैं। फिर बौद्ध धर्म के श्रीलंका में पहुँचने के बाद यह व्यवस्था अधिक शिथिल हुई और अब लगभग समाप्त हो गयी है।

यह सही है कि विजय के आगमन के बाद श्रीलंका में भारतीय प्रभाव से जाति व्यवस्था बनी, पर उसके पूर्व वहाँ चार जातियाँ थीं– यक्ष, रक्ष नाग तथा देव। प्रायः तीन ही जातियों का विशेष स्वीकार है–देव, नाग तथा यक्ष। इनमें सिंहल की अपनी मूल जाति देव मानी जाती है, शेष जातियाँ भारत के दक्षिण प्रदेश से आकर वहाँ पर बस गयीं।[18] जातिप्रथा के आधारों की यह भिन्नता ही श्रीलंका को एक अपनी निजि पहचान देता है। फिर अँग्रेज़ों के श्रीलंका से जाने के बाद क्रमशः यह जाति व्यवस्था सामाजिक जीवन में लगभग समाप्त हो गयी है। वास्तव में यह भिन्नता ही श्रीलंका को एक ऐसी पहचान देती है, कि यह वह प्रजा है, जो सामाजिक चिन्तन में अपने आप को आगे ले जाने की क्षमता रखती है।

एक बेहद खूबसूरत देश की यात्रा करना अपने आप को भीतर से समृद्ध बनाना है। हम वहाँ जनवरी में गये थे। नुवार इलिया के पहाडी क्षेत्र में रहे और ऐसी शीतलता का अनुभव किया, परन्तु हड्डियों को बेधने वाली शीत नहीं थी। ऐसी ठंड जो अच्छी लगे। ऐसी हरियाली जो अस्तित्व के भीतर तक जा कर बस जाये। अब हरे रंग का पर्याय हो गया है श्रीलंका मेरे लिए। यह सुन्दर प्रदेश जिसका मध्य भाग सर्वाधिक सुन्दर है, जहाँ मलय प्रदेश है। भारत और श्रीलंका के गहरे मिथकीय, भौगोलिक, नृवंशीय, भू-वैज्ञानिक, प्रागैतिहासिक, ऐतिहासिक, सांस्कृतिक, सामाजिक एवं वाणिज्यिक सम्बन्धों को देखते हुए मुझे सहसा निराला की जूही की कली का स्मरण हो आया।

> "विजन-वन-वल्लरी पर
> सोती थी सुहागभरी-

स्नेह-स्वप्न-मग्न-अमल-कोमल- तुन तरुणी
जूही की कली,
दुग बन्द किये, शिथिर, पत्रांक में।
वासन्ती निशा थी
विरह-विधुर प्रिया-संग छोड़
किसी दूर-देश में था पवन
जिसे कहते हैं मलयानिल
आयी याद बिछुड़न से मिलन की वह मधुर बात
आयी याद चाँदनी की धुली हुई/आधी रात,
आयी याद कान्ता की कम्पित कमनीय गात,
फिर क्या? पवन
उपवन-सरिता-गहन-गिरि
कानन
कुंज-लता-पुंजों को पार कर
पहुँचा जहाँ उसने की के लि
नायक ने चूमे कपोल,
डोल उठी वल्लरी की लड़ी जैसे हिंडोल।"

इस कविता में किसी दूर देश में था पवन जिसे कहते हैं मलयानिल.. उसे प्रिया की याद आयी/फिर क्या? पवन/उपवन-सरित-गहन-गिरि-कानन/ कुंज-लता-पुंजों को पार कर/ पहुँचा जहाँ उसने की केलि/ कली-खिली-साथ!

आज तक मैं इसका इर्थ सौन्दर्य और रम की दृष्टि से ही समझती आयी थी। परन्तु गहन गिरि कानन, उपवन सरित कुंज लता पुंजों को पार करता पवन ज़रूर श्रीलंका से ही आया होगा। छायावाद की इस रोमानी कविता में दूर देश में जाते नायकों की भारतीय काव्य में व्यक्त हमारी सामाजिक एवं वाणिज्यिक परम्परा का भी संस्कार होगा, ऐसा कहा जा सकता है। पता नहीं निराला के मन में क्या होगा, हो सकता है कि केवल काव्य परम्परा से प्राप्त मलयानिल का ही उन्होंने प्रयोग किया हो, पर मेरे भीतर इस ज्ञान ने सौन्दर्य का एक नया स्तर बनाया।

मुझे लगा मेरी श्रीलंका यात्रा सार्थक हुई।

यह श्रीलंका देश मुझमें सौन्दर्य के कई संस्मरण जगा जायेगा हमेशा ही।

1. अँग्रेज़ों से मुक्ति प्राप्त करने के बाद अपनी वीरता के निमित्त स्वतन्त्रता क स्मृति-चिह्न।
2. रामायण का रचना काल ई पूर्व तीसरी शती माना जाता है। रम और कृष्ण का अस्तित्व वेदों के समय से माना जाता है, क्योंकि वैदिक काल के देवताओं के तिरोधान के बाद ब्रह्मा विष्णु महेश का आगमन होता है और उनकी प्राचीनता वेदों से मानी जाती है। यूँ विजय के संघर्ष का काव्यात्मक विवरण अगर रमायण में है ऐसा मान लें तो यह भी मानना पड़ेगा कि वाल्मीकि को लंका के बारे में पता था। लंका में औषधी तथा लंका में भेषज विद्या का बहुत अधिक विकास हुआ था। सम्भवतः सबसे पहले अस्पताल की परिकल्पना और उपस्थिति भी श्रीलंका में ही देखने को मिलता है। बीमार हाथियों की

सेवा सुश्रुषा के लिए बनाया गया एलिफैंट ऑर्फनेज केवल वहीं पर है। सुषेण नामक वैद्य श्रीलंका में था (रामायण में) जिसने लक्ष्मण का उपचार किया था।

3. अगर डॉ. हरिप्रसाद शास्त्रीजी की बात को मान लिया जाये तो सिहोर से श्रीलंका पहुँचे हुआ विजय तथा उसके साथियों को लोथल और ढोलावीरा की सिंचाई योजना का परिचय था।
4. When they came, the Island was occupied by yakkhas and Nagas. A legend relating to the existence of a great civilization, before this tiem, under a king named Ravana, is also current, through the early chronicles make no mention of it. (H. R P{arera, Buddhism in Lanka- A short History (pg-3)

इस कथा को सबसे अधिक विस्तार में मुझे डॉ. हरिप्रसाद शास्त्रीजी के सिलोन नामक पुस्तक में पढ़ने का अवसर मिला। उन्होंने यह पूरा प्रसंग दीपवंस तथा महावंस में से लिया है और उसे इस प्रकार दिया है–

वंगदेश के वंगनगर में वंगराज था। उसने कलिंगराज की पुत्री से विवाह किया था। उससे उसे एक पुत्री प्राप्त हुई। मगध में स्वैर विहर करने हेतु वह सार्थ (काफिले) के साथ अकेली ही निकल पड़ी। लाल देश में सिंह ने काफिले पर आक्रमण किया। सभी भाग गये। पर कुँवरी सिंह के पास गयी। सिंह उसे अपनी गुफा में ले गया। वहाँ वे दोनों पति पत्नी की तरह रहे। उनको दो सन्ताने हुईं, एक पुत्र जिसका नाम सिंहबाहू रखा और एक पुत्री जिसका नाम सिंहसिवली रखा गया।

उम्र में आने पर सिंहबाहू ने अपनी माता के मानवी वंश के बारे में जानकारी प्राप्त कर ली और चुपचाप अपनी माँ तथा बहन को ले कर सीमान्त गाँव में भाग गया। वहाँ से कुंवरी के ममेरे भाई ने उन्हें वंगनगर पहुँचा दिया। उसने कुँवरी को अपनी पत्नी के रूप में साथ में रखा।

पत्नी तथा सन्तानों के विरह में सिंह सीमान्त गाँवों में भटकने लगा। राजा ने उस सिंह को मारने के लिए डौंजी पिटवाई। सिंहबाहू सिंह के पास गया और उसका सिर काट कर उसका माथा ले आया। इसी बीच वंशराज मृत्यु हुई और अमात्यों ने वह राज सिहबाहू को देने का उपक्रम किया। पर उसने वह राज्य अपनी माता के नए पति को दे दिया और स्वयं अपने जन्मस्थान पर चला गया। वहाँ उसने सिंहपुर नामक नगर बसाया और सिंहसिवली को रानी बनाकर वहाँ राज करने लगा।

समंय बीतता गया और रानी को सोलह बार जुड़वा बच्चे पैदा हुए। उसमें विजय ज्येष्ठ था। विजय तथा उसके साथी दुराचारी थे। अतः राजा ने सभी को देशनिकाला दिया। उनकी नौका सुप्पारक (सोपारा-थाना ज़िले में वसईके उत्त में) पहुँची। वहाँ से भी उन्हें अपने खराब व्यवहार के कारण भागना पड़ा। वे भुगुकच्छ (भडौंच) पहुँचे। वहाँ वे तीन महीने रहे। वहाँ भी वैसा ही हुआ। वहाँ से विजय फिर साथियों को लेकर नौका लिए यात्रा पर निकल पड़ा। वह लंकाद्वीप में ताम्रपर्णी नामक स्थान पर उतरा। इसी दिन भगवान बुद्ध को परिनिर्वाण प्राप्त हुआ।

ताम्रपर्णी के निकटस्थ गाँव में कुवर्णा यक्षिणी को उसने वश में किया और उसकी मदद से उसने यक्षों को मार दिया। उसके द्वारा यक्षिणी को एक पुत्र तथा एक पूत्री की प्राप्ति हुई। फिर उसने कुवेणी को भगा दिया। वह लंका नगर चली गयी। वहाँ यक्षों ने उसे मार दिया।

उसके सन्तान सुमनकूट पर्वत पर जा कर बस गये। और उनमें से ही पुलिन्दों की उत्पत्ति हुई।

विजय ने मदुरा के पांड्य राजा की कुंवरी प्राप्त की और अपना राज्याभिषेक करवाया। उसके साथियों को बी मदुरा की कन्याएँ मिलीं। विजय ताम्रपर्णी वापस आया और उसने ताम्रपर्णी नामक नगर बसाया। वहाँ की धरती तांबे की तरह लाला थी। उसके अमात्यों ने अनुराधग्राम, उद्दयिनी, उरुवेला और विजितपुर नामक नगर बसाए। पुरोहित उपतिष्य ने उपतिष्यग्राम बसाया।

राजा सिंहबाहू सिंह मार कर लाए थे अतः उन्हें सिंहल कहा जाता था। उसी कारण विजय और उसके साथ सिंहल कहलाए।

विजय ने ताम्रपर्णी नगर में रह कर लंका पर 38 वर्ष तक राज्य किया। वह पुत्रहीन था। अतः उसने अपना राज्य संभालने के लिए अपने भाई सुमित्र को सिंहपुर पत्र भेजा। सुमित्र ने अपने छोटे बेटे पांडु वासुदेव को लंका भेजा। उसने कपिलवस्तू के शाक्य राजा शुद्धोदन के भाई अमितोदन के पुत्र पांडु शाक्य की बेटी भद्र कात्यायनी से विवाह किया। उसका राज्याभिषेक उपतिष्यग्राम में हुआ।

पांडु वासुदेव को दस बेटे हुए। उसमें अभय ज्येष्ठ था। उसे चित्रा नाम की एक बेटी भी हुई। उसे अपने मामा दीर्घायु के पुत्र दूर्घग्रामिणी से एक पुत्र प्राप्त हुआ। लेकिन अगर चित्रा को पुत्र हुआ तो वह अपने मामाओं को मार डालेगा ऐसी भविष्यवाणी के कारण चित्रा के बाई उसे मार देने वाले थे। इसलिए उसने दूसरी अन्य स्त्री की ताजा जन्मी हुई बेटी के साथ अपने बेटे को बदल लिया। यूँ उसे बचा लिया।

पांडु वासुदेव के बाद अभय राजा बना। उन दोनों के नाम पर से चित्रा के बेटे का नाम पांडु-अभय पड़ा। अभय को उसके प्रति सहानुभूति थी। जबकि दूसरे भाई उसे मारने की फिराक में रहते। अबय को पदभ्रष्ट किया गया। कुमार पांडुक ने अबय द्वेषी मामाओं को मार कर अनुराधपुर में अपना राज्याभिषेक करवाया। यूँ 88 वर्ष के बाद सिंहल वंश की सताता शाक्य वंश को प्राप्त हुई।

परन्तु इस वंश तथा जाति का वहाँ पर गहरा असर पड़ा। अब लंका द्वीप का नाम सिंहल द्वीप पड़ा। वहाँ की भारतीय आर्य प्रजा सिंहली प्रजा के रूप में पहचानी गयी और उनकी भाषा भी सिंहली भाषा के रूप में जानी जाने लगी।

यह सिंहल प्रजा वहाँ उत्तर भारत में से पहुँची थी और उनमें दक्षिण भारत की स्त्रियों का लहू मिला यह बात स्पष्ट है। परन्तु ये उत्तर भारत के पूर्व भाग से अथवा पश्चिम भाग से थे इस बात को लेकर बहुत मतभेद है। वहाँ की अनुश्चुति के अनुसार राजा विजय के पिता सिंहल लाल देश के राजा थे और वहाँ के सिंहपुर में रहकर राज्य करता था जबकि उसक नाना बंगदेश का राजा था और उसकी राजधानी बंगनगर में थी। सिंहल की नानी (मातामही) सलिंगनगर की कुंवरी थीं। सिंहल की माता मगध जाते हुए मार्ग में आते जंगलों में सिंह का वरण किया और बाद में जा कर सिंहल ने वहाँ सिंहपुर नगर बसाया। इन तथ्यों के आधार पर यह लाल देश बंग (पूर्वी बंगाल) के पश्चिम में आये राढ-लाढ प्रदेश हो यह सम्भव है। परन्तु विजय और उसके साथी सिंहपुर (सिंगुर) अथवा ताम्रलिपि बन्दर से निकले हों, तो सिलॉन जाते हुए सोपारा अथवा भरूच किस तरह आ सकता है? क्या वह दक्षिण में सिलॉन को पार कर सीधे पश्चिम गये और वहाँ से फिर दक्षिण में वापस आये? अथवा बंग की कुँवरी मगध के उस पार धर पश्चिम भारत तक आयी और लाट (गुजरात) के सिंह का वरण किया और उसके पुत्र ने

वहाँ सिंहपुर बसाया? पशु सिंह के साथ मानव नारी का समागम प्रजनन की दृष्टि से असम्भव होने के नाते, सिंह किसी मानव जाति अथवा व्यक्ति का नाम होना चाहिए। मगध के सन्दर्भ की असंगति देख कर उसे अगर नज़र अंदाज़ कर दें तो बंग कुँवरी ने लाट (गुजरात) के सिंह का वरण किया हो सकता है उसमें से सिंहल जाति उत्पन्न हुई हो सकती है। पहले सिंहल ने सिंहपुर बसाया होगा फिर उसने जिस राजकुमार को देश निकाला दिया होगा वह वहाँ से सोपारा होता हुआ सिलॉन गया हो सकता है। यह सब तर्कपूर्म और संगत प्रतीत होता है। इस सिंहपुर को सामान्य रूप से सौराष्ट्र के पूर्वी हिस्से में सिहोर के नाम से पहचाना जाता है। गुजरात तथा सिलॉन का प्राचीन काल से निकट सम्पर्क था। ईसा पूर्व के समय में वहाँ की सुदर्शन नाम की राजकन्या ने भृगुकच्छ (भरुच) में शकुनिका नाम का जैन चैत्य बनवाया था। "लंका की लाडी और घोघा का वर" यह गुजराती कहावत और साथ ही गुजरात की अनेक लोककथाओं में पाया जाने वाला लंका का उल्लेख सिलॉन और गुजरात के बीच रहे प्राचीन काल से लेकर आधुनिक काल के आरम्भ तक चले आ रहे वाणिज्यिक एवं सांस्कृतिक सम्बन्धों के साक्षी हैं।

सिंहल वंश का पहला राजा विजय लंकाद्वीप में ठीक भगवान बुदध के परिनिर्वाण के दिन पहुँचा– यह तथ्य साम्प्रदायिक (धार्मिक) दृष्टि से चाहे कल्पित किया गया हो, फिर भी यह निश्चित रूप से कहा जा सकता है कि इस सिंहल वंश का राज्य अशोक मौर्य (ई. पू. 273-237) के पूर्व विद्यमान था। सिलॉन, हरिप्रसाद शास्त्री, पृ. 11-4) इरा शुक्ला की पुस्तक में इस का बहुत ही विश्लेषणात्मक सन्दर्भ मिलता है।

डॉ. नीरजा अरुण, कॉर्डिनेटर स्ड़ी एब्रॉड प्रोग्राम, गुजरात युनिवर्सिटी, अहमदाबाद के साथ हुई बातचीत के आधार पर

6500 बी सी बेलन-बेंडी पेलैस्सा ऐँबिलियापिटिया के पास। सशक्त काठी का रहस्य। एविलियापिटिया मनुष्य के अवशेषों का एक खुला मैदान है। यहाँ पर सुरक्षित मानवीय अवशेष इस बात की गवाही देते हैं कि लंकाइयों के पास वानस्पतिक एवं माँसाहार के भोजन पदार्थों का एक व्यापक चुनाव था। उनमें प्रमुख सुपारी, अखरोट एवं जंगली केले थे। इन अवशेषों से यह भी पता चलता है कि लंकाई लगभग सभी प्रकार के प्राणियों को भोज्य पदार्थों के रूप में ग्रहण करते थे। हाथी से लेकर साँप, चूहे, घोंघे और छोटी मछलियाँ। यह सन्तुलित आहार सम्भवतः उनकी इस बलिष्ट कदकाठी के लिए ज़िम्मेदार थी। अस्थि-क्षरण जिसके लिए माड़ीयुक्त भोजन ज़िम्मेदार है, का अभी भोजन के रूप में ईजाद नहीं हुआ था।

## सन्दर्भ


1. हिस्ट्री ऑफ इवॉलियुशन ऑफ सिंहाला स्क्रिप्ट, पॉल एम जयरान, पृ. 14
2. विकिपीडिया से प्राप्त जानकारी
3. सिनिकश्रीलंका, क्रम से उद्धृत
4. श्रीलंका के समाज एवं धर्म पर भारतीय प्रभाव, इरा शुक्ला, ज्ञानभारती पब्लिकेशन्स, दिल्ली, 2009, 495/-00 मात्र
5. हिस्ट्री ऑफ इवॉल्यूशन ऑफ सिहाला स्क्रिप्ट, पृ 24
6. विकिपीडिया से प्राप्त जानकारी
7. श्रीलंका की नाग और यक्ष डातियों सिंधु घाटी की सभ्यता से ही उत्पन्न हुई होंगी जो दक्षिण में श्रीलंका तक फैली थी और पश्चिम में क्रिटो और सिपरस द्वीपों तक फैली थी। जयरामन, पृ. 15

8. Due to the existence of these four tibes Helaya, later became to be known as "Sivu-Helaya" Which later turned out to be called "Sinhale". When the country was invaded by foreigh traders and powers, it was knwn as "Sinhale". (History and origins of the Sinhala race दी संडे ऑब्जर्वर-नेट से)
9. Sri Lank's birth as a island must have taken place wen it was severed from Mother India either during the great flood which wiped out many cities of the Indus Valley civilization or through a very gradual separation throughout the ages in accordance with the continental drift theory, . Final severence of the umbilical cord in may places would have been caused by the constant crosion of its coasts by the seas during the South West and North East monsoons.

   Any prehistoric inhabitants of South India would therefore be ethnically and culturally very little different from those in Sri Lanka. As stated in the Ceylon University History of Ceylon, "The close geological link with the island's early history has meand that human history has been closely bound up with that of the subcontinent. The early settlers came from there bringing with them arts, crafts and culture to ther ne hone. (उद्धृत)
10. सिनिक श्रीलंका.कॉम से उद्धृत
11. नेट से प्राप्त जानकारी
12. डॉ. पॉल एम जयराजन, हिन्स्ट्री ऑफ दी इवॉल्यूशन ऑप सिंहाला एलफाबेट्स, पृ. 2
13 The origins of the Sinhala race, it is believed, traces far beyond even King Rawana era and the Sinhala Royalty far beyond even King Pandukabhaya era. Hence it is imperative to trace our origins even to the nearest possible era and conclude this unresolved national issue. This little country, in the ancient past, was known as 'Helaya' or 'Heladiva'. There were at the time four tribes of people known as 'Yaksha', 'Raksha', 'Naga' and 'Deva' who lived on this land. Though named such, probably due to their behavioural patterns, their habits, their thinking and their way of livelihood etc., they were only human and no animals or mammals at all. Due to the existence of these four tribes Helaya, later became to be known as "Sivu-Helaya" which later turned out to be called "Sinhale". When the country was invaded by foreign traders and powers, it was known as "Sinhale".(by Ranjit C. Dissanayake, Deputy President, Eksath Sinhala Maha Sabhawa, (Sunday Observer)
14. श्रीलंका के समाज एवं धर्म पर भारतीय प्रभाव, डॉ. इरा शुक्ल पृ. 20
15. डॉ. पॉल एम जयराजन के मतानुसार
16. श्रीलंका के समाज एवं धर्म पर भारतीय प्रभाव, डॉ. इरा शुक्ल पृ. 111
17. रि... लंकशायर से प्राप्त जानकारी के आधार पर।
18. कास्ट., इस

# 'जीवन एक उत्सव है': महाश्वेता देवी

*गरिमा श्रीवास्तव*

एक सौ बीस से अधिक किताबें और ढेरों पुरस्कार-सम्मान पाने वाली महाश्वेता देवी अब नहीं हैं वे नहीं हैं अब जो कहा करतीं : **'नब्बे साल की उम्र में कि लगभग बीस वर्ष और जी जाऊँ तो जो -जो लिखना बाकी रह गया है सब लिख डालूं'**। धरित्री देवी की नौ सन्तानों में सबसे बड़ी ये वही महाश्वेता थीं जिन्होंने आठ वर्ष की उम्र में गुरुदेव टैगोर से पूछा था –**'तुमिएतो गुलो बोई केनोलिखे दिए छो, आमि शब् पोढ़ते पारबो न'** शान्तिनिकेतन में मौलश्री गाछ के नीचे बच्चों से घिरे गुरुदेव की मंद मुस्कान घनी दाढ़ी में छुप गयी थी और गहरी आँखें साधारण से बंगाली नैन-नक्श वाली महाश्वेता के चेहरे पर। सन अड़तीस से छत्तीस तक वे शान्तिनिकेतन के आश्रम में पढ़ीं। नन्दलाल बसु, रामकिंकर बैज को देखा और देखा अन्तर्दृष्टि से उत्कृष्ट भित्ति चित्र उकेरते बिनोद्बिहारी मुखोपाध्याय को। खोवाई, पेड़ पौधे, नजदीक के गाँव, धान के खेतों में झुकी पीठ नतशिर निरन्तर श्रमरत भूमिहीन, सम्मानहीन आदिवासिनियों को देखा–अन्गौछे में मूढ़ी नमक सान कर खाते भविष्यहीनों को देखा-ये सब उनके भीतर एक दूसरा संसार रचते रहे–कुछ इस तरह कि जब अपना निज का संसार रचने का समय आया तो वह संसार ज्यादा दिन तक चल ही नहीं सका। जन, आम-जन आदिवासी, पीड़ित, दुखी, अधिकारहीन– सबने उनके संसार में प्रवेश कर लिया.

साहित्यिक संस्कार विरासत में मिले थे–पिता **मनीष घटक** बांग्ला में लिखते थे और चाचा फ़िल्मकार **ऋत्विक घटक** थे, उनके मामासचिन चौधरी थे जो **'इकनोमिक एंड पोलिटिकल वीकली'** के व्यवस्थापक- सम्पादक बने। लेकिन महाश्वेता को क्या पसन्द था– भूखे नंगे बच्चों के बीच बैठना, उनसे बातें करना, उनकी भूखी आँखों के ज़रिये दुनिया-धन्धा देखना, मैक्सिम गोर्की और तोल्स्तोय को पढ़ना। सन 43 में क्या तो उम्र रही होगी, बंगाल के अकाल के बाद राहत कार्य में जुटी संस्थाओं के साथ वे गाँवों में गयीं दिखाई दिया बंगाल का असल चेहरा- तो ये है मेरा देश भूखा-नंगा, विवश, लाचार, बीमार, भात के कण-कण को तरसता, कीचड़ से भरी गढ़ही से चुल्लू भरता, दवा नहीं इलाज नहीं, क्षुद्रता की सीमा को पार करती अनैतिकता के लिए विवश और दूसरी ओर राहत कार्यों के नाम पर लूट-खसोट, सरकार चुप। पशु और मनुष्य में कोई फर्क नहीं। कड़वा यथार्थ आँखों में चुभ गया, जलने ही तो लगीं आँखें–जिन आँखों को सत्रह वर्ष की रोमानी आँखें होना था उनमें भर गयीं अनंत बिजलियाँ, जिन आँखों को भविष्य के सुनहले सपनों की जागी नींद में खो जाना था- वे आँखें बंगाल के सुदूर गावों में अकाल की महामारी के बाद फैले अभेद्य सन्नाटों के चीत्कारों से विस्फारित थीं –**'एई कि आमार देश ?'**.

1965 में पालामऊ में आदिवासियों का जीवन देखा–जो थे मूल निवासी उन्हीं के पिछड़े

अति पिछड़े रहवास! जल नहीं, जमीन नहीं, जंगलों से भी दुरदुराये जाते– जिन्हें मनुष्य समझने के लिए कोई तैयार नहीं उन्हीं के आंसुओं का खारापन महाश्वेता के कंठ को अवरुद्ध कर गया। पश्चिम बंगाल की शबर जनजाति हो, बिहार हो या छत्तीसगढ़ कहाँ नहीं गयीं?, कार्यकर्ता हो उठीं, मनुष्यता के पक्ष में खड़ीं महाश्वेता, भव्य कारों में चलतीं, रेशमी साड़ियों की सरसराहट संभालती, सर्वांग आभूषणों से लदी-फंदी, नुमाईशी कार्यकर्ताओं से बिलकुल अलग थीं–नितांत स्ट्रेट फॉरवर्ड, सभाओं में गोबर पुती जमीन पर फसक्कड़ा मारयालकड़ी के स्टूल या मूढ़े पर बैठ जातीं, पैर दुखते तो ऊपर करके बैठ जातीं, होठों में फँसी गणेश छाप बीड़ी-साधारण तांत की साड़ी, पैरों में चप्पल-यही थी धज उनकी, या यों कहें धज थी ही नहीं। जो हो वही रहो, जो सोचो वही करो दिखावे और आडम्बर से दूर। देश-दुनिया में जहाँ कहीं भी कोई शोषित–पीड़ित हो महाश्वेता उनके साथ थीं, जिसने भी ज़रूरत के समय उन्हें पुकारा उनके लिए वे उठ खड़ी हुईं। कितनी सभाएँ कितनी समितियाँ–चाहे वह पश्चिम बंगाल की खेड़ीया शबर कल्याण समिति हो या देश में बन्धुआ मजदूरों के हक़ का पहला संगठन, सिंगूर में भूमि अधिग्रहण का मुद्दा हो या नन्दीग्राम में निहत्थे लोगों की हत्या का मामला या नर्मदा बचाओ आन्दोलन में मेधा पाटेकर के साथ संघर्षरत लोगों का साथ देना हो–वे हर कहीं खड़ी थीं। ये महाश्वेता ही थीं जिन्होंने रिक्शा चलाकर जीवन यापन करने वाले **मनोरंजन व्यापारी** को लेखक बनने की प्रेरणा दी–**'बर्तिका'** शीर्षक पत्रिका में उसकी कहानी छापी और एक दिन ऐसा भी आया कि मनोरंजन ब्यापारी को पश्चिमबंग **बांग्ला अकादमी** द्वारा पुरस्कृत किया गया।

उनके व्यक्तित्व के कई आयाम थे, उनको देखना-मिलना दो बार सम्भव हुआ। पहली बार तो तब जब वे शान्तिनिकेतन आश्रम की खाली पड़ी ज़मीन पर भूमाफ़िया द्वारा कंक्रीट के जंगल उगाये जाने के विरोध और वानप्रस्थी आश्रमिकों के पक्ष में अपनी आवाज़ बुलन्द करने कलकत्ता से तुरन्त पहुँची थीं। देवेन्द्रनाथ ठाकुर की साधना स्थली कुछ ही समय के लिए सही भू-माफ़िया के जबड़े में जाने से बच गयी, ये बात और है कि ऊँची तनख्वाह और कारों के गिरते दामों ने आश्रम की शान्ति और पवित्रता को ट्रेफिक के शोर से हाल के वर्षों में भर दिया. इसमें कोई सन्देह नहीं कि आने वाले वर्षों में प्रत्येक धनाढ्य बंगाली का एक हॉलिडे फ़्लैट शान्तिनिकेतन में रहनेवालों की बात जोहते सूख-मुरझा रहा होगा।

महाश्वेता दी को सब लोग एक सामाजिक कार्यकर्त्ता और लेखिका के रूप में जानते रहे, लेकिन बहुत कम ने जाना कि उनके भीतर गृहस्थ जीवन जीने की लालसा थी जो हमेशा अतृप्त रही.निज और पर का कुछ गोपन रख पाना उनके स्वभाव में ही नहीं था, न एक जैसा काम हमेशा कर पाना, उन्होंने कई नौकरियाँ बदलीं, कभी पत्रकारिता की तो अध्यापकी, पहली किताब **'झांसीर रानी'** को मिलाकर सौ और बीस कहानी संग्रह, सामाजिक, सांस्कृतिक मुद्दों पर ढेरों लेख, अखबारी लेखन। मीडिया ने उनको बहुत ज्यादा कवरेज दी लेकिन उनका आत्म बेचैन ही रहा -किसी खोज में निरन्तर! चाहे उन्हें **मैग्सेसे पुरस्कार** से ही क्यों न नवाजा गया हो– राजनीतिक तौर पर वे हमेशा ऐसी जन क्रान्ति की पक्षधर रहीं जो व्यवस्था को आमूल-चूल बदलने के लिए सन्नद्ध है।

उपनिवेशवादी ताकतों का विरोध उन्हें विरासत में मिला था, नाना-नानी समाज सुधार और उत्पीड़ित, अशिक्षित का हाथ थामने में हमेशा आगे रहते। अपनी माँ की अनेक स्मृतियों में से उन्हें एक स्मृति यह भी थी कि मृत्यु के 13 वर्ष पहले उन्हें आँख से दीखना बन्द हो गया

था उस दौरान भी घर में काम करने लड़की की पीठ पर अपनी उँगलियों से अक्षर उकेर कर लेटे-लेटे पढ़ाया करतीं, ऐसा था बचपन का माहौल, जिसमें पिता की आयकर विभाग की नौकरी एक जगह स्थिर रहने नहीं देती। विजन से विवाह करना एक अस्थिर भविष्य की भूमिका ही बना। अर्थ का अभाव और अनियमित दिनचर्या ने, दाम्पत्य की शुरुआत में ही महाश्वेता को जीवन का कटु यथार्थ दिखा दिया.दिन- दिन भर भूखी रहतीं क्योंकि पति कहलाने वाले शख्स में दायित्व निभाने का कोई हौसला नहीं था। नवारूण पैदा हुआ, जिसके लिए दूध का इन्तजाम करना भी मुश्किल था, ऐसे में मायके वालों ने हमेशा मदद की। लेकिन स्वाभिमान भी कोई चीज़ होती है, जिसे भूल पाना महाश्वेता के लिए असम्भव था, लेकिन इस अल्पकालीन दाम्पत्य ने भूख और दरिद्रता से निजी तौर पर परिचित तो करा ही दिया, टी. बी की बीमारी ने जकड़ा तो वो भी भूख और कुपोषण के कारण हीतो ये दिन थे जिनके बारे में महाश्वेता दी बाद में हँस कर कहा करतीं कि–**'उन दिनों ने ही मुझे बनाया'**।

महाश्वेता दी को दूसरी बार देखना हैदराबाद केन्द्रीय विश्विद्यालय के दीक्षांत समारोह में सम्भव हुआ जब उन्हें मानद डी लिट् की उपाधि से नवाजा गया। तालियों की गड़गड़ाहट थमने का नाम नहीं ले रही थी -व्हील चेयर पर बैठी अपने समय की बड़ी हस्ती महाश्वेता के सम्मान में ब्रह्मकुमारी आश्रम का विशाल सभागार बहुत देर तक समवेत ताल-स्वर में गूँजता ही रहा, वे सम्बोधित करती रहीं, धीमे-धीमे बीमार व्यक्ति बोलता है जैसे! लेकिन आवाज़ कहीं कमज़ोर नहीं पड़ी, उत्कट जिजीविषा और जीवन के प्रति अगाध विश्वास ने आवाज़ को 88 की उम्र में भी ताज़ा रखा हुआ था। उनकी कृतियों पर बनी, **गोविन्द निहलानी** की **'हज़ार चौरासी की माँ'**, **कल्पना लाज़मी** की **'रुदाली' गौतमघोष** की **'गुड़िया'**, **चित्र पालेकर** की **'माटी माय'** और **तरुण मजुमदार** की **'अरण्येर अधिकार'** जैसी अनेक फिल्मों ने उन्हें युवा छात्रों के बीच सुपरिचित बनाया हुआ था। वे कमज़ोर कभी नहीं पड़ीं–घोर शारीरिक कष्ट के दिनों में भी नहीं, उन्हें नज़दीक से जानने वाले लोग बताते कि मदद के लिए रिरियाने वालों को वे कड़े स्वर में डाँट भी देतीं और ऐसा करके वे उन्हें अपने अधिकारों के लिए संघर्ष और मेहनत करना सिखातीं। समाज इतिहास के विकास की प्रक्रिया में दलन और दमन के चक्र की जमीनी सच्चाई को उन्होंने अच्छी तरह समझा, गहन जंगलों, नदी के दुर्गम तटों की ओर जाते हुए इसीलिए उन्हें कभी कोई हिचक नहीं होती।

पुत्र **नवारुण मेधावी** कवि था पर हमेशा उनसे दूर ही रहा, और एक दिन ऐसा भी आया कि वह हमेशा के लिए सबसे दूर चला गया, जिसका अफ़सोस माँ होने के नाते महाश्वेता दी को हमेशा रहा, लेकिन इसे भी उन्होंने चुनौती की तरह लिया। पी लिया अपने मन के दुःख का तप्त वाष्प–मन के अँधेरे कोनों में निज दुःख को जगह ही कहाँ देना सीखा था, इसलिए तो लिख पायीं **'रुदाली'**-स्त्री के निज और राजनीतिक सम्बन्धों पर लिखा उपन्यास अनूठा है जो भारतीय परिप्रेक्ष्य में, राजस्थान के गाँवों में विधवा स्त्री की दशा का पता बताता है। रुदन ही जिसका रोजगार है वह है रुदाली–जो सामाजिक, आर्थिक और धर्म के गंठजोड़ का क्रिटीक रचती है–ये स्त्री का रुदन है–जिसके पक्ष में कोई नहीं खड़ा– न समाज, न धर्म और न व्यवस्था–यह अरण्यरोदन है। एक वक्त ऐसा भी आता है जब उसके पास आँसू ही नहीं बचते, लेकिन उस से अपेक्षित है कि वह रोये, सामन्त के मरने पर, धनी और रसूख वाले व्यक्ति के मरने पर, जितना बेहतरीन रोएगी, मेहनताना उतना बेहतरीन मिलेगा। इसी तरह महाश्वेता की

कहानी द्रौपदी जो सबाल्टर्न का एक नया चेहरा पाठक के सामने लाती है और पाठक पौराणिक चरित्रों को समकालीन सन्दर्भों में देखने लगता है। **गायत्री चक्रवर्ती स्पिवाक** से महाश्वेता देवी ने कहा था– **'जीवन गणित नहीं है न ही राजनीति. मैं वर्तमान परिस्थितियों में बदलाव चाहती हूँ और दलबन्दी की राजनीति में विश्वास नहीं करती'**।

महाश्वेता जी 90 से अधिक की उम्र में गयीं। वयस जनित रोगों से लड़ना उनके शरीर के लिए कठिन और कठिनतर हो रहा था। देखा जाये तो ये जाने की ही उम्र थी पर उनका जाना उपेक्षित, विवश, अधिकारों की माँग भर करने पर मार खाते हजारों लाखों, भूमिहीन, आश्रयहीन लोगों को दिशाहारा कर गया है, जीवन का यथार्थ प्रामाणिक ढंग से व्यक्त करने वाली लेखनी थम गयी है, जो कहती थी कि 'जीवन का हर दिन एक उत्सव है–जिसे पूरी तरह जीना चाहिए'।

# आचार्य महावीरप्रसाद द्विवेदी के छद्म नाम : संशय और समाधान

***बी. सत्यनारायणा***

आचार्य महावीरप्रसाद द्विवेदी आधुनिक हिन्दी साहित्य के उन्नायक थे। उन्होंने "सरस्वती" पत्रिका के माध्यम से साहित्यिक, सामाजिक, आर्थिक, शैक्षिक, ऐतिहासिक, दार्शनिक, वैज्ञानिक तथा कला सम्बन्धी लगभग सभी प्रकार के सामान्य तथा गम्भीर, साधारण तथा असाधारण, सैद्धान्तिक तथा व्यावहारिक विषयों पर असंख्य टिप्पणियाँ, लेख, निबन्ध, समालोचनाएँ लिखकर, हिन्दी भाषा तथा साहित्य को अद्‌भुत क्षमता प्रदान की। इस प्रकार महावीर प्रसाद की "सरस्वती" ने महावीरता प्रदर्शित की, जिसकी पं. नाथूराम शंकर ने "सरस्वती की महावीरता" शीर्षक कविता (सरस्वती, जनवरी-1907) में मुक्त कण्ठ से प्रशंसा की।

नागरी प्रचारिणी सभा, वाराणसी में सुरक्षित द्विवेदीजी द्वारा सम्पादित "सरस्वती" की हस्तलिखित प्रतियों को देखने से किसी भी हिन्दी अध्येता अथवा शोधार्थी को इस बात का बोध होगा कि प्रकाशनार्थ आयी हुई सामग्री को द्विवेदीजी आदि से अन्त तक ध्यानपूर्वक पढ़ा करते थे, यथास्थान अथक परिश्रम से त्रुटियों को दूर कर उस सामग्री का प्रकाशन किया करते थे। कभी-कभी तो वे, प्रकाशनार्थ भेजी गयी अयोग्य रचनाओं को, जो शुद्धीकरण के काबिल भी न हो, लौटा दिया करते थे, टीका-टिप्पणी के साथ। फलतः आचार्य द्विवेदी को खरी-खोटी सुननी पड़ी तथा उन्हें निन्दा का पात्र भी बनना बड़ा। द्विवेदीजी ने इनकी एक न सुनी। उन्होंने हिन्दी पाठकों के हितार्थ अपनी यशस्वी रचनाओं के द्वारा युग की साहित्यिक प्रवृत्तियों को नई दिशा दी। उन्होंने नये लेखकों तथा कवियों को प्रयोजनमूलक रचनाओं के प्रति प्रोत्साहित करने के लिए, नमूने के तौर पर, अनेकानेक कविताओं, लेखों, निबन्धों तथा समालोचनाओं को "सरस्वती" में प्रस्तुत किया। परिणामस्वरूप हिन्दी गद्य-पद्य का व्यापक रूप में प्रचार हुआ, परिमार्जन हुआ तथा परिष्कार हुआ।

"सरस्वती" पत्रिका को "युग-प्रवर्तक" बनाने के लिए द्विवेदीजी ने अनेक रचनाएँ की। इस सम्बन्ध में, कहा जाता है कि द्विवेदीजी ने अपने रचनाओं के साथ कहीं-कहीं छद्म-नामों का प्रयोग भी किया है, जैसा कि द्विवेदी-साहित्य के मर्मज्ञ विद्वान् डॉ. उदयभानु सिंह ने अपने शोध-ग्रन्थ "महावीर प्रसाद द्विवेदी और उनका युग" के पृष्ठ 166 पर लिखा है– "लेखकों की कमी ने द्विवेदीजी को अन्य नामों से भी लेख लिखने की प्रेरणा दी। सम्भवतः सम्पादक के नाम की बराबर आवृत्ति से बचने के लिए, अपने प्रतिपादित मत का विभिन्न लेखकों के नाम से समर्थन करने, उपाधिभूषित अन्य प्रान्तीय या आलंकारिक नामों के द्वारा पाठकों पर अधिक प्रभाव डालने और उस लाठी-युग के लड़त लेखकों की भयंकर मुठभेड़ से बचने के लिए ही उन्होंने कल्पित नामों का प्रयोग किया था।"

द्विवेदीजी के छद्म नामों तथा उन नामों के द्वारा प्रकाशित लेखों का विवरण देने का सर्वप्रथम श्रेय डॉ. उदयभानुसिंह को है। उन्होंने द्विवेदीजी के नौ छद्म नामों तथा ग्यारह लेखों को स्वीकार किया है। उदयभानुसिंहजी के अतिरिक्त द्विवेदी-साहित्य के अन्य अध्येताओं ने द्विवेदीजी के केवल एक ही छद्म नाम– "भूजंगभूषण भट्टाचार्य" का उल्लेख किया है। ऐसे ग्रन्थ, हमारे अध्ययन में लगभग तीन-चार ही आये हैं, जिनका उल्लेख आगे यथास्थान किया जायेगा।

अब हमें विचारना यह है कि डॉ. उदयभानुसिंह ने द्विवेदी जी के जिन नौ छद्म नामों को स्वीकारा है, उनके आधार क्या है? और अध्ययन, उपलब्ध सामग्री की सीमा में वे कहाँ तक उचित ठहरते हैं। क्या द्विवेदीजी ने वास्तव में छद्म नामों का प्रयोग किया? यदि किया हो तो कितने नामों का? आदि मुद्दों पर हमारे और हमारे जैसे अनेक पाठकों, अध्येताओं तथा जिज्ञासुओं के मन में जो कुछ शंकाएँ हैं, अत्यल्प अध्ययन के आधार पर उनका समुचित समाधान प्रस्तुत करना इस लेख का उद्देश्य है। द्विवेदीजी के छद्म नामों के प्रति हमारा संशय और समाधान अग्रलिखित रूप में प्रस्तुत है–

"द्विवेदी-अभिनन्दन ग्रन्थ" के पृष्ठ 531 पर केदारनाथ पाठक का "वे दिन!" शीर्षक लेख श्रृद्धांजलि के रूप में प्रकाशित हुआ। जिसमें पाठकजी ने लिखा है– "एक लेख में मीर मुँशी बालमुकुन्दजी ने बैसवारे की बोली में "हम पंचन के ट्वाला माँ" लिखकर द्विवेदी पर कटाक्ष किया। बस, द्विवेदीजी कुछ, क्षुब्ध हो उठे। "कल्लू अल्हइत" के नाम से "सरगी नरक ठिकाना नाहि" शीर्षक आल्हा लिख डाला। उस पर उक्त मीर मुशीजी ने अपनी राय देते हुए लिखा– "भाई वाह। कल्हू अल्हइत का आल्हा खूब हु। क्यों न हो, अपनी स्वाभाविक बोली में है न"। यही वाक्य लिखकर उन्होंने सन्तोष कर लिया। किन्तु उक्त आल्हा द्विवेदीजी के उस समय के आन्तरिक भावों का द्योतक था। इस भगड़े ने हिन्दी साहित्य-संसार में बड़ी चहल-पहल मचा दी थी।"

यह प्रश्न यही उठ सकता है कि "सरगी नरक ठिकाना नाहि" लेख की लिखावट (मूल प्रति में) आचार्य द्विवेदीजी की थी या किसी और की? जिसकी ओर डॉ. उदयभानुसिंह ने संकेत नहीं किया। उन्होंने केवल केदानाथ पठक के लेख "वे दिन!" की उक्त पंक्तियों को आधार बनाकर "कल्लू अल्हत" को द्विवेदीजी का छद्म नाम माना है। अतः यहाँ शोध की आवश्यकता है। उसके बाद ही हम किसी निर्णय पर पहुँच सकते हैं।

3. गजानन गणेश गर्वखण्डे : इस कल्पित नाम की पुष्टि में प्रमाण प्रस्तुत करते हुए डॉ. उदयभानुसिंह ने लिखा है– "हस्त-लिखित प्रति में पहले गजानन गणेश गर्वखण्डे का सानुप्रास नाम लेखक के रूप में दिया फिर किसी कारणवश काट दिया गया और कविता अपने ही नाम से छपाई–"सरस्वती" के स्वीकृत लेखों का बंडल, 1906 ईसवीं, कलाभवन, काशी नागरी प्रचारिणी सभा।"

मार्च, 1906 की सरस्वती में "जंबुकी न्याय" शीर्षक कविता प्रकाशित हुई। इस कविता को द्विवेदीजी ने यदि अपने ही नाम से छपाई, तो मूल में गजानन गणेश गर्वखण्डे लिखकर क्यों काट दिया गया? डॉ. उदयभानुसिंह यहाँ स्पष्ट करना भूल गये कि हस्तलिखित प्रति में इस कविता की लिखावट द्विवेदीजी की थी या अन्य की। अतः यहाँ पर भी और अधिक खोज की आवश्यकता प्रतीत होती है।

4. पर्यालोचकः इस नाम से "ज्योतिष वेदांग" शीर्षक लेख फरवरी, 1907 की सरस्वती में

प्रकाशित हुआ है। डॉ. उदयभानु सिंह के अनुसार "पर्यालोचक" से यहाँ तात्पर्य महावीर प्रसाद द्विवेदी हैं। इस छद्म नाम को डॉ. सिंह ने "काशी-नागरी प्रचारिणी सभा के कार्यालय में रक्षित बंडल 2 (क) के पत्रों से प्रमाणित" माना है।

यहाँ डॉ. उदयभानुसिंह का आशय स्पष्ट नहीं है, क्योंकि उक्त छद्म नाम को उन्होंने केवल "पत्रों से प्रमाणित" माना है। उन्होंने इस सन्दर्भ में भी यह नहीं लिखा है कि "ज्योतिष वेदांग" लेख की हस्तलिखित प्रति में द्विवेदीजी की लिखावट है या किसी और की। सम्भवतः उन्होंने इस हस्तलिखित प्रति को देखा ही नहीं होगा। युगीन विभिन्न साहित्यकारों से द्विवेदीजी का पत्राचार हुआ था। ऐसा प्रतीत होता है कि द्विवेदीजी ने "ज्योतिष वेदांग" लेख की चर्चा किसी साहित्यकार के साथ किसी पत्र में की होगी। उसी के आधार पर डॉ. उदयभानुसिंह ने "पर्यालोचक" का तात्पर्य आचार्य द्विवेदी से लगाया। "ज्योतिष वेदांग" शीर्षक से ही एक अन्य लेख जनवरी, 1907 की "सरस्वती" में प्रकाशित हुआ। इसका जिक्र डॉ. उदयभानुसिंह ने अपने शोध-ग्रन्थ में नहीं किया। एक ही शीर्षक के ये दोनों लेख एक ही लेखक के हों, मानने में कोई सन्देह नहीं है। ये दोनों ही लेख आचार्य द्विवेदी के हैं, स्वीकारने में लेखों की हस्तिलिखित प्रतियों की लिखावट को देखना आवश्यक है तभी संशय का समाधान स्पष्ट होगा।

5. भुजंगभूषण भट्टाचार्यः डॉ. उदयभानुसिंह ने इस नाम को भी द्विवेदीजी का छद्म नाम माना है। "सरस्वती" में भुजंगभूषण भट्टाचार्य के नाम से चार लेखों– "कवियों की उर्मिला विषयक उदासीनता" (जुलाई, 1908), "भारत वर्ष का नौका-नयन" (जुलाई, 1909), "बाली द्वीप में हिन्दुओं का राज्य" (मई, 1911), और "मेघदूत रहस्य" (अगस्त, 1911) का प्रकाशन हुआ।

ड़ॉ. उदयभानुसिंह "भुजंगभूषण भट्टाचार्य" नाम को द्विवेदीजी का कल्पित नाम मानते हुए निम्नलिखित चार आधारों को प्रस्तुत किया है–

(क) इनके लेखों में दूसरों के लेखों– जैसा संशोधन नहीं है।

(ख) लिखावट निःसन्देह द्विवेदीजी की है।

(ग) नीचे द्विवेदीजी के ही अक्षरों में भुजंगभूषण भट्टाचार्य लिखा गया है।

(घ) इसकी बहुत कुछ पुष्टि "रसज्ञ-रंजन" की भूमिका से हो जाती है।

ये चार आधार क्रमशः विचारणीय है -

(क) "सरस्वती" में प्रकाशनार्थ भेजे गये सभी लेखों का द्विवेदीजी द्वारा संशोधन होना कोई ज़रूरी नहीं था। जो लेख भाषा व व्याकरण की दृष्टि से और विषय-प्रतिपादन की दृष्टि से साफ तथा शुद्ध हों, वहाँ संशोधन की आवश्यकता लेशमात्र भी प्रतीत नहीं होती। प्रायः योग्य लेखकों के लेख में सम्पादक को परिश्रम करने की आवश्यकता नहीं पड़ती। सम्भव है भुजंगभूषण भट्टाचार्य भी ऐसे ही स्वतन्त्र लेखक थे।

(ख) "लिखावट निःसन्देह द्विवेदीजी की हैं" यह चर्चनीय है। भुजंगभूषण भट्टाचार्य के नाम से प्रकाशित उपर्युक्त चार लेखों में से केवल एक ही लेख- "कवियों की उर्मिला विषयक उदासीनता" की चर्चा यहाँ प्रसंगानुकूल होगी। "रसज्ञ-रंजन" महावीरप्रसाद द्विवेदी द्वारा सम्पादित, नौ लेखों का संग्रह ग्रन्थ है। इनमें "कवियों की उर्मिला विषयक उदासीनता" लेख शामिल है। साहित्य-जगत में ईस लेख का विशेष महत्त्व है। यह लेख जुलाई, 1908 की "सरस्वती" में प्रकाशित हुआ, जैसा कि पहले भी लिखा जा चुका है। "सरस्वती" में इस लेख के अन्त में अर्थात् लेखक के नाम के स्थान पर "भुजंगभूषण भट्टाचार्य" छपा है। डॉ. द्वारिकाप्रसाद सक्सेना

(साकेत में काव्य, संस्कृति और दर्शन, पृ. 48, प्रथम संस्करण, 1961 ईसवी) डॉ. उमाकान्त (मैथिलीशरण गुप्त कवि और भारतीय संस्कृति के आख्याता, पृ. 57, संस्करण, 1964) और प्रो. त्रिलोचनप्रसाद पाण्डेय (साकेत दर्शन, पृ. 87) ने भी महावीरप्रसाद द्विवेदीजी को "कवियों की उर्मिला विषयक उदासीनता" के लेखक के रूप में स्वीकारा है। डॉ. कमलाकान्त पाठक ने भी "मैथिलीशरण गुप्तः व्यक्ति और काव्य" (पृ. 393, प्रथम संस्करण 1960 ईसवी) शीर्षक अपने शोध-ग्रन्थ में "भुजंगभूषण भट्टाचार्य" को महावीरप्रसाद द्विवेदीजी का ही छद्म नाम माना है। किन्तु इन चार लेखकों ने डॉ. उदयभानुसिंह की तरह कोई प्रमाण प्रस्तुत नहीं किये।

यह जानकर आश्चर्य होगा कि "रसज्ञ-रंजन" क भूमिका में महावीरप्रसाद द्विवेदीजी ने स्वयं लिखा है– "इसमें से लेख 8 के श्रीयुत भुजंगभूषण भट्टाचार्य हैं। ...महाशय ने अपना लेख लिखने में डॉ. सर रवीन्द्रनाथ ठाकुर के एक बंगला लेख से कुछ, सहायता ली है।" अब पाठकगण स्वयं इस बात का निर्णय कर सकते हैं कि "कवियों की उर्मिला विषयक उदासीनता" लेख के लेखक द्विवेदीजी थे या कोई और अर्थात् भुजंगभूषण भट्टाचार्य।" डॉ. उदयभानुसिंह के अनुसार चर्चित लेख की लिखावट निःसन्देह रूप में यदि द्विवेदीजी की है, तो "रसज्ञ-रंजन" भूमिका में द्विवेदी जी को स्पष्ट करने की क्या आवश्यकता थी कि उत्क लेख भुजंगभूषण भट्टाचार्य का है? यहाँ पर हम दुविधा में पड़ जाते हैं कि इन दोनों में से किसी बात मानें अर्थात् उदयभानुजी की या आचार्य द्विवेदी की। अतः यहाँ द्विवेदीजी का कहना ही सर्वमान्य है। भ्रमवश विद्वद्जन यह समझ बैठे हैं कि "रसज्ञ-रंजन" के सम्पादक द्विवेदी होने से उस ग्रन्थ में संकलित सभी लेख द्विवेदीजी के लिखे हुए हैं, जबकि उस संग्रह में कामताप्रसाद गुरु का भी एक लेख "कलि-कत्तवय शीर्षक से संग्रहीत हैं, जो "विद्यानाथ" कल्पित नाम से छपा है और जिसके बारे में द्विवेदीजी ने अपनी उसी भूमिका में स्पष्ट कर दिया है।

अतः हमारा यह मत बनता है कि "कवियों की उर्मिला विषयक उदासीनता" लेख की भांति "भारतवर्ष का नौकानयन", "बाली द्वीप में हिन्दुओं का राज्य" और "मेघदूत रहस्य" के लेखक भी द्विवेदीजी न होकर भुजंगभूषण भट्टाचार्य एक अन्य लेखक हैं। "भट्टाचार्य" शब्द से ही प्रतीत होता है कि वे कोई बंगला भाषी सज्जन थे। वैसे, केवल भट्टाचार्य नाम से सरस्वती" में दो कहानियाँ– "पत्नीव्रत" (नवम्बर, 1905) और "राजनाथ भट्टाचार्य नाम से "पक्का गठबन्धन (अगस्त, 1907) कहानी तथा पं. आदित्यराम भट्टाचार्य के नाम से "महामहोपाध्याय" जीवन चरित (दिसम्बर, 1904) सरस्वती में प्रकाशित हैं। स्पष्ट है कि "सरस्वती" की सम्पन्नता में बंग-भाषियों का योगदान भी रहा है।

(ग)उन चार कथित लेखों के अन्त में द्विवेदीजी के ही अक्षरों में भुजंगभूषण भट्टाचार्य नाम लिखा जाना, सन्देहास्पदक है। क्योंकि "रसज्ञ-रंजन" की भूमिका में द्विवेदीजी द्वारा भुजंगभूषण भट्टाचार्य का नामोल्लेख, एक भिन्न लेखक के रूप में होती ही न था।

(घ) "रसज्ञ-रंजन" की भूमिका से इस बात की ही पुष्टि होती है कि "कवियों की उर्मिला विषयक उदासीनता" के लेखक, द्विवेदीजी के स्थान पर भुजंगभूषण भट्टाचार्य का होना अधिक प्रामाणिक जान पड़ता है। इसी तरह उक्त शेष तीन लेखों के लेखक भी भट्टाचार्यजी ही हो सकते हैं न कि आचार्य द्विवेदीजी।

6. श्रीकंठ पाठक एम. एः ड़ॉ. उदयभानु सिंह ने "श्रीकंठ पाठक एम. ए" को भी आचार्य द्विवेदीजी का एक और छद्म नाम माना है और उन्होंने लिखा है कि द्विवेदीजी ने "अमेरिका के

अखबार", रामकहानी की समालोचना", "अलबरूनी" और "भारत का चलन बज़ार सिक्का" आदि लेखों के प्रकाशनार्थ "श्रीकंठ पाठक एम.ए." की उपाधि मंडित संज्ञा अपना।" अपने इस मत की पुष्टि में प्रमाण प्रस्तुत करते हुए डॉ. उदयभानुसिंह ने लिखा है– "राम कहानी की समालोचना" की लिखावट आद्योपान्त द्विवेदीजी की है। नीचे द्विवेदीजी के अक्षरों में श्रीकंठ पाठक और फिर उसके नीचे श्रीकंठ पाठक एम. ए. लिखा गया है।"

इस छद्म नाम को स्वीकार करने के विपक्ष में हमारी ओर से निम्नलिखित तर्क प्रस्तुत किये जा सकते हैं–

अ) डॉ. उदयभानु सिंह ने "राम कहानी की समालोचना" लेख की लिखावट का ही उल्लेख किया है। शेष तीन लेखों की लिखावट के बारे में वे मौन हैं। ऐसा प्रतीत होता है कि डॉ. सिंह ने शेष तीन लेखों की हस्तलिखित प्रतियों को देखा ही नहीं है। इन लेखों की लिखावट के बारे में भी वे लिख दियो होते, तो संशय की अधिक सम्भावना न होती।

आ) क्या कोई लेखक अपने धद्म नाम के साथ "एम. ए" उपाधी का भी प्रयोग कर सकता है? नहीं। तो, द्विवेदीजी ने इस उपाधि का कैसे प्रयोग किया, जबकि उनकी स्कूली शिक्षा हाईस्कूल तक ही हुई थी।

इ) "सरस्वती और राष्ट्रीय जागरण" शीर्षक पुस्तक में लेखक हरप्रकाश गौड़ ने सन् 1900 से 1920 ईसवी तक की "सरस्वती" में सम्पूर्ण प्रकाशित सामग्री का वितरण अर्थात् शीर्षक, साहित्यकार और प्रकाशन तिथि, को प्रस्तुत किया है। उसके अनुसार सम्बन्धित विवरण इस प्रकार है–

| | | |
|---|---|---|
| अमेरिका के अखबार | श्रीकांत पाठक | मार्च, 1909 |
| राम कहानी | श्रीकंठ पाठक | अक्तूबर, 1909 |
| अलबरुनी | श्रीकांत पाठक | मई, 1911 |
| भारतवर्ष का चलन<br>बाज़ार सिक्का | श्रीकंठ पाठक | नवम्बर, 1912 |

यहाँ लेखक के नाम में दो प्रकार की वतंनी स्पष्ट है, अर्थात् श्रीकांत पाठक और श्रीकंठ पाठक। किसी भी नाम के साथ "एम. ए." उपाधि का उल्लेख नहीं है। अतः उक्त सभी लेखों की मूल हस्त लिखित प्रतियों की लिखावट को देखना, यहाँ आवश्यक हो जाता है, अर्थात् यहाँ पुनर्शोध की आवश्यकता जान पड़ती है। तभी हम किसी निष्कर्ष पर पहुँच सकते हैं।

इन सब तर्कों के अतिरिक्त विचित्र बात यह है कि "साहित्य-सन्दर्भ" शीर्षक पुस्तक आचार्य महावीरप्रसाद द्विवेदी के लेखों का एक संग्रह माना गया है, जिसके सम्पादक श्री दुलारेलाल भार्गव (तत्कालीन "सुधा" पत्रिका के सम्पादक) हैं। इस ग्रन्थ का प्रकाशन संवत 1985 विक्रम में हुआ। इस ग्रन्थ में द्विवेदी जी के कुल बीस लेख संग्रहीत हैं। इस ग्रन्थ का "वक्तव्य" आचार्य द्विवेदीजी ने स्वयं लिखा है। "वक्तव्य" लेखन की तिथि 23 दिसम्बर, 1924 है। इस "वक्तव्य" का अन्तिम अनुच्छेद, जो द्विवेदीजी के ही शब्दों में है, विचारणीय है। वह अनुच्छेद इस प्रकार है–

"इसके दो लेख-नंबर 11 और 13-सोऽहं शर्मां के लिखे हुए हैं। नंबर 14 श्रीकंठ पाठक की और नंबर 15 विनायक विश्वनाथ की रचना है। इन लोगों की अनुमति से ये चारों लेख इस संग्रह में सम्मिलित हुए हैं। उन्हें अभिन्नात्मा समझकर ऐसा किया गया है।

इस अनुच्छेद के पढ़ते ही हमें यह जानकारी मिलती है कि "साहित्य-सन्दर्भ" शीर्षक ग्रन्थ में संकलित सभी लेख द्विवेदी द्वारा रचित नहीं हैं, अर्थात् कुल बीस लेखों में, केवल सोलह लेखों के लेखक आचार्य द्विवेदी हैं, और शेष चार लेखों के लेखक अन्य है। इन अन्य लेखकों में से श्रीकण्ठ पाठक की चर्चा यहाँ प्रासंगिक है। आचार्य द्विवेदी के अनुसार "साहित्य-सन्दर्भ" ग्रन्थ में संकलित नंबर 14 के लेखक श्री कण्ठ पाठक हैं और "साहित्य-सन्दर्भ" ग्रन्थ की लेख-सूची के अनुसार नंबर 14 लेख का शीर्षक है– "सोमरस", जिसकी रचना अथवा प्रकाशन मई, 1923 में माना गया है। (लेख-सूची के अनुसार)। आचार्य द्विवेदी ने उस अनुच्छेद में यह भी स्पष्ट कर दिया कि उन्होंने उस लेख (सोमरस) को लेखक श्रीकण्ठ पाठक की अनुमति से ही उस संग्रह (साहित्य-सन्दर्भ) में सम्मिलित किया है, ऐसी स्थित में निःसन्देह रूप से कहा जा सक़ता है कि श्रीकण्ठ पाठक द्विवेदी युग के एक फुटकर लेखक थे, न कि श्रीकण्ठ पाठक आचार्य द्विवेदी का एक छझनाम था, जैसा कि डॉ. उदयभानु सिंह ने स्वीकार किया। डॉ. उदयभानु ने अपनी पुस्तक में कहीं भी, श्रीकण्ठ पाठक आचार्य द्विवेदी का एक छद्म नाम था, जैसा कि डॉ. उदयभानु सिंह ने स्वीकार किया। डॉ. उदयभानु ने अपनी पुस्तक में कहीं भी, श्रीकण्ठ पाठक द्वारा लिखित "सोमरस" की चर्चा नहीं की। अब यहाँ चर्चा या तर्क की और सम्भावना प्रतीत नहीं होती। आचार्य द्विवेदी ने, जिन्होंने, यद्यपि जीवन के प्रत्येक क्षेत्र में ईमानदारी बरती और जिसके लिए उन्हें सतत् और अथक संघर्ष करना पड़ा, तथापि साहित्य-जगत में उन्होंने अपनी ईमानदारी, निष्पक्षता, रचना-धर्मिता को बनाये रखा। इस प्रकार डॉ. उदयभानु सिंह के अध्ययन एवं शोध के प्रति, उस सन्दर्भ में, हम पाठकों को कुछ सन्दोह होता है, अर्थात् श्रीकण्ठ पाठक आचार्य द्विवेदी का छद्म नाम नहीं ता, अपितु वे उनके समकालीन एक भिन्न लेखक थे।

7. लोचनप्रसाद पाण्डेयः द्विवेदीजी के छद्म नामों की श्रृंखला में एक और कड़ी हैं "लोचनप्रसाद पाण्डेय"। डॉ. उदयभानुसिंह ने लिखा है कि द्विवेदी जी– "मस्तिष्क की विचारण" के लिए तो लोचनप्रसाद पाण्डेय बन गये। इसके प्रमाण में उन्होंने लिखा है -"मूल रचना की लिखावट सर्वांश में द्विवेदीजी की है।"

डॉ. सिंह ने अपने प्रमाण की पुष्टि में केवल एकमात्र लेख– "मस्तिष्क की विचारण" का उल्लेख किया है। विज्ञान सम्बन्धी इस लेख का प्रकाशन मई, 1909 की "सरस्वती" में हुआ। न मालूम किस कारण इस लेख की लिखावट सर्वांश में द्विवेदीजी की है, किन्तु यह निर्विवाद सत्य है कि लोचनप्रसाद पाण्टेय उसे युग के एक स्वतन्त्र साहित्यकार थे। "सरस्वती" मासिक में जून, 1907 से आगस्त, 1918 तक लोचनप्रसाद पाण्डेय की कुल तेईस कविताएँ (विभिन्न शीर्षकों से), "राय बहादुर कविवर श्री राधानाथ राय" (मार्च, 1907) और "चन्द्रशेखर सामन्त विषयक कुछ बाते" (नवम्बर, 1908) शीर्षक दो जीवन चरित, तथा "मनुष्य का मस्तिष्क" (मई, 1909) शीर्षक एक विज्ञान सम्बन्धी लेख, प्रकाशित हुए। इसके अतिरिक्त लोचनप्रसाद पाण्डेय पण्डित मुकुटधर पाण्डेय के छोटे भाई थे। लोचनप्रसाद पाण्डेय की प्रमुख कृतियों में "प्रवासी", "मेवाड़-गाथा", "महानदी" और "पद्य-पुष्पांजलि" आदि उल्लेखनीय हैं। फिर कैसे मान लिया जाय कि "लोचनप्रसाद पाण्डेय" द्विवेदीजी का छद्म नाम था?

8. कस्यचित् कान्यकुब्जस्यः डॉ. उद्यभानुसिहं ने "कस्यचित् कान्यकुब्जस्य" को भी द्विवेदीजी का एक और छद्म नाम माना है। डॉ. सिंह ने लिखा है कि द्विवेदीजी ने-एक बार

"स्त्रियों के विषय में अत्यल्प निवेदन" करने के लिए "कस्यचित् कान्यकुबजस्य" पंडिताऊ जामा पहना।" "स्त्रियों के विषय में अत्यल्प निवेदन" शीर्ष लेख प्रकाशन जून, 1913 की "सरस्वती" में हुआ। छद्म नाम की मान्यता में ड़ॉ. उदयभानुसिंह ने लिखा है– "(क) हस्तलिखित प्रति किसी और की लिखी हुई है परन्तु कहीं संशोधन नहीं है। जान पड़ता है कि द्विवेदीजी के वचन का अनुलेख है। (ख) नीचे स्याही से द्विवेदीजी के हस्ताक्षर हैं और फिर काटकर पेंसिल से "कस्यचित् कान्यकुब्जस्य" कर दिया गया है।"

यहाँ ड़ॉ. उदयभानुसिंह का अनुमान कुछ हद तक सही जान पड़ता है। क्योंकि, "स्त्रियों के विषय में अत्यल्प निवेदन" शीर्षक लेख "सम्पादक" के नाम से "सरस्वती" में प्रकाशित हुआ है।

9. नियमनारायण शर्म :- डॉ. उदयभानुसिंह के शब्दों में आचार्य द्विवेदीजी ने "शब्दों के रूपान्तर की विवेचना करने के लिए "नियमनारायण शर्मा" का सैनिक वेष धारणा किया। "हिन्दी शब्दों के रूपान्तर" शीर्षक लेख का प्रकाशन सितंबर, 1914 की "सरस्वती" में हुआ है। डॉ. सिंह ने द्विवेदी के इस छद्म नाम की पुष्टि में लिखा है–

(क) लिखावट द्विवेदीजी की है।

(ख) हाशिये पर आदेश किया है– "पं. सुन्दरलालजी, कृपा करके उस लेख को ध्यान से पढ़ लीजिएगा। निन्दा से "सरस्वती" को बचाइएगा।"

इस छद्म नाम की पुष्टि में डॉ. सिंह ने जिन प्रमाणों को प्रस्तुत किया है, उनके अनुसार सम्भव है "नियमनारायण शर्मा" द्विवेदी का छद्म नाम रहा होगा। यहाँ "शर्मा" शब्द को साथ आपत्ति होती है कि यह जाति सूचक शब्द है और द्विवेदी ने किस अर्थ में छद्म नाम के अन्तर्गत "शर्मा" शब्द का प्रयोग किया होगा।

आचार्य महावीरप्रसाद द्वविवेदी के उपर्युक्त नौ छद्म नामों पर विचार करने के पश्चात् हम इस निर्णय पर पहुँचते हैं कि डॉ. उदयभानुसिंह ने द्विवेदी के जिन नौ छद्म नामों को स्वीकार किया है, उनमें आचार्य द्विवेदी कहीं "त्रिपाठी" बने तो कहीं "भट्टाचार्य" और कहीं "पाण्डेय" तो कहीं "शर्मा", जबकि ये जातिसूचक शब्द हैं। हमारे विचारानुसार भुजंगभूषण भट्टाचार्य द्विवेदी के छद्मनाम थे, मानने में तीव्र आपत्ति है। इसके लिए हमने यथास्थान तर्क तथा प्रमाण प्रस्तुत किया है। शेष छद्मनामों को मानने में हमने अपना संशय भी प्रस्तुत किया है। अन्त में ऐसा प्रतीत होता है कि इस क्षेत्र में छानबीन की और अधिक आवश्यकता है।

# हिन्दी कथा–साहित्य में किन्नर स्वर

*एम वेंकटेश्वर*

समकालीन हिन्दी कथा साहित्य प्रवृत्तियों की दृष्टि से नारीवाद, आदिवासी और दलित विमर्श, अल्पसख्यक विमर्श के श्रेणीगत सैद्धान्तिक ढांचे में बंध कर रह गया है। उक्त वर्गीकरण विभिन्न विधाओं में रचित साहित्य के शोधपरक अध्ययन के लिए सुविधाजनक है। दलित, आदिवासी, अल्पसंख्यक समुदाय तथा नारीवादी दृष्टि से साहित्यिक विधाओंका समाजशास्त्रीय अध्ययन के लिए उपयुक्त सैद्धान्तिक ढांचे को गढ़ लिया गया है। समकालीन हिन्दी कहानियों और उपन्यासों का वर्गीकरण इसी आधार पर कर लिया गया। इसी क्रम में भारतीय समाज में मौजूद एक विशेष वर्ग, किन्नर समुदाय का जीवन भी वर्तमान परिदृश्य में हिन्दी कथा साहित्य का प्रमुख अंग हो गया है। भारत में किन्नर समुदाय प्राचीन काल से ही अपना जीवन, समाज के अन्य वर्गों के साथ येन-केन प्रकारेण बिता रहा है। इस समुदाय के जीवन की विषमताओं और विसंगतियों की ओर सुसंस्कृत समाज का ध्यान साहित्यिक और सांस्कृतिक दृष्टि से बहुत समय तक नहीं गया। यह समुदाय साहित्य की मुख्य धारा में अपनी पहचान दर्ज कराने में असमर्थ रहा। किन्नरों का उल्लेख विविध सदर्भों में भारतीय पौराणिक साहित्य में प्राचीन काल से होता रहा है। रामायण में राम-रावण युद्ध में राम की सैन्य वाहिनी में वानर सेना के साथ कोल, किरात, किन्नर और भील आदि जनजातियों की सेना भी सम्मिलित थी। 'किन्नर' एक वन्य जनजाति के रूप में रामायण महाकाव्य में उल्लिखित है किन्तु यह नपुंसक (हिजड़ा) समुदाय नहीं था। यह बलशाली और वीरता से युक्त जनजाति थी।

महाभारत कथा में अर्जुन देवलोक में उर्वशी के श्राप से नपुंसक रूप धारण करने को अभिशप्त हो जाता है। अर्जुन की इस स्थिति का सदुपयोग पांडव अपने अज्ञातवास काल में करते हैं। पांडव अज्ञातवास काल में विराट महाराज के आश्रय में रहते हैं जहाँ अर्जुन नृत्यकला के आचार्य वृहन्नला (किन्नर) का रूप धारण कर विराट राजा की सुपुत्री 'उत्तरा' को नृत्य कला में पारंगत कराता है। महाभारत कथा में एक अन्य प्रसंग में महारथी भीष्म द्वारा तिरस्कृत राजकुमारी 'अंबा' अपने अपमान का प्रतिकार लेने के लिए कुरुक्षेत्र के महासंग्राम में नपुंसक शिखंडी के रूप में भीष्म के सम्मुख प्रकट होकर उनके मृत्यु का कारण बनती है। शिखंडी और वृहन्नला दोनों ही किन्नर के रूप में पुराणों में वर्णित हैं। स्त्री और पुरुष के अतिरिक्त मानव समाज में एक और लिंग व्यवस्था सदियों से चली आ रही है जिसे अन्य लिंगी मनुष्य कहा जाता है अर्थात जो न स्त्री हैं और न पुरुष। जननांगों के अभाव, अविकासित या निष्क्रियता से उत्पन्न नपुंसकता से ग्रस्त मनुष्यों को हिजड़ा कहा जाता है। प्रकारांतर से इनके लिए एक सम्मानजनक शब्द 'किन्नर' गढ़ लिया गया। 'किन्नर'' शब्द का सम्बन्ध हिमाचल प्रदेश के 'किन्नौर'' जिले से कदापि नहीं है। हिजड़ोण के लिए इस शब्द के प्रयोग पर 'किन्नौर' प्रदेश

के लोगों ने आपत्ति की थी। किन्नरों के लिए अँग्रेजी का 'थर्ड जेंडर' शब्द बहुप्रचलित है अर्थात तृतीय लिंगी मनुष्य।

किन्नर चाहे किसी भी धर्म का हो, इस समुदाय में शामिल होते ही वह अपने पूर्व धर्म और जाति को छोड़ देता है। इनकी आरध्या देवी 'बहुचरा माता' (बुचरा) कहलाती है। वह इसी देवी की पूजा करते हैं। एक किंवदंती के अनुसार बुचरा माता की तीन अन्य बहनें– नीलिमा, मानसा और हंसा थीं। सबसे बड़ी बूचरा हिजड़ा बन गयी तो बची बहनों के भी उन्होंने अपने जैसा बना दिया। इनकी सन्ताने नहीं थी तो इन्होंने लड़कों को गोद ले लिया। लेकिन बुचरा माता के मन्दिर में निस्सन्तान दम्पति सन्तान माँगने के लिए जाते हैं। एक सर्वेक्षण के अनुसार भारत में किन्नरों के लगभग 500 धाम हैं जहाँ उनके नायक या गुरु निवास करते हैं।

बुचरा और उनकी तीन बहनों के आधार पर इनकी चार शाखीन हैं– बुचरा, नीलिमा, मानसा और हंसा। बुचरा की शाखा में पैदाइशी, नीलिमा की शाखा में जबरन बनाए गये, मानसा शाखा में इच्छा से बने और हंसा में उन्हें जगह दी जाती है जो शारीरिक कमी के कारण किन्नर बनते हैं। एक अन्य विभाजन के अन्तर्गत नीलिमा शाखा के किन्नर गाने और ढफली बजाने का काम करते हैं तो मनसा शाखा का काम बनने वाले व्यक्ति के लिए सामान इकट्ठा करना है। जब बुचरा किसी को किन्नर बना रहे होते हैं तब हंसा के जिम्मे साफ-सफाई का काम आता है। साथ ही कब्र खोदने और उसमें राख़ डालने का काम भी केवल हंसा शाखा के किन्नर ही कराते हैं, शवों पर पहली मिट्टी डालने का काम बुचरा शाखा के लोग ही करते हैं। किन्नरों की भी एक पारिवारिक व्यवस्था होती है। यह व्यवस्था सामान्यजनों के परिवारों की तरह ही होता है। हर घर या घराने का एक मुखिया होता है। जिसे नायक कहते हैं। नायक के नीचे गुरु होते हैं फिर चेले। गुरु का दर्जा माता-पिता से कम नहीं होता। हर किन्नर को अपने गुरु को अपनी कमाई का एक निश्चित हिस्सा देना होता है। गुरु के नीचे काम करने वाले सभी चेले घराने की बहुएँ कहलाती हैं। घराने के अन्दर भाई, बहन, बुआ, चाही, दादा, दादी आदि का अपना स्थान होता है। जो किन्नर पुरुष प्रवृत्ति का होता है उसे भाई कहा जाता है। ऐसे ही महिला प्रवृत्ति के किन्नरों को बहन का ओहदा दिया जाता है।

भारतीय समाज में जननांगों से अपंग शिशुओं को मातापिता द्वारा त्याग दिया जाता है। जननेन्द्रियों से अपंग या जननांग विहीन शिशु के जन्म की खबर मिलते ही किन्नर समुदाय उस परिवार से शिशु को माँगकर या बलपूर्वक प्राप्त कर अपने समुदाय में पालन-पोषण करने के लिए लेकर चले जाते हैं। वह शिशु किन्नर प्रथा एवं परम्परा के अनुसार ही स्वयं को पुरुष या स्त्री के रूप में ढालकर विसंगतिपूर्ण जीवन जीने के लिए अभिशप्त हो जाता है। दुनिया के हर देश और समाज में किन्नर समुदाय अनेक उपजातियों में बंटा हुआ है। प्रत्येक उपजाति अथवा उपसमुदाय अपने ढंग से जीवन यापन करता है। इनकी अपनी वेशभूषा, खान-पान और रहन-सहन की संस्कृति होती है जिसका पालन उस समूह के सदस्यों को करना होता है। इन समुदायों के उपसमूहों के नेतृत्व के लिए इनमें आपसी स्पर्धा भी होती है। भारत के महानगरों में किन्नर समुदायों के टोले जगह जगह दिखाई दे जाते हैं। अक्सर यह लोग चौराहों पर वाहन यात्रियों से पैसे माँगते हुए दिखाई देते हैं। इनके समुदाय शिशु जन्म के अवसर पर लोगों के घरों में बधाई गीत गाकर नवजात को आशीर्वाद देते हैं। इस समुदाय का आशीर्वाद नवजात के लिए कल्याणकारी माना जाता है। बदले में उन्हें कुछ धन की प्राप्ति हो जाती है।

अधिकतर किन्नर समुदाय के लोग जिन्हें भिन्न लिंगी मान लिया गया है, इनके लिए 'इतर लिंगी' शब्द का प्रयोग होता है। शासकीय प्रयोजनों के लिए किन्नर समुदाय के लोगों के लिए 'अन्य लिंगी' नामक श्रेणी निर्मित कर दी गयी है। किन्नरों में शिक्षा का नितांत अभाव होता है। अपवाद स्वरूप यत्रतत्र भारत में शिक्षित व्यक्ति (अन्य लिंगी) दिखाई दे जाते हैं जिनकी संख्या नगण्य है। लक्ष्मी नारायण त्रिपाठी नामक किन्नर (महिला का वेष धारण करती/करता है) जो शिक्षित विदुषी व्यक्ति के रूप में जानी जाती है। यह आध्यात्मिक ज्ञान के साथ संगीत और नृत्य शास्त्र का भी अध्ययन किया है। किन्नर समुदाय के अधिकारों के लिए इन्होंने एक सशक्त आन्दोलनकारी के रूप में ख्याति अर्जित की है। उज्जैन महाकुंभ सिंहस्थ 2016 में उन्हें महामंडलेश्वर की पदवी प्रदान की गयी थी। इनके द्वारा रचित आत्मकथा 'मैं हिजड़ा मैं लक्ष्मी' हिन्दी किन्नर साहित्य में बहुचर्चित कृति है। नई सदी में कुछ किन्नरों ने अपने कठिन संघर्ष से राजनीति में प्रवेश कर आम चुनाव में बहुमत से विजय प्राप्त कर विधायक और महापौर तक के पद संभाले जिनमें प्रमुख हैं– शबनम मौसी, कमला जान, कमला किन्नर और मधु किन्नर आदि। देश की पहली किन्नर शिक्षाविद प्राचार्य मानोबी बन्द्योपाध्याय (पश्चिम बंगाल) और पहली किन्नर वकील तमिलनाडु की सत्या श्रीशर्मीला ने सिद्ध कर दिया कि किन्नर अथवा 'थर्ड जेंडर' किसी भी विद्वत स्त्री-पुरुष की भांति बुद्धिजीवी वर्ग के समकक्ष अपनी प्रतिभा प्रदर्शित कर सकते हैं। अस्मिता की यह लड़ाई जो किन्नरों द्वारा लड़ी जा रही है, इन्हें 15 अप्रैल 2014 को विजय हासिल हुई जब सर्वोच्च न्यायालय के न्यायमूर्ति के एस राधाकृष्णन और न्यायमूर्ति ए के सीकरी ने थर्ड जेंडर को मान्यता देते हुए किन्नरों के हक में ऐतिहासिक फैसला दिया।

हिन्दी कथा साहित्य में विगत दो दशकों में प्रवृत्तिगत अनेक नए प्रयोग हुए हैं। कहानी और उपन्यास साहित्य में नए सामाजिक, आर्थिक और सांस्कृतिक आयाम जुड़ते गये। दलित चेतना प्रखर रूप में कहानी और उपन्यास के माध्यम से अभिव्यक्त हुई जिसमें प्रतिरोध का स्वर बलवती दिखाई देता है। इसीके समकक्ष आदिवासी जनजीवन पर केन्द्रित कथा साहित्य विपुल मात्रा में रचा गया। अनेक उदीयमान लेखक उक्त समुदायों के उत्पीड़न भरे जीवन के सामाजिक पक्ष को प्रहारक मुद्रा में व्यक्त कराते हुए दिखाई देते हैं। दलित चेतनाप्रधान कथा साहित्य में दलित स्त्रियाँ की अन्तरगाथाओं ने अपनी अलग भावभूमि निर्मित की है। आदिवासी कथा साहित्य में वन्य प्रान्तों में बसे जनजातियों से विकास के नाम पर उनकी वन्य भूमि को उनसे छीनने तथा उनके विस्थापनके कारण उत्पन्न दुष्परिणामों की करुण गाथा भारत के वंचित तथा हाशिये पर धकेले गये समाज का वास्तविक चित्रण प्रस्तुत करता है। हाशिये पर के जन समुदायों में किन्नर समुदाय का असंगठित बिखराव भरे जीवन को वर्तमान कथाकारों ने अपनी रचनाओं में चित्रित कर एक नई भावभूमि को आविष्कृत किया है। वर्तमान समय में किन्नर जनजीवन की चुनौतियाँ साहित्य के केन्द्र में स्थान पाकर शिष्ट समाज का ध्यान आकर्षित कर रही हैं। किन्नर कथा साहित्य के उदय से आम लोगों में किन्नरों के प्रति घृणा और अलगाव के व्यवहार में परिवर्तन हुआ है। किन्नर व्यक्तियों के प्रति समाज धीरे-धीरे संवेदनशील हो रहा है। किन्नरों के पक्ष में अनेक गैरसरकारी संगठन और सामाजिक कार्यकर्ता आवाज उठा रहे हैं इसके बावजूद वे उपहास और तिरस्कार के पात्र बने हुए हैं, यह मानवता की दृष्टि से चिन्ता का विषय है। हिन्दी कथा साहित्य में कुछ चुनिन्दा लेखकों ने भारत के विभिन्न महानगरों में

छोटे छोटे कुनबों में बसे विभिन्न किन्नर समुदायों के जीवन को वास्तविकताके धरातल पर चित्रित करने का प्रयास किया है।

मानव सभ्यता के विकास यात्रा में अनेक पड़ाव आते रहे हैं। भूमंडलीकरण की स्थितियों से प्रभावित और परिवर्तित सामाजिक और सांस्कृतिक परिवेश ने हाशिये पर पड़े किन्नर समुदाय के प्रति समाज में मानवीय संवेदनाओं को जगाया है। समाज में परिवर्तन की इस लहर से समाज में उपेक्षित वर्गों को पहचान मिली और निस्सन्देह हिन्दी के कुछ चुनिन्दा कथाकरों ने इस आन्दोलन को साहित्य की मुख्य धारा में स्थान दिलाने में महत्त्वपूर्ण भूमिका निभाई है। हिन्दी में किन्नर जीवन पर आधारित कथा साहित्य का आरम्भ 21 वीं शती (नई सदी)में हुआ। विगत शती में स्त्री, दलित और आदिवासी वर्ग को तो विशेष अभिव्यक्ति मिली परन्तु किन्नर समाज को हिन्दी साहित्य में कोई विशेष अभिव्यक्ति नहीं मिली।

हिन्दी में किन्नर समुदाय पर केन्द्रित– **यमदीप– 2002** (नीरजा माधव), **मैं भी औरत हूँ–2005** (अनुसूइया त्यागी), **किन्नर कथा– 2010** (महेंद्र भीष्म), **तीसरी ताली– 2010** (प्रदीप सौरभ), **गुलाम मंडी– 2013** (निर्मला भुराड़िया), **पोस्ट बॉक्स नं 203, नाला सोपारा– 2016** (चित्रा मुद्‌गल) तथा **मैं पायल– 2016** (महेंद्र भीष्म), **पंखवाली नाव** (पंकज बिष्ट) उपन्यास प्रकाश में आये हैं। ट्रांसजेंडर स्त्री मानोबी बन्द्योपाध्याय की बांग्ला से हिन्दी में अनूदित आत्मकथा **'पुरुष तन में फँसा मेरा नारी मन'**2018- (राजपाल प्रकाशन) किन्नर साहित्य में रचित एक मात्र आत्मकथा है। बांग्ला में रचित यह बहुचर्चित आत्मकथा हिन्दी के अतिरिक्त अँग्रेजी में भी उपलब्ध है।

किन्नर जीवन से सम्बन्धित कहानियों का संग्रह 'थर्ड जेंडर : हिन्दी कहानियाँ' (सम्पादक– डॉ. एम फिरोज खान) उल्लेखनीय है। इस संग्रह में अठारह कहानियाँ संग्रहीत हैं जिनके लेखक क्रमशः शिवप्रसाद सिंह, राही मासूम रज़ा, सलाम बिन राजाक, एस आर हरनोट, कुसुम अंसल, किरण सिंह, कादंबरी मेहरा, डॉ. पद्मा शर्मा, अंजना शर्मा, महेंद्र भीष्म (त्रासदी), ललित शर्मा (रतियावान की चेली), डॉ. लवलेश दत्त (नेग), गरिमा संजय दुबे (पन्ना बा), श्रीकृष्ण सैनी (हिजड़ा), विजेंद्र प्रताप सिंह (संकल्प), चाँद दीपिका (खुश रहो क्लीनिक), पूनम पाठक (किन्नर) और पारस दासोत (गलती जो माफ नहीं) हैं।

किन्नर जीवन पर मछिन्द्र मोरे द्वारा रचित नाटक 'जाने मन' बहुत बारीकी से इस समाज की समस्याओं को प्रस्तुत करता है।

उपर्यक्त उपन्यासों में किन्नर जनजीवन में व्याप्त शोषण, उपेक्षा, तिरस्कार, घृणा, संघर्ष, जिजीविषा को पूरे सामर्थ्य के साथ प्रस्तुत किया है। उक्त कथाकारों ने मुम्बई और दिल्ली महानगरों की किन्नर गंदी बस्तियों में नारकीय जीवन जीने के लिए अभिशप्त किन्नर लोगों की सवेदनाओं, अपेक्षा और आकांक्षाओं का चित्रण यथार्थ के धरातल पर किया है। जिस तरह किन्नरों में स्वयं को पुरुष या स्त्री का वेश धारण करने की स्वैच्छिक परम्परा विद्यमान है, इनमें जननेन्द्रिय दोष होने के बावजूद विवाह की परम्परा और पति-पत्नी के रूप में जीवन यापन की स्थितियों का चित्रण, किन्नर समाज के समाजशास्त्रीय स्वरूप को पहचानने में सहायक होता है। किन्नरों के यौन शोषण के प्रसंग किन्नर कथा साहित्य में बहुतायत से पाये जाते हैं। राजनेताओं से सम्बन्ध रखने वाले प्रभावशाली किन्नर नेताओं के जीवन की कथाएँ भी इस साहित्य में दिखाई देती हैं। राजनैतिक प्रयोजनों के लिए भी किन्नर समुदायों को प्रलोभन के

मार्ग से शोषित क्या जाता है और कुछ परिस्थितियों में ये राजनीतिक हत्या के भी शिकार हो जाते हैं। प्रदीप सौरभ कृत 'तीसरी ताली' उपन्यास एक किन्नर समुदाय में गद्दी अर्थात शीर्ष नायकत्व को हासिल करने के लिए चलाने वाले षडयन्त्र और परस्पर संघर्ष को दर्शाता है। आकर्षक किन्नर अक्सर तथाकथित संभ्रांत वर्ग के विकृत यौनाचार के शिकार हो जाते हैं, ऐसी घटनाओं को किन्नर कथा साहित्य में प्रभावशाली रूप में प्रस्तुत किया गया है। जहाँ एक ओर प्रदीप सौरभ किन्नरों के सशक्तिकरण के लिए आवाज उठाते हैं वहीं दूसरी ओर महेंद्र भीष्म किन्नरों के मानवाधिकारों के लिए पक्षधर बनकर खड़े होते हैं। किन्नर जन्म लेने वाला व्यक्ति बार बार सवाल करता है की उसके जन्म के लिए उसका तो कोई दोष नहीं किन्तु समाज उसे इसका दंड क्यों देता है। यह महत्त्वपूर्ण प्रश्न है जिसका सामाधान कोई सभ्य समाज देने में समर्थ नहीं दिखाई देता। समाज में किन्नरों की स्वीकार्यता महत्त्वपूर्ण मुद्दा है। भारतीय समाज में एक विचित्र दोहरापन मौजूद है जो सदियों से लिंग के आधार पर सामाजिक अधिकार तय करता है। स्त्रीलिंग और पुल्लिंग इन दोनों को सामाजिक सामाजिक संरचना का आधार माना गया है। ये दोनों मिलकर ही जीवन का सृजन करते हैं जिससे जीवन की श्रृंखला पीढ़ियों का निर्माण करती है। जननेन्द्रिय के बिना मनुष्य की प्रजनन शक्ति का ह्रास सुनिश्चित है। सन्तानोत्पत्ति स्त्री-पुरुष के वैवाहिक जीवन का महत्त्वपूर्ण सामाजिक प्रदेय है। लिंगविहीन या नपुंसक मनुष्य इस अधिकार से वंचित हो जाता है जिससे समाज में इस श्रेणी के मनुष्यों को असामाजिक और अवांछित माना जाता है। इस समुदाय के प्रति सभ्य समाज की यह मानसिकता मानवोचित नहीं है। किन्नर जीवन को जीने के लिए अभिशप्त समुदाय के प्रति मानवीय संवेदना को जागृत करने का गुरुतर दायित्व साहित्यकार और सामाजिक आन्दोलनकारियों ने स्वीकार किया।

किन्नर को जीवन के प्रारम्भ से लेकर अन्त तक अनेक चुनौतियों का सामना करना पड़ता है। उसकी सबसे बड़ी चुनौती उसकी देह होती है। दैहिक बनावट और अन्तःकरण की भावनाओं में सामंजस्य न होने के कारण वे मानसिक वेदना तो सहते ही हैं, साथ ही कई बार उनकी देह शोषण का शिकार भी हो जाती है। लोगों के घरों में मंगल अवसरों पर अपनी वेदना को छिपाकर हर्षित होने वाले किन्नरों की देह लोगों में प्रायः आकर्षण का केन्द्र बनी रहती है। इसीलिए कुछ कुंठित मानसिकता के लोग उनका दैहिक शोषण करते हैं। किन्नर समाज की यह एक यथार्थ स्थिति है जिसे हिन्दी उपन्यासों में मार्मिक ढंग से प्रस्तुत किया गया है। नई सदी का हिन्दी कथा साहित्य किन्नर समुदाय की सामाजिक, आर्थिक, राजनीतिक और सांस्कृतिक अस्मिता की पड़ताल करने में कमोबेश सफल हुआ है।

## उपन्यासों में वर्णित किन्नर समाज की चुनौतियाँ

किन्नर समाज का वह वर्ग है जो शारीरिक रूप या यौनिक अंगों के विशेष सन्दर्भ में अपूर्ण माना जाता है। किन्नर की बाह्य देह का उसके अन्तःकरण के भावों से तालमेल नहीं होता अर्थात पुरुष देह में स्त्रियोचित गुण होते हैं या स्त्री की देह में पुरुष देह जैसी मांसलता होती है। वास्तव में यह एक जैविक अनिश्चितता के कारण होता है। इसी जैविक अनिश्चितता के कारण तह वर्ग समाज के अन्य वर्गों की भांति सामान्य प्रतीत नहीं होता। इस सम्बन्ध में समाज में भी अनेक प्रकार के भ्रम व्याप्त हैं जिस कारण किन्नरों का जीवन सामान्य मनुष्यों के जीवन से सर्वथा भिन्न दिहाई देता है। किन्नर अपने जीवन काल में अनेक विसंगतियो का सामना करता

है। इन विसंगतियों को साहित्य के माध्यम से समाज के सम्मुख प्रस्तुत करने का चुनौतीपूर्ण अभियान हिन्दी के कतिपय कथाकारों ने श्रमसाध्य ढंग से किया। इन सभी लेखकों ने किन्नर जीवन की वास्तविकताओं को समझने के लिए विभिन्न शहरों में बसे विभिन्न किन्नर समुदायों के बीच जाकर समाजशास्त्रीय अनुसंधान किया। इन लेखकों के द्वारा किन्नरों के विभिन्न वर्गों, उनके सामाजिक जीवन, रीतिरिवाज, परम्पराएँ, रूढ़ियाँ, धार्मिक मान्यताएँ, उनकी आजीविका के स्रोत और उनके कामकाज आदि का विस्तृत अध्ययन किया गया। हिन्दी में रचित किन्नर जीवनप्रधान उपन्यासों में लेखकों के द्वारा किए गये सर्वेक्षण और अध्ययन के आधार पर ही कथानकों को बुना गया और पात्रों का चयन किया गया। इन उपन्यासों के सभी किन्नर पात्र पुरुष और स्त्री वेश में भिन्न भिन्न सामाजिक, राजनीतिक, आर्थिक और सांस्कृतिक परिस्थितियों में अपने अभिशपत जीवन की विडम्बना को भोगते हुए प्रतीत होते हैं। विभिन्न परिवेशों में किन्नर पात्रों के जीवन कीर कथाओं को लेखकों ने किन्नरों की भाषाई चेतना के संग, उनके द्वारा प्रयुक्त भाषा रूपों में ही प्रस्तुत किया है। इन उपन्यासों में किन्नरों की विशिष्ट भाषाई चेतना स्पष्ट दिखाई देती है। समाज की रूढ मानसिकता के कारण किन्नरों की छवि ऐसी बन चुकी है कि माता-पिता भी जननांग की विकलांगता के साथ जन्मी अपनी ही सन्तान को त्याग देते हैं। इस तरह जीवन के प्रथम पड़ाव पर ही नपुंसक शिशु को इस चुनौती का सामना करना पड़ता है। इस सामाजिक कुरीति का कोई समाधान दिखाई नहीं देता। ऐसी सन्तान को त्याग देने की मानसिकता समाज के सामन्य से लेकर उच्चवर्ग, राजा-महाराजा हर वर्ग में व्याप्त है। 'किन्नर कथा' उपन्यास के आलोक में इस तथ्य को स्पष्ट किया जा सकता है। इस उपन्यास में जैतपुर के राजा जगतराज सिंह के घर कन्या (किन्नर) का जन्म होता है, परन्तु वह अपनी लोकमर्यादा की रक्षा के लिए अपनी नवजात कन्या को मरवादेने का हुक्म दे देता है। किन्तु उनका दीवान पंचम सिंह उस शिशु के प्राण नहीं ले पाता है। वह शिशु एक किन्नर के हाथों सौंपी दी जाती है। 'किन्नर गुरु' तारा उस कन्या का पालन पोषण करती है। राजा जगतराज सिंह को लोकलाज ज्यादा प्रिय थी। समाज में यही मानसिकता विद्यमान है जिसका चित्रण सभी उपन्यासों मे एक समा दिखाई देता है। पैदा होते ही किन्नर शिशु को अपने प्राणो की आहुती देनी पड़ती है। कभी कभी संयोग से यदि किन्नर के रूप में जन्मे शिशु के प्राण बच जायें तो भी उसे अपने परिवार के साथ जीवन बिताने का सुख प्राप्त नहीं होता क्योंकि उसे जन्म के बाद किन्नर समुदाय के सुपुर्द कर दिया जाता है या किन्नर समुदाय जबरन उसे अपने समुदाय में शामिल करने के लिए लेकर चले जाते हैं। चित्रा मुद्‌गल के उपन्यास 'पोस्ट बॉक्स नं 203 नाला सोपारा' के नायक विनोद की स्थिति ऐसी ही है। उसकी माँ उसके किन्नर होने के बावजूद उसे अपनी अन्य सन्तानों की भांति ही प्रेम करती है, परन्तु पिता के लिए वह चिन्ता का विषय बन जाता है। विनोद का भाई भी उससे घृणा करता है। उसकी माँ के सिवा उसे कोई अपने समाज में नहीं रहने देना चाहते। इसलिए वे निर्दयतापूर्वक विनोद को किन्नरों को सौंप देते हैं। विनोद की इस वेदना को समूचे उपन्यास में विनोद के द्वारा उसकी माँ को क्रमशः लिखे जाने वाले पत्रों के माध्यम से व्यक्त किया गया है। पत्रों के माध्यम से वह अपनी मानसिकता और अपनी उलझनें व्यक्त करता है। वह अपने अधिकारों की लड़ाई अकेले लड़ता है। वह मानो समस्त किन्नर समुदाय के लिए मानवाधिकार की माँग करता है। किन्नरों को भी उनकी इच्छानुसार पुल्लिंग या स्त्रीलिंग श्रेणी में शामिल करने की माँग करता है। किन्नर जीवन पर रचित उपन्यासों में 'नाला

सोपारा' का स्थान महत्त्वपूर्ण है। आत्मकथात्मक शैली में रचित यह उपन्यास किन्नर युवक की शारीरिक और मानसिक वेदना को व्यक्त करता है। किन्नर समुदायों के माध्यम से राजनेता अपना स्वार्थ सिद्ध करते हैं। उपन्यास के अन्त में विनोद ऐसी ही राजनीतिक हत्या का शिकार होकर अपनी जान गंवा देता है। उपन्यास में पूनम जोशी नामक किन्नर के साथ हुए बलात्कार के प्रसंग से यह तथ्य उजागर होता है कि किन्नरों की देह कुंठित और विकृत यौन शोषण के अभ्यस्त लोगों के लिए अचंभा पैदा करती है और दिल बहलाने का सस्ता साधन बन जाते हैं। बेबसी और लाचारी में किन्नर प्रतिरोध नहीं कर पाते और अन्त में मौत का शिकार हो जाते हैं। चित्रा मुद्गल के उपन्यास के आधार पर यह स्पष्ट होता है कि यौनिक अपूर्णता के बावजूद किन्नरों को शारीरिक यौनाचार का शिकार होना पड़ता है। अतः उनको समाज कि दोहरी मार झेलनी पड़ती है। पहला, अपूर्ण देह के साथ जीवनयापन करना पड़ता है और दूसरा बलात्कार का दंश भी सहना पड़ता है। शारीरिक विपन्नता की विडम्बनाओं के अतिरिक्त एक अन्य चुनौती आर्थिक विपन्नता के रूप में किन्नर समुदाय को झेलनी पड़ती है। किन्नर समुदाय लोगों के मगलपर्वों और उत्सवों पर नाचगाकर, तालियाँ पीटकर अपना जीविकोपार्जन करते हैं। भारत में सरकारी नीतियाँ भी उनके अनुकूल नहीं हैं। सरकारी नौकरी प्राप्त करने का कोई प्रावधान नहीं है। इसलिए वह प्रायः असहाय अवस्था में सड़कों पर, रेलगाड़ियों में तालियाँ पीटकर माँगते हुए दिखाई देते हैं। 'नाला सोपारा' का मुख्य पात्र विनोद उर्फ बिन्नी किन्नर समुदाय में रहते हुए पढ़ाई पूरी करने के लिए गाड़िया साफ करने का काम करता है। इस प्रकार की जागरूकता किन्नर समुदायों एन नहीं के बराबर है क्योंकि समाज उन्हें मुख्य धारा में शामिल होने नहीं देता। किन्नर समुदाय में शिक्षा का अभाव होता है। उन्हें शिक्षा का अवसर मुहैया नहीं कराया जाता। इसके लिए आवश्यक है किन्नर समुदाय में चेतना का संचरण। यदि वे स्वयं चेतन हो जायेंगे तो वे स्वयम अपनी समस्याओं का समाधान कर सकते हैं।

प्रदीप सौरभ कृत 'तीसरी ताली' उपन्यास की पात्र 'मणि' के साथ स्कूल में एक अप्रिय घटना घटती है जो उसके जीवन को बदलकर रख देता है। एक दिन स्कूल में कुछ बदमाश लड़के उसे नंगा कर उसके गुप्तांगों को देखकर हिजड़ा, हिजड़ा! चिल्लाने लगते हैं। इस अपमान जनित व्यवहार से प्रताड़ित होकर मणि स्कूल छोड़ने के लिए विवश हो जाती है। इसी तरह के प्रसंग का चित्रण 'गुलाम मंडी'' (निर्मला भुराडिया) में हुआ है। छात्र का लिंग पहचानने के लिए उसकी चड्डी उतरवाई जाती है और फिर उसे जूतों से मारकर स्कूल से निष्कासित किया जाता है। इस तरह इस वर्ग को सभी क्षेत्रों में हेय दृष्टि से देखा जाता है। आर्थिक क्षेत्र भी इस दृष्टि से अपवाद नहीं है। आर्थिक क्षेत्र में इस वर्ग के जुड़े व्यक्ति का कार्यरत होना असम्भव बना दिया गया है। इस वर्ग को लेकर परिवार और समाज के मध्य मौजूद द्वंद्व को लेखकों द्वारा स्पष्ट करने के प्रयास हुए हैं। नीरजा माधव ने' यमदीप' में इस द्वंद्व को पूरी संवेदना से उभारा है। 'नाज बीबी' नामक बालिका को उसके हिजड़ा होने के सच जब नहीं छिपाया जा सकता, तब उसके माता-पिता को उसे महताब गुरु नामक क किन्नर समुदाय के मुखिया को असहाय स्थिति में सौंप देना पड़ता है। इसके अतिरिक्त उनके पास कोई दूसरा विकल्प नहीं था। महताब गुरु के अनुसार उस बालिका के माता-पिता उस बस्ती में रह नहीं सकते थे और अपनी बेटी को अपने साथ नहीं रख सकते थे और अपने को हिजड़ी के बाप कहलाने के अपमान के साथ नहीं जीवन बिता सकते थे। इसीलिए इसे किन्नरों को दे देने के

सिवाय उनके पास और कोई रास्ता न था।

महेंद्र भीष्म द्वारा किन्नर जीवन पर रचित दूसरा उपन्यास है 'मैं पायल। आत्मकथात्मक शैली में प्रस्तुत यह उपन्यास लखनऊ की किन्नर गुरु पायल सिंह के जीवन संघर्ष पर आधारित है। 'मैं पायल' उपन्यास में देह व्यापार के दो पक्षों को चित्रित किया गया है। प्रथम 'अनवर' नामक पात्र की माँ का देह व्यापार में संलिप्त होना तथा दूसरा हिजड़ों का देह व्यापार में शामिल हो जाना, दोनों समूहों की देह व्यापार में संलिप्तता का मूल कारण गरीबी है।

थर्ड जेंडर अन्य लिंगी अर्थात किन्नर समुदाय के अतिरिक्त एक और वर्ग है जिसे ट्रांसजेंडर या लिंग परिवर्तित मनुष्यों का है। वह किन्नर जिसमें पुरुष या स्त्रियोचित प्रवृत्तियाँ हावी होती जाती हैं और वह तदनुरूप से ही व्यवहार करता है। ऐसी स्थिति में किन्नर स्वेच्छा से पुरुष या स्त्री के रूप में अपना शारीरिक रूपान्तरण कर सकता है। नव्यतम कॉस्मेटिक सर्जरी व लिंग परिवर्तन के लिए समुचित शल्य प्रक्रिया उपलब्ध होने के कारण अब यह सम्भव हो गया है। इस प्रक्रिया के द्वारा पुरुष और स्त्री अपना लिंग परिवर्तन कर सकती हैं। इस सन्दर्भ में उच्चमध्य वर्गीय परिवार में बेटे के रूप में जन्मा 'सोमनाथ' धीरे-धीरे अपने भीतर विकासित स्त्रैण प्रवृत्तियों का आभास करता है। उसका लड़कों के प्रति आकर्षण उसके अस्वाभाविक व्यावहार के प्रति माता-पिता और अन्य लोगों का ध्यान आकर्षित करता है। यही सोमनाथ अन्त में मानोबी बद्योपाध्याय के नाम से सुन्दर युवती के रूप में परिवर्तित हो जाती है क्योंकि उसमें नारी मन बसता था। स्त्री में स्वयं को बदलने और स्थापित करने के लिए सोमनाथ उर्फ मानोबी को जिन यातनाओं और अपमान से भरे जीवन से संघर्ष करना पड़ा, इसे मानोबी ने स्वयं आत्मकथा में प्रस्तुत किया है। मानोबी बन्द्योपाध्याय वह शक्सियत है जिसने अपने कठिन

संघर्ष के द्वारा पर दुनिया भर का तिरस्कार, हिकारत, अपमान, उपेक्षा और नफरत को झेलते हुए पारिवारिक समर्थन के बल पर उच्च शिक्षा पूरी की। बांग्ला साहित्य में एम ए, एम फिल और पीएच डी की उपाधियाँ प्राप्त कीं। और वह पश्चिम बंगाल में एक कॉलेज की भारत की प्रथम ट्रांसजेडर प्रिंसिपल का कार्यभार कुशलतापूर्वक संभाल रहीं हैं। इस संघर्ष को उन्होंने अपनी आत्मकथा में पिरोया है जो रोचक और रोमांचक दोनों है।

अपनी आत्मकथा 'पुरुष तन में फँसा मेरा नारी मन' को पाठकों को समर्पित करते हुए वह लिखती हैं– "उन सबके नाम, जिन्होंने मुझे अपमानित किया और अवमानव कह कर जीवन के हाशिये पर धकेल दिया। उन्हीं के कारण मुझे लड़ने की ताकत मिली और मैं जीवन में आगे बढ़ पाई। आशा करती हूँ कि पुस्तक मुझ जैसों के लिए प्रेरणात्मक सिद्ध होगी और वे भी जीवन में सफल हो पाएँगे।" लिंग परिवर्तन की सर्जरी के बाद कानूनी तौर पर सोमनाथ ने अपना नाम बदल लिया। इस सन्दर्भ में वह लिखती हैं –"क्योंकि मुझे लगता था कि मेरी देह और आत्मा एक स्त्री की हो गयी थी, तो मेरे नाम से भी वही झलकना चाहिए। सोमनाथ, भगवान शिव का एक नाम है, वे एक पुरुष थे और मैं अपने लिए आदर व सम्मान की इस तलाश में उनके नाम का अपमान नहीं करना चाहती थी। मैंने मानोबी नाम इसलिए चुना क्योकि इसका अर्थ है सर्वोत्कृष्ट मादा– प्रकृति– जैसा प्रकृति ने उसे बनाया है। मैंने अपना नाम सोमनाथ से बदलकर मानोबी रखा और यह काम कोर्ट में मेजिस्ट्रेट के सामने किया गया। इसके बाद मैंने शीर्षस्थ अखबारों में अपना नाम और लिंग बदलने के बारे में सूचित किया। जब मुझे थीसिस के लिए अपना नाम बदलवाना था तो ये दस्तावेज़ बहुत काम आये। मैंने 2005 में पीएच डी

का काम पूरा कर लिया पर डॉक्टरेट की डिग्री विश्वविद्यालय के दीक्षांत समारोह में 2006 में दी गयी। '

मानोबी बद्योपाध्याय का आत्मवक्तव्य गौरतलब है जो आत्मककथा के प्रारम्भ में प्रस्तुत किया गया है। "कितनी बार ऐसा हुआ है कि आपकी गाड़ी लाल बत्ती पर रुकी है और आपने कार की खिड़की के बाहर से, भीख माँगते हिजड़े को देख कर अपना मुँह मोड़ लिया है? क्या आपको बहुत घृणा महसूस हुई? क्या यह स्थिति उस अनुभूति से बदतर नहीं लगी जो आप गोद में बच्चा लिए किसी भिखारिन को भीख माँगते देख कर महसूस करते हैं? क्यों? मैं आपको बताती हूँ कि ऐसा क्यों है। आप हिजड़े से घृणा कराते हैं क्योंकि आप उसके लिंग के साथ कोई पहचान नहीं जोड़ पाते। आप उसे एक विचित्र घृणित जीव, सम्भवतः एक अपराधी और निश्चित तौर पर एक अवमानव समझते हैं।

मैं भी उनमें से एक हूँ। मुझे सारा जीवन लोगों के मुख से हिजड़ा, बृहन्नला, नपुंसक, खोजा, लौंडा .... जैसे शब्द सुनने पड़े हैं और मैंने जीवन के इतने वर्ष यह जानते हुए बिताए हैं कि एक जातिच्युत व परित्यक्त हूँ। क्या इससे मुझे पीड़ा का अनुभव हुआ? हुआ और इसने मुझे बुरी तरह से आहत किया है। परन्तु चलन से बाहर हो चुके मुहावरे का प्रयोग करें तो कह सकते हैं कि समय बड़े-बड़े घाव भर देता है। मेरे मामले में इस कहावत ने थोड़ा सा अलग तरह से अपना प्रभाव दिखाया है। कष्ट तो अब भी है पर समय के साथ-साथ दर्द घट गया है। यह मेरे जीवन के एकान्त क्षणों में मुझे आ घेरता है, जब मैं अपने अस्तित्व सम्बन्धी यथार्थ से जूझ रही होती हूँ। मैं कौन हूँ और मैं एक पुरुष की देह में कैद स्त्री के रूप में क्यों जन्मी? मेरी नियति क्या है?मेरे इस रंग-बिरंगे बाहरी आवरण के नीचे, शर्मसार व चोटिल वैयक्तिकता छिपी है जो आज़ाद होने के लिए तरस रही है– अपनी शर्तों पर जीवन जीने की आज़ादी और जो मैं हूँ, उसी रूप में रहने की आज़ादी! मैं अपने लिए यही आज़ादी और स्वीकृति चाहती हूँ। मेरा बाहरी कठोर रूप तथा उदासीनता ऐसा कवच है जिसे मैंने अपनी संवेदनशीलता को जीवित रखने के लिए पहनना सीखा है। आज, अपने सौभाग्य के बल पर, मैंने ऐसी अद्‌भुत सफलता अर्जित कर ली है जो प्रायः मेरे जैसे लोगों के लिए नहीं होती। लेकिन यदि मेरा सफर कुछ और हुआ होता? मैं अपने आप से बारम्बार कहती हूँ कि अब मेरे लिए समय आ गया है कि मैं इस ख्याति के बीच प्रसन्न रहूँ परन्तु भीतर ही भीतर कोई चेतावनी देता है। मेरी अन्तरात्मा मुझसे कहती है कि मुझे अपने आसपास जो शोहरत और उत्सव दिखाई देता है, वह सब 'माया' है और मुझे एक संन्यासी के वीतराग की तरह ही इस प्रशंसा को ग्रहण करना चाहिए।

मीडिया का कहना है कि कोई ट्रांसजेंडर पहली बार कॉलेज के प्रिंसिपल पद पर नियुक्त हुई, जो अपने-आप में एक उल्लेखनीय कदम है। तब से मेरे फोन लगातार घनघनाते हैं, मेरी डेस्क पर अलग-अलग स्थानों पर होने वाले बधाई कार्यक्रमों के न्यौतों के अंबार लगे रहते हैं। मुझे यह मान कर बहुत खुशी होती है कि जो लोग मेरा अभिनन्दन कराते हैं, उन्होंने मुझे उसी रूप में स्वीकार किया है, जो मैं हूँ, परन्तु मैं उन खी-खी कराते सुरों, तिरस्कार और दबी हंसी को कैसे अनसुना कर सकती हूँ, जो छिपाने की कोशिश करने पर भी नहीं छिपती? उनके लिए मैं एक 'तमाशा' भर हूँ और बिना पैसों का कोई तमाशा देखने को मिल रहा हो तो कौन नहीं देखना चाहेगा?

मानसिक आघात और क्रोध, दो ऐसे भाव हैं जिन्हें मैंने दबाना और नज़र अंदाज करना

सीखा है। ये मेरे मानसिक कवच का हिस्सा हैं, जिनसे मैं अपने आप को महफूज रख पाती हूँ। मैंने अन्ततः इस तथ्य को स्वीकार कर लिया है कि मेरी उपलब्धियों का मेरे आस-पास के लोगों पर कोई प्रभाव नहीं पड़ता। उन्हें अब भी लगता है कि आज मैं भी नपुंसक हूँ और यही मेरी असली पहचान है। मुझे भावुक होने का अधिकार भी है, यह विचार अधिकतर लोगों को अनचीन्हा लगता है। मैं उन्हें दोष नहीं देती। मैं स्वयं को दोषी मानती हूँ कि मैंने ऐसी पीड़ा को नजरअंदाज क्यों नहीं किया। मुझे तो बहुत पहले उनकी परवाह करनी छोड़ देनी चाहिए थी।

ऐसा नहीं जीवन कि जीवन के इक्यावन वर्षों के दौरान, मुझे कभी अपने हिस्से का प्यार नहीं मिला। कई बार मेरा दिल भी टूटा, पर हर बार मुझे एज नया सबक सीखने का अवसर मिलता। मैंने बहुत अच्छी तरह और गहराई से प्यार किया और आशा करती हूँ कि मेरे साथी जहाँ भी हैं, वे चुपचाप मेरे उस रूप को याद करते होंगे। यह और बात है कि सम्बन्ध कभी मेरे लिए कारगर नाही हो सके। जिन्होंने मुझे प्रेम किया, वे सदा मुझे छोड़ कर चले गये और हर बार जैसे मेरा कुछ हिस्सा भी, उनके संग कहीं खो गया।

आज अपनी कहानी लिखने बैठी हूँ तो जैसे यादों का रेला उमड़ आया है। मैंने इस विश्वास के साथ यह सब लिखा है कि इस तरह समाज, हम जैसे लोगों को बेहतर तरीके से समझ सकेगा। हम बाहरी तौर पर दिखने में भले ही थोड़े अलग लगें, पर आपकी तरह ही इंसान हैं और आप सबकी तरह ही– शारीरिक और भावात्मक जरूरते रखते हैं।"

हिन्दी सिनेमा में भी किन्नरों के जीवन और उनकी समस्याओं को सफलतापूर्वक चित्रित किया गया। प्रारम्भ में फिल्मों में हिजड़ा पात्र हास्य का विषय रहे किन्तु अब इसमें बदलाव आ गया है। किन्नर जीवन पर गम्भीर सामाजिक सरोकार की फिल्में बनने लगी हैं। इस दृष्टि से 'वेलकम टु सज्जनपुर' (श्याम बेनेगल) 'सड़क' (महेश भट्ट), 'संघर्ष' (तनूजा चन्द्रा), 'तमन्ना' (महेश भट्ट), 'मस्तकलंदर' (राहुल रवेल), 'फायर' (दीपा मेहता) आदि महत्त्वपूर्ण हैं। किन्नर जीवन और उससे जुड़ी समस्याओं पर साहित्य में विमर्श प्रारम्भ हो चुका है। भविष्य में जब इस समुदाय द्वारा मानव अधिकारों की लड़ाई व्यापक स्तर पर लड़ी जायेगी तो जागरूक समाज उनके साथ उनके पक्ष में खड़ा होगा। इस अभिशप्त समुदाय को बिना लिंग भेद के सामाजिक स्वीकार्यता प्राप्त होगी। इस दिशा में हिन्दी कथाकारों ने स्तुत्य प्रयास कए हैं।

# 'रस', 'अलंकार' का सामर्थ्य और प्रभाव

*दयाशंकर त्रिपाठी*

इधर 35-30 सालों से पश्चिम के विकासित देशों की ओर से एक ताकतवर विचारधारा भारत जैसे विकासशील पूर्वी देशों में आ गयी है। जिसका नाम है उत्तर आधुनिकता और भूमंडलीकरण। उसका दावा है कि कुछ बचनेवाला नहीं है। इतिहास, परम्परा, उसके महान विचार, महान आदर्श और मूल्य, महानायक; यहाँ तक कि साहित्यकार और साहित्य का भी अन्त होने वाला है। पश्चिम के ऐसे फतवेवाले दौर में यदि हम "काव्यार्थ विवेचन की भारतीय परम्परा" के माध्यम से उसकी "सामर्थ्य" और "प्रभाव" का अनुसंधान करने की मंसा रखते हैं तो वह पश्चिमी देशों के साहित्यिक फतवेबाजी का ही प्रतिरोध है। इस अनुसंधान का उद्देश्य और प्रयोजन "काव्यार्थ विवेचन की भारतीय परम्परा" की गठरी को अपने सिर पर लादना नही है, न तो उसकी तरफ अँखमुँद वापसी करना है; बल्कि उस समृद्ध और महत्त्वपूर्ण कड़ी को खोजना है जिसके कारण हमारा काव्यार्थ विवेचन "भारतीय" है और जो उसकी समृद्ध परम्परा का निर्माण करता है और उस विरासत को जीवंत रूप में आधुनिक हिन्दी, संस्कृत आलोचना को न केवल सौंपता है, बल्कि उसकी ताकत भी बनता है। "काव्यार्थ विवेचन की भारतीय परम्परा" की मेरी दृष्टि में यही प्रासंगिकता, अर्थवत्ता और सार्थकता है। भारतीय काव्यार्थ विवेचन हमारे समय के साहित्य के सन्दर्भों में चर्चित, विवेचित और अर्जित होकर ही प्रासंगिक, अर्थवान और सार्थक बन सकता है। मैं आज उस भारतीय मनीषी को फिर से याद करना चाहता हूँ, जिनका नाम कविकुलगुरु कालिदास है, जिन्होंने परम्परा और वर्तमान दोनों काव्यों को देखने-अर्जित करने और जोड़ने की सही दृष्टि दी है। उन्होंने कहा है कि-

*पुराणमेव न साधु सर्वें न चाऽपि काव्यं नवमेत्यवद्यम्*
*सन्तः परिच्छादन्तरत भजन्ते मूढः परः प्रत्यनेय बुद्धिः।*

पुराना काव्य हो या नया, दोनों में सब कुछ अच्छा ही अच्छा नहीं होता है। मूर्ख लोग तो बिना जाँचे-परखे दोनों को अपने सिर पर ढोते हैं, लेकिन जो बुद्धिमान हैं वे दोनों की परीक्षा करने के पश्चात् उनमें जितना अच्छा है उतना ही ग्रहण करते हैं।

आधुनिक काल में जब विश्वविद्यालयों में सन् 1920 के बाद हिन्दी साहित्य को पढ़ने-पढ़ाने का विषय बनाया जाने लगा तो सबसे बड़ी चुनौती यह उठ खड़ी हुई कि उसे किस दृष्टि से पढ़ा-पढ़ाया जाये। भारतीय काव्यार्थ विवेचन की दृष्टि से या पश्चिमी काव्यार्थ विवेचन की दृष्टि से। हमारा हिन्दी साहित्य ऐसे दो राहे पर खड़ा था जिसका सबसे लम्बा सिरा रीतिकाल, भक्तिकाल, आदिकाल तक फैला था, यही सिरा भाषा के बदले चोले में अपभ्रंश, प्राकृत, पालि के साथ संस्कृत साहित्य से जुड़ा था। हिन्दी साहित्य का दूसरा सिरा काल की दृष्टि से बहुत छोटा था, लेकिन आधुनिक था, उसकी आबोहवा, परिवेश तो भारतीय था, इसी को शुक्ल जी

ने "गद्यकाल" कहा है, लेकिन साहित्य प्रेरणा पश्चिम के साहित्य की थी। आधुनिक गद्य, जो आधुनिक हिन्दी साहित्य की सबसे मुख्य गुणात्मक पहचान है, की प्रेरणा यूरोपीय है।

श्यामसुन्दरदास और पं. रामचन्द्र शुक्ल दोनों काशी हिन्दू विश्वविद्यालय के हिन्दी विभाग में प्राध्यापक थे। श्यामसुन्दर दास विशेष रूप से आधुनिक साहित्य के मद्देनजर काव्यार्थ विवेचन की भारतीय और पश्चिमी परम्परा को जानने गये और "साहित्यलोचन" लिखा, जिस पर अमेरिकी समीक्षक हड्सन का प्रभाव बहुत ज़्यादा है। पं. रामचन्द्र शुक्ल ने "काव्यार्थ विवेचन की भारतीय परम्परा" की पुनर्खोज की। भारतीय और हिन्दी के परिप्रेक्ष्य में उन्होंने काव्य विवेचन की भारतीय परम्परा को आधुनिक हिन्दी आलोचना के रूप में न केवल पुनर्जीवित किया, बल्कि उसके मद्देनजर आधुनक काल के पहले के हिन्दी साहित्य की विशेष रूप से सूर, तुलसी, जायसी आदि भक्त कवियों के काव्य की समीक्षा भी की। वे रसवादी थे, उसे उन्होंने राष्ट्रीय युगीन सन्दर्भों में पुनर्व्याख्यायित किया और पश्चिम के मनोविज्ञान से भी उसमें मदद ली। भारतीय काव्यार्थ विवेचन में उनका स्पष्ट मत है कि "हमारे काव्य का, हमारे साहित्यशास्त्र का एक स्वतन्त्र रूप है जिसके विकास की क्षमता और प्रणाली भी स्वतन्त्र है। उसकी आत्मा को, उसकी छिपी भीतरी प्रकृति को पहले हम जब सूक्ष्मता से पहचान लेंगे तभी दूसरे देशों के साहित्य के स्वतन्त्र पर्यालोचन द्वारा अपने साहित्य के उत्तरोत्तर विकास का विधान कर सकेंगे। हमें अपनी दृश्टि से दूसरे के साहित्य को देखना होगा, दूसरों की दृष्टि से अपने साहित्य को नहीं।" (चिन्तामणि, भाग-2, नागरी प्रचारिणी सभा, वाराणसी, तृतीय संस्करण, संवत् 2059, पृ. 123) शुक्लजी की दृष्टि में विशेष रूप से शब्द शक्ति, रस, अलंकार, "काव्य की स्पष्ट और स्वच्छ मीमांसा" के लिए बहुत काम के हैं जिनके माध्यम से, सहयोग से "देशी-विदेशी", "नई-पुरानी" सब प्रकार की कविताओं की समीक्षा का मार्ग सुगम होगा। इसके साथ उन्होंने इस बात पर भी बल दिया कि "आवश्यकता इस बात की है उत्तरोत्तर नवीन विचार परम्परा द्वारा इन पद्धतियों की परिष्कृति, उन्नति और समृद्धि होती रहे। (चिन्तामणि, भाग-2, वही, पृ. 160) रामचन्द्र शुक्ल काव्यार्थ विवेचन में जिस भारतीय दृष्टि के अनुसंधान की वकालत कर रहे थे उसी दौर में बाल गंगाधर तिलक, महात्मा गाँधी (हिन्द स्वराज्य), जवाहरलाल नेहरू (भारत की खोज) और भारतीय भाषाओं के साहित्यकार-भारतेन्दु (सत्व निज भारत गहे) इकबाल, हाली, आज़ाद बंकिमचन्द्र, रवीन्द्रनाथ ठाकुर, दलपत, नर्मद, केशवसुत, सुब्रह्मण्यम भारती, प्रसाद, निराला आदि भारत को केन्द्र में रखकर राजनीति, शिक्षा, साहित्य की राष्ट्रीय पहचान की बात कर रहे थे।

सवाल यह है कि आधुनिक हिन्दी आलोचना क पहले समर्थ आलोचक भारतीय साहित्य शास्त्र के जिस स्वतन्त्र रूप, विकास की स्वतन्त्र क्षमता और स्वतन्त्र प्रणाली की बात कर रहे थे उसका महिमाशाली स्वरूप क्या है? उसे हम जानने और समझने की कोशिश करते हैं।

भारतीय काव्यार्थ विवेचन के बीज वैदिक, उत्तरवैदिक, लौकिक संस्कृत साहित्य में मिलने लगते हैं। यह काव्यार्थ विवेचन की वह प्रारम्भिक अवस्था है जब उसे काव्यशास्त्र, अलंकार शास्त्र या साहित्य शास् न कहकर "काव्य-क्रिया कल्प" कहा जाता था। ऋग्वेद के सूक्तों में लाटानुप्रसाद, उपमा, रूपक रूपकातिशयोक्ति आदि अलंकारों के उदाहरण मिलते हैं। उपनिषदों में अलौकिक आनन्द के अर्थ में पहली बार "रस" शब्द का इस्तेमाल है। "रसो वैसः रसःह्वेवाये लब्धानन्दीभवति।" (तैत्तरीय उपनिषद–22/7/) वाल्मीकि रामायण ऐसा पहला

लौकिक संस्कृत काव्य है जिसमें 6 रसों का स्पष्ट उल्लेख है। “रसैः श्रृंगारवीरकरुणहास्यरौद्र भयानकैः। वीरादिभिः रसै युक्तं काव्य मेतत् गायताम्।” (वाल्मीकि रामायण 2/5/29)

भारतीय काव्यार्थ विवेचन का व्यवस्थित प्रारम्भ भरतमुनि के “नाट्यशास्त्र” से होता है। यद्यपि उन्होंने अपने ग्रन्थ में शिलाली, कुशाश्व, कोहल आदि के मतों का उल्लेख किया है, लेकिन इनके ग्रन्थ अनुपलब्ध हैं। राजशेखर ने रस के आदि आचार्य के रूप में “नन्दिकेश्वर” का नामोल्लेख किया है, लेकिन उनका भी ग्रन्थ अप्राप्य है। अतः नाटक और नाट्यरस के आदि आचार्य भरत हैं। भरत ने नाटक के तत्वों-पाठ, गीत, अभिनय, रस-के उपजीव्य रूप में वेदों को याद किया है– “जग्राह पाठ्यमृग्वेदात्, सामेभ्योगीतमेवच। यजुर्वेदानभियान रसानथर्वर्णादपि।” भरत ने उपनिषदों के अलौकिक रस को लौकिक अर्थ में ग्रहण किया। उनके नाट्यरस का स्रोत अथर्ववेद है जिसमें भोज्य और भेषज् के रूप में रस का अर्थग्रहण है। नाटक की वस्तु हो (लोकवृत्तानुकरणं नाट्यमेतत् मयाकृतम्) या उसका प्रयोजन-रस, “नाट्योपदेश; भरत की दृष्टि में लौकिक हैं।

भरत का “नाट्यशास्त्र” यद्यपि नाटक और रस का ग्रन्थ है, लेकिन उसका दायरा उनसे बड़ा है। कारण कि उसमें अलंकार, गुण, दोष, औचित्य के बीज हैं। यहाँ तक कि संगीत, छंद के बारे में काफी जानकारी है। नाटक और रस का तो वह विश्वकोश है, कारण कि इसी ग्रन्थ से पहली बार नाटक के दस प्रकारो, रस के आस्वाद, रस-सामग्री, रससूत्र, रसनिष्पत्ति, रसशत्रु, हाव-भाव, नायिकाभेद, नाट्यवृत्ति, रसों की संख्या के बारे में व्यवस्थित और विस्तृत जानकारी मिलती है। भरत ने वाल्मीकि से आगे बढ़कर वीभत्स और अद्भुत रस को शामिल करते हुए नाट्यरसों की संख्या आठ कर दी। “श्रृंगार हास्य करुण रोद्र वीर भयनकाः। वीभत्सादद्भुत् संज्ञौ चेत्यष्टो नाट्यरसास्मृताः” (नाट्यशास्त्र-6/25) डॉ. सत्यदेव चौधरी ने इस ग्रन्थ के अप्रतिम महत्त्व के बारे में बिल्कुल सही कहा है कि “नाट्यशास्त्र नाट्यविधानों का अमरकोश है। नाटक की उत्पत्ति, नाट्यशास्त्र, विभिन्न प्रकार के अभिनय, नाटकीय संधियाँ, वृत्तियाँ, संगीत शास्त्र सिद्धान्त आदि इसके प्रमुख विषय है। इनके अतिरिक्त 6ठे, 7वें, 17वें में काव्यशास्त्रीय अंगों-रस, गुण, दोष अलंकार तथा छंद का भी निरूपण हुआ है। नायक-नायिका भेद का भी इस ग्रन्थ में निरूपण है। रसस्वरूप निर्देशक प्रसिद्ध सूत्र तथा रसनिष्पत्ति विषयक प्रचुर सामग्री भी इस ग्रन्थ में उपलब्ध है।” (भारतीय काव्यशास्त्र– डॉ. सत्यदेव चौधरी, पृ. 26, अलंकार प्रकाशन, दिल्ली, द्वितीय संस्करण, सन् 1990)

भरतमुनि के बाद नाट्यरस चर्चा बन्द नहीं हुई, बल्कि उसका विकास, मौलिक उद्भावना और नई व्याख्या के साथ, कई शताब्दियों तक होता रहा। भरत के “रससूत्र” को लेकर परवर्ती काव्यार्थ विवेचन में गम्भीर चर्चा हुई। भट्ट लोल्लट का उत्पत्तिवाद, भट्टू शंकुक का अनुमितिवाद, भट्टनायक का भुक्तिवाद, अभिनव गुप्त का अभिव्यक्तिवाद और धनंजय का तात्पर्यवाद रससूत्र” की नई व्याख्या के रूप में सामने आये। “रससूत्र” विषयक गहनविचार-विमर्श की प्रक्रिया में हमें भट्टनायक से “साधारणीकरण” का सिद्धान्त प्राप्त हुआ। इसे “अभिव्यक्तिवाद” से जोड़कर अभिनव गुप्त ने न केवल तर्क संगत बनाया, बल्कि उन्होंने नाटक और काव्य में सामाजिक और सहृदय की केन्द्रीय भूमिका भी निश्चित कर दी।

भरत ने नाट्यरसों की संख्या 8 निर्धारित की थी, लेकिन परवर्ती रस विवेचकों ने क्रमशः रसों की संख्या में बढ़ोत्तरी की। अभिनव गुप्त नाटक और काव्य दोनों के ख्यात आचार्य थे।

उन्होंने "शान्तरस" को जोड़कर रसों की संख्या 9 कर दी। यद्यपि शान्तरस नाट्यपयोगी नहीं माना गया। रूद्रट, जो एक ओर अलंकार से संबद्ध थे दूसरी ओर रस से, उन्होंने सखाभाव (मित्रता) को ध्यान में रखते हुए "प्रेयान् दशमो रसः" जोड़ा आचार्य विश्वनाथ ने वात्सल्य को रसों में जोड़ते हुए उनकी संख्या ग्यारह कर दी। जब 15वीं शताब्दी में अखिल भारतीय स्तर पर भक्ति आन्दोलन का प्रसार हुआ तो गौड़ीय वैष्णव सम्प्रदाय के आचार्य रूपगोस्वामी ने "मधुररस" को शामिल करते हुए रसों की संख्या 12 कर दी और मधुसुदन सरस्वती ने "भक्तिरस" को जोड़कर उनकी संख्या एक और बढ़ा दी। भानुदत्त मित्र ने "मायारस" को जोड़ते हुए रसों की संख्या एक और बढ़ा दी। रसों की संख्या की बढ़ोत्तरी के पीछे इन सभी काव्यार्थ चिन्तकों के अपने-अपने ठोस तर्क हैं। इनमें से पूर्ववर्ती दस रस तो आज भी सर्वमान्य है।

रस केन्द्रित भारतीय काव्यार्थ विवेचन में रसों में एक रस की प्रधानता को लेकर भी आचार्यों के बीच काफी चर्चा-विचारण हुई। काव्य की आत्मा के रूप में रस को रेखांकित किया गया। आनन्दवर्द्धन और अभिनव गुप्त दोनों ध्वनिवादी आचार्य हैं। ध्वनि के सर्वश्रेष्ठ प्रकार के रूप में उन्होंने "रसध्वनि" का नाम लिया है। आनन्दवर्द्धन ने ध्वनि को काव्य की आत्मा कहा था, लेकिन उन्होंने काव्य और नाटक दोनों का प्राण रस को घोषित किया था। (रसादयोः द्वयोरपि तयो जीवितं भूताः धन्यालोक) ध्वन्यालोक के व्याख्याकार अभिनव गुप्त ने तो यहाँ तक कह डाला कि ध्वनि को काव्य की आत्मा कहना तो आनन्दवर्द्धन का सामान्य कथन है, असली बात तो यह है कि "रस एवं वस्तुतः आत्मा।" राजशेखर और रुद्र भट्ट की दृष्टि में काव्य की आत्मा "रस" है। इसके सबसे प्रबल समर्थक विश्वनाथ हैं, जिन्होंने खुलकर रसात्मक वाक्य को काव्य की आत्मा बताया। (वाक्यं रसात्मकं काव्यम)

रस काव्यार्थ विवेचकों में एक चर्चा कई शताब्दियों तक चली कि रसों में मुख्य या प्रधान रस किसे माना जाये। भरत के "नाट्य शास्त्र" में ऐसा कोई प्रश्न नहीं है। लेकिन यह प्रश्न विचारणीय तब बना जब भवभूति ने "उत्तर रामचरितम्" में "करुण रस" को रसों का रस "एकोरसः करुण एव निमित्त भेदात्। भिन्नः पृथक् पृथगिवाश्रयते विवर्तान्।" (उत्तर रामचरितम्, 57/3) और शेष रसों को उसका विर्त घोषित किया। आगे चलकर रुद्र भट्ट ने श्रृंगार तिलक" किया था। भोजराज ने काव्य में रसोक्ति की प्रधानता मानते हुए श्रृंगार रस को "रसराज" घोषित किया। "श्रृगारमेव रसनाद् रसनामनाम" (श्रृंगार प्रकाश)। रसराज की परम्परा यहीं नहीं रुकी। आगे चलकर आचार्य विश्वनाथ के पितामह नारायण पंडित ने "अद्भुत रस" को, रूपगोस्वामी ने "मधुररस" को, मधुसूदन सरस्वती ने "भक्तिरस" को सर्वश्रेष्ठ रस घोषित किया। बावजूद इसके इनमें "रसराज" के रूप में "श्रृंगार रस" सबसे अधिक स्वीकृत हुआ। महाकाव्य में अंगीरस के रूप में श्रृंगार, वीर और करुण मान्य हुए।

भारतीय काव्यार्थ विवेचन की रस परम्परा में भरत के बाद रस आस्वाद है कि आस्वाद्य, इस पर बड़ी बहस हुई। भट्ट नायक के यहाँ वह भोग्य है तो ध्वनिवादियों के यहाँ व्यंग्य। इसी के साथ एक चर्चा आनन्दवर्द्धन और अभिनव गुप्त ने चलाई कि भाव तो सुखात्मक-दुखात्मक हैं लेकिन रस तो आनन्दात्मक ही है। नाट्यदर्पणकार रामचन्द्र गुणचन्द्र ने तो रस की अनुभूति को "सुख-दुखात्मकों रसः" स्वरूप कहा। इसी प्रकार रस के स्वरूप की चर्चा रस के विकास के प्रारम्भ में व्यवस्थित नहीं थी, लेकिन आचार्य विश्वनाथ ने उसके स्वरूप को दस लक्षणों-सत्वोद्रेक, अखंड, प्रकाश मात्र, आनन्दमय, चिन्मय, वेदांतर शून्य, ब्रह्मास्वाद

सहोदर, लोकोत्तर चमत्कार प्राण, कश्चितप्रमातृभिः स्वाकारभिन्न- के आधार पर निश्चित और व्यवस्थित कर दिया।

भारत के "नाट्यशास्त्र" में नायक-नायिका भेद नाटक के विभाव का अंग था और प्रारम्भिक अवस्था में था। परवर्ती रस विवेचकों ने इसका बहुत विकास किया। नाटक के क्षेत्र में तो उसका विकास हुआ ही, श्रृंगार रस के आलम्बन के रूप में उसका विकास हुआ। इनके अलावा नायक-नायिका भेद स्वतन्त्र निरूपण का भी विषय बना। धनंजय, सागरनन्दी, रामचन्द्र-गुणचन्द्र भरत की नाट्य परम्परा में आते हैं और वे उसी परम्परा में नायिका भेद को विवेचित और विकासित करते हैं। धनंजय एक ओर भरत के बृहद नाट्यशास्त्र को अपने "देशरूपक" के माध्यम से सरल और संक्षिप्त रूप में पेश करते है और दूसरी ओर नाट्यशास्त्र के प्रारम्भिक अवस्थावाले नायक-नायिका भेद का व्यवस्थित और विस्तार से विवेचन करते हैं। श्रृंगार रस के आलम्बन विभाव के रूप में नायक-नायिका भेद का विकास रुद्रट, भोजराज और आचार्य विश्वनाथ करते हैं। भानुदत्त की "रसमंजरी" और रूपगोस्वामी के "उज्ज्वनीलमणि रस" तक पहुँचकर नायक-नायिका भेद स्वतन्त्र विवेचन का विषय बन गया। हिन्दी के रीतिकालीन आचार्यों ने सामान्यतः श्रृंगार के रसराजस्व और श्रृंगार के आलम्बन विभाववाले नायक-नायिका भेद का अनुकरण किया।

भारतीय काव्यार्थ विवेचन की रस परम्परा के सामर्थ्य का अंदाजा इस बात से लगाया जा सकता है कि जो गैर रसवादी-अलंकारवादी, रीतिवादी, ध्वनिवादी, वक्रोक्तिवादी आदि विवेचक हैं, वे न केवल उससे परिचित हैं, बल्कि अपने काव्यार्थ विवेचन में किसी न किसी रूप में रस का समाहार करते हैं। अलंकारवादियों ने रस के विशेष प्रभाव के चलते उन्हें रसवत्, प्रेय, ऊर्जस्वी, समाहित अलंकारों के भीतर समाहित करते हुए उसे अलंकारों के अंग के रूप में स्वीकार किया। अलंकारवादी अग्निपुराणकार ने भरत के सुर "नहि रसाद्यते कश्चिदर्थः प्रवर्तते" में सुर मिलाते हुए यहाँ तक कह जाला कि "वाक् वैदगध्य प्रधानेऽपि रस एवात्र जीवितम्", अलंकार शेखरकार केशव मिश्र रस की सामर्थ्य से इतने अभिभूत थे कि उन्होंने रस को काव्य की आत्मा कह डाला "अलंकारस्तु शोभायाँ रसः आत्मा परे मनः"। वामन रीतिवादी थे, लेकिन उन्होंने रस को "कांतिगुण" का मूलाधार बताया। आनन्दवर्द्धन, अभिनव गुप्त, मम्मट, पंडितराज जगन्नाथ ध्वनिवादी थे, लेकिन इनकी दृष्टि में "रसध्वनि" ही सर्वश्रेष्ठ ध्वनि है। कुन्तक वक्रोक्तिवादी हैं, लेकिन उन्होंने वक्रोक्ति के अन्तिम और सर्वश्रेष्ठ भेद "प्रबन्धवक्रता" के बारे में कहा कि "निरन्तर रसोद्गार गर्भ सन्दर्भ निर्भरा। गिरा कवीनां जीवंति न कथामात्रमाश्रिता।"

हिन्दी के रीतिकालिन कवि आचार्यों ने रस, उस में भी विशेष रूप से "श्रृंगार रस" और "नाटक-नायिका भेद" निरूपण में संस्कृत काव्यशास्त्र परम्परा का अनुकरण करते हुए उसका व्रज भाषा में उल्था किया। गद्य के व्यवस्थित विकास के अभाव में उन्होंने यह काम विशेष रूप से पद्य के माध्यम से किया। उनके पास संस्कृत के प्रतिभासम्पन्न रसचिन्तकों जैसी न तो प्रतिभा थी, न तो गम्भीर विवेचन की क्षमता। उनकी भूमिका कवि शिक्षक से अधिक नहीं थी। श्रृंगार रस और नायक-नायिका भेद में उनके उपजीव्य भानुदत्त औरअकबर शाह के ग्रन्थ थे, जो उस दौर के रस विवेचक हैं, जब रससिद्धान्त अपनी शक्ति खो चुका था।

नाट्यशास्त्र और रससिद्धान्त को युगीन सन्दर्भों में पुनर्जीवित और पुनर्व्याख्यायित करने का

काम आधुनिक हिन्दी समीक्षा ने किया। भारतेन्दु हरिश्चन्द्र ने अपने "नाटक" लेख के ज़रिए भरत के नाट्यशास्त्र की अनेक मान्यताओं को छोड़ते हुए नाटक की विषयवस्तु और प्रयोजन में देशवत्सलता और सामाजिक सुधार और संस्कार को शामिल किया। भरत के नाट्यशास्त्र में रंगमंच पर वर्जित कई प्रसंगों को रंगमंच पर दिखाने का समर्थन किया। प्रसाद ने "काव्य कला एवं अन्य निबन्ध" में नाटक पर कई महत्त्वपूर्ण आलेख हैं। उन्होंने नाट्यवस्तु में पाश्चात्य नाटक के ज्ञान के कारण अन्तद्र्वन्द्व और संघर्ष को शामिल किया और नाटक की आवश्यकता के अनुरूप रंगमंच और सुखांत (भारतीय) दुखांत के स्थान पर "प्रसादन्त" नाटक का स्वरूप प्रस्तुत किया। काशी हिन्दू विश्ववद्यालय के हिन्दी प्राध्यापक श्यामसुन्दर दास ने "रूपक रहस्य" के नाम से छात्रापयोगी ग्रन्थ लिखा, जिसमें संस्कृत नाट्यशास्त्र परम्परा का अनुकरण मात्र हैं। आज़ादी के बाद नाट्य समीक्षा को विकासित करने में नेमिचन्द्र जैन (रंग दर्श), लक्ष्मीनारायण लाल (नाटक और रंगमंच), विपिन अग्रवाल (नाट्यभाषा केन्द्रित समीक्षा) की विशेष भूमिका मानी जा सकती है। लेकिन आबादी के बाद नाट्य समीक्षा का दृष्टिकोण बदल गया था। वह पारम्परिक से अधिक प्रायोगिक हो चला था। दरअसल "नाट्य समीक्षा के केन्द्र में नाटक केवल साहित्यिक विधान न रहकर रंगमंच के सन्दर्भ में नाटक हो गया।" (हिन्दी आलोचना की बीसवीं शताब्दी -डॉ. निर्मला जैन, पृ. 23, राधाकृष्ण प्रकाशन- दिल्ली, प्रथम संस्करण-सन् 1992)

नाट्यशास्त्र से अधिक रससिद्धान्त ने आधुनिक हिन्दी समीक्षा को प्रभावित किया और रसविवेचन के आधुनिक बोध ने पुराने रससिद्धान्त में कुछ गुणात्मक परिवर्तन किया। पंडित रामचन्द्र शुक्ल ने युगीन स्वाधीनता आन्दोलन के परिप्रेक्ष्य में चिन्तामणि, भाग 1, 2 के कुछ निबन्धों (कविता क्या है, रसात्मक बोध के विविध रूप, साधारणीकरण और व्यक्ति वैचित्यवाद, काव्य में लोकमंगल की साधनावस्था, काव्य में अभिव्यंजनावाद) और "रसमीमांसा" के ज़रिए रस की पारम्परिक अवधारणा में रसदशा, लोकमंगल, साधारणीकरण आदि में काफी बदलाव किया और तुलसी, जायसी, सूर के काव्यों को रस के नये परिप्रेक्ष्य में समीक्षा भी की। डॉ. नगेन्द्र ने "रससिद्धान्त" ग्रन्थ के माध्यम से छायावादी प्रगीतों के मद्देनजर रस की आत्मनिष्ट व्याख्या की, कवि की अनुभूति के साधारणीकरण की बात की। रस की पुनर्वाख्या में रामचन्द्र शुक्ल ने भी आधुनिक मनोविज्ञान से मदद ली थी, लेकिन उसका रंग विशेष रूप से भारतीय रहा। नगेन्द्र शुक्ल जी से आगे बढ़कर रस की संगति मनोविज्ञान शास्त्र से बैठाते हैं। परिणामस्वरूप उनका रसविवेचन व्यावहारिक से अधिक सैद्धान्तिक बन गया। छैलविहारी गुप्त राकेश" ने नायक-नायिका भेद का अध्ययन मनोविज्ञान के नज़रिये से किया। डॉ. निर्मला जैन ने "रससिद्धान्त और सौन्दर्यशास्त्र" ग्रन्थ के माध्यम से दोनों के बीच अन्तर्सूत्र ढूँढ़ने की कोशिश की। पंडित राममूर्ति त्रिपाठी ने अपने ग्रन्थ "रसविमर्श" के माध्यम से कश्मीरी शैवदर्शन और तन्त्र के आलोक में रस को समझने की कोशिश की। संस्कृत में डॉ. वेंकटरामन राघवन का रसों की संख्या पर शोधकार्य (द नंबर ऑफ रसास) भोज राज के "श्रृंगार प्रकाश" का सम्पादन और राधावल्लभ त्रिपाठी का "भारतीय नाट्यशास्त्र की परम्परा और विश्व रंगमंच" महत्त्वपूर्ण प्रदेय है। इस प्रकार आधुनिक हिन्दी संस्कृत समीक्षकों ने नाटक और रस को अपने युगीन और पश्चिमी समीक्षा और रंगमंच के परिप्रेक्ष्य में देखकर उन्हें युगानुरूप रूप देने की कोशिश की।

रस केन्द्रित भारतीय काव्यार्थ विवेचन की सीमाएँ अलंकारवादी विवेचकों ने पहचानी।

दरअसल रस नाटक के अधिक अनुकूल है, वह प्रबन्ध काव्य के भी काफी अनुकूल है, लेकिन श्रव्य काव्य में ऐसी भी रचनाएँ शामिल हैं जिनमें कथा या कथ्य नहीं, बल्कि कहने की खूबी प्रधान होती है। चमत्कार परक उक्तियाँ, नीतिपरक सूक्तियाँ, श्रृंगार-वीर के दोहे जो मुक्तक काव्य के रूप में होते हैं, वे रस के दायरे से सामान्यतः बाहर रहते हैं। कृष्णनारायण प्रसाद "मागध" की इस बात में दम है कि "इसका (रस का) पूरा चिन्तन भाव केन्द्रित होने के कारण इसमें कलापक्ष अर्थात् भाषापक्ष को समुचित महत्त्व नहीं दिया जाता है। चमत्कारपरक उक्तियाँ, नीतिपरक सूक्तियाँ, दोहों आदि के साथ रसवाद पूरा न्याय नहीं कर पाता है।" (काव्य शास्त्र-विमर्श, पृ. 73, वाणी प्रकाशन-नयी दिल्ली, प्रथम संस्करण 2012)

भारतीय काव्यार्थ चिन्तन और विवेचन की परम्परा का दूसरा महत्त्वपूर्ण प्रस्थान शब्दार्थ केन्द्रित अलंकार है, जिसका एक व्यवस्थित सिद्धान्त और सम्प्रदाय के रूप में भरत मुनि के रस चिन्तन के बाद रस के ही समानांतर विकास हुआ। निश्चित रूप से अलंकार को प्रधान माननेवाले शब्दार्थ चिन्तकों की पहले कोई मौखिक परम्परा रही होगा। रूय्यक ने अपने "अलंकार सर्वस्व" में यह कहते हुए संकेत किया है कि "तदेवमलंकाराः एवं काव्ये प्रधानमिति प्राच्यानां मतम्।" अलंकार की प्रचीन मौखिक परम्परा को एक व्यवस्थिति सिद्धान्त का रूप देने का श्रेय भामह को है। उन्होंने दृश्यकाव्य के बदले श्रव्यकाव्य के सिरे से काव्य पर विचार किया। नाटक अभिनय केन्द्रित विधा है जबकि श्रव्यकाव्य शब्दार्थ केन्द्रित। इसलिए भामह ने अपने काव्यलक्षण के निर्धारण में "शब्दार्थ" को सबसे ज़्यादा महत्त्व दिया- "शब्दार्थों सहितौकाव्यम्"। छठीं शताब्दी से लेकर 28वी शताब्दी तक निरन्तर अलंकार चिन्तन का कमोबेश विकास हुआ। भामह, दण्डी, उद्भट, जयदेव से लेकर अप्पय दीक्षित तक अलंकार का पोषण और अनुमोदन होता रहा, इसलिए वह एक सम्प्रदाय बन गया।

काव्यार्थ विवेचन की अलंकार परम्परा में काव्य के अनिवार्य तत्व के रूप में अलंकार को प्रतिष्ठित किया गया। रसचिन्तन की परम्परा में यह मान्यता प्रचलित थी कि जो सुन्दर है, उसके लिए श्रृंगार की आवश्यकता क्या है?) किमिव हि मधुराणां मण्डनं आकृतीनाम्-कालिदास) उसके उलट भामह ने यह कहा कि सुन्दर मुखवाली होने पर भी स्त्री आभूषण के बिना शोभा नहीं पाती हैं। (न कान्तमपि निर्भूषं विभाति वनिता मुखम्) परवर्ती अलंकार समर्थकों अग्रिपुराणकार (अलंकार रहिता विधवेव सरस्वती), जयदेव (काव्य को अलंकार रहित कहना वैसे ही है जैसे आग को ताप रहित कहना) ने भामह के मत का अनुमोदन किया। इसी प्रकार अलंकार चिन्तकों ने काव्य का स्थायीतत्व भी अलंकार को घोषित किया। दण्डी ने तो कहा भी कि "काव्यं" कल्पान्तर स्थायी जायते सदलंकृतिः।

अलंकार चिन्तन में अलंकार की अवधारणा में निरन्तर कुछ न कुछ परिवर्तन होता रहा। इससे उसका विकास (विस्तार) हुआ। भामह की अलंकार अवधारणा वक्रोक्ति निर्भर थी। "वाचां" वक्रार्थ शब्दोक्तिरलंकाराय कल्पते"। भामह ने इस आधार पर काव्य के परिप्रेक्ष्य में एक महत्त्वपूर्ण ऐतिहासिक काम किया। भरत ने लोकस्वभाव के अनुकरण पर काव्य के परिप्रेक्ष्य में एक महत्त्वपूर्ण ऐतिहासिक काम किया। भरत ने लोकस्वभाव के अनुकरण को नाटक के लिए अनिवार्य ठहराया था, लेकिन भामह ने वक्रोक्ति आश्रित अलंकार के आधार पर लोकवार्ता और शास्त्र से स्वतन्त्र काव्य की सत्ता स्थापित की। दण्डी ने अलंकार की अवधारणा को भामह से अधिक व्यापक बनाते हुए कहा कि काव्य की शोभा बढ़ाने वाले जितने तत्व हैं, सब अलंकार के

अन्तर्गत हैं। (काव्य शोभाकरान् धर्मान् अलंकारान् प्रचक्षते।) दण्डी की अलंकार की व्यापक अवधारणा के चलते रीति, गुण, वक्रोक्ति, रस, ध्वनि आदि सब उसके भीतर समाहित होग ये।

अलंकारवादी काव्यचिन्तन की तीसरी सामर्थ्य अलंकारों की संख्या के निरन्तर विकास और उनके व्यवस्थित विभाजन के वैज्ञानिक आधार के अनुसंधान में दिखाई पड़ती है। भरत के "नाट्यशास्त्र" में चार अलंकारों-अनुप्रास, उपमा, रूपक, दीपक-का उल्लेख था, लेकिन उनके प्रकार का पता नहीं था। भामह ने उन्हें शव्दालंकार और अर्थालंकार में विभाजित किया। भामह ने 38 अलंकारों की पहचान की थी, दण्डी ने 35, बाद में अलंकारों की पहचान की संख्या निरन्तर बढ़ती गयी और अप्पय दीक्षित तक तो यह संख्या 120 हो गयी। दूसरी बात, भामह और दण्डी के सामने अलंकारों के वर्गीकरण का आधार साफ नहीं था। रुद्रट ने अलंकारों को चार वर्गों-औपम्य, वास्तव, अतिशय, श्लेष-में बाँटा, लेकिन कारण उनके सामने भी स्पष्ट नहीं था। उद्‌भट ने 6, रुय्यक ने 7 वर्गों में और विद्याधर ने वैज्ञानिक आधार पर उन्हें 9 वर्गों में बाँटकर अलंकारों के वर्गीकरण की दुविधा को समाप्त कर दिया। आज भी विद्याधर का वर्गीकरण सबसे अधिक युक्तिसंगत और मान्य है।

अलंकार सिद्धान्त का विकास श्रव्यकाव्य के मद्देनजर हुआ। इसलिए काव्य के विविध रूपों पर अलंकार विवेचकों ने सबसे पहले और विस्तार से विचार किया। महाकाव्य का लक्षण सबसे पहले भामह, दण्डी और अग्निपुराणकार ने निर्धारित किया और अंक, संधि, अभिनय केन्द्रित नाटक को महाकाव्य को सर्गबद्ध कहते हुए अलगाया। (सर्गबद्धो महाकाव्यं महतां च महच्यत्-भामहः। खण्ड काव्य का लक्षण भी सबसे पहले रुद्रट, जो अलंकारवादी हैं, ने निर्धारित किया। कथा, आख्यायिका के लक्षण के बारे में यही सच है।

भारतीय काव्यार्थ विवेचन में अलंकार ऐसा सामर्थ्यवान सिद्धान्त है जिसमें काव्यलक्षण, काव्यहेतु, काव्यप्रयोजन, काव्यभेद, अलंकार, काव्यगुण, रीति, दोष, शब्दशुद्धि पर विस्तार से विचार किया गया। भामह, दण्डी के समय रीति, गुण, वक्रोक्ति, ध्वनि का स्वतन्त्र सिद्धान्त के रूप में विकास नहीं हुआ था। अतः ये सभी अलंकार में समाहित थे। चूँ कि रस को भरत ने अलंकार सिद्धान्त के पहले एक सिद्धान्त के रूप में स्थापित कर दिया था, बाद में भी वह अलंकार के समानान्तर निरन्तर विकासित होता रहा और काफी प्रभावशाली था। इसलिए अलंकार चिन्तकों के सामने सबसे बड़ी चुनौती अलंकार के भीतर रस के समाहार की थी और इसकी उन्होंने पूरी कोशिश भी की। अलंकार के विशेष आग्रही चिन्तकों ने अलंकार के भीतर रस के समाहार के लिए रसवत्, प्रेय, ऊर्जस्वी, समाहित आदि नये अलंकारों की व्यवस्था की। भामह और दण्डी ने महाकाव्य को अलंकारों के मोह से मुक्त रखा। महाकाव्य के बारे में दण्डी ने यह व्यवस्था दी कि महाकाव्य में सभी अलंकार रस का पोषण करते हैं– "कामं सर्वोप्यलंकारों रसमर्थे निषच्छतु"।

हिन्दी के रीतिकालीन कवि आचार्यों ने अपने काव्यार्थ विवेचन में रस के बाद सबसे अधिक अलंकार के सामर्थ्य से प्रभावित थे। केशव ने भामह की उक्ति का अनुसरण करते हुए कहा कि "जदपि सुजात सुलक्षनी सुबरन सरस सुवृत्त। भूषण बिन न विराजही कविता बनिता मित्त।" मौलिक उद्‌भावना की रीतिकाल के कवि आचार्यों में बहुत कमी थी, इसलिए उन्होंने विशेष रूप से जयदेव के "चन्द्रालोक" और अप्पय दीक्षित के "कुवलयानन्द" अलंकार ग्रन्थों का अनुकरण किया। इस सिलसिले में उनकी भूमिका कवि शिक्षक से अधिक नहीं थी।

आधुनिक काल में जब हिन्दी साहित्य उच्चशिक्षा का माध्यम बना तो अलंकार विषयक लाला भगवानदीन, रामशंकर शुक्ल "रसाल" आदि की छात्रोंपयोगी पुस्तकें छपीं, लेकिन उनमें परम्परा का पालन ही अधिक था। अलंकार केन्द्रित शोधकार्य भी कई विश्वविद्यालयों में करवाये गये, लेकिन वे पीएच.डी. उपाधि की दृष्टि से अवश्य महत्त्वपूर्ण थे, लेकिन उनमें अलंकार के पुनरुद्धार, उसकी पुनर्व्याख्या या युगीन सन्दर्भों में विकास की बात नहीं थी। पश्चिम के स्वच्छंदतावादी काव्य और चिन्तन के प्रभाव के चलते जो इक्कादुक्का अलंकार-मानवीकरण, विशेषण विपर्यय आदि-छायावादी काव्य में आ गये थे, उनको पहचानकर अलंकारों में शामिल कर दिया गया।

आज़ादी के बाद कुछ काव्यभाषा चिन्तकों-अज्ञेय, रामस्वरूप चतुर्वेदी, रमेशचन्द्र शाह आदि-को विशेष रूप से याद किया जा सकता है, जो पारम्परिक अर्थ में अलंकारवादी तो नहीं हैं, लेकिन काव्यभाषा को वे अलंकारवादियों के समान ही महत्त्व देते हैं। यह अकारण नहीं है कि पुराने कवियों में अज्ञेय को केशव की कविताई बहुत प्रिय थी और वे नयी कविता की काव्यभाषा में शब्दशोधन और उपयुक्त शब्दचयन को बहुत महत्त्व देते थे। रागस्वरूप चतुर्वेदी ने "मध्यकालीन काव्यभाषा" पर अनुसंधान किया है और उसमें अनुसंधान का "एक उपकरण अलंकार" भी है लेकिन वह नई समीक्षा के आवरण में है। रमेशचन्द्र शाह ने अज्ञेय के काव्य के "वागार्थवैभव" का अनुसंधान किया है।

आरम्भ में अलंकारवादी काव्यार्थ चिन्तन बहुत प्रौढ और समर्थ अवश्य था। इसकी सामर्थ्य का सबसे बड़ा प्रमाण यह है कि "क्रियाकल्प" के बाद और "काव्यशास्त्र" एवं "काव्यमीमांसा" के रूप में नामकरण के पहले उसका नाम "अलंकारशास्त्र" था। हाँ, यह अवश्य है कि अब वह भारतीय काव्यार्थ विवेचन की एक समृद्ध परम्परा की स्मृति और उसके निर्वाह के तौर पर शेष है।

# छठ पर्व के लोकगीत : वस्तु के आयाम

*रवि रंजन*

"अब ग्राम कविता पर ध्यान दीजिए...इनकी प्रशंसा में यदि हम कुछ कहें तो नागरिक जन जो भाषा की उत्तम कविता के रसपान के घमंड में फूले नहीं समाते अवश्य हम पर आक्षेप करेंगे और हमें निपट गँवार समझेंगे। निस्सन्देह वे ग्राम्य कविता हैं और मलार ठुमरी का स्वाद लेनेवालों दृष्टि में महाभद्दी और घृणित हैं पर इससे यह तो सिद्ध नहीं होता कि कविता के बंधे कायदे पर न होने से उनमें कोई गुण ही नहीं और सर्वथा दूषित ही हैं।...उनमें सच्ची कविता है अर्थात उनमें चित्त की एक सच्ची और वास्तविक भावना की तस्वीर खींची पाई जाती है। ...बिना कुछ बनावट के अपने चित्त की भावना निष्कपट हो स्वच्छंदता के साथ उनमें दरसाई गयी हैं।"

'निबन्धों की दुनियाः बालकृष्ण भट्ट' (सम्पादकः निर्मला जैन एवं दिविक रमेश), वाणी प्रकाशन, दिल्ली।

बिहार प्रदेश के विभिन्न अंचलों में ही नहीं, बल्कि बिहार से बाहर रहने वाली बिहारी मूल के लोगों द्वारा कार्तिक माह में मनाए जाने वाले छठ पर्व के अवसर पर गये जाने वाले लोकगीतों की कुछ पंक्तियों से मन ही मन गुजरते हुए 'देहात और शहर' (Country and the city) पुस्तक में रेमण्ड विलियम्स द्वारा इंग्लैण्ड के ग्राम गीतों के विवेचन- विश्लेषण की याद न आये, यह मुमकिन नहीं।

अपनी लोकोन्मुख चेतना के तहत इस पुस्तक में रेमण्ड विलियम्स ने पूँजीवादी व्यवस्था के प्रसार के कारण गाँवों की कीमत पर नगरों एवं महानगरों के विकास और विस्तार के साथ ही जनसंस्कृति पर मीडिया के बढ़ते प्रभाव से पैदा होनेवाली विकृतियों को रेखांकित करते हुए स्वच्छंदतावादी कवियों और ख़ास तौर पर वड्र्सवर्थ का स्मरण किया है :

"वड्र्सवर्थ ने देखा कि जब हम ऐसे अजनबियों के बीच अनिश्चय की मनोदशा में होते हैं। जो हमारे जीवन को सभी ओर से घेरकर प्रभावित करते हैं और जब हमारे जीवन को प्रभावित करने वाली अपरिचित शक्तियाँ चारों ओर घूमती दिखाई देती हैं तब हम सुरक्षा के लिए या तो एकदम आत्मलीन हो जाते हैं या फिर सामाजिक जीवन के संकेतों और संदेशों की खोज के लिए हर तरफ नजर दौड़ाते हैं। खोज की यह कोशिश हम ऊपरी तौर पर व्यक्ति के रूप में ही करते हैं, लेकिन हमारे मन की गहराइयों में कहीं न कहीं किसी न किसी रूप में एक परिचित समुदाय की खोज की आकांक्षा होती है।"

कहना न होगा कि पर्व-त्योहार के अवसर पर गये जानेवाले लोकगीतों में जनसमुदाय की आत्मा की चीख प्रतिध्वनित होती ।इसे एक उदाहरण से समझा जा सकता हैः

घाट मोरा छेकले घटवहवा लोगवा अउरो सिपहिया लोगवा हे
छठी मैया दऊरिया भर छेकले जगदीश पुत्र अउरो से जानकी बेटी हे.'

ध्यान देने की बात है कि छठ पर्व में भगवान भास्कर को दो बार अर्घ्य दिया जाता है। अस्ताचलगामी सूर्य के साथ ही अगले दिन उदीयमान सूर्य की भी पूजा होती है। पर इसके साथ ही छठी माता भी पूजी जाती हैं और व्रती स्त्रियों को उनके सामने दिल खोल कर रखने में कोई हिचक नहीं होती। लोकगीत में जो व्यक्तिवाचक नाम आये हैं वे अलग-अलग परिवारों में बदलते चले जाते हैं। इतना ही नहीं, परिवार में जितने बेटे और बेटियाँ होगीं, बारी बारी से सबका नाम लेकर बात दुहराई जायेगी।

लोकगीत के इस छोटे से टुकड़े में कि पर्व-त्योहार के अवसर पर भी सामंतों एवं नौकरशाहों के वर्चस्व को प्रश्नांकित किया गया है ।यहाँ 'घटवहवा' नदी के आसपास के गाँवों के जमींदारों के कारिंदे हैं और सिपाही उच्चाधिकारियों के अलमबरदार, जो अपने मालिक-महाजन और 'साहब' के हित में प्राय :क्रूरता बरतने में नहीं हिचकते। इसलिए उन श्रीमंतों के परिवार के लिए वे नदी या तालाब के किनारे समतल और साफ़-सुथरी जगह को छठ पूजास्थल के तौर पर दबंगयी से 'छेक' लेते हैं और आम लोगों को भगवान के दरबार में भी अपने ही समाज के दबंगों से दबना पड़ता है। मुख्यत :सूर्यनारायण की अर्चना-आराधना को लेकर मनाए जाने वाले इस महापर्व में गाए जानेवाला लोकगीत की इन पंक्तियों में भगवान सूर्य के बजाये आम आदमी 'छठी माता' के सामने अपनी व्यथा-कथा गा रहा है।

मार्क्स ने ठीक ही धर्म को केवल अफीम ही नहीं, बल्कि 'पीड़ित प्राणियों की आह' और 'हृदयहीन दुनिया का हृदय' भी कहा है। सुधांशु जी की मान्यता है : 'ग्रामगीत वह जातीय आशुकवित्व है जो कल्प और क्रीड़ा के ताल पर रचा जाता है।' किन्तु, ध्यान रखना ज़रूरी है कि इस 'जातीय आशुकवित्व' में 'कल्प और क्रीड़ा के ताल पर' जो कुछ भी रचा और गाया जाता है वह हमेशा निर्दोष और व्यापक जनसमाज के हित में हो ही, यह आवश्यक नहीं।

हमारे मार्क्सवादी मित्र प्राय :एक उक्ति दुहराते हैं 'शासक वर्ग के ही विचार शासक विचार होते हैं।' इन्हीं शासक विचारों में से एक है पितृसत्तात्मक मानसिकता से निष्पन्न मर्दवादी सोच, जिसके तहत लगभग मान लिया गया है कि स्त्री की तुलना में पुरुष प्राय :श्रेष्ठ, बलवान, विवेकशील, साहसी और पराक्रमी होता है। परिवार में पुत्र का पैदा होना हर हालत में पुत्री के जन्म के मुकाबले प्राय :मंगलमय माना जाता है। उल्लेख मिलता है कि पुराण काल में पुत्र प्राप्ति के लिए पुत्रेष्टि यज्ञ किए जाते थे और अब गर्भस्थ शिशु का लिंग परीक्षण के बाद पुत्र जन्म की सम्भावना के न होने की पुष्टि हो जाने पर बहुत से दम्पतियों द्वारा नीम हकीम ही नहीं, बल्कि प्रसव कराने की औपचारिक शिक्षा और प्रशिक्षण प्राप्त महिला चिकित्सकों एवं नर्सों की मदद से बड़े पैमाने पर कन्या-भ्रूणहत्या होती है। इस जघन्य कृत्य में परिवार की कुछ महिलाओं की भूमिका की तो बात ही क्या, कई बार खुद गर्भवती स्त्री तक भी इसके लिए कुछ शुरुआती ना-नूकुर के साथ सहमत हो जाती है, कहना न होगा कि इस जघन्य कृत्य के मूल में अनुकूलन की शिकार स्त्री शरीधारिणी 'पुरुष' की मानसिकता है। अपनी बेटी या परिवार-समाज की किसी लड़की को प्यार से 'बेटा' कहकर पुकारने के मूल में भी पितृसत्तात्मक मानसिकता ही है।

देरिदा द्वारा पाठ-विश्लेषण के लिए निर्देशित पद्धति का अनुप्रयोग करते हुए 'छठ व्रत' के दरमियान गाए जानेवाले एक गीत का विखंडन करने पर परम्परा से विरासत में प्राप्त पितृसत्तात्मक मानसिकता को श्रद्धा के साथ गाने वाली स्त्रियों के गायनक्रम में अनजाने ही बेपर्द होते लक्षित किया जा सकता हैः

हे छठी माता! करब रउरी सेवा
रउरे सेवैते में निर्मल काया।

सभा शोभित बेटा माँगिले
लछमी माँगिले पूतोह
हे छठी माता ...

रुनुखी-झुनिखी बेटी माँगिले
पढ़ल पंडितवा दमाद
हे छठी माता करब रउरी सेवा
रउरे सेवैते में निर्मल काया।

रअच्छा स्वास्थ्य हमसब को चाहिए और अगर व्रती स्त्री इसके लिए इसके लिए 'छठी माता' की आजन्म सेवा का अपना संकल्प दुहराती है तो इसमे कुछ भी गैरवाजिब नहीं है। किन्तु, विद्वानों की सभा में सुशोभित होने वाले खूब पढ़े -लिखे बेटा और दामाद एवं केवल सुन्दर बेटी तथा सौभाग्यशालिनी बहू ('रुनुखी-झुनिखी बेटी' और 'लछमी पूतोह') पाने के लिए 'छठी माता' की गुहार लगाने के पीछे गीत गाने वाली व्रती के मुख से अनजाने ही पितृसत्तात्मक मानसिकता संवेदन-स्तर पर प्रार्थना के शिल्प में अभिव्यक्त हो रही है।

यह लोकमत है, जो अन्तोनियो ग्राम्शी के शब्दों में, कई बार शास्त्रमत से ज्यादा प्रतिगामी और स्त्री के लिए दमनकारी हो सता है।

गुरुदेव रवीन्द्रनाथ की भी एक कविता-पंक्ति मिलती है जिसमें कहा गया है कि 'नारी! तुम तो पवित्र शोभा हो, रजनी की पवित्र ज्योति हो। तुम्हारा कर्म-कीर्ति और शिक्षा-दीक्षा से क्या लेना देना!'

याद दिलाने की ज़रुरत नहीं कि रवि बाबू ने स्त्री-मुक्ति के प्रशन पर केन्द्रित 'घर और बाहर' जैसा महत्त्वपूर्ण उपन्यास भी लिखा है और इस रचना में मूल्यनिर्णय करते हुए उनका रचनाकार स्त्री की मुक्ति का पक्षधर है। इसी प्रकार 'आँसू से भींगे अंचल पर अपना सबकुछ रखना होगा/ तुमको अपनी स्मित रेखा से यह संधिपत्र लिखना होगा' जैसी काव्यपंक्ति के रचयिता जयशंकर प्रसाद ने ही 'ध्रुवस्वामिनी' को भी रचा है।

ऐसे में कात्यायनी की 'हौकी खेलती लड़कियाँ' की याद न आये, यह मुमकिन नहीं:

'आज शुक्रवार का दिन है
और इस छोटे डे शहर की लड़कियाँ
खेल रही हैं हौकी.

....
लड़कियाँ पेनाल्टी कॉर्नर मार रही हैं
लड़कियाँ पास दे रही हैं
लड़कियाँ
'गो....ल-गो....ल' चिल्लाती हुई
बीच मैदान की रही हैं। ओर भाग रही हैं।
लड़कियाँ एक-दूसरे पर ढह रही हैं

एक-दूसरे को चूम रही हैं
और हँस रही हैं।

लड़कियाँ फाउल खेल रही हैं
.....
उनकी पुष्ट टांगें चमक रही हैं
नृत्य की लयबद्ध गति के साथ

और लड़कियाँ हैं कि निर्द्वंद्व निश्चिन्त हैं
बिना यह सोचे कि मुँहदिखाई की रस्म करते समय
सास क्या सोचेगी.'

बहरहाल, 'यौनदासी'(अनामिका) से 'हौकी खेलती लड़कियाँ' का रास्ता तय करनेवाली भारतीय स्त्री के लिए खुशखबरी यह है कि जल्द ही वे भारतीय वायुसेना के लड़ाकू विमानों में बतौर पायलट तैनात होंगी।' एलेन शेवाल्टर ने 'स्त्री का बोलना' -मात्र को ही राजनीति माना है। ऐसे में वायुसेना के बमवर्षक वायुयानों को उड़ाना स्त्री-मुक्ति की दिशा में एक महत्त्वपूर्ण आयाम अवश्य है।

बावजूद इसके, हमारे मुल्क में बड़े पैमाने पर गुपचुप हो रही कन्या-भ्रूणहत्या के बाद भी बची लगभग 'आधी आबादी' की मुक्ति का प्रश्न अब भी प्रासंगिक है।

# ललित निबन्धकारः आचार्य हज़ारीप्रसाद द्विवेदी

*रवी अनु*

हिन्दी निबन्ध-साहित्य में आचार्य हज़ारीप्रसाद द्विवेदी का आगमन एक क्रान्तिकारी घटना कही जा सकती है, विशेष रूप से ललित निबन्धों की विकास यात्रा में। उन्होंने हिन्दी को विशुद्ध निबन्ध दिये हैं, जिनमें लेखकीय व्यक्तित्व की मौज में आकर लम्बी, परन्तु सारपूर्ण उड़नें, विचार बिन्दुओं और विषयों की भरमार, जिनमें तुच्छ से तुच्छ विषय भी द्विवेदी के बौद्धिक विलास का सहारा पाकर अत्यन्त उपयोगी सन्देश देने में समर्थ हो सके हैं। (जैसे नाखून क्यों बढ़ते हैं आदि) कबीर का सा फक्कड़पन और व्यंग्य-विनोद, भावों का आवेगमयी प्रवाह जिनमें मुहावरों, लोकोक्तियों, प्रतीकों और उपयुक्त शब्दों का अनायास प्रयोग होता है, पांडित्य के बोझ से मुक्त सर्वत्र एक सहज रोमांचकारी सम्मोहन-पाठकों को अपने अद्‌भुत लालित्य की छटा से अभिभूत बनाए रखता है। सच पूछा जाये तो उनके यहाँ विषय मात्र एक बहाना है, अपनी बात शुरू करने का। विषय के रूप में लेखक को एक ज़मीन चाहिए उड़ने के लिए, फिर तो वह आकाश के शून्य में से जाने कहाँ से क्या क्या उठा लाएगा–वह पौराणिक सन्दर्भ भी हो सकता है, इतिहास का कोई भला हुआ किस्सा भी या शास्त्र अथवा लोक का कोई महत्त्वपूर्ण पक्ष भी। फिर उन्हें द्विवेदी का कलाकार अपने रंग में रँगता है, उनकी धूल झाड़कर वर्तमान में उपयोग के उपयुक्त बनाता है, उनका श्रृंगार करके वह ऐसा रूप बना देता है कि पाठक उनके निबन्धों में भी उपन्यास या कहानी की सी रोचकता पाकर उनमें डूब जाते हैं। उल्लेखनीय है कि मानवतावाद वह परोक्ष लक्ष्य है, जिसके गिर्द द्विवेदी का रचनाकार घूमता है। उस लक्ष्य की प्राप्ति के लिए बाकी सब साधन है, साहित्य भी, धर्म भी, अध्यात्म भी और सारा दार्शनिक जंजाल भी। इस प्रकार आचार्य द्विवेदी सही मायनों में हिन्दी के श्रेष्ठतम ललित निबन्धकार हैं, जिन्होंने आधुनिक युग में एक बार फिर निबन्ध-कला में नव-प्राण संचार करके उसमें प्राण-प्रतिष्ठा की।

यहाँ हम उनके "अशोक के फूल" निबन्ध संग्रह में संकलित निबन्धों में से विशुद्ध ललित निबन्धों को आधार बनाकर उनके ललित निबन्धकार रूप का विश्लेषण करेंगे। हमारी दृष्टि में आलोच्य संग्रह के निम्नलिखित निबन्धों को ललित निबन्ध की कोटि में रखा जा सकता है– अशोक के फूल, आपने मेरी रचना पढ़ी, वसन्त आ गया है, मेरी जन्मभूमि तथा एक कुत्ता और एक मैना। ऐसा नहीं है कि आलोच्य संग्रह के अन्य निबन्धों में हमें लालित्य के तत्व नहीं मिलते। निस्सन्देह आचार्य द्विवेदी के अधिकांश निबन्धों में आत्मतत्व की प्रचुरता, व्यंग्य-विनोद, भावावेग, विचार की एकरूपता, सहजता, रोचकता, काव्यमयी भाषा आदि का प्रयोग मिल जाता है, परन्तु ऐसे निबन्ध अपना समूचा प्रभाव या तो सांस्कृतिक निबन्ध का देते हैं या वैचारिक अथवा साहित्यिक निबन्धों का। विशुद्ध ललित निबन्ध हमारे विचार से हम उक्त पाँच

निबन्धों को ही कह सकते हैं। डॉ. संगीता सारस्वत ने इनके अतिरिक्त "घर जोड़ने की माया" को भी ललित निबन्धों की श्रेणी में रखा है, परन्तु हमारी दृष्टि में उसका विषय उसे ललित निबन्धों की श्रेणी से दूर ले जाता है क्योंकि उसमें विचार अथवा चिन्तन तत्व ललित निबन्धों की भावात्मकता व सजगता के अनुकूल नहीं है।

**(क) आत्मगत वृत्ति :** आचार्य हज़ारीप्रसाद द्विवेदी अपने निबन्धों के विषयों को आत्म स्तर पर जीते हैं, उसके तत्वों से भावनात्मक स्तर पर जुड़कर कभी आह्लादित होते हैं, तो कभी स्वयं को उदास पाते हैं। कभी अपनी प्रतिकिया देते हैं, तो कभी उसका निदान करने के लिए इतिहास और वर्तमान के बीच व्याकुल से विचरण करते हैं। लेखक जब निबन्ध के विषय को इस स्तर पर प्रस्तुत करता है तो पाठक भी अनायास स्वयं को आत्मीय स्तर पर निबन्ध और निबन्धकर से जुड़ हुआ अनुभव करता है। "अशोक के फूल" निबन्ध के प्रारम्भ में ही लेखक का एक ओर उसके मनोहर पुष्पों का वर्णन करना और दूसरी तरफ साथ-साथ ही पुष्पित अशोक को देखकर उदास होने का संकेत-पाठक में अनायास एक जिज्ञासा उत्पन्न करता है कि लेखक का उदास होने का क्या कारण है जबकि वह तो उसके मनोहर रूप की प्रशंसा कर रहा था? फलस्वरूप यही जिज्ञासा पाठक को अपने साथ चलने का न्यौता देती है और पाठक निबन्ध के विषय-विस्तार में एक जिज्ञासा और स्वेच्छा से उतरता चला जाता है। तब लेखक उसे कुछ देर अतीत की सैर करवाता है और पुनः पाठक को भावनात्मक स्तर पर अपने साथ-साथ भावुक बना देता है– "मेरा मन उमड़-घुमड़कर भारतीय रस-साधना के पिछले हज़ार वर्षों पर बरस जाना चाहता है। क्या यह मनोहर पुष्प भूलने की चीज़ थी? सहृदयता क्या लुप्त हो गयी थी? कविता क्या सो गयी थी? ना, मेरा मन यह सब मानने को तैयार नहीं है। जले पर नमक तो यह है कि एक तरंगायित पत्रवाले निफूले पेड़ को सारे उत्तर भारत में अशोक कहा जाने लगा। याद भी किया तो अपमान करके"– यह वह चरम बिन्दु है जहाँ पाठक पूर्णतः लेखक के साथ सहमत होकर हाँ में हाँ मिलाने लगता है। तब निबन्धकर लम्बे-चौड़े इतिहास के सम्मुख अपनी बौनी स्थिति का संकेत करके दूसरा पैंतरा बदलता है– "लेकिन मेरे मानने न मानने से होता क्या है"– और पाठक को पुनः अपनी इच्छानुरूप इतिहास में ले चलता है। इस प्रकार आचार्य द्विवेदी ने आत्मानुभूति को वाणी देने के साथ-साथ पाठक की मानसिकता का भी पूर्ण ध्यान रखा है। वह जानता है कब, कहाँ, कैसे पाठक को अपनी विचार-श्रृंखला में जकड़ा जा सकता है और मजे की बात यह है कि पाठक उनमें जकड़ा हुआ भी बन्धन अनुभव नहीं करता। वह अपनी समझ में स्वेच्छा से लेखक का अनुगमन करता है। उसे नहीं मालूम पड़ता कि कब लेखक ने उसकी जड़ता को भंग करके उसके स्व के अथवा निजता के कपाट खोल दिए और उसे अपने साथ समष्टि दर्शन के लिए ले चलता है।

आचार्य द्विवेदी ने, ऐसा नहीं है कि लालित्य-प्रदर्शन में मात्र शैली का चमत्कार ही उपस्थित किया हो, वे आत्मतत्व का सहारा लेकर पाठक को गम्भीर से गम्भीरविषय में भी सहज भाव से बहा ले जाते हैं। उनके निबन्ध "मेरी जन्मभूमि" में लेखक ने अपने गाँव का प्रसंग सहज भाव से छेड़कर हमें अनेक अमूल्य जानकारियाँ दे दी हैं। इन्हीं जानकारियों को यदि हमें इतिहास के शुष्क पृष्ठों में से समेटना हो तो हमारा उत्साह कुछ ही देर में पस्त हो जायेगा। परन्तु द्विवेदी के पास तो आत्मीयता का बहुत महत्त्वपूर्ण संबल है। वे स्वयं चलते हैं और पाठक की ऊँगली पकड़कर इतिहास की अनेक अमूल्य जानकारियों को संस्मरणात्मक

ढंग से उस तक हस्तान्तरित कर जाते हैं। आचार्य जी पाठकों से अपनी जन्मभूमि का परिचय "ओझवलिया" नाम से करवाते हैं और धीरे-धीरे इस नामकरण के इतिहास में उतरते हुए, अपने गाँव की ऐतिहासिक और भौगोलिक महत्ता को रेखांकित करने लग जाते हैं, जिसमें कब लुरी काशी का सन्दर्भ, कब स्कन्दगुप्त की सेना के मार्ग का सन्दर्भ और कब कालिदास के मेघदूत के सम्भावित पथ का सन्दर्भ चला आता है– मालूम ही नहीं पड़ता। और क्योंकि इस सारे कथाक्रम में लेखक की व्यक्तिगत अनुभूति निरन्तर जुड़ी रहती है, तो ऐसा लगता है लेखक कहीं अपनी ही स्मृतियों के पृष्ठ उलट रहा है। शब्दों, सन्दर्भों और घटनाओं के विस्तार में जाकर उनके लुप्तप्राय अर्थ खोजने की अपनी कमज़ोरी से लेखक स्वयं भी बखूबी परिचित है। इसीलिए वह अपनी कमजोरी को भी निःशंक भाव से स्वीकार कर सकता है– अच्छा समझिये या बुरा, मेरे अन्दर एक गुण है, जिसे आप बलू में से तेल निकालना कह सकते हैं।" उसे मालूम है कि उसकी यह प्रवृत्ति पाठकों को कहीं चिंढ़ा/विचलित कर सकती है, इसीलिए वह पहले ही इसकी सम्भावना की कल्पना करके निस्संकोच अपने पर व्यंग्य कस लेने में सक्षम है। लेखक की यह प्रवृत्ति केवल इस चर्चित निबन्ध में ही दृष्टिगोचर नहीं होती– यह उसके समूचे साहित्य में विद्यमान है। "अशोक के फूल" निबन्ध में भी लेखक ने अशोक के बहाने से न जने इतिहास के कौन-कौन से युग उलट दिये हैं। हाँ, इन निबन्धों में विषय की गम्भीरता को लेखक अपने आत्मतत्व द्वारा पाठकों में भावोद्रेक उत्पन्न करके अनायास बोधगम्य बना देता है।

आचार्य द्विवेदी ने स्वानुभूति का प्रयोग करते हुए खुलकर अपनी भावनाओं को पाठकों तक सम्प्रेषित किया है, जिनमें स्पष्ट ही हमें उनकी इच्छा-अनिच्छा का बोध हो जाता है। जिस विषय में उनकी रुचि नहीं है, लेखक का मन वहाँ एक क्षण भी नहीं रमता। विपरीत इसके, वह अपनी इच्छानुरूप चाहे किसी मैना या किसी देवदार या कचनार या अमरूद-किसी का भी किस्सा उठा ले और पूर्णतः उनसे सम्बन्धित चर्चा की गहराई तक जाकर पाठक का भी उस स्थिति से तादात्म्य करवा देने में सक्षम है। गुरुदेव रवीन्द्रनाथ टैगोर के आँगन में फुदकनेवाली लंगड़ी मैना में करुण भाव दिखाई देता है या वह अनुकंपा दिखाती है– यह हमारे निबन्धकार के लिए एक साथ चिन्तन और खोज का विषय है। इस खोज में वह पाठक को भी अनायास शामिल कर लेता है और एक आध तर्कसंगत कथा के आधार पर अन्ततः सिद्ध करता है कि उसमें सचमुच करुण भाव है। यहाँ प्रश्न यह नहीं है कि लँगड़ी मैना का किस्सा ऐसा कितना महत्त्वपूर्ण है कि लेखक अपनी पूर्ण चिन्तन-प्रक्रिया को उस पर केन्द्रित कर रहा है– बड़ी बात यह है कि मानवतावाद की स्थापना का स्वप्न देखने वाला द्विवेदी अपने लक्ष्य के प्रति कितना ईमानदार है कि वह इस लक्ष्य की यात्रा उस छोटे-से-छोटे जीवन की चिन्ता से शुरू कर रहा है, जिस पर शायद कोई ध्यान भी न दे। ऐसा भी नहीं है कि द्विवेदी की चिन्तन प्रक्रिया में मैना मात्र इसलिए आ गयी कि वह लँगड़ी टाँग से कठिनाई से लेखक के सम्मुख फुदक पाती है और तभी लेखक उसकी ओर आकर्षित हुआ हो। यदि ऐसा ही होता तो लेखक के आँगन में लगा हुआ कचनार कौन सा फुदक कर उसे आकर्षित करता है? परन्तु वह भी उसके चिन्तन की सीमा में समाहित है। चारों ओर वसन्त आ गया। पूरी प्रकृति में वसन्त आगमन का हल्ला है। लेकिन लेखक के आंगन का कंचनार स्वस्थ होने के बावजूद भी खिला नहीं है। विपरीत इसके पड़ोसी के आँगन का मरियल कांचनार खिल गया है। ऐसा कैसे हुआ? वसन्त तो सारी दुनिया के लिए एक सा है? फिर यह भेद कैसा-आचार्य द्विवेदी के संवेदनशील मन को इस भेदभाव ने

पुनः परेशान कर दिया। फिर चिन्तन शु डिग्री हुआ और उसी प्रकार इधर-उधर के किस्सों में अपने भीतर की शुष्कता छिपाकर एक पते की बात खोज लाया– "वसन्त आता नहीं, ले आया जाता है। जो चाहे और जब चाहे, अपने पर ले आ सकता हैं अर्थात् वसन्त का सम्बन्ध मन से है, जो जब चाहे प्रसन्न होकर वसन्त का अनुभव कर सकता है। सामान्य सा विषय, बात आँगन के कांचनार के न खिलने की और उपलब्धि-जीवन का घोर सत्य कि वसन्त मन का होता है– ये द्विवेदी के ललित निबन्धों का लालित्य है, जिसमें उनका व्यक्तित्व मिश्री सा घुल कर उसे और भी स्वादिष्ट बना देता है।

**(ख) रोचकता :** ललित निबन्धों में रोचकता के मुख्यतः तीन आधार होते हैं– (1) व्यंग्य-विनोद द्वारा, (2) रोचक किस्से-कथाओं द्वारा तथा (3) शैली के चमत्कारपूर्ण प्रयोग द्वारा। इन्हीं तीनों में रोचकता के लगभग सभी बिन्दु समा जाते हैं। इनमें शैली का क्षेत्र व्यापक है। इसीलिए वह अपने भीतर अनेक तथ्यों को समेटकर चलती है। यहाँ हम उसकी (शैली की) चर्चा न करके उसे स्वतन्त्र शीर्षक के अन्तर्गत लेंगे।

आचार्य द्विवेदी अपने व्यक्तिगत जीवन में खूब हँसमुख थे। उनके मित्रों में उनके अट्टहास आज भी चर्चित हैं। लगता है गम्भीरता तो शायद वे ओढ़ते थे, क्योंकि हँसी-मजाक ही उनका सहज धर्म था। इसीलिए जब वे किसी गम्भीर विषय पर भी लेखनी चलाते थे, तो कहीं न कहीं से कोई न कोई व्यंग्य-विनोद का विकल्प ढूँढ़ ही लेते थे। तब उनके भीतर का ललित रचनाकार चहकता था, चिकोटी काटता था और अट्टहास से सारे गम्भीर परिवेश को सहज व रोचक बना देता था। ललित निबन्धों में तो उनके पास इसका पूरा अवकाश रहता था, अतः इनमें तो उनके विनोद की छटा देखने लायक है। "आपने मेरी रचना पढ़ी" निबन्ध में लेखक आधुनिक तथाकथित साहित्यकारों व आलोचकों पर खुलकर व्यंग्य करता है। विशेष रूप से स्वयं को साम्यवादी चिन्तक मानने वाले साहित्यकार-लेखक की दृष्टि में इसलिए रोनी सूरत बनाए रखते हैं क्योंकि हँसना-हँसाना पूँजीवादी मनोवृत्ति की उपज है और साम्यवादी चिन्तक सर्वहारा का प्रतिनिधि होने के कारण ऐसा घोर अपराध कैसे कर सकता है? अतः अपनी रोनी सूरत बनाए रखता है। मजे की बात यह है कि वह खुलकर रोता भी नहीं है क्योंकि लेखक के गणित के अनुसार, सारी दुनिया का रुदन सब में बराबर बाँट कर अपनी साम्यवादी सोच के कारण जितना प्रत्येक व्यक्ति के हिस्से आता है, उससे केवल रोनी सूरत बन सकती है, रोया नहीं जा सकता।

इतना ही नहीं, साम्यवादी अथवा वर्गवादी मनीषी पर यह व्यंग्य पूरे निबन्ध में धीरे-धीरे विकास पाता दिखलाई देता है। प्रथम चरण में लेखक कलकत्ते के चिड़ियाधर के वनमानुष की गम्भीरता का उल्लेख करता है, जिसके गम्भीर, चिन्तामग्न चेहरे को देखकर उसे लगता है जैसे सारे संसार की वेदना को वह साक्षात् देखते हुए गम्भीर हो गया है। दूसरे चरण में लेखक उसमें अपनी कल्पना का पुट जोड़ता है और सोचता है कि जब यह वनमानुष नया-नया वानरी योनि से मानवी योनि में आया होगा– तब इसी प्रकार से गम्भीर रहा होगा। लेखक अपनी इस कल्पना द्वारा यहाँ व्यंग्य को और भी तीखा करके हमारे समझ परोक्षतः दो विकल्प रखता है– (1) शायद वनमानुष को अपनी वानरी योनि छोड़ने का दुख था, तभी वह गम्भीर बन गया क्योंकि मानवी योनि में वह वानरों जैसी हरकतें नहीं कर सकता था (यह बात अलग है कि आज मनुष्य अपनी पुरानी स्मृतियों को याद करके नए-नए वानरी करतब दिखाना अधिक पसन्द करता है!) या (2) वह मानवी योनि में आकर गम्भीरता का मुखौटा ओढ़कर यह

जताना चाहता था कि वह मनुष्यजनोचित बुद्धि तत्व से युक्त है और इसीलिए वह निरन्तरकिसी गम्भीर चिन्तन में डूबा रहता है। उसकी गम्भीरता का उक्त दोनों कारणों में से आधार कोई भी रहा हो, लेखक इस व्यंग्य के तीसरे चरण के कपाट खोलता है और वनमानुष की गम्भीरता को "वर्गवादी मनीषी की गम्भीरता" का नाम दे देता है! इतना शुक्र है कि वर्गवादी मनीषी की गम्भीरता के लिए द्विवेदी अनेक जानवरों में से वनमानुष को ही चुनते हैं जो कि थोड़ा सा सम्मानजनक है। अन्यथा उनकी सूची में गम्भीरता को हमेशा ओढ़कर रखने वालों में जेब्रा, गैंडा, ऊँट और गधा भी था। यह आज के साहित्य जगत के "दादाओं" पर गहरा कटाक्ष है, जिसे द्विवेदी ही मूर्त रूप दे सकते हैं। इस दिशा में जो थोड़ी-बहुत कमी बची थी, उसे आचार्य जी अपने एक अन्य ललित निबन्ध "एक कुत्ता और एक मैना" में पूरा कर देते हैं। वहाँ कौओं की आधुनिक साहित्यिकों से उपमा दी गयी है, जिनका मोटो है– "मिस् चीफ फार मिस् चीफ्स सेक" (शरारत के लिए ही शरारत)।

आचार्य द्विवेदी अपनी विनोदप्रियता को अनेक स्थलों पर कवच के रूप में सहज ही प्रयोग कर लेते हैं और उसकी आड़ में गम्भीर से गम्भीर तथा कड़वे से कड़वे सच को भी बेझिझक प्रस्तुत कर देते हैं। इस प्रकार पाठक को वहाँ पर रोचकता के साथ-साथ अपने भीतर की उन अनुभूतियों के भी दर्शन होते हैं, जिन्हें वह व्यक्त करने के लिए साहस नहीं जुटा पाता और तब उसे द्विवेदी का लोहा मानना पड़ता है। इस सन्दर्भ में एक उदाहरण उल्लेखनीय है, "एक फिलासफर ने कहा है कि विनोद का प्रभाव कुछ रासायनिक-सा होता है। आप दुर्दान्त डाकू के दिल में विनोद-प्रियता भर दीजिए, वह लोकतन्त्र का लीडर हो जायेगा; आप समाज सुधार के उत्साही कर्यकर्ता के हृदय में किसी प्रकार विनोद का इंजेक्शन दे दीजिए, वह अखबार नवीस हो जायेगा और यद्यपि कठिन है, फिर भी किसी युक्ति से उदीयमान छायावादी कवि की नाड़ी में थोड़ा विनोद भर दीजिए; वह किसी फिल्म कम्पनी का अभिनेता हो जायेगा। इसी प्रकार रहस्यवादी आलोचकों की पहचान का गूढ़तम रहस्य खोलते हुए लेखक बतलाता है कि वह शून्य में मुँह उठाए हवा में लात, मुक्के, घूँसे मारते दिखलाई देंगे।

अनेक किस्से-कहानियों की योजना ने आचार्य द्विवेदी के निबन्धों की रोचकता को द्विगुणित किया है। जाने कहाँ-कहाँ से आचार्य जी अपने निबन्धों के लिए प्रसंगानुकूल किस्से खोज लाते हैं– कभी इतिहास के किसी विस्मृत काल से, कभी पुराणों के पृष्ठों से तो कभी शुद्ध गप्प को भी ऐतिहासिकता का जामा पहनाकर हमारे समक्ष खड़ा कर देते हैं। रहस्यवादी आलोचकों की स्थिति पर प्रसंग डालने के लिए एक इसी प्रकार का किस्सा काशी के भदैनी मुहल्ले के किसी रहमत अली फकीर का निकाल लाए, जो कभी-कभी पागलपन में आकर हवा में लात, मुक्के, घूँसे चलाया करता था और क्योंकि उसकी वह सारी क्रिया रहस्यात्मक थी, अतः लेखक ने रहस्यवादी आलोचकों की स्थिति स्पष्ट करने के लिए झट से उसका प्रयोग कर लिया। दूसरी ओर अशोक वृक्ष का महत्त्व याद दिलाने के लिए इतिहास और पुराणों से अनेक रोचक कथाओं का संयोजन कर दिया है, जो निबन्ध को शुष्क होने से बचाती हैं। इतना ही नहीं, इस सन्दर्भ में लेखक ने अशोक वृक्ष से जुड़ी हुई कवि-प्रसिद्धि को भी आधार बना लिया है, जिसके अनुसार, सुन्दरियों के आसिंजनकारी नूपुर वाले चरणों के कोमल आघात से अशोक वृक्ष फूलता था और उसमें पुष्प खिलते थे। अपने एक अन्य निबन्ध "मेरी जन्मभूमि" में लेखक "कन्दु पक्व" का अर्थ स्पष्ट करने के लिए एक अन्य रोचक किस्सा उठा लाए हैं– कहते हैं एक बंगाली

पण्डित ने "कन्दु पक्व" शब्द का अर्थ खोजने के लिए दस-बारह पृष्ठों की पूरी शोध कर डाली और अनेक कोशों, स्मृतियों के हवाले से सिद्ध किया कि यह पावरोटी जैसी कोई चीज़ होती थी। इस किस्से पर लेखक ने लोक का हवाला देते हुए एक रोचक चोट यह कर दी कि उक्त बंगाली शोधार्थी यदि मेरे गाँव में आ जाते तो उन्हें इतने बौद्धिक व्यायाम की आवश्यकता ही न पड़ती क्योंकि वहाँ भड़भूजे का पेशा करने वाली जाति को सभी काँदू कहते हैं और "कन्दु" इन्हीं काँदुओं के भाड़ का नाम है अर्थात् भड़भूजे की भूनी हुई सामग्री ही कन्दु-पक्व कहलाती है। उल्लेखनीय है कि यहाँ लेखक एक साथ रोचकता के आयोजन और अनेक महत्त्वपूर्ण जानकारियों के लिए लोक के महत्त्व की भी स्थापना करता है।

द्विवेदी के निबन्धों की यह विशेषता है कि लेखक अनेक किस्से-कहानियों द्वारा अपने पाठकों को महत्त्व की अनेक बातें सहज रूप से बता जाता है। कुछ बातें जो शायद हम बहुत खोज करने पर भी पूरी तरह से न समझ पाएँ, उन्हें सहज भाव से समझाने के लिए लेखक के पास अद्भुत कला है। "एक कुत्ता और एक मैना" निबन्ध में लेखक ने दो किस्सों– (1) स्वामीभक्त कुत्ते के तथा (2) मैना दंपति के माध्यम से जहाँ एक ओर कवि की संवेदनशीलता को उद्घाटित कर दिया है, वहीं इन पशु-पक्षियों के माध्यम से मनुष्य को मानवजनोचित मूल्यों की शिक्षा दे दी है, जिनके माध्यम से मानव समष्टि-चित्त का स्पन्दन अनुभव कर सकता है और आत्मा के परम रूप का मूर्त रूप "परमात्मा" का साक्षात्कार कर सकता है।

**(ग) भावावेग :** भावावेग आचार्य हज़ारीप्रसाद द्विवेदी के रचनाकार का सहज धर्म है। वे किसी विषय पर तभी लिखते थे जब उसके सन्दर्भ में उनके अन्दर उठने वाला भावों का बवंडर पूर्ण आवेश में आकर अपनी अभिव्यक्ति के लिए कसमसाने लगता था। तब उनके सर्जक रूप के विवेक-द्वार खुलते थे और भावों की भीड़ अपने आवेग में सब कुछ को अपने साथ बहा ले चलती थी। तब केवल लेखक ही नहीं बहता था, वह अपने साथ-साथ पाठकों को भी विस्मय की स्थिति में ले चलता था, जहाँ पाठक एक नए ही संसार की अद्भुत छटा देखते थे और सम्मोहित से जड़ हो जाते थे। डॉ. शिवप्रसाद सिंह ने आचार्य द्विवेदी की भावावेशमयी स्थिति का बहुत सुन्दर चित्र खींचा है– "उनका भाषण शुरू हुआ तो तेजी कम थी। वे जैसे-जैसे गरमाते गये, ब्रेक हटते गये और शब्दों की धारा उमड़ती गयी। स्टेज पर काफी रोशनी थी और उसकी लहरों को हरकोरते दो हाथ, निरन्तर शून्य में धुन्ध को हटाते, अपने ही कहे हुए शब्दों की भीड़ को ठेलते, श्रोताओं के चित की जड़िमा को झकझोरते, शिव के अकुण्ठ नृत्य की मुद्रा में अंकित वे हाथ मुझे आज भी भूले नहीं हैं।" इसी क्रम में वे आगे लिखते हैं, "अचोर भावोद्रेक और असीम आवेग खुद में कोई बड़ी चीज़ नहीं रहते यदि उन्हें संयमित करनेवाली समाहार चेतना का अभाव हो.. पंडित जी के व्यक्तित्व में संयम और समाहार की भी अद्भुत शक्ति है"[4] अर्थात् भावावेग को लालित्य में बाँधकर प्रस्तुत करना भी उतना ही महत्त्वपूर्ण कार्य है, जिसमें आचार्य जी दक्ष थे। वैसे तो उनके सम्पूर्ण साहित्य में ही ऐसे सैंकड़ों उदाहरण मिल जाते हैं, जहाँ उनके भावों भी आवेगमयी आवृत्ति ने अद्भुत छटा बिखरा दी है, परन्तु उनके ललित निबन्धों में उनकी उन्मुक्त भावधारा बिलकुल ही "निर्बद्ध" होकर बही है।

अपने निबन्ध "अशोक के फूल" में लेखक अशोक-पुष्प की मनोहरता की बात करके अचानक कहता है, "लेकिन पुष्पित अशोक को देखकर मेरा मन उदास हो जाता है।" लेखक यदि अशोक को देखकर उदासी अनुभव करता है तो निश्चय ही उससे लेखक का कहीं

भावनात्मक सम्बन्ध जुड़ा है, तभी वह उसे देखकर भावुक हो उठा है। उसकी यह भावुकता पाठक को भी अनायास आकर्षित करती है और उसका रहस्य जानने की जिज्ञासा भी उत्पन्न करती है। तब लेखक अशोक को लेकर उसके श्रेष्ठ इतिहास की स्मृतियों में खो जाता है और धीरे-धीरे उसका भावावेश बढ़ने लगता है, उसके विचारों का प्रवाह शून्य में से उपयुक्त शब्दों को खींचने लगता है तथा पाठक उस प्रवाह में स्तब्ध-सा बहता चला जाता है, "अशोक को जो सम्मान कालिदास से मिला वह अपूर्व था। सुन्दरियों के आसिंजनकारी नूपुर वाले चरणों के मृदु आघात से वह फूलता था, कोमल कपोलों पर कर्णावतंस के रूप में झूलता था और चंचल नील अलकों की अचंचल शोभा को सौ गुना बढ़ा देता था। वह महादेव के मन में क्षोभ पैदा करता था, मर्यादा-पुरुषोत्तम के चित्त में सीता का भ्रम पैदा करता था और मनोजन्मा देवता के एक इशारे पर कन्धे पर से ही फूट पड़ता था। अशोक किसी कुशल अभिनेता के समान झम-से रंगमंच पर आता है और दर्शकों को अभिभूत करके खप से निकल जाता है। क्यों ऐसा हुआ?" इस छोटे-से उदाहरण में हम देख सकते हैं कि लेखक यहीं निबन्धकार नहीं, एक कवि बन गया है और अपने प्रियअशोक वृक्ष के प्रति उसकी भावुकता इतने आवेशित रूप में है कि उसमें शब्दों का काव्यमयी क्रम अनायास जुड़ता चला गया है, उनका आलंकारिक रूप सर्वत्र एक सहज सौन्दर्य बिखरा रहा है और उनकी प्रभावोत्पादकता भी उतनी ही सशक्त व लालित्यपूर्ण है। लगता है सचमुच लेखक के हाथ शून्य में धुन्ध को हटाते, शब्दों की भीड़ को ठेलते, पाठकों के चित्त की जड़िमा को झकझोलते, निरन्तर किसी सुन्दर इतिहास की स्मृति में खो गये हों। यहाँ व्याकरण की सीमाएँ-विराम-अर्धविराम अप्रासंगिक से लगते हैं, जैसे लेखक ने मात्र विवशता में ही उनका प्रयोग किया हो। यहाँ तो "झम्" तथा खप् जैसे ध्वन्यात्मक शब्द भी सहज ही अर्थ ध्वनित करने लगते हैं। और सारे विचार के अन्त में भी लगता है जैसे द्विवेदी का मन शान्त नहीं हुआ। वह एक वाक्य जोड़ते हैं "क्यों ऐसा हुआ?" यह लेखक के भीतर का वह आर्द्र स्वर है, जो अचानक पाठक को झंझोड़ता है और उसे पुनः "क्यों हुआ" की तलाश में लेखक के साथ चलने को बाध्य कर देता है।

ऐसा नहीं है कि आचार्य द्विवेदी की यह भावुकता मात्र अशोक वृक्ष को लेकर ही है। वस्तुतः यह उनकी अपने विषय के साथ की वह आत्मीयता है जिससे प्रेरित होकर ही वे उसे अपने निबन्ध का विषय बनाते हैं। इसी प्रकार की भावुकता को हम इनके अन्य निबन्धों जैसे वसन्त आ गया", "मेरी ज्मभूमि" तथा "एक कुत्ता और एक मैना" में भी पाते हैं। वसन्त के आगमन पर जहाँ सारी प्रकृति लेखक को उल्लासित करती है, वहीं आँगन का कामचनार" उन्हें चिन्तित भी करता है। उनके वाले मोटेराम अभी खिले नहीं हैं, जबकि पड़ोस का मरियल सा कांचनार कन्धों तक खिला हुआ है। निश्चित ही इसका कोई कारण तो होगा। और अन्त में लेखक कारण खोज लाता है कि सारी दुनिया में वसन्त आया तथा मेरे पास आया बुखार। शायद इसीलिए "अपने वाला कांचनार रुका हुआ है?" कांचनार के न खिलने का कारण भले ही कुछ भी रहा हो, परन्तु लेखक जब उसे अपने बुखार से जोड़ता है तो यह प्रकृति के साथ उसके आत्मीय सम्बन्धों का एक ऐसा मार्मिक चित्र प्रस्तुत करता है कि पाठक उस अद्भुत रस में डूबे बिना नहीं रह पाता।

भावावेग में बहकर द्विवेदी अपने भावों की काल्पनिक उड़ान में जितने आवेशित से विचरण करते हैं, उतने ही आवेश में वे इतिहास, पुराण या यहाँ तक कि दर्शन की चर्चा भी कर लेते हैं। उनके विचारों का तारतम्य इतना सहज तथा प्रवाहशील रहता है कि पाठक उन नीरस

विषयों को भी एक ही साँस में पढ़ जाता है और फिर धीरे-धीरे उनकी दुनिया में खो जाता है। उल्लेखनीय है कि ऐसे स्थलों पर द्विवेदी विशेष रूप से छोटे-छोटे वाक्य प्रयोग करते हैं ताकि पढ़ने वाले के समक्ष उनका अर्थ भी स्पष्ट होता चला जाये। उनकी भाषा अचानक काव्यमयी हो जाती है, जिसमें शब्द नर्तन से करते अनुभव होते हैं– "मनुष्य किसी दुस्तर-तरण के लिए कृत-संकल्प है। जातियों और समूहों के भीतर से उसकी विजय-यात्रा अनाहत गति से बढ़ रही है। वह अपनी इष्टसिद्धि के लिए बहुत भटका है। अब भी भटक रहा है, पर खोजने में वह कभी विचलित नहीं हुआ। ये अधभूले नृत्यों-गीतों की परम्पराएँ उसकी नवग्राहिणी प्रतिभा के चिह्न हैं, ये नवीन देवताओं की कल्पना उसके राह खोजने की निशानी हैं और ये भूली हुई परम्पराएँ इस बात का संकेत करती है कि वह परम्परा और संस्कृति के नाम पर जमे हुए किट्टाभ संस्कारों को फेंक देने की योग्यता रखता है। हमारे गाँव की विविध जातियाँ यह सिद्ध करने को पर्याप्त हैं कि तथाकथित जाति-प्रथा कोई फौलादी ढाँचा नहीं है, उसमें अनेक उतार-चढ़ाव होते रहे हैं और होते रहेंगे। संक्रान्ति-काल से आप क्या समझते हैं, यह तो मुझे नहीं मालूम, पर साहित्यिक का कर्तव्य तो स्पष्ट है कि वे कभी किसी प्रथा को चिरन्तन न समझें, किसी रूढ़ि को दुर्विजेय न मानें और आज की बननेवाली रूढ़ियों को भी त्रिकाल सिद्ध सत्य न मान लें। इतिहास-विधाता का स्पष्ट इंगित इसी ओर है कि मनुष्य में जो "मनुष्यता" है, जो उसे पशु से अलग कर देती है, वही आराध्य है। क्या साहित्य और क्या राजनीति, सबका एकमात्र लक्ष्य इसी मनुष्यता की सर्वांगीण उन्नति है।" (मेरी जन्मभूमि)

पाठक की संवेदनाओं में उद्वेलन के लिए आचार्य द्विवेदी के पास और भी अनेक साधन हैं, जिन्हें वे प्रसंगानुकूल अथवा स्थितनुकूल प्रयुक्त करते रहते हैं। संवेगात्मक प्रतिक्रिया के लिए कभी तो लेखक संस्मरणात्मक शैली में बात छेड़ता है– "उन दिनों छुट्टियाँ थीं", "कुछ और पहले की घटना याद आ रही है" या "कहते हैं यह प्रथा बहुत पुरानी नहीं है" आदि, तो कभी वह कथा सुनाने की सी स्थिति उत्पन्न कर देता है– "यह मुझे प्राचीन युग की बात मालूम होती है", "मुझे मानव जाति की दुर्दम-निर्मम धारा के हज़ारों वर्ष का रूप साफ दिखाई दे रहा है" या "आपके एक विनोद की बात बताऊँ?" आदि। इस प्रकार के वाक्य निबन्ध में एक साथ अनेक कार्य करता हैं–शुष्क चर्चा के बाद क्षणिक विश्राम की स्थिति उत्पन्न करके पाठक में पुनः स्फूर्ति लाते हैं, उसमें आगे का रहस्य जानने की उत्सुकता उत्पन्न करते हैं, निबन्ध में रोचकता बनाए रखते हैं तथा लेखक और पाठक के बीच भावनात्मक सम्बन्ध बनाए रखते हैं। कभी-कभी लेखक भावनात्मक स्तर पर पाठक को भावुक भी बनाता है ताकि वह उसके साथ आत्मीयता के स्तर पर जुड़कर उसकी इच्छानुरूप निबन्ध के विषय को जी सके- "मेरे मानने न मानने से होता क्या है?" या "मेरा मन प्राचीन काल के कुज्झाटिकाच्छन्न आकाश में दूर तक उड़ना चाहता है। हाय पंख कहाँ हैं?" आचार्य द्विवेदी अपने निबन्धों में अनेक स्थलों पर एक कुशल सूत्रधार की भूमिका निभाते दृष्टिगोचर होते हैं। एक कता-सूत्र को छोड़कर दूसरा कथा-सूत्र पकड़ने से पूर्व वे पाठक को मानसिकरूप से आगे की कथा जानने के लिए जिज्ञासु बनाना नहीं भूलते– "एक आश्चर्य की बात इस प्रसंग में और उल्लेख की जा सकती है" या "कुछ बातें तो मेरे मस्तिष्क में बिना सोचे ही उपस्थित हो रही हैं" या "यह मुझे प्राचीन युग की बात मालूम होती है" या "मैं स्पष्ट ही देख रहा हूँ कि..." आदि आदि।

इस प्रकार द्विवेदी के निबन्धों में भावावेग की स्थिति को लेखक ने अनेक स्तरों पर बनाए

रखने में सफलता प्राप्त की है। वह अपने रचनात्मक कर्म में इतना सिद्धहस्त है कि एक जादूगर की भाँति अपने पाठकों को प्रारम्भ से अन्त तक सम्मोहित किए रखता है और अपनी इच्छानुरूप उसे नई-नई चीजें दिखाता है, अलग-अलग स्थानों की या कालों की सैर करवाता है और अनायास पाठक में भावोद्रेक उत्पन्न करके उसे रसास्वाद की स्थिति तक ले जाता है।

**(घ) अनौपचारिकता तथा वैचारिक उन्मुक्तता :** आचार्य द्विवेदी के निबन्धों में अनौपचारिकता तथा वैचारिक उन्मुक्तता ने लालित्य निर्माण में महत्त्वपूर्ण भूमिका निभाई है। वस्तुतः द्विवेदी पाठक के साथ पहले अनौपचारिक सम्बन्ध स्थापित करके उसे आत्मीय बना लेते हैं और तब उसके विश्वासपात्र बनकर उसे जहाँ कहीं अपनी उन्मुक्त उड़ान का साथी बना लेते हैं। उल्लेखनीय है कि लेखक अपने साथ वैचारिक उड़ान भरने से पहले तक कहीं भी अपने पाण्डित्य का प्रदर्शन नहीं करता। आगे चलकर निःसन्देह उसके पाण्डित्य की पर्त-दर-पर्त पाठक के समक्ष खुलती चली जाती है, परन्तु वह इतनी सहज और सरल रूप में होती है कि पाठक के लिए "बोझ" नहीं बनती। विपरीत इसके पाठक का उसके साथ तादात्म्य स्थापित हो जाता है और वह उसे सहज रूप में अंगीकार बना लेता है। परन्तु इस समस्त यात्रा का प्रारम्भ होता अनौपचारिकता से ही है।

अपने निबन्धों में आचार्य द्विवेदी ने पाठक के साथ अनौपचारिक सम्बन्ध स्थापित करने के लिए अनेक साधन जुटाए हैं। "अशोक के फूल" निबन्ध में लेखक ने फूल के मोहक रूप का चित्रण करके अचानक अपनी उदासी की सूचना भी साथ ही जोड़ दी है, जिससे पाठक जिज्ञासावश लेखक के कथन की ओर आकर्षित होता है, उसकी भावुकता के रहस्य को जानने के लिए लालायित होता है और इस प्रकार परोक्ष" लेखक के साथ कहीं भावनात्मक स्तर पर जुड़ जाता है। इसके ठीक विपरीत, "आपने मेरी रचना पढ़ी" निबन्ध में लेखक पहले ही वाक्य के साथ एक व्यंग्य की भूमिका बाँधते हुए अनायास पाठक को अपने साथ चलने के लिए बाध्य कर लेता है। यह एक मनौवैज्ञानिक सत्य है कि दो अपरिचित लोगों में विनोद का पुट शीघ्र उनमें आत्मीयता क सम्बन्ध स्थापित करवा देता है। उक्त निबन्ध में लेखक ने इसी का सहारा लिया है। जैसे-जैसे निबन्ध आगे बढ़ता है वैसे-वैसे लेखक व्यंग्य और विनोद द्वारा एक अद्‌भुत समाँ बाँधता चलता है और पाठक उसके रस में झूमने लगता है।

कभी-कभी द्विवेदी बिना किसी भूमिका के अनौपचारिक रूप से निबन्ध के विषय में प्रवेश करवा देते हैं, "जिस स्थान पर बैठकर लिख रहा हूँ, उसके आस-पास कुछ थोड़े, से पेड़ हैं। एक शिरीष है..." और इसके साथ ही बात जुड़ जाती है वसन्त के आगमन से। कुछ इसी प्रकार का प्रारम्भ "मेरी जन्मभूमि" नामक निबन्ध का भी है– जिस गाँव में साहित्य-चर्चा करने के लिए बैठा हूँ, उसका नाम ओझबलिया है। यह मेरी जन्मभूमि है। कभी-कभी लेखक पाठक के साथ अपनी स्मृतियाँ "साँझी" करने लगता है और पाठक को अनायास बिना किसी लाग-लपेट के अपने साथ चलने का न्यौता देता है। "एक कुत्ता और एक मैना" में लेखक ने इसी का सहारा लिया है।

पाठकों के साथ अनौपचारिक सम्बन्ध स्थापित करने के लिए आचार्य द्विवेदी ने अपनी उत्तम पुरुष प्रधान शैली में अनेक प्रकार के वाक्यों का भी खूबसूरत प्रयोग किया है, यथा, "आपको एक मजे की बात बताऊँ?" या "मेरी दृष्टि इतनी दूर तक नहीं जाती, फिर भी मेरा मन इस फूल को देखकर उदास हो जाता है। असली कारण तो मेरे अन्तर्यामी ही जानते होंगे,

कुछ थोड़ा-सा मैं भी अनुमान कर सका हूँ। बताता हूँ।" या निःसंकोच भाव से अपनी कमज़ोरी स्वीकार करके, "अच्छा समझिए या बुरा, मेरे अन्दर एक गुए है, जिसे आप बालु में से तेल निकालना समझ सकते हैं।" या "और यह बात अगर छिपाऊँ भी तो कैसे छिप सकेगी कि मैं अपनी जन्मभूमि को प्यार करता हूँ।" ऐसा नहीं है कि द्विवेदी मात्र दूसरों पर ही व्यंग्य कसने में सिद्धहस्त हैं। उन्होंने अपने पर भी व्यंग्य करके पाठकों को आकर्षित किया है। अपने निबन्ध "एक कुत्ता और एक मैना" में द्विवेदी ने बंगला भाषा के अपने सीमित ज्ञान पर गुरुदेव रवीन्द्रनाथ टैगोर द्वारा बार-बार कसे जाते व्यंग्य को बहुत ईमानदारी से हमारे सम्मुख रखा है।

वस्तुतः अनौपचारिकता ही लेखक और पाठक के बीच सहज सम्बन्ध स्थापित करवाती है। इस सन्दर्भ में यह देखना बहुत ज़रूरी होता है कि लेखक अपने विषय के साथ-साथ पाठक को भी कैसे साथ रखता है। यदि लेखक उत्तम पुरुष शैली में निरन्तर पाठकों से वार्तालाप का-सारा सम्बन्ध बनाये रखे, या अनेक गूढ़ रहस्यों में उसकी भी साक्षी डलवाता रहे, तो पाठक निजत्व को त्यागकर अनायास लेखक की वैचारिक यात्रा में शामिल हो जाता है। इसी प्रकार विषय को लेकर भी लेखक का सहज और स्पष्ट होना ज़रूरी है। द्विवेदी के ललित निबन्धकार में यह सभी खूबियाँ हैं। वह यदि प्रकृति की बात करता है तो उसी में रम जाता है, यदि फूल-पौधों का बात करता है तो बाकायदा जैसे उनसे अपने मन की बातें करते हुए वार्तालाप में खो जाता है। उन्हें सम्बोधित करता है तो अपनी भावनाओं की पूरी कहराई के साथ, "दो-तीन अमरूद हैं, जो सूखे सावन भरे भादों में कभी रंग नहीं बदलते"... "मौजी है अमरूद। बारह महीने इसका वसन्त-ही-वसन्त है।"... "सारी दुनिया में हल्लो हो गया कि वसन्त आ गया। पर इन कमबख्तों को खबर ही नहीं।"... "थोड़ी दूर पर एक पलाश ऐसा फूला है कि ईर्ष्या होती है"... "अपने मोटेराम तैयारी कर रहे हैं।.." आदि। द्विवेदी क यह भावनात्मक ऐक्य पक्षियों के साथ भी द्रष्टव्य है। मैना दंपत्ति की परस्पर बातचीत केवल लेखक की कल्पना ही पकड़ सकती है–

"पत्नी-ये लोग यहाँ कैसे आ गये, जी?

पति-ऊँह, बेचारे आ गये हैं, तो रह जाने दो क्या कर लेंगे?

पत्नी-लेकिन फिर भी इनको इतना ख्याल होना चाहिए कि यह हमारा प्राइवेट घर है।

पति-आदमी जो है, इतनी अक्ल कहाँ?

पत्नी-जाने भी दो!"

एक बार पाठक से आत्मीय सम्बन्ध बनाने के बाद प्रारम्भ होती है आचार्य द्विवेदी की वैचारिक उड़ान। वह अपनी बात के समर्थन के लिए उड़ान भरते हैं, कभी इतिहास की ओर तो कभी पुराण की ओर, कभी शास्त्र की ओर तो कभी लोक की ओर। तब उन्हें जहाँ से जो भी मिलता है। (निश्चित रूप से अपने मतलब का!) उसे लाकर ऐसा क्रम देते हैं कि निबन्ध का कथ्य स्वच्छ आयीने-सा एकदम स्पष्ट हो जाता है। अपने एक निबन्ध "एक कुत्ता और एक मैना" को लेखक ने मैना दम्पत्ति द्वारा कमरे के सुराख में तैयार किए जा रहे नीड़ का वर्णन किया है, वे लोग (मैना दम्पत्ति) "तिनकों और चिथडों के अम्बार लगा देते हैं। भले मानव गोबर के टुकड़े तक ले आना नहीं भूलते। हैरान होकर हम सूराखों में ईंटें भर देते हैं, परन्तु वे खाली बची जगह का भी उपयोग कर लेते हैं।" आचार्य द्विवेदी के निबन्धों का "नीड़-मिर्माण" भी इसी प्रकार का है। प्रारम्भ में हमें जो तिनके, चीथड़े या गोबर के टुकड़े लगते हैं, उन्हीं को लेखक जब एक क्रम देता है, करीने से सजाता है तो वह एक आकर्षक नीड़-सा दिखलाई देता

है, जिसमें द्विवेदी का सर्जक कथ्य को जन्म देता है और वह शीघ्र ही बड़ा होकर चहचहाने लगता है। निबन्धों के शीर्ष लेखक के लिए बात शु डिग्री करने के बहाने मात्र हैं। कभी-कभी तो उनके शीर्षक इतने सादे अथवा तुच्छ लगते हैं कि उन्हें देखकर लगता ही नहीं कि लेखक इनमें कोई गम्भीर बात कह पाएगा। परन्तु द्विवेदी का निबन्धकार अपनी गिद्ध दृष्टि केवल अपने कथ्य पर रखता है और अनेक उन्मुक्त उड़ाने भरकर अपने शिकार को जकड़ लेता है। उल्लेखनीय है कि आचार्य जी की यह उन्मुक्त उड़ान न तो कहीं निरर्थक है और न ही कहीं निषेधात्मक। उसका लक्ष्य सदा विराट मानवतावाद की स्थापना पर केन्द्रित रहा है। उस मार्ग में जो भी सहायक बने, उस तक जो भी मार्ग ले जाये या जो भी विचारधारा उस ओर संकेत करे, द्विवेदी को वह स्वीकार्य है, क्योंकि द्विवेदी बीच के माध्यमों को मात्र साधन मानते हैं, साध्य नहीं। अतः साध्य तक पहुँचने के लिए साधन कोई भी बन सकता है, परन्तु मानवता का अहित करके नहीं। इस प्रकार द्विवेदी की लेखकीय उड़ान उन्मुक्त होते हुए भी एक तन्त्र में बँधी है मानव हित का तन्त्र। उसकी उपेक्षा लेखक को किसी भी स्थिति में स्वीकार्य नहीं।

यदि हम द्विवेदी के निबन्धों का सूक्ष्म अध्ययन करें तो उसकी वैचारिक उन्मुक्तता हमें हर जगह दिखलाई देगी। हम "अशोक के फूल" निबन्ध के सन्दर्भ में बात कर सकते हैं। इस निबन्ध को विभिन्न चरणों में बाँट कर लेखक की वैचारिक उड़ान को भली-भाँति समझा जा सकता है। निबन्ध के पहले चरण में लेखक पाठक के साथ विषय की पहचान करवाने के लिए एक भूमिका बाँधता है कि अशोक के पुष्प मनोहर तो हैं, परन्तु फिर भी लेखक उन्हें देखकर उदास है। लेखक की यह उदासी सहज ही पाठक में "क्यों" का भाव जगाती है, तब लेखक पाठक को अपने साथ लेकर पहली उड़ान भरता है, साहित्य और इतिहास में उसके श्रेष्ठ स्थान तथा महत्त्व का दृश्य दिखलाता है, यह निबन्ध का दूसरा चरण है। तीसरे चरण में लेखक पाठक को थोड़ा और पीछे अतीत में ले जाता है, जहाँ से अशोक के वृक्ष का भारतीय संस्कृति में प्रवेश हुआ था और कैसे उसने धीरे-दीरे अपना श्रेष्ठ स्थान सुरक्षित कर लिया था। निबन्ध का चौथा चरण द्विवेदी की उन्मुक्त उड़ान का एक और सशक्त प्रमाण है। इसमें द्विवेदी मनुष्य की जय-यात्रा की, उसकी जिजीविषा की, संस्कृति की विकास-यात्रा की बात पर भाषण देने लगता है। यहाँ इतिहस, पुराण, शास्त्र, लोक, दर्शन आदि सब नेपथ्य में चले गये। उनसे प्राप्त सहज प्रभाव अथवा ज्ञान पर आधारित लेख का भाषण हमारे समक्ष संस्कृति की विकास-यात्रा के साथ-साथ उसकी प्रकृति का स्वरूप भी रखता है, जिसके अन्तर्गत स्पष्ट होता है कि संस्कृति की दुर्दम जीवनी-शक्ति अपने भीतर केवल उसी को लेकर चलती है जो उसे समर्थ बनाता है, जो उसमें नव-प्राण-संचार की क्षमता रखता है तथा जो उसे मानव-कल्याण की प्रेरणा देने की क्षमता रखता है। शेष को वह झटक देती है, निर्मम बनकर भुला भी देती है। संस्कृति की प्रकृति के इस महत्त्वपूर्ण रहस्योद्घाटन के बाद निबन्ध का अन्तिम चरण आता है, जो एक-साथ हमारे समक्ष अशोक को इतिहास द्वारा भुला दिए जाने का कारण स्पष्ट करता है, द्विवेदी की उदासी को निरर्थक सिद्ध करता है और पाण्डित्य तथा अतीत के वृथा मोहों से हमें मुक्त करता है। इसी चरण में लेखक कथ्य का एक-एक पहलू स्पष्ट करता है, बल्कि कहना चाहिए सारी स्थितियाँ स्वयंमेव स्पष्ट होने लगती हैं। "आपने मेरी रचना पढ़ी" निबन्ध में आचार्य द्विवेदी की वैचारिक उन्मुक्तता का दूसरा रूप स्पष्ट होता है। वहाँ आचार्य जी के भीतर का व्यंग्यकार, उन्मुक्त उड़ान भर रहा है, कहीं से कोई काम का तथ्य मिला तो ठीक, नहीं तो कल्पना द्वारा

अपने काम के तथ्यों की सृष्टि कर लेता है। गधे की उदासी, गैण्डे, जैब्रे और ऊँट की उदासी को लेखक अपनी अद्‌भुत कल्पना-शक्ति द्वारा विभिन्न नाम देता है, किसी मित्र से विनोद का इंजेक्शन तैयार करवाता है, तो कहीं किसी फिलासफर से ज्ञान प्राप्त करता है कि विनोद का प्रभाव कुछ रासायनिक-सा होता है। हिन्दी साहित्यिकों की गम्भीरता अथवा रोनी सूरत के रहस्य को जानने के लिए द्विवेदी का गणित भी चलने लगा है और रहस्यवादी आलोचकों द्वारा हवा में चलाने वाले लात, घूंसे-मुक्के का सत्य भी उसे बनारस के एक किस्से से कुछ-कुछ स्पष्ट होने लगा है। इस निबन्ध में सचमुच द्विवेदी का कल्पनाकार व्योमाचारी बनकर "व्योमकेश" बन गया है। "एक कुत्ता और एक मैना" में लेखक ने वैचारिक उन्मुक्त-आचरण के लिए स्मृतियों को आधार बना लिया है और स्मृतियों की स्थितियों तो होती ही हिंडोले की सी है। अभी इधर और अभी एक लचक लेकर उधर आसमान में। पाठक को इस हिंडोले पर चढ़ाना लेखक को खूब आता है। "मेरी जन्मभूमि" भी स्मृतियों, कहानियों, इतिहास और लोक-परम्पराओं के हवाले से गर्व का साधन तो है ही, साथ ही कल्पना की उड़ान वहाँ अनेक सम्भावित सत्यों के दफन होने की गन्ध भी सूंध रही है।

**(ङ) प्रभाव की एकरूपता :** आचार्य हज़ारीप्रसाद द्विवेदी के निबन्धों की आगमन चित्रशैली विशेष रूप से उनके ललित निबन्धों के लिए वरदान सिद्ध हुई है। आगमन शैली के रचनाकार तथ्यों की व्याख्या के साथ सारांश निकालता चलता है और अन्त में उद्दिष्ट सत्य का उद्घाटन करता है। जबकि इसके ठीक विपरीत निगमन शैली का रचनाकार प्रारम्भ में ही किसी सूत्र अथवा सिद्धान्त को दे देता है और अन्त तक उसकी विवेचना में लीन रहता है।"5 यदि ध्यान से देखा जाये तो निगमन शैली में प्रारम्भ में हमारे समक्ष पूरे निबन्ध का रहस्य अथवा उसका उद्देश्य स्पष्ट हो जाता है, जबकि आगमन शैली में वास्तविक कथ्य का रहस्य अन्त तक बना रहता है और पाठक एक जिज्ञासा से बाँधा बढ़ता चला जाता है। जहाँ कथ्य का रहस्य पाठक को निबन्ध में डूबने के लिए प्रेरित करता है, वहीं भावों की तारतम्यता, प्रभाव की एकरूपता अथवा एकान्विति उसे निबन्ध के अन्त तक बाँधकर रखते हैं। आचार्य द्विवेदी के पास प्रभाव की एकरूपता के लिए बहुत से साधन हैं। कभी वे व्यंग्य द्वारा, कभी किसी किस्से द्वारा, कभी हास-परिहास की स्थिति द्वारा, तो कभी रहस्यात्मकता द्वारा पाठक को अन्त तक बाँधकर रखते हैं। बीच में पाठक कहीं स्वयं को निबन्ध से या लेखक से कटा हुआ अनुभव न करे, इसके लिए द्विवेदी बीच-बीच में प्रत्यक्षतः अथवा परोक्षतः पाठक को भी सम्बोधित कर लेते हैं, (आप) अच्छा समझिए या बुरा, मेरे अन्दर एक गुण है, जिसे आप बालू में से तेल निकालना समझ सकते हैं।.. आपको एक विनोद की बात बताऊँ ... आदि। अपनी संस्मरणात्मक शैली में द्विवेदी परोक्षतः अपने पाठकों को ही सम्बोधित करते हुए विषय की चर्चा करते हैं। फिर जब बीच में अचानक लेखक कहता है, "यह युक्ति मुझे तो टीक जँचती है", तो इसका परोक्ष भाव पाठक से जुड़ जाता है कि क्या आपको यह ठीक लगती है? इस प्रकार के सन्दर्भ पाठक को विषय के साथ सहज ढंग से जोड़े रखते हैं।

किस्सों की आचार्य द्विवेदी के पास कोई कमी नहीं। जहाँ वे देखते हैं कि तथ्य का विश्लेषण बोझिल बन सकता है और पाठक ऊब सकता है, वहाँ वे सहज ही एक किस्सा जोड़ देते हैं। "मेरी जन्मभूमि" निबन्ध में उन्होंने एक शब्द उठाया "कन्दु-पक्व"। यहाँ महत्त्व इस शब्द का इतना नहीं है जितना इसके माध्यम से यह स्पष्ट करना महत्त्वपूर्ण है कि साहित्य में

लोक-परम्परा की उपेक्षा कोई स्वस्थ दृष्टिकोण नहीं है। जब हम लोक की अवहेलना करते हैं तो उसकी अनुपस्थिति में बहुत-से शब्द, बहुत-सी परम्पराएँ तथा बहुत-से तथ्य हमारे लिए रहस्य बनकर रह जाते हैं और हम बिना किसी उचित जानकारी के उनके सन्दर्भ में अटकलें लगाने लगते हैं, जबकि वही चीजें लोक में सहज रूप से अपने अर्थ स्पष्ट कर देती हैं। इस बात को समझाने के लिए लेखक ने एक बंगाली पण्डित का किस्सा उठा लिया और बताया कि वे महाशयबहुत शोध करने के पश्चात् यही समझ पाये कि "कन्दु पक्व" कोई पावरोटी जैसी होती है जबकि दूसरी ओर उनके गाँव का हर बच्चा भी जानता है कि कन्दु भड़भूजे की जाति का नाम है और पक्व उस द्वारा भूना गया अन्न होता है! लेखक ने इस किस्से द्वारा एक महत्त्वपूर्ण जानकारी तो पाठक तक पहुँचाई ही, साथ ही निबन्ध में शोध की शुष्कता को समाप्त करके उसे रोचक भी बना दिया। जिस ढंग से आचार्य जी शब्दों की गहराई में उतरकर उनके अर्थ स्पष्ट करते हैं, वह इतना रोचक होता है कि विचारों की श्रृंखला हमें अनायास बाँधें रखती है और हम लेखक के साथ-साथ चलते चले जाते हैं।

इसी प्रकार "अशोक के फूल" निबन्ध में कभी काम देवता (मनोजन्मा देवता) के भस्म होने का किस्सा तो कभी सुन्दरियों के चरणों के आघात से अशोक के पुष्पित होने का किस्सा निबन्ध में भावावेग के साथ-साथ प्रभाव की एकरूपता बनाये रखने में भी सहायक बने हैं। "आपने मेरी रचना पढ़ी" निबन्ध में वन मानुष के किस्से ने ही सर्वत्र लालित्य की छटा बिखरा रखी है। फिर भी जाते-जाते अपने एक डॉक्टर मित्र द्वारा विनोद के इंजेक्शन तैयार करने की सूचना देकर लेखक ने मानसिक रूप से बुझे हुए लोगों को आशा की एक ऐसी किरण की झलक दिखा दी है कि वे निबन्ध समाप्त होने के बाद भी उसके प्रभाव से छूटना नहीं चाहते। यह लेखक की "गप्प" का ठीक वैसा ही प्रभाव है जैसा उनके उपन्यास "बाणभट्ट की आत्मकथा" की भूमिका पढ़ने के बाद किसी पाठक ने सचमुच मान लिया था कि वह उपन्यास स्वयं बाण द्वारा लिखी गयी उसकी आत्मकथा है! वस्तुतः हम इसे द्विवेदी की शैली के चमत्कार के साथ-साथ उनकी सम्मोहित करने की शक्ति का प्रभाव भी कह सकते हैं, जो उन द्वारा भावों की तारतम्यता द्वारा, उनकी एकरूपता के द्वारा तथा प्रभावोत्पादकता की अद्‌भुत क्षमता के द्वारा ही ऐसा करने में सफल होता है।

किस्सों के साथ-साथ व्यंग्य-विनोद ने भी द्विवेदी के निबन्धों की एकरूपता को बनाए रखने में महत्त्वपूर्ण भूमिका निभाई है। वैसे तो उनके किस्से ही व्यंग्य-विनोद से युक्त हैं तथापि कहीं-कहीं शुद्ध विनोद इसमें अलग से अपना सहयोग देता है। "आपने मेरी रचना पढ़ी" निबन्ध के प्रारम्भ में ही हमें इस प्रकार के एक शुद्ध विनोद के दर्शन होते हैं। जहाँ डाकू के विनोद से युक्त होते ही लोकतन्त्र का लीडर बनने की, समाज-सुधारक के विनोद-युक्त बनते ही अखबार नवीस बनने की तथा उदीयमान छायावादी कवि के विनोद का इंजेक्शन लगाते ही फिल्म कम्पनी का अभिनेता बनने की बहुत कटाक्षपूर्ण जानकारी पाठकों तक हस्तान्तरित की गयी है। इसी प्रकार द्विवेदी के व्यंग्य के बाण भी सचमुच "नाविक के तीर" बनकर पाठक को गहराई तक बींध देते हैं। एक कुत्ता और एक मैना" में कौओं का गायब होना भले ही किसी प्राकृतिक कारण से जुड़ा रहा हो, परन्तु लेखक उसमें एक जानकारी अपनी ओर से जोड़ता है, "एक लेखक ने कौओं की आधुनिक साहित्यिकों से उपमा दी है, क्योंकि इनका मोटो है– "मिस चीफ फार मिस चीफ्स सेक" (शरारत के लिए ही शरारत)!" द्विवेदी की यह जानकारी अनायास ही

हमारे समक्ष बहुत-सी स्थितयाँ स्पष्ट कर देती है और हम इस प्रकार के "ज़ायकेदार व्यंग्यों" के लोभ में सारा निबन्ध पढ़ डालते हैं।

जिस प्रकार "महाकाव्य" में सर्ग के अन्त में दूसरे सर्ग की कथा की सूचना देने की रूढ़ि है तथा सर्ग के अन्त में चन्द बदलकर अगले सर्ग की भूमिका बाँधने की प्रथा है, उसी प्रकार द्विवेदी अपने ललित निबन्धों में विचारों की एकरूपता बनाए रखने के लिए या तो अनुच्छेद (पैराग्राफ) के अन्त में कोई ऐसा वाक्य रख देते हैं जो पाठक में आगे बढ़ने के लिए सहज जिज्ञासा जगा देता है या अनुच्छेद के प्रारम्भ में कोई ऐसा वाक्य लिख देते हैं जो लेखक की आगे की उड़ान का संकेत देता है और पाठक अनायास आगे की यात्रा के लिए मानसिक रूप से तैयार हो जाता है। इसे हम विभिन्न अनुच्छेदों की परस्पर गुँथी हुई श्रृंखला भी कह सकते हैं जो समूचे निबन्ध में भावों की एकरूपता तथा तारतम्यता बनाए रखने में सहायक बनती है। हम "अशोक के फूल" निबन्ध के सन्दर्भ में इसका अवलोकन कर सकते हैं। निबन्ध का पहला वाक्य है, "अशोक में फिर फूल आ गये हैं"... अर्थात् अशोक के फूलों की चर्चा का उपक्रम किया गया है, जो सहज है क्योंकि यहीं से निबन्ध प्रारम्भ हो रहा है। दूसरे अनुच्छेद का पहला वाक्य है, "लेकिन पुष्पित अशोक को देखकर मेरा मन उदास हो जाता है।" इस वाक्य में पुष्पित अशोक को देखकर लेखक का उदास होना, पाठक में सहज जिज्ञासा को जन्म देता है और वह उसी जिज्ञासावश आगे बढ़ता है। इसी दूसरे अनुच्छेद का अन्तिम वाक्य है, "असली कारण तो मेरे अन्तर्यामी ही जानते होंगे, कुछ थोड़ा-सा मैं भी अनुमान कर सकता हूँ बताता हूँ" इस वाक्य द्वारा लेखक ने आगे बढ़ने का स्पष्ट ही न्यौता दे दिया है अर्थात् अब वह कोई कथा या तथ्य बताने जा रहा है। परिणामतः तीसरा अनुच्छेद भारतीय साहित्य में अशोक के महत्त्व की घटनाओं को चित्रित करने वाला है। चौथे अनुच्छेद में पहला वाक्य है, "लेकिन मेरे मानने-न-मानने से होता क्या है?" स्पष्ट ही यहाँ लेखक इतिहास के समक्ष बौनेपन की विवशता के साथ-साथ परोक्षतः अपनी मान्यता के विपरीत इतिहास के सत्य की कथा बताने की भूमिका बाँध रहा है। पाँचवें अनुच्छेद का प्रारम्भ होता है, "रवीन्द्रनाथ ने इस भारतवर्ष को "महामानवसमुद्र" कहा है। विचित्र देश है यह!" और इसी के साथ आगे बढ़ने का फिर एक संकेत मिल रहा है पाठक को। अगले अनुच्छेद का आरम्भ लेखक इस प्रकार करता है, "परन्तु मैं दूसरी बात सोच रहा हूँ। इस कथा का रहस्य क्या है?" पुनः एक रहस्य को सुलझाने का उपक्रम और पाठक को परोक्षतः आगे बढ़ने का नया न्यौता। सातवें अनुच्छेद का पहला वाक्य है, "कुछ बातें तो मेरे मस्तिष्क में बिना सोचे ही उपस्थित हो रही है"– अर्थात् जो बातें उपस्थिति हो रही हैं अब वे अपना स्थान लेंगी और पाठक के लिए एक नया रोमांचकारी ऐतिहासिक दृश्य प्रस्तुत है, जो निश्चित हीं अपनी अद्‌भुत जानकारियों द्वारा पाठक को सम्मोहित कर लेगा। अगला अनुच्छेद पुनः एक नए किस्से अथवा कथा की सूचना दे रहा है, "यह मुझे प्राचीन-युग की बात मालूम होती है।" नवें अनुच्छेद का प्रथम वाक्य है, "अशोक वृक्ष की पुजा इन्हीं गन्धर्वों और यक्षों की देन है।" इस वाक्य में "इन्हीं" शब्द पूर्व चर्चित प्रसंग की निरन्तरता का बोध करवा रहा है अर्थात् रोचक किस्सा अभी चल रहा है, तो पाठक उस रोचकता से कैसे आँख चुरा सकता है?

"कहते हैं, दुनिया बड़ी भुलक्कड़ है", नए अनुच्छेद के इस वाक्य के साथ द्विवेदी दुनिया की भुलक्कड़ता, भुलाने के कारण तथा किसे भुला दिया, की पृष्ठभूमि बहुत चतुराई से बाँध

लेते हैं। आगे का अनुच्छेद अशोक वृक्ष के भुलाये जाने का वास्तविक कारण स्पष्ट कर रहा है। बारहवाँ अनुच्छेद पुनः एक नई यात्रा की सूचना दे रहा है, "मुझे मानवजाति की दुर्दम-निर्मम धारा के हज़ारों वर्ष का रूप साफ दिखाई दे रहा है।"... यह साफ दिखाई देने वाले रूप" की उत्सुकता पुनः पाठक को बाँधने में सक्षम है। तभी इस अनुच्छेद के अन्त में लेखक फिर अपने उदास होने की सूचना देकर पाठक को आभास करवाता है कि वह अपने लक्ष्य से भटका नहीं है अपितु उसी की व्याख्या करने की दिशा में अग्रसर है। तेरहवाँ अनुच्छेद एक नई जिज्ञासा को जन्म दे रहा है, "आज जिसे हम बहुमूल्य संस्कृति मान रहे हैं, क्या ऐसी ही बनी रहेगी?" इसका रहस्य जानने के लिए द्विवेदी पाठक को अपने साथ आगे चलने के लिए प्रेरित करते हैं और अनुच्छेद का अन्त स्पष्ट करता है, "सब बदलेगा, सब विकृत होगा, सब नवीन बनेगा।" इसी भूमिका से जुड़कर अगले अनुच्छेद का प्रथम वाक्य बौद्ध धर्म के ह्रास का संकेत देने लगता है।

निबन्ध के अन्तिम अनुच्छेद में सारी ऐतिहासिक सांस्कृतिक यात्रा के बाद अपनी पूर्व घोषित उदासी को निरर्थक अनुभव करते हुए लेखक स्वीकार करता है कि "मगर उदास होना भी बेकार है" और इसके साथ ही वह अपना अन्तिम ब्रह्मास्त्र चलाता है, जिसके तेज के प्रकाश में निबन्ध का कथ्य अनायास स्पष्ट हो जाता है कि "पण्डिताई भी एक बोझ है, जितनी ही भारी होती है, उतनी ही तेजी से डुबाती है। जब वह जीवन का अंग बन जाती है, तो सहज हो जाती है। तब वह बोझ नहीं रहती। वह उस अवस्था में उदास भी नहीं करती।" इस प्रकार यहाँ सहज ही स्पष्ट हो जाता है कि अवस्था में उदास भी नहीं करती।" इस प्रकार यहाँ सहज ही स्पष्ट हो जाता है कि आचार्य द्विवेदी के पास सचमुच वह "कील" लेने वाला मन्त्र है, जो पाठक को अपनी उँगलियों पर नचाने में सक्षम है।

**(च) काव्यमयी भाषा :** आचार्य हज़ारीप्रसाद द्विवेदी की शैली में लालित्य-निर्माण की अद्भुत क्षमता है। सच पूछा जाये तो आचार्य द्विवेदी का विचार-प्रवाह जब अपनी मौज में आकर यह भूल जाता है कि वह एक ही छलाँग में दर्शन, इतिहास, लोक अथवा शास्त्र का एक साथ अवगाहन करके इतना कुछ बाहर निकाल लाया है कि सामान्य पाठक उसे आत्मसात कर भी पायेगा या नहीं, तब उनकी शैली ही उसमें लालित्य का रस खोलकर सहज संग्रहणीय बनाती है। सचमुच द्विवेदी का पाण्डित्य कभी-कभी वाचाल बनने लगता है। तब वह कभी भाषण तो कभी दार्शनिकता झाड़ने लगता है। उसे उस समय द्विवेदी का कवि रूप ही काव्यमयी शब्द होकर, व्यंग्य-कटाक्ष देकर या लोकोक्तियों-मुहावरों व सूक्तियों से युक्त बनाकर, सहज, सरल, सुबोध तथा रोचक बनाता है। उनके ललित निबन्धों में अनेक स्थलों पर इसका आभास होता है। लेखक भावों के प्रवाह में कभी तरंग शैली में, कभी विक्षेप शैली में तो कभी स्वगत कथन में ही बहता चला जाता है। वहाँ अनायास शब्दों का काव्यात्मक रूप उसे बोझिल होने से बचाता है, जैसे "मेरी जन्मभूमि" निबन्ध में इतिहास और मनुष्य की जय-यात्रा की प्रकृति पर प्रकाश डालते हुए निबन्धकार कहीं कवि ही बन गया है, "ये अधभूले नृत्यों-गीतों की परम्पराएँ उसकी नवग्राहिणी प्रतिभा के चिह्न हैं, ये नवीन देवताओं की कल्पना उसके राह खोजने की निशानी हैं और ये भूली हुई परम्पराएँ इस बात का संकेत करती हैं कि वह परम्परा और संस्कृति के नाम पर जमें हुए किट्टाभ संस्कारों को फेंक देने की योग्यता रखता है।" कुछ इसी प्रकार का काव्यात्मक सौन्दर्य लेखक के "अशोक के फूल" निबन्ध में दृष्टव्य है, "अशोक को जो

सम्मान कालिदास से मिला वह अपूर्व था। सुन्दरियों के आसिंजनकारी नूपुर वाले चरणों के मृदु आघात से वह फूलता हुआ, कोमल कपोलों पर कर्णावतंस के रूप में झूलता था और चंचल नील अलकों की अचंचल शोभा को सौ-गुना बढ़ा देता था। वह महादेव के मन में क्षोभ पैदा करता था, मर्यादा-पुरुषोत्तम के चित्त में सीता का भ्रम पैदा करता था और मनोजन्मा देवता के एक इशारे पर कन्धे पर से ही फूट उठता था।"

आचार्य द्विवेदी ने एक स्थल पर कबीर को "वाणी का डिक्टेटर" कहा है तथा घोषित किया है कि शब्द जैसे कबीर के सम्मुख हाथ बाँधे खड़े रहते हैं। हमारे विचार से यह बात स्वयं द्विवेदी से भी जुड़ी है। जहाँ उन्हें लगता है कि पाठक को इस स्थान विशेष पर भावुक आवश्यक है, वहाँ वे भावनात्मक भाषण द्वारा एक के बाद एक भावों की उमड़ती हुई मर्मस्पर्शी झड़ी लगा देंगे और पाठक अनायास उसके प्रवाह में बह जायेगा। यहाँ लगता है मानों शब्द ही नहीं, पूरे-के-पूरे वाक्य करबद्ध होकर लेखक के सम्मुख नत्तमस्तक हो गये हैं। एक उदाहरण उल्लेखनीय है, "मेरा मन उमड़-घुमड़कर भारतीय रस-साधना के पिछले हज़ारों वर्षों पर बरस जाना चाहता है। क्या यह मनोहर पुष्प भुलाने की चीज़ थी? सहृदयता क्या लुप्त हो गयी थी? कविता क्या सो गयी थी? ना, मेरा मन यह सब मानने को तैयार नहीं है। जले पर नमक तो यह है कि एक तरंगायित पत्र वाले निफूले पेड़ को सारे उत्तर भारत में अशोक कहा जाने लगा। याद भी किया तो अपमान करके" इस उदाहरण में द्विवेदी अपने पाठकों को अपनी इच्छानुरूप भावविभोर करने में पूर्णतः सफल हुआ है। पाठक को सचमुच अशोक के साथ सहानुभूति होने लगती है। एक-दूसरे स्थल पर द्विवेदी स्वयं भावों में बहकर लालित्य की ऐसी छटा बिखेरते है कि पाठक दंग रह जाता है। पेड़-पौधों से बात करते हुए लेखक जब एकालाप में खो गया है, तो वहाँ उसकी शैली सचमुच उसकी कोमल भावनाओं का आयीना बन गयी है जिसमें पौधों का लेकर कहीं उसकी चिन्ता तो कहीं उसकी मीठी शिकायत का अद्‌भुत रस घुल गया है, "सारी दुनिया में हला हो गया कि वसन्त आ गया। पर इन कमबख्तों को खबर ही नहीं! कभी-कभी सोचता हूँ कि इनके पास तक सन्देश पहुँचाने का क्या कोई साधन नहीं हो सकता। महुआ बदनाम है कि उसे सबके बाद बसन्त का अनुभव होता है; पर जामुन कौन अच्छा है! वह तो और भी बाद में फूलता है और कालिदास का लाडला यह कर्णिकार? आप जेठ में मौज में आते हैं।"

पाठकों में भावोद्वेग जागृत करने के लिए कभी-कभी लेखक कुछ ऐसे वाक्यों का भी प्रयोग करता है, जो पाठक को भाव-विह्वल बनाने में महत्त्वपूर्ण भुमिका निभाते हैं, जैसे-हाय, पँख कहा हैं।.. मेरे मानने न मानने से क्या होता है?... सहृदयता क्या लुप्त हो गयी थी?... कविता क्या सो गयी थी?... हाय, क्यों इसकी ऐसी दशा है? क्यों वह दल में अलग होकर अकेली रहती है?... कितना करुण है, उसका गायब हो जाना... थोड़ी दूर पर वह पलाश ऐसा फूला है कि ईर्ष्या होती है.. इन छोटे-छोटे, लाल-लाल पुष्पों के मनोहर स्तबकों में कैसा मोहन भाव है आदि। इसी प्रकार कहीं-कहीं लेखक द्वारा प्रयुक्त कुछ विशिष्ट शब्द जैसे हवा में संगीत की-सी मीठी ध्वनि उत्पन्न करते हैं या कोई एक निश्चित अर्थ न होते हुए भी अनायास अर्थ देने लगते हैं, जैसे-नीचे हल्की रुनझुन और ऊपर लाल फूलों का उल्लास या "मेघदूत" का काव्य उसी प्रकार के अनासक्त अनाविल उन्मुक्त हृदय में उमड़ सकता है.... अस्थिमालिका वाले उन्मत कापालिक भैरव की भाँति खड़-खड़ाकर झूम उठते हैं।.. वह मूक हृदय का प्राणार्पण आत्मनिवेदन मूर्तिमान हो जाता है.. जब झींगुर अँधकार में झनकारता रहता है, जब हवा में बाँस के पत्ते झरझराते रहते हैं, पेड़ों

की फाँक से पुकारा करता है नींद तोड़ने वाला सन्ध्यातारा!... अशोक किसी कुशल अभिनेता समान झम् से रंगमंच पर आता है और दर्शकों को अभिभूत करके खप्-से निकल जाता है, आदि। उपर्युक्त उदाहरणों में लेखक का कवि-हृदय तो स्पष्ट झलकता ही है साथ ही इन वाक्यों की रचना में जो एक स्वाभाविक रिदम है, वह पाठक के बोलते-बोलते ही झनझना उठती है, यही लालित्य द्विवेदी के निबन्दों का अलंकार है। द्विवेदी जब आवेशित अवस्था में किसी स्थिति का वर्णन करते हैं, तब तो शब्द-विन्यास से उठने वाला यह संगीत इतना सुरीला बन जाता है कि जैसे किसी मन्दिर में मधुर घण्टे-घड़ियाल, ढोल, मदीरा आदि एक सथ खनखना रहे हों और पाठक अचानक वहाँ के झूमते लोगों में शामिल हो गया हो।

व्यंग्य-विनोद का पुट द्विवेदी की निबन्ध-कला को और भी निखार देता है। इनके माध्यम से जहाँ द्विवेदी विषय की बोझिलता से अपने पाठकों को कुछ राहत पहुँचाते हैं, वहीं बहुत से व्यक्तियों, स्थितियों, परम्पराओं पर बेझिझक अपने भीतर का रोष भी उगल देते हैं। ऐसे स्थलों पर उनकी विनोदप्रियता ने ढाल का अच्छा कार्य किया है। आज के नेताओं की जो वास्तविकता है, वह हम सब अच्छी प्रकार से जानते हैं, परन्तु चाहकर भी कुछ कह नहीं पाते। हमारे लेखक के पास इसका सुन्दर उपाय है। वह किसी फिलासफर के हवाले से विनोद का इन्जेक्शन एक डाकू में लगाकर उसे लोकतन्त्र का लीडर बना देता है और उनके लिए अपने मन की कटुता बहुत कुशलता से व्यक्त कर देता है। वह साहित्य के उन आलोचकों से नाराज़ है, जो बिना पढ़े ही कृति की आलोचना कर देते हैं और फिर गर्व करते हैं कि उन्होंने अद्भुत आलोचना की है। द्विवेदी के पास उनकी चर्चा के लिए बनारस के किसी मुहल्ले का रहमत अली फकीर है, जो जब-तब हवा में लात-मुक्के-घूँसे मारता रहता है। यह द्विवेदी के व्यंग्यों की सहजता है जो बिना किसी कृत्रिमता के अपना कार्य बहुत कुशलता से सम्पन्न करते हैं। इनसे लेखक जहाँ एक ओर तीखी तलवार का काम लेता है, वहीं इन्हें "भाँज" कर सर्वत्र लालित्य की छटा बिखेरता है।

मुहावरे और लोकोक्तियाँ आचार्य द्विवेदी की शैली की कलात्मकता का एक और मुख्य आधार हैं। अपने गम्भीर-से-गम्भीर विचारों को वे इनके माध्यम से सहज ही व्यक्त कर लेते हैं या ये भी कहा जा सकता है कि लोक से जुड़े हुए हमारे इस निबन्धकार की भाषा के ये सहज अंग हैं, जो उपयुक्त स्थिति की सार्थक अभिव्यक्ति के लिए भाषा की शक्ति बनकर अनायास प्रस्फुटित होते हैं। हम यहाँ कुछ उदाहरणों के माध्यम से अपनी बात सिद्ध कर सकते हैं। "अशोक के फूल" निबन्ध में लेखक अशोक की ऐतिहासिक गरिमा की चर्चा करने के उपरान्त बदलाता है कि न जाने किस अशुभ मुहूर्त में इसे भुला दिया गया। और अशोक के इससे भी अधिक हतभाग्य की सूचना को और मार्मिक बनाने के लिए लेखक अगला वक्य लिखता है, "जले पर नमक तो यह है कि एक तरंगायित पत्रवाले निफूले पेड़ को सारे उत्तर भारत में अशोक कहा जाने लगा। याद भी किया तो अपमान करके।" इस वाक्य में जले पर नमक" मुहावरे द्वारा लेखक ने स्थिति की गम्भीरता तथा मार्मिकता को सहज ही द्विगुणित कर दिया है। इसी प्रकार अँग्रेज़ों की कूटनीति से सारा विश्व परिचित है। उनकी इस कुटिल प्रकृति को लेखक एक ही मुहावरे द्वारा पाठक के समक्ष स्पष्ट कर देता है, लोहा से लोहा काटने की नीति में अँग्रेज़ अपना प्रतिद्वन्द्वी नहीं जानता।" लेखक ने अपनी प्रकृति को भी एक मुहावरे द्वारा ही उद्घाटित किया है, "मैं बालू में से तेल निकालने का सचमुच ही प्रयत्न करता हूँ बशर्तें वह बालू मुझे अच्छी लगे।" इस प्रकार आचार्य द्विवेदी ने मुहावरों.लोकोक्तियों का सहज प्रयोग करते हुए भाषा की

कलात्मकता का जीवन्त परिचय दिया है। उनके द्वारा प्रयुक्त कुछऔर मुहावरे/लोकोक्तियाँ इस प्रकार हैं, सूखे सावन भरे भादों, ठण्डे दिमाग से, अक्ल पर पर्दा डाल देता है, घर फूँकना, माया का जाल छुड़ाए छूटता नहीं, रास्ता निकाल लेना, सावन के मेघ की भाँति छूटते ही पूछना, वेद-वाक्य, भृकुटियाँ तनी हुई, मुट्ठियाँ बँधी हुईं, हस्तामलक की भांति, फूट-फूट कर रोना, आसमान में मुक्का मारना आदि।

आचार्य द्विवेदी के पास अपनी बात को सूक्ति रूप में कहने की कला है जो विचार बड़े-बड़े कथनों में नहीं समा सके, उसे उन्होंने सूक्तियों में बाँधकर जीवन्त कर दिया है। डॉ. राजमणि शर्मा के अनुसार, "उनकी सूक्तियाँ तात्विक, व्यावहारिक, प्रभावोत्पादक, चित्ताकर्षक और मर्मस्पर्शी हैं।"6 ऐसा लगता है मानो आचार्य जी की सुक्तियों में जीवन का सार तत्व तथा विचारों और ज्ञान का अमृत आत्म मन्थन के पश्चात् अकस्मात् निकलकर हमारे समक्ष आ जाता है। उनके ललित निबन्धों की लालित्य प्रदायिनी कुछ सूक्तियों का चमत्कार द्रष्टव्य है, सारा संसार स्वार्थ का अखाड़ा ही तो है... स्वर्गीय वस्तुएँ धरती से मिले बिना मनोहर नहीं होतीं.... मनुष्य की जीवनी-शक्ति बड़ी निर्मम है, वह सभ्यता और संस्कृति के वृथा मोहों को रौंदती चली आ रही है...पण्डिताई भी एक बोझ है, जितनी ही भारी होती है, उतनी ही तेजी से जुबोती है... कमज़ोरों में भावुकता ज़्यादा होती होगी...बसन्त आता नहीं ले आया जाता है। जो चाहे और जब चाहे और जब चाहे अपने पर ले आ सकता है.. अच्छा समझिये या बुरा, मेरे अन्दर एक गुण है, जिसे आप बालू में से तेल निकालना समझ सकते हैं।.नेह कि गोइ रहै सखि लाज सो कैसे बँधे जल जाल के बाँधे ... लोहा से लोहा काटने की नीति में अँग्रेज़ अपना प्रतिद्वन्द्वी नहीं जानता.. हँसना-हँसाना पूँजीवादी मनोवृत्ति की उपज है, आदि। इन्हें पढ़कर लगता है जैसे लेखक के जीवन का अनुभव बोल रहा हो। निबन्धों में जब विचारों के घनीभूतमेघ इधर-से-उधर मँडरा रहे होते हैं और सर्वत्र एक कृत्रिम अँधकार का घटाटोप छा जाता है, तब द्विवेदी की यह सूक्तियाँ बिजली की रेखा-सी चमकती हैं तथा हमें हमारे आसपास के यथार्थ से परिचित करवा कर लुप्त हो जाती हैं। पाठक अभिभूत-सा कितनी देर इनके भीतर के सत्य का अवगाहन करता रहता है, तब पाता है कि इनके भीतर का एक-एक शब्द लम्बे अनुभव की प्रौढता को आत्मसात् किये हुए हैं। ऐसे में स्वाभाविक है कि पाठक द्विवेदी की इस लालित्य य़ोजना के सम्मुख जड़वत हो जाता है, यद्यपि उसके पास शब्द नहीं होते, परन्तु गूँगे के गुड़ चखने की तरह उसकी आँखों की चमक सच्चाई बयान करती है।

आचार्य द्विवेदी के निबन्धों पर लम्बी चर्चा के बाद हम उनकी सम्मोहन कला की श्रेष्ठता से अच्छी प्रकार परिचित हो चुके हैं। वे जो चाहते हैं, जहाँ और जैसे चाहते हैं, पाठक वैसा ही देखते हैं। यही द्विवेदी की बिम्ब रचना भी है। इतिहास से, पुराण से, लोक से, शास्त्र से, जहाँ से भी उन्हें अपनी इच्छानुरूप तथ्य मिलते हैं, वे उनका संग्रह करते हैं। फिर किसी कुशल शिल्पी की तरह उन्हें रूप और आकार देते हैं और अन्त में अपनी लालित्यपूर्ण कल्पना द्वारा उसमें प्राणप्रतिष्ठा करते हैं। तब उन द्वारा निर्मित विषय या विचार का वह पक्ष मात्र बिम्ब ही नहीं रहता, बल्कि उससे भी आगे वह मूर्त रूप धारण करके जीवन्त हो उठता है। पाठक मोहित होकर उसे निहारता रह जाता है। आलोच्य संग्रह के शीर्षक निबन्ध "अशोक के फूल" में लेखक ने जिस सूक्ष्मता से अशोक वृक्ष के पुराने गौरवपूर्ण मनमोहक रूप का वर्णन किया है, कोमलांगी सुन्दरियों के हल्के पदाघात से उसके पुष्पित होने का चित्रण किया है, वह इतना

प्रभावशाली और जीवन्त बन उठा है कि हम अनायास अशोक वृक्ष के उस मोहक रूप का बिम्ब अपनी आँखों में तैरते हुए देखते हैं, "कभी-कभी रानी अपने स्थान पर किसी अन्य सुन्दरी को भी नियुक्त कर दिया करती थी। कोमल हाथों से अशोक-पल्लवों का कोमलतर गुच्छ आया, अलक्तक से रंजित नूपुरमय चरणों के मृदु आघात से अशोक का पाद देश आहत हुआ, नीचे हल्की रुनझुन और ऊपर लाल फूलों का उल्लास!" इसी प्रकार आचार्य द्विवेदी के बिम्ब-विधान का एक अन्य चमत्कार दर्शनीय है। "वसन्त आ गया" निबन्ध में लेखक विभिन्न वृक्षों-पौधों की चर्चा कर रहा है। उनमें शिरीष वृक्ष का चित्रण देखिए, "एक शिरीष है, जिस पर लम्बी-लम्बी सूखी छिम्मियाँ अभी लटकी हुई हैं। पत्ते कुछ झड़ गये हैं और कुछ झड़ने के रास्ते में हैं। जरा-सी हवा चली नहीं कि अस्थिमालिका वाले उन्मत्त कापालिक भैरव की भांति खड़-खड़ाकर झूम उठते हैं–"ऐसी अद्‌भुत बिम्ब-निर्माण की क्षमता है कि सचमुच शिरीष वृक्ष का हवा में खड़खड़ करता चित्र हमारे समक्ष प्रस्तुत हो जाता है। ऐसा नहीं है कि लेखक को यह सफलता मात्र प्रकृति चित्रण में ही प्राप्त हुई है, अपितु उसकी लेखनी ने जिधर भी रुख किया है, उधर का ही दृश्य आलोकित होकर हमारे सम्मुख आ जाता है, फिर चाहे वह इतिहास अथवा मनुष्य की जय-यात्रा का वर्णन ही क्यों न हो। वस्तुतः आचार्य द्विवेदी के बिम्ब-बिधान का क्षेत्र बहुत व्यापक तथा नितान्त व्यक्तिगत है। आवश्यक नहीं के वे अन्योक्ति या समासोक्ति अलंकारों द्वारा किसी कथात्मक बिम्ब का बोध करवायें, उन्होंने तो जिस किसी भी घटना, वस्तु, व्यक्ति, स्थिति या परम्परा का वर्णन किया है, वह बिम्ब-बोध में पूर्ण सक्षम रहा है। इस कार्य में उनके अभिव्यंजना-कौशल ने भाषा से जैसे चाहा है वैसे ही नर्तन करवाया है। यहाँ एक और उदाहरण देने का लोभ-संवरण नहीं कर पा रहा हूँ। "देवदारु" निबन्ध में द्विवेदी ने अपने गाँव के एक किस्से के रूप में "महाविद्वान" पण्डित जी की चर्चा की है। पण्डित जी की विद्वता के बारे में वे लिखते हैं, "विद्या उनके मुँह से फचाफच निकला करती थी। शास्त्रार्थ में वे बड़े-बड़े दिग्गजों को हरा देते थे। विद्या के जोर से नहीं, फचफचाहट के आघात से।" यहाँ "फचाफच" नामक ऐसे शब्द का प्रयोग हुआ है जिसका कोशगत अर्थ नहीं है। परन्तु द्विवेदी ने न केवल इससे अर्थ लिया है, अपितु इसके माध्यम से हमारे समक्ष पण्डित जी के मुँह की बनावट भी प्रस्तुत कर दी है, अर्थात् उनके ऊपर के दाँत बाहर को निकले हुए थे, फलस्वरूप जब बोलते थे तो एक तो उनके मूँह से शब्द फच-फच की ध्वनि से निकलते थे तथा दूसरे उससे भी भयंकर बात कि बोलते समय उनके मुँह से थूक के छींडे झड़ते थे। तबी बड़े-बड़े दिग्गज न की विद्या के जोर से नहीं "फचफचाहट" (धाराप्रवाह झरने वाले थूक के छींटे) के आघात से हार जाते थे। यह है शब्द-शिल्पी की कला का अन्यतम उदाहरण। और तो और द्विवेदी के यहाँ तो शब्द स्पर्श और गन्ध का भी बोध देने लगे है फिर रूप-रचना की तो बात ही क्या है?

आचार्य द्विवेदी की भाषा को लेकर डॉ. राजेन्द्र प्रसाद पाण्डेय ने बहुत सार्थक टिप्पणी की है। उनका कहना है कि "द्वेविदी जी की भाषा किसी युग-विशेष के ढाँचे में नहीं बँधती। उसका स्वरूप प्रत्येक विधा की प्रत्येक रचना में बदला हुआ मिलता है।" जहाँ तक निबन्धों की भाषा का प्रश्न है, "विविध विषयों को लेकर निर्बन्ध चिन्तन करती, उन्मुक्त विचरण करती और किस्सागोई का रस ऊँडेलती द्विवेदी जी के निबन्धों की भाषा में विधाओं का विघटन हुआ है। उसमें रेखाचित्र, रिपोर्ताजन, संस्मरण, जीवनी, आत्मकथा, फीचर और कथा आदि विभिन्न विधाओं का रस मिश्रण है। इसीलिए मैं द्विवेदी जी के निबन्धों की भाषा को "विधा विघटन

की कल्लोलिनी" कहना चाहूँगा।"[7] आचार्य द्विवेदी की भाषा के सन्दर्भ में डॉ. पाण्डेय का उक्त कथन काफी सही है। द्विवेदी जी की भाषा जब बहती है तो उसका प्रवाह, उसका आवेग, उसकी चंचलता, परिस्थितिनुरूप उसकी लचक-सब अद्वितीय होते हैं। उसमें व्यंग्य-विनोद योजना तता आलंकारिकता-लालित्य की और भी वृद्धि करते हैं। द्विवेदी शब्ध-चयन में भी किसी प्रकार की सीमा अथवा संकोच को महत्त्व नहीं देते। तत्सम शब्दों में, यदि आवश्यकता होगी तो कोई देशज शब्द भी आ सकता है, अँग्रेज़ी, उर्दू आदि किसी अन्य भाषा का शब्द भी और ठेठ गाँव का "पिलेक-मैया" अर्थात् प्लेग माता जैसा शब्द भी सादर स्थान ग्रहण कर सकता है। द्विवेदी भाषा को कूपजल" नहीं बनाना चाहते। इसीलिए जहाँ कहीं से उन्हें उपयुक्त अर्थ देने वाला कोई प्रचलित शब्द मिलता है तो वे उसे सहर्ष ग्रहण कर लेते हैं। यही कारण है कि आचार्य द्विवेदी की भाषा-शैली ने भी उनके निबन्धों को लालित्य प्रदान करने में अपनी सशक्त भूमिका निभाई है। प्रभाकर माचवे ने उस पर अपनी सार्थक टिप्पणी करते हुए लिखा है, "हज़ारीप्रसाद द्विवेदी के ललित निबन्धों की सबसे बड़ी गुणवती बात है उनकी ऋजु, प्रसन्न, गद्यकाव्य जैसी भाषा शैली। उसमें बंगला का लालित्य और भोजपुरी मुहावरे का खड़ापन, संस्कृत की समास विदग्धता और सन्दर्भ-प्रचुरता और "बाउल" और नाथपन्थी सन्तों का फक्कड़पन एक साथ घुल-मिलकर एक अद्भुत रसायन उपस्थित करता है।"[8]

**(छ) निबन्ध-विषय :** आचार्य द्विवेदी का व्यक्तित्व उन्मुक्त विचरण का अभ्यस्त है। जिस प्रकार उनके अट्टहास दूल क्षितिज तक फैलते चले जाते थे, उसी प्रकार उनके निबन्धों ने भी अतीत और वर्तमान की सभी दूरियाँ पाट दी हैं। लगता नहीं कि वे विषयों का चयन करते थे अपितु विषय स्वयं उनकी अन्वेषक प्रवृत्ति के मार्ग में आ जाते थे। उन्हीं के शब्दों में कहे, तो "जिस प्रकार वीणा के एक तार को छेड़ने से बाकी सभी तार झंकृत हो उठते हैं", उसी प्रकार कोई एक जिज्ञासा असंख्य सम्भावनाओं को आलोकित कर देती है और सर्जक काकस्पना-विलास जागृत होने लगता है। तब वह यात्रा करता है, "शव साधना" करता है और मृतप्राय तथ्यों में प्राण-संचार करके हमारे सम्मुख ला खड़ा करता है। हम उनके निबन्धों के विषयों को किसी सीमा में नहीं बाँध सकते। वे तो खाली दिमाग (जबकि दिमाग खाली है) में भी पनप सकते हैं और कठोर पाषाण को भेदकर, पाताल की छाती चीरकर, वायुमण्डल को चूसकर, झंझा-तूफान को रगड़कर, आकाश को चूमकर (कुटज) भी जन्म ले सकते हैं। मौज में आये तो वसन्त की पदचाप सुनने लगे (वसन्त आ गया है) उदास हुए तो "अशोक के फूल" बीनने लगे और फक्कड़ सर्जक से किसी ने पूछ लिया कि आपने मेरी रचना पढ़ी? तो लट्ठ (व्यंग्य की) लेकर उसे वनमानुष, गैण्डा, जेब्रा, ऊँट, गधा जाने किस-किस के समकक्ष रखकर उधेड़ने लगे। अपने निबन्धों के विषय में द्विवेदी व्योमाचारी हैं। व्योमाचारी इस दृष्टि से कि वे आकाश में विचरण करते हुए कभी अतीत में झाँकते हैं, कभी किसी पौराणिक लोक में उतर जाते हैं, तो कभी कालिदास के मेघदूत का रास्ता नापने चल देते हैं।

विषय मिलने के बाद लेखक की दूसरी उड़ान शु डिग्री होती है। अपनी विचार श्रृंखला को आगे बढ़ाने के लिए, वह पुनः उड़ान भरता है, इतिहास की, शास्त्र की, दर्शन की, लोक की, और जहाँ से भी उसे अपने मतलब का जितना कुछ मिलता है, उतना उठा लाता है, उन्हें करीने से सजाता है, उनके बीच के "गेप" को अपनी विवेक-शक्ति से भरता है और अन्त में अचानक अपनी मुट्ठी खोलता है, जिसमें से अकल्पनीय कथ्य चमकता हुआ निकलता है। वहाँ

जाकर लगता है कि निबन्ध का शीर्षक तो लेखक के लिए एक बहाना था, उड़ान भरने का तथा अपने विचार प्रस्तुत करने का। एक उदाहरण से हम इसे सहज ही समझ सकते हैं। "अशोक के फूल" निबन्ध में लेखक प्रारम्भ से लेकर अन्त तक अशोक के मनोहर पुष्पों को देखकर उदास होता है। कभी अतीत में उसकी गौरवगाथा का वर्णन करके पाठक को भावुक बनाता है तो कभी साहित्य में उसकी शान का चित्र दिखाकर हमें व्याकुल बनाता है। परन्तु अचानक मनुष्य की जय-यात्रा की प्रकृति का संकेत देकर कि वह, जितना कुछ उसे जीवनी-शक्ति देने के योग्य होता है, उसे रककर बाकी सब को निर्मम बन कर झटक देती है, स्वीकार करता है कि उदास होना बेकार है। यहाँ निबन्ध का कथ्य खुलता है, "पण्डिताई भी एक बोझ है.. जब वह जीवन का अंग बन जाती है तो सहज हो जाती है।" हमें अतीत की हर सुन्दर वस्तु के प्रति वृथा मोह नहीं रखना चाहिए। शव को कन्धे पर डालकर घूमना बुद्धिमता नहीं है। मरे बच्चे के शव को छाती से चिपटायी बन्दरिया मनुष्य का आदर्श नहीं हो सकती। मनुष्य के लिए बड़ी चीज़ है उसकी जय-यात्रा। जो उसमें सहयोगी होगा वही स्वीकार्य होगा। जो सहयोग नहीं दे सकता वह भले ही अशोक की तरह कितना ही गौरवशाली न रहा हो, कितना भी खूबसूरत न रहा हो, वह त्याज्य है। यही कथ्य है "अशोक के फूल" का। इसे समझकर आभास होता है कि शीर्षक तो लेखक के लिए बहाना था, अपनी धारणा की स्थापना के लिए।

इसी प्रकार भले ही लेखक पेड़-पौधों से बातचीत करते हुए हमें मोहित करता है, परन्तु जब वह उनके पुष्पित न होने से परेशान होता है, तभी अकस्मात् एक सत्य उसके हाथ लगता है, "वसन्त आता नहीं ले आया जाता है। जो चाहे और जब चाहे अपने पर ले जा सकता है।" यही वह केन्द्र बिन्दु है जिसके इर्द-गिर्द वास्तव में द्विवेदी का सारा निबन्ध (वसन्त आ गया है) घूमता है।

आचार्य द्विवेदी विषय के लिए अशोक को चुनें या नाखून को, उनका लक्ष्य एक ही है, विराट मानवतावाद की स्थापना, मानवीय मूल्यों की स्थापना, मनुष्य का हित चिन्तन तथा समष्टि चित्त में "एक" के ही दर्शन करना, कराना। सांस्कृतिक इतिहास उनका प्रिय कोश है जहाँ से वे एक-से-एक अमूल्य तथ्य निकाल लाते हैं, अतीत की "शव साधना" करके उसमें प्राण फूँक देते हैं और प्रकृति से वे निरन्तर प्रेरणा पाकर "पुनर्नवा" हो जाते हैं। लालित्य और छन्द के बीच द्विवेदी नित्य-सम्बन्ध मानते हैं। छन्द वह जो जड़ता से मुक्ति का प्रयास है। सितार में लगा तार जड़ है, उसे छेड़कर उसमें से संगीत की रचना जड़ता से मुक्ति का छन्द है। इस प्रकार छन्द बन्धन में गति है। दूसरी ओर लालित्य वह है जो मनुष्य से "जो कुछ होना चाहिए" की सृष्टि करवाता है। जो है, उसे उसी रूप में स्वीकार कर लेना जड़ता है, परन्तु उस उपलब्ध में संशोधन करके कुछ नया रचने का नाम ही लालित्य है। अतः जिस वस्तु में छन्द होगा, उसमें लालित्य होगा और जिसमें लालित्यहोगा, उसमें एक छन्द होगा, उसमें गति होगी, राग होगा, क्रम होगा। विश्व-व्यवस्था के मूल में भी यही व्यापक छन्द है। उसी से गति है, चेतना है, इच्छा है, क्रिया है, मिलन है, एकत्व है, लय है, राग है, नृत्य है, संगीत है, काव्य है। जब व्यक्ति का छन्द उक्त समष्टिगत छन्द से ताल मिलाकर चलता है, तो सुन्दर की सृष्टि होती है। आचार्य द्विवेदी के समूचे साहित्य का यही स्वर है, जो उनके निबन्धों में उनकी निर्बन्ध चिन्तन-धारा में अधिक उभर सका है। अपने ललित निबन्धों में द्विवेदी को इसकी स्थापना का और भी स्वर्णिम अवसर मिल गया है।

## सन्दर्भ

1. ललित निबन्ध, पृ. 181
2. अशोक के फूल (एक कुत्ता और एक मैना) पृ. 128
3. हज़ारीप्रसाद द्विवेदी ग्रन्थावली, भाग– 9, पृ. 511
4. शिवप्रसाद सिंह (सम्पा) शान्तिनिकेतन से शिवालिक (विरूपीकरण) पृ. 4-5.
5. आचार्य द्विवेदी आगमन चित्रशैली के निबन्धकार हैं। दे. हिन्दी साहित्य कोश, भाग 1, पृ 347
6. शिवप्रसाद सिंह (सम्पा) शान्तिनिकेतन से शिवालिक, पृ. 374
7. विश्वनाथ प्रसाद तिवारी (सम्पा) हज़ारीप्रसाद द्विवेदी" पुस्तक में संकलित शोध-पत्र "द्विवेदी जी की भाषा" पृ. 179
8. शिवप्रसाद सिंह (सम्पा) शान्तिनिकेतन से शिवालिक, पुस्तक में संकलित शोध-पत्र "निबन्धकार द्विवेदी जी", पृ. 317

# मानव संघर्ष की उत्तम विजय-यात्रा: "राम की शक्ति पूजा"

*ऐ. एन. चन्द्रशेखर रेड्डी*

शाश्वत साहित्य ही कालजयी साहित्य होता है। इतिहास की परतों के साथ मानव के साथ मानव जीवन के साथ चलनेवाल और जीनेवाला साहित्य ही शाश्वत साहित्य है। साथ ही मानव इतिहास के साथ मानवीय आदर्शों और मानवीय मूल्यों का सतत समर्थन करनेवाला साहित्य ही कालजयी साहित्य कहलाता है। सतत परिवर्तनशील होते हुए भी जीवन के शाश्वत आदर्शों का समर्थन करनेवाला साहित्य ही कालजयी साहित्य है। आदर्शों के परिवर्धन, संशोधन, जीवनानुकूल होते हुए भी कालजयी साहित्य में एक निश्चित एवं अपरिवर्तनशीलता को ही अधिक महत्त्व देता है। फिर भी जीवन की जय यात्रा में, मानवता एवं सभ्यता के विकास के चरणों में कालजयी साहित्य युगानुकूल जीवन को सन्तुष्ट करता है। इसलिए युग युगों तक वह जीवनानुकूल होता है। युग-युगों तक उस का व्याख्या विश्लेषण सम्भव हो सकता है। अतः वह युग-युगों तक प्रासंगिक रहता है। ऐसे ही कालजयी साहित्य की कडी है प्रबन्ध-कविता "राम की शक्ति पूजा" है।

कालजयी कृति युगीन-जीवन के युगानुकूल परिवर्तित मूल्यों एवं मान्यताओं के लिए सानुकूल होती है। कालजयी कृति के इस गुण के कारण नई मान्यताओं एवं मूल्यों की स्थापनाओं में कालजयी कृतियाँ प्रामाणिक, प्रासंगिक एवं महत्त्वपूर्ण भूमिका निभाती है। इसलिए ऐसी कालजयी कृतियाँ युग-युगों तक समकालीन जीवन सापेक्ष तरोताजा होती है। युगानुकूल जीवन सापेक्ष उठनेवाले नए सवालों एवं नई चुनौतियों का समाधान बतलाते हुए नई स्थापनाओं की आधारभूमि बनती है। युगानुकूल ऐसी शक्तिमत्ता की वजह से ही वह कृति कालजयी घोषित होती है। महाप्राण सूर्यकांत त्रिपाठी निराला की "राम की शक्ति पूजा" प्रबन्ध कविता बीसवीं सदी की ऐसी ही एक कालजयी एवं काल-समर्थक कृति है। "राम की शक्ति पूजा" प्रचलित राम की कथा पर और रामायण प्रसंग पर आधारित लम्बी कविता है। भारत में प्रचलित अधिकांश रामायणों से भिन्न रामकथाश्रित कविता है। निराला की अधिकांश कविताओं की तरह यह कविता भी बहुआयामी एवं बहु शरीरी कविता है। मूल एवं प्रत्यक्ष आयाम राम की कथा कहने का होने पर भी अप्रत्यक्ष रूप से युग जीवन सापेक्ष यह कविता अनेक आयाम एवं शरीरवाली कविता है।

प्रत्यक्ष रूप से राम की शक्ति पूजा कविता सरल कविता है। राम-रावण युद्ध के प्रसंग पर आधारित कविता है। कविता का आरम्भ राम और रावण के बीच के पहले दिन के युद्ध से होता है। जिस में दोनों के बीच में घमसान युद्ध हुआ है। उस में राम के सभी बाण व राम की पूरी सेना असफल हो गयी है। रावण के सभी बाण राम पर तथा राम की सेना पर टूट पड़ी है। सभी

रूपों में भारी पराजय राम को हुई है। इस बीच सूर्यास्त हो गयी। अगले दिन के युद्ध के बारे में सोचते अपनी पराजय का विश्लेषण करते राम और राम की सेना निराश-हताश होकर शिविर लौट रही है। उधर प्रथम दिवस की जय से महाट्टहास से रावण की सेना शिविर को लौट चली है। शिविर में लौटने के बाद राम चिन्ता में डूबे अपने दल की बैठक बुलायी। अगले दिन की रणनीति को तैय करने के लिए। रावण के जयभय से राम पूरी तरह भयक्रांत हुए हैं। सीता की याद ने उसे और दुखी बना दिया। विभीषण ने नासमझी में सुझाव से कोई सहमत नहीं हुआ। जांबवान ने सब के लिए स्वीकृति और सर्वोत्तम सुझाव दिया कि रावण अधर्मरत होकर शक्ति को अपने पक्ष में कर लिया। राम तो धर्मरत है शक्ति को अपने पक्ष में कर लेना कोई कठिन काम नहीं है। अतः तुरन्त राम को शक्ति की उपासना करके रावण की तरह शक्ति को अपने पक्ष में कर लेना ही उचित मार्ग है। तब तक राम की अनुपस्थिति में बाकी सेना रावण के साथ करेगी। जांबवान का यह सुझाव राम समेत सभी को उत्तम लगा। अगले दिन से राम युद्ध करना छोड़कर शक्ति की मौलिक कल्पना एक सौ आठ नीलकमलों के साथ दुर्गा माँ की पूजा की। आठवें दिन दुर्गा माँ ने राम की परीक्षा लेने जप के अन्तिम पुष्प को उटाकर ले गयी। अपनी हार को स्वीकार नहीं करनेवाले राम अपने कमल जैसे नेत्रों में से एक को निकाल कर समर्पित करने को उद्युत हुए। तो दुर्गा माँ ने राम को दर्शन दिए और नवीन पुरुषोत्तम कहते हुए राम की जय का वरदान दिया। यह "राम की शक्ति पूजा" की बाह्योन्मुख सरल कथा है। इस सरल कथा के सहारे निराला ने अपने जीवन संघर्ष से सम्बन्धित साध्य, साधना, साधनों की शुद्धता के साथ मनुष्य के चरम आदर्श मूल्यों की सर्वथा नवीन खोज की है। जो मानव युग-युगों से करते आया है और युग-युगों तक इन्हीं मूल्यों के लिए संघर्ष करता रहेगा। इस के लिए निराला ने चुनौतियाँ रूपी कुछ महावाक्यों को कविता में खड़ा किया उन्हें इस प्रसंग में उल्लेख करना उचित है। ये चुनौतियाँ वर्तमान जीवन की हैं और निराला के समय की भी हैं। ये चुनौतियाँ आज के सामान्य मनुष्य के साथ साथ सत्ताधारी सभी आदर्श-नेताओं के सामने भी है। ऐसे नेता क्षणिक पराजय से आत्मस्थैर्य खोकर साधना मार्ग से हट जाने की पूरी सम्भावनाएँ बनी हुई है। जीवन-संघर्ष को मंझधार में छोड़कर विरत होने का खतरा बना हुआ है। ऐसी चुनौती को सामना करने में "राम की शक्ति पूजा" पीयूष वर्षिणी है। अन्याय से अधर्म से पराजय को कैसे रोकना है? न्याय व धर्म को विजय कैसे दिलाती है? यह कविता साधना से स्पष्ट करती है। अतः इस कविता में चुनौतियों के रूप में उठाये महावाक्य रूपी सवाल अत्यन्त महत्त्व रखते हैं।

1. स्थिर राघवेन्द्र को हिला रहा फिर फिर संशय,
   रह-रह उठता जग जीवन में रावण जय-भय।
2. यह नहीं रहा नर-वानर का राक्षस से रण,
   उतरी पा महाशक्ति रावण से आमन्त्रण,
   अन्याय जिधर, है उधर शक्ति...।
3. आया न समझ में यह देवी विधान,
   रावण, अधर्मरत भी, अपना, मैं हुआ अपर-
   यह रहा शक्ति का खेल समर, शंकर, शंकर।
4. हे पुरुष सिंह, तुम भी यह शक्ति करो धारण,
   आरधन का दृढ आराधन से दो उत्तर।

5. धिक जीवन को जो पाता ही आया विरोध,
जो नहीं जानता दैन्य, नहीं जानता विनय।

7. साधु, साधु, साधक धीर, धर्म-धन धन्य राम!,
....
होगी जय, होगी जय, हे पुरुषोत्तम नवीन!

ये सभी महावाक्य मानव जीवन की साधना और संघर्ष से जुड़े हैं। मानवता और सभ्यता सर्वथा आदर्श व मूल्यों के लिए साधना व संघर्ष करती रही है। निरन्तर संघर्ष ही उस की जय यात्रा है। महाप्राण निराला ने अपनी "राम की शक्ति पूजा" कविता के माध्यम से फिर से एक बार इस जययात्रा को दुहराय। साथ ही मानव के साधना और मनोबल के क्षेत्र में नए उपाय बतलाकर संघर्ष-चेतना की नयी व्याख्या की है। कविता में प्रत्यक्ष रूप से राम का संघर्ष चित्रित है। निराला का अभिप्रेत इससे आगे का है। उन का लक्ष्य मानवीय शाश्वत संघर्ष का है और विजय प्राप्ति की शाश्वत साधना है।

साधना के बिना कोई साध्य प्राप्त नहीं होता है। वैसे भी साधनों के बिना साध्य की प्राप्ति नहीं होती है। साध्य छोटा हो या बड़ा हो यही सत्य है। सधना ही संघर्ष है। जो साधनों के औचित्य पर तथा शुद्धता पर संघर्ष निर्भर होता है। साध्य की प्राप्ति के लिए धर्म और अधर्म दोनों साधना करते हैं। अधर्म सर्वथा साधनों की शुद्धता पर ध्यान दिए बिना किसी भी रूप में साध्य को प्राप्त करने की कोशिश करता है। जब कि धर्म साधनों की एवं मूल्यों की शुद्धता से प्राप्त साध्य को चाहता है। इस के लिए वह संघर्ष करता है। आरम्भिक पराजय के बावजूद अन्तिम विजय इसलिए धर्म की होती है। इस का उल्टा क्रम चलने पर धर्म को तडपना पड़ता है। यह मानवता के एवं सभ्यता के विकास के क्रम में वांछनीय नहीं है। निराला की "राम की शक्ति पूजा" कविता मानव की व मनुष्यता के अधिनायक की यही जय कहानी प्रस्तुत करती है।

कांटे को निकालने के लिए कांटा चाहिए, सीधी उंगली से घी नहीं निकलता है, इस के लिए उंगली को टेडा करना आवश्यक है, जैसी जनोक्तियाँ किसी भी साधना की प्रक्रिया को प्रभावित करती है। साधक के मनोबल को भी प्रभावित करती है। साधक मूल्यवादी है, धर्मरत है, शुद्धवादी है तो सधना मार्ग के इन उपायों पर विश्वास प्रकट नहीं करेगा। ऐसा करके वह मानवता को हित ही पहुँचायेगा। नहीं तो अवसरवादी बनकर आदर्शों एवं मूल्यों की दुनिया को नीचे दिखायेगा। निराला के द्वारा "राम की शक्ति पूजा" में वर्णित साधना इसी मानवीयता के कोण से प्रस्तुत है। जो अवसरवादिता को नहीं मानता है। साध्य की प्राप्ति के लिए साधनों की शुद्धता से समझौता नहीं करता है। यही आदर्श मानव की संघर्ष-कहानी है। अवसरवादिता के आज के युग में इसी संघर्ष चेतना की आवश्यकता है और उसे विजय या सफलता दिलाने की आवश्यकता भी है। इसीलिए निराला ने जांबवान से कहलाया है– हे पुरुष सिंह, तुम भी यह शक्ति करो धारण, आरधन का दृढ आराधन से दो उत्तर।" जिस मार्ग को अधर्म ने अपनाया तुम भी उसी मार्ग को अपनाओ। रावण ने आराधन से शक्ति को अपने पक्ष में कर लिया। तुम भी आराधन करके शक्ति को अपने पक्ष में कर लो। किन्तु इस में तुम्हारी सफलता इसलिए पक्का है कि रावण अधर्मरत होकर इस में विजय पायी है। तुम तो धर्मरत हो। तुम्हारी विजय इस में अवश्य होगी। "रावण अशुद्ध होकर भी यदि कर सका त्रस्त, तो निश्चय तुम हो सिद्ध

करोगे उसे ध्वस्त।" जांबवान के ये वचन निश्चित रूप से अवसरवादिता से अलग साधनों की शुद्धता के समर्थक हैं।

धर्म मार्ग पर आदर्श मूल्यों के साथ चलनेवाले मनुष्य की साधना साधनों की शुद्धता से ही सफल होने की सम्भावना होती है। इसी उच्चादर्श की स्थापना निराला जी करने चाहते हैं। इस के बावजूद भी अधर्म की वक्र साधना से अनैतिक-छल-योजनाओं से तथा गलत तरकीबों की वजह से साधक को असफलता का मुँह देखना पड़ता ह। ऐसे में साधक को असीम दुख एवं निराशा होती है। अधर्म की यह शक्ति धर्म के आचरण को ही हिला कर रख देती है। इसके सामने बड़े बड़े बलवान सधक भी अस्त्र रख देते हैं। ऐसी घड़ियों में निराला जी कह उठते हैं– "वह एक और मन रहा राम का जो न थका, जो नहीं जानता दैन्य, नहीं जानता विनय।" निराला का साधक थोड़ी देर के लिए विचलित हो सकता है। साधना के मध्य में चिन्तित हो सकता है। "धिक जीवन को जो पाता ही आया विरोध, धिक साधन, जिस के लिए सदा ही किया शोध।" यह निराशा और धिक्कार क्षणिक है। अस्थायी है। निराला ने अपने झोले से एक नया उपाय बताया वह है उन के दो मनों का सिद्धान्त है हार को किसी भी मूल्य पर स्वीकार नहीं करने का सिद्धान्त। हार को किसी भी मूल्य पर स्वीकार नहीं करने का सिद्धान्त। मनोबल का सिद्धान्त। साधक को सतत प्रयासरत रहने की प्रेरणा देने का सिद्धान्त। मानवता के हित का सिद्धान्त व मानव की जययात्रा का सिद्धान्त। जिसे निराला ने राम के नेत्र समर्पण से परीक्षण किया। समस्त मानव को पूरी प्रतिब्धता के साथ सतत प्रयत्नरत रहने की चेतना प्रदान करता है। ऐसे मानव ही नवीन पुरुषोत्तम बन कर जीवन संघर्ष में विजय प्राप्तकर सकता है।

1. यह नहीं रहा नर-वानर के राक्षस से रण, उतरी पा महाशक्ति रावण से आमन्त्रण, अन्याय जिधर, है उधर शक्ति....।
2. आया न समझ में यह देवी विधान, रावण, अधर्मरत भी, अपना, मैं हुआ अपर–।

ये दोनों महावाक्य आज के मनुष्य के दो बड़े सत्य है। अधिकार और पद आज अधर्म के पक्षधर बने हुए हैं। कई निरपराधि अपराध के जाल में फँसकर तडप रहे हैं। यह भी है कि राम जैसे आदर्श पुरुष इस जाल में फँस सकता है तो दूसरों के बारे में यह क्या विचित्र हैं? अधर्म छल-कपट योजनाओं से आज अच्छे लोग भी अधर्म के मायाजाल में फँसते हैं। उसी को सच मान बैठते हैं। उसी का समर्थन करने लगते हैं। इसी मायाजाल को निराला ने दैवी विधान के रूप में देखा है। आज का मनुष्य ऐसे विचित्र छल-योजनाओं में फँसा हुआ है। ऐसी छल योजनाओं को चीर कर बाहर निकलने के लिए "शक्ति की मौलिक कल्पना" व शक्ति के विशेष संचय की आवश्यकता है। "राम की शक्ति पूजा" कविता इसी शक्ति-संदेश को जन जन को देती है। "अन्याय जिधर है, शक्ति उधर" का अनुभव मनुष्य का अवांछनीय अतिकटु अनुभव है। अत्यन्त घातक व वज्रपात है। आज के मनुष्य के मनोबल की परीक्षा ऐसे सन्दर्भों में ही होती है। सतत प्रयास ही इस मनोबल का पौष्टिक तत्व है। आज मनोवैज्ञानिक भी "मनोबलसहयोग चिकित्सा" (कौन्सिलिंग) में इसी पर जोर देते हैं। खिलाडियों को, परीक्षार्थियों, अन्य प्रतियोगिताओं में भाग लेनेवालों को आज इस की आवश्यकता है। सतत प्रयास का यह मनोबल चिकित्सा कोई नया मन्त्र नहीं है। भारत में प्रचलित एक पुरानी लोकप्रचलित लोक कथा को आज इस रूप में प्रस्तुत किया जा रहा है। वह है कछुआ और खरगोश की कथा। यह सरल कहानी सतत प्रयास की सफलता की कहानी है। छल-कपट, धोखा व अन्याय की

कहानी नहीं है। फिर भी आधुनिक मनोवैज्ञानिक इस कहानी में थोड़ा फेर बदल करके मनोबल के चिकित्सा के लिए इस्तेमाल करते हैं। कछुआ और खरगोश दो भिन्न स्वभाव व भिन्न शक्ति के जानवर हैं। कछुआ अपने पूरे घर को पीठ पर लाद कर धीरे-धीरे ही चल सकता है। खरगोश अपने छलांग लगाने की ताकत से कहीं भी बहुत कम समय में पहुँच सकता है। इसी का उसे गर्व है। घमंड है। उस के इस घमंड और आलसीपन के विरोध में बनायी गयी कहानी ही कछुआ-खरगोश की कहानी है।

पारम्परिक कहानी के अनुसार ही दोनों के बीच में प्रतियोगिता शुरू हो गयी। कछुआ अपनी चाल से चला। खरगोश भी अपनी चाल से। बीच रास्ते में खरगोश ने आराम किया। कछुआ ने नहीं किया। इस कारण से अपने लक्ष्य तक कछुआ अपने लक्ष्य तक खरगोश के पहले पहुँच गया। कछुए के निरन्तर प्रयास ने उसे विजय दिलायी। खरगोश के आलसीपन ने उसे पराजय दिलायी। आधुनिक मनोवैज्ञनिक कहानी को यहाँ समाप्त नहीं करते हैं। उन का कहना है कि प्रतियोगिता में हारनेवाले खरगोश ने अपनी हार को स्वीकार नहीं किया। अगले दिन वह कछुए के पास गया। कहा कि "कछुआ भाई! जीत पर मेरी बधाइयाँ स्वीकार कीजिए। इसी आनन्द में मैं आप का दावत दूँगा। कृपया मेरे कुटीर का पावन कीजिए।" अपनी जीत पर फूलनेवाला कछुआ ने खरगोश के इस निमन्त्रण को स्वीकार किया। कछुआ खरगोश के कुटीर पर दावत खाने गया। खरगोश ने कछुए को दावत खिलायी। उसी खुशी में कछुए के सामने एक प्रस्ताव रखा कि उसे इच्छा है कि एक और बार प्रतियोगिता करे। अपनी विजय पर फूलनेवाले कछुए ने खरगोश के इस प्रस्ताव को इसलिए स्वीकार किया कि अगली बार भी आलसी खरगोश हार जायेगा। किन्तु छलयोजना में प्रवीण खरगोश अब की बार प्रतियोगिता की जगह को बदल दिया। जानबूझकर ऐसी जगह को चुना जहाँ पहाड़ अधिक हैं। फिर प्रतियोगिता शुरू हो गयी। खरगोश अब की बार सतर्क रहा। उसने आराम नहीं किया। छलांग लगाते पहाडों को पार करके चला गया। कछुआ अपनी चाल से पहाडों तक पहुँच गय। पहाडों को पार करने में असमर्थ होकर हार गया। कहानी यहाँ भी समाप्त नहीं हुई। कछुए को अपनी हर से बहुत बुरा लग। उसने सपने में ही नहीं सोचा था कि खरगोश जीत जायेगा। उसे इसलिए भी बुरा लगा कि खरगोश ने उसे धोखा दिया है। ऐसी जगह पर प्रतियोगिता चलायी जहाँ कछुआ सहज ही नहीं चल सकता है। कछुओ को भी लगा कि उसे भी ऐसे ही छल से प्रतियोगिता जीतनी चाहिए। इसलिए खरगोश की तरह वह भी खरगोश के पास जाकर उसे दावत पर बुलाया। खरगोश की तरह दावत खिलाकर फिर प्रतियोगिता के लिए कछुए ने खरगोश को राजी करवायी। अब की बार कछुआ सतर्क रहा। उसने प्रतियोगिता को ऐसी जगह पर चलायी जहाँ तालाब ही तालाब हैं। प्रतियोगिता शुरू हो गयी। खरगोश अपनी सहज चाल से छलांग लगाते चला गया। कछुए से काफी आगे चला। किन्तु तालाब के पास जाकर रुक गया। क्यों कि वह तालाब को पार नहीं कर सकता है। इतने में कछुआ धीरे-धीरे वहाँ आया। पानी में छलांग लगाकर उस पार चला गया। खरगोश देखता ही रह गया। कछुआ प्रतियोगिता जीत गयी।

मनोवैज्ञानिकों के द्वारा मनोबल सहयोग चिकित्सा के नाम पर सतत प्रयत्न रहने की यह शिक्षा साधना के क्षेत्र में नया संदेश तो देता है। लेकिन इस में साधनों की शुद्धता पर विचार नहीं किया गया है। बल्कि साध्य को ही महत्त्व देकर उसतक पहुँचने के लिए छल योजनाओं को अपनाने की बात कही गयी है। जो सर्वथा आदर्शों एवं मूल्यों के प्रतिकूल है। "राम की

शक्ति पूजा" का राम अवश्य सतत प्रयत्नरत है। हारने के बावजूद भी हार को स्वीकार नहीं करता है। हारने के बावजूद त्याग-बलिदान उच्चादर्श मार्ग से विजय को प्राप्त करने की कोशिश करता है। इसी सतत प्रयत्न का समर्थन निराला ने किया है। वही उनके "दो मन" का सिद्धान्त की स्थापना है। निराला ने इस त्याग-बलिदान के उपाय से एक ओर प्रयत्न को बनाये रखने की बात कहते हैं और दूसरी ओर नैतिक मनोबल प्रदान करके विजय की ओर अग्रसर होने की चेतना प्रदान करते हैं। यहाँ पर निराला का राम या आम आदमी कालजयी संघर्ष करता है। जिसकी सफलता सम्पूर्ण मानवता की सफलता है। क्यों कि उस में छल-कपट नहीं है। नये मानव में इसी की आशा करनी चाहिए। यही निराशा के क्षणों में निराला ने अपने आत्म संघर्ष से आत्म मनोबल को प्राप्त किया। जो मूल्यों के मार्ग पर चलते हुए भी अन्ततः अपने लक्ष्य तक पहुँचता है। मानवता की जययात्रा के इतिहास में एक नया पत्ता जोड़ता है। अनथके अपने आत्मबल संघर्ष के माध्यम से निराला ने इसी उच्चादर्श को "राम की शक्ति पूजा" प्रबन्ध कविता के माध्यम से उद्घोषित किया है।

"राम की शक्ति पूजा" कविता में रावण, शक्ति और अंधकार सब मिलकर राम को संशय में डाल देते हैं। संशयग्रस्तता आज के मनुष्य की सब से बड़ी कमज़ोरी है। कवि ने कलात्मकत से राम की ये रेखाएँ खींची है।

"अनिमेष राम-विश्वजिद्-दिव्य-शर-भंग-भाव
विद्वांग-बद्ध-कोदंड-मुष्टि खर रुधिर स्राव
श्लथ धनु-गुण है, कटिबंध-त्रस्त-तूणीर-धरण
दृढ जटा-मुकुट हो विपर्यस्त प्रति-लट से खुल
फैला पृष्ठ पर, बाहुओं पर, वक्ष पर नैशान्धकार
चमकती दूर ताराएँ ज्यों हों कहीं पार।"

राम का यह चित्र किसी भी व्यक्ति के मनोबल को तोडने का ही होता है। राम की यह बुरी हालत उन के संशय को गहराती है। निराला ने राम को इस स्तर तक उतारकर खड़ा किया है। ऐसी हालत से आज के किसी भी व्यक्ति को उभारना अतिकष्ट साध्य कार्य है। निराला की यही महानता है कि ऐसे व्यक्तित्व की उन्हों तलाश है जो ऐसी हालात से अपने को उभार सकता है। निराला ने ऐसे व्यक्तित्व में वैयक्तिक अन्तः चेतना को भरा है। "चमकती दूर ताराएँ ज्यों हों कहीं पार।" कहीं दूर अंधकार को चीरनेवाले ताराएँ अवश्य हैं। प्रकाश पर अंधकार की विजय मानवता के खिलाफ है। अन्ततः प्रकाश को ही फैलाना है। अंधकार का अन्त होना ही है। साधक में निराशा की जगह उत्साह और समर्थन की आवश्यकता होती है। निराला ने साधक के नैराश्य को दूर करने, उस में उत्साह और समर्थन भरने की कोशिश की है। निराला के रचनात्मक प्रयास में जांबवान के वचन और राम के द्वारा आठ दिन की यैगिक साधना ये ही निराला के द्वार प्रतिपादित उत्साहकारी और समर्थनकारी साधन है। अधिकांश सन्दर्भों में साधना के मार्ग पर साधक को शक्ति के साथ उत्साह और समर्थन की आवश्यकता होती है। इन के बिना साधक की शक्ति और उसकी पहचान नहीं होती है। उत्साह और समर्थन साधक में संघर्ष चेतना को भी बढ़ाते हैं। स्वयं कवि ने अपने रचनात्मक प्रतिभा को इसी अन्तचेतना से प्राप्त किया। अपने कवि कर्म को स्कलित होने नहीं दिया। साथ ही प्रत्येक साधक में अन्दर ही प्रतिष्ठित अद्भुत, मौलिक, वैयक्तिक स्थैर्य का जगाया। "राम की शक्ति पूजा" कविता की

सर्वाधिक यही बड़ी शक्ति है। "राम की शक्ति पूजा" से पायी जानेवाली इसी शक्ति को कुछ आलोचकों ने "आत्म-सम्भवा शक्ति" कहा भी है। मनुष्य स्वयं ऐसी शक्ति के अधिकारी होता है। जो अपने अन्दर संचित शक्ति-कोश से आपात काल में शक्ति को "रिचार्ज" कर ले। इस "रिचार्ज" के लिए बाहरी स्रोतों को ढूँढने की जगह निराला के अनुसार आन्तरिक स्रोतों को पहचान कर उन्हें प्रेरित करना उचित है। आत्म शक्ति असीम होती है। वह अनश्वर है। उसे प्ररित करने पर व्यक्ति उससे असीम ऊर्जा और विश्वास प्राप्त करता है। इस मनौवैज्ञानिक उपलब्धि की ओर भी "राम की शक्ति पूजा" कविता इंगित करती है।

इस रूप में "राम की शक्ति पूजा" कविता साधना के क्षेत्र में सफलता के प्रयत्नों में अनेक नए अस्त्रों को प्रदान करके छोटे मोटे संघर्षों में आज के मनुष्य के सामने नए शास्त्रास्त्र प्रस्तुत करती है। ये अस्त्र अमोघ हैं। मानवता के हित में हैं। मानवीय उच्चादर्शों से जुड़े रहने के कारण मानवता का हित ही इन से होता है। इन अस्त्रों से प्राप्त विजय मानवता की ही जययात्रा है। अतः सर्वसमर्थन के लिए अयोग्य है। कविता से प्राप्त होनेवाला यह संदेश कालजयी है। मानवता के इतिहास के साथ अग्रसर होनेवाला है। अतः "राम की शक्ति पूजा" उपासना व साधना के मार्ग में चिरंतन स्थान प्राप्त करनेवाली है। चिर नवीन बने रहने की रचनात्मक संदेश के कारण यह यह कविता कालजयी है।

# अनामिका की कविता : स्त्री–विमर्श के बहाने

*आलोक गुप्त*

हिन्दी का स्त्री-विमर्श अब समुचित परिपक्व स्थिति पर पहुँच चुका है, अब आवेगात्मक प्रतिक्रियाओं और लफ़्फाजी पर तार्किक और तथ्यपूर्ण ढंग से बोलने-लिखने वाले वक्ता लेखक हैं। महिला रचनाकारों की कम से कम दो पीढ़ियाँ सक्रिय हैं जो रचनात्मक धरातल पर इसे स्पष्ट एवं पुष्ट करती जा रही हैं आज भी वाद और विवाद हैं, चुहलबाजी भी है, लेकिन स्त्री वैशिष्ट्य को प्रकट करने वाली रचनाएँ और रचनाकार इस विमर्श के मज़बूत आधार प्रदान कर रहे हैं। राजेन्द्र यादव ने "हंस" के माध्यम से एक लम्बे समय तक स्त्री एवं दलित विमर्श को केन्द्रीयता प्रदान की लेकिन कुछ वर्षों से उनकी मान्यताओं और विचारों पर विवाद होते रहे हैं। "हंस" के अतिरिक्त "कथादेश" जैसी कई पत्रिकाओं ने भी स्त्री-विमर्श को तार्किक एवं प्रासंगिक बनाया है। तीखे तेवरों, आत्यन्तिक प्रतिक्रियाओं और स्त्री मुक्ति को देह मुक्ति से जोड़ने वालों को समय-समय पर तीखे उत्तर दिए गये हैं। सुधा अरोड़ा, मृदुला गर्ग, मन्नू भंडारी, प्रभा खेतान, शालिनी माथुर, अनामिका, मृणाल पांडे जैसी कई लेखिकाएँ रचनात्मक और चिन्तनात्मक धरातल पर इसे सही दिशा दे रही हैं। मृदुला गर्ग के नारी मुक्ति के बारे में स्पष्ट विचार हैं– "स्वतन्त्रता कहें, मुक्ति कहें, सशक्तीकरण कहें, सबका स्रोत और आधार मस्तिष्क है, देह नहीं।" (कथादेश, दिसम्बर-2008, पृ. 78) सुधा अरोड़ा भी इस बारे में निर्द्वन्द्व हैं कि नारी मुक्ति को देह मुक्ति से जोड़ना गम्भीर प्रश्नों को गौण कर देना हैं।.. "स्त्री मुक्ति को सेक्स मुक्ति भर देखने से स्त्री की बेहतरी के तमाम प्रश्न गौण होकर हाशिये पर चले गये हैं, जबकि स्त्री होने की यातना से जुड़े असंख्य सवाल अपने लिए कई कोणों से उत्तर तलाश रहे हैं। .. इस पूरी बहस को सामाजिक पृष्ठभूमि, उदारवादी जनतन्त्र, आधुनिकता के नाम पर आये सामाजिक बदलाव तथा खुली अर्थव्यवस्था द्वारा किए गये उलटफेर के परिप्रेक्ष्य में सामने रखकर देखा जाना चाहिए" (देह मुक्ति पर पूर्णाहुति, कथादेश, दिसम्बर-2008, पृ. 73-74)

स्त्री-विमर्शकारों में महत्त्वपूर्ण नाम अनामिका का भी है और किसी भी सम्बन्धित मुद्दे पर वे अपने स्पष्ट विचार पत्र-पत्रिकाओं में प्रकट करती रही हैं इसके अतिरिक्त उपन्यास, कहानियाँ, संस्मरण, स्तम्भ और निबन्ध आदि विधाओं में लिखने पर भी उनका कवि-व्यक्तित्व गौण नहीं हुआ बल्कि इन सबके बीच उनका कवि-कर्म और निखरा हैं यह सुखद है कि उनका कवि "नारी विमर्शकार" की प्रवक्ता नहीं बनता। अनामिका आठवें दशक से कविताएँ लिख रही हैं लेकिन "समय के शहर में" (1990) और "बीजाक्षर" (1993) तक आते-आते उनके सरोकार स्पष्ट होने लगते हैं। उनकी प्रारम्भिक कविताओं में अपने समय और आस-पास के जीवन के साथ स्त्री जीवन के चित्र भी हैं। यहाँ उनकी दृष्टि प्रश्नाकुल अवश्य है, लेकिन चीज़ों

को सही परिप्रेक्ष्य में पकड़ने और प्रस्तुत करने की आकुलता भी उसमें है। अपने समय के सच को समझने का प्रयत्न करती हुई वे उम्मीद और आश्वासन की हल्की सी डोर को छूटने नहीं देतीं जो उन्होंने परम्परा को आत्मसाथ करके प्राप्त की है...

"रुख तो रुख है,
सारी दुनिया
ज़िन्दगी काफी होता है
एक किसी चींटी का साथ भी,
उसका जरा-सा विवेक
और आश्वासन-सा छोटा दाना?"...(लोरी की चिड़िया, बीजाक्षर, पृ. 31)

इन काव्य पंक्तियों में बदलाव के बीज खोजे जा सकते हैं। अनामिका "चींटी के साथ" और "जरा-सा विवेक" और "आश्वासन-सा छोटा दाना" के माध्यम से नैराश्य और उदासी को परे धकेलने का प्रयत्न करती हैं। यह उम्मीद उनकी परवर्ती कविता में अन्तःसूत्र की तरह व्याप्त है। "खुरदरी हथेलियाँ" (2005) एवं "दूब-धान" (2007) में कविता के सरोकार, स्त्री दृष्टि एवं रचना-संसार का विस्तार उन्हें अपने समय की सजग संवेदनशील कवयित्री के रूप में प्रतिष्ठित करते हैं। वे जुझा डिग्री नारीवाद नहीं है, लेकिन भारतीय नारी के दुखों, यातनाओं और संघर्ष को सही परिप्रेक्ष्य में समझने-समझाने वाली स्त्री-विमर्शकार अवश्य हैं। वे अपने समाज और संस्कृति की आलोचनात्मक ढंग से जाँच-पड़ताल कर उसके सकारात्मक पक्षों और स्त्री भूमिका की पहचान के लिए "स्पेस" बनाने के लिए संघर्षशील हैं। कुछ समय पहले विनोद शाही ने सामंती पितृसत्ता और परिवार में स्त्री के स्थान और महत्त्व को प्रतिपादित करते हुए एक प्रश्न पूछा था... "अगर निशाने पर सामंतीय पुरुष प्रधान समाज व्यवस्था है तो इस बात का भी जवाब देना होगा कि इस व्यवस्था के पिछले पाँच हज़ार साल के ज्ञात इतिहास में इससे जुड़ी इतनी मानवीय व विकासमूलक सम्भावनाएँ कैसे और क्यों कर प्रकट होती रहीं और क्यों अचानक बीसवीं सदी के पूर्वार्द्ध में वह व्यवस्था अचानक गिरा दिये जाने लायक कैसे हो गयी?" विचारधारा का संकट और स्त्री-विमर्श का लोकतन्त्र, कथादेश-जुलाई-2009, पृ. 40) एक समय नारी विमर्श में परिवार और पितृसत्ता के शोषण के विरुद्ध देह मुक्ति और मातृत्व के दायित्व से स्वतन्त्रता जैसे विकल्प सुझाए गये। विनोद साही ने उस संकीर्ण दृष्टि पर सही निशाना साधा है। लेकिन अनामिका बहुत पहले से इस सन्दर्भ में स्पष्ट विचार रखती हैं "स्त्री और पुरुष की लड़ाई का व्याकरण से अलग है। ... स्त्री और पुरुष के बीच की लड़ाई में दो पीढ़ियों के बीच की लड़ाई की तरह हित-निकाय अलग-अलग नहीं होते। दोनों का हित निकाय एक ही होता है– रिवार। यह अच्छा है या बुरा– मैं नहीं जानती, पर मानवता की इतनी लम्बी यात्रा के बावजूद, कम से कम तीसरी दुनिया के देशों में, सामाजिक व्यवस्था की मूल इकाई अभी तक स्त्री और पुरुष दोनों के लिए, उनका परिवार ही है जिसमें कम-से-कम उनके बच्चे तो शामिल हैं ही। उनके हित-निकाय से बहुत अलग उनका कोई स्वतन्त्र हित-निकाय हो, ऐसा प्रायः नहीं देखा जाता।" (हम "पुरबिया" औरतें और "हमारा" स्त्री-विमर्श, हंस-जन, फरवरी, 2000 पृ. 43)

हिन्दी स्त्री-विमर्श अनेक पेचीदगियों के बीच अपना रूप और दिशा प्राप्त करता जा रहा है। सैद्धान्तिक बहसों के साथ रचनात्मक धरातल पर भी ठोस संबल मिला है। कथा साहित्य

की तरह कविता के क्षेत्र में नई स्त्री दृष्टि सम्पन्न कवयित्रियाँ सक्रिय हैं जो भारतीय नारी और उसके संघर्ष को काव्यवस्तु बना रही हैं। अनामिका के "खुरदरी हथेलियाँ" संग्रह में भारतीय नारी के आँसू और विद्रोह दोनों हैं। यह अमूर्त स्त्री नहीं हैं वह भारतीय नारी के आँसू और विद्रोह दोनों हैं। वह मध्यवर्गीय और निम्न-मध्यवर्गीय सामन्ती संस्कारों में पली-बड़ी हुई स्त्री है। इसमें शिक्षित और अशिक्षित स्त्रियों के जो सन्दर्भ आते हैं, वे कवयित्री के अनुभव संसार के विस्तार के परिचायक हैं। "अन्तःपुरम" खंड की कविताएँ भारतीय परिवार के बीच अनछुये प्रसंगों द्वारा स्त्री-पीड़ा और यातना को मूर्त रूप देती हैं। "मौसियाँ" और "छप्पर की मालाएँ" कविताएँ उस पीढ़ी की व्यथा-गाथा को संकेतों में प्रस्तुत करती हैं जो अपने दुखों को नियति और भाग्य मानकर स्वीकार चुकी है। उनके सहने के ढंग अलग-अलग हैं। दादी के एकान्त का हाहाकार तब और गहरा हो जाता है जब पौत्री (नैरेटर) प्रतिकार के स्वर में सोचती हैं।...

"जब मेरे आयेंगे
छप्पर पर सूखने के दिन
मैं तो उदास लेटूँगी
छप्पर के कौओं से ही
कर लूँगी दोस्ती
काक भुशुंडी की कथाएँ सुनूँगी...
जयन्त कौए का पूछूँगी हाल-चाल
और एक दिन किसी मनपसन्द
कौए के
पंखों पर उड़ जाऊँगी...
सारी हद-बेहद के पार।
छत पर आते तो हैं रोज-रोज,
सिर्फ बहार के दिनों के नहीं होते
साथी।" ....छप्पर की मालाएँ, खुरदरी हथेलियाँ, पृ. 23-24

आधुनिक स्त्री के मन, इच्छाओं और अपेक्षाओं का संकेत करती हुई अनामिका वर्तमान स्थिति के प्रति विद्रोह भी प्रकट करती है। "मौसियाँ" कविता नारी दुख को सहने का दूसरा रूप प्रस्तुत करती हैं। मौसियाँ "बारिश में धूप की तरह आती हैं। पारिवारिक हास-परिहास और उल्लास के बीच दूसरों के दुख को कम करने और अपने दुख से निजात पाने की भरसक कोशिशों हमारे विघटित होते संयुक्त परिवारों की अपनी विशेषता थी। कहीं-कहीं संकेतों द्वारा पूरा परिदृश्य स्पष्ट होता जाता है....

"चटनी-अचार-मूँगबड़ियाँ और बेस्वाद सम्बन्ध
चटपटा बनाने के गुप्त मसाले और नुस्खे-
सारी उन तकलीफों के जिन पर
ध्यान भी नहीं जाता औरों का
आँखों के नीचे धीरे-धीरे
जिसके पसर जाते हैं साये
और गर्भ से रिसते हैं जो महीनों चुपचाप...

खून-से, आँसू-से
बचपन के आसपास के अकेलेपन के
काले-कत्थई चकत्तों का
मौसियों के वैद्यक में
एक ही इलाज है...
हँसी और काली पूजा और मुहल्ले की
अम्मागिरी।" ... वही, पृ. 21-22

हँसी, पूजा और अम्मागिरी के बीच जिस तरह का संयोजन यहाँ बनाया गया है। यह भारतीय परिवारों की गहरी समझ के बिना सम्भव नहीं है। मौसियों की जीवन्तता, जीवन्तता के बीच उनके दुखों और अँधेरों तक दृष्टि जाती है। तब "अम्मागिरी" की अर्थ व्यंजना और संश्लिष्ट हो जाती है।

अनामिका का अनुभव संसार अपने आस-पास के जिए और ढोहे जा रहे जीवन के निकट परिचय से समृद्ध हुआ है। तभी वे "लेडीज़ संगीत" के शोरगुल के बीच से उस खालीपन को पहचान लेती है जो निम्नमध्यवर्गीय परिवारों की स्त्रियों की नियति बन चुका है। "खुरदरी हथेलियाँ" ही नहीं "दूध-धान" में भी यह केन्द्रीयता लिए हुए है...

"वे नाच रही हैं दनादन...
ढोलकों की थाप पर।
बेगानी शादी में अब्दुल्ला दीवाना
हुआ की नहीं-मैं नहीं जानती
अलग-अलग दुखों की ठोकरी उठाये
लेकिन ये दीवानियाँ नाच रही हैं दे-दे ताली" ...लजिद संगीत, दूब-धान, पृ. 47

कवयित्री स्थितियों के वर्णन तक नहीं रुकती, बल्कि उनका प्रतिवाद करने के लिए विद्रोही, संघर्षशील नई पीढ़ी के किसी न किसी प्रतिनिधि को कविता में ला खड़ा करती है। इस तरह स्थिति निरूपण से प्रारम्भ हुई कविता धीरे-धीरे अपने विद्रोही तेवरों को प्रकट करने लगती है। बिना किसी आक्रमकता के दृढ़ और संयमित विद्रोही स्वर स्पष्ट हो जाता है। अनामिका की कविता में प्रश्नाकुलता इस स्वर को और तीखा बना देती है....

"क्या प्रेम में पड़ना खटाई में पड़ना है, अम्मा?
जो मुझसे प्रेम करेगा...
रात-दिन क्या मेरा मुँह देखेगा?
या मुझको ही देखना होगा टुकुर-टुकुर
उसका अखबार
जिससे वह मुँह ढाँपकर
बैठ जायेगा जब-तब
गुस्से से बिदकता हुआ?
जो मुझसे प्रेम करेगा...
क्या मुझको ले देगा वह उड़न खटोला
या बहला-फुसलाकर

ये मेरे बचे-खुचे पंख भी
खचाक् नोंच लेगा? ... वही, पृ. 47-48

"खटाई में पड़ना" मुहावरे का प्रेम के साथ जोड़कर अनामिका पति की परंपरित छवि के नए रूपान्तर को प्रस्तुत करती हैं। पत्नी का "टुकुर टुकुर देखना" और "गुस्से से बिदके पति का" अखबार से मुँह ढाँप बैठे रहना जिस स्थिति का संकेत देती है वह आधुनिक भारतीय परिवारों की वास्तविकता है। प्रेम में "उड़न खटोला" की कामना के साथ बचे-खुचे पंख नोंच डालने की प्रक्रिया के माध्यम से एक व्यापक परिदृश्य में स्त्री-दुख और यातनाओं को सामने रखती हैं।

फर्नीचर, अन्त्याक्षरी, एक औरत का राजकीय प्रवास, सूली ऊपर सेज पिया की, चादर, महिला कलाकार आदि कविताओं की स्त्रियाँ शिक्षित और विचारशील हैं। परिवेश और स्थितियों में अन्तर होते हुए भी उनकी पीड़ा और यातना समान है, मात्र प्रताड़ना का रूप बदला हुआ है। अनामिका शिक्षित स्त्री के आतामघाती एकान्त को मूर्त कर देती हैं, जिसमें रात को पैरों में आयोडीन मलने के बाद स्त्री सोचती है...

"किसी जनम में मेरे प्रेमी रहे होंगे फर्नीचर,
कठुआ गये होंगे किसी शाप से ये!
मैं झाड़ने के बहाने जो छूती हूँ इनको,
आँसुओं से या पसीने से लथपथ...
इनकी गोद में छुपाती हूँ सर...
एक दिन फिर से जी उठेंगे ये।
थोड़े-थोड़े से जो जी भी उठे हैं। ... फर्नीचर, खुरदरी हथेलियाँ, पृ. 19

कामकाजी शिक्षित स्त्री के दुख, आशंका, अकेलेपन और अन्तर्द्वंद्वों की संशिल्ष्ट अभिव्यक्ति एक औरत का राजकीय प्रवास कविता में हुई है। साधारण सी उक्ति को अनामिका सघन अर्थों से भर देती हैं। "अपने अकेलेपन से उसने/ बड़ी गर्म जोशी से हाथ मिलाया... "घुप्प अंधेरा था कुएँ का उसके भीतर भी। ... भला बन्द होने से रोशनी का क्या है रिश्ता?.... "डनलप पर लेटी/ चटाई चुभी घर की/अन्दर कहीं रीढ़ के भीतर।" जैसी काव्य पंक्तियाँ गहरी अर्थ-व्यंजना द्वारा नारी यातना और उससे निजात पाने के प्रयासों का संकेत देती हैं।

"..अब उसकी हुई गिरफ्तारी।
पेशी हुई एक जुबा से उसने
तीन-तीन लोगों से कैसे यह कहा...
"सबसे ज़्यादा तुम हो प्यारे!" यह तो है सरासर धोखा...
सबसे ज़्यादा माने सबसे ज़्यादा!
लेकिन खुदा ने कलम रख दी,
और कहा-"औरत है, उसने यह गलत नहीं कहा।" ... वही, पृ. 26

बेटे, प्रिय और माँ "सबसे ज़्यादा तुम हो प्यारे" कहने वाली अभियुक्त स्त्री को सिर्फ "खुदा" की अदालत में ही न्याय मिल पाता है। और कविता स्त्री यातना के बीच से औदार्य, प्रेम और आत्मीयता की प्रतिष्ठा की कविता बन जाती है। मुझे हिन्दी के स्त्री-विमर्श में ऐसी कविता और देखने को नहीं मिली।

अनामिका ने अपनी कविताओं में भारतीय परिवारों के दमघोंटू सामन्तीय वातावरण में "गृहलक्ष्मी" की वास्तविक स्थिति का आकलन किया है। यहाँ निरे आँसू नहीं है, असुरक्षा, विवशता, अकेलेपन, अन्तर्द्वन्द्व जैसे अनेक भावों को संयत स्वर में प्रस्तुत किया गया है। "दूब-धान" की "गृहलक्ष्मी" खंड की कविताओं में खंडिता, चमक के अलावा, सेफ्टी पिन, एक नन्ही सी धोबिन, यौन-दासी, जुएँ और गृहलक्ष्मी पर ग्यारह कविताएँ आदि में परंपरित भारतीय समाज की तथाकथित गृहलक्ष्मी की प्रताड़ना के अनेक प्रकार हैं। यह परिवार अपने सुरक्षित मायाजाल द्वारा स्त्री की पहचान छीन लेता है और उपयोग-उपभोग की वस्तु बना डालता है। कुछ अंश प्रस्तुत हैं।....

"वो एक उठी हुई उँगली हैं
मैं एक झुका हुआ माथा हूँ।" .... गृहलक्ष्मी -4, दूब-धान, पृ. 87
"हाँ, तुम्हारा पिन-कुशन हूँ
हर नुकीली बात तुम मेरे हृदय में भोंककर
फासलों की फाइलें बढ़ाते हुए
अर्दली से माँगते हो एक ठंडा ग्लास।" .... गृहलक्ष्मी -4, दूब-धान, पृ. 93
"एक उजड़ा हुआ घोंसला...
उसमें पंखे की हवा से लगातार
काँपता हुआ तिनका...
वह भी मैं ही होऊँगी, और भला कौन होगा।" .. गृहलक्ष्मी -4, दूब-धान, पृ. 86
"क्या माया अधोभाग से भारी होना
ऐसा अनुचित है—मेरे मालिक, मेरे आका?
क्या इससे मेरी बढ़ जाती है दुरुहता?
कितने वरस अभी और रहेंगे आप
इसी पांचवी कक्षा के बालक की मनोदशा में....
लगातार मुझे काटते-छाँटते" ... वही, पृ. 96

"एक झुका हुआ माथा", "पिन-कुशन", एक उजड़ा हुआ घोंसला जैसी उपमाएँ भारतीय "गृहलक्ष्मी" की वास्तविक स्थिति को स्पष्ट करते हुए पुरुष वर्चस्व के दंभ और खोखलेपन उघाड़ने में समर्थ हैं। ये कविताएँ संकेत करती हैं कि परिवार में रहकर समानता और पहचान पाने के संघर्ष हमारे यहाँ भी चल रहे हैं।

"दूब-धान" संग्रह के फ्लैप पर सही लिखा है कि "अनामिका सिर्फ कविता में नहीं, बल्कि अपने सम्पूर्ण लेखन में "नारी-दृष्टि" की एक उदार सांस्कृतिक प्रवक्ता बनकर उभरी हैं। उनका स्वर नयी सहस्राब्दी का स्वर है, जिसकी थिर हलचलों में कुलबुलाते कोमल सवाल अपनी तमाम फितरतों के साथ स्थापित विमर्शों को अस्थिर करते चले जाते हैं।" अनामिका अपनी कविताओं में भी सवाल खड़े करती हैं, सवालों के सामने सवाल। इससे उनकी कविता की अर्थ-व्यंजना अधिक सघन हो जाती है और वे सवाल पाठक के मानस में खलबली मचाते हैं। उनकी कविता में स्त्री-संघर्ष का रोमानियत नहीं है, यहाँ लम्बे संघर्ष के संकेत हैं जो विनम्र भाव से परन्तु दृढ़ता के साथ भारतीय स्त्री अपने-अपने स्तर पर लड़ रही है। "राम पाठशाला जा। राधा खाना बना! राम. आ बताशा खा। राधा झाडू लगा। की मानसिकता से लम्बा संघर्ष

करती हुई अनामिका की स्त्री "आम्रपाली" की बातें सुनती हुई अपने विश्वास को बनाए रखना चाहती है...

"सुनती हूँ मैं गौर से आम्र पाली की बातें
सोचती हूँ कि कमंडल या लौकी या बीजकोष...
जो भी बने जीवन, जीवन तो जीवन है!
हरियाली ही बीज का सपना
रस ही रसायन है। .. आम्रपाली, दूब-धान, पृ. 15

अनामिका की "रत्नावली" अपने स्वाभिमान को बचाते हुए तुलसी बाबा के पास जाकर लौट आती है और फिर अकेले संधान को निकलती है....

"लौट रही हूँ वापस... खुद में ही
जैसे कि अंशुमाली शाम तक
अपने झोले में वापस
रख लेता है अपनी किरणें वे बची-खुची
कस लेता है खुद को ही
अपनो झोले में
मैं भी समेट रही हूँ खुद को
अपने झोले में भी
अपने सन्धान में अकेली!
आपका झोला हो आपको मुबारक!
अच्छा बाबा, राम-राम! .... तुलसी का झोला, वही, पृ. 20-21

अपने इस नये संकल्प तक पहुँचने में स्त्री को लम्बा आत्मसंघर्ष, आत्मविश्लेषण करना पड़ा है और आज इसके परिणाम भी दिखाई देने लगे हैं।

"राधा की बेटियाँ" और "भामती की बेटियाँ" अपनी पहचान पाने के लिए संघर्ष कर रही हैं और यहाँ उसके संकेत भी है...

"लिखने की मेज वही है, वही आसन
पांडुलिपी वही, वही बासन...
ग्रन्थ लिख रही हैं पर
भामती की बेटियाँ!
....
कृपा नहीं, प्रेम का प्रसाद भी नहीं लेंगी,
भामती की बेटियाँ
ग्रन्थ अपने स्वयं ही रचेगी
लगातार
इसी तरह
हर युग में!" ....भामती की बेटियाँ, वही, पृ. 24
भामती की बेटियाँ!

अनामिका का मानना है कि परिवार और बच्चों के बारे में संजीदगी से विचार किए बिना

स्त्री-विमर्श अधूरा रहेगा। इसलिए उनके यहाँ परिवार में स्त्री की पहचान के लिए जो जद्दोजहद है, उसके पीछे बच्चों की अहम भूमिका है। "खुरदरी हथेलियाँ" के "दुधकट्टू" और दूब-धान के "बाल भिक्खू" खंड में मातृ वत्सलता की अपूर्व कविताएँ हैं। आत्मीय वत्सलता यहाँ सर्वत्र व्याप्त है। फिर चाहे असफलता से खिन्न अपना सत्रह वर्षीय बेटा हो (सत्रह परस का प्रतियोगी परीक्षार्थी) या फिर लेम्पोस्ट के नीचे संकेंड हैंड सीबीएसई की किताब से धड़ाधड़ सवाल निकलता धनुर्धर एक पगलेट कथा) हो या फिर पड़ोसी का बच्चा हो जो "हाथ के प्लास्टर" पर गुडलक", "आयी लव यू" लिखता रहता है। हिन्दी के स्त्री-विमर्श में परिवार के बच्चों की स्थिति और प्रश्नों पर जहाँ विशेष ध्यान नहीं दिया गया, अनामिका बड़ी आत्मीयता से इस नये अनुभव-जगत से परिचय कराती हैं। यहाँ माँ का ब्लाउज बच्चे की गुल्लक है, जहाँ वह निश्चित भाव से चकमक पत्थर, सीपी, सिकरेट की पत्तियाँ, खिलौनों के नट-बोल्ट पोस्ट कर जाता है (ब्लाउज)। होमवर्म, बीजगणित, ऋषिका जैसी कविताएँ लिजलिजी भावुकता से दूर वात्सल्य की नई व्याख्या जोड़ती हैं। कहीं भी विचारधारा से आक्रान्त हुए बिना सहज बाल-मनोभावों के आधार पर धर्म सम्प्रदायों की कृपणता का संकेत देती है। जब ध्यान शिविर में सभी "सीनियर" बैठे थे ऐसे में बाल भिक्खु क्रिकेट के बारे में सोच रहा था। क्योंकि...

"अच्छी हैं, अच्छी है ये कुफाएँ लेकिन
क्रिकेट मैच उनसे भी अच्छे थे!" ...दूब-धान, पृ. 131

यह कविता माँ की विवशता, गरीबी, धर्म की संकचितता को सहजता से प्रकट कर देती है। यहाँ उस प्रगतिशील स्वर को भी सुना जा सकता है जो बहुत गहरे अनामिका की कविता का प्रमुख आधार है....

"यहाँ शिविर में कहते हैं भन्ते
काल-नद में डूबकर तैरते
हमको हो जाना है
काल के परे!
जब भी वे कहते हैं ये....
मिल जाती है मेरी नजरें घड़ी से...
मैं तो ज़्यादा देर नहीं देखता इसकी ओर
टुकुर-टुकुर, टिक-टिक, पर
मुझे देखती है घड़ी!" ...वही. पृ. 133

गुफाओं से भी अच्छे थे क्रिकेट मैच और "काल से परे हो जाने" के सामने काल का भान करने वाली घड़ी की टिक-टिक, टुक-टुक" जीवन-उत्सव को सही परिप्रेक्ष्य में समझने का आह्वान है। अपनी सारी भव्यता के बावजूद वर्तमान के अस्वीकार से उत्पन्न कितने ही बड़े सत्य की कच्ची नींव का यहाँ स्पष्ट संकेत है।

उसे यह घड़ी उसकी माँ ने मठ के लिए विदा करते हुए दी थी, जो "बाबा" की अन्तिम निशानी है।

स्त्री-विमर्श में प्रेम की अभिव्यक्ति ज़्यादा स्पेस घेरती है। और स्त्री-विमर्श की खिल्ली उड़ाने वालों के लिए यह चर्चा का केन्द्रीय मुद्दा रहा है, अनामिका के यहाँ प्रेम का ऐसा निरुपण नहीं मिलता, जिसे पुरुष मानसिकता में "चटपटा" कहा जाता है। इनके प्रेम निरुपण

में अतिरिक्त आवेग और आवेश के स्थान पर समझदारी का तत्व है। प्रेम स्त्री-पुरुष दोनों की आवश्यकता है। कहीं भी मुखर न होते हुए अनामिका की कविताएँ इस तथ्य को उद्घाटित करती हैं। एक अजब-सा वियोग, जानना, जिन्हा, टाक-टिकट, बसेरा जैसी कविता में प्रेम का नया रूप है। पुराने लिफाफे से डाक-टिकट उखाड़ना कितने ही कौशल से किया जाये, कुछ न कुछ तो लिफाफे और डाक टिकट दोनों में सटा ही रहता है....

"वैसे ही आहिस्ता-आहिस्ता
कौशल से मैं खुद को
हर बार करती हूँ, तुमसे अलग।
मेरे किनारे फट जाते हैं कभी-कभी
कुछ न कुछ मेरा तो
निश्चित ही
सटा हुआ रह जाता है/ तुमसे। ...खुरदरी हथेलियाँ, पृ. 88

अनामिका इस सटे हुए को अर्थपूर्ण मानती हैं और कहीं न कहीं भविष्य में फिर से जुड़ने की उम्मीद को बनाए रखती हैं। सम्बन्धहीनता के दौर में सम्बन्धों की आवश्यकता और उन्हें बनाए रखने में स्त्री की पहल का संकेत इन कविताओं में है।

यद्यपि अनामिका की कविता में स्त्री-प्रताड़ना के अनेक चित्र हैं, लेकिन इसके साथ रोती हुई आँखों को पोंछकर अपनी पहचान के लिए तत्पर स्त्री के चित्र भी कम नहीं है, यहाँ तीसरे की उपस्थिति से उपजे तनाव को विशेष अहमियत नहीं दी गयी। अपने लिए एक जिद तो है जो एक तारा बजाती है लेकिन भारतीय समाज के बड़े तबके के लिए अस्तित्व का संघर्ष मुख्य है जो तथाकथित प्रेम को उतना स्पेस नहीं छोड़ता....

"बीमार आजी की खातिर बची होती है
उसकी सींकी में मलाई-वरफ जितनी...
उतनी ही मैं छोड़ देती हूँ स्पेस
प्यार-प्यार की खातिर
हर दिल में!" ... भूख, वही, पृ 178

इतना ही नहीं, जहाँ विश्रृंखलता के लिए अवकाश है, वहाँ भी वे स्त्री के प्रेम प्रसंग में एक तोष, विश्वास, आत्मीयता को पाने का कारण खोजने का प्रयास करती हैं। "एक सार्वजनिक चौका" की रमावती नाइन "औरत नहीं थी, इन्द्रधनुष थी।" मिनिस्टर से ज़्यादा व्यस्त रहने वाली रमावती वास्तव में एकदम अकेली थी...

"पति एक था उसका प्रेमी थे पांच..
बच्चे छह, मुर्गी और बकरियाँ सात,
निन्दक उतने जितने तारे और प्रशंसक भी बहुत सारे।
फिर भी वह एकदम अकेली थी
हर रिश्ते में, वैसे वालू थी, मिट्टी थी...
लेकिन उसका मन था इतना जिद्दी पौधा
कि कहीं लगता ही नहीं था।" ...दूब-धान, पृ. 62

अनामिका की कविता के कैनवास के केन्द्र में स्त्री अवश्य है लेकिन उसमें दूसरे अनेक

रूप और रंग है। महानगर और जनपद, बुद्धिजीवी और श्रमजीवी, बालक और वृद्ध, परिवार और समाज तक उसकी संवेदना का विस्तार है। परम्परा के प्रति आलोचनात्मक रवैया और प्रगतिशील दृष्टि के कारण किसी प्रकार का नास्टेल्जिया यहाँ नहीं है। भद्र समाज और लोक संस्कृति तक फैली हुई संवेदना उन विसंगतियों को भी देख लेती है जिसे मोहवश नजर अन्ज़ाज़ कर दिया जाता है। प्रखर इतिहासबोध के कारण अपने समय पर उनकी सजग दृष्टि है। वे पूँजी के वर्चस्व के कारण उपेक्षित मानवीयता को तो देखती है उसकी विवशता को भी प्रकट कर देती हैं। "चचा ट्रांसलेसन" कविता तेजी से बदलते समय के दारुण यथार्थ को प्रस्तुत करती है। स्मृति और वर्तमान के अद्‌भुत संयोजन से आकार लेती कविता के पेन्टर चचा कभी मुहल्ले के बच्चों को पकड़-पकड़कर एस्से लिखवाते थे, ट्रांस्मलेशन करवाते थे, जिनके सिनेमा के पोस्टरों से शहर में बाहर आती थी, आज वहीं श्याम टाकीज के बायों नाले की तख्ती पर बिसलरी की बोतलें बेच रहे हैं। और...

"बाते करते हैं हवा से कुछ
और कुछ खुदा से....
करते रहते हैं वे बुदबुद
"न वो मैं रहा, न वो तू रहा...
जो रही सो बेखबरी रही..."
अब वे बनवाते नहीं ट्रांस्लेशन किसी से भी,
खुद ही लगते हैं वे अनुवाद
तार-तार भोजपत्र पर लिखी एक अनजान लिपि का!" ...दूब-धान, 149-150

अनामिका छोटे-छोटे आत्मीय प्रसंगों, घटनाओं, स्मृतियों के संयोजन से ऐसा घोल तैयार कर लेती हैं कि कविता एकायामी नहीं रहती। उनकी कविता के स्त्री-विमर्श की विशेष चर्चा हुई परन्तु उसके कविकर्म पर विशेष ध्यान नहीं दिया गया, जिससे वे कथ्य को कलात्मक रूप दे सकी हैं। नये उपमान, काव्य भाषा, विपरीतों का सामंजस्य, अतीत और वर्तमान के संघटन द्वारा उन्होंने कविता की संरचना में बदलाव किया है।

# समकालीन हिन्दी कथा-साहित्य में भारतीयता: "वैश्वानर" का सन्दर्भ

*बैजनाथ प्रसाद*

इक्कीसवीं सदी का भारत अनेक अन्तर्विरोधों और जटिलताओं में उलझने के बावजूद अपने अस्तित्व को बनाए रखने के प्रयत्न में है और इस प्रक्रिया में उसे समय-समय पर कुछ उपलब्धियों को प्राप्त करने के साथ अनेक बार घोर विषम परिस्थितियों के बीच उलझ जाना पड़ा है। आन्तरिक असुरक्षा के पीछे देशवासियों के बीच फैला वैमनस्य है और बाह्य आक्रमण के समय भी वह वैमनस्य प्रगाढ़ राष्ट्रीयता के उद्रेक में कहीं-न-कहीं बाधक बनता रहा है। संविधान के द्वारा जिस भारतीयता को सर्वोच्च माना जाता है, देशवासियों के मन में उसके लिए उतना आदर नहीं है जितना होना चाहिए। इसके पीछे अशिक्षा, निर्धनता, शोषण, भ्रष्टाचार, राष्ट्रनायकों के भ्रष्ट चरित्र, जनता की विवेक-शून्यता आदि अनेक कारण हैं जिनका सम्पूर्ण विसर्जन निकट भविष्य में दृष्टिगत नहीं हो रहा है। तो क्या भारत से भारतीयता का अन्त हो जायेगा? कभी-कभी उत्तेजनावश नारे लगाने वालों के द्वारा भारतीयता को नकारने के लिए अनेक तर्क दिए जाते हैं। पंजाब, कश्मीर और पूर्वोत्तर के अलगाववादियों तथा सम्पूर्ण देश में समय-समय पर होने वाले साम्प्रदायिक दंगों को पैलाने वाले लोगों के द्वारा लगभग तीन दशकों से भारतीयता की न केवल उपेक्षा होती चली आ रही है बल्कि भारतीयता अस्मिता को ध्वस्त करने के लिए रैली से लेकर विस्फोट तक किए जा रहे हैं। यहाँ प्रश्न यह है कि भारतीयता क्या कोई ऐसी निर्मूल संकल्पना है जिसे भारत-विरोधी इन गतिविधियों को चलाकर समाप्त किया जा सकता है? यह सर्वविदित है कि भारत का संविधान विश्व के प्रजातान्त्रिक देशों के संविधानों के आधार पर निर्मित है और सम्भवतः इसलिए भी भारत के प्रजातन्त्र को बहुतायत में आयातित मान लिया जाता है। फ्रांस की राज्यक्रान्ति (1789) के द्वारा विश्व में स्वतन्त्रता, समानता और बन्धुत्व की घोषणा हुई।[1] भारत के प्रजातन्त्र के साथ भी मानव अधिकारों की घोषणा से जुड़े इन तीनों भावों का सम्बन्ध है और इनके आधार पर भारतीयता को व्याख्यायित किया जाता है। तो क्या भारतीयता को पूर्णतः आयातित मान लिया जाये? क्या इसका सोता (स्रोत, जड़) इस देश की धरती के भीतर फैला हुआ नहीं है? प्रस्तुत लेख में इस समस्या का समाधान हिन्दी के कथाकार शिवप्रसाद सिंह के उपन्यास "वैश्वानर" (1996) के सन्दर्भ में करने का प्रयास किया जा रहा है।

"वैश्वानर" की कथावस्तु का सम्बन्ध आर्य एवं आर्येतर संस्कृति के संघर्ष एवं समन्वय के व्यापक तर्क से है। आधुनिक भारत को अँग्रेज़ विद्वानों के द्वारा भिन्न-भिन्न तर्कों के आधार पर बताया गया कि भारत में आर्यों का प्रवेश आक्रमण के रूप में हुआ था। आर्य इस देश के मूल निवासी नहीं हैं।"[2] शिवप्रसाद सिंह ने "वैश्वानर" में इस प्रश्न पर विचार नहीं किया है कि

आर्य बाहरी थे या यहीं के। वस्तुतः यह प्रश्न साहित्यकार के लिए महत्त्वपूर्ण हो भी नहीं सकता है क्योंकि उसकी दृष्टि में मनुष्यता के सतत विकास का प्रवाह महत्त्वपूर्ण होता है और वह उस प्रवाह को स्वच्छ तथा गतिशील बनाने के लिए साहित्य की रचना करता है, न कि उस प्रवाह में सम्मिलित धाराओं को नाम देकर उसे रोकना उसका काम है। ऐसा काम संकुचित दृष्टिवाले लोगों का है और उनके द्वारा ही विश्व बन्धुत्व की संकल्पना को खण्डित कर संकीर्णता का प्रचार-प्रसार किया जाता है। साहित्यकार इस तरह के मनुष्य-विरुद्ध कामों से स्वयं को अलग रखकर प्रवाह में सम्मिलित सभी धाराओं को महत्त्व प्रदान करते हुए निरन्तर गतिशील होने का वतावरण निर्मित करता है। रवीन्द्रनाथ टैगोर ने भारतवर्ष को "महामानवसमुद्र" की संज्ञा प्रदानकर इसके निर्माण में अनेक जातियों के योगदान को स्वीकार किया है।[3] "वैश्वानर" में इसी संकल्पना का अद्‌भुत विश्लेषण है जिसमें आधुनिक भारत के स्वरूप को अक्षुण्ण रखने वाले अन्यान्य तत्व विद्यमान हैं जिनसे साक्षात्कार करने के बाद पाठक के हृदय में भारतीयता को पोषण प्रदान करने वाले भाव उत्पन्न होते हैं। लेकिन शिवप्रसाद सिंह ने अपने समकालीन परिवेश में विद्यमान उन दृष्टियों का प्रतिवाद अवश्य किया है जिनसे भारतीय अस्मिता के चिह्नों की उपेक्षा की जाती रही है। इसके लिए ये एरिड जोन शोध संस्थान, जोधपुर के फलक (कझ के आधार पर स्पष्ट किया है– "लगभग ई.पू. 1750 के आसपास सरस्वती नदी सूख गयी। अब तक इसे एक कथा मात्र मानकर विवेचन होता रहा हैं। पर अब अन्तरिक्ष उपग्रह के माध्यम से भारत स्वयं इस योग्य हो गया है कि वह भूगर्भ में घटित दृश्यों का आकलन कर सकता है। सरस्वती सिन्धु नदी से भी बड़ी नदी थी। वह अम्बाला के आसपास हिमालय की उत्तुंग श्रेणियों को तोड़ती नीचे मैदान में आती थी और शाकम्बरी झील के आसपास होती कच्छ की खाड़ी में समुद्र में मिल जाती थी।"[4] सरस्वती नदी के अस्तित्व को स्वीकार कर लेखन ने सिद्ध किया है कि आर्य इसी नदी के तट के निवासी थे और उन्हें बाहरी बताना कहीं भी उचित नहीं है। लेखक अपने इस तर्काश्रित अनुसंधान पर तर्कविहीन आपत्ति लगानेवाले लोगों से भलीभाँति परिचित हैं। वह उन्हें लक्ष्यकर लिखता है– "मैं जानता हूँ कि हमारा बौद्धिक कितना नकलची और अज्ञान से ज्ञान में मस्त रहने वाला प्राणी है। उसे अगर बाइबिल या कुरान सुनाया जाये तो वह प्रशंसा के अतिरिक्त एक शब्द भी नहीं कहेगा; परन्तु यदि हम वैदिक युग की मान्यताओं के अनुरूप कुछ भी लिखें तो वह उसे रासायनिक प्रक्रिया कहकर नाक-भौं सिकोड़ेगा। उसे सर्वत्र अलग देखने की बीमारी है। हमारे पास इस मनोवैज्ञानिक प्रत्यय के अतिरिक्त कुछ भी नहीं है जो मन्त्रतन्त्र द्वारा घटित चमत्कारों की यथार्थता पर कुछ प्रकाशन डाल सके।"[5] सारांश यह कि आर्यों को बाहरी बताकर भारत की अस्मिता की उपेक्षा करने वाले विद्वानों को बारबार चिन्तन करने की आवश्यकता है लेखक के अनुसार बौद्धिक वर्ग को एक पक्षीय रहकर निर्णय सुनाने का अधिकार नहीं होना चाहिए और यदि ऐसा होता है तो भारतीयता पर संकट है।

"वैश्वानर" उपन्यास का सर्वाधिक प्रमुख पात्र ऋषि धन्वन्तरि काशी में फैली हुई महामारी (तक्मा) का अन्तकर मनुष्य को स्वास्थ्य लाभ प्रदान करने के उद्योग में है। पर काशी से दूर मुँडा, किरात, निषाद आदि आर्येतर जनों के प्रति उनके मन में कहीं भी भेद नहीं है और उनके चरित्र में इस संकल्पना का उत्तरोत्तर विकास होता है। यहाँ लेखक यह स्पष्ट करना चाहते हैं कि केवल एक ओर से वाचित प्रेम से प्रेम नहीं होता है। सभ्यता के विकास में केवल एक समुदाय की ओर से दूसरे समुदाय के प्रति भेदरहित होने की पोषणा की आवृत्ति से सन्तुलन

नहीं आया है। जब तक दूसरे समुदाय के द्वारा भी पहले के संकल्प के अनुरूप संकल्प नहीं लिया जाता है तब तक उस सभ्यता में सन्तुलन की स्थापना नहीं हो सकती है। लगभग तीस वर्षों से भारत सरकार कश्मीर और पूर्वोत्तर भारत के उग्रवादियों और देश के अन्यान्य भागों ने सक्रिय देशविरोधों, संगठनों के प्रति संवेदनशील होकर उन्हें देशहित में कार्य करने का अनुनय-विनय करती चली आ रही हैं, पर वे उग्रवादी संगठन एक बार भी संवेदनशील होने का नाम नहीं लेते। वे भारत सरकार की संवेदनशीलता को उसकी दुर्बलता समझकर और अधिक तेजी से देश-ध्वंस में सक्रिय होते चले जा रहे हैं। सच तो यह है कि जिस दिन उस संगठनों के पक्षधरों के मन में भारत के प्रति श्रद्धा उत्पन्न होने लगेगी उस दिन वे भारत की क्षति को अपनी क्षति समझने लगेंगे और उनके मुख से हिंसा के लिए आह्वान नहीं होगा बल्कि सभी मनुष्य के लिए अपनत्व के वचन निस्सृत होने लगेंगे। "वैश्वानर" के एक पात्र दैर्घतम कक्षीवान हैं। धन्वन्तरिक कक्षीवान के अग्रज हैं। दोनों के पिता दिवोदास बहुत बड़े शल्य-चिकित्सक थे। पर कक्षीवान की माता आर्यकुल की नहीं थीं। कक्षीवान ने अपने पिता शल्य चिकित्सा का ज्ञान प्राप्त किया है। वे प्रतू के एक सैनिक को लगे विष बाण को बड़ी कुशलता और सरला से निकाल देते हैं। इसी बीच धन्वन्तरिक से एक संवाद में कक्षीवान कहते हैं– "बताऊँगा अग्रज, परन्तु अभी सम्भव नहीं है। आर्तजत मेरी प्रथम वरीयता है। स्वजन उसके पश्चात् आता है।"[6] इधर ऋषि धन्वन्तरिक के आचरण और विवेक से प्रेरित अनेक आर्य स्त्रियाँ अपना संकल्प दुहराती हैं– "बाबा हम लोग भी किरात और मुँडा जनों की सेवा करना चाहते हैं। जिस तरह आपने आर्यजन के पुरुषों को कार्य सौंपा है, उसी तरह हमें भी बताइए। हम इन रोग-पीड़ित लोगों के लिए सब कुछ उत्सर्ग करने को तैयार हैं। आप अपनी औषधि की जाँच के लिए मेरे शरीरों को प्रयोगशाला में डाल दें। हम सहर्ष उत्सर्ग करने को तत्पर है।"[7] इसके बाद धन्वन्तरिक अत्यधिक आह्लादित होकर अपने उद्‌गार प्रकट करते हैं– "वाह बेटियों, यही है नया मोड़ जो आर्य संस्कृति को विश्वसंस्कृति में बदलने जा रहा है। तुम्हारा उत्सर्ग मानवता के लिए वरदान बने, यही धन्वन्तरिक का आशीर्वाद है, पर निरोग शरीर को प्रयोगशाला में डालना तो मूर्खता है न?"[8] सचमुच जिस सभ्यता में दो भिन्न समुदायों के बीच इस प्रकार का भेद-शून्य पारस्परिक प्रेम होगा उसे कौन बाँट सकता है? इसलिए आज आवश्यकता है ऋग्वैदिक-कालीन आर्य तथा आर्येतर जातियों के पारस्परिक सहयोग-दृष्टि से आधुनिक भारत का साक्षात्कार कराने की, न कि दोनों को भिन्न बताकर देश को विभाजित करने की। संसार की सभ्यताओं के विकास में भिन्न जातियों के बीच संघर्ष होता रहा है, पर संघर्ष के बाद समन्वय भी उसी अनुपात में होता रहा है और दोनों के पारस्परिक सहयोग से सभ्यता का विकास हुआ है। इसलिए न केवल आर्य तथा आर्येतर जातियों के पारस्परिक संघर्ष के बाद समन्वय भी उसी अनुपात में होता रहा है और दोनों के पारस्परिक सहयोग से सभ्यता का विकास हुआ है। इसलिए न केवल आर्य तथा आर्येतर जातियों के पारस्परिक संघर्ष को रेखांकित करना है और न उनमें से किसी एक के महत्त्व के सामने दूसरे को निम्न बताने की आवश्यकता है। आज की अनिवार्यता यह है कि आर्य तथा आर्येतर जातियों के समन्वय से विकासित होने वाली सभ्यता में विद्यमान उपलब्धियों से समकालीन का परिचय कराना है और ऐसा करना देशहित में है।

दीर्घतमा "वैश्वानर" के एक ऐसे पात्र हैं जिन्हें वनस्पतिशास्त्र के सूक्ष्म ज्ञान के साथ अन्तरिक्ष का भी सूक्ष्म तथा गहन ज्ञान है। वे एक आर्येतर कन्या को सम्बोधित करते हुए कहते

हैं– "तू इस बात से रंचमात्र दुखी न होना कि हमारा वंश शुद्ध आर्य और तुम्हारा व्रात्य कहा जाता है। यह सब छोटे चित्तवालों का वाग्विलास है पुत्री के! मानव मात्र एक है। यह पूरा विश्व मानवता का पालना है। हुआ तो इतना ही था कि आर्य परिवार का आधा अंश जनसंख्या-वृद्धि के कारण नीचे के उपत्यका में आ गया। उपजाऊ धरती ने असीमित वृद्धि का अवसर दिया। वे समुद्र तक आ गये। उन्होंने पहाड़ी लकड़ियों से पोत बनाए। समुद्री सार्थवाह सुदूर देशों की यात्रा में करने लगे। विदेशियों के सम्पर्क से दोनों में परिवर्तन हुए। हाँ जब धन बहुत होता है तो वह तृष्णा की वस्तु बन जाता है। लोग आदर्श भूलकर व्यसनों में लीन हो जाते हैं। अतः हरयूपीया का विनाश ध्रुव था। छोड़ो!"[9] दीर्घतमा का यह लम्बा वक्तव्य लेखक के मन में व्याप्त उस संकल्पना को स्पष्ट करता है। जिसमें आरय संस्कृति के विकास के कारण, परिणाम, आर्यों की समदृष्टि, उनका पुरुषार्थ, आर्यों का लोभवृत्ति तथा पतन का इतिहास है। आर्यों में पुरुषार्थ था; पर सन्तुलित दृष्टि के लिए जिस विवेक की आवश्यकता होती है, उसका अभाव नहीं था। वे ज्ञान-विज्ञान के विकास के लिए घोर तप किया करते थे इसलिए उनके द्वारा द्युलोक से मर्त्यलोक-सम्बन्धी अनेक रहस्यों को सुलझाने के उपाय किए गये। लेकिन उनमें दुर्व्यसन भी थे और इसलिए उनका पतन हुआ। दीर्घतमा का यह कथन जहाँ एक ओर आर्य संस्कृति के विकास-ह्रास का वृत्तांत है वहीं दूसरी ओर इससे यह भी ध्वनित होता है कि विकास के उच्च सोपानों को प्राप्त करने वाली सभ्यता भी जब दूर्व्यसनों से निकलने का संकल्प लेकर उसके अनुरूप आचरण करने लगे तो देश की अनेक समस्याओं का समाधान होने लगेगा। यह सच है कि मद्य निषेध न होने से देश को कर के रूप में अत्यधिक धन प्राप्त होता है। इसलिए स्वतन्त्र भारत की प्रायः सभी सरकारों ने गाँधीजी के व्रत मद्य निषेध का निषेधकर देश के खजाने को भरने का उद्योग किया और वह उद्योग विकासित होता चला जा रहा है। क्या इस "उद्योग" से देश का विकास हो रहा है? क्या इससे देशवासियों के हृदय में देशहित के भाव उत्पन्न हो रहे हैं? इससे जो राजस्व प्राप्त होता है वह नौकरशाह और नेताओं में मँहगाई भत्ते और सुख-सुविधा की व्यवस्था में खर्च हो जाता है। समाज के लिए कुछ राशि लगाई भी जाती है तो वह किस काम की? पहले नशा पिलाकर अधमरा कर देना फिर सरकारी अस्पताल खोलना! आज तो भारत भूमंडलीकरण के जाल में इस तरह फँस चुका है कि वह अपने वास्तविक स्वरूप को बचाने की चिन्ता करने का समय भी नहीं बचा पा रही है। भारतीयता की पहचान खतरे में है। पर इस खतरे की ओर हमारे चिन्तकों का ध्यान गया है? "सवाल हमारी पहचान के संकट का है। .. विश्व पूँजी बाज़ार की संस्कृति ने अपने मोबर लंदाव में जब डेढ़ दशक पूर्व इस देश की अर्थ-व्यवस्था को लपेटना आरम्भ किया था तब किसे पता था कि उसके खूनी पंजे में हमारी सामाजिक संस्कृति रिश्ते नहीं, बाज़ार देखती है। बाज़ार के विस्तार के लिए नए रिश्ते गढ़ती है। इस नए रिश्तों में विशेष आर्थिक क्षेत्र (च्इन्न्) को मूर्त किया जाता है, जहाँ से मॉल संस्कृति विकासित होती है। मॉल खुदरा व्यापार को ध्वस्त करने का हथियार है। .... तो ऐसे ही हथियारों से लैश होकर नए शक्तिशाली "भारत उदय" की परिकल्पना की जा रही है।"[10] सच तो यह है कि इस "भारत उदय" के शोर में भारतीयता हेरा गयी है। पता नहीं चल रहा है कि वह कहाँ चली गयी।

## निष्कर्ष

इस लेख में "वेश्वानर" के कुछ सन्दर्भों को आधार बनाकर भारतीयता की पहचान, उसकी स्वीकार्यता के उपाय एवं अस्वीकार्यता से उत्पन्न ह्रास की ओर संकेत किया गया है। यदि इन तीनों बिन्दुओं पर चिन्तन-अनुचिन्तन हो तो भारतीयता की संकल्पना का निश्चय ही विकास होगा।

## सन्दर्भ


1. वर्मा, दीनानाथ, "आधुनिक यूरोप", ज्ञानदा प्रकाशन, पटना-4, नई दिल्ली-2, 1979, संशोधित एवं परिवर्द्धित संस्करण, पृ. 77
2. सिंह कृपाशंकर, "दस्तावेज 114, बेतियाहाता, गोरखपुर, पृ. 26, 31
3. द्विवेदी हज़ारी प्रसाद, "अशोक के फूल", लोक भारती प्रकाशन, इलाहाबाद, सोलहवाँ संस्करण, 1987, पृ. 11
4. सिंह, शिवप्रसद "वैश्वानर" वाणी प्रकाशन, नई दिल्ली, 1996, पृ. 111
5. वही, पृ. 13
6. वही, पृ. 29
7. वही, पृ. 89
8. वही, पृ. 89
9. वही, पृ. 58
10. शिवनारायण, "नई धारा", दिसम्बर-जनवरी, 2008, पटना, पृ. 110

# हिन्दी आलोचना का समकालीन विमर्श और प्रसाद

***शिवनारायण***

आलोचना किसी कलाकृति के गुण-दोष का विवेचन भरही नहीं होती कलाकृति की व्याख्या, विवेचना और मूल्यांकन भी है। कोई भी कलाकृति अपनी युग-चेतना से सम्पृक्त होती है, युग-जीवन की अभिव्यक्ति होती है, लेकिन अपने युग का अतिक्रमण भी कर जाती है। यही कला की व्यापकता, सार्वभौमिकता और शाश्वतता है। लेकिन "शाश्वत" एक सापेक्ष शब्द है। "शाश्वत" पर काल-देवता के चरण चिह्न अंकित रहते हैं। जो रचना अपने समय की चेतना, संवेदना, बोध और विचार को जितनी गहराई में अनुस्यूत किये रहती है, वह उतनी ही युगोपयोगी और सामयिक होती है और समयिक होकर ही रचना शाश्वत बनती है। अतः शास्वत की अभिव्यक्ति भी समयिक में ही होती है। अतएव सामयिकता और शाश्वतता में संघर्षों और अन्तर्विरोधों को जितनी ही गहराई में अभिव्यक्त किये रहता है और अपने विश्वासों एवं अपनी आस्थाओं में सन्देह किये रहता है, उतना ही वह कला के सत्य और सौन्दर्य को आत्मसात् किये रहता है। किन्तु कला-सत्य और संसार-सत्य नितांत भिन्न नहीं होते, फि भी एक-दूसरे के प्रतिरूप नहीं। इसीलिए कला को अनुकृति की अपेक्षा पुनर्सृजन कहा जाता है। कला का प्रत्येक रूप जीवन की व्याख्या है तथा समाज की आलोचना का औजार है। रचनाकार जितना ही सृजनात्मक होता है, उतना ही आलोचनात्मक भी। अतः एक लेखक में एक ही साथ चिन्तक, कवि, दार्शनिक, वैज्ञानिक और समालोचक की उपस्थिति रहती है। जो केवल लेखक है, वह सतही लेखक है परिघटनाओं की सतह पर चक्कर लगाने वाला। चूँकि प्रत्येक रचना अपनी साहित्य-परम्परा का सारांश लिये रहती है, वर्तमान का बिम्ब और भविष्य का स्वप्न-चित्र अंकित किये रहती है, अतः वह परम्परा, प्रगति और प्रयोग का पर्याय भी है। जड़ता, तटस्थता और गत्वरता भी सापेक्ष है।

आलोचना की तटस्थता का यह कतई अर्थ नहीं कि वह अपना पक्ष नहीं चुनती है। आलोचना रुचि-अरुचि और राग-द्वेष से रहित अपनी सामाजिक भूमिका भी अदा करती है। इन तमाम बातों, सवालों और सन्दर्भों को लेकर आलोचक अपने समय के सरोकारों से जिरह करता है तथा कला की उपादेयता के साथ स्वयं समालोचना की उपादेयता को भी चरितार्थ करता है। आलोचक अपनी भाषा और देश के चिन्तनों से परिचित तो होता ही है, उनमें स्वयं अपने चिन्तन का तेज, ताप और ओज मिलाये रहता है। यह काम बिना खण्डन-मण्डन के असम्भव प्रायः ही होता है। अतः आलोचना वाद-विवाद संवाद है। वस्तुतः कला सूचना, संकेत और संवाद है। सूचना संसार की, संकेत संदेश का और संवाद कला से, विचार से, समाज से और अन्ततः स्वयं अपने से संवाद। अपने से संवाद का अर्थ आत्म निरीक्षण से भी है और आत्मालोचन से भी। अतः संवाद और समीक्षा में द्वन्द्वात्मक सम्बन्ध होता है। "आलोचना" शब्द

का अर्थ ही है सम्यक रूप से समग्रता में देखना। चूँकि आलोचना स्वयं रचना है, अतः वह सृजनात्मक होकर ही ग्राह्य, अस्वाद्य और सम्प्रेष्य होती है। केवल बौद्धिक विमर्श तर्कशास्त्र का विषय हो सकता है, आलोचना का नहीं। उसमें जितना ही कला का क्लासिक अध्ययन होता है, उतना ही सामयिक, साहित्यिक और सामाजिक भी। आलोचना शास्त्रों से सार-संभूति लेती हुई भी शास्त्र का अतिक्रमण करती है और फिर नये शास्त्र (काव्यशास्त्र या सौन्दर्यशास्त्र) की सृष्टि करती है। इस प्रकार आलोचना का सतत् विकास होता चलता है। आलोचना जब ठहर जाती है तो समझना चाहिए कि रचना में गत्यावरोध आ गया है। अतः रचना और आलोचना की गति समान होती है।

आलोचना को आत्मा की अद्वय तरंग भी कहा गया है और धरती का रंग भी। मूर्त-अमूर्त दोनों को साधती समीक्षा अति उदारता का भी विरोध करती है और अतिक्रान्तिकारिता का भी। व्यक्ति की जिस अन्तरात्मा को कभी कविता और उपन्यास ने अपना केन्द्र बिन्दु बनाया था, उसी वस्तु को आलोचना ने गुम कर दिया। जबकि मार्क्सवादी विचारकों तक ने कहा कि कवि, कलाकार मानव आत्मा के शिल्पी होते हैं। अतः परम्परागत शैलियों और अन्तर्निवेशी वस्तुओं का पुनराविष्कार एवं पुनर्निर्माण आवश्यक हो जाता है। आलोचना में निर्माण और पुनर्निर्माण की प्रक्रिया चलती रहती है और इसी प्रक्रिया में प्रतिमान के प्रश्न भी उपस्थित होते रहते हैं तथा प्रतिमान उपलब्ध भी होते रहते हैं। यही आलोचना की द्विधुवात्मकता आत्मा की संकल्पात्मक अनुभूति बिखरे सूत्रों को एकान्वित और समन्वित करती है। एक समय अद्वैतवाद ने भिकरे सूत्रों को एकन्वित और समन्वित किया था। अतः भारतीय कला चिन्तन या काव्य-चिन्तन द्वन्द्व और समाहिति, संघर्ष और समन्वय को साथ-साथ लेकर चला है, लेकिन अन्ततः सामंजस्य या समन्वय की ही ओर उन्मुख हुआ है। यह समन्वय तुलसीदास जैसे महान कवि में ही नहीं, आधुनिक युग के बड़े कवि प्रसाद में भी है और आलोचक आचार्य रामचन्द्र शुक्ल में भी। भेद में अभेद दृष्टि के सम्पोषक आचार्यों का भी यहाँ अभाव नहीं रहा है। ऋषि तुल्य कवि और सन्त अभाव में रहकर भी/ही भावमय रहे हैं; अभाव की साधना और सहन से ही भावनीय और महानुभाव बने हैं।

आलोचना किसी मतवाद अथवा किसी एक छोर को एकान्तिक रूप से पकड़कर अतिवाद की ओर चली जाती है। लेकिन आलोचना अतिवाद से बचती हुई ही सम्यक् और समग्र बनती है। इसका कतई यह मतलब नहीं कि वह विभिन्न तत्वों, सिद्धान्तों या विचारधाराओं का घाममेल है। सर्वसंग्रही आलोचना उत्कृष्ट आलोचना नहीं है। सब मतों की समीक्षा करती हुई भी आलोचना आलोचक के बोध और दृष्टिकोण का पुंज होती है और अपनी विधि, पद्धति और प्रक्रिया में विशिष्ट रूप। लेकिन आलोचना ज्ञान के विविध एवं विभिन्न अनुशासनों से सामग्री संग्रह करती चलती है, उनका संयोजन करती है। इन सामग्रियों में से कुछ का वह निरसन करती है और कुछ का निर्वचन। ग्रहण और विसर्जन की इसी प्रक्रिया में आलोचना नवीन बनती है और यही नवीनता आलोचना की मौलिकता भी है। जैसे कला आत्मबोध से जगत्-बोध की ओर जाती है, वैसे ही आलोचना कला केन्द्र से जीवन-जगत की ओर। लेकिन जीवन-जगत में जाकर भी आलोचक वहीं ठहर नहीं जात; वहाँ से अनुभव का कोष और भाषा का वैभव लेकर पुनः आलोचना के केन्द्र में आ जाता है। अतः आलोचना शब्द-संसार और भाव-विचार के लोक में मूल्यों की स्थापना है; कलाकृति का मूल्यांकन है और स्वयं मूल्यांकनकारी शक्ति

का सकृत स्वरूप है। किन्तु समीक्षा न तो निपट समाजशास्त्रीय होती है, न निरा मनोविश्लेषण ही। वह समाजशास्त्र और मनोविज्ञान के अद्यतन अध्ययन-निष्कर्षों को आत्मसात् करती हुई भी भावजगत् की सम्पन्नता को ही उजागर करती है, लेकिन वह व्यष्टि केन्द्र से समष्टि केन्द्र की ओर जाती है और इन दोनों के मिलन-बिन्दु पर ज्ञान-मीमांसा, तत्व-मीमांसा तथा अर्थ-मीमांसा का संयोजन एवं संश्लेष उपस्थित करती है। जीवंतता, नवीनता, मौलिकता ही कई बार आलोचना की मूल्यवत्ता बन जाती है। परन्तु, मूल्यों की टकराहट से जब आलोचना बचकर निकलना चाहती है तो वह अपनी प्राण-शक्ति ही निःशेष कर देती है।

रचना की संकटग्रस्तता और आलोचना की संकटग्रस्तता गहरे में सांस्कृतिक संकटग्रस्तता ही है। समाज ओर संस्कृति संकटग्रस्त हो, तो यह हो नहीं सकता की रचना और आलोचना संकटग्रस्त न हो। इस संकट से बचने के लिए आलोचक एकांकी कुछ भी नहीं कर सकता। ऐसी स्थिति में आलोचना निर्माणकारी और मूल्यांकनकारी शक्तियों के साथ एकजुटता प्रदर्शित करती है। इसी बिन्दुरेखा पर पहुँचकर आलोचना सार्थक या निरर्थक होकर ही अपनी उपयोगिता सिद्ध करती है। उत्तम, मध्यम और अधम आलोचना का जो शास्त्रीय निरुपण किया गया है, वह आलोचना की क्वालिटी या गुण है, आलोचना के स्तर का कोटिक्रम नहीं। आलोचना की स्तरीयता उसकी सार्थकता से ही सिद्ध होती है। एक सार्थक आलोचना ही उत्तम आलोचना होती है। साहित्य यदि मनुष्य की मनुष्यता और उसकी स्वतन्त्रता की अभिव्यक्ति है तो आलोचना इस अभिव्यक्ति की विवेचना। जनवादी समालोचक प्रो. मैनेजर पाण्डेय के शब्दों का सहारा लेकर कहा जाय तो "आलोचना इसी स्वतन्त्रता का पालन-पोषण करती हुई, उसके संग-साथ चलती हुई औरउसके पक्ष में लड़ती हुई उसके संग-साथ चलती हुई और उसके पक्ष में लड़ती हुई सामाजिक बनती है। (आलोचना की सामाजिकता, भूमिका)। लेकिन यह आलोचना-दृष्टि के अभाव में आलोचक शब्द, भाषा, भार्वाद की समीक्षा तक ही अपने को सीमित कर लेता है तो उसकी आलोचना भले ही शुद्ध साहित्यिक आलोचना कही जाय, परन्तु आलोचना तो साहित्य-समीक्षा के साथ ही सभ्यता-संस्कृति की भी समीक्षा है और ऐसी ही समीक्षा सार्थक, मौलिक, नवीन और महार्ध होती है। एक सार्थक आलोचक आलोचनात्मक चेतना भी पैदा करता है। आलोचनात्मक चेतना के विराट् आयाम में सर्जनात्मकता की भी विद्यमानता रहती है। अतः आलोचना सर्जनात्मक होकर ही सम्प्रष्य, आस्वाद्य और आस्पद बनती है। अतः वह अकादमिक आलोचना के अनुशासन और सृजनात्मक आलोचना के अधुनातन अनुषंगों के संयुक्त आधार पर ही अपनी सार्थकता और प्रामाणिकता तथा सामाकि सार्थकता सिद्ध करती है। जब आलोचक अपने युग के विवेक और बोध को जागृत एवं सक्रिय कर आलोचना-कर्म में प्रवृत्त होता है तो वह आलोचना का प्रतिदर्श ही प्रस्तुत नहीं करता, आदर्श भी प्रस्तुत रहा है। एक आलोचक की आलोचनात्मक चेतना का अर्थ उसकी मूल्य-चेतना से है और यह मूल्य-चेतना सामाजिक-सांस्कृतिक चेतना से अलग नहीं होती। इस बोध और मूल्य के माध्यम से ही आलोचक पुरानी कलाकृतियों की भी समीक्षा करता है और नयी की भी। समीक्षा की इस प्रकिया से समीक्षक का इतिहास-बोध भी जुड़ा रहता है। यह बोध, विवेक और मूल्य गहरे आत्मसंघर्ष से ही अधिगत होता है। आचार्य रामचन्द्र शुक्ल, जयशंकर प्रसाद, मुक्तिबोध, मलयज, रामविलास शर्मा, नामवर सिंह आदि आलोचकों ने आत्मसंघर्ष के माध्यम से ही आलोचना का यह ऐश्वर्य अधिगत किया है।

हेगेल ने कलाओं के मूर्त आधार को लेकर उनकी सूक्ष्मता और स्थूलता के विभेद से कला का वर्गीकरण किया है और अत्यन्त सूक्ष्म एवं भावमय होने के कारण काव्य को सर्वश्रेष्ठ कला माना है। लेकिन यह विभाजन व्यावहारिक ही है। बहुत सारी कविताएँ भी निम्नकोटि की हो सकती है और स्थापत्य कला, जिसे हेगेल ने सबसे निम्न स्थान दिया है, इसकी निर्मितियाँ भी अत्यन्त ही उल्कृष्ट हो सकती हैं– जैसे ताजमहल। मूर्ति कला में अजंता और ऐलोरा की मूर्तियाँ तथा चित्रकला में मोनलिसा। इस स्थापना से प्रसाद जी बहुत असहमत नहीं है। लेकिन इतनी टिप्पणी तो करते ही है कि प्लेटो ने तो कविता उससे उच्च कोटि की अमूर्त कला है। प्रसाद हेगेल से इस तर्काधार पर भिन्न मत प्रकट करते हैं कि "काव्य-कला अपनी वर्णमालाओं के द्वारा प्रत्यक्षमूर्तिमती है। ... वर्णमालाओं के सम्बन्ध में अनेक प्राचीन देशों की आरम्भिक लिपियों से यह प्रमाणित है कि वह वास्तव में चित्र-लिपि है। इस प्रकार प्रसाद जी चित्रकलादि और काव्य को भिन्न-भिन्न वर्ग की कलाएँ मानने से अपनी असहमति प्रकट करते हैं और यह भी निवेदित करते हैं कि अन्य सूक्ष्मताओं और विशेषताओं का निदर्शन न करके केवल मूर्त और अमूर्त के भेद से काव्य-कला की महत्ता स्थापित नहीं की जा सकती। यदि कोई कलाकार प्रतिभा-सम्पन्न है तो वह अपनी कला-चेतना की उत्तम अभिव्यक्ति कर सकता है तथा सम्बन्धित कला की उत्कृष्टता में वृद्धि कर सकता है। प्रसाद जी के अनुसार भारतीय कला-चिन्तन भौतिकता और अध्यात्मिकता को साथ-साथ लेकर चला है। और उसमें दर्शन की गहराई और ऊँचाई भी है, जबकि पाश्चात्य कला-चिन्तन अथव "काव्यावस्था" का जिक्र किया है, उसमें आत्मदर्शन और विश्वदर्शन भी सन्निहित है। सृजन की इस असाधारण अवस्था में व्यष्टिगत और समष्टिगत समस्त अनुभूतियाँ संचित रहती हैं। रचनाकार विशेष की निजी अनुभूतियाँ यद्यपि विशिष्ट होती हैं, तथापित ये अनुभूतियाँ मानवीय अनुभूतियों से नितांत भिन्न और समष्टिगत अनुभूतियों से सर्वथा विच्छिन्न नहीं होती।

इसी प्रकार क्रोचे निवेचित अभिव्यंजनावाद के अन्तर्गत "अभिव्यक्ति" और "अनुभूति" को लेकर भी प्रसाद जी के चिन्तन की गम्भीरता और सूक्ष्मता को देखना आवश्यक है। यह माना जाता है कि अभिव्यंजनावाद में "अभिव्यक्ति" की ही प्रधानता है और अनुभूति को गौण स्थान प्राप्त है। लेकिन प्रसाद जी अनुभूति की ही प्रधानता स्वीकार करते हैं। लेकिन अभिव्यंजनावादियों का कहना है कि एक ओर जहाँ कवि को अनुप्रेरित करनेवाले सृष्टि के वस्तु व्यापार हैं तो दूसरी ओर अभिव्यक्ति है और यह अभिव्यक्ति ही कला या काव्य है। इन दोनों के मध्य ही अनुभूति की स्थिति है। किसी कवि या कलाकार में अनुभूति हुई है या नहीं, इसका तो प्रमाण उसकी अभिव्यक्ति या अभिव्यंजना ही है। प्रसाद जी ने संकल्नरत्मक मन की सब अनुभूतियों को श्रेय और प्रेय दोनों ही से परिपूर्ण माना है। चूँकि सत्य या श्रेय ज्ञान कोई व्यक्तिगत सत्ता नहीं है; अतः व्यक्तिगत और स्थानगत सत्ता-केन्द्रों के विलुप्त हो जाने के बाद भी यह चिन्मयी ज्ञानधारा चेतनता के रूप में निर्विशेष रूप से विद्यमान रहती है। आलोक-किरणों के समान भिन्न-बिन्न संस्कृतियों के दर्पण में प्रतिफलित होकर यह प्रकाश-परिमंडल को सुन्दर और ऊर्जस्वित बनाती है।

जहाँ तक आधुनिक सर्जना और समीक्षा में यथार्थवाद का प्रश्न है, उसे या तो ऐतिहासिक सन्दर्भ में विवेचित करने का प्रयास किया गया है, अथवा दार्शनिक। प्रसद जी ने यथार्थवाद की जो व्याख्या की है वह ऐतिहासिक अधिक हैः "यथार्थवाद की विशेषताओं में प्रधान है लघुता

की ओर साहित्यिक दृष्टिपात। उसमें स्वभावतः दुख की प्रधानता और वेदना की अनुभूति आवश्यक है। लघुता से मेरा तात्पर्य है कि साहित्य के माने स्वभावतः दुख की प्रधानता और वेदना की अनुभूति आवश्यक है। लघुता से मेरा तात्पर्य है कि साहित्य के माने हुए सिद्धान्त के अनुसार महत्ता के काल्पनिक चित्रण के अतिरिक्त व्यक्तिगत जीवन के दुःख और अभावों का वास्तविक उल्लेख।" अतः प्रसाद जी के यथार्थवाद विषयक विवेचन में ऐतिहासिकता की प्रधानता होते हुए भी उसमें दार्शनिकता, मनोविज्ञानवादिता, भौतिक-विज्ञानवादिता तथा फ्रायडीय दर्शन का भी समावेश हो गया है। यथार्थवाद को संकेतों में ही इतना विराट्याम देनेवाले प्रसाद जी हिन्दी के प्रथम आलोचक हैं। उनके आलोचक रूप पर प्रकाश डालते हुए आचार्य नन्ददुलारे वाजपेयी ने उन्हें एक असाधारण समीक्षक और दार्शनिक माना है और युग प्रवर्तक कवि तो वे थे ही। वाजपेयी जी ने उनका मूल्यांकन करते हुए लिखा हैः "प्रसाद जी की उद्भावनाएँ इतनी मार्मिक हैं, इनकी ऐतिहासिक प्रामाणिकता का पुट इतना प्रगाढ़ है, और साथ ही इनकी मनोवैज्ञानिक प्रवृत्ति इतनी सुन्दर रीति सेहृदय का स्पर्श करती है कि हम सहसा यह भूल जाते हैं कि ये अधिकांश एकदम नवीन हैं, किसी क्रमागत विचार-पारिपाटी से इनका सम्बन्ध नहीं है। किन्तु नवीन होना, इनका दोष नहीं है, गुण ही है, क्योंकि परम्परागत शैली के अनुयायी तो केवल लीक पीट रहे थे। जब उन लीक पीटनेवालों से हिन्दी का कल्याण होता नहीं दिखा और नवशिक्षित समाज की तीव्र दार्शनिक पिपासा शान्त नहीं हुई। तभी तो इस प्रकार की विचारधाराओं और व्याख्या शैलियों की ओर प्रसाद जी जैसे दो-चार, इने-गिने विद्वानों की अभिरुचि हुई।" (काव्य और कला तथा अन्य निबन्ध, प्राक्कथन) वस्तुतः प्रसाद जी में जितना ही इतिहासबोध है, उतना ही भावबोध और प्रत्ययबोध। दर्शन की जिस ऊँचाई पर जाकर प्रसाद ने कला, काव्य की इतिहास सम्मत व्याख्याएँ प्रस्तुत की हैं तथा आर्य संस्कृति के उद्गम और विकास की शोध समीक्षा की है, वह अत्यन्त ही महत्त्वपूर्ण है। यही कारण है कि उन्होंने काव्य-मीमांसा की एक नूतन शैली विकासित की जिसमें आनन्द-भावना, प्रिय कल्पना और रस रंजन तथा आमोद-प्रमोद को व्यवहार्थ माना गया है। रीत्योन्मुख और पाश्चात्योन्मुख आलोचना को भारतीय काव्य-चिन्तन की ओर मोड़कर प्रसाद जी ने हिन्दी का भारतीय काव्यशास्त्र रचने का प्रयास किया है। प्रसाद मत में शैवों का अद्वैतवाद और उनका सामरस्सुवाला रहस्य सम्प्रदाय, वैष्णवों का माधुर्यभाव उपासना आदि का उद्गम वेदों और उपनिषदों के ऋषियों की वे साधना प्रणालियाँ हैं– जिनका उन्होंने समय-समय पर ग्रन्थों में प्रचार किया था।"

यथार्थवाद के व्याख्याताओं में पाश्चात्य विचारक-प्लेखानोव, लूकाच, मैक्सिम गोर्की, काडबेल, बोरेन्स्की आदि विचारकों के नाम लिये जाते हैं और यथार्थवाद विषयक बहस को सिरे से पाश्चात्योन्मुख कर दिया जाता है। प्रसाद जी हिन्दी के प्रथम आलोचक है, जिन्होंने यथार्थवाद की भारतीय व्याख्या की है जिसमें इतिहास की झलक भी हैं, उनके शब्दों में– "जाति (नेशनलिटी) में धार्मिक और साम्प्रदायिक परिवर्तनों के स्तर आवरण स्वरूप बन जाते हैं, उन्हें हटाकर अपनी प्राचीन वास्तविकता को खोजने की चेष्टा भी साहित्य में तथ्यवाद की सहायता करती है। फलतः आरम्भिक साहसपूर्ण और विचित्रता से भरी आख्यायिकाओं के स्थान पर- जिनकी घटनाएँ राजकुमारों से ही सम्बन्ध होती थी- मनुष्य के वास्तविक जीवन का साधारण चित्रण आरम्भ होता है। भारत के लिए उस समय दोनों ही वास्तविक थे– यहाँ के दरिद्रजन-साधारण और महाश्किशाली नरपति। किन्तु साधारण और उनकी लघुता के वास्तविक होने का

एक रहस्य है। भारतीय नरेशों की उपस्थिति भारत के साम्राज्य को बचा नहीं सकी। फलतः उनकी वास्तविक सत्ता में अविश्वास होना साधारण था। धार्मिक प्रवचनों ने पतन में और विवेकदंभपूर्ण आडंबरों ने अवरोधों में कोई रुकावट नहीं डाली। तब राजसत्ता का कृत्रिम और धार्मिक महत्त्व व्यर्थ हो गया और साधारण मनुष्य जिसे पहले लोग अकिंचन समझने थे, वही क्षुद्रता में महान दिखाई पड़ने लगा। उस व्यापक दुःख, संवलित मानवता को स्पर्श करनेवाले साहित्य यथार्थवादी बन जाता है।" स्पष्ट ही, इसमें यथार्थवाद की भारतीय सन्दर्भ उभारा गया है तथा लघुता के प्रति साहित्यिक दृष्टिपात का ऐतिहासिक अर्थ भी उन्मोचित किया है।

भारतीय काव्यशास्त्र अपने समय का साहित्य शास्त्र भी है और दार्शनिक मतों का साहित्य-संस्करण भी। वस्तुतः प्रत्येक देश और भाषा-साहित्य के काव्यशास्त्र में धर्म और दर्शन की दखल रही है। धर्म मध्यकालीन साहित्य-रचना और आलोचना का उपजीव्य रहा है। आधुनिक काल में धर्म का स्थान राजनीति या राजनीतिक दर्शन ने ले लिया है। रस-सिद्धान्त अपने समय का महान काव्य-सिद्धान्त है। उस समय नाट्य के अन्तर्गत ही काव्य का अन्तर्भाव किया गया था। "रस" मूलतः रंगमंच की भाषा है, जो बाद में सभी साहित्य-प्रकारों के लिए स्वीकृत किया गया है। भारतसूत्र-विभावनुभाव व्यभिचारी संयोगात् रस निष्पत्तिः"– की व्याख्याओं में ही काव्य-चिन्तन की गम्भीरता और व्यापकता देखी गयी। रस-सिद्धान्त सदियों ही नहीं, सहस्त्राब्दियों से काव्य-चिन्तन और विश्लेषण का आधार और प्रतिमान रहा है। अलंकार शास्त्र के अन्तर्गत ही अलंकारवादियों ने सारे साहित्य रूपों तथा काव्य शास्त्र को विवेच्य माना। आनन्दवर्द्धन ने तो "रस-ध्वनि" सिद्धान्त की स्थापना कर काव्यशास्त्र कि बिखरे सूत्रों को मानो समन्वित ही कर दिया। आनन्दवर्द्धन ने कश्मीरी आगामानुयायी आनन्द सिद्धान्त के रस को तार्किक अलंकार-सिद्धान्त से सम्बन्ध कर समन्वय की विराट् चेष्टा का प्रमाण प्रस्तुत किया। किन्तु, अभिनवगुप्त ने इसकी व्याख्या करते हुए अभेदमय आनन्द सिद्धान्त को शैवाद्वैत मत के अनुसार साहित्य में रस की नयी दार्शनिक व्याख्या की। साथ ही उन्होंने अभिनेय काव्यवादी नाट्य-परम्परा का पूर्ण उपयोग करते हुए आनन्द-सिद्धान्त की परिपाटी के हटकर नयी व्याख्या भी की। यदि अभिनव में अभेदमय आनन्द रस का पल्लवन है तो भट्टनायक में "साधारणीकरण" का सूक्ष्म विवेचन। यदि अद्वैतवादियों ने साधारणीकरण के माध्यम से आत्म चैतन्य का रसानुभूति में लीन हो जान की आगमी-दार्शनिक व्याख्या की है तो बुद्धिवादियों ने "रस" के मूल में चैतन्य की भिन्नता को अभेदमय करने के तत् प्रयास और तत्व की पहचन की है। इस प्रकार सम्पूर्ण रस-सिद्धान्त दर्शन की सुदृढ़ और सुष्ठु पीठिका पर प्रतिनिष्ठत है। शैवागम प्रतिभिज्ञा दर्शन के अनुयायी प्रसाद जी ने नये रसों की सृष्टि में नये चिन्तन को महत्त्व देकर अपने चिन्तन की नयी दिशा की सूचना दी है। वस्तुतः प्रसाद जी की कई ऐसी नयी उद्भावनाएँ हैं जिनपर शोध-कार्य की अपेक्षा है। नये रसों की सृष्टि में काल-परिवर्तन और वस्तुगत आधार में आये परिवर्तन को आधार मानकर उन्होंने रस की ऐतिहासिक और सामाजिक व्याख्या की है। ऐसी ही नयी व्याख्या आचार्य शुक्ल की भी है। समय और परिवर्तन की शिला पर कसकर प्रसाद जी ने रस की बद्धमूलता को गति प्रदान की है। प्रसाद जी के इस प्रयास को ज़सूत्रवादी समीक्षकों को समझना चाहिए और नवीनता का नारा लगनेवालों को प्रसाद-चिन्तन में समीक्षा के नये-सूत्रों की तलाश करनी चाहिए। अस्तु!

ध्यातव्य है कि भरत मुनि ने मूल रूप से चार रसों की ही चर्चा कह है और आज बढ़ते-

बढ़ते रस की संख्या दर्जनाधिक हो गयी है। दास्य, वात्सल्य, सख्य आदि भावों और रसों के विकास तथा नये रसों की सृष्टि-प्रक्रिया और उनके भौतिकआधारों की मान्यता देकर प्रसाद ने अपने भाववादी चिन्तन को भी वस्तुवादी आधार दे दिया है। यही प्रसाद की आलोचना का प्रसादत्व भी है और आलोचना का उत्कर्ष भी। अद्वैत दर्शन के वर्चस्व को द्वैतदर्शन ने किस प्रकारतोड़ा और शैव दर्शन को वैष्णव दर्शन ने किस प्रकार अपदस्त किया, इसे प्रज्ञा पुरुष प्रसाद जैसा मर्मज्ञ और निर्मम आलोचक ही ईमानदारी से विवेचित कर सकता था, जो स्वयं अपनी आस्था में अद्वैतवादी रहा है। प्रसाद-चिन्तन की यह एक नयी दिशा है। उनके ही शब्दों में: "माधुर्य के नेतृत्व में द्वैत-भावना से परिपुष्ट दस्य आदि रस प्रमुख बने। आनन्द की भावना इन आधुनिक रसों में विश्रृंखल ही रही। हिन्दी के आरम्भ में श्रव्य काव्यों की प्रचुरता थी। उनमें भी रस की धारा अपने मूल उद्‌गम आनन्द से अलग होकर चिर विरहोन्मुख प्रेम के स्त्रोत में बही। वह बाढ़ वेगवती रही, किन्तु रस-पूर्णता नहीं थी। तात्विक और व्यवहारिक दोनों दृष्टियों से आत्मा की रस-अनुभूति एकांगी सी बन गयी।" एकांगिकता और अतिवादिता प्रसाद को पसन्द नहीं रही है। आचार्य शुक्ल और प्रसाद में "समन्वय" की बड़ी महिमा है।

कला और काव्य की ऐतिहासिक दार्शनिक और भौतिक व्याख्या कर तथा अयुतों वर्ष-व्यापी भारतीय इतिहास के बहुस्तरीय संघर्षों तथा प्राचीन भारतीय अनुषंग एवं व्यापार के विभिन्न देशों की भौगोलिक, सांस्कृतिक तथा ऐतिहासिक विवेचना कर, यथार्थवाद, आदर्शवाद, रसवाद, अलंकारवाद तथा ध्वनिवाद आदि साहित्यिक-सिद्धान्तों की व्याख्या कर प्रसाद जी ने हिन्दी आलोचना के आयाम को व्यापक भी बनाया है और उसे गहराई भी दी है। अतीत और वर्तमान के बीच वैचारिक सेतु-बंध तथा भविष्य के प्रति आलोक-स्तम्भ बनकर प्रसाद ने सिर्फ हिन्दी आलोचना को ही नहीं, कविता, नाटक, आख्यायिका, इतिहास तथा दर्शन को भी नयी अर्थ-दीप्ति दी है।

# "हादसे और आपहुदरी"

*इन्दु वीरेन्द्रा*

रमणिका गुप्ता एक लेखिका से पहले सामाजिक कार्यकर्ता हैं "हादसे" उनकी राजनीतिक यात्रा पर केन्द्रित आत्मकथा है। जबकि "आपहुदरी" एक स्त्री के निज की यात्रा है। इनकी दोनों आत्मकथाओं में यह साफ-साफ दिखाई देता है कि लिखना उनके लिए अभिव्यकति का माध्यम नहीं बल्कि समय और समाज को पारखी नज़र से देखने की कोशिश है। स्त्री के लिए समाज आज भी वही है जिसे मनु ने गढ़ा है परिवर्तन सिर्फ इतना है कि आज की स्त्री शिक्षित होने के साथ आर्थिक रूप से सक्षम भी है लेकिन समाज में उसका मानसिक और शारीरिक शोषण आज भी विद्यमान है। स्त्री को आगे बढ़ते हुए आज भी पुरुष समाज नहीं देख सकता। रमणिका गुप्ता ने लिखा है "समीकरण बदलते रहते हैं पर अगर कोई यह कहे कि हमारा पुरुष समाज औरत को औरत समझकर उसकी हठधर्मिता बर्दाश्त कर ले या सह ले, बख्श दे उनकी उन्मुक्तता तो यह नितांत गलत बयानी होगी।"[1] यह सच है कि पुरुष स्त्री को अपनी मर्जी के अनुसार रखना चाहता है, परिस्थिवश स्त्रियाँ पुरुष सत्ता के अधीन होती चली जाती हैं। "हादसे" स्त्री के अपने चुनाव की कहानी है जो विभाजन की त्रासदी झेलती मुस्लिम महिलाओं की आवाज़ बनकर जवाब माँगती, पति से विद्रोह करके मज़दूरों कामगारों के बीच उनके संघर्ष का जीवन चुनती हैं। लेकिन पितृसत्तात्मक समाज व्यवस्था स्त्री के शोषण का एक भी मौका नहीं छोड़ता। रमणिका जी लिखती हैं "राजनीति में आये नेताओं का औरतों के प्रति अजीब-सा रवैया होता है। अगर उनकी पेशकश को ठुकरा दे और उन्हें टका सा जवाब दे तो वे उसके विरुद्ध चरित्रहीनता का प्रचार करने लगते हैं। राजनीति में औरतों को जलील करने की सोची-समझी परम्परा है जिसको इन्कार करो वही यह कहते हुए घूमने लगता है– मेरे तो पीछे पड़ी थी, बड़ी मुश्किल से मैंने दूसरों को सौंपकर उससे पीछा छुड़ाया है।"[2] स्त्रियों के साथ यही विडम्बना है क्योंकि मुख्य धारा में आने के बाद चुपचाप व्यवस्था के शासन को सहना होता है या विद्रोह करने पर चरित्रहीन करार दी जाती हैं। रमणिका गुप्ता को महज स्त्री होने के कारण हर जगह कमज़ोर करने की कोशिश की जाती है। विधान सभा में आने पर कई बार उन्हें दबाने और डराने की चेष्टा की गयी। वे कहती भी हैं "इन नेताओं के यहाँ औरतों को फुसलाने और फसाने के लिए विधिवत दलाल होते हैं जो केवल औरतों को डिमोरलाइज और हतोत्साहित करने में माहिर होते हैं ताकि राजनीति में आयी स्त्रियाँ इनकी शर्तों पर जीने को विवश हो जायें।"[3] पितृसत्ता हर कदम पर स्त्री की योग्यता को कुचलने की रणनीति बनाता है कभी-कभी तो इन नेताओं ने औरतों को भी दूसरी स्त्री नेताओं को कब्जे में करने के लिए अपना हथियार बनाया है "राजनीति में पहले से आयी स्त्रियाँ नई आने वाली स्त्रियों पर कीचड़ उछालकर जाने अनजाने पुरुषों का हथियार बन जाती हैं किसी उभरती हुई स्त्री नेता पर कीचड़ उछडाल दो फिर वह काबू में आ

जायेगी, ब्लेकमेल के ऐसे हथकडे अपनाने में पुरुषों को देर नहीं लगती। ... फिर वह उसके साथ जा सकती है तो मेरे साथ क्यों नहीं आयेगी? पुरुषों में औरतों को लेकर प्रायः यह भाव भी होता है? मैंने हमेशा इस कब्ज़ाकरण का विरोध किया है। अपनी इच्छा से मैं किसी भड़भूजे के साथ सो सकती हूँ। पर मेरी इच्छा नहीं तो मुख्यमन्त्री भी मुझे नहीं पा सकते।"[4] रमणिका जी का "हादसे" भारतीय राजनीति में स्त्रियों के साथ हुए व्यभिचार के मूयाँकन का आधार प्रस्तुत करती है। भारतीय राजनीति की स्थापित संसदीय संस्थानों में स्त्रियाँ किस तरह से द्विअर्थी संवादों से प्रताड़ित की जाती हैं। यह कई घटनाओं से रमणिका जी बताती हैं हज़ारीबाग जिले के कोयला क्षेत्र में आन्दोलन चलाया था। विधान सभा में एक प्रश्न के उत्तर में राजस्व मन्त्री ने जवाब दिया कि "सुप्रीम कोर्ट में सरकार की तरफ से विस्थापितों को राहत के लिए जो हलफनामा दिया है, वे उसे पढ़ कर नहीं सुनाएंगे क्योंकि वह बहुत लम्बा है छोटे से माननीया सदस्या सन्तुष्ट नहीं होंगी।"[5] इस पर कुछ विधायकों ने लम्बे और छोटे शब्दों का कुस्तिस अर्थ लगाकर ठहाका लगा दिया। श्री राधानन्द झा मुस्कुराकर टाल गये लेकिन रमणिका जी इसके लिए बिल्कुल तैयार नहीं थी। इसी तरह से "वैल" में आकर अपनी बात मनवाने के लिए टेबल पर सदस्यों का चढ़ जाना आम बात है लेकिन जैसे ही एक स्त्री ऐसा करती है तो उसके लिए ऐसे अश्लील शब्द प्रयोग किए जाते हैं "विधायक रगुनाथ झा ताली बजा बजाकर नाच नचनिया नाच।"[6] ये सारी घटनाएँ पूरा सामंती संस्कारों को साफ प्रदर्शित करती हैं। रमणिका गुप्ता का यह मानना है कि जब कोई स्त्री समूह का नेतृत्व करने की क्षमता हासिल कर लेती है तो वह पुरुष की नज़र में या तो देवी का रूप लेती है या माँ अथवा नेता की। इस बात को स्वीकार करना थोड़ा मुश्किल लगता है। अपवाद स्वरूप ऐसा हो भी सकता है, पर हादसे में ऐसे अनेक उदाहरण है जो रमणिका जी के विश्वास को तोडते नज़र आते हैं। चाहे वह समाजवादी नेता एवं बिहार के पूर्व मुख्यमन्त्री स्व. कर्पूरी ठाकुर का प्रसंग हो अथवा कांग्रेसी नेता ललित नारायण मिश्र का। स्वयं रमणिका गुप्ता के लिए ठेकेदार द्वारा भेजा गया पहलवान राजारम जिस तरह का व्यवहार करता है। वह एक स्त्री नेता अथवा कार्यकर्ता के साथ पुरुषों द्वारा किए जाने वाले पुरुषवादी प्रवृत्ति को ही सामने लाता है। इस तरह "हादसे" धर्म, जाति, रूढ़ियों, परम्पराओं के प्रति विद्रोही एक स्त्री की राजनीति, समाज सेवा से लेकर साहित्य में पदार्पण की कथा है, जिसमें वे आदिवासियों, दलितों, किसानों, कोयला खदानों में मज़दूरों के हित हेतु संघर्ष करते हुए आगे बढ़ती हैं।

रमणिका गुप्ता की आत्मकथा "हादसे" औरत के सम्मान की गाथा है। आत्मसम्मान तथा अस्तित्व को महत्त्व देते हुए वे कहती हं "मैं कांग्रेस से त्यागपत्र दे रही हूँ। मैं अपना रास्ता खुद बनाने में सक्षम हूँ। इसलिए अपना रास्ता खोज लूँगी, नहीं तो रास्ता ही मुझे खोज लेगा।"[7] यानी वे किसी पर निर्भर नहीं रहना चाहती परिवार में भी अपनों के खिलाफ जाकर पारम्परिक, रीति-रिवाज़ को अस्वीकार करती हैं क्योंकि इससे स्त्री का अहित होता है। उनकी आत्मकथा में स्त्री मुक्ति, स्त्री निर्णय की बात है। वे मानती हैं कि औरत की पहचान उसके मर्दानी सोच या पहनावे से नहीं बल्कि मनुष्य होने से है इसलिए वे कहती हैं "अपनी अलग पहचान बनाने की धुन मुझमें इतनी तीव्र हो गयी थी कि अगर किसी समारोह का निमन्त्रण-पत्र मेरे नाम पर न आये तो मैं प्रकाश के साथ श्रीमती वी.पी. गुप्ता बनकर जाने से इनकार कर देती थी। "मुझे लोग मेरे कारण पहचाने प्रकाश की पत्री होने के कारण नहीं मेरे मन में यह भावना अति तीव्र हो गयी थी।"[8] इनकी आत्मकथा अस्मिता की तलाश में निकली स्त्रियों को प्रेरणा देती है।

"हादसे" के विपरीत आपहुदरी" एक स्त्री के निज की यात्रा है। "आपहुदरी" स्त्री देह की शुचिता, अपराधबोध और सामाजिक मान्यताओं पर गहरा प्रहार करती है। जिस देह का भोग उन्होंने अपने परिवेश में देखा, घर के सुरक्षित माहौल में बचपन में उस देह का शोषण हुआ, उस देह का स्वयं उन्होंने भी अपनी महत्त्वाकांक्षाओं, भौतिक ज़रूरतों के हिसाब से कभी स्वयं प्रयोग किया, कभी होने दिया। वे लिखती हैं "मेरे आत्मकथ्य का सच यह साबित करता है कि शुचिता कोई मुद्दा ही नहीं है। यह पुरुष वर्चस्व के लिए बनाया गया एक मिथक है, जिसके तहत स्त्री, पुरुष की नज़र में जितनी बार अपवित्र होती है, उतनी ही बार वह अपनी नज़रों में गिरती है। इस मापदंड से मुक्त होकर ही औरत एक स्वतन्त्र औरत बन सकती है। वह अपवित्र होने के बोध से बच सकती हैं। इस हीनता से उबरना ही उसे मुक्ति दे सकता है। यह सच है कि स्त्री स्वयं ही अपने गिर्द अपराध बोध के पनपने और महकने की कथा बुनती रहती। ... शुचिता भंग होने के बाद मैंने यौन-सम्बन्धों की गोपनीयता के नियम तोड़े। गोपनीयता ही स्त्री परतन्त्रता की सबसे बड़ी औजार है, यौन की गोपनीयता न सिर्फ स्त्री के लिए घातक है बल्कि सामाजिक व्यवस्था के लिए भी खतरनाक है। यही अपराधों को जन्म देती है। न रिश्तों में छिपाव होंगे, न कोई ब्लैकमेल कर सकेगा।"[9] अपने इन्हीं विचारों और स्वभाव के साथ उन्होंने अपने जीवन को अकुंठ भाव से जिया। रमणिका गुप्ता के उन्मुक्त जीवन दृष्टि के पीछे उस परिवार की भूमिका से इन्कार नहीं किया जा सकता, जो बेटियों के मामले में "कुड़ीमार" कहा जाता था तथा जिसकी तीन बुआ इस वंश की जिन्दी बेटियों की पहली पीढ़ी थी। किन्तु इसी समाज में एक ओर सामंत व स्त्री विरोधी रूढ़ मान्यताएँ, परम्पराएँ जड़ जमाएँ हैं, तो दूसरी ओर पुरुषों के लिए भोग की सहूलियतें, उनके रंगीले स्वभाव को नज़र अंदाज किया जाना, परिवार और रिश्तों में सुविधावादी भोगवाद और पुरुषवादी सोच के बीच एक बच्ची पर पवित्र रिश्तों का प्रहार उसे "आपहुदरी" और उन्मुक्त बनाने के लिए पर्याप्त है वस्तुतः रमणिका गुप्ता की आत्मकथा सामंती परिवारों में स्त्री देह शोषण के कई रूपों को सामने लाती है। यह वहीं भारतीय समाज है जहाँ इक्कीसवीं सदी में स्त्री के परस्पर देह सम्बन्धों पर आधारित फिल्में बनने पर समाज में तहलका मच जाता है या सोशल मीडिया पर स्त्रियों को तन ढकने वाले कपड़ों को पहनने के तालिबनी फरमान बड़ी आसानी से नैतिकता और संस्कृति के आवरण में लपेटकर प्रस्तुत कर दिए जाते हैं। लेकिन इसी भारतीय समाज में 1940-50 के मध्य एक भाभी दारा अपनी छोटी ननद का, एक आर्यसमाजी मास्टर का दीर्घ काल तक अपनी शिष्या का, एक चेचेरे भाई द्वारा बहन का, नाना के नौकर द्वारा बालिका रमणिका के देह का शोषण इसी पितृसत्तात्मक समाज का घिनौना सच है। करीबी रिश्तों की यह विकृति रमणिका को यह सोचने पर विवश करती है। कभी-कभी मैं मन-ही-मन यह मनाने लगती थी कि मैं जल्द बूढ़ी हो जाऊँ तकि लोग मुझे मात्र सेक्स का पात्र न समझे।"10 शरीर के इस शोषण ने भविष्य में उन्हें प्रेम की खोज में भटकाए रखा। इस भटकाव का एक उदाहरण संजय का प्रेम प्रसंग है। "मेरा सौदा भी करते हो और प्यार भी जताते हो मैं तुम्हारे कारण आयी हूँ।"[11] अपनी आत्मकथा में वह स्वीकारती भी हैं कि मैं भटक भी गयी थी। दैहिक सम्बन्धों के प्रति बचपन से भय, घृणा, अपराध बोध, जिज्ञासा, आकर्षण, सुख के भाव के साथ सामाजिक दोहरेपन ने भविष्य में उन समस्त वर्जनाओं को तोड़ने का साहस उनमें उत्पन्न किया। यही कारण है कि वे निस्संकोच भाव से अपने विवाह पूर्व व पश्वात् के अनेकानेक रिश्तों का सच स्वीकार करती हैं। उनका

प्रेम विवाह इस शोषण और उस घर से निजात पाने का नज़रिया बना। यह विवाह उन्होंने अपने परिवार के विरुद्ध जाकर की थी। एक दिन मेरे पापाजी ने आजिज आकर कहा "यह फैसला तो हजसना की गोदा नहीं तो तुम दोनों में से किसी एक को जहर खाना होगा तुम्हारी माँ को या तुम्हें। मैंने तुरन्त जवाब दिया मेरी माँ और आप ज़िन्दगी का सुख देख चुके हैं, भोग चुके हैं, मुझे अभी जिन्दगी देखनी बाकी है इसलिए जहर मैं नहीं खाऊँगी, बीबी जी खाएँ।"[12] ये एक स्त्री द्वारा अपनी इच्छा को महत्त्व देने की बात है जो पुरुष अहं को टेस पहुँचाता है। आधुनिकता का दंभ भरने वाला सामंती परिवार जो उस जमाने में सबसे आगे था, वह पिता परदा प्रथा को खतम कर रहा था, पत्री को अपने साथ धौरे पर ले जाता था, वही पिता रूढ़ियों को सीधे नहीं लादता पत्री के ज़रिए घर पर लागू करता है। लेकिन अपने विवाह में विश्वास की कमी, जलन, शक, के बंधन से त्रस्त जीवन को वे स्वयं का "आदर्शवादिता का शिकार" होना कहती हैं। स्त्री-पुरुष। अपनी दैहिक ज़रूरतों को छिपाकर भोगते हुए कथित सामान्य, सभ्य, सुसंस्कृत, सामाजिक जीवन के धर्म का निर्वाह करते हुए दोहरा जीवन जीते रहे हैं। लेखिका के नाना, पिता, पति, भाई, गुरु, नौकर के इस भयानक चेहरे के इस भयानक चेहरे को परिवार और समाज द्वारा प्रायः अनदेखा किया जाता है और उनकी सामाजिक छवि को बनाए रखने की प्रवृत्ति भी देखी जा सकती है, यह आत्मकथा मध्य और उच्च वर्ग के परिवारों में नैतिक मूल्यों के यतार्थ को चिह्नित करती है। यहाँ एक प्रश्न स्वाभाविक रूप से उठता है कि मानवीय दुर्बलताओं के विषय में समाज में एक ही मापदंड क्यों नहीं है? स्त्री व पुरुष को अलग-अलग खांचे में रखकर इसका आकलन करना किस तरह तार्किक या न्याय संगत है? पुरुष के भोगवाद को अनसुना या अनदेखा करने वाला समाज स्त्री के विषय में अपना नजरिया अलग क्यों रखता है? जब पति-पत्नी समान धरातल पर अवस्थिति हों तब निष्ठा और समर्पण की माँग केवल स्त्री से क्यों? समाज की पितृसत्तात्मक मानसिक संरचना में यह दृष्टिकोण किन स्थितियों की ओर इंगित करता है। वस्तुतः यह प्रवृत्ति समाज में स्त्री की उस ऐतिहासिक स्थिति को रेखांकित करती है जहाँ उसकी लैंगिक पहचान के उसके मनुष्य होने की पहचान से अलग रखा गया है। दुर्बलताएँ और भटकाव यदि पुरुष के हैं तो क्षमायोग्य माने गये। किन्तु स्त्री में परिलक्षित यही कथित दुर्गुण समाज द्वारा ही नहीं स्वयं सम्बन्धित स्त्री में भी अपराध बौध को सघन करते रहे। लेखिका के आपहुदरी व्यक्तित्व ने, जिद में सम्भवतया इसी अपराध बोध से जंग टानी तथा बारम्बार देह और भोग के चरम को स्पर्श करते हुए शुचिता के तमाम मानदण्डों पर प्रहार किया। शुचिता के इन मानदण्डों ने ही स्त्री के लिए एक के बाद एक कई कारागार तय किए। रूढ़ियाँ, मान्यताएँ, परम्परा, संस्कृति के उच्च और शुभ आवरण के भोर से शोषण के सामंती तौर-तरीके निर्मित हुए। घरों की चहारदीवारी के भीतर यह सांस्कृतिक आवरण अक्सर खंडित हुए। लेकिन समाज ने स्त्री के भीतर भय, अपराध बोध, सन्तानें यौन ग्रन्थि द्वारा उसे वश में रख परतन्त्रता की सामंती पकड़ बनाए रखी। रमणिका गुप्ता मुक्त प्रेम और आत्मिक सन्तुष्टि के लिए वफादारी और विश्वासघात जैसे मिथक पर नोंक पर विचार रखती है, "मेरे मन में वफादारी या विश्वासघात की परिभाषा बदल गयी। क्या कभी निभाने के नाम पर या वायदे को निभाने के लिए प्यार किया जा सकता है, मैं खुद से सवाल करती। प्यार निभाने में दायित्व का पुट शामिल हो, तो वह शुद्ध प्यार कैसे होगा? जो केवल निभाया जाये वह भला निखालिस प्यार कैसे हो सकता है? समाज का बन्धन भले ही वह क्या फायदा ऐसी वफादारी का, जो गुलाम बना दे,

जिसमें हम प्यार करने को मुक्त न हों, ऊँटे में इधर हम बैल की तरह स्वामिभक्त हो सकते हैं पर मनुष्य की तरह प्यार नहीं कर सकते।"[13] दरअसल परस्पर विश्वास और निष्ठा आरोपित न होकर स्वतः स्फूर्त मानव गुण है जो निर्द्वन्द्व आत्मा में बिना किसी दबाव के सहजभाव से उत्पन्न होते हैं। लेखिका को उन्नत यात्रा इसी कारण वफादारी विश्वासघात जैसे शब्दों को निरर्थक बताती है। यह मुक्त भाव मानव की उस आदिम स्थिति का भान कराती है जहाँ वह ईर्ष्या, डाह, अधिकार, इन्धन से मुक्त रहा होगा। स्त्री के प्रति पितृसत्ता की मानसिकता, उसे भोग्या मानने की प्रवृत्ति के अनेकानेक उदाहरण दिखायी देते हैं। दरअसल यहाँ एक बाल यौन शोषण की शिकार स्त्री ने की देह को ही उसका कारागार मानते हुए उसका भरसक दोहन कर इस देह की व्यर्थता के इन को स्पर्श कर यह सिद्ध किया कि सर्वप्रथम स्वयं स्त्री को ही अपनी देह से असम्पृक्त, निरपेक्ष होकर स्वयं को एक "मनुष्य" समझने की दरकार है। वस्तुतः यह देह के अर्थ से मुक्ति की यात्रा है। रमणिका गुप्ता की राजनीतिक यात्रा विभिन्न राजनीतिक पार्टियों के भीतरी दृश्य, स्त्री के प्रति उनकी मानसिकता पर विस्तार से प्रकाश डालती है। स्त्रियों का चरित्रहनन राजनीति में आम बात है। कथित रूप से उच्च स्तर के नेताओं द्वारा स्त्रियों का दोहन जिसकी शिकार रमणिका गुप्ता स्वयं भी रहीं वे महत्त्वाकांक्षी स्त्रियों की राजनीति में दुरावस्था की ओर पर्याप्त संकेत करती है। किन्तु उन्होंने ऐसे परिवेश में भी कुछ यात्रा से अपनी राजनीतिक यात्रा की शुरुआत से धनबाद, दिल्ली तक विरोध, छल, चुनौतियाँ, संघर्ष, साजिशों, धोखा, प्रदर्शन, हड़ताल तक विभिन्न परिस्थितियों में आये प्रत्येक कदम को उन्होंने अपनी शर्तों के अनुरूप ही उठाया। ये उनके संघर्षशील प्रवृत्ति की चरम स्थिति है कि वे सर्वाधिक उपेक्षित दलित, आदिवासियों, अल्पसंख्यकों, किसानों के लिए आज भी बुलन्द और दृढ़ आवाज के रूप में कार्यशील है। इस आत्मकथा का पहला अध्याय उनके द्वारा घोड़े पर चढ़कर पहाड़ पर जाने की जिद से शु डिग्री होता है। आगे चलकर वह जिद ही देह भोग, प्रेम मूल्यों के विषय में मुक्त भाव से अपना दृष्टिकोण गढ़ती है। प्रेम और देह के विषय में लेखिका को अपना दृष्टिकोण और तर्क हैं "मेरी मुक्ति की छटपटाहट के तीन पहलू थे, शहीदाना अंदाज में त्याग, प्रेम भरी स्नेहयुक्त लगन, लक्ष्य के प्रति आस्था की। उदात्तता और विराटता। मैंने प्रेम के पहलू से शुरुआत की। शायद इसलिए भी कि प्रेम करने से वर्जित स्त्री के लिए प्रेम की छूट ही मुक्ति का पहला सोपान है। बाकी सब तो वह स्वयं अर्जित कर लेती हैं। प्रेम से देह का नाता है और प्रेम करने के लिए स्वतन्त्रता का अर्थ ही है। देह पर स्त्री का अपना अधिकार होना। इस परिवेश में मेरे भीतर प्रेम का नया रूप निर्मित हो रहा था। प्रेम के विकास, विस्तार, विराटता और उदात्तता के लिए ज़रूरी है मुक्ति की। छटपटाहट का होना। मैंने अपने जीने की, अस्तित्व की चाह को प्रेम से जोड़कर देखना शु डिग्री कर दिया था। मुझे दोनों एक-दूसरे के पर्याय लगने लगे थे। अस्तित्व के लिए प्रेम ज़रूरी है। और बिना अस्तित्व के प्रेम हो ही नहीं सकता। देह ही तो माध्यम है अस्तित्व का। कोई प्रेम करे, दुलार करे, संघर्ष करे या संभोग, देह की दरकार तो होती ही है।"[14]

रमणिका गुप्ता मानती हैं कि उनका मार्ग अनंत स्नेह, अगाध श्रद्धा और बेलाग प्रेम को पाने के लिए था, किन्तु राजनीति में उन्हें एक भोग्या समझा गया। पुरुषों के प्रति अपने आकर्षण को वे मुक्त भाव से स्वीकार करती नहीं। कभी अपनी दुर्बलताओं के कारण, कभी मुक्त प्रेम की तलाश में उन्होंने कई रिश्ते बनाए "सत्य तो यह है कि मुझे खुद ही खुद से मुक्त होना है।

मैं अपनी ही कमजोरी का शिकार होकर फिसल जाती रही हैं। जिन कमज़ोरियों के खिलाफ मैं झंडा बुलन्द करती रही, उन्हीं की शिकार मैं खुद होती रही। पुरुष मेरी ग्रन्थि है। औरत को खुद अपने को ही मुक्त करना है, पुरुष ग्रन्थि से। पुरुष स्त्री की दुखती रग भी है। या तो वह रिश्ता सहज हो जाये या दोनों की एक-दूसरे के प्रति मानसिकता सहज हो जाये, तभी यह ग्रन्थि तोड़ी जा सकती है। केवल औरत की मानसिकता बदलने से काम नहीं चलेगा, समाज की मानसिकता भी बदलनी होगी।"[15] आगे चलकर मुक्त प्रेम की यही तलाश उपेक्षितों की मुक्ति में रूपांतरित हुई। किसानों, मज़दूरों, दलितों, आदिवासियों के रूप में मानव मुक्ति को तलाशती लेखिका स्वयं घोषणा करती है "व्यक्तिगत प्रेम पर सामूहिक प्रेम, श्रद्धा पर विश्वास या भरोसा हावी हो गया या ये कहूँ कि मैंन खुद को समूह का अंग मान लिया। मैं समूह बन गयी।"[16]

निश्चित ही तमाम भटकावों के बावजूद उनके भीतर सत्य की तीव्र आँच ही थी जिसने उनकी अस्मिता को एक सकारात्मक आकार दिया। सकामंती परिवेश में पली-बढ़ी रमणिका गुप्ता का यह आत्मदर्शन पितृसत्ता की रूढ़ियों, मान्यताओं से निर्मित समाज को तार-तार करता उनका मुक्ति पर्व है।

रमणिका गुप्ता की आत्मकथा पढ़ने के उपरान्त एक तथ्य सामने आता है, उनकी आत्मकथा ज़िन्दगी की तल्ख सच्चाईयों से मुठभेड़ करके एक व्याकुलता के रूप में उभरती है। स्त्री मुक्ति की सबल पक्षधर रमणिका गुप्ता निजी तौर पर पुरुषों की विरोधी नहीं। वे स्वयं कहती हैं ऐसा नहीं है कि मैं पुरुष समाज की विरोधी हूँ। मैं महिला-मुक्ति की उन हदों को नहीं छूती जहाँ पुरुषों को नकारा जाये। मैं जानती हूँ कि पुरुष औरत की सबसे बड़ी कमज़ोरी है और औरत पुरुष की, इसलिए दोनों को साथ-साथ चलना ही पड़ेगा।

## सन्दर्भ


1. रमणिका गुप्ता, हादसे, पृ. 15
2. वही, पृ. 275
3. वही, पृ. 245
4. वही, पृ. 264
5. वही, पृ. 249
6. वही, पृ. 257
7. वही, पृ. 26
8. वही, पृ. 26
9. वही, पृ. 20
10. वही, पृ. 125
11. वही, पृ. 291
12. वही, पृ. 24
13. वही, पृ. 203
14. वही, पृ. 272
15. वही, पृ. 363
16. वही, पृ. 495

# बंजारा लोक गीतों का सांस्कृतिक अध्ययन

*प्रतिभा मुदलियार*

भारत देश में कई सारी लोकसंस्कृतियाँ हैं। लोक संस्कृति को लोग साधारणतया ग्रामीण संस्कृति का पर्याय मानते हैं। जबकि यह उन सभी लोगों की संस्कृति है जो किसी समुदाय का हिस्सा है, जिनकी अपनी कुछ मान्यताएँ तथा परम्पराएँ हैं। बंजारा संस्कृति भी भारत की एक महत्त्वपूर्ण संस्कृति है और जिसकी अपनी एक भाषा तो है किन्तु न तो उसकी अपनी कोई लिपि है और ना ही कोई उसका अपना कोई व्याकरण। फिर भी इनके गीत और कथाएँ आज भी मौखिक रूप में जीवित है। इनकी संस्कृति में समय के साथ कुछ बदलाव तो आते रहे हैं किन्तु इनके लोकगीतों में कभी ठहराव नहीं आया है। वे किसी नदी की धारा के समान निरन्तर प्रवाहमान रहे हैं, जिसमें उसकी अपनी एक सुगंध भी होती है। उनके गीतों से उनकी संस्कृति की छवियाँ साकार होती रही है।

बंजारा वह व्यक्ति है, जो बैलों पर अनाज लादकर बेचने के लिए एक स्थान से दूसरे स्थान जाता है। इन बंजारों का कोई ठौर ठिकाना नहीं होता ना ही कोई घर द्वार। अपना पूरा जीवन वे यायावार, घुम्मकड्डु बनकर रह जाते हैं। इनका किसी स्थान विशेष से कोई लगाव नहीं होता। सदियों से यह समाज देश के दूर दराज इलाकों में निडर होकर यात्राएँ करता रहता है।

बंजारों का मूल लगभग सभी इतिहासकारों ने राजस्थान को ही माना है। बंजारा समाज भारत के प्रत्येक प्रान्त में अनेक नामों से जाना जाता है, जैसे महाराष्ट्र में बंजारा, कर्नाटक में लमाणी, आंध्र में लम्बाडा, पंजाब में बाजीगर, उत्तर प्रदेश में नायक। अनादि काल से यह समाज व्यापार करता रहा था। तब से इस जाति को वाणिज्यकार के नाम से सम्बोधित किया जाता है। वाणिज्य शब्द को हिन्दी में वणज कहा जाता है तथा बनज से ही बनजारा शब्द की व्युत्पत्ति हुई है। बणजारा शब्द मुक्त जीवन के प्रतीक के रूप में प्रयुक्त किया जाता है, आप को हिन्दी गीत की वह पंक्तियाँ तो याद ही होगी,

ईक बणजारा गाये, जीवन के गीत सुनाये
हम सब जीनेवालों को जीने की राह सिखाए।

कर्नाटक की कई जातियों में बंजारा प्रमुख हैं। रंगीन आकर्षक पहनावे और गहनों से अलंकृत इन बंजारा स्त्री पुरुषों में उनकी संस्कृति प्रतिबिम्बित होती है। उत्तर भारत के राजस्थान मूल के ये लोग भारत के कोने कोने में फैले हुए हैं और समूचे भारत में इन्हें बंजारा के नाम से पहचाना जाता है। इनकी विशिष्ट वेशभूषा, भाषा, संस्कृति, रहन सहन आदि में अधिक समानता है।

जिस प्रकार किसी भी शुभ कार्य के प्रारम्भ में मंगलाचरण होता है, भगवान से प्रार्थना की जाती है वैसे ही बंजारों में प्रार्थना की जाती है। इसके लिए भी एक गीत है,

ये पणि जे पणि
गंगा पणि सरसती
निरंकार तू हर जे बोलो।

उपर्युक्त प्रार्थना के अनुसार गंगा सरस्वती का परिसर ही बंजारा संस्कृति का मूल बस्ती स्थान है। बंजारा समाज में नारियों को भी 'हरपळी' कहा जाता है। 'हरपळी' का बंजारा बोली में अर्थ- हड़प्पा की रहनेवाली। इस सन्दर्भ में यह गीत दिखाई देता है।–

मारा हरपळी याडी
मारी हरपळी बाई
मार हरपळ नायकन

बंजारा संस्कृति में ज्यादातर लोग गाय-बैलों का ही व्यापार करते थे। जिस कारण बंजारा समाज को 'गोर समाज' भी कहा जाता है। हड़प्पा संस्कृति के लोग भी खेती, व्यापार करते थे। इससे स्पष्ट होता है कि, बंजारा जाति यह सिंधु संस्कृति तथा हड़प्पा संस्कृति के काल की रही है। सिंधु संस्कृति की बहुत सारी मान्यताएँ बंजारा संस्कृति में दिखाई देती हैं।

एक सर्वे के अनुसार कर्नाटक में बंजारों की जनसंख्या 44, 72.000 है और इनको परिशिष्ट जातियों में वर्गीकृत किया गया है। बेलगाँव डिविजन में जिसमें बागलकोट, वेलगाव, विजापुर, धारवाड, गदग, हावेरी और उत्तर कन्नड इलाको में इनकी संख्या रगभग 14 से 15 लाख तक मानी गयी है। इनकी बस्तियाँ शहर से दूर होने के कारण शिक्षा, बिजली, सडक, जल आदि सुविधाएँ इन तक बहुत कम पहुँचती हैं। ये लोग अपने अपने तांडों में रहने के कारण भी इन्होंने अपनी भाषा और संस्कृति को सुरक्षित रखा है। ये लोग अपनी भाषा को गोरबोली, बंजाराभाषा या लमाणी भाषा कहते हैं। कर्नाटक में इनकी भाषा पर मराठी और कन्नड का प्रभाव विशेष रूप से दिखाई देता है। इस भाषा की अपनी कोई लिपि तो नहीं है। किन्तु देवनागरी लिपि का प्रयोग आज उनके साहित्य के लिखित रूप के लिए किया जा रहा है।

इनका साहित्य विशाल और वैविध्यपूर्ण है। बंजारा लोगों को कर्नाटक में लम्बानि या लमाणि के नाम से जाना जाता है। इनके कबिलों को तांडा कहा जाता है। ये स्वयं को राजपुतों के वंशज मानते हैं और हिन्दु धर्म का ही परिपालन करते हैं। अतः विशिष्ट अनुष्ठानों, तीज, त्योहारों में इनकी जुँबा पर अपने आप कुछ विशेष गीत आने लगते हैं। इनमें जन्म से लेकर मृत्यु तक विभिन्न अवसरों पर गीत गाए जाते हैं। इनको संस्कार गीत कहा जाता है। ये उनके जीवन का अभिन्न अंग है। ये गीत लिपिबद्ध नहीं है। इनमें जो गीत गाए जाते हैं उनके कुछ विशिष्ट नाम भी हैं जैसे एकळपोयेर या वदाओं (पुत्र जन्म से सम्बन्धित), वळंग (मुँडन के समय का गीत), धुंड गीत (होली के समय सुखमय जीवन की कामना का गीत), इसके अलावा देवी देवताओं से मिन्नत माँगने के लिए भी गीत गाए जाते हैं, इनमें तुलजा भवानी. सीतलामाता प्रमुख हैं। विवाह के समय मंगलगीत, प्रेमगीत, छेडछाड गीत, ढावलों तथा हवेली आदि गीत भी गाए जाते हैं। दूसरी ओर कटाई, बुआयी करते समय, चक्की पीसते समय आदि विभिन्न अवसरों पर भी गीत गाए जाते हैं।

इनके गीतों में मुग्धता, भोलापन, मादकता, मधुरता तो है ही साथ ही जीवन के प्रति आस्था भी है। लय, ताल इनके गीतों की विशेषता है। ये गीत मौखिक होने के कारण इनका लिखित रूप नहीं मिलता और पीढि दर पीढि एक मूँह से दूसरे मूँह तक पहुँचते समय इनमें

काफी परिवर्तन भी हो जाता है। इनके गीतों में व्याकरण का ध्यान नहीं रखा जाता। इन गीतों का किसी व्यक्ति के नाम से गीत का कोई पेटेंट नहीं होता। लोग बस यह मौखिक परम्परा बनाए रखते हैं। बंजारों के गीत लिखित रूप में संकलित नहीं है। वह संगोष्ठियों, शोध कार्य आदि के कारण कुछ संकलित रूप में हमारे सामने आ रहे हैं। इन गीतों के लिए देवनागरी लिपि का प्रयोग कर लिखित रूप दिया जाता है। महाराष्ट्र में मराठी के प्रभाव से हिन्दी प्रदेश में हिन्दी के प्रभाव से यह संकलित किए जा रहे हैं। इसलिए यह अल्पज्ञात है जिसे लिखित रूप में सामने लाया जा रहा है।

बंजारा लोक साहित्य में लोकगीत शीर्ष पर हैं। सर्वप्रिय भी है। इन लोकगीतों में एकजीवन पद्धति है, संस्कार है, संस्कृति है और जीवन दर्शन भी है। इन लोकगीतों में तीज-त्योहार, जन्म मृत्यु, सुख-दुख, प्रकृति-परिश्रम, नीति-भक्ति आदि से सम्बन्धित भाव विचार मिलते हैं। इन गीतों में अभिव्यक्त संस्कृति का अध्ययन यहाँ प्रस्तुत है।

संस्कार गीत बंजारों में विशेष महत्त्व के हैं। जन्म, नामकरण, मुँडन, विवाह और मृत्यु आदि से सम्बन्धित संस्कार बंजारा समुदाय में परम्परागत रूप से आचरण में लाए जाते हैं और ऐसे समय कुछ संस्कार गीत भी गाए जाते हैं। इनमें एक जो महत्त्वपूर्ण गीत है जिसे एकळपोयु गीद कहा जाता है। यह गीत पुत्रजन्म के अवसर पर गाया जाता है। बंजारों के परिवार में पुत्र का जन्म किसी उत्सव से कम नहीं होता है। इस पुत्र को सेवाभाया कहा जाता है। पंक्तियाँ द्रष्टव्य हैं,

'सेवाभाया जलमों येघर दूयों वजाळो
भगवान जलमों येघर हूयो वजाळो।
याडि बापूरि आसिस ये बेटा जलमों ये
देवू, धरमूरि आसिस ये बेटा जलमो ये।
आचि आचि घडी ये सूरज्या जलमों ये
छटीमातार आसिस ये याडी घडी ये।
चाँदा सूरजोरी उमर ये बेटान आसिस ये।
माँ-बापेरि रे छडिवेन रिसतू
सेवाभायार आसिस तोनरे बेटा
भगवानेर आसिस तोनरे बेटा'।[1]

यह एक प्रकार का प्रार्थना गीत है जिससे बच्चे को भगवान का आशीर्वाद प्राप्त हो सकें। इस गीत में बच्चा बड़ा होकर अपने माता पिता तथा समाज के रक्षक बनने की प्रार्थना की जाती है। इसमें आनेवाले प्रतीक, रूपक तथा लय आदि अर्थपूर्ण होते हैं। इन गीतों के माध्यम से बंजारों का अभिव्यक्ति सौन्दर्य तथा उनकी कल्पनाशीलता को देखा जा सकता है। पुत्र जन्म पर होनेवाली खुशी इतनी है कि उनको लगता है जैसे सारा घर सूर्य के प्रकाश से भर गया है। इस गीत में वजाळो, बापूरि, आचि आचि घडी, आसिस ये शब्द हिन्दी और मराठी से प्रभावित है। उजालो– वजाळो, अच्छि- आचि, घडी- क्षण, आसिस- आशिष।

उनका एक अन्य गीत 'दळना धोकायेरो' कहलाता है। जिसमें बंजारा लोग जन्म के बाद 'छठी मता' की आराधना करते हैं। उसके बाद बच्चे को पालने में डालने की रस्म की जाती है

1. बंजारा लोकगीत, ड़ा. गुलाब राठोड– पृ 21 लेखनी प्रकाशन, नई दिल्ली

जिसे 'छोरान तोटलाम घोलेरो' का कहा जाता है। इस गीत की कुछ पंक्तियाँ द्रष्टव्य है

वेमाता हासती हासती आयेस।
रोती रोती जायेस।।
लेपो, लावण लेन पर जायेस।
सुवो सुतळी लेन आयेस।।
वेमाता हालन फूलन रकाडेस
सण ढेरो लेन आयेस
वेमाता सुई दोरा लेन पर जा लेन जायेस
सण सुतळी सुवो लेन आयेस।

इस गीत में स्त्री वेमाता अर्थात प्रसुता से हँसते-हँसते घर आने को तथा रोते रोते जाने को कह रही है। इस गीत में लेपो -लावण तथा सुई-धागा शब्दों का प्रयोग बहुत ही उल्लेखनीय है। लेपो लावण बंजारा स्त्रियों के लहंगे को कहते हैं। सुई धागा लमाणी महिलाओं के जीवन से जुड़ा अहम हिस्सा है। इस गीत की यह पंक्तियाँ कि हँसते आना और रोते जाना भी विशेष उल्लेखनीय है जिसका अर्थ है यदि लड़की का जन्म हो तो तुम यहाँ से रोते जाना और पुत्र का जन्म हो तो हँसते आना। 'बंजारों में भी बेटी का जन्म भी सम्भवतः बोझ माना जाता रहा होगा जैसा की अन्य समुदायों में भी है'।[1] कारण बेटी के जन्म पर पिता को उसकी शादी ब्याह की चिन्ता रहती है।

'छोरोम धुंडेरो' नामक एक और रस्म है जिसमें बच्चे का नामकरण किया जाता है। 'बाळलट्टा काढेरो' नामक संस्कार मुँडन संस्कार है।

विवाह संस्कार में प्रत्येक अवसर पर इनके यहाँ गीत है। जिसमें सगाई से लेकर विवाह सम्पन्न होने तक के विविघ विधि विधान हैं, जिसपर उनके गीत हैं और इन गीतों में उनकी संस्कृति भी झलकती है। इन गीतों में उनके भाव भी है और पारम्परिक नृत्य भी। इनके विदाई के अवसर पर जो गीत गाए जाते हैं उसमें दुल्हन के मनोभाव अभिव्यक्त होते हैं। वह अपने माता, पिता, भाई, सखियाँ तथा तांडा के नायकों से सम्बोधित करते हुए अपने मन के भाव व्यक्त करती है और पराए घर जाने का दुख व्यक्त करती है। किंतु इस गीत की जो सबसे बड़ी सांस्कृतिक विशेषता यह है कि दुल्हन हवेली से, गाय, बैल, बकरी से सम्बोधित करती है और उनसे बिछुड़न का दर्द उसके गीतों में झलकता है, द्रष्टव्य है,

हवेली ये आँ हियाँ..
तोती छुटो धोळो घन
मोतो छुटो मारे जे
बापुरो बंगला आँ हियाँ...
वेसु तो सो कांसेरी वाळ न लाग
काडी काडी कर सासी ये माया जोड़ी
XXX
ये हवेली ये आँ हियाँ...

---

1. The art and literature of Banjara's– A socio- cultural study. Dhansing B Nayak– Page -17

दूध, घी ये रो कालवा चलायेस
अन धनेरी कमी नवेस पाणी पावसेरी
कमी न वेस
ये हवेली ये आँ हियाँ...
गुरु र आसिस देस ये
ये हवेली आँ हियाँ

यह एक बहुत ही लम्बा गीत है। किन्तु इसमें मैंने उन्हीं पंक्तियों को लिया है जिसमें मुझे बंजारा संस्कृति की कुछ भिन्न विशेषता नज़र आयी। दुल्हन अपनी विदाई के समय हवेली के प्रति हित की कामना करती है कि यहाँ जिस नगर में मेरे पिता की हवेली है वहाँ दूध, घी की नदियाँ बहे, वहाँ अन्न, धन और पानी की कभी कमी ने आये और इन पर गुरु का आशिष बना रहें। इसमें 'पानी की कमी कभी न हो' इसमें जो विशिष्ट गर्भितार्थ है। बंजारो का निवास स्थान प्रमुखता से राजस्थान है, जो रगिस्तानी इलाका है। जहाँ पानी की कमी होती है। रेगिस्तान में बदरी का घिर आना और पानी का गिरना आहोभाग्य होता है। दुल्हन की चाहत है कि उसके पिता की नगरी में कभी पानी की कमी ना हो।

मनुष्य जीवन का अन्तिम पड़ाव मृत्यु इस अवसर पर भी एक गीत उपलब्ध हैं। यह गीत शोक गीत है। किन्तु इनमें एक जो उल्लेखनीय है वह यह कि तांडा के नायक अन्तिम सम्बोधिन, वह कहता है,

सामळो भाईयो
गोरमाटी मा एत कावत छ
जिवतेन बाटी
मूयेन माटी
इ जग रूढी छ करन म
रोवामत सासो करोमत
करन केरोचू भाईयों।।[1]

तांडा नायक सभी को सम्बोधित कर कहता है कि हम सब जानते हैं कि बंजारों में एक कहावत है कि जीवित को बाटी (रोटी) मृतक को मिट्टी। यह तो संसार का दस्तुर ही है, इसलिए रोना नहीं है।

बंजारों में जीवन के विभिन्न अवसरों पर किए जानेवाले विधिविधानों के अवसरों पर जो गीत गाए जाते हैं उनसे एक बात निश्चित रूप से ज्ञात होती है कि इन गीतों में जहाँ खुशी है, उपदेश है वहीं शोक भी है। वहीं दूसरी ओर कलात्मकता की दृष्टि से इन गीतों में ताल और लय के साथ गीतात्मकता है। पहाडी नदी सा उबड खाबडपन है किन्तु उसका अपना प्राकृतिक सौन्दर्य भी है जो अपनी सहजता से सबको आकर्षित करती है।

संस्कार गीतों के अलावा बंजारों के धार्मिक गीत भी होते हैं। इन गीतों में प्रार्थना, स्तुति, भजन तथा उपदेशपरक गीतों का समावेश होता है। ये लोग प्रकृति पूजक होने के कारण वे प्रकृति को ही अपना ईश्वर मानते हैं और सर्वप्रथम प्रकृति की स्तुति करते हैं। उसके बाद बंजारा लोग सन्त सेवालाल, तुळजाभवानी, मरिमाया, जगदंबा आदि के प्रति अपना भक्तिभाव व्यक्त

1. बंजारा लोकगीत– डॉ. गुलाब राठोड –लेखनी, नई दिल्ली –पृ 71

करते हैं। देवी के प्रति उनकी भक्ति भावना उल्लेखनीय है। इस सन्दर्भ में डॉ. वी. सी रामकोटी ने कहा है कि, बंजारा मुख्य रूप से देवी के उपासक हैं। विभिन्न प्रान्तों में बसे हुए बंजारें मेराना माडी (देवी) की पूजा करते हैं। कुछ देवियाँ तांडे में पूजी जाती है और कुछ देवियाँ जंगलों में या खेतखलिहानों में पूजी जाती है। ये लोग देवी (माउली) को व्यक्तिगत रूप से पूजते हैं और सार्वजनिक रूप से भी।[1] इनके धार्मिक लोक गीतों में मानवता, बन्धुता, लोक कल्याण, समता आदि को विशेष महत्त्व दिया गया है। इनकी लोक कल्याण की भावना मुझे अथिक भा गयी, जिसमें वे सेवालाल के प्रति अपने को समर्पित करते है और सकल जीवों के प्रति 'सेन साई वेस' (सबको सुखी रखना) की मंगल कामना करते है। जिसमें जीव जन्तुओं के साथ सम्पूर्ण मनुष्य जाति का समावेश है। गीत के प्रारम्भ में ये लोग तुळजा भवानी से अपनी चूक भूल माफ करने की प्रार्थना करते हैं और सबको सुखी रखने की प्रार्थना करते हैं। अन्त में कहते हैं,

जिन्दगीर नैया पार लगायेस
अन ई– पूजा तारे देवळेम मंजूर करलेस याडी।
सा...ई... वेस.. याडी साहेबानी।

बंजारा समाज में तीज त्योहारों के समय भी खूब गीत गाए जाते हैं। इनके महत्त्वपूर्ण त्योहार है, दीवाली, दशहरा, होली और गणगौर। दीवाली और होली ये प्रमुख त्योहार है। हिन्दुओं की तरह ये भी इन दोनों त्योहारों का उत्साह के साथ मनाते हैं। बंजारे दीवाली को दवाळी या काली अमावस कहते हैं। इस दिन वे बकरे की बलि देते है। दिवाली होली के सम्बन्ध में इनका लोक गीत है,

होळी- दवाळी दोई भनेडी
होळी को माँग छळहाक बोकडो
दवाळी तो माँग झगमग दिवळो
होळी आती ते, गेरियान बेटा गे जाती
दवाळी आती तो बळदान सक दे जाती।

बंजारों में श्रृगार, देशभक्ति, श्रम तथा प्रकृतिपरक अन्य गीत भी हैं। जिसमें शब्द का स्वाभाविक सौदर्य है। गीतात्मकता के साथ भाव सौन्दर्य भी है।

इन सारे लोकिगीतों में अभिव्यक्त संस्कारों का जीवन में बड़ा महत्त्व है। मानव इन संस्कारों के द्वारा जन्मजात अपवित्रताओं से छुटकारा पाकर सच्चे मनुष्यत्व को प्राप्त करता है। संस्कारों के विधान के पीछे यही दृष्टिकोण लोकगीतों में समाहित है। लोकगीतों में लोकमानस की सहज अभिव्यक्ति होती है। लोकगीतों के पीछे सामाजिक परम्परा होती है। मानवीय मूल्य और सम्मान का भाव छिपा रहता है। इसप्रकार हम देखते हैं कि लोकगीत की भावसंगती सूपर्ण लोक की मंगलकामना के रूप में उद्भाषित नजर आती है।

इनके लोकगीतों का अध्ययन करते समय एक बात विशेष रूप से ध्यान में आयी वह यह है कि इनकी भाषा में कई सारे शब्द मराठी, पंजाबी और हिन्दी से प्रभावित है। जिस क्षेत्र में रहते हैं उस भाषा का प्रभाव इनकी भाषा पर हो जाता है। कई शब्द क्षेत्रिय भाषा से प्रभावित हो जाते है और उनका प्रयोग भी अनायास उनकी भाषा में होने लगता है। उसीप्रकार वाक्यसंरचना भी प्रभावित हो जाती है। जैसे उदाहरण को लिए ऊपर एख संस्कार का उल्लेख किया छोरोम

1. बंजारा लोकगीत डॉ, वी. रामकोटी, पृ. 84

तोटलाम घालेरो। जहाँ तक मुझे लगता है तोटलाम और घालेरो दोनों शब्दों पर मराठी भाषा का प्रभाव है। मराठी में झुले के लिए लोकभाषा में 'तोटला' कहा जाता है और 'डालना' (क्रिया) के लिए 'घालणे' (क्रिया) शब्द का प्रयोग किया जाता है।

बंजारों मे केवल गीत भी नहीं है उनकी लोकथाएँ भी हैं। ये लोकगीत तथा लोककथाएँ मौखिक ही रही हैं। उनकी अपनी कोई लिपि नहीं है ना ही कोई व्याकरण। कुछ लोगों ने इनके मौखिक साहित्य का अध्ययन किया है और उनको लिपिबद्ध करने का प्रयास कर रहे हैं। इनमें कर्नाटक में एक नाम विशेष हैं और वह है प्रो. हेगप्पा लमाणी और दूसरे है डॉ. गुलाब राठोड जिन्होंने इस लिपिबद्ध किया है। मुझे लगता है, बंजारों का जो मौखिक साहित्य इतनी मात्रा में उपलब्ध है उनका प्रतिलेखन देवनागरी लिपि में कर उसको सुरक्षित करने की आवश्यकता है। जिससे अध्ययन के, शोध के कई आयाम खुल सकते हैं। केवल इतना ही नहीं बल्कि इस भाषा के प्रलेखन से हमें इस समुदाय के सांस्कृतिक, सामाजिक स्वरूप को भी परिचय हो जायेगा। भारत जैसे बहुभाषाभाषी तथा बहुस संस्कृति देश में ऐसी अल्पज्ञात भाषाओं को सुरक्षित करना आवश्यक है।

## सन्दर्भ ग्रन्थ

बंजारा लोकगीत– डॉ. गुलाब राठोड
बंजारा लोकगीत– डॉ. वी.टी रामकोटी
The art and literature of Banjara's– A socio- cultural study. Dhansing B Nayak

# पितृसत्तात्मकता और प्रारम्भिक स्त्री कथा लेखन

*अल्पना मिश्र*

जैसे ही 'पितृसत्ता' शब्द आता है, हमारे सामने सामाजिक संरचना, व्यवस्था का पितृसत्तात्मक ढाँचा उपस्थित हो जाता है। आज जबकि परम्परागत सामन्ती ढाँचा पूरी तरह ध्वस्त नहीं हुआ है, बल्कि नये-नये रूप धरकर समाज की कमान को अपने हाथों से खिसक देने को तैयार नहीं है, वहीं नये समय की नयी पूँजीवादी परिस्थितियाँ पैदा भी हो चुकी हैं। आज खाप पंचायतों के रूप में सामन्ती व्यवस्था की एक आसान पहचान की जा सकती है। जहाँ ये बाकायदे गठित नहीं है, वहाँ भी अदृश्य रूप से विद्यमान हैं और इनके द्वारा स्त्री यौनिकता को नियन्त्रित करने का तरीका उतना ही क्रूर और हिंसक है। यह नियन्त्रण केवल यहीं तक सीमित नहीं है, बल्कि इसमें व्यक्ति जीवन से लेकर पूरे समाज को नियन्त्रित करने का प्रयास निहित है। सामन्ती व्यवस्था का यह ढाँचा, जो नयी व्यवस्था के आने से कुछ टूटा हुआ दिख रहा था, अपने मूल रूप में न तो टूटा, न ढहा, हल्की चरमराहट उसमें ज़रूर आयी, पर उसने नयी व्यवस्था के साथ बहुत अच्छी तरह समायोजन किया। पूँजी के वर्चस्ववादी इस नयी व्यवस्था के लिए सामन्ती व्यवस्थागत तमाम रूप अनुकूल ही बैठे हैं। सामन्ती व्यवस्था में स्त्री एक वस्तु है और पूँजीवाद, स्त्री के वस्तुकरण की इस प्रक्रिया को और अधिक तीव्र कर देता है। उसके द्वारा निर्मित बड़ा बाज़ार अपने मुनाफे को सर्वोपरि मानते हुए जिस उपभोक्तावादी संस्कृति का निर्माण करता है, उसमें स्त्री सबसे बिकाऊ वस्तु बन जाती है। इसलिए पूँजीवाद ने स्त्री के सन्दर्भ में पुराने रूपों को खत्म करने की बजाय उनका पृष्ठपोषण ही किया है। क्योंकि ऐसे ही समाज में उसकी नीतियों के विस्तार के लिए आसानी से जगह बन सकती थी।

इस सामन्ती व्यवस्था की सबसे छोटी और आधारभूत इकाई परिवार आज भी अपने पूरे साजो-सामान के साथ खड़ा है, हालाँकि स्त्रियों ने शिक्षा और आर्थिक आत्मनिर्भरता से इसमें तोड़-फोड़ करने की कोशिश ज़रूर की है। परन्तु आर्थिक आत्मनिर्भरता का आलम भी यह है कि शिक्षा को माध्यम बनाकर, जिस व्यवस्था से टकराकर वे यहाँ तक पहुँचती हैं, उसी पितृसत्तात्मक व्यवस्था के भीतर नौकरी करनी होती है। शर्तें उनकी होती हैं, तौर-तरीके उनके होते हैं, व्यवस्था उनकी होती है, स्त्री का केवल श्रम होता है। इस तरह नयी व्यवस्था नयी न होकर पितृसत्तात्मक व्यवस्था का ही बदला हुआ रूप बन जाती है। इसीलिए बहुराष्ट्रीय कंपनियों के आने से स्त्री के लिए आर्थिक आत्मनिर्भरता की जो एक नयी जगह बनती दिख रही थी, वह भीतर से बहुत टिकाऊ और मानवीय नहीं है। उसका उद्देश्य स्त्री श्रम को सस्ते दरों पर पाना और उनका अधिकतम दोहन है। इसके बावजूद काम करने का एक नया और अपेक्षाकृत व्यापक वर्गक्षेत्र वाला स्पेस बनने से कुछ परिवर्तन घटित हुए हैं जो एक तरह स्त्री के आत्मविश्वास को बढ़ाते हैं तो दूसरी तरह उसे सामाजिकता से काटकर अकेला बना देते

हैं। इस तरह स्त्री पहले भी असंगठित की गयी और अब उसके लिए संगठित हो पाना और भी मुश्किल हुआ है।

पितृसत्ता ने बड़े बाज़ार के मार्फत एक और नये पैंतरे से स्त्री के दिमाग की कण्डिशनिंग शु डिग्री की है, वह है देह पर अधिकार। "देह तुम्हारी है, इसका उपयोग करने के लिए तुम स्वतन्त्र हो", से लेकर, देह मेरी है, मैं इसे किसी भी तरह इस्तेमाल करने के लिए स्वतन्त्र हूँ", जैसा मुहावरा थमाया जा रहा है। यह आकर्षक और लुभावना है। किसी भी व्यक्ति को उसकी देह पर अधिकार मिलना ही चाहिए। स्त्री को अपनी ही देह पर कभी अधिकार नहीं दिया गया। अब यह अधिकार ले लेने की बात आकर्षक लग सकती है। लेकिन देखने की बात यह है कि क्या वह ऐसा कर पा रही है? जो चमकता हुआ सत्य हमें दिखाई पड़ रहा होता है, तमाम चैनल्स के माध्यम से, क्या वही सत्य, असली सत्य है? सौन्दर्य प्रतियोगिताओं की व्यावसायिक नीतियाँ और विज्ञापन आदि की दुनिया में काम करने वाली स्त्रियों के दैहिक, मानसिक शोषण की खबरें आये दिन मिलती रहती हैं और फिर जिस देश में अभी सबके हिस्से शिक्षा नहीं आ पायी है, स्त्रियों के सन्दर्भ में यह अब तक पाँच प्रतिशत भी पूरा नहीं है फिर वहाँ स्त्रियाँ सौ प्रतिशत चेतना-सम्पन्न कैसे मान ली जा सकती हैं! पढ़ी-लिखी, आर्थिक रूप से आत्मनिर्भर और साथ ही चेतना-सम्पन्न स्त्री ही अपनी देह पर विवेकवान निर्णय ले सकने की स्थिति में आ सकती है। अन्यथा तो उसका निर्णय पितृसत्तात्मक अनुकूलन से ही तय होता रहता है।

इन सारी नयी स्थितियों के बरक्स पुरानी स्थितियाँ अत्यल्प मात्रा में बदलने की तरफ गयी हैं। इस पुरानी स्थिति में श्रम का जो अमानवीय विभाजन किया गया था, जिसमें स्त्री के हिस्से चौबीस घण्टे का अन्तहीन श्रम था, जबकि पुरुष अपना काम समाप्त करके विश्राम के लिए घर आता था या फिर आराम से बचे हुए समय में तमाम तरह के मनोरंजन की तरफ जाता था या अपन रुचियों को विकासित करता था, ज्ञान-विज्ञान के अनेक नये क्षेत्रों में अपनी प्रतिभा से योगदान देता था। इस तरह का कोई समय स्त्री के हिस्से में नहीं था। आज भी पुरुष अपने द्वारा घरेलू काम किये जाने को आदर्श स्थिति नहीं मानता है। वह इसे मज़बूरी में सिर पड़ गयी चीज़ के रूप में ही देख पाता है। घरेलू कामों का या बच्चे पालने का काम अभी तक सहज स्वीकार्य नहीं हुआ है। यह अब तक उसकी ज़रूरी जिम्मेदारी नहीं बन सका है। यह ज़रूर हुआ है कि बदली हुई नयी परिस्थितियों ने उसे घर के थोड़े कामों में रुचि लेने की तरफ विवश कर दिया है। कहीं-कहीं उसने घर के भीतर कुछ कामों में सहयोगी की भूमिका भी सहज भाव से अख्तियार करने की कोशिश की है। मगर इसे वह अपने ही समाज में सहज तरीके से नहीं रख पा रहा है और ऐसी स्थितियाँ भी नगण्य ही हैं। दूसरे यह कहीं-कहीं बदलते हुए समीकरणों के कारण संचालित होता हुआ दिखता है या वर्चस्व की अन्य स्थितियों के कारण। दूसरे, एक सबसे बड़ा कारण पुरुष के मानसिक अनुकूलन से भी जुड़ा हुआ है। स्त्री के मानसिक अनुकूलन की तरह पुरुष का भी मानसिक अनुकूलन पितृसत्तात्मक व्यवस्था के द्वारा किया जाता है। उसे बचपन से ही तमाम तरह की व्यवस्थाओं के तहत सामान्य विकास से अलगा दिया जाता है। अभिव्यक्ति और अनुभूति की स्थितियों में भी रुकावट डालकर उसे एक सामाजिक पुरुष के रूप में तैयार किया जाता है। जैसे कि लड़के के रोने पर बचपन में ही यह कहकर रोक लगा दी जाती है कि 'रोना लड़कियों का काम है' जबकि रोना, दुःख की सहज प्रतिक्रिया है। इस बेहद मानवीय प्रक्रिया से रोक दिये जाने पर सहज ही रोना आने और उसे रोककर सायास पुरुष बने

रहने के अतिरिक्त प्रयास से कठोरता, असंवेदनशीलता और असहज क्रूरताओं की ग्रन्थियों का निर्माण होता है। विरेचन की प्रक्रिया से बाधित होने से मन की प्रफुल्लता भी सहज नहीं रह जाती है और अनेक कुण्ठाओं को जन्म देती है। इसलिए जिस तरह स्त्री संस्कृति की निर्मिति है उसी तरह पुरुष भी। इस मानसिक अनुकूलन ने स्त्री की मनोचेतना में यह डाल दिया है कि वह एक स्वायत्त व्यक्ति है ही नहीं। अपने को भूलकर सबको देखना उसका महान गुण है, नतीजा उसका अपने स्वास्थ्य के प्रति लापरवाही, तमाम बीमारियाँ, मृत्यु-दर का बढ़ना और इस सबके बीच उसके यातना, दुःख को महिमामण्डित करना। स्त्रियाँ खुद ही इसे स्वीकार कर लेती हैं और नियति के चक्र तथा महानता के लक्ष्य को हासिल करने के प्रयत्नों में पिसती रहती हैं।

ऐसे में जब स्त्री, चेतना ग्रहण करती है तो उसकी सबसे बड़ी माँग "मनुष्य समझे जाने की माँग" बनती है। स्त्रियों ने पहले भी अपनी मुक्ति की आकांक्षा को तरह-तरह से व्यक्त किया है, गीतों, लोरियों आदि में चिड़िया बनकर उड़ जाना और किस तरह का रूपक समझा जाये? यह मुक्ति की आकांक्षा ही तो है। जहाँ-जहाँ स्पेस मिला है, उन्होंने अपनी रचनाशीलता का परिचय भी दिया है। कविताओं में भी उनकी उपस्थिति को देर से स्वीकार किया गया। किन्तु गद्य में स्वीकृति आसान न थी। यह बौद्धिक क्षेत्र था। यहाँ लोक की भागीदारी गीतों और कविताओं की तरह नहीं थी जो मीरा जैसे कवियों को भी बचा ले जाता है। बुद्धि का क्षेत्र उस वर्ग, उस समुदय के लिए सदा से वर्जित रहा था, जो उपेक्षित था, वंचित था, दबा और कुचला हुआ था, जिसे सदा बोलने से रोका गया था। ऐसी अनेक पौराणिक घटनाएँ मिल जाती हैं जब बुद्धि का प्रयोग करने के कारण स्त्रियों को दंडित किया गया। इससे यह भी कई बार सूझता है कि हमारी सामाजिक व्यवस्था बुद्धि के सामाजिक उपयोग को महत्त्व देने में सक्षम नहीं रही। वह वर्चस्वशाली की बुद्धि को ही प्रज्ञा, मनीषा आदि मानती रही है। जबकि लोक में प्रतिरोध की एक धारा भले ही वह कहीं बहुत क्षीण दिखती है, बनी रहती है और वह सामाजिक न्याय को सराहती भी है और बुद्धि के स्तर पर दलित और स्त्री-चेतना की चिनगारियों को बचाये रखने की अनायास कोशिश भी करती है।

आधुनिक काल में स्त्री के किस्से जब औपचारिक शिक्षा आयी। तब इस शिक्षा को माध्यम बनाकर वह प्रतिरोध की नयी चेतना के साथ अभिव्यक्ति की दिशा की तरफ मुड़ी। गद्य के क्षेत्र में प्रवेश निश्चित ही चुनौती भरा रहा होगा। कहा भी गया है "गद्य कवीनां निकषः वदन्ति"। किन्तु स्त्रियों ने इस चुनौती को स्वीकर किया। इसलिए बहुत प्रारम्भ से ही उनके प्रयास दिखने शु डिग्री हो जाते हैं। भारतेन्दु के समकालीनों में मल्लिका का भी नाम आना चाहिए। कहते हैं कि उन्होंने स्वयं उपन्यास लिखे थे और अनेक बाँगला उपन्यासों का हिन्दी अनुवाद किया था। बहुत सम्भव है कि भारतेन्दु ने जिन बाँग्ला उपन्यासों का हिन्दी अनुवाद किया, वह मल्लिका के ही सहयोग से सम्भव हुआ हो। परन्तु इसकी पहचान कहीं भी कथा-साहित्य के विकास में नहीं की गयी। आचार्य रामचन्द्र शुक्ल ने अपने हिन्दी साहित्य के इतिहास में मात्र एक महिला कहानीकार का नाम लिया, वे हैं बंग महिला। किन्तु बंग महिला का नाम देने की ज़रूरत यहाँ भी नहीं समझी गयी और उनका परिचय कुछ इस तरह दिया गया– "इसके उपरान्त बंग महिला का स्थान, जो मिर्जापुर निवासी प्रतिष्ठित बंगाली सज्जन बाबू रामप्रसन्न घोष की पुत्री और बाबू पूर्णचन्द्र घोष की धर्मपत्नी थीं।" निश्चित ही यह परिचय एक कहानीकार की व्यक्तिगत विशेषताओं या रचनात्मक विशेषताओं का न होकर उसके कुल-खानदान का है, जो

यह बताता है कि वे एक सम्पन्न परिवार की थीं। इस परिचय से यह भी अन्दाज लगता है कि प्रायः शिक्षा, सम्पन्न परिवार की स्त्रियों के लिए ही सुलभ हो पायी होगी। लेकिन फिर भी इस बात की तारीफ करना चाहिए कि रामचन्द्र शुक्ल ने चलते-चलते यह तो माना ही है कि उन्होंने बाँगला के अनेक मौलिक उपन्यासों का हिन्दी में अनुवाद किया था अर्थात इससे हम यह अर्थ निकाल सकते हैं कि वे लगातार किसी-न-किसी प्रकार के बौद्धिक कार्यों में संलग्न रही होंगी। सन् 1906 में उनकी एक कहानी 'कुंभ में छोटी बहू' आयी थी। यह कहानी उन्होंने अपनी माँ नीरदवासिनी घोष को समर्पित की थी और उन्हीं का नाम दिया था। माँ के देहान्त के बाद माँ के लिए यह श्रद्धांजलि थी। इस पर विवाह भी हुआ। यह कहानी चेतना के नये क्षितिज को खोलती है और भाषा तथा कथ्य के चुनाव में अपने समय से बहुत आगे खड़ी दिखाई पड़ती है। यह कहानी स्त्रियों के भीतर भरे गये धार्मिक अन्धविश्वासों पर कारा प्रहार करती है। पाखण्ड से केवल छोटी बहू की ही मुक्ति यहाँ नहीं है, उस समय की बहुसंख्यक महिलाओं के लिए एक रास्ता बनाना भी है। यही वह समय भी है, जब प्रियंवदा देवी, यशोदा देवी ऐतिहासिक, पौराणिक ही नहीं समसामयिक विषयों से सम्बन्धित कहानियाँ भी लिख रही थीं। 'सती का प्रश्न', 'पृथ्वीराज की रानी', 'धर्म और साहस', 'अभागा भतीजा', 'धर्मात्मा चाची', जैसी कहानियों को इस सन्दर्भ में देखा जा सकता है। कुछ महिला उपन्यासकारों के नाम भी उस दौर में मिलते हैं। परन्तु बाद में उन पर कहीं भी बात करने की आवश्यकता नहीं समझी गयी। वस्तुतः एक विकासमान लेखन धारा के रूप में इसे लम्बे समय तक पहचाना नहीं गया।

यद्यपि ये प्रारम्भिक कहानियाँ हैं परन्तु उनमें अपने समय के सरोकार और मनुष्य की संवेदनात्मक स्थितियों की अभिव्यक्ति है। उनका कथ्य और शिल्प आज के विकासित कथा-शिल्प और भाषायी कलात्मकता के आगे कम लग सकता है परन्तु उनके उद्देश्य और सरोकार अनी प्रारम्भीक अवस्था में भी मनुष्य जीवन की बेहतर स्थितियों की आकांक्षा की तरफ जाते दिखते हैं। प्रेमचन्द युग से पूर्व लिखी गयी ये कहानियाँ, वर्तमान स्त्री लेखन के लिए जमीन तैयार कर रही थीं। कालान्तर में हिन्दी साहित्य में प्रकट नारीवाद और स्त्री-विमर्श की स्थितियाँ अचानक नहीं उत्पन्न हुई थी बल्कि उनके लिए एक बनती हुई ज़मीन इसी कथा लेख ने तैयार की थी। साथ ही स्त्री लेखन को निरन्तरता भी प्रदान की थी। चूँकि ये प्रारम्भिक कहानियाँ हैं, इसलिये उन्हें आज के मानकों पर तौलना उनके साथ अन्याय करना होगा। शायद आज के मानकों पर ये उतनी बेहतर न भी दिखें परन्तु प्रारम्भिक दौर की होने के कारण इनकी रचनात्मकता को खारिज नहीं किया जा सकता। यह ठीक है कि इनमें आज की तरह का मुखर स्त्री-विमर्श नहीं दिखता बल्कि यहाँ भी आदर्श स्त्री के लिए सामन्ती व्यवस्था द्वारा निर्मित छवि ही अन्ततः प्रस्तुत की जाती है, परन्तु इस आदर्श के भीतर ये कहानियाँ जिस पीड़ा, त्रास, असन्तोष की बात उठाती हैं, न्याय, अन्याय के द्वन्द्व में उलझती हैं, अपमान और अवमानना के चित्र खींचती हैं, थोपे गये आदर्शों से टकराती हैं, वह स्त्री का अपनी स्थितियों का आकलन करना, उन्हें लेकर आलोचनात्मक रुख अखित्यार करना और अन्ततः एक बैहतर समाज की संकल्पना की तरफ जाता हुआ कदम ही दिखाई पड़ता है।

इसी तरह प्रेमचन्द युग में लिख रही महिला लेखकों को भी लेखकीय महत्त्व के साथ कहीं याद नहीं किया गया। हिन्दी गद्य का इतिहास लिखते समय डॉ. रमचन्द्र तिवारी ने उनके नाम ज़रूर गिनाये परन्तु उन्हें 'घरेलू जीवन की बहुरंगी झाँकियाँ प्रस्तुत' करने वाला ही माना

और इस तरह घरेलू लेखन के भीतर समेटकर उनका अवमूल्यन करके देखा। 'घरेलू लेखन' कहना समूचे स्त्री लेखन को कमतर साबित कर देना है और उन्हें मुख्य धारा से अलग एक व्यर्थ के काम की तरह देखना भी है, जिस पर अधिक कुछ कहने, सोचने और लिखने की ज़रूरत ही क्या है? इस तरह उनके प्रयासों को नजर अन्दाज़ कर देने की आसानी भी बन जाती है और मुख्य धारा में शामिल किये जाने की उनकी अनकही माँग को खारिज कर दिये जाने की सुविधा भी।

इसी समय की एक प्रतिभाशाली कथाकार हैं होमवती देवी। उनकी कहानी 'उत्तराधिकारी' ने मुझे अपने पूर्व विचारों में संशोधन करने के लिए विवश कर दिया। पूर्व में मैंने सोचा था कि प्रारम्भिक कहानियों में कलात्मकता की बारीकियाँ ढूँढ़ना और भाषा में व्यंजनात्मकता की तलाश करना अथवा कथ्य और शिल्प में अत्यन्त निपुण सुगठितता की माँग करना उनके साथ अन्याय करना होगा। उन्हें, उनके सीधे कथ्य के माध्यम से ही समझना अधिक उचित होना चाहिए। व्यंजना के गहरे स्तरों की पड़ताल करना या व्यंगार्थ के अनेकानेक परतों के उद्घाटित होते चलने का दावा करना भी उचित नहीं होगा। परन्तु इस अकेली कहानी ने मुझे महिला कथा के कलात्मक आयाम से परिचित करा दिया। इस कहानी के बाद, सुभद्रा कुमारी चौहान की कहानियों को एक नये तरह से खोलने की दिशा भी मुझे मिल गयी। और अब मैं यह कहने में, बहुत आत्मविश्वास का अनुभव कर पा रही हूँ कि हमारी प्रारम्भिक रचनाओं में भी जीवन के अनेक आयामों को पकड़ने की कोशिश के साथ-साथ भाषा के भी अनेक आयामों, बहुरूपों, स्तरों को भी बखूबी पकड़ने की कोशिश दिखाई पड़ती है। हालाँकि इन महिला कथाकारों को लेखक का ठीक-ठाक दर्जा भी उस समय नहीं दिया गया और बाद में भी इन कहानियों को अनावश्यक समझकर इन पर बात नहीं की गयी। जबकि कुछ कहानियाँ अपने कथ्य, शिल्प और ट्रीटमेण्ट की दृष्टि से अलग और तत्कालीन समय के हिसाब से नयी स्त्री-दृष्टि लेकर आ रही थीं। ऐसी ही अपने समय से आगे बढ़ी हुई नयी स्त्री-दृष्टि-सम्पन्न कहानी है 'उत्तराधिकारी'। यह कहानी पिछले किसी भी दायरे को तोड़ती हुई स्त्री-समस्या के हल की तरफ ले जाने वाली एक नया बहस उठाती है और पिछली किसी भी भावुकता से मुक्त होती हुई स्त्री के मानसिक अनुकूलन की जड़ता और पितृसत्ता की आचार संहिता, दोनों को एक साथ चुनौती देती है। इसका कथ्य अपने समय से बहुत आगे का है और इसके कथ्य की सांकेतिकता में छिपी हुई, लेकिन बेधड़क बोल्डनेस है।

जिस समस्या से 'उत्तराधिकारी' कहानी हमें रू-ब- डिग्री कराती है, वह समस्या आज भी हमारे समाज में पूर्ववत मौजूद है। बस, कहीं-कहीं उसकी पकड़ जरा-सी ढीली पड़ी है, खासकर उन जगहों पर, जहाँ स्त्रियों को कुछ अधिकार प्राप्त हुए हैं या उसमें अपनी स्थिति-परिस्थिति को लेकर सजगता आयी है। पुत्र मोह, वंश को आगे बढ़ाने की चाह, एक स्त्री की मृत्यु होते ही दूसरे विवाह की लालसा, गरीबी के कारण कम उम्र की लड़कियों का अधिक उम्र के पुरुषों से विवाह, वैध सम्बन्धों की आड़ में अवैध सम्बन्धों की स्थितियाँ आदि आज भी हमारे आस-पास, केवल गाँवों और कस्बों में ही नहीं, शहरों और कई जगह महानगरों के भीतर भी दिखाई पड़ती हैं। इस कहानी का केन्द्रीयकथ्य भी यही "बेमेल विवाह" की समस्या है, जो अपनी जड़ों में गरीबी, अशिक्षा, अन्धविश्वास, उपेक्षा, अन्याय के अनेकानेक दंश छिपाये हुए है।

कहानी का प्रारम्भ होता है लाला जी तीसरी पत्नी के देहान्त के बाद हो रहे तेरहवीं के कर्मकाण्ड से। तेरहवीं के दिन ही लाला जी के लिए रिश्ते की बात लेकर बनिया आ पहुँचा है। यही है हमारा समाज! यही सभ्यता है! जहाँ स्त्री की मृत्यु शोक का विषय है तो सिर्फ इसलिए कि 'न कोई घर देखने वाला, न तीज त्योहार मनाने वाला।' इससे बड़ी भूमिका उसकी नहीं है! लाला जी की कई बेटियाँ हैं, पुत्र रत्न नहीं है। सामाजिक मान्यता यही है कि "लड़कियों से कब किसी का वंश चला है? और फिर वह तुल धनराशि-इसका उत्तराधिकारी तो होना ही चाहिए।" इस अतुल धनराशि पर सबकी निगाह है। इसलिए भी लाला जी की पुत्रविहीन स्थिति सबके अर्थात् उनके रिश्तेदारों की चिन्ता के केन्द्र में है और अब वे लोग उन्हें बच्चा गोद ले लेने की सलाह भी देने लगे हैं। परन्तु लाला जी को यह नहीं भा रहा है। दूसरे के पुत्र को अपने औरस पुत्र की जगह दे देने की उदारचेतना हमारे सामाजिक व्यवस्था का हिस्सा नहीं बन सकी है। आज भी यह सोच पाना आसान नहीं है। फिर लाल जी तो पिछली पीढ़ी के हैं। उनके लिए यह बात पचा पाना और भी मुस्किल है। और चूँकि कन्या औरस सन्तान होते हुए भी सम्पत्ति की हकदार नहीं मानी गयी थी, इसलिए उसका होना न होना कोई महत्त्व नहीं रखता था। यह उसकी मायके में भूमिका और उपयोगिता दोनों को मद्देनजर रखकर पितृसत्ता द्वारा निर्धारित किया गया होगा। लड़की को धन-सम्पत्ति का मालिक बनाने का मतलब था किसी दूसरे पुरुष के हाथ में अपनी सम्पत्ति की बागडोर थमा देना और यह पितृसत्तात्मक परिवार व्यवस्था के कतई अनुकूल नहीं हो सकता था। दूसरे, लड़की पिता का वंश नहीं चला सकती, यह स्पष्ट था, फिर उसे धन-सम्पत्ति का हकदार बनाकर क्या मिलेगा? इस समूची विडम्बना पर भी व्यंग्यार्थ यहाँ देखा जा सकता है। इसलिए लाला जी इस तरह की कोई मजबूरी बन सकने के पहले सारे विकल्प आजमा लेना चाहते हैं। इस विकल्प में सबसे आसान विकल्प दूसरा, तीसरा, चौथा या पांचवाँ... विवाह ही है। इसलिए वे धीमे स्वर में लेकिन स्पष्ट मन्तव्य के साथ अपनी माँ के पास आकर कहते हैं कि "इस समय तो सामने एक नयी उलझन खड़ी हो गयी माँ! सब अपनी-अपनी कहते हैं। मैं सोचता हूँ कि किसी को गोद लेकर रखने क्या फायदा है? अगर वंश चलना होगा तो तभी.... जब इस घर की देहली पर होगा।"

लाला जी तीसरी पत्नी की तेरहवीं के दिन ही उस बीस वर्षीय गरीब लड़की से शादी के सपने देखने लगते हैं जबकि उनकी लड़कियों की बेटियों की शादी की उम्र हो रही है। उनकी नातिन सरोज का विवाह शीघ्र होने वाला है। पत्नी की मृत्यु का एक महीना बीता के उधर उनकी नवविवाहिता का गृहप्रवेश हुआ। यहाँ लेखिका की भाषा का व्यंग्य बहुत पैना हो गया है– "हँसना और रोना-शानी दी तथा गमी-सब एक ही स्थान पर और एक ही व्यक्ति द्वारा सम्पादित होने में कोई आश्चर्य नहीं।" फिर लेखिका कुछ दार्शनिक हो उठती हैं कि "यही संसार का क्रम है और यही शायद व्यक्ति का धर्म। इसमें रत्ती-भर भी सन्देह नहीं किया जा सकता।" लेकिन यह दार्शनिक भाव शीघ्र गायब हो जाता है। बल्कि कुछ और गहराई से देखने पर लगता यह है कि यह दार्शनिक भाव भी मीज दर्शन नहीं है और न ही लेखिका सृष्टि का नियम विधान समझाने बैठी है। यहाँ तो लक्ष्य स्त्री के मूल्यहीन जीवन को दिखाना है। किस तरह हमारा समाज उसके जीवन का मूल्य एक परिचारिका के रूप में आँकता है और उसकी मृत्यु के शोक में समय गँवाने को निरर्थक समझता है। यह स्त्री प्रश्न सन् 1915 में लिखी गयी आत्मकथा "सरलाः एक विधवा की आत्म जीवनी" में लिखा कर दुःखिनीबाला ने भी उठाया

था। वहाँ भी यह प्रश्नांकित हुआ था कि एक छोटी-सी प्यारी लड़की के वधू बनकर घर आने और सबकी संवेदना के साथ उसके जुड़ जाने के बाद उसकी मृत्यु के समाचार को पाकर इकट्ठी हुई शोक सभा में दूसरे विवाह का प्रस्ताव शु डिग्री हो जाता है। उससे भी पहले पं. रमाबाई ने स्त्री जीवन को समाज द्वारा निकृष्ट बताये जाने के विरुद्ध तर्कपूर्ण ढंग से प्रतिवाद किया था। यहाँ भी लेखिका अपने उद्देश्य से पल-भर को भी विचलित नहीं होती है। उनकी भाषा फिर यथार्थ के तेवर से भर जाती है।

होमवती जी, नवविवाहिता वधु और उसकी परिस्थितियों का चित्रण बिना किसी भावुकता में पड़े करती हैं। यह तटस्थ दृष्टि उन्हें यथार्थ को साफ देखने और उसकी सतहों को उघाड़ने का साहस देती है। यह वधू घर की स्थितियों से अनजान, भोली-भाली मूर्खा नहीं है, वह तो इन परिस्थितियों से जूझने निकली है। नतीजा कि सास के पाँव छूते ही वह अनुमान कर लेती है कि यह शायद अधिक दिन जीवित न रहे। धन-दौलत की भी समझ है उसे और वह बहुत सावधानी से सारी परिस्थितयाँ संभाल भी लेती है। बिना किसी नारेबाजी, बिना किसी शोर-शराबे के, खालिस देशी पृष्ठभूमि से निकलकर ठोस कदम उठाती हुई एक मज़बूत स्त्री की तरह वह पाठक के सामने आती है। लाला जी का भतीजा मोहन, जो उसका हमउम्र है, पढ़ा-लिखा भी है, लाला जी का विश्वासपात्र भी है, उससे नवविवाहिता की सहज स्वाभाविक मित्रता, अपना नया रूप-रंग ढूँढ़ लेती है।

यहाँ लेखिका मनुष्य की सहज इच्छाओं और आकर्षण की बात करके अपने समय से आगे खड़ी हो जाती है। वह गाँव की एक अनपढ़ लड़की को चित और पट दोनों साधते दिखाने का साहस रखती है। इस साहस के साथ जो एक बड़ी बात कहानी के अन्त में खुलती है, वह है स्त्री को स्त्री का सहयोग। यहाँ अन्त में पता चलता है कि नवविवाहिता बहू के निर्णयों के पीछे एक सहमति सास की भी बनी हुई है और इस चित और पट को सँभालने में वह स्त्री इसलिए भी अधिक सक्षम बनकर खड़ी हो पायी है। कहानी के अन्तिम परिदृश्य में नवविवाहिता बहू पुत्रवती होती है। घर खुशियों से भर गया है। पूरे समय बहू के इर्द-गिर्द जो व्यक्ति बना हुआ है, वह मोहन है। लेकिन मोहन और बहू के सम्बन्ध को लेकर लेखिका कहीं भी लाउड नहीं होती है। बेहद धीमा और सांकेतिक स्वर भी पाठक को ठीक-ठीक पहचान में आ जाता है। अन्तिम वाक्य लेखिका के इस कला-कौशल का उदाहरण है। शिशु को उठाते हुए दादी कह पड़ती है– "यह तो ठीक मोहन जैसा ही होगा, वैसी ही नाक, आँख और वैसा ही ऊँचा माथा..., जैसे दूसरा मोहन ही हो।" पास ही खड़े मोहन ने एक बार शिशु की ओर और दूसरी बार उसकी माँ की ओर देखा, पर वह जैसे लाज से धरती में गड़ी जा रही थी।"

स्त्री लेखन अपने प्रारम्भिक कथा लेखन में भी लगातार पितृसत्तात्मक रूपों की पहचान कर रहा था, उनसे संघर्ष कर रहा था और भविष्य के नये विकल्पों पर विचार कर रहा था। वह निरन्तर विकासगामी यात्रा की तरफ जाता हुआ दिखाई पड़ता है और आज हम उत्तरोत्तर उसकी बड़ी होती दुनिया को देख सकते हैं।

# मुहमद कवि जो प्रेम का

## पद्मावत के बहाने प्रेम, देह, समलैंगिकता और पितृसत्ता पर एक टीप

*विवेक निराला*

मलिक मुहम्मद जायसी द्वारा रचित 'पद्मावत' एक प्रेम-कथा है। प्रेमाख्यानक परम्परा का एक अप्रतिम गौरव ग्रन्थ। हर प्रेम-कथा अपने मूल में 'ओरिजिनल सिन' से जाकर जुड़ जाती है। 'ओरिजिनल सिन' की अवधारणा के पीछे भी एक प्रेम-कथा ही है—आदम और हव्वा की प्रेम-कहानी। आखिर प्रेम के वर्जित फल को चखने की ही सज़ा तो भोगी थी इस आदि युगल ने। प्रेम हमेशा से मनुष्य के लिए वर्जित फल रहा है। वर्जित फल है इसलिए उसका आकर्षण अनिवार है। इस तरह से देखें तो कथा और प्रेम का आरम्भ साथ-साथ होता है। प्रेम और समाज का सम्बन्ध द्वन्द्वात्मक है। प्रेम मनुष्य की स्वतन्त्रता की प्रखरतम अभिव्यक्ति है। अन्य तमाम व्यवस्थाओं की तरह समाज भी मनुष्य की स्वतन्त्रता का विरोधी होता है। वह मनुष्य पर व्यवस्थाओं, परम्पराओं और नैतिकता के अंकुश लगाता है। वह स्त्री-पुरुष सम्बन्धों के लिए 'विवाह' नामक संस्था बनाता है। जहाँ समाज अपने अस्तित्व पर किसी भी खतरे का विरोध करता है, वहीं प्रेम किसी भी नियन्त्रण को अस्वीकार करता है। लिंग, आयु, जाति, धर्म, राज्य, इतिहास तथा नैतिकता आदि नियन्त्रण के उपकरण बनते हैं तो यहीं से संघर्ष शुरू होता है। नितान्त अप्राकृतिक और अतार्किक नैतिकता के सामन्ती पाखण्डों से लड़ते हुए हमारे मध्यकालीन कवियों ने लौकिक या कह लें विशुद्ध दैहिक प्रेम को अपनी कविता/गाथा के लिए चुना तो यह अनायास नहीं है और ताज्जुब यह कि उसकी अनुगूँजें हमारे समय में भी बनी हुयी हैं। यह अकारण नहीं है कि विश्व का समूचा साहित्य प्रेम की ट्रैजडी से भरा हुआ है। प्रेम में अनन्यता और समर्पण है, आत्मोत्सर्ग है। और मनुष्य ही नहीं पक्षियों के माध्यम से भी मनुष्य इसकी पुष्टि करता आया है मसलन सांझ ढलने पर पपीहे के युग्म के अलगाव और 'पीउ-पीउ' की कातर पुकार अथवा सारस पक्षियों के जोड़े में से एक अगर मर जाता है तो दूसरा भी बिना कुछ खाये-पिये कुछ दिनों के बाद अपने प्राण त्याग देता है।

कालिदास जब लिखते हैं—'वागर्थाविव सम्पृक्तौ वागर्थ प्रतिपत्तये/जगतः पितरौ वन्दे पार्वती परमेश्वरौ।' तो वे शिव-पार्वती को शब्द और अर्थ के रूप में ही देख रहे होते हैं। मदन सोनी कहते हैं—'कविता में यह शब्द और अर्थ का प्रेम ही है जो अपनी अनन्त छवियों में, अपने अनन्त विक्षेपों और तनावों के साथ, तमाम रसों में व्याप्त रस तत्व के रूप में हमारे बोध का विषय बनता है। काव्य-शास्त्र इस अर्थ में, इसी प्रेम का विमर्श है—शब्द और उसकी चंचला शक्ति (अर्थ) के बीच घटित और सम्भाव्य रिश्तों का विमर्श।' कहने का तात्पर्य यह है कि हमारी परम्परा में जब शब्द और अर्थ के युग्म को ही प्रेमी-युगल के रूप में देखने की दृष्टि रही है तो 'शब्दार्थो सहितौ काव्यम्' के लक्षण वाली कविता यदि प्रेम के अनुभव से सबसे ज़्यादा

विमोहित रही तो क्या आश्चर्य? कवि अशोक वाजपेयी जैसा कहते हैं कि सदियों से प्रेम स्थायी कवि समय रहा है। स्मृति ही जीवन है और विस्मृति ही मृत्यु है। विस्मृति के इस अंधकार के कारण ही मृत्यु का भय है। कोई भी प्रेम-कविता इसी भय से मुक्ति की एक कोशिश है, एक मुनासिब कार्रवाई है। प्रेम कविता वही लिख सकता है, जिसके मन में संसार के प्रति प्रेम हो। यह समूचे संसार के प्रति प्रेम से ही उपजती है। बिना सांसारिक हुए आप न तो कविता लिख सकते हैं और न प्रेम का अनुभव ही कर सकते हैं। हमारे य हाँ श्रृंगार की महान परम्परा रही है।

हमारी प्रथम लौकिक कविता का जन्म ही कवि के मानस में उपजी उस करुणा से होता है जो प्रेमासक्त और रतिकर्मरत क्रौंच के वध से जन्मी है। क्रौंच बाहरी दुनिया में मार दिया गया है, मगर वह कवि के अन्तःकरण और कविता की संवेदना में जीवित है। कविता इस हत्या का विरोध भी करती है और साक्षी बनकर उसके बारे में एक विवेक भी सुरक्षित करती है। कविता इसी विवेक को सहृदय तक पहुँचाती है। क्रौंच का यह वध कवि के लिए प्रेम का-श्रृंगार का वध है जो करुणा में बदल कर अन्ततः कविता में रूपायित होता है। हमारी लौकिक कविता का आदि छन्द ही प्रेम के वध से जन्म लेता है। इसलिए कई बार ऐसा लगता है कि कविता का प्रेम के पक्ष में खड़े होना ही उसकी मूल प्रतिज्ञा है।

सूफी कवियों के यहाँ प्रेम की शाश्वतता अथवा चिरन्तनता है। सूफी कवि प्रेम की साधना के मरण-मार्ग की प्रस्तावना करते हैं। नायक-नायिका के प्रेम और उसके दुःख का सम्बन्ध उसी क्षण से है जिस क्षण से विधाता ने उसके प्राणों की सृष्टि की। वस्तुतः उसके प्रेम के जल से उसके शरीर की मिट्टी को सान कर ही उसके शरीर की निर्मिति हुयी है। जैसा कि मंझन कहते हैं–

'पुब्ब दिनन सेउ जानहुँ, तुम्हरी प्रीत के नीर।
मोहिं माटी बिधि सानि कै, तौ यह सिरेउ सरीर।।'

सूफी प्रेम के मार्ग को अत्यन्त दुर्गम और बहुबाधापूर्ण बताते हैं। इसमें लक्ष्य उसी को प्राप्त होता है जो अपने प्राण हथेली पर लिए फिरता हो। पद्मावत में हीरामन तोता रत्नसेन को समझाता है कि राजा। प्रेम की बात सुन कर मुग्ध मत हो, प्रेम का मार्ग कठिन है इसमें आत्म-बलिदान है। इस प्रेम के फन्दे में जो पड़ा, वह छूटता नहीं है। इसमें प्राण चले जाते हैं किन्तु यह फन्दा नहीं टूटता। जायसी कहते हैं–

'पेम सुनत मन भूलु न राजा। कठिन पेम सिर देइ तौ छाजा।।
पेम फांद जो परा, न छूटा। जीउ दीन्ह बहु फांद न टूटा।।'

अपने प्रेमाख्यान 'मधुमालती' के अन्त में सूफी कवि मंझन कहते हैं कि इस जगत में अमरत्व प्राप्त करने का एक ही उपाय है–प्रेम में मर जाना। मरे हुए को मृत्यु नहीं मारती है इसलिए जो प्रेम में मारा जाता है उसे काल भी मार नहीं सकता। काल से वही बचा है जिसने प्रेम के आग की आंच सही है।

जायसी आदि सूफी कवियों ने अपनी प्रेम-साधना में देह की उपेक्षा नहीं की। यह प्रेम जितना आध्यात्मिक है, उतना ही मांसल भी। ये कवि जीवन को उसकी समग्रता में देखते हैं, इसलिए स्त्री-सौन्दर्य कहीं भी इनकी साधना में बाधक नहीं बनता। इस स्त्री देह के बग़ैर प्रेम-कल्पना मिथ्या होती। प्रेम और देह का अपना सन्तुलन होता है और यह साहित्य में भी दिखता है। प्राचीन भारतीय साहित्य में 'उर्वशी-पुरुरवा' या 'यम-यमी संवाद' को यहाँ उदाहरण के

तौर पर देख सकते हैं। संस्कृत साहित्य के तमाम प्रेमाख्यान प्रेम और देह के सन्तुलन के ही आख्यान हैं और यह परम्परा हिन्दी कविता की रीतिकालीन धारा तक आती है और समाज-स्वीकृत भी होती है। प्रेम का सबसे बड़ा भौतिक आलम्बन देह ही है। इस सन्दर्भ में कॉडवेल को भी हम याद कर सकते हैं जो कहते हैं कि हम प्रेम अपने शरीर के माध्यम से करते हैं और सच्चे प्रेम की यह पहचान है कि प्रेमी-प्रेमिका एक साथ रहना चाहते हैं। प्रेम यदि सिर्फ़ भावात्मक होता है, तो उसमें और चाहे जो हो, मानवीय उष्मा नहीं होती है। छायावादी कवियों के अशरीरी और तथाकथित 'प्लेटोनिक' प्रेम का मज़ाक उड़ाते हुए कवि नागार्जुन ने लिखा था-

"फलित नहीं, पुष्पित मात्र हो कर रह गया हाय-शरीरसम्पर्कहीन!!
व्यक्तित्व के बोझ से दब रही देह दीन
रमप्रिय है चाय, कभी कभी ओवल्टीन
सुनते हैं हम-आप, बजती है हृदयबीन
चारों ओर जल-ही-जल फिर भी पिपासित मीन
सेक्स, तेरा बुरा हो
काट लूं गला गर हाथ में छुरा हो।"

सम्पूर्ण विश्व में अनेक सम्प्रदाय हैं जिनमें 'परम-तत्व' तक पहुँचने के लिए 'ज्ञान' और 'कर्म' जैसे मार्गों को अनुपयुक्त मानकर 'प्रेम' के मार्ग से पहुँचने और उसे पाने का विधान है। उनमें प्रेम किसी मूर्त व्यक्ति विशेष के प्रति नहीं होता, बल्कि अमूर्त-अदृश्य परमात्मा के प्रति होता है। फिर भी उसके प्रति अपने प्रेम को सम्भव करने के लिए परमात्मा को, एक ठोस उपस्थिति के रूप में परिकल्पित कर लिया जाता है। ऐसे धार्मिकों में परमात्मा के प्रति प्रेम उसी प्रकार का, और उतना ही प्लेटोनिक होता है जितना कि एक प्रेमी-प्रेमिका के बीच सम्भव है। इस मामले में सूफियों का धार्मिक सम्प्रदाय उदाहरण है। सूफी स्त्री में ईश्वर को देखते हैं लेकिन, हर स्त्री में नहीं। सूफी परमात्मा को प्रेयसी की ठोस उपस्थिति के रूप में देखते-पाते हैं। यह प्रेम सांसारिक प्रेम जैसा ही मालूम पड़ता है।

आधुनिक शरीर-शास्त्रियों ने मस्तिष्क में ऐसे रसायनों का पता लगाया है जिनकी सक्रियता-निष्क्रियता मानव-देह में प्रेम के उत्पन्न होने का कारण बनती है। जैसे सिरोटोनिन और डोपामीन नामक रसायन। ये रसायन लिम्बिक सिस्टम की ही उपज हैं। सिरोटोनिन नामक रसायन का स्राव जब मस्तिष्क में अधिक होता है तब यह प्रेम की भावना को बढ़ा देता है। यह 'मूड' यानी मिजाज को नियन्त्रित करता है फलस्वरूप प्रेम में इसकी भूमिका महत्त्वपूर्ण होती है। इसी प्रकार डोपामीन रसायन है जो व्यवहार, मिजाज, सुखद अनुभूति और प्रकारांतर से प्रेम की भावना से जुड़ा है। विज्ञान और वैज्ञानिक अनुसंधानों ने बहुत आसानी से प्रेम के केन्द्र को देह की रासायनिक क्रियाओं-प्रतिक्रियाओं के जंजाल में ढूंढ निकाला है जहाँ बहुत वस्तुनिष्ठ तरीके से प्रेम देह में स्थापित है। यहाँ हमें प्लेटो को याद कर सकते हैं जिसके सिम्पोज़ियम का अरिस्टोफेनीज़ प्रेम के बारे में बताता है कि मनुष्यों की एक दूसरे के प्रति आसक्ति, चाहे वह पुरुष और स्त्री के बीच हो अथवा पुरुष या स्त्री की अपनी समलैंगिकों के प्रति, के मूल में देवताओं द्वारा किया गया चतुर्भुज मानव का आदि-विखण्डन है जिसके फलस्वरूप अब हर मनुष्य आधा है और अपने पूर्ण स्वरूप को प्राप्त करने के लिए ही अपने दूसरे आधे की खोज करता है। यहाँ प्लेटो के आदि उभयलिंगी मनुष्य (Androgynousd) जिसके विखण्डन का

ही परिणाम स्त्री और पुरुष तथा उनकी एक दूसरे के प्रति आसक्ति है—की कल्पना से हमारी परम्परा में 'अर्धनारीश्वर' की ही छवि कौंधती है।

साहित्य में यह देह और प्रेम का समीकरण समलैंगिकता तक पहुँचता है। तुर्की सैनिकों द्वारा लिखी फारसी कविताओं में समलैंगिकता को प्रेम के ही रूप में स्वीकार किया गया है। अब्बासिया सल्तनत के छठें ख़लीफ़ा-ख़लीफ़ा अल-अमीन, जो अपने पिता और मशहूर ख़लीफ़ा हारुन रशीद के बाद सन् 809 में गद्दीनशीं हुए, अपने एक मर्द गुलाम के प्रेम में पागल थे। उन्होंने खुद जन्नत की एक नदी के नाम पर उसका नाम 'कौसर' रखा था। इतिहास में बाबर और गजनवी तक इसमें शामिल हैं। 'पद्मावत' के पात्र और इतिहास-प्रसिद्ध सुल्तान अलाउद्दीन खिलजी के बेटे मुबारक शाह और उस जैसे समलैंगिकों के सैकड़ों किस्से बिखरे पड़े है। महमूद गज़नवी और उसके साथी मलिक अयाज़ के प्रेम को 'लैला-मजनू' की उपाधि दी गयी है और उस प्रेम को सूफियों ने भी पवित्र-प्रेम की तरह स्वीकारा है। मशहूर शायर अल्लामा इक़बाल का एक शे'र है—

"न वो हुस्न में रही शोखियाँ, न वो इश्क़ में रहीं गर्मियाँ,
न तड़प वो गज़नवी में है, न वो ख़म है जुल्फ-ए-अयाज में।"

कथासरित्सागर की 'स्वयंप्रभा' विवाह करने से ही मना कर देती है और उसी की बहन 'सोमप्रभा' केवल अपनी सहेलयों के साथ ही रहना चाहती है। कथासरित्सागर में ही 'मलयवती' का वर्णन आता है जो अपने जीवन में पुरुष को शामिल ही नहीं करना चाहती। उड़िया साहित्य के महान कवि उपेन्द्र भंज (सन् 1665-1725 ई.) ने अपनी कृति 'वैदेहीश विलास' में 'दण्डकारण्य वृत्तान्त' (कैण्टो 21)में लिखा है कि जब राम-सीता वनवास कर रहे हैं तो कुछ ब्रह्मचारी ऋषियों की नज़र राम पर पड़ती है। ऋषियों के मन में सीता के प्रति ईर्ष्या-भाव जागता है कि सीता ने ऐसे कौन से पुण्य किए कि उन्हें राम जैसा व्यक्ति पति रूप में मिला। ये ऋषि भगवान से उनको स्त्री में बदल देने की प्रार्थना करते हैं और अपनी छाती पर मिट्टी के छोटे घड़े रखकर एवं जटाएँ खोलकर स्त्री होने का अभिनय करते हैं। हालाँकि जल्द ही इन ऋषियों को समझ में आ जाता है कि उनकी इच्छाएँ पूरी नहीं हो सकतीं तो वे अग्नि में कूदकर अपने प्राण दे देते हैं। राम को यह घटना व्यथित करती है और वे लक्ष्मण तथा सीता को छोड़ कर चल पड़ते हैं। राम इन ऋषियों को भविष्य (द्वापर) में कृष्णावतार के दौरान रासलीला में हिस्सेदारी का वरदान देते हैं। राम की ऋषियों पर यह दया मात्र नहीं बल्कि, ऋषियों की समलैंगिक इच्छाओं की स्वीकृति का भी उदाहरण है।

दरअस्ल, हमें बचपन से ही जैसे संस्कारों में सिखा दिया जाता है कि पुरुष-स्त्री सम्बन्ध ही 'नेचुरल आर्डर ऑफ सोसाइटी' है। जबकि सोसाइटी ही कोई 'नेचुरल' चीज नहीं होती, वह एक ऐतिहासिक प्रक्रिया से जन्म लेती है एवं समय के साथ-साथ इसके रूप, व्यवस्था और मूल्य बदलते रहते हैं। हमारी भाषा में, हमारी संस्कृति में इसे 'अप्राकृतिक' कहा जाता है। हम यह कैसे निर्धारित करें कि क्या प्राकृतिक रूप से निर्धारित है और किसे लोग केवल मिथ्या प्राकृतिक नियमों के जरिए सही ठहराते हैं? इसके लिए एक अच्छा नियम है 'प्रकृति सम्भव करती है, संस्कृति मना करती है।' प्रकृति बहुत सारी सम्भावनाओं को बर्दाश्त करने को तैयार रहती है, मगर यह संस्कृति है जो लोगों को कुछ सम्भावनाएँ साकार करने देती है और बाकी को साकार करने से रोकती है। प्रकृति स्त्रियों को बच्चे पैदा करने का सामर्थ्य देती

है—कुछ संस्कृतियाँ हैं जो उन्हें बच्चा पैदा करने को बाध्य करती हैं। प्रकृति पुरुषों को आपस में शारीरिक सम्बन्ध बनाने की सम्भावना देती है—कुछ संस्कृतियाँ उन्हें इस सम्भावना को पूरा करने से रोकती हैं।

संस्कृति यह कहती है कि वह केवल वे चीजें मना करती है जो अप्राकृतिक हैं, मगर जीव विज्ञान की नजर से तो कुछ भी अप्राकृतिक नहीं है। जो कुछ भी प्रकृति में सम्भव है, वह प्राकृतिक है। वास्तविक रूप से अगर कोई व्यवहार अप्राकृतिक है, यानी वह प्रकृति के नियमों के खिलाफ है, तो उसका अस्तित्व ही नहीं हो सकता, इसलिए उसे निषेध करने की जरुरत ही नहीं पड़ेगी। किसी भी संस्कृति ने पुरुषों को पेड़-पौधों की तरह प्रकाश संश्लेषण क्रिया से भोजन बनाने से नहीं रोका, या स्त्रियों को प्रकाश की गति से भी तेज दौड़ने से, या ऋणात्मक इलेक्ट्रॉनों को एक दूसरे के प्रति आकर्षित होने से नहीं रोका क्योंकि ये चीजें प्रकृति में सम्भव ही नहीं हैं। 'प्राकृतिक' और 'अप्राकृतिक' के हमारे विचार जीव विज्ञान से नहीं बल्कि ईसाई धर्मशास्त्र से उपजे हैं। धर्म पितृसत्तात्मक विचारधारा में गहरी जड़ें रक्षता है। धर्मशास्त्र में 'प्राकृतिक' का अर्थ होता है 'ईश्वर की इच्छाओं के अनुसार, जिसने प्रकृति को बनाया है'। ईसाई धर्मशास्त्रियों ने तर्क दिया कि ईश्वर ने मनुष्य का शरीर बनाया और हर अंग का एक उद्देश्य रखा। अगर हम ईश्वर के सोचे हुए उद्देश्य के अनुसार अपने अंगों का इस्तेमाल करें तो वह प्राकृतिक व्यवहार होगा। ईश्वर की इच्छाओं के विरुद्ध उनका इस्तेमाल करना अप्राकृतिक है। मगर जीवों के क्रमिक विकास का कोई उद्देश्य नहीं होता। अंग किसी उद्देश्य के तहत नहीं बने हैं, और उनका इस्तेमाल निरन्तर बदलता रहता है। अंग एक ख़ास कार्य करने के लिए बने, मगर एक बार वो अस्तित्व में आ जायें, तो उनका अन्य कार्यों के लिए भी उपयोग किया जा सकता है। उदाहरण के तौर पर, मुँह इसलिए विकासित हुए ताकि प्राचीनतम बहुकोशिकीय जीवों को पोषक तत्वों को अपने शरीर के अन्दर लेने का एक माध्यम चाहिए था, मगर हम मुँह का चूमने, बोलने और अन्य तमाम क्रियाओं के लिए भी इस्तेमाल करते हैं। क्या इनमें से कोई भी गतिविधि 'अप्राकृतिक' है क्योंकि लाखों साल पहले हमारे पूर्वज अपने मुँह से ये काम नहीं करते थे। इसलिए समलैंगिकता का मामला भी अन्ततः धार्मिक है।

पद्मावत के 'मानसरोदक-खण्ड' में जायसी पूर्णिमा को नहाने गयी पद्मावती और उसकी सखियों के साथ मध्यकाल में ही एक प्रतिरोध रचते हैं। यहाँ पितृसत्तात्मक 'विवाह' संस्था की यातनाओं का वर्णन भी है और विवाह-पूर्व युवतियों की पारस्परिक 'काम-केलि' का भी-

ऐ रानी मन देखु बिचारी। एहि नैहर रहना दिन चारी।।
जौ लगि अहै पिता कर राजू। खेलि लेहु जौ खेलहु आजू।।
पुनि सासुर हम गवनब काली। कित हम, कित यह सरवर पाली।।
कित आवन पुनि अपने हाथा। कित मिलिकै खेलब एक साथा।।
सासु ननद बोलिन्ह जिउ लेहीं। दारुन ससुर न निसरै देहीं।।
पिउ पियार सिरि उपर, पुनि सो करै दहुँ काह।
दहं सुख राखै की दुख, दहं कस जनम निबाह।।
झूलि लेहु नैहर जब ताईं। फिर नहिं झूलन देइहिं साईं।।
पुनि सासुर लेइ राखिहि तहाँ। नैहर चाह न पाउब जहाँ।।
कित यह धूप, कहाँ यह छाहाँ। रहब सखी बिनु मन्दिर माहाँ।।

गुन पूछिहि और लाइहि दोखू। कौन उतर पाउब तहं मोखू।।
सासु ननद के भौंह सिकोरे। रहब संकोचि दुवौ कर जोरे।।
कित सह रहस जो आउब करना। ससुरेइ अन्त जनम दुख मरना।।
कित नैहर पुनि आउब, कित ससुरे यह खेल।
आपु आपु कहं होइहिं, परब पंखि जस डेल।।

यहाँ विवाह के उपरान्त ससुराल की यातनाओं का वर्णन और पद्मावती की सखियों की चिन्ताएँ देखिये– कल को हमें ससुराल जाना पड़ेगा, जहाँ से मायके आना उसके अपने वश में कहाँ? सास-ननद ताने मार-मार कर प्राण ले लेंगी और ससुर तो निकलने देगा ही नहीं। पति भी न जाने कैसा बर्ताव करेगा? पता नहीं कैसे निर्वाह होगा? पुनः ससुराल में वहाँ रहना होगा जहाँ मायके की चाह भी नहीं। परदे में रहना होगा जहाँ यह खुली धूप-छांह भी नसीब न होगी, वहाँ प्रिय सखियों के बिना रहना होगा। गुण पूछे जायेंगे और दोषारोपण किया जायेगा, पता नहीं कौन सा उत्तर देकर मुक्ति मिलेगी! सास-ननद की भौहें सिकुड़ी ही रहा करेंगी और हमें उनके सामने अपन दोनों हाथ जोड़े ही खड़े रहना पड़ेगा। ससुराल में यह आनन्द कहाँ? ससुराल में हमें तो अन्त तक दुःख सहते हुए ही जीवन जीना है। पितृसत्ता में लड़कियों के लिए ससुराल ऐसी ही भयावह जगह है। ससुराल में यातनाएँ देते हुए लड़कियों की हत्या तक हो जाती है।

जायसी आगे लिखते हैं–

धरीं तीर सब कंचुकि सारी। सरवर मँह पैठीं सब बारी।।
पाइ नीर जानौं सब बेली। हुलसहिं करहिं काम कै केली।।
****************************
लगीं केलि करै मँझ नीरा। हंस लजाइ बैठ ओहि तीरा।।
******************************
मुहमद बाजी पेम कै, ज्यों भावे त्यों खेल।
तिल फूलहिं संग ज्या, होइ फुलाएल तेल।।

उन युवतियों ने सरोवर के किनारे अपनी साड़ियाँ रख दीं और सरोवर के जल में प्रवेश किया। सरोवर के जल में वे इस प्रकार उल्लसित हुयीं, मानो लताओं को जीवन-जल मिल गया हो। सरोवर के जल में युवतियाँ हुलस कर काम-क्रीड़ा करने लगीं। ध्यातव्य है जायसी यहाँ 'काम कै केली' कह रहे हैं। पितृसत्तात्मक विवाह संस्था में दुःख और यातना के भयावह वर्णन के बाद युवतियों द्वारा 'काम-केलि' क्या सीधे तौर पर समलैंगिकता का उत्सव नहीं है? यह भी देखने योग्य है कि हमारे समाज में स्थानीय पर्वों में भी कैसे स्त्रि याँ अपने लिए मुक्ति और प्रतिरोध का 'स्पेस' तलाश लेती हैं? क्या यह पितृसत्तात्मक समाज में प्रतिरोध नहीं है? जबकि, मनोविश्लेषक नारीवादी नेल्सन गार्नर का कहना है कि समलैंगिकता न सिर्फ स्त्री के लिए सामाजिक है वरन् स्त्री के यौन जीवन में यह एक सहज सामाजिक इच्छा भी है।

जायसी पद्मावत में नागमती और पद्मावती के झगड़े का तत्कालीन सामाजिक उपदेश रत्नसेन द्वारा दिला देते हैं। उन्हीं के शब्दों में–

'एक बार जेइ पिय मन बूझा। सो दुसरे सौं काहे क जूझा।।
ऐस ज्ञान मन जान न कोई। कबहूँ रात कबहूँ दिन होई।।
धूप छांह दूनौ एक रंगा। दूनौ मिले रहहिं एक संगा।।

जूझब छांड़हु, बूझत दोउ। सेव करहु सेवा फल होउ।।

इस पर आचार्य रामचन्द्र शुक्ल जायसी विषयक अपने लम्बे निबन्ध में कहते हैं–'पुरुषों के बहुविवाह की प्रथा से उत्पन्न प्रेममार्ग की व्यावहारिक जटिलता को जिस दार्शनिक ढंग से कवि ने सुलझाया है, वह ध्यान देने योग्य है।' यहाँ वही मध्ययुगीन पितृसत्ता के दर्शन होते हैं। इसी निबन्ध में आचार्य शुक्ल जायसी के उपरोक्त उद्धरण का भाष्य करते हुए कहते हैं–"कवि के अनुसार जिस प्रकार करोड़ो मनुष्यों का उपास्य एक ईश्वर होता है, उसी प्रकार कई स्त्रियों का उपास्य एक पुरुष हो सकता है। पुरुष की यह विशेषता उसकी सबलता और उच्च स्थिति की भावना के कारण है, जो बहुत प्राचीनकाल से बद्धमूल है। इस भावना के अनुसार पुरुष, स्त्री के प्रेम का ही अधिकारी नहीं है, पूज्यभाव का भी अधिकारी है। उपर की चैपाइयों में पति-पत्नी के पारस्परिक प्रेमसम्बन्ध की बात बचा कर सेव्य-सेवक भाव पर जोर दिया गया है। इसी प्रकार की युक्तियों से पुरानी रीतियों का समर्थन प्रायः किया जाता है।" सवाल यही उठता है क्या समाज में पति-पत्नी का सम्बन्ध सचमुच 'सेव्य-सेवक' का ही होना चाहिए? 'नारि नर सम होंहि' जैसे विचार आखिर कब हमारे समाज की मानसिकता को बदल पाने में कामयाब हो सकेंगे?

प्रेम तो नागमती ने भी किया था और प्रेम में एकाधिकार की भावना भी स्वाभाविक ही है। मगर एक तोते के न मिलने पर नागमती को मौत की सज़ा दी जा सकती है। प्रो0 नित्यानन्द तिवारी हमें बताते हैं कि इस प्रसंग को ऐतिहासिक-सामाजिक सन्दर्भों के साथ पढ़ा जाना चाहिए। पद्मावत में नागमती कहती है कि 'यदि इतने-से अपराध से प्रिय रूठ जाता है तो प्रिय को जो अपना कहे, वह झूठा ही है। हे प्रिय! मन भी जाओ, मैंने गर्व नहीं किया था। हाँ, मैं तुम्हारे मन की बात जरूर जान गयी।' एक स्त्री की ओर से किसी पुरुष से कहा गया कितना मारक वाक्य है यह। नागमती रत्नसेन के मन को तो जान ही गयी थी।

'एतनिक दोष बिरचि पिउ रूठा। जो पिउ आपन कहै सो झूठा।।
मानु पीय! हौं गरब न कीन्हाँ। कंत तुम्हार मरम मैं चीन्हाँ।।

ऐसा लगता है जैसे नागमती अपने पति के मूल स्वभाव को पहचान गयी हो। आखिर पद्मावती के रूप-सौन्दर्य की चर्चा सुनकर रत्नसेन उसे पाने के लिए निकल ही पड़ता है। प्रेम क्या ऐसे ही होता है? यह तो लोलुपता है। इस पर आचार्य शुक्ल को भी कहना पड़ता है–"किसी के रूपगुण की प्रशंसा सुनते ही एकबारगी प्रेम उत्पन्न हो जाना स्वाभाविक नहीं जान पड़ता। प्रेम दूसरों की आँखों नहीं देखता, अपनी आँख से देखता है। अतः राजा रत्नसेन तोते के मुँह से पद्मावती का अलौकिक रूपवर्णन सुन जिस भाव की प्रेरणा से निकल पड़ता है, वह पहले रूपलोभ ही कहा जा सकता है। इस दृष्टि से देखने पर कवि जो उसके प्रयत्न को तप का स्वरूप देता हुआ आत्मत्याग और विरहविह्वलता का विस्तृत वर्णन करता है, वह एक नकल सी मालूम होती है।"

केवल भारत में ही नहीं बल्कि पूरी दुनिया में सामाजिक व्यवस्था का आधार पितृसत्ता ही रहा है जिसके कारण महिलाओं को लैंगिक असमानताओं को झेलना पड़ता है। 'एड्रियन रिच' के अनुसार-यह पुरुष सत्ता और उसकी ताकत है, जो स्त्री पर इतरलिंगी व्यवस्था को आरोपित करती है। इसी व्यवस्था के माध्यम से पुरुष अपना शारीरिक, आर्थिक और भावनात्मक वर्चस्व स्त्री पर लागू कर पाता है। पितृसत्ता ने समलैंगिकता को स्त्री के लिए असम्भव माना, क्योंकि

स्त्री कामना की व्याख्या भी पुरुष सत्ता ने अपने अनुसार की है यानी पुरुष ने अपने उत्तरलिंगी यौन जीवन के अनुभव को स्त्री कामना पर आरोपित किया। सत्ता ने कामना के प्रसंग में स्त्री की इच्छा-अनिच्छा का न तो सवाल ही उठाया और न ही खयाल ही रखा। प्रेम करने और उसे देखने के नज़रिए में भी पितृसत्ता का ही दख़ल है। पितृशासित समाज में स्त्री का चरित्र इस आधार पर प्रशंसित होता है कि उसका यौन व्यवहार कितना मर्यादित है। जिस समाज में 'पति' और 'परमेश्वर' पर्याय हों, वहाँ प्रेम में भी समानता नहीं रहती। दासी के रूप में मीरां की आत्मस्वीकृतियाँ 'फ्यूडल लार्ड्स' के मध्यकालीन चेहरे को सामने ले आती हैं। पितृसत्ता ने धरती पर अधिकार के लिए उत्तराधिकार एवं देह पर अधिकार के लिए विवाह संस्था को अनिवार्यता दी। यही पितृसत्तात्मक समाज अहिल्या को पत्थर बना देता है। इस समाज में उसी प्रेम का महिमा-मण्डन है जिस प्रेम में अन्ततः मिट जाना या राख हो जाना होता है। यह अकारण ही नहीं है कि साहित्य में बड़ी जगह ट्रैजेडियों ने घेर रखी है। आज भी खाप पंचायतों द्वारा प्रेमी युगल को मार दिया जाता है जबकि तमाम ;असफलद्ध प्रेम के किस्से ज़माना शौक से सुनता है।

जायसी लिखते हैं–

'आइ साहि सब सुना अखारा। होइगा राति देवस जो बारा।।
छार उठाइ लीन्हि एक मूठि। दीन्हि उड़ाइ पिरिथिमी झूठी।।
जौहर भइ सब इस्तिरी, पुरुष भए संग्राम।
बादसाह गढ़ चूरा, चितउर भा इस्लाम।।'

पद्मावती का अपूर्व सौन्दर्य और उसकी देह कहाँ? वह तो राख है। पद्मावती राख हो गयी। स्वयं को राख कर देना-यह प्रेम में प्राणों का उत्सर्ग है, अपने प्रेम की रक्षा है अथवा इसमें 'पराये हाथ के स्पर्श' का पितृसत्तात्मक भय भी सम्मिलित है? फिर अगर सूफी परम्परा से पद्मावती सचमुच 'परमात्मा' का ही स्वरूप है तो भला उसे इस 'अग्नि-स्नान' की ज़रूरत क्या है? यहाँ हमें यह भी ध्यान रखना है कि 'सती-प्रथा' और 'जौहर-प्रथा' भी पितृसत्ता की ही देन है। इस पितृसत्ता की ईजाद– भाषा में खुद 'परमात्मा' पुल्लिंग है और हमारे मध्यकालीन सन्तों ने 'माया' को 'महाठगिनी' बताते हुए स्त्रीलिंग बना रखा है।

यह बैकुंठ प्रेम से ही है, वह पृथ्वी से अलग नहीं है। अगर प्रेम है तो यह पृथ्वी ही बैकुंठ है। जायसी कहते हैं–

'मुहमद कवि जो प्रेम का ना तन रकत न मांसु।
जेइ मुख देखा तेइ हंसा, सुना तो आये आँसु।।'

बिना रक्त, माँस और तन के जायसी खुद का परिचय प्रेम के कवि के रूप में देते हैं और आँसू की बात करते हैं। पद्मावती में पारस-रुप सौन्दर्य है, परन्तु महत्त्वपूर्ण है इस रूप-सौन्दर्य की गाथा का प्रेम की गाथा में रूपान्तरण। देह से गुजर कर ही इसके पार जाना होता है। वहाँ प्रेम केवल रक्त, माँस और तन का ही नहीं रह जाता; वहाँ आँसू है, करुणा है और संवेदना है, जो शारीरिक सौन्दर्य के पीछे नहीं बल्कि उसके साथ ही है। जायसी पद्मावत में यही कहते हैं कि जब तक मनुष्य पर राख नहीं पड़ती यानी जब तक मनुष्य की देह राख नहीं हो जाती तब तक उसकी तृष्णा का अन्त नहीं– 'जौ लहि ऊपर छार न परै। तौ लहि यह तिस्ना नहिं मरै।।'

जायसी भावुक हो कर कह उठते हैं–

'गिरि समुद्र ससि मेघ रवि, सहि न सकहिं वह आगि।
मुहमद सती सराहिए, जरै जो अस पिउ लागि।।'

आज के समय में हम 'सती' को क्यों सराहें? हम 'जौहर' को गौरवान्वित क्यों करें? बल्कि, हम समझ सके तो समझें कि अपनी सबसे सुन्दर परिकल्पना को आग में झोंकते हुए वे क्या महसूस कर रहे होंगे? हम समझ सके तो यह भी समझें कि पितृसत्तात्मक समाज में प्रेम का राख से क्या रिश्ता है? क्यों हमारे कवि प्रेम में जल जाने की बात करते हैं? जिगर को क्यों कहना पड़ता है कि 'यह इश्क नहीं आसां, बस इतना समझ लीजै/इक आग का दरिया है और डूब के जाना है।' या ग़ालिब कहते हैं– 'जला है जिस्म जहाँ, दिल भी जल गया होगा/कुरेदते हो अब राख कि जुस्तजू क्या है।' पद्मावती का जिस्म तो जल गया पर सच यह है कि 'पद्मावत' में कथा का यह त्रासद अन्त मध्यकाल के पितृसत्तात्मक समाज का वीभत्स रूप सामने कर देता है। भक्ति-काव्य अन्ततः सामन्ती समाज को ही प्रतिबिम्बित करता है। इसमें धर्मसत्ता भी है और पितृसत्ता भी। भक्ति-काव्य इनका जहाँ विरोध करता है वहाँ वह आधुनिक सन्दर्भों से जुड़ता प्रतीत होता है। सवाल यह है कि भक्तियुगीन काव्य अपनी सामन्ती व्यवस्था के खिलाफ कहाँ तक खड़ा होता है? फिलहाल जायसी के लिए कहें तो हम गर्व से कह सकते हैं कि मध्यकाल का यह कवि 'पद्मावत' के साथ ही अपने समय के पितृसत्तात्मक समाज की बर्बरता को हमारे सामने ला खड़ा करता है और उसके प्रतिरोध को भी रचता है, अपनी सीमाओं के बावजूद।

# कालजयी है कवयित्री ललद्यद

## *अग्निशेखर*

यह मेरे लिए सौभाग्य की बात है कि आकाशवाणी के जम्मू केन्द्र ने 'ललद्यद स्मृति व्याख्यान' के लिए मुझे अवसर प्रदान किया। मैं इसके लिए हृदय से आभार व्यक्त करता हूँ। ललद्यद पर व्याख्यान देना या कुछ लिखना या उनके वाखों का अनुवाद करना टेढ़ी खीर है।

मैंने शीर्षक में ही ललद्यद को कालजयी सन्त कवयित्री कहा। इसका अर्थ यह हुआ कि उसे देशकाल की सीमाएँ बाँध नहीं सकतीं। समय और स्थान से इतर उनके 'वाख साहित्य' में सृष्टि के कालप्रवाह में मनुष्य की विराटसत्ता को जानने और फिर उसे पाने की जिजीविषा है। उसकी उदात्त मानवीय संवेदना और वांछा है। वह एक कवयित्री है और साथ ही एक सन्त भी।

इसीलिए ललद्यद अपनी रचनाशीलता से, पारम्परिक शैव दर्शन की गहराइयों से, चिरंतन सत्य की खोज में अपने प्रामाणिक अनुभवों से, तत्कालीन समाज व्यवस्था की कुरीतियों, आडम्बरों के प्रति मुखर विरोधी तेवरों और विवेक-चेतना तथा तपश्चर्या से कश्मीर के लोकमानस में सदियों से रच बस गयीं हैं।

यह वास्तव में ललद्यद के युगांतरकारी सन्त कवयित्री होने का ही प्रमाण है कि आज सात सौ वर्ष के बाद भी वह स्नेह वत्सल माँ की तरह सम्मानित हैं।

आज भी कश्मीर में विवाह उत्सवों या अन्य अवसरों पर आयोजित संगीत समारोहों में ललद्यद के कुछ वाख मंगलाचरण की तरह गाए जाते हैं। किसी सहनशील, सुसभ्य बहु को आज भी कश्मीरी जनमानस, विशेषकर कश्मीरी पंडितों के समाज में, ' ललद्यद' या 'ललीश्वरी' कहकर उसके प्रति श्रद्धा या सहानुभूति प्रकट करते हैं।

ललद्यद के 'वाख साहित्य'

(वाख यानी संस्कृत का वाक्) ने काल का अतिक्रमण किया है। यह एक असाधारण घटना है। इसीलिए वह हर बदलते युग में अपनी कविता के सामर्थ्य से हमारे आगे नये अर्थ खोलती हैं और प्रासंगिक बनी रहती हैं।

यह उसकी कविता में निहित शाश्वत विराटता और उसके साथ मनुष्य के अन्तर्सम्बन्धों के अलावा उसकी अपने समय और समाज के प्रति जागरूकता और व्याकुलता को अभिव्यक्त करने का भी परिणाम है।

ललद्यद का जीवन-संघर्ष, उसके वाख मनुष्य की नियति, पीड़ा, गहन करुणा, उसके संघर्ष और विवेक, उसकी जिजीविषा और एक पितृसत्ता के नीचे दबी कुचली स्त्री के साथ होते आये अन्याय के प्रति विरोध को मुखर अभिव्यक्ति देते हैं। यह यों ही नहीं है कि उनके वाख सदियों से जन जन के जिव्हाग्र पर हैं जो श्रुति परम्परा से हम तक पहुँचे हैं।

इतना ही नहीं, लल्यद के वाखों में यह सृष्टि, यह जीवन, ये अस्तित्व सब उस विराट

का ही विस्तार है, उसकी अभिव्यक्ति है। उसका प्राकट्य है जो किसी भी जातिभेद, वर्णभेद, लिंगभेद या स्थानभेद से ऊपर है।

'गगन चुय़ बूतल चुय़
चुय़ द्यन पवन तॅ राथ।
अरग चद़न पोश पोन्य चुय़
चुय़य सकलुय तॅ लॉगिज़ि क्या!'

अर्थात् तुम ही गगन हो। तुम ही भूतल हो। दिन, पवन और रात भी तुम हो। अर्घ्य, चंदन, जल भी तुम ही हो। जब तुम ही 'सकल' यानी सब कुछ तुम हो तो तुम्हें क्या चढाऊँ मैं?

यह अखंड चेतना-प्रवाह ललद्यद की कश्मीर शैव-दृष्टि है जो उसे परम्परा में और गुरु सिद्ध श्रीकंठ अर्थात् स्यदमोल से मिली थी। गुरू सिद्ध श्रीकंठ शैवदर्शन के बुनियादी आचार्य वसुगुप्त की शिष्य परम्परा के एक सिद्ध साधक थे।

यह विडम्बना है कि ललद्यद जैसी विलक्षण साहित्यिक और आध्यात्मिक प्रतिभा, जो समूचे कश्मीरी साहित्य की मूलाधार हैं, के वास्तविक जीवन, जन्म और मृत्यु आदि के नाम पर अनेक दंतकथाएँ मिलती हैं। तमाम संस्कृत इतिहास-ग्रन्थ उसे लेकर चुप हैं; और फारसी ग्रन्थकार, एकाध अपवाद छोड़ कर, इन दंतकथाओं, पूर्वाग्रहों आदि का महिमामंडन करने में मुखर हैं।

हालाँकि ललद्यद के एक सौ वर्ष बाद 'जैनराजतरंगिणी' के इतिहासकार जोनराज ने एक प्रसंग में वाकपुष्टाटवी इलाके में, वर्तमान वट्टू गाँव के पास, एक पहाडी गुफा में एक अज्ञात सिद्ध योगिनी नायिका के बारे में ज़रूर लिखा है, जो एक योगिनी-चक्र की मुखिया थी और उसने शहमीर की चौथी पीढ़ी के वंशज राजकुमार शहाबुद्दीन को दर्शन दिये थे और हवा में हाथ उठाकर एक मदिराचषक सम्भव कर उसे पीने को दिया था।

इस कथा-प्रसंग के आधार पर आगे चलकर लगभग तीन सौ साल के बाद बाबा दाऊद मिश्काती (1592-1658 ई.) ने सन्तों के रहस्य विषयक जीवनी 'अस्रार-उल-अब्रार' में उस अनाम योगिनी नायिका को ललेश्वरी यानी ललद्यद बताया। उसने यह भी लिखा कि वह नंग-धडंग रहती थी। 'अस्रा-उल-अब्रार' में लल्यद से सम्बन्धित अनेक अविश्वसनीय कथाएँ बाबा दाऊद मिश्काती ने लिखीं हैं।

ऐतिहासिक तथ्यों के अभाव में जोनराज वर्णित उक्त योगिनी नायिका को ललद्यद मानने में कठिनाई और सम्भावनाएँ दोनों हैं। हालाँकि फारसी ग्रन्थकारों ने उस नंगी और अनाम योगिनी को ललद्यद से जोड़ा। उसे 'लल्मॅच' (बावरी लल) और 'लल आरिफा' कहा। इस सम्मान सूचक पद 'लल आरिफा' की आड में यह मंशा निहित दिखती है कि यह साबित किया जाये कि उसने सैयद मीर अली हमदानी के प्रभाव में धर्म परिवर्तन किया था।

एकाध अपवाद छोड़कर कश्मीर के लगभग सब फारसी इतिहास-ग्रन्थों में जोनराज वर्णित यह घटना परिवर्तनों के साथ दर्ज हुई मिलती है। यहाँ से ललद्यद और उसके वाखों के साथ आरोपित फारसी शब्दावली जुड़ती गयी जो आगे उसके साथ छेड़छाड़ करने वालों के बहुत काम आयी लगती है।

ललद्यद के जन्म और जीवन वृत्त से जुड़ी दंतकथाओं के कुहासे को प्रामाणिक स्तर पर लल्यद के विशेषज्ञ लेखक जय लाल कौल ने छांटने की निष्पक्ष कोशिश की है। इस पुस्तक

को मानक ग्रन्थ का दर्जा प्राप्त है।

जय लाल कौल के अनुसार ललेश्वरी अर्थात् ललद्यद का जीवनकाल न्यूनाधिक सन् 1310 से 1370 ई. तक रहा होगा और कहते हैं कि शहाबुद्दीन (1354-1373 ई.) के शासनकाल में उनकी मृत्यु हुई थी।

जय लाल कौल की दृष्टि से देखें तो ललद्यद के जीवनकाल में ही कश्मीर में कोटारानी के साथ ही पारम्परिक हिन्दु शासन का अन्त और शहमीर के सन् 1339 में मुस्लिम शासन की शुरुआत हुई थी। उस समय वह लगभग उन्तीस वर्ष की युवती रही होगी। और मृत्युपर्यंत धीमी गति से ही सही, परन्तु दूरगामी सांस्कृतिक-धार्मिक अथवा सभ्यतागत परिवर्तनों की गूँज सुनती रही होगी।

शहमीर ने भले ही धर्म परिवर्तन का सीधे कोई इस्लामी जिहाद न चलाया हो, परन्तु खुरासान से कश्मीर आये सूफी सैयद बुलबुल शाह जैसे इस्लामी प्रचारकों की पहले से सक्रिय मौजूदगी थी।

एक नयी सामी पूजा-पद्धति, नयी संस्कृति और सभ्यता कश्मीर में ज़ोर आज़मा रही थी। कश्मीर में इस नयी सेमेटिक पूजा-पद्धति वाले धर्म की आहट को ललद्यद देख रही थी।

उसका बचपन तुर्की ज़ुलचा के भयावह आक्रमण की दारुण स्मृतियों से कैसे अछूता रहा होगा!

ललद्यद अपनी पारम्परिक सारस्वत- सभ्यता, संस्कृति और सर्वथा नयी धार्मिक जीवन-दृष्टि की परस्पर टकराहट और मिलन को प्रवाहमान व्यापक काल- चेतना से जोड़ कर देख रही थी। क्योंकि उसकी पारम्परिक तथा निजी जीवन-दृष्टि शैव-चेतना से बनी थी। उसकी मुक्ति का मार्ग भी 'ईश्वर-प्रत्यभिज्ञा' से होकर चराचर में व्याप्त 'चैतन्यमात्मा' (शिवसूत्र) को अनुभव करते हुए 'शिवतुल्यो जायते' (शिवसूत्र) को पाने में था। उसकी कविता में आये आध्यात्मिक अनुभव इस बात का प्रमाण है।

प्रामाणिक जानकारी के अभाव में ये तथ्य उनके जीवन के बारे में, उस काल की कश्मीरी भाषा के बारे में और उनके वाखों में परोक्ष रूप में उभरते सामाजिक परिप्रेक्ष्य और परिदृश्य को समझने में सहायक होंगे।

कुलमिलाकर मान्यता यह है कि चौदहवीं शताब्दी के प्रथम चरण में ललेश्वरी अर्थात् ललद्यद का जन्म श्रीनगर के पास पांद्रेठन (प्राचीन पुराणाधिष्ठान) में या उसके समीप स्यमपुर गाँव में एक भट्ट (पंडित) परिवार में हुआ था। स्यमपुर के ग्रामवासी इस जगह को श्रद्धा से ललद्यद का जन्मस्थल मानते हैं।

कहते हैं बाल्यकाल में ही ललेश्वरी में गहन आध्यात्मिक रुझान के लक्षण देखे गये थे। तत्कालीन सामाजिक प्रथा के चलते उनका विवाह छोटी उम्र में ही गाँव से कुछ किलोमीटर दूर पांपोर में हुआ। ससुराल में प पद्मावती नाम रखा गया। किंवदंती है कि अनुसार सास और पति उसे रोज़ यातनाएँ देते। बात बेबात पर प्रताड़ना, लांछन, दुत्कार से तंग आकर ललेश्वरी ने एक दिन गृहस्थ जीवन को तिलांजलि दी और अपने जीवन लक्ष्य को पाने के लिए एक वैरागन की तरह वह गाँव-गाँव, जंगल-जंगल घूमी।

'जैनराजतरंगिणी' के लेखक जोनराज ने वनों और पर्वत गुफाओं में निवास करने वाली योगिनियों और उनके 'योगिनी चक्र' का उल्लेख कर यह संकेत दिया है कि कश्मीर में घरबार

छोड़कर वैरागिनों का जीवन जीने वाली योगिनियों की परम्परा रही है।

हम लल्द्यद को शैव योगिनी के रूप में यों ही याद नहीं करते हैं। इसका यह अर्थ नहीं कि ललेश्वरी ने शैव दर्शन का प्रचार प्रसार करने के लिए घरबार का त्याग किया था। इसके लिए ललद्यद के घर में वे नरक जैसी परिस्थितियाँ ज़िम्मेदार थीं जो कथित रूप से उसकी सास और उसके पति ने पैदा की थीं।

उसने विवाह के बाद ससुराल का रखा पदमावती नाम भी छोड़ा। कदाचित् ससुराल की यादों से पूरी तरह अलग होना चाहा होगा। उसके वाखों में उसके मायके का नाम 'लल' का ही बार बार उल्लेख आता है, पद्मावती एकबार भी नहीं। लल उसके ललेश्वरी या ललिता का लाघवी (छोटा) रूप रहा होगा। 'द्यद' जैसा सम्मान सूचक पद उसके नाम 'लल' के साथ सन्त पदवी पाने के बाद लोक ने जोड़ा होगा। कश्मीरी परिवारों में 'द्यद' दादी- पड़दादी जैसी किसी भी बुज़ुर्ग महिला के लिए प्रयोग होता है।

जनश्रुतियों के अनुसार सास उसकी थाली में थोड़ा सा भात परोसती। उसके नीचे एक सिल-बट्टा रखती ताकि किसी को भात कम न दिखे। लल उफ् तक करती। खाना खाने के बाद सिलबट्टा धोकर रसोई में रखती। घर में उत्सव मनते, भोज आयोजित होते लेकिन लल के भाग्य में सिल-बट्टा ही आता। कभी कभार पनघट पर अपनी व्यथा-कथा वहाँ मिलने वाली स्त्रियों से बहनापे में साझा करती। इससे लोक में एक कहावत प्रचलित हुई, "होंड मॉरितन या कठ, ललि निलॅवठ चलि नॅ ज़ांह"। वे चाहें भेडू मारें या बकरा मारें, लल के भाग्य में तो सिलबट्टा ही लिखा है।

वह चरखे पर सूत का धागा महीन कातती, पर सास सन्तुष्ट न होती। उलाहने देती कि मोटा काटती हो। सास ने एक दिन उसका काता सूत नदी में फेंक दिया। कहते हैं लल ने उस सूत के धागे को वरदान दिया। लोक तो लोक है, उसका विश्वास है कि नदरू (कमलनाल, बें) में जो तंतु पाया जाता है वो लल का काता वो ही महीन सूत का धागा है। सास बेटे के कान भरती। कदाचित लल पिटती भी होंगी।

लल मन ही मन ईश्वर की शरण में रहने लगी। रोज़ सवेरे गाँव में नदी पार नट- भैरव के मन्दिर जातीं। वहाँ से लौटते सिर पर पानी का घडा ले आती। कहते हैं एक दिन पति ने रास्ते में उसके घड़े को डंडे से फोड़ दिया।

अरे, यह क्या! घडा तो टूट गया, लेकिन घड़े के आकार का जल ललेश्वरी के सिर पर ही धरा रह गया। वह घर लौट आयी। घर में सब खाली घडों, मटकों इत्यादि में जल भरा और जो जल फिर भी सिर पर बचा रहा उसे घर की खिड़की से बाहर फेंका।

कहते हैं उससे वहाँ 'लल-त्राग' यानी लल का सोता बना। यह 'ललत्राग' आज भी लोकमानस में है।

कहते हैं पति के इस दुर्व्यवहार के बाद ही उसने घर छोड़कर भूख-प्यास की चिन्ता किए बिना वह बेधड़क गाँव- गाँव घूमने का निर्णय लिया। वह एक वाख में कहती हैं :

"चल़ च्य़ता व्वंदस भयिह मो बर
चोन च्य़ंथ करान पानॅ अनाद।
च्य़ह कवॅ ज़नॅन्य क्ष्वद हरि
कर कीवल तसुंदुय तारुक नाद।।"

अर्थात् हे मेरे चंचल चित्त, तुम व्यर्थ क्यों चिन्ता करते हो? तेरी चिन्ता तो स्वयं अनादि (ईश्वर) कर रहे हैं। तेरी जन्मों की भूख कैसे मिटेगी, इसके लिए तुम केवल उसी तारनहार को पुकारो।

ललद्यद ने घुमन्तू जीवन जीते धर्म के नाम पर बाह्याडंबर की धज्जियाँ उड़ाईं। सामाजिक मर्यादाओं के प्रति सचेत होते हुए भी उसने जडता, पाखंड, कुप्रथाओं और रूढियों का तीव्र विरोध किया। तत्कालीन भट्ट-समाज अर्थात् पंडितों में आयी जड़ता पर तीव्रता के साथ व्यंग्य किये।

स्वयं 'बटनी' (भट्टनी) होते हुए भी अनेक वाखों में बटों (भट्टों/ पंडितों) को झकझोरा। उन्हें 'हूठॅ बट्टा' अर्थात् जड़-पंडित कहकर सम्बोधित किया। वह मूर्ति पूजा जैसे बाह्य अनुष्ठान की जगह उन्हें प्रकांतर से परा पूजा की ओर वापस मोड रही लगती हैं जिसके अनुसार महा-आकाश रूपी परचित्प्रकाश में अवस्थित होने की विश्रांति अथवा सुख ही परा पूजा है। इसके लिए पुष्पादि से मूर्ति पूजा की आवश्यकता नहीं। वह स्वयंप्रकाशमय अथवा शिवमय होने की बात कर रही थी।

तत्कालीन पुरुष वर्चस्व वाले समाज में बेपरवाह घूमने वाली एक स्त्री ऐसा कैसे कर पाती होगी! उसकी दार्शनिक दृष्टि से देखें, विशेषकर 'स्वच्छंद तन्त्र' में वर्णित 'आत्मनो भैरवं रूपं भावयेद् अस्तु पुरुषः' की ताकत से ललद्यद ने बाहरी दुनिया की कठिनाइयाँ झेली होंगी। लोगों को आश्चर्य हुआ होगा। दुख भी। वह लोकापवादों से घिरीं। उसकी विद्वता, उसके विद्रोह, वैराग्य तथा ज्ञानात्मक संवेदन आदि से लोग चमत्कृत भी हुए होंगे।

इस तरह ललद्यद पारम्परिक कश्मीरी योगिनियों से अलग एक शैव योगिनी और कवयित्री थीं। उसने समय और समाज को निकट से देखा। शुरू शुरू में बहुत दिनों तक घर तो उस संवेदनशील स्त्री को हाँट करता रहा होगा। कितनी बार उसकी आँखें भर आयी होंगी।

विवाह के बाद उसने भी कई सपने देखे होंगे जो एक झटके में टूट गये होंगे। कल्पना करें चरखा चलाते, सूत कातते उसने कितने सपने बुने होंगे। क्या उसकी टीस ललेश्वरी के घर छोड़ने के साथ ही गयी होगी!

अब वह एक वैरागन थीं, इसलिए घर के बारे में क्या सोचना! दुखद ही सही, उसकी स्मृतियों से वह सायास दूरी बनाती रही होगी। अब शिव ही उसका घर था जहाँ उसे पहुँचना था। एक वाख में कहती हैं :

> युस हर हर त्राऑविथ गर गर करे
> मरि सुय तै मारन तस।'

अर्थात् जो शिव को छोड़ घर गृहस्थी के मोहजाल में फँसकर घर का जाप करता रहेगा, उसे ही मृत्यु का भय सताएगा। ललद्यद की कविता में घर एक रूपक में बदला। उसके यहाँ घर भवसागर पार का विराट घर बना, जहाँ वह पहुँचना चाह रही थी। वाख है -

> 'आमि पनॅ सॅदरस नावि छस लमान
> कति बोज़ि दय म्योन मेति दियि तार।
> आम्यन टाक्यन प्वोन्य ज़न श्रमान
> ज़ुव छुम ब्रमान गरॅ गछहा।। '

अर्थात् :

खींच रही मैं कच्चे धागे से
समुद्र में नैया
काश, सुन लें देव मेरे
मुझको भी तारें उस पार
छीज रही मैं
मिट्टी के कच्चे सकोरों में
जैसे पानी
जिया तरस रहा मेरा
घर पहुँचूँ'

लगता है बचपन से ही घर में शैव दर्शन तथा अन्य विमर्शों पर चर्चाएँ सुनने से उसके वैचारिक संस्कार बने होंगे। उसकी काव्याभिव्यक्ति में सामाजिक और आध्यात्मिक अनुभवों के अलावा ऐसे संकेत हैं जिनसे ललद्यद के शिक्षित होने का अनुमान लगाया जा सकता है। कुछ काव्य-पंक्तियाँ देखें :

'परॅम गीता तॅ परान छस'
(गीता पढ़ी मैंने और पढ़ रही हूँ) या।
'परान परान ज़्यव ताल फजिम'
(पढ़ते पढ़ते घिसी जीभ मेरी और घिसा तालु भी मेरा) या
'परुन पोलुम अपुरुय परुन'
(जो पढ़ा चली उस पर, और पढ़ा अपाठ्य मैंने) या
'परुन स्वलब तॅ पालुन दुर्लभ'
(सरल है पढ़ना और कठिन है अमल में लाना) या
'दम दम ओमकार मन परनोवुम'
(मन को स्थिर कर ॐ पढ़ाया मैंने)या
'परान तो लेखान वुठ तॅ ओंगजि गजी'
(पढ़ते पढ़ते सूख गये होंठ तेरे
और लिखते लिखते अंगुलियाँ गल गयीं)

ऐसे और भी कई कवितांश हमें उसके वाखों में मिलते हैं।

यह एक संयोग ही कहा जायेगा एक सर्वथा नयी सेमेटिक आस्था वाली संस्कृति के साथ पारम्परिक शारदा संस्कृति के वर्चस्व की टकराहट के हताश दिनों में ललद्यद ने एक आध्यात्मिक शक्ति, एक वत्सल माँ और जन जन की कवयित्री की तरह कश्मीर की उपत्यका में अपनी आवाज़ बुलन्द की। एक आश्वासन की तरह। एक कौंध की तरह।

हालाँकि एक वैरागन होने के कारण उसने अपने काव्य में अपने समय के या पूर्ववर्ती राजनीतिक घटनाक्रम पर कहीं भी कोई सीधी बात नहीं की। हालाँकि एक वाख में परोक्ष रूप में 'पर धर्म' और 'पर मस' के प्रति झुकाव से सावधान करती हुई मिलती भी लगती हैं।

ललद्यद ने अपने वाखों में शैव दर्शन के गूढ और दृष्टांतिक सिद्धान्त मात्र नहीं बखाने। उसने अपनी रचनाशीलता को गौण नहीं होने दिया। संवेदना और अनुभूतियों के सन्दर्भों को काव्याभिव्यक्ति को केन्द्र में रखा।

उसकी कविता में जो बिम्ब विधान, रूपक, प्रतीक योजना या उपमान मिलते हैं, सब लोक-जीवन से लिए गये हैं। यहाँ तक कि उनके वाखों में शिव भी एक सजीव और सामान्य व्यक्ति के रूप में हमें मिलते हैं। वह जीवन के अनुभवों को, अपने बोध को शैव पृष्ठभूमि में स्वर देती हैं।

लल्द्यद के समकालीन और उनसे कनिष्ठ और पारम्परिक कश्मीरी ऋषि-परम्परा के प्रमुख मुस्लिम सन्त कवि नुन्दॠषि हैं जो अपनी कविता में स्पष्ट रूप से ललद्यद और उनके गुरु का उल्लेख पहली बार अपने एक विनय-गीत 'व्यनथ' में करते हैं।

इसमें नुन्दॠषि उनकी शैव साधना, उनकी आध्यात्मिक उपलब्धियों, उनके शैव साधक गुरू सिद्ध श्रीकंठ की महत्ता का गुणगान करते हैं। ललद्यद को अपना अवतार मानने वाले नुन्दॠषि के बारे में कहा जाता है कि पैदा होने के बाद जब इस शिशु ने दूध पीने से इंकार किया तो माँ उसे ललद्यद के पास ले गयी। ललद्यद उसे अपना स्तनपान कराते हुए उससे कहा, ' ज़्यनॅ मंदछोख नॅ चनॅ क्याज़ि छुख मंदछान?... अर्थात् जब जन्म लेने से नहीं शर्माए तो दूध पीने से क्यों शरमा रहे हो!'

बड़े होकर उसी सन्त कवि नुन्दॠषि ने श्रद्धा भाव से लिखा :

"तस पदमानपोरिचि लले,
येम्य अमर्यथ गले पिवो
स्व साऑन्य अवतार लले
त्युथ वर म्ये ति दितो दीवो।
शिव वुछुन थलि थले
त्युथ म्ये वर दितो दीवो।
टोठ्योख सिद्ध श्रीकंठस सिदस,
त्युथुय म्ये वर दितो दीवो।"

अर्थात् हे देव मेरे, उस पदमानपुर (वर्तमान पांपुर) की लला ने अमृत का पान किया, हमारी अवतार उस ललेश्वरी को जो वरदान तुमने दिया, वैसा ही वरदान मुझे भी दो! उसने प्रत्यक्ष शिव को हर कहीं देखा। देव, वैसा ही वरदान मुझे भी दो! देव, मुझे भी सिद्ध श्रीकंठ जैसा वर दे दो!

इसके बाद अठरहवीं शताब्दी के भास्कर राजानक ने ललद्यद के साठ वाखों का "ललेश्वरी वाक्याणि" शीर्षक से संस्कृत में अनुवाद किया। पं.भास्कर राजानक ने साठ ही वाखों तक अपने अनुवादों को सीमित क्यों रखा, इसको लेकर निश्चित रूप से कुछ नहीं कहा जा सकता। क्या असल में ललद्यद के इतने ही वाख थे या भास्कर राजनक को इतने ही मिले थे या अनुवाद करने के दौरान वह चल बसे और उनका कार्य अधूरा रहा, कुछ नहीं कहा जा सकता।

भास्कर राजानक के बाद यहाँ कुपवारा के एक गाँव गुशी के सन्त धर्मदास दरवेश का उल्लेख करना आवश्यक है। इस सन्त ने ही सबसे पहले ललद्यद के 120 वाख, जो उसके पास सुरक्षित थे, महामहोपाध्याय मुकुंदराम शास्त्री को दिए थे और मुकुंदराम शास्त्री ने उन वाखों को ग्रियर्सन को सौंपा। यहाँ से हम देखते हैं कि कश्मीर घाटी में ललद्यद के वाखों के संकलन अभियान सा शुरू हुआ जो तक जारी है।

ललद्यद पर लिखने वाले इतने लेखकों के बावजूद आज भी जय लाल कौल ही ऐसे अकेले

लेखक हैं जिन्होंने ललद्यद के उपलब्ध वाखों के कथ्य, उनकी भाषा, दर्शन, तेवर और संवेदन के आधार पर निर्मम आलोचनात्मक पड़ताल की है। यहाँ तक कि ललद्यद के सैयद मीर अली हमदानी से भेंट को भी ऐतिहासिक तथ्यों के आधार पर कपोल कल्पना साबित किया।

एकबार दिल्ली में विश्व पुस्तक मेले में प्रसंगवश जब डॉ. नामवर सिंह ने मुझसे यह कहा था कि ललद्यद महान कवयित्री के अलावा भारतीय भाषायी नवजागरण की प्रणेता हैं तो मैं दंग रह गया था।

यानी समूचे उत्तर भारत में ललद्यद का संस्कृत के बदले मातृभाषा को अभिव्यक्ति की भाषा के लिए चुनना कबीर, मीरा, गुरुनानक, रविदास, तुलसी, सूर आदि से पूर्व की युगांतरकारी घटना है।

और वो भी ऐसे कश्मीर में जहाँ ललद्यद की विरासत में संस्कृत की अविच्छिन्न परम्परा रही हो। समूचे भारतीय काव्यशास्त्र के आधार ग्रन्थ, दर्शन, इतिहास आदि जहाँ कलासिकीय संस्कृत में लिखने की परम्परा रही हो, वहाँ साधारण से परिवार की एक कथित बावरी अमर्यादित स्त्री संस्कृत के स्थान पर कश्मीरी में वाख कह रही थी; और उसे श्रोता कंठस्थ कर रहे थे। यह एक तरह से नये लोक काव्य का सृजन हो रहा था।

और इस कवयित्री का कोई पीठ न था। न टीकाएँ लिखने वाले अनुयायी ही थे। एक विद्रोही घुमंतू योगिनी शिव को सर्वत्र देखने वाली कवयित्री सामाजिक कुरीतियों, दर्प और पाखंड को धत्ता बनाने वाली लोक कवयित्री सक्रिय थी।

यह एक बड़ा कारण होना चाहिए कि इस विद्रोही कवयित्री की तत्कालीन किसी ग्रन्थकार ने नोटिस नहीं ली।

यहाँ तक कि द्वितीय राजतरंगिणि के इतिहासकार पं. जोनराज ने उसका नामोल्लेख तक न किया।

डॉ. नामवर सिंह ने जब ललद्यद को भाषाई नवजागरण की प्रणेता कहा तो मुझे 'एसेंट ऑफ सेल्फ' जैसी महत्त्वपूर्ण पुस्तक के लेखक बी. एन. पारिमू का ललद्यद के बारे में यह कथन भी याद आया था कि ललद्यद निर्विवाद रूप से भारतीय भक्ति आन्दोलन की पुरोधा है।

जो भी हो, ललद्यद ने चौदहवीं शताब्दी में कश्मीरी भाषा में वाख कहकर वर्तमान कश्मीरी साहित्य की बुनियाद रखी। वह कश्मीरी की आदि कवयित्री हैं।

देखा जाये तो ललद्यद ने कश्मीरी भाषा को साहित्यिक संस्कार दिया और कश्मीरी साहित्य को ऐसी ऊँचाई दी जो आज सात शताब्दियों के बाद भी एक दुर्गम चुनौती की तरह है।

इधर ललद्यद के 'वाखों' के तत्कालीन भाषायी स्वरूप का अनुमान लगाने या उसका पुनर्पाठ तैयार करने के लिए शितिकंठ के 'महानय प्रकाश' (13वीं शताब्दी) और अवतार भट्ट के 'बाणासुर कथा' (15वीं शती) की साहित्यिक भाषा को सन्दर्भ के रूप देखने की बात कही जा रही है।

उसके वाखों से उसके आध्यात्मिक और भौतिक अनुभवों का प्रसार कश्मीरी भाषा में हुआ। यह आगे चलकर कश्मीरी साहित्य के लिए ललद्यद का महत्त्वपूर्ण योगदान बना। वह नियति के प्रश्न भी उठाती हैं। सामान्य लोगों के साथ उसकी सम-अनुभूति उनके हृदय को छू गयी।

इन ललवाखों से सहज ही सर्वव्यापी शैव सम्विति का प्रसार मातृभाषा कश्मीरी में हुआ।

अपनी काव्य दृष्टि की गहराई और व्यापकता तथा अनुभव जन्य कथ्य, संवेदन और

सृजनात्मक ऊँचाई से वह आम जनता की जड़ता को झकझोर भी रही थी और उसे अखंड ब्रह्मांडीय चेतना से भी जोड़ रही थी।

वह एक तरह से उन्हें आचार्य अभिनवगुप्त की इन उक्तियों की ओर ध्यान खींचना चाहती है कि 'अरूपस्य कुतो ध्यानं निर्गुनस्य च नाम किम्'

यह प्रश्न 'अरूपस्य नाम किम्' वह अपने गुरु से भी एक वाख में पूछती है :

पूछा गुरू से हज़ारों बार मैंने
जो अनाम है क्या है उसका नाम
पूछ पूछ मैं थक हारी, अस्त हुई
कुछ है जिसमें से प्रकट हुआ कुछ

यहाँ इस बात में ललद्यद परोक्ष रूप से शून्यता की बात कर रही हैं जो परिवर्तित रूप के साथ कश्मीर शैवमत में बौध दार्शनिक नागार्जुन की 'माध्यमिक कारिका' से आया है।

हालाँकि इसके बारे में कहा गया कि शून्य 'सत्ता विहीनता' या 'नास्ति' नहीं बल्कि इस संसार की भौतिक सापेक्षता है, परन्तु शैवाचार्यों ने इसे साधना की विकास यात्रा में वह अवस्था बताया जिसके इतर 'अनामय' का अनुभव सम्भव है। ललद्यद अपने एक वाख में इस गूढ रहस्यमय अनुभव के कई स्तरों से हमें परिचित कराती हैं।

इसे वह 'अनाहत ख-स्वरूप शून्यालय' कहती है। वह अनुभव करती है कि' च्यथ गो'ल तॅ कें न कुने/ शुन्यस शुन्याह मिलिथ गव' अर्थात् चित के विगलित होने पर मैंने देखा शून्य में शून्य विलीन हुआ।

इससे पहले वह एक वाख में शून्य के मैदान लांघने के अनुभव की बात करती हैं। उनका यह वाख देखें :

अभ्यास्य सविकास्य लयि वो'थू
गगनस सगुन म्यूल समि च्रटा।
शून्य गो'ल तॅ अनामय म्वो'तू
योहय व्वोपदीश छुय बटा।।

अर्थात् जब साधना के अभ्यास से यह बहिर्जगत का अनंत विस्तार-विकास अन्तर्गत के साथ एक हो जाता है, तब यह सगुन और निर्गुण एक हुए दिखते हैं और शून्य भी समाप्त हो जाता है। शेष रहता है अनामय जो परम चेतना का दैदीप्यमान शिव रूप है।

इसी तरह अनेक वाखों में हम ललद्यद की साधना के आरम्भिक चरणों से उनकी 'शिवो भूत्वा शिवं यजेत' तक की यात्रा का अनुमान लगा सकते हैं। एक वाख में उन्हें गुरु अन्तर्मुख होने का उपदेश देता है जिससे उसका कायाकल्प हो ता है। वह अनावृत होकर हर्षातिरेक का अनुभव करती हैं।

इस भावातीत अनावृत होने की अवस्था में विद्या, कला, नियति, काल और राग जैसे पंच कंचुक नहीं रहते। शैवदर्शन में इन्हें आवरण कहा गया है। वाख में यही है ललेश्वरी का 'नंगय नचुऩ यानी निर्वसन घूमना।

अब उसने 'ज्ञानुक्य अंबर' यानी ज्ञान के वस्त्र और 'स्वरगिक्य अंबर' अर्थात् स्वर्ग के परिधान धारण किए, ऐसा वह दो एक वाखों में कहती हैं।

दूसरे एक वाख में वह मन की बगिया में प्रवेश करने पर शिव और शक्ति को संयुक्त रूप

में देखकर उस अमृतवेला रूप सरोवर में स्वयं को लय करती हैं।

इसी तरह एक अद्भुत वाख मे ऐसी रहस्यमय अवस्था को पहुँचने का उल्लेख करती हैं जो वाक् शक्ति, मन, कुल (मूलाधार- चक्र में अवस्थित शक्ति), अकुल (द्वादशान्त, सहस्रार चक्र) से परे है। जहाँ साधना क्रम में मौन मुद्राओं का भी प्रवेश नहीं। जहाँ शिव और शक्ति भी नहीं होते अर्थात् शिव और शक्ति से भी अतीत अवस्था जो शेष रहती है, हे भट्टा, उसी को पाने का तुझे उपदेश मेरा।

ललद्यद को यह अलभ्य उपलब्धि यों ही हाथ न लगी होगी को। यह उसकी अकूत श्रम साधना का फल है। स्वयं को तिल तिल जलाया है उसने। वाख की यह पंक्ति देखें :

लतन हुँद माज़ लार्योम वतन

(मेरे तलुवों का मांस चिमट गया रस्तों से अर्थात् तलुवे छिल गये)

या

तब जाकर उसने भीतर का प्रकाश बाहर छिटका- 'अंद्रिम प्रकाश न्यबर छो'टुम'।

भौतिक दृष्टि से उस के वाखों से पता चलता है कि वह अपने समय और आसपास के लोगों की पीड़ा, भूख, भेदभाव, गरीबी तथा अन्य सामाजिक अन्याय के प्रति भी सचेत थी और चिन्तित भी। लेकिन समाज सुधारक या धर्म प्रचारक की भूमिका में न थी। कुछेक अनूदित वाख देखें :

एक बुद्धिमान को देखा
भूखों मरते
पूस की हवा में ज्यों
पत्ते देखे झरते
एक मूर्ख को देखा
रसोइए को पीटते
तब से मैं लला
बाट जोह रही
कब मेरा मोह टूटे।'

या

है नीचे खाई तेरे
और ऊपर उसके
तू नाच रहा
बबुआ, कैसे मन देता है
साथ तुम्हारा
सब जोड़ बटोरकर यहीं छूटता
अन्न कैसे रुचता है तुझको'

ललद्यद जब नियति की बात करती हैं तो कितनी सहज लगती है। मानवीय पीड़ा से द्रवित दिखती है।

'अभी देखी नदी उफनती
अभी न सेतु

न कोई पार
फूलों लदी
अभी टहनी देखी
अभी न पुष्प
न कोई शूल'

ललद्यद अनेक परवर्ती कश्मीरी कवियों के सृजनलोक में भी वह कभी उदाहरण, कभी रूपक के रूप में उपस्थित मिलतीं हैं।

सन्त कवयित्री रूपाभवानी (1625-1721ई.) के एक वाख में ललद्यद को अपना परम गुरु ही घोषित करती हैं :

"शुद्धम् अत्यन्तम् विद्याधरं।
लल नाम लल परम ग्वरम्।"

परवर्ती युग में लीला कवि परमानन्द ने ललद्यद को योग साधना द्वारा द्वादशान्त मंडल में अवस्थित हो अनाहत, नाद, बिन्दु और ओम का साक्षात्कार करते आनन्दित बताया–

'द्वादान्त मंडल मंज़ कुनी ज़नी
अनाहत नाद ब्यंद ओम प्रज़नावन'

इसी क्रम में हम अनेक कश्मीरी सूफी कवियों में, जिन्होंने अपने कलाम को शास्त्र कहा है, शम्स फकीर, अहद ज़रगर, रहिम सोपोरी, न्याम साब, वाहब खार, स्वछ्‌ क्राल, असद परै आदि अनेक उल्लेखनीय कश्मीरी सूफी रहस्यवादी कवियों को ललद्यद से गहन रूप से प्रभावित पाते हैं।

इसी तरह अन्य भक्त कवियों में भाग्यवान द्यद से लेकर बद्रीनाथ अभिलाष तक भी अनेक साहित्यकार ललद्यद के प्रभाव में दिखते हैं।

इनकी कविताओं में ललद्यद बार बार आती हैं। इतना ही नहीं, इन सूफी कवियों की कविता में आयी शैवदर्शन और यौगिक क्रियाओं से सम्बन्धित शब्दावली उनकी काव्य-चेतना का अनिवार्य तत्व लगते हैं।

निर्वासित कश्मीरी सन्त कवि स्व. प्राणनाथ भट 'गरीब' लल्द्यद को 'निर्वासन की अधिष्ठात्री देवी' कहते थे। यह यों नहीं है कि वर्तमान जलावतनी में ऐसा शायद ही कोई रचनाकार होगा जिसकी कविता, कहानी या उपन्यास में ललद्यद का उललेख या कोई प्रसंग न आया हो।

इधर ललद्यद के नाम पर प्रचलित सैंकड़ों वाखों के प्रो.जय लाल कौल के आलोचनात्मक विवेचन और निष्कर्ष की अनदेखी कर लोग आज तक अंट शंट छद्म वाखों को संकलित किए जा रहे हैं।

जहाँ तक ललद्यद के काव्य की केन्द्रीय संवेदना की बात है उसमें व्यक्त अस्मिता शिव की सर्वव्यापी प्रवाहमान चेतना से भिन्न नहीं है। यही सार्वभौम और सार्वकालिक एकता उसकी पहचान भी है।

यह विडम्बना है कि संकीर्ण विचारधारा से प्रेरित अधिकतर फारसी इतिहासकारों तथा कश्मीरी बुद्धिजीवियों के एक वर्ग विशेष ने लल्द्यद को ललद्यद न रहने देने की पूरी कोशिश की।

उसकी महत्ता, उसकी भट्टनी छवि को बदलकर कभी उसे 'लल्ला आरिफा' कहा। कभी उसे सूफी दर्शन से प्रभावित बताया। कभी आधा शैव और आधा सूफी कहा।

कभी उसकी फर्ज़ी मुलाकात नक्शबन्दी सूफी सैयद मीर अली हमदानी के साथ करायी। ऐसा प्रचारित किया गया कि नंग-मलंग घूमने वाली ललेश्वरी को उनमें 'मर्दे मोमिन' दिखा, इसलिए वह अपनी लज्जा छिपाने के लिए पहले किसी पंसारी की दुकान की ओर भागी।

पंसारी ने दुकान में छिपने की जगह न दी। इसलिए वह एक 'कांदुर' यानी नानवायी के दहकते तंदूर में जा कूदी। तंदूर से वह स्वर्णजडित परिधान पहन कर निकली। इससे सम्बन्धित एक कहावत भी गढी गयी :

"आयेयि वांनिस गय कांदरस"

अर्थात् आयी तो (सर्व सम्पदा की तरह) पंसारी के पास थी और पहुँची (सौभाग्य सी) नानवायी का पास।

ऐसी कथाएँ फैलाई गयीं कि ललद्यद ने सैयद मीर अली हमदानी के प्रभाव में धर्म परिवर्तन किया। यह किसी भी फारसी इतिहासकार ने नहीं बताया कि ऐसी कौन सी बात ललद्यद को तैमूर के आतंक से अपने 700 अनुयायी सैयदों के साथ जान बचाकर कश्मीर आये सैयद मीर अली हमदानी में दिखी कि उसने शैव चेतना की ब्रह्मांडीय संवेदना के सार्वभौम दर्शन को तिलांजलि दी।

सैयद मीर अली हमदानी के साथ ललद्यद की भेंट तो वैसे भी संदिग्ध है। इस सन्दर्भ में मुफ्ती जलालुद्दीन का दिलचस्प कथन देखें– "इससे क्या फर्क पड़ता है कि उक्त घटनाएँ इतिहास-सम्मत हैं या नहीं!अन्ततः ऐसे मुद्दों को लोक विश्वास ही पुष्ट करते हैं।" यह बात उन्होंने अपने आलेख 'ललद्यद शाह हमदान के हुज़ूर में' कही है (देखें, 'शीराज़ा' का कश्मीर अंक, 1990)।

उपरोक्त दंतकथा में सैयद मीर अली हमदानी को 'मर्दे मोमिन' यों ही नहीं कहा गया लगता है। मुहम्मद यूसुफ टेंग ('नुन्दऋषि' पुस्तक की भूमिका, जे के अकेडेमी) शैवमत को एक 'शफीक औरत' की तरह मानते हैं और 'इस्लामी फिक्र' को 'मर्दाना पहल का बीज'। शैव दर्शन में उस बीज को बो कर 'एक तहज़ीबी आमेज़ की तश्कील' दी गयी है।

ललद्यद से जुड़े किस्से यहीं तक नहीं रुकते। एक फारसी इतिहासकार पीर गुलाम हसन के अनुसार जलालुद्दीन बुखारी और सैयद हुसैन समनानी से मिलने के बाद ललद्यद ने धर्म परिवर्तन कर लिया। और समाज में लल्द्यद के नाम से ऐसे वाख सामने आये जिनमें ऐसी स्वीकारोक्ति थी।

इस तरह कश्मीर में ललद्यद को लेकर आपको ऐसे लोग मिलेंगे जो यह तो मानेंगे कि ललद्यद महान कवयित्री थीं, एक माँ थीं, लेकिन उसने बाद में धर्म परिवर्तन किया था। यहाँ तक कि व्येजब्रोर (बिजबिहारा, अनंतनाग) में ललद्यद की मृत्यु और उनकी कब्र के होने की कथा भी फैलाई गयी।

दूसरे वर्ग के ऐसे लोग मिलेंगे जो ललद्यद को सूफी शायरा कहेंगे जो 'मारिफत' और 'इरफान' गाती फिरती थीं। जब कि ललद्यद के वाखों में किसी भी सूफी सम्प्रदाय से दूर का भी रिश्ता नहीं दिखता। सूफी दर्शन ललद्यद के काफी बाद की बात है।

कभी-कभार यह भी सुनने को मिलता है कि वह शैव दर्शन और इस्लाम के बीच एक पुल

की तरह थीं। ऐसी बेतुकी बातें हैरान करती हैं। ललद्यद बिना लाग लपेट के कश्मीर शैव दर्शन से प्रभावित सन्त कवयित्री हैं।

ललद्यद के नाम पर गढे गये वाखों में 'कलिमय पोरुम तॅ कलिमय स्वो'रुम' वाला छद्म वाख इसी मानसिकता का द्योतक है। इसमें ललद्यद कलमा पढ़ने और कलमा साधकर ला-मकान पहुँचने की बात करती हैं।

ऐसे ही ललद्यद के केन्द्रीय कथ्य को कई बार जाने -अनजाने अनदेखा कर उसे सिर्फ हिन्दू-मुस्लिम एकता की प्रतिनिधि कवयित्री के रूप प्रस्तुत कर सीमित किया जाता है :

शिव छुय थलि थलि रोज़ान
मो ज़ान 'ह्योंद' तॅ मुसलमान।
त्रुक हय छुख तॅ पान परज़ान
स्वय छै 'साहिबस' ज़ऑनी ज़ान।।'

अर्थात् शिव हर कहीं और हर किसी स्थल पर वास करता है। इसलिए हिन्दू और मुसलमान में भेद न करो। यदि तुम सच में प्रबुद्ध हो तो यही 'साहिब' के साथ तुम्हारे होने का परम ज्ञान है। इस वाख में ''हिन्दू' और 'साहेब' दोनों शब्द ललद्यद के बाद के लगते हैं। ललद्यद हिन्दू की जगह 'भट्ट' कहतीं और 'साहेब' शैव शब्दावली का पद नहीं है। इन शब्दों की जगह वह 'दय' (देव) या 'शिव' का प्रयोग करतीं।

एक तीसरा वर्ग भी है ललद्यद को लेकर। हालाँकि संख्या में नगण्य हैं, लेकिन है। दबी आवाज़ में वह कहेंगे कि ललद्यद नाम की कोई कवयित्री थी ही नहीं। अब तो खैर गुलाम नबी गौहर जैसे वरिष्ठ कश्मीरी उपन्यासकार अपनी पुस्तक 'कश्मीर : मिस्टिक थॉट' (प्रकाशन वर्ष 2009) में ललद्यद के वजूद को ही नकारते हैं।

यह तो ऐसी ही बात हुई, जैसे वरिष्ठ कश्मीरी कवि अमीन कामिल भी अठारहवीं शताब्दी की कश्मीरी कवयित्री अरनिमाल के होने को ही सिरे से नकारते हैं। तर्क यह दिया जा रहा है कि इतिहास में ललद्यद का कोई उल्लेख नहीं है, अतः यह कैसे माना जाये कि वह वास्तव में थीं भी।

इस दृष्टि से कल्हण की 'राजतरंगिणी' में आचार्य अभिनवगुप्त जैसे अनेक इतिहास प्रसिद्ध शलाका पुरुषों का उललेख नहीं है तो क्या उनको नकार दें?

इस दृष्टि से ललद्यद पर जयलाल कौल के बाद देखा जाये तो प्रोफेसर बी.के. पारिमू की पुस्तक "एसेंट ऑफ सेल्फ" महत्त्वपूर्ण काम है।

ललद्यद के समकालीन और निकट परवर्ती संस्कृत इतिहासकारों ने सामाजिक व्यवस्था विद्रोही ललेश्वरी का उल्लेख न करने के सम्भावित कारण पूर्वाग्रह जन्य ज़्यादा दिखते हैं।

इसी तरह ललद्यद का गुणगान करने वाले सन्त कवि नुन्दऋषि के समग्र काव्य 'कुलियाति शेख-उल-आलम' के लेखक और विषय-विशेषज्ञ पद्मश्री मोतीलाल साक़ी (पृष्ठ 148, पाद टिप्पणी) लिखते हैं कि कई ऋषिनामों में ललद्यद को अपना अवतार कहने वाले नुंदऋषि की 'व्यनथ' (विनय गीत) की तीसरी पंक्ति 'स्व साऑन्य अवतार लले' को संशोधित कर 'स्व साऑन्य अवतार नो लले' किया गया है। अर्थात् 'वो ललद्यद हमारी अवतार' को' वो ललद्यद हमारी अवतार नहीं है' किया गया है।

यहाँ प्रसंगवश मुझे कश्मीरी साहित्य के वरिष्ठ आलोचक मुहम्मद यूसुफ टेंग के ललद्यद

के बारे में एक महत्त्वपूर्ण वक्तव्य याद आ रहा है। उनके शब्दों में, "ललद्यद माउंट एवरेस्ट हैं। पिछले पांच हज़ार साल में कश्मीर की संस्कृति और सभ्यता की एकमात्र प्रतिनिधि हैं ललद्यद। देखा जाये तो पूर्व में दो ही महान हस्तियाँ पैदा हुई हैं, रूमी और ललद्यद! रही बात नुंदऋषि की, वह तो ललद्यद का शिष्य था जो उसने अपनी कविता में माना भी है। इस तरह ललद्यद कश्मीर है और कश्मीर ललद्यद है।"

उन्होंने यह महत्त्वपूर्ण वक्तव्य 15 जनवरी 2015 को जवाहर लाल भट की अँग्रेजी पुस्तक 'ललद्यद' का जम्मू के के. एल. सहगल हॉटल में लोकार्पण समारोह के अवसर पर आमन्त्रित लेखकों को सम्बोधित करते हुए दिया था।

अन्त में निष्कर्ष रूप में ललद्यद के बारे में सोचने मात्र से हम उनके ऐसे विलग अनुभव-संसार में तथा उनके विषय में रचे बुने कथालोक में पहुँच जाते हैं जहाँ उनका संघर्ष, सत्य, सौन्दर्य, कविता, स्वप्न और कश्मीर शैव दर्शन की ऐसी संविति व्याप्त है कि कोई भी सहृदय व्यक्त अभिभूत हुए बिना नहीं रह सकता। क्योंकि ललद्यद के पास ऐसा बहुत कुछ है जिसे उसके ही शब्दों में– 'केंह नतॅ केंह, नतॅ केंह, नतॅ क्याह' कह सकते हैं। अर्थात् कुछ है, कुछ न कुछ है, है कुछ!

# रामचन्द्र शुक्ल के कबीर सम्बन्धी मूल्यांकन का पुनर्पाठ

*करुणाशंकर उपाध्याय*

आचार्य रामचन्द्र शुक्ल हिन्दी ही नहीं सम्पूर्ण भारतीय भाषाओं के श्रेष्ठतम आलोचक माने जाते हैं। उनका आलोचकीय व्यक्तित्व इतना विराट और गम्भीर रहा है कि कोई दूसरा आलोचक उनके समकक्ष प्रतीत नहीं होता। उनका आलोचनात्मक लेखन गुण और परिमाण दोनों ही दृष्टियों से अतिशय उत्कृष्ट तथा उपयोगी है। उनके आलोचकीय व्यक्तित्व की गुरुता आज तक महसूस की जा सकती है। फलतः बाद के आलोचकों ने अपनी बहुत सारी शक्ति उनकी स्थापनाओं से टकराने में जाया की है। इस दृष्टि से आचार्य हजारीप्रसाद द्विवेदी हिन्दी के पहले महत्त्वपूर्ण आलोचक हैं जो शुक्लजी की मान्यताओं से सर्वप्रथम टकराते हैं। हिन्दी आलोचना के क्षेत्र में इनका आगमन भी आचार्य शुक्ल के तुरन्त बाद होता है। जिस तरह आचार्य शुक्ल संस्कृत और अँग्रेजी से हिन्दी में आये थे उसी तरह हजारी प्रसाद द्विवेदी संस्कृत और अपभ्रंश से हिन्दी में आते हैं। लेकिन आचार्य शुक्ल की आलोचनात्मक मान्यताएँ उस समय के किसी व्यक्ति -विशेष से प्रेरित और प्रभावित नहीं थी जबकि द्विवेदीजी की आत्मा पर रवीन्द्रनाथ टैगोर कुंडली मारकर बैठे थे। द्विवेदीजी के लिए उनका अतिक्रमण लगभग असम्भव था। इन्होंने एक स्पष्ट ऐतिहासिक दृष्टि तथा विश्व मानवतावाद का प्रतिमान लेकर हिन्दी आलोचना के भव्य प्रासाद में प्रवेश किया। चूँकि आचार्य शुक्ल की आदिकाल, कबीर और छायावाद सम्बन्धी मान्यताएँ अपनी दृष्टिगत मर्यादा और उपलब्ध सामग्री की सीमा के कारण विवाद का विषय रही हैं फलतःहजारी प्रसाद द्विवेदी ने उन्हीं विषयों को अपने विवेचन का आधार बनाया। आपने 'हिन्दी साहित्य की भूमिका' लिखकर आचार्य शुक्ल की कतिपय मान्यताओं को चुनौती देने का कार्य किया। इनका मानना था कि भक्ति काव्य भारतीय चिन्ता धारा का स्वाभाविक विकास है उसे इस्लाम की प्रतिक्रिया मानना सही नहीं होगा। उन्होंने स्वयं लिखा है "मैं ज़ोर देकर कहना चाहता हूँ कि यदि इस देश में इस्लाम न भी आया होता तो भी भक्ति काव्य का बारह आना वैसे ही होता जैसा कि आज है।"[1] यहाँ विचारणीय है कि द्विवेदी जी ने आचार्य शुक्ल की जिन मान्यताओं का खंडन करना चाहा वहाँ उनके आधे-अधूरे कथन को उद्धृत किया अथवा उतने ही पक्ष को उद्धृत किया जो उनके विवेचन में सहायता करते हों। इसे उनका व्यावहारिक चातुर्य माना जायेगा क्योंकि एकबारगी पाठक उसके प्रवाह में बह ही जाता है। इस कार्य में उनकी व्यास शैली भी सहकारी भूमिका में है।

आचार्य शुक्ल ने भी भक्ति के उद्‌भव पर सूरदास अथवा भ्रमरगीतसार की भूमिका नामक पुस्तक में सविस्तार लिखा है। उन्होंने यह प्रतिपादित किया है कि भक्ति के उद्‌भव का सम्बन्ध किस तरह श्रीमद्‌भागवत पुराण, नारद भक्ति सूत्र और आलवार भक्तों से जुड़ जाता है। उनकी भेदक इतिहास दृष्टि एवं गम्भीर लेखनी का संस्पर्श पाकर भक्ति की समूची परम्परा उद्‌भासित

हो उठी है। हिन्दी साहित्य के इतिहास में आचार्य शुक्ल के जिन वक्तव्यों को द्विवेदी जी ने विवादास्पद बनाने का प्रयास किया वह इस प्रकार हैं–

1. "देश में मुसलमानों का राज्य प्रतिष्ठित हो जाने पर हिन्दू जनता के हृदय में गौरव, गर्व और उत्साह के लिए वह अवकाश न रह गया। उसके सामने ही उसके देव मन्दिर गिराए जाते थे देव मूर्तियाँ तोड़ी जाती थीं और पूज्य पुरुषों का अपमान होता था और वह कुछ भी नहीं कर सकते थे। ऐसी दशा में अपनी वीरता के गीत ना तो वे गा ही सकते थे ना बिना लज्जित हुए सुन सकते थे। आगे चलकर जब मुस्लिम साम्राज्य दूर तक स्थापित हो गया तब परस्पर लड़ने वाले स्वतन्त्र राज्य भी नहीं रह गये। इतनी भारी राजनीतिक उलटफेर के पीछे हिन्दू जन समुदाय पर बहुत दिनों तक उदासी छाई रही। अपने पौरुष से हताश जाति के लिए भगवान की शक्ति और करुणा की ओर ध्यान ले जाने के अतिरिक्त दूसरा मार्ग ही क्या था"?[2]

आचार्य द्विवेदी ने यह बताने की कोशिश की है कि मुसलमानों के आगमन के पूर्व ही देश में अनेक जातियाँ आ रही थीं और इस देश की संस्कृति का अभिन्न अंग बन गयी थीं। उन्होंने सूर साहित्य में शुक्ल जी के उपर्युक्त उद्धरण पर प्रतिक्रिया व्यक्त करते हुए लिखा है कि "मुसलमानों के आगमन के पहले भी सैकड़ों जातियाँ इस देश में आकर हिन्दू धर्म का कवच पहन चुकी थीं। नई-नई जातियों के आने से नई नई समस्याएँ खड़ी हो गयी और हिन्दू शास्त्रकारों ने नई-नई स्मृति और नए-नए रूप में पुराण रचकर इन समस्याओं को हल करने की चेष्टा की थी। उस समय तक हिन्दू जाति के अन्दर अदम्य जीवनी- शक्ति और सम्पूर्ण सत्य की अवधारणा वर्तमान थी। इस जीवनी शक्ति के कारण ही वह नई व्यवस्था बना सकी थी परन्तु मुसलमानों के आने से वह शक्ति स्तम्भित सी हो गयी। अब तक जो जातियाँ आयी थी उनकी अपनी कोई जबरदस्त संस्कृति न थी पर मुसलमानों की संस्कृति केवल सशक्त और संयत ही नहीं थी उसमें भारतीय संस्कृति के विरोधी उपादान भी थे, यह बड़ी विकट समस्या थी।"[3] क्या हिन्दू जाति के भीतर की अदम्य जीवनीशक्ति के स्तम्भित अर्थात जड़वत होने तथा अपने पौरुष से हताश जाति जैसे पदबंध में अर्थ के धरातल पर कोई भेद हो सकता है। यदि नहीं तो इसका आशय यह है कि द्विवेदीजी शुक्लजी की ही बात को उनका प्रतिवाद करते हुए कह रहे हैं।

इस प्रकार हम कह सकते हैं कि द्विवेदी जी यह बताने की कोशिश करते हैं कि भारतीय जन समुदाय जो कुछ सोच रहा था हिन्दी साहित्य उसे जानने का सबसे बड़ा साधन था। वह भारतीय जनमानस की स्वाभाविक चिन्ताधारा थी। जबकि आचार्य शुक्ल इसके पहले ही जनता की चित्तवृत्ति के संचित प्रतिबिम्ब को ही साहित्य बतला चुके थे। इसी तरह द्विवेदीजी यह भी कहते हैं कि हिन्दी साहित्य हतदर्प पराजित जाति की सम्पत्ति नहीं है जबकि आचार्य शुक्ल ने ऐसा कहीं नहीं कहा है। ठीक इसी तरह द्विवेदी जी भक्ति काव्य में चार आना अर्थात पचीस प्रतिशत मुसलमानी प्रभाव स्वीकार भी करते हैं। कहने का आशय यह कि वे आचार्य शुक्ल की किसी भी मान्यता को तर्क अथवा प्रमाण के आधार पर ध्वस्त नहीं कर पाते यह दूसरी बात है कि इससे हिन्दी आलोचना में एक नई बहस आरम्भ होती है। आचार्य शुक्ल ने भक्तिकाल के 3 बड़े कवियों जायसी, सूर और तुलसी पर स्वतन्त्र पुस्तकें लिखी थी और उनकी कविता के मर्मस्थल की मार्मिक पहचान की थी। उन्होंने उक्त कवियों की कविताओं के भावपक्ष और कलापक्ष का जो सूक्ष्म तथा सन्तुलित विवेचन किया है वैसा पाठ विश्लेषण अन्यत्र दुर्लभ है।

वह किसी कारणवश कबीर पर पूरी पुस्तक नहीं लिख पाये और इसी कमी को पूरा करने के लिए द्विवेदी जी आगे आते हैं। लेकिन हमें यह नहीं भूलना चाहिए कि आचार्य शुक्ल ने जितना भी कबीर पर लिखा है वह व्यावहारिक आलोचना का अद्‌भुत नमूना है। उन्होंने कबीर के रचनात्मक व्यक्तित्व की जो छवि निर्मित की है वह अपनी वस्तुनिष्ठता के कारण ख़ारिज नहीं हो सकी। यही कारण है कि आज आचार्य शुक्ल के कबीर सम्बन्धी मूल्यांकन का पुनर्पाठ तैयार करने की महती आवश्यकता है। आचार्य शुक्ल ने कबीर के सन्दर्भ में जो स्थापनाएँ दी उनमें निम्नलिखित बातें विचारणीय हैं–

1. "जो ब्रह्म हिन्दुओं की विचार पद्धति में ज्ञानमार्ग का एक निरूपण था उसी को कबीर ने सूफियों के ढर्रे पर उपासना का ही नहीं प्रेम का भी विषय बनाया और उसकी प्राप्ति के लिए हठ योगियों की साधना का समर्थन किया।
2. कबीर ने ज्ञान मार्ग की जहाँ तक बातें की हैं वह सब हिन्दू शास्त्रों की हैं जिनका संचय उन्होंने रामानन्द जी के उपदेशों से किया।
3. ज्ञान मार्ग की बातें कबीर ने हिन्दू साधू-संन्यासियों से ग्रहण की जिसमें सूफियों के सत्संग से उसमें प्रेम तत्व का मिश्रण किया और अपना एक अलग पंथ बनाया।
4. उपासना के बाह्य- स्वरूप पर आग्रह करने वाले कर्मकांड को प्रधानता देने वाले पंडितों और मुल्लों दोनों को उन्होंने खरी-खरी सुनाई और राम-रहीम की एकता समझाकर हृदय को शुद्ध और प्रेम में करने का उपदेश दिया।
5. यद्यपि वे पढ़े-लिखे ना थे पर उनकी प्रतिभा बड़ी प्रखर थी जिससे उनके मुँह से बड़ी चुटीली और व्यंग्य चमत्कारपूर्ण बातें निकलती थीं।
6. कबीर अपने श्रोताओं पर अच्छी तरह भाषित करना चाहते थे कि हमने ब्रह्म का साक्षात्कार कर लिया है इसी से वह प्रभाव डालने के लिए बड़ी लम्बी चौड़ी गर्वोक्तियाँ भी कभी-कभी कहते थे।
7. कबीर के बीजक में वेदांत तत्व, हिन्दू मुसलमानों को फटकार, संसार की अनित्यता, हृदय की शुद्धि, प्रेम साधना की कठिनता, माया की प्रबलता, मूर्ति पूजा तीर्थाटन आदि की असारता और नमाज, व्रत, आराधन की निन्दा इत्यादि प्रसंग हैं। साम्प्रदायिक शिक्षा और सिद्धान्त के उपदेश मुख्यतः साखी के भीतर हैं जो दोनों में हैं। इसकी भाषा सधुक्कड़ी अर्थात राजस्थानी पंजाबी मिली खड़ी बोली। पर रमणीय शब्द में गाने के पद हैं जिनमें काव्य की ब्रजभाषा और कहीं कहीं पर भी बोली का व्यवहार है।
8. भाषा बहुत परिष्कृत और परिमार्जित ना होने पर भी कबीर की उक्तियों में कहीं-कहीं विलक्षण प्रभाव और चमत्कार हैं प्रतिभा उनमें बड़ी प्रखर थी इसमें सन्देह नहीं।"[4]
9. इसमें कोई सन्देह नहीं है कि कबीर ने नैतिक मोर्चे पर जनता के बड़े भाग को संभाला जो नाथपंथियो के प्रभाव से प्रेम भाव और भक्ति रस से शून्य और शुष्क पड़ता जा रहा था। उनके द्वारा यह बहुत बड़ा कार्य हुआ। इसके साथ ही मनुष्य की एक सामान्य भावना को आगे करके निम्न श्रेणी की जनता में उन्होंने आत्मगौरव का भाव जगाया और उसे भक्ति के ऊँचे से ऊँचे स्थान की ओर बढ़ने के लिए बढ़ावा दिया।[5]

आखिर कबीर के अवदान का इतना बहुमुखी और वैज्ञानिक विश्लेषण और किसने किया है? शुक्लजी कबीर की प्रतिभा की प्रखरता का दो बार उल्लेख करते हैं। क्या हम शुक्लजी जैसे

आलोचक से यह अपेक्षा रखते हैं कि वह वस्तुनिष्ठ विश्लेषण के बजाय किसी कवि का करतार लेकर यशगान करे? आचार्य शुक्ल ने अवसर मिलने पर अपने विश्वविख्यात निबन्ध 'काव्य में रहस्यवाद में भी कबीर पर विशेष रूप से लेखनी चलाई है। वे लिखते हैं कि-

10. "ब्रह्म, माया, पंचेन्द्रिय, जीवात्मा, विकार, परलोक आदि को लेकर कबीरदास ने अनेक मूर्तस्वरूप खड़े किए हैं। इन मूर्त रूपकों में ध्यान देने की बात यह है कि जो रुपयोजना केवल अद्वैतवाद, मायावाद आदि वादों के स्पष्टीकरण के लिए की गयी है उसकी अपेक्षा वह रुपयोजना जो किसी सर्वस्वीकृत, सर्वानुभूत तथ्य को भावक्षेत्र में लाने के लिए की गयी है, कहीं अधिक मर्मस्पर्शी है। उदाहरण के लिए मायावाद-समन्वित अद्वैतवाद के स्पष्टीकरण के लिए कबीर की यह उक्ति लीजिए–

"जल में कुंभ, कुंभ में जल है, बाहिर भीतरि पानी।
फूटा कुंभ, जल जलहि समाना, यह तत कथो गियानी।।"

यह वेदांत ग्रन्थों में लिखा हुआ दृष्टांत कथन मात्र है। अच्छा, इसी ढंग की एक दूसरी कुछ और विस्तृत रुपयोजना देखिये–

"मन न डिगै ताथै तन न डराई।
अति अथाह जल गहिर गम्भीर, बाँधि जंजीर जलि बोरे हैं कबीर।
जल की तरंग उठी, कटी है जंजीर, हरि सुमिरत तट बैठे हैं कबीर।।"

इसमें ज्ञानोदय द्वारा अज्ञान का बंधन कटने और भव सागर के पार लगने का संकेत है। यह बंधन हरि की कृपा से कटा है, इससे कबीरदास अब उनका स्मरण करते और गुण गाते हैं। यह एक निरूपित सिद्धान्त का वास्तव में घटित तथ्य के रूप में चित्रण मात्र है। ज्ञान से मुक्ति होती है और ज्ञान ईश्वर के अनुग्रह से होता है। यह एक वाद या सिद्धान्त है। कबीरदास जी इस बात इस रूप में सामने पेश करते हैं मानों यह सचमुच हुई है– वे भव सागर के पार हो गये हैं और फूले नहीं समा रहे हैं। हम जानते हैं कि इसकी व्याख्या के लिए ऐसे बंधे और मंजे हुए वाक्य मौजूद हैं कि यह तो साधक की उस दिव्य अनुभूति की दशा है जिसमें वह अपने को इस भौतिक कारागार से मुक्त और बाह्य की ओर अग्रसर देखता है।' पर यदि कोई कहे कि यह सब कुछ नहीं, यह एक साम्प्रदायिक सिद्धान्त का काव्य के ढंग पर स्वीकार मात्र है, तो हम उसका मुँह नहीं थाम सकते।"[6]

इस तरह आचार्य शुक्ल यह प्रतिपादित करते हैं कि कबीर की काव्य पंक्तियाँ दार्शनिक धारणाओं, सूत्रों, अनुभवों को परम्परा में केवल दुहराती हैं। इसमें बहुत कुछ मार्मिक कविता भी विचारों की एकरसता से दब-सी गयी है। शुक्ल जी इसके बरक्स लोकजीवन से अनुप्राणित पंक्तियों पर भी टिप्पणी करते हैं जिनमें अपेक्षित काव्य-सौष्ठव है। वे अपनी बात को आगे बढ़ाते हुए कहते हैं कि– "अब देखिए कि उक्त पंक्तियों की अपेक्षा कबीरदास जी नीचे दी हुई उक्तियाँ, जो लोकमत या अनुभव सिद्ध तथ्यों को सामने रखतीं हैं, कितनी मर्मस्पर्शिणी हैं। देहावसान सबसे अधिक निश्चित एक भीषण तथ्य है। उसके निकट होने की कैसी मूर्तिमान चेतावनी इस साखी में है–

"बाढ़ी आवत देखि करि तरिवर डोलन लाग।
हमें कटे की कुछ नहीं, पंखेरू घर भाग।।"

हवा में हिलता हुआ पेड़.मानों बढ़ई को आता देख कांपता है– बुढ़ापे से हिलता शरीर मानों

काल को पास पहुँचता देख थर्राता है। शरीर कहता है कि हमारे नष्ट होने की परवाह नहीं, हे आत्मा! तू अपनी तैयारी कर।!

"मेरो हार हिरानो मैं लजाउं।
हार गुह्यो मेरो राम ताग, बिचि बिचि मानकि एक लाग।
पंच सखी मिली हैं सुजान, चलहु त जइए त्रिवेनी न्हान।
न्हाइ धोइ के तिलक दीन्ह, ना जानूं हार किनहि लीन्ह।
हार हिरानो, जन बिलम कीन्ह, मेरो हार परोसिनी आहि लीन्ह।"

यह उस मन के खो जाने का पछतावा है जो ईश्वर का स्मरण किया करता था। जीवात्मा कहता है कि मुझे पंचेन्द्रियाँ बहकाकर त्रिगुणात्मक प्रवाह में अवगाहन कराने ले गयी जहाँ मन फँस गया। उसी मन के प्रेम को लेकर मुझे उस प्रिय के पास जाने का अधिकार था। अब उसके बिना जाते नहीं बनता। इन्द्रियों ने बेतरह ठगा। इस पद में ईश्वर और परलोक मानने वाले मनुष्य मात्र की सामान्य भावना का अनुसरण करके बड़ा ही मूर्त विधान है। कुछ खटकने वाला शब्द त्रिवेणी (त्रिगुणात्मक प्रवाह) है क्योंकि प्रकृति के तीन गुण एक दर्शन विशेष के भीतर की निरूपित संख्या है। पर इस शब्द से अध्यवसान में बड़ा सुन्दर समन्वय हो गया है।

अन्योक्ति पद्धति का अवलम्बन कबीरदास जी ने कम ही किया है। अधिकतर स्थानों में उन्होंने विकारों, भूतों, इन्द्रियों, चक्रों, नाड़ियों इत्यादि की शास्त्रों में बंधी हुई केवल संख्याओं का उल्लेख साध्यवसान रूपकों में करके पहेली बुझाने का काम किया है। उनकी जो अन्योक्तियाँ या अध्यवसान प्रहेलिका के रूप में नहीं है और वादमुक्त है वे शुद्ध काव्य के अन्तर्गत आ सकती है। वाद या सिद्धान्त के रूप में प्रतिपादित बातों को स्वभाव सिद्ध तथ्य के रूप में चित्रित करना और उनके प्रति अपने भावों का वेग प्रदर्शित करके औरों के हृदय में उस प्रकार की अनुभूति उत्पन्न करने की चेष्टा करना, हम सच्चे कवि का नहीं मानते, मतवादी का काम मानते हैं। मनुष्य का हृदय अत्यन्त पवित्र वस्तु है। उसे प्रकृत मार्ग से यों ही इधर-उधर भटकाने की चेष्टा, चाहे वह निष्फल ही क्यों न हो, उचित नहीं।"[7]

यहाँ इतने बड़े उद्धरण को प्रस्तुत करने का मूल कारण यह है कि आचार्य शुक्ल ने जिस वैज्ञानिक चेतना और वस्तुनिष्ठता के साथ कबीर की सृजनात्मकता तथा रचनात्मक दृष्टि का विश्लेषण किया है वैसा दूसरा और कौन आलोचक कर पाया है? उन्होंने कवि के व्यक्तित्व, विचार, दर्शन, रहस्य-चेतना, संवेदना एवं कलात्मक सन्दर्भों के विश्लेषण में जिस तटस्थता और सहृदयता का परिचय दिया है वह अन्यत्र दुर्लभ है। कबीर के काव्य के अभावात्मक पक्षों का निर्वचन करते हुए उसमें निहित काव्यात्मक शक्तियों का जिस खुले मन से शुक्लजी ने प्रशंसा की है वह हिन्दी आलोचना की विशिष्ट उपलब्धि है।

इसके ठीक विपरीत जब द्विवेदीजी कबीर पर विचार करते हैं तो उन्हें आचार्य शुक्ल की उक्त स्थापनाएँ बेहद नागवार लगती हैं। फलतः वे उक्त विषय पर अपना भिन्न दृष्टिकोण प्रस्तुत करने का प्रयास करते हैं। द्विवेदीजी ने कबीर को योगी के बजाय भक्त माना जिसे आचार्य शुक्ल पहले ही कह चुके थे।

आचार्य शुक्ल की कबीर सम्बन्धी मान्यताओं पर घोर असहमति व्यक्त करते हुए द्विवेदी जी ने निम्नलिखित बातें कही हैं–

1. "कबीर योगियों के द्वारा प्रभावित तो बहुत हैं पर वह स्वयं वही नहीं जो योगी हैं। हम

यहाँ फिर एक बार कहते हैं कि कबीर दास यौगिक क्रियाओं को भी बाह्याचार्य ही मानते थे।"[6]

2. "उनका केन्द्रीय विचार भक्ति था। वे भक्ति को प्रधान मानते थे। उसके रहने पर बाह्याचार का होना ना होना गौण बात है।"[8]
3. "जिस दिन से महा गुरु रामानन्द ने कबीर को भक्ति रूपी रसायन दी उस दिन से उन्होंने सहज समाधि की दीक्षा ली। आँख मूंदने और कान सूंघ के टंटे को नमस्कार कर लिया मुद्रा और आसन की गुलामी को सलामी दे दी।"[9]
4. "कबीर ने ही इस इतने बड़े विश्व व्यापार को निरर्थक नहीं समझा। उन्होंने उसे इस असीम प्रियतम की लीला का उन्मेषयिता माना है।"[10]
5. "कबीर ने कविता लिखने की प्रतिज्ञा करके अपनी बात नहीं कही थी। उनकी छंदोंयोजना, उक्तिवैचित्र्य और अलंकार विधान पूर्ण रूप से स्वाभाविक और अयत्नसाधित है।"[11]
6. "भाषा पर कबीर का जबरदस्त अधिकार था। वे वाणी के डिक्टेटर थे। जिस बात को उन्होंने जिस रूप में प्रकट करना चाहा है उसे उसी रूप में भाषा से कहलवा लिया है– बन गया है तो सीधे-सीधे नहीं दरेरा देकर। भाषा कुछ कबीर के सामने लाचार सी नजर आती है।"[12]

इस प्रकार हम देखते हैं कि आचार्य द्विवेदी शुक्ल जी से एकदम अलग हटकर कबीर के सम्बन्ध में बातें कहने का प्रयास करते हैं लेकिन उनकी स्थापना शुक्ल जी की स्थापना को निरस्त नहीं कर पाती। द्विवेदी जी भले ही कबीर को वाणी का डिक्टेटर कहते हैं। लेकिन हिन्दी का सामान्य पाठक आज भी आचार्य शुक्ल द्वारा प्रतिपादित सधुक्कड़ी अर्थात राजस्थानी, पंजाबी मिली खड़ी बोली को ही उनकी भाषा मानता है। साथ ही रमैनी और सबद के गीतों में ब्रजभाषा और कहीं-कहीं पूरबी बोली का व्यवहार परिलक्षित होता है। द्विवेदी जी की बात उसके गले नहीं उतरती। उसमें केवल भावोद्गार है कोई तटस्थ आलोचकीय विश्लेषण नहीं। डॉ. नामवर सिंह ने 'दूसरी परम्परा की खोज' लिखकर द्विवेदीजी को आचार्य रामचन्द्र शुक्ल से अलग बताने का प्रयास किया है परन्तु वस्तुस्थिति इससे कोसों दूर है। द्विवेदीजी तथा बाद के अन्य आलोचकों ने शुक्लजी के कबीर पर लिखे गये समस्त लेखन को पढ़े बगैर अपने काम की कुछ पंक्तियों को उद्धृत करके आचार्य शुक्ल को कबीर विरोधी सिद्ध करने का प्रयास किया है जो तथ्यात्मक दृष्टि से ग़लत है। ऐसी स्थिति में शुक्लजी के कबीर सम्बन्धी मूल्यांकन का नया पाठ तैयार करना वैज्ञानिकता का तकाजा है। इसे हम हिन्दी आलोचना के अविवेक को दर्शाने वाला एक ज्वलंत पृष्ठ कहेंगे कि जिस आचार्य शुक्ल ने कबीर के व्यक्तित्व एवं कृतित्व की सम्पूर्ण शक्ति, प्रतिभा, रचनात्मक सन्दर्भों और अभावात्मक आयामों को पूरी निःसंगता एवं तटस्थता के साथ विश्लेषित किया उसे ही कबीर के विरोधी के रूप में प्रचारित किया गया। आचार्य शुक्ल ने कबीर की रचनाओं के आभ्यंतर से लेकर उसके भाषिक और शिल्प-सौष्ठव तक के विवेचन में जिस आलोचनात्मक विवेक का मानक उपस्थित किया है वह अन्यत्र दुर्लभ है। शुक्लजी ने कबीर की प्रखर प्रतिभा की प्रशंसा करते हुए उनके काव्य के मार्मिक स्थलों की पहचान और तलस्पर्शिनी व्याख्या जिस स्तर पर की है उसकी तुलना में कबीर के तथाकथित शुभचिन्तक आलोचक कहीं नहीं ठहरते। आचार्य शुक्ल ने कबीर द्वारा सामाजिक विसंगतियों, साम्प्रदायिक भेदभाव, बाह्याडंबर, पाखंड, हिंसा आदि पर किए गये काव्यात्मक प्रहार को भी

रेखांकित किया है। उन्होंने कबीर की लोकधर्मिता को सराहा भी है। ऐसे दृष्टि-सजग, न्यायप्रिय आलोचक को कबीर के विरोधी के रूप में प्रचारित करने का जो अपकर्म हिन्दी आलोचना ने किया है वह बेहद चिन्तनीय है। इस भ्रम का निराकरण करने तथा शुक्लजी के अवदान को सही सन्दर्भ में समझाने की कोशिश हमने की है। मुझे पूर्ण विश्वास है कि मेरे इस प्रयास से शुक्लजी के कबीर सम्बन्धी मूल्यांकन पर खुला विमर्श आरम्भ होगा। यह कबीर के मूल्यांकन के वैज्ञानिक प्रयास को बढ़ावा देगा।

## सन्दर्भ सूची

1. हिन्दी साहित्य का इतिहास, आचार्य रामचन्द्र शुक्ल, पृ. 2।
2. वही, पृ. 60।
3. सूर-साहित्य, आचार्य हजारीप्रसाद द्विवेदी, पृ. 44-45।
4. हिन्दी साहित्य का इतिहास, आचार्य रामचन्द्र शुक्ल, पृ. 68।
5. वही, पृ. 56।
6. आचार्य रामचन्द्र शुक्ल के श्रेष्ठ निबन्ध।– सम्पा. सत्यप्रकाश मिश्र, पृ. 144-145।
7. वही, पृ. 145-146।
8. कबीर, आचार्य हजारी प्रसाद द्विवेदी, पृ. 93।
9. वही, पृ. 135।
10. वही, पृ. 151।
11. वही, पृ. 213।
12. वही, पृ. 217।
13. वही, पृ. 217।

# समकालीन हिन्दी कविता के बहाने आदिवासी साहित्य से साक्षात्कार

*मुन्ना तिवारी*

"क्या जानिए क्या बात है, उस शख्स के दिल में, आवाज के मौसम में जो चुपचाप खड़ा है।"

21वीं सदी विमर्शों की सदी है। जिसमें अनेक विमर्श हमारे सामने मौजूद है। जैसे-दलित विमर्श, स्त्री-विमर्श, आदिवासी विमर्श, अल्पसंख्यक विमर्श इत्यादि। 21वीं सदी में जो लोग हाशियें पर थे वे आज केन्द्र में आने लगें हैं। हाशिये से केन्द्र की ओर प्रस्थान की यात्रा में आदिवासी विमर्श की अपनी अलग ही कहानी है। आदिवासी समूह को अब तक अलग हाशिये पर डाल दिया गया था, लेकिन अब दलित विमर्श और स्त्री-विमर्श के समान आदिवासी विमर्श की गूँज भी सुनाई देने लगी है। जिसकी छटपटाहट ने हमें सोचने के लिए विवश कर दिया है कि आदिवासी विमर्श फिलहाल में अचानक सामने आया हुआ विमर्श है या फिर इसका अपना अलग इतिहास है। जो अब तक हमारे सामने नहीं आ पाया था। बहुत लम्बी यात्रा कर चुकी मानवता के बीच उसी के इर्द-गिर्द एक और मानवता है जो अति प्राचीन काल से प्रकृति के सानिध्य में अपनी अनूठी शैली का जीवन जीती चली आयी है भौतिक प्रगति की दृष्टि से अब भी कमोबेश वहीं की वहीं है– अपने आदिम सरोकारों और संस्कारों के साथ, जिसे हमने 'आदिवासी' नाम दिया है। कम से कम इस महादेश और समाज के लिए यह वह वर्ग है जो निर्विवाद रूप से इस राष्ट्र के मूल वासी हैं—युगों-युगों से जिन्हें पहले समतलों से पहाड़ों-जंगलों में धकेला जाता रहा और अब वहाँ से भी खदेड़ा जा रहा है।

वैश्वीकरण की प्रक्रिया में भारत में भी आधुनिक विकास की प्रक्रिया बड़ी तेजी से शुरू हो चुकी है। आदिवासी भी इसी कारण अपने जीवन की लय, मूल्यों और परम्पराओं के साथ भारतीय समाज का अविभाज्य हिस्सा बने हुए हैं। परन्तु बड़े खेद और दुःख से कहना पड़ रहा है कि आज के आधुनिक भारत (शायनिंग इंडिया) में आदिवासियों का स्थान कहीं पर भी नहीं है। प्राथमिक शिक्षा से लेकर उच्च शिक्षा तक के आँकड़े यदि हम देखेंगे तब आप हैरत में पड़ जायेंगे। आश्चर्य की बात तो यह है कि विकास की इस अंधी दौड़ में वह दुनियाभर में सबसे पीछे हैं। सरकारी नौकरियों में तो गैर आदिवासियों ने ही मूल आदिवासियों की जगहें हड़प कर ली हैं। आश्चर्य की बात तो यह है कि हमारी सरकार भी उन्हीं गैर आदिवासियों को संरक्षण, आरक्षण और जीवनदान दे रही है। मूल आदिवासी तो आज भी जंगलों में अपने पेट की आग बुझाने के लिए पहाड़ों, जंगलों में दर-दर की ठोकरें खा रहा है। आज भी उनके तन-बदन पर न तो कपड़ा है और न धूप और काँटों से बचने के लिए जूता-चप्पल। उसकी हालत तो ऐसी हो गयी है कि 'रहने को घर नहीं, सोने को बिस्तर नहीं, अपना तो खुदा है रखवाला। बड़े शर्म और हंसी की बात यह है कि हमारी सरकार आदिवासी बस्तियों, पहाड़ों पर प्रसाधनगृह

(टॉयलेट) बनवाकर दे रही है लेकिन आदिवासी के पेट की आग बुझाने के लिए दो जून रोटी का (रोजगार) स्थायी प्रबन्ध नहीं कर पा रही है।[1]

जिस आदिवासी संस्कृति, भाषा, साहित्य, बोलियों की दुहाई देकर विश्वविद्यालयों में शोधकार्य हो रहे हैं और तथाकथित आयोगों की स्थापनाएँ होती हैं क्या वे पूरी ईमानदारी से कार्य कर रहे हैं? यह बात भी सोचना बेहद जरूरी है।

प्रत्येक जाति का अपना प्रदेश, अपना साहित्य, अपनी भाषा और अपनी संस्कृति है। इस जातीय विविधता के कारण ही बहुभाषी संस्कृति करने का निर्माण हुआ है। बरसों पहले क्रिश्चियन मिशनरियों ने आदिवासियों को आकर्षित करने का असफल प्रयास किया। धर्म के प्रलोभनों को प्रस्तुत किया गया उनके पश्चात् बड़ी मात्रा में आदिवासियों का भगवीकरण (हिन्दूकरण) हो गया है। हमें यह बात ध्यान रखनी होगी कि आदिवासी समाज बहुदेववाद को नहीं मानता। मूर्तिपूजा और बाह्याडंबर को भी नहीं मानता। वह तो धरती को अपनी माता और सूरज को पिता मानता है। इस बात को वैज्ञानिक दृष्टि से भी देखा, परखा, समझा जा सकता है। धरती माँ से तात्पर्य यह है कि धरती ही हमारी पालनहार है, उससे उपजी अनाज की जैविक विविधता के चलते ही हम जीवित रह सकते है। प्राकृतिक हवा, पानी, फल, फूल, कंदमूल के साथ-साथ प्रकृति में बसने वाले अन्य प्राणियों के साहचर्य और दुग्धजन्य पदार्थां का हम सेवन करते हुए हिष्ठ-पुष्ठ हो जाते हैं। माँस, मछली, अंडे, खाकर शारीरिक, मानसिक विकास कर सकते हैं। बरसों से करते आ रहे हैं। सूर्य देवता से तात्पर्य यह है कि उसकी ऊर्जा और शक्ति के बगैर तो पृथ्वी का स्वयं भ्रमण भी थम सकता है। सूर्य की धूप के कारण ही धरती का अणु-रेणु चमकने लगता है। यहाँ की चराचर सृष्टि सूरज की किरणों का ही दोहन करके जीवित रह सकती है।[2]

प्राकृतिक विकास की इसी अवधारणा और मूलभूत एकता-समरसता को सामने रखकर भाषा, साहित्य, संस्कृति के माध्यम से एक बार पुनः विश्व को एकसूत्र में पिरोना अति आवश्यक है। जो कार्य आज भी कुछ चंद साहित्यिक संगठन (पत्र-पत्रिकाएँ) बड़ी शान्ति और रचनात्मकता के साथ कर रहें हैं, वही कार्य शासन सत्ता भी कर सकती है, लेकिन उसके लिए राजनीतिक इच्छाशक्ति और आदिवासियों के प्रति सच्ची संवेदना की सक्त जरूरत है। क्योंकि एक बात साफ जाहिर है कि राजनीतिज्ञ आज जनता के सेवक नहीं है, दलाल और व्यापारी हैं। सत्ता इन सबका सत्व नष्ट कर रही हैं। यह सत्ता उदर को बड़ा, आत्मा को छोटा, दिल को संकरा और दिमाग को शातिर बनाती है। आज की स्थिति में भ्रष्टाचार ही शिष्टाचार हो गया है। विश्वास, आत्ममंथन, पुनरावलोकन करना पिछड़ेपन का सबूत माना जा रहा है। इसलिए सत्ता, सम्पत्ति, अधिकार, भौतिक सुख बड़ा मादक और जीवन का सार लगने लगा है।

समकालीनता का सीधा सम्बन्ध समसामयिकता से है। वह रचना समकालीन कही जायेगी, जो अपने समय के बोध को व्यक्त करें। परिवर्तनशील सामाजिक यथार्थ को रचनात्मक माध्यम से व्यक्त करने वाला रचनाकार ही समकालीन कहलाएगा। अतः एक ही समय में रहे अथवा रचनारत सभी लेखक समकालीन हों– यह अनिवार्य नहीं। डॉ. नरेन्द्र मोहन समकालीन को कालखण्ड तथा इतिहास दोनों से अनिवार्यतः सम्बद्ध मानते हैं और यह कहते है कि, "समकालीनता का अर्थ किसी कालखण्ड या दौर में व्याप्त स्थितियों और समस्याओं का चित्रण, निरूपण या बयान-भर नहीं है, बल्कि उन्हें ऐतिहासिक अर्थ में समझना, उनके

मूल स्रोत तक पहुँचना और निर्णय ले सकने का विवेक अर्जित करना है। ....समकालीन एक ठहरी हुई गतिहीन और जड़ स्थिति नहीं है, बल्कि ठहराव, गतिहीनता और जड़ता को सख्ती और निर्ममता से तोड़ने वाली यह गतिमान और ऐतिहासिक प्रक्रिया और चेतन है।"[3] समकालीन रचनाकार स्वयं समसामयिक वस्तुस्थिति की स्वीकृति तक ही सीमित नहीं करता, बल्कि वह उसके परिवर्तन का आकांक्षी भी होता है। कुछ आलोचकों ने परिवर्तन की भूमिका को समकालीनता में सर्वाधिक महत्त्वपूर्ण तत्व माना है। स्वन्त्रता प्राप्ति के बाद लगभग पचास वर्षों तक, राजनीतिक तथा सामाजिक विसंगतियाँ हमारी चेतना पर इस प्रकार छायी रही है कि उनके प्रति हमारा प्रतिरोधात्मक रवैया लगभग निःशेष हो चुका है। कुछ वामपंथी आलोचक 'समकालीन' शब्द को आन्दोलनधर्मी प्रवृत्ति से जोड़ते है। उनके मत से, "समकालीन सृजन मूलतः स्थापित व्यवस्था या 'एस्टेबलिशमेंट' का विरोधी है।"[4] वे समकालीनता को शोषक वर्गों और उनकी शक्तियों समूहों का ध्वंस, सक्रिय संघर्ष, आक्रमकता आदि से जोड़ते हैं पर समकालीनता का जो सामाजिक परिदृश्य है वह महत्त्वपूर्ण पक्ष है। समकालीन रचनाकार यथार्थ की यथास्थिति को स्वीकार नहीं करता, बल्कि आलोचनात्मक दृष्टि से उसकी गहरी जाँच-पड़ताल करता है। समकालीन बोध अनिवार्य रूप से द्वन्द्वात्मकता से युक्त होता है। उसके छोर अतीत और अनागत की और फैले हुए होते हैं। डॉ. हरिमोहन के अनुसार, "एक ओर तिल-तिल क्षरित होना और दूसरी ओर तिल-तिल जुड़ते जाना, यह अपने आप में एक द्वन्द्वात्मक स्थिति है जो कि समकालीनता की प्राणचेतना से जुड़ी हुई है और जिसके अभाव में समकालीनता मात्र एक काल-प्रवाह बन जाती है। अतः यह एक उसकी अनिवार्य अपेक्षा है जो उसे रचनात्मक ऊर्जा प्रदान करती है। इसी बिन्दु पर समकालीनता की दोहरी भूमिका उदित होती है।"[5] समकालीन शब्द का अर्थ है– एक समय में रहने वाले, अपने समय से सम्बद्धता। साहित्य रूप की कृतियाँ अपने समय के सामाजिक में व्यक्त करती है। इस प्रकार समकालीनता का स्वरूप सामाजिक परिवेश से निर्धारित होता है तथा काल-विशेष की कृतियों की समकालीनता सामाजिक आज उपन्यास हिन्दी गद्य साहित्य की केन्द्रीय विधा के रूप में स्थापित हो चुका है। मुद्रण यन्त्र का जीव होते हुए भी यह आधुनिक तथा आधुनिक पूर्व जीवन और मानवीय प्रवृत्तियों की सफल अभिव्यक्ति का अत्यन्त सुयोग्य माध्यम बन गया है। इसकी उपयोगिता सफलता और लोकप्रियता, व्याप्ति को देखते हुए इस आधुनिक काल का 'महाकाव्य' कहा जाता है। हिन्दी उपन्यास की प्रगति और परम्परा कई मोड़ों से होकर गुजरी है। उसका सच्चा सौ वर्षो का इतिहास यह बताता है, कि प्रेमचन्द पूर्व युग के उपन्यास उपदेशपरक, जासूसी, तिलस्मी और ऐय्यारी वृत्ति के रहे। प्रेमचन्दयुगीन उपन्यास आदर्शवादी आदर्शोन्मुख यथार्थवादी और सामाजिक प्रतिबद्धता को लेकर चले हैं। उन्होंने उपन्यासों के लिए उर्वर भूमि तैयार की। उसके बाद मनोवैज्ञानिक उपन्यास लिखे गये। प्रेमचन्द के बाद उपन्यास संसार में क्रान्तिकारी परिवर्तन होता है। राजनीतिक, सामाजिक तथा आर्थिक विषमता का चित्रण मिलता है। आँचलिकता को लेकर कई उपन्यास लिखे गये। आँचलिकता के बाद स्त्री-विमर्श, ग्रामीण चेतना, दलित चेतना और आदिवासी विमर्श को लेकर उपन्यासों का सृजन जारी है।

हिन्दी भाषा के परिप्रेक्ष्य और परम्परा में जब हम आदिवासी कविता की बात करेंगे तो पायेंगे कि हिन्दी पट्टी में पैदा हुए कवियों की रचनाओं में आदिवासी विषय बहुत कम अभिव्यक्त हुआ है। यह विमर्श समकालीन या कहें आधुनिक हिन्दी कविता से सम्बन्ध रखता है, इसलिए

हिन्दी कविता की महान परम्परा अर्थात् प्रसाद, पंत, महादेवी वर्मा, निराला, केदार बाबू, त्रिलोचन, शमशेर, नागार्जुन, धूमिल, रघुबीर सहाय, राजेश शर्मा और भी कवियों के एजेण्डा में आदिवासी एक तरह से नदारद मिलेगा। इसकी प्रमुख वजह रही कि उन्हें आदिवासी जीवन का अनुभव नहीं था। भौगोलिकता निश्चित रूप से बड़ा कारण बनी। इसीलिए मुख्यधारा की कविता में जो कवि आदिवासी अंचल के इर्द-गिर्द रहे उनकी कविताओं में आदिवासी विषय-वस्तु मिलना सम्भव हुआ जैसे कि लक्ष्मी नारायण 'पयोधि', 'चन्द्रकांत देवताले, विनोद कुमार शुक्ल, सुदीप बनर्जी, रमणिका गुप्ता।

साहित्य की अन्य विधाओं की तरह जब हम कविता के सन्दर्भ में समाज के किसी घटक विशेष को लेकर चर्चा करते हैं और यह सवाल उठाया जाता है कि कविता तो कविता होती है, उसके बारे में यह वर्गीकरण क्यों कि यह दलित कविता, यह स्त्री कविता, यह आदिवासी कविता और इसी क्रम में अन्यान्य....? समाज के घटकों के आधार पर जब साहित्य की किसी विधा को बाँटा जाता है तो अन्यथा प्रतिक्रिया होती रही है। यह प्रतिक्रिया प्रमुख रूप से तथाकथित मुख्यधारा से जुड़े महानुभावों द्वारा की जाती रही है। ये लोग निश्चित रूप से परम्परागत वर्चस्वकारी प्रभुवर्ग से सम्बन्ध रखते रहे हैं, चाहे जन्मना या कर्मणा। हमें यह ध्यान रखना चाहिए कि अभिव्यक्ति का कोई भी अनुशासन और उसकी विधा जागतिक (भौतिक और मानसिक दोनों) जीवन में अनेकानेक पहलुओं से ताल्लुक रखते आये हैं तथा सभ्यता, संस्कृति आचंलिकताएँ, ऋतुएँ, मनोदशा तथा दृश्यादृश्य संसार के अनेकानेक पहलू। इसी क्रम में समाज के घटकों से सम्बन्ध रखने वाली साहित्यिक विधाओं को लेकर चर्चा करने में कोई हर्ज नहीं है और जब यह चर्चा समाज के उन घटकों को लेकर की जाती है जो किन्हीं भी कारणों से हाशियें पर रहते आये हों। चूँकि उनके परिप्रेक्ष्य में होने वाला विमर्श उन्हें मुख्यधारा में लाने का काम करेगा न कि विखण्डन का। विचार के स्तर पर इसीलिए स्त्री, दलित, आदिवासी, अल्पसंख्यक आदि को विषय वस्तु बनाने के प्रयास समय-समय पर किये जाते रहे हैं। इसी पृष्ठभूमि में समकालीन आदिवासी कविता पर आधारित यह प्रसंग उठाया गया है।

आदिवासी जीवन को लेकर जब कविता की बात की जाती है तो मौखिक परम्परा ही समृद्ध धरोहर के रूप में सामने आती है जो प्रमुख रूप से गेय परम्परा रही है। आधुनिक या समकालीन कविता की दृष्टि से आंचलिक भाषाओं में अवश्य कविता के माध्यम से जीवन के विभिन्न पक्षों की अभिव्यक्ति होती रही है लेकिन हिन्दी भाषा में आदिवासी कविता अभी शुरूआती दौर में चल रही है।

आदिवासी इलाकों में बाहरी तत्वों की घुसपैठ सबसे बड़ी समस्या रही है। यहीं से आदिवासी जीवन की पवित्रता में प्रदूषण शुरू होता है और अन्त में आदिवासी अस्तित्व का संकट। ग्रेस कुजूर की कविता के अंश 'हे संगी क्यों घूमते हो/झुलाते हुए खाली गुलेल/क्या तुम्हें अपनी धरती की/सेंधमारी सुनायी नहीं दे रही....? नहीं यह सब 'कूलड़ी में गुड़ फोड़ना नहीं। यह सब डंके की चोट पर हो रहा है खुले आम। कुछ इस तरह– पृथ्वी की सारी सभ्यता/एक भीमकाय रोड-रोलर की मानिन्द/लुढ़कती आ रही है हमारी जानिब/और हम बदहवास/भाग रहे हैं खोह और गुफाओं की ओर....(हरिराम मीणा) आदिवासी जीवन की कल्पना प्रकृति के बिना सम्भव नहीं, प्रकृति के साथ छेड़छाड़ आदिवासी के लिए अत्यधिक पीड़ा की बात है। सन्ताली कविता में कहा गया है– ढह गयी बड़ी पहाड़ी/भसकी छोटी पहाड़ी/उल्टी-पुल्टी हो

गयी दुनिया/ ओ मेरे भाई....। तो ठीक, नहीं तो– हमें सौंपा है हमारे पूर्वजों ने/धन-सम्पदा से सम्पन्न/अपना राज्य/मानवता से परिपूर्ण। प्रकृति के साथ बेरहम छेड़खानी केवल आदिवासियों के अस्तित्व का संकट नहीं है बल्कि सम्पूर्ण मानवता व मानवेतर प्राणी जगत के लिए खतरा है। पर्यावरण प्रेमियों के साथ आदिवासी कविता भी सुर मिलाती है। ग्रेस कुजुर कहती हैं– इसलिए फिर कहती हूँ/न छेड़ों प्रकृति को/अन्यथा यह प्रकृति करेगी भयंकर बगावत/और तब/न तो तुम होंगे/न हम होंगे। धरती उजड़ी जंगल उजड़े रह गया क्या शेष?

इन हालात में मानवेतर प्राणियों के लिए भी सचेत है आदिवासी कविता- चिड़िया भी शायद हमारी ही तरह/भूख, प्यास, बसेरा, मिलन व जुदाई की चिन्ता से/परेशान हो रही है।

आदिवासियों ने तो सपने में भी यह नहीं सोचा कि उनके साथ ऐसा होगा। वे तो उन्मुक्त प्रकृति की गोद में रहे हैं– प्रकृति की भाव-भंगिमाओं के साथ गाते-नाचते। इसी उन्मुक्तता के रहते अभावों भरी जिन्दगी की भी उन्होंने परवाह नहीं की। समृद्ध प्राकृतिक परिवेश में सीमित आवश्यकताओं के साथ एक लम्बी, विशुद्ध और सांस्कृतिक परम्परा रही है। जीवन का आधार रही यह प्राकृतिक सम्पदा, उनकी पुश्तैनी भूमि और सांस्कृतिक धरोहर उनसे छीनी जा रही है, जिसके लिए वे कतई तैयार नहीं और कोई माने या न माने वे इसके लिए कभी तैयार हो भी नहीं सकते। यह गम्भीर संकट केवल आदिवासी वर्ग को झेलना पड़ रहा है।

आज आदिवासी अस्तित्व का संकट गहरा रहा है। मनुष्य ने मनुष्य को बहुत सताया है। स्त्री के रूप में आधी मानवता और दलितों के रूप में एक बड़ा वर्ग जीता जागता उदाहरण है हमारे सामने। बहुत कुछ लिखा और बोला गया है, इस बड़े शोषित दलित वर्ग के लिए। इसी में हम अब तक मानते रहे आदिवासियों को भी। चीजों को सामान्यीकृत करने से पहले हम प्रत्येक स्वतन्त्र घटकों का अध्ययन करते हैं– उनकी विशिष्टताओं के आधार पर। इसलिए "विविधता में एकता और एकता में विविधता" एक स्वीकृत सत्य है। इस सूत्र को पकड़ कर अगर बात की जाये तो इस बड़े, और अर्सा से सताएँ गये वर्ग की एकजुटता में आड़े नहीं आते हुए, हमें आदिवासियों पर कुछ अलग और सही दृष्टि से चर्चा करनी चाहिए। गैर आदिवासी व्यापक समाज की स्त्रियों ने पुरुष वर्चस्व की त्रासदी भोगी है। शब्द के सीमित अर्थ में दलित वर्ग ने छुआ-छूत, जूठन, बेगार और मेला ढोने तक की अनेक त्रासदियों के बावजूद दुत्कार-फटकार-अस्वीकार झेला है। इस वर्ग की मूल समस्या समाज में रहकर भी सम्मान, गरिमा और अस्मिता के नकार की रही है, जबकि आदिवासियों की मूल समस्या अन्ततः अस्तित्व के संकट की बन चुकी हैं। दलित वर्ग अपने साथ हुए अन्याय और अन्यायकर्ताओं को भली-भांति पहचानता है और इसी आक्रोश को वह दलित साहित्य में व्यक्त कर रहा है। इस प्रक्रिया में उनके संकट से उबरने की प्रबल सम्भावनाएँ हैं– संगठित प्रतिरोध की ताकत के साथ। आदिवासियों को तो यह भी पता नहीं कि उन पर यह अस्तित्व का संकट क्यों है? वे भौंचक्का हैं, किन्तु मौन। इसलिए आदिवासी साहित्य के तेवर अलग होंगे। अस्तित्व के संकट की चरम सीमा मैंने अंडमान में देखी है।[6] कविता में कुछ इस तरह– जिन्होंने हमें गोलियों से भूना/वे इंसान थे/जिन्होंने हमें टापुओं से इधर-उधर खदेड़ा/वे इंसान हैं/और जो हमारी नस्ल को उजाड़ेंगे/वो इंसान होंगे....। हे संगी/ सम्भालो अपना तरकस/नहीं हुआ है भोंथरा अब तक/बिरसा आबा का तीर/....और अगर/अब भी तुम्हारे हाथों की/अंगुलियाँ थरथराई/तो जान लो/मैं बनूँगी एक बार और/सिनगी दई। आदिवासी कविता को विश्वास है अपने पर। वह शब्दों का नटी खेल नहीं है। वह

शास्त्रीयता और जार्गन में छुपी बांझ रचना नहीं होगी। पुनः ग्रेस कुजूर के शब्द-देखा कलम की धार/तुम्हारे लिए/हाँ तुम्हारे लिए/कलम मौसम बदलेगी/कलम मौसम बदलेगी। वक्त की रफ्तार के साथ उन्हें पहाड़ों-जंगलों में धंसा दिया गया। फिर भी कोई बात नहीं, हजारों सालों से प्रकृति से अटूट रिश्ता जोड़े रहे। उसे प्रगाढ़ करते चले गये। अब वहाँ से भी किसी न किसी योजना के बहाने खदेड़ने की खतरनाक साजिशें, किसी बड़े रोजमार्ग या जनपथ में रोड़ा बना 'पत्थर' किसी समुदाय की भावना बन कर ताकतवर सरकार से नहीं हटता। प्रशासन अपनी छेड़खानी की मनसा पर लमलेट होकर माफी माँग कर पीछा छुड़ाता दिखता है और यहाँ लाखों की तादाद में बिना किसी पूर्व सूचना, बिना पर्याप्त विकल्प के इन आदिवासियों को विस्थापित कर ही दिया जाता है। कोई मेधा पाटेकर बोले तो उसे विदेशी साजिशों का हिस्सा या राष्ट्रीय विकास विरोधी करार दिया जाता है। आदिवासी कुछ नहीं माँगते। उनके नाम पर चल रही योजनाओं के हिस्से को कौन डकार रहा है– वे तो कोई प्रश्न भी नहीं पूछते और उन्हें उनकी पुश्तैनी जमीनों से और जीवन में रची-रमी प्रकृति से इस कदर खदेड़ा जाये– यह कहाँ का न्याय है? इन साजिशों के खिलाफ आदिवासी कविता ही बनेगी।[7] ग्रेस कुजूर के यहाँ झारखण्ड है तो भुजंग मेश्राम के यहाँ महाराष्ट्र में भी वैसा ही दर्द अभिव्यवक्त होता दिख रहा है–

उठो कि अपने अंधेरे के खिलाफ उठो/उठो अपने पीछे चल रही साजिशों के खिलाफ/ अब उन्हें पता लग गया है/....आज ना घने बीहड़ हैं/ना तू है/है केवल बीहड़ों में फैलता असन्तोष/....सच बताऊँ/अब हमें जल्दी है/नहीं चाहते अब हम ओढ़ी हुई सभ्यता/....बिरसा तुम्हें कहीं से भी आना होगा। मानवीय मूल्यों से भरपूर स्वायत्तता पर अभी भी भरोसा है चाहे यह सब अब स्मृति बनता जा रहा है। सत्यनारायण मुँडा कहते हैं– लोकोन्मुखी कविता ने जीवन के अजस्र, संघर्ष को नापा है, उसकी पैनी धार को परखा है। आदिवासी-जन व्यापक लोक का अभिन्न अंग हैं, चाहे वह उससे अलग-थलग ही क्यों न रहते आया है। आखिर दुनिया के सारे मेहनतकश एक-सा जीवन जीते हैं। भद्र-वर्ग की विश्वव्यापी साजिशों का एक जैसा शिकार रहा है यह व्यापक लोक, लेकिन फिर भी श्रम और संघर्ष के सौन्दर्य को निखारता चला आ रहा है। वह कभी नहीं हारता....।

इसी सन्दर्भ में भुवन लाल सोरी की अभिव्यक्ति है– हर सुबह वे निकलते हैं/नई आस लेकर विरक्तियों में ढूँढ़ते उजाले का? पता/हम जोतेंगे बार-बार कठोर धरती....। आदिवासी सांस्कृतिक विरासत, अब से पहले हजारों सालों तक अक्षुण्ण और अप्रदूषित रही है। यह भी अतिशयोक्ति नहीं कि यही धरोहर इस देश की सम्पूर्ण सांस्कृतिक गतिविधियों का आधार रही है। इस आदिवासी सांस्कृतिक रिक्थ की मौलिकता को किस कदर विरूपति किया जा रहा है, यह सबको पता होना चाहिए।

आदिवासियों को 'टारगेट' बनाकर अभिजात्य सौन्दर्य-बोध किस प्रकार अभिव्यक्त हो रहा है और थोपा जा रहा है, य इससे जाहिर है कि यह भद्र्र दृष्टि वन-युवतियों के गोल-गोल गाल, उन्नत उरोज, पुष्ट जंघाओं के अलावा उनके यथार्थ पर नहीं जाती है। उनके पसीने में भद्र कवि को बदबू आती है, हथेलियों और पैरों के छाले उन्हें ही दिखते, जिनके भीतर अभाव नही है। वे उसे नहीं परख सकते, चूँकि उन्हें 'शो-पीस' बनाना है, इसके अलावा और कोई मकसद नहीं। इसके प्रति जागरूक है आदिवासी कविता। निर्मला पुतूल लिखती हैं– किसने कहा है उनके परिचय में/इतना बड़ा-बड़ा झूठ/किसने....?/जरूर यह शब्दों में धोखा करता

हुआ/कोई कवि होगा/मस्तिष्क से अपाहिज। ....वे दबे पांव आते हैं तुम्हारी संस्कृति में/वे तुम्हारे नृत्य की बड़ाई करते हैं/वे तुम्हारी आँखों की प्रशंसा में कसीदे पढ़ते हैं/वे कोन हैं? सौदागर हैं वे....। ....दिल्ली की गणतन्त्र झांकियों में/अपनी टोली के साथ/नुमाईश बनकर कई-कई बार पेश किए गये तुम/पर गणतन्त्र नाम की कोई चिड़िया/कभी आकर बैठी तुम्हारे घर की मुँडेर पर? करीब दो शताब्दियों तक आदिवासियों ने अँग्रेजों से डट कर लोहा लिया-पलामू विद्रोह (1770-71) पहाड़िया संघर्ष (1770-72) संथाल क्रान्ति (1781 और 1855-56) पझसी राजा (1800) केरल बनवासी किसान विद्रोह (1812) वीर भागोजी के नेतृत्व में नासिक विद्रोह (1818) खासी विद्रोह (1829-1841) वीर साधा जी के नेतृत्व में महाराष्ट्र में विद्रोह (1830-1848) फूकन और बरूआ अगुवाई (1828-1830) कोल संग्राम (1831) तूफान गंगा नारायण (1832) खनोजा रण-बाँकुरे (1850-79) ताँत्या मामा (1857) बिरसा मुण्डा (1889-1990) गोविन्द गुरू के नेतृत्व में मानगढ़ की लड़ाई (1908) उराँव वीर ताना भक्त (1914-1941) बाघा जतीन (1920-1942) अल्लूरि सीताराम राजू (1918-1924) नागारानी गाई दिल्यू (1932-1947) और भी अनेकानेक....। अंचल-अंचल में आग-पूरे देश में अलखनाद। बहुत लम्बी सूची है। यहाँ देना सम्भव नहीं। इसकी पृष्ठभूमि में युगों-युगों तक चलने वाला संघर्ष का लम्बा सिलसिला। इस लम्बे संघर्ष की गाथाएँ और गीत आदिवासी साहित्य को समृद्ध करते हैं। निःसन्देह आदिवासियों के इस ऐतिहासिक योगदान को इतिहास में अपेक्षित स्थान नहीं मिला। यह पीड़ा भी आदिवासी कविता में महादेव टोप्पो के माध्यम से व्यक्त होती है -....तुम्हारी विजय गाथाओं और संघर्षों के गवाह/पेड़ हैं, नदियाँ है, चट्टानें है/पुरखों की आत्माएँ हैं/ससनदिरी हैं/जाहेर थान हैं/तुम्हारे लोक-गीत हैं।....यह अनरत परम्परा और कहीं न भी लिपिबद्ध हो, परन्तु आदिवासियों की जुबान पर है। यह आदिवासी काव्य परम्परा भरी पड़ी हैं– प्रकृति-प्रेम से, श्रम के सौन्दर्य से और मुक्ति संघर्षां से और इसलिए कविता आदिवासियों की आदि-परम्परा रही है। उस सबकों समेटना मुश्किल होगा। अतीत से अब तक पग-पग और पल-पल स्वतः स्फूर्त भाव-संवेग की तरह यह काव्य-धारा बहती चली आ रही है। किस कवि ने, किन-किन क्षणों में क्या-क्या, किसी भाव-दशा में रचा-इसे तलाशना असम्भव है। इस परम्परा में कविता कर्म का कोई प्रयास नहीं रहा, प्रत्युत आदिवासियों के प्राकृतिक जीवन की तरह स्वाभाविक रूप और लय में यह सर्जना होती चली गयी। इसलिए यह रचाव उनके जीवनानुभव से पूरी तरह मेल खाता है।

लक्ष्मीनारायण 'पयोधि' ने 'सोमारू' एवं 'अन्त में बची कविता' शीर्षक वाले संग्रहों में बस्तर पर केन्द्रित बेहतरीन कविताएँ लिखी हैं। सुदीप बनर्जी ने भी कुछ कविताएँ बस्तर के आदिवासी जीवन पर लिखी हैं। कोयला खदानों में काम करने वाले आदिवासी मजदूरों पर रमणिका गुप्ता ने भी कई कविताएँ लिखी हैं। बस्तर से सम्बन्धित चन्द्रकान्त देवताले ने बहुत अच्छी कविताएँ लिखी हैं यथा–

पर मैं देख रहा हूँ
बस्तर के जंगल में जन्मांध अंधेरे का दमा
पेड़ों पर टंगे घोंसलों कैद
चिन्ताओं के छिन्न-छिन्न केंचुल
इन्द्रावती के पानी में ऊभ-चुभ होती हुई गुमनाम सिसकियाँ

मुझे लगता है कविता में प्रमुख रूप से चार तत्व होते हैं– स्रोत, शब्द, शिल्प और संदेश। 'स्रोत' से तात्पर्य जीवनानुभव की उस जमीन से है जहाँ से कविता उपजती है। जब कवि का किसी दृश्यादृश्य स्थिति से साक्षात्कार होता है और वह उसे आत्मसात् कर हर्ष-विषाद की बेचैन कर देने वाली मनोदशा में अभिव्यक्त करने को विवश या प्रेरित होता है तो कविता की रचना होती है। वह स्रोत या जमीन कविता के होने की पहली आवश्यकता होती है। निश्चित रूप में यह अभिव्यक्ति भाषा के स्तर पर ही सम्भव है जिसे 'शब्द' तत्व कहा गया है। तीसरा तत्व है 'शिल्प' जो कविता को सुन्दर, प्रभावी, सम्प्रेषणीय, हृदय को छूने वाली बनाता है। हम इसे 'अदांजे बयाँ' भी कह सकते हैं। 'संदेश' को मैं अन्तिम तत्व के रूप में देखता हूँ जो, अनिवार्यतः होना चाहिए। संदेश का अर्थ नारेबाजी, नीति-पाठ या प्रवचन नहीं, बल्कि कवि अपनी रचना से बेहतरीन भविष्य के लिए किस तरह पाठक या श्रोता को विषय विशेष से जोड़ने की स्थिति में हो पाता है– इस ध्येय से है। संदेश-विहीन और निर्लक्ष्य कविता बांझ रचना होगी। फिर आप स्वांतः सुखायः रचते रहिये। दुनियादारी से ऐसी कविता का कोई वास्ता नहीं होता। कविता मात्र मनोरंजन भी नहीं। इसलिए शक्तिशाली कविता आत्मालाप और मनोरंजन से आगे ले जाती है जहाँ वह मानव, मानवेतर प्राणी जगत और प्रकृति से बनी सृष्टि को अभिव्यक्त भी करती है और इनके मध्य और स्वतन्त्र रूप से बेहतर भविष्य की कल्पना और प्रेरणा का काम भी करती है।

## सन्दर्भ ग्रन्थ


1. उपरिवत्, पृ. 140।
2. उपरिवत्, पृ. 141।
3. डॉ. नरेन्द्र मोहन, समकालीन कहानी की पहचान, भूमिका, पृ. 7।
4. डॉ. विश्वम्भरनाथ उपाध्याय-समकालीन कहानी की भूमिका पृ. 3।
5. डॉ. हरिमोहन-मधुमती-सितम्बर, 1978, पृ. 71।
6. अरविन्द कुमार, समानान्तर कोश हिन्दी, पृ. 331।
7. राजीव लोचन शर्मा, भारत की जनजांतिया, पृ. 90।
8. उपरिवत्, पृ. 82।
9. उपरिवत्, पृ. 82।

# स्वप्न भी एक शुरुआत है

*राजीव रंजन गिरि*

"वह बार-बार भागती रही
बार-बार हर रात एक ही सपना देखती
ताकि बूल न जाये मुक्ति की इच्छा
मुक्ति न बी मिले तो बना रहे मुक्ति का स्वप्न
बदले न भी जीवन तो जीवित बचे बदलने का यत्र"

कवि अरुण कमल की एक कविता है– स्वप्न। इस कविता में एक औरत बार-बार ससुराल से भागती है। मार खाकर। कभी किसी मन्दिर की सीढ़ी पर घंटों बिताती है। फिर अंधेरा होने पर उसी जगह लौट आती है। कभी किसी दूर के सम्बन्धी या परिचित के घर दो चार दिन काटती है। कभी अपन नैहर चली जाती है। पर हफ़्ता या महीना भर बाद, थक कर, उसी जगह लौटती है। बेहतर होगा यह कहना कि उसे हर बार लौटना पड़ता है। यह उसकी विवशता है। यह भी याद रखने की बात है कि वह हर बार मार खाकर ही भागती है और लौटने पर भी मार खाती है। तो क्या इस स्त्री को अपनी ट्रैजिक नियति का पता नहीं है? कविता बताती है कि उसे बखूबी पता है कि मार खाने के बाद जहाँ से भागती है, बार-बार उसे वहीं लौटना है। साथ ही लौट कर फिर मार खाना है। "जानती थी वो कहीं कोई रास्ता नहीं है/कहीं कोई अन्तिम आसरा नहीं है/जानती थी वो लौटना ही होगा इस बार भी।" फिर भी भागती है। उसके यहाँ से गंगा भी ज़्यादा दूर नहीं थी। रेल की पटरियाँ भी पास थीं। पर वह अपनी ट्रैजिक नियति को जानते हुए भी कि उसे फिर लौटना पड़ेगा, और मार खाना पड़ेगा, भागती है। कुछ दिन के लिए ही सही। वह मरण का वरण नहीं करती। आत्महत्या का रास्ता नहीं अख्तियार करती। लिहाजा गंगा नदी का ज़्यादा दूर न होना या रेल की पटरियाँ पास होना उसके लिए कोई विकल्प नहीं रचता। मार खाने से बचने के लिए जीवन को समाप्त करना उसे गवारा नहीं है। क्योंकि वह बार-बार जीवन से मृत्यु नहीं, मृत्यु से जीवन के लिए भाग रही थी। भागती भी है तो खूँटे से बँधी बछिया-सी जहाँ तक रस्सी जाती, भागती/गर्दन ऐंठने तक खूँटे को डिगाती। आखिरकार वह औरत किस खूँटे से बँदी हे, जिसे उखाड़ने की बार-बार असफल कोशिश करती है। गौर करें गर्दन ऐंठने तक कोशिश करती है और उस खूंडे को उखाड़ भले न पाये पर डिगा देती है। गर्दन ऐंटने तक कोशिश करना मानीखेज है। धीरे-धीरे खूँटा जड़ से उखड़ भले न पाये, टूटेगा ज़रूर। क्योंकि वह औरत बार-बार हर रात एक ही सपना देखती है। ताकि भूल न जाये मुक्ति की इच्छा। सपना है– मुक्ति न भी मिले तो बना रहे मुक्ति का स्वप्न और बदले न भी जीवन तो जीवित बचे बदलने का यत्न।

इस कविता में, जहाँ से वह औरत मार खाकर भागती है, वहीं उसे बार-बार लौटना तथा मार

खाना पड़ता है। जाहिर यह उसका ससुराल है। इसके लिए अरुण कमल ने "घर" या "परिवार" शब्द का प्रयोग नहीं किया है। क्या यह अनायास है? जबकि शादी के बाद, इस सामाजिक संरचना में, यहीं उसका "घर" है या "परिवार" भी। इस कविता में "घर" शब्द एक बार आया है। जहाँ वह दो-चार दिन काटती है। कभी किसी दूर के सम्बन्धी या किसी परिचित के घर/ जाहिर है यहाँ भी वह अपनी जिन्दगी का दो-चार दिन ही सही जीती नहीं, काटती है। कभी भागकर नैहर जाती है। पर यहाँ भी कितने दिन के लिए? हफ़्ता या महीना। वहाँ से भी थककर लौटती है। आशय यह कि पीहर में भी ज़िन्दगी का कुछ दिन ही काट पाती है। भले ही परिचित या किसी दूर के रिश्तेदार के घर के तुलना में कुछ ज़्यादा दिन। थक कर लौटना दो बातों की तरफ इशारा करता है। एक, ज़िन्दगी जिया नहीं गया है, काटा गया है। दो, जो संरचना मौजूद है उसमें, उसके लिए नैहर अब विकल्प नहीं रह गया है। चाहे जो हो उसे ससुराल में ही "निबाहना" है। इस समाजिक ढाँचे में माना यह जाता है कि डोली नौहर से उठी है तो अर्थी ससुराल से उठेगी। ऐसे में, वह ससुराल जहाँ बार-बार पीटी जाती है, शब्द के सच्चे मायने में "घर" या "परिवार" हो सकता है? हरिजन नहीं। वह उस स्त्री के लिए "जगह" भर ही है। न तो "घर" महज छत के नीचे का बसेरा है और न ही "परिवार" कुछ लोगों के साथ भर रह लेने वाली व्यवस्था। जब तक आपसी संवेदनात्मक रिश्ता और उससे पैदा होनेवाली उष्मा मौजूद नहीं हो, उसे "घर" या परिवार" की संज्ञा नहीं दी जा सकती। आखिरकार, जब वह जगह "घर" और वहाँ के लोग "परिवार" नहीं हैं, तब वह वहाँ क्यों है? वह किस "खूँटा" की मज़बूत रस्सी से बँधी है जिसे गर्दन ऐंठने तक उखाड़ने या तोड़ने की हर बार कोशिश करती है। कहना न होगा कि यह खूँटा पितृसत्तात्मक व्यवस्था है। याद रखें पितृसत्तात्मक व्यवस्था के मायने परिवार में पुरुष का सिर्फ मुखिया होना नहीं है। यह महज इतना ही होता तो इसका "खूँटा" कब का उखड़ चुका होता या इसकी "रस्सी" टाट गयी होती। क्या यह कहने की ज़रूरत है कि इस ढाँचे की रचना धूर्तता और चालाकी के साथ की गयी है और आज भी हो रही है। आर्थिक, धार्मिक, राजनीतिक, वैधानिक, सांस्कृतिक व्यवस्था और मूल्यों-मर्यादाओं, संस्कारों, आदर्शों तथा चिन्तन के विभिन्न रूपों, विचारधाराओं, निर्मितियों, गतिविधियों के ज़रिये बड़े महीन ढंग से रची-बुनी गयी है पितृसत्ता। इन सबके ज़रिये पितृसत्ता पुरुष को औरत की तुलना में श्रेष्ठ स्थापित करने का पाखंड रचती और फैलाती है। इसमें सफल भी हुई है।

इस कविता में स्त्री के पास कहीं कोई रास्ता नहीं है और कहीं कोई अन्तिम आसरा भी नहीं। जाहिर है उसे अपना रास्ता खुद बनाना है और अपना आसरा भी खुद ही बनना है। इस स्त्री को इसका बोध है। इस बोध और गहरी जिजीविषा ने इसे रेल की पटरी पर या गंगा में जाने से रोका है। लिहाजा, ससुराल से मार खाकर बार-बार भागना महज पलायन नहीं है बल्कि विकल्प रचने के लिए, रास्ता बनाने की प्रक्रिया की एक कड़ी है। इसके साथ ही पीटने की पीड़ा का अहसास होते रहने के लिए ज़रूरी कदम भी। इस पीड़ा का अहसास होना बेहद ज़रूरी है। बगैर इस अहसास के न तो मुक्ति का स्वप्न याद रहेगा और न ही जीवन को बदलने के लिए यत्न करने की अभीप्सा बचेगी। इस अभीप्सा के बगैर वह गर्दन ऐंठने तक बार-बार खूँटे को डिगने की असफल ही सही, कोशिश नहीं कर पायेगी।

पितृसत्ता ने एक तरफ स्त्री को घर के अन्दर कैद किया है और उसके घरेलू श्रम का अवमूल्यन किया है। दूसरी तरफ विभिन्न मूल्यों-मान्यताओं और संस्कारों के ज़रिये शोषण को

सहज एवं स्वाभाविक मान्यता के रूप में मन-मस्तिष्क में बैठाने की कोशिश की है। इस कविता की स्त्री का आर्थिक तौर पर स्वावलम्बी नहीं होना और विभिन्न संस्कारों का मकड़जाल, अपना आशियाना अलग बनाने से, रोकता है। इन वैचारिक जकड़बन्दियों का दबाव ऐसा मज़बूत है कि जहाँ तक रस्सी जाती है (यानी मन्दिर की सीढ़ी, नैहर या किसी रिश्तेदार के घर वहीं तक भाग पाती है। फिर ससुराल में लौटकर आना इसकी ट्रैजिक नियति है। लेकिन बार-बार, हर रात जो मुक्ति का स्वप्न देखती है, उसे ज़रिये रास्ता ज़रूर बनेगा, मुक्ति ज़रूर मिलेगी, जीवन ज़रूर बदलेगा। इस कविता पर किंचित विस्तार के साथ विचार करने की वजह यह है कि इसमें एक आम स्त्री के जीवन का यथार्थ है और साधारण स्त्री की मुक्ति-कामना के साथ, खतरा मोलकर अपनी गर्दन ऐंठने तक कोशिश कर, यूटोपिया रचने का साहस भी।

स्वप्न शीर्षक कविता की मार्फ़त विचार करने की एक वजह है कि यह कविता जिस स्त्री के जीवन पर हो रहे पारिवारिक अत्याचार को अपना विषय बनाती है, वह "स्त्रीवाद" का सिद्धान्त पढ़कर अपनी मुक्ति-कामना से लबरेज नहीं है, बल्कि जीवन-जगत के यथार्थ से उसमें यह मुक्ति-कामना पैदा हुई है। यहाँ यह स्पष्ट कर देना ज़रूरी है कि अगर कोई स्त्री "स्त्रीवाद" या स्त्री-मुक्ति से सम्बन्धित धारणाओं को पढ़-सुन या समझकर अपनी मुक्ति की कामना करती है या इसके लिए अग्रसर होती है तो यह अपराध नहीं, बल्कि अच्छी बात है। इसी में मुक्तिकारी अवधारणाओं की सफलता भी है। यह उन लोगों के लिए कहा गया है जो "स्त्रीवाद" और उससे जुड़ी धारणाओं को बदनाम करने के मकसद से अनर्गल प्रलाप करते हैं और मानते हैं कि आम औरतों का इससे कोई लेना-देना नहीं है। यह कविता पढ़कर समझा जा सकता है कि इस औरत पर पितृसत्तात्मक ढाँचे का भी असर है। इस संरचना के दायरे में जन्म लेने और उसके परवरिश होने की वजह से यह स्वाभाविक भी है। काबिलेगौर बात है– इस ढाँचे के भीतर रहते हुए उसका "स्पप्न" देखना और उस स्वप्न के लिए "यत्न" करना यही स्वप्न और यत्न उसे मुक्ति भी दिलाएगी।

बहरहाल, दुनिया के सभी समुदाय, सभ्यता, धर्म और मुल्क में पितृसत्ता मौजूद है। नतीजतन स्त्रियों को पुरुषों की तुलना में कमतर मानने की रवायत है। अपवादस्वरूप भले ही कुछ इससे मुक्त हों। यह दीगर बात है कि इन सबमें पितृसत्ता का एक समान या सर्वमान्य रूप नहीं है। अपने अलग-अलग गुण, धर्म के साथ इसकी मौजूदगी बरकरार है। समय-समय पर इसने विभिन्न शक्तियों से नापाक गठजोड़ करके अपना रूप भी बदला है। इसीलिए अलग-अलग देशकाल में यह एक जैसा नहीं दिखता।

कुछ लोगों को लगता है कि पितृसत्तात्मक व्यवस्था सामंतवादी संरचना की उपज है और सिर्फ इसी सामाजिक ढाँचे में मौजूद रहती है। जाहिर है ऐसा मानने वालों की समझ है कि पूँजीवाद के साथ यह खुद-ब-खुद समाप्त हो जायेगी। ऐसा सोचने वाले लोगों में, वे भी शामिल हैं, जो पितृसत्ता को दरकते देख दुखी होते हैं और वे भी हैं जो पितृसत्ता की शोषणकारी, अमानवीय रूप से दुखी होकर इसे बदलना चाहते हैं। इसके पक्ष में दुखी होने वाले लोग पितृसत्ता को मज़बूत बनाने की कामना करते हुए पुराने दिनों को याद करते हैं तथा पूँजीवाद और इसके साथ आये बदलाव को कोसते हैं। जबकि पितृसत्ता के चालाक समर्थक, नित्य हो रहे बदलाव से, किसी भी तरह गठजोड़ करके इसे बरकरार रखने का प्रयास करते हैं। पितृसत्ता की मौजूदगी से आहत उपरोक्त श्रेणी के लोग पूँजीवाद की भूमिका से कुछ ज़्यादा ही अपेक्षा

पालते प्रतीत होते हैं।

इतना तय है कि पितृसत्ता सिर्फ सामंतवादी व्यवस्था में ही मौजूद नहीं होती। अगर ऐसा होता तो विकासित पूँजीवादी मुल्क में पितृसत्ता को पूरी तौर पर समाप्त हो जानी चाहिए थी। तथ्य तो यह बताता है कि ऐसी संरचना में भी पितृसत्ता की मौजूदगी बनी हुई है, भले ही बदले रंग-ढंग में। इसका आशय यह नहीं है कि सामंतवाद और पूँजीवाद औरतों के मामले में, वितृसत्ता की मौजूदगी को लेकर, एक समान हैं। निश्चित तौर पर पूँजीवाद की भूमिका इस लिहाज से कई कदम आगे की है। इसने पितृसत्ता को एक हद तक चोट पहुँचाया है, बदला है, औरतों को आज़ादी मुहैया कराई है। पर पितृसत्ता में अपना हित दिखते ही पूँजीवाद ने इसके साथ गठजोड़ कर लिया। पितृसत्ता के सहयोग से औरतों के श्रम को कम करके आँका गया। इससे पूँजीवाद का हित सधता है। इसी तरह स्त्री-देह का मसला है। पूँजीवाद और इसके कई उत्पादों नें स्त्री-देह को एक स्तर पर, आज़ाद करने में भूमिका अदा की। लेकिन दूसरे स्तर पर अपने हित के लिए पितृसत्ता से गलबहियाँ कर स्त्री-देह को महज पण्य में भी बदलने की कोशिश की। स्त्री-देह की मुक्ति ज़रूरी है। स्त्रियों को अपनी देह पर पूरा-पूरा अधिकार होना चाहिए। लेकिन इस देह-मुक्ति का नारा देकर स्त्री-देह को अपने लिए, सबके लिए, उपलब्ध करने की चालाकी भी हुई है। दूसरे शब्दों में कहें तो देह की आज़ादी पितृसत्तात्मक बंधनों, मूल्यों, मान्यताओं से होनी चाहिए। पूँजीवाद के ज़रिए कई कदम आगे तक स्त्रियों को देह पर आज़ादी मिली है। स्त्रियों में यह चेतना भी विकासित हुई है कि अपनी देह पर खुद का हक है। पर आज़ाद देह को पुरुष-भोग के लिए "उपलब्ध देह" बनाने की कोशिश अन्ततः पितृसत्ता को चोर दरवाज़े से लागू करने का ही प्रयास है। यहीं एक बात और। पूँजीवाद के विभिन्न उपकरण, मीडिया आदि ने स्त्री-देह को खूब दिखाया और भुनाया है। घर की चारदीवारी से बाहर निकलकर सार्वजनिक जगहों पर जाना, अपने आप में स्त्री-मुक्ति की दिशा में बढ़ा हुआ कदम है। पर यह भी गौर करना होगा कि इस बाहर आने में क्या सिर्फ स्त्री-मुक्ति के यूटोपिया को यथार्थ बनाया जा रहा है? अथवा पितृसत्तात्मक संरचना अपने को नए रूप में ढालकर स्त्री-देह का वस्तुकरण कर रही है। सम्भव है इसके पक्ष में ऊपरी तौर पर स्त्री की मर्जी भी दिखे। पर सोचने की बात है कि इस "मर्जी" को कौन-सी सत्ता परिचालित कर रही है, नियन्त्रित कर रही है? लिहाजा पितृसत्ता की दहलीज को कुछ लाँघने के बावजूद स्त्री-देह किसके नियन्त्रण में है, कौन-सी ताकत इस दिशा में ठेल रही है। इस पहलू को नज़रअंदाज करके स्त्री-मुक्ति का न तो यथार्थ समझा जा सकता है और न ही यूटोपिया की रचना हो सकती है। दरअसल, ये सारी परिस्थितियाँ इतनी जटिलताओं से युक्त हैं कि इसका एक पक्ष देखकर न तो इसे सीधे खारिज किया जा सकता है और न ही इसका पुरजोर समर्थन। लिहाजा, पूँजीवाद या इसके विभिन्न उपकरणों को उनकी प्रगतिशीलता का वाजब श्रेय भी देना होगा। साथ ही इसके "मुनाफे" के लिए बने शोषणमूलक तन्त्र की जटिलता और पितृसत्ता के साथ रिस्वे को समझते हुए मुखालफत भी करना होगा।

इन दो व्यवस्थाओं के अलावा समाजवादी/साम्यवादी मुल्कों में पितृसत्ता की क्या स्थिति रही? क्या यह बिल्कुल समाप्त हो गयी? फिलहाल यहाँ इस पर बहस किए बगैर कि वे मुल्क कितने समाजवादी या साम्यवादी थे। यह सवाल इसलिए पूछा जाना ज़रूरी है, क्योंकि कुछ लोगों का मानना है, समाजवाद आते ही स्त्री-मुक्ति का मकसद अपने आप पूरा हो जायेगा।

असल में, "आधार" और अधिरचना की याँत्रिक समझ के कारण ही कुछ लोग ऐसा समझते हैं। स्त्री-मुक्ति का सवाल ही नहीं बल्कि जाति के सवाल को भी काफी समय तक ऐसे ही देखा जाता रहा है। कुछ लोग स्त्री-मुक्ति (जेंडर के सन्दर्भ में) के सवाल को सिर्फ "अधिरचना" से संबद्ध मानते हैं। ऐसे लोगों को लगता है कि' क्रान्ति' के बाद जब "आधार" ही बदल जायेगा तो अधिरचना का बदलना अवश्यम्भावी है। लिहाजा स्त्री-मुक्ति का प्रश्न ही नहीं बचेगा। पितृसत्ता बिल्कुल समाप्त हो जायेगी। ऐसे लोग आधार" के साथ पितृसत्ता के जटिल रिश्तों को नज़रअंदाज़ करते हैं। जबकि कुछ लोगों को पितृसत्ता का भौतिक आधार ही ज़्यादा दिखता है। लिहाजा, ऐसे लोग इसे सिर्फ "आधार" से जुड़ा मानते हैं। इस समझ का प्रतिफलन इस रूप में विकासित होता है कि जब उत्पादन का सम्बन्ध बदल जायेगा, उत्पादन प्रक्रिया बदल जायेगी तो फिर स्त्री-मुक्ति तो अपने आप हो जायेगी। ऐसे में यह कहना ज़रूरी है कि पितृसत्तात्मक व्यवस्था का भौतिक आधार और सांस्कृतिक अधिरचना दोनों के साथ चोली-दामन का रिश्ता है। एक को दूसरे पर तवज्जो देना इसके जटिल अन्तर्सम्बन्धों को नज़रअंदाज़ करना होगा। यह भी याद रखने की ज़रूरत है कि "आधार" के बदलने मात्र से "अधिरचना" भी पूरी तरह नहीं बदलती। आधार और अधिरचना के बीच इस तरह का सरल सम्बन्ध होता तो कई समस्याएँ खुद-ब-खुद मिट गयी होती। आधार और अधिरचना के द्वन्द्वात्मक सम्बन्ध को नज़रअंदाज़ करके इसकी परस्परता को नहीं समझा जा सकता। बहरहाल, समाजवादी मुल्कों में गोकि पूर्णतः स्त्री-मुक्ति न हुई, पर स्त्रियों के हालात बेहतर हो गये थे। पूँजीवाद की तुलना में स्त्री-मुक्ति के लिए समाजवादी व्यवस्था ज़्यादा माकूल है।

स्त्री-मुक्ति के युटोपिया की रचना इसलिए भी ज़्यादा जटिल है कि स्त्री की पहचान सिर्फ और सिर्फ स्त्री के तौर पर नहीं है। हो भी नहीं सकती। लिहाजा स्त्री की समस्याएँ भी कई स्तर भेदों से जुड़ी हुई हैं। स्त्री अपने आप में कोई "वर्ग" नहीं है। स्त्री होने मात्र से सारी स्त्रियों की न तो सभी समस्याएँ हो सकती हैं और न सबका हित एक हो सकता है। हाँ, किसी-न-किसी रूप में सभी स्त्रियाँ शोषण की शिकार होती हैं। मसलन, अमीर स्त्री और गरीब स्त्री दोनों का शोषण होता है। पर एक वर्ग का न होने के कारण इनका साझा वर्गीय हित-अहित नहीं हो सकता। सम्भव है, अमीर स्त्री अपने परिवार, समुदाय में पितृसत्ता की शिकार हो और अपने वर्गीय हित में गरीब स्त्री का शोषण कर रही हो। दूसरे शब्दों में कहें तो जाति-धर्म, वर्ग के साथ स्त्री अपनी अलग "कैटेगरी" भी बनाती है। तो क्या यह कहा जा सकता है कि सेक्स और जेण्डर के हिसाब से ऊपरी तौर पर समान होने के बावजूद ये स्तर-भेद "सार्वभौम बहनामा" के मार्ग में अवरोध हैं? क्या इन स्तर भेदों को बिल्कुल नकारा जा सकता है? प्रसंगवश, स्त्री-मुक्ति विमर्शकारों के यहाँ "सेक्स" और जेण्डर" एक नहीं है। अब हिन्दी में इसके अनुवाद की समस्या हो सकती है। इन दोनों का अनुवाद "लिंग" करने से उनके साथ का अर्थवृत्त नहीं आ सकता और अवधारणा भी स्पष्ट नहीं हो सकती। लिहाजा जब तक उस अवधारणा को स्पष्ट करने वाला शब्द नहीं मिलता, तब तक सेक्स के लिए लिंग और जेण्डर के लिए जेण्डर का उपयोग करने में क्या दिक्कत है? कुछ अन्ध हिन्दी-प्रेमी दूसरी भाषा के शब्दों को बिल्कुल लेना नहीं चाहते। नतीजतन ऐसा शब्द बना देते हैं जो उस अवधारणा को स्पष्ट करने में कहीं से कारगर नहीं होता। गौरतलब है कि लिंग (सेक्स के अर्थ में) एक बायोलॉजिकल कंस्ट्रक्ट है और जेण्डर एक सोशियोलॉजिकल कस्ट्रक्ट। यानी सेक्स जैविक या प्राकृतिक होता है। जबकि जेण्डर जैविक या प्राकृतिक नहीं होता। जेण्डर की

रचना विभिन्न सत्ताओं ने ऐतिहासिक रूप से सामाजिक, सांस्कृतिक मूल्यों, मान्यताओं के तौर पर किया है। मतलब कि स्त्री-“सेक्स” के लिहाज से पुरुष से भिन्न है। इन्हें “जेण्डर” की भिन्नता पितृसत्ता ने, अपने स्वार्थ के लिए, स्त्रियों को विभिन्न “भूमिका” देने के मकसद से और कमतर ठहराने के लिए किया है। इस लिहाज से देखें तो “सेक्स” और “जेण्डर” में बड़ा फर्क नज़र आयेगा। पितृसत्ता ने “जेण्डर” को भी प्राकृतिक, स्वाभाविक गुण के रूप में प्रचारित-प्रसारित किया है। स्त्री-मुक्ति इसी “जेण्डर” से मुक्ति में है। बहरहाल, स्त्री-मुक्ति का यूटोपिया रचने वालों को स्त्री के स्तर-भेदों को ध्यान में रखना होगा। स्त्रियों के भीतर मौजूद परस्पर विरोधी पहचान के कई रूप हो सकते हैं। इन पहचानों को रेखांकित करने से स्त्री-मुक्ति का यूटोपिया कमज़ोर नहीं बल्कि ज़्यादा सार्थक, विश्वसनीय और कारगर होगा। अलबत्ता यह स्तर भेद चुनौती ज़रूर पेश करेगा पर मुक्ति का मज़बूत और चौड़ा रास्ता इसी से निकलेगा। जाति और वर्ग दोनों से निरपेक्ष जेण्डर की समझ मुक्तिकारी यूटोपिया की पुख्ता ज़मीन तैयार नहीं कर सकती। साथ ही इस यूटोपिया की संरचना तब तक पूर्णतया सफल नहीं हो सकती जब तक तमाम स्त्रियों के लिए इसमें जगह न हो। कहने का आशय यह है कि स्त्री-मुक्ति के यूटोपिया की बाबत यह नहीं कहना होगा कि फिलहाल इस श्रेणी की स्त्री मुक्त होगी और उस श्रेणी की स्त्री बाद में मुक्त होगी। आपसी परस्पर विरोधी भेदों के बावजूद सारी स्त्रियाँ पितृसत्ता की शिकार हैं। और सबके लिए मुक्तिकामी यूटोपिया की दरकार है।

जब भी स्त्री-मुक्ति की चर्चा होती है, पितृसत्तात्मक व्यवस्था के अलमबरदार इसे खतरे के तौर पर प्रचारित करते हैं। ऐसे लोग यह फैलाते हैं कि मुक्ति की आवाज़ उठाने वाली ये औरतें पुरुषों से नफरत करने वाली, परिवार तोड़ने वाली, परकटी समुदाय की हैं। इनकी कोई देशी ज़मीन नहीं है। अव्वल तो यह है कि स्त्री-मुक्ति का सपना देखने वाली या इस दिशा में चिन्तन-मन्थन करने वाली औरतों की कोई एक धारा नहीं है, न ही स्त्री-मुक्ति सम्बन्धी कोई एक अवधारणा। हर बड़ें मकसद की तरह इसमें भी तरह-तरह की वैचारिक सरणियों में यकीन रखने वाले लोग सक्रिय हैं।

किसी भी अस्मितावादी, मुक्तिकामी समूह का, अपने ऊपर अत्याचार करने वाले लोगों के प्रति नफरत पैदा कर, अपनी अस्मिता की तरफ ध्यान खींचने और इस “अन्य” के बरअक्स “अपने” लोगों को एकजुट करना आसान होता है। नोट करने की बात है कि अगर यह नफरत की प्रवृत्ति बढ़ती गयी तो कोई भी मुक्तिकामी परियोजना, सफल होने के बजाय एक-दूसरो, वर्चस्वकारी शक्ति में तब्दील हो जायेगी। फिर यह एक लोकतांत्रिक व्यवस्था बनाने की बजाय, इन मूल्यों के लिए खुद भी चुनौती बन जायेगी। इसलिए किसी भी मुक्तिकारी समूह के स्वप्न में उसके “अन्य” के लिए क्या भावस्थान है, इसके ज़रिए उस यूटोपिया की जाँच बिल्कुल ज़रूरी होती है। यह अच्छी बात है कि स्त्री-समूहों में अपने “अन्य” (पुरुष) के लिए नफरत का भाव नहीं है। इनकी स्पष्ट समझ है कि हमारा संघर्ष पितृसत्ता के विविध आयामों से है, न की पुरुष-व्यक्ति-सत्ता से। स्त्री-मुक्ति के यूटोपिया में पुरुषों के लिए भी बराबर अधिकार और जगह होगी। अलबत्ता, ये औरतें नफरत फैलाने वाली नहीं हैं, बल्कि समाज में बराबरी, प्रेम और सौहार्द को स्थापित करना चाहती हैं। हाँ, अगर परिवार का ढाँचा अपने को बदलकर लोकतांत्रिक नहीं बनाता, पितृसत्ता से चिपका रहना चाहता है, तो इसका बना रहना क्यों ज़रूरी है? पितृसत्ता पर आधारित मौजूदा “परिवार” में लोकतांत्रिक बनने की प्रक्रिया के दौरान दरार आयेगी और एक

बेहतर परिवार की रचना होगी। इस नए बने "परिवार" (या इसका कुछ नया नाम पड़ जाये) में स्त्री-पुरुष समानता होगी। दोनों को बराबर हक होगा। क्या यह कहने की ज़रूरत है कि ऐसा होना सिर्फ स्त्री के लिए नहीं बल्कि पुरुषों के हित के लिए भी आवश्यक है। जिस "ब्रा-बर्निंग" की चर्चा बार-बार होती हैं, उसे भी समझने की ज़रूरत है। असल में, मुक्तिकामी स्त्रियों ने ब्रा को "जेण्डर" के साथ जोड़कर देखा था। अमेरिका में सम्पन्न एक विश्व सुन्दरी प्रतियोगिता के दौरान स्त्रीवादियों ने, एक कूड़ेदान में अपनी-अपनी ब्रा उतारकर फेंक दी थी। इन लोगों ने स्त्रियों से यह अपील भी की कि ब्रा गुलामी का प्रतीक है; अतः इसे फेंक दें। इन स्त्रियों का मानना था कि स्तन बच्चे के दूध पीने के लिए है, न कि पुरुष के उपभोग की खातिर। पुरुष-सत्ता ने इसे भोग की वस्तु बनाकर खासआकार" में रखने के मकसद से ब्रा का ईजाद किया है। आशय यह कि स्त्री "सेक्स" के इस अंग को "ब्रा" ने "जेण्डर" में तब्दील कर दिया है। लिहाजा, गुलामी की इस निशानी को फेंककर जरला देना आवश्यक है। गौर करने लायक बात यह है कि आज का स्त्रीवाद इस समझ से काफी आगे बढ़ चुका है। दूसरा, "ब्रा-बर्निंग" के मुद्दे पर इतनी हाय-तौबा की दरकार भी नहीं है। यह भी ऐसी ही घटना है जैसा कि गर्भपात के अधिकार के लिए हो रहे आन्दोलन के दौरान सीमोन सहित फ्रांस की अनेक स्त्रीवादी महिलाओं ने अपना दस्तख्त कर सार्वजनिक रूप से स्वीकार किया कि उन्होंने अपने जीवन में गर्भपात कराया है। गर्भपात कराना उनका हक है और यह अधिकार कानूनी तौर पर उन्हें मिलना चाहिए। कानूनी हक मिलने के साथ समाज में गर्भपात को लेकर मौजूद "टैबू" भी इससे दूर हुआ। अतः इतिहास की इन घटनाओं को उसके सन्दर्भ में ही देखने से, इन्हें ठीक से समझा जा सकता है। बहरहाल ऐसी अपेक्षा तो स्त्री-पुरुष समता में भरोसा रखने वालों से की जा सकती है, पितृसत्ता के अलमबरदारों से नहीं।

स्त्रीवाद और स्त्री-मुक्ति के यूटोपिया के समर्थकों पर आरोप लगाया जाता है कि इनकी देशी जड़ें नहीं हैं। ऐसा कहकर इस विचार को फैलाने की पुरजोर कोशिश होती है कि ये विदेशी धारणाएँ हैं और इनका यहाँ के अतीत, सभ्यता और संस्कृति से लेना-देना नहीं है। यहाँ की आम औरतों का भी इस "मुक्ति" से कोई सरोकार नहीं है। अव्वल तो यह सवाल है कि कोई भी विचारधारा, वैचारिक सरणी अपने मुल्क में नहीं जन्मी तो क्या इसे नहीं अपनाना चाहिए? क्या लोकतन्त्र और आधुनिकता सरीखी धारणाओं का जन्म जिन मुल्कों में नहीं हुआ, उन्हें इन धारणाओं को त्याग देना चाहिए? ऐसी कूपमंडूकता के खतरनाक मंसूबों को हमेशा याद रखना होगा। दूसरी बात यह कि स्त्री-मुक्ति की देशी जड़ें यहाँ मौजूद रही हैं। स्त्रीवादी बुद्धिधर्मियों ने इसकी गहरी पड़ताल कर हमारी इस महत्त्वपूर्म विरासत का विवेचन-विश्लेषण किया है। जबसे पितृसत्ता का अंकुश कायम हुआ है, इसके प्रतिरोध में स्त्री-आवाज़ें भी आयी हैं। क्या इन आवाज़ों में मुक्ति-कामना नहीं झलकती? अपनी पीड़ा का अहसास कराती इन आवाज़ों में मुक्ति की गहरी लालसा का मार्मिक राग भी लबरेज़ है। गार्गी, थेरी गाथा की स्त्रियाँ, आंडाल, अक्का महादेवी, मीराबाई, सहजोबाई से लेकर रमाबाई, ताराबाई शिंदे, महादेवी वर्मा सरीखी अनेक स्त्रियों की आवाज़ में, अपनी पीड़ा और पितृसत्ता की मुखालफत शामिल है। पितृसत्ता ने कई स्तरों पर काम किया है। इनकी आवाज़ को दबाने से लेकर इनके विचारों को नष्ट करने तक। पितृसत्ता की प्रत्यक्ष हिंसा तो दिखती है, पर चुप कराने वाली परोक्ष हिंसा जल्द दिख नहीं पाती। आलम यह रहा है कि निकट अतीत में "सीमंतनी उपदेश" की महान रचनाकार " एक अज्ञात हिन्दू औरत" ही बनी रही। आज तक उस साहसी स्त्री का नाम पता नहीं चल पाया है। क्या यह उस परोक्ष हिंसा का

एक बुरा नतीजा नहीं है? ऐसा नहीं है कि पितृसत्ता की मुखालफत करने वाली ये स्त्रियाँ सिर्फ भारत या यूरोप में हुई हैं। जिस तरह हर मुल्क में पितृसत्ता थी, उसी तरह इसकी विरोधी भी थीं। मसलन, काफी पहले न जाकर निकट अतीत, उन्नीसवीं सदी, में गौर करें तो चीन में जिउ जिन, श्रीलंका में सुगला तथा गजमन नोना, इण्डोनेशिया में कार्तिनी, ईरान में कुर्रत उल ऐन सहित अनेक महिलाएँ हर मुल्क में मिल जायेंगी। यह अलग बात है कि पितृसत्ता का विरोध करने के साथ-साथ, मौजूदा दौर के हिसाब से देखने पर, इनकी सीमाएँ भी सामने आती हैं। अपनी इस विरासत को न तो नकार कर और न ही बढ़-चढ़कर तारीफ करके, समझा जा सता है। विरासत के सर्जनात्मक विकास के लिए, खूबियों-सीमाओं को ध्यान में रखते हुए, इसके साथ जिरह ज़रूरी होता है और कारगर भी।

अपने देश में स्वाधीनता आन्दोलन ने स्त्रियों को घर की दहलीज से बाहर निकाला। इसी दौरान बड़ी तादाद में स्त्रियों ने सामाजिक-राजनीतिक कार्य में हिस्सा लिया। राजनीतिक प्रश्न के तौर पर स्त्रियों का सवाल इसी दौर में उभरा। स्त्रियों का, घर की चारदीवारी से बाहर आकर, सामाजिक-राजनीतिक कामों में हिस्सा लेना, सभा-संगोष्ठी में जाना, अपने आप में स्त्री-मुक्ति की दिशा में बढ़ा हुआ कदम था। इसके लिए स्वाधीनता-आन्दोलन की अगुआयी करने वाले नेताओं को वाजिब श्रेय देना चाहिए। पर, यह भी याद रखना चाहिए कि दलितों, मजदूरों और किसानों के सवाल की तरह स्त्रियों का प्रश्न भी उनके लिए स्वाधीनता-आन्दोलन का ही मसला था, अलग से स्त्री-मुक्ति का सवाल नहीं। आशय यह कि उस दौर के राष्ट्रवादी नेताओं ने स्त्रियों के मसले को अपने नजरिये से, स्वाधीनता आन्दोलन की ज़रूरत के नज़रिये से, उठाया। स्त्रियों को घर से बाहर लाकर आन्दोलन से जोड़ना उनकी ऐतिहासिक ज़रूरत थी। यही वजह है कि 1917 में सरोजनी नायडू की अगुआयी में, स्त्रियों के एक प्रतीनिधिमंडल को, मांटेस्क्यू से मिलकर कांग्रेस, मुस्लिम लीग और काउंसिल के उन्नीस गैर-सरकारी सदस्यों द्वारा उठाए गये स्वराज्य की माँग को अपना समर्थन देते हुए भी, स्त्रियों के सवाल को अलग से उठाना पड़ा। स्वाधीनता आन्दोलन के अगुआ खुद "जेण्डर" की धारणा से ग्रसित थे। उन्हें लगता था कि स्वाधीनता आन्दोलन में जो काम पुरुष कर सकते हैं, स्त्रियाँ नहीं कर सकतीं। इसे समझने के लिए महात्मा गाँधी द्वारा आहूत नमक सत्याग्रह को याद किया जा सकता है। गाँधीजी स्वाधीनता आन्दोलन में स्त्रियों को भाग लेने के लिए प्रेरित करते थे, परन्तु नमक सत्याग्रह के लिए हुए दांडी मार्च में हिस्सा लेने से रोक रहे थे। इन्हें लगता था कि इतना दूर चलने से स्त्रियाँ थक जायेंगी। गाँधीजी की इस मनाही का सरोजनी नायडू सहित कुछ स्त्रियों ने मुखर विरोध किया और दांडी मार्च में शामिल होने हेतु जिद की। इनकी जिद के सामने झुककर गाँधीजी ने बाद में अपनी हामी भरी। दांडी मार्च और इसकी परिणति नमक सत्याग्रह में शामिल स्त्रियों ने, गाँधीजी की पूर्व मान्यता को गलत साबित करते हुए, पुरुषों की तुलना में ज़्यादा काम किया। इस तरह की कई घटनाएँ बताती हैं कि स्वाधीनता-आन्दोलन के नेताओं की मानसिक बनावट में "जेण्डर" की पितृसत्तात्मक मान्यताओं का कितना असर था। इसी के साथ कुछ ऐसी बाते भी हैं जिनमें भारत की स्त्रियों को, अपने हक के लिए यूरोप की महिलाओं की तुलना में काफी कम संघर्ष करना पड़ा। यूरोपीय महिलाओं को अपने राजनीतिक हक, "वोट देने का अधिकार" पाने के लिए लम्बी जद्दोजहद करनी पड़ी थी।

1920 ई में हुए मुम्बई (तब बम्बई) कांग्रेस में सरोजिनी नायडू ने काउंसिलों के चुनाव में

स्त्रियों के मताधिकार का प्रस्ताव रखा। इस प्रस्ताव का मदन मोहन मालवीय ने मुखर विरोध किया था। हालाँकि, मालवीय के विरोध के बावजूद, यह प्रस्ताव पास हो गया। आशय यह है कि स्त्रियों के पक्ष में, भले ही कुछ कदम आगे बढ़कर साथ देने के लिए, स्वाधीनता-आन्दोलन में शामिल शिक्षित मध्य वर्ग सामने आता था।

भारत में स्त्रीवाद और स्त्री-मुक्ति के हिमायतियों ने सिर्फ स्त्रियों का सवाल उठाकर, उसके लिए ही जोखिम भरा संघर्ष नहीं किया है। बोधगया मुक्ति आन्दोलन, चिपको आन्दोलन और आंध्र प्रदेश में शराब के खिलाफ हुए आन्दोलन जिसकी वजह से सरकार गिर गयी थी, स्त्रियों द्वारा किए गये आन्दोलन हैं जिसमें अपनी-अपनी तरह की स्त्रीवादी महिलाएँ शामिल रही हैं। इन सारे संघर्षों में स्त्रियों को काफी सफलता भी मिली है। इस लिहाज से गौर फरमाएँ तो भारत के स्त्री-मुक्ति आन्दोलन की यह निजी खासियत है और इसके विस्तार तथा व्याप्ति का सूचक भी।

स्त्री-मुक्ति का एक यूटोपिया, एक सदी पहले, रुकैया सखावत हुसैन ने अपनी कहानी "सुल्ताना का सपना" में रचा था। इसके हिसाब से पुरुष घरों में सारा काम कर रहे हैं और औरतें बाहर के सारे काम को कर रही हैं। इस यूटोपिया को लागू करने की प्रक्रिया नफरत आधारित नहीं थी, परन्तु इसमें सारा क्रम सिर्फ उलटा दिया गया था। मौजूदा स्त्री-मुक्ति-विमर्श, इस समझ से, काफी आगे बढ़ चुका है। अब क्रम को सिर्फ उलटा नहीं जाता बल्कि सहभागिता, स्वतन्त्रता और समता को सुनिश्चित किया जाता है।

नोट करने लायक बात यह है कि यथार्थ और यूटोपिया एक-दूसरे से बिल्कुल अलहदा नहीं होते। दोनों के बीच द्वन्द्वात्मक रिश्ता होता है। यथार्थ के घात-संघात और समझ से यूटोपिया आकार ग्रहण करता है तो यूटोपिया हमें यथार्थ को जाँचने-समझने की समझ भी देता है, जिससे यथार्थ की जटिल संरचना में निहित वर्चस्ववादी रूप को जानकर उसे दूर करने की दिशा में बढ़ते हैं। स्त्री-मुक्ति का यूटोपिया यथार्थ के विभिन्न आयामों को समझे बगैर नहीं रचा जा सकता। व्यवस्था के विभिन्न पहलुओं के साथ पितृसत्ता ने अन्योन्याश्रित सम्बन्ध बना रखा है। इसलिए इन सारे पहलुओं को ध्यान में रखकर ही स्त्री-मुक्ति की यूटोपिया का खाका निर्मित हो सकता है। पितृसत्ता के इस मकड़जाल को देखते हुए ऐसा लगता है कि बगैर पूरी व्यवस्था बदले पूर्णतः स्त्री-मुक्ति सम्भव नहीं। एक न एक दिन स्त्री-मुक्ति का यूटोपिया यथार्थ ज़रूर बनेगा। मुक्ति का स्वप्न इसे हकीकत तक ज़रूर पहुँचाएगा। कवि वेणु गोपाल की कविता का सहारा लेकर कहें तो–

> न हो कुछ भी
> सिर्फ सपना हो
> तो भी हो सकती है शुरुआत
> और यह एक शुरुआत ही तो है
> कि वहाँ एक सपना है।

# प्रणय भावना की सफल अभिव्यक्तिः सात गीत वर्ष

***एस.वी.एस.एस. नारायण राजू***

डॉ. धर्मवीर भारती का दूसरा कविता संकलन 'सात गीतवर्ष' है। इस में सन् 1952 से सन् 1959 ई तक की कविताओं को संकलित किया गया है। इस संकलन में 59 कवितायें हैं। इन कविताओं में भी "ठण्डा लोहा" की कविताओं के समान प्रणय भावना से सम्बन्धित कवितायें सबसे अधिक हैं। लग-भग दो-तिहाई से अधिक कवितायें प्रणय भावना से प्रेरित होकर लिखी गयी हैं। प्रणय की इन कविताओं में संयोग श्रृंगार की कविताओं का अभाव-सा है। "केवल तन का रिश्ता" शीर्षक कविता ऐसी है, जिसमें श्रृंगार की मांसलता को स्वस्थ मानसिक रिश्तें में परिवर्तित होते हुए व्यक्त किया गया है। प्रेमी का कहना है– "अब यह जूही फलों सा तन नहीं/ रहा पर इसमें पहले कहीं अधिक जादू है।" क्योंकि

> "तन का
> वल तन का रिश्ता भी,
> मांसलता से कितना उमर उठ जाता है।"[1]

प्रेयसी के अन्यत्र विवाहित होने के बाद भी उससे फिर मिलने के अनेक अवसर प्रेमी को मिलते रहे हैं। वियोग ने प्रेमी और प्रेयसी को अल्प से काल में ही परिपक्व बना दिया है। प्रेमी को अब बस इतना ही ज्ञात है–

> "जितना हुआ आज तक मैं किसी का भी–
> उतना कुल मिलाकर भी थोड़ा पड़ेगा
> मैं जितना तुम्हारा हूँ।"[2]

"सात गीत वर्ष" में जनवादी भूमिका से सम्बन्धित कविताएँ अनेक हैं। भारती की मूल-वृत्ति अन्तर्मुखी है। "सात गीत वर्ष का प्रेमी युवक जिन चरणों का लय पर अपनी आत्मा के स्वर साथ कर चल पड़ा था, वे चरण जब अकस्मात किसी अन्य का अनुसरण करते हुए दूसरे ही मार्ग पर मुड़ गये, तब उसकी पूजा टूट गयी और उसका मन घुट कर रह गया। उसे महसूस हुआ कि अपनी साँसे तक अपना परिचय भूल गयी हैं।"[3] उसे अपने जीवन की निरर्थकता असह्य प्रतीत हुई। उसने अनुभव किया।

> "मैं क्या जिया?
> मुझको जीवन ने जिया–
> बूँद-बूँद कर पिया, मुझको
> पीकर पथ पर खाली प्याले -सा छोड़ दिया।"[4]

ज्योती को चाहने वालों को चाहिए कि दंडन भय छोड़कर साहस के साथ दासता, कातरता आदि के अंधकार को दूर करने के लिए साहसपूर्वक आगे आयें। किसी अवतार के करिश्मों

की प्रतीक्षा, परमुखोपक्षिता मनुष्य को पशु बनाती हैं। अपने अन्तर के साहसी प्रमथ्यु को जगाए बिना मानवता की जीवन ज्योति को नहीं पाया जा सकता। भारती ने "प्रमुथ्युगाया" कविता के द्वारा यही संदेश दिया है।

भारती के प्रस्तुत कविता– संकलन में शुध्द प्रकृति वर्णन से सम्बन्धित कविताएँ भी हैं। "साँझ के बादल" और "एक छवि" ऐसी ही कविताएँ हैं। इन कविताओं में कवि का हर्षोल्लास व्यक्त हुआ है। कचनार की छोटी-सी कलि ने कवि के छोटे फूल बसे घर की छवि को और भी अधिक उजागर कर दिया है। सामान्यतः प्रकृति से सम्बन्धित कविताओं में काम या प्रेम की भावना का संसर्ग विद्यमान है। "नवम्बर की दोपहर", "मेघ दुपहरी" आदि कविताओं को देखा जा सकता है। इन कविताओं में किसी गत स्मृति की पीड़ा ही प्रमुख हो उठी है –

> "छू गयी मुझको न जाने कौन बिसरी बात
> जिस तरह चू जाय नगिन। फूल को खिलते पहर।"[5]

"घाटी का बादल" शीर्षक कविता में कवि ने लिखा है–

> "प्रातधूप की जरतारी ओढ़ती लपेट,
> अभी-अभी जागी,
> खमार से भरी,
> नितांत कुमारी घाटी
> इस कामातुर मेघधूप के
> औचक आलिंगन में पिसकर,
> रतिश्रांत-सी मलिन हो गयी।"[6]

भारती की स्फुट कविताओं का समग्रतः परिक्षण करने पर यह कहा जा सकता है कि वे रोमांटिक व्यक्तित्व के कवि हैं। उनकी कविताओं में प्रथमतः उन्मुक्त रूपोपासना और उध्दाम यौवन की मांसलता है, किन्तु बाद की कविताओं में वे मांसलता से ऊपर उठ गये हैं। अधिकांश प्रणय कविताएँ वियोग से सम्बन्धित हैं।

"सात गीत वर्ष" का कथ्य पक्ष ही नहीं अपितु अभिव्यक्ति पक्ष भी सशक्त है। "ठण्डा लोहा" संकलन की अपेक्षा इन दोनों ही दृष्टियों से "सात गीत वर्ष" में विकास परिलक्षित होता है। भारती ने भाषा के सम्बन्ध में अपना अभिमत व्यक्त करते हुए कहा है– "भाषा भाव की पूर्ण अनुगामिनी रहनी चाहिए, बस। न तो पत्थर का ढ़ोक बनकर कविता के गले में लटक जाय और न रेशम का जाल बन कर उसकी पाँखो में उलझ जाय।"[7]

"सात गीत वर्ष" में भाषा अधिक सहज बन गयी है। इसलिए उर्दू के "मखमूर", "दोशिजा" जैसे अप्रचलित शब्दों का प्रयोग कहीं नहीं किया गया है। "तमाशबीन", "करिश्मा" जैसे सहज एवं प्रचलित शब्दों का ही प्रयोग दीख पड़ता है। इस प्रकार ब्रज भाषा के शब्दों का मोह भी कवि को नहीं रह गया है। तद्भव शब्दों को अवश्य अपनाया गया है। "अन्हियारी", "बिरवा"आदि शब्द प्रयुक्त हुए हैं। एक उदाहरण देखिए–

> "पतझड़ की सझा को
> पाहुन बन कर आ,
> ओ सुख-मुँह, धूल-भरे पवन झकोरे।
> ओ अ अ अ रे।"[8]

अलंकारों के प्रयोग की दृष्टि से भी हमें "सात गीत वर्ष" में विकास दिखाई देता है। अनेक नई-नई उपमाएँ भारती ने प्रयुक्त की हैं। उपमाओं के समान ही रूपक आदि अलंकारों का प्रयोग प्रस्तुत संकलन में हुआ है। "सात गीत वर्ष" में प्रतीकों का अत्यन्त व्यंजक प्रयोग भी हुआ है। प्रस्तुत संकलन में अनेक स्थलों पर सुन्दर विचार सूक्तिबध्द रूप में आये हैं, जैसे-

"जिस में नहीं है साहस प्रमथ्युं बनने का
उसको बिना पीड़ा के मिल जानेवाली अग्नि
माँजता नहीं है
और पशु ही बनाती है।"[9]

कुछ-एक स्थलों पर व्यंग्य प्रखर रूप में अपना कथ्य व्यक्त करते हैं। नवयुग को साकार करने के लिए जब संघर्ष चल रहा हो, तब यदि कलाकार अपने को तटस्थ कहे, तो वह जानती ही है। इसी को "बृहन्नला" कविता में व्यक्त किया है–

"–इधर मत
इधर मत आना जी तुम, इधर हम तटस्थ है।"[10]

"सात गीत वर्ष" कथ्य के साथ-साथ प्रणय भावना को सक्षमतापूर्वक अभिव्यक्त करने में सफल काव्य कहने में कोई अतिशयोक्ति नहीं है।

## सन्दर्भ

1. सात गीत वर्ष, डॉ. धर्मवीर भारती, पृ. 49
2. सात गीत वर्ष, डॉ. धर्मवीर भारती, पृ. 118
3. सात गीत वर्ष, डॉ. धर्मवीर भारती, पृ. 41
4. सात गीत वर्ष, डॉ. धर्मवीर भारती, पृ. 60
5, सात गीत वर्ष, डॉ. धर्मवीर भारती, पृ. 78
6. सात गीत वर्ष, डॉ. धर्मवीर भारती, पृ. 120
7. दूसरा सप्तक, अज्ञेय, पृ. 180
8. सात गीत वर्ष, डॉ. धर्मवीर भारती, पृ. 57
9. सात गीत वर्ष, डॉ. धर्मवीर भारती, पृ. 22
10. सात गीत वर्ष, डॉ. धर्मवीर भारती, पृ. 78

# स्त्री–मुक्ति की संघर्ष–गाथाः कन्नड नाटक "सूके संकव्वे"

*सुनीता मंजनबैल*

भारतीय भाषाओं में मराठी, बाँग्ला के साथ-साथ कन्नड के रंगमंच का अपना विशिष्ट स्थान है। कन्नड में विगत चार-पाँच दशकों में ञ्नीरंग, पी. लंकेश, गिरीश कार्नाड, चन्द्रशेखर कुबार, प्रसन्न, चदुरंग, चन्द्रकांत कुसनूर, टी.एन. सीताराम, एच. एस. शिवप्रकाश, गोपाल वाजपेयी, निसर्गप्रिय, सिद्धलिंगय्या, एच.एस वेंकटेशमूर्ति, हूलिशेखर, देवनुर महादेव, एस. मालती, विवेक ज्ञानभाश, वैदेही आदि ऐसे नाटककार हैं जिनके सामाजिक सरोकार गहरे हैं और जिन्होंने कन्नड रंगमंच के विकास में अपना योगदान दिया है। इन्हीं में हैं– नाटककार मुद्देनूर संगण्णा।

लोकसाहित्य, नाटक, काव्य तथा अनुवाद के क्षेत्र में सक्रिय मुद्देनूर संगण्णा के लिए साहित्य की अन्य विधाओं से अधिक प्रिय विधा है– नाटक। उनके अनुसार– "नाटक जीवन से निकट से जुड़ी कला है। ...उच्चनीच भेद से परे सभी लोग इसका आनन्द ले सकते हैं, मनोरंजन करते हुए ही नैतिकता का महत्त्व नाटक के द्वारा दिखाया जा सकता है। ...यही कारण है कि देवदासी प्रथा की आड में हो रहे। स्त्री के यौन-शोषण और उससे बाहर निकलने के लिए स्त्री के संघर्ष की व्यथा-कथा को पूरी गहराई-गम्भीरता व संवेदनशीलता के साथ सामने रखने के लिए उन्होंने नाटक विधा को चुना और "सूले संकव्वे" (अर्थ् वेश्या संकव्वे) नाटक की रचना की। उत्तर कर्नाटक में अभी भी देवदासी प्रथा जीवित है। कानून से आँख बचाकर आज भी ऐसी घोर बर्बर अमानवीय प्रथा को शह दी जाती है। देवदासी प्रथा एक ऐसी समस्या है जिसके कई चेहरे हैं। समाज के कुछ तनकों में प्रचलित अंधविश्वास, उन अंधविश्वासों का पोषण करनेवाले समाज के तथाकथित उच्च जाति के पुरुषों का स्वार्थ, धर्म की आड में स्त्री का यौन-शोषण, धर्म तन्त्र के साथ-साथ राजतन्त्र की सांठ-गांठ, नारी-मुक्ति के प्रयासों को योजनाबद्ध ढंग से कुचलने का षड्यन्त्र और शोषित नारी-समाज की अपनी अज्ञानता इस समस्या के कुरुप चेहरे हैं।

नाटक का आरम्भ अत्यन्त हृदय द्रावक दृश्य के साथ होता है जहाँ दस वर्षिय संकव्वे को उसके विरोध के बावजूद जबरदस्ती देवदासी बनाया जाता है। संकव्वे की माँ चंदव्वे भी देवदासी है। उसकी कई सन्तानें जन्म के बाद मर जाती है। तब वह देवी मारिकव्वे से मन्नत माँगती हैं कि यदि उसकी सन्तान बच जायेगी तो वह उसे देवी को अर्पित कर देगी। अपनी बेटी संकव्वे को देवी को अर्पित कर चंदबे अपनी मन्नत तो पूरी करती है लेकिन साथ ही संकव्वे के जीवन की व्यथा, पीड़ा और संघर्षभरा अध्याय भी लिखा देती है।

देवदासी बनी संकव्वे वेश्यावृत्ति से इनकार करती है। वह कहती है– "मैं यह वेश्या धन्धा

नहीं करूँगी..।" पर माँ चंकव्वे उसे समझाती है कि– "यह धन्धा नहीं बल्कि देवी की सेवा है।" संकव्वे माँ का यह तर्क समझ नहीं पाती कि देवी मारीकव्वे एक साथ उसकी "माँ" और "पति" कैसे हो सकती है। उसे घिन आती है लेकिन माँ के जल-अन्न त्याग देने की धमकी के आगे संकव्वे विवश हो जाती है। संकव्वे की विवश सहमति को देवी की कारण मानकर चंदव्वे उसके लिए एक अच्छा ग्राहक खोजती है जिसका नाम है– मल्लिकार्जुन। मल्लिकार्जुन केवल अमीर ही नहीं बल्कि "सकल जीवात्माओं का हित चाहनेवाला ही कुलज है।"– शरणों की इस मान्यता से प्रेरित व्यक्ति है। मल्लिकार्जुन से पहली ही मुलाकात में संकव्वे कहती है– "स्वामी आखिर तक मेरा साथ ना छोड़ना। ...मैं आपकी छाया में पतिव्रता बनकर ही रहूँगी।" संकव्वे मल्लिकार्जुन को अपना पति मान चुकी है और मल्लिकार्जुन भी वेश्यावृत्ति से संकव्वे को मुक्ति दिलाना चाहता है। इसलिए दोनों मन्दिर जाकर शादी भी करते हैं। उनकी शादी गाँव में चर्चा का विषय बन जाती है। पर माँ संकव्वे इस शादी-वादी को नहीं मानती। मल्लिकार्जुन से सहायता पाकर संकव्वे नारी– मुक्ति संघ की स्थापना करती है, एक स्कूल शुरू करती है और अंधविश्वासों को दूर कर महिलाओं में चेतना जगाने और देवदासी प्रथा के नाम पर हो रहे नारी के यौन-शोषण को रोकने के लिए प्रयत्नशील होती है।

एक दिन अचानक घर में चोरी और माँ की हत्या का समाचार पाकर मल्लिकार्जुन अपने घर जाता है और कुछ कामों में ऐसा फँस जाता है कि संकव्वे के पास जल्दी लौट नहीं पाता। इसी बीच चंदव्वे दूसरा ग्राहक संकव्वे के पास भेजती है। पर मल्लिकार्जुन को दिए वचन का पालन करते हुए संकव्वे उसे डरा धमका कर भगा देती है। चंदव्वे हार नहीं मानती। सारी धन दौलत खो चुका मल्लिकार्जुन जब लौट आता है तो उसे संकव्वे से मिलने नहीं देती और झूठ ही कह देती है कि संकव्वे किसी और के साथ है। इसके थोड़े हीं दिनों में मल्लिकार्जुन की मौत की खबर मिलती है तो संकव्वे विधवा बनकर जीने लगती है। माँ चंदव्वे को यह पसन्द नहीं है। वह चाहती है कि संकव्वे देवदासी बनकर ही जीए। संकव्वे को बंगारव्वे भी समझाती है कि– वह एक देवदासी है। उसे विधवा बनकर नहीं जीना चाहिए। कोई दूसरा ग्राहक खोज लेना चाहिए। संकव्वे के सामने कई प्रश्न हैं। वह समझ नहीं पाती कि– "इस संसार में मैं केवल भोग वस्तु ही क्यों समझी जाती हूँ? दुनिया की नज़रों में मैं साध्वी क्यों नहीं हूँ?...."

संकव्वे देवदासी के नाम पर वेश्यावृत्ति के लिए तैयार नहीं है तो उधर उसकी माँ चंदव्वे सहित बंगारव्वे, विट, पुजारी, धनशेट्टी आदि सभी उसपर दबाव डालने लगते हैं। शास्त्रों की दुहाई देनेवाला यज्ञेश्वर दीक्षित तो किसी भी हद तक गिरकर ही क्यों ना हो, संकव्वे को वेश्या बनाने का मनो बीड़ा ही उठाता है। उसे वेश्यावृत्ति ना अपनाने पर मृत्युदंड का विधान सुनकर माँ बेटी को समझाने के लिए एक दिन की मोहलत माँगती है। लेकिन उसी दिन रात को संकव्वे निर्णय करती है कि वह कदापि वेश्या नहीं बनेगी। वह मन्दिर के गर्भगृह से देवी की मूर्ति लाकर बाहर रखती है, मूर्ति के हाथ की तलवार उठाकर फेंकती है। मन्दिर में जाकर हाथ में आरती लेकर बाहर प्रेक्षकों के बीच से निकल जाती है। नेपथ्य में निम्न "वचन" सुनाई देता है–

"ज्ञान के बल से अज्ञान का नाश देखो
प्रकाश के बल से तम का नाश देखो
सत्य के बल से असत्य का नाश देखो
परुष के बल से दुष्ट का नाश देखो

कूडलसंगम के शरणों के अनुभाव के बल से
इस भव के नाश को देखो।"

इसके साथ ही नाटक समाप्त होता है।

नाटक बहुमुखी-बहुआयामी देवदासी समस्या को पूरी ईमानदारी के साथ सामने लाता है।

संकव्वे के माध्यम से एक निष्पाप निरीह बालिका का अगतिक विरोध प्रारम्भ में दिखाई देता है जो धीरे-धीरे दृढ़ प्रतिकार में और अन्ततः विद्रोह में विकासित होता है। संकव्वे की बालिका से युवती और युवती से औरत की जीवन यात्रा उसके विरोध के विद्रोह में विकासित होने की यात्रा है।

स्वयंचेता संकव्वे का यह प्रश्न है कि-

"एकसाथ माँ भी और पति भी... छी... असहनीय" उसकी मनोवेदना को मार्मिक ढंग से अभिव्यक्त करता है।

अपने जैसी अन्य देवदासियों की मदद करने के लिए निरन्तर संघर्ष उसकी चेतना का क्रियारूप है।

देवदासी प्रथा के माध्यम से वेश्यावृत्ति का समर्थन करनेवालों के तर्क समस्या की गम्भीरता को सामने लाते ही हैं, पुरुषप्रधान समाज की स्वार्थी सोच का भी पर्दाफाश करते हैं।

संकव्वे के जीवन की विडम्बना यह है कि उसपर ना माँ चंदव्वे विश्वास करती है ना मल्लिकार्जुन। मल्लिकार्जुन जिसे संकव्वे ने मनसा-वाचा कर्मणा अपना पति माना, मल्लिकार्जुन जिसने संकव्वे के भीतर जगी ज्ञान-ज्योति को प्रखर बनाने में मदद की वही मल्लिकार्जुन संकव्वे पर पूर्णतः विश्वास नहीं कर पाया। वह कभी भूल नहीं पाया कि संकव्वे देवदासी है तभी तो चंदव्वे के एक झूठ ने उसकी नज़र में संकव्वे को "विश्वासघातीनी" बना दिया। मल्लिकार्जुन शिव शरणों के शिवानुभव मंडप के प्रभाव से भले ही क्रान्तिकारी विचारों से प्रेरित हुआ हो किन्तु वह प्रभाव सतही ही साबित होता है। उसके भीतर के परम्परागत अहंकारी पुरुष की सोच में कोई बदलाव नहीं है। स्त्री पर झट से सन्देह करना ही उसे सुविधाजनक प्रतीत होता है।

अपनी देवदासी के सती बनकर जीने की ईमानदार कोशिश को "भूतबाधा" करार दिया जाता है और भूतबाधा से निजात पाने के लिए उसकी माँ से पैसा-सोना तो ऐंठा ही जाता है, साथ ही उसे "पवित्र" बनाने के लिए ब्राह्मण के संग तीन दिन बिताने का विधान भी बताया जाता है।

संकव्वे के वेश्या बनने से इनकार करने पर मृत्युदंड का विधान नारी शोषण की सारी हदों को पार कर जाता है।

अपनी मुक्ति के लिए संघर्ष करना, एक अन्तहीन संघर्ष और वह भी निपट अकेले क्या यही नारी की नियति बन चुका है? आज इस दिशा में सोचना भी आवश्यक है।

# जल आन्दोलन बनाम दलित अस्मिता वाया दलित साहित्य

*नामदेव*

भारतीय दलित साहित्य वैचारिक दृष्टि से बहुत स्पष्ट और सुदृढ़ है। इसके बावजूद दलित संस्कृति और उसके व्यवहार में हम पाते हैं कि वह अभी भी अन्तर्विरोधों के दौर में है। उदाहरण के लिए दलित चेतना और साहित्य समाज, संस्कृति, राजनीति अपने को अस्मिता वादी विमर्श से जोड़ता है। जैसा कि हम इतिहास ग्रन्थों में पाते हैं कि प्राचीन और मध्यकालीन दौर में दलितों का भयानक रूप से शोषण होता था। उनको हर तरह के मानवीय अधिकारों से वंचित रखा गया था। दलित स्त्रियों को तो कई-कई प्रान्तों में स्तन ढकने का अधिकार तक नहीं था और पुरुषों की बात करें तो उनको तो सिर्फ और सिर्फ समाज के निचले यानि कृष्टकार्य करने का सौभाग्य प्राप्त था। आदिवासी अस्मितावादी कहते हैं कि उनकी सारी लड़ाई जंगल को सुरक्षित रखने में, जंगल में रहने में, अपने अपने पुश्तैनी पेशों को करने में, अपनीवेश भूषा, खान पान, बोली, भाषा, रीति-रिवाजों, अवस्थाओं को बचाने की लड़ाई है। बयहाँ अन्तरविरोध यह है कि क्या आदिवासी लोग जंगल में हीरहेंगे, कभी उनको पक्के मकान, आधुनिक शिक्षा नहीं चाहिए होगा। क्या आदिवासी हमेशा पिछड़े ही रहेंगे। क्या विकास का लाभ उनको नहीं चाहिए होगा। जबकि आधुनिक आदर्श दुनिया का पैमाना इसके विपरीत है। भौतिक विकास मनुष्य के विकास का एक पुख्ता पैमाना है। यही सवाल दलित चेतना और दलित साहित्य को भी लेकर है। जो जल आदि वासियों को कम से कम नसीबथाव ही स्वच्छ जल नगरों, गाँवों सहित अनेक प्रान्तों में दलितों के लिए निषेध था। अस्मितामूलक विमर्श और विचार सुनने, पढ़ने में बहुत अच्छा लगता है। लेकिन जब बात अमल की आती है तो इस पर काफी अन्तर्विरोध की स्थिति दिखाई पड़ती है। क्या हम यह मानलें की अस्मितावादी सवाल सिर्फ और सिर्फ बहस का जरिया मात्र हैं। हमने यह भी देखा है कि राजनितिक सैद्धान्तिक विमर्शों से इत्तर साहित्य लेखन में अस्मितावादी स्वर ज्यादा स्पष्टता और प्रतिबद्धता के साथ चित्रित हुआ है। हम आज जब भी दलित अस्मिता की पृष्ठभूमि के ऐतिहासिक चरणों को तलाश ने का प्रयास कर रहे होते हैं तब कभी हम महात्मा बुद्ध के उपदेशों में उसे ढूँढ़ते हैं तो कभी हम नाथ सिद्ध कवियों से लेकर कबीर, रविदास तक इसको तलाशते हैं। फिर हम आधुनिक समय में आकर डॉ. बी आर आंबेडकर की चेतना से इसको जोड़कर दलित साहित्य की आधार संरचना की जमीन तैयार कर देते हैं। हालाँकि यह पद्धति दलित दर्शन और दलित साहित्य के समावेशी होने का भी सूचक है। एक तरफ दलित साहित्य में किसी भीतर हका भाग्यवाद, ईश्वरवाद, आस्था का निषेध किया या गया है तो दूसरी तरफ हम देखते हैं कि आज कल एक ट्रेंड चल गया है वो है महात्माबुध को अब भगवान बुध कहा जाने लगा है, और तो और दलित साहित्य का उद्गम स्रोत बौद्ध दर्शन

और बौद्ध ग्रन्थों से माने जाने लगा है। कुछ एक लोग ऐसा सिद्ध करने का प्रयास कर रहे हैं। जब कि दलित साहित्य कि सी भी तरह के धार्मिक विश्वास के विरुद्ध है। अतः बौद्ध दर्शन भी सिर्फ दलित साहित्य का पर्याय नहीं हो सकता। वास्तव में ज्ञान, दर्शन, संस्कृति की यह प्रक्रिया समय सापेक्ष होते हुए भी परस्पर अन्तर विरोधी है। एक तरह से वैचारिक कन्फ्यूजन की स्थिति है जो कि दलित संस्कृति, दलित चेतना और दलित साहित्य के लिए बहुत हद तक ठीकन हीं है। सवाल यह है की दलित अस्मिता अथवा अस्मितावादी विमर्श को किन आयामों में देखा जाये की दलित साहित्य की उदगम की सही वैज्ञानिक रूप सामने आस के। हम यह भी देखते हैं की अन्य विमर्शों की दुनिया से ईत्तर दलित साहित्य ज्यादा वैचारिक दृष्टि से ज्यादा सम्पन्न और मजबूत है आज हमारे सामने दलित साहित्य का वैविध्य है जो दलित चेतना सेना सिर्फ सम्पन्न ही है बल्कि दलित लेखन का एक सशक्त भविष्य भी है।

दलित मानवाधिकारों की बात करते समय अक्सर कुछ जीवनदायी प्राकृतिक और भौतिक संसाधनों को भुलादि या जाता है। उन्हीं में से एक है जल यानि पानी जो किकुओं, तालाबों, पोखरों, सरोवरों, नदियों इत्यादि स्रोतों से हासिल होता है। जल, वायु, धूप, अन्न, मकान, वस्त्र, शिक्षा, दवा इत्यादि मनुष्य की प्राकृतिक और भौतिक जरूरत हैं। जल तो पूरी दुनिया में मनुष्यों के लिए प्राकृतिक और सामाजिक रूप में उपलब्ध है। लेकिन दुनिया में भारत ही एक ऐसा अनोखा राष्ट्र रहा हैं जहाँ सदियों से 'जल' पीने के मानवीय अधिकार से दलितों को दूर रखा गया था। नतीजतन दलितों को गंदा पानी पीकर नरकीय जीवन जीना पड़ता था। घोर अमानवीय और बर्बरता में रहना दलितों की नियति बन चुकी थी। लेकिन जैसा कि प्रकृति का नियम है कि अंधेरे के बाद उजाला होना ला जिमी है। अतः दलितों की इसी अंधियारी दुनिया में उजाले की उम्मीद बनकर डॉ भीमराव अम्बेडकर सामने आये। डॉ. बी. आर. अंबेडकर का ऐतिहासिक आन्दोलन इस परिप्रेक्ष्य में बहुत प्रासंगिक था। अँग्रेजी शासन काल के दौरान 1924 में महाराष्ट्र के समाज सुधारक श्री एस. के. बोलेने बम्बई विधान मंडल में एक विधेयक पारित करवाया जिसमें सरकार द्वारा संचालित संस्थाएँ-जैसे, अदालत, विद्यालय, चिकित्सालय, पनघट, तालाब आदि सार्वजनिक स्थानों पर अछूतों को प्रवेश व उनका उपयोग करने का आदेश दिया गया। को लाबा जिले के महाड में स्थित चवदार तालाब में ईसाई, मुसलमान, पारसी, पशु, कुते सभी तालाब के पानी का उपयोग करते थे लेकिन अछूतों को यहाँ पानी छूने की भी इजाजत नहीं थी। सवर्ण हिन्दुओं ने नगर पालिका के आदेश भी मानने से इनकार कर दिया। अछूतों के अधिकारों को छीन लेने का समय अब आ गया है, ये सोच कर डॉ. भीमराव अम्बेडकर ने अपने सहयोगियों के साथ दिनांक 19 तथा 20 मार्च 1927 को महाड के चवदार तालाब को मुक्त कराने हेतु सत्याग्रह करने का निश्चय किया। लगभग पांच हजार महिला पुरुष इस सत्याग्रह में शामिल हुए। 20 मार्च की सुबह डॉ. भीमराव अम्बेडकर के नेतृत्व में लगभग पांच हजार लोग शान्तिपूर्ण तरीके से तालाब पर पहुँचे। सर्व प्रथम डॉ. भीमराव अम्बेडकर तालाब की सिढ़ियों पर उतरे। पहले बाबा साहेब ने पानी पिया। ये अस्पृश्य समाज के लिए ऐतिहासिक क्षण था। बाबा साहेब ने पहली बार इतनी बड़ी संख्या में लोगों का नेतृत्व करते हुए अपने अधिकारों की माँग की थी। ये एक प्रकार से सवर्णों के अत्याचारों के खिलाफ विद्रोह था जिसने अस्पृश्य समाज समाज में क्रान्ति का मार्ग प्रशस्त किया। यह एक प्रतीकात्मक क्रिया थी जिसके द्वारा यह सिद्ध किया गया था कि हम भी मनुष्य हैं, हमें भी अन्य मनुष्यों के समान मानवीय अधिकार हैं।

उस समय अछूत पन के श्राप से पीड़ित समाज को बदहाली से उबर ने के लिए बाबा साहेब ने इस पानी को छूकर दलितों को पानी पीने का अधिकार दिलाया। बेहतरीन जिन्दगी के लिए उन्होंने तीन सूत्र दिए। पहला– गंदे व्यवसाय या पेशे को छोड़कर बाहर आना। दूसरा– मरे हुए जानवरों का मांस खाना छोड़ना, और तीसरा जो कि सर्वाधिक महत्त्वपूर्ण था– अछूत होने की अपनी स्वंय की हीन भावना से बाहर निकलना और खुद को सम्मान देना। एक क्रम में रख कर देखें तो ये क्रान्तिकारी सूत्र बहुत गहरी समाज मनोवैज्ञानिक तकनीकें हैं। इन सूत्रों का सौन्दर्य और क्षमता निरपवाद हैं और जिन भी समुदायों या व्यक्तियों ने इस पर अमल किया है, इतिहास में उनकी उन्नति हुई है। दासता और गुलामी की जंजीरों को तोड़ने की शुरुआत थी ये। लेकिन बौख लाए सवर्ण हिन्दुओं ने भीड़ पर लाठियों से हम लाकर दिया। बहुत से लोग घायल हुए। बाबा साहेब ने अछूतों से संयम व शान्ति रखने की सलाह दी और कहा हमें प्रति घात नहीं करना है। जनसमुदाय ने अपने नेता की बात मान ली। उधर सवर्णों ने अछूतों के छूने से अपवित्र हुए चवदार तालाब का शुद्धि करण करने के लिए गोबर वगौमूत्र तालाब में डलवाया। डॉ. भीमराव अंबेडकर ने पुनः सत्याग्रह की योजना बनायी और पुनः 25 दिसम्बर को हजारों की संख्या में लोग इकट्ठा हुए। लेकिन सत्याग्रह स्थगित करना पड़ा। डॉ. अंबेडकर ने बम्बई हाईकोर्ट में लगभग दस वर्ष तक ये लड़ाई लड़ी और अन्त में 17 दिसम्बर 1936 को अछूतों को चवदार तालाब में पानी पीने का अधिकार मिला। यह अस्पृश्य समाज के लिए ऐतिहासिक जीत थी। जहाँ तक दलित रचनाओं में जल समस्याओं का वर्णन का सवाल है तो इस को जरा और पीछे जाकर देखना पड़ेगा कि डॉ. भीमराव अम्बेडकर की प्रेरणा से दलित साहित्य कहाँ तक प्रेरित हुआ। इस सन्दर्भ में हीराडोम की कविता "अछूत की शिकायत" को देखा जा सकता है। सितम्बर 1914 में महावीर प्रसाद द्विवेदी के सम्पादन में प्रकाशित होनेवाली पत्रिका 'सरस्वती ' में, पटना के हीराडोम की कविता 'अछूत की शिकायत' प्रकाशित हुई थी जो कि भोज पुरी में थी। इस कविता में ही राडोम ने उन पादरियों की आलोचना की जो धरम छोड़ देने की शर्त पर अछूतों की दशा सुधारने का वादा करते थे। दीन बन्धु भगवान से कहा कि शायद तुम भी मुझे छूने से डरते हो। अछूतों के सबसे बड़े उत्पीड़क जमींदार थे जो खेतों में मेहनत कराके घर में आराम से सोते थे। जमींदार के सहायक सरकारी अफसर हैं जो अछूतों से बेगार करातें हैं। द्विज वर्णों के अन्य लोग अपने-अपने काम से लगे हैं पर डोम को पीने के लिए कुएँ का साफ पानी भी नहीं मिलता। जिस हाड़-मांस का शरीर ब्राह्मण का बना है। उसी का अछूत शरीर भी बना है। फिर क्या कारण है कि ब्राह्मण तो पूजा जाता है और अछूत को जूतों से मारा जाता है, उसके हाथ-पैर तोड़ दिए जाते हैं ये पंक्तियाँ देखें– "हम नी के इनरा के निगिचेन जाइलेजां, पाँके में से भरिभरि पिअतानी पानी पनहीं से पिटीपिटी हाथ गोड़े तुरिदैंलें, हमनी के एतना का ही के हलकानी?" (हम कुएँ के पास नहीं जाते हैं। वहाँ जाने पर चप्पल जूते, डंडों से पीट-पीट कर हमारे हाथ पैर तोड़ देते हैं। हम किचड़ में से भर कर पानी पीते हैं) हीराडोम की 'अछूत की शिकायत' की कविता में मौजूद दलित पीड़ा की अभिव्यक्ति को संजीदगी से देखने पर, आधुनिक भारतीय भाषाओं में दलित स्वर की यह पहली रचना ठहरती है। लेकिन चूँकि इसका प्रकाशन वर्ष 1914 का है अतः डॉ. भीमराव अम्बेडकर की मौजूद गीका इस पर सीधा प्रभाव नहीं दिखता। हालाँकि डॉ. अंबेडकर (जन्म 14 अप्रैल 1891) 'अछूत की शिकायत' की प्रकाशन के समय 23 के थे, और स्नातक हो चुके थे। 1916 में लंदन जाने के बाद 1917 में भारत लौट आये थे। लेकिन 'अछूत की शिकायत'

का कंटेंट बहुत आगे का था, बल्कि दलित मानवाधिकार की पूर्वपीठि का थी। वास्तव में जब यह कहा जाता है कि साहित्य मार्ग दर्शक होता है तो कोई गलत नहीं है। इसके पीछे मौजूद सामाजिक-सांस्कृतिक कारणों को प्रेरक शक्तियों के रूप में देखा जा सकता है। हीराडोम की 'अछूत की शिकायत' और डॉ. बी आर अम्बेडकर के महाड आन्दोलन (जलआन्दोलन) की गूँज के बाद हिन्दी के सुप्रसिद्ध प्रगतिशील लेखक प्रेमचंद 1932 में 'ठाकुर का कुआँ' लिखते हैं, जिस में उन्होंने उन सामाजिक-सांस्कृतिक परिस्थितियों के बीच दलित व्यक्ति को पीसते दिखाया है जहाँ वह अपनी हीन जाति के कारण किसी ऊँची जाति के कुएँ से पीने के लिए पानी नहीं भर सकता। 'ठाकुर का कुआँ' के जोखू और गंगी ऐसे ही दलित हैं जो इस वर्णव्यवस्था के शिकार हैं। सामंत ठाकुर का इतना दहशत है कि अचानक घर से बाहर निकलते हुए ठाकुर को देखकर कुएँ से पानी भर रही गंगी के हाथ से रस्सी छूट जाती है, और वह घबराहट में वहाँ से भाग जाती है। बीमर जोखू को गंदा विषैला पानी पीना पड़ता है। गंगी की नज़र में ठाकुर का मुँहशेर से भी अधिक भयानक है। अब समझा जा सकता है कि गंगी का यह डर अचानक पैदा हुए डर न हीं है बल्कि यह तो सदियों के आभिजात्य सांस्कृतिक आतंकवाद से उत्पन्न हुआ डर है जो गंगी के वंशजों में ना सूर बन कर बह रहा है। लेकिन गंगी कायह विद्रोही तेवर भी का बिले तारीफ है जो संघर्ष की आवाज बुलन्द करता है। यह उद्धरण देखें- "गंगी का विद्रोही दिल रिवाजी पाबन्दियों और मजबूरियों पर चोटें करने लगा– हम क्यों नीच हैं और यह लोग क्यों ऊँच हैं? इसलिए किये लोग गले में तागा डाल लेते हैं? यहाँ तो जितने भी हैं, एक से एक छँटे हैं। चोरीये करें, जाल–फरेब ये करें, झूठे मुकद में ये करें। अभी इस ठाकुरने तो उस दिन बेचारे गड़रिये की एक चुराली थी और बाद में मार कर खा गया। इन्हीं पंडित जी के घर में तो बारहों मासजु आ होता है। यही साहुजी तो घीमें तेल मिला कर बेचते हैं। काम करा लेते हैं। मजूरी देते नानी मरती है। किस बात में हैं हम से उँचे। हाँ। मुँह में हम से उँचे हैं। हम गली-गली चिल्लाते नहीं कि हम ऊँचे हैं, हम ऊँचे हैं! कभी गाँव में आ जाती हूँ तो रस भरी आँखों से देखने लगते हैं। जैसे सब की छाती पर साँप लोटने लगता है। परन्तु घमंड यह कि हम ऊँचे हैं! "इस उद्धरण से तथा कथित ऊँची-ऊँची जातियों के पुरुषों की कच्चा चिट्ठा खुल गया है। और कहानी अपने उद्देश्य में सफल हो गयी है। इस कहानी में गंगी है जो गंगा का बिगड़ा शब्द है। वैसे भी पहले दलितों के नाम अपमान या तिरस्कारभाव पुकारे जाते थे जो बाद में वही सम्बोधन रूढ़ हो जाते थे। यही हाल यहाँ गंगी का भी लगता है। कितनी विचित्र बात है कि नाम गंगी (गंगा) है लेकिन वास्तविक जीवन में उसे शुद्ध जल हासिल करने का हक नहीं और उसका बीमार पति गंदा विषैला पानी पीने को अभिशप्त है। वास्तव में प्रेमचंद की यह कहानी भारतीय समाज में मौजूद जातिवादी व्यवस्था की घातक क्रूर चेहरे की भयावहता को बहुत सच्चाई में पेश कर दलितों के जल आन्दोलन के सवालों को और पुख्ता बनाती है। फिर लम्बे अन्तराल के बाद दलित साहित्यकार ओमप्रकाश वाल्मीकि' 1981 में 'ठाकुर का कुआँ' शीर्षक से कविता लिख कर पानी की लड़ाई को तरोताजा कर देते हैं। उनकी कविता देखें–

"चूल्हा मिट्टी का, मिट्टी तालाब की
तालाब ठाकुर का
भूख रोटी की, रोटी बाजरे की
बाजरा खेत का, खेत ठाकुर का

बैल ठाकुर का, हल ठाकुर का, हलकी–
मूंठ पर रखी हथेली अपनी
फसल ठाकुर की, कुआं ठाकुर का–
पानी ठाकुर का, खेत-खलिहान ठाकुर के
गली-मुहल्ले ठाकुर के
फिर अपना क्या? गाँव? शहर? देश?"

अब देखें पचास साल बाद भी जब ओमप्रकाश वाल्मीकि जैसा कवि जब यह कहता है दलितों का अपना कुछ भी नहीं और यदि है भी तो सिर्फ गरीबी और संघर्ष है। यहाँ ध्यान देने की बात यह है कि ओमप्रकाश वाल्मीकि स्वतन्त्र भारत के दलित व्यक्ति हैं। गणतन्त्र देश के नागरिक हैं। फिर भी उनको सामाजिक गुलामी का अहसास होता है तो यह कहीं न कहीं भारतीय व्यवस्था का दलितों की संवेदना और पीड़ा से कटे होने का संकेत है। दलितों के सामने आज भी सदियों पुराने संकट मुँहबाए खड़े हैं, हालाँकि लिखित तौर पर संविधान ने सबकुछ दे दिया है, लेकिन भारतीय श्रेष्ठ मानसों सब लिखित हक तो दूर, दलितों को मनुष्य भी मानने को तैयार नहीं है। वास्तव में दलितों को भारतीय संविधान ने ही सुरक्षित रखा हुआ है। आज यही दलितों को सामाजिक असमान ताके विरूद्ध सामाजिक न्याय हेतु हर परिस्थिति में प्रेरित करता है। एक विडम्बना यह भी है कि आज भी गाँवों के सीधे सादे दलितों को छल बल और कपट से मूर्ख बनाकर उनके आकार ले रहे सुन्दर सपनों की हत्या कर दी जाती है। अब शोषक सिर्फ ब्राह्मणवाद ही नहीं है बल्कि ब्राह्मणवादी पूँजीवाद भी है। ये ब्राह्मणवादी पूँजीवाद सीधे हमला नहीं करता है, बल्कि झूठे प्रलोभन देकर, नीतियों से मारता है। अगर दलित अभी भी अशिक्षित बने रहेंगे तोइ सब्राह्मणवादी पूँजीवादी व्यवस्था के सामने उनका अस्तित्व और अस्मिता खतरे में पड़ सकते हैं। कहानीकार अजयनावरिया, इसी बोध के महासागर से 2018 में "गंगासागर" शीर्षक से कहानी लिखते हैं। यह कहानी इक्कीसवीं सदी के भारत की है जहाँ अब दलितों को जल आन्दोलन जैसा आन्दोलन की जरूरत तो नहीं रह गयी है लेकिन पीने के लिए स्वच्छ जल अभी भीन सीब नहीं है। अधिकांश भारतीय गाँवों में दलितों की यही यथास्थिति है। 'नहर आ जाती, पानी हो जाता, सबकी भभकती प्यास को ....गरीबी बहुत बुरी चीज है, सब कुछ लीलजाती है ये।" कहानी के नायक नहरा यही एक सपना था। नहराना मजो नहर का प्रति पदार्थ है, लेकिन गाँव में नहर नहीं लास का जो बोतल बन्द पानी में सिमट कर रह जाता है। नहरा के "गाँव में दो तीन कुएँ थे पर थे सब के सब बामन, बनियों, ठाकुरों और मालियों के मुहल्ले में।" इस लिए नहरा अपने गाँव में नहर लाने के लिए अथक प्रयत्न में लगे हुए थे जिससे उनके समाज बिरादरी को पीने का पानी नसीब हो सके। एक दिन प्यास से बेहाल नहरा जब गाँव में पंडितजी की प्याऊ (गंगा सागर) केनल में पानी पीने के लिए मुँहल गाता तभी पंडित महाराज की नींद टूटने से नहरा झट से हाथ पीछे खींच लेता है। पंडित जी उस की इस हिमाकत पर आगब बूलाहो उठते हैं– "तेरी मैया की, जरादेर को आँखन हींलगनेदी ....तेरे बाप की पियाऊ है, जब देखो मुँह उठाए चला आता है, बखतबे बखतचोर बंजारे की औलाद, चल भाग यहाँ से।" पानी पीने के लिए नहरा की दया याचना के बाद भी पंडित महाराज के कंठ से यही निकलता है कि अगर लालाजी को मालूम पड़ गया कि वोन हरा जैसे चोर बनजारों कोइ सपवित्र गंगा सागर कापानी पिलाता है तोला लाजी उसे (पंडित) कोप्याऊ की नौकरी से जरूर

बाहर कर देंगे। लेकिन पंडित जी आठ पैसे के मोल पर पानी पीने की इजाजत दे देता है। इधर नहरा कासपनाथा कि गाँव में नहर आये जिससे उसके अपने ग्रामवासियों की प्यास बुझ सके। नहरा के इस सद्‌प्रयासों कोलाला जैसे व्यापारी लोग, गाँव में नहर को लाने का झूठा प्रलोभन देकर, वाटर बोतल भरने की फैक्ट्री लगानी की काग जात पर हस्ताक्षर करवाकर, नेताओं की मिली भगत से वाटर बोतल भरने की फैक्ट्री लगाने में कामयाब हो जाते हैं। नहरा के अरमानों की अरमानों की हत्या हो जाती है। अब वह फैक्ट्री निर्मित वाटर बोतल को ही अपना गंगासागर मान लेता है। वैसे भी जब दूसरा रास्ता न होतो व्यक्ति मजबूरी का रास्ता अपना ही लेता है। व्यवसायिक करणय ही करता है। साधारण दुकानों को बन्द कर वाकर व्यक्ति को महंगे शॉपिंगमॉल में धकेलता है। जहाँत कदलितों की बात है, उनमें भी एक बहुत बड़ा तब का आज भी गाँवों, नगरों की मलीन बस्तियों, झुग्गी झोपड़ी में रहता है जिन की आमदनी औसत से भी कम है। इस तरीके से एक आम दलित आदमी को पुनःसामंती, ब्राह्मणवादी पूँजीवादी शक्तियों के मायाजाल में साजिश तनफँसाना "गंगासागर" की त्रासदी बन जाती है। पहले पानी पिलाना परोपकारी माना जाता था लेकिन अब यह कारोबार वाटर बोतल अर्थात मिनरल वाटर का धन्धा हो गया है। स्वतन्त्र भारत में जन कल्याणकारी मुफ्त सेवाओं का व्यावसायिक करण हो जाने के पीछे सिर्फ वैश्विक शक्तियों का हादबाव नहीं है बल्कि देश की स्थानीय शक्तियों यथा ब्राह्मणवाद और सामंती पूँजीवाद दोनों की सहभागिता भी है। वस्तुतः दोनों एक दूसरे से खाद्य पानी प्राप्त करते हैं। ब्राह्मणवाद उपासना पद्धति विकासित करता है तो पूँजीवाद उनको उत्पाद में तब्दील कर बाजार में बेचता है। और आम आदमी, आम दलित, इन दोनों के क्रिया व्यापार में घुन की तरह पीसता है। शोषण का यह उदारवादी रवैया है। जो पैसेवाला होगा वो उपभोग करे गान हीं तो भूखों मरेगा। अबसरकारों का राष्ट्र धर्म भीय ही है, दम है, प्रतिभा है तो कमाओ खाओ नहीं तो भाड़ में जाओ। इस लेख के लेखक की एक कविताभी "कुंआ" पर केन्द्रित है जिस में कुएँ की दलित जन में उपलब्धता, अनुपलब्धता को दर्शाया गया है। कुछ पंक्तियाँ देखें:

> "एक वंचित ने तुम्हें न पा सकने की लिखी थी
> मार्मिक व्यथा, एक रचनाकार ने लिखा था, 'ठाकुर का कुआँ
> और था किया सीमां तीयडर को एक्सपोज
> फिर कुछ सालों बाद पता चला तुम अब भी हो जातिगत जकड़न में
> तुम अब भी हो अनुपलब्ध दलित जन में
> तुम अब भी हो बने हुए ज़िंदासाक्षी
> बर्बरता और अन्यायों के!"

(न समझे जाने का दर्द, नामदेव, पृष्ठ 36, रश्मि प्रकाशन, 2020)।

वास्तव में हीराडोम जैसे पूर्व वर्ती रचनाकारों और डॉ. भीमराव अम्बेडकर के आन्दोलनों, संघर्षों से आज भी दलित साहित्य जनवादी मूल्यों, समता मूलक विचारों के साथ जिस तरह से ब्राह्मणवादी पूँजीवाद के बीच अपनी अस्मिता की युद्ध लड़ते हुए ही शेष सभी वंचितों को मुखर बनाते हुए जिस बेहतरीन समाज को रचकर जिस इंसानी धर्म की वकालत कर रहा है वह विद्वेष पर नहीं बल्कि मोहब्बत और भाईचारे पर आधारित है जिस में सब का स्वागत है। बस वह इंसान हो। ब्राह्मण, क्षत्रिय, वैश्य, शूद्र, अस्पृश्यन हो। अपने दुखों को विरासत समझ कर ही वर्तमान दलित साहित्य इंसानियत की खोज में निरन्तर अग्रसर हो रहा है।

# चन्द्रकान्त देवताले की कविताई

## समय की 'आग' में सिझा सभ्यता का 'पत्थर'

***प्रभाकर सिंह***

7 नवम्बर 1936 को बैतूल, मध्यप्रदेश में जन्में कवि चन्द्रकांत देवताले का निधन 14 अगस्त 2017 हुआ। उच्च शिक्षा इन्दौर और सागर से प्राप्त किया। उनके काव्य सृजन में मराठी और हिन्दी की संस्कृति का परिवेश है। उनके प्रिय कवि मुक्तिबोध हैं तभी तो चन्द्रकांत की कविताई पर मुक्तिबोध की काव्य संवेदना का सर्वाधिक प्रभाव है। व्यवस्था के कुरूप मंजर के खिलाफ आक्रोश और मानवीय गरिमा एवं प्रेम की गहन अनुभूति उनके काव्य के केन्द्र में है। समय और समाज के गहरे सरोकार के साथ आधुनिकता के सर्जनात्मक प्रवृत्तियों को उन्होंने अपनी कवितायों में जज्ब.किया है। बाजार और पूँजी के खतरे को उनकी कविताएँ सजगता से शिनाख्त. करती हैं। यह उनकी प्रतिबद्धता परिवार, दाम्पत्य और प्रेम के सार्वकालिक मूल्यों के प्रति सर्वाधिक है। पिछले छः दशक से अपनी कविता से हिन्दी समाज को आलोकित करने वाले कवि चन्दकान्त जी की दर्जन के आस-पास कविता संग्रह और एक आलोचना पुस्तक प्रकाशित है। प्रमुख काव्य संग्रहों में 'हड़िड्यों में छिपा ज्वर' (1973), 'लकड़बग्घा हंस रहा है' (1980), 'भूखंड तप रहा है' (1982), 'आग हर चीज में बताई गयी थी' (1987), 'पत्थर की बेंच' (1996), 'इतनी पत्थर रोशनी' (2002), 'जहाँ थोड़ा सा सूर्योदय होगा'(2008) और 'पत्थर फेंक रहा हूँ' (2011) हैं। अनेक प्रतिष्ठित पुरस्कारों से सम्मानित कवि देवताले को 2012 का साहित्य अकादमी पुरस्कार उनके कविता संग्रह 'पत्थर फेंक रहा हूँ' के लिए दिया गया। राजनीतिक चेतना से प्रतिबद्ध कवि देवताले की कविता में 'आग' और 'पत्थर' मुख्य प्रतीक के रूप में उपस्थित हैं।

जीवन के करुण और कठोर अनुभवों को जब वरिष्ठ कवि चन्द्रकान्त देवताले अपनी कविताओं में व्यक्त करते हैं तो वह समय एवं सभ्यता की गहन समीक्षा के साथ हमारी संवेदनाओं से जुड़े रोजमर्रा के अनुभवों का प्रामाणिक दस्तावेज बन जाता है। संघर्ष और संवेदना के इसी बहुविध रूप को चन्द्रकांतजी के साहित्य अकादमी पुरस्कृत कविता संग्रह 'पत्थर फेंक रहा हूँ' में देखा जा सकता है। परम्परा और परिवेश को चन्द्रकांत जी कविता में साकार रूप में ढालकर, व्यक्तिगत एवं सामाजिक अनुभवों को गहरी संवेदना के साथ प्रस्तुत करते हैं। संग्रह की कविताओं में दर्ज आम जन-जीवन से जुड़ें सवालों, अंधेरे और पतनशील समय से टकराने के लिए कवि बार-बार कविता की प्रासंगिकता को सिद्ध करता है और बताता है कि एक विरूद्ध समय में कविता सशक्त रचनात्मक अभियान है। इस रचनात्मक अभियान में वह कविता के चमकते और दहकते शब्दों को आग की तरह प्रयोग करते हुए कहते हैं कि, 'पत्थर फेंक रहा हूँ' जो पाठक को जगाता भी है और संघर्ष करने की प्रेरणा भी देता है।

चन्द्रकांत जी अपने को उन कवियों की परम्परा में जोड़ते हैं। जिन्होंने अपने समय में सत्ता के विरुद्ध आवाज लगाई और आज भी चुनौती की तरह उपस्थित हैं कविता में। कविता को इसी संघर्ष और चुनौती की गाथा के रूप में विवेचित करते हुए उनका कहना है, *इसी तरह कुछ कवि आग की तरह लपटों में अदृश्य/ या धरती में दफन होने के बाद भी/ मंडराते हैं चुनौती की तरह / और लिखते रहते हैं कविताएँ*

और फिर काव्य रचना की प्रकिया के बारे में लिखते हैं तो खुद कवि की काव्य-पक्षधरता भी स्पष्ट होती है– *हमारे खयालों में खदबदाते हैं ज्वालामुखी/ हम दृश्यों को निचोड़ लेते हैं। / अपने फेफड़ों में और फिर गड़रिए की तरह हाँकते हैं शब्दों को।*

जीवन के यथार्थ को बहुरंगी और बहुविध रूप में व्यक्त करती उनकी कवितायें महज सूचना या तथ्य नहीं है। कविता में निजी और सार्वजनिक अनुभवों को एकमएक कर देने की यह रचना प्रक्रिया चन्द्रकान्त देवताले को बड़ा और विशिष्ट कवि बनाती है। संग्रह की कविताओं में जीवन के विविध रंग उपस्थित हैं। कवि का सामाजिक और नैतिक दायित्व के प्रति संवेदना, दाम्पत्यप्रेम से भीगी कविताएँ, स्थानीय और निजी जीवन से दो-चार होने का अनुभव और सार्वजनिक अनुभव के साथ सभ्यता और संस्कृति की व्यापक चिन्ता भी यहाँ उपस्थित है।

संग्रह का आरम्भ ही 'आग' नामक कविता से होता है जिसमें चन्द्रकांत जीवन की विविध संवेदनाओं को एक साथ जीने और स्वीकार करने की बात करते हैं; जो उनके कवि रूप की प्रतिबद्धता को भी जाहिर करता है। 'आग' उनकी कविता का प्रिय विषय है, क्योंकि आग हमारे जीवन को ताप देता है, हमारी संवेदनाओं की जगाता है। आग और मृत्यु जीवन को व्यापक और सृजनात्मक अभिप्राय प्रदान करता है। आग का स्वाद ही कवि के शब्दों में प्रेम और जीवन संघर्ष का अनुभव कराता है।

चन्द्रकांत देवताले खबरों और आंकड़ों के बीच संवेदनहीन होते 'एक विरुद्ध संसार में' रहने की जटिलता और कविता के द्वारा अपनी प्रतिबद्धता को जाहिर करना बखूबी जानते हैं। *खबरों के बवंडर और आंकडों की आस्थावान हिंसा के बीच/ एक विरूद्ध संसार में महसूस करते हैं हम अपने को/ जिसमें हैं और जिसके बाहर भी हम आदिम फिर हठात समकालीन।'*

इस 'अंधेरे समय में' आग और गुस्से को साथ जीते हुए अपने शब्द द्वारा कोई सुभाषित या आप्तवचन न कहके कवि सच कहना चाहता है। वह ऐसे संसार में नहीं रहना चाहता, जहाँ उसे विरोधी स्थिति न मिले, क्योंकि विरोध और संघर्ष से ही तो उसकी कविता को धार मिलती है। जीवन का सही अर्थ तो इसी में रहकर पाया जा सकता है।

संग्रह में स्थानीय और निजी जीवन से जुड़ी कविताओं को लिखते हुए कवि उसमें रचना का ऐसा रंग भरता है कि वह सिर्फ निजी जीवन का अनुभव विवेचन ही नहीं रह जाती, बल्कि हमारे समय और सभ्यता का प्रमुख प्रश्न भी बन जाती है। एक 'नीबू के पीछे', 'मोचीराम की याद', 'मुठभेड़ झक्की आदमी से', 'फादर शलप्पा', ऐसी ही कविताएँ हैं। धूमिल के 'मोचीराम' के बाद चन्द्रकांत देवताले की 'मोचीराम की याद' नामक कविता में एक किशोर मोचीराम की याद करता है, जो बंजर होती हमारी सभ्यता के बीच अपनी ईमानदारी की खुशबू बिखेर जाता है, जिसकी महक आज भी कवि महसूस करता है। कोशिश की मैंने वह पूँजी रख ले पर लौटा दिया दो का सिक्का उसने कहते– *'बिना मेहनत के पैसे गुम या उड़ जाते हैं अकंल/ फिर भद्रजनों के बहाने/ बाजार को ठेंगा दिखाते/ और मेरे लिए/ ईमान की खुशबू*

*बिखेरते/ वह आगे बढ़ गया। 'मोचीराम' की याद/ मेरे आसमान में चमकते हुए*

'प्रेम' की कविता लिखते हुए जिस प्रकार प्रगतिशील कवियों में नागार्जुन, शमशेर, केदारनाथ अग्रवाल एवं मुक्तिबोध ने दाम्पत्य प्रेम की अनूठी कविताएँ लिखी हैं, उसी परम्परा में चन्द्रकांत जी ने अपने इस संग्रह में दाम्पत्य प्रेम की अविस्मरणीय कविताएँ रची हैं। पत्नी की उजली और प्रेम से भरी आँखें कवि को सदैव स्वयं की एवं दुनियावी हकीकत से रू-ब-रू कराती रही हैं, उसे ताकत देती रही हैं।

प्रेम की इस अनुभूति में महज सौन्दर्य या सहज दाम्पत्य का गान नहीं हैं, बल्कि कवि संवेदना की गहराई से पत्नी के इस प्रेम के प्रति कृतज्ञता ज्ञापित करता है, क्योंकि इन्हीं आँखों और कड़क-मुलायम हथेलियों के सान्निध्य में उसके जीवन और कविता को सही मायने मिले हैं, कवि को बिखरने से बचाया है।

देवताले जी की कविताएँ दाम्पत्य प्रेम में भावुक होकर लिखी गयी प्रेम कविताएँ नहीं हैं, बल्कि यह उस आत्मकेन्द्रित मध्यवर्गीय मानसिकता से मुक्त एक ईमानदार कवि के शब्द हैं जो दैनन्दिन जीवनानुभव और दाम्पत्य प्रेम की गहरी संवेदनात्मक अनुभूति के रूप में रूपांतरित हुए हैं। पत्नी का प्रेम उसकी कविता को संस्कार देता है, विपरीत परिस्थितियों में संघर्ष करने की चेतना जगाता है। पत्नी के सान्निध्य और प्रेम ने ही मुखौटे खरीदती भद्रजनों की भीड़ से उस अलग किया है। पत्नी का प्रेम पाने के लिए और उसे दीवानों की तरह प्रेम करने के लिए कवि बार-बार उसके पास आने का वायदा करता है और कहता है, *'मैं आता रहूँगा तुम्हारे लिए/ मैं आऊँगा हमारी परछाइयों के खुशबूदार गाते हुए दरख़्त के पास'*।

चन्द्रकांतजी की कविताएँ आरम्भ से ही सत्ता और फासीवादी ताकतों के विरुद्ध कमजोर की ताकत बनकर आयी हैं। इस संग्रह में भी वह एक ईमानदार रचनाकार की तरह सत्ता के विरुद्ध आवाज उठाने के साथ स्वयं कवि रूप में सच्चाई और ईमानदारी के साथ समाज के प्रति अपनी पक्षधरता की समीक्षा करते हैं। एक ईमानदार बुद्धिजीवी और कवि होने के नाते वह व्यवस्था की विसंगतियों का कारक स्वयं को भी मानते हैं। प्रस्तुत संग्रह में कवि अपनी इसी पक्षधरता को व्यक्त करते हुए अपनी आत्म-समीक्षा भी करता है और अपने कवि को पाखंडियों के खिलाफ औकात बताने वाला सही शब्द लिखने के लिए कहता है। *तुम कवि हो/ इन पाखंडियों के लिए औकात बताने वाला सही शब्द ढूँढों*

सग्रंह की कविताओं में चन्द्रकांतजी हमारे आस-पास में घटित होनेवाली घटनाओं के बारे में बार-बार हमारा ध्यान आकृष्ट करते हैं। हमें झकझोरते हैं। 'बुद्ध के देश में', 'अमरीका गये हैं प्रधानमन्त्री', 'रात में जंगल में', 'पुस्तक मेले में' और 'प्याज के विषय में' 'ऐसी ही कविताएँ हैं' जिसमें कवि हमारे समय को बदलने की, हमारे अन्दर के आदमीपन को जगाने, समय और समाज से हमारे सरोकारों की बात करता है। वह अपनी कविताओं में भाषा के सही मायने खोजते हैं, जनतन्त्र में जनता को तलाशते हैं तो वही धुंआती धरती के विलाप सुनने के लिए प्रेरित भी करते हैं। इस विपरीत व्यवस्था एवं अंधेरे समय में गुस्से का समुद्र न उबलने पर कवि आक्रोश भरे शब्द में कहता है।

*अंधेरे की आग में कब से/ जल रही भूख/ फिर भी नहीं उबल रहा/, गुस्से का समुद्र/ कब तक? कब तक?/ विभिन्न भाषायों और हथियारों से हत्यारे करतें रहेंगे आदमियत का रक्तरंजित अनुवाद/ हम सुनते-पढ़ते-लिखते रहेंगे/ स्वतन्त्रता की परिभाषा/ कब? कब??*

*समझ में आयेगा, धुंआती धरती का विलाप।*

कहना न होगा कि एक ऐसे समय में, जब बाजार और उपभोक्तावादी संस्कृति की चकाचौंध में सच कहीं खो गया है। जीवन जटिल और अधिक जोखिम भरा हो गया हो, कवि को भरोसा है कविता पर कविता लोगों के अन्दर संघर्ष करने की शक्ति भी जगाएगी और सपनों को सच करने की रोशनी भी देगी। इसके लिए 'आग' की दहक और पवित्रता चाहिए। पत्थर जैसी कठोरता और दृढ़ता। यही चेतना चन्द्रकान्त के कविताई की केन्द्रीय संवेदना है।

# भारतीय मातृभाषा शिक्षण और आदिवासी भाषाओं के संरक्षण और विकास की सम्भावनाएँ :

## कुड़ुख बोली के विशेष सन्दर्भ में

*विश्वासी एक्का*

**व्यक्ति जिस भाषा –भाषी समुदाय में जन्म लेता है या जिस परिवेश में पलता-बढ़ता है उसी** समुदाय अथवा परिवेश की भाषा उसकी मातृभाषा होती है। कोई शिशु मातृभाषा, अपनी माँ से सीखता है क्योंकि वह सोते-जागते अधिक से अधिक अपनी माँ के सानिध्य में रहता है, जिस प्रकार शिशु का परिचय सबसे पहले माँ से होता है उसी प्रकार भावाभिव्यक्ति के स्तर पर सर्वप्रथम उसका परिचय जिस भाषा से होता है वही उसकी मातृभाषा होती है। चूँकि शिशु माँ के माध्यम से ही सबसे पहले भाषा से परिचित होता है, वो बोलना सीखता है इसलिए ही सम्भव है इसे मातृभाषा कहा गया होगा और पहली भाषा भी।बोली और भाषा दोनों में पर्याप्त अन्तर है, भाषा का क्षेत्र व्यापक होता है, उसके बेलनेवालों की संख्या भी ज्यादा होती है जबकि बोली का क्षेत्र सीमित होता है, उसके बोलने वालों की संख्या भी थोड़ी होती है। कोई भी भाषा पहले बोली या तो बोलियों का समूह होती है, बोली से भाषा बनने की एक प्रक्रिया होती है जिससे गुजरने के बाद बोली, भाषा बनती है। बोली, भाषा की सबसे छोटी इकाई होती है, बोली और भाषा दोनों अलग हैं लेकिन परिभाषा से इतर भावाभिव्यक्ति के रूप में, केवल बोलने के अर्थ में बोली भी भाषा ही कही जाती है, जैसे चिड़ियों की भाषा, जानवरों की भाषा ऐसे ही एक समुदाय विशेष, क्षेत्रविशेष, जाति विशेष की भाषा।

संविधान में उल्लखित 22 भाषाएँ अपने प्रान्त की राजभाषा होने के साथ-साथ मातृभाषा भी है, तो उस प्रान्त की बोलियाँ भी वहाँ की मातृभाषा हैं, यह आवश्यक नहीं कि व्यक्ति का जन्म जिस मानव समुदाय में या तो जिस भौगोलिक क्षेत्र में हो वहाँ हिन्दी, बंगला, तमिल जैसी भाषाएँ प्रचलित हों, वहाँ क्षेत्रीय या जातीय बोली ही व्यवहृत होती हो जिसे शिशु अपनी माँ से सीखता हो तो वहाँ, वही बोली उसकी मातृभाषा कही जायेगी। हिन्दी भाषी क्षेत्रों में कई आदिवासी बोलियाँ और भाषाएँ बोली जाती हैं जैसे– कुड़ुख, गोड़ी, हल्बी, नगपुरी, सन्ताली, सरगुजिया, छत्तीसगढ़ी, बघेलखंडी, बुंदेलखंडी आदि लेकिन माँ अपने बच्चे को अपनी बोली जिसे वह स्वयं बोलती है, सिखाती है, धीरे-धीरे माँ अपने बच्चे को हिन्दी बोलना भी सिखाती है क्योंकि उसे पता है आगे चलकर बच्चे को हिन्दी और उसकी जातीय बोली, दोनों को जानने समझने की आवश्यकता होगी। इसके उलट यह भी सम्भव है कि बच्चा पहले मातृभाषा के रूप में हिन्दी सीखे और बाद में अपनी जातीय बोली, इस स्थिति में यह देखा जाता है कि बच्चा हिन्दी तो सीख जाता है क्योंकि वही उसकी शिक्षा का माध्यम होती है और भाषा होने के कारण

वह उससे उच्चता के भाव से जुड़ जाता है लेकिन अपनी जातीय बोली को वह या तो विस्मृत कर देता है या उसके प्रति उपेक्षा का भाव रखता है, या अपनी बोली को लेकर हीनताबोध से ग्रसित हो जाता है, इससे बच्चे का समग्र विकास किसी न किसी रूप से प्रभावित होता है।

समृद्ध भाषा और बोलियाँ सांस्कृतिक सम्पन्नता और मनुष्य की उन्नति का परिचायक हैं, भारतेन्दु हरिश्चन्द्र जी ने भी यही कहा है– निज भाषा उन्नति अहै, सब उन्नति को मूल बिन निज भाषा ज्ञान के मिटत न हिय को सूल।

हिन्दी क्षेत्र की अनेक बोलियाँ विशेषरूप से आदिवासी समुदाय की बोलियाँ अपने अस्तित्व पर मंडराते खतरों से जूझ रही हैं, ऐसी बोलियों में कुड़ुख़ बोली को प्रमुखता से देखा जा सकता है।भाषा या बोली, व्यक्ति या समुदाय की अस्मिता और उसकी संस्कृति को बचाये रखने वाली महत्त्वपूर्ण इकाई है, बोली केवल लोकसाहित्य के रूप में वाचिक परम्परा का माध्यम ही नहीं होती बल्कि उसमें वह उस समुदाय की समूची जीवन शैली रूपायित होती है। भले ही सभ्य समाज में आदिवासियों की भाषा 'जंगली भाषा' कही जाती हो पर इससे उलट उस भाषा का एक समृद्ध इतिहास होता है, उसकी विशिष्ट पहचान होती है और वह उस समुदाय के विकास में महत्त्वपूर्ण भूमिका निभाती है। भाषायी दृष्टिकोण से विविध आदिवासी भाषाओं में भी ऐक्य है। मुँडारी, खासी, भाटिया, शेरपा, हो, सन्ताली, कुड़माली, भीली, हल्बी, कुडुख जैसी सभी भाषाओं में मधुरता होती है, आदिवासी भाषाएँ पांच भाषा परिवारों से जुड़ी हुई हैं–

भारतीय आर्य भाषा परिवार

द्रविड़ भाषा परिवार

आस्ट्रिक-एशियाई भाषा परिवार

तिब्बती-वर्मी भाषा परिवार

अंडमानी भाषा परिवार

द्रविड़ भाषा, भारत का दूसरा बड़ा भाषा परिवार माना गया है जिसमें तमिल, तेलुगू, कन्नड़ और मलयालम भाषाएँ हैं और आदिवासी भाषा समूह में गोड़ी, कुडुख, मल्तो आदि सम्मलित हैं। कुडुख बोली में उराँव संस्कृति से सम्बन्धित रीति-रिवाजों, लोक परम्पराओं, प्रतीक चिन्हों तथा भारतीय धर्म, दर्शन, साहित्य, इतिहास, कला आदि का, सारगर्भित और रोचक वर्णन है। कुडुख लोकगीतों में जीवन मूल्य संरक्षित हैं वे जीवन मूल्य ही होते हैं जो मनुष्य को पशुत्व की कोटि से ऊपर उठाकर देवत्व की गरिमा प्रदान करते हैं, इतने अमूल्य धरोहर को बचाये रखने के लिए उस भाषा का बचा रहना आवश्यक है।

कुडुख एक समृद्ध बोली है, उसका व्याकरण है, उसका व्यापक शब्द भंडार है।रेवरेंड एफ. बैच. ने कुडुख बोली का प्रथम व्याकरण सन् 1868 में 'ब्रीफ ग्राम एंड वॉकैव्यूलरी ऑफ उराँव लैंग्वेज' लिखा, रे. ओ.फर्लेनस और जॉर्ज कैम्पवेल ने 1874 में 'एन इन्ट्रोडक्शन टू द उराँव लैंग्वेज', फादर एफ. ने 'कुडुख लैंग्वेज', आह्लाद तिर्की ने 'कुडुख सइहा' (1949), डॉ. मिसाइल किग्रा रचित 'कत्था अरा कत्था बिल्लिनईदऊ'(1952), शान्तिप्रकाशबड़ा कृत' ककुड़ुख़नैगस'(1962), पी.सी. बेक कृत 'कुड़ुख़ कत्था बिल्ली'(1978), चौथी उराँव व महावीर उराँव रचित 'कुड़ुख़ कत्थइन'(2005), और व्यतोर लकड़ी कृत 'कुड़ुख़ कत्था रफना' कुड़ुख़ व्याकरणपुस्तक सन् 2009 में प्रकाशित हुई।कुड़ुख़ बोली की लिपि 'तोलोंगसिकि' है लेकिन प्रयोग कम होने से यह लिपि लुप्तप्राय हो गयी और कुड़ुख़ बोली देवनागरी लिपि में

ही लिखी जाने लगी।

आदिवासी समाज की एक ज्वलंत समस्या है कि इनकी भाषा लुप्त हो रही है, आदिवासियों के संघर्ष और उनके वर्तमान परिदृश्य को देखने से ही नहीं ज्ञात होता है कि उसके लुप्त होने के कई कारण हैं –

विस्थापन और पलायन-प्राचीन काल से ही आदिवासी शोषित होते रहे हैं और निरन्तर संघर्ष भी करते रहे हैं, सिंधुघाटी से क्यों के दमन के कारण इन्हें विस्थापित होना पड़ा वे दक्षिण भारत चले गये फिर वहाँ से छोटा नागपुर और वहाँ से अन्य क्षेत्रों में गये।वर्तमान में विकास के नाम पर औद्योगीकरण से इन्हें विस्थापित किया जा रहा है, जब वे अन्यत्र जाते हैं तो अपनी मातृभाषा से दूर होते जाते हैं क्योंकि वहाँ अन्य भाषा-भाषी लोगों के साथ रहते हुए वो स्थानीय भाषा बोलने लगते हैं इस प्रकार उनकी मातृभाषा उपेक्षित होने लगती है, असम के चाय बागान में वर्षों से काम करने वाले उराँव आदिवासियों की सन्तान अपनी मातृभाषा कुड़ुख़ को भूलते जा रहे हैं, वहाँ निवारक अन्य आदिवासियोंके साथ भी यही हो रहा है।

अन्य भाषा-भाषियों द्वारा उपेक्षा भाव– आदिवासी भाषा, गैर आदिवासी भाषा के समक्ष हमेशा उपेक्षित रही, औपनिवेशिक काल में अँग्रेजी और स्वतन्त्रता के बाद हिन्दी, इन दोनों भाषा-भाषियों काका दृष्टिकोण, आदिवासी भाषा के साथ सम्मानजनक या न्यायपूर्ण नहीं रहा। गैर आदिवासी विद्यार्थी और शिक्षकों का बर्ताव भी आदिवासी भाषा बोलने वाले विद्यार्थियों के साथ सकारात्मक नहीं था।

आदिवासी भाषा बोलने में हीनता का भाव– सामान्यतः देखा जाता है कि आदिवासी भाषा बोलने वाले विद्यार्थियों की हिन्दी या तो अँग्रेजी पर उसकी छाप दिखाई देती है, वहीं दूसरी ओर उन्हें अपनी भाषा बोलने में हँसी का पात्र बनना पड़ता है। एक क्षेत्रमें जब कई भाषा-भाषी निवास करते हैं तो बहुसंख्यकों द्वारा बोली जाने वाली भाषा दूसरी जातीय भाषा पर हावी हो जाती है, उससे बोलने वाले भी अपनी भाषा छोड़ कर बहुसंख्यकों की भाषा बोलने लगते हैं।

मनोवैज्ञानिक कारण– आधुनिकता के बढ़ते प्रभाव और परसंस्कृति ग्रहण की की प्रवृत्ति के कारण आदिवासियों में कुंठाओं ने भी जन्म लिया है फलस्वरूप वे अपनी संस्कृति के प्रति उदासीन हो रहे हैं और उसके प्रति उपेक्षाका भाव रखने लगे हैं।

यह चिन्ता का विषय है कि यूनेस्को की सूची में कुड़ुख़बोली को लुप्तप्राय भाषा के रूप में सूचीबद्ध किया गया है। जिन जनजातियों ने अपनी बोली को खो दिया है वे आज पछतावा कर रही हैं, बोलियों पर मंडराने वाला यह संकट भाषाओं पर भी आ सकता है। बांग्ला आधुनिक भारतीय आर्य भाषाओं में अत्यन्त समृद्ध भाषा है, उसका विपुल साहित्य भंडार है।आज इस भाषा की जो सम्मानजनक स्थिति है वह एक दिन में नहीं बनी, इसे इस सम्मानजनक स्थिति में पहुँचाने में बांग्लाभाषियों की महत्त्वपूर्ण भूमिका है, पहले बांग्लाभाषा को भी संघर्ष करना पड़ा होगा। बांग्लाभाषी, साहित्यसृजन में भी निरन्तर लगे रहे और अपनी भाषा को समृद्ध करते रहे। कुड़ुख़ समाज में भी ऐसी चेतना आवश्यक है, कुड़ुख़ समाज के पढ़े-लिखे लोगों को स्वयं और अपने बच्चों को अपनी मातृभाषा कुड़ुख़ बोलने को प्रेरित करना होगा और साहित्य सृजन भी करना होगा। ध्यातव्य है कि अन्य भाषा-भाषी भी कुड़ुख़ बोली की महत्ता स्वीकार कर रहे हैं, उस पर शोध हो रहे हैं, साहित्य लिखा जा रहा है, विश्वविद्यालयों में कुड़ुख़ अध्ययन केन्द्र खोले जा रहे हैं। पश्चिम बंगाल की मुख्यमन्त्री सुश्री ममता बनर्जीने अन्तर्राष्ट्रीय मातृभाषा

दिवस पर कुड़ुख़ बोली को आधिकारिक दर्जा प्रदान किया (जागरण संवाददाता कोलकाता 21 फरवरी 2016)

किसी भी भाषा और साहित्य का विकास और संरक्षण उस भाषा के व्यवहार और साहित्य लेखन से भी होता है। कुड़ुख़ बोली का विपुल लोक साहित्य है जो वाचिक परम्परा में उपलब्ध है, अब इन्हें लिखित रूप भी दिया जा रहा है, यह आवश्यक भी है। अब कुड़ुख़बोली में साहित्यसृजन हो रहा है और शोध कार्य भी हो रहे हैं यहकुड़ुख़ बोली के विकास का सूचक है। छत्तीसगढ़ की ईसाबेलालकड़ाने 'कुड़ुख भाषा और साहित्य का लोकतात्विक अनुशीलन' और कुसुम माधुरी टोप्पो ने 'उराँव और छत्तीसगढ़ी बोली का तुलनात्मक अनुशीलन' विषय पर शोध कार्य किया है। आधुनिकताबोध से ग्रसित नई पीढ़ी, वाचिक परम्परा को निरन्तर रखना पाने में असमर्थ जान पड़ती है। अब बच्चों को दादी-नानी के किस्से पसन्द नहीं आते परिणामतः लोककथाएँ और लोकोक्तिाँ, मुहावरे विलुप्त हो रहे हैं हाँ लोकगीतों की वाचिक परम्परा आज भी जीवित है, विभिन्न संस्कारों, तीज-त्योहारों के अवसर पर कुड़ुख़ लोकगीत अब भी गाये जाते हैं। कुड़ुख करमालोकगीतों का संकलन 'मौसमी राग' शीर्षक से पुस्तकाकार प्रकाशित है।

पुस्तक प्रकाशन का महत्त्वपूर्ण कार्य फादर जॉन लकड़ा, सन्त अलबर्ट कॉलेज राँची ने किया है। कुड़ुख़ बोली में साहित्य लेखन में कुछ लोग सक्रिय हो रहे हैं। छत्तीसगढ़ से कुछ पत्रिकाओं का प्रकाशन हो रहा है, 'नाम कुड़ख़त' (सम्पादक, फादर अगापिततिर्की) उराँव झरोखा (सम्पा. श्रीआनन्द कुजुर) एज़्आ (सम्पा. श्री सरजियुस मिंज) झारखंड राज्य में कुड़ुख़ बोली पर महत्त्वपूर्ण कार्य हो रहे हैं।

छत्तीसगढ़ स्कूल शिक्षा के सर्व शिक्षा अभियान के तहत्कक्षा तीसरी में, हिन्दी, कुड़ुख़ एवं संस्कृतभाषाओं के अध्ययन के अन्तर्गत कुड़ुख़ में 'लकड़ाअरा भुसड़ी दही लड़ई' शीर्षक कहानी का समावेश है।इसके अलावा कुड़ुख़ की अन्य रचनाएँ संकलित हैं जैसे-बरा बेचोत, मैत्री बगीचा, पपला, डिडगरवल्लभ आदि, प्यारा टोप्पो, कुलेश्वर भगत, भारत लकड़ा, सुन्दरसाय एक्का, मकरध्वज भगत, एम. आर. भगत रचनात्मक रूप से सक्रिय हैं।

कुड़ुख़ भाषा-भाषी बहुल क्षेत्र जहाँ कुड़ुख़ उनकी मातृभाषा है, प्राथमिक शिक्षा में कुड़ुख़ बोली की रचनाओं का समावेशन बच्चों में उनके आत्मविश्वास को बढ़ाने के साथ उनके अध्ययन को भी सरल बनायेगा, उन्हें प्राथमिककक्षा से ही हिन्दी और अँग्रेजी भाध्यम से शिक्षण दुर्बोध और बोझिल बना देता है लेकिन उच्च कक्षाओं में पहुँच कर तो उन्हें हिन्दी और अँग्रेजी भाध्यम से ही अध्ययन करना होता है, अगर उन्हें हिन्दी और अँग्रेजी नहींआती तो अन्य विद्यार्थियों के समक्ष वे असहज महसूस करते हैं उनके भीतर कुंठा भरने लगती है, इसके लिए जरूरी है कि मातृभाषा की रचनाओं को प्राथमिकस्तर पर प्रत्येक कक्षा के पाठ्यक्रम में सम्मलित किया जाय, और शिक्षा का माध्यम हिन्दी ही हो लेकिन उसके समानान्तर मातृभाषा और अँग्रेजी को रखा जाय, इस समन्वय से छात्रों का समुचित विकास हो सकेगा।

मातृभाषा के पाठ्यक्रम में बदलते समय और सन्दर्भों से सम्बन्धित पाठ्यक्रम हो साथ ही उनकी प्रचीन परम्पराओं से सम्बन्धित विषयवस्तुओं का भी समावेश हो। लोककथाएँ आदिवासियों और लोकजीवन का महत्त्वपूर्ण हिस्सा होती हैं, लोकगीत उनके सुखदुखों को रूपायित करते हैं तो लोकोक्तिाँ उनकी बोली-भाषा को प्रभावशाली और जीवंत बनाती हैं इसलिए पाठ्यक्रम में उनका समावेशन भी आवश्यक है।

21 फरवरी को संयुक्त राष्ट्र संघ ने भाषाई और सांस्कृतिक विविधता को बढ़ावा देने के लिए अन्तर्राष्ट्रीय मातृभाषा दिवस की घोषणा की है। लुप्त होती भाषाओं को बचाने की दिशा में यह महत्त्वपूर्ण कार्य है, लुप्त होती भाषा और बोलियों को बदलते समय और सन्दर्भों में प्रयुक्त करने और इसकी रचनात्मकता को बढ़ाने में यह महत्त्वपूर्ण भूमिका निभायेगा। दुनिया में लगभग सात हजार भाषाएँ बोली जाती हैं, 90 देशों में आदिवासी समुदाय की भाषाएँ बोली जाती हैं, इनमें से 2680 भाषाओं पर विलुप्तिका खतरा मंडरा रहा है। (जागरण संवाददाता राँची– 21 फरवरी 2020) यूनेस्को ने पहली बार 17 नवम्बर 1999 को अन्तर्राष्ट्रीय मातृभाषा दिवस की घोषणा की थी, औपचारिक रूप से 2008 में संयुक्त राष्ट्र महासभा ने इस दिवस के मान्यता दी। महासभा ने अपने सदस्य राष्ट्रों से दुनिया भर के लोगों द्वारा इस्तेमाल की जाने वाली भाषाओं के संरक्षण के बढ़ावा देने का आह्वान किया।

देश में कभी प्रान्त के नाम पर तो कभी जाति के नाम पर तो कभी भाषा के नाम पर लोग आपस में लड़ते रहे हैं, ऐसी लड़ाइयाँ ठीक नहीं कही जा सकती हैं लेकिन अस्तित्व को बचाये रखने के लिए संघर्ष जरूरी है। दुनिया में यह इकलौता उदाहरण है जब एक ही धर्म को मानने वालों ने भाषा को लेकर वृहत् आन्दोलन किया, एक पक्ष उर्दू थोप रहा था तो दूसरे पक्ष ने बांग्ला को अपनी मातृभाषा कहा। सन् 1952 में बंगाली छात्रों ने पूर्वी पाकिस्तानी सरकार द्वारा उर्दू को राष्ट्रीय भाषा बनाने की घोषणा करने के बाद उसके विरोध में आन्दोलन शुरू कर दिया।ढाका विश्वविद्यालय के छात्र सड़क पर उतर गये, धीरे-धीरे इस आन्दोलन की आग पूरे पूर्वी पाकिस्तान (वर्तमान में बांग्लादेश) में बढ़ती गयी और कई शहरों को अपनी चपेट में ले लिया। इस आन्दोलन में कई छात्र शहीद हो गये।आखिरकार दो दशक बाद 1971 में इसी भाषाई वर्चस्व की वजह से पाकिस्तान बँट गया और एक नए देश, बांग्लादेश का उदय हुआ (जागरण संवाददाता कोलकाता 21 फरवरी 2016)।

भारत देश में कई आदिवासी भाषाएँ सिमट रही हैं। संविधान की आठवीं अनुसूची में झारखंड से एकमात्र सन्ताली भाषा ही शामिल है इसलिए साहित्य अकादमी पुरस्कार भी इसी भाषा में दिया जाता है लेकिन चिन्ता का विषय है कि इस भाषा के बोलने वालों की संख्या घट रही है। झारखंड में कई आदिवासी भाषाएँ सिमट रही हैं, अतः सम्पूर्ण देश में कम से कम प्राथमिक शिक्षा हो में मातृभाषा में, शिक्षण व्यवस्था किया जाना चाहिए, मातृभाषा में शिक्षण न होने के कारण भी लोग अपनी मातृभाषा से दूर हो रहे हैं। भाषा विदोंने साफ तौर पर सतर्क किया है कि यदि सकारात्मक प्रयास नहीं हुए तो आनेवाले 100 वर्षों में तकरीबन 15 लाख लोगों द्वारा बोली जाने वाली कुड़ुख़ भाषा भी विलुप्त हो जायेगी। (सांध्य दैनिक-राँची, 21 फरवरी 2020) वर्तमान भाषाई परिदृश्य को देखने पर यह चिन्ता सार्थक प्रतीत होती है।

अतः मातृभाषा के संरक्षण और संवर्धन के लिए प्राथमिक स्तर से ही कार्य करना होगा, प्राथमिक शिक्षा में हिन्दी और अँग्रेजी के साथ मातृभाषा को भी स्थान देना होगा साथ ही मातृभाषा से सम्बन्धित लोकसाहित्य और समकालीन सन्दर्भों से जुड़े विषयवस्तुओं को सम्मलित करना होगा जिससे हिन्दी और अँग्रेजी भाषा के साथ मातृभाषा के प्रति छात्रों का जुड़ाव हो सकेगा, इन तीन भाषाओं के समन्वय से निश्चय ही छात्रों का समन्वित विकास सम्भव हो सकेगा।

# ‘मानस’ में वर्णित प्रकृतिः नदियों के सन्दर्भ में...

*संजय एल. मादार*

हिन्दी साहित्य जगत में प्रकृति चित्रण अपना महत्त्वपूर्ण स्थान रखता है। आदिकवि वाल्मीकि से लेकर समकालीन साहित्य तक प्रकृति सौन्दर्य अक्षुण्ण गति से विकासमान रही है। अध्ययन से यह स्पष्ट हुआ है कि हिन्दी के सजग साहित्यकार ने किसी न किसी रूप में प्रकृति सौन्दर्य का सहारा अपने भावों की अभिव्यक्ति के लिए लिया है।

मनुष्य के चारों तरफ विद्यमान सब कुछ प्रकृति है। प्रकृति का व्यापकतम अर्थ प्राकृतिक, भौतिक, जैविक विश्व है। यह मनुष्य को चारों तरफ़ से घेरे हुए है। यह ईश्वर की सर्वश्रेष्ठ रचना या ईश्वर द्वारा मनुष्य को दिया गया सबसे अनमोल उपहार कहेंगे तो अतिशयोक्ति नहीं होगी। जिस प्रकार माता और पुत्र, वृक्ष तथा बीज, शिक्षक और शिष्य आदि के पारस्पारिक घनिष्ठ सम्बन्ध होते है उसी प्रकार मानव एवं प्रकृति के सम्बन्ध भी अत्यधिक घनिष्ठ है। प्रकृति मानव की आदिम सहचरी है। आदिकाल के मानव ने जब अपने नेत्र खोले होंगे तो उसने सर्वप्रथम प्रकृति का ही साहचर्य और सहयोग प्राप्त किया होगा। सर्जनात्मक संसार की अभिव्यक्ति ही प्रकृति है। इसमें संसार का सारा विस्तार समाया हुआ है। प्रकृति माँ तुल्य है। उसमें स्वाभाविक शक्ति है। जो समय-समय पर हमारे भावों में नवीन भावनाओं का संचार करती है। मानव जीवन वैसे तो समस्त प्रकृति की गोद में ही गुजरता है। सारी घटनाएँ इसी के आँगन में घटित होती है। तो स्पष्ट है कि मानव प्रकृति की गोद में आँखे खोलता है और इसी की गोद में अन्तिम साँस लेकर सो जाता है।

मानव कृत वस्तुओं के अतिरिक्त विश्व में जो कुछ रूपात्मक सत्ता दिखाई देती है उसका चित्रण जब साहित्य में किया जाता है तब उसे प्रकृति चित्रण की संज्ञा प्राप्त होती है। भारतीय मनीषी इतने सौन्दर्य प्रिय रहें है कि प्रकृति के खुले आँचल में पेड़ों के नीचे बैठकर तत्व – चिन्तन करना तथा उसके उन्मुक्त सौन्दर्य को आत्मसात करना ही अपने जीवन का उद्देश बनाया था। भारतीय साहित्य में प्रकृति चित्रण की विशेष परम्परा रही है। वह आदिकाल से आधुनिक काल तक भी बराबर चलती आ रही है। इससे स्पष्ट होता है कि प्रकृति और मानव का सम्बन्ध उतना ही पुराना है जितना कि सृष्टि के उद्‌भव और विकास का इतिहास। भक्तिकाल के रामभक्ति शाखा की बात की जाय तो लोकनायक गोस्वामी तुलसीदास के साहित्य में अधिक मात्रा में प्रकृति चित्रण दिखाई देता है। तुलसीदास जी ने अपने रामचरित मानस में तत्कालीन परिस्थितियों को व्यक्त किया है। साथ ही मानव जीवन की विविध स्थितियाँ, मानसिक दशाओं, संस्कारों और संस्कृति के तत्वों के अतिरिक्त प्रकृति के विविध चित्र रामचरितमानस में देखने को मिलते है। श्रीराम का अधिकांश जीवन सीता और लक्ष्मण सहित वनों में बीता है। प्रकृति के साहचर्य में रहते हुए श्रीराम का प्रकृति के प्रति आकर्षण एवं पूज्य भाव रहा है। रामचन्द्र

शुक्ल जी एक जगह कहते है'महाकवि तुलसीदास ने प्रकृति का विस्तृत चित्रण करने के लिए प्रबन्ध काव्य और उसमें नवीन प्रसंगों व घटनाओं का वर्णन

किया है। प्राकृतिक दृश्यों के यथातथ्य चित्रण की, जो क्षमता यत्र-तत्र गोस्वामी के काव्य में दिखाई देती है, वह हिन्दी के किसी और कवि में नहीं मिलती। वस्तुतः तुलसी साहित्य विषयक आलोचकों ने तुलसी के प्रकृति का सूक्ष्म विश्लेषण करते हुए उन्हे कालिदास, वाल्मीकि एवं भवभूति की परांपरा में रखा है और उन्हे अपने समय से आगे बताया है। उसके कई रूप एवं प्रसंगानुकूल भाव बोध है, जो शास्त्रीय व परम्परागत होने से अधिक सहज व प्राकृतिक है।

"राम कथा मन्दाकिनी, चित्रकूट चित चारू
तुलसी सुभग स्नेह वन, सिय रघुवीर बिहास।"

तुलसीदास ने प्रकृति को धर्मशीला चित्रित किया है। उसकी प्रकृति परोपकारिणी है। सबका समान भाव से दान देने वाली है, निःस्वार्थ है। रामचरितमानस में ऐसे अनेक प्रसंग मिलते है, जिससे यह स्पष्ट होता है कि प्राकृतिक उपादानों को देवत्व प्रदान करके उनके संरक्षण, प्रकृति के प्रति आदरपूर्ण कृतज्ञता प्रकट की गयी है। नदियों को माँ कहकर सम्मान दिया गया है। गंगा, यमुना, सरस्वती, सरयू आदि नदियाँ दैवी मानी गयी है। भारत के धार्मिक व्यक्ति वर्तमान समय में भी स्नान के समय भारत की विभिन्न नदियों के नाम एक साथ लेते हैं।–

"गंगा च यमुना चैव गोदावरी सरस्वती.."

मनुष्य के जीवन में नदियों का बहुत अधिक योगदान है। धार्मिक, सामाजिक, आर्थिक, व्यापारिक पर्यटन, स्वास्थ, कृषि, शैक्षिक, औषधि और भी न जाने ऐसे कितने क्षेत्र है जिनसे कि हमारी नदियाँ सीधे-सीधे जुड़ी हुई है। तुलसीदास साहित्य में देश की मुख्य नदियों का चित्रण मिलता है। जिसमें एक यमुना भी है। हम जानते है कि गंगा के समानांतर बहते हुए यमुना नदी प्रयाग में गंगा में मिल जाती है। यमुनोत्री के पास कुछ गरम पानी के स्रोत भी हैं।

"जमुना ज्यों-ज्यों लागी बाढ़न
त्यों-त्यों सुकृत-सुभट कलि भूपहिं, निदरी लगे बहु काढन
ज्यों-ज्यों जल मलीन त्यों-त्यों जमगन-मुख मलीन लहै आढ न
तुलसीदास जगदघ- जवास ज्यों अनघमेघ लगे डाढ़न।"

अर्थ स्पष्ट है कि यमुना नदी ज्यों-ज्यों बढ़ने लगीं, वैसे-वैसे सत्य, अहिंसा, दया आदि पुण्य पनप-पनप कर योद्धाओं की तरह, सुकृतियों के ह्रदय से कलिरूपी राजा को तिरस्कृत कर निकाल बाहर करने लगे। पुण्यरूपी मेघ संसार के पापरूपी जवासों को जलाकर भस्म करने लगे। अथवा यमुना के बढ़ते ही पुण्यों की वृद्धि और पापों का क्षय हो गया। शास्त्रों के अनुसार अथवा धार्मिक धारणा है कि यम की बहन यमुना ने यमराज से वरदान ले रखा था कि जो भी व्यक्ति यमुना में स्नान करेगा उसे यमलोक नहीं जाना पड़ेगा। इसके अलावा इसका महत्त्व यह भी है कि भारत में सर्वाधिक पवित्र एवं प्राचीन नदियों में यमुना की गणना गंगा नदी के साथ की जाती है। गंगा की तरह यमुना को भी पवित्र माना जाता है। भगवान श्रीकृष्ण की परम भक्त यमुना गंगा की सबसे बड़ी सहायक नदी है। इसके किनारे बहुत संस्कृतियाँ विकासित हुई। दिल्ली के मुगल साम्राज्य का विकास इसी जल से हुआ। तो संसार के सात अजूबों में शामिल विश्व प्रसिद्ध ताजमहल इसी यमुना मैया के किनारे बसा हुआ है।

रामचरितमानस के अयोध्याकाण्ड में यमुना नदी का उल्लेख हुआ है। जिसमें श्रीराम

लक्ष्मण और सीता हाथ जोड़कर यमुना को प्रणाम करते है–

"पुनी सियै राम लखन कर जोरी, जमुनहि कीन्ह प्रनामु बहोरी।
चले ससीय मुदीत दोउ भाई, रबि तनुजा कइ करत बड़ाई।"

अर्थ स्पष्ट है कि सीता, राम और लक्ष्मण यमुना को प्रणाम करते हुए प्रसन्नतापूर्वक आगे चले। रास्ते में उन्हे अनेकों यात्री मिलते हैं। वे दोनों भाईयों को देखकर उनसे प्रेमपूर्वक कहते हैं कि तुम्हारे सब अंगों में राज चिन्ह देखकर हमारे ह्दय में बड़ी सोच आती है। इसी तरह आगे एक और प्रसंग आता है–

"जमुना उतरी पार सबु भयऊ, सो बासरू बिनु भोजन गयऊ
उतरि देवसरि दूसरा बासू, रामसखा सब कीन्ह सुमासू।"

श्रीराम, सीता एवं लक्ष्मण ने यमुना नदी को पार किया। इस प्रकार वह दिन बिना भोजन किए ही बीत गया तथा दूसरे दिन माता गंगा के किनारे उतरकर सबने वहाँ निवास किया। श्रीराम, सीता एवं लक्ष्मण यमुना नदी को माता के समान मानते है। वे गंगा मैया एवं यमुना मैया कहकर उसे सम्बोधित करते हैं।

'मानस' में यमुना के बाद सरयू नदी का वर्णन मिलता है। सरयू नदी के बारे में धार्मिक मान्यता है। सरयू जल को साक्षात ब्रह्मा स्वरूप बताया जाता है। आयोध्या में भगवान का पूजन अर्चन बिना सरयू जल के सभंव नहीं है। सरयू नदी उत्तराखंड राज्य के मध्य कुमाऊँ क्षेत्र की एक प्रमुख नदी है। यह काली नदी की सबसे बड़ी सहायक नदी है। ऐसी मान्यता है कि ब्रह्मा ने अपने मनोयोग से हिमालय पर्वत में रमणीय क्षेत्र में एक सरोवर का निर्माण किया। जिस सरोवर का नाम मानस सर पड़ा। इस सरोवर से निकली नदी सरयू नाम से लोक प्रसिद्ध हो गयी। रामयाण के साथ-साथ महाभारत में भी पुण्य सरयू का उल्लेख मिलता है। सरयू के सुन्दर तट पर स्थित आयोध्यापूरी सूर्यवंशी नृपतियों की राजधानी रहीं है। महाराज दशरथ और श्रीराम के राजत्वकाल में इसका गौरव विशेष परिवर्धित हो गया था। मानस के अन्तर्गत आयोध्याकाण्ड में सरयू नदी की महत्ता का उल्लेख करते हुए तुलसीदास ने लिखा है–

"अवध पूरी मम पुरी सुहावनि, उत्तर दिश भ सरयू पावनी"

इस चौपाई के माध्यम से सरयू नदी को आयोध्या की प्रमुख पहचान के रूप में प्रस्तुत किया है। श्रीराम की जन्मभूमि अयोध्या के उत्तर दिशा में पावन सलिला सरयू ही रहीं है। श्रीराम सरयू को जननी के समान ही पूज्य कहते है। तुलसी ने मानस में इसकी महिमा का बहुलांश आख्यान किया है।

"जन्मभूमि मम पुरी सुहावनि, उत्तर दिसि वह सरयू पावनी
जा मज्जन ते विनहिं प्रयासा, मम समीर नर पावहिं वासा।"

गंगा मैया हमारी माँ है वह जीवनदायिनी है। वैसे तो मानव के लिए सभी नदियाँ जीवनदायिनी है। पर गंगा नदी का विशिष्ट स्थान है। गंगा नदी हमारी आस्था का भी एक अंग है। गंगा जल सिर्फ़ जीवितों के लिए ही नहिं बल्कि मृत देह के लिए भी अन्तिम आचमन माना जाता है। यह भारत की संस्कृति ही नहीं, पर्यावरण की जीवन रेखा है। वैदिक साहित्य में जितनी नदियों का उल्लेख मिलता है उनमें गंगा सर्वश्रेष्ठ मानी गय़ी है। स्कंदपुराण में गंगा के महात्म्य का वर्णन करते हुए कहा गया है–

"अन्ते कलियुगे के अन्त नराःपुण्य विवर्जिताः

दृष्टवा लोकान्हि गच्छति पुनरावृत्तिः दुर्लभा।"

अर्थ स्पष्ट है कि कलियुग के अन्त में जब मानव पुण्यहीन होंगे, वे गंगा के दर्शन मात्र से जन्मचक्र से मुक्ति पायेंगे और इसका जलपान कर मोक्ष रूपी ऐश्वर्य प्राप्त करेंगे। तुम्हारी महिमा असीम रूप, अनुपम है। नाम स्मरण करते ही तुम पापों और तीनों तापों को दूर कर देती है।

रामचरितमानस में गंगा को पतित-पावनी, दारिद्रय-नासवती, मुक्ति-प्रदायिनी और सबका कल्याण करनेवाली बतलाया गया है। गंगा के बारे में तुलसीदास कहते है–

"कहि कहि कोटिक कथा प्रसंग, रामु बिलोकहिं गंग तरंगा
सचिवहि अनुजहि प्रियहि सुनाई, बिबुध नदी महिमा अधिकई।"

बहुत सी कथाओं के प्रसंग कहकर श्रीराम जी गंगा की तरंगो को देखने लगे। उन्होने सुमंत, लक्ष्मण, सीता को देव नदी गंगा माँ की महिमा सुनाई।

"गंग वचन सुनि मंगल मूला, मुदित सीय सुरसरि अनुकूला
तब प्रभु गुहहि कहेउ घर जाहू, सुनत सुख मुख भा उर दाहू।"

गंगा का मंगलमय वचन सुनकर और गंगा को अपने अनुकूल जानके सीता प्रसन्न हुई। तब प्रभु ने गुह से कहा तुम घर लौट जाओ। यह सुनते ही उसका मुहँ सूख गया, मन में अत्याधिक कष्ट हुआ। हमारा पौराणिक इतिहास इस तथ्य का साक्षी है कि गंगा केवल भारतभूमि मात्र में ही नहीं बल्कि वह आकाश, पाताल और इस पृथ्वी को मिलाती है और मन्दाकिनी, भोगावती तथा भागीरथी की संज्ञा पाती है। इसी कारण ऋग्वेद, महाभारत, रामायण, रामचरितमानस एवं अनेक पुराणों में गंगा को पुण्य सलिसा, पाप-नाशिनी, मोक्ष-प्रदायिनी, सरित श्रेष्ठ एवं महानदी कहा गया है।

रामचरितमानस के अरण्यकाण्ड में गोदावरी का चित्रण हुआ है। वनवास के समय श्रीराम ने गोदावरी के तट पर स्थित पंचवटी में निवास किया था।

"गोदावरी निकट प्रभु, रहे परन गृह छाइ।"

जब श्रीराम गोदावरी के समीम पर्णकूटी बनाकर रहने लगे तब से मुनि एवं ऋषी सुखी हुए। वन, पर्वत, नदी, तालाब सब शोभायमान हो गये।

"अनुज समेत गये प्रभु तहवाँ, गोदावरी तट आश्रम जहवां
आश्रम देखि जानकि हीना, भए विकल जस प्राकृत दीना।"

प्रभु श्रीराम लक्ष्मण सहित वहाँ गये, जहाँ गोदावरी के किनारे आश्रम था। सीता विहीन आश्रम को देखकर रामचन्द्र ऐसे व्याकुल हुए जैसे साधारण पुरुष दीन हो जाता है। इस प्रकार गोदावरी नदी का सुन्दर वर्णन मानस में हुआ है। श्रीराम सीता और लक्ष्मण सहित उसी नदी की गोद में माँ के समान रहते है। इस तरह गोदावरी में मातृत्व भाव देखने को मिलता है।

इस प्रकार हम देखते है कि भारतीय साहित्य एवं संस्कृति में नदियों को सिर्फ़ भौगोलिक तत्व के रूप में नहीं देखा बल्कि उसे जीवनदायक तत्व के रूप में देखा है। यह कारण है कि प्राचीन सभ्यताएँ जनजातियाँ नदियों के किनारे ही विकासित हुई है। जैसे सिंधु घाटी सभ्यता। मनुष्य इसे भावनात्मक रूप से जुड़ चुका है। नदी सभ्यता को भी जन्म देती है। इसलिए सदियों से नदियों को मानव माँ और देवी के रूप में देखता और पूजता आया है।

## सन्दर्भ

1. नवल नन्दकिशोर कुमार, दिनकर रचनावली।
2. तुलसीदास, विनय पत्रिका।
3. रामचरितमानस, आयोध्याकाण्ड।
4. दिनकर, संस्कृति के चार अध्याय।
5. मेहता नरेंद्र सिंह, हरित वसुन्दरा (साहित्यिक त्रैमासिक)।
6. गुलाबराय, भारतीय संस्कृति की रूपरेखा।
7. रामप्यारी ध्रुवे, रामचरितमानस युग सन्दर्भ में।
8. रत्नाकर पाण्डेय, तुलसीदास और उनका संदेश।

# नैतिक-मूल्यों का महाधिकारपत्र 'तिरुक्कुरल' में स्वच्छ जीवन का दिग्दर्शन
## धर्म खंड का विशेष सन्दर्भ

*सी. जय शंकर बाबु*

"मनत्तुक्कण् माशिलन् आदल् अनैत्तु अरन्।।
आहुल नीर चिऱ।" (कुरल-34)
"अन्बुम् अऱनुम् उडैत्तायिन् इल्वाऴ्क्कै
पण्बुम् पयनुम् अदु।" (कुरल-45)

मन का मलिन रहित होना धर्म है, बाकी सब तो प्रहसन जैसे हैं।
प्रेममय, धर्म-मार्गी गृहस्थी जीवन धन्य है, वह सुफल का अधिकारी है। (हिन्दी अनु.)

– *तिरुवल्लुवर*

**प्रस्तावना**

भारतखंड कई विशिष्ट दार्शनिक-चिन्तकों का निलय है। भारतीय दार्शनिकों का मौलिक चिन्तन समूची मानवता के हित में ही विकासित होता रहा है। मानवीय तथा नैतिक मूल्यों के लिए प्रतिबद्ध चिन्तन यहाँ सदियों से विकासित हो रहा है। ऐसे चिन्तन के लिए तमिल सन्त तिरुवल्लुवर भी विख्यात हैं, जो ईसा पूर्व पहली सदी के माने जाते हैं।

सन्त तिरुवल्लुवर ने 'कुरल' की संज्ञा से विकासित तमिल के लघुतम छंद को अपनाकर मुक्तक शैली में नीति काव्य की सर्जना की है। उन्होंने लघुतम छंद 'कुरल' में सात-सात शब्दों में गुरुतम भावनाओं की काव्यात्मक अभिव्यक्ति से विशिष्ट नैतिक धर्म को विकासित किया है। तिरुवल्लुवर की वाणी 'तिरुक्कुरल' विश्वस्तर पर कई भाषाओं में श्रद्धापूर्वक अनूदित होकर मनन योग्य नीति-ग्रन्थ के रूप में सुख्यात हो चुका है।

द्रविड़ भाषा परिवार की प्राचीनतम भाषा के रूप में तमिल को विशिष्ट गौरव प्राप्त है। यह प्राचीनता केवल उसके बोलचाल की भाषा के रूप में ही नहीं, मगर वाङ्मय परम्परा को समृद्ध करनेवाली सर्जनात्मक रचनाओं की सुसमृद्ध साहित्यिक भाषा होने की दृष्टि से भी देखी जा सकती है। ईसापूर्व युग में ही तमिल में साहित्यिक सर्जना के कई सबूत मिल जाते हैं। ऐसे सबूतों में 'तोलिकाप्पियम', बहुचर्चित विराट संघम साहित्य और सुख्यात 'तिरुक्कुरल' के नाम भी शामिल हैं। विश्व के प्रमुख नीति ग्रन्थों में 'तिरुक्कुरल' का भी विशिष्ट स्थान है।

**'तिरुक्कुरल' की ऐतिहासिकता व प्रतिपाद्य**

'तिरुक्कुरल' के सर्जक तिरुवल्लुवर के नाम से सुख्यात हैं। इनके सम्बन्ध में इतिहास में

काफ़ी लिखा गया है और इनकी अमर कृति 'तिरुक्कुरल'की बड़ी चर्चा सदा होती रहती है। विश्व की कई भाषाओं में इसके कई अनुवादोंके अलावा अनुसंधानात्मक एवं आलोचनात्मक विमर्शों की बहुलता भी नज़र आती है।

'तिरुक्कुरल' के प्रणेता सन्त तिरुवल्लुवर के सम्बन्ध में विस्तृत विमर्श के बावजूद विद्वानों में एक मत नहीं है। कोई इन्हें ईसा पूर्व पहली सदी के मानते हैं और कोई इन्हें तत्पश्चात् की कालावधि के मानते हैं।

तिरुवल्लुवर को विभिन्न धर्मावलम्बियों ने अपने ही धर्म से संबद्ध माना और अपना ही मान लिया। जैन, ईसाई, बौद्ध धर्मावलम्बियों के ऐसे दावों के कई आधार हमें मिल जाते हैं। हिन्दी साहित्य क्षेत्र की प्रतिष्ठित साहित्यिक संस्था 'भारतीय ज्ञानपीठ' ने 'तिरुक्कुरल' शीर्षक से 'तिरुक्कुरल' के समस्त कुरलों का हिन्दी गद्यानुवाद प्रकाशित किया है। वर्ष 1998 में इसका पहला संस्करण प्रकाशित हुआ है और वर्ष 2004 में इसका चौथे संस्करण का प्रकाशन हुआ है। इस कृति में भारतीय ज्ञानपीठ के ट्रस्टी रमेशचन्द्र द्वारा लिखित प्रकाशकीय में यह उल्लेख मिलता है–

*"यह दोहा (कुरल)– काव्य इतना निर्वैयक्तिक और सम्प्रदाय-निरपेक्ष है कि इसे वैदिक, बौद्ध, जैन, ईसाई आदि धर्म के विद्वानों ने अपने-अपने धर्म से संबद्ध होने का तर्क दिये हैं। परन्तु यह वास्तव में जैन ग्रन्थ है इसके कई संकेत हैं। आचार्य कुंदकुंद और सन्त तिरुवल्लुवर एक ही व्यक्ति रहे प्रतीत होते हैं, क्योंकि उनका समय और क्षेत्र तो एक है, उनके लेखन के विषय में भी बहुत समानता है; दोनों को 'एलाचार्य' विशेषण भी समान रूप से दिया गया है। 'तिरुक्कुरल' में जिन आदि भगवान् को नमस्कार किया गया है वे प्रथम तीर्थंकर ऋषभनाथ ही हैं। इसमें भगवान को अष्ट-गुण कहा गया है जो जैन णमोकार मन्त्र में परिगणित सिद्ध परमोष्ठी के आठमूलगुणों की ओर संकेत करता है। इसमें लोक (ब्रह्मांड) वात-वलय (वायु-मंडल) से वेष्टित बताया गया है, जो केवल जैन लोक-विद्या से मेल खाता है। इसमें वर्णित अहिंसा आदि धार्मिक और नैतिक सिद्धान्त भी जैन धर्म के अनुरूप हैं।"*

उक्त वक्तव्य के अलावा उक्त कृति में डॉ. सुदीप जैन द्वारा लिखी गयी प्रस्तावना में कई तर्कों और सबूतों से यह निरूपित करने की कोशिश नज़र आती है कि तिरुवल्लुवर जैन सन्त थे। ये तमाम तर्क अपनी जगह होने के बावजूद 'तिरुक्कुरल' में अभिव्यक्त तिरुवल्लुवर की वाणी से यह बात स्पष्ट हो जाती है कि वे किसी एक धर्म से सम्बन्धित होने की जगह मानवता और नैतिकता का भलीभांति प्रतिपादित करनेवाले वैश्विक-धर्म के स्वयं प्रवर्तक माने जा सकते हैं। तिरुवल्लुर और 'तिरुक्कुरल' में जिनकी भी आत्मीय निष्ठा व श्रद्धा है, वे निश्चय ही मानवतावादी होने के दावेदार बन सकते हैं।

तिरुवल्लुवर के किसी धर्म (तथाकथित संकुचित साम्प्रदायिक अर्थ में) से संबद्ध होने या धार्मिक विषयों के प्रचार करने की बातों को नकारते हुए वेदम वेंकटनारायण शास्त्री जी तर्क देते हैं कि मैं कुरल को केवल नीति ग्रन्थ मानता हूँ। उन्होंने कहा है–

"Modern scholars, in their enthusiasm and admiration to the great teacher, are not tired of calling the book a religious one, and a moral code. They call it the Tamil Veda, Tamil Bible, Tamil Koran and so on at the same time emphasizing on its secular character and universal appeal standing above all sectarian and racial prejudices. These statement sound contradictory and sometimes make one feel that they are the outcome of confused thinking. Religious views seldom rise above the prejudices of sect, caste, creed or nationality and humanity at present is, on this and emotional integrity difficult, if not impossible. From my humble cursory glance of this great book I do not find anything religious about it. By religion I mean anything about God and other worldliness. There is nothing otherworldly in it and the author appears to have had no mind to teach his readers any practical way to realise God or find happiness in heaven at the end of this life on earth."[2]

'तिरुक्कुरल'के प्रतिपाद्य को बेहतरीन ढंग से समझने के लिए वेदम वेंकटनारायण शास्त्री का यह कथन भी उपयोगी हो सकता है–

"He definitely want us to realise actual facts around us in this mundane earth, strive to be happy in this birth in our present condition of flesh and blood and live a clean life without quarrels, differences and even small bickering. He does not worry about God without being atheistic at the same time. He want us to pray to God and be good but make no fool about religiosity."[3]

तिरुवल्लुवर के विचारों से अभिभूत होकर कई विदेशी विद्वानों ने दुनिया की कई भाषाओं में 'तिरुक्कुरल' का अनुवाद किया था। उनमें यूरोपीय विद्वान रेव. जी.यू. पोप ने 'The 'Sacred' Kurral of TiruvalluvaNayanar' के शीर्षक से प्रकाशित अनूदित कृति की प्रस्तावनात्मक पंक्तियों में तिरुवल्लुवर की प्रशंसा *'Bard of Universal Man'* *(वैश्विक व्यक्तित्व के कवि)* के रूप में करते हुए कुछ काव्यात्मक पंक्तियाँ लिखी हैं, जिन्हें मैं यहाँ उद्धृत कर रहा हूँ, जो तिरुवल्लुवर और 'तिरुक्कुरल' की महत्ता को चंद पंक्तियों में समझने में सहायक हैं–

"Sage VALLUVAR, priest of thy lowly clan,
No tongue repeats, no speech reveals thy name;
Yet, all things changing, dieth not thy fame,
For thou art bard of Universal man;
And still thy 'book' above the waters wan,
Virtue, true, wealth and joy, and being's aim,
In sweetest mystic couplets doth proclaim,
Where winds sea-wafted palmy forests fan.
Haply undreamed of 'vision' glad thine eyes
In realms beyond thy fabled 'seven-fold birth',
And clouds of darkness from thy spirit roll;
While lands far off have heard with strange surprise
Faint echoes of thy song. Through all the earth
Men hail thee brother, seer of spotless soul."[4]

स्वच्छ जीवन बिताने के लिए 'तिरुक्कुरल' में जो मार्गदर्शन मिलता है, उसके सम्बन्ध में अनुशीलन करना ही इस आलेख का मुख्य उद्देश्य है। अतः 'तिरुक्कुरल' व तिरुवल्लुवर की कालावधि और उनके अन्य धर्मों, सम्प्रदायों से संबद्धता से सम्बन्धित विवादित या विद्वानों में मत-भिन्नता के मुद्दों पर अधिक विश्लेषण में न जाकर तिरुवल्लुवर द्वारा 'तिरुक्कुरल' में

स्वच्छ जीवन बिताने के लिए दिए गये मार्गदर्शन के सम्बन्ध में पर्याप्त मुद्दों परसंक्षिप्त चर्चा आगे प्रस्तुत है।

## 'तिरुक्कुरल' का सामान्य परिचय

आज से दो सहस्राब्दियों पूर्व ही प्रगतिशील विचारक, विराट मनोवैज्ञानिक और विशिष्ट समाजशास्त्री के रूप में महान सन्त तिरुवल्लुपर ने अपने लघुतम कुरल छंदों में गुरुतम ज्ञान भर दिया है। वस्तु के आधार पर 'तिरुक्कुरल' को तीन खंडों में विभक्त करके अध्ययन किया जाता है। कुल 1330 कुरलों से सुसज्जित इस कृति में ये तीन खंड हैं– 1. अरत्तुप्पाल (धर्म खंड) 2. पोरुट्पाल् (अर्थ खंड) 3. कामत्तुप्पाल (काम खंड)। हिन्दू परम्परा के पुरुषार्थ चतुष्टय (धर्म, अर्थ, काम और मोक्ष)में से प्रथम तीन पर तिरुवल्लुवर ने अपनी वाणी केन्द्रित की है। मुख्यतः आध्यात्मिक क्षेत्र के चिन्तकों द्वारा मोक्ष को ज्यादा महत्त्व दिया जाता है जबकि तिरुवल्लुवर ने मोक्ष की अलग से चर्चा नहीं की है। धर्म, अर्थ और काम– इन तीनों में सफल व्यक्ति निश्चय ही मोक्ष के अधिकारी बन सकता है, तिरुवल्लुवर ने शायद इसी दृष्टि से 'तिरुक्कुरल' को इन तीनों विषयों पर केन्द्रित कर जीवन के सूक्ष्मतम विषयों की ओर भी ध्यान देते हुए गहराई से अध्ययन-चिन्तन के सार के रूप में प्रस्तुत किया है।

## धर्म खंड का प्रतिपाद्य

धर्म खंड की वस्तु को मूलतः दो मुख्य विषयों के रूप में हम देख सकते हैं– 1. इल्लरवियल (गृहस्थ-धर्म) और 2. तुऱवऱवियल (संन्यास-धर्म)। ये दोनों भी सनातन परम्परा के आश्रम-चतुष्टय (ब्रह्मचर्याश्रम, गृहस्थाश्रम, वानप्रस्थाश्रम, संन्यासाश्रम) के दो प्रमुख आश्रमों (गृहस्थ एवं संन्यास) के व्यवहार्य जीवन के लिए अनुसरणीय व अनुकरणीय नियमों का प्रतिपाद्य है।

धर्म खंड में कुल 380 कुरल हैं। इनमें आरम्भिक चालीस कुरलों में ईश्वरीय गुणों के महिमागान पर केन्द्रित है। इनकी रूप रेखा इस प्रकार है– 1. कडवुळ् वाऴ्तु (ईश्वर स्तुति)– 10 कुरल 2. वानचिरप्पु (वर्षा का महत्त्व) 10- कुरल 3. नीत्तार पेरुमै (संन्यास का महत्त्व)– 10 कुरल 4. अऱन् वलियुरुत्तल् (धर्म की महत्ता)– 10 कुरल। शेष 340 कुरलों में से 200 कुरल इल्लऱवियल यानी गृहस्थ धर्म पर और 130 कुरल तुऱवरवियल् यानी संन्यास-धर्म पर तथा 10 कुरल ऊळ् (भाग्य यानी प्रारब्ध-कर्म) पर केन्द्रित हैं।

जैसे कि कतिपय विद्वानों ने माना है, 'तिरुक्कुरल' को नैतिक-मूल्यों के महाधिकारपत्र (Magna Carta of Ethical Values) के रूप में अपने इस अध्ययन के आधार पर मैं भी मानता हूँ। तिरुवल्लुवर के इन नैतिक आदर्शों के आलोक में इस आलेख के माध्यम से हम यह अनुशीलन करने की कोशिश करेंगे कि 'तिरुक्कुरल'के धर्म खंड में इल्लऱवियल (गृहस्थ-धर्म) पर केन्द्रित कुरलों में आदर्श जीवन-यापन के लिए किस रूप में मार्गदर्शन मिलता है।

'तिरुक्कुरल' के 'अरत्तुपाल' (धर्मखंड)में इल्लऱवियल् (गृहस्थ-धर्म) प्रकरण में अध्यायों की रूपरेखा क्रमशः इस प्रकार है– इल्वाऴक्कै (गृहस्थ-जीवन), वाऴक्कैत्तुणै नलम् (जीवन संगिनी के गुण), मक्कट् पेरु (सन्तान-प्राप्ति), अन्बुडैमै (प्रेमभाव), विरुन्दोम्बल् (अतिथि सत्कार), इनियवै कूऱल् (मधुर वचन बोलना), चेय्न्नऱ्रि अऱिदल् (कृतज्ञता), नडुवुनिलैमै

(निष्पक्षता), अडक्कम् उडैमै (संयम का पालन), ओळुक्कम् उडैमै (सदाचारशीलता), पिऱनिल् विऴैयामै (पराई नारी मोह से विमुखता), पोऱैयुडैमै (क्षमा-गुण), अऴुक्कारामै (ईर्ष्या से मुक्ति), वेह्कामै (लोभ का त्याग), पुरङ्कूऱामै (चुगलखोरी) पयनिल चोल्लामै (व्यर्थ प्रलाप से बचना), तीविनै अच्चम् (पापभीति), ओप्पुवऱिदळ् (लोकोपकार), ईगै (दान), पुहळ् (सुयश)। धर्म खंड में इसके अलावा तुऱवऱवियळ् (सन्याँस-धर्म) के अन्तर्गत तेरह अध्याय हैं जिनमें आचरणीय तेरह गुणों की व्याख्या गागर में सागर भरनेवाले प्रत्येक अध्याय में दस-दस क़ुरलों के माध्यम से की गयी है। जैसे कि स्पष्ट किया गया है अन्त में प्रारब्ध पर केन्द्रित एक अध्याय भी है।

## धर्म और प्रवृत्ति-मार्ग

तिरुवल्लुवर धर्म को करणीय सत्कार्य के रूप में मानते हैं। इसके लिए मन की निर्मलता को वे महत्त्व देते हैं और ईर्ष्या, लोभ और कटुवचनों से परे रहने का मार्ग सुझाते हैं। धर्म की उपलब्धियों में लौकिक सुख-ऐश्वर्य, पारलौकिक आनन्द की प्राप्ति को भी वे मानते हैं।

प्रवृत्ति-मार्ग का आधारभूत जीवन गृहस्थी का होता है। सन्त तिरुवल्लुवर के चिन्तन के अनुसार प्रेममय और धर्ममार्गी गृहस्थ जीवन ही धन्य है और सभी सुफल का पात्र है। गृहस्थी का धर्म बेहतरीन ढंग से निभाना पति-पत्नी और श्रेष्ठ सन्तान से सम्भव है। संन्यास की तुलना में गृहस्थी का ज्यादा महत्त्व देनेवाले हुए तिरुवल्लुवर की राय है कि बाकी तीनों आश्रमों के लोगों की सेवा और सहायता करना गहस्थी का धर्म है।

## इल्वाळक्कै (गृहस्थ-जीवन)

गृहस्थ-जीवन के दायित्व पर बल देते हुए तिरुवल्लुवर मानते हैं कि आश्रम चतुष्टय में ब्रह्मचर्य, वानप्रस्थ और संन्यास आश्रम के लोगों को आश्रय देनेवाला ही सच्चा गृहस्थी कहला सकता है।

> "इल्वाळ्वान ऍन्बान् इयल्पुडैय मूवर्क्कुम्
> नल्लाट्रिन् निन्ऱ तुणै।" (क़ुरल– 41)

तिरुवल्लुवर ने इसी क़ुरल से गृहस्थ-जीवन सम्बन्धी प्रकरण की शुरूआत की है। इस क़ुरल में गृहस्थ के दायित्व का संकेत देकर उसके लिए आचरणीय जीवन-नियमों, नीतियों का वर्णन अन्य उन्नीस अध्यायों में किया है। गृहस्थाश्रम अन्य आश्रमों की तुलना में सुविधा-सम्पन्नता से अभिषिक्त होने के आलोक में उन्होंने उसके पालन करनेवालों की जिम्मेदारी में दीन-दरिद्रों, आश्रयहीन की सेवा-सहायता (और मृतजनों के प्रति श्रद्धा) को भी जोड़ दिया है। गृहस्थ धर्म के साथ संबद्ध अन्य जिम्मेदारियों में पितरों, दैव, अतिथि, रिश्तेदारों और स्वयं के प्रति कर्त्तव्य निभाना आदि भी शामिल हैं। जीवन-यापन हेतु जो भी कमाई की जाये वह पाप रहित होना चाहिए। अर्जित सम्पत्ति का उपभोग भी समुचित विभाजन के बाद ही किया जाना चाहिए। प्रेममय जीवन और धर्म मार्ग पर चलनेवाले जीवन को ही सभी सुफल के पात्र सफ़र के रूप में मानते हुए तिरुवल्लुवर यह कहते हैं कि धर्मबद्ध गृहस्थ जीवन बिताने पर आश्रमचतुष्टय के किसी अन्य आश्रम को निभाने के पक्ष में सोचने की ज़रूरत ही नहीं है। धर्म-मार्गी गृहस्थी को अन्य समस्त साधकों में (तपोनिष्ठ साधकों से बढ़कर) श्रेष्ठ के रूप

में वे मानते हैं।

श्रेष्ठता के साथ-साथ गृहस्थी से किसी भी तरह की निन्दाओं से मुक्त रहने की अपेक्षा भी तिरुवल्लुवर करते हैं। वे मानते हैं कि गृहस्थी का आदर्शमय जीवन-यापन करनेवाले व्यक्ति स्वर्गवासी देवताओं के बराबर स्थान के अधिकारी भी हैं।

## जीवन-संगिनी के गुण

गृहस्थ को अपने धर्म को बेहतरीन ढंग से निभाने में जीवन संगिनी के महत्त्व को रेखांकित करते हुए उसके लिए अपेक्षित गुणों का विश्लेषण भी तिरुवल्लुवर ने भलीभाँति किया है।

भ्रष्ट तरीकों से कमाई के कारण से समाज को तरह-तरह की पीड़ाओं की विडम्बनाओं से गुज़रना पड़ता है। ऐसी पीड़ाओं से मुक्ति के मार्ग के रूप में आय के अनुरूप ही खर्च करने और जरूरत से ज्यादा खर्च न करने का मार्गदर्शन तिरुवल्लुवर की वाणी में मिल जाता है। इसके लिए परिवार से ही वे नींव डालना चाहते हैं। सहधर्मिणी के रूप में पत्नी की गुण-सम्पन्नता; पति की आय के अनुरूप ही घर चलाने के पक्ष में वाणी देकर तिरुवल्लुवर ने नैतिक-पतन से बचाने के सूत्र को उपस्थित किया है। ऐसे गुणसम्पन्न गृहिणी ही गृहस्थ की सबसे बड़ी सम्पत्ति होती है। पातिव्रत्य, पति-भक्ति, स्वेच्छा से सतीत्व का पालन करनेवाली जीवन संगिनी को ही गृहस्थ और गृह की यशोवृद्धि के कारक के रूप में मानते हुए, सद् सन्तान कोघर और घरवाली की शोभा के रूप में वे मानते हैं।

## आदर्श सन्तान

तिरुवल्लुवर सद् सन्तान को जीवन की श्रेष्ठ उपलब्धियों में से एक के रूप में गिनते हैं। जीवन में मधुरमय क्षणों की वृद्धि में सन्तान की भूमिका और जीवन की सार्थकता को बढ़ाने में उनकी गुणसम्पन्नता के सम्बन्ध में भी तिरुवल्लुवर नेप्रकाश डाला है। सन्तान का अपने अभिभावकों के प्रति और पिता का सन्तान के प्रति दायित्व के सम्बन्ध में भी सार्थक संकेत उन्होंने दिया है। सन्तान की बुद्धिमत्ता और दुनिया में उनकी कीर्ति ही अभिभावकों के लिए सार्थक सत्कार है।

## प्रेमपूर्ण जीवन

प्रेम को जीवन के अभिन्न और अनिवार्य तत्व के रूप में तिरुवल्लुवर मानते हैं। प्रेम-रहित जीवन स्वार्थपरक होता है। इस सम्बन्ध में तिरुवल्लुवर–"अन्बुडैयार ऍन्बुम् उरियर पिरर्क्कु"– कहते हुए प्रेमपूर्ण व्यक्तित्व की विशेषता के रूप में 'परार्थ' को ठहराते हुए कहते हैं कि प्रेमपूर्ण व्यक्ति परार्थ के लिए प्राण देने के लिए भी तत्पर रहते हैं।

अस्तिपंजर युक्त शरीर में जीव की सार्थकता प्रेमानन्द को फैलाने और उसके उपयोग करने में है। जीवन में प्रेम ही स्नेहवर्धक है और यही संसार के लिए मंगलकारी है। प्रेम से ही दुष्कर्मों से विमुक्ति सम्भव है। प्रेम-रहित जीवन को रेगिस्तान के सूखे पेड़.के समान मानते हुए अन्तरंग में प्रेमभाव से ही बाह्य-सौन्दर्य की वृद्धि होने की ओर वे संकेत देते हैं।

## अतिथि सत्कार

*"अतिथि देवोभव"* की उक्ति की सार्थकता 'तिरुक्कुरल' में भी नज़र आती है। तिरुवल्लुवर

ने अतिथि की सेवा को गृहस्थ-धर्म के साथ जोड़ा है। अतिथि सत्कारगृहस्थ-धर्म के लिए योग्य कर्म के रूप में मानते हुए अतिथि का आदर करनेवाला ही सम्पन्नता का सच्चा अधिकारी कहा है। अतिथि को अन्न देकर बचे हुए अन्न से गृहस्थ अपनी भूख मिटाए, इसी में गुण सम्पन्नता है। ऐसे गृहस्थ ही देवताओं के द्वारा स्वागत योग्य अतिथि बन सकता है। धन-सम्पन्नता के बावजूद अतिथि-सत्कार से वंचित रहने की स्थिति को दरिद्रता के रूप में मानते हुए ऐसे गृहस्थ को विवेकहीन मानते हैं।

## मधुर वचन

"तुलसी मीठे वचन से सुख उपजत चहुँ ओर..." की पंक्ति तुलसीदास की वाणी से निसृत होने के लगभग एक सहस्राब्दि वर्ष पूर्व ही तिरुवल्लुवर ने प्रेममय हृदय की वाणी के मिठास को साबित किया है। "इन्शोलिनदे अरम्..."– कहकर तिरुवल्लुवर ने मीठे वचनों पर जो बल दिया है उस क़ुरल का सुन्दर काव्यात्मक अनुवाद इंदरराज बैद ने इस रूप में किया है –

*"दृष्टि प्रेममय है जहाँ*
*मुख पर मृदु उल्लास।*
*अन्तः निस्सृत बोल मधुर*
*वहीं धर्म का वास।।"*[5]

व्यक्ति के जीवन में श्रेष्ठ आभूषणों के रूप में विनयशीलता और मधुर-भाषण को तिरुवल्लुवर महत्त्व देते हैं। ये ही इहलोक और परलोक में फलदायी हैं। कठोर वचन त्यागने पर वे बल देते हुए कहते हैं कि मधुर वचनों से अनुपम आनन्द की प्राप्ति सम्भव है।

## कृतज्ञता-भाव का महत्त्व

स्वार्थरहित परोपकार, कष्ट के समय किए जानेवाले उपकार को तिरुवल्लुवर महत्त्व देते हुए यह कहते हैं कि ऐसे उपकार राई के समान भले ही छोटा क्यों न हो, मगर सज्जन व्यक्ति उसे ताड़वृक्ष के समतुल्य बड़ी मदद के रूप में मानते हैं। ऐसा मानना ही सच्ची कृतज्ञता है। कष्ट के समय आँसू पोंछने जैसे उपकार के प्रति कृतज्ञता भावना सहृदयी लोग सात जन्मों तक भी सुरक्षित रखते हैं। तिरुवल्लुवर मानते हैं कि जो दूसरे लोग हमें उपकार करते हैं, उसे भूलना अधर्म है और यदि हम दूसरों का उपकार करते हैं, उसे हम हमें तुरन्त भूलना ही चाहिए, यही उत्तम गुण है।

## निष्पक्षता

निष्पक्षता को विवेकशील व्यक्ति के लिए सुभूषण के रूप में तिरुवल्लुवर मानते हैं। शत्रु या मित्र भेदभाव के बिना उसके लिए देय-अंश को देने की निष्पक्षता को सत्यनिष्ठा के रूप में वे मानते हैं। इसको न्यायशीलता ठहराते हुए उन्होंने हिदायत दी है कि अन्यायपूर्ण रास्ते से मिलनेवाली कमाई को तुरन्त त्याग दें, चाहे वह जितना भी लाभदायी क्यों न हो। मन में अन्याय भावना पैदा होना ही पतन की गर्त में गिरने के रास्ते की पहली सीढ़ी है। व्यापारी के लिए भी योग्य न्यायसंगत गुण के रूप में परहित की भावना को तिरुवल्लुवर ने महत्त्व दिया है। पर हित में ही अपना हित मानने वाला ही समृद्ध हो सकता है।

### संयम

आत्म-संयम से ही व्यक्ति अमर लोक का अधिकारी बन सकता है। आत्म-संयम के पालन को तिरुवल्लुवर सबसे बड़ी सम्पदा के रूप में मानते हैं और उसकी महत्ता को पर्वत से भी ऊँची मानते हैं। जीवन में कछुए की भांति पंचेंद्रियों की समझ की साधना सात जन्मों तक भी रक्षक की भूमिका अदा कर सकती है। वाणी पर नियन्त्रण से भूल और दुःख से बचने की सम्भावना है। कटुवचन और अपशब्दों से हमारे संचित पुण्य का ह्रास हो जाता है। वाणी से जो घाव होता है उसका भरना सम्भव नहीं है। अतः क्रोध और इन्द्रियों पर नियन्त्रण से ही धर्म की रक्षा सम्भव है।

### सदाचार सम्पन्नता

सदाचार ही सुयश का अधिकारीगुण है– इसे मानते हुए तिरुवल्लुवर ने मानव से अपेक्षा की है कि वह सदाचारशीलता को प्राणों से बढ़कर मानते हुए उसकी रक्षा करें। वे सदाचार को कुलीनता का प्रतीक मानते हैं। सदाचार सम्पन्न व्यक्ति ही संसार में गौरव पाने का अधिकारी है। सदाचार ही धर्ममय जीवन की कसौटी है, कुंजी है और इसी से आदर्शमय जीवन की नींव डाली जा सकती है। सदाचार सम्पन्न व्यक्ति कभी अपशब्दों का प्रयोग भी नहीं करता है। सदाचार का पालन न करनेवाले विद्वान को मूर्खों में गिन सकते हैं।

### पराई स्त्री के प्रति मोह नहीं पालना

धर्म के साधक पराई स्त्री कामना को कदापि धर्मसंगत नहीं मानते हैं। जो धर्म-मार्ग से विचलित होकर पराईस्त्री की कामना करते हैं वे अधमाधम माने जाते हैं। विश्वासपूर्ण मित्र की स्त्री के प्रति कामना करनेवाला जीवित रहते हुए भी मृत-तुल्य है। पराई स्त्रीगमन करनेवाला अपकीर्ति का अधिकारी बनता है। आदर्श गृहस्थ कोई भी अपने पड़ोस की स्त्री के सौन्दर्य व लावण्य के कामी नहीं हो सकता है। तिरुवल्लुवर उस पुरुषत्व को धन्य मानते हैं जो पराई स्त्री की कामना नहीं करता है।

नरसी मेहता के वचनों का सार भी यही है, *".. समदृष्टि ने तृष्णा त्यागी, पर स्त्री जेने मात रे.."*, जो गाँधीजी के प्रिय भजन के रूप में सुख्यात है, जिसके अनुसार पराई स्त्री माता है।

### क्षमा गुण

धरती की जैसी क्षमा मनुष्य के लिए शोभनीय है। प्रतिकार की क्षमता के बावजूद जो दूसरों के अपराध की क्षमा करता है, वह उत्तम व्यक्ति माना जा सकता है। अपराध को भूल जाना सर्वश्रेष्ठता है। सुयश का अधिकारी वही बन सकता है जो क्षमावान और सहनशील है। शुद्ध सोने के समान क्षमाशील व्यक्ति की सराहना होती है। प्रतिशोध का सुख क्षणिक होता है जबकि क्षमा का सुख स्थायी होता है। सहनशीलनता अहंकारियों को भी जीतने का उत्तम गुण है। दूसरों के कटुवचन सुनकर भी शान्त भाव से रहनेवाले गृहस्थ संन्यासी से भी श्रेष्ठ माना जा सकता है।

### ईर्ष्या से मुक्ति

ईर्ष्या से मुक्ति सदाचार का मार्ग है। मन में हमें किसी के प्रति ईर्ष्या का भाव पैदा ही नहीं

होना चाहिए, यही बड़ा सद्‌गुण है। दूसरों की धन-सम्पत्ति और वैभव से ईर्ष्या का उदय होना सुख से वंचित कर देता है। ईर्ष्या दुःखकारक है। ईर्ष्यालु अपने आपके प्रति भी बड़े शत्रु के समान है। ईर्ष्या व्यक्ति को नष्ट करनेवाली ताकत है। दीन-जन को दान के विरुद्ध कभी हमें ईर्ष्या नहीं करनी चाहिए।

ईर्ष्यालू से स्वयं लक्ष्मी भी ईर्ष्या करने लगती है। ईर्ष्या सौभाग्य-नाशक है। ईर्ष्यालू का उत्कर्ष और सज्जन की विपन्नता प्रकृति का नियम नहीं है।

## लोभ का त्याग

लोभ अपयश का कारक है। लोभ परिवार को नष्ट भी कर सकता है। अन्यायपूर्ण, अधर्म कार्य को हाथ नहीं लेना और लोभ से दूसरों का धन हड़पना सबसे बड़े पाप हैं। संयमी व्यक्ति कष्ट के समय भी पराए धन की कामना नहीं करता है। ऐसा करना उनके ज्ञान और विवेक पर ही प्रश्न चिह्न लगा देता है। पराए धन की कामना दुःखदायी परिणाम देता है। पराए धन लालसा से मुक्त बुद्धिमानों के पास लक्ष्मी स्वयं चली आती है। अपरिग्रह श्रेष्ठ गुण है जो मानव को महान बना देता है।

## चुगलखोरी से विमुखता

चुगलखोरी करने से वही बचता है जो धर्म प्रेमी है। धर्म-विमुख ही चुगलखोरी अपनाता है, और यह अधर्म का लक्षण है। कपटपूर्ण मिथ्या भाषण से जीने से बेहतर मरना है। किसी के सामने कटु वचन कहना भी कभी ठीक हो सकता है, मगर पीठ के पीछे निन्दा अनुचित कार्य है। परनिन्दा गान करनेवाले होंटों पर धर्म के प्रति श्रद्धा जागृत नहीं हो सकती है और ऐसे व्यक्ति को अपने सगे-सम्बन्धियों का रिश्ता भी खोना पड़ता है। दूसरों की बुराई ढूँढ़नेवाला अपनी बुराई का भी निरीक्षण उसी रूप में करें तो श्रेयस्कर है।

## व्यर्थ प्रलाप से बचना

व्यर्थ प्रलापी तिरस्कार का पात्र बन जाता है। दूसरों के समक्ष व्यर्थ प्रलाप करना अपने मित्रों के प्रति अहित से भी निन्दनीय कार्य है। ऐसी हरकत करनेवालों को संसार असभ्य की श्रेणी में मानता है। योग्य व्यक्ति कोई वृथाप्रलाप करें तो उसका यश का नाश हो जाता है। सारहीन बातों से आत्म प्रचार से बढ़कर आयोग्यता कुछ भी नहीं है। सारयुक्त और समुचित बातें ही मनुष्य के लिए शोभनीय हैं।

## पाप-भीति

पापी दुष्कर्म-प्रिय होता है, जबकि सदाचारी पाप भीति रखनेवाला होता है। बुरे कर्मों से स्वयं की बुराई होती है। बड़ी मात्रा में आग के प्रकोप से यदि हम डर जाते हैं, तो पाप कर्मों से हमें उस आग से भी ज़्यादा डरना चाहिए। शत्रु का भी अहित न करना बुद्धिमानी है। कूटनीति करनेवाला धर्म को भ्रष्ट कर देता है। भले ही गरीबी में क्यों तड़पें मगर पाप कर्म में प्रवृत्त होने से बचना चाहिए। स्वयं के प्रति अहित चाहनेवाला दूसरों का भी अहित न करें। दुष्कर्म आन्तरिक शत्रु के समान है। हम भले ही बाह्य शत्रु से बच सकें, मगर आन्तरिक शत्रु से बच नहीं सकते हैं। ऐसे दुष्कर्म छाया की भांति पीछे लगकर विनाश कारक बन सकते हैं। दुष्कर्मों

से दूर रहना सदा श्रेयस्कर है। सन्मार्ग पर चलनेवाला ही विनाश से सुरक्षित रह सकता है, पापी का बचना सम्भव नहीं है।

## लोकोपकार

जिस ढंग से मेघों को हम वर्षा के बदले कोई प्रतिफल नहीं दे सकते हैं, उसी भांति कर्त्तव्य निभाने के बाद हमें भी किसी प्रत्युपकार की आशा नहीं रखनी चाहिए। सज्जनों के श्रम से सींचित कमाई परोपकार के लिए ही होता है। दीन-दुखियों और ग़रीबों के लिए ऐसे श्रमार्जित धन का लाभ मिलना चाहिए। लोकोपकार चराचर सृष्टि में श्रेष्ठ कार्य है। सज्जन ऐसे कार्यों से चूकते नहीं हैं। यदि हर जीवित व्यक्ति दूसरों का हित चाहे गातो संसार में दुःख नाम की चीज़ बच नहीं सकती है। परोपकार विमुख व्यक्ति मृतक समान है।

लोकोपकारी और उदारचेता की सम्पदा उस सरोवर के समान है जो अगाध-जल-निधि के समान गाँव भर की जनता के प्यास को सदा बु झाता रहता है और यह गाँव के बीचों-बीच पके फलों के वृक्ष के समान भी है जिसके पास सबकी पहुँच सम्भव होता है औरउसके फल हर कोई खा सकते हैं। परोपकारियों का धन औषधि के समान सबके लिए लाभदायक होता है। उदारचेता व्यक्ति स्वयं कष्ट में डूबकर या कंगाली में रहकर भी दूसरों की मदद के लिए तत्पर रहता है। ऐसे व्यक्ति यदि ग़रीब बनता है तो भी वह केवल इस बात के लिए दुःखी होता है कि वह दूसरों की मदद नहीं कर पा रहा है। जिस भांति हरिश्चन्द्र सत्य के हित खुद भी बिकने के लिए तत्पर हो गया था, उदारचेता मनुष्य दूसरों की मदद के लिए उसी भांति तत्पर रहता है।

## दान

दीन-दुःखियों को दिया जानेवाला दान श्रेष्ठ दान की श्रेणी में गिना जाता है। अन्य दान जो प्रत्युपकार की कामना से किए जाते हैं, वह दान की श्रेणी में नहीं आते। स्वर्ग भी क्यों न मिल जाये दान में, मगर दान लेना बुरा ही माना जाता है। मगर कुछ भी क्यों न मिले, दानी को दान कर्म से बचना नहीं चाहिए। दान देने में सक्षम व्यक्ति माँगनेवाले से कभी यह नहीं कहना चाहिए कि 'हम असमर्थ' हैं। दूसरों की भूख मिटानेवाले दानी तपस्वी से बढ़कर है। धन का सही उपयोग दीन-दरिद्रों की भूख मिटाने में ही है। संसार में जीवों को भूख से बचाने का सर्वोत्तम उपाय है दूसरों के साथ बाँटकर खाना। इसे अजमाने से किसी को भूख से मरने की स्थिति पैदा नहीं होती है। कंजूसी से हम दान का आनन्द कभी नहीं पा सकते हैं। भिक्षाटन दुःखदायी है, मगर अर्जित सम्पत्ति का अकेले ही उपभोग भिक्षाटन से बढ़कर दुःखद है। दीन दरिद्रों की सहायता से विमुखता मृत्यु से बढ़कर है।

## सुयश

ग़रीब को दान देने से यश मिलता है और यह जीवन की एक अनूठी उपलब्धि होगी। अभावग्रस्त का उद्धार मुक्त हृदय से दान करनेवाले से ही सम्भव है और ऐसे दानी के यश की चर्चा सर्वत्र होती है। दानशील व्यक्ति का यश स्थायी होता है। नश्वरमय इस संसार में कई चीजें नाशवान हैं। दान से प्राप्त होनेवाली कीर्ति स्थायी होती है, दानी व्यक्तियों को इहलोक व परलोक में बड़ा सम्मान मिलता है। उदार हृदय से दान करनेवाले व्यक्ति की कीर्ति उसकी मृत्यु के बाद भी अक्षुण्ण रहती है। दानशील व्यक्ति ग़रीब भी क्यों न हो, उसका दान गुण और

उससे प्राप्त होनेवाले यश को कोई रोक नहीं सकते हैं।

इस पृथ्वी पर जन्म लेनेवाले प्रत्येक मनुष्य को यशोवृद्धि करनेवाले गुणों के साथ पैदा होना चाहिए। यश न पानेवाला जन्म न लेना ही अच्छा है। यश पाने के गुणों की कमी के लिए दोष हमें स्वयं को देना चाहिए। आलोचना करनेवालों पर क्रोध करने से कोई प्रयोजन नहीं है। कोई भी बुद्धिशाली मानव अपने जीवन के बाद यश छोड़कर न जा पाता, तो यह उसके लिए लज्जाजनक बात है। अपकीर्ति के अधिकारी बननेवाले व्यक्तियों से भरा हुआ प्रदेश सभी प्रकार से सुसम्पन्न होकर भी रेगिस्तान के समान है। यश कमानेवाले का जीवन सफल है और अपयश कमानेवाले का जीवन व्यर्थ है।

## संन्यास-धर्म के लिए उचित मार्गदर्शन

तिरुवल्लुवर ने अपने 'तिरुक्कुरल' के धर्म खंड में संन्यासी-जीवन की चर्चा के बहाने संन्यास-धर्म की विस्तृत चर्चा की है, जिसके अन्तर्गत मुख्यतः अरुळुडैमे (दया-भाव), पुलाल मऱुत्तल (मांस-भक्षण का वर्जन), तवम् (तप), कूड़ा ओळुक्कम् (कदाचार), कळ्ळामै (अस्तेय), वाय्मै (सत्य-वादिता), वेहुलामै (क्रोध), इन्नाशेय्यामै (अनिष्ट न करना), कोल्लामै (अहिंसा), निलैयामै (अनित्यता), तुऱवु (संन्यास), मेय्युणर्दल् (सत्य का बोध), अवा अऱुत्तळ् (कामना का उन्मूलन) आदि बातों की चर्चा शामिल है।

'तिरुक्कुरल' में संन्यास-धर्म से सम्बन्धित प्रकरण में उक्त महत्त्वपूर्ण आयामों से सम्बन्धित चर्चित सुगुण भले ही संन्यासियों के लिए ज़रूरी माना गया है, उनमें अधिकांश की प्रासंगिकता गृहस्थ के लिए भी है। जैसे सत्य, अहिंसा, अक्रोध आदि का सबके लिए महत्त्व है। जैसे कि चर्चा की जा चुकी है धर्म खंड के अन्त में भाग्य का भी तिरुवल्लुर ने विवेचन किया है। तदनुसार जीवन में भाग्य के उदय के साथ ही श्रम के प्रति निष्ठा जागती है। दुर्भाग्य की स्थिति में ही व्यक्ति आभासी और अकर्मण्य हो जाता है। भाग्य की प्रतिकूल स्थिति में बुद्धिमान भी जड़मति बन जाता है जबकि भाग्य की अननुकूलता में इसके नितांत विपरीत भी होता है। पूर्व कर्मों से प्राप्त भाग्य का ही परिणाम है कि संसार में दो तरह के व्यक्ति पाए जाते हैं– एक प्रकार के लोग तो धनार्जन में रुचि लेते हैं, दूसरे ज्ञानार्जन में। दुर्भाग्य की स्थिति में अच्छे प्रयत्न भी असफल हो जाते हैं। 'तिरुक्कुरल' के धर्मखंड में शामिल भाग्य प्रकरण, जहाँ तक मैं मानता हूँ, किसी भी रूप में तिरुवल्लुवर को भाग्यवादी नहीं ठहराता है। क्योंकि गृहस्थ और संन्यास-धर्म के लिए उन्होंने जितने अपेक्षित गुणों का मार्गदर्शन दिया उन्हें अपनाकर जीवन बितानेवाले व्यक्ति का वर्तमान और भविष्य भी उज्ज्वल रहता है और ऐसे व्यक्ति का सौभाग्य सुनिश्चित है, दुर्भाग्य का सवाल ही नहीं उठता है। दुर्भाग्य जैसे कि तिरुल्लुवर मानते हैं, संचित कर्मों का फल है। अतः दुर्भाग्य से बचने का एकमात्र उपाय है, सौभाग्य का स्वागत करें और उसका भरपूर उपभोग करें। इसके लिए सही मायने में हमें धर्मबद्ध बनना पड़ेगा। ऐसे धर्मबद्ध जीवन के लिए तिरुवल्लुवर ने कई मार्गदर्शक जीवन-मूल्यों को प्रतिपादित किया है। आधारभूत मूल्यों के विघटन की ओर अग्रसर वर्तमान दौर में तिरुवल्लुवर के विचार अत्यन्त प्रासंगिक हैं। इन पर जितनी अधिक अनुकूल चर्चा-परिचर्चाएँ होगीं, युग का उतना ही उद्धार होगा और सुख-समृद्धि और शान्ति के पथ पर अग्रसर होना सुनिश्चत हो पाएगा।

'तिरुक्कुरल' के दूसरे और तीसरे खंड, क्रमशः अर्थ खंड और काम खंड है। इन दोनों

खंडों में भी कई ऐसी हिदायतें हैं जो गृहस्थी के जीवन के हित में हैं, मगर इस आलेख के आकार की सीमाओं के आलोक में उनकी चर्चा यहाँ शामिल नहीं की गयी है। तिरुवल्लुवर द्वारा धर्म खंड में गृहस्थ-धर्म में शामिल क़ुरलों का सार मात्र का उल्लेख इस आलेख में किया गया है।

तिरुवल्लुवर नैतिक आदर्शों के आग्रही सन्त थे। अतः उनकी चिन्तन-दृष्टि में व्यक्ति, परिवार और राज्य के लिए आचरण के आदर्शों के विस्पष्ट पैमाने हैं। ये पैमाने हमें सही आचरण की समझ देते हैं। तिरुक्कुरल में इनके लिए प्रतिपादित आचरण आदर्शों के अनुरूप इनके विकास होनो पर निश्चय ही दुनिया में सभी सुखी रह सकते हैं और विश्व में शान्ति कायम रहेगी।

## सन्दर्भ

रमेशचन्द्र (1998), 'तिरुक्कुरल'(हिन्दी अनुवादक– पं. गोविंदराय जैन शास्त्री), भारतीय ज्ञानपीठ, नई दिल्ली, पृ. iii

ThiruVedamVenkatarayaSastry (1972), (Article– 'Tirukkural and its unique place in Indian Literatue'), First All-India Tirukkural Research Seminar Papers, (Ed.) Dr. N. Sanjeevi, University of Madras, p.81

Ibid., p. 81, 82

Rev. G.U. Pope (1886), The 'Sacred'Kurral of Tiruvalluva-Nayanar., W.H. Allen & Co., London, P.2

इंदरराज बैद (2008), तिरुवल्लुवर दोहावली, इंदरराज बैद, चेन्नई, पृ. 36

## आधार ग्रन्थ

तिरुक्कुरल– सन्त तिरुवल्लुवर

## सहायक ग्रन्थ

तिरुक्कुरल– तमिल का गौरव-ग्रन्थ, प्रधानसम्पादक– डॉ. ना. महालिंगम, लेखक, अनुवादक– डॉ. रवींद्रकुमारसेठ(1999), साहित्यशोधसंस्थान, नईदिल्ली।

तिरुक्कुरल –अनुवादक– टी.ई.एस. राघवन

# मलयाळम सिनेमा में स्त्री संचेतना एक विहंगावलोकन

*अनीता नायर*

केरळ– सिनेमा से मलयाळी समाज का परिचय सम्भवतः 1906 में कोषिक़ोड में आयोजित प्रथम चलचित्र प्रदर्शनी के साथ माना जा सकता है। प्रथम मलयाळम सिनेमा 1928 में मूक फ़िल्म के रूप मे जे* सी* डानियल की 'विगत कुमारन' थी।1928 में ही 'मार्तण्ड वर्मा' नामक दूसरा चलचित्र भी सिनेमा दर्शकों के सामने आया जो काफ़ी पसन्द किया गया। मलयाळम सिनेमा या मौलिवुड में फ़िल्म उद्योग का विकास 1940 के दशक के अन्त से माना जा सकता है। कालान्तर में, ये चेन्नई में स्थानान्तरित हो गया था, जो 1980 के दशक में पुनः केरळ में लौट आया। केरळ का सिने इतिहास कालान्तार में विश्व पटल पर स्वर्णाक्षरों में अंकित होता है। केरळी सिने जगत से अनेक विश्व प्रसिद्ध फ़िल्मकार निकले हैं अडूर गोपालकृष्णन, अरविन्दन, जॉन अब्राहम, शाजी एन करुण, टी. वी. चन्द्रन जैसे अनेक नाम उल्लेख्नीय हैं। मलयाळम का पहला बोलता चलचित्र 1938 में 'बालन' शीर्षक से फ़िल्म बाज़ार में आया।

1948 में पहला फ़िल्म स्टूडियो आलपुश्रा में 'उदया' नाम से स्थापित हुआ। मलयाळम

की व्यापारिक दृष्टि से स्थापित पहली सफ़ल फ़िल्म 1951 की 'जीवित नौका" थी। राष्ट्रीय स्तर पर मलयाळम फ़िल्में 1954 की 'नीलक्कुयिल' से जानी जाने लगी।

मेरी दृष्टि में ये फ़िल्म स्त्री के सशक्त व्यक्तित्व की परिचायक फ़िल्म थी, जब नायिका, कापुरुष फ़िल्म नायक की तरह अपने उत्तरदायित्व से भागकर मुँह नहीं छिपाती फ़िरती। बल्कि अपने हिमालयी व्यक्तित्व से साहसपूर्वक हर विकट प्रतिकूलता का सामना अपने सम्पूर्ण मनोबल से करती है। इस फ़िल्म में दलित वर्ग से सम्बध्द नायिका 'नीली' एक ऐसी साहसी पात्र है जो अपने प्रणय के प्रतिफ़ल गर्भ में पल रही सन्तति के पिता के विषय में आद्यन्त मौन-मूक है, क्योंकि उसका तथाकथित संभ्रान्त शिक्षित प्रेमी, समाज में अपमानित होने के डर से विकल है। नायिका के परिवार द्वारा उसका परित्याग कर दिया जाता है। कई बार उसके प्रति सहानुभूति रखने वाला पोस्टमास्टर, जो पूरे गाँव में एक संवेदनशील इन्सान के रूप में जाना जाता था, उसके प्रेमी के सामने ही, उसकी इस स्थिति के लिए उत्तरदायी व्यक्ति के विषय में प्रश्न करता है -किन्तु वह अपनी चुप्पी नहीं तोडती। उसके व्यक्तित्व की दृढता उसे एक सशक्त स्त्री के रूप में चित्रित करती है। यहाँ फ़िल्मकार ने नायिका को नायक की तुलना में बेहद मजबूत दर्शाता है– अपने कर्मो का प्रतिफ़लन और दायित्व स्वयं वहन करने से नहीं घबराती।

पुराने समय में केरळ की सामाजिक संरचना में बहुत सी जातियों में मातृसत्तात्मक स्वरूप रहा है। ये सिद्धान्त और व्यवहार की खाई मुझे अक्सर झिंझोड दिया करती थी। इस विरोधाभास के साथ ही, इतना अवश्य कहा जा सकता है कि पैतृक सम्पत्ति पर स्त्री का अधिकार उसे इस सबके बावजूद कुछ मजबूती अवश्य प्रदान करता था। सिनेमा भी इसका अपवाद नहीं था। ऐसे में ये मानकर चला जाता है कि केरळ राज्य में समवेततः स्त्री की सामाजिक स्थिति बहुत मजबूत रही होगी। मगर प्रकारान्तर से व्यवहार में तो स्त्री पितृसत्ता के दबाव में ही नजर आती थी, जैसे मातृसत्तात्मक नायर समाज में पति या पिता के स्थान पर मामा का राज चलता था।

कुल मिलाकर केरळ की आधुनिकता और सौ प्रतिशत साक्षरता जैसी शैक्षिक समुन्नति के बरक्स, समाज में सन्निहित इस प्रतिगामी विरोधाभास ने उसकी सांस्कृतिक राजनीति को

समझने की दिशा में मुझे प्रेरित किया।

मलयाळम सिनेमा में स्त्री संचेतना की इस खोज-यात्रा में 1972 में बनी अडूर गोपालकृष्णन की 'स्वयंवरम' भी अपने तरीके की स्त्री के सशक्त स्वरूप की फ़िल्म रही है परिवार के विरोध के बावजूद घर से भागकर प्रेम विवाह करने वाला जोड़ा बहुत सी प्रतिकूलताओं को झेलता है– नायक के हार मानने के बावजूद नायिका जीवन में अपनी जुझारु प्रवृत्ति को नहीं छोड़ती है। अन्त में पति की मृत्यु के बाद भी न केवल पति के मित्र की मदद ठुकरा देती है अपितु वापिस अपने पिता के घर भी लौटकर नहीं जाती। अन्त में बच्चे के साथ स्वयं अपने जीवन को चलाने का निर्णय लेती है।

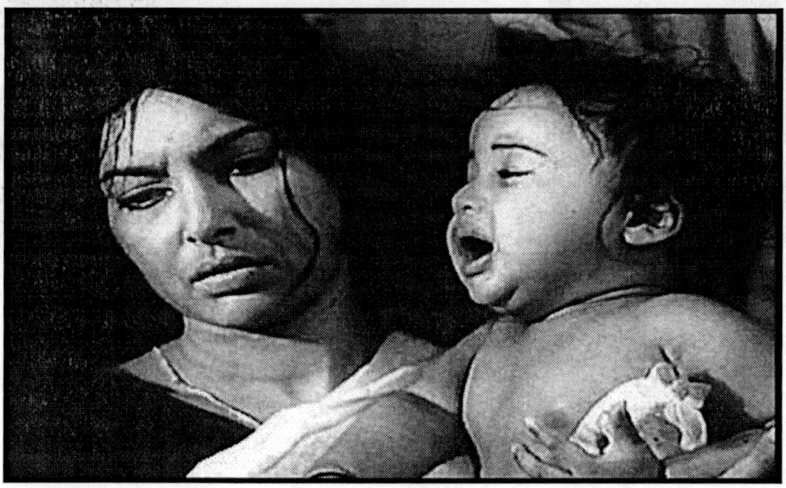

1994 की फ़िल्म 'परिणयम' का जिक्र करने का लोभ भी संवरित नहीं कर पा रही। बूढे नम्बूदरि की चौथी पत्नी के रूप में नायिका को पति की मृत्यु के बाद गर्भिणी होने के कारण? घर से निकाल दिया जाता है। उस विधवा नायिका पर जब भूखे भेड़ियों की पूरी जमात टूट पड़ने को आतुर थी, तब उसकी नौकरानी उन्हें धमकाकर उन्हें भगा देती है। स्वाभिमानी नायिका उसकी शरण भी अस्वीकार कर अकेली ही 'रवीन्द्र की एकला चालो' की तर्ज पर झूझने के लिए चल देती है। अन्त में जब उसका प्रेमी माधवन गोवन्दिन के झकझोरने पर अपने भीतर साहस जुटाकर अपनी माँ-बहन की सहमति से उसे ले जाने के लिए कुंजउण्णी के पास पहुँचता है, नायिका उसे लौटा देती है। उसका कहना था कि बच्चे का बाप नहीं है, बाप के नाम की जरूरत कभी होने पर 'अर्जुन', 'नल' या 'भीम' कुछ भी हो सकता है। मुझे प्रेम इस माधवन से कभी नहीं था। एक उस महानायक से था, जो साहसी था। कुंजउण्णी इनसे कह दो, ये लोग जा सकते हैं। इस तरह से वो स्वाभिमानी और खुद्दार नायिका उस विकृत परिवेश में भी कहीं विचलित होते नहीं दिख पड़ती। वह अपने को किसी कटघरे में खड़ा नहीं करती, बल्कि धर्म के ठेकेदारों द्वारा दोषी ठहराये जाने पर भी पूरी शिद्दत व्यक्तित्व के साथ अन्त तक लड़ती है। नायिका घर से निकाले जाने पर भी खुद कहीं दूर जाकर गुमनाम जिन्दगी व्यतीत करने जैसा दब्बूपन भी नहीं दर्शाती। वह खुद को हाशिये पर जबरन लाये जाने वाले धर्म के दलालों की

आंखों के सामने ही टिकी रहती है। जैसे वह उनके मृत जमीर को झकझोरने के लिये आमादा थी। नायक के लौटने की परिणति से वह कुछ हद तक कामयाब भी होती है, मगर उसका मकसद क्षणिक सुखी जीवन नहीं था। संघर्ष ही उसका जीवन था, तभी वह उसे लौटा देती है और जीवन भर गांधीजी के चरखे के साथ सूत कातकर अपना जीवन भी रचती बुनती है।

पितृ सत्ता के प्रभुत्व और निरंकुशता को विखण्डित और धूमिल करती मलयाळम फ़िल्मों की एक लम्बी फ़ेहरिस्त है।इक्कीसवीं सदी के दूसरे दशक यानि 2011 से 2019 तक, जिन महत्त्वपूर्ण फ़िल्मों को मैने अध्ययन का विषय बनाया है उनमें मुख्य रूप से केन्द्र में हैं– 2019 की उयरे, 2016 की 'पुदिय नियमम' 2015 की 'रानी पद्मिनी', 2014 की 'हाउ ओल्ड आर यू', 2013 की 'जकरियायुडे गर्भाणिगल', 2012 की 'ट्रिवेन्ड्रम लॉड्ज'।

इस दशक के सिनेमा की खासियत है कि यहाँ 'स्त्री' की अपनी अस्मिता की पहचान, अब करवट लेती हुई जीवन्तता का अहसास कराती है। अब वह सिर्फ़ 'उपभोग्या', 'उपादान' या 'वस्तु' भर नहीं बनी रहना चाहती। किसी जीवित मनुष्य की तरह वह स्वयं भी अपने जीवन का भोग करना चाहती है। बनावटी जीवन से दूर अपने अन्तर्मन की स्वीकृतियों और अस्वीकृतियों का अनुसरण करती है। उसकी आत्मस्वीकृत जिन्दगी और प्रतिबन्ध-वर्जनाहीन भाव-विस्तार उसके जीवन को सहज बना रहा है। ऐसा ही चरित्र है, 2012 की फ़िल्म 'ट्रिवेन्ड्रम लॉड्ज' की नायिका, जो अपने तलाक के बाद अपने जीवन को स्वतन्त्र फ़िज़ा में बिताना चाहती है। विवाह-मुक्ति के बाद की पहली यात्रा के दौरान अपनी सखी से बात करते हुए वह कहती है, "मन और शरीर का एक ही नारा है, 'स्वतन्त्रता'– 'स्वाधीनता'– 'आज़ादी'।"

प्रत्युत्तर में जब उसकी सहेली कहती है, "हाँ, अब तो बस यही है–प्रार्थना, खाना और प्रेम। इस पर वो तपाक से उसकी बात काटती हुई कहती है, प्रार्थना नहीं। प्रार्थनाओं का दौर अब चला गया, वो तो एक मूर्खता भर है। प्रार्थना करके समय खराब करने का अब फ़ालतु समय भी नहीं।"

4 ट्रिवेन्ड्राम लॉड्ज-clipping

21वीं सदी का सिनेमा अपने पूर्ववर्ती सिनेमा के मुकाबले कहीं ज्यादा समृध्द और श्रेष्ठ हुआ है।' (हिन्दी सिनेमा की यात्रा-ग्लोबल समय में सिनेमा, पृ. 119) प्रियदर्शन के 'हिन्दी सिनेमा की यात्रा' के विषय में कहीं गयी इस टिप्पणी की ही तर्ज पर मलयाळम सिनेमा के विषय में भी कहा जा सकता है कि स्त्रियों के स्टीरियोटाइप चित्रण बदलकर अब सिनेमा में कहीं अधिक विश्वसनीय और सच्चे चरित्र दिखाई पड़ते हैं। उनके भीतर कहीं भी पुरुष के साथ अहसासे-कमतरी देखने को नहीं मिलती। तुलना या बराबरी का विचार भी शायद नहीं फ़टकता है। बस अपनी 'अस्मिता को पहचान कर खुदी' को बुलन्द करने वाले स्त्री चरित्रों को आज के सिनेमा में देखा जा सकता है। 2013 की 'तीरा' एक ऐसी ही फ़िल्म है, जो स्त्री के सक्षाम स्वरूप को दर्शाती है, इसमें वो बगैर क़िसी भी भय के मानव तस्कारों का सामना करती है अपनी योजनाओं के साथ उनके सारे मन्सूबे धाराशायी करने में कामयाब हो जाती है।

इक्कीसवीं सदी की नायिकाएँ न तो पौराणिक आदर्श पात्रों की तरह सीता या सावित्री हैं, न ही किसी तरह की लक्ष्मण रेखा के भीतर डरी-सहमी खड़ी रहना चाहती हैं, और न ही बनावटी रूप से आधुनिक बनकर अपनी कुंठाएँ छिपाना ही चाहती है। वो जैसी हैं वैसी ही सबके सामने हैं। 2015 की रानी-पद्मिनी, ऐसी ही नायिकाओं की प्रतिनिधि फ़िल्म है। ये 2003 की चर्चित रही "पाठम ओन्नूःओरु विलापम" या 2007 की कई पुरस्कारों से नवाज़ी गयी "नालु पेन्नीग़ल" की तरह स्त्री की बेबसी की गाथा न होकर दो अलग-अलग पृष्ठभूमियों से आनी वाली दो स्त्रियों की कथा है, जो पुरुष प्रधान समाज को धत्ता बताकर अपने आत्मसम्मान की रक्षा के लिए घर की सुरक्षित लक्ष्मण रेखा लांघ जाती हैं। परिवार में तमाम विपरीतताओं के चलते पद्मिनि खुद को झकझोरती है, "तेरा पति तुझे छोड़ कर चला गया। उसके लिए तेरी कोई कीमत ही नहीं।खुद तुझे तेरी कितनी कद्र है? यदि है तो फ़िर चल ये सब जंजाल छोड़ कर निकल चल। डर मत एक लड़की के लिए घर में जितनी मुसीबतें हैं, लगभग उतनी ही बाहर भी होने वाली है।"

इस पूरी यात्रा के दौरान उसकी साथी बनी रानी एक टॉम ब्वाय हैउसे समझाती हुई पद्मिनी कहती है, "लड़कों की तरह बनने के तौर-तरीके बदल ले रानी लड़कियाँ तो सुपर हुआ करती है। आत्माविश्वास और खुद्दारी से लबरेज़ पद्मिनी का लड़कियों से मुखातिब ये सन्देश ध्यान देने लायक है," बचपन में कोई आपको सीधी-सादी बच्ची कहे तो खुश नहीं होना चाहिएये कहकर उसे ये शिक्षा दी जा रही होती है कि वो अपने पँख समेटकर चुपचाप दुबकी बैठी रहे। जो पँख

समेटे दुबकी रहेगी वो उडान कैसे भरेगी!!!

नए नए युवा फ़िल्मकारों ने सिनेमा की पुरानी बासी फ़िज़ा को बदलने की पुरज़ोर कोशिशे की हैं। उनकी नायिकाएँ हारकर परिस्थितियों के सामने समर्पण करती नहीं दीखती, बल्कि बगैर किसी मदद या सुरक्षा की अपेक्षा के वो खुद ही जीवन के रणक्षेत्र में योद्धा बनकर उतर जाती है। ये अपनी तारणहार या उद्धारक स्वयं ही हैं। इस दशक की फ़िल्मों में स्त्री के अपने व्यक्तित्व के अनेक सक्षम और समर्थ आयाम देखने को मिल रहे हैं। बदलते समय के साथ स्त्री का वांछित परिवर्तित स्वरूप आज के समय की माँग है।

इस सदी में बहुत सी फ़िल्में स्त्री के नकारात्मक रूप से सशक्त होने की कहानी पर भी फ़िल्माई गयी हैं उदाहरण के लिए 2012 की '22 फ़िमेल कोट्टयम', 2016 की 'पुदिय नियमम', 'मॉम' आदि। बदले की इन कहानियों में स्त्री को पुरुष की परुषता ओढ़कर एक नयी नकारात्मक स्त्री-चेतना का स्वरूप दिखाया गया है जो आज समाज के पतित परिवर्तित जीवन मूल्यों के बदलते रूप की सच्चाई भी है। जिन्हें स्वेच्छा से नहीं मगर विवशतावश अपनाने के लिए स्त्री भी मजबूर होने लगी है।

2019 में आयी "उयरे" फ़िल्म का उल्लेख करना बेहद जरुरी है। इस फ़िल्म की नायिका विवाह से पहले ही प्रेमी की ज्यादतियों की शिकार होती है। वो साफ़-साफ़ उससे कह भी डालती है, "मुझे खुलकर साँस लेनी है। मुझे तुमसे डर लगता हैमैने कभी कहा? मुझे बिना डरे श्वास लेना है। हाँ, अब मुझे खुद की तरह बनना है। तुम्हें जिस तरह की "मैं" चाहिए वैसी नहीं, ठीक वैसी जैसी मैं खुद बनना चाहती हूँ।" प्रेमी प्रेमिका की ये धृष्टाता बर्दाश्ता नहीं कर पाता उसे स्वातन्त्रा करने की जगह उस पर एसिड अटैक कर उसकी जिन्दागी बर्बाद करने की कोशिश करता है। मगर वो जुझारु नायिका हार नहीं मानती। पूरी फ़िल्म इसी जद्दोजहद और जुझारुपन की गाथा है।

# भारत की अक्षुण्ण सांस्कृतिक विरासत रामकथा : कला सन्दर्भ

*योगेन्द्र प्रताप सिंह*

रामकथा एक सामान्य कथा न होकर सम्पूर्ण भारतवर्ष की सांस्कृतिक विरासत की वह कथा है जो भारतवर्ष के सभी राज्यों की सभी कलारूपों में विद्यमान है।

यह तथ्य विचारणीय है कि अँग्रेज़ों के आगमन के पूर्व भारत प्रशासनिक व्यवस्था में कबी एक नहीं था। भौगोलिक भाषायी विविधताओं के साथ ही साथ रीति-रिवाज, खान-पान, पहनावे आदि में भी पर्याप्त भिन्नता परिलक्षित होती है।

"रामायण" एवं "रामचरित मानस" रामकथा के मुलाधार है।

भारत की सभी भाषाओं में एक केन्द्रीय रामायण प्राप्त होती है, जिसके सापेक्ष उसकी बोलियों और उपबोलियों में भी अनेक रामकथाएँ विद्यमान हैं। लगभग 300 से अधिक रामायण और अनगिनत रामकथाएँ मिलती हैं।

रामकथा में अयोध्या, लंका, जनकपुर, राम, सीता और दशरथ तो मिलते हैं परन्तु प्रत्येक राज्य और उसके लोकांचल की अपनी परिस्थितियों देशकाल के अनुरूप भिन्न-भिन्न रामकथाएँ हो जाती हैं। जैसे-गेहूँ एक है परन्तु उससे बनने वाले उत्पाद रोटी, डबलरोटी और मैगी भिन्न-भिन्न है।

रामकथा को एक मानना उसकी शक्ति को क्षीर्ण करना है। भिन्न-भिन्न रूपों और स्वरूपों में विद्यमान रामकथा ही हमारी सांस्कृतिक विशेषता है।

वाल्मीकि रमायण में जो रामकथा प्राप्त होती है उसमें राम-जानकी मार्ग एवं राम वन गमन मार्ग के रूप में लगभग 280 स्थलों का वर्णन भारतवर्ष में तथा 165 स्थल श्रीलंका में आज भी विद्यमान हैं।

क्या वाल्मीकि को भारत का सबसे बड़ा सर्वेक्षक नहीं माना जा सकता? किसी भी विदेशी इतिहासकार या पर्यटक द्वारा इतने स्थलों का वर्णन नहीं किया गया है जो क्रमबद्ध रूप में प्राप्त होते हैं।

अयोध्या शोध संस्थान के पास क्रमबद्ध रूप में सभी स्थलों के फोटो और वीडियो भी उपलब्ध हैं।

"विदेशी और अँग्रेज़ों द्वारा जो लिखा जाता है वह इतिहास है परन्तु भारतीय मनीषियों द्वारा लिखा गया सम्पूर्ण विवरण मथख है"– क्या इस अवधारणा को चुनौती नहीं दी जा सकती।

राम ने जिन जीवन मूल्यों, मानव मूल्यों एवं समाज मूल्यों की स्थापना की, आज विश्व में सभी धर्म के अनुयायी उन्हीं मूल्यों की तलाश में लगे हैं। फारसी भाषा में राम का अर्थ है "आज्ञाकारी पुत्र" तथा सीता का अर्ध है "सचरित्र स्त्री"। क्या यह अर्थ भारतीय रामकथा के

एकदम सापेक्ष नहीं है?

डिस्कवरी चैनल द्वारा यह रिपोर्ट प्रसारित की गयी थी कि प्रभु ईसा मसीह ने काश्मीर की यात्रा की थी और अपने प्रिय शिष्य सेंट थॉमस को भारत राम के देश, राम की संस्कृति को समझने भेजा था। केरल के सुदूर क्षेत्रों में प्राचीन चर्चों में आज भी राम के चित्र विद्यमान हैं।

आधुनिक युग मूल्यों के स्खलन का युग है, सारी प्राचीन मान्यताएँ, परम्पराएँ, मूल्य जड़ से उखड़ चुके हैं। चिन्ता इस बात की है कि नये मूल्य अभी बन नहीं सके हैं। 21वीं शताब्दी की इस चुनौतियों और जद्दोजहद में राम द्वारा स्थापित मानव मूल्य प्रकाश पुंज की भांति पूरी दुनिया को आकर्षित कर रहे हैं।

राम ने किसी धर्म विशेष की न तो स्थापना की है और न प्रचार प्रसार। राम ने केवल पारिवारिक उत्तरदायित्वों के साथ-साथ समाज और राष्ट्र के लिए आदर्श प्रस्तुत किया है जो हमारे व्यक्तिगत जीवन से लेकर सम्पूर्ण विश्व को अनुकरणीय है।

भारतवर्ष एक विशाल भू-भाग है जिसमें कई पर्वत श्रृंखलाओं के साथ-साथ विशाल नदी, पोखर, पठार मिलते हैं। ऐसे विस्तृत और दुरूह जंगल क्षेत्रों में रामकथा केवल रामायण लिखने से नहीं प्रचलित हो गयी होगी।

उत्तर पूर्व के सुदूर क्षेत्र में बैठा आदिवासी केरल के मलयालम से कैसे जुड़ा होगा? लेह और लद्दाख की बर्फीली वादियों में विचरण करने वाला मानव गंगा यमुना के मैदानी इलाकों के साथ-साथ गुज़रात और राजस्थान की चिलचिलाती रेगिस्तानी भूधरा से कैसे अपना सम्पर्क जोड़ सका होगा– जहाँ सब जगह रामकथा विद्यमान है।

रामकथा का एक विचारणीय और रोचक पक्ष यह भी है कि पूरे भारत में गड्ड-मड्ड रामकथा नहीं प्राप्त होती है।

मिथिला से उत्तर-पूर्व तक मिलने वाली लोक कथाओं, लोकगीतों, रामलीलाओं में लवकुश प्रसंग के साथ-साथ सीता महत्त्वपूर्ण हैं।

मिथिला की रामलीला में सीता जन्म अनुष्ठानपूर्वक और भव्य तरीके से किया जाता है। मिथला की चित्रकला में भी सीता विवाह प्रमुख रूप से अंकित है।

अवध की रामलीला में राजन्म का प्रसंग तो महत्त्वपूर्ण है ही राजगद्दी और भरत मिलाप इस क्षेत्र में सर्वाधिक प्रचलित है।

मध्य प्रदेश, महाराष्ट्र, उड़ीसा आदि की रामलीलाओं में दण्डकारण्य के प्रसंगों को प्रमुखता मिलती है।

आन्ध्र, तमिलनाडु और केरल की रामलीलाओं में युद्ध प्रसंग महत्त्वपूर्ण हैं। कहीं-कहीं रावण को अत्यन्त बलशाली भी दिखाया गया है।

कमोवेश यही स्थिति लोग चित्रकलाओं में भी राज्यवार इसी भांति प्राप्त होती है।

रामकथा के कला सन्दर्भों को विश्वविद्यालय स्तर पर अभी स्पर्श नहीं किया गया है। जिसकी नितान्त आवश्यकता है क्योंकि यह अन्वेषण न केवल रामकता के विविध पक्षों को उद्घाटित करेगा अपितु भारत की सांस्कृतिक विरासत को भी स्थापित करने में सहयोगी होगा। हम तर्क और तथ्य सहित आधुनिक समाज को बता सकते हैं कि हमारी सांस्कृतिक महत्ता और उसके विरासत के तत्व पूरे भारत में बहुत गहरे तक विद्यमान हैं।

## कला सन्दर्भ

शास्त्रीय दृष्टिकोण से 05 ललित कलाएँ-स्थापत्य, मूर्ति, चित्र, साहित्य और संगीत के साथ-साथ उपयोगी कलाओं की श्रेणी में समस्त हस्तशिल्प कलाएँ आती हैं। इसे मूर्त विरासत की श्रेणी में भी रखा जा सकता है।

अमूर्त विरासत की श्रेणी में हमारे लोक विश्वास, परम्पराएँ, लोक संकेतक, लोकगीत, लोक संगीत, लोक संस्कार आदि को रखा जाता है।

रामकथा के कला सन्दर्भों का फलक भारत के सभी मूर्त और अमूर्त विरासत में प्राप्त होता है।

## स्थापत्य

रामकथा अयोध्या एक है जहाँ राम का जन्म होता है, मिथिला एक है जिसके जनकपुर में माता सीता का जन्म होता है और राम सीता का विवाह होता है। वनवास के विभिन्न स्थलों से विचरण करते हुए श्रीराम लंका पहुँचते हैं और रावण वध के पश्चात अयोध्या के राजा बनकर राम राज्य की स्थापना करते हैं। इस पूरी कथा में क्रमबद्ध स्थलों का मिलना क्या आश्चर्य की बात नहीं हैं।

विद्वान इस बात पर अवश्य विचार करें कि किसकी प्रेरणा से ये सारे स्थल क्रमिक रूप में बनाये गये।

## मूर्ति

मूर्ति कला के क्षेत्र में भी रामकथा का व्यापक परिदृश्य विद्यमान है। दूसरी शताब्दी ईसवी में सीता हरण के टेराकोटा मूर्ति शिल्प के साथ भारतवर्ष के लगभग 11 राज्यों में तीसरी, चौथी, पांचवीं शताब्दी तक अद्‌भुत मूर्ति शिल्पों की उपलब्धता प्राप्त होती है।

वर्तमान में इन मूर्ति शिल्प स्थलों पर वृहत शोध कार्यों की भी सम्भावना है।

चित्रकलाओं की 03 परम्पराएँ मिलती हैं– लोक चित्रकला, लघु चित्रकला एवं आधुनिक चित्रकला।

लोक चित्रकलाओं में रामकथा– मधुबनी, पटुआ, उड़िया, चेरियल, चित्रकथी आदि में पारम्परिक रूप से प्राप्त होती है।

वाल्मीकि रामायण में यह उल्लेख है कि सीता निर्वासन के बाद राम अपने कक्ष में सीता के चित्र को देखकर आह्लादित हुए अर्थात् रामायण के पूर्व ही ऐसी लोक चित्रकलाओं का उद्‌भव हो चुका था।

लघु चित्र शैलियों में कांगड़ा, पहाड़ी, फड़, तंजाउर के साथ ही साथ मेवाड़ी, मुगल आदि लगभग सभी शैलियों में अद्‌भुत चित्र श्रृंखला प्राप्त होती है।

मेवाड़ के राणा जगत सिंह द्वारा 164 वर्ष पूर्व रामायण के अद्‌भुत चित्रों का निर्माण कराया गया था जो आज ब्रिटिश म्युज़ियम की शोभा हैं।

आधुनिक चित्र शैलियों में प्रसिद्ध चित्रकार मकबूल फिदा हुसैन का नाम लिया जा सकता है जिनके द्वारा बड़े-बड़े चित्र रामायण पर आधारित बड़ी संख्या में बनाये गये। लगभग सभी आधुनिक चित्रकार रामकथा पर आधारित उत्कृष्ट चित्र बनाकर सन्तुष्ट होते हैं।

## साहित्य संगीत की युग्म प्रस्तुति-रामलीलाएँ

रामलीलाएँ समवेत रूप में साहित्य और संगीत की अभिव्यक्ति हैं।

मेधा भगत जी द्वारा झाँकी लीला के रूप में प्रारम्भ की गयीं रामलीलाएँ महाकवि तुलसी के साहित्यिक और सांगितिक स्पर्श को पाकर जीवन्त हो उठीं।

भारत की लगभग 500 वर्ष की अनवरत और अक्षुण्णा परम्परा को यूनेस्को द्वारा विश्व विरासत की श्रेणी में वर्ष 2005 में सम्मिलित किया गया।

रामलीलाओं की प्रस्तुति के दो स्वरूप हैं– मैदानी रामलीलाएँ और मंचीय रामलीलाएँ।

## मैदानी रामलीलाएँ

मैदानी रामलीलाओं हेतु बाबा तुलसी विशेष मंच बनाया था जिसमें दर्शक मध्य में तथा उत्तर की ओर अयोध्या एवं दक्षिण की ओर लंका मंच बनाये जाते थे। पूर्व विशिष्ट अतिथियों तथा पश्चिम दिशा में व्यास गद्दी होती थी।

चारो दिशाओं में मंच बनाकर बीच में दर्शकों को बैठाकर भारतमुनि के सूक्ष्म जानकार बाबा तुलसी ने एक नया मंच बनाया जिससे दर्शकों को रामकथा से संवाद स्थापित करने में सुगमता हुई।

बाबा तुलसी की यह रामलीला स्वतन्त्रता संग्राम की अव थी में पूरी तरह से क्रान्तिकारियों द्वारा अपने संदेशों को अभिव्यक्त करने हेतु सुगम माध्यम के रूप में प्रयोग की जान लगी।

राम और रावण का युद्ध काल विशेष में अपना सन्दर्भ बदलकर स्वतन्त्रता संग्राम से जुड़ गया।

1921 में प्रयाग में की जाने वाली मोबाइल रामलीला जिसे चौकी पर प्रस्तुत की जाने वाली रामलीला कहा जाता था, जिलाधिकारी, इलाहाबाद की रिपोर्ट शोथ के कई अध्याय समेटे है।

स्वतन्त्रता संग्राम में चकमा देने के लिए राम बारात की परम्परा प्रारम्भ हुई। राम बारात एक सांस्कृतिक अनुष्ठान है जिसे प्रतिबन्धित नहीं किया जा सकता। इस कारण बड़े शहरों में जहाँ अँग्रेज़ों के जासूस और सिपाही ज़्यादा थे उनके समक्ष शान से राम बारात निकलती थी और क्रान्तिकारी अपने विचारों का आदान-प्रदान कर लेते थे। ऐसी राम बारात आगरा, मथुरा, दिल्ली, मेरठ, अलीगढ़ से लेकर सभी बड़े क्रान्तिकारी केन्द्रों में आज भी प्रचलितहै। आवश्यकता है इस बात की है कि इनके उत्स को खोजा जाये।

बड़े शहरों से निकट ग्रामीण क्षेत्रों में कई दिनों की मैदानी रामलीलाएँ होती थीं। जिसमें बड़ी संख्या में आमजन इकट्ठा होकर क्रान्तिकारियों के विचारों को सुनते और उनके संदेशों को बाँटते थे।

ग्रामीण क्षेत्रों की मैदानी रामलीलाओं में-कोंच, जसवन्तनगर, अकबरपुर (कानपुर देहात), रसड़ा आदि आज भी अत्यन्त भव्यतम तरीके से प्रस्तुत होती हैं।

प्रदेश के प्रत्येक जिले और कस्बे में रामलीला मैदान हैं जिसके पीछे का इतिहास भी अत्यन्त रोचक है। इन रामलीला कमेटियों के संचालक स्वतन्त्रता संग्राम सेनानी या उनके परिवार के लोग थे तथा रामलीला मैदान स्वतन्त्रता संग्राम का मैदान था। इस तथ्य पर भी विशद रूप से शोध कार्य आवश्यक है।

मैदान रामलीलाएँ केवल दशहरें में नहीं होती थीं, इनका भी एक विस्तृत कैलेण्डर है जो

आम जनता द्वारा आपसी समझ से क्रमिक रूप से बनाया गया था जिससे स्वतन्त्रता संग्राम सेनानी अपना संदेश पूरे इलाके में क्रमिक रूप से प्रदान कर सके।

प्रदेश के बाहर भी उन क्षेत्रों में रामलीलाओं का प्रचलन ज़्यादा है जहाँ स्वतन्त्रता संग्राम सेनानी भारत की स्वतन्त्रता के लिए संघर्षरत थे।

पूरी की शाही यात्रा का विशेष उल्लेख किया जा सकता है जिसमें 15 दिनों तक प्रतिदिन रामलीला के पात्र गलियों और सड़कों से निकलकर जगन्नाथ जी के मन्दिर तक पहुँचते थे। आम जनता को कलारूप से जोड़ने का इससे अच्छा माध्यम आज तक भारतवर्ष में नहीं है।

प्रवासी देशों में भी रामलीलाएँ प्रस्तुत की जा रही हैं, जो मैदानी रामलीलाओं के रूप में हैं।

सोने की लंका का राजा रावण था जिसने सीता का हरण किया, राम ने रावण कुल को मारकर सुदूर अशोक वाटिका से सीता को मुक्त कराया-इसी भाव से प्रवासी देशों में रामलीला और रामकथा को अन्तर्मन से स्वीकार किया गया।

धन का लालच देकर जिन गिरमिटिया मज़दूरों को भारत से प्रवासी देशों में ले जाया गया था वहाँ उन्हें बन्धक बना दिया गया। अपनी मुक्ति का संग्राम और अन्याय से युद्ध की प्रेरणा और शक्ति रामलीला से ही प्राप्त हुई।

प्रवाशी देशों के हमारे भाईयों द्वारा बड़े मार्मिक रूप से अभिव्यक्त किया जाता है कि यदि रामचरित मानस और रामलीला नहीं होती तो शायद उनके आजा-आजी भी जीवित नहीं रह पाते।

मैदानी रामलीलाओं का एक बृहद स्वरूप यह भी है कि यह पूरे समाज को जोड़ती है। रामलीला धर्म विशेष की नाट्य प्रस्तुति बिल्कुल नहीं है यह सामाजिक समरसता का अनूठा उदाहरण है।

रामलीलाओं में प्रयुक्त होने वाले पुतले अधिकांशतः मुस्लिम कलाकारों द्वारा बनाये जाते हैं। यदि एक वर्ष का केवल दिल्ली का आंकड़ा लें तो दशहरे के अवसर पर लगभग 300 मण्डलियों द्वारा प्रस्तुत की जाने वाली रामलीलाओं में लगभग 300 करोड़ का व्यय होता है। चंदा अधिकांशतः हिन्दू समाज के लोग तथा अन्य समाज के लोग भले देते हों परन्तु व्यय का अधिकांश हिस्सा मुस्लिम कलाकारों की जेब में जाता है।

रामलीलाएँ मुस्लिम कलाकारों को आर्थिक संसाधन मुहैया कराती है यह एक रोचक तथ्य है।

बरेली में 1857 में मुस्लिम समाज द्वारा लगभग चार किलोमीटर सड़क पर होली के समय रामलीलाएँ प्रारम्भ की गयीं। यह केवल एक बानगी है। जब अँग्रेज़ों ने फूट डालो और राड करो के आधार पर हिन्दू-मुस्लिम एकता को विखण्डित करने का प्रयास किया तब दोनों समुदाय के लोगों ने ऐसी रामलीलाएँ अनेक स्थानों पर प्रारम्भ की जिस पर भी शोध कार्यों की आवश्यकता है।

## मंचीय रामलीला

पारसी थियेटर से प्रभावित रामलीलाएँ भी मंच पर बड़े-बड़े पर्दे लगाकर प्रारम्भ हुई जो आज भी व्यवसायिक कलाकारों द्वारा प्रस्तुत की जा रही हैं।

मंचीय रामलीला में राधेश्याम रामायण के गेय संवाद के साथ-साथ नौटंकी के तत्व भी

सम्मिलित हुए।

क्षेत्र विशेष की रामलीला मण्डलियों द्वारा अपने लिए अलग से स्क्रिप्ट बनाकर भी सौकिया कलाकारों द्वारा दशहरे के आसपास ऐसी रामलीलाएँ मंचित की जाती हैं।

ऐसी सभी रामलीलाओं की स्क्रिप्ट का संग्रह भी किया जाना एक परम्परा को संग्रहीत करना होगा।

अयोध्या शोध संस्थान द्वारा 20 मई, 2004 से अनवरत रामलीला के रूप में मंचीय रामलीला की प्रस्तुतियाँ प्रारम्भ की गयीं।

विज्ञापन के द्वारा पूरे भारतवर्ष की रामलीला मण्डलियों का चयन किया जाता है जिसमें रामजन्म से राजगद्दी तक के प्रसंग 15 दिन में प्रस्तुत किये जाते हैं।

भारतवर्ष के लगभग सभी प्रान्तों के पारम्परिक रामलीला दलों की प्रस्तुतियाँ की जा चुकी हैं।

प्रमुख शैलियों में अवध, ब्रज. मिथिला, बघेलखण्ड, बुन्देलखण्ड, रुहेलखण्ड शैली के साथ-साथ उड़ीसा के दशपल्ला की रामलीला, कर्नाटक का यक्षगान, अल्मोड़ा की प्राचीन रामलीला भी प्रस्तु हो चुकी हैं। कलकत्ता, आन्ध्र और उदयपूर की कठपुतली शैली में भी रामलीलाओं का मंचन आकर्षण का केन्द्र रहा है।

नई दिल्ली स्थित श्रीराम भारती कला केन्द्र द्वारा तीन खण्डे में रामलीला की नाट्य प्रस्तुति का अद्भुत मंचन किया जाता है जिसे अन्तर्राष्ट्रीय मानकों के समीप माना जाता है। इस रामलीला में भारत के सभी प्रदर्शनकारी कलारूपों को आधार बनाया गया है।

कठपुतली रामलीला के रूप में भोपाल की लिटिल बैले ग्रुप द्वारा भी संगीतमय प्रस्तुत की जाती है।

## उपयोगी कला-हस्तशिल्प

भारत का हस्तशिल्प विश्व के अन्य देशों के हस्तशिल्प से इसलिए भिन्न है कि इसमें रामायण, महाभारत एवं बौद्ध, जैन परम्पराओं का व्यापक आधार समाहित है।

रामकथा के आधार पर भारतवर्ष के सभी प्रदेशों के सभी हस्तशिल्पों में उत्पाद प्राप्त होते हैं।

टेराकोटा, मूर्ति, धातु, काष्ठ, वस्त्र, चर्म आदि हस्तशिल्पों में जब रामकथा का दार्शनिक चिन्तन अभिव्यक्त होता है तब उसकी महत्ता कई गुना बढ़ जाती है।

विकास आयुक्त हस्तशिल्प भारत सरकार के सहयोग से अयोध्या में हस्तशिल्प संग्रहालय की स्थापना की जा रही है।

रघुनाथ गाथाः खबरे खुद बोलती हैं

दशहरे के शुभ अवसर पर भारतवर्ष में एक अजीब उल्लासमय वातावरण बन जाता है जब रामलीला और दशहरे की गतिविधियाँ गाँव-कस्वों तक स्वतः स्फूर्त भाव से होने लगती है।

संस्थान द्वारा लगभग 50 जिलों की ऐसी गतिविधियों को समाचार पत्रों की कटिंग के माध्यम से संकलित किया गया है।

समाचार पत्रों की ये कतरने बहुत कुछ अपने आप कह जाती हैं।

प्रत्येक समाचार पत्र संवाददाता बड़ी मेहनत से खोजपूर्ण खबर लिखता है। आवश्यकता

इस बात की है कि अन्वेषक की दृष्टि भी इस पर पड़े।

## रामकथा : विदेशी सन्दर्भ

कलारूपों के माध्यम से रामकथा के व्यापक विदेशी सन्दर्भ भी प्राप्त होते हैं।

बेल्जियम निवासी फादर कामिल बुल्के रामकथा के मर्मज्ञ हैं जिन्होंने भारत को ही अपना देश मान लिया था– रामकथा के कारण।

रूस, चीन, जापान, जर्मनी, आस्ट्रिया, हंगरी सहित अनेक देशों में मूलभूत से उन्हीं भाषाओं में रामकथा का विस्तृत प्रकाशन किया जा रहा है।

रामकथा के विदेशी सन्दर्भों में दो श्रेणिया हैं। ऐसे विद्वान जो विदेशी मूल के हैं और विदेश में रह रहे हैं जिनके द्वारा उत्कृष्ट रामकथाओं का सृजन किया जा रहा है। कुछे ऐसे विद्वान भी हैं जो अपना मूल देश छोड़कर भारत में रहते हुए रामकथाओं का सृजन कर रहे हैं।

रामलीलाओं के रूप में चीन, जापान, इण्डोनेशिया, वर्मा, श्रीलंका, कम्बोडिया अदि में उत्कृष्ट रामलीलाएँ होती है।

इण्डोनेशिया मुस्लिम देश होने के बावजूद भी कठपुतली रामलीलाओं के रूप में प्रसिद्ध है।

चीन और जापान में अत्याधुनिक कठपुतली रामलीलाएँ मंचित की जा रही है।

न्यूयार्क जैसे अमेरिकी और आधुनिक शहर में रामायण पर आधारित क्वीज प्रतियोगिताएँ पिछले सभी रिकार्ड को तोड़ रही हैं।

## टेलीविज़न फिल्म और एनीमेशन में रामकथाएँ

कुछ समय पूर्व रामानन्द सागर द्वारा प्रस्तुत रामायण सीरियल इतना लोकप्रिय हुआ कि सड़कें वीरान हो जाती थीं। इसके मुकाबले आज तक कोई टेलीविज़न सीरियल लोकप्रिया नहीं हो सका है।

लगभग सभी प्रमुख बड़े कला निदेशकों द्वारा रामकथा पर आधारित विभिन्न टेलीविज़न सीरियल बनाये गये जो सफल भी रहे।

फिल्मों में भी रामकता का व्यापक प्रयोग किया गया है। दक्षिण भारत की बाल रामायण अत्यन्त लोकप्रिय एवं उत्कृष्ट फिल्म है जिसे छोटे-छोटे बच्चों ने अद्‌भुत और आकर्षक रूप में प्रस्तुत किया है।

एनीमेशन फिल्मे बी देश और विदेश में बनने लगी हैं जो नई पीढ़ी में लोकप्रिय बन रही हैं।

मल्टीमीडिया और आधुनिक संचार माध्यम भी रामकथा को लोकप्रिय बनाने में सहायक है।

## व्यास परम्परा और रामकथा

व्यास परम्परा भारत की अत्यन्त प्राचीन परम्परा है। कथावाचक की रोचक शैली में भारतीय धर्म, चिन्तन के गूढ़ रहस्य आमजन तक पहुँचते हैं।

व्यास परम्परा की तीन प्रमुख धाराएँ हैं– राम, कृष्ण एवं शैव परम्पराएँ।

राम परम्परा पर आधारित कथा वाचक शैली अत्यन्त लोकप्रिय है। अयोध्या, मथुरा, काशी से लेकर गुजरात में मोरारी बापू तक अत्यन्त प्रसिद्ध कथावाचक हैं जिन्हें भारतवर्ष ही नहीं

अपितु विदेशों में भी आमन्त्रित किया जाता है।

रामकता को कथावाचन शैली में प्रस्तुत करने से आमजन से लेकर विशिष्ट जन तक सुगमता से संदेश को पहुँचाया जा सकता है।

प्रतिदिन लाखों की भीड़ आठ-आठ घण्टं प्रवचन सुनती है यह अपने आप में एक रोचक तथ्य है।

कथा वाचन शैली का शोध सर्वेक्षण और प्रकाशन भी एक बड़ी चुनौती है जो आज समय की माँग भी है।

"सिया राम मय सब जग जानी, करहूँ प्रणाम जोरि जुग पाणी"

'गाँधीजी के सपने प्रेमचंद के भी अपने है'।

# ग्राम स्वराज और नारी साधिकारता का सन्दर्भ

*वी. जगन्नाथ रेड्डी*

बीसवीं सदी में भारत जैसे सदियों पुराने बहुभाषिक एवं बहुसंस्कृतिक देश में समाज और साहित्य दोनों को प्रभावित करनेवाले अत्यन्त प्रसिद्ध मनीषियों में महात्मा गाँधी और प्रेमचंद अग्रगण्य हैं। भले ही दोनों अपने अपने क्षेत्र में पर्याप्त प्रभावात्मक भूमिका निभाते हुए भी दूसरे क्षेत्र पर भी अपनी अमिठ छाप डाले हैं। क्यों कि समाज और साहित्य दोनों चिरपरिवर्तनशील है। एक दूसरे पर आश्रित होकर साथ साथ चलते हुए आज इस कगार पर पहुँच गये है कि दोनों क्षेत्रों से सम्बन्धित अनेक परिणाम उन्हें प्रभावित कर रहीं हैं। इन परिणामों से वाकिफ न होते हुए न साहित्य का सृजन होता है और न साहित्यकार की प्रासंगिकता के बारे में चर्चा होती है, चाहे वह स्वतन्त्रतापूर्व हो या स्वतन्त्रता के बाद। एक ओर आज 21वीं सदी में भारत का प्रजातन्त्र अपनी शिकर पर पहुँचकर पूरे विश्व में एक सफल जनतन्त्र के रूप में भासित हो रही है वहीं दूसरी ओर उसी तन्त्र के अन्दर पिसते हुए हर पल जीने मरने का संघर्ष करनेवाले एक असहाय बेबस निरीह प्राणी 'किसान' की चर्चा जोरों से हो रही है। जब कभी चर्चा किसान की होती है तो तुरन्त उस बेबस निरीह असहाय किसान के प्रति पूरी निष्ठा के साथ अपने विचारों और अपनी रचनाओं के माध्यम से सहानुभूति जतानेवाले महापुरुषों के रूप में महात्मा गाँधी और सहित्यकार प्रेमचंद की याद आती है। वे दोनों इसलिए अमर होगये हैं कि एक तो अपनी विचारधारा के माध्यम से और दूसरे ने अपनी रचनाओं के द्वारा औसत भारतीय किसान जीवन को अपने विशाल सामाजिक और सहित्यिक कान्वास पर यथावत अंकित किये हैं। सामाजिक क्षेत्र में भारतीय ग्राम के बारे में गाँधीजी के द्वारा अपनाये विचार ग्राम स्वराज एवं साधिकारता और प्रेमचंद की रचनाएँ खासकर 'गोदान' उपन्यास गाँधीजी के आदर्शों का जीवंत चित्रण के कारण विश्व के उच्चकोटि की रचनाओं में एक माना जाता है। भलें हीं गोदान को औसत' भारतीय किसान की दीनगाथा मानने पर भी असलियत तो यह है कि प्रेमचंद गाँधीजी के विचारों से प्रभावित होकर अपनी रचना 'गोदान' में अन्तर्लीन रूप से ग्रामस्वराज और नारी साधिकारिता का वर्णन किए है।

वास्तव में प्रेमचंद ने अपनी समस्त रचनाओं को इन्हे दृष्टि में रखकर किया जो समाज के सर्वाधिक उपेक्षित, निरक्षर, निस्सहाय बेबस वंछित लोग थे। और बाद में उन्हे मालूम पढ़ा कि उनके उद्धार के लिए ही जन्मे एक मसीहा है गाँधीजी जिन्होंने उनके अन्त्योदय, अभ्युत्थान और सामाजिक मुख्य धारा में प्रवाहित करने के लिए पूरे समाज के सभी वर्गों में संवेदना और सहानुभूति को जगाया था। प्रेमचंद की उपन्यासों में राम-रहीमी शैली का संयोग मिलता है जिससे हम सहज ही मोहित हो जाते है। डॉ. नन्ददुलारे वाजपेयी का कहना है कि 'गोदान' का स्थापत्थ विशृंखलित है। इसमें गाँव और शहर के चित्र सन्तुलन और सामंजस्य नहीं रखते

हैं। जबकि नलिन विलोचन शर्मा का कहना है कि भारतीय सामाजिक जीवन और संस्कृति उस नदी की तरह है जिसके एक तट पर ग्रामांचल बसा है तो दूसरे तट पर नगरांचल। यही उसका वैशिष्ट्य है और इसी कारण से गोदान को महाकाव्यात्मक उपन्यास माना जाता है। इसमें होरी अपनी चारचार छोटी छोटी इच्छाओं की पूर्ति नहीं कर पाता है और अन्त में मर भी जाता है। वे इच्छायं हैं -अपने आंगन में एक गाय को पोसना, किसान बने रहना, मजदूरी नहीं करना और बेटी को बेचना नहीं बल्कि अच्छे घराने में विवाह कर देना। सम्पूर्ण जीवन संघर्ष करते हुए भी, वह इन चार इच्छाओं की पूर्ति नहीं कर पाता है और परास्त हो जाता है। त्रासदी इस पराजय में है मृत्यु में नहीं है। मृत्यु तो अवश्यंभावि है। लेकिन मृत्यु से पहले होरी अपनी इन छोटी-सी इच्छाओं को पूरा नहीं कर पाता है। अर्थात वह गाय नहीं पाल पाता है, विवाह के लिए बेटी को बेचना पड़ता है, उन्हे जमीन को गिरवी रखनी पड़ती है, और बाद में बेचनी पड़ती है, और अन्त में वह मजदूर बन जाता है और मजदूरी करते हुए ही मर जाता है। यहाँ होरी नहीं बल्कि होरी की इच्छाओ की मौत होगयी थी। यही सही पराजय है। पराजय मृत्यु से भी बड़ी त्रासदी है। प्रेमचंद ने इसी त्रासदी को संवेदनात्मक मानवीय परिभाषा दी। इस अर्थ में वे गाँधीवादी ही नहीं सफल मानवतावादी साहित्यकार भी है जिन्होंने पाखंड, ढोंग़, छलछदम कृत्रिमता और कपट का विरोध किया है जो उनकी रचनाओं में भी सपष्ट दिखाईपड़ता है। गाँधीजी जैसे वे भी अज्ञानजन्य रूढ़ियों और अंध विश्वासें के घोर विरोधी थे लेकिन नास्तिक नहीं थे। वे गुणाढ़्य परम्परा के कथाकार थे जिनकी कथाधारा में उच्च वर्ग से लेकर निम्न वर्ग तक का सम्पूर्ण समाज है। जैसे 'बापूजी', 'महात्मा' और 'अहिंसा के पुजारी' जैसे नाम गाँधीजी के व्यक्तित्व को सूचित तो कर सकते है, उसी प्रकार 'कलम के सिपाही', 'कलम के मजदूर', 'कलम के जादूगर' 'स्याही के मसीहा' आदि उपाधियाँ उनकी रचनात्मक कौशलता, उनके व्यक्तित्व की गहराई और उंचाई को नापने में सिर्फ कुछ हद तक ही सहायक हैं लेकिन पर्याप्त नहीं है। इसीलिए ये सारे नाम उन दोनों की विराट दृष्टि और संवेदना के सामने बहूत ही छोटे लगती हैं। गाँधीजी और प्रेमचंद दूरवीक्षण और सम्यक दृष्टि के सर्वश्रेष्ठ समाजशास्त्री और कथाकार हैं। इसलिए बडप्पन की परिभाषा जब बदली है तो 'समाज में व्यक्ति के स्थान' पर 'व्यक्ति के अन्दर कितना बड़ा समाज है' इसे मानकर चलनेवाले किस्सागो है 'प्रेमचंद'। इसीलिए तो गाँधीजी की नारी-स्वतन्त्रता और साधिकारिता की भावना के अनुरूप उन्होंने मालती जैसी पात्र का सृजन किया था।

पूरे गोदान उपन्यास में मालती एक ऐसी क्रान्तिकारी नारी है जो घर के चारा दीवारी, घूँघट और रुढ़िये के परिबंधन से मुक्त होकर सामाजिक चौराहे पर आती है, मर्दों से कदम दर कदम चलती है और अपनी वाणि को सुस्पष्ट प्रकट करती है। उस समय का समाज उसे उंची दृष्टि से नहीं देखता है। स्वयं प्रेमचंद उसे जानते थे और इसलिए उन्होंने गोदान में ही मालती के लिए एक पंक्ति का प्रयोग किया है जो उसके सम्पूर्ण व्यक्तित्व को पूरी तटस्थता के साथ विश्लेषित करता है। वह पंक्ति है– 'मालती बाहर से तितली है और अन्दर से मधुमक्की है।' मालती के लिए इससे अच्छी पंक्ति और हो भी नहीं सकती है। इस प्रकार मालती पात्र चित्रण के द्वारा प्रेमचंद गाँधीजी के सपनों का साकार रूप प्रदान किए है।

निष्कर्षः वस्तुतः गाँधीजी और प्रेमचंद का पुनर्मूल्यांकन किया जाय तो स्पष्ट होता है कि वे संवेदनशील और विश्वसनीय यथार्थ के अतिशयतारहित संयमित संवेदनशील मानवतावादी

वैश्विक सामाजिक द्रष्टा और साहित्यकार हैं। सच्चा साहित्य वहीं है जिसमें उच्च चिन्तन हो, स्वाधीनता का भाव हो, सर्जन की आत्मा हो, जीवन की सच्चाइयों का प्रकाश हो। वह हमें संघर्ष करने की प्रेरणा देता है, हम मैं बेचैनी पैदा करता है, हमें गतिमान बनाता है। इन सभी कसौटियों पर गाँधीजी के विचार और प्रेमचंद का साहित्य खरा उतरते हैं। वे दोनों सचमुच अद्‌भुत प्रतिभासम्पन्न विश्वसनीय युगांतकारी आदर्श सामाजिक स्रष्ट और द्रष्ट बनकर आज भी हमे प्रेरित करते है और गाँव के करोड़ों पीड़ित शोषित पददलित अभाग्यों के सम्मान और न्यायपूर्ण जीवन की कांक्षा करनेवाले महान योगी और न्यागी के रूप में आनेवाले सदियों तक सदा रहेंगे। जब तक भारत में गाँव रहेंगे तबतक गाँधीजी के सपने प्रेमचंद जैसे अनेकों वर्धमान साहित्यकारों की रचनाएँ अपनी निरन्तरता और प्रासंगिकता के साथ सबको प्रेरित करते ही रहेंगी। इस प्रकार कह सकते है कि भारत जैसे बहुभाषिक एवं बहुसांस्कृतिक देश में समाज और साहित्य दोनों को अपने सपने जैसे विचारों से जहाँ गाँधीजी ने प्रतिपादन किया है तो प्रेमचंद जैसे सफल साहित्यकार अपनी पूरी प्रतिभा एवं सम्यक दृष्टि से अपनाकर रचनाओं के माध्यम से प्रस्तुत करके लोगों को सचेत किए है। यही उन दोनों की सफलता का साक्ष्य है और यह पीढ़ी दर पीढ़ी को प्रेरणस्रोत रहेगी।

## सन्दर्भ ग्रन्थ

1. गोदान-प्रेमचंदः राजपाल सन्स, नई दिल्ली, 2007।
2. सत्य के प्रयोग-मोहनदास करमचंद गाँधी : राजपाल सन्स, नई दिल्ली, 2008।
3. प्रेमचंद का गाँव बनाम प्रजातन्त्र का गाँव, डॉ.वी.जगन्नाध रेड्डी।

# समकालीन हिन्दी नाटकों में मानवाधिकार का प्रश्न और गाँधी

*आभा गुप्ता ठाकुर*

मध्यकाल में मनुष्य अपने कर्तव्यों द्वारा परिचालित होता था जबकि आज वह अपने कर्तव्यों से उदासीन और अधिकारों के प्रति सचेत है। सच तो यह है कि "मानवाधिकारों का जन्म पृथ्वी पर मनुष्य के विकास के साथ ही हुआ, क्योंकि इन अधिकारों के बिना वह न तो गरिमा के साथ जीवन यापन कर सकता था और न सभ्यता और संस्कृति का विकास कर सकता था। लेकिन इसके साथ ही मानव अधिकारों के दमन का सिलसिला भी शुरू हो गया, क्योंकि शक्तिशाली व्यक्ति या समूह दूसरों का शोषण करके ही अपना वर्चस्व बनाये रख सकते थे। पिछले पाँच हज़ार सालों में एक तरफ इस वर्चस्व का रूप बदलता रहा है, तो दूसरी तरफ इस बात की भी आवश्यकता महसूस की जाती रही है कि मानव अधिकारों को ठीक-ठीक परिभाषित किया जाये तथा उनकी सुरक्षा के उपाय भी किये जायें।"[1]

भारत में ऋग्वेद एवं कौटिल्य के अर्थशास्त्र में विविध मानवाधिकारों का प्रच्छन्न रूप से उल्लेख मिलता है–

"संगच्छधवं सं वदध्वं सं वो मनांसि जानताम्।"[2]

इसका अर्थ है– हे मानव प्राणी! आप सभी परस्पर सहयोग से साथ-साथ रहें, मित्रतापूर्वक एक-दूसरे से वार्ता करें एवं जीवन के साझे आदर्शों वाला ज्ञान प्राप्त करें।

इसी प्रकार ऋग्वेद के दूसरे मन्त्र (मंडल 10, सूक्त 191, मन्त्र 4) में ऐसा ही भाव व्यक्त किया गया है–

समानो व आकृतिः समानो हृदयानिव।
समानमस्तु वो मनो यता वः सुसहासति।।[3]

इसका अर्थ है– अपने संकल्पों, हृदयों एवं मनों में एकरूपता होने दो। सभी में परस्पर सहयोग के साथ जीने की शक्ति पुष्ट होने दो।

हमारा अतीत कितना ही सुनहरा क्यों न हो वर्षों की गुलामी ने भारतीय जनजीवन को क्षत-विक्षत कर उसकी स्वर्णिम विरासत से उसे इस तरह विच्छिन्न कर दिया है कि उसके अवलम्ब से हम अपने जीवन मूल्यों को पुनर्निर्मित नहीं कर सकते। इस लम्बे अन्तराल ने हमें पाश्चात्य संकल्पनाओं पर आश्रित बना दिया है। आधुनिकीकरण वास्तव में औद्योगीकरण एवं रूसी क्रान्ति से निःसृत विचार सरणियों का ही उपज था। दो विश्वयुद्धों, औपनिवेशिक शोषण तथा बाद में भारत-विभाजन की त्रासदी में हुए नर-संहार ने मानवाधिकारों के लिए लड़े जाने वाले आन्दोलनों की जमीन तैयार की। अतः अपने वर्तमान स्वरूप में मानवाधिकार निश्चित ही व्यक्ति-स्वतन्त्रता केन्द्रित ठेठ आधुनिक अवधारणा है, जिसके मूल में जे. जे. रुसो का समता,

स्वतन्त्रता और विश्वबन्धुत्व का विचार है। रुसो ने कहा थाः

"मनुष्य स्वतन्त्र पैदा होता है किन्तु सर्वत्र जंजीरों में जकड़ा रहता है।"[4]

जैसा कि सर्वविदित है ब्रिटिश उपनिवेशकाल में मानवाधिकारों का घघोर उल्लंघन हुआ किन्तु गुलामी से नाभिनाल बद्ध है मुक्ति की कामना और हमारा स्वाधीनता-आन्दोलन "मनुष्य के हक" की लड़ाई– अहिंसा और सत्याग्रह के हथियारों से लड़ता हुआ, विश्व के मुक्ति संघर्षों में एक मिसाल बन, इतिहास में दर्ज हो गया। हमारे उस सत्याग्रह-युग के राजनैतिक और नैतिक आच्छादन थे– महात्मा गाँधी और साहित्य में उस राजनैतिक पराभव और सांस्कृतिक ह्रास से उबरने का बौद्धिक प्रयास कर रहा था– छायावादी आन्दोलन। सत्याग्रह-युग विजयदेवनारायण साही के अनुसार "विराट नाटकीयता का युग" था और इस युग के प्राणों की लय थे– महात्मा गाँधी। साही के अनुसारः

"गाँधी जी हिन्दुस्तान के लिए गाँधी इसलिए नहीं थे कि वे हमारे विचारों या आदर्शों के प्रवक्ता थे, उनका जोड़ देश के साथ कहीं और भी गहरा था, वे हिन्दुस्तान की जिन्दगी के रिद्म की अभिव्यक्ति थे; इतनी पूर्णता के साथ, जो उस युग में किसी और को प्राप्त नहीं थी और आगे भी किसी को हो सकेगी, कहना कठिन है।"[5]

अतः यदि मैं यह कहूँ कि गाँधी उस युग के प्राणों का स्पंदन थे तो ये कोई अतिशयोक्ति न होगी। गाँधी ने ताउम्र मनुष्य के अधिकारों की लड़ाई लड़ी। वे 20 वीं सदी में मानवाधिकारों के सबसे बड़े योद्धा थे।

गाँधी जी ने कहा थाः

"मैं ऐसे भारत के लिए प्रयास करूँगा जिसमें गरीब से गरीब आदमियों को यह अनुभव हो कि यह देश उनका है और इसके निर्माण में उनकी कारगर भूमिका है; एक ऐसा भारत जिसमें लोगों का न कोई उच्च वर्ग होगा और न निम्न वर्ग; एक ऐसा भारत जिसमें सभी समुदाय पूर्ण मैत्री-भाव से साथ रहेंगे। ऐसे भारत में छुआछूत के अभिशाप अथवा मादक द्रव्यों या नशीली दवाइयों के अभिशाप के लिए कोई स्थान नहीं होगा। स्त्रियों को भी पुरुषों के समान अधिकार प्राप्त होंगे। .. न हम किसी का शोषण करेंगे और न किसी को अपना शोषण करने देंगे.... मेरे सपनों का भारत यही है ... मुझे कोई और भारत नहीं चाहिए।"[5]

साहित्य की सभी कलाओं में नाटक सर्वाधिक जनतांत्रिक कला है। जीवन की सजीव प्रतिलिपि होने की वजह से उसके केन्द्र में "मानवीय सरोकारों का होना उतना ही स्वाभाविक है जितना गाँधी दर्शन में। अपने उत्थान के आरम्भिक चरण में ही नाटक ने "भारत-दुर्दशा" का चित्रण कर "अंधेर-नगरी" की विवेक-भ्रष्ट शासन-व्यवस्था को अनावृत कर दिया था।

प्रसाद के नाटकों में भी "विजयिनी मानवता हो जाये" का जयघोष मिलता है। गाँधी का जीवन-दर्शन जितना अपने समय के प्रति सच्चा था उतना ही शायद या उससे ज़्यादा समकालीन सन्दर्भ में प्रासंगिक एवं महत्त्वपूर्ण होता गया।

उत्तर आधुनिक युग केन्द्र से परिधि की ओर संचालित समय है। विचारों की परम बहुलता का समय है। यही वजह है कि इसमें स्त्री-विमर्श, दलित-विमर्श आदिवासी विमर्श तथा युगों से वंचित उपेक्षित समूहों को अपनी बात कहने का अवसर मिला है। ऐसे समय में गाँधी फिर बेहद ज़रूरी हो गये हैं और नाटकों पर उनका प्रभाव कहीं प्रत्यक्ष तो कहीं परोक्ष रूप से विद्यमान है। हिन्दी नाटकों में सदियों से दबे-कुचले दलितों की आवाज़ हमेशा से अभिव्यक्ति के लिए

छटपटा रही थी। उनकी तड़प, उनकी छटपटाहट की अभिव्यक्ति है, हमारे समय का बेहद महत्त्वपूर्ण नाटक स्वदेश दीपक का "कोर्टमार्शल"। जो मानवाधिकारों का दहकता दस्तावेज है। नाटक को पढ़ते हुए लगातार कामू की पंक्ति अन्तर्मन में गूँजती रहती है– "I rebel therefore we are."

नाटक का कथा-सूत्र महज इतना है कि रामचंदर नामक दलित जवान ने अपने अफसर पर गोली चलाई और इस अपराध के लिए उस पर कोर्ट मार्शल का मुकदमा चला। नाटक इस मुकदमे की कार्यवाही के साथ शुरू होता है। रहस्य बना रहता है कि आखिर रामचंदर जैसे शान्त अनुशासनप्रिय जवान ने गोली क्यों चलाई। कोर्ट-मार्शल का सबसे सशक्त पक्ष है– विषय की ताकत, जिसे किसी संबल या सहारे की ज़रूरत नहीं इस क्रुअल नाटक की निमर्मता को करुण रस में तब्दील कर देता है– रामचंदर का आर्तनाद। उसका घायल जानवर की तरह रोना– इस हत्या को एक सामाजिक वध में तब्दील कर देता है। एक अत्याचरी, अमानवीय वातावरण को मानवीय संवेगों में अनुवादित करने की क्षमता "कोर्टमार्शल" को हिन्दी नाटकों के इतिहास में मील का पत्थर बना देती है। विकाश राय रामचंदर के केस की पैरवी करते हुए कहते हैं। यथाः

"सरकारी वकील ठीक कहते हं। सवार रामचंदर को फाँसी मिलनी ही चाहिए। अपने देश की रक्षा की शपथ लेने के बावजूद उसने कर दिया इंकार एक अफसर की बच्ची की गंदगी उठाने से। अपनी देश की रक्षा की शपथ लेने के बावजूद उसने हराम की सट्ट जैसी साधारण गाली खाने से कर दिया इंकार। अपने देश की रक्षा की शपथ लेने के बावजूद उसने अपने कान, अपनी आँखें बन्द करने से कर दिया इंकार। उसे दंड मिलना ही चाहिए। मृत्युदंड।"[7]

नाटक आज़ादी के बावजूद अर्दलियों की अमानवीय जीवन-स्थितियों का लेखा-जोखा प्रस्तुत करता है। अफसरों की मानसिकता को बेबाकी से अनावृत्त करता हुआ यह नाटकअन्त में आदर्श न्याय (Poetic Justice) के साथ समाप्त होता है– जब कैप्टन कपूर अपनी ही पिस्तौल से खुदकुशी कर लेते हैं।

महात्मा गाँधी ने कहा थाः

"मेरी प्रार्थना है कि यदि मेरा पुनर्जन्म हो तो ब्राह्मण, क्षत्रिय, वैश्य या शूद्र के रूप में न हो बल्कि अतिशूद्र के रूप में हो।"[8]

वे आगे कहते हैं–

"हिन्दू धर्म के सुधार और उसके वास्तविक संरक्षण के लिए, छुआछूत को मिटाना सबसे आवश्यक बात है। .... छुआछूत को मिटाना ... एक आध्यात्मिक प्रक्रिया है।"[9]

दलित प्रश्न को एक सर्जक के दृष्टिकोण से उठाता है, हृषीकेश सुलभ का नाटक "बटोही" जो मूलतः भिखारी ठाकुर की रचनात्मकता को आधार बनाकर लिखा गया है। इस नाटक पर गाँधी का प्रत्यक्ष प्रभाव है। यह नाटक उन स्थितियों से साक्षात्कार करवाता है जिनके रचनात्मक दबाव ने भिखारी टाकुर जैसे कवि नाटककार एवं रंगकर्मी को गढ़ी। भिखारी ठाकुर जो समाज की अन्तिम कतार में खड़े लोगों के बीच पैदा हुए और जिन्होंने सामन्तवादी समाज की निर्ममता और जाति-व्यवस्था के घिनौने आतंक के बीच अपने रंगकर्म से अपनी अलग पहचान बनाई। उनकी रचनात्मक निर्मिति में अनेक स्त्रियों की प्रत्यक्ष-अप्रत्यक्ष भूमिका रही जिसमें मनतुरनी, कमला बबुनी, तिवारी बहू, मोती बहू आदि शामिल हैं। भिखारी ठाकुर अपने चर्चित नाटक

"बिदेसिया" में स्वयं "बटोही" का किरदार निभाते थे। "बटोही" इस एक शब्द में उनकी यायावरी, छटपटाहट और रचनात्मक बेचैनी गूँथी हुई है।

पैसे कमाने की खातिर बाहर गये पुरुषों की स्त्रियों की बेबसी, उनकी दयनीय स्थिति जैसे भिखारी ठाकुर के अन्तर्मन में टीस की तरह समा गयी और उनकी पीड़ के इतिहास को भिखारी ठाकुर ने रच दिया एक रंग-शैली (बिदेसिया) के रूप में। "बटोही" नाटक में भिखारी ठाकुर कहते हैं–

"हम जानते हैं कि खेला में साँच कहेंगे तो जमाने के कान में जहर माफिक लगेगा... साँच दिखाएंगे तो आँख में बर्छी की नोंक घुस जायेगी। इसका कुफल भोगना पड़ेगा। हम तैयार हैं, सब सहने को, पर कवन तरह कहे? ....कवन तरह दिखाएँ?"[10]

वह आगे कहते हैं:

"मोती बहू पूछती है कि हमारा कवन दोख अब एक आदमी का दोख हो तो हम कहें! .... का कहें हम बबुनी? का करें हम? सोचे, गान्ही बाबा का रास्ता अपनाएँ! ... कुछ तो चैन मिलेगा आत्मा को। ....गान्ही बाबा किसी को नहीं रोकते, पर कहते हैं कि जो आदमी जहाँ है, वहीं से.... जो कर सकता है, वही करे भारत माता को गुलामी से छुड़ाए...। भाई रे, हम लोग गरीब-गुरबा हैं।.... छोटी जात के हैं।.... हाथ पाँव में एक ना कई-कई बेड़ी हथकड़ी लगी है। धरती की गुलामी खत्म हो जाये और आदमी गुलाम रहे तो कवन लभ?... देखो भाई, .... हमारी-तुम्हारी आवाज, ... अधरतिया की आवाज़ है। ... अन्हार में रोती-कलपती, .... छाती पर मुक्का मारके विलाप करती जनाना की आवाज।"[11]

नाटक में भिखारी ठाकुर तुकुबपर के नाई होने पर हर्षित हैं और अपनी धरती और पेशे से खुद को जोड़कर देखते हैं। वे कहते हैं:

"ना कमल, ना कुमुदिनी
ना पोखर जल-पात।
बादल बन जब सबद बरसिहेंठ
भीगिहें धरती गात।
सुख-दुख रचबों, घर-घर नचबो
ना अब कवनो लाज।
खेल-तमाशा करम-धरम है
कविताई दिन-रात।
नाम भिखारी, गाँव कुतुबपुर
नाई हमरी जात।"[12]

शिक्षा देने को गाँधी हमेशा एक पुनीत कर्तव्य मानते थे। अपने लेख "टॉलस्ताय फार्म" में वे अध्यापक की कथनी और करनी में फर्क की भर्त्सना करते हैं। उनके लिए शिक्षक की सोच और उनके कर्म में कोई फर्क नहीं होना चाहिए, तभी आप अगली पीढ़ी को कुछ सिखा पाएंगे। बच्चों की शिक्षा पर महात्मा गाँधी ने कई प्रयोग किए एवं बाल-शोषण का भी भरपूर विरोध किया। उन्होंने कहा था:

"यदि मैं भारत के और भारत ही क्यों बल्कि मेरी शक्ति हो तो समूचे संसार के निम्नतम व्यक्ति की व्यथा के साथ तादात्म्य स्थापित करना चाहूँ तो मुझे उन बच्चों के दोषों के साथ

तादात्म्य करना चाहिए जो मेरी देखरेख में हैं। परम विनम्रता के साथ ऐसा करते हुए मुझे आशा है कि मैं किसी दिन ईश्वर अर्थात् सत्य का साक्षात्कार कर सकूँगा।"[13]

बाल-शोषण और उपेक्षित बचपन की प्रतिध्वनि है, मृदुला गर्ग का नाटक-जादू का कालीन। चौदह वर्ष से कम उम्र के बच्चों की अंगुलियों की दर्द भरी दास्तान है– यह नाटक। अनामिका, मध्यमा, तर्जनी और अँगूठा जितना कोमल होगा उतनी ही अधिक गाँठें प्रति इंच डालना सम्भव होगा। कालीन उद्योग की त्रासदी से सम्बन्धित, प्रश्न उठाता हुआ यह नाटक महज बच्चों का नाटक नहीं है लेकिन नाटक के पात्र क्योंकि बच्चे हैं इसलिए अपनी अमानवीय जीवन-स्थितियों के बावजूद वे सपने देखते हैं। एक आदर्श गाँव की फँटेसी, एक श्रेष्ठ गाँव की कल्पना ठीक हर उस भारतवासी की तरह जिसकी गाँधी में आस्था थी, है और रहेगी।

"जादू का कालीन" अनावृत्त करता है, शोषण की उस महीन प्रक्रिया को जिसमें घुटते माता-पिता को बेबसी में अपने ही बच्चों को बेचना पड़ता है। शोषण का शिकंजा इतना मज़बूत है कि जितना छूटने की कोशिश की जाये उतना ही कसता जाता है और अन्त में हारकर, टूटकर आदमी हथियार डाल देता है। नाटक के अन्त में दोनों लड़कियों का गीत उनकी मुक्ति की आकांक्षा का परिचायक है:

"एक ... दो.. तीन... उठमउठूँ। तीन... दो-एक भरनभरूँ (जोर से) ... एक... दो.. तीन उड़नछूँ।"[14]

गाँधी से सीधे तौर पर प्रभावित नाटक है रविन्द्र त्रिपाठी द्वारा लिखित पहला सत्याग्रही और असगर वजाहत का गोड्से गाँधी, कॉम नाटक में स्वाधीनता मिलने पर सत्ता में बने रहने पर गाँधी एवं नेहरू का मतभेद साफ उभर कर आता है। नेह डिग्री सरकार में रहते हुए जनता की खिदमत के हिमायती हैं तो गाँधी काँग्रेस को डिज़ाल्व (तिरोहित) करने के। नेहरू पॉलिसीज बनाने की बात करते हैं तो गाँधी कहते हैं:

"सरकार हुकूमत करती है जवाहर... सेवा नहीं करती.. सरकारें सत्ता की प्रतीक होती हैं और सत्ता सिर्फ अपनी सेवा करती है... इसलिए सत्ता से जितनी दूर बनेगी उतना ही अच्छा होगा।

वे आगे कहते हैं :

"जवाहर तुम पत्तों से जडों की तरफ जाते हो, मैं जड़ से पत्तों की तरफ आने की बात कहता हूँ। ... मैं कहता हूँ लोगों को ताकत दो, ताकि वे अपने लिए वह सब करें, जो ज़रूरी समझते हैं चिराग के नीचे अँधेरा होता है लेकिन सूरज के नीचे अँधेरा नहीं होता।"[15]

इस तरह हम देखते हैं कि गाँधी को "सत्ता" के मनुष्य विरोधी चेहरे की पहचान थी और इसीलिए वे काँग्रेस को Dissolve करने के पक्षधर थे।

डी.एल. सेठ एवं हरीश सेठी ने भी "मानवाधिकारों" के सन्दर्भ में गाँधी की इस भूमिका को समझा। सशक्त जनता ही सशक्त भारत का निर्माण कर सकती है, यही गाँधी-मार्ग भी था। अपनी पुस्तक में गाँधी की भूमिका पर प्रकाश डालते हुए वे कहते हैं:

"महात्मा गाँधी के नेतृत्व ने भारतीय समाज में रचनात्मक ऊर्जा को जाग्रत किया। इसी ऊर्जा ने भारतीय समाज में गाँधीवादी आन्दोलन के अन्तर्गत भौतिक व आध्यात्मिक कल्याण के लक्ष्य को नया रूप दिया। ... गाँधी ने एक नया विकल्प प्रस्तुत किया: लोगों के अपने संसाधनों का उन्हीं के सहयोग से पुनर्गठन करके भौतिक व आध्यात्मिक प्रगति का रास्ता दिखाया।"[18]

इसी श्रृंखला की अगली कड़ी है नन्दकिशोर आचार्य का नाटक– "बापू"। नाटक बापू के अन्तर्द्वन्द्व को पूरी बेबाकी और प्रामाणिकता के साथ अभिव्यक्त करता है। नाटक की शुरुआत "स्वागत" से होती है– बापू एक झोपड़ी में अकेले बैठे हैं।

"पाँवों के ये घाव और फटी बिवाइयाँ तो सबको दिख जाती हैं– लेकिन वे घाव नहीं दिखते किसी को जो मेरी आत्मा में हो गये हैं। कौन सी चप्पलें बचा सकती हैं आत्मा को उन घावों से? किसने बिछा दिए हैं ये कील-काँटे और कंकड़ पत्थर मेरी आत्मा की राह में? ये तो मुझे शुरू से मालूम था....कि ये राह आसान नहीं है। लेकिन तब यो कील काँटे चुभते नहीं थे– सहलाते थे मेरी आत्मा को जैसे-फूल की तरह। क्या इसीलिए कि वे मेरी आत्मा के इम्तिहान थे? और मैं उनमें कामयाब होता चल गया। प्रेम और अहिंसा के इम्तिहानों में। लेकिन आज ये उन्होंने बिछाये हैं जो मेरे अपने हैं– आज वे मेरे साथ नहीं हैं और अकेला खड़ा हूँ मैं।"[17]

मनुष्य को सबसे बड़ा सत्य मानने वाले "बापू" अपनी उम्र के अन्तिम पड़ाव तक पहुँचते-पहुँचते कितने अकेले हो गये थे। अपने बाल-हठ की तरह गाँधी-हठ ने उन्हें कितना एकाकी कर दिया था इसकी पड़ताल करता है नाटक "बापू" पर फिर भी वे न झुके, न टूटे और अपनी जिद में अपनी ही मूर्ति बनाते और ढ़हाते रहे लेकिन कभी किसी लोभ से गैर मुनासिब समझौता नहीं किया। थके तो पर हमारे नहीं। नाटक का अन्त गाँधी-विचार की जीत के साथ होता है:

"मैं जानता हूँ वे मुझे मारे बिना नहीं मानेंगे। क्या विडम्बना है मार डालेंगे वे उसे, जिसे वे खुद हिन्दू धर्म का एक महान पुरुष मानते हैं। नहीं, महानता नहीं चाहिए उन्हें अपने धर्म में! शान्ति मिलेगी मुझे इस मृत्यु से-वैसी शान्ति जैसी ईश्वर की प्रार्थना से मिलती है। हिन्दुस्तान की आत्मा के नाश का निस्सहाय साक्षी बनने की बजाय ये मृत्यु मेरे लिए परम मुक्ति होगी। प्रमाण होगी कि हिंसा अपनी सारी ताकत लगाकर भी अहिंसा को झुका नहीं सकी है– अकेले की अहिंसा को भी।

## सन्दर्भ

1. अरिहन जैन, "मानव अधिकारों की एक सूची" (मानवाधिकारों का संघर्षः सम्पादकः राजकिशोर) वाणी प्रकाशन, नई दिल्ली, संस्करण 2004, पृ. 11
2. ऋग्वेद, दूसरा मन्त्र (मंडल 10, सूक्त 191)
3. ऋग्वेद, दूसरा मन्त्र (मंडल 10, सूक्त 191, मन्त्र-4)
4. जे.जे. रुसो, द सोशल कान्ट्रैक्ट (1762)
5. विजयदेव नारायण साहीः निबन्धों की दुनियाः प्र. सम्पादक– डॉ. निर्मला जैन, सम्पादक– हरिमोहन शर्मा, वाणी प्रकाशन नई दिल्ली, पृ. 92
6. यंग इंडिया, पृ. 255, 10/09/1931
7. स्वदेश दीपक, कोर्ट मार्शल, राजकमल प्रकाशन, नई दिल्ली, सातवीं आवृत्ति (2008) पृ. 92
8. आर. के प्रभु तथा यू. आर राव (सम्पादक) महात्मा गाँधी के विचार, बुक ट्रस्ट, नौवीं आवृत्ति 2012, पृ. 99

# वर्तमान सन्दर्भों में आचार्य शिवपूजन सहाय की अर्थवत्ता

## *अनुशब्द*

कृति एवं कृतिकार के सरोकार के आधार पर रचनाकारों की तीन श्रेणियाँ निर्मित होती हैं। पहली श्रेणी में रचनाकार ख्यात और महत होता है तथा उसकी रचनाएँ सामान्य होती हैं। मसलन, पंत, महादेवी, जैनेन्द्र, अज्ञेय इत्यादि। इनकी रचनाएँ रचनाकार के व्यक्तित्व से सम्मानित एवं पठनीय हुई हैं। दूसरी श्रेणी में रचनाकार लघुतम होता है और उसकी रचना या चरित्र महत्तम होते हैं। उदाहरण के लिए गीता, बाइबिल जैसी रचनाएँ तथा शरलक होम, जेम्स बॉन्ड जैसे शक्तिशाली चरित्र पर्याप्त हैं। तीसरी श्रेणी बनती है वैसे रचनाकारों की जिनकी गरिमा के समानांतर ही रचनाओं की भी महिमा होती है। जैसे- तुलसीदास और 'रामचरितमानस', प्रेमचंद और 'गोदान', प्रसाद और 'कामायनी', तोल्स्तोय और 'वार एंड पीस' आदि। आचार्य महावीर प्रसाद द्विवेदी के 'उत्तर पुरुष' एवं उनके एकलव्य आचार्य शिवपूजन सहाय इसी तीसरी श्रेणी के रचनाकार हैं। 'देहाती दुनिया' जिसे कि हिन्दी के पहले आंचलिक उपन्यास होने का गौरव प्राप्त है, इनकी लोकप्रियता का आधार है। इसके अलावा 'मतवाला', 'बालक', 'हिमालय', 'माधुरी', 'साहित्य' कई प्रसिद्ध पत्र-पत्रिकाओं के कुशल सम्पादन ने भी आचार्य शिवपूजन सहाय को हिन्दी साहित्य में सर्वोच्च शिखर पर प्रतिष्ठित कर दिया। हिन्दी भाषा एवं साहित्य के उत्थान के लिए अपना धान पुआल करने वाले ऐसे साहित्य सेवियों का समूचे हिन्दी साहित्य ही नहीं बल्कि पूरे भारतीय साहित्य में सर्वथा अभाव है।

दो वर्ष पूर्व यानि 2018 में साहित्य मनीषी आचार्य शिवपूजन सहाय की 125वीं जन्म-जयंती के उपलक्ष्य में पूरे देश में संगोष्ठियाँ हुईं, परिचर्चा एवं संवादों के आयोजन हुए, उनपर केन्द्रित महत्त्वपूर्ण पत्र-पत्रिकाओं के विशेष अंक प्रकाशित हुए। उनमें प्रस्तुत आलेखों एवं संस्मरणों में आचार्य शिवजी के यशस्वी कृतित्व को परिभाषित किया गया, उनके मनस्वी व्यक्तित्व को रेखांकित किया गया। लेकिन इन तमाम प्रयत्नों के अधिकांश कोण एकात्मक थे और उनके केन्द्रीय स्वर अतीतगंधी थे। अधिकांश निबन्धों एवं आलेखों में 'कालो ना यातः वयमेव यातः' की प्रतिध्वनि मुखर है। 'नास्ति येषां यशकाये जरामरणम भयं' की अनुगूँज परिव्याप्त है। सहाय जी के जन्मशती वर्ष में 'साहित्य' के 'शतीपूर्त्ति श्रद्धांक' में प्रकाशित डॉ. मंगलमूर्त्ति के निबन्ध 'आचार्य शिवपूजन सहायः व्यक्तित्व और कृति' का यदि जायजा लिया जाये तो वे उपसंहार में लिखते हैंः 'उनका सर्वाधिक महत्त्वपूर्ण योगदान हिन्दी गद्य के विकास में माना जायेगा। साहित्यिक पत्रों के क्षेत्र में भी उनकी सेवा अप्रतिम मानी जायेगी।'

इस उद्धरण की भंगिमा संकेत करती है कि शिवजी की उपलब्धियाँ आज ऐतिहासिक सन्दर्भ बन चुकी हैं। अब उनकी कोई मूल्यवत्ता नहीं है, उनकी विरासत की कोई अर्थवत्ता शेष

नहीं है। सहज ही पृच्छा जन्म लेती है कि क्या सचमुच आचार्य शिव जी व्यतीत हो गये? आज उनकी कोई सत्ता या महत्ता नहीं है? क्या वाकई वे इतिहास के परिवेश मात्र हैं? संग्रहालय के पात्र हैं? अब उनका कोई भी सन्दर्भ जीवित नहीं है? ये सारे प्रश्न पृच्छा की तीव्रता को जाहिर करते हैं। इनके उत्तर के लिए आचार्य शिव जी की रचनात्मक संदृष्टि (विजन) की पुनर्समीक्षा करनी होगी। नये सिरे से तत्कालीन समय, समाज और साहित्य के प्रति उनके सरोकारों एवं व्यवहारों की पड़ताल करनी होगी। कारण कि इस दिशा में जितने भी आयास मिलते हैं, उनसे आचार्य शिव जी की परिभाषा तो बनती है किन्तु वह पहचान अधूरी रह जाती है जो साहित्यकारों के बीच उनको अहम वजूद देती है, अलग शख़्सियत देती है। इसलिए उनके व्यक्तित्व एवं कृतित्व के आपसी सम्बन्धों में उस समीकरण की तलाश आज आवश्यक हो गयी है जो उनके सर्जनात्मक विजन की कैफ़ियत देता है।

दरअसल, कोई भी सार्थक रचनाकार अपने समय के पन्नों पर लिखता है, अपने समय की रोशनाई से ही लिखता है। उसमें संस्कृति और परम्परा का भी हाशिया होता है। किन्तु हर समर्थ लेखक अपने समय के सन्दर्भों से अवश्य रू-ब-रू होता है, उसके संवेदनों से जरूर दू-ब-दू होता है। आचार्य शिव जी के समय में दो सामाजिक सन्दर्भ थे– सहोदर सन्दर्भ- एक ही सिक्के के दो हिस्से। प्रथमतः देश में भावात्मक एकता की सृष्टि और द्वितीयतः आंग्ल उपनिवेशवाद से मुक्ति। उन्होंने इनमें से प्रथम को कार्य-क्षेत्र बनाया। सम्पूर्ण देश को राष्ट्र बनाने के लिए उन्होंने अपनी अस्थियाँ होम कर दीं, अपने रक्त के एक-एक कतरे की आहुति दे दी और आखिरी बूँद तक भावात्मक आवेश की सृष्टि में संलग्न रहे। इस महत्तम कार्य के लिए उन्होंने सत्य और अहिंसा, सत्याग्रह और आन्दोलन को नहीं, हिन्दी भाषा और साहित्य को औजार बनाया। उन्होंने इस औजार को निरन्तर धारदार बनाया। उनको हिन्दी भाषा की शक्ति और योग्यता का पूर्वानुमान था। इसलिए भारतेन्दु की आधारशिला पर समूचे देश में राष्ट्र की भव्य इमारत खड़ी कर दी। इस मायने में वह दूसरे भारतेन्दु थे और महावीर प्रसाद द्विवेदी के उत्तर पुरुष। हिन्दी गद्य के विकास के लिए उन्होंने सर्वस्व दाँव पर लगा दिया और पत्रकारिता के माध्यम पूरे देश में भावात्मक एकता का अपूर्व वितान निर्मित कर दिया। इस महान सन्दर्भ ने उनको महात्मा गाँधी का साहित्यिक संस्करण सिद्ध किया। डॉ. मंगलमूर्ति लिखते हैं, "उन्होंने पत्रकारिता को सायास अपनाया जो हिन्दी सेवा के साथ-साथ राष्ट्र सेवा का भी सर्वोत्तम मार्ग था।" वे इस मार्ग पर निरन्तर चलते रहे और चलते-चलते स्वयं मंजिल हो गये, राष्ट्र बन गये। उनके समकालीन डॉ. राजेंद्र प्रसाद उनकी जीवन-साधना से परिचित थे, उनकी राष्ट्र सेवा से भिज्ञ थे। इसलिए वे लिखते हैं, "हिन्दी-सेवा अपने में एक बड़ी राष्ट्र-सेवा है। मूक हिन्दी-सेवा ही व्रत था आचार्य शिव जी का।"

आज दुर्भाग्यपूर्ण स्थिति यह है कि सहाय जी द्वारा निर्मित भावात्मक एकता की इमारत कई राज्यों में कमजोर होने लगी है। उस की दीवारें दरकने लगी हैं, कंगूरे बिखरने लगे हैं। अलगाववादी एवं सम्प्रदायवादी ताकतों ने उसकी बुनियाद को बुरी तरह झकझोर दिया है। जाति और भाषा की राजनीति ने उसकी गझिन बुनावट को कहीं-कहीं तार-तार कर दिया है। चुनांचे, राष्ट्रीय एकता और अखंडता का वह वितान जगह-जगह पर मसकने लगा है, सीवनें टूटने लगी हैं। अत्यन्त खेद की बात है कि आज उसका कोई ज़हीन रफ़्फ़ूगर भी नहीं है। वर्तमान संकट में आचार्य शिव जी की आवश्यकता हर प्रबुद्ध व्यक्ति को महसूस होती है। यह बात नहीं है कि

आज के साहित्यकारों में प्रतिभा और व्युत्पत्ति नहीं है, सर्जनात्मक क्षमता नहीं है। दरअसल, उनमें वह प्रतिश्रुति नहीं है, वह दायित्व-बोध नहीं है जिसकी वजह से सहाय जी ने अपनी सारी रचनात्मक शक्ति को इस दिशा में नियुक्त कर दिया। यही कारण है कि आज के रचनाकारों में शिव जी की ऊँचाई तक अपनी सांसों को तानने की क्षमता नहीं दिखती। वही त्याग और तपस्या, वही निष्ठा और समर्पण आज के साहित्यकारों में अपेक्षित है। आचार्य शिवजी के व्यक्तित्व-संगठन के ये शील-गुण उनकी पहचान हैं, उनकी परिभाषा के निदेशक तत्व हैं।

उनके व्यक्तित्व का एक दूसरा क्रियात्मक पक्ष है, बेमिसाल एवं बेनज़ीर। वह यह कि उन्होंने सिर्फ साहित्य का सर्जन नहीं किया, साहित्यकारों का भी सर्जन किया था। उन्होंने पत्रों का ही सम्पादन नहीं किया था, कवियों एवं लेखकों का भी सम्पादन किया था। उन्होंने अपने सामान धर्माओं का भी सृजन किया था, अपने समय की पाठकीय संवेदना का भी परिष्कार किया था। इस मायने में उनकी सम्पूर्ण जिन्दगी एक सार्थक कर्मशाला थी। अब यह बात पोशीदा नहीं है कि राजा साहब को आचार्य शिव जी ने हीं शब्द लिपि बनाया था। उन्होंने ही बेनीपुरी जी को 'कलम का जादूगर' बनाया था और कथा-सम्राट प्रेमचंद को 'कलम का सिपाही'। यही नहीं, यह भी एक राज़ है कि कितने लेखकों की लेखनी वह स्वयं बने थे। उन्होंने महाकवि 'प्रसाद' का सम्पादन किया था, महाप्राण 'निराला' का भी संशोधन किया था। एक बार उनके एक मित्र ने उनसे आग्रह किया था, 'सभी आत्मकथा लिख रहे हैं, आप क्यों नहीं लिखते?' उनका निवेदन था, 'अगर मैं आत्मकथा लिखूं तो कितने लेखकों की हत्या हो जायेगी!' सामूहिक हत्या के भय से उन्होंने आत्मकथा लिखी ही नहीं। कारण, आत्मविज्ञप्ति और आत्मसिंचन से अधिक चिन्ता अपने मित्रों के बिम्ब-वैभव की थी। उन्होंने साहित्य-सेवा से अधिक साहित्यकारों एवं साहित्य प्रेमियों की सेवा की थी। आप ही कहें, यह निःस्पृह आज के कितने साहित्यकर्मियों में उपस्थित है? इस आत्मग्रस्त शताब्दी में इतनी आत्मविरत मानसिकता कितने पत्रकारों में है? कदाचित किसी में नहीं। आज रचनात्मक मनीषा फटेहाल स्थिति में है। आज के अधिकांश शीर्षस्थ हस्ताक्षर एवं नामवर समीक्षक एक दूसरे की चरित्र-हत्या में संलग्न हैं। किसी को 'टूच्चा' और किसी को 'कमीना' सिद्ध करने में व्यस्त हैं। उनकी सृजनात्मक ऊर्जा की अधिकांश कैलोरी इसी दिशा में खर्च होती रही है। इस नकारात्मक परिदृश्य में क्या फिर आदमक़द शिव जी की सकारात्मक सृजनात्मकता की अनिवार्यता हमें नहीं महसूस होती? इस मूर्तिभंजक दौर के निलम्बन के लिए उनकी प्रतिमा विधायिनी दृष्टि की उपयोगिता नजर नहीं आती? एक सकारात्मक सोच एवं सकर्मक वैचारिकता की पुनर्सृष्टि के लिए उनके सदाशय की जरूरत नहीं महसूस होती? होती है, और बहुत शिद्दत के साथ।

सर्वाधिक चिन्ता की बात तो यह है कि आज के साहित्यकारों की प्राथमिकता बदल गयी है। उनके लिए अब साहित्य साधना नहीं, साधन है। अर्चना नहीं, नैवेद्य है। लुई मैकलीस ने इमानदारी से स्वीकार किया है– "ऑल वी वांट इज़ अ बैंक-बैलेंस एंड अ बिट ऑव स्कर्ट इन अ टैक्सी." भारतीय रचनाकारों की मानसिकता इसका अपवाद नहीं है। उनका रचनाभिप्राय भी इसी मनोव्याकरण का साझीदार है। यहाँ भी अधिक लोग सुख-सुविधाओं एवं सत्ता-सम्पदा के लिए रचना कर्म में प्रवृत्त हैं। उनके सारे आकर्षक मुहावरे और भड़कीली इबारतें अदब की इबादत नहीं हैं। वे पद एवं प्रतिष्ठा के खुबसूरत इश्तहार हैं। आज का साहित्य संवतः इसीलिए दोयम दर्जे का है। उनमें वह पारदर्शिता नहीं है जो आचार्य शिव जी की रचनाओं में उपलब्ध

होती है। आज की कृतियों में व्यक्तित्व की वह निर्वसन पवित्रता नहीं दिखती जो सहाय जी की रचनाओं एवं सम्पादनों में उपस्थित है। लेखक और लेखन का मध्यांँतर ही आज की रचनाओं की छद्म मुद्राओं के लिए जिम्मेदार है। अनुभव की निजता एवं प्रमाणिकता के अभाव में आज का साहित्य गूँगा एवं लंगड़ा हो गया है। और, उसकी पठनीयता का संकट पैदा हो गया है। एक बार ऑल इण्डिया रेडियो के महानिदेशक माथुर जी ने शिव जी से आग्रह किया– 'आप बहुत दिनों के बाद दिल्ली आये हैं। रेडियो के लिए कुछ लिख दीजिये।' आचार्य शिव जी उन दिनों घोर आर्थिक संकट में थे। फिर भी उन्होंने विवशता जाहिर की– "का लिखीं जी, कुछ फुरे तब त?" गरज कि तत्कालिक दबावों से किसी भी सूरत में उन्होंने नहीं लिखा। बराबर ही आतंरिक स्फूर्ति से साहित्य-सर्जन किया। इसीलिए उनका लेखन सहज ही हृदय को छूता है और अपने पाठकों से बौद्धिक समांतरता की माँग नहीं करता। वास्तव में, 'जो बात दिल से निकलती है, असर करती है'। निराला का निर्देश यही था–

'मिले न मन का कोई तार
तो एक गीत मत गाना तुम।'

इसका अभिप्रेत यह नहीं कि यह केवल स्वच्छंदतावादी साहित्य का रचना-सूत्र है। यह बात सर्वस्वीकृत है कि आचार्य शिव जी किसी वाद से आबद्ध नहीं थे, किसी विचारधारा से प्रतिबद्ध नहीं थे। उनका अपना रचना-विवेक था, भारतीय संस्कृति और परम्परा से अर्जित एवं विकासित। उनका यह रचनात्मक तर्क सार्वभौम है, सार्वकालिक है। माहाकवि गेटे का भी स्पष्टीकरण है– 'मैंने कोई चीज ऐसी नहीं लिखी जिसका कभी अनुभव न किया हो और जिसको लिखने की अन्तःप्रेरणा न मिली हो।'

इसी रचना-विवेक और रचनात्मक ईमानदारी से आचार्य शिव जी ने बहुत कम लिखा। किन्तु जो कुछ भी लिखा बहुत महत्त्वपूर्ण लिखा। उनका 'देहाती दुनिया' आंचलिक उपन्यासों का प्रस्थान-बिन्दु है और 'कहानी का प्लाट' काथा-यात्रा की क्रोशशिला। यह विशेषता उनके समकालीन प्रेमचंद में ही नहीं थी। प्रेमचंद ने ढेर सारी कहानियाँ लिखी हैं, लेकिन उनमें से कुछेक ही ऐतिहासिक महत्त्व की हैं। कारण कि उन्होंने बाहरी तकाज़ों से ज्यादा लिखा और आतंरिक तकाज़े से कम। बाह्य आग्रहों एवं पूर्वाग्रहों से लिखने वालों की संख्या आज बहुत ज्यादा है। इसीलिए आज का लेखन हमें उतना प्रेरित या प्रभावित नहीं करता। लेखकों एवं पाठकों के बीच संवादहीनता की स्थिति चिन्त्य होती जा रही है। इस संवादहीनता की एक दूसरी वजह भी है जिसकी ओर एक बातचीत में सहाय जी ने संकेत किया था, 'आज के लोग पढ़ते ज्यादा हैं, लेकिन 'पागुर' नहीं करते हैं।' वस्तुतः आधुनिक लेखक अपने 'कच्चे माल' का इस्तेमाल कम करते हैं, आयातित माल का उपयोग अधिक करते हैं। यही कारण है कि उनका साहित्य औसत आदमी की संवेदना को विकासित नहीं कर पाता। जनवादी तेवर के बावजूद उसका सरोकार आम आदमी से नहीं बन पाता। और, वह विश्वविद्यालयों की सम्पदा तथा पुस्तकालयों की शोभा मात्र बनता जा रहा है।

इस संवेदनहीनता और पठनीयता के संकट को आचार्य शिव जी की लेखकीय ईमानदारी ही दूर कर सकती है एवं आज की साहित्य धर्मिता को सही दिशा में नियुक्त कर सकती है। येट्स की तरह आचार्य शिव जी ने भी सिद्ध कर दिया है कि कोई रचनाकार ईमानदारी से अपनी कला की सेवा करते हुए भी अपने राष्ट्र की महान सेवा कर सकता है। मेवा सेवा की

उपजात वस्तु (बाइ-प्रोडक्ट) है, वह तो मिलेगी ही। सहाय जी आज की तरह कैरियर के प्रति कैलकुलेटिव नहीं थे। वे अपने लिए सम्मानों एवं पुरस्कारों को 'अरेंज' नहीं करते थे। फिर भी उनको कोई कम सम्मान नहीं मिला। मनस्विता के कारण वे अजातशत्रु तो थे ही। छात्रों की सांस्कृतिक गुरुभक्ति भी मिली। मैट्रिक पास ही तो थे लेकिन प्राध्यापक की नौकरी मिली, 'पद्मभूषण' एवं 'डि. लिट्' की उपाधि मिली। कई महत्त्वपूर्ण पुरस्कार मिले। लेकिन इन प्रतिदानों से दान गौरवान्वित नहीं हुआ, प्रतिदान ही महिमान्वित हुए। कारण, शिव जी का अवदान इन प्रतिदानों की अपेक्षा कहीं अधिक मूल्यवान है, उनका 'शिवत्व' उनसे कहीं ज्यादा गरिमावान है। 'अन्योन्य शोभाजननानाब्दभूव साधारणो भूषणभूष्य भावः।'

बहरहाल, व्यक्तित्व एवं कृतित्व की सादगी, लेखकीय दायित्व-बोध, अपने समय एवं समाज के प्रति सार्थक सरोकार और साहित्यकारों एवं साहित्य-संस्थाओं के प्रति स्वस्थ व्यवहार अचार्य शिव जी की सर्वोत्तम पहचान है। ये पहचान ही आज के सन्दर्भ में उनकी मूल्यवत्ता एवं अर्थवत्ता को निर्धारित करती हैं, उनकी उत्तरजीविता को विश्वसनीय एवं प्रमाणिक बनाती हैं। अब तो बालकृष्ण राव के मुहावरे में आचार्य शिवपूजन सहाय से बस इतनी ही गुहार की जा सकती है कि–

> 'उठो शिल्पी
> तुम्हें पाषाण-कारा से
> न जाने आज
> कितनी मूर्तियाँ
> आवाज देती हैं!'

# अख्यायिका, प्रतिरोध एवं भक्ति : बहेणाबाई का हिन्दुस्तानी काव्य

*मोबिन जहोरोद्दीन*

बहेणाबाई उन विरल सन्त-भक्त कवियों में से एक हैं, जिन्होंने अपने जीवन की कई घटनाओं के सन्दर्भ में अपनी कविताओं में अन्तर्साक्ष्य उपलब्ध कराए हैं। उनके जीवन को लेकर जो चमत्कारिक कथाएँ प्रचलित हैं, उनका स्रोत भी अधिकांश स्वयं बहेणाबाई की कविता ही है। उन्होंने अपनी कविताओं में अपने जन्मस्थान, अपने जीवनानुभवों-संघर्षों, गुरु से पहले स्वप्न में दर्शन और काव्यप्रेरणा तदनन्तर उपदेश, गाय-बछड़े. की अद्‌भुत कथा, यायावरी जीवन आदि कई अनुभवों के सन्दर्भ में लिखा है। यही कारण है कि उनके जीवन को लेकर स्पष्टता है। जो कुछ अनावश्यक विवाद खड़े किए गये, उन सभी के उत्तर बहेणाबाई की कविता ने दे दिए हैं। सौ.शालिनी जावडेकर ने विस्तृत अध्ययन कर बहेणाबाई की प्रामाणिक एवं सम्पूर्ण जीवनी लिखी है। यहाँ संक्षेप में बहेणाबाई का जीवन-वृत्त प्रस्तुत किया जा रहा है, जो गागर में सागर भरने जैसा है, क्योंकि उनका जीवन उन सारे कष्टों से युक्त है, जो किसी भी पुरुष वर्चस्व से युक्त मध्यकालीन साधारण परिवार में हमारे इतिहास में रहा है।

बहेणाबाई का जन्म भाद्रपद वद्य त्रयोदशी शके 1550 को एक साधारण ब्राह्मण परिवार में हुआ। उन्हीं की कविता में आये उल्लेख के अनुसार उनका जन्मस्थान देवगाँव था। यह गाँव वर्तमान औरंगाबाद जिले के कन्नड तहसील में है। इसी कविता में आये उल्लेख के अनुसार इस गाँव की पूर्व दिशा में विश्व प्रसिद्ध एल्लोरा की गुफाएँ हैं। इस गाँव के सन्दर्भ में प्रचलित अगस्त्य ऋषी की कथा का भी उल्लेख इसी अभंग में किया गया है। [1] बहेणाबाई का परिवार पारम्पारिक पुरोहित परिवार न था, अपितु एक मध्यवर्गीय परिवार था। इतिहास में ऐसे ब्राह्मण परिवार भी थे, जिन्हें आर्थिक कठनाइयों का सामना करना पड़ा। उन्हीं में से एक बहेणाबाई का परिवार था। तत्कालीन रूढ़ि के अनुसार तेरह वर्ष की आयु में बहेणाबाई का विवाह किया गया। इस विवाह के साथ दो त्रासदीय परिस्थितियाँ जुड़ी हुई हैं। एक तो यह अनमेल विवाह था और दूसरे अपनी परिस्थिति के चलते पिता आऊदेव कुलकर्णी ने कर्ज निकालकर यह विवाह किया था। इन दो गलतियों की सज़ा बहेणाबाई ही नहीं, उनके सारे परिवार को लम्बे समय तक भुगतने पर विवश होना पड़ा। इस एक घटना ने सारे परिवार के जीवन में परिवर्तन ला दिया। हुआ कुछ यूँ कि, पिता ने पुत्री के विवाह के लिए साहों से उधार ले लिया जिसे वे चुका न सके। पण्डित थे इस कारण होरी की तरह अपनी गर्दन किसी के पैरों तले दबी हो तब भी सहलाने जितनी कुशलता नहीं दिखा सके। बेदखली आने से पहले ही जमाता से इस विषय में बात की कि साहों की मुश्किलों का वे सामना नहीं कर सकते। जमाता के सुझाव के अनुसार यह पूरा परिवार रातोंरात गाँव छोड़कर अनजान लक्ष्य की ओर निकल पड़ा। दो जून का भोजन

जुटाते-जुटाते, कई स्थान घूमते-घूमते यह परिवार पंढरपुर में आकर ठहरा। अपनी एक कविता में बहेणाबाई ने पंढरपुर और विठ्ठल के पहली बार दर्शन से अभिभूत होने का उल्लेख किया है।[2]

कुछ ही दिनों बाद पंढरपुर के धार्मिक वातावरण को छोड़कर यह परिवार ने कोल्हापुर में एक ब्राह्मण के यहाँ आश्रय पाया। यहाँ बहेणाबाई को शास्त्रीय अध्ययन करते विद्यार्थियों से अपरोक्ष रूप में बहुत कुछ सीखने मिला होगा। अपने यायावरी जीवन में उन्होंने कई तीर्थों के दर्शन किए थे, कई सामाजिक सच्चाईयों से उनका सामना हो चुका था। यहाँ अनुभवों और भक्ति को ज्ञान आधार का मिल रहा था। जिस बहिरंग भट्ट के यहाँ यह परिवार आश्रय लिए हुए था, वे अध्यापक भी थे, जिनके यहाँ कई विद्यार्थी वेदाध्ययन किया करते थे। यहाँ के वातावरण मे आत्मविद्या, धर्म एवं दर्शन पर चर्चाएँ-परिचर्चाएँ हुआ करती थी। बहेणाबाई ने भले ही उसमें भाग न लिया होगा, किन्तु उसे समीप से आवश्य सुना-देखा और समझने का प्रयास किया होगा। इसके अतिरिक्त एक और महत्त्वपूर्ण घटना यहीं के वास्तव्य में बहेणाबाई के साथ घटित हुई, जिसने उनके जीवन को एक नया मोड दिया। अनुभव एवं ज्ञान के साथ इस घटना ने उनके जीवन में करुणा के महत्त्व को प्रस्थापित कर दिया।

बहिरंग भट्ट ने अपनी यजमानी में मिली गाय-बछड़े बहेणाबाई को भेंटस्वरूप प्रदान की। कुछ ही समय बाद उस गाय के बछड़े. से बहेणाबाई को इतना लगाव हो गया जितना स्वयं उस गाय को भी न रहा होगा। बछड़ा भी बहेणा का साथ एक क्षणमात्र भी न छोड़ता। गाँव में यह प्रेमकथा आश्चर्य से सुनी-सुनाई जा रही था, जिससे उनके पति को क्रोध आ गया। इस क्रोध का ज्वालामुखी तब फट गया जब जयरामस्वामी की कथा में स्थानाभाव के कारण बछड़े. को बाहर रखा गया और बहेणा कथा सुनने लगी तो माता के विरह में पुत्र जोर-जोर से चिल्लाने लगा। ऐसे में कथा में विघ्न आता जा रहा था। अन्त में जयरामस्वामी ने पूछा तो पता चला कि यह वही माता-पुत्र हैं, जिनकी कथा वे सुन चुके थे। उन्होंने बछड़े. को भीतर लाने का आदेश दिया और बछड़े. ने भी आगे की कथा सुनी। बहेणा के पति को बहुत बूरा लगा। घर आते ही उन्होंने पत्नी पीटना शुरू कर दिया। जब पीटने से मन भर गया तो उन्होंने उनके हाथ-पैर बाँधकर गाय-बछड़े. के पास ले जाकर पटक दिया। पिटनेवाली अधिकतर स्त्रियों की भाँति बहेणा को भी पता न चला कि उन्हें किस अपराध का दण्ड मिल रहा था। इस पूरे प्रसंग को देखकर पशुओं का भी मन उद्विग्न हो गया था। तीनों ने अन्न-जल त्याग दिया था और इसी क्रम में बछड़े. की मृत्यु हो गयी। बहेणा की एक कविता के अनुसार वह बछड़ा फिर से जीवित हो उठा था।[3] अर्थात उन्होंने अपने जीवन में आये इस पुत्र को अपनी कविताओं में फिर से जीवित कर दिया था। इस प्रसंग के बाद वे चार दिनों तक बेसुध रही। और जब सुध आयी तो सभी दिशाओं में विठोबा (श्री विठ्ठल) के ही दर्शन होने लगे और मात्र तुकोबा (तुकोबा) के अभंग सुनाई देने लगे। उन्होंने लिखा है कि तुकोबा से मिलकर उनसे गुरु दीक्षा पाना ही उनके जीवन का ध्येय रह गया था, जिन्हें उन्होंने अपना गुरु मान लिया था।[4] यहाँ आकर बहेणाबाई के जीवन का अर्धवृत्त पूर्ण होता दिखाई देता है, जहाँ से उनका अपना स्वतन्त्र लक्ष्य स्थापित होता है।

अपनी विभिन्न मानसिक दशाओं का वर्णन बहेणाबाई ने अपनी कविताओं मे किया है। इसके बाद उन्हें दो बार तुकोबा के मनोमय दर्शन हुए। इसी बात के चलते वे अपने परिसर में प्रसिद्ध हो गयी और लोग उनके दर्शन के लिए भीड़ लगाने लगे। यह बात उनके पति को बिल्कुल न भाति थी और वे लोगों को हिकारत की नज़र से देखा करते थे। एक तो उन्हें सन्तान

प्राप्ति हुई थी और उस पर यह परिस्थितियाँ जहाँ पत्नी साध्वि बनी जा रही थी ऐसे में उन्होंने सन्यास लेकर वनगमन करने का निर्णय लिया। यह बात उन्होंने बहेणा के माता-पिता को कह सुनाई।[5] "बहेणाबाई इसी बात से आनन्दित थी कि स्वप्न में ही सही सद्गुरु ने उनका स्वीकार किया और वे परमार्थ के मार्ग पर चल पड़ी थी। पति को समझाने का भी प्रयास वह लगातार प्रयास करती थी। पतिदेव उन्हीं का त्याग करने पर उतारू थे। परित्यक्ता का जीवन अपनाया जाये या परमार्थ-स्वहित का मार्ग छोड़ा जाये, यह यक्षप्रश्न उनके सामने खड़ा था। यह उन्हें पता था कि क्रोधी, जिद्दी पति अपना निर्णय किसी भी कीमत पर नहीं बदलेंगे। माता-पिता पास तो थे, किन्तु इस प्रश्न का उत्तर न दे सकते थे।"[6]

इस स्थिति में उन्हें अपने स्त्री होने पर क्रोध आना स्वाभाविक था, जिसे उन्होंने अपने अभंगों में अभिव्यक्त भी किया। मध्यकालीन स्त्री को निर्णय लेने के कितने अवसर मिला करते होंगे, उन अवसरों में कितने विकल्प हुआ करते होंगे। उन्हें भी अपने पति को ही चुनना था और उन्होंने चुना। भ्रतार स्वयमेव परब्रह्म, ब्रह्म सनातन स्वामी माझा जैसे उद्‌गारों से उन्होंने बाद के समय में अपनी कविताओं में गौरान्वित भी किया है। कामायनी की गर्भवती स्त्री छोड़कर ईड़ा के भौतिक सुखों के पीछे दौड़नेवाले मनु को भी आखिरकार श्रद्धा ही बचाने आती है। जिस समाज में स्त्री का अनुकूलन पुरुषवादी मानसिकता के अनुसार कर दिया गया हो ऐसे में कोई स्त्री भी पुरुष के अनुसार ही निर्णय ले तो उसमें किम् आश्चर्यम्। बहेणाबाई के इस निर्णय का उनके पति पर बहुत गहरा असर हुआ। उनमें भी परिवर्तन आया और उन्होंने तुकोबा के दर्शनार्थ पत्नी को देहु ले जाने का निर्णय लिया। इस परिवर्तनवादी प्रसंग को स्वयं बहेणाबाई ने कई चमत्कारिक कथाओं द्वारा भी अभिव्यक्त किया है, जिनमें उनके पति को कई वेदनाओं से स्वयं तुकोबा ने निजाद दिलाई और इस कारण उनका हृदय परिवर्तन हुआ था।[7] कारण जो भी रहा हो, यह परिवार देहु की ओर निकल पड़ा।

देहु में आकर बहेणाबाई और उनका परिवार तुकोबा के पड़ोस में रहने लगा। विद्रोही तुकोबा के कई शत्रु पहले से ही थे, जिसमें से मंबाजी को इस बात का दुःख होने लगा कि एक ब्राह्मण परिवार इस शूद्र तुकोबा का शिष्यत्व स्वीकार करने जा रहा है। उसने कई प्रकार से बहेणाबाई के पति को भड़काने का प्रयास किया। परिवार को देहु गाँव भगाने के कई प्रयास किए। उसने तत्कालीन पंडित श्रेष्ठों से इस बात की शिकायत की, किन्तु वहाँ से थंडी प्रतिक्रिया पाकर वे अत्यन्त क्रोधित हो गया और चिढ़कर उसने बहेणाबाई की गाय चुरा ली। गाय को तीन दिनों तक बिना सानी-पानी दिए वह पीटता रहा। जब गाय पीटी जा रही थी तभी उसके ज़ख़्म तुकोबा के पीठ पर दिखाई दे रहे थे। इसी बीच मंबाजी के घर में आग लग गयी। जब आग बूझाने लोग पहुँचे तो उन्हें वहाँ गाय मिली। इस घटना को कई चमत्कारिक कथाओं द्वारा बहेणाबाई ने अपनी कविताओं में अभिव्यक्त किया है।

इसी बीच उन्हें कन्यारत्न प्राप्त हुआ, जिसका नाम काशी रखा गया। उनके अनुसार यह वही बछड़ा था जो उन्हें छोड़कर चला गया था।[8] तुकोबा ने भी उन्हें न केवल गुरुत्व प्रदान किया अपितु कवित्व का भी वरदान दिया। अब उनका आध्यात्मिक एव दाम्पत्य जीवन सुख से भरपूर होने लगा था। यही वह समय था जब उन्हें सब कुछ प्राप्त हो चुका था और देहु जैसे गाँव में अब उनका आर्थिक रूप से गुजारा भी सम्भव नहीं रहा। कितने दिनों तक दूसरों के घर रहा जा सकता है। चौदह वर्षों की यायावरी के बाद सपरिवार वे अपनी ससुराल शिऊर को

वापस अपने घर आ गयी। माता-पिता-भाई अपने घर चले गये। कैसा महसूस हुआ होगा जब अपना घर उन्होंने देखा होगा इतने सारे अपने और दुनिया के दुःखों को देखकर। इतना बड़ा घर होने के बावजूद बेघर बनना सबसे बड़ी त्रासदी थी, जो आज समाप्त हो रही थी। यहाँ आने के बाद उन्हें कुछ दिन बाद वैधव्य प्राप्त हुआ तथा इसके बाद वे अपने पुत्र एवं पुत्रवधु के साथ सुखपूर्वक रहने लगी थी। कुछ शोधकर्ताओं द्वारा यह भी सिद्ध करने का प्रयास किया गया कि पति की मृत्यु के बाद बहेणाबाई के मठ में रहने चली गयी थी। बहेणाबाई के जीवन एवं काव्य पर आधिकारिक रूप से शोध करनेवाली शालिनी जावडेकर एवं अन्य कई आलोचकों ने इसे निराधार बताया है। उनका कहना है कि "जब यह परिवार शिऊर आया तो गंगाधर पंत की आयु पचास के आस-पास रही होगी। यदि माना जाये कि इस अवस्था में भी उनकी मृत्यु हो गयी होगी अपने दो सन्तानों और इतना बड़ा घर छोड़कर वे क्योकर चली जायेगी?"[9]

वास्तव में एक विवाद खड़ा करने के लिए कुतर्कों के सहारे बहेणाबाई को रामदास शिष्या सिद्ध करने का प्रयास कई वर्षों तक किया जाता रहा है। अपनी उत्तर-आयु में बहेणाबाई ने अपने परिवार की जिम्मेदारी सँभाली रही। साथ ही सामाजिक दायित्व निर्वाह के तौर पर उन्होंने कीर्तन भी आरम्भ कर दिया था। गाँव की स्त्रियों में जागरुकता के लिए भी वे कार्य करती रही। उन्होंने इन स्त्रियों के लिए उनकी मनःस्थिति को समाज के सामने रखने के लिए कई गीतों की रचना की है, जो आज तक स्त्रियों की जुबान पर चढ़े हुए हैं।

बहेणाबाई की मृत्यु अश्विन शुद्ध प्रतिपदा शके 1622 को शिऊर में हुई। आज भी उनके वंशज यहीं रहते हैं। उनके दो शिष्यों का उल्लेख मिलता है एक दीन कवि और दूसरा उन्हीं का सुपुत्र विठ्ठल। विठ्ठल उनकी अधिकांश कविताओं का लिपिकार रहा है। अपनी कविताओं में उन्होंने तुकोबा शिष्या होने का तथा एक मध्यकालीन स्त्री का धर्म एक साथ निभाया है। साधारणीकरण करते हुए उनकी तमाम कविताओं को एक मध्यकालीन स्त्री की काव्यात्मक अभिव्यक्ति कहा जा सकता है। अपने ही जीवन को चमत्कारिक कथाओं में बुनने का कार्य उन्होंने किया। इसमें से उनकी वेदनाओं को छानकर निकालना अधिक कठिन कार्य नहीं है। एक यायावरी जीवन जीते हुए अपने काव्यत्व के माध्यम से घर को बचाने का प्रयास उन्होंने सदैव किया है और इसकी सफलता के पीछे उनकी सद्ईच्छा ही कार्य कर रही थी।

तुकोबा शिष्या बहेणाबाई के 719 अभंग उपलब्ध हैं। बहेणाबाई ने अपना सम्पूर्ण काव्य मुक्तक रूप में ही लिखा है। उनकी कविताओं में दार्शनिक एवं परमार्थिक स्फुट रचनाओं का आधिक्य देखते हुए शालीनी जावडेकर ने उन्हें 'तत्वज्ञ सन्त कवयित्री'[10] (दार्शनिक सन्त कवयित्री) कहा है। तुकोबा काव्य की अधिकांश विशेषताएँ इनकी कविताओं में मिल जाती हैं। "तुकोबा की ही भाँति उन्होंने अपने विचार स्पष्टतः, निड़रता एवं कठोर शब्दों में प्रस्तुत किए हैं। इसलिए प्रसंगतः उनके भारूड़ों में अशिष्ट शब्द रचनाएँ भी आ जाती हैं।"[11] पारम्परिक कथाओं में स्त्री दृष्टि का सामावेश इनकी रचनाओं का स्वाभाविक गुण है, जहाँ गोपियों पर लगाए गये लांछनों को भक्ति की दृष्टि से देखने का प्रयास करती हैं।

वारकरी सम्प्रदाय की अन्य रचनाकारों से बहेणाबाई की भिन्नता यह भी है कि उन्होंने 52 अभंगों में आत्मकथा लिखी। आधुनिक अर्थों में भले ही इन अभंगों को आत्मकथा नहीं कहा जा सकता है, किन्तु उससे उनके जीवन की झाँकि आवश्य प्रस्तुत हो जाती है। जहाँ तक पतियों या अन्य पुरुषों द्वारा अत्याचारों का खुलकर वर्णन करने का आज की आत्मकथाओं का फैशन बन

चला है, उसमें बहेणाबाई आदि रचनाकार सिद्ध होती हैं। उन्होंने पति की परम्पराओं, रूढ़ियों एवं अहंकार के चंगुल में फँसकर किए अत्याचारों का बड़ा ही खुलकर वर्णन किया है। सखी संवाद शैली में लिखित अपने आत्मकथात्मक अभंगों का आरम्भ उन्होंने बचपन से किया है, जिसमें विवाह, तदोपरान्त खानाबदोशों-सा जीवन एवं पति द्वारा किये गये अत्याचारों का वर्णन किया है। उनके जीवन में आये संघर्षों को उन्होंने शब्दबद्ध करते समय पति द्वारा पीटा जाना, गाय-बछड़े वाला प्रसंग, तुकोबा को गुरु किये जाने का विरोध आदि को दर्ज किया है, जो इन घटनाओं को जानने का एकमात्र प्राथमिक साधन है। उन्होंने स्पष्ट शब्दों में लिखा 'भ्रतार तो मज वोढतो एकान्ती। भोगावे मजसी। म्हणोनिया।।'

एक मध्यकालीन स्त्री के सामने विकल्प भी कितने थे, लगभग नहीं के बराबर। एक तो बेघर परिवार, ऊपर से पति के परम्पराओं की मार। इस कारण उन्होंने स्त्री शरीर को ही इसका जिम्मेदार मानना आरम्भ कर दिया। जो परम्पराएँ-रूढ़ियाँ एक मध्यकालीन स्त्री के रूप में उनमें बैठी थी, उसके अनुसार स्त्री देह को ही दोषी मानना उनके अनुसार सही कहा जायेगा। वह इस अर्थ में अत्याधुनिक नहीं हो गयी थी कि इसके मूल में पुरुषवादी समाज की विचारधारा को पकड़ सके। यदि उन्होंने पहचान भी लिया होगा, तो अपनी कविताओं में स्पष्ट शब्दों में उन्हें अभिव्यक्त नहीं किया है। उन्होंने पति के पक्ष को भी प्रस्तुत करने का प्रयास किया है और उनके द्वारा पीटे जाने को भी, किन्तु उन्होंने इसके लिए पुरुषवाद की बजाये स्त्री देह को जिम्मेदार ठहराया है और इससे असह्य होकर प्राण त्यागने की भी बात की है। इसके अतिरिक्त उन्होंने तत्कालीन स्त्रियों में प्रचलित झीम्मा, फुगड़ी, पिंगा आदि ग्रामीण-लोक रूपों में भी कविताएँ लिखी, जो संखी संवाद शैली में हैं। इन कविताओं में उन्होंने एक प्रकार से सीधे अपनी सखियों (स्त्रियों) से संवाद स्थापित करने का प्रयास किया है। यह संवाद अधिकांश आध्यात्म एवं परम्पराओं से सम्बन्ध रखता है। इसमें बहेणाबाई तत्कालीन स्त्रियों के दृष्टिकोण का चित्रण कर सकती थी, किन्तु किया नहीं। केवल रूप के स्तर पर उन्होंने इन गायन प्रकारों को चुना और वस्तु में अभंगों से कोई भिन्नता नहीं है। कुछ ऐसा ही प्रकार उनकी आरतियों में भी दिखाई देती है। तुकोबा के काव्य में जो प्रकृति के चित्र आये हैं, वे उनकी इस शिष्या के काव्य में दिखाई नहीं देते हैं, जबकि उन्होंने भी काफी लम्बा प्रवास किया था। गाय-बछड़े के प्रति लिखित कविताओं में ममता इतनी भरी है कि वह कथा मात्र सुनने से हृदय द्रवित हो जाता है।

## 'वो हि सत्य जान' : कृष्ण कथा का सार-सार

वारकरी सम्प्रदाय में कृष्ण का बालरूप की अराधना का विषय रहा है। गोपियाँ यहाँ प्रेमिकाओं के नहीं, अपितु भक्त श्रेष्ठ के रूप में ही स्वीकृत की गयी हैं। कुंज में केलि करनेवाले श्रीकृष्ण का चित्रण प्रायः किसी भी कवि ने अपने काव्य में नहीं किया है। सम्भवतः इसी कारण मराठी भक्ति आन्दोलन में राधा का उल्लेख नहीं के बराबर मिलता है। इसी परम्परा को कायम हुए बहेणाबाई ने भी अपनी हिन्दी कविताओं के एक अंश में कृष्ण-जन्म से लेकर उनके गोकुल पहुँचाने तक की कथा अतिसंक्षेप में गायी है। इन पदों में आयी कथा में कवयित्री ने कोई नयी उद्भावना करने का प्रयास भले ही न किया हो, किन्तु हिन्दी में लिखित इन कविताओं में उसकी मूल्य दृष्टि खुलकर सामने आयी है। कुल 11 पदों कही गयी इस कृष्ण कथा में चार ऐसे पद हैं, जो इस कथा गायन के हेतु रचे गये हैं। कथा के बीच-बीच में आनेवाले इन पदों के माध्यम

से श्रोताओं-पाठकों को नीति एवं धर्म का शिक्षण देकर, भक्ति-नीति को बनाए रखने का प्रयास कवयित्री ने किया है।

प्रचलित कथा के ही अनुसार बहेणाबाई की कविता में भी पूर्ण कथा अतिसंक्षेप में आयी है। सर्वज्ञात एवम् अधिक प्रचलित होने के कारण उन्होंने कथा के प्रमुख प्रसंगों एवं भावों को ही प्रस्तुत किया है। छोटे-छोटे प्रसंगों में भी अतिशय भावात्मकता को संजोने का कार्य उन्होंने बखूबी किया है। जैसे, कारागृह में कृष्ण जन्म के पश्चात देवकी अत्यन्त चिन्ताशील है, उसे भय है कि उसके अन्य बालकों की भाँति कंस इस बालक की भी हत्या कर देगा, किन्तु वह इस बात को शब्दों में अभिव्यक्ति नहीं कर सकती, क्योंकि यदि वह कुछ भी बोलेगी तो उसकी वाणी सुनकर कंस वहाँ आ जायेगा। इसकी चिन्ता को बिना कुछ बोले ही नन्द समझ जाते हैं और भावों को समझने की इन्तहा तो वहाँ हो जाती है, जब नन्द के भी भावों को समझकर देवकी बालक कृष्ण को उनके हाथों में सौंप देती है।

बहेणाबाई की इन कथात्मक कविताओं का उद्देश्य बहुत स्पष्ट है—भक्ति, धर्म एवं नीति को इस कथा के माध्यम से शिक्षा देकर उन्हें और अधिक दृढ़ करना। इसी क्रम में उनसे जाने अनजाने-भावों का बड़ा ही संवेदनशील चित्रण हुआ है। इसी भक्ति को अधिक सदृढ़ पद्धति से अभिव्यक्त करने के लिए उन्होंने बालक कृष्ण को मथुर ले जा रहे नन्द के मार्ग में पड़नेवाली सरिता यमुना का मानवीकरण कर, उसके माध्यम से भक्ति भावों की मार्मिक अभिव्यक्ति की है। यह पूरा पद ही जमुना के मानवीकरण के माध्यम से अपनी बात कहता है। जमुना के अभिव्यक्त भावों को हरि जानते हैं।

"ये गोकुल चल हो कहत मु*हारी।
मेघतुसार निबारे फनिधर सेवा करे बलहारी।। 1।।
बसुवा अपने कर दोन्हो पालख योंही कीन्हों।
जमुना के तट आयके देखें पूरन नीर जानो।। 2।।
पूरन रूप यों देखें जमुना जानिके सबही भाव।
दोही ठोर भई जमुना-नीर तब जानत यों हरिभाव।। 3।।
जैसो परवत वैसो नीर हवो जानिके आस।
पाव लगे जमु कहे माकु जागे सब दोस।। 4।।
जिस चरण को तीरथ शंकर माथा रखिया नीर।
वो अब चरना प्राप्त भये होवे जान उधार।। 5।।
बहेणि कहे जिसकू हरि भावे ताकू कालही धाके।
बसुदेवाकर आपही मुरारि काहेकु संकट वाके।। 6।।[12]

जिस प्रकार देवकी की मातृसुलभ चिन्ता के माध्यम से मातृप्रेम की अभिव्यक्ति की गयी है, उसी प्रकार की चिन्ता वासुदेव भी अभिव्यक्त करते हैं। वासुदेव ने जब देखा कि बालक की चार भुजायें हैं, तब उन्होंने चिन्ता की अभिव्यक्ति कि, आपको एक बात कहता हूँ, कंस को हमसे बैर है और वो आपकी खोज में बालकों की हत्या कर रहा है। आपका यह रूप देखकर वह आपके साथ भी वही करेगा। अत्यन्त सूक्ष्म भावों का चित्रण कृष्ण जन्म के उपलक्ष्य पर ग्राम में आयोजित हो रहे महोत्सवों के माध्यम से ग्रामवासियों के आनन्दोल्लास के माध्यम से भी किया गया।

रामस्वरूप चतुर्वेदी ने हिन्दी साहित्य के आदिकाल, भक्तिकाल एवं रीतिकालीन काव्य में चित्रित पात्रों के मूलभूत अन्तरों की तुलना करते हुए बड़ी रोचक बात लिखी है। उनके अनुसार– "रीतिकालीन काव्य की विशिष्टता इस बात में है कि उसकी मूल प्रेरणा ऐहिक है। भक्तिकाल की ईश्वर-केन्द्रिक दृष्टि के सामने इस मनुष्य-केन्द्रिक दृष्टि का अन्तर साफ समझ में आता है, और तब उस दृष्टि की मौलिकता और साहसिकता की समझ भी आती है। आदिकालीन कवि ने अपने चरित-नायक को ईश्वर सदृश्य महिमावान अंकित किया था। भक्ति-काल में ईश्वर की नर-लीला का चित्रण है। रीतिकाल में कवि ईश्वर और मनुष्य दोनों का मनुष्य रूप में चित्रण करता है। यहाँ भक्तिकाल और रीतिकाल की प्राथमिकता के बीच अन्तर स्पष्ट दिखाई देता है।"[13] इस पूरी कृष्णजन्म-कथा में बहेणाबाई ने इस ओर बार-बार ध्यान दिलाया है कि कृष्ण कोई साधारण बालक नहीं है, वे तो परम-ईश्वर हैं। इस बात का उन्होंने पूरा ध्यान रखा कि कहीं भी बालक कृष्ण को सामान्य बालक के रूप में चित्रित न किया जाये। इसी कारण उन्होंने कई बार स्पष्ट रूप से यह बात कही है कि– सुत मत कहो नन्द, ब्रह्म सो ये ही गोबिंद। इसे उन्होंने शास्त्रों से भी सिद्ध किया है, 'शास्त्तर की ऐसी बात' कहते हुए।[14] इतना ही नहीं उनके हरी ने यह अवतार किस लिए लिया है, इसे भी वह स्पष्ट करती हैं–

"कंटक को मल्लमर्द। द्वैतन को सिर छेद।"[15]

वह नन्द को यह भी जताती हैं कि–

"वो ही सत्य जान नन्द। प्रकट यो है गोविंद।
पुण्य ही तेरो अगाध। बहेणी ये कहत है।। 4।।"[16]

बहेणाबाई ने भले ही वारकरियों के अनुसार कृष्ण का बाल रूप अपनी कविताओं में चित्रित किया है, किन्तु उनका लक्ष्य आगे की ओर है। उनके यहाँ कृष्ण लोकरंजक के नहीं लोकरक्षक के रूप में ही हैं, वह मलमर्दक हैं। यही कारण है कि बालसुलभ चेष्टाओं के चित्रण की अपेक्षा उनकी इन कविताओं से नहीं की जा सकती है। उसी प्रकार माता के हृदय-भावों का चित्रण भी उन्होंने नहीं के बराबर किया है, जबकि स्त्री होने के कारण वह अधिक बेहतर ढंग से ऐसा कर सकती थी। वास्तविकता यह है कि उन्होंने न तो यशोदा-नन्द को और न ही देवकी-वासुदेव को, कृष्ण के माता-पिता माना है, क्योंकि उनके कृष्ण तो बालक कृष्ण नहीं है वे परमेश्वर हैं, अराध्य हैं, ऐसे में उनके माता-पिता कैसे हो सकते हैं। सम्भवतः यह बहेणाबाई के कविता पर भक्त हृदय की विजय कही जा सकती है कि उनका कवि हृदय कृष्ण को एक सामान्य नायक या बालक के रूप में स्वीकर नहीं करता।

अपने बालकृष्ण को अवतार रूप में चित्रित करने के साथ ही बहेणाबाई ने तर्कपूर्ण शैली में अपनी मूल्य दृष्टि के अनुसार यशोदा और नन्द के यहाँ उनके जन्म लेने के कारणों का भी बखान किया है। इस दौरान अपनी परम्परा-प्राप्त धारणाओं को रूढ़ अर्थ में इस कथा-कथन के माध्यम पुनःप्रस्थापित करने का प्रयास उन्होंने किया है। जब वे पुण्य से ईश्वर को प्राप्त करने की बात करती हैं, तो वे पुण्य की परम्परा प्रचलित अधिकारवादी धार्मिक व्याख्या को वे स्वीकृति प्रदान करती हैं। उनके अनुसार वही दर्शन प्राप्त कर सकता है, जिसके पल्ले जप, व्रत, दान है। शान्ति और क्षमा को भी वे अनिवार्य मानती हैं। कृष्ण जन्म भी उनके अनुसार 'पुण्य की बेला' है और यह वासुदेव-यशोदा के पूर्वजन्म प्राप्त पुण्य का परिणाम है। उदाहरणार्थ, जब कविता में वासुदेव अपनी जिज्ञासा व्यक्त करते हुए कहते हैं कि 'न मैंने जप,

तप, दान किया है, न ब्राह्मणपूजन, न भूमि और न गोदान, 'जिस गृह अर्चन वंदन नहीं' वहाँ आप कैसे प्रकट हुए। न मैंने एकादशी को अन्नदान किया है, न भाव से देवपूजा। न तिरथ यात्रा की।' तब हरि उन्हें जो कारण बताते हैं, उनमें बहेणाबाई की मूल्य-दृष्टि की या स्विकृत मूल्यों को अभिव्यक्ति होती है। 'तुम वनधारी हो गये थे, वृक्षपत्र खाया करते थे, नंगे पाँव-देह से वन-वन भटकते थे, जोगी होकर संसार त्याग दिया था, जल की धार में बैठकर तुमने पुण्य कमाया था और वही तुमने पूनर्जन्म में प्राप्त किया था। यही पुण्य बेला है।' इसे बहेणाबाई ने बड़ी कुशलता से कई दृष्टान्तों के माध्यम से प्रेषित किया है–

"सुनो कहत है श्याम सुजानो पुण्य बिना नहीं कोई।
जिसके पल्लो जप तप दान पावै दरसन वोही।। 1।।
तुम सब बात सुनोजी चित्तकु ठोर धरोजी।
हरि के आयो पेटे येही बात कहोजी।। 2।।
फूल बिना फल, जल बिना अंकुर, बिन पुरुष नहीं छाया।
जलबिन कमलिनि, रविबिन तेज, आगे तहाँ सब आया।। 3।।
तरू तहाँ बीज-बीज तहाँ तरु है दीपके पास प्रकाश।
नर ताँही नारी, जल ताँही थल है, पुण्य तहाँ अविनाश।। 4।।
बहेणि कहे जिसकू हरि आवे वोहि है पुण्य की रास।
शान्ती श्रम उसके घर सोवे सम्पति दास।। 5।।"[17]

यह पद बहेणाबाई के अभिव्यक्ति कौशल का बेहतरीन उदाहरण कहा जा सकता है। कविता में आये प्राकृतिक दृष्टान्त पाठक-श्रोता तक अपनी बात को अधिक प्रभावी ढंग से पहुँचाने के लिए कारगर साबित हुए हैं। साथ ही बहेणाबाई ने अधिकतर परम्परा प्राप्त धारणाओं को कविता में अभिव्यक्त किया है। इतना ही नहीं उन्होंने मध्यकाल के सन्दर्भ में हमारी धारणा को अधिक पुष्ट करते हुए 'नर तहाँ नारी' की भी बात कही है। इसे उनके निजी जीवन में घटी वैवाहिक जीवन की त्रासदियों से भी जोड़कर देखा जा सकता है, जहाँ उन्हें कई पारिवारिक कठिनाईयों के चलते अपने पिता-पति के साथ बंजारों-सा जीवन व्यतीत करने पर विवश होना पड़ा। जहाँ-जहाँ ये पुरुष ले जाते उन्हें जाना पड़ा। सम्भवतः इसी कारण उन्हें 'बिन पुरुष नहीं छाया' की अनुभूति हुई होगी। प्रायः प्रत्येक वारकरी कवि ने विठ्ठल के दर्शन प्राप्त करने के लिए पूर्व जन्म के पुण्यों की चर्चा अपनी कविताओं में की है, बहेणाबाई यहाँ भी इसी परम्परा का वहन कर रही है। उनकी पुण्य की धारणा भी उनसे भिन्न जान नहीं पड़ती।

कथा में लोकमर्यादा को लाँघनेवाला कोई भी प्रसंग नहीं है और कवयित्री ने उसे न आने देने का भरपूर प्रयास भी किया है। वस्तुतः उन्होंने इस कथा में पूर्व निर्धारित मर्यादाओं की रक्षा की रक्षा की है। उनके यहाँ गोपियाँ प्रेम की नहीं, भक्ति का आलम्बन हैं। उनके कृष्ण धेनु चराने तो जाते हैं, गीत, प्रबन्ध, हास्य, विनोद और नृत्य भी करते हैं, किन्तु बहेणी की कथा यहीं समाप्त हो जाती है। उनके कृष्ण केलि-कुंज के लिए नहीं हैं और न ही राजनीति का दर्शन देने के लिए, उन्होंने अवतार लोकरक्षण के लिए लिया है। बहेणाबाई ने उन्हीं बातों को अपने इस कथा-काव्य में स्थान दिया है, जो उनके अनुसार 'शास्तर की बात' हैं या जिसे 'सन्त जानी' है।[18] सर्वस्वीकृति उनकी इन कविताओं का लक्ष्य जान पड़ता है और उनकी यह कथा काव्य वारकरी सम्प्रदाय की सारी मर्यादाओं और काव्य-रूढ़ियों का पालन करता दिखाई देता है।

बहेणाबाई ने सर्वपरिचित कथा होने के कारण पूर्ण भक्ति भाव से कथा अति संक्षेप में कही है। उन्होंने पाठक-श्रोताओं में भक्ति-भावों और मूल्यों को दृढ़ करने का कोई प्रसंग कथा में नहीं छोड़ा है। उनकी कथा में बालक कृष्ण भले ही अवतार पुरुष हो किन्तु वे अन्त में जाकर सामान्य बालक की भाँति हास-परिहास-नृत्य आदि मर्यादा भाव से करते हैं। उनकी कविता के ग्रामवासी उत्सव भी अपने धर्म का पालन करते हुए मनाते हैं, लोकमर्यादाओं का ध्यान रखते हुए। इतना ही नहीं, स्वर्ग के देवता भी उत्सव में सम्मिलित होते हैं, किन्तु देवता, देवता रहते हैं और पुरवासी, पुरवासी रहते हैं। उनके इस कथा-काव्य का लक्ष्य साधारण पाठक-श्रोता को शिक्षित करना था, मूल्यों को परिवर्द्धित करना था, जो उन्होंने किया। इसके लिए न उन्होंने गोपियों के साथ भावनात्मक यात्रा की और न माता-पिता के साथ, उनका भक्त-हृदय तो अपने बाल-गोपाल पर ही टीका रहा। इसी क्रम में जो भक्ति-भाव उनके हृदय में आते गये उन्हें उन्होंने कभी सीधे-सीधे तो कभी यमुना आदि का मानवीकरण करके अभिव्यक्त किया। एक नीति आचार शिक्षिका के रूप में वह पाठक-श्रोता से सीधे संवाद स्थापित करती है और अपने इन कथनों को कई बार कथा, शास्त्रों एवं सन्तों से सत्यापित करती हैं। उनकी भक्ति दृढ़ है इसीलिए इन कविताओं में व्यक्त भाव भी पूरे आत्मविश्वास के साथ अभिव्यक्त हुए हैं, उनसे सहमत या असहमत हुआ जा सकता है, किन्तु उनकी दृढ़ता पर हमें विश्वास करना ही पड़ता है।

**बहेणी कहे वो अपनी बात**

बहेणाबाई की दूसरी प्रकार की कविताओं का स्वर उनकी उपरोल्लेखित कृष्ण जन्म कथा वाली कविताओं से नितान्त भिन्न है। इन कविताओं की विषय-वस्तु, विचारधारा, कविता कहने का ढंग, कविताओं की भाषा, इतना ही नहीं भक्ति का आलम्बन भी कई जगह पहले प्रकार की कविताओं से भिन्न तो क्या विपरित भी है। इन दूसरे प्रकार की कविताओं में बहेणाबाई तुकोबा की शिष्या के रूप में खुब सुहाती है। यह भी सम्भावना जताई जा सकती है कि पहले प्रकार की कविताएँ तुकोबा से अनुग्रह प्राप्त करने के पूर्व की होगी और दूसरे प्रकार की कविताएँ तुकोबा से अनुग्रह प्राप्त करने या तुकोबा की कविताई से परिचित होने के बाद की होंगी, जिसमें तुकोबा की कविता और उनके व्यक्तित्व का प्रभाव स्पष्ट झलकता है।

चूँकि मराठी भक्ति आन्दोलन में लिखित किसी भी कवि की कविता में सगुण-निर्गुण का कोई भेद निर्माण करने का अवकाश ही नहीं होता। इस कारण मराठी भक्ति आन्दोलन सम्बन्धी मराठी आलोचना में सप्रयास किसी कवि को किसी खाँचे में अँटाने का प्रयास भी नहीं दिखाई देता। हिन्दी आलोचना में भक्तिकालीन कविता को लेकर वैचारिक एवं भावनात्मकता का एक अद्‌भुत सन्तुलन दिखाई देता है। हिन्दी आलोचना के लिए यह सुखद विषय है कि वह जितनी संवेदनशील होकर भक्तिकालीन कवियों की सराहना करती है, उतना ही वैचारिक मतभेदों को खुलकर अभिव्यक्त भी करती है। मराठी आलोचना की मराठी भक्तिकालीन कविता के सन्दर्भ में प्रायः भावनात्मक दृष्टि रही है। यहाँ कुछेक वैचारिक विवादों को छोड़कर अधिकतर विवाद सन्तों की जीवनियों एवं तिथियों, किसी का कोई गुरू-शिष्य आदि को लेकर रहे हैं। रामदास-तुकोबा को लेकर जो विवाद हैं, उनमें प्रायः वैचारिकता से अधिक खेमेबाज़ी दिखाई देती है, जहाँ इन सन्तों को अपने विचारों के घोड़े बनाकर दौड़ाया जाता है। बहेणाबाई को लेकर भी यह विवाद रहा है कि वह तुकोबा की शिष्या थी या रामदास की। किन्तु अब इस विवाद

में कोई बल नहीं रह गया है। यह मानना सही है कि वह तुकोबा की ही शिष्या थी, जिनमें बहेणाबाई के काव्य एवं जीवन की विशेष अध्येता शालिनी जावडेकर महत्त्वपूर्ण हैं। शालिनी जावडेकर ने कई प्रमाणों के आधार पर यह सिद्ध किया है बहेणाबाई तुकोबा की शिष्या ही थी। उनके प्रतिमानों में तुकोबा एवं बहेणाबाई की कविताओं में दर्शाए गये भावों, विचारों एवं रूप की साम्यता विशेष उल्लेखनीय है। यहाँ इस बात का उल्लेख इसलिए आवश्यक हो जाता है कि बहेणाबाई की इन दूसरी प्रकार की कविताओं में तुकोबा एवं रामदास इन दोनों की हिन्दी कविताओं से भाव, विचार एवं रूप साम्य है।

बहेणाबाई के द्वारा प्रयुक्त निर्गुण अराध्य के नामों के आधार पर उन्हें धार्मिक-आध्यात्मिक समन्वयवादी कहा जा सकता है। उनके द्वारा प्रयुक्ता कुछ नाम हैं– हकीम, रहमान, साहेब, गोविन्द, देव, राम, स्वामी (शिव के लिए), जगदीश, अल्ला, कृष्ण आदि। भले ही उन्होंने अभिधार्थ में शैव, वैष्णव या ईस्लामी विभिन्न नामों का प्रयोग अपनी कविता में किया है, किन्तु इनके अर्थ में कहीं भी भेद नहीं दिखाई देता है। इसके विपरित वे उसका सच्चा रूप तो एक ही मानती हैंः 'सच्चा साहेब तू येक मेरा, काहे मुजे फिकीर'। वह अन्य पीर-फ़कीर के पास जाने की आवश्यकता नहीं समझती हैं। उनका स्पष्ट कहना है कि "अन्य पीर-फ़कीर के पास जाकर मुझे क्या करना है और 'महाल-मुलुख' (महल-सत्ता) की मैं क्यूँ परवाह करुँ।" वह तो अरूप-निर्गुण एक ही है, 'तारणहारा' है।[19] बहेणाबाई के निर्गुण-अरूप ईश्वर ही रूप धारण कर सबकी भव-बाधाओं को हरते हैं, उसी के कारण सब कुछ सम्भव होता है। उनका पूर्ण विश्वास है कि वही राम, कृष्ण आदि रूप धारण करके कईयों को मुक्ति दे चुका है। [20] बहेणाबाई का चित्रण उन्हें एक तरफ एकेश्वरवादी आन्दोलन का हिस्सा बनाता है तो दूसरी तरफ तत्कालीन जनता में कई छोटे-मोटे पीर-फ़कीरों को सामान्य जनता द्वारा श्रद्धावश पूजने की जानकारी देती है। सम्भवतः जनता के एक बड़े हिस्से को अभी भी आराधना की स्वतन्त्रता प्राप्त नहीं हुई थी, इसी कारण वह कई बार किसी पीर-फकीर की दरगाह को अपना अराध्य बना लेते होंगे, जिसमें कई बार इन बाबा-फक़ीरों द्वारा उन्हें आर्थिक-सांस्कृतिक रूप से धोखा खाना पड़ता था। इसी की प्रतिध्वनि बहेणाबाई की इन पंक्तियों में सुनाई देती है। यही वजह है कि वह आराधना पद्धति के रूप में नाममार्गी भक्ति का पक्ष लेती हैं। उन्होंने स्पष्ट शब्दों में लिखा है–

"दो दिन की है दुनिया रे बाबा। दो दिन की है दुनिया।। धृ.।।
ले अल्लाका नाम कुळ धरो ध्यान। बन्दे ना होना गुंग।। 1।।
नर-तन येही सार। नई आवेगा दूजे बार।
वेगी करो है फिकिर। करो अल्लाकी जिकिर।। 2।।
करो अल्लाकी फिकिर। तव मिलेगा गामील पीर।
बहेणी कहे तुझे पुकार। कृष्ण नाम तमे हुसीयार।। 3।।"[21]

ध्यातव्य है कि नाम स्मरण के लिए भी बहेणाबाई किसी भी नाम में भेद इसलिए नहीं करती कि उनके यहाँ यह नाम मात्र प्रतीक के रूप में अपनाए गये हैं, इन सभी का अर्थ एक ही है। इसी तरह उन्होंने नाम स्मरण के लिए 'जिकीर'[22] का भी प्रयोग किया है। इस 'जिकीर' से 'माया' का परदा दूर हो जाता है। वे 'मैं पन' (अहंकार) को बगल करके 'साहेब के पाय पकड़ने' की बात करती हैं। एक ही स्थान पर वे अल्ला की फिकीर या जिकिर या 'कृष्ण नाम से हुसियार' होने की सलाह वे देती हैं। वे अपने अपने-आप को सन्त की दासी कहती हैं, जो

गोविन्द पर बलि जाती है।[23]

बहेणी का अराध्य तारक है, न्यारा है और वह कई नामों के साथ एक ही है। उनका पूर्ण विश्वास है कि 'देव कहे सो कहाँ न होवे, सुन रे मूढ़ो अंध'।[24] उसने शीला को नारी बनाय, रावण राक्षस को मारकर उसके अमरत्व दे दिया, विभीषण को लंका दे दी, सत्व की रक्षा करते हुए प्रल्हाद को बचाकर उसके पिता को जला दिया, मीरा के प्राणों की रक्षा की, स्वामी (शिव) के विषपान करने पर वही स्मरण किया गया, पत्थर को दूध पिलाया, सुदामा को सुवर्ण नगरी दी, 'वैसे भगत बहुत राखे, तब कहाँ कहुजी बढ़ाई। बहेणी कहे तुम भक्त कृपाल हो, जो करे सो सब होई'।[25] यह सारे उदाहरण उन्होंने नाम से तरने के लिए दिए हैं। अधिकतर उदाहरण मिथकों से देते हुए भी मीरा एवं नामदेव जैसे ऐतिहासिक व्यक्तियों के जीवन से भी किवदन्तियों के दृष्टान्त यहाँ दिए जाना, तुकोबा की परम्परा को सीधे नामदेव से जोड़ने की ओर संकेत हैं। नामदेव और मीराँ के अतिरिक्त उन्होंने अपने हिन्दी काव्य में किसी भी अन्य मराठी सन्त-भक्त कवि का नाम नहीं लिया। इससे स्पष्ट होता है कि वे अपना हिन्दी काव्य हिन्दी भाषा-भाषियों को दृष्टि में रखकर लिख रही थी। इसी कारण हिन्दी भाषा-भाषियों को परिचित सन्तों के ही नाम उन्होंने यहाँ दिए हैं। अर्थात उनकी हिन्दी कविताओं का लक्ष्य पाठक-श्रोता हिन्दी भाषा-भाषी था, जिनके लिए बहेणाबाई ने हिन्दी में काव्यकर्म किया। यहाँ कुछ घटनाएँ राम कथा से हैं तो कुछ घटनाएँ कृष्ण एवं कुछ शैव कथा से, सभी को समन्वित रूप से 'देव' कहा गया है, जो अधिक व्यापक अवधारणा है। 'हरि' या 'हर' शब्द का प्रयोग करने से जाने-अनजाने बचते हुए 'देव' के तारणकर्ता रूप का ही स्मरण किया गया है। उनके अन्य सम्पूर्ण काव्य की तरह लोकरंजक रूप का स्मरण यहाँ अपेक्षित है ही नहीं। अर्थात बहेणाबाई के सम्पूर्ण काव्य में उनके अराध्य लोकरक्षक ही हैं।

इसके अतिरिक्त बहेणाबाई की हिन्दी कविताओं में उनके नाथ पंथ पद्धतियों एवं उसकी शब्दावली से प्रभावित होने के भी प्रमाण मिलते हैं। उनकी एक हिन्दी कविता तो पूर्णतः किसी नाथ पंथी की कविता जान पड़ती है। इस कविता में उन्होंने नाथ पंथ की वेशभूषा एवं बाह्याचारों को भले ही अस्वीकार कर दिया हो, किन्तु वैचारिक तथा अराधना पद्धति के स्तर पर कई स्थानों पर नाथपंथी कविता से अपने सुर में सुर मिलाती हैं:

"जटा न कंथा सिंगी न शंख। अलख भेख हमारा बाबू।
झोली न पत्र कान में मुद्रा। गगनपर देख थारा।। धृ.।।
बाबा हम तो निरंजनवासी। साधुसन्त योगी जान लो।
हम क्या जाने घरवासी।। 1।।
माता न पिता, बन्धु न भगिनी। गण गोत ओ सब न्यारा।
काया न माया, रूप ने रेखा। उलटा पंथ हमारा बाबा।। 2।।
धोती न पोथी, जाति न कुल। सहजी सहज भेख पाया।
अनुभव पत्रिसी सिद्ध की खाही। उन्मनी ध्यान लगाया।। 3।।
बोध बलपर बैठा भाई। देखत है तिन्हु लोक।
उर्ध्व नयन की उलटी पाती। जहाँ प्रकाश आनन्द कोटी।। 4।।
भाव भगत माँगत भिक्षा। तेरा मोक्ष कीर रहा दिखाई।
बहिनी कहे मैं दासी सन्तन की। तेरे पर बलि जाऊँ।। 5।।"[26]

यहाँ वे 'उल्टे पंथ' और जाति-पाँति से परे जाने की बात करती हैं। सहज साधना का उल्लेख करती हैं। निर्गुण पर बलि जाना चाहती हैं। 'सन्तन की दासी' बन जाती हैं। रहस्यात्मकता की तरफ़ भी मुड़ती हैं। एक अन्य कविता में नाथों की तरह गुरू द्वारा 'ग्यान प्याला' पिलाये जाने की बात करती हैं–

"गुरू ने मुझे ग्यान प्याला पिलाया। हुवा मस्त बन्दा उन्याकू जलाया।।
किया एकतारी दिनानाथ जीसू। रहे खेलता दील राजी उसीसू।।"[27]

इसके साथ ही बहेणाबाई ने ज्ञानमार्गी या सारे निर्गुण कवियों से भिन्न एक अलग ही प्रश्न साधक के सामने प्रस्तुत किया है–

"बड़ा भेख शिर मुँड़ाया कफनी गले में है।
वस्ताद की खून पाया तोवरी किया क्या है।"[28]

अर्थात, तूने अब तो बड़ा अच्छा भेष धारण कर लिया है। सर मुँड़ाया, गले में कफनी डाल लिया। यह सब तो तुने गुरू की कृपा के बाद किया, गुरू मिलने तक तुने क्या किया। आगे वे कहती हैं–

"आपकु पछान। देख दाई मकान।
पकड़ रहिमान। क्यो हुआ है हैरान।। 1।।
पटपटकर क्या किया। जिकीर नहीं प्यारी।
वस्ताद तुझे क्या करे। किये पेटकी कामगिरी।। 2।।
बहिनी कहे नहीं करार। दिलमें पड़ी चुकी।
वस्ताद तुझे क्या करे?। पेटमें वासना भूखी।। 4।।"[29]

ऐसे व्यक्ति को गुरू भी मार्ग नहीं दिखा सकता, जिसके पेट (हृदय) में वासना बची है, जो 'जिकीर नहीं करता' जो अपने-आप को नहीं पहचानता है। बहेणाबाई ने यहाँ गुरू की अनिवार्यता से भी अधिक शिष्य को मन की ईच्छाओं को मारकर स्वयंप्रेरणा से, स्वयं को पहचान कर नाम भक्ति के माध्यम से शान्ति को प्राप्त करने की सलाह दी है। 'दिल की सुनने' और 'आप पछानने'[30] को उन्होंने महत्त्व दिया है। इसके लिए उन्होंने अन्य सभी बाह्याडम्बरों 'निमाज़' (नमाज़) पूजादि को व्यर्थ माना है।[31] मुँडियों की उन्होंने जमकर ख़बर ली है, जहाँ उनकी भाषा में तुकोबा की कविता-सी आक्रामकता आ गयी है। उनकी एक कविता इस प्रकार है–

"मुँडा मुँडा सब कहते। दिल का नहीं कोयी।
ऊपर तलखी चौघी भूजो। आप पछाने ओही।। धृ.।।।
कायकु लिखा भेख। अल्लाकू फिर देख।
मनसा मुँढ़ी न फिरे तो। गांडमें मारू मेखा।। 1।।
बगलम्याने तबल लेकर। फिरते दारोदार।
पेटके खातिर काटते मासा। दिलकी नहीं खबर।। 2।।
छुटी माया तेरी। काहेकू पकड़े उसके साथ।
ढुंग से ढुंग घसना। मुँडे क्या किया शहामत।। 3।।
बहिनी कहे मर बे। मुँडे झूटा तेरा सोंग।
वासना मुँडी नहीं काफीर। तो काहेकू नाडते जग।। 4।।"[32]

इस कविता के एक ही पाठ में पता चल जाता है कि इसमें एक ओर तो भाववाद है तो दूसरी तरफ तर्काधारित बौद्धिकता को प्रश्रय दिया गया है। वास्तविक रूप में भक्ति सम्बन्धी कविता में कम-से-कम भारत में तो इन दोनों का सह-अस्तित्व भक्ति आन्दोलन से पूर्व एक विरल चीज़ रही है। क्योंकि दोनों में बहुत अधिक विरोध होता है। तर्क के निर्माण होते ही भावात्मकता अपने आप समाप्त हो जाती है। ऐसा नहीं है कि बौद्धिकता में सहृदयता नहीं होती है, किन्तु उसका तर्काधारित होना भाववाद को तो समाप्त कर देता है। भाववाद मात्र भावनाओं की छाया में जीवित रह सकता है, तर्क के ताप को वह सह नहीं सकता। यहाँ बहेणाबाई बड़े तार्किक ढंग से बाह्याडम्बरों के मार्ग पर चलनेवालों को खरी-खोटी सुना रही है, किन्तु साथ ही उन्हें अपने दिल की सुनने को भी कह रही है। भाषा में एक प्रकार की गति है, जिसे आक्रोश भी कहा जा सकता है। उनकी ऐतिहासिक परिस्थितियों में इसे देखने पर हमें अचरज हो सकता है कि एक स्त्री इस प्रकार की भाषा का भी इस्तेमाल कर सकती थी।

मराठी सन्त-भक्त कवियों की हिन्दी कविताओं का वस्तु के स्तर पर अध्ययन करने के पश्चात हमारे समाने कुछ सारांश प्रस्तुत होते हैं। सबसे पहली बात तो यह है कि मराठी भक्ति आन्दोलन के ही साथ मराठी सन्त-भक्त कवियों द्वारा हिन्दी में रचनाएँ लिखा जाना आरम्भ होता है। इसका सबसे प्राचीन रूप हमें चक्रधर एवं महदंबा की कविताओं में मिलता है तथा इसका सबसे बाद का रूप हमें तुकोबा-रामदास-बहेणाबाई के काव्य में मिलता है। जिस प्रकार मराठी भक्ति आन्दोलन ने अपनी लम्बी यात्रा के बीच में दो-ढाई सौ वर्षों का विराम लिया, उसी क्रम में इस क्षेत्र में हिन्दी रचनात्मकता भी प्रायः नहीं के बराबर हुई है।

नामदेव के पूर्व के रचनाकारों में भाषा का वह रूप मिलता है, जो हिन्दी प्रदेश के नाथ कवियों में मिलता है। इस क्रम में काव्यवस्तु में भी यहाँ पंथों के अनुसार भले ही बदलाव होता आया हो, किन्तु कृष्णकथाओं पर काव्य लिखने की परम्परा लगातार चलती रही। यह भी ध्यान देने योग्य है कि पंथों के अनुसार कविताओं की काव्यवस्तु बदलती गयी हो, किन्तु कृष्ण कथाओं में इन कवियों ने कृष्ण के बालक रूप एवं बाललीलाओं का लगातार चित्रण किया है। यहाँ गोपियाँ हिन्दी काव्य में बाद के समय में आती तो हैं, किन्तु उनका भी प्रायः भक्तश्रेष्ठों वाला ही रूप चित्रित किया गया है। कृष्णकथा में इन के कवियों का ध्यान कृष्ण चरित्र पर ही टिका रहा। ग्रामवासियों एवं यशोदा के भावों का चित्रण कुछ कवियों द्वारा संक्षिप्त रूप में किया गया है, किन्तु उसमें व्यापकता एवं गहराई का अभाव है। इस कारण परिवेश के प्रति उदासीनता इस कथा के क्रम में देखी जा सकती है। उनके कृष्ण अमुमन अराध्य ही है, इसका इन कवियों ने ध्यान रखा और आवश्यकता पड़ने पर उसका विशेष उल्लेख भी किया।

यहाँ कृष्ण विठ्ठल के पर्याय हैं, तो शिव में भी इन कवियों ने कोई भेद नहीं किया। उनके लिए कोई भी अराध्य कम या अधिक नहीं है। नामदेव एवं बाद के कवियों में निर्गुण ईश्वर का रूझान देखा जा सकता है, किन्तु सगुण-निर्गुण का वैसा भेद न उनकी मराठी कविताओं में है और न ही हिन्दी कविताओं में। यही कारण है कि उन्होंने शैव-वैष्णव ही नहीं, ईस्लामी परम्परा के नामों का भी प्रयोग अपनी हिन्दी कविताओं में किया है, इसके उदाहरण ज्ञानेश्वर से लेकर रामदास में देखे जा सकते हैं। नामों के प्रयोग में इसलिए भी भेद नहीं दिखाई देता है कि अधिकांश कवियों का पंथीय आधार वारकरी सम्प्रदाय से जुड़ता है और वहाँ हरि-हर ऐक्य पर अधिक बल दिया गया है। इस अर्थ में पंथीय संकुचितता को यह काव्य अपने आप

ही नकार देता है।

एक तरफ यह माना जाता है कि सन्त-भक्त कवियों की कविताओं को संस्कृत काव्यशास्त्र के प्रतिमानों पर मूल्यांकित नहीं किया जा सकता है और दूसरी तरफ ऐसा करने का बराबर प्रयास किया जाता है। कुछ इसी प्रकार का सफल प्रयास सौ. शालिनी जावडेकर ने बहेणाबाई की मराठी कविताओं के साथ-साथ हिन्दी कविताओं के सन्दर्भ में किया है। उन्होंने बहेणाबाई की कविताओं में शब्द योजना एवं अनुप्रास, सुन्दर चलच्चित्र, यमुना का व्यक्तिकरण, मनोहर शब्दचित्र, अनुप्रास, उपदेशपरक रचना आदि प्रतिमानों के अतिरिक्त विभिन्न अलंकारों के उदाहरण ढूँढ़ निकाले हैं, 'सुत मत कहो नन्द। ब्रह्म सो येहि गोबिंद है' इसमें अपह्नुती अलंकार है। 'आयेंगे कसबिखार' 'माया परदा हुवा दूर' में रूपकों की योजना अत्यन्त स्वाभाविक है। 'सूरज के बिम्ब अंधारे सोवे' एवं' सुमिंदर तान्हों पीरत' में सूर्य व समुद्र पर चैतान्यारोप (पर्सनिफिकेशन) है। 'जनन मरन ये दोनो भाई, मोकले तन के साथ' में कल्पना की नवीनता देखने मिलती है। 'मरनधर' 'तारनहार' (वही), 'हम तो निरंजनवासी' यह नागरबंध हैं।[33]

ऐसे सफल प्रयास किये जाने पर कोई आपत्ति नहीं है, किन्तु इसे निर्धारणवादी दृष्टि से देखकर उसके काव्यत्व पर प्रश्नचिन्ह उपस्थित करने नहीं चाहिए। जिन्हें श्रीमती जावडेकर नहीं किया हैं, जो सराहनीय है। जैसाकि, उनकी सम्पूर्ण हिन्दी कविताओं में दो स्वर प्रमुखतः देखने को मिलते हैं– पहला कृष्ण कथा का संक्षिप्त रूप और दूसरा जहाँ वे अपनी बातों-अपने विचारों को बिना किसी लाग-लपेट के प्रस्तुत करती हैं। इन दोनों काव्य-प्रकारों के अनुसार उनकी कविताओं के रूप पक्ष में भी स्वाभाविक अन्तर आ जाता है, जिन्हें केवल शास्त्रीय प्रतिमानों के आधारों पर समझना सम्भव नहीं हो पाता है।

कृष्ण कथा का वर्णन करने के लिए कुल 11 पदों कही गयी है। इस कृष्ण कथा में चार ऐसे पद हैं, जो कथा गायन के हेतु रचे गये होगें। परिणामतः उसमें कोलमकान्त पदावली के समीप वाली शब्दावली का प्रयोग देखने को मिलता है। बहेणाबाई ने मूल कथा में कोई नयी उद्‌भावना नहीं की है और पूर्ण कथा अतिसंक्षेप में आयी है। इस क्रम में उन्होंने कथा में अत्यन्त सूक्ष्म भावों का चित्रण भी किया है। कृष्ण जन्म के उपलक्ष्य पर ग्राम में आयोजित हो रहे महोत्सवों के माध्यम से ग्रामवासियों के आनन्दोल्लास की ओर भी इंगित किया है। बहेणाबाई ने तर्कपूर्ण शैली में अपनी मूल्य दृष्टि के अनुसार यशोदा और नन्द के यहाँ उनके जन्म लेने के कारणों का भी बखान किया है।

बहेणाबाई के दूसरी प्रकार की कविताओं का रूप-विधान उनकी कृष्ण-जन्म-कथा वाली कविताओं से नितान्त भिन्न है। इन कविताओं की विषय-वस्तु, विचारधारा, कविता कहने का ढंग, कविताओं की भाषा, इतना ही नहीं भक्ति का आलम्बन भी कई जगह पहले प्रकार की कविताओं से भिन्न तो क्या विपरित भी है। इन दूसरे प्रकार की कविताओं में बहेणाबाई तुकोबा की शिष्या के रूप में खुब सुहाती है। यहाँ बहेणाबाई बड़े तार्किक ढंग से बाह्याडंबरों के मार्ग पर चलनेवालों को खरी-खोटी सुना रही हैं, किन्तु साथ ही उन्हें अपने दिल की सुनने को भी कह रही है। जिस कारण भाषा में एक प्रकार की गति है, जिसे आक्रोश भी कहा जा सकता है। उनकी ऐतिहासिक परिस्थितियों में इसे देखने पर अचरज हो सकता है कि एक स्त्री इस प्रकार की भाषा का भी इस्तेमाल कर सकती थी। दिल की सुनने में आर्थी व्यंजना है। कविता की किस पंक्ति में कितनी गहराई हो सकती है, यह उसके प्रयोग में आनेवाली सारी पंक्तियों के साथ पता चलता

है। इसलिए कविता में शब्दों का सह-अस्तित्व बहुत महत्त्वपूर्ण हो जाता है। बहेणाबाई हो या तुकोबा इनकी कविता में आये तथाकथित अश्लील शब्दों को उनकी ऐतिहासिक परिस्थितियों के साथ कविता के सम्पूर्ण सन्दर्भ में देखकर ही निर्णय करना होगा कि क्या उनके स्थान पर दूसरे शब्द रखे जा सकते थे। सम्भवतः यह कविता के सन्दर्भ में रूपवादी रूझान हो सकता है, किन्तु क्या इससे इस कविता का समाजिक पक्ष और खुलकर सामने नहीं आयेगा!

इसके अतिरिक्त बहेणाबाई की हिन्दी कविताओं में उनके नाथ पंथ पद्धतियों एवम् उसकी शब्दावली से प्रभावित होने के भी प्रमाण मिलते हैं। बहेणाबाई की कविताएँ उनके विषय-वस्तु को पूर्णत्व प्रदान करने एवम् उनकी सहायता के रूप में आती है। ऐसा किसी भी कविता को देखकर नहीं लगता है कि उन्होंने कहीं भी रूप-पक्ष पर विशेष ध्यान देकर अपनी कविताओं में नक्काशी करने का प्रयास किया हो। जो रूपगत विशेषताएँ उनकी कविताओं में आयी हैं, वह अनायास एवं प्राकृतिक स्वरूप में आयी हैं। सम्भवतः यही कारण हैं कि उनकी कविताएँ स्वाभाविकता लिए हुए हैं।

## सन्दर्भ संकेत

1. देवगाव माझे माहेर साजनी। वेरूळ तेथोनी पूर्व भागी।। 1।।
   देवांचा समूह सर्व जये ठाई। मिळालासे पाही देवगावी।। 2।।
   हिमालयाहुनी चालिला अगस्ती। चातुर्मास्य वस्ती केली जेथे।। 3।।
   तेथुनी पशचिमे सिवनद वाहात। तीर्थ हे अद्भुत तीर्थांमाजी।। 4।।
   सन्त बहेणाबाईंचा गाथा, जावडेकर, शालिनी (सम्पा.), अभंग क्र. 2, पृ. 196।
2. सन्त बहेणाबाईंचा गाथा, जावडेकर, शालिनी (सम्पा.), अभंग क्र. 9, पृ.।
3. सन्त बहेणाबाईंचा गाथा, जावडेकर, शालिनी (सम्पा.), अभंग क्र. 19, पृ. 13-14।
4. सन्त बहेणाबाईंचा गाथा, जावडेकर, शालिनी (सम्पा.), अभंग क्र. 21, पृ.।
5. सन्त बहेणाबाईंचा गाथा। जावडेकर, शालिनी (सम्पा.), अभंग क्र. 22-23।
6. जावडेकर, शालिनी, सन्त बहेणाबाईंचा गाथा, (प्रस्तावना), पृ. 18।
6. वही, अभंग क्र. 40।
7. वही, अभंग क्र. 54।
8. जावडेकर, शालिनी : सन्त बहेणाबाईंचा गाथा, प्रस्तावना, पृ. 33-34।
9. जावडेकर, शालिनी : सन्त बहेणाबाईंचा गाथा, प्रस्तावना, पृ. 98-139।
10. यादव, मा.के. : मराठी सन्त कवयित्री, पृ. 119।
11. जावडेकर, शालिनी : सन्त बहेणाबाईंचा गाथा, अभंग क्र. 375, पृ. 391।
12. चतुर्वेदी, रामस्वरूप : हिन्दी साहित्य और संवेदना का विकास, पृ. 56।
13. जावडेकर, शालिनी : सन्त बहेणाबाईंचा गाथा, पद क्र. 399, पृ. 380।
14. वही, पद क्र. वही, पृ. वही।
15. वही, पद क्र. 400, पृ. वही।
16. वही, पद क्र. 395, पृ. 378।
17. वही, पद क्र. 399, पृ. 380।
18. वही, पद क्र. 402, पृ. 382।
19. वही, पद क्र. 404, पृ. 382-83।
20. वही, पद क्र. 611, पृ. 471।
21. वही, पद क्र. 403, 611, पृ. 382 और 471।
22. वही, पद क्र. 403, 608, पृ. 382 और 470।

23. वही, पद क्र. 404, पृ. 382।
24. वही, पद क्र. वही, पृ. वही।
25. वही, कविता क्र. 608, पृ. 470।
26. वही, कविता क्र. 665, पृ. 502।
27. वही, कविता क्र. 630, पृ. 488।
28. वही, कविता क्र. वही, पृ. वही।
29. वही, कविता क्र. 631, पृ. 489।
30. वही, कविता क्र. 630, 631, पृ. 488-89।
31. वही, कविता क्र. 631, पृ. 489।
32. जावडेकर, शालिनी : सन्त बहेणाबाईंचा गाथा, पृ. 172।

# हिन्दी साहित्य में आदिवासी कविता लेखन

*राज कुमार मीणा*

रमणिका गुप्ता के अनुसार आज "आदिवासी साहित्य 90 भाषाओं में लिखा जा रहा है– लेकिन वह हिन्दी में भी प्रचुर मात्रा में रचा जा रहा है। आदिवासी संस्कृति से न केवल हिन्दी समृद्ध हुई है, बल्कि आदिवासी जीवन-शैली समानता, भाईचारा और आजादी के सूत्रों को भी हिन्दी पट्टी और हिन्दी भाषी मानस ने कुछ हद तक ग्रहण किया है।"[1] आज न केवल हिन्दी भाषी बल्कि गैर हिन्दी भाषी भी हिन्दी में कविता लिख रहे हैं। मराठी भाषी कौशल्या बैसन्त्री और कुडुख़ भाषी ग्रेस कुजुर हिन्दी में लिखती हैं। रामदयाल मुँडा और निर्मला पुतुल संथाली के साथ-साथ हिन्दी में भी लिखते है। मराठी कवि वाहरु सोनवणे, भुजंग मेश्राम आदि का भी हिन्दी आदिवासी साहित्य में महत्त्वपूर्ण योगदान है। स्वयं रमणिका गुप्ता का अन्य भाषाओं से हिन्दी में अनुवाद का कार्य एक मिशाल बनता जा रहा है।

आज आदिवासी अपनी कलम की ताकत को पहचानते जा रहे हैं जिसे वे बन्दूक की ताकत से भी बड़ी मानते हैं। ग्रेस कुजूर लिखती हैं कि

"क्या कर लेंगी उनका
बन्दूक और होलियाँ
लांघते ही देहरी
हज़ारों कहानियाँ
नस-नस हो गयी कमान सब लहू तीर
देखना बाकी है कलम को तीर होने दो।"[2]

भुजंग मेश्राम बिरसा-चेतना से लैस होकर उसमें अपनी मुक्ति का अहसास, अपनी ताकत का अहसास खोजने का आह्वान करते हैं–

"तब हमने ही तो किया था संघर्ष
रों को खदेड़ने की खातिर
सिंहभूम, मंडला वसई
चन्द्रपुर को करने को आजाद
बचाने के लिए हरे-भरे जंगल
आज ना गोरे हैं
न सपनों की आज़ादी
आज ना धने बीहड़ है
ना तू है
है केवल बीहड़ों में फैलता असन्तोष

होठों पर तेरा नन्हा-सा गीत
उनगुलान! उलगुलान! उलगुलान!
जो बन गया है हमारी संस्कृति की लड़ाई
सच बताऊँ अब हमें जल्दी है
नहीं चाहते अब हम ओढ़ी हुई सभ्यता
धिक्कारते जैसे अंधकार को
जंगल बाँटती दुलाली प्रथा को
हम नकारते हैं
गुंजती है घाटियों में पीठा करती आवाज़
बिरसा तुम्हें कहीं से भी आना होगा
...लोग तेरी वाट जोहते।"[3]

संथाली-असमिया भाषा के प्रमुख लेखक पृथ्वी माँझी ने इतिहास में गढ़ी गयी विकृत और अमानुषिक छवि को नष्ट करते हुए कहा है कि "भारतीय साहित्य के जिस दर्पण में हज़ारों सालों से आदिवासी समाज का जो विकृत रूप दिखाया गया है, उस विकृत रूप को हटाकर उसके वास्तविक प्राकृतिक रूप को हमारे देश और संसार को दिखाना ही आदिवासी साहित्यकारों का सबसे बड़ा दायित्व है।"[4] इस दायित्व को स्वीकारते हुए महादेव टोप्पो कहते हैं–

"इससे पहले के वे पुनः तुम्हारा अपने ग्रन्थों में
बन्दर, भालू या
किसी अन्य जानवर
के रूप में करे वर्णन
तुम्हें अपने आदमी होने की
तलाशनी होगी परिभाषा
इनके बर्बर वैचारिक
हमलों के विरुद्ध
रचने होंगे
स्वयं ग्रन्थ।"[4]

आज के आदिवासी लेखन में जहाँ अपनी जड़ों और इतिहास को खोज निकालने की इच्छा है, वहीं शोषण, शोषक और शोषित की वर्णमाला को पहचानने का भाव भी है। व्यवस्था के षड्यन्त्र और साजिशों का पर्दाफाश करने की प्रवृत्ति भी आदिवासी लेखन का एक हिस्सा बनकर उभरी है–

"पार्टियाँ हो दक्षिण, वाम या मध्यमार्गी
सदा करती है हमारे हित की बात
हम जादूगोडा में गल रहे हों
नर्मदा में डूब रहे हों
उड़ीसा में चाहे भूख से मर रहे हों
या देश में कहीं गालियाँ या गोलियाँ खाकर
या दामोदर का पी रहे हो पानी गंदा

बताया जाता है। हमारे लिए कहीं-न-कहीं विकास का कार्य है प्रगति पर....।"[5]

इस कठिन और विडम्बनात्मक परिस्थितियों में आदिवासी अपने जल, जंगल, ज़मीन की चिन्ता से मुक्त नहीं हो पाता। उसकी आकांक्षा होती है कि–

"जब जंगल की
सारी विद्रोही आवाजों को
जंगल के पेड़ों के हरेपन को
महुए की बोलत में
जुबोने की हो साजिश
इस जंगल का कवि रहेगा भला कैसे चुप?
वह धनुष उठाएगा
प्रत्यंचा पर कलम चढ़ाएगा जंगल के हरेपन को
बचाने की खातिर
जंगल का कवि
मादर बजायेगा
बासुंरी बजायेगा।
चढ़ाकर प्रत्यंचा पर कलम।"[6]

संथाली हिन्दी की प्रमुख कवयित्री निर्मला पुतुल न केवल उस उपभोक्ता संस्कृति को पहचानने के लिए कहती है जो आदिवासी महिलाओं को केवल वस्तु बनाने पर तुली हुई बल्कि वे अपने ही समाज में व्याप्त बुराईयों और विकृतियों पर भी प्रहार करती है–

"तुम्हारे पिता ने कितनी शराब पी
यह तो मैं
नहीं जानती
पर शराब उसे पी गयी
यह जानता है सारा गाँव
इससे बचो चुज़का सोरेन
...देखो तुम्हारे ही आंगन में बैठ
तुम्हारे हाथों बनी हड़िया
तुम्हें पिला-पिलाकर
कोई कर रहा है
तुम्हारी बहनों से ठिठोली
...वह कौन-सा
जंगली जानवर
था चुड़का सोरेन
जो जंगल लकड़ी बिनने गयी
तुम्हारी बहन मुँगली को
उठाकर ले भाग?"[7]

समाज में व्याप्त कुप्रथाओं और जड़ परम्पराओं पर चोट करते हुए निर्मला पुतुल कहती

है– बस! बस! रहने दो
कुछ मत कहो सजोनी किस्कू!
मैं जानती हूँ सब
जानती हूँ कि अपने गाँव
बागजोरी की धरती पर
जब तुमने चलाया था हल
तब डोल उठा था
बस्ती के माँझी थान में बैठे देवता का सिंहासन
गिर गयी थी पुश्तैनी प्रधानी कुर्सी पर बैठे
मगजहीन माँझी "हाड़ाम" की पगड़ी
पता है बस्ती की नाक बचाने खातिर
तब बैल बनाकर हल में जोता था जालिमों ने तुम्हें
खूंटे में बाँधकर खिलाया था भूसा।"[8]

आदिवासी समाज प्रकृति के सह-अस्तित्व के साथ जीवन जीता है और वह कभी भी विकास की एकतरफा अवधारणा को स्वीकार नहीं कर सकता है। वह जानता है कि प्रकृति के खिलाफ साजिश के कितने खतरनाक परिणाम हो सकते हैं। आज जबकि पर्यावरणीय समस्या से पूरा विश्व जूझ रहा है तब तो उनकी अवधारणा को जानना-समझना और भी अधिक आवश्यक हो गया है। ग्रेस कुजुर कहती है–

न छोड़ों प्रकृति को
अन्यथा यही प्रकृति
एक दिन
माँगेगी
हमसे
तुमसे
अपनी तरुणाई का
एक-एक क्षण
और करेगी
भयंकर... बगावत
और तब
न तुम होंगे
न हम होंगे।"[9]

आदिवासियों के प्रकृति-प्रेम और दिकुओं द्वारा किया जाने वाले शोषण को एक साथ ही हरिराम मीणा इस तरह व्यक्त करते हैं–

हमने युगों-युगों से
खतरनाक सुअरों से लोहा लिया
उन्हें खूब छकाया
मगर खरोचों को अलावा ठकोई हादसा नहीं हुआ

हमने-नारियल के ऊचे दरख्तों को
खिलवाड़ माना
उनके फलों के स्वाद को जाना
मगर, उन्हें बर्बाद नहीं किया
ना ही उन्होंने हमें सताया
जहरीले साँपों से हम खेलते रहे
समुद्री जीवों से हमारी दोस्ती रही
तुफानों ने हमारा कुछ नहीं बिगाड़ा
यहाँ तक कि
भूकंप और ज्वालामुखियों ने भी
हमें नहीं उजाड़ा
मगर
जिन्होंने हमें गोलियों से भूना
वे इन्सान थे
जिन्होंने हमें टापुओं के इधर-उधर खदेड़ा
वे इन्सान है
और जो हमारी नस्ल को उजाड़ेंगे
वे इन्सान होंगे।"[10]

आदिवासी समाज को आज उसी तथाकथित सभ्य समाज से खतरा है जो उन्हें "सभ्य" बनाने पर जबरदस्ती तुले हुए हैं। हरिराम मीणा का संवाद अण्डमान-निकोबार तक के आदिम समुदायों से भी होता है, क्योंकि ये समुदाय आज लुप्त होने के कगार पर है। रोटी-विस्किट के चंद टुकड़ों पर नग्न-नृत्य करवाकर तथाकथित देशभक्त लोग अपने "मेहमानों" (विदेशी सैलानियों) का आदिवासियों से मनोरंजन करवाते हैं। उनकी निजता भंग होने से जहाँ एक तरफ उनकी नस्ल खत्म होती जा रही है तो वहीं दूसरी तरफ उनमें नयी-नयी बीमारियों का प्रकोप बढ़ रहा है। हरिराम जी उनकी खत्म होती नस्लों पर व ज़मीनों से उनकी बेदखली पर कहते हैं–

"कैसे करोगे साबित
सभ्यता की इस अदालत में
कि यह "भौम" (ज़मीन) तुम्हारी थी।"[11]

बेदखली और आदिवासी समाज की बेबसी पर कवि को गुस्सा आता है और वह उनसे सवाल करता है कि-

"देखो! तुम देख रहे हो कि वो आ रहे हैं
तुम्हारी नसें तन रही हैं
तुम्हारे तीन-कमान तने हैं
तुम एक जुट हो
मगर तुम कुछ नहीं कर रहे?
....देखो! आखिर तुम्हें खदेड़ ही दिया न
तुम्हारी ज़मीन से

तुम्हें नेस्तानाबूत करने के लिए
पर फिर भी तुम चुप हो?
क्यों? आखिर क्यों?"[12]

महापुरुषों को जो गुलाम भारत के इतिहास में स्वतन्त्रता की लड़ाई में (खाज्या नाईक, तंट्या भील, रामदास, महाराज, भागोजी नाईक, बिरसा मुँडा, रानी दुर्गावती इत्यादि) ब्रिटिश राज्य के विरुद्ध जुझे, याद किया जा रहा है। वे इसके माध्यम से एक लिखित इतिहास की निर्माण-प्रक्रिया भी तैयार कर रहे हैं। आदिवासी जीवन की पीड़ा, आदिवासी मूल्यों की महत्ता, विकास का असली चेहरा और विस्थापन का विकराल रूप, शोषणों के विभिन्न प्रकार और चरण आदि को आदिवासी कविताओं में विषय बनाया जा रहा है। आदिवासी कविताओं में श्रम के सौन्दर्य की महत्ता है। दिखावटीपन या रहस्यमयी जैसा कुछ नहीं। जो जैसा है उसे वैसे ही पाठक के सामने रख देना। आम भाषा में बिना लाग-लपेट के। प्रकृति से सम्बन्धित हर वस्तु से प्रेम करते है आदिवासी लोग, भले वह सजीव हो या निर्जीव। पेड़ों की अत्यधिक कटाई पर शिलांग के कवि का यथार्थ चित्रण झकझोर देने वाला है–

"पहाड़ी चोटी पर मैं हूँ खड़ा
नंगी पहाड़ी नग्न स्त्री की तरह
जिसकी छातियाँ उघाड़ दी हो किसी पागल बलात्कारी ने।"[13]

डॉ. रामदयाल मुँडा विकास की त्रासदी को कुछ इस तरह बयाँ करते हैं–

"बन गया हूँ गीदड़
रहा दौड़
शहर की ओर
मरने के पहले
या कि एक पेड़
विशाल शाल का
गिरा
जा रहा चीरा
बीच मशीन आरा
देश के लिए
कहते हैं
विकास के लिए
....मुझको विकास का
दर्द यह असह्य
देर तक सहना न होगा
समय से पहले ही मेरा
काम तमाम होगा?"[14]

वर्तमान दौर में आरक्षण के लालच में जो गैर-आदिवासियों में आदिवासी बनने-बनाने क होड़ मची है वे वास्तविक आदिवासी समाज को ही गैर आदिवासी घोषित करने पर तुले हुए हैं। सिर्फ कागज़ों पर। सरकार की विभिन्न योजनाओं के लाभ के लिए मात्र। इस विडम्बनात्मक

स्थिति पर युवा कवि अनुज लुगुन कहते हैं–

“वे जो सुविधाभोगी है
या मौका परस्त है
या जिन्हें आरक्षण चाहिए
कहते हैं हम आदिवासी है
वे जो धर्म प्रचारक है
कहते हैं
तुम आदिवासी जंगली हो
वे जिनकी मानसिकता यह है
कि हम ही आदि निवासी है
कहते हैं तुम वनवासी हो
और वे जो नंगे पैर चुपचाप चले जाते हैं
जंगली पगडंडियों में
कभी नहीं कहते कि
हम आदिवासी है
वे जानते हैं जंगली जड़ी-बूटियों से
अपना इलाज करना
वे जानते हैं जन्तुओं की हरकत से
मौसम का मिजाज समझना
सारे पेड़-पौधे पर्वत-पहाड़
नदी झरने जानते हैं
कि वे कौन है।”[15]

वर्तमान दौर में सरकार ने पूँजीपति घरानों के साथ मिलकर आदिवासियों के खिलाफ उन्हें उजाड़कर संसाधन प्राप्ति के लालच में जो अघोषित उलगुलान घोषित कर रखा है, उससे पीड़ित आदिवासियों के सामने जीवन का संकट आ खड़ा हुआ है। अनुज लुगुन लिखते हैं कि–

“वे जो शिकार खेला करते थे निश्चित
जहर बुझे तीर से
या खेलते थे
रक्त-रंजित होली अपने स्वत्व की आंच से
खेलते है शहर के
कंक्रीटीय जंगल में
जीवन बचाने के लिए
... कट रहे वृक्ष
माफियाओं की कुल्हाड़ी से और
बढ़ रहे हैं कंक्रीट के जंगल
दांडू जाये तो कहाँ जाये
कटते जंगल में

या बढ़ते जंगल में।"[16]

आज जो "विकास के बदले विस्थापन" वाला विकास मॉडल भारत सरकार ने बना रखा है उससे पूरा समाज त्राहिमान है। वे इस विकास के मॉडल को स्वीकार नहीं कर रहे हैं। आज जब विकास शब्द उनके कानों में पड़ते है तो लगता है कि पिघला हुआ शीशा कानों में डाला जा रहा है। निर्मला पुतुल कहती है–

"अगर हमारे विकास का मतलब
हमारी बस्तियों को उजाड़कर
कल-कारखाने बनाना है
तालाबों को भोथरा राजमार्ग
जंगलों का सफाया कर ऑफिस
कॉलोनियाँ बसानी है
और पुनर्वास के नाम पर हमें
हमारे ही शहर की सीमा से बाहर हाशिये पर
धकेलना है
तो तुम्हारे तथाकथित विकास की मुख्य-धारा में
शामिल होने के लिए
सौ बार सोचना पड़ेगा हमें।
.... क्षमा करना
नकारती हूँ तुम्हारे विकास प्रस्ताव को
जो पटना, राँची और दिल्ली
से बनाकर लाए हो
तुम हमारे लिए।"[17]

अतः इस प्रकार देखते हैं कि आज आदिवासी कविता के रचना संसार में कलम के महत्त्व को समझते हुए इतिहास, मूल्य, दर्शन, विकास, विस्थापन, जल, जंगल, ज़मीन, षड्यन्त्रों, विद्रोहों, अत्याचारों, शोषणों, सम्मान, अपमान, स्वाभिमान आदि सभी स्तर की लड़ाई कलम के माध्यम से लड़ने पर जोर दिया गया है। वे अबसमझ गये हैं कि कहीं बिना लिखित इतिहास के हमारी छवि को फिर से विकृत नहीं कर दे। सो अब कलम को हथियार बनाना आवश्यक है। अब वे इसी दिशा में कविता के माध्यम से आगे बढ़ रहे हैं। स्वयं आदिवासी समाज से डॉ. गोविन्द गारे, चैतन्य प्रसाद माँझी, राजेन्द्र सिंह मुँड़ा, रामदयाल मुँडा, दयामनी, वारला, वासवी, बिटिया मूर्मु, निर्मला पुतुल, रोज केरकेट्टा, वाह डिग्री सोनवणे, भुजंग मेश्राम, हरिराम मीणा आदि गैर आदिवासी कवियों के साथ मिलकर आदिवासी रचना संसार को व्यापक क्षेत्र तक फैला रहे हैं।

## सन्दर्भ

1. रमणिका गुप्ता, आदिवासी चेतना की हिन्दी कलम (लेख, अरावली उद्घोष (पत्रिका), वर्ष क्रमांक 91, मार्च 2011, पृ. 59।
2. ग्रेस कुजुर, कलम को तीर होने दो (कविता) आदिवासी स्वर और नई शताब्दी, पृ. 26।
3. भुजंग मेश्राम, आ मेरे बिरसा (कविता, अनुवद विमल थोरात), आदिवासी स्वर और नई शताब्दी, पृ.

110-117

4. पृथ्वी माँझीः भारतीय वाङ्मय में आदिवासी का विकृत रूप बदलना होगा (अतिथि वक्तव्य), युद्धरत आम आदमी, अखिल भारतीय आदिवासी विशेषांक, पूर्णांक 80, दिसम्बर 2005, पृ. 21।
5. महादेव टोप्पे, प्रश्नों के तहखाने में भटकते (कलिताः, सम्याँतर, जून 2003, पृ. 53।
6. महादेव टोप्पे, जंगल का कवि (कविता आदिवासी स्वर और नई शताब्दी, पृ. 47-48।
7. निर्मला पुतुल– डुज़का सोरेन से (कविता, अनुवाद अशोक सिंह) आदिवासी स्वर और नई शताब्दी, पृ. 75।
8. निर्मला पुतुल, कुछ मत कहो सजोनी किस्कू! (कविता, अनुवाद-अशोक सिंह) आदिवासी स्वर और नई शताब्दी, पृ. 73।
9. ग्रेस कुजुरः हे समय के पहलेदारों (कविता) आदिवासी स्वर और नई शताब्दी, पृ. 24।
10. हरिराम मीणा, सुबह के इंतज़ार में, शिल्पायन प्रकाशन, दिल्ली, पृ. 91।
11. हरिराम मीणा– कैसे करोगे साबित (कविता) आदिवासी स्वर और नई शताब्दी, पृ. 29।
12. हरिराम मीणा, सभ्यता का विस्तारः एक हादसा (कविता) आदिवासी स्वर और नई शताब्दी, पृ. 33।
13. रमणिका गुप्ता– आदिवासी साहित्य यात्रा, पृ. 221।
14. डॉ. रामदयाल मुण्डा, विकास का दर्द (कविता) आदिवासी स्वर और नई शताब्दी, पृ. 43।
15. अनुज लुगुन– आदिवासी (कविता) अरावली उद्घोष, क्रमांक 92, सितंबर 2011, पृ. 26।
16. अनुज लुगुन, अघोषित उलगुलान (कविता), वही, पृ. 54।
17. निर्मला पुतुल– तुम्हारा अहसान लेने के पहले सोचना पड़ेगा हमें (कविता) अरावली उद्घोष, पृ. 55।

# मुक्त-पुरुष निराला

*वी. वी. विश्वम*

आधुनिक हिन्दी काव्य के अभ्युदय-काल से लेकर कई महाकावियों के दर्शन हुए– अयोध्यासिंह उपाध्याय "हरिऔध", मैथिलीशरण गुप्त, जयशंकर प्रसाद, सुमित्रानन्दन पंत, महादेवी वर्मा जैसों की सूची बहुत लम्बी है। परन्तु निरन्तर प्रगति के मार्ग पर अग्रसर होते हुए विविधता को प्रश्रय देनेवाले क्रान्तिकारी कवि के रूप में केवल निराला ही पाठकों के सामने आते हैं। यह विलक्षणता ही निराला को दूसरों से अलग करके एक ऊँचे आसन पर बिठा देती है।

हिन्दी-काव्य के प्रारम्भिक-काल में हरिऔध और गुप्त जी पौराणिक गाथाओं के गायन में रुचि लेते थे तो जयशंकर प्रसाद पुरानी गौरवमयी भारतीय संस्कृति की परिक्रमा करते रहे। सुश्री महादेवी वर्मा को छायावाद-रहस्यवाद के दायरे से बाहर निकलना पसन्द न था। सुमित्रानन्दन पंत काल की गति-विगतियों को पहचानते तो अवश्य थे, काल के साथ-साथ चलते भी थे, परिणामतः प्रगतिशीलता और विविधता के लक्षण पंत जी की कविता में अवश्य पाये भी जाते थे; लेकिन कवि का यथार्थ पूर्णतः भोगा हुआ सत्य न था। निराला और पंत की पुरोगामी प्रवृत्तियों में अन्तर यही था कि जब पंत जी समय के साथ-साथ चल रहे थे, निराला समय से आगे चलते थे। पंत जी ने जिस यथार्थ का चित्रण अपनी कविताओं में किया है वह निराला का-सा स्वाभाविक न बन पड़ा क्योंकि निराला का यथार्थ जहाँ भोगा हुआ होने के कारण ज़्यादा प्रभावोत्पादक था वहाँ यथार्थ का चित्रण करने में भी कल्पना का आश्रय लेनेवाले पंतजी की कविता स्वाभाविकता के संस्पर्श से दूर रही। विविधता के आग्रही कवि निराला छायावाद के नीले गगन में ऊँची उड़ान भरते समय भी ध्यान रखते थे कि नीचे ठोस यथार्थ है, कच्ची मिट्टी है, मिट्टी में विचरण करनेवाले आम आदमी हैं, उन में अमीर हैं, गरीब हैं और सब की अपनी अपनी समस्याएँ हैं। लगता है काल्पनिक दुनिया में विचरण करते समय भी निराला पाँव तले की मिट्टी से दूर न थे। विभिन्न प्रकार की ज्वलंत समस्याओं से अभिभूत हाड़-माँस का मानव ही हमेशा उनकी कविता का मुख्य विषय रहा।

मानव और मानवता से निराला का यह आत्मीय लगाव ही आधुनिक कवियों की कोटि में उन्हें सबसे आगे खड़ा कर देता है। शु डिग्री की कविताओं से लेकर उनकी अन्तिम कविता तक इस लगाव का स्वर मुखर है।

अपने मन के सुधा-सागर को बहाकर दीन-दुःखियों का हृदय-ताप खुद खींच लेने के लिए आगे लपकनेवाले कवि के दर्शन "अध्यात्म फल" में मिलते हैं। "भिक्षुक", "भारत की विधवा" जैसी कविताओं में भी पीड़ित मानवता के प्रति सहानुभूति की यह भावना जीवंत है।

निराला यद्यपि विभिन्न कालों के प्रतिनिधि बनकर, विविध वादों से प्रभावित होकर समसामयिक साहित्य को आधुनिकता का अंग-वस्त्र अन्त तक पहनाते रहे तो भी वे मात्र उन

वादों से प्रभावित ही रहे, किसी भी वाद के ठेकेदार न बने। कमल के पत्ते पर गिरे जलकण की तरह निराला चारों ओर अपनी छवि बिखेरकर एकदम मुक्त-मुक्ता बने रहे। कवि ने मुक्त-छंद का आविष्कार तथा मुक्त-शृंगार का वर्णन करके, द्विवेदीयुगीन नियन्त्रणों का उल्लंघन किया तो छायावादी काव्य में भी अपनी मुक्त-प्रकृति का परिचय देकर कविता को पलायनवादिता जैसे दोषों से दूर रखा। प्रगतिशीलता की जो वेगवती धारा उनमें प्रवहमान थी, वह उन्हें कभी भी पलायनवादी बनने नहीं देती थी। रहस्यवादी निराला ने परमपद प्राप्ति के लिए जीवात्मा की उपेक्षा नहीं की, योग के लिए भोग को न छोड़ा, विराग को अपनाते समय राग के महत्त्व को भी मान लिया। निराला प्रगतिवाद से भी प्रभावित हुए थे, लेकिन समाज की ऊपरी सतह पर बहते रहने में उनकी रुचि न थी, वे एक कुशल गोताखोर थे। भौतिक जीवन के आन्तरिक पक्षों का उद्घाटन भी उन्हें अभीष्ट था।

नये-नये प्रयोगों पर निराला का बड़ा विश्वास था। लेकिन प्रयोगों के लिए प्रयोग वे कदापि न चाहते थे। प्रयोगवाद-नई कविता की घोर-वैयक्तिकता में डूबकर वे समाज की एकदम उपेक्षा करना नहीं चाहते थे। निराला आधुनिक थे, लेकिन अज्ञानजन्य आधुनिकता के विरोधी थे। इन तथ्यों से यह निष्कर्ष निकलता है कि निराला, किसी वाद -विशेष के दायरे में संकुचित न रहे। वे सभी वादों से जुड़े हुए थे, लेकिन सब से दूर भी थे। वे कवि-समुदाय से कट कर "आऊट साइडर" बनकर साहित्य के बीहड़-मार्गों से निर्भीक आगे बढ़ते रहे।

द्विवेदी-युग-काव्य-सम्बन्धी कडे नियमों को तोड़कर उसके भाव और शिल्प को नये सिरे से रूपायित करने का श्रेय कवि निराला को है। कविता को बंधनों से मुक्त करने के लिए उन्होंने हिन्दी में मुक्तछंद का प्रवर्तन किया। यद्यपि वेदों में मुक्तछंद के लक्षण देखने का प्रयास निराला ने किया है तो भी लगता है कि उन्हें मुक्त-छंद लिखने की प्रेरणा बंगला-साहित्य से ही मिली थी। गिरीशचन्द्र घोष के नाटकों में मुक्तछंद में लिखे गये गीतों को सुनने का अवसर निराला को कलकत्ता में रहते समय मिला था और उसकी स्वाभाविक सरलता पर आकृष्ट होकर ही उन्होंने अपनी "जुही की कली", "पंचवटी-प्रसंग", "बादल-राग" जैसी कविताओं के लिए उसी छंद को अपनाया था। हिन्दी कविता में मुक्त-छंद के प्रवर्तन को लेकर पंत और निराला के बीच कुछ समय तक लम्बा वाद-विवाद चलता रहा। "उच्छ्वास" कविता के बल पर ही पंत जी अपने को मुक्तछंद के प्रवर्तक साबित करने का श्रम करते थे। लेकिन निराला के दावे को ही ज़्यादा मान्यता मिली और हिन्दी -काव्य में मुक्त-छंद के प्रवर्तक के रूप में निराला ही जाने गये।

"जुही की कली" का भावपक्ष भी द्विवेदी कालीन कविता के अनुकूल न था। "जुही की कली" और "पंचवटी प्रसंग" के प्रकाशन से शृंगार पर लगाये गये नियन्त्रण पर ढीलापन आ गया और मुक्त-शृंगार वर्णन की पद्धति चल पड़ी। द्विवेदी-युग में ही निराला की कविता आगामी छायावादी काव्य-प्रवृत्तियों के लक्षण दिखाने लगी थी।

वस्तुतः "जुही की कली" का प्रकाशन सन् 1922 में हुआ। निराला ने स्वयं "जुही की कली" के सम्बन्ध में बहुत कुछ लिखा है और यह भी कहा है कि इसकी रचना सन् 1916 में सत्रह वर्ष की आयु में की गयी थी। लेकिन इसका कोई ठोस प्रमाण उपलब्ध नहीं है। सन् 1922 के पहले इसका प्रकाशन कहीं भी नहीं हुआ था। उन्होंने यह भी कहा था कि उसे महावीर प्रसाद द्विवेदी के नाम "सरस्वती" में प्रकाशनार्थ भेज दिया था, लेकिन उस पर अप्रसन्न होकर उसे वापस कर दिया गया। यह उक्ति प्राप्त-प्रमाणों से मेल नहीं खाती। जाहिर है कि सन् 1916

में द्विवेदी जी से निराला का वैयक्तिक परिचय स्थापित न हुआ था। निराला का ही द्विवेदी जी को लिखा एक पत्र प्रमाणस्वरूप लिया जा सकता है। महिषादल राज्य से उन्होंने लिखा था–

श्री हरिः
महिषादल राज
26.08.1920

परमपूजनीय श्री महावीर प्रसाद जी
द्विवेदी महाराज, श्रीचरणों में
बाबा,

सेवा पर "बंग भाषा का उच्चारण" शीर्षक लेख भेजता हूँ। आशा है, बंग प्रवासी एक अपरिचित सन्तान के परिश्रम को आप सफल करेंगे। इस लेख को "सरस्वती" में स्थान मिलेगा। इति-

आपका अपरिचित किन्तु-

आपका एकान्त सेवक
सूर्यकान्त त्रिपाठी।

सन् 1920 में निराला द्विवेदी जी को "बंग प्रवासी एक अपरिचित सन्तान" लिखकर अपना परिचय दे रहे थे। अगर इससे पहले 1916 में ही द्विवेदी जी से कवि का सम्बन्ध स्थापित हुआ होता तो सन् 1920 में "अपरिचित सन्तान" कहकर दुबारा परिचित कराने की ज़रूरत न पड़ती।

हो सकता है कि निराला जी ने अपनी सत्रह वर्ष की आयु में "जुही की कली" की रचना की होगी। लेकिन उसका प्रथम प्रकाशन सन् 1922 में शिवपूजन सहाय के सम्पादकत्व में निकले "आदर्श" पत्र में ही हुआ था। बाद में "मतवाला" पत्रिका का प्रकाशन शु डिग्री हुआ तो 1923 में निकले उसके अठारहवें अंक में वह पुनः प्रकाशित हुई। सूर्यकान्त त्रिपाठी का "निराला" उपनाम सर्वप्रथम प्रस्तुत कविता के साथ ही छपा था। "मतवाला" शब्द के अनुप्रास में ही उन्होंने ऐसा छद्म-नाम अपनाया था। वैसे तो उनके कई छद्म-नाम थे। "मतवाला" मंडल में आने के कारण ही उन्हें इतने सारे छद्म-नामों को स्वीकार करना पड़ा था। मतवाला मंडल में चार मुख्य सदस्य थे– महादेव प्रसाद सेठ, शिवपूजन सहाय, नवजादिकलाल और सूर्यकान्त त्रिपाठी। सेठजी प्रकाशन के लिए आवश्यक अर्थ बटोरते थे और सम्पादकीय भी लिखते थे। लेकिन शेष तीनों को पूरे पूरे अंको की सामग्री स्वयं तैयार करनी पड़ती थी। इसलिए सूर्यकान्त ने कई छद्म-नामों को स्वीकार किया। निराला के अन्य छद्म-नाम थे– पुराने महारथी, हथियार, श्रीमान गरगजसिंह, साहित्य शार्दूल, जनाब-अली, शौहर आदि। इस का लक्ष्य यह दिखाना था कि पत्रिका को बहुत से लेखकों का सहयोग प्राप्त है।

सन् 1924 में लिखी गयी "पंचवटी प्रसंग" श्रीराम, सीता, लक्ष्मण और शूर्पनखा के बीच हुए संवाद को लेकर चलती है। इस के चार भाग हैं। पहला भाग सम्मति पाने हेतु महावीर प्रसाद द्विवेदी के पास भेजा गया। द्विवेदी जी ने उस पर अपनी राय यों दी– "हिन्दी वालों में नब्बे-फ़ी- सदी इस छंद को अच्छी तरह पढ़ भी न सकेंगे। पर चीज़ नई है। अगर इसका आदर हो तो आगे भी इसी छंद में कुछ लिखिएगा। मुझे तो रचना ललित और भावपूर्ण जान पड़ती है। अवशिष्टांश मुझे भेजने की ज़रूरत नहीं। ठीक है। पूरी कर डालिए। "

लगता है कि द्विवेदी जी पहले-पहल ऐसे छंदों से परिचित हो रहे थे। उसके पूर्व ऐसे मुक्त-

छंद से उनका परिचय न हुआ था। नयापन, लालित्य, भावप्रचुरता जैसे गुणों से युक्त प्रस्तुत कविता का अवशिष्टांश देखने की इच्छा लेकिन द्विवेदी जी को न हुई। गिरीशचन्द्र घोष की नाटकीयता का स्पष्ट प्रभाव पंचवटी-प्रसंग की पंक्तियों में पाया जाता है।

वेदांत-दर्शन से प्रभावित रहस्यवादी कृतियों को जन्म देते समय भी निराला ने संसार को असार कहकर त्यागा नहीं। योग और भोग को वे एक ही सिक्के के दो पहलुओं के रूप में अपनाते नज़र आते हैं। "तुम और मैं" इसका दृष्टांत है--

"तुम तुंग हिमालय श्रृंग/ और मैं चंचल-गति सरिता। / तुम विमल हृदय उच्छ्वास/ और मैं कान्तकामिनी कविता/ तुम प्रेम और मैं शान्ति/ तुम सुरापान-घन अंधकार/ मैं हूँ मतवाली भ्रान्ति।।"

केवल सुन्दर और आकर्षक उपमानों को ही नहीं, असुन्दर और असत् को भी ग्रहण करके विश्व-प्रकृति को उसकी असलियत में पाठकों के सामने रखने में उनकी अपूर्व क्षमता थी। उनके प्याले में राग ही नहीं विराग भी भरा हुआ मिलता है। सन् 1923 को "मतवाला" का पहला अंक निकला तो उसके आवरण-पृष्ठ पर नटराज के चित्र के नीचे सूर्यकान्त त्रिपाठी की दो पंक्तियाँ "मोटो" के तौर पर छपी थीं –

"अमिय-गरल, शशि सीकर-रविकर, राग-विराग भरा प्याला।
पीते हैं जो साधक उनका प्यारा है यह मतवाला।"

छायावाद-काल में ही निराला प्रगतिशील कविताएँ लिखने लगे थे।

उन्नीस सौ तेईस-चौबीस काल में यथार्थ के धरातल पर सामाजिक विषयों को लेकर उनकी कई कविताएँ प्रकाशित हुईं। "भारत की विधवा" "भिक्षुक", "हमारी बहू", "बादल राग" जैसी कविताएँ इसके उदाहरण हैं।

इन प्रगतिशील कविताओं को मार्क्सवादी रचनाएँ मानना संगत नहीं है क्योंकि मार्क्सवाद का भारतीय साहित्य में तब तक प्रवेश न हुआ था। निर्धनों, पीडितों, दीन-दुखियों को लेकर लिखी गयी उन कविताओं पर गाँधीजी, रामकृष्ण परमहंस, स्वामी विवेकानन्द, अरविंद जैसे मनीषियों के दर्शनों का प्रभाव ही था। प्रगतिशील साहित्य और प्रगतिवादी साहित्य दोनों समानार्थक नहीं हैं। प्रगतिशील साहित्य राजनैतिक सिद्धान्तों से प्रेरित नहीं रहता जब कि प्रगतिवाद द्वंद्वात्मक भौतिक वाद की पुष्टि करता है। प्रगतिशीलता का कार्यक्षेत्र अपेक्षाकृत विस्तृत है। भूख मिटाने को दूसरों की ओर हाथ बढ़ाते, कुछ न मिलने के कारण कुत्तों से जूठी पत्तल छीन कर उसको चाटते आगे बढ़ने वाले मानव-पुत्र का कारुणिक चित्र खींचकर उसके प्रति लोगों के मन में सहानुभूति जगाना ही निराला का लक्ष्य न था, ऐसे मानव -पुत्रों के सारे दुःख आत्मसात् करके अपने हृदय के अमृत कुंभ से उनका अभिषेचन करना भी वे चाहते थे। "बादल राग" में निराला अँग्रेज़ कवि शेली की भाँति मानवता की मुक्ति के लिए सामंती-शासन का विरोध करते नज़र आते हैं। शेली के "द ओड़ टु वेस्ट विन्ड" (पश्चिमी प्रभंजन के प्रति) और निराला के "बादल-राग" में अद्भुत साम्य है। भाव और शिल्प दोनों पहलुओं पर यह सादृश्य जाहिर है। दोनों कविताएँ अन्याय के प्रति आक्रोश की भावना से प्रेरित हैं। दोनों कवियों की दृष्टि नव-निर्माण पर टिकी हुई है। वर्तमान सामाजिक वैषम्य का ध्वंस और स्वर्णिम-भविष्य का गठन दोनों चाहते हैं। शेली के पश्चिमी प्रभंजन से पेड़ों की रूखी-सूखी डालें व पत्ते टूट-टूटकर गिरते हैं, जीर्ण-शीर्ण सब को हवा उड़ा देती है, केवल पेड़-पौधों के बीज ही पृथ्वी के

गर्भ में पड़ते हैं। भविष्य में उनके दुगुने ओज के साथ उग आने की आशा की जाती है।

निराला के बादल घन-घोर गर्जन सुनाते हैं, पर्वत के उन्नत शिखरों पर अशनिपात करते हैं जल-प्लावन करके धरती की सारी मलिनताओं को बहा देते हैं और धरती को उर्वर बनाके नव-जीवन का संचार कर देते हैं। दोनों कवियों के प्रतीक एक साथ नाशक और रक्षक हैं। बल्कि प्रतीक-चयन में शेली से ज़्यादा निराला ने सतर्कता से काम लिया है क्योंकि गीली मिट्टी में ही बीजों के उगने की सम्भावना अधिक रहती है।

शिल्प के क्षेत्र में भी इस प्रकार के कई साम्य हैं। शेली पश्चिमी हवा के लिए wild, wild-spirit, uncontrollable, impetuous आदि सम्बोधनों का प्रयोग करते हैं तो निराला अपने बादल के लिए निर्बंध, अगम, अनर्गल, स्वच्छंद, उच्छृंखल, उद्दाम, उद्दंड, विराट, गगन के सम्राट जैसे कई विशेषण-शब्दों का प्रयोग करते हैं।

सन् 1930 में अपने गाँव के किसानों का पक्ष लेकर तिरंगे झंड़े की रक्षा के लिए निराला ज़मींदार का विरोध कर रहे थे। लेकिन 30-31 के असफल आन्दोलन ने गाँधीवाद पर बड़ा धक्का लगाया तो 1930 ई से लेकर 1938 ई. तक की गाँधी विरोधी रुझान से निराला भी कुछ हद तक प्रभावित हो गये थे।

महायुद्धोत्तर परिस्थिति ने छायावाद-काव्य की प्रकृति सम्बन्धी मान्यताओं को भी झकझोर कर दिया। प्रकृति में अध्यात्म-भाव देखने की प्रवृत्ति धीरे-धीरे लुप्त होती गयी। यह देखकर कि प्रकृति दुष्ट और शिष्ट में कोई अन्तर नहीं रखती, पापी को दंड नहीं देती तो छायावादियों के दृष्टिकोण में बदलाव आ गया। मार्ग से बढ़कर लक्ष्य पर विश्वास करनेवाले मार्क्स के सिद्धान्तों को बढ़ावा मिला। मार्क्सवाद, साहित्य में प्रगतिवाद बनकर उपस्थित हो गया। निराला की अपनी पारम्परिक प्रगतिशीलता और मार्क्सवादी सिद्धान्तों से प्रभावित प्रगतिवाद दोनों में बहुत कम मायने में ही अन्तर था। सन् 1937 में वे लिख रहे थे –

"कोई न छायादार पेड़/ वह जिसके तले बैठी हुई स्वीकार / स्याम तन, भर बँधा यौवन/ नत नयन प्रिय, कर्म रत मन/ गुरु हथौड़ा हाथ/ करती बार-बार प्रहार/ सामने तरु-मालिका, अट्टालिका, प्राकार।"

गाँधीवाद से प्रभावित कवि धीरे-धीरे अहिंसा की भावना से विमुख होकर, अपनी नायिका से सामने की अट्टालिका पर वार करवाने का साहस तो दिखाते हैं, बल्कि उसके मालिक पर हिंसात्मक चोट पहुँचाने की वे तब भी सोचते नहीं हैं।

"जल्द जल्द पैर बढ़ाओ" कविता में निराला ने क्रान्ति के सहारे ऐसी एक जनवादी संस्कृति का निर्माण करना चाहा है जिससे मिल-मालिक के पास पहुँचनेवाली समस्त पूँजी पूरे देश में समान रूप से वितरित हो जाये और अमीरों की हवेली किसानों की पाठशाला बन जाये। कांटा कांटे से ही कढ़ाने को अब वे सोचने लगे हैं।

यद्यपि रूसी हवा से निराला भी प्रभावित हुए तो भी अंधाधुंध उसका चेला बन कर अपने पक्षपात-रहित पवित्र कवि -कर्म पर आँच लगाना वे पसन्द नहीं करते थे। इसलिए "कुकुरमुत्ता", "मोस्को डायेलाग्स" जैसी कविताओं में ढोंगी क्रान्तिकारियों की हँसी उडाने में भी वे चूकते नहीं हैं। "मोस्को डायेलाग्स" की पंक्तियाँ हैं –

"मेरे नये मित्र हैं श्रीयुत गिडवानी जी/ बहुत बड़े सोश्यलिस्ट/ मोस्को डायेलाग्स लेकर आये हैं मिलने/ मुस्कराकर कहा यह मोस्को डायेलाग्स है/ सुभाष बाबू ने इसे जेल में मंगाया

था/ भेंट किया था मुझको जब थे पहाड़ पर/ इस तक, मुश्किल से पिछडे इस मुल्क में/ दो प्रतियाँ आयी थीं। / फिर कहा– "वक्त नहीं मिलता है/ बड़े भाई साहब का बंगला बन रहा है/ देखभाल करता हूँ।" फिर कहा– "मेरे समाज में बड़े-बड़े आदमी हैं, / एक से हैं एक मूर्ख/ उनको फँसाना है/ ऐसे कोई साला एक धेला नहीं देने का/ उपन्यास लिखा है/ ज़रा देख दीजिए/ अगर कहीं छप जाय/ तो प्रभाव पड़ जाय उल्लू के पट्ठों पर/ मनमाना रुपया फिर ले लूँ इन लोगों से/ नये किसी बंगले में एक प्रेस खोल दूँ/ आप भी वहाँ चलें/ चैन की बंसी बजे।" देखा उपन्यास मैं ने, / श्रीगणेश में मिला– "पृय अस्नेहमयी स्यामा मुझे प्रैम है/ इसको फिर रख दिया, देखा "मोस्को डायेलाग्स"/ देखा गिडवानी को।" (1940)

प्रगतिवादी कविता में समाज को केन्द्र में रखकर वैयक्तिकता की एकदम उपेक्षा की गयी तो अलग लीक पकड़कर भोगे हुए वैयक्तिक सत्यों को बड़ी ईमानदारी के साथ प्रस्तुत करने की पद्धति चल पड़ी जो भाव के क्षेत्र में एक नया प्रयोग समझी गयी। ईमानदार वर्णन मानव की लघुता को सामने लाने में समर्थ सिद्ध हुआ, महान मानव की कल्पना खंडित हो गयी। "तारसप्तक" (1943) के प्रकाशन से पहले ही भाव तथा शिल्प को लेकर इस प्रकार के कई प्रयोग निराला कर चुके थे। सन् 1939 में "कुकुरमुत्ता" में प्रकाशित "प्रेम संगीत" की पंक्तियों में कवि ने अपने वैयक्तिक जीवनानुभवों को बड़ी ईमानदारी के साथ पाठकों के सामने रखा था–

"बम्हन का लड़का/ मैं उसको प्यार करता हूँ/ जात की कहारिन वह/ मेरे घर की पनहारिन वह/ आती है होते तड़का/उसके पीछे मैं मरता हूँ/ कोयल-सी काली, अरे/ चाल नहीं उसकी मतवाली/ व्याह नहीं हुआ, तभी भड़का दिल मेरा/ मैं आहें भरता हूँ। / रोज़ आकर जगाती है सबको/ मैं ही समझता हूँ इस ढब को/ ले जाती है मटका-बड़का मैं देख-देख धीरज धरता हूँ।"

निराला को इस बात की कोई चिन्ता नहीं कि इस प्रकार के खुले सत्य-कथन से समाज के सामने अपना चरित्र गिर जायेगा। हर कोई, दूसरों के सामने अपने को सच्चरित्र, सुसभ्य तथा सुसंस्कृत दिखाने का श्रम तो करता है, लेकिन समाज की परवाह किये बिना वैयक्तिक मामलों का ईमानदार वर्णन करनेवाले निराला नयी पीढ़ियों के लिए प्रेरणा-स्रोत बन गये। इस सन्दर्भ में अगर हम प्रयोगवाद -नयी कविता का मूल उत्स निराला में ढूँढें तो उसमें चकित होने की कोई बात नहीं। तभी तो प्रयोगवाद -नई कविता के पुरोहित अज्ञेय जी ने "वसन्त के अग्रदूत" में आधुनिक हिन्दी काव्य-वाटिका में रंग-बिरंगे फूलों को खिलाकर वसन्त लाने का श्रेय महाप्राण निराला को दे दिया था।

# दलित कविता का सौन्दर्यशास्त्र

*वी. के. अब्दुलजलील*

दलित कविता के लिए पारम्परिक सौन्दर्यशास्त्र के प्रतिमानों से भिन्न सौन्दर्यशास्त्र की माँग को दलित लेखक उठाते रहे हैं। दलित साहित्यकार यह बात दुहराता है कि दलित काव्य को परम्परावादी सौन्दर्यशास्त्रीय मापदण्डों के आधार पर नहीं समझा जा सकता है।

वस्तुतः हिन्दी में वैसे तो कोई विकासित सौन्दर्यशास्त्र है नहीं, और जो है उसके पीछे एक ओर संस्कृत काव्यशास्त्र की परम्परा है तो दूसरी ओर पश्चिमी काव्यशास्त्र का प्रभाव। दलित साहित्य- जो प्रतिरोध और संघर्ष का साहित्य है– के मूल्यांकन में पूर्व और पश्चिम काव्यशास्त्रीय परम्परा से प्रभावित काव्यशास्त्र असमर्थ है। अतः ओमप्रकाश वाल्मीकि कहते हैं– "कला और साहित्य में सौन्दर्यबोध जहाँ संस्कारजन्य होता है, वह परिवेशगत भी। पसन्द-नापसन्द जीवनमूल्यों का आधार बनाती है। दलित साहित्य एक साहित्यान्दोलन भर नहीं है। दलित समाज की सांस्कृतिक, सामाजिक, राजनीतिक आकांक्षाएँ साहित्य की भाषा में व्यक्त हो रही हैं। इसलिए वह हिन्दी का मुख्यधारा के उस सौन्दर्यशास्त्र के वर्चस्व से मुक्त है, जो संस्कृत के काव्यशास्त्र से जुड़ा है।"[1]

नया सौन्दर्यशास्त्र निर्धारित करना कोई आसान कार्य नहीं है। दलित साहित्य के सौन्दर्यशास्त्र को लेकर शरणकुमार लिंबाले और ओमप्रकाश वाल्मीकि की पुस्तकें प्रकाशित हुई हैं जिनमें भी दलित साहित्य के सौन्दर्यशास्त्र के क्या प्रतिमान हो सकते हैं जैसे कोई ठोस बात निकलकर नहीं आती। मुक्तिबोध "नये साहित्य का सौन्दर्यशास्त्र" में लिखते हैं– "युग परिवर्तन के साथ ही साहित्य क्षेत्र में जो नये विषय अवतीर्ण होते हैं उनकी गहन कलात्मक अभिव्यक्ति दीर्घ साधना का फल होता है। जब उन विषयों को लेकर कई पीढियाँ खप जाती हैं तब कहीं कला विलक्षण उत्कर्ष प्राप्त होती है।"[2] इसलिए मैनेजर पांडेय कहते हैं– "सौन्दर्यशास्त्र एक दिन में नहीं बनता। प्रतिरोध और विकल्प का सौन्दर्यशास्त्र तो और भी नहीं। स्वयं परिश्रम में सौन्दर्यसास्त्र का विकास कई सदियों में हुआ है। ... इसलिए दलित साहित्य के सौन्दर्यशास्त्र का विकास दलित समाज, उसकी चेतना संस्कृति विचारधारा पर निर्भर है, जो एक लम्बी प्रक्रिया में होता।" इसके साथ डॉ. रमणिका गुप्ता के शब्दों को जोड़कर रखता है– "दलित साहित्य का अपना सौन्दर्यशास्त्र निर्मित हो रहा है वर्षों पुराना घिसा-पिटा सौन्दर्यशास्त्र अब उसकी कसौटी नहीं बन सकता। सवर्णों का सौन्दर्यशास्त्र सत्यम्-शिवम्-सुन्दरम् पर आधारित है, उनका वही सत्यम् दलितों का शोषण कर रहा है। उनका शिवम् दलितों की अहितकर गलीज, अस्वस्थ और दुखद अपमानित ज़िन्दगी और उनका सुन्दरम् दलितों की कुरूपता पर निर्मित होता है। इसलिए वह सौन्दर्यशास्त्र दलित साहित्य के लक्ष्य के बिल्कुल विपरीत है बल्कि कहा जाय बाधक है।" (सं. रजरानी मीन– नवे दशक की हिन्दी कविता, पृ. 50)

यद्यपि दलित साहित्य अब भी अपने चरम् पर नहीं पहुँचा है तो भी दलित साहित्य के कुछ पैमाने निर्धारित किए जा सकते हैं। दलित साहित्य के सौन्दर्य के तत्वों में शिल्पगत पक्षों के साथ-साथ भावपक्ष को भी समुचित स्थान देना होगा। वैसे भी साहित्य अथवा कविता की नई चिन्तन धाराओं में भाव अथवा वस्तु और शिल्प अथवा रूप को अलग-अलग करके नहीं समझा जाता है। इसलिए नामवरसिंह जी "कविता के नये प्रतिमान" में लिखते हैं कि "कथ्य से अलग शब्दों और बिम्बों की सुन्दरता का सवाल ही नहीं उठता।"

## दलित साहित्य के सौन्दर्यशास्त्र के तत्व

**1. समानता, स्वतन्त्रता, बन्धुत्व और न्याय–** इन मूल्यों को दलित साहित्य के सौन्दर्य का केन्द्रमुद्दा, माना जा सकता है। शरणकुमार लिंबाले का कहना है– "दलित साहित्य का सौन्दर्यशास्त्र (1) कलाकारों की सामजिक प्रतिबद्धता (2) कलाकृति में जीवनमूल्य (3) पाठकों के मन में जागृत होनेवाली समता, स्वतन्त्रता, न्याय और भ्रातृत्व भाव की चेतना जैसे मूल्यों पर टिका रहनेवाला है।" समता, स्वतन्त्रता, न्याय और प्रेम आदि व्यक्ति और समाज की मूलभूत भावनाएँ हैं। यही दलित साहित्य की शक्ति है और उसका सौन्दर्य भी। (2) यातना, वेदना और बेचैनी दलित साहित्य की दूसरी खासियत है। पारम्परिक सौन्दर्यशास्त्र में आनन्द का साहित्य ही श्रेष्ठ है, जबकि दलित साहित्य मूलतः यातना और वेदना का साहित्य है। दलित साहित्य जाति व्यवस्था में पिसते हुए जन की यातना और वेदना को आवाज़ देता है। ऐसे साहित्य को पढ़कर आनन्द की जगह बेचैनी महसूस होती है यह बेचैनी कुछ सोचने को विवश करती है। यानी जो साहित्यिक रचना पाठक की चेतना को जितनी अधिक जागृत करेगी वह उतनी अधिक सुन्दर है। लिंबाले के अनुसार "जो कलाकृति अधिकाधिक दलित चेतना जागृत करेगी वह कलाकृति सर्वश्रेष्ठ होगी।" (दलित साहित्य का सौन्दर्यशास्त्र- पृ. 116) इस सन्दर्भ में राजेन्द्र यादव को उद्धृत करना मुनासिब होगा– "जो नया सौन्दर्यशास्त्र बनेगा वह संघर्ष से शुरू होगा, उस यातना से शुरू होगा, चाहे वह उसको रियलैस करने अथवा उस यातना को, उसकी तकलीफ को, उसके भेदक रूप को समझने के रूप में हो और उसके बाद बदलने की मानसिकता के रूप में हो जिसे हम संघर्ष कहते हैं। (युद्धरत आम आदमी– सं. रमणिका गुप्ता, अंक– 41, 1998 पृ. 126)

3) अनुभूति की प्रामाणिकता दलित साहित्य का एक वैशिष्ट्य है।" नई कविता" आदि में यह अनुभूति वैयक्तिक है तो दलित साहित्य में यह सामूहिक है, इसलिए वस्तुगत है। अतः ओमप्रकाश वाल्मीकि कहते हैं– "दलित कविता को "मैं" "हम" की अभिव्यंजना बन जाता है।

दलित साहित्य बेचैनी का साहित्य तो है पर आनन्द और सौन्दर्य से भी वह मुख नहीं मोडता। सौन्दर्य, आनन्द और प्रेम यहाँ जीवन-संघर्षों और कर्म की पृष्ठभूमि में अभिव्यक्त होंगे, जैसा कि कंवल भारती की कविता "प्रीत की रेखाएँ" में मिलता हैः-

"वह चन्दन सी उसकी महक,
खिलखिलाते मोतियों सी मुसकान
गुलाबी होठ और उभरे बच्चों का स्पर्श
मैं अब भूल गया हूँ।
....

....
यों मैं अब भी चूम लेता हूँ
उसके होठ, जो काले पड़ गये हैं
आलिंगन में भर लेता हूँ
उसकी समर्पित देह को
जिसमें अब मिट्टी का सौंधापन
भर गया है।"

(4) दलित साहित्य में अनगढता भी उसका सौन्दर्य है। जो लोग सदियों से बोलने से वंचित रहे हैं, शिक्षा और साहित्य से दूर रखा गया, उनकी अभिव्यक्ति लय-सुर-ताल में हो, यह अपेक्षा करना बेमानी हैं। इसलिए अनगढ होने के बावजूद दलित साहित्य ने अपनी संवेदना को पूरी शिद्दत से व्यक्त किया है और यही उसका सौन्दर्य है।

(5) दलित साहित्य में सापट बयानी एक खासियत के रूप में पायी जाती है। मुक्तिबोध जैसे कवियों में भी स्पष्ट बयानी मिलती है। नामवरसिंह "कविता के नये प्रतिमान" में लिखते हैं– "काव्य भाषा के लिए प्रायः बिम्बयोजना हानिकर सिद्ध हुई है। बिम्बों के कारण कविता बोलचाल की भाषा से अकसर दूर रही है, बोलचाल की सहज लय खंडित हुई है, वाक्यविन्यास की शक्ति को धक्का लगा है, भाषा के अन्तर्गत क्रियाएँ उपेक्षित हुई हैं, विशेषणों का अनावश्यक भार बढ़ा है और काव्यकथ्य की ताकत कम हुई है। इन कमज़ोरियों को दूर करने के लिए कविता में तथाकथित सपाटबयानी अपनाई जा रही है जिसमें फिलहाल काफी सम्भावनाएँ दिखाई पड़ती है।" नई कविता में सपाटबयानी एक विद्रोह के रूप में है तो दलित साहित्य में सपाटबयानी एक सकारात्मक रूप में आती है। दलित साहित्य ऐसी भाषा का प्रयोग करता है जो सम्प्रेषणीय हो। जो संदेश वह समाज को देना चाहता है वह वहाँ तक उसी रूप में पहुँचे। जयप्रकाश कर्दम इस सम्प्रेषणीयता को महत्त्वपूर्ण मानते हुए दलित साहित्य के सौन्दर्य का एक पक्ष मानते हैं।

कुसुम वियोगी तनाव की मार्मिक अभिव्यक्ति सपाट बयानी के ज़रिए करते हैं–

"शब्द चेतना है
शब्द अन्याय के विरुद्ध
भंवरी की न्यायिक वेदना है
शब्द किसी निर्गुण सन्त के कानों में गूँजता हुआ
अनहद नाद है
शब्द वर्तमान में
महज दलित संवाद है
शब्द चेतना है
शब्द वेदना है
शब्द नाद है
शब्द संवाद है"

यों तो सपाटबयानी और सम्प्रेषणीयता दलित साहित्य के सौन्दर्यशास्त्र के अहम आयाम हैं। (6) आक्रोश और प्रहार भी दलित सौन्दर्यशास्त्र के महत्त्वपूर्ण अंग हैं। एन. सिंह का कहना

है–"दलित साहित्य का शब्द सौन्दर्य प्रहार में है, सम्मोहन में नहीं।" .... "वह शोषण और अत्याचार के बीच हताश जीवन जीनेवाले दलित को लड़ना सिखाता है, वह सिर पर पत्थर ढ़ोनेवाली मज़दूर महिला को उसके अधिकारों के विषय में बतलाता है।" (मेरा दलित चिन्तन, कंचन प्रकाशन, 1998, पृ. 40) एन. सिंह की निम्नलिखित पंक्तियाँ देखिए–

"सुनो हर शब्द एक तीर है
इसे अर्थ के विष में बुझा लो।"

उपर्युक्त बातें एन.आर.सागर की पंक्तियों में यों प्रतिफलित होती हैं–

"यदि तुम्हारी बहनों-बेटियों को
सर्वत्र निर्वस्त्र कर घुमाया जाय,
गली-गली नचाया जाय,
कसे जायें गंदे फिकरे
किया जाय बलात्कार
सड़कों-चौराहों पर
सामने तुम्हारे
तब तुम्हें कैसा लगेगा?"

दलित कवियों में जो तनाव है वह सामंती वर्णव्यवस्था की अमानुषिकता को लेकर है। ओमप्रकाश वाल्मीकि, मोहनदास नैमिशराय, कुसुम वियोगी, श्योराज सिंह बेचैन, कंवल भारती, धनंजय अवस्थी, निर्मला पुतुल, सुशीला टाकभौरे आदि की कविताओं में यह तनाव मिलता है। जयप्रकाश कर्दम की ये पंक्तियाँ देखिए–

"मैं उबलते पानी की
भाप हूँ,
पानी नही आग हूँ।"

दलित कविता अपने सामाजिक परिवेश की कविता है। पूरी दलित कविता जिस परिवेश को रच रही है भारतीय समाज और संस्कृति से अपरिचित व्यक्ति के लिए कल्पना से भी परे की वस्तु होगी। इस बात की भी कल्पना नहीं की जा सकती कि किसी की छाया पड़ने से भी दूसरा व्यक्ति अपवित्र हो जायेगा।

जयप्रकाश कर्दम के अनुसार उपयोगिता सर्वोच्च मूल्य है और लोकोपयोगी होना साहित्य की अनिवार्य शर्त है। कर्दम के अनुसार साहित्य का असली सौन्दर्य इस बात में है कि वह जीवन से कितने गहरे जुड़ा हुआ है, मानवीय समस्याओं और संवेदनाओं को कितना महत्त्व प्रदान करता है तथा सामाजिक परिवर्तन और विकास में कितना सहायक और उपयोगी है।

## प्रतिरोध का साहित्यिक मूल्य

दलित साहित्य नकार, विद्रोह और प्रतिरोध का साहित्य है। प्रतिरोध और नकार एक नकारात्मक चेतना है, पर दलित काव्य में प्रतिरोध और नकार के पीछे एक संकल्प है स्वप्न है और नज़रिया है। प्रतिरोध और नकार यहाँ वर्ग व्यवस्था, जातिभेद, ऊँच-नीच, सामंती सोच और सामाजिक और आर्थिक विषमताओं के प्रति है। इस नकार के पीछे जो उद्देश्य और आदर्श है, वह है ऐसे समाज की सृष्टि जो समन्वय, सामंजस्य और सह अस्तित्व पर आधारित हो।

कर्दम के शब्दों में "दलित साहित्य ऐसे किसी विचार का समर्थन नहीं करता जो हिंसा, अलगाव या असमानता को जन्म देता या पोषण करता हो।"

**भाषा**

कवि की भाषा चेतना उसके जीवनबोध का पर्याय बन जाती है। ओमप्रकाश वाल्मीकि की ये पंक्तियाँ देखिएः-

"शब्द सिसकते नहीं, बोलते हैं
चोट करते हैं
जैसे दलित से हरिजन
हरिजन से दलित।"

दलित साहित्य में ऐसी भाषा उपयुक्त होती है जो दलितों की पीड़ा, अपमान और संघर्ष को अभिव्यक्त कर सकती है। वाल्मीकि इस सन्दर्भ में आगे कहते हैं– "दलित समाज की बोली-बानी के ऐसे अनेक शब्द प्रकट होते हैं जिनसे साहित्य अनभिज्ञ था।"

दलित कविता में बिम्ब दलित जीवन के विभिन्न रूपों को अभिव्यक्त करते हैं। दलितों के जीवन में आ रही जागृति और चेतना का कितना सुन्दर बिम्ब कुसुमवियोगी की पंक्तियों में मिलता है वह देखते ही बनता है–

"अब तुम्हारे खेल का मैदान
उनके युद्ध का मैदान होगा
क्योंकि
फुटबॉल अब फुटबॉल नहीं
बारूद का गोला है
जब भी कभी लतियाओगे
बारूद-सा फटेगा।"

दलित कवियों ने ऐतिहासिक पौराणिक मिथकों द्वारा दलित जीवन की सामाजिक विसंगतियों और यथार्थ को रेखांकित करने का प्रयास किया है। परम्परागत आदर्श पात्र उसे नायक नहीं लगते। अतः आदर्श शुरू के प्रतीक द्रोणाचार्य को दलित कवि स्वीकार नहीं कर पाता। जब भारत सरकार ने खिलाडियों के सर्वश्रेष्ठ कोच के लिए द्रोणाचार्य पुरस्कार देने का निश्चय किया तब दलित कवि धिक्कारते हुए कहता है–

"अंधेरे की गहन गुफा को
घाव सहने दो
जाओ द्रोण जाओ
दर्द को हरियने दो
एकलव्य मैं पहले था
आज भी हूँ
अब जान गया हूँ
अंगूठा दान क्यों माँगते हो।"

इस तरह एकलव्य, शंबूक, कर्ण आदि पात्र दलित कविता में नायक के रूप में प्रतिष्ठित

हुए हैं जो जिजीविषा, विद्रोह और संघर्ष के प्रतीक बन गये हैं। ओमप्रकाश वाल्मीकि की ये पंक्तियाँ उदाहरणार्थ देखिए–

"शंबूक, तुम्हारा रक्त ज़मीन के अन्दर,
समा गया है
जो किसी भी दिन
फूटकर बाहर आयेगा
ज्वालामुखी बनकर।"

यहाँ रामविलास शर्मा की बातें उल्लेखनीय लगती हैं– "सौन्दर्यशास्त्र और मानवजीवन का गहरा सम्बन्ध है। ... सौन्दर्य और उसकी अनुभूति का विवेचन उत्सुकता की शान्ति के लिए ही नहीं है, उसका उद्देश्य हमारी सौन्दर्यचेतना को उत्तरोत्तर विकासित करना, मानवजीवन और उसके सामाजिक तथा प्राकृतिक परिवेश को और सुन्दर बनाना है।" (संकल्प का सौन्दर्यशास्त्र– सं. मन्नू भंडारी एवं अजितकुमार– राधाकृष्ण प्रकाशन, 1997, पृ. 86

दलित काव्य का सौन्दर्यशास्त्र इस नज़रिए के विकास की दिशा में आगे बढ़ता रहेगा।

# उत्तराधुनिक हिन्दी आलोचना

*एन मोहनन*

उत्तराधुनिकता आधुनिकता का ही विस्तार हैं। वह एक ज्ञानदशा है याने कि एनलाइटमेंट है। आधुनिकता भी ज्ञानदशा का परिणाम थी। उस ज्ञानदशा के केन्द्र में विद्रोह सक्रिय रहा पर आगे की दशा निर्धारित नहीं कर पायी। इसलिए सब कहीं अनिश्चितता बनी रही। नकारात्मकता का ताण्डव होने लगा। निरर्थकता ही निरर्थकता दिखाई पड़ी, आखिर आत्महत्या। आधुनिकता पूँजीवादी व्यवस्था की देन है तो उत्तराधुनिकता उसकी चरम स्थिति वृद्धपूँजीवाद की। पूँजीवाद की चरम परिणति वृद्धपूँजीवाद याने फासीसम है। उसमें मानवीयता के लिए कोई स्थान नहीं। अमानवीयता एवं अवमानवीयता उसके केन्द्र बिन्दु हैं। इसलिए फ्रेडरिक जेमसन ने उत्तराधुनिकता को वृद्ध पूँजीवाद कहा।

हमें निसंकोच यह स्वीकार करना चाहिए कि भारतीय आधुनिकता यूरोपीय आधुनिकता ही है। मतलब कि वह उपनिवेश की देन है। कुछ जाने माने आलोचक यह दिखाने की कोशिश करते हैं कि भारत की आधुनिकता बिलकुल भारत की है न कि यूरोपीय। इसलिए वे भक्तिकाल के जागरण की ओर इशारा करते हुए कहना चाहते हैं कि उस जागरण से जनता में एकता आ गयी। बहुत सारे अन्धविश्वासों एवं अनाचारों के खिलाफ आवाज़ उठाई गयी। परिणामतः भारतीय जनमानस में एक नया जोश उभर आया उससे आधुनिकता का विकास हुआ है। ठीक है उस समय के जागरण को और सामाजिक एवं धार्मिक नवीकरण एवं शुद्धीकरण को हम मानते हैं। लेकिन आगे का विस्तार कहाँ? कैसे? कोई कारगार विकास हुआ क्या, नहीं। विवेकानन्द की तरफ से जो प्रयत्न हुआ वह तो उल्लेखनीय एवं वैश्विक स्तर पर स्वीकृत भी हो गया लेकिन उसका परिणाम भी रामकृष्ण मिशन नामक संस्था में सीमित हो गया। रीतिकाल जो हमारे सामने है वह भक्तिकालीन संवेदना या विचारधारा के विकास के रूप में नहीं। आगे उपनिवेश का समय था जिसमें एक नई शिक्षा पद्धति जिसने विश्व को देखने की दृष्टि दी। उस समय सामाजिक सांस्कृतिक एवं धार्मिक स्तर पर बिलकुल पुनःचिन्तन के लिए विवश करने वाली दृष्टि विकासित हुई। नवजागरण सचमुच इस नई रोशनी से प्रदीप्त दृष्टि का परिणाम था।

भारतेन्दु से लेकर हिन्दी साहित्य में जिस नव युग का जन्म हुआ वह यूरोपीय ज्ञान-विज्ञान एवं संस्कार से उद्भूत एवं पल्लवित था। उस समय से हर क्षेत्र के नवनिर्माण में भारतीय के साथ अभारतीय तत्वों का बोलबाला रहा है। साहित्यालोचन के क्षेत्र में हम देखते हैं कि लगभग शुक्ल जी तक भारतीय काव्यशास्त्रीय परम्परा के तहत कृतियों की आलोचना होती रही। फिर जितनी आलोचनात्मक पद्धतियों विकासित हुईं उन सब में कहीं भी भारतीय काव्यशास्त्र की परम्परा का निर्वाह नहीं हुआ। यहीं से हम पथभ्रष्ट हो गये वैसा नहीं कह पाएँगे, फिर भी हम अपने रास्ते को, परम्परा को, संस्कृति को, या यों कहिए कि अपनी विरासत को भूल कर

पाश्चात्य विरासत को अपनी विरासत बना लेने के प्रयत्न में जान बूझ कर जुड़ गये। इसलिए रोमाण्टिसिसम से लेकर जितने साहित्यान्दोलन हुए हैं उन सब के केन्द्र में किसी न किसी पाश्चात्य साहित्य सिद्धान्तों की केन्द्रीयता बनी रही।

छायावादी साहित्य के केन्द्र में पाश्चात्य रोमान्टिसिसम, प्रगतिवादी साहित्य के पीछे द्वन्द्वात्मक भौतिकवादी कला सिद्धान्त, प्रयोगवाद में मनोविश्लेषण एवं अस्तित्ववाद, नयी कविता के पीछे अस्तित्ववाद, नई समीक्षा के सिद्धान्त, एवं संरचनावाद आदि केन्द्र में रहे। स्वाधीनता परवर्ती साहित्य सचमुच आधुनिकता का साहित्य है। वहाँ तक आते आते बहुत सारी विचारधाराएँ सृजनात्मक साहित्य के क्षेत्र में तथा उसके मूल्यांकन हेतु सक्रिय आलोचना में बनी रही। इन सब की खासियत यह है कि प्रत्येक विचारधारा अपने आप में कभी भी पूर्ण नहीं रही। प्रत्येक विचारधारा समाज के बहुत ही कम जन सामान्य का प्रतिनधित्व करती थी, मतलब बहु संख्यक जनता, जाति, वर्ग आदि हाशिएकृत रह गया है। इसका कारण विचारधारा की केन्द्रीयता ही था। हमारी आलोचना पद्धति मुख्यतः कविता केन्द्रित है। सारे साहित्यिक प्रतिमानों के रूपायन के पीछे कविता ही केन्द्र में रही है। छायावादी साहित्यिक प्रतिमानों में प्रेम और सौन्दर्य, प्रगतिवाद में वर्ग केन्द्रित दृष्टिकोण याने कि पूँजीपति और मज़दूर, प्रयोगवाद में मनोवैज्ञानिक विश्लेषण के तहत रुग्ण मानसिकता को प्रश्रय मिला, साथ ही उस समय अस्तित्ववादी मापदण्ड भी चालू रहे। फलतः व्यक्ति एवं अस्तित्वबोध को बल मिला। स्वाधीनता परवर्ती मोहभंग की स्थिति में संवेदना बदला जाती है ओर निषेध एवं अस्तित्वबोध को बल मिला। फिर रूपवाद में भाषा एवं संरचना पर ज़ोर दिया गया। कहा गया कि रचना की संरचना ही सब कुछ है। रचना एक भाषिक संरचना पद्धति है इसलिए प्रत्येक रचना की अपनी अलग संरचना पद्धति होती है जो पूर्वनिश्चित नहीं। रचना प्रक्रिया के साथ ही विकासित होकर रचना में खुद रूपायित होती है। यह संरचनावाद भी एक केन्द्रीय दृष्टि है। आधुनिकता के समय में ये सारी विचारधाराएँ साहित्य एवं आलोचना के क्षेत्र में सक्रिय रही हैं। लेकिन ये सब अपने आप में सीमित हैं। बृहत्तार जन समुदाय की समस्याओं को वहन करने की क्षमता इन विचारधाराओं में नहीं। ये सब एकांगी हैं। लेकिन समकालीन सन्दर्भ में याने कि 1980 के बाद के साहित्य में उससे रूपायित साहित्यालोचना में किसी भी एक विचारधारा की केन्द्रीयता नहीं मानी गयी, सभी विचारधाराओं की उपस्थिति है क्योंकि आधुनिकता को प्रश्रय देनेवाली विचारधारा संरचनावाद की जगह उत्तर संरचनावाद का आविर्भाव हुआ और उसमें ही समकालीन आलोचना का तथा साहित्य का आदर्श विखड़न सामने आया। इसके परिणाम स्वरूप जाति, वर्ग, लिंग केन्द्रित बहुलता स्थापित हो गयी। इसलिए समकालीन साहित्य बहुलता (प्लूरालिटि) का साहित्य है न कि किसी विचारधारा केन्द्रित सिंगुलारिटी का।

उत्तराधुनिकता एक पहचान मात्र नहीं प्रतिरोध भी है। तब प्रश्न सहज ही उठेगा कि उसके पहले के साहित्यों में पहचान एवं प्रतिरोध नहीं था। प्रत्येक समय का साहित्य अपने समय की पहचान का परिणाम है। रचनाकार अपने समय के अंधेरे को याने कि अमानवीय हरकतों को पहचान लेते हैं और उसके खिलाफ अपनी असहमति ज़ाहिर कर लेते हैं। उसका प्रत्यक्ष प्रमाण है रचना। इसलिए हर रचना रचनाकार की असहमति का दस्तावेज है। मुक्तिबोध ने इसको अंधेरा कहा है। उस अंधेरे के खिलाफ का विद्रोह है उनकी रचनाएँ। यह एक पहचान है। कामायनी उस समय की पहचान का परिणाम है। मतलब कि उत्तराधुनिक सन्दर्भ में जो अंधेरा छाया हुआ है वह अतिसूक्ष्म है। पहले का जैसा स्थूल नहीं। पहले तो दुश्मन सामने थे, उनके

खिलाफ का सीधा विद्रोह हुआ करता था। लेकिन आज के ज़माने में याने कि उत्तराधुनिक समय में जो दुश्मन है वे दुश्मन लगते ही नहीं। लगेगा कि हमारे अभिन्न मित्र हैं उनके बिना जीना भी मुश्किल है। लेकिन वे हमसे जुड़े रहकर हमारा निरन्तर शोषण ही कर रहे हैं। आखिर हम ही नहीं रहेंगे। इस दुशमन को पहचानना बड़े श्रम का कार्य है। इसलिए उत्तराधुनिकता समय के रचनाकार का दायित्व काफी जटिल है। आज के दुश्मन नवउपनिवेशिक दुश्मन हैं, वे अदृश्य हैं लेकिन हर क्षण सब कहीं विद्यमान रहकर अमानवीय शोषण करनेवाले फासिस्ट दुश्मन हैं। उनके सामने मनुष्य मनुष्य नहीं वस्तु है। धन ही एक लक्ष्य है। मतलब धन केन्द्रित शोषक शक्तियों की उपस्थिति से व्याप्त अंधकार को समझना चाहिए। नवउपनिवेश के परिणाम स्वरूप प्रत्येक क्षेत्र का शोषण हो रहा है। मनुष्य का, स्त्री का, जल, वायू, पर्यावरण सबका शोषण हो रहा है। इस बृहत्तर अमानवीय शोषण को वाणी देना किसी एक विचारधारा के तहत सम्भव नहीं। उसकी आलोचना के मापदण्ड भी किसी एक काव्यशास्त्रीय पद्धति पर सम्भव नहीं होगा।

इसलिए बहुत सारे विमर्श उभर आये वे सब अपने अपने अस्मिता विमर्श को ज़ाहिर करते हुए अपनी अनिवार्यता को स्थापित कर रहे हैं। दलित विमर्श, आदिवासी विमर्श, स्त्री-विमर्श, पारिस्थितिक विमर्श, भिन्न लिंग विमर्श, जैसे बहुत सारे विमर्श उभर आये हैं उन सब के केन्द्र में पाश्चात्य साहित्यालोचन के सिद्धान्तों की सक्रियता है, कहीं भी भारतीय काव्य शास्त्रीय प्रतिमान नहीं है। उत्तराधुनिक सन्दर्भ में जितने विमर्श उभर आये हैं वे सब अस्मिता विमर्श हैं। वे सब अपनी अलग अस्मिता को याने संस्कृति, भाषा, आचार-विचार, वेश-भूषा, खान-पान आदि को बनाए रखते हुए अपनी अलग पहचान को स्थापित करने के प्रयत्न में हैं। यहीं पर दरिदा का विखण्डन सिद्धान्त जो है सार्थक निकलता है। संस्कृति सिर्फ एक कैसी हो सकती है जहाँ विभिन्न वर्ग, जाति के लोग भौगोलिक तथा प्रदेशित भिन्नता में बढ़े पले हैं। उनकी अलग अलग संस्कृतियाँ हैं लेकिन भिन्नताओं के बावजूद ये सब मिलकर एक सांस्कृतिक एकता स्थापित कर सकते हैं। भारतीय संस्कृति के सन्दर्भ में भी यही समस्या है। जिस विरासत को हम भारतीय संस्कृति के रूप में गरिमा के साथ उठाते हैं उसमें कितनों की विरासत है। भारत जाति केन्द्रित राष्ट्र है। सवर्ण अवर्ण में भी भेदभाव है। क्या इन सब की सांस्कृतिक अस्मिता तथाकथित भारतीय संस्कृति में है? हम वरेण्य वर्ग की संस्कृति को भारतीय संस्कृति मानते आये हैं इसलिए वह अधूरी है। उस अधूरेपन को पहचानते हुए अपनी भी स्वीकृति के लिए, उपस्थिति को मान्य बनाने के लिए विभिन्न वर्गों एवं जातियों के जागरण, पहचान एवं प्रतिरोध का परिणाम है उत्तराधुनिक साहित्य में दिखाई पड़नेवाले विमर्श। यह समय की अनिवार्यता है, ऐतिहासिक मोड़ है जिसके बिना मानव का, मानव संस्कृति का आगे का प्रयाण असम्भव है।

स्त्रीविमर्श के सन्दर्भ में देखिए हम उस को भारतीय उपज घोषित करने के लिए अपनी जडों की खोज करते हैं और पहुँच जाते हैं लोपामुद्रा, घोषा, अपाला, गार्गी, मैत्रेई, रोमशा, जहनारा, मीराबाई, देवल राणी, रुकमनि आदि पर। उन्होंने अपने अपने समय में अपने ढंग से कुछ प्रतिरोध तो जाहिर किया था अवश्य, पर जिस नारी विमर्श की चर्चा उत्तराधुनिक सन्दर्भ में हम कर रहे हैं उससे इसका कोई सम्बन्ध नहीं, न कि सैद्धान्तिक स्तर पर या मानसिकता के स्तर पर। इन लोगों ने जो किया सराहनीय अवश्य है। वैसे आधुनिक युग में महादेवी ने अपनी पुस्तक 'श्रृंखला की कड़ियाँ' में जिस स्त्री पक्ष की संवेदनात्मक प्रतिक्रिया ज़ाहिर की थी वे सब महत्त्वपूर्ण एवं मील के पत्थर तो अवश्य थीं, लेकिन आज के स्त्री-विमर्श का विकास उससे नहीं। वह बिलकुल

अभारतीय सैद्धान्तिक एवं संवेदनात्मक ऊष्मा को ग्रहण करके ही उत्पन्न एवं विकासित हुआ है। उस सन्दर्भ में हमारेलिए आदर्श ग्रन्थ निकलते हैं सिमान द बुआ का "सेकण्ड सेक्स", केट मिलेट का "सेक्युअल पोलिटिक्स", वेरजीनिया वूल्फ का "ए रूम फोर वण्स ओण", बेटी फ्राइडन का "दि फेमिनिस्ट मिस्टिक" जर्मन गेयर का 'द् फीमेल यूनक' आदि ने इस प्रवृत्ति को अपनी लेखनी से समृद्ध किया है। भारत के फेमिनिज़्म का सैद्धान्तिक आदर्श ये ही हैं। बाद में हम देखते हैं कि हिन्दी में प्रभा खेतान, मैत्रेयी पुष्पा, मृणाल पाण्डे, अनामिका, चन्द्रकिरण सोनरेक्सा, सुशीला टाकभोरे आदि। जैसे फेमिनिसम के दृष्टिकोण में पाश्चात्य देशों में जो बदलाव समय समय पर आते रहे, वैसे ही बदलाव हिन्दी स्त्री-विमर्श में भी देखा जा सकता है।

दलित विमर्श समय की अनिवार्यता ही है। दलितों ने अपने दर्द को रेखांकित करना ज़रूरी महसूस किया क्योंकि अपने दर्द को लेकर यद्यपि बहुत से लोगों ने लिखा है फिर भी उसमें अपनी पीड़ा की सही तपिश नहीं थी। अपने भोगे यथार्थों का खारापन अपनी रचनाओं में ही अनावृत होगी। दलित क्यों लिख नहीं सकते? उन्हें लिखना ही चाहिए क्योंकि उन्हें आवाज़ हीन बना दिया था इस व्यवस्था ने। अतः वे हाशिएकृत भी हैं। इसलिए उनका भी आगे आ जाना जैसे स्त्री के समान अनिवार्य है, समय की माँग है। दलितों के उद्धार को लेकर काफी संघर्ष भारत में हो चुके थे, ज्योतिबा फूले और अंबेदकर के नेतृत्व में। महाराष्ट्र भारतीय दलित आन्दोलन का केन्द्र रहा। वहाँ के दलित आन्दोलन में स्त्रियाँ भी थीं, खासकर ब्राह्मण स्त्रियाँ। मतलब जैसे दलित हाशिएकृत थे वैसी ही स्त्री भी चाहे वह दलित स्त्री हो या ब्राह्मण स्त्री। लेकिन समकालीन दलित आन्दोलन की सक्रियता के पीछे पाश्चात्य ब्लैक मुक्ति मोर्चा का प्रभाव रहा है। लैटिन अमेरिका के नीग्रे वंशजों ने अपनी मुक्ति के लिए जो आन्दोलन चलाया उसका आदर्श समकालीन दलित आन्दोलन के पीछे सक्रिय रहा है। फ्रांस फैनन के "द रेच्छड आफ द एर्थ" का प्रभाव नज़र अन्दाज़ नहीं किया जा सकता। वैसे ही 1966 में नीग्रो युवकों ने ब्लैक पैंथर का रूपायन किया। उसके ही प्रभाव में आकर भारत में खासकर हिन्दी दलित आन्दोलन में दलित पैंथर जैसे आक्रामक संघ की स्थापना की गयी। आगे के प्रयाण में इसका योगदान महत्त्वपूर्ण है। आत्म कथात्मक रचनाओं के ज़रिए उन्होंने अपने जीवन यथार्थ का दस्तावेज़ प्रस्तुत किया। "दलित साहित्य का सौन्दर्य शास्त्र" लिखकर मराठी रचनाकार ओम प्रकाश वाल्मीकी ने दलित साहित्य का सैद्धान्तिक आधार प्रस्तुत किया। आज दलित साहित्य की संवेदना में आक्रामकता है। वह सिर्फ साहित्य में ही नहीं दलित सोच में, संवेदना में तथा लेखन में सब कहीं अपने अस्तित्व को पा लेने का अदम्य आक्रोश दिखाई देता है। दस पन्द्रह साल पहले लिखी किसी दलित कहानी में एक दलित लड़की को अपने साथ बलात्कार के लिए तुले हुए ज़मींदार सन्दर्भ उन लोगों ने इसलिए लिखा क्योंकि उनके भोगे हुए यथार्थ में वैसी अग्नि थी जिसको जिसने सह लिया हो वे ही जान सहते हैं उसकी झुलस।

पारिस्थितिक सौन्दर्यशास्त्र को लेकर हिन्दी पट्टी जब मौन रही तब सुदूरदक्षिण से उस विमर्श को सैद्धान्तिक एवं संवेदनात्मक आधार प्रदान करने का सराहनीय कार्य कोच्ची विज्ञान व प्रौद्योगिकी विश्वविद्यालय के हिन्दी विभाग की आचार्य तथा विभागाध्यक्षा डॉ. के वनजा ने किया। पारिस्थितिक सौन्दर्य शास्त्र पर उनकी पहली पुस्तक "साहित्य का पारिस्थितिक दर्शन" 2011 में प्रकाशित हुई। हिन्दी आलोचना साहित्य जगत में पारिस्थितिक विमर्श की नींव डालने का श्रेय इस पुस्तक को है। इस सिलसिले में उनकी दूसरी पुस्तक "इको-फएमिनिज़्म" 2013 में

तथा तीसरी पुस्तक "हरित भाषा वैज्ञानिक विमर्श" 2015 में प्रकाशित हुई। सबसे बड़ी विशेषता यह है कि इन पुस्तकों के प्रकाशन से समकालीन हिन्दी आलोचना के क्षेत्र में पारिस्थितिक विमर्श जैसी एक अलग शाखा की शुरुआत ही नहीं हुई बल्कि सम्पुष्ट भी। इन पुस्तकों के अलावा पारिस्थितिकी पर एकाध पुस्तकें तो हिन्दी में उपब्ध हैं पर वे सब पारिस्थितिक विनाश के फलस्वरूप उत्पन्न होनेवाले नुक्सानों के आँकडों से भरे हुए है। साहित्य विमर्श के रूप में उनका कोई योगदान नहीं। पर वनजा जी ने उस विमर्श की नींव ही नहीं डाली पर उसको सम्पुष्ट एवं समृद्ध करने का कार्य भी किया है। इस दिशा में उनके बाद भी कोई ध्यातव्य कदम उठाया नहीं गया है। लेकिन मैं यह सूचित करना चाहता हूँ कि इस नए विमर्श का सैद्धान्तिक एवं व्यावहारिक आधार तो पश्चिमी ही है। रेचल कारसन का " Silent Spring" रोड्रिक फ्रेसियर नैश का "Rights of Nature" फ्रांस्वा द यूबोण की "फेमिनिज्म ओर डेथ" मेडम न्स्त्रा किंग की फेमिनिज्म एण्ड आर्ट", "इको फेमिनिज़्म रीडर", "इको लिंग्वस्टिक रीडर" जैसी पुस्तकों को उन्होंने आधार बनाया। यह कोई दोष नहीं बल्कि यह विमर्श विदेशी है यह बताने के लिए है। गाँधीजी ने हिन्दु स्वराज में सारे खतरों का उल्लेख तो किया था पर एक विमर्श के रूप में इसका जन्म तथा विकास यूरोप में हुआ। उसी मायने में हिन्दी में भी इसका विकास हुआ है।

आदिवासी विमर्श भी उत्तराधुनिक सन्दर्भ की देन है। आदिवासी साहित्य के मूल में उनके स्वत्व बोध की पहचान ही है। पर उस स्वत्व बोध के रूपायन तथा सांस्कृतिक पहचान की नींव में देशी मानसिकता ही प्रेरक रही है। "Can the Sabaltern Speak" गायत्री चक्रवर्ती स्विपाक की पुस्तक तथा लैटिन अमेरिकी साहित्य सिद्धान्तों के तहत उसका मूल्यांकन करने का परिश्रम कहीं कहीं तो हुआ हैं। पर किसी भी आदिवासी साहित्यकारों ने या आदिवासी जीवन को केन्द्र बनाकर लिखनेवाले साहित्यकारों ने उस ओर इशारा नहीं किया है। लेकिन भूमण्डलीकृत समाज की गतिविधियों के परिणाम स्वरूप वे अपने अलग ढंग से सोचने विचारने के लिए विवश हो गये थे। वैश्वीकरण से उत्पन्न व्यापक शोषणतन्त्र के जाल को पहचानकर वे भी अपनी ज़मीन, संस्कृति, भाषा एवं अस्मिता को सुरक्षित एवं बनाए रखने के प्रयत्न में जुड़े हुए हैं।

गोया की हिन्दी के समकालीन साहित्य जगत में जितने विमर्श उभर आये हैं उन सब के पीछे पाश्चात्य सिद्धान्त एवं सोच का प्रभाव अनिवार्य रूप से जुड़ा हुआ है। यह इसलिए है कि हम आधुनिक बने पाश्चात्य शिक्षा एवं अन्य संसाधनों से। आगे के प्रयाण में जाने अनजाने हम अपने सहज रास्ते भूल गये और ग्रहीत रास्ते से आँखें मूंद कर आगे बढ़ते गये। परिणामतः अपनी विरासत से बिलकुल विछिन्न आधुनिकता एवं उत्तराधुनिकता का रूपायन एवं विकास हुआ था। अतः आधुनिक विमर्श उपनिवेश तथा उत्तर उपनिवेश की देन हैं जिसमें भारत की, नहीं तो हिन्दी की विरासत ढूँढना बेकार है। समकालीन हिन्दी आलोचना में किसी भी सिद्धान्त की केन्द्रीयता नहीं बल्कि बहुलता है। यह सचमुच विमर्शों का समय है। विमर्शों की बहुलता याने कि अस्मिता विमर्श ही समकालीन आलोचना की नहीं तो उत्तराधुनिक हिन्दी आलोचना की सही पहचान है। मेरा मानना तो यह है कि यूरोपीय हो या लाटिन अमेरिकी किसी भी सिद्धान्त को, दर्शन को या सोच को स्वीकारना कोई पाप तो नहीं। लेकिन स्वीकारते समय हमारी अपनी संस्कृति की प्रकृति के अनुरूप उसको स्वीकारना तथा खुद अपने को रूपायित करना चाहिए। नहीं तो धीरे-धीरे हम अपनी जड़ों से भी उखड़ जायेंगे।

# हिन्दी नाटकों के विकास में केरल का योगदान

*पी. जे. शिवकुमार*

भारत के अहिन्दी प्रदेशों में केरल एक ऐसा राज्य है जहाँ हिन्दी भाषा की करीब सभी विधाओं में सशक्त मौलिक रचनाएँ हुई हैं। कविता, कहानी, उपन्यास, नाटक, निबन्ध आदि साहित्य की सभी विधाओं में केरल के हिन्दी लेखकों ने बड़ी सफलता से लेखनी चलाई। अनुवाद के क्षेत्र में भी उन्हें बड़ी सफलता मिली। मौलिक नाट्य रचना में प्रथम स्थान डॉ.एन.चन्द्रशेखरननायर का है जिन्होंने अनेक हिन्दी नाटकों की रचना करके अपनी नाट्य प्रतिभा का परिचय दिया। डॉ. नायर ने सन् 1962 में 'द्विवेणी' और 'बदला' नामक दो लघु नाटकों की रचना की। सन् 1972 में 'कुरुक्षेत्र जागता है' नामक अभिनेय लघु नाटक प्रकाशित किया। बाद में इन तीनों नाटकों का संकलन 'कुरुक्षेत्र जागता है' नाम से भी उन्होंने प्रकाशित किया। 'द्विवेणी' प्रतीकात्मक नाटक है और आधुनिक वैज्ञानिक जीवन की जडता को नाटककार ने इसमें प्रस्तुत किया है। 'बदला' सामाजिक नाटक है जिसमें नारी जीवन की समस्या को प्रमुखता दी गयी है। भारतीय स्वतन्त्रता के सन्दर्भ में लिखा गया नाटक है 'कुरुक्षेत्र जागता है'। राष्ट्रीय भावनाओं को इसमें उजागर किया गया है। सन् 1964 में उन्होंने 'युगसंगम' नामक नाटक का प्रकाशन किया। इसमें पौराणिक और आधुनिक कथा एवं पात्रों का संगम चित्रित किया गया है। चारों युगों–सत्युग, रामायणयुग, महाभारत युग और आधुनिक युग-की कथा को एकसूत्र में बाँधकर नाटककार ने स्पष्ट किया है कि विभिन्न युगों में मनुष्य का संघर्ष समान है, यद्यपि युगीन परिस्थितियाँ उसे विभिन्न रूपों में प्रस्तुत करती हैं। इसमें गाँधीजी और उनके अहिंसा तत्व को प्रमुखता दी गयी है। सन् 1968 में उन्होंने 'सेवाश्रम' नाटक का प्रकाशन किया। 'कुरुक्षेत्र जागता है' नाटक का विस्तार करके इस नाटक की रचना की गयी है। तीन अंकों और चौदह दृश्यों का यह नाटक डॉ. नायर की नाट्य प्रतिभा का परिचायक है। इसमें नाटककार ने पात्र-सृष्टि, घटना, समस्या आदि में काफी परिवर्तन किया है। सन् 1970 में डॉ.नायर जी का नाटक 'देवयानी' प्रकाशित हुआ। भारतीय संस्कृति के प्रति नाटककार की जो मान्यता है, उसे हम प्रस्तुत नाटक में देख सकते हैं। साथ ही साथ प्रेम, पतिव्रत धर्म आदि के महान आदर्श का चित्रण भी इसमें हुआ है। फ्लैशबैक शैली का कुशल प्रयोग इस नाटक में किया गया है। डॉ.अवधेश्वर अरुण ने इस नाटक के आधार पर डॉ.नायर जी को प्रसाद की परम्परा का नाटककार साबित किया है। हिन्दी के अनेक नाटककारों ने इस नाटक की प्रशंसा की है। सन् 1982 में डॉ.नायरजी के तीन लघु नाटकों का संकलन 'धर्म और अधर्म' नाम से प्रकाशित हुआ। ये नाटक हैं– 'सृष्टि का रहस्य', 'महाभारत का वीर पुरुष' और 'धर्म और अधर्म'। 'सृष्टि का रहस्य' नाटक में महर्षि विभाण्डक के पुत्र ऋश्यश्रृंग की कथा को नाटककार ने नवीन उद्भावना के साथ चित्रित किया है। 'महाभारत का वीर पुरुष नाटक कर्ण की वीरता को केन्द्रमें रखकर रचा गया है। 'धर्म और

अधर्म' महा भारत युद्ध पर आधारित नाटक है। महाभारत के पात्रों के गुणों का विश्लेषणात्मक अध्ययन इसमें हुआ है।

सन् 1967 में लक्ष्मिकुट्टि अम्मा ने 'वेलुतंपी की वीर आहुति', 'पषशिशराजा का आत्मार्पण' और भारतीय नारी तेरी महिमा' नामक नाटकों की रचना करके तीन एकांकी नाम से प्रकाशित किया। 'वेलुतंपी की वीर आहुति' में तिरुवितांकूर के वीर दलवा वेलुतंपी के अँग्रेज़ों के विरुद्ध युद्ध और आत्म बलिदान की कथा को नाटकीयरूप दिया गया है। नाटककार ने 'पषशिशराजा का आत्मार्पण' में केरल वर्मा तंपुरान की वीरता और अँग्रेज़ों के विरुद्ध युद्ध तथा उनकी वीर मृत्यु का चित्रण किया गया है। मुगल शासक हुमायूँ के आदर्श चरित्र का उद्घाटन करने के उद्देश्य से लिखा गया एकांकी नाटक है 'भारतीय नारी तेरी महिमा'। अपने पातिव्रत्य धर्म में अटल रहने वाली भारतीय नारी के ऊँचे चरित्र का चित्रण इसमें हुआ है।

डॉ. एन. रामननायर ने सन् 1972 में 'वीरदलवावेलुतंपी' नाटक प्रकाशित किया। इसका कथ्य भी तिरुवितांकोर के वीर योद्धा वेलुतंपी पर आधारित है। तीन अंकों और बारह दृश्यों में नाटककार ने वेलुतंपी की वीरता, देश-प्रेम और सदाचारपूर्ण व्यवहार का चित्रण किया है। सरल और छोटे-छोटे संवाद नाटक की निजी विशेषता है।

श्री कुन्नुकुषि कृष्णनकुट्टी हिन्दी और मलयालम के अच्छे साहित्यकार हैं। उन्होंने 'भारत देश हमारा' नामक एकांकी नाटक की रचना की। इसके अलावा 'लघुरूपक' और 'चार एकांकी' (1997) नामक दो एकांकी संग्रहों का प्रकाशन किया गया। इनमें चार एकांकी नामक संकलन में 'अतिथि की प्रतीक्षा', 'पाप की पहचान', 'मुक्ति' और 'भगवान की समझदारी' नामक एकांकी शामिल हैं जो केरल हिन्दी प्रचार सभा की दूसरी परीक्षा के पाठ्यक्रम में भी रखा गया था।

सन् 1982 में श्री सोमनाथन नायर ने पाँच एकांकियों का संकलन 'अभिशप्त माताएँ' नाम से प्रकाशित किया। इसमें पाण्डवों की माता कुंती, पहले बाली की और बाद में सुग्रीव की पत्नी तारा, भरत की माँके केई, श्रीराम की पत्नी सीता और महर्षि जमदग्नी की धर्म पत्नी और परशुराम की माता रेणुका के जीवन की विभिन्न घटनाओं को आधार बनाया गया है। पौराणिक कथाओं में इन माताओं के चरित्र पर लगाए गये कलंक को, उनके श्रेष्ठ व्यक्तित्व को दर्शाकर नाटककार ने धो डालने का सफल प्रयास किया है और उन्हें नारी के उदात्त एवं श्रेष्ठ गुणों के पद पर प्रतिष्ठित किया है। सन् 1984 में सोमनाथननायर ने 'आहुति' नामक पूर्णकार नाटक की रचना की। यह पूर्णतः सामाजिक नाटक है। पारिवारिक जीवन की विसंगतियाँ ही इसका प्रतिपाद्य है।

बी.एम. गोनिन्दन नंबीशन द्वारा लिखा गया नाटक है 'राम राज्य'। गाँधीवादी सिद्धान्तों के आधार पर भ्रष्टाचार से मुक्त समाज की इसमें कल्पना की गयी है। रामराज्य की कल्पना में सत्य, धर्म, नीति, सहयोग आदि ऊँचे आदर्श सम्मिलित हैं, लेकिन समकालीन शासन तन्त्र में भ्रष्ट एवं अवसरवादी नेताओं की प्रमुखता है, जिसके कारण रामराज्य की कल्पना सफल नहीं हो पाती।

श्री एम. जनार्दनन पिल्लै ने सन् 1961 में 'त्यागी' नामक एकांकी का प्रकाशन किया। इसमें सिद्धार्थ राजकुमार के मानसिक परिवर्तन का चित्रण किया गया है। 'वह अंगूठी' डॉ.पी. वी.रामवारियर का एकांकी नाटक है। श्री गुरुवायूरप्पन और उनके अनन्य भक्त पून्तानंनपूतिरी

की कथा के आधार पर इस नाटक की रचना हुई है। विद्वान के.नारायण का हास्य एकांकी नाटक है 'आखिरी सवाल'। अपने को किसी प्रश्न से निरुत्तर करने वाले व्यक्ति से शादी करने का निश्चय करने वाली विद्या नामक लड़की का, कुमार नामक व्यक्ति से विवाह की कथा इसका आधार है। 'एक ही सहारा' नामक एकांकी की रचना श्रीरंगम विक्रमननायर ने की है। दहेज समस्या के आधार पर लिखा गया यह नाटक मानव जीवन के कटु अनुभवों को प्रस्तुत करनेवाली मार्मिक रचना है। रंगमंच पर सफलता से यह नाटक खेला गया और रेडियो नाटक के रूप में भी प्रसारित हुआ।

1964 में प्रकाशित के.ए.के नंपूतिरी का एकांकी नाटक है 'सौ रूपए का नोट'। सौ रूपए के नोट के आधार पर पारिवारिक रिश्तों में प्यार का श्रोत ढूँढने का प्रयास नाटककार ने इसमें किया है। 'एक बकरी और पाँच हकदार'एरूर वासुदेव का नाटक है। जैसे नाम से ही सूचित होता है एक बकरी को लेकर परिवारवालों में उत्पन्न समस्या और मानसिक संघर्ष ही नाटक का केन्द्र बिन्दु है। श्री वी. के बालकृष्णननायर का 1980 में प्रकाशित एकांकी है 'अश्वत्थामा'। महाभारत युद्ध में युधिष्ठिर के असत्य के सहारे द्रोणाचार्य को निरायुध करके वध करने के प्रसंग को लेकर इसकी रचना हुई है। श्री पी.नारायण ने 'अछूत की गुरुदक्षिणा', 'एक देश एक भाषा' और 'हिन्दी पुराण' नामक तीन एकांकी नाटकों का प्रकाशन किया। सन् 1979 में डा. के. एस. मणि का एकांकी संकलन 'युग प्रभात' नाम से प्रकाशित हुआ। इसमें युग प्रभात, पेट की पुकार और एक ही तूफान नामक तीन एकांकी शामिल हैं। स्वतन्त्रता प्राप्ति के बाद राजनैतिक वातावरण में जो परिवर्तन हुआ, उसे प्रकाश में लाने का प्रयास नाटककार ने किया है। श्री ए. सदानन्दपै ने 'किष्किन्धेश्वरी' नामक नाटक की रचना की जो बंगलूरू से सन् 2006 में प्रकाशित हुआ। इसमें रावण की पत्नी मण्डोदरी की वीरता का चित्रण किया गया है जो नाटककार की मौलिक उद्‌भावना है।

के. जी. उण्णिकृष्णन द्वारा रचित एवं सन् 2018 में प्रकाशित नया ऐतिहासिक नाटक है 'स्वाति तिरुनाळ'। यह आप का प्रथम नाटक है। तिरुवितांकूर के महाराजा स्वातितिरुनाळ की कीर्ति का आधार सफल शासक से अधिक प्रसिद्ध कलाकार एवं संगीतज्ञ के रूपों में हैं। अठारह भाषाओं के ज्ञाता महाराजा स्वातितिरुनाळ हिन्दी में कविताओं एवं कीर्तनों की रचना की। इस कीर्तिमान एवं कलाप्रेमी स्वातितिरुनाळ के जीवन पर आधारित ऐतिहासिक नाटक है 'स्वतितिरुनाळ'। इसमें स्वातितिरुनाळ के सिंहासन की प्राप्ति से लेकर मृत्यु तक की घटनाओं का चित्रण हुआ है। तीन अंकों एवं बीस दृश्यों में इसकी प्रस्तुति हुई है।

इस प्रकार संख्या की दृष्टि से कम होते हुए भी केरल में पर्याप्त मात्रा में ऐतिहासिक, पौराणिक एवं सामाजिक विषयों पर उच्च कोटि के नाटकों की रचनाएँ हुईं और मंचन भी हुए। आज़ादी के बाद विशेषकर साठोत्तरयुग में हिन्दी नाट्य साहित्य का जो बहुआयामी विकास हुआ, इसमें केरल के हिन्दी नाटककारों ने उल्लेखनीय योगदान दिया है और हिन्दी नाटकों की प्रगति में अपनी प्रतिभा का परिचय भी दिया है।

# "युगपुरुष श्री नारायण गुरु": इतिहास बोध से सम्पृक्त जीवनी

*एम.एस. विनयचन्द्रन*

केरल के प्रमुख नवोत्थान जननायक, क्रान्तिकारी विचारक, महान सन्त-कवि, दार्शनिक एवं समाजोद्धारक श्रीनारायण गुरु की जीवनी का अध्ययन सामयिक युग में अत्यन्त प्रेरक एवं उद्‌बोधक है। जाति एवं धर्म के संघर्षों से विषलिप्त वर्तमान सामाजिक, सांस्कृतिक और आध्यात्मिक क्षेत्र में विश्व मानविकता की अनिवार्यता को प्रदीप्त करने में सहायक एक कर्मयोगी के जीवन चरित है "युगपुरुष श्रीनारायणगुरु"। अखिल भारतीय स्तर पर उचित मूल्यांकन हेतु एक परिचय मात्र है प्रस्तुत आलेख।

आधुनिक केरल के निर्माताओं में श्रीनारायणगुरु का अद्वितीय स्थान है। केरलवासियों के ही नहीं समस्त संसार के सामाजिक एवं धार्मिक वैषम्यों को दूर करने तथा पारस्परिक स्नेह व शान्ति का सन्देश फैलाने के लिए गुरु ने जो मूल मन्त्र (मानव की एक जाति है, एक ही धर्म और एक ही ईश्वर, जाति न पूछो, न कहो, न विचारो; धर्म कोई भी हो, मानव का नेक होना काफ़ी है आदि) सृजा था उसका वर्तमान परिस्थिति में भी वही पुराना मूल्य है। लेकिन उपरोक्त महत् सन्देश का विपुल अर्थ समझने तथा उन्हें समुचित क्रियान्वित करने में आज की पीढ़ी असमर्थ है। यही नहीं गुरु ने जिन बातों की मनाही की थी वही बातें रोज़-बरोज़ मनहरण सी लग रही हैं। वर्तमान व्यस्त मानव-मन को गुरु-वचनों की सही पहचान शायद नहीं हो।

हाल ही में समाचार पत्रों से खबर मिली है कि सरकार की पाठ्य पुस्तकों में (केन्द्रीय माध्यमिक पाठ्यक्रम) श्रीनारायण गुरु की जीवनी से सम्बन्धित बातों में बड़ी त्रुटियाँ छाप दी गयी हैं। शिक्षार्थी गलत बयानी से वशीभूत होते हैं। एक और खास समाचार भी आजकल चालू है। नामी पंडित व इतिहासकार पद्मभूषण श्रीरामचन्द्र गुह ने अपनी पुस्तक इंडिया गाँधीजी के बाद (केन्द्रीय साहित्य अकादमी पुरस्कृत) के "द सतेण चलेंज" शीर्षक के चौदहवें अध्याय में गुरु के जीवन-वृत्त से उद्धृत अवतरण में बड़ी गलत-फहमी की है। गुरुजी के विचारों पर श्रीनारायण पक्ष के पाठकों ने सखेद सख्त दिल से आपत्ति उठा दी है।

केरल में गुरु के सिद्धान्तों और उपदेशों को व्यापक प्रचार मिला है। किन्तु अखिल भारतीय स्तर पर गुरु के महत्त्व का उचित मूल्यांकन अभी तक नहीं हो पाया है। आज के हाई-टेक युग में संचार साधनों द्वारा आध्यात्मिकता को भी जिस तरह प्रचार मिल रहा है, वह तो गुरुदेव के ज़माने में असम्भव था। दूसरी बात यह है कि उनकी मौलिक रचनाएँ संस्कृत, मलयालम और तमिल में ही उपलब्ध थीं। इससे आम हिन्दी भाषा-भाषी लोग परिचय प्राप्त करने में वंचित रह गये। एक और बात भी है– गुरु के जीवन-काल में उनकी यात्राएँ दक्षिण भारत और श्रीलंका तक ही सीमित रहीं। अतः भारत के अन्य प्रदेशवासियों पर उनके व्यक्तित्व का सीधा प्रभाव

नहीं पड़ा। अगर हिन्दी भाषा के माध्यम से उनके सिद्धान्तों का प्रचार वहाँ होता तो स्थिति शायद कुछ और ही होती।

जहाँ तक जीवनियों की संख्या का सवाल है, गुरुदेव की जीवनियों की संख्या का सवाल है, गुरुदेव की जीवनियों को ही मलयालम में प्रथम स्थान प्राप्त है। पचास से अधिक ग्रन्थ मलयालम में प्रकाशित हुए हैं। अँग्रेज़ी में भी कुछेक ग्रन्थ प्रकाशित हैं। हिन्दी में दो तीन तो हैं।

Taking Guru beyond Malayalam' शीर्षक लेख में प्रमुख पत्रकार श्री सी. गौरीदासन नायर ने ठीक ही लिखा है– Sage and social reformer Sree Narayana Guru needs no introduction to Malayalis. His teachings, Pithy aphorisms crafted and communicated creatively for the commoner and the thinker alike, are literally there in every malayali mind. His advice 'One Caste, One Religion, One God for mankind' his call to freedom through knowledge, his admonition against sale and consumption of alcohol are home truths for every Malayali. But to the non-malayalam speaking millieu, the Guru is but another social reformer from the South.'' (Narayan Guru complete works translated by Muni Narayana Prasad. Review– The Hindu).

इसी सन्दर्भ में मुझे यह सूचित करने में सुखद गौरव है कि प्रो. वी.के. रवीन्द्रनाथ से सृजित "युग पुरुष श्री नारायण गुरु"– सचमुच एक प्रामाणिक जीवनी-ग्रन्थ है। हिन्दी के सुधी पाठक को पुस्तक महत्त्वपूर्ण होगी। लोकभारती प्रकाशन, इलाहाबाद की ओर से प्रथम संस्करण प्रकाशित है।

डॉ. वी. के. रवीन्द्रनाथ कालिकट के मलबार क्रिश्चियन कॉलेज हिन्दी विभागाध्यक्ष के पद से सेवानिवृत्त हैं। हिन्दी से मलायलम तथा मलयालम से हिन्दी में अनेक रचनाओं के अनुवाद प्रकाशित हैं। मलयाट्टूर रामकृष्ण का प्रसिद्ध उपन्यास "यक्षी" वाइक्कम मुहम्मद बशीर के उपन्यास "मतिलुकळ्", "शब्दंगळ" एवं "आनवारियुम पोनकुरिशुम", के.एल.मोहनवर्मा का उपन्यास "ओहरि" तथा नारायण का उपन्यास "कोच्चेरत्ति" के हिन्दी अनुवाद तथा धर्मवीर भारती का "गुनाहों का देवता" एवं अमर कांत का "सूखा पत्ता" का मलयाळम अनुवाद उनमें प्रमुख हैं।

केरल को नवजागरण के रास्ते पर ले जाने में श्रीनारायण गुरु की देन सर्वोपरि है। उन्नीसवीं सदी के उत्तरार्थ में और बीसवीं सदी के पूर्वार्द्ध में भारत के विभिन्न प्रदेशें में राजा राम मोहनराय, ईश्वर चन्द्र विद्यासागर जैसे मनीषियों के नेतृत्व में समाज-सुधार सम्बन्धी आन्दोलन ज़ोर पकड़ने लगे। आर्य समाज, ब्रह्म समाज जैसी संस्थाओं ने इस दिशा में विशेष योगदान दिया। लेकिन कालान्तर में आर्यसमाज ने इस्लाम धर्म के विरोध धर्म की-सी छवि ग्रहण की और ब्रह्मसमाज तो ईसाई धर्म के एक संशोधित संस्करण के रूप में ही सक्रिय रहा। श्रीनारायण गुरु की विशेषता इस बात में थी कि उन्होंने किसी नये धर्म की स्थापना नहीं की, बल्कि अपने प्रसिद्ध उपदेश से कि "धर्म कोई भी हो, मानव का नेक होना काफ़ी है" से धार्मिक उद्‌भाव और सहिष्णुता को ठोस आधार प्रदान किया।

प्रस्तुत जीवनी पुस्तक 240 पृष्ठों की है। 32 अध्यायों में गुरु की जीवन-गाथा विभाजित है। "सामाजिक पृष्ठभूमि" शीर्षक पहले अध्याय यों शुरू होता है "केरल के महान सन्त और समाजसुधारक श्री नारायणगुरु का जन्म सन् 1856 ई में तिरुवनन्तपुरम के पास चेंपषन्ती नामक गाँव के एक ईषव्रा परिवार में हुआ था। आधुनिक केरल के निर्माण में गुरुदेव की

अहम भूमिका को सम्यक रूप से समझने के लिए तत्कालीन सामाजिक-राजनीतिक पृष्ठभूमि का परिचय प्राप्त करना आवश्यक है।" बहुत विस्तार से युगीन परिस्थितियों का सही दस्तावेज जीवनीकार ने प्रस्तुत किया है। जन्म, बचपन और शिक्षा ऊँची शिक्षा, विवाह का बंधन और मुक्ति, तपस्वी जीवन, चमत्कारी व्यक्तित्व आदि का ब्यौरे देते हुए लेखक नवम अध्याय में– "अरुविप्पुरम की शिवप्रतिष्ठा" को असल में केरल के नवजागरण के प्रसंग में विशेष महत्त्व का मुहूर्त स्थापित करते हैं।

गुरु के प्रिय शिष्य कविवर कुमारन आशान ने सामाजिक चेतना को यों कविता बद्ध किया–

"कल की गयी गलती मूर्खों के लिए
आज का आचार बन गयी
सम्भव है कल वह शास्त्र बन जाय"

इस नवीन चेतना ने ही शताब्दियों से गुलामी में पड़े रहे केरलीय समाज में स्वतन्त्रता की आदिम किरणें फैलायी थीं। गुरु देव के "ईषव्रशिव का प्रयोग" एक तरह की व्याख्या की अपेक्षा रखता है। श्री नारायण गुरु के अभियान की प्रमुख विशेषता यह थी कि उसने सवर्ण जातियों के साथ संघर्ष का रास्ता कभी नहीं अपनाया। अवर्ण जाति में जन्मे नारायण द्वारा की गयी शिव प्रतिष्ठा पर ब्राह्मणों ने जब चिन्ता व्यक्त की, तब उन्होंने यह कहकर उन्हें आश्वस्त किया कि हमने ईषव्रा शिव की ही स्थापना की है। गुरु के इस तर्कपूर्ण उत्तर में निहित व्यंग्य ने वर्णाश्रम धर्म के झण्डाबरदारों को निरुत्तर ही नहीं किया, बल्कि उनमें से बहुतों को वर्ण व्यवस्था की अनैतिकता पर सोचने को मज़बूर भी किया। गुरुदेव का यह आन्दोलन जहाँ एक ओर जाति-विरोधी था, वहाँ दूसरी ओर वह धर्मनिरपेक्ष भी था।

अरुविप्पुरम शिव प्रतिष्ठा मन्दिर सम्बन्धी अपनी संकल्पना को गुरु ने यों वाणी दी है –

"यही वह आदर्श निवास, जहाँ रहते मानव भ्रातसम
धार्मिक विद्वेष और जातिगत भेदभाव से मुक्त हो।

"संगठन की राह", "गुरु-शिष्य का मिलन", "पारस्परिकता का मिसाल", "गुरुदेव द्वारा स्थापित मन्दिर", "शिवगिरि की शारदा प्रतिष्ठा", "आलुवा का अद्वैत आश्रम", "श्री नारायण परिपालन योगम की स्थापना", "सहोदर आन्दोलन", "वैक्कम सत्याग्रह", "मितवादी सी कृष्णन की सेवाएँ", "टी.के.माधवन और गुरुदेव", "रवीन्द्रनाथ ठाकुर और गाँधीजी गुरुदेव के सान्निध्य में" आदि शीर्षकों में जो रोचक सामग्री एकत्रित की हैं उन्हें पढ़ने से ज्ञान वर्द्धन मात्र नहीं, बल्कि आत्मोत्कर्ष ज़रूर हो।

गुरुदेव को मालूम था कि केवल आचारों और विश्वासों में सुधार लाने मात्र से समाज सुधार सम्भव नहीं होगा। उन्होंने समझाया कि आध्यात्मिक उन्नति के साथ साथ भौतिक उन्नति के लिए भी प्रय़त्नशील रहना चाहिए। अपने आन्दोलन के पहले चरण में जहाँ उन्होंने मन्दिर और देव-मूर्तियों की स्थापना पर बल दिया वहाँ दूसरे चरण में शिक्षा के प्रचार के लिए विद्यालयों की स्थापना पर ज़ोर दिया। उन्हीं के शब्दों को ग्रन्थकार ने यों स्पष्ट किया है– "आगे मन्दिरों के निर्माण को प्रोत्साहन नहीं देना चाहिए। इसमें अगर कोई मुश्किल महसूस होती तो, तो छोटा मन्दिर ही बना लेना। विद्यालय को ही मुख्य देव मन्दिर मान लेना। चंदा लेकर विद्यालयों की स्थापना में लग जाना।" आधुनिक केरल इस बात का साक्षी है कि 1917 ई. में

गुरुदेव द्वारा दिया गया उपर्युक्त संदेश कितना युगान्तरकारी सिद्ध हुआ।

"गुरुदेव की रचनाएँ" शीर्षक अध्याय में जीवनीकार ने गुरुदेव की समस्त स्तोत्र रचनाएँ व दार्शनिक रचनाएँ सटीक समेटने की कोशिश की है। विनायकाष्टकम् (1884), गुहाष्टकम्, बाहुलेयाष्टकम् (1887-1897), चिदाम्बराष्टकम्, भद्रकाल्यष्टकम् आदि संस्कृत स्तोत्र हैं। षणमुख स्तोत्र, देवी स्तवम्, जननी नवरत्न मंजरी, स्वानुभवगीति अर्द्धनारीश्वरस्तवम्, कुण्डलिनीपाट्टु आदि मलयालम के स्तोत्र हैं। गुरुदेव का प्रसाद गुण सम्पन्न प्रार्थनागीत है "दैवदशकम्"।

"रखना हमें सुरक्षित, छोड़ न देना हमें भगवान,
नाविक तू भव सागर में, महाजलयान तेरे चरणद्वय।"

गुरुदेव को तमिल भाषा की गहरी जानकारी थी। "तेवारप्पतिकंङ्ल" तमिल स्तोत्र रचना है। "तिरुक्कुरल" के कुछ अंश का अनुवाद भी गुरु ने मलयालम में किया था।

"आत्मोपदेश शतकम्" प्रसिद्ध दार्शनिक रचना है। साधारण व्यक्तियों को भी अद्वैत सिद्धान्तों से परिचित कराने के उद्देश्य से गुरुदेव ने इसकी रचना की थी। यह उनकी सबसे प्रमुख रचना मानी जाती है। दो प्रसिद्ध पंक्तियों का गद्यानुवाद इस प्रकार दिया है–

अपने सुख के लिए मानव जो आचरण करे
ज़रूरी है वह पराये के सुख का कारण बने।

"दर्शनमाला", "जातिनिर्णयम्", "अनुकंपादशकम्" आदि गुरु की और श्रेष्ठ रचनाएँ हैं। गुरुदेव की कवि-प्रतिभा का विशेष परिचय 30वाँ अध्याय में दिया गया है।

गुरुदेव के "व्यक्तित्व के कुछ अंश" शीर्षक अध्याय में गुरुदेव की वेश-भूषा, सरकार द्वारा गुरुदेव को दी गयी छूट, जीव-जन्तुओं के प्रति प्रेम, गुरुदेव की दीर्घदर्शिता आदि के बारे में परिचय दिया गया है। जीवनी के अन्तिम अध्याय में गुरुदेव की समाधि-सम्बन्धी समाचार समेट लिये गये हैं।

सन्देह नहीं, श्री नारायण गुरु के व्यक्तित्व को प्रस्तुत करने में जीवनी-लेखक सफल हुए हैं। सुन्दर एवं प्रौढ़ प्रामाणिक जीवनी-लेखन के लिए डॉ.वी.के.रवीन्द्रनाथ जी सचमुच साधुवाद के पात्र हैं। हिन्दी जीवनी साहित्य सृजन की श्रीवृद्धि में यह ग्रन्थ एक महान उपलब्धि है।

# समकालीन कविता में पारिस्थितिक समस्याएँ

*प्रमोद कोवप्रत*

समकालीन कविता समसामयिक स्थितियों की बेरहमी एवं भयावहता का सीधा खुलासा है। इसमें अतीत से प्रेरणा है, वर्तमान की जागरूकता है और भविष्य के कोमल सपने हैं। क्योंकि सपनों का मर जाना सबसे खतरनाक होता है। हमारी सोच एवं विचार का बोनसाई पौधे की तरह कटना समय की त्रासदी बन जायेगी। प्रतिक्रिया का मौका तो शब्द ही देते हैं। इसीलिए समकालीन कविता सामयिक संवेदना को वाणी देती है। विश्वंभर नाथ उपाध्याय की राय में यह बिकमिंग की कविता है। विज्ञान और टेक्नॉलाजी की दृष्टि से एक ओर मनुष्य की जययात्रा चल रही है। तो दूसरी ओर भोगवादी संस्कृति में मनुष्य की दुरितयात्रा भी जारी है। इसलिए समसामयिक साहित्य स्त्री, दलित, परिस्थिति आदि मुद्दों पर काली प्रतिवाद करता है। इन तीनों के साथ आजकल मनुष्य का छेड़छाड़ ज़्यादा है। प्रकृति मनुष्य के लिए वरदान है, वह कामधेनु है, पर मुनाफे की दुनिया में उस धेनु का थन ही लोग काट देते हैं। वैश्वीकृत दुनिया में सारी चिन्तन प्रणाली ही बदल गयी है। हर चीज़ की कीमत पूछी जाती है। मूल्यवादी दृष्टि समाप्त हो रही है। सब मारकेंट की वस्तु के रूप में परिणत हो रही है। भूसम्पदाओं का अशास्त्री दोहन कितना अनैतिक व विनाशकारी है इससे हम आज साक्षात्कार कर रहे हैं। इस ब्रह्मांण्ड में मानव ही नहीं करोड़ों पशु-पक्षी तथा वनस्पतियाँ मिलकर ही एक सन्तुलित आवास व्यवस्था पैदा करती हैं। इसलिए अज्ञेय ने "उधार" कविता में हरियाली, मिठास, गंधवाही युक्त खुलेपन आदि को जीवन माना है। उपभोक्ता संस्कृति जिस भौतिकवादी तथा व्यावसायिक दृष्टिकोण को अपनाकर विकासोन्मुख हो रही है वह मानव राशि के वास्तविक कल्याण के लिए श्रेयस्कर नहीं, खतरनाक अवश्य है। जिसका परिणाम आज हम प्राकृतिक विपत्तियों के रूप में झेल रहे हैं। अँधाधुँध दोहन की अनवरत चलती प्रक्रिया में पानी, वायु आदि का प्रदूषण ही नहीं हो रहा है, पूरा पारिस्थितिक सन्तुलन ही बिगड़ रहा है। पुराने भयानक जानवर दिनोसर की याद दिलानेवाले एस्कवेटर सा जे.सी.बी जैसे यन्त्रों से पल भर में हमारे पहाड़, टीले आदि समाप्त हो रहे हैं। मिट्टी को कुतरने की प्रक्रिया में धरती पर हम "कृत्रिम सन्तुलन" पैदा कर रहे हैं। जंगल विनाश से उत्पन्न समस्याएँ दूसरी ओर हैं। यहाँ तक कि शुद्ध वायु भी महानगरों में नहीं मिल रही है। नदी का सूख जाना, बारिश का असमय पर होना, सूखा, बाढ़, अम्ल वर्षा, भूगोलीय तापन (ग्लोबल वार्मिंग), पेयजल की समस्या, प्लास्टिक प्रदूषण, ई-वेस्ट की समस्या, कूड़े-कचरे की समस्या, जलवायु में परिवर्तन आदि सब हमारे लिए ज्वलंत समस्याएँ हैं।

ईको सिस्टम में मानव का अस्तित्व बाकी जीवजन्तुओं तथा वनस्पतियों के साथ ही है। उल्टे जमाने में आदमी को हर वक्त उसका अपना स्थान नया इलाका लगता है। फिर पता नहीं चलता कि कल का आदमी कहाँ खो गया है, कल का शहर कहाँ खो गया है, यह प्रगति की

छलाँका का जादू है। लेकिन कवि राजेश जोशी वनविनाश तथा दोहन की प्रक्रिया में नष्ट होती जीव-जन्तुओं की प्रजातियों से सीधे आदमी का सम्बन्ध जोड़ते हैं। क्योंकि आज कवि मानवीय संवेदना के बीच ही प्रकृति के उपादानों को पाते हैं और परिस्थितियों को मानव सहित एक समग्र इकाई के रूप में देखना चाहते हैं। यहाँ सोचने का विषय है कि आदमी का पता क्यों एक दिन खो जाता है, कई लोग व शहर क्यों मिट जाते हैं। पेड़, पशु और पक्षियों के वंश ही क्यों इस धरती से गायब हो जाते हैं। वर्तमान पारिस्थितिक चिन्तन की सशक्त अभिव्यक्ति राजेश जोशी की "विलुप्त प्रजातियाँ" नामक कविता में हुई है। जैसे-

"कई लोग इसी तरह खो जाते हैं एक दिन
उनके नए पते किसी को पता नहीं होते
कई लोग और कई शहर के शहर
इसी तरह खो गये हमारी धरती से
पेड़ों, पशुओं और परिन्दों की न जाने कितनी प्रजातियाँ
विलुप्त हो गयी न जाने कब
अब तो उनकी कोई स्मृति भी
बाकी नहीं"[3]

नगरीकरण और महानगरीकरण व मेट्रो सिटी के निर्माण से हमारा देश मकानों से भर जाता है। प्रदूषण की गिरफ्त में हमेशा के लिए आ जाता है। पेयजल की समस्या से लेकर, शुद्ध वायु से लेकर कूड़े कचरे की दुर्गंध से भी मुक्ति नहीं मिलती। रासायनिक प्रदूषण ही नहीं, यहाँ तक कि मानवीय मूल्यों का भी प्रदूषण होता है। तभी प्रश्न संकुल युग में मकानों का शहर में भर जाना कवि का सबसे बड़ा कन्सर्न (concern) बन जाता है। राजेश जोशी "एक-से मकानों का नगर" में बताते हैं–

देखते-देखते सारे शहर एक-से मकानों से भरते जाते हैं
एक जैसी लगती है सारी सड़कें सारी गलियाँ सारे चौराहे
एक दिन सारे शहरों के चेहरे एक-से हो जायेंगे
एक दिन एकाएक हम अपने ही घर का नंबर भूल जायेंगे
अपने ही शहर में अपना ही घर ढूँढते हुए भटकेंगे
और अपना घर नहीं ढूँढ पाएँगे।"[4]

शहरीकरण की ऐसी प्रक्रिया में पेड़ों को काटना पड़ता है, जंगल को मिटाना पड़ता है, जीव-जन्तुओं को भगाना पड़ता है। हमारी पूरी जलवायु इससे प्रभावित रहती है। भारत जैसे कृषिप्रधान देश में मौसम-के बिगड़ने पर अकाल तक पड़ सकता है। सारी खेती मिट्टी में ही मिल जाती है। गर्मी बढ़ जाती है, सूखा बढ़ जाता है। भारतीय किसानों के सपने टूट जाते हैं, हमारी आर्थिक व्यवस्था बिगड़ जाती है। मानवनिर्मित प्राकृतिक असन्तुलन के परिणाम के रूप में मौसम में बदलाव आ गया है। "उमस" में राजेश जोशी का कहना है–

आषाढ़ के बादल बिना बरसे ही इस बार
उत्तर भारत से फरार हो गये थे

मनसून से पहले ही फुहारें भी इन इलाकों में नहीं पड़ी थी और चौपट हो चुकी थी सोयाबीन की सारी फसल"[5]

बताया जाता है कि आगे तीसरा विश्वयुद्ध होगा तो वह पानी को लेकर होगा। बढ़ता हुआ जल शोषण, जल प्रदूषण, नदी का रेत बन जाना, बारिश का बिगड़ना, प्रलय, सूखा आदि वर्तमान यथार्थ बन गये हैं। कई कवियों ने इन ज्वलंत समस्याओं को अपनी कविता के माध्यम से अनावरण किया है। आज मिनरल वाटर की संस्कृति फैल गयी है। पीने के लिए बोतलों का पानी खरीदना पड़ता है। "चाँद की वर्तनी" की "क़िस्सा उस तालाब का" में कवि राजेश जोशी बोतल वाटर की कृत्रिम संस्कृति की त्रासदी की ओर इशारा करते हैं। साथ ही नदी और तालाब के सूखने की वर्तमान दुर्दशा की अभिव्यक्ति देते हैं। इन्दु जैन अपनी नदियाँ शीर्षक कविता में बताती हैं कि इस दुर्दशा के समय भी कवि के सिवा और कोई नदी की चिन्ता नहीं करता। "नए कायदे" में भी वे बाज़ारीकृत संस्कृति में नदी को तक खरीद लाने की विडम्बना को व्यंग्य के रूप में प्रस्तुत करती है।

मनुष्य के निर्णय व निर्मम शोषण से नदी श्मशान होती जा रही है। अरुण कमल की कविता "इस श्मशान पर" में (पुतली में संसार) कवि आशंका व्यक्त करते हैं कि कल तक जहाँ पानी ही पानी था अब रेत ही रेत है। नदी नाले का अन्त आसन्न हो गया है। आसन्न मृति पर अरुण कमल बताते हैं–

किसे हैं याद कल यहाँ कितना पानी था
जहाँ डूबी थी नौका वहाँ
एक बच्चा छपकता दौड़ता जा रहा है
पानी के नीचे चमकता बालू
पर सूखी रेत पर चलते भी लगता है भय
याद आ जाती है बाढ़ की नदी[6]

गंगा नदी के प्रदूषण पर समकालीन कवियों ने कई कविताएँ लिखी हैं। "गंगा को प्यार" अरुण कमल की ऐसी एक कविता है जिसमें गंगा की पावनता प्रदूषण से नष्ट होने की बात बताई हैं। नदी के पानी को विषमय बनाना कवि की राय में षड्यन्त्र ही है। कवि को लगता है कि ब्रह्माण्ड के समस्त मंडलों पर षड्यन्त्र चल रहा है। गंगा की इस स्थिति पर कवि लिखते हैं–

असम्भव/ असम्भव है सोचना
जिनकी मिट्टी गंगा-पानी से गूँथी है
उनके लिए असम्भव है सोचना कि एक दिन
गंगा के ऊपर उड़ता हुआ पक्षी
विष की ऊपर उड़ता हुआ पक्षी
विष की धाह से झुलस जायेगा
कि एक दिन गंगा
नहीं रहेगी और फिर गंगा-
वे रख आये हैं गंगा के द्वार पर विषपात्र[7]

ज्ञानेन्द्रपति ने गंगा को केन्द्र में रखकर कई सशक्त कविताएँ लिखी हैं। बाज़ारीकृत दुनिया में बिकी हुई नदियों की चिन्ता कवि को है। "गंगा स्नान" में गंदगी से मलिन पड़ी गंगा का चित्र कवि हमारे सामने रखते हैं। गंगा में जहाँ वह नाला कविता में गंगा में खुलनेवाले गंदा नाले तथा

उसके इर्द-गिर्द मंडराने वाले भक्षी-पक्षी समूह का चित्र कवि दिखाते हैं। नदी और साबुन शीर्षक दोनों कविताएँ काफी चर्चित रही हैं। कवि बताते हैं कि नदी का नीर किसी ने हड़प लिया है। नदी कलुषित हो गयी है। कारखानों की रासायनिक वर्षा से नदी की शुभत्वता बैंगनी हो गयी है। मानव के साथ स्वार्थ-समर में नदी ही आखिर हार गयी है। मानव के साथ मछलियों, धोंधों, भौरों, कछुओं, पक्षियों तथा जलजीवों की हालत बड़ी संकटग्रस्त बन पड़ी है। दूसरी कविता में कवि ज्ञानेन्द्रपती आखिर बताते हैं–

पहाड़ी की बेटी वह एक
दुखियारी महतारी हैं गंगा
उसका जी कँपता है डर से
उसकी प्रतिद्वंद्वी हथेली-भर की वह जो साबुन
की टिकिया है इजारेदार पूँजीवाद की बिटिया है
उसका महाबली झाग उठने से पहले
गंगा के दिल में हौल उठता है
भयातंक की एक लहर
गंगा लहरी में मिल जाती/एक झुरझुरी
एक सर्द आह का घर होता है उस पल[8]

आर इमरोज की कविता है "रेत होती नदी" (गुन रहा है गाँव)। कवि के अनुसार रेत होती नदी आज के समय की त्रासदी है और वह कंधे पर अर्थी की तरह वाक बोझ बन पड़ी है। कवि इस अन्तहीन शवयात्रा के सिलसिले को खत्म करना चाहते हैं। कवि के शब्दों में -

पेड़, पौधे/खेत, खलिहान
गाँव और गरीब/नदी के
मोहताज़ हैं
नदी को/बहना होगा
लबालब/रहना होगा[9]

कवि के विचार में नदी खबर नहीं, वेद है, फिर भी रेत होना खेत की बात है। नदी का लहराना आदमीयत का गहराना है। पारिस्थितिक समस्याओं पर गम्भीर रूप से विचार करनेवाला एक काव्य-संग्रह है बलदेव वंशी का "धरती हाँफ रही है"। "धरती हाँफ रही है", धरती हमारा नाव है, रक्तसनी धरती बनाम, कूड़ा-कचरा और कोंपलें", पहाड़ों पर पेड़ों के पंजर", लगातार झटकों के बीच" आदि पारिस्थितिक वेदना एवं संवेदना की कविताएँ हैं। कवि वंशी को लगता है एक ही पीढ़ी की विभिन्न आकृतियाँ, संस्कृतियाँ इस धरती पर फल रही हैं, फूल रही हैं। कवि सोचते हैं कि ऐसी वक्रमुखी रश्मियाँ और रक्तभली कोंपलें व हत्यारी छवियाँ किन ग्रहों से आती हैं हमारी धरती पर। धरती का अब रक्त-रंजित इतिहास रच रहा है और अब पीड़ाएँ पहले से अधिक घिनौनी हैं और घटनाएँ और भी घातक। कवि के शब्दों में -

किन्हीं अलक्षित ग्रहों से उतर-उतर
स्वयं आ रहीं। भीतर से। पशुता के
अलक्षित क्षितिजों से लक्ष्य में आ रहीं
पहले से भी अधिक पातक मनुष्य

बढ़ते जा रहे/धरती पर...
और धरती बुरी तरह काँप रही है
पीड़ाओं से घिरी
बे-तरह हाँफ रही है!...[10]

ई-वेस्ट, रासायनिक पदार्थ और पॉलिथीन से धरती का शरीर एकदम दर्द महसूस कर रहा है। धरती इसे पचाने में असमर्थ है। आज के टेक्नॉलाजी युग के कथा महानगरीय जीवन के अवशिष्टों को सँभालना धरती के लिए विकट समस्या बन गयी है। बलदेव वंशी कूड़ा-कचरा और कोंपलें में बताते हैं–

महानगरीय कचरे में
महाभूतों के ऐसे-ऐसे सम्मिश्रण
नए सभ्य उत्पाद-रासायनिक/और पॉलिथीन-
धरती पचा नहीं पाई
इर बारछ इतने वर्षों बाद भी असमंजस। असमर्थता। अपमान में
अपना धरती होने का धर्म
निभा नहीं पाई....[11]

ज्ञानेन्द्रपति ने "पालिथिन" कविता में इसके दोषों की ओर इशारा किया है और इसे बाज़ारीकरण का प्रतीक बताया है। कवि पालिथिन को पूँजीवाद की त्वचा मानते हैं और वर्तमान सभ्यता का पर्याय मानते हैं। जैसे-

चिरजीवा मरजीवा पालिथिन!
हमारे समय की सभ्यता का पर्याय है
हमारे समय की सभ्यता का दूसरा नाम है–
पालिथिन[12]

"यह पृथ्वी क्या केवल तुम्हारी है" शीर्षक कविता में कवि मानव की विध्वंसकारी प्रवृत्तियों पर खिल्ली उड़ाते हैं। साथ ही राष्ट्र की शक्ति-साधना स्वरूप परमाणु बम के भूमिगत परीक्षण से धरती की देह को थर्रानेवाले शासकों से प्रश्न करते हैं। पयावती पृथ्वी के मर्मस्थल में मारनेवाले लोगों पर कवि बताते हैं कि पाषाण युग से भी पीछे हैं ऐसा करनेवालों का पाषाण-दृश्य। धरती को थर्राते समय हमें धरती पर रहनेवाले अन्य जीवों से पूछना चाहिए। पृथ्वी को उर्वर करने में तल्लीन केंचुए से, खेत की मूली से या चींटी से पूछना चाहिए। कवि कहते हैं–

"मेरी हैसियत एक केंचुए की हो
चींटी की तरह कुचल दी जाने की औकता ही है
मेरी दुम्हारे नकट मेरा मानवाधिकार तुम्हारे दानवाधिकार
के आगे नाचीज़!"[13]

प्राकृतिक दोहन या शोषण से जलवायु में काफी परिवर्तन हो रहा है। मानव निर्मित धुएँ से फेफड़े-खाँस-खाँसकर सिकुड़नेवाले हैं। सूरज निस्तेज होनेवाला है। इन्दु जैन "निश्चय" में ऐसे बताती है। वे "बहुत दूर नहीं" में बताती हैं–

बहुत दूर नहीं लगता वह दिन
जब मई-जून में बारिशें होंगी

आम नहीं पकेगे
खरबूजे मीठे न तरबूज लाल
बहुत दूर नहीं लगती वह रात
जब दिल्ली में बंबई का दिसम्बर होगा
कश्मीरी सेब हैदराबाद से आयेंगे
जैसे अँगुर[14]

हरीशचन्द्र पांडे का काव्य संग्रह है– "भूमिकाएँ खत्म नहीं होती।" "हथियाई गयी ज़मीन", "मंच" जैसी कविताओं में पारिस्थितिक चेतना परिलक्षित हुई है। पहली कविता में पांडे जी मौसम के परिवर्तन के बारे में बताते हैं तो मंच में कवि का कहना है–

न काटो पेड़
पेड़ मंच है पक्षियों के
पक्षी यहाँ से अपनी बात पूरी आजादी से उठाते हैं।[15]

लीलाधर मंडलोई ने "उनका होना न होना" "कि वहाँ पेड़", "कि जान पाते रहस्य हम" जैसी कविताओं द्वारा पारिस्थितिक सजगता की मिसाल प्रस्तुत की है। "कि वहाँ पेड़" की पंक्तियाँ पारिस्थितिक अनुभूति का एहसास कराती हैं। "कि वहाँ पेड़।"

पेड़ों पर झूमती शाखाएँ।
उनकी पत्तियाँ।
पत्तियों से झरता रंग।
पत्तिय़ों के बीच दुबके
फल या लम्बी फल्लियाँ।
धूप है कि खिली जाती है
उनके रोम-रोम में।
वे रह-रह के हँस पड़ते।
उनका रंग हँसी से सुर्ख हो उठता है। ...

चिड़िया इसी समय अपना प्रेमगीत गुनगुनाने को पंखों का सुरमंजल छेड़ती है। हवा जैसे आलाप लेती है। मौसम होता है सब के लिए कि जैसे लोकतन्त्र। अचंभित मैं देखता हूँ अपने आस-पास।"[16]

केदारनाथ सिंह ने पारिस्थितिक सजगता व समस्याओं से जुड़कर कई कविताएँ लिखी हैं। पानी की प्रार्थना, घोसलों का इतिहास, सपने में सलीम अली से एक भेट, पानी बेचनेवाली की गुहार "पानी था मैं" आदि में धरती की संवेदना ही सुरक्षित है। ऋतुराज ने "सूखा" में सूखे में मानव सहित जीव जन्तुओं व वनस्पतियों की दारुण दशा पर प्रकाश डाला है। वे "गिरना" शीर्षक कविता में बताते हैं–

यह पृथ्वी हमारे हाथों से फिसल रही है
यह गिर रही है किसी कृत्रिम-से अग्निकुंड में[17]

पारिस्थितिक समस्याओं पर एकान्त श्रीवास्तव ने कई कविताएँ लिखी हैं। नदी का जल सपने में बहना और फूल की महक सिर्फ स्मृतियों में रहना अत्याधुनिक युग का यथार्थ बनने वाला है।

"अनत्र्त्रतु" कविता की पंक्तियाँ है–

जो नदी सूख जाती है/उसका जल
स्वप्न में बहता रहता है
जो वृक्ष जल जाते हैं उनके फूल
महकते रहते हैं स्मृतियों में।[18]

केरल की नदियों में हम जानवरों व मुर्गों के खून, चारबी सब पाते हैं। कसाईखाने के कचरे सब नदी में लोग फेंक देते हैं। वीरेन डंगवाल का संकलन "दुश्चक्र में स्रष्टा" में कई कविताएँ परिस्थिति बोध की हैं। "विद्वेष" की पंक्तियाँ देखिए -

यह बूचड़खाने की नाली है।
इसी से होकर आते हैं नदी के जल में
खून
चरबी, रोयें और लोथड़े।[19]

श्री प्रकाश शुक्ल की राय में नदी का बहना उपहास का विषय नहीं, उपहार का विषय है। नदियों का रेत बन जना, उसका विद्रोह है, मनुष्य के खिलाफ। कवि की "मोक्षदा ही नहीं" की पंक्तियाँ हैं–

नदियाँ भी कभी-कभी विद्रोह करती हैं
वे धार ही नहीं धूल भी देती हैं
और जब ऐसा करती हैं
श्मशान होती हैं
वे चीखती हैं
चिल्लाती हैं
और विसर्जन के सारे प्रतीकों से छिटक कर
मुक्ति का आह्वान करती हैं[20]

गंगा प्रसाद विमल की अलग अंदाज की कविता है "काश पेड़ों के पाँव होते।" इसमें कवि बताते हैं कि अगर पेड़ों का पाँव होता तो वह हर जगह फैलता और उसे नहीं काटा जाता। पेड़ का काटना सिर्फ एक वृक्ष का नाश नहीं होता। कवि विमल के शब्दों में-

उन्हें काटते हैं लोग/तो काट देते हैं
पक्षियों के आवास/प्रकृति का सदाबहार/
यौवन काट देते हैं लोग
स्मृति
और सरहद रेगिस्तान की।[21]

संक्षेप में कहें तो पारिस्थितिक सजगता तथा समस्याओं से जुड़कर हिन्दी में सैकड़ों कविताएँ मिलती हैं। समकालीन कवि काफी जागरूक हैं इस मुद्दे को लेकर। सभी कवियों को यहाँ समेटना नामुमकिन है। उसी प्रकार समस्याएँ भी बहुआयामी हैं। मनुष्य को आवास व्यवस्था को समग्रता में मानकर चलना है। साथ ही प्रकृति के समस्त जीवंत कणों को इसके हिस्से के रूप में मानना होगा। पारिस्थितिक कविताओं में मदन कश्यप की "तूफान-भूकंप... जिन्दगी, नदी-संवाद, सुशान्त सुप्रिय की "सूरज, चमको न", बी.एल. आर्य की "प्रकृति की

पुकार", नन्द चतुर्वेदी की "भूकंप के बाद", बद्री नारायण की "गर्मी", कुमार अंबुज की "रोज़ का रास्ता", किशोरी लाल व्यास की "वृक्षधर्म", नीलाभ की "नदी", प्रदीप नवीन की "चर्चा करते परिंदे", "प्रकृति को शब्द", संजय कुंदन की "विस्थापित", प्रेमशंकर शुक्ल की "पानी के साथ", राजकुमार कुंभज की "यहाँ तक वृक्ष रहता था", मंगलेश डबराल की "पेड़" नवल शुक्ल की "खड़े-खड़े देखेंगे", कांता शर्मा की "अचानक नहीं सूखी नदी" आदि विशेष उल्लेखनीय हैं।

## सन्दर्भ


1. सं. विश्वंभर नाथ उपाध्याय, समकालीन कविता की भूमिका– भूमिका से।
2. अज्ञेय।
3. राजेश जोशी,चाँद की वर्तनी, पृ. 17।
4. वही, पृ. 19-20।
5. वही, पृ. 21।
6. अरुण कमल, पुली में संसार, पृ. 73।
7. वही, अपनी केवल धार, पृ. 64।
8. ज्ञानेन्द्रपति, गंगातट, पृ. 22।
9. आर. इमरोज, गुन रहा है गाँव, पृ. 44।
10. बलदेव वंशी, धरती हाँफ रही है, पृ. 14।
11. वही, पृ. 18।
12. ज्ञानेन्द्रपति, गंगातट, पृ. 96।
13. वही, कवि ने कहा, पृ. 107।
14. इन्दु जैन, कुछ न कुछ ठकराएँगा ज़रूर, पृ. 83।
15. हरीशचन्द्र पांडे, भूमिकाएँ खत्म नहीं होती, पृ. 62।
16. लीलाधर मंडलोई, काल बाँका– तिरछा, पृ. 31।
17. कथन,अक्टू-दिसं, 2010, पृ, 19।
18. आलोचन, जुलाई– सितं. 07, पृ. 46।
19. वीरेन इंगवाल, दुश्चक्र में स्रष्टा, पृ. 67।
20. वर्तमान साहित्य, नवं 2010, पृ. 23।
21. गंगाप्रसाद विमल, इता कुछ, पृ. 56।

# आलोचना की अनुपस्थिति

***जयचन्द्रन आर.***

अगर कोई मुझसे यह प्रश्न पूछे कि हिन्दी साहित्य में पिछले दो शतकों की सबसे महत्त्वपूर्ण परिघटना क्या रही है तो निस्सन्देह मेरा उत्तर होगा, आलोचना की अनुपस्थिति। यह उत्तर कुछ अटपटा और अस्वाभाविक जरूर लगेगा क्योंकि इन बीस वर्षों में जिस विधा में लेखकों की सबसे ज़्यादा सक्रियता और उपस्थिति रही है, वह आलोचना ही है। मात्रात्मक दृष्टि से भी आलोचना का उत्पादन और पुनरूत्पादन अन्य विधाओं की तुलना में प्रचुर रहा है, हालाँकि सम्भवतः उसकी खपत या उसका 'कंज़प्शन' अन्य विधाओं की तुलना में, कविता के अलावा, सबसे कम रहा है। हिन्दी की ज़्यादातर पत्र–पत्रिकाएँ आलोचना अथवा आलोचकों पर केन्द्रित रही हैं। साहित्यिक आयोजनों, परिचर्चाओं और विमर्शों के केन्द्र में आलोचना रही है। अगर किसी साहित्यिक-सांस्कृतिक संस्था ने कोई एक काव्य गोष्ठी या कथा पाठ का आयोजन किया है तो इसके अनुपात में उसने कम से कम दो दर्जन आलोचना केन्द्रित आयोजन किये हैं।

आलोचना साहित्य के सत्ताकेन्द्र में हमेशा की तरह इस दौर में भी रही। उसने कचहरी या न्यायपालिका की भूमिका भी निभाई है। कृतियों और कृतिकारों को केन्द्र में स्थापित करने या उन्हें अपदस्थ करने में वह तत्पर रही है। रचनाओं की व्याख्या, विश्लेषण और मूल्यांकन का पारम्परिक काम सम्पन्न करती हुई भी वह निरन्तर दिखाई देती रही है। विश्वविद्यालयों के हिन्दी विभागों अथवा दैनिक अखबारों के सांस्कृतिक कॉपी डेस्क ने जिस तादाद में आलोचक और समीक्षक पैदा किए हैं, उस मात्रा में कवि, कहानीकार या पत्रकार आदि नहीं। विश्वविद्यालयों और कॉलेजों के हिन्दी विभाग तो वास्तव में प्रतिगामी और खासे जड़ परम्परावादी आलोचकों का भरपूर उत्पादन करने वाले कारखाने रहे हैं।

आलोचना और आलोचक की केन्द्रीयता का एक प्रमाण यह भी है कि 'ऋषि' और साहित्यिक 'सुपर स्टार' या 'सुपर ब्रांड' जैसे चमत्कारी विशेषण आलोचकों को ही दिये गये। वैदिक काल की पवित्रतम् और बाज़ार काल की सबसे बिकाऊ, दोनों ही पदवियाँ आलोचना के खाते में रहीं। अगर कोई अकाउंटेंट जनरल विभिन्न सरकारी और गैर सरकारी संस्थानों द्वारा साहित्य के नाम पर किये गये व्यय का कोई सर्वेक्षण करे तो पूरा भरोसा है कि पिछले दो दशकों में हिन्दी की आलोचना और आलोचक पर किया गया प्रति वर्ष का खर्च चौंकाने वाला होगा।

ऐसे में यह वक्तव्य देना कि हिन्दी साहित्य की केन्द्रीय परिघटना आलोचना की अनुपस्थिति है, अटपटा तो अवश्य लगता है लेकिन इस पर सचमुच विचार की आवश्यकता है। अगर आप गम्भीरता से देखें तो पिछले बीस सालों में आलोचना धीरे–धीरे साहित्य की सौन्दर्यात्मक मीमांसा और परीक्षण की गतिविधि से हटती हुई किसी 'पॉवर टूल' में बदलती गयी है। वह सत्ता की विस्तारित प्रणाली के रूप में सक्रिय होती गयी है। उसी का उपकरण। भाषा की समाज

सापेक्ष्य कला–मीमांसा की बजाय सत्ता, व्यवस्था और बाज़ार के प्रबन्धन का दायित्व उसने अधिक तत्परता के साथ निभाया है। जिस तरह संस्कृति ने उद्योग और राजनीति में एक तरह की केन्द्रिकता अर्जित की है, आलोचना उसी के व्यवस्थापन और प्रबन्धन के कामकाज में दत्तचित्त रही है। बीसवीं सदी में विचारधारा और दर्शन के आधार पर जिस तरह वह तत्कालीन राजनीतिक सत्ताओं के प्रबन्धन और प्रसार का काम करती रही है, अब उसने वही काम बाज़ार व्यवसाय और समकालीन सत्ता के निमित्त करना प्रारम्भ कर दिया है। अगर आलोचना का कोई ऐसा इतिहास तैयार किया जाय, जो उसके पिछले पचास वर्ष के सरोकारों और कर्मक्षेत्रों का लेखा–जोखा तैयार करे, तो उसके द्वारा सत्ता, व्यवसाय और बाज़ार की प्रबन्धकीय भूमिका का रोचक तथ्य सामने आयेगा।

आलोचना सबसे अधिक सांस्थानीकृत है, इसीलिए स्वाभावतः वह हर नयी रचनाशीलता का विरोध करती है। यह काम उसने हमेशा से किया है। किसी भी जीवित भाषा में आने वाले परिवर्तनों का विरोध जिस तरह उस भाषा का व्याकरण करता है, ठीक वही काम किसी भी जीवित साहित्य में आने वाले नये परिवर्तनों के मामले में आलोचना करती रही है। यही काम धर्म या मज़हब परिवर्तनशील मानव समुदायों या समाजों के सन्दर्भ में करता है। फतवे आदि इसी की परिणतियाँ हैं। आलोचना ने भी समय–समय पर ऐसे फतवे जारी किये हैं और बाद में उसे ग्लानि, पराजय और पश्चाताप से गुज़रना पड़ा है। आलोचना स्वभाव से ही पहले प्रतिगामी और फिर बाद में रचना की अनुगामी होती है। वह पहले पुरानी और फिर नयी रचना की चापलूस होती है। आलोचना यह नाटक भी करती है कि जैसे वह कोई तटस्थ और निष्पक्ष न्यायाधीश है, लेकिन इतिहास हर बार उसकी कलई उघाड़ता है। याद करें कि किस तरह हिन्दी आलोचना के पितामह आचार्य रामचन्द्र शुक्ल मध्यकाल के भक्त कवियों की बृहत्रयी में कबीर को इसलिए नहीं सम्मिलित करना चाहते थे क्योंकि कबीर की कविता की संगति भक्तिकाल के सांस्थानिक और आलोचना द्वारा सदियों बाद स्वीकृत काव्य के साथ अनुकूल नहीं बैठती थी। अगर आचार्य शुक्ल की चलती तो सन्त साहित्य के नाम पर हम सूर–तुलसी और जायसी को जानते। उदाहरण के आधार पर कहीं कोई आलोचक पंडित शुक्ल को हिन्दी साहित्य का 'आदि–धर्मनिरपेक्ष' न सिद्ध कर दे। ह कबीर के अस्वीकार का एक और संकेत मुहावरा बन चुकी यह प्रसिद्ध उक्ति भी देती है–

"सूर सूर्य, तुलसी शशि, उडगन केशव दास,
अब के कवि खद्योत सम जंह तंह करहिं प्रकाश।"

यहाँ भी कबीर को सन्त कवियों की बृहत्रयी से ठेल कर बाहर किया गया है। उनकी जगह पर केशवदास हैं, जिनकी रामचन्द्रिका को रामचरितमानस से भी श्रेष्ठ प्रबन्ध काव्य सिद्ध करने की चेष्टा सांस्थानिक आलोचना द्वारा लम्बे अर्से तक निरन्तर की गयी थी।

नीत्शे कहता था कि तथ्य या सत्य जैसा कुछ नहीं होता, सिर्फ व्याख्याओं का ही अस्तित्व हुआ करता है। व्याख्याएँ ही स्वयं में तथ्य होती हैं। गोएबेल्स के बाद उसकी इस उद्घोषणा पर अगर किसी ने वफादारी से अमल किया है तो वह हिन्दी की आलोचना है। अप्रिय, अ–सांस्थानिक, नवोन्मेषी, प्रयोगात्मक, व्यवस्था विरोधी, भिन्न विचार और मानवीय यथार्थ को व्यक्त करने वाली, नयी संवेदना और नये विन्यास वाली रचनाओं का विरोध उसने उसी उदग्रता के साथ किया है, जिस उदग्रता के साथ राजनीतिक पार्टियाँ विरोधी पार्टियों का अथवा

व्यापारिक कंपनियाँ विज्ञापनों के माध्यम से किसी प्रतिद्वंद्वी कम्पनी के उत्पाद का करती हैं। कोका कोला बनाम पेप्सी या अमूल बनाम नेस्ले की कलह सिर्फ विज्ञापन का ही परिदृश्य नहीं है, समकालीन आलोचना का दृश्य भी लगभग यही है। हिन्दी के अखबारों और पत्र–पत्रिकाओं में छपने वाली पुस्तक समीक्षाओं में वर्णित गुणवत्ता की तुलना ज़रा उन समीक्षित कृतियों के साथ करें, पता चलेगा कि ये समीक्षाएँ दरअसल तीसरे दर्जे की ऐसी विज्ञापन कापियाँ हैं जिनके 'बॉडी टेक्स्ट' में कुछ भी मौलिक और विश्वसनीय नहीं है। इन विज्ञापनों की भाषा भी इतनी लचर होती है कि वे अच्छे नारे तक नहीं दे सकतीं। ये 'हिडेन परसुएडर्स' छापामारह भी नहीं हैं, जैसा कि वांस पैकार्ड मानते हैं, जो इलेक्ट्रॉनिकी, टीवी, इंटरनेट आदि नयी प्रविधियों के बाद, चुपचाप, गोपनीय और परोक्ष तरीके से उपभोक्ता के अवचेतन पर सफल आक्रमण करने की ताकत रखती हैं।

हिन्दी की समकालीन आलोचना तो नितांत अनावृत, खुली और मध्यकालीन सामंती प्रवृत्तियों का उदाहरण प्रस्तुत करती है। ठीक राजनीति के बरक्स उसमें लंपटता और निर्लज्ज अनुत्तरदायी दुस्साहसिकता का दुर्गुण लगातार बढ़ता चला गया है। वह इतनी अकादेमिक और नैतिक नहीं रह गयी है कि किसी रचना की वस्तुपरक आलोचना कर सके। उसमें यह माद्दा भी नहीं है कि वह किसी उत्कृष्ट रचना की सुरक्षा में खड़ी हो सके। आलोचना दरअसल सांस्कृतिक–आर्थिक सत्ताप्रणाली में सक्रिय विभिन्न समूहों के हितों का प्रतिनिधित्व करती है। इसके लिए एक मात्रा में उसे स्वयं अपने लिए सत्ता ह्यपॉवरह की ज़रूरत होती है। इस सत्ता को बनाए रखने के लिए वह कई तरह के परोक्ष और अपरोक्ष खेल करती है।

प्रख्यात आलोचक रेमंड विलियम्स ने व्यावहारिक आलोचना के इस खेल को बहुत पहले भांप लिया था। उनका कहना था कि कैसे एक लेखक के सबसे खराब गद्याँश को किसी दूसरे लेखक के सबसे उत्कृष्ट गद्याँश के साथ प्रस्तुत करते हुए आलोचना अनैतिक चालाकी के साथ दूसरे लेखक को पहले लेखक से श्रेष्ठ सिद्ध करती है। उन्होंने जॉर्ज इलियट और डी। एच। लारेंस की रचनाओं की आलोचना के उदाहरण से इसे प्रस्तुत भी किया था। उनकी टिप्पणी थी कि आलोचना असुविधाजनक सवालों को खड़ा करने वाली रचनाओं को केन्द्र में न आने देने के लिए, उन रचनाओं के ऐसे पक्षों पर ध्यान केन्द्रित किया करती हैं, जिससे उन रचनाओं द्वारा खड़े किए असुविधाजनक प्रश्न विमर्श की परिधि में ही भटकते रह जायें। उदाहरण के लिए अगर कोई उपन्यास नस्लवादी शोषण या जातीय घृणा के असुविधाजनक सवाल उठाए, तो उसकी भाषा और रिटॅरिक पर विमर्श को केन्द्रित किया जाये। आलोचना यह कूट क्रीड़ा करती रही है। अब भी कर रही है।

लेकिन अब उसका नकाब खिसक रहा है और असली चेहरा हर रोज समाने आ रहा है। आप खुद आज का अखबार उठा कर देखिए। जब गुजरात साम्प्रदायिकता की आग में जल रहा है, हमारा हिन्दी का आलोचक कुंभनदास की कविता पर लिख रहा है। अब तो आलोचक लिखता भी नहीं है। वह बोलता है। आलोचना वाचिक हो गयी है। मुझे तो लगता है कि फिलहाल वह मीमांसा, विश्लेषण और विमर्श का माध्यम नहीं, सिर्फ एक 'चैटर' भर है। इस उत्तर आधुनिक काल में साहित्यिक आलोचना उस 'चैटर' या 'अनर्गल' की तरह है, जो क्रिकेट की कमेंट्री में दिखाई देती है। उसमें कोई भी गेंदबाज या बल्लेबाज महान हो सकता है।

क्रिकेट की कमेंट्री की तरह ही आलोचना की भाषा में भूसा बहुत है, दाने कम हैं। संचार

बहुल समाज में जब भाषा का उत्पादन और पुनरुत्पादन बहुत होता है, तो विचार और चिन्तन की जगह 'चैटर' या अनर्गल पैदा होता है। इसमें भूसा बहुत होता है। अर्थ बहुत कम। आज की आलोचना में अर्थ बहुत कम है। इसलिए किसी भी रचनाकार और पाठक के लिए वह अर्से से अनुपस्थित है।

# रेहन पर रग्घू– मध्यवर्गीय जीवन की व्यथा– गाथा

*एस आर जयश्री*

'माखनलाल चतुर्वेदी ने साहित्यिक दृष्टि को शब्द देते हुए कहा है कि दृष्टि का काम बाहर को देखना भी है और भीतर को भी। जब वह बाहर को देखती है तब रचनाओं पर समय के पैरों के निशान पड़े बिना नहीं रहते है।' नव-औपनिवेशिक वर्तमान युग में उक्त कथन ने सोचने की, समझने की बहुत सारी सम्भावनाएँ लेखक तथा पाठकों के दिल-दिमाग में पैदा की हैं। वैश्विक समाज विसंगतियाँ, विडम्बनाओं तथा अन्तर्विरोधों से सम्पन्न हैं। लेकिन वौश्विक मानसिकता अपनी आन्तरिक निर्भरता को पहचान में सफल नहीं ठहरा है। सांस्कृतिक मूल्यों और मान्यताओं का गिरावट इसका कारण है। सांस्कृतिक संकट तीव्र गति से बढ़ते जा रहा है। वह प्रबुद्ध वर्ग के लिए विचारणीय विषय भी बन गये है। इसलिए समकालीन साहित्य इस भावधारा को आत्मसात करके जनजागरण का माध्यम बन गया है। क्योंकि साहित्य के सन्दर्भ में परिवेश का अपना महत्त्व होता है। साहित्य में परिवेश वह वातावरण है जिससे साहित्य लिखा जाता है। इस आधार पर साहित्य में परिवेश का प्रश्न परम्परा और समकालीनता का प्रश्न है। परिवेश को विस्तृत रूप से परिभाषित करते हुए डॉ. राजनाथ शर्मा ने लिखा है– "परिवेश देश-काल का सतत परिवर्तनशील इकाई है। लेखक को परिवेश से उतना ही सम्बन्ध है जितना उसकी चेतना की आँखों से देख सकती है। यथार्थ की भाँति परिवेश भी दिया गया होता है क्योंकि तभी हम चेतना का रास्ता चुनते हैं और उस चुने हुए रास्ते को अपनी परिस्थिति के अनुसार सम्प्रेक्ष्य बनाना चाहते है।"[1] मतलब है परिवेश की मौलिकता, रचयिता से संबद्ध होती है, रचना से जुड़ी रहती है। स्पष्ट है कि परिवेश से प्रभावित हुए बिना सृजन कर्म सम्भव नहीं है। साहित्यकार या लेखक जिस परिवेश में रहता है, जो कुछ देखता है, अनुभूत करता है उनको अपनी रचना में विभिन्न संकेतों के माध्यम से प्रस्तुत करता है। वह रचना लेखकीय सजगता तथा साहित्यिक दायित्वबोध की बानगी भी बन जाती है।

वैश्वीकरण के परिणामस्वरूप एक नया सामाजिक परिवेश निर्मित हुआ है। इसका सर्वाधिक शिकार मध्यवर्ग ही बना है। पाश्चात्य सभ्यता और मध्यवर्ग के अन्तर्गत प्रचलित विश्वासों को लेकर टकराव की स्थिति हुई। विभिन्न प्रकार की जटिलताओं से घिरा हुआ सामाजिक विभाजन घटित हुआ है। तनाव ग्रस्तता को बढ़ावा दिया गया। मध्यवर्गीय व्यक्ति का तनाव अपने में सीमित हो गया। युवापीढ़ी द्वारा पुरानी मान्यताओं को नकारने तथा पुरानी पीढ़ी नए विचारों को स्वीकारने में असफल होने की स्थिति, इन दोनों से पारिवारिक तथा परिवार के सदस्यों की मानिसक स्थिति में तीव्रता तथा जटिलता आ गयीं। इस असमंजस्य की स्थिति ने मध्यवर्गीय परिवारिक सम्बन्धों में क़टुता का महौल पैदा किया है। पारिवारिक सम्बन्ध की दृढ़ता अर्थ पर केन्द्रित हो गयी। इसकी उपज है असन्तोष, अधूरापन, अलगाव, अकेलापन, परम्परागत

मान्यताओं को तोडने की जीवन दृष्टि, उन्मुक्त जीवन पद्धति, व्यर्थताबोध। "भूमंडलीकरण ओर उपभोक्तावादि संस्कृति की कुछ जटिलताएँ हैं। यह संस्कृति मनुष्य को मानवीय मूल्यों से दूर ले जाकर भोग की क्रूर दुनिया में पटक देती है। जहाँ चारों ओर चमक दमक है, भोगने की पूरी आज़ादी है। स्व के विस्तार के जगह है पर सहिष्णुता के लिए जगह नहीं। भावात्मक पहलु उपेक्षित हैं।"[3] इस प्रकार नैतिक मूल्यों के ह्रास ने मध्यवर्गीय मानसिकता के घेरे में बंधी हुई परिवारिक व्यवस्था को विक्षुप्त किया है। साथ ही सारे सबंध हानी लाभ के सिद्धान्त पर आधारित हो गया। वौश्वीकरण की उपज बाजारी संस्कृति के असर ने भी मध्यवर्गीय परिवार को अपने गाँव, ज़मीन से ही नहीं अपनी संवेदना से भी हाशिएकृत होने की स्थिति पैदा की। "रेहन पर रग्घू" में लेखक ने मानवीय परिवेशगत सन्दर्भों को प्रामाणिक और संवेदनात्मक ढंग से प्रस्तुत किया है। विषयवस्तु की विविधता ने इसे इस्पादी सघनता और मज़बूती देकर वैश्वीकरण की पृष्ठभूमि में धकेल दिए गये सास्कृतिक विरासत का पुनः सृजन किया है। उपन्यास का रचना फलक बहुत विस्तृत है। भारतीय गाँव, शहर, अमेरिका तथा वैश्विक समाज तक फैले हुए हैं। वैश्वीकृत भारतीय समाज के मध्यवर्गीय परिवार का यथार्थ चित्र पूर्ण रूप से उपन्यास में उकेरा गया है। "अगर काशी का अस्सी मेरा नगर था तो रेहन पर रग्घु मेरा घर है– शायद आपका भी"।[2] उपन्यास काशिनाथ सिंह के उक्त कथन का सार्थक दस्तेवेज बन गया है।

"रेहन पर रग्घू" के मुख्य पात्र रघुनाथ उर्फ रग्घू ने हर सुखी और सफल आदमी की तरह अपने जीने आगे बढ़ाने और ऊँचाइएँ छूने के कुछ नुस्के ईजाद कर लिए थे। विनम्रता, मितभाषिता और मुस्कान के साथ जीवन की यात्रा शुरू की थी। पत्नी, दो बेटे और एक बेटी के छोटे परिवार को संवारने में अपनी सारी शक्ति, बुद्धि और पूँजी लगी रही। एक व्यवस्थित और सफल जिन्दगी चली रही थी। लेकिन अचानक हुई घटनाओं से परिवार की एकरेखीयता टूट गयी। बड़ा बेटा सोंप्टवैयर इन्जीयर बने। रघुनाथ जिस कॉलेज में पढ़ाते थे वहाँ के मैनजर अपनी बेटी के लिए उनके बेटे को खरीदने की इच्छा में थी। रघुनाथ के लिए यह सपने से भी आगे की चीज़ थी। फायदा ही नहीं जनपद में प्रतिष्ठा भी मिलती। सोनल, संजय के प्रोफसर सक्सेना की इकलौती बेटी थी। थ्रू आउट फस्ट क्लास, नेट, और दर्शन में पी.एच.डी। नौकरी तो पक्की थी बनारस के विश्वविद्यालय में जहाँ उसके मामा कुलपति थे। सोनल, संजय को शादी करना चाहती थी। "संजय ने प्यार किया था सोनल को। यह प्यार किसी सड़कछाय टुच्चे युवक का दिलफेंक प्यार नहीं था, इसमें गुणा भाग भी था और जोड़ घटाना भी। जितना गहरा था, उतनी ही व्यापक।"[4] रघुनाथ जाँत-पाँत में विश्वास करनेवाले ज़रा पुराने ख्यालों के आदमी थे। संजय को अपने पिता की लोक-लाज की चिन्ता थी। संजय मध्य वर्गीय समाज की उच्च महत्त्वाकाँक्षावाले लड़के का प्रतिनिधी था। भौतिकवादी दृष्टि में सम्बन्धों का आधार अर्थप्रधान हो गया है। वैश्वीकरण, बाज़ारिकरण और उपभोक्तावाद ने व्यक्ति, परिवार समाज सबको अपने चपेट में ले लिया है। इससे उपजी मानसिकता ने सोनल के कथन में संजय को फँसा दिया था। "देखो संजू ला आफ ग्रेविटेशन का नियम केवल पेड़ों और फलों पर ही नहीं लागू होता, मनुष्यों और सम्बन्धों पर लागू होते है। हर बेटे-बेटी के माँ बाप पृथ्वी है। बेटा ऊपर जाना चाहता है– ऊपर, थोड़ा-सा और ऊपर, माँ-बाप अपने आकर्षण से उसे नीचे खींचते है। आकर्षण संस्कार का हो सकता है, और प्यार का भी, माया मोह का भी मंशा गिराने की नहीं होती, मगर गिरा देता है।"[5] संजय ने अमेरिका जाने की इच्छा की पूर्ति के लिए सोनल से

विवाह किया। प्रीति भोज के लिए रघुनाथ के नाम में भी न्योता आया था। पैसा और मोटोर बैक मिलने पर इस शादि में छोटा भाई खुश हो गया। परिवार के हरेक सदस्य वैचारिक स्तर पर अपने आप में स्वतन्त्र होने लगे। इसकी पहचान से रघुनाथ के जीवन का अर्जित यथार्थ बर्बाद हो गया। उनका यह कथन पाठक की गहराई उतरता है "–कि शरीफ आदमी का मतलब है कायर आदमी। जब कोई आपको विद्वान कहे तो उसका अर्थ मूर्ख समझिए, जब कोई सम्मानित कहें तो दयनीय समझिए।"

रघुनाथ की बेटी पढ़ लिखकर नौकरी करने लगी थी। स्त्री जीवन के देखने की माँ-बाप की दृष्टि परम्परागत थी। लेकन उसने जीवन को नयी नजर और नजरिए से दखती थी। उसमें तटस्थता और बौद्धिकता है। अनका संसार भावुकता का नहीं उसमें ओज और स्वाभिमान का संबल है। बेटी की आधुनिक जीवन पद्धति तथा विचार विमर्श पर वे विचलित हो उठे।

"आप और माँ मेरी आँखें है जिनसे मैंने दुनिया देखने की शुरू की थी। उन्हीं से मैंने देखा कि मर्द एक बैल है जिसे मुश्तकिल खूँटा चाहिए– अपने विश्राम के लिए। वह खूँटा आपके लिए माँ थी।"[6] उसने समाज में रूढ संस्कारों तथा समाज द्वारा बनाए गये आदर्शों से मुक्त होकर अपनी स्वतन्त्र अस्मिता और निर्णय के अधिकार की स्थापना करना चाहा था।" नई उपभोक्ता संस्कृति और निर्बंध मण्डी शक्तियों के सर्वव्यापी दबाव ने स्त्री अस्मिता के समक्ष जो नई चुनौतियाँ पैदा की है, नये मूल्यों के घुस पैठ ने पुराने निरंकुश एशियाई समाज के कूपमंडूक पारिवारिक परिवेश की रागात्मकता को नष्ट करके मुद्रा संस्कृति के जिस नए हृदयविहीन, नग्न निरंकुश संस्करण का निर्माण किया है और भारती स्त्री के आत्मिक जीवन के पोर-पोर में एलिएनेशन का जो विष उडेल दिया है, स्त्री के सामने असुरक्षा के जो रूप आज खड़े है ये पहले के दौरे से भिन्न है"।[7] उनको अपना तर्क और विजातिय प्यार माँ-बाप के सम्मुख प्रस्तुत करने की ऊर्जा इस पहचान के एहसास और शिक्षा से प्राप्त ताकत ने प्रदान किया है। "लड़की के अपने तर्क थे जिन्हें वह जाते जाते सुना गयी थी। जो भी गलत काम करता है, उसके पक्ष में तर्क गढ लेता है। उसने भी गढे थे– आप दूसरों की शर्तों पर शादि कर रहे थे, यहाँ मैं करूँगी अपनी शर्तों पर, आप मेरी स्वाधीनता दूसरों के हाथ बेच रहे थे, यहाँ मेरी स्वाधीनता सुरक्षित है, आप अतीत और वर्तमान से आगे देख नहीं रहे थे, हाँ मैं भविष्य देख रही हूँ जहाँ स्पेस ही स्पेस है।"[8] समाज में व्याप्त दलितों के प्रति घृणा का सामाजिक यथार्थ विभिन्न प्रसंगों से उपन्यास में उद्घाटित किया गया है। रघुनाथ ब्रह्मणिकल सोसईटी का प्रवक्ता था। उनका कथन इसका समर्थन है। "स्पेस ही स्पेस, हुहं, स्पेस माने क्या, आरक्षण और कोटा के सिवा भी इसका कोई मतलब है यही न होता तो आरक्षण तो यही भारती किसी न किसी का हाल जोत रहा होता या पढ़ने-लिखने के बावजूद नगर के रिक्शा खींच रहा होता। तुम्हीं कहती थी कि एकदम गधा है। कुछ नहीं समझता। आज पी.सी.एस हो गया तो उस पैसै कोई नहीं"[9]

आज हम ऐसी दुनिया में जी रहे हैं, जिसका ढाँचा विशाल औद्योगिक इकाईयों से मिलकर बना है और प्रौद्योगिकी हमारे परिवेश और चिन्तन का अंग बना है। इससे एक प्रकार की संस्कृती पनप गयी है। व्यक्ति इस पूँजिवादी उपभोग संस्कृति के कारण भौतिक उपलब्धियों की होड में है। "संस्कृति मनुष्य की रचना है। वह मनुष्य की मनुष्यता और सामाजिकता की अभिव्यक्ति है। उसके रूप में मनुष्य का श्रम और सृजन मूर्तिमान होता है, ये दोनों सगुण और साकार रूप में व्यक्त होता है। आम तौर पर संस्कृति को कला और धर्म से जोड़कर देखा

जाता है, लेकिन व्यापक रूप में मानव समाज के सभी प्रतीकात्मक और प्रबुद्ध क्रिया कलापों को संस्कृति समझा जाता है।"[10] संजय ने सब कुछ हासिल किया है, फिर भी उसने अपने को रिक्त और खाली महसूस किया है। वह नयी संस्कृति के वश में पड़कर भौतिक सुख सुविधाओं के पीछे दौड करनेवाले संवेदनशून्य आधुनिक मानव बना है। वह एक ऐसे समाज में आ गया था वहाँ डोलर को छोड़कर किसी और चीज़ कलिए मूल्य नहीं है। प्यार के लिए ईर्ष्या करना पिछडापन और गंवरपन था। सोनल जब कभी अपनी हरकतों की शिकायत करती वह खीझ उठता– तुम देश और काल के हिसाब से अपने को बदलना सीखो, चलना सीखो। न चल सको तो चुपचाप लौट जाओ, तुम भी क्यों नहीं ढूँढ लेती एक ब्यायफ्रेंड।। वह परदेश को अपना देश बनाने की होड में था। संजय ने अमेरिका में अपनी जड़ें मजबूत होने पर सोनल को तलाक किया, दूसरी शादी की, वह रिश्ता भी आर्थिक स्वार्थता पर केन्द्रित था। मशीनीकरण और प्रौद्योगिकी ने मानव की संवेदना को आहत किया है।। जिन्दगी समय से तेज़ भागती है। इसलिए मानव-मानव के बीच लम्बी विभाजन रेखा और खाई हुई है। नयी जीवन शैली और विश्वास ने यहाँ एक सामाजिक परिवेश का निर्माण किया है।। इसमें हमारा स्पंदित वर्तमान विद्यमान है। सोनल का उत्तरजीवता इसका परिणाम है। वह अमेरिका से बनारस आयी, विश्वविद्यालय में नौकरी में लग गयी। सोनल ने अपने भाई से पिटे गाँव से निष्कासित रघुनाथ और शीला को बेटी के प्यार दुलार दिया। सबंध में मोहभंग होने के बावजूद सोनल पर इसका घातक असर नहीं दिखता है। उसने अपने बचपन के दोस्त से सम्बन्ध जोड़कर अपनी रिक्तता भर दिया। रघुनाथ के छोटा बेटा धनंजय भी एक सम्पन्न विधवा के साथ रहता है। पत्नी अपनी बेटी के साथ शहर गयी। रघुनाथ का बदलते सामाजिक परिवेश में स्वयं को व्यवस्थित नहीं कर पाता है। जीवन की आर्थिक सामाजिक सास्कृतिक सभी स्तरों पर रेहन हो गया है। दिशाहीनता का शिकार हो गया है। यह इसलिए कि बदलते सामाजिक परिवेश में भी रघुनाथ को पारम्परिक मूल्यों, धर्म, संस्कृति, गाँव, खेती, ज़मीन तथा सबंधों पर लगाव है। जीवन को सन्तुलित देखने की इच्छा है। उनका कथन द्रष्टव्य है– "परायों में अपना मिल जाता है। लेकिन अपनों में अपने नहीं मिलते। ऐसा नहीं कि अपने नहीं थे– थे लेकिन तब जब समाज था, परिवार थे, रिश्ते नाते थे, जब भावना थी। भावना यह थी कि यह भाई है, यह भतीजा है, भतीजी है, यह बुआ है यह काकी है। भावना में कही होती थी तो उसे पूरी कर देती थी लोक लाज कि यह या ऐसा नहीं करेंगे तो लोग क्या कहेंगे घुरी भावना थी, गणित नहीं, लेन देन नहीं।"[11]

इस उपन्यास का केन्द्रीय स्वर अर्थप्रदान वैश्वीकृत उपभोक्ता समाज में विघटित हो गये मध्यवर्गीय जीवन और परिवार की विसंगतियों का है। वैश्वीकरण ने भारतीय समाज व्यवस्था एवं पारिवारिक व्यवस्था में खासकर मध्यवर्गीय जीवन को हिला दिया है। नयी पीढ़ी का स्वरूप समय की माँग के अनुसार बदलता है तो पुरानी पीढ़ी असंमजस्य में विक्षुप्त हो जाते है। लेखक ने वैश्वीकृत उपभोक्तावादी समाज के अन्तर्विरोधों, मध्यवर्गीय समाज की विसंगतियों शहरीकरण का उपजा संकट, पुरानी पीढ़ी का अकेलापन, वर्तमान पीढ़ी का खालीपन, व्यर्थताबोध, खेती की समस्याँयें, दलित जीवन का संघर्ष आदि विषयों को संवेदनात्मक घरातल पर विश्लेषित किया है। विषय वस्तु की विविधता ने नयी सामाजिक दृष्टि निर्मित किया है। यह "ज़रूरी नहीं हैं कि लेखक के दृष्टिकोण और पाठक के दृष्टिकोण में तादात्म्य स्थापित हो। रचने में अर्थ के इतने स्तर होते है कि विभिन्न पाठक उन्हें विभिन्न ढंग से ग्रहण करते हैं। पाठक की

बहुत कुछ उसकी अपनी योग्यता और संवेदना पर निर्भर रहता है"[12]। लेकिन रचनाशीलता का महत्त्व समर्थन जुटाने में नहीं, अपने प्रति विरोध पैदा करने में भी है। रचना असल में तभी जीवंत कही जायेगी जब उसे परिभाषित करनेवाले नियम उससे छोटे साबित हो जाये। इन सभी वैचारिकताओं का समर्थन करते हुए "रेहन पर रग्घू" वैश्वीकरण के दौर के विसंगत और असंगत पर एक संवेदनशील कथाकार का आख्यान बना है।

**मौलिक ग्रन्थ–**

रेहन पर रग्घू– काशिनाथ सिंह

**सन्दर्भ ग्रथ**


1. समय, संस्कृति और समकालीन कविता- मनीषा झा।
2. दुर्ग द्वार पर दस्तक- कात्यायनी।
3. भारतीय समाज में प्रतिरोध की परम्परा 1- मैनेजर पाण्डेय।
4. साहित्य वर्चस्व और प्रतिरोध– डॉ. सुरेश गौतम।
5. आधुनिक हिन्दी आलोचना के बीज शब्द- बच्चन सिंह।

# प्रवासी साहित्य की अवधारणा एवं स्त्री लेखन

*षीना ईप्पन*

प्रवासी साहित्य की अवधारणा पर सोचें तो सामान्य रूप से कहा जा सकता है कि यह प्रवासी लेखकों द्वारा लिखा जानेवाला साहित्य है। दूसरे शब्दों में कहे तो भारतीय मूल के विदेशों में रहनेवालों के साहित्य लेखन को प्रवासी साहित्य नाम से अभिहित किया जा सकता है। इनमें से जिन्होंने हिन्दी को केन्द्र में रखकर लिखा है, वे प्रवासी हिन्दी साहित्यकार कहलाते है।

वैश्वीकरण के इस दौर में वैसे लेखन भी वैश्विक हो चुका है। भारतीय साहित्य के वैश्वीकरण करने में प्रवासी साहित्यकारों की अहम भूमिका है। हिन्दी को विश्वभाषा के स्तर पर उठाने में प्रवासी लेखकों के योगदान को नज़र अंदाज़ नहीं किया जा सकता। प्रवासी हिन्दी साहित्यकार ब्रिटन, अमेरिका, कैनडा, गुयाना, मॉरीशस, सूरीनाम, त्रिनिदाद, फिजी आदि देशों को अपनी कर्मभूमि स्वीकार कर साहित्य सृजन करते आ रहे हैं। भारतीय साहित्य में प्रवासी लेखन को सही स्थान प्रदान करना अनिवार्य है क्योंकि इसके माध्यम से हमें भारत के बाहर रहनेवाले लाखों भारतीयों के दिल और मन की बात को समझने का और उन्हें भारत और भारतीयता से जोड़ने का तथा उनकी आशा आकांक्षा एवं. संघर्षों को समझने का मौका मिल जाता है।

प्रवासी लेखन का सबसे बड़ा मुद्दा तो अस्मिता का संघर्ष है। प्रवासी कवि डॉ. सत्येन्द्र श्रीवास्तव ने इस पर अपना विचार यों प्रकट किया है– "प्रवासियों को दोहरा संघर्ष करना पड़ता है एक तो अपने को नयी ज़मीन में रचने बसने का, दूसरे अपनी ज़मीन को अन्दर बनाये रखने का"।

यद्यपि प्रवासी साहित्य विदेशों में भारतीय संस्कृति एवं भाषाओं के वर्चस्व को समृद्ध कर रहा है, तो भी सांस्कृतिक मूल्यों की टकराहट की अनुगूँज प्रवासी लेखन में सब कहीं स्पष्ट रूप में सुनाई पड़ती है।

भारत भूमि से दूर भारतीयता को अपनी संवेदना का माध्यम बनानेवाले इन रचनाकारों का प्रदेय बिलकुल ही श्रद्धेय है। परन्तु इस प्रवासी साहित्य को उचित स्थान हमारी साहित्य जगत में प्राप्त है या नहीं इस बात पर रोहिणी अग्रवाल का कथन उल्लेखनीय है– "प्रवासी लेखन को लेकर हिन्दी की आलोचना जगत ज्यादा तटस्थ और उत्साही नहीं है"। जो भी हो प्रवासी साहित्यकार अपनी अलग पहचान बनाकर सृजनरत है। मानवीय संवेदानाओं की अभिव्यक्ति में देश-काल की सीमाएँ बाधक नहीं बनती। जैसे जीवनधर्मी कहानियाँ लिखनेवाले तेजेन्द्र शर्मा विदेश में रहते हुए भी भारतीय जीवन सच्चाइयों से रू-ब- डिग्री होते हैं। वैसे भारत वंशियों की वेदनाओं का मार्मिक चित्रण मॉरीशस के विख्यात लेखक अभिमन्यू अनंत की रचनाओं में प्राप्त है। इस प्रकार देखें तो सभी प्रवासी रचनाओं में प्रवासी समाज की सोच, संवेदना और सरोकार

बखूबी व्यवस्त हुए हैं। हिन्दी के प्रवासी साहित्य पर श्री कमल किशोर गोयंका का मंतव्य इस सन्दर्भ में सही लगता है– "हिन्दी का प्रवासी साहित्य भारतेतर देशों को भारत से जोड़ने का एक सेतु बनता है जिसके मूल में भारतवंशियों का स्वदेश प्रेम, भाषा प्रेम, संस्कृति प्रेम के साथ उनकी संलग्नता, सहभागिता एवं सहयोग अटूट रूप में संबद्ध है। यह सेतु विश्वव्यापी हिन्दी साहित्यिक समाज का निर्माण करता है।"

भारत मॉरीशस सम्बन्ध पर मॉरीशस के साहित्यकार डॉ. हेमराज सुन्दर की कविता उपर्युक्त बात का प्रमाण उपस्थित करती है–

"दो जिस्म, खून मगर एक है
सागर का अन्तराल, समीर मगर एक है।
घर अलग-अलग, नभ मगर एक है,
धर्म अलग-अलग, ईमान मगर एक है,
मन्दिर अलग-अलग देव मगर एक है।
राह अलग-अलग मंजिल मगर एक है
भूगोल अलग-अलग इतिहास मगर एक है
भाषाएँ अलग-अलग, बात मगर एक है।
भारत– मॉरीशस हम सदैव एक है
हम अलग-अलग मगर एक है।"

प्रवासी महिलाओं की रचनाओं में नारी के अन्तरद्वन्द्व की व्यथा है। यह संघर्ष दो भिन्न संस्कृतियों के बीच तालमेल बनने की है। प्रवासी महिला लेखन पर अमेरिका के वरिष्ठ लेखक उमेश अग्निहोत्री का कथन उल्लेखनीय है– "प्रवास और प्रवासी जीवन को जितनी शिद्दत से एक महिला समझ सकती है शायद पुरुष के बस का नहीं।"

प्रवासी ख्यातनामा महिला रचनाकारों में उषा प्रियंवदा, सुषम वेदी, सुधा ओम ढींगरा, उषा राजे सक्सेना, जाकिया जुबैरी, अचला शर्मा, दिव्या माथुर विशेष महत्त्व रखती हैं। इन सभी लेखिकाओं ने स्त्री जीवन के विविध पहलुओं पर गम्भीरता से विचार करते हुए सम्पूर्ण समाज के आचरण पर आलोचना की है। इनमें से कुछ चुनी हुई लेखिकाओं की कहानियों की खासियत पर ज़ोर देते हुए उनका परिचय मात्र देने का प्रयास किया जा रहा है।

उषा प्रियंवदा की कहानी 'आधा शहर' स्वच्छंदता चाहनेवाली स्त्री की कथा है। इसमें अमेरिका के एक विश्वविद्यालय के "डीन" का गोवा में आकर यूनिवेर्सिटी में स्थायी नौकरी के लिए आवेदिका इला से गोवा में कामकाज के सिलसिले में भेंट होने का वर्णन है। कहानी विश्वविद्यालय के स्त्री विरोधी चित्र को सामने उपस्थित करती है। जैसे– "और होता क्या है चरित्रहीन होना? चरित्र है क्या? क्या है उसकी परिभाषा उसका सामाजिक सन्दर्भ दिया किसने है, तुम्हीं पुरुषों ने न?"

दिव्या माथुर भारत से दूर रहकर अपनी रचनाओं के माध्यम से एक ऐसे समाज की संकल्पना करना चाहती है, जहाँ स्त्री को समानता का अधिकार मिले। अपनी कहानी "सफरनामा" के माध्यम से वे पुरुषीयत मानसिकता पर प्रहार करती है। कहानी की नायिका विजया मशहूर लेखिका है जो स्त्री मुद्दे पर लिखती है। अनूप द्वारा यह पूछने पर कि आप भारतीय पुरुषों को इतना निचला क्यों दिखाती है। तो वह तुरन्त कहती है– "भारतीय पुरुष सामाजिक मानसिक

व व्यवहारिक स्तर पर वहीं खड़ा है जहाँ वो सौ साल पहले था... प्रगति के नाम पर उन्हें समझदार, नौकरी-याफ्ता पत्नी चाहिए.... चाहें पत्नी स्वयं दफ्तर से थकी आयी हो पति चाहेगा कि वह शाम को जब लौटे पत्नी सजी संवरी ताजा चाय के कप लिए मुस्कराती मिले"। दिव्या माथुर की कहानी "2050" फ्यूचर विज़न की कहानी है। ब्रिटेन में रहनेवाली एशियाई स्त्री के संघर्ष की गाथा है। ब्रिटीश नियमों के तहत समाज सुरक्षा परिषद से अनुमति मिले बिना कोई भी स्त्री माँ नहीं बन सकेगी इस विषय को लेकर प्रस्तुत कहानी लिखी गयी है।

वृद्धों के अकेलेपन को लेकर रचनारत अचला शर्मा की कहानी "चौथी ऋतु" इस ग्लोबल समस्या का गवाह उपस्थित करती है। वैसे उनकी कहानी "मेहरचंद की दुआ" अप्रवासी बनकर रहनेवाले लोगों की मानसिक स्थिति को, समझौते को, सरोकारों को पूरी आत्मीयता के साथ अभिव्यक्त करने में सफल निकली है।

सुधा ओम ढींगरा प्रायः अपनी कहानियों में दो देशों की संस्कृतियों को एक साथ रेखांकित करती है। उनके नारी पात्र चुप रहकर प्रतिवाद करती है। अपनी परम्पराओं को कभी भूल नहीं जाती, जो गलत है उसका प्रतिरोध करते हुए अपने आपको सक्षम बनाती है। उनकी "कौन सी ज़मीन अपनी" शीर्षक कहानी विदेशों में बसे भारतीयों की पीड़ा का एक गद्य काव्य है। कहानी का नायक मनजीत सिंह यद्यपि विदेश में काम करता है तो भी उसका मन हमेशा भारत में है। वह वापस अपना गाँव जाकर बसना चाहता है। ज़मीन खरीदने के लिए अपने भाइयों के नाम पर डॉलर भेजता रहता है। पत्नी मनविंदर और बेटे की बात को वह कभी मानता नहीं। बुढापा भारत में बिताने के लिए वह पत्नी समेत वापसी की तैयारी करता है। उस समय वह कहता है "ओए मैंने अपना बुढापा यहाँ नहीं काटना यह जवानों का देश है, मैं तो पंजाब के खेतों में अपनी आखिरी सांस लेना चाहता हूँ।"

परन्तु बड़ी उम्मीद लेकर अपने देश लौटे मनजीत सिंह और पत्नी मनबिंदर को अपनों के बीच परायेपन महसूस होता है। अपने घर के घुटते वातावरण से आखिर दोनों बच जाने का उपाय करते है। उस समय मनजीत सिंह पत्नी से कहता है– "टूटे दिल के टुकडे संभाल नहीं पा रहा हूँ। तेरी बातों को अनसुनाकर मैं सारी उम्र तुझे पराई समझता रहा। अब अन्दर तडफन है जो सुनकर आया हूँ क्या वह सच है! जान नहीं पा रहा हूँ कौन-सी ज़मीन अपनी है?" उसी तरह "बेघर सच" में उन्होंने एक स्त्री के जीवन और अस्तित्व से जुड़े "घर" के प्रश्न को उठाया है। इस कहानी की नायिका रंचना जब अपने पैतृक घर के लिए परिवार के मुखिया से पूछती है तो उत्तर मिलता है कि यह तेरे भाइयों का है, पति भी कभी-कभी शक-सन्देह में कहता है कि यह घर मेरा है। ऐसे असमंजस में पड़ी बेबस नारी सब कहीं एक जैसी है, यही सुधा जी बताने की कोशिश करती है।

कुलमिलाकर कहा जा सकता है कि प्रवासी लेखिकाएँ दो विपरीत संस्कृतियों के बीच सेतु बनकर संघर्षरत रहने की मर्मस्पर्शी कथा कहती हे। ये कहीं भी थकी नहीं परन्तु संघर्षों का सामना करते हुए आगे आनेवाली पीढ़ी को रास्ता दिखाती है। भारतीय डायसपोरा के परिवेश को रेखांकित करती इनकी कहानियाँ हमें सोचने को मज़बूर करती हैं।

## सन्दर्भ सूची

1. "प्रवासी लेखन, नयी ज़मीन, नया आसमान" की शुरुआती पृष्ठ से उद्धृत– अनिल जोशी वाणी प्रकाशन,

दिल्ली, 2018।
2. "गवेषण" अंक 103 जूलाई-दिसम्बर 2014, पृ. 43।
3. "इक सफर साथ-साथ (सं) दिव्या माथुर, पृ. 347– वाणी प्रकाशन, दिल्ली, 2019।
4. वही पृ. 302।
5. "आक्रोश", दिव्या माथुर, पृ. 44, 2000 हिन्द बुक सेंटर, नई दिल्ली।
6. "कौन सी ज़मीन अपनी", सुधा ओम ढींगरा।

# लालसाओं के चक्रवात में फँसे प्रवासी ...कौन देस को वासी

*सुमा एस*

मानव जीवन स्वयं एक प्रवास है और हर प्राणी जन्म से प्रवासी भी। समय आने पर सबको यहाँ से जाना ही होगा, पर कहाँ? कहाँ है हमारा घर? अनुत्तरित प्रश्न। वर्तमान जीवन में विदेशों में बसे प्रवासियों के सामने भी कभी न कभी यह प्रश्न आ जाता है? हम किस देश के वासी है ...कौन देश को वासी?एक अपरिचित चरागाह में बेहतर जीवन तलाश कर गये लोगों के लिए इस प्रश्न का कभी उत्तर नहीं होता। क्यों कि गये थे वे एक, पर लौटते वक्त वे कोई दूसरे ही बनके आते हैं। त्रिशंकु की तरह, वह अपने जन्म भूमि और कर्मभूमि के बीच फँस जाता है।

आधुनिक हिन्दी उपन्यास साहित्य के सशक्त हस्ताक्षर सूर्यबाला का उपन्यास 'कौन देस को वासी वेणु की डायरी' उपन्यास भी प्रवासी भारतीयों के देश छोड़ने और फिर हमेशा के लिए अपने देश से छूट जाने से उत्पन्न तड़प, सन्त्रास, वेदना आदि मनोभावों को लेकर लिखा गया एक बेहतरीन उपन्यास है। अपनी अमरीकी यात्राओं के दौरान लेखिका ने अमरीकी समाज में जो –जो बातें देखी उसका विस्तृत एवं मर्मस्पर्शी वर्णन उपन्यास में मिलता है। वहाँ के प्रवासी भारतीयों की जीवन शैली एवं अजनबी परिवेश में पैर जमाने की छटपटाहट बहुत ही बारीकी से लेखिका ने इसमें अंकित किया है।

उपन्यास की कथावस्तु बहुत सीधी और सरल है, पर उसमें घटनाएँ और पात्रों की भरमार हैं। एक मध्य वर्गीय परिवार का बेटा वेणु पढ़ाई के लिए अमरीका जाता है। अमेरिका जाना सिर्फ वेणु की ही नहीं उसके माँ-बाप की भी महत्त्वाकांक्षा थी। वेणु होनहार लड़का था, अपनी क्षमता से उसे अमेरिका की एक अच्छी यूनिवर्सिटी में प्रवेश भी मिला। हर मध्यवर्गीय परिवारों के समान वेणु के माँ-बाप भी बेटे का उज्जवल भविष्य, उसके जरिए अपनी परिवारिक विषमताओं का अन्त आदि के सपने बुनने लगे थे। अपने देश में अपनी क्षमता के योग्य अवसर न पाकर विदेश में मिलनेवाली सम्भावनाएँ देखकर अवसरों की भूमि कहे जानेवाले अमेरिका में गया था वेणु। बाद में वहीं पर अच्छी नौकरी पाकर वहीं का रह जाता है। उसकी शादी एक महत्त्वाकांक्षी लड़की मेधा से होती है जो जीवन को बहुत ही व्यवहारिक दृष्टि से देखनेवाली थी। उसके लिए जीवन की सफलता ऊँचे ओहदे, ज़्यादा आमदनी, थोड़ी सी धाक-रुआब अदि में थी। इसीलिए वेणु से ज़्यादा मेधा को अमेरिकी आबोहवा बहुत भाने लगी। वेणु को अपने परिवार से जो लगाव है वह मेधा को नहीं। अपने परिवार को आर्थिक रूप से सहायता करना वेणु अपना फर्ज समझता है और वह ऐसा करता भी है। अपनी बहनों की शादी धूम धाम से वह करता है। एक सादा मध्यवर्गीय परिवार की तरह बहनों के ससुरालवाले अमेरिकी भाई से ज़्यादा उम्मीद भी रखते हैं। सबको साथ लेकर चलनेवाला जीवन ही वरद है, यह सोचकर

वेणु अपने परिवारवालों की खुशियों पर ध्यान देता है। पर मेधा यह बात नहीं समझती। उसकी दृष्टि में वेणु की यह ख्यालात दकियानूसी है, वर्तमान समय में बिलकुल अव्यावहारिक। एक जगह वह वेणु से कहती है "तुम्हारी माँ को देखो, अपने समय के हिसाब से पढ़ी-लिखी, बी.ए. ओनर्स। कोई भी ठीक-ठाक ट्रेनिंग लेकर किसी भी लाइन में जाती, अच्छा-खासा कैरियर बना सकती थी। लेकिन उन्होंने कुछ किया ही नहीं, एक कदम भी नहीं चली।"[1] मेधा की दृष्टि में वेणु की माँ का यह विकल्प अव्यावहारिक है, इसलिए वह एक पराजय है। मेधा की इसी खयालात का विरोध करती है वेणु की छोटी बहन वसुधा। उसकी दृष्टी में जो हमारे संस्कारों की धरोहर है, उसे मेधा समझ नहीं पाती। अगर सब अपनी-अपनी सुविधाओं को ही प्राथमिकता देने लगे तो आज से कहीं ज़्यादा बदत्तर हालात का सामना करने के लिए दुनिया को तैयार रहना पड़ेगा। वेणु की माँ ने अपनी मर्जी को परे रखकर परिवार की देखभाल की, अपने बेटे को पढ़ा-लिखाकर प्रतिभाशाली बनाया और उनकी कोशिशों का नतीजा है कि वेणु अमेरिका जाकर पढ़ सका।

हैसियत और दर्जा किसी का स्वभाव बनाया या बिगाड़ा नहीं करते। यह हर आदमी के पैदाइशी संस्कार होते हैं, जो परिवार और आसपास के माहौल के साथ विकासित होते जाते हैं। जिसने जो कुछ भी अपने घर में देखा-जाना जिसे जो मिला वही तो वह दूसरों को देगा। उपन्यास का नायक वेणु ऐसा ही है। अमेरिका में खुशहाल ज़िन्दगी मिलने के बावजूद वह पूरी तरह खुश नहीं है। उनके लिए खुशहाल ज़िन्दगी की परिभाषा अपने परिवारजनों के साथ अपने देश में रहना ही है। पर वह अमेरिका छोड़ भी नहीं पाता, क्योंकि विदेश में मिलनेवाले बेहत्तर जीवन के विकल्पों की तुलना भारत से नहीं की जा सकती। मंदी में भी वहाँ साफ़-सुथरा पहना जा सकता है। कमी तो बस यही है कि अपने परिवारवालों के साथ हँसते-रोते जीवन बिताने का जो एहसास है वो शायद नहीं मिलता। वेणु की इस दुविधापूर्ण मनःस्थिति का वर्णन लेखिका यों करती है 'वह सच जो द्वारकाधीश हो गये कृष्ण को राजमार्गों से खींचकर वृन्दावन की वीथियों में खींच लाया करता था, वेणु को अपने प्रवासी जीवन में कचोटती रही।"[2]

वेणु के बच्चे बेटू और साशा अमेरिका में पैदा हुए थे, उनके लिए अमेरिका उनका अपना देश है। अपने बेटे को वेणु और मेधा न हिन्दुस्तानी की तरह पाल सके, न अमेरिकन की तरह। बेटू के लिए अमेरिका उसका अपना देश था। वह उस समाज के तौर-तरीकों के अनुसार जी रहा था। अमेरिकी समाज की बिंदास ज़िन्दगी में वह अपना आनन्द ढूँढ़ रहा था। पब में जाना, लड़कियों के साथ डांस करना, मन पसन्द पार्टनर के साथ सेक्स करना आदि ही उसके लिए ज़िन्दगी थी। माता-पिता द्वारा टोके जाने पर वह कहता है "आप अपनी परम्परा को जीवित रखने की उम्मीद मुझसे क्यों कर रहे हैं? ....आपकी परम्परा मेरी कैसी हो सकती है? आप इंडिया में पैदा हुए, मैं अमेरिका में।"[3]

अलग-अलग देशों के 'गलत' और 'सही' में भी फरक होते हैं। जो कुछ अमेरिका में स्वीकृत है वे सब वेणु स्वीकार नहीं कर पाया, पर मेधा तो अमेरिकी समाज की रफ़्तार पकड़ पायी। पर जब अपने बेटे की ज़िन्दगी की बात आयी तो उसके मन में सोये पड़े भारतीय संस्कार जग गया था, पर बेटू उसकी मर्जी के अनुसार अपने आप को ढालने में विमुख रहा। भारतीय परिवारों में दाम्पत्य प्रेम पर आधारित जो पारिवारिक दृढ़ता थी उससे बाहर आना मेधा नहीं चाहती थी, पर यह संस्कार बेटू के लिए स्वीकार्य नहीं था। इसलिए ही बेटू ने जब पुलिस में

शिकायत की कि घर में माता-पिता द्वारा उसका उत्पीड़न हो रहा है तो मेधा को जैसे जीवन से ही मोहभंग हो गया था। विदेशी लड़की सांट्रा को जीवन साथी बनाकर जब बेटू घर लेकर आया तब भी बिना आपत्ति जताए स्वीकार करने के अलावा वेणु और मेधा के सामने और कोई रास्ता ही नहीं था। अपने जीवन की सफलता में हमेशा गर्व करनेवाली मेधा अचानक औंधी गिर गयी थी।

कुछ प्रश्नों के उत्तर आसानी से ढूंढा नहीं जा सकता। वेणु को क्यों त्रिशंकु की ज़िन्दगी गुजारनी पड़ती है, इसका भी कोई उत्तर नहीं। यह कभी-कभी हमारे मन की एक समस्या है। भारत में रहते हुए हम अपने देश की संस्कृति पर, यहाँ की पारिवारिक ज़िन्दगी पर उतना गर्व नहीं करेंगे जितना विदेश में जाने के बाद। ज्यादातर प्रवासी भारतीय अपने देश के बंधनों से छुटकारा पाने, बेहत्तर ज़िन्दगी की तलाश में विदेशों में जाते हैं और दूसरे देश में अपने द्वारा बनाए गये कैद में बन्द रहते हैं। प्रवास में अपने देश की मिट्टी की गंध एक नोस्टाल्जिया बनकर दिलों में रहती है। लेखिका इस बात की ओर हमारा ध्यान आकृष्ट करता है। वे स्वयं पूछ्ती भी है कि "भारत में रहते हुए हम क्यों नहीं करते भारत को महिमा मंडित? शायद रोजमर्रा के संघर्ष और समस्याएँ हमें इतनी लस्त-पस्त किये रहते हैं कि यह गर्व, गौरव फुरसती शगल की तरह हो जाता है और यहाँ तो हमें इत्मीनान से गर्व करने की सुविधायें होती हैं। वैसे ही खुद के सामने खुद को प्रमाणित करने से ज़्यादा हास्यास्पद क्या हो सकता है।"[4]

प्रवासियों की एक और समस्या की ओर भी लेखिका हमारा ध्यान आकृष्ट करती है कि एक बार प्रवासी बन जाने के बाद वह अपने घरवालों के लिए भी प्रवासी ही बन जाता है। वे अपने घर के सदस्य से ज्यादा एक मेहमान बनकर रहते हैं। अपने पिताजी की मौत पर घर आये वेणु को घर में एक अजनबी माहौल का सामना करना पड़ता है। उसे ऐसा लगता है कि सब उससे पराये की तरह पेश आता है।" घर में शोक का आवेग थम जाने के बाद विशाखा दीदी, जीजाजी, वृंदा और निखिल की उस एक घर में एक अलग सी दुनिया थी। मुझसे, मेधा से और बच्चों से वे जैसे एक निश्चित दूरी पर थे। हम चारों सबसे अलग थे। मैं सबके बीच उन जैसा ही दिखने की जी-जान से कोशिश कर रहा था, लेकिन जैसे वे स्वीकार नहीं कर पा रहे थे कि मैं भी उन्हीं जैसा हूँ। हफ्ते भर में उकता आया।"[5] मनुष्य का सबसे बड़ा संकट अजनबी वातारण में रहना है। यह अजनबीयत अपने ही घर से हो तो संकट की कोई सीमा ही नहीं होती।

उपन्यास में सिर्फ वेणु की कहानी ही नहीं बताई जाती। इसमें में पात्रों की भरमार हैं जो कहीं न कहीं वेणु की ज़िन्दगी से जुड़े हुए हैं। वेणु के माता-पिता के अलावा वेणु की बहनें वृंदा, विशाखा, वसु आदि का भी उपन्यास में विशेष भूमिका है। अमेरिका के कई अन्य प्रवासी– भारतीय पात्रों का चित्रण भी प्रभावी ढंग से किया गया है। प्रशान्त, निलय, विकास, चन्द्रा अंकल, लोकेन्द्र अंकल, शशांक, योगेन्द्र जैसे पात्रों संख्या काफी बड़ी है सबका वेणु की ज़िन्दगी से किसी न किसी तरह से सम्बन्ध है। बाईस साल तक अमेरिका में रहने के बावजूद शुद्ध शाकाहारी बने योगेन्द्र अपनी बेटी दक्षा के लिए भारतीय कल्चर वाले लड़के को तलाश रहा था। आखिर नए-नए भारत से अमेरिका आये शशांक नामक गुजराती लड़के से वह दक्षा की शादी करा लेता है। अमेरिका में मिली अमीलिया नामक विदेशी वनिता के साथ लिविंग टूगदर में रहनेवाला प्रशान्त, ठाट-बाट की ज़िन्दगी बितानेवाला चन्द्रा अंकल, निलय बख़्शी, अमेरिका में एकान्त जीवन बितानेवाले लोकेन्द्र अंकल आदि हर पात्र का जीवंत चित्र हमारे

सामने रखने में लेखिका सफल हुई है। ऐसा लगता है ये सब हमारे परिचित हैं। विदेश में अपने सपनों की पूर्ती करने के लिए इन लोगों की छटपटाहट, पूरा न होने पर इनकी बेबसी, मन में हमेशा होनेवाला सांस्कृतिक द्वंद्व आदि का बड़ा ही मार्मिक वर्णन उपन्यास को रोचक व पठनीय बनाता है। वेणु के मन को हमेशा कचोटनेवाला यह सांकृतिक द्वंद्व तब ख़तम होता है जब बेटू काम करने के लिए अपनी अमरीकी गर्ल् फ्रेंड सांट्रा के साथ भारत आने का निश्चय करता है। अपनी माँ को वह लिखता है "नहीं, मैं कोई गलतफ़हमी नहीं पाल रहा। तुम भी मत पालना कि बेटू –सांट्रा वहाँ रहने, बसने जा रहे हैं या वे पलक झपकते, बदलकर इंडिया को पसन्द करने लगे हैं। मुझे तो सिर्फ एक धुंधले आनन्द का आभास भर हो रहा है ..जैसे बर्फबारी से ढंके मूंदे रास्तों की बर्फ थोड़ी सी सही, पिघली हो और उस पर रोशनी की नर्म किरणें पड़ी हो ..बस इतना काफी है।"[6]

भारत और अमेरिका के सामाजिक परिवेश का चित्रण अत्यन्त बारीकी से सूर्यबालाजी ने उपन्यास में प्रस्तुत किया है। लेखिका ने कहीं से कही-सुनी या पढ़ी बातें नहीं प्रस्तुत करती बल्कि उन्होंने कथावस्तु की गति के साथ-साथ पात्रों की ज़िन्दगी के जो-जो चित्र हमारे सामने प्रस्तुत किये हैं वे सब उन्होंने अपने अनुभव के आधार पर किया है। अपनी अमेरिकी यात्राओं के दौरान उन्होंने अमेरिका में जिन-जिन लोगों की ज़िन्दगी निकट से देखी-जानी वे सब जीवंत चित्र बनकर हमारे सामने प्रस्तुत होते हैं। लेखिका ने खुद कहा है कि इस उपन्यास की रचना की पूर्ती में उन्हें दस साल लगा था। अमेरिका की शैक्षणिक रीति, वहाँ की युवा पीढ़ी का मनोभाव, पारिवारिक रिश्ते, पारिवारिक शिथिलता, स्त्री-पुरुष सम्बन्ध कारपारेट संस्कृति में फँसी जनता, बाजारवाद, श्वेत-अश्वेत सम्बन्ध आदि का वर्णन बड़ी प्रामाणिकता के साथ लेखिका ने किया है। अमेरिका को स्वर्ग मानकर वहाँ बसने के सपने देखनेवालों के लिए लिखिका कहती हैं "जैसे कि लोग सोचते हैं विदेश स्वर्ग है, ऐसा कुछ नहीं है यहाँ। आत्महत्याएँ वहाँ भी होती हैं और यहाँ भी। हताशा, ऊब और अकेलापन का अभिशाप दोनों देशों में हैं। भारत में भूख और अभाव से मरते लोग हैं तो यहाँ खाने-पीने की सारी सुविधाओं के बावजूद अकेलापन, असुरक्षा और अविश्वास के बीच लोग नींद की गोलियाँ खाकर मरते हैं।"[7] यानि कि समस्याएँ सब जगह होती हैं –कहीं कम, कहीं ज़्यादा। सिर्फ शक्लें बदल जाती हैं।

अन्य उपन्यासों से अलग 'कौन देस को वासी' : वेणु की डायरी 'की विशेषता यह है कि इसमें मुख्य कथानक के साथ-साथ कई अन्य कथाएँ हैं जिन्हें एक डोर में पिरोने में लेखिका को सफलता मिली है। शिल्प पक्ष में भी लेखिका ने नवीनता दिखाई है। पूरा उपन्यास डायरी शैली में लिखी गयी है। पात्रों के मन की सघन संवेदना अभिव्यक्त करने में डायरी शैली बहुत सहायक भी हुई है।

आज दुनिया की सारी समस्याओं की जड़ में असन्तोष ही है। सन्तोष ही मनुष्य की सबसे बड़ी पूँजी है। चाहे स्वदेश में रहे या विदेश में, जिसके मन में सन्तोष है वही सबसे अमीर है। यह सन्तोष सन्तृप्ति की उपज है। जो कुछ अपने पास है उससे सन्तुष्ट हुए बिना जब आगे की दौड़ लगाते है तब कई बातें पीछे छूट जाती हैं जो फिर लौटकर आने पर भी नहीं मिलतीं। लालसाओं के चक्रवात में फँसकर निर्जीव जीवन के स्वामी बनकर कब तक जी पाओगे? जीना है तो अपने मन का मालिक बनकर जीना है। तब दुनिया के किसी भी कोने में सुख मिलेगा, चैन मिलेगी।

## सन्दर्भ

1. कौन देस को वासी वेणु की डायरी, पृ. 288
2. कौन देस को वासी वेणु की डायरी, पृ. 319
3. कौन देस को वासी वेणु की डायरी, पृ. 384
4. कौन देस को वासी वेणु की डायरी, पृ. 47
5. कौन देस को वासी वेणु की डायरी, पृ. 356
6. कौन देस को वासी वेणु की डायरी, पृ. 407
7. कौन देस को वासी वेणु की डायरी, पृ. 320

# उदयप्रकाश की कहानियाँ– उत्तराधुनिक सन्दर्भ में

*सुब्रह्मण्यन वी. के.*

उदयप्रकाश जी समकालीन हिन्दी कहानी साहित्य में अपना स्थान निर्धारित करनेवाले कहानीकार है, उत्तराधुनिक साहित्य चिन्तन उनकी कहानियों में केन्द्रीय स्वत्व बनकर आया है। उत्तराधुनिक-भूमंडलीकृत दुनिया की विकृत स्थितियों को सृजनात्मकता में उतारने में वे सिद्धहस्त है।

किसी बेनर या शीर्षक के अन्दर सदा रहने की प्रवृत्ति को उत्तराधुनिकता में जिस प्रकार ठुकराया गया है उसी प्रकार उदयप्रकाश की कहानियों को किसी भी प्रकार के पक्ष के अन्तर्गत नहीं रखा जा सकता है। बरकरार व्यवस्था की पक्षधरता के विरुद्ध वे पक्षहीनता के चरित्र को अपनाते है। वे खुली आँखों ज़रिए जनमनस को देखते है और हमारे सामाजिक, राजनीतिक, आर्थिक एवं सांस्कृतिक परिवर्तनों को अपनी कहानियों में उतारते है।

नब्बे के बाद देश के जन जीवन के व्याकरण में आये परिवर्तनों को उन्होंने अपनी कहानी के छोटे कलेवर में समेटने का सफल प्रयास किया है। नृशंस पुलिस व्यवस्था एक ओर उनकी कहानी में अहं मुद्दा बनकर आती है तो दूसरी ओर स्वत्वहीन जनता विशेष की दारुण स्थिति की एक समस्या के रूप में प्रकट किया गया है। न्याय व्यवस्था की अतिभयानक मूल्यशोषण के मामले को कहानियों में गम्भीर प्रसंगों के निर्माण करके वे प्रस्तुत करते हैं और उसके प्रति प्रतिरोध करने की मानसिकता पाठकों में तैयार करने का प्रयास करते हैं।

उत्तराधुनिक नए संसार के क्रम में जीवन बिताते अभावग्रस्त मनुष्यों की आकुलता, उनकी कहानियों के अनेक चरित्रों के ज़रिए प्रस्तुत हुई है। उत्तराधुनिक दुनिया का सबसे बड़ी त्रासदी वास्तव में उपनिवेशवाद है। उपनिवेश के अदृश्य निर्मम स्वभाव का पोल खोल देने में वे कभी भी अपनी कहानीकार रचनाधर्मिता के साथ समझोता नहीं करते हैं।

तीसरी दुनियायी देशों में हुए सांस्कृतिक उपनिवेश के अप्रस्तुत असर को शब्दबद्ध करने में उनकी लेखनी की ताकत को सुधी पाठक तारीफ किए बिना नहीं रह सकते हैं। विकृत संस्कृति को इन देशों में पैदा करते हुए यहाँ की निरीह जनता का निर्मम शोषण जो हो रहा है उसपर वे ज़ोर से प्रतिवाद करते है। इसलिए विद्रोह का स्वर उनकी कहानियों में बुलन्द है।

बाज़ारवाद की विभीषिका को सम्बोधित करने में वास्तव में वे एक साहित्यिक संवादाता की भुमिका निभा पाते हैं। उपभोगी मनुष्य ने अपनी चेतना में रहती विरासती मानसिकता जो त्याग करने की होती है, उसको तोड़ा है। अब तक की विरासती उपलब्धि को उपभोगवादी पूँजीवादी मानसिकता ने मिट्टी में मिला दिया है। जिस दिशा में इन देशों की यात्रा हो रही है, यह तय कर नहीं पा रहे हैं, अनिश्चितता की स्थिति समस्त क्षेत्रों में पैदा हुई है।

उदयप्रकाश की कहानियाँ ऐसी अनेकों संकीर्ण समस्याओं को लेकर हमारे सामने उपस्थित

होती है।

उनकी कहानी दरियायी घोडा समाज के मन के रोग का सीधा साक्षात्मकार करती है। इसमें कैनसर रोग से पीडित एक पिता का दयनीय चित्र खींचा गया है। उनके दायें गल के नीचे के भाग से लेकर कान के पीछे तक का भाग ऑपरेशन के द्वारा निकाला गया है। उनको कैंसर, तंबाकू और शराब के अमित उपभोग के कारण आया है।

अमित उपभोग की परिणति को उदयप्रकाश जी ने कैंसर के रूपक में बाँधकर दिखाया है। हमारे देश की सबसे बड़ी समस्या का सामना जो हम कर रहे हैं वह उपभोगवाद से पैदा हुई है। उपभोगा एक प्रकार का मानसिक कैंसर है। इस कैंसर का अन्त नहीं होता है जबकि उपभोग मनुष्य के जीवन को यह ले लेता है। मतलब, उपभोगी मनुष्य मरता है लेकिन उपभोग का चरित्र ज़िन्दा रहता है। इस बात को अवगत कराने में उनकी यह कहानी एक अनुपम सृजनात्मक उपलब्धि है।

उपभोगी मानसिकता के कारण परिवार के सदस्यों के बीच का सम्बन्ध भी बिगड गया है। इस कहानी के पिता को तीन बेटे हैं। बड़े दो लड़के पिताजी को ऑपरेशन के लिए खून देने के लिए तैयार नहीं होते हैं। वे उस समय खिसक जाते हैं। छोटा लड़का जो अठारह साल का है वह खून देता है। बड़े बेटे पिताजी की इस दयनीय स्थिति पर दुखित नहीं हैं वे आराम से रेडियो सुनते हैं। आज दरियायी घोडे की नियति है माता पिता की। उपभोगवादी संस्कृति ने माता-पिता को दरियायी घोडा बना दिया है।

आज दिखावे की संस्कृति फैलती जा रही है। असली क्या है नकली क्या है यह पहचाना बहुत मुश्किल हो गया है। असलियत के ऊपर दिखावे का आवरण परतों पर परतों में सघन हो रही है। यह कैंसर से भी भयानक रोग है, क्योंकि इस रोग का सम्बन्ध मन के साथ है। जैसे केदारनाथ सिंह की कविता में यह बात स्पष्टतः कहते गयी है कि प्यार के स्थान पर पत्थर लिखेंगे तो कोई फरक नहीं पड़ता है। तथा असलियत के स्थान पर दिखावे को रखेंगे तो कोई फरक नहीं पड़ता है। यह स्थिति आज मनुष्य के जीवन का भार बन गया है।

आज लोग बिना कोई लज्जा से छूठ बोलने लगे हैं और बिना कोई शर्मा से मरे हुए लोगों की प्रशंसा करते हैं। लोगों के मन का परिवर्तन आज के समय एकदम हो जाता है और लोग एकदम परिवर्तित शक्ल में अवतरित भी होते हैं। दुनिया क्या है, अगर कोई पूछेगा तो यह कहना पड़ेगा कि दिखावा है। दिखावा एक मानसिक स्थिति का रूप धारण कर रहा है, इससे अछूत जो रहेगा, उसके अस्तित्व की मृत्यु हो जाती है, अस्तित्व बनता है दिखावा। इसका अस्तित्व पर कोई भरोसा नहीं है। उदय प्रकाश की मौसा जी शीर्षक कहानी इस मुद्दे को सम्बोधित करती है।

मौसा जी अपने को स्वतन्त्रता सेनानी कहते है, लेकिन वे उस समय के एक मामूली वालंटियर थे। अपने बेटों के बारे में वे कहते हैं कि वे अच्छे ओहते पर रहते है, लेकिन यह सच नहीं था, दिखावा उनको पागलनुमा बना देता है।

एक बार मौसाजी का छोटा लड़का चोरी करके पकड़ा गया था। जमानत के लिए उनके पास कोई संगति नहीं थी। अन्त में असली स्थिति को वे स्वीकार कर लेते है।

दिखावे की संस्कृति एक रोग बन कर आज उभर रहा है। उदयप्रकाश जी इस रोग की चिकित्सा के रूप में इस कहानी को प्रस्तुत करते है। आज प्रत्येक आदमी के अन्दर एक मौसा जी पैदा हो रहा है। वह एक सामाजिक खतरा है। अगर इसकी चिकित्सा नहीं की जाती है तो

मौसा जी की हालत समाज की हालत हो जायेगी। कहानी में उठाती गयी यह संवेदना ही वास्तव में कहानी का थीम है।

'दद्दू तिवारी : गणनाधिकारी' शीर्षक कहानी भी उत्तराधुनिक जीवन का सीधा साक्षात्कार करती है। इस कहानी का मुख्य चरित्र तिवारी ही हैं, वह पहले बेरोज़गार थे, तब गाँव के साधारण लड़कों के साथ दोस्ती करता था। लेकिन पिता के प्रयाज्ञ के कारण उसे गाँव के गणनाधिकारी का पद प्राप्त हुआ था। तब से वह सम्बन्धों को काटा। पैसे मिलने लगे तो उसका चरित्र बदल गया। वे अनेक प्रकार के दिखावे करने लगे। प्रदर्शन उसका स्वभाव बन गया। इसके लिए भारी खर्चा की आवश्यकता पड़ी। यह उसे मानसिक संघर्ष प्रदान करता है।

वह अपने को अफसर कहने लगा, वेश में भी अफसर बनकर रहने का प्रयास किया जाने लगा, हमेशा धुले हुए और प्रेस किए हुए कपड़े पहनने लगे। टेरिकोटन की पेंट और शर्ट पहनना शुरू किया गया। वह आधुनिक बनने का बहाना करने लगा।

यह रीति जो तिवारी के द्वारा अनुगमित है वह उपनिवेशी रीति है। मध्यवर्ग के लोगों के बीच इस प्रकार का बहाना अधिकतर पायी जाती है।

लेकिन तिवारी अपने काम में ईमांदार थे। एक बार तिवारी को मार पीट सहना भी पड़ा था ईमान्दार होने के कारण। माफ़ीएकरण का मुद्दा भी इसमें उठाया गया है। प्रत्येक नेता के साथ आज गुण्डे लोग भी रहते हैं। वे अपने स्वार्थ की पूर्ति के लिए इनका उपयोग करते हैं।

जैसा कि ऊपर कहा गया है कि बहाना और दिखावे का चरित्र आज लोगों के साथ सामान्य हो गया है। अब तिवारी अपने बेरोज़गार मित्रों के साथ नहीं जाता है। सामान्य जीवन के साथ जो मित्रता, भाईचारे आदि का मूल्य रहा था, आज वे सब उससे नष्ट हो रहे हैं। व्यक्ति के जीवन के मूल्यों में पतन व गिरावट आ गये है। पहले एक बार तिवारी को जब एक दूकानदार ने मारा था तब लोग इकट्ठे हुए और उसे तिवारी जी से माफ़ी माँगनी पड़ी। लेकिन दूसरी बार और किसी से उसे मार खानी पड़ती है तब कोई नहीं आया। कारण यह है कि अब उसके चरित्र में परिवर्तन आया है।

महत्त्वांकाक्षी मध्यवर्ग का पतनोन्मुख जीवन का पर्र्याय बनकर तिवारी जी का चरित्र इसमें प्रकट हुआ है। मध्यवर्ग की इस त्रासदी के बारे में मुक्तिबोध ने बहुत पहले ही चेतावनी दी थी, अब उनकी चेतावनी का साधूकरण सर्वत्र हो रहा है। स्नेह और सहानुभूति का रास्ता इस वर्ग ने खो दिया है। उपनिवेशी ताकत के चंगुल में पड़कर यह वर्ग आज कठिन समय से गुज़र रहा है।

ब्रिटीशों के शासनकाल में भारत के लोग गुलाम बनकर जीते थे। अब ब्रिटीशों के स्थान पर नेता और उन्नत अधिकारियों के गुलाम बनकर इन्हें जीना पड़ता है।

जातिवादी चिन्तन हमारे समाज का सबसे बड़ा रोग है। इस रोग की उत्पत्ति हज़ारों सालों पहले हुई है। बेबुनियादी वाद है जातिवाद। यह एक प्रकार का झौंक है। जब इसका आगमन मन में होता है तब से व्यक्ति मानसिक तौर पर बीमार हो जाता है और यह बीमारी कभी वापस जाती नहीं। हमेशा साथ रहता है। यह भी एक संक्राम रोग जैसा है। एक पीढ़ी से दूसरी पीढ़ी में यह रोग संक्रमित हो कर जाती है। लेकिन इस बीमारी के लिए दवा नहीं है। उसके लिए दवा तैयार करने का काम साहित्य में दलित विमर्श साहित्यकार कर रहे हैं।

पुतला शीर्षक कहानी में जाति की विभीषिका का चित्रण है। दलित लोगों की दयनीय स्थिति का चित्रण इसमें हुआ है। चौधरी इस कहानी का मुख्य चरित्र है। वे अपनी जाति के

अधिकार को जन्मजात मानते है और दलितों को पीड़ा देते हैं।

गाँव में हर साल रामलीला का त्योहार होता है। राम का पात्र हमेशा चौधरी का बेटा हरनारायण करता था। रावण का पार्ट खेलता था मोची धनुरख का लड़का समनू। पात्रों के चयन का अधिकार हमेशा उच्च जाति को जाता था।

कहानी में जातिवाद के मुद्दे के साथ नवउपनिवेशी संस्कृति के फैलाव पर भी आशंका व्यक्त की गयी है। पहले भारी संख्या में लोग रामलीला देखने आते थे अब लोग सिनेमा टाकीस जाते है। कहानी का चरित्र किशनू है जो पुतला बनाने का काम करता है। उसके पिता कर्जदार थे चौधरी का। इसलिए किशनू को चौधरी के कर्ज चुकाने के लिए पुतला बनाने का काम मुफ्त में करके देना पड़ता है।

बेकारी की समस्या की सबसे अधिक दलितों को झेलना पड़ता है। उन्हें जीने के लिए कई दिनों तक ऊँची जाति के लोगों को बिना मज़दूरी की मेहनत करनी पड़ती है, सारे के सारे दलित बन्धुवर मज़दूर बनकर जीवन जीने को मज़बूर है।

वास्तव में जाति व्यवस्था दलित के मानवाधिकार का हनन करनेवाली एक बुरी रीति है। उनके मौलिक अधिकारों की रक्षा की आवश्यकता की ओर दलित विमर्शी कहानीकार दिशा निर्देशन दे रहे हैं।

टेपचू कहानी में भी उत्तराधुनिक चिन्तन का स्वर आया है। इसमें व्यवस्था की क्रूरता की कहानी कही गयी है। टेपच्चू एक अविस्मरणीय चरित्र है।

सरकारी अफसरों के द्वारा ही सरकारी ज़मीन का दुरुपयोग होता है। इसका उदाहरण है मुखिया चौधरी बाल किशनसिंह। उसने सरकारी ज़मीन हड़पने के लिए उसमें आम का पेड़ लगाया और उसको आम का बाग बनाया। इस बगीचे में उस गाँव के अमीर घर के लड़के, लड़कियों के साथ मिलते थे और वहाँ कई बार लावारिश शिशु भी मिल जाते थे। पुलिस की ओर से कोई कारवाई नहीं होती थी, क्योंकि चौधरी की पकड़ शासन के साथ थी। इसी प्रकार के अन्याय की दूसरी घटना भी कहानी में आयी है।

टेपचू अपने कारखाने के मज़दूर संघ का नेता था। इसके कारण वह मिल मालिक का शत्रु बन गया था। टेपचू ने पुलिस के अन्याय का विरोध किया। इसके कारण वह पकड़ा गया और पुलिस ने उसे मार पीटकर पीछे से गोली मारकर फेंक दिया। इस अपराध को उसके साथियों के ऊपर डाल दिया गया।

भ्रष्टाचार सर्वत्र फैल गया है। सामान्य व्यक्ति भी भ्रष्टाचार से बाहर नहीं है। आज भ्रष्टाचार को प्रोत्साहन मिल रहा है। भ्रष्टाचारी को समाज में स्थान मिल रहा है।

इस कहानी के राजनीतिक दल, अफसरों, पुलिसों सब के साथ भ्रष्टाचार का किस्सा रहता है। न्याय भी पैसे के बल पर बेचा जा रहा है।

ज़माना ऐसा आ गया है कि कोई भी आज सुरक्षित नहीं है। सत्ता का आतंक किसी के ऊपर भी आ सकता है। मज़दूरों के अधिकारों के लिए लड़ने के कारण सत्ता ने टेपचू का काम तमाम कर दिया है। पूँजीपतियों की इच्छा ही देश का कानून है। न्याय व्यवस्था का ऐसा पतन इसके पहले कभी नहीं हुआ था। कहानीकार इसको इस प्रकार व्यक्त कर रहे हैं– अफसर अमीर और पार्टीवाले लोग इतने ताकतवर होते हैं कि वे कुछ भी कर सकते है। वे कूकर को बैल, सुअर को शेर, खाई को पहाड, चोर को साहू अर्थात् किसी को कुछ भी बना सकते है।

मैत्रियों और राजनेताओं की स्वार्थ वृत्ति, भ्रष्ट निरंकुश आचरण के कारण राष्ट्रीय आर्थिक व्यवस्था विकट स्थिति में है। इसका सीधा असर आम आदमी पर पड़ता है। राजनेताओं, मन्त्रियों नौकरसाही को पुलिस और प्रशासन मदद करते हैं। पुलिस का व्यवहार सामान्य जनता के विरोध में होता जा रहा है।

न्यायव्यवस्था शोषकों का संरक्षण कर रही है। इस न्यायवस्था का मुखिया शोषक वर्ग है जो यहाँ अभिजात वर्ग के व्यक्ति होते हैं। आज न्याय व्यवस्था इस तरह की है कि वह अपने संरक्षण के लिए नए नए कानून बनाती है और उसका पालन न्याय की कुर्सी पर बैठे हुए न्यायाधीशों के संरक्षण से करती है। इस व्यवस्था का असली चरित्र पूँजीवाद का है।

ऐसे उदयप्रकाश की कहानी उत्तराधुनिक हिन्दी कहानी का उदाहरण बनती है। इनमें वैश्वीकरण की भयावहता, उपभोक्तावाद की अमानवीयता, औपनिवेशिक संस्कृति की क्रूरता दलित चेतना के अनछुए पक्ष, मूल्यों का विघटन आदि भांति भाँति के विभिन्न पहलुओं पर प्रकाश डाला गया है।

# भगवानदास मोरवाल कृत 'शकुंतिका' का समीक्षात्मक अध्ययन

*राधिका पी.*

'शकुंतिका' अलग-अलग जगहों से विस्थापित होकर आये एक पुनर्वासित कॉलोनी के दो परिवारों के जीवन को आधार बनाकर रचित उपन्यास है। एक उग्रसेन और दुर्गा का है और दूसरा दशरथ और भगवती का। एक परिवार में हमेशा बेटों का जन्म होता है तो दूसरे परिवार में बेटियों का। उपन्यास में कई सन्दर्भ ऐसे आ जाते हैं कि बेटे से ज्यादा बेटियों को महत्त्व देने का प्रयास कथाकार ने किया है। मोरवाल जी ने 'शकुंतिका' के माध्यम से घर के अन्दर और बाहर विभिन्न प्रकार के शोषणों से ग्रस्त बेटी अपने व्यक्तित्व को किस प्रकार रूपायित करती है इसका तस्वीर खींचा है। इतना ही नहीं वह सिर्फ परिवार के लिए ही नहीं बल्कि पूरे समाज के लिए प्रेरणादायक बन जाने का चित्रण किया है। मोरवाल जी ने अपने उपन्यास के द्वारा पुरुषसत्तात्मक समाज में शोषित स्त्री के व्यक्तित्व को प्रकाश में ले आने का सार्थक प्रयास किया है। प्रस्तुत कथा में पुरानी परम्परा की नारियों का चित्रण साहसी एवं प्रतिरोधी व्यक्तित्व के रूप में दिखाया है।

प्रस्तुत उपन्यास की समीक्षा करते समय मुख्य रूप से तीन तत्व पाठकों के सामने आ जाते हैं, वे हैं; स्त्री-विमर्श, परम्परागत रूढ़ियों का विरोध और वृद्ध विमर्श।

**1. स्त्री-विमर्श–** 'शकुंतिका' में स्त्री के प्रतिरोध का स्वर मुखरित है। उपन्यास की दुर्गा एक सशक्त महिला पात्र है। पुरानी परम्परा की नारी होने के बावजूद भी वह स्त्री शिक्षा, स्त्री द्वारा विवाह जीवन का चयन आदि को प्रोत्साहन देती है। सबसे अच्छा उदाहरण रूपेश द्वारा बच्चे गोद लेने के सन्दर्भ में देख सकते हैं। दशरथ के बेटा रूपेश निसन्तान था। अन्त में वह एक बच्चे गोद लेने के निर्णय पर पहुँच जाता है। उस समय दुर्गा ने भगवती को लड़के के बदले लड़की को गोद लेने का उपदेश देती है। भगवती इससे प्रभावित होकर अपने पुत्र रूपेश से यों कहती है: "बलवंत, लड़कियाँ क्या होती हैं इसके बारे में उनसे पूछ जिन घरों में लड़कियाँ नहीं होती है। दूर क्यों जाओ। अपने घर के सामने दुर्गा से जाकर पूछ कि लड़के उसे क्या दे रहे हैं" (पृष्ठ संख्या 49)

भगवती के बेटे बलवंत की बेटियाँ गार्गी और सिया पढ़-लिखकर वकील और डॉक्टर बन गयी। उस समय लड़कियों को स्कूल नहीं भेजता था, उनके इच्छा अनुसार शादी करने की अनुमति नहीं दिया जाता था। लेकिन यहाँ पर ऐसा दिखाया गया है कि भगवती और दुर्गा जो पुरानी परम्परा की है फिर भी उन्होंने अपने लड़कियों के किसी भी इच्छा पर प्रतिबंध नहीं लगाया, इतना ही नहीं उनको आवश्यक स्वतन्त्रता भी तो दी थी।

तीसरी बेटी बुलबुल की शादी अच्छे संभ्रांत परिवार में पूरी परम्परा का पालन करते हुए

करवाया था। लेकिन ससुराल वाले हमेशा उसे तंग करते थे। यह हद से आगे बढ़ गये तो उनकी बड़ी बहन गार्गी ने जो फैसला लिया वह भी ध्यान देने लायक है– "बुलबुल, तेरे ससुराल वाले तुझे इस बार तंग करें न, तो मुझे बताना। मैं देखूँगी उन्हें। उन्हें शायद नहीं पता कि कानून के हाथ कितने लम्बे होते हैं"।

"रहने दो बेटी। क्यों इसे इन कोर्ट-कचेरी के झंझट में डालती है। जब इसे उसी घर में रहना है, तो क्यों किसी से दुश्मनी मोल लेनी"।

"अम्मा यही डर हम औरतों का सबसे बड़ा दुश्मन है। देख बहन रोज़-रोज़ के घुटनों से अच्छा है एक दिन हिम्मत दिखा दें"। (पृ. 98)

उपर्युक्त उदाहरणों से स्पष्ट है कि स्त्री को अपनी हालत पर सोचकर, भाग्य को कोसते हुए जीवन बिताना नहीं बल्कि साहस के साथ परिस्थितियों का सामना करते हुए शोषण के खिलाफ किसी भी हालत में अपनी प्रतिक्रिया व्यक्त करना चाहिए।

**2. परम्परागत रूढ़ियों का विरोध–** पुराने परम्परा के लोग हमेशा रूढ़िगत रीति-रिवाज़ों का पालन करते दिखाई देते हैं। लेकिन 'शकुंतिका' की स्त्रियाँ जैसे दुर्गा, भगवती और उनके पूरे परिवार महिला सशक्तीकरण के लिए रूढ़ीगत परम्परा को तोड़ने का प्रयास करती है। सामान्य रूप से कुआँ पूजन का रस्म तो लड़के पैदा होने पर ही होता है क्योंकि वह खुशी का अवसर है यदि लड़की है तो खुशी का नामोनिशान तक नहीं दिखाई पड़ता। भगवती ने उसके परिवार के साथ रूपेश की गोद ली गयी बेटी के जन्मदिन पर कुआँ पूजन कराकर बेटा-बेटी में समानता लाने का सफल एवं सार्थक प्रयास किया। यह खबर समाचार पत्र में भी छपकर आया इस पर दुर्गा ने हैरान होकर पूछा "इनके ऐसे क्या हो गया जो अखबार में छप गया"?

"वही, इनके कुआँ पूजने वाली बात"।

"कुआँ पूजने वाली! इनमें कौन सी खबर वाली बात हो गयी"?

"क्यों? यह खबर नहीं है कि जहाँ सिर्फ लड़का पैदा होने पर कुआँ पूजता है, दशरथ के परिवार ने लड़की की खुशी में कुआँ पुजवाया है, वह भी एक गोद ली हुई लड़की का"! (पृ. 72)

**3. वृद्ध विमर्श–** आजकल समाज में वृद्धजनों को अनाथाश्रम में छोड़ने की तरीका हम देख रहे हैं वह भी अपने ही बच्चों के हाथों से। बुढ़ापे में अकेलापन, शारीरिक और आर्थिक समस्याओं से जूझने वाले माँ-बाप के देखभाल करने का समय बच्चों में नहीं है। समकालीन समय में इस प्रवृत्ति के विरुद्ध वृद्धजनों की सशक्त प्रतिक्रिया भी समाज में चर्चित विषय है। वे अपनी ज़िन्दगी यों ही व्यर्थ निकालना नहीं चाहते। 'शकुंतिका' में उग्रसेन और दुर्गा के परिवार में ऐसी घटना घटित होते दिखाया है। उग्रसेन अपनी सम्पत्ति दोनों बेटों में बाँटने की योजना बनाकर बच्चों को बुलाया। दोनों बेटे पत्नी समेत आ गये। उग्रसेन जहाँ वे रहते हैं उस घर को छोड़कर बाकी सम्पत्तियाँ बाँटकर दोनों के नाम कर दी। यह सुनकर बहू ने उनको घर की याद दिलाई जिसकी बँटवारा नहीं हुई थी। यह सुनकर माँ दुर्गा को गुस्सा आ गयी और वह बोलीः "मुझे तो इस बात का सबसे ज्यादा डर लग रहा है कि अगर हम इसे इनके नाम कर भी दें, तब इसका क्या भरोसा कि वे हमें इस घर में टिकने देंगे भी या नहीं। कहीं ऐसा ना हो कि ऐसा करने से हमारा आख़िरी आसरा भी जाता रहे"। (पृ. 61)

उग्रसेन की मृत्यु के बाद दुर्गा एकदम अकेली हो गयी थी। बहुत कष्ट होने के बावजूद भी

वह बच्चों के साथ रहने के लिए तैयार नहीं थी। पड़ोसी भगवती ने भी उसे समझाने की कोशिश तो की थी। दुर्गा ने उसे यों जवाब दिया "जब बच्चों को माँ-बाप की जरूरत नहीं है तो मुझे भी किसी औलाद की जरूरत नहीं है" (पृ. 96)। असल में हमारे समाज में ऐसी महिलाओं की ज़रूरत है। प्यार या वात्सल्य के नाम पर गुलाम बनाकर जीने की स्त्री की परम्परागत धर्म से नारी को बाहर आना ही चाहिए। स्त्री किसी भी आयु की हो खुद के बलबूते पर अपने इच्छानुसार जीने का चयन जब से शुरू करेगी तब से स्त्री शोषण मुक्त हो जायेगी। स्त्री को प्यार, ममता जैसे स्त्री सहज गुणों के होते हुए स्वतन्त्र जीवन बिताने का अवसर प्राप्त होना चाहिए। वरना इसमें कोई सन्देह नहीं कि स्त्री की पीड़ा बढ़ती जायेगी।

'शकुंतिका' नामक उपन्यास के माध्यम से भगवानदास मोरवाल ने वर्तमान समाज में व्याप्त एक ऐसे मुद्दे पर प्रकाश डालने का प्रयास किया है जो पूरे समाज को ग्रस्त बीमारी है। सालों से भारतीय समाज पितृ सत्तात्मक है। स्त्री को पुरुष के उपभोग वस्तु ही मानते हैं। ऐसे समाज में बेटे का जन्म त्योहार जैसा मनाता है जबकि बेटी को गर्भावस्था में ही मार दिया जाता है। यदि पैदा हो गयी तो उसे कई जंजीरों से बन्द जीना पड़ता है। छोटी आयु से ही हम यही समझाते हैं कि बेटा और बेटी में अन्तर है। यह विचार बचपन से ही पुरुष के मन में बैठेगा तो बड़े हो जाने पर कैसे बदल सकता है? मोरवाल जी का उपन्यास इसी की ओर इशारा करता है कि बचपन से ही बेटा बेटी को समान रूप से देखना है। ऐसा करेंगे तो दोनों आपस में आदर के साथ रहेंगे, दोनों में आत्मविश्वास बढ़ जायेंगे और स्त्री शोषण जैसी समस्याएँ जो वर्तमान समय का अभिशाप है, दूर हो जायेगा और स्त्री सशक्तीकरण वाली ख्वाहिश असल में कामयाब हो जायेगी।

# समकालीन हिन्दी उपन्यास में अभिव्यक्त आदिवासी आन्दोलन

*इब्राहिमकुट्टी पी.एच.*

आदिवासी ऐतिहासिक उपन्यासकार इतिहास का गहन अध्ययन करने के बाद ही उपन्यास की रचना करता है। फिर भी इन उपन्यासों को मानक ऐतिहासिक ग्रन्थों की तरह नहीं पढ़ा जाता है। यह सच है कि इतिहास के साथ उपन्यास एक रचनात्मक आख्यान भी है और इनमें कुछ काल्पनिकता का अंश भी है। फिर भी इतिहास की अपेक्षा सत्य का अंश अन्य सामान्य उपन्यासों कि अपेक्षा इन आदिवासी उपन्यासों में अधिक है। इनमें आदिवासियों के जीवन तथा संस्कृति का चित्रण भी बखूबी मिलता है। इन उपन्यासों में आदिवासी आन्दोलनों का जीवन्त चित्रण भी हुआहै।

## जंगल के दावेदार

'जंगल के दावेदार' लेखिका महाश्वेतादेवी द्वारा बिरसा मुण्डा के जीवन को आधार बनाकर रचा गया उपन्यास है। इस उपन्यास का मुख्य विषय अँग्रेज़ी और सामंती शोषण के विरूद्ध बिरसा मुण्डा की अगुवाई में चलाया गया 'उलगुलान' आन्दोलन है।

भारत के मुक्ति संग्राम के इतिहास में बिरसा मुण्डा का नाम और उनका विद्रोह अनेक दृष्टियों से महत्त्वपूर्ण है। इस उपन्यास में औपनिवेशिक हुकूमत की वजह से विनष्ट अपने पारम्परिक हक के लिए साम्राज्यवादी ताकत के खिलाफ लड़ती, मार खाती और पिस जाती मुण्डा जाति का संघर्ष जीवंतता के साथ प्रस्तुत किया गया है।

आदिवासियों के जंगल और ज़मीन पर अँग्रेज़ों की कब्ज़ा उनकी संवेदनाओं पर गहरी चोट लगाती है, जो आदिवासियों के विद्रोह का मुख्य कारण बन जाता है। इसका प्रमाण उपन्यास में यूँ मिलता है–"वहजंगलों को ढीकू लोगों के अधिकार से छीन लेगा। जंगल मुण्डा लोगों की माँ है और ढीकू लोगों ने मुण्डा लोगों की जननी को अपवित्रित कर रखा है। बिरसा ने उलगुलान की आग जलाकर माँ जंगल को युद्ध करना चाहा था।"1 लेखिका आदिवासी समाज का यह सच हमारे सामने रखती है कि गैर-आदिवासियों ने किस प्रकार इनके घर नष्ट किये। अपनी ही ज़मीन में गुलाम बन गये आदिवासी मुण्डाओं का चित्रण इस उपन्यास में किया गया है। अकाल और अतिवृष्टि के समय आदिवासियों पर हमदर्दी दिखाकर महाजन कर्ज देता है। भरपाई न होने पर वेज़मीन हड़प लेतेहैं। वैसे ही सुगना मुण्डा जिनके पितृओं के नाम पर छोटा नागपुर में गाँव बना था, आज वह भिखारी से भी अधम है। ज़मीन नष्ट हो गये आदिवासियों को अपने खेत में आजीविका के लिए गुलाम बनकर काम करना पड़ा। अपने समाज की अधम स्थिति बिरसा पर प्रभाव डालती है। ईसाई मिशनरियों की धोखेबाज़ी को भी लेखिका ने उपन्यास में

प्रस्तुत किया है जो अँग्रेज़ी प्रशासन के पोषक थे और ज़मीन का सपना दिखाकर मुण्डा लोगों को ईसाई धर्म में परिवर्तित करते थे।

अँग्रेज़ी, सामंती और ईसाई मिशनरियों द्वारा बर्बाद की गयी आदिवासी सामाजिक व्यवस्था का पुनः सृजन बिरसा की अगुवाई में होने लगा। वे औपनिवेशिक शासन से मुक्ति के लिए अपने समाज को संगठित कर अँग्रेज़ों से लड़ते हैं। तीर, बरछा, बलाया और पत्थर उनके शस्त्र थे।

दरअसल बिरसा का आन्दोलन केवल एक राजनैतिक क्रान्ति मात्र नहीं था, एक नवोत्थान का आन्दोलन भी था। उनको यह मालूम था कि धर्म के अंधविश्वासों, रूढियों, आचार, तन्त्र-मन्त्र, जादू टोना आदि के बंधनों से मुण्डा लोगों की मुक्ति अनिवार्य है। इसलिए बिरसा ने स्वयं अपने को भगवान का अवतार घोषित किया। उन्होंने बहु ईश्ववरीय प्रथा का निराकार कर एक ईश्ववरीय विश्वास की स्थापना की और जातिय भेदभाव से वनजातियों को अलग कराया। सब को एकत्रित कर 'उलगुलान' का मन्त्र उनके कानों में भरता रहा। बिरसा के मन्त्रों से मानो मुण्डाओं के मन में अपार शक्ति भर गयी। वे कहते हैं– "ज़मीदारों को लगान नहीं देगे। बिना कर के ज़मीन चाहिए। मुण्डाओं का सबसे अधिक वाछनीय धन है बिरसा का राज। बिरसा का धर्म। इस स्वर्ग समान स्वप्न को प्राप्त करने के लिए अपना रक्त बहाना पड़ेगा। बिरसाइन के बाद वे गर्व से सिर ऊँचा करके चलते थे।"[2] मुण्डाओं का विद्रोह औपनिवेशिक अधिकारियों को परेशान करने लगा। अँग्रेज़ों की कूटनीति ने आधुनिक हथियारों की क्षमता और सैन्य केबल से इस विद्रोह को दबा लिया। सभी मुण्डा पकड़े जाने लगे। कई लोगों की मृत्यु हुई। बिरसा को वीरगति प्राप्त हुई।

औपनिवेशिकता के खिलाफ हुए बिरसा के 'उलगुलान' आन्दोलन को इतिहासकारों ने कभी भी भारत की मुक्ति संग्राम की श्रेणी में नहीं रखा और बिरसा को कभी भी स्वाधीनता आन्दोलन के नेता के रूप में नहीं प्रतिष्ठित किया।

बिरसा और उसके आन्दोलन कई मुद्दों पर केन्द्रित थे। उन्होंने न केवल राजनीतिक जागृति के बारे में संकल्प लिया, बल्कि अपने लोगों में सामाजिक, सांस्कृतिक एवं धार्मिक जागृति पैदा करने का भी संकल्प लिया। उन्होंने भारतीय संस्कृति की रक्षा के लिए ईसाई धर्म में परिवर्तित आदिवासियों को अपने धर्म और संस्कृति की ओर लौटाने का प्रयास किया। उन्होंने अपनी जनता को अँग्रेज़ों के षडयन्त्र के प्रति सचेत किया। अपने छोटे जीवन में ही उन्होंने जो क्रान्ति पैदा की, वह अतुलनीय है।

महाश्वेतादेवी का 'जंगल के दावेदार' बिरसा और उसके उलगुलान आन्दोलन को आधुनिक जन मानस में आदिवासियों के प्रति सम्मान का भाव रखने के लए मजबूर करता है। इसमें इतिहासकारों की पक्षधरता पर भी सवाल उठाया गया है।

## बाजत अनहद ढोल

मधुकर सिंह का 'बाजत अनहद ढोल' संथाल आदिवासियों द्वारा 1855 ई में किए 'संथाल हूल' आन्दोलन पर केन्द्रित है। इस उपन्यास में उन्होंने आदिवासियों पर सांमती और औपनिवेशिक सत्ता द्वारा किये गये शोषण और उत्पीड़न को मार्मिक ढंग से चित्रित किया है। इन शोषण और अत्याचारों के खिलाफ संथाल आदिवासियों ने सिदो, कान्हू, भैरव और चाँद की अगुवाई में संघटित होकर देशी और विदेशी जनद्रोही सत्ता पर हमला किया।

संथालों ने जंगल काटकर ज़मीन को साफ करके जिस बंजर भूमि को खेती योग्य बनाया, उसमें औपनिवेशिक अधिकारी भारी कर लगाने लगा। 'इस्तमारी बन्दोबस्त' लागू होने से किसानों की ज़मीनों का मालिक ज़मीदार हो गया। इस व्यवस्था ने किसानों को अपने ही खेतों में मज़दूर बनने को मज़बूर कर दिया। ज़मीदार मनमाने ढंग से किसानों से कर वसूलने लगे। ज़मीन के उत्पाद कम होने से या अकाल पड़ने के कारण खेती नहीं होने पर भी लगान वसूली में कोई छूट नहीं दी जाती थी। इसी कर वसूलने की भारी बोझ ने साहुकारों से ऋण लेने के लिए किसानों को मजबूर किया। इसके लिए उन्हें ज़मीन बंधक रखना पड़ता था। ऋण और उसके ब्याज न चुकाने के कारण सांमत किसनों की ज़मीन हड़प लेता था।

अँग्रेज़, ज़मीदार, साहूकार, पुलिसवाले, पंडित आदि सभी इन आदिवासियों का शोषण करने में लगे थे। दिन-ब-दिन इनका अत्याचार बढ़ने लगे।

स्त्रियों की हालत भी अधिक दारूण होने लगी। महाजनों, ज़मीदारों, ठेकेदारों और अँग्रेज़ों द्वारा आदिवासी स्त्रियों का जमकर शोषण करने लगा। उपन्यास में स्त्री शोषण को पुरजोर तरीके से दिखाया गया है। 'सोहरई पर्व' मनाते समय अँग्रेज़ अधिकारी 'पोटन' 'जोबा' के साथ जबरदस्ती करने की कोशिश करता है। इसका चित्रण उपन्यास में यों दिखाया है– "सुकेल की प्रतीक्षा में खड़ी जो बाकोल पक कर पोटन साहब गट्टा पकड़ लेता है। जोबा उसकी मुट्टी में मुर्गी की तरह फड़फड़ाती है। पुरोहित अवरा चुपचाप खड़ा देखता रहता है।"[3]

यह पर्व अधिकारियों का स्वागत करने के लिए आयोजित था। अपने मेहमानों के समक्ष अपमान का पात्र होने की आदिवासी नारी की विवशता उपन्यासकार ने यहाँ प्रस्तुत किया है। लेकिन नारी यहाँ प्रतिरोध भी करती है। जोबर मुर्गी काटने की छूरी से पोटन साहब को मार देती है। अपने स्वाभिमान को दीकुओं और अँग्रेज़ों के समक्ष बंधक रखने में वनवासी लोग कभी भी तैयार नहीं थे। जेब का यह विद्रोह आदिवासियों के मन में शोषण के विरुद्ध उठ रही आग का प्रतीक था। उपन्यासकार इस घटना के बारे में लिखता है कि "सम्भवतः आदिवासी इतिहास की पहली घटना होगी, जब किसी स्त्री ने अस्मिता की रक्षा स्वयं की थी और उसकी सराहना युवकों की टोली ने की थी।"[4] जोबा के इस प्रतिरोध से आदिवासी स्त्रियों में नया आत्मविश्वास उत्पन्न होता है।

अँग्रेज़ों ने नील कृषि के लिए आदिवासियों पर बर्बर व्यवहार किया। मनचाहे कृषि करने का उनके अधिकार को नकारा। किसानों को नील की कृषि करने के लिए मजबूर कर दिया जाताहै। इससे आदिवासियों की परम्परागत खेती नष्ट होने लगी और एक संस्कृति का विनाश भी होने लगा।

सांमती और अँग्रेजों के खिलाफ संथाल आदिवासियों ने हथियार उठाया जिसका नेतृत्व सिदो, कान्हू, चाँद और भैरव ने किया। यह एक ऐसा आन्दोलन था जिसमें सभी शोषित वर्ग शामिल थे। पहाड़िया, भूइया, लोहार, कुम्हार, तेली, जनाई आदि सभी समुदायों के लोग संथालों तथा अन्य आदिवासियों के साथ अपनी सारी विभागियताओं को भुलाकर आन्दोलन में भाग लिया।

छापामार तरीके से युद्ध किए आदिवासियों का मुकाबला करना अँग्रेज़ों और सामंती सेनाओं के लिए आसान बात नहीं थी। आदिवासी विद्रोहियों ने कई शोषणकारी और मानवता-विरोधी सत्ताधिकारयों और सांमती लोगों को मौत के घाट उतार दिया था। आदिवासियों की एकजुटता पर अँग्रेज़ी सत्ता वर्ग अधिक भ्रमित हुए। औपनिवेशिक सरकार की कूटनीति के तहत संथालों

के गाँव गाँव जला दिए गये। संथालों को देखते ही गिरफतार कर लिया जाता था। सिदो और कानहू को पकड़ कर फाँसी देने के पश्चाचात धीरे-धीरे यह आन्दोलन कमजोर होने लगा।

1855 का यह आन्दोलन औपनिवेशिकता के खिलाफ हुए महान जन क्रान्ति था। इतिहासकारों द्वारा नज़र अंदाज़ किए उनके इतिहास के अनेक पहलुओं को उपनयास में उजागर करने का खास प्रयास हुआ है।

## हुल पहाड़िया

'हुल पहाड़िया' राकेश कुमार सिंह का दूसरा ऐतिहासिक उपन्यास है। इस उपन्यास की मूल कथा तिलका मांझी के नेतृत्व में पहाड़िया आदिवासियों द्वारा औपनिवेशिकता के खिलाफ चलाए स्वाधीनता आन्दोलन है। तिलका मांझी भारतीय स्वाधीनता आन्दोलन के प्रथम नेता थे। इतिहासकारों ने तिलका मांझी की भूमिका इतिहास में एक आदिवासी नेता तक सीमित किया। दरअसल उपन्यासकार इस उपन्यास के ज़रिए तिलका मांझी को स्वाधीनता आन्दोलन के नेता के रूप में प्रतिष्ठित करना चाहता है।

जंगल तराई (वर्तमान झारखंड बिहार) क्षेत्र में ईस्ट इंडिया कम्पनी अपनी हुकूमत लागू करना चाहती थी। लेकिन संथाल परगाना के पहाड़ियों ने कभी भी अँग्रेज़ों का स्वामित्व स्वीकार नहीँ किया। आदिवासियों ने सशक्त ढंग से साम्राज्यवादियों के इस मंशा का प्रतिरोध किया। कम्पनी ने अपनी राजनीति बदल दी। आदिवासियों की हिमायती और हमदर्द बनकर अधिकारियों ने उनका विश्वास ले लिया। इसके फलस्वरूप "पहाड़िया मांझिया सरदार तक को कम्पनी की ओर से उपहार भेजे गये थे। बकरे, मुर्गियों, कपड़े, गायें, आभूषण।"[5] कम्पनी की दूसरी कूटनीति यह रही थी कि पहाड़िया क्षेत्रों में संथालों को बसाना। इसमें सफल हुए अँग्रेज़ों की कूटनीति को पहाड़िया आदिवासी समझ ही नहीं पाये। यह आदिवासियों को कम्पनी प्रशासन के तहत लाने का षडयन्त्र मात्र था।

पहाड़िया स्वतन्त्रता प्रेमी वन्य जाति है। अपनी स्वतन्त्रता पर संकट खड़ा कर दिये, हर ताकतों से वे प्रतिरोध कर रहे थे। धीरे-धीरे उनको पता चल गया कि ब्रिटीश कम्पनी के शासक अपने मतलब के लिए हमें ही आपस में लड़ा देते है। आदिवासी चौका और सावधान हो गया। कम्पनी के इस शासन और शोषण से उनमें विद्रोह की भावना जागृत हुई। तिलका गाँव के माँझी बनने के बाद ही आदिवासियों ने कम्पनी के खिलाफ संघर्ष शुरू किया। तिलका ने अयरकूट और क्लीवलण्ड की सेनाओं को लगातार पराजित किया। पहाड़िया क्षेत्र में कम्पनी शासन लाने की सारी कूटनीतियाँ असफल होती रही। आखिर में जनरल अयरकूट की कूटनीति के अनुसार पहाड़िया आदिवासी क्षेत्र की घेराबन्दी की जाती है। इस बार के संघर्ष में पहाड़िया सैनिक बड़ी मात्रा में मर जाते हैं। तिलका पकड़ा गया और भागलपुर में फाँसी दे दी जाती है।

उपन्यास में तिलका के साथ संघर्ष किए राणी सर्वेश्वरी का योगदान भी महत्त्वपूर्ण तरीके से चित्रित किया गया है। औपनिवेशिकता के खिलाफ के आन्दोलनों में स्त्री कभी भी पुरुष के पीछे नहीं थी।

## धूणी तपे तीर

हरिराम मीणा का उपन्यास 'धूणी तपे तीर' राजस्थान के दक्षिणी भूभाग में ब्रिटीश सामंती

मिलीभगत के विरूद्ध हुए आदिवासी विद्रोह पर आधारित है। 1913 ई में मानगढ में हुए यह विद्रोह 'राजस्थान के जालियानवाला बाग' माने जाते हैं। इतिहास प्रसिद्ध अमृतसर के जालियनवाला बाग हत्याकांड के छः वर्ष पूर्व घटित इस सामूहिक नरसंहार में 1500 से अधिक आदिवासियों ने अपने प्राणों की आहूति दी। अतः जालियनवाला बाग हत्याकंड से चार गुना अधिक बाशिन्दे यहाँ शहीद हुए। देश के सवर्णवादी इतिहासकारों ने अपने इतिहास ग्रन्थों में इसको अंकित करने का लायक नहीं समझा, चूँकि इस विद्रोह का नायक आदिवासी थे। जिस प्रकार अँग्रेज़ी हुकूमत और स्थानीय राजा महाराजा ने इस विद्रोह को कुचला-दबा दिया, इतिहासवेत्ताओं ने इतिहास के पन्नो में इस विद्रोह को हटा दिया।

मानगढ के आदिवासियों का यह विद्रोह मामूली उपद्रव नहीं था। ब्रिटिश उपनिवेशन से पहले जंगल तथा अपनी ज़मीन तक आदिवासियों का निर्विवाद स्वामित्व था। औपनिवेशिक अधिकारियों ने स्थायी बन्दोबस्त से भूमि का स्वामित्व स्थायी ज़मीदारों को सौप दिया। फलतः आदिवासियों ने धीरे-धीरे इसके खिलाफ विद्रोह शुरू किया। पहला सफल विद्रोह बारापाल और पड़ोन में हुआ और धीरे-धीरे यह दूसरे इलाकों में भी फैल गया। इसकी चरम परिणिति 1913 के मानगढ विद्रोह में हुई। बंजारा जाति के समाज सुधारक गोविंद गुरू नेइस आन्दोलन का नेतृत्व किया। वे गोविंद गुरू, स्वामि दयानन्द जैसे महापुरुषों के विचारों से प्रभावित थे और उन्होंनें आदिवासी समाज के उत्थान हेतु जागृति का कार्य किया। उसके विचार से प्रभावित होकर भील, मीणा, गारतिया, दनोत जैसे आदिवासी लोग गोविंद के अनुयायी बन जाते हैं। गोविंद गुरू का यह आन्दोलन न केवल ब्रिटीश सामंती गठजोड़ के खिलाफ का विद्रोह मात्र नहीं था, एक धार्मिक एवं सामाजिक सुधार आन्दोलन भी था। यह आन्दोलन नशाबन्दी, धर्म के प्रति आस्था का विस्तार, शिक्षा के प्रति जागरूकता, साफ-सफाई, डायन-वध, जादू टोना आदि कई आन्तरिक समस्याएँ सम्बन्धी चेतना फैलाता है।

बेगारी की प्रथा आदिवासियों के लिए एक प्रमुख समस्या थी। इसमें आदिवासियों को बिना मज़दूरी से काम करवाते थे। विरोध करते लोगों को उन्हें कोड़े से मारे जाते, खुद के तो हाथ पैर तक कटवा दिये जाते थे।

अपनी स्वार्थ शक्ति से प्रेरित अँग्रेज़ी शासन ने कई ऐसे कानूनों को लागू किया जिससे आदिवासियों का जीना और भी दूभर हो गया। गोविंद गुरू के प्रभाव से गाँव में सन्त सभाओं की स्थापना होती है जिसकी वजह से आदिवासियों ने अपनी सारी समस्याओं से प्रतिरोध करना शुरू किया। गोविंद गुरू ने घूम घूमकर गाँव गलियों में जागृति और अन्याय-अत्याचार के प्रतिकार के लिए समर्पित और निष्ठावान कार्य-कर्ताओं का एक संगठन खड़ा किया। अतः 1913 में लड़ाई शुरू हुई। अधिक से अधिक आदिवासियों ने इसमें एकत्रित होकर औपनिवेशिक सत्ता के खिलाफ अपना प्रतिरोध व्यक्त किया। राजपुताना के सामंती शासक और कम्पनी सरकार द्वारा मिलजुलकर इस विद्रोह को नृशंसतापूर्वक कुचल दिया गया। हरिराम मीणा ने इतिहास द्वारा ग्रसित आदिवासियों के इस स्वाधीनता आन्दोलन को एक खास पहचान देने की कोशिश की है।

## निष्कर्ष

हिन्दी के ये उपन्यास आदिवासियों को एक मुकम्मल पहचान देने में सफल हुए है। उपनिवेश काल के आदिवासियों का विद्रोह और आन्दोलन स्वतन्त्रता संग्राम के इतिहास

में शामिल करना अनिवार्य है। इतिहासकारों द्वारा नज़रअंदाज किए उनके आन्दोलनों को उपन्यासकारों ने महत्त्वपूर्ण छवि प्रदान की है। वे अपनी इन रचनाओं के ज़रिए इन आन्दोलनों को मुख्यधारा इतिहास में जोड़ने के लिए हमें मजबूर करते हैं। साथ ही साथ अभिजनवादी इतिहासकारों की पक्षवदी चेतना पर भी प्रहार करते हैं।

## सन्दर्भ ग्रन्थ सूची


1. जंगल के दावेदार, महाश्वेतादेवी, पृ. 10
2. जंगल के दावेदार, महाश्वेतादेवी, पृ. 85
3. बाजत अनहद ढोल, मधुकर सिंह, पृ. 11
4. बाजत अनहद ढोल, मधुकर सिंह, पृ. 14
5. हूल पहाड़ियौ, राकेश कुमार सिंह, पृ. 151

# आदिवासी जीवन की गूँजती आवाज़

***हेरमन पी.जे***

अँग्रेज़ों से अहिंसात्मक लड़ाई लड़कर सालों की यातना एवं गुलामी के बाद ही हमें स्वतन्त्रता मिली, लेकिन जिस स्वतन्त्रता का हम आस्वादन कर रहे हैं, अब सत्तर साल बीत गये हैं, लेकिन स्वतन्त्रता तो दूर, जीने के अधिकार से भी वंचित, तथा उपेक्षित, अभिशप्त, शोषित, अशिक्षित एवं हाशिएकृत एकमात्र समुदाय है तो वह आदिवासी समाज है। अब भी वर्तमान भारत के सुदूर अंचलों में, घने जंगलों में, पहाड़ों में रहते हुए सामान्य नागरिकों को प्राप्त सुख-सुविधाओं से अनभिज्ञ अधिकांश आदिवासी आधुनिक सुविधाओं से दूर, पहले से भी बदत्तर जिन्दगी जीने के लिए, अपमान और यातना सहने के लिए आज भी मजबूर हैं। विकास और जीवन की मुख्य धारा में लाने का सशक्त प्रयास विभिन्न सरकारों द्वारा समुचित मायने में नहीं किया जा रहा हैं। आज भी कई आदिवासी समुदाय मूलभूत सुविधाओं और अधिकारों से वंचित होकर अपने अस्तित्व एवं अस्मिता के संकट की लड़ाई लड़ रहा हैं। सम्पूर्ण भारत में आदिवासी समुदायों की संख्या लगभग आठ करोड़ है। इन समुदायों का उत्पीड़न आज भी हो रहा हैं। उन पर अनेकानेक जुल्म आज भी हो रहे है।

आदिवासियों की दशा सुधारने हेतु संविधान में अनेक प्रावधान उपलब्ध कराए गये हैं। संविधान के अनुच्छेद 19(5) के अन्तर्गत भारत के नागरिकों को अनुसूचित जनजातियों के क्षेत्र में अबाध संचरण की अनुमति नहीं है। जिससे इनकी लोक संस्कृति एवं लोक भाषा का अस्तित्व खतरे में पड़ने से बचाया जा सके। इसके अतिरिक्त संविधान के अनुच्छेद 15(4) 15(5)16(4ए) आदि में भी वंचित तबकों को समान अवसर प्रदान करने के लिए विशेष प्रावधान किए गये हैं। आखिर आदिवासियों के लिए ये विशेष प्रावधान क्यों दिया गया है। वे अधिक संवेदनशील है, अधिक कलात्मक, उदात्त, सरल और सहनशील हैं। वे ताल, लय स्वर में पारंगत है। वे जीवन का व्यापार नहीं करते वह जीने का नियम जानते है। हर परिस्थिति में जीते हैं। वे प्रकृति की आपदा सहते हैं। वे प्रकृति को नष्ट नहीं करते अपितु उसे पालते पोसते हैं। जब कि मैदानी मानव प्रकृति को नष्ट करता आया है। आदिवासियों को कला का व्यापार नहीं आता। कला उसकी आदत है। गीतों को वे बेचता नहीं, बल्कि वे उनसे समृद्ध होते है। नृत्य को वे प्रदर्शन करना नहीं जानते उससे वे अनुशासित होते हैं। इन आदिवासियों को देखने के लिए या तो 26 जनवरी को या 15 अगस्त या आदिवासी मेले में या विदेशी नेताओं के आगमन के दौरान् एक प्रदर्शन वस्तु याने कि एक चीज़ की तरह आदिवासियों को पेश किया जाता है, और इनके नृत्य या संगीत का प्रदर्शन भी करवाया जाता है। तदुपरांत घोषणा करते हैं कि, Incredible India–अतुल्य भारत, Shining India– चमकता भारत। ये नारे पहले अँग्रेज़ी में तैयार किया जाता है फिर बाद में अनुवाद किया जाता है। तैयार करने वाले भी उन्नत

प्रबन्धन संस्थानों से उत्तीर्ण होकर उतरने वाले होते हैं जिनका इन आदिवासियों से किसी प्रकार का सम्बन्ध या लेना देना नहीं है। इन प्रबन्धकों द्वारा वास्तव में जो नारा सरकार के लिए बनाया जाता है, उसका सही अर्थ की ओर सम्भवत इनका ध्यान नहीं रहा हो। Incredible का अर्थ अतुल्य होगा तो दूसरा अर्थ अविश्वसनीय और तीसरा अर्थ होगा सन्देहास्पद। शब्द में अर्थ कर्म से आता है। सत्ताधारियों के, सरकार के कर्म से साबित होता है कि Incredible का अर्थ अतुल्य नहीं अविश्वसनीय है।

देश का विकास ही सत्ताधारियों का लक्ष्य है। लेकिन यदि विकास सबके लिए लागू नहीं है तो बह विकास नहीं कहा जा सकता। समानता सब के लिए होना चाहिए अन्यथा वह विकास नहीं है। लेकिन समानता शब्द आदिवासी, दलित, और स्त्री तथा अन्य पिछड़े वर्ग के लिए लागू नहीं है। समानता आदिवासियों के सन्दर्भ में सबसे बड़ा मज़ाक है। राजा दुष्यन्त के दरबार में शकुन्तला के व्याख्यान के उपरान्त दुष्यंत ने विस्मय से पूछा 'किमिदमुपन्यास्तम्' याने कैसा उपन्यास या कल्पित कहानी सुना रही हो। कालिदास के साहित्य में उपन्यास के इस उल्लेख से बोध हो सकता है कि हक की आवाज़ ही उपन्यास है, उपन्यास का, कल्पित कहानी या कथा का पुराना सम्बन्ध है। अँग्रेज़ी के शब्द नोवल से, जिसका अर्थ नया होता है, उपन्यास इस अर्थ में भिन्न है कि यह हमेशा हक की आवाज़ होता है। प्राचीन महाकाव्यों और लोक कथाओं में ढ़ेरों जगह है, जहाँ बहिष्कृत और वंचित बोलते हैं, प्रश्न उठाते हैं और जीवन का अर्थ खोलते हैं, नये युग के हिन्दी उपन्यासों में यह सिलसिला बना हुआ है। हिन्दी उपन्यास यात्रा कई मोड़ों से होकर गुज़री है। साहित्य समाज का दर्पण है लेकिन यह बात दुर्भाग्यपूर्ण है कि इस दर्पण में सिर्फ आदिवासी समुदाय बहुत कम, धुँधला और विकृत रूप में दिखाई देता है। इस विकृत रूप को सुधारने की कोशिश वर्तमान युगीन कई रचनाकारों ने की है। इन रचनाकारों में श्री संजीव जी ने अपने उपन्यास 'जंगल जहाँ शुरू होता है' के माध्यम से हर तरफ से पीड़ित एवं शोषित आदिवासी जीवन को पाठकों के सम्मुख प्रस्तुत किया है। संजीव जी ने अपने जीवन के बारह वर्ष के निरन्तर श्रमसाध्य शोध कार्य के पश्चात ही बिलकुल अलग शैली में जंगल में जीवन बितानेवाले इन नादानों की अरण्य गाथा पेश की है।

संजीव ने प्रस्तुत उपन्यास में पश्चिमी चंपारन जिले के मिनी चंबल के जंगल तथा वहाँ की आदिवासी थारु जनजाति की समस्याओं को केन्द्र में रखने की कोशिश की है। यहाँ आदिवासियों का प्राकृतिक संघर्ष, जमींदारों द्वारा किया जा रहा शोषण, बेगारी, औरतों का शारीरिक शोषण, पुलिस द्वारा आदिवासियों पर किए जाने वाला अत्याचार, नेताओं के द्वारा डाकुओं की मदद से चुनाव के दौरान बूथ कैप्चरिंग आदि मुद्दों पर भी ध्यान दिया गया है। संजीवजी ने यहाँ बिलकुल भिन्न शैली में अपने सालों के शोध कार्य के ज़रिए आत्मसात किए गये हकीकतों तथा सूचनाओं को एक विशिष्ट कलात्मक ढंग से पिरोकर आदिवासियों द्वारा लड़ी जानेवाली लड़ाई को चित्रबद्ध किया है। किस प्रकार थारु जाति के आदिवासी लोग संरक्षक और न्याय व्यवस्था तथा समाज के ज़मींदार, सभी लोगों द्वारा समान रूप से दमित, शोषित एवं पीडित हैं। एक नादान आदिवासी युवक किस प्रकार मौजूद सामाजिक न्याय व्यवस्था का शिकार होकर, काखी वर्दीवालों से तंग आकर अन्त में लाचार होकर डाकू बनने के लिए मज़बूर हो जाता है ऐसी करुण कहानी ही यहाँ पेश की गयी है।

आदिवासियों की दबती आवाज़ को बुलन्द करनेवाला पात्र है काली। परिस्थितियों के दबाव

में पढ़ाई से दूर रहना पड़ा फिर भी थोड़ा बहुत पढ़ा लिखा है। काली का भाई है बिसराम और एक साथ मेहनत करने वाले थे। हालात से मार खाकर दोनों के खेत गिरवी पड़े थे। प्रान्त के मिल बन्द पड़ने के कारण किसी को रोज़गार नहीं मिलता था। लेकिन काली तो ठेकेदार सुलेमान खाँ के यहाँ मज़दूरी करने जाता है, लेकिन ठेकेदार मज़दूरी देने को तैयार नहीं होते हैं और इनकार करता है निर्दय होकर काली को खाली हाथ वापस भेज दिया जाता है। लेकिन एक दिन काली को पता चलता है कि वही निर्दयी सुलेमान ठेकेदार से डाकू परशुराम पन्द्रह हजार रुपये वसूलता है। काली सोचने को बाध्य होता है कि ठेकेदार के पास मज़दूरी देने के लिए पैसे नहीं लेकिन डाकुओं को देने के लिए मूँह माँगे रुपये। अपने आप सोचता है कि मेहनत और सच्चाई का कोई महत्त्व नहीं है, किस प्रकार डाकू परशुराम बन्दूक के नोक पर खड़ा करके कठोर हृदय वाले ठेकेदार सुलेमान से बिना काम किए रुपये वसूलता है। हक की कमाई माँगने पर ठेकेदार जैसे लोग कीड़े की तरह गाली देते हैं और देने के लिए उनके पास पैसे नहीं हैं, और दूसरों की कमाई डकारने वाले दुराचारी लुटेरे परशुराम के लिए बिना किसी यत्न के पन्द्रह हज़ार। काली सोतने लगता है, कि क्या यही सामाजिक न्याय व्यवस्था है, इस व्यवस्था में किस प्रकार शान्तिपूर्ण जिवन बिताया जा सकता है।

समाज में चालू जीर्ण व्यवस्था के बारे में सोचने के लिए काली मज़बूर हो जाता है। वही सामाजिक व्यवस्था काली के परिवार को नष्ट कराती है। यह कैसी सामाजिक व्यवस्था है, न्याय माँगने के लिए किसके पास जाय, पुलिस बिकी हुई है, रानीमहल सरकारी डाकखाना है मगर पुलिस मन्त्रियों का ऐय्याशी का अड्डा बन चुका है। काली के मन में और कोई रास्ता दिखाई नहीं देता।" हक की कमाई माँगने पर ठेकेदार के पास पैसे नहीं हैं और हराम की कमाई डकारनेवाले दुराचारी लुटेरे परशुराम के लिए पंद्रह हज़ार। आग घुल रही है काली के मन में। क्या वह इन हरामखोरों की बेगार करने और उनकी गाँड धोने के लिए ही पैदा हुआ है? हतक हतक हतक। हतक के सिवा कुछ नहीं। ऐसे अन्याय पर उसे क्या करना चाहिए– यह बताने वाला कोई नहीं- न कोई देवी-देवता, न कोई साधु-फकीर, न कोई लीडर-अफसर। हर तरफ अँधेरा है, हर तरफ घुटन।"[1] काली की मनोदशा को संजीवजी ने इस प्रकार व्यक्त किया है।

न्याय और धर्म के संरक्षण करने वालों द्वारा ही अक्सर सामान्यतया जनता पर अन्याय किया जाता है। डाकुओं की समस्या से जनता को बचाने के खातिर जिस आभियान के तहत पुलिस अधिकारियों को उस प्रान्त की रक्षा सौंप दी गयी थी उन्हीं संरक्षकों द्वारा ही जनता का शोषण किया जा रहा है। जब उच्च पुलिस अधिकारी अपने अधीनस्थ अधिकारियों को सख्त रूप में निर्देश देते हैं कि क्या करें और क्या न करें फिर भी सारे नियमों को हवा में उडाकर अधिकारीगण अपनी मनमानी करते हैं। यहाँ सबसे देखने योग्य बात यह है कि डाकू समस्या को दबाने हेतु सकारात्मक दृष्टि से संचालित अभियान के नाम पर उन तमाम अनुदेशों को दबाते हुए किस परिस्थिति में इन बेचारे आदिवासियों पर अत्याचार किया जा रहा है। अपने साथियों को किस प्रकार अभियान के दौरान् व्यवहार करना है इसके सम्बन्ध में उच्च पुलिस अधिकारी सिन्हा साहब स्पष्ट रूप में निर्देश देते हैं कि "एक, किसी निर्दोष व्यक्ति नागरिक को परेशान नहीं करेंगे। दो, किसी भी घर के अन्दर सर्च तलाशी के लिए कोई भी पुलिसकर्मी बिना किसी अफसर और उस घर के सदस्य को साथ लिए अकेले नहीं जायेगा। तीन, अभियान का हर सदस्य एक जिम्मेवार पुलिसकर्मी की तरह पेश आयेगा। वह किसी जंगली जानवर का

शिकार नहीं करेगा, न किसी महिला आदि को, न ही किसी दूसरे आदमी को उत्पीडित करेगा।"[2] लेकिन इसके बावजूद डाकुओं की मदद करने के नाम पर तथा उनको खाना पहुँचाने के नाम पर निर्दोष आदिवासियों पर दर्दनाक् कारवाई की जाती है। बिसराम की पत्नि रोती हुई कहती है। "पूछा, तुम डाकू का मदद करता है। हम बोले, नहीं। उ बोले, तुम खाना बनवा के बाबर भेजता है, रात में खटिया पे लेके सोता है। हम बोले, हमको मारने लगे तो के बचाने आयेगा? ऊ गाली दिया। हम चुपचाप सुनते रहे। फिर बोला तुम काहे आये, तुमरा जवान लड़की नहीं है? तब तो हमरा आग लग गया, बोले, है। ऊ बोले, तो जाओ, भेज दो। केस खलास कर देंगे। हम बोले, आप जाईएगा उसके पास? ऊ बोले जाँएगे? हम बोले, ऊ भगवान के पास गिया चले जाईए। बस इसी पे लगे मारने हमको। दारु पिए हुए थे। बहोत मारा, बहो....त। अब हम किसी काम के नहीं रह गये। नँय बचेंगे हम। हमरा बच्चा का का होगा, हे राम "[3] कहाँ न्याय व्यवस्था डूब गयी है, और न्याय अमल में लाने वाले वर्दीधारियों द्वारा ही इतना बड़ा अन्याय इन बेचारे थारू जातियों पर किया जा रहा है।

जहाँ पर डाकुओं को मिटाने हेतु सरकार से सुस्सजित किये गये सेना को तैनात किया गया है वहाँ पुलिस अधिकारियों की जिम्मेदारी बन जाती है कि अपना काम वे ईमान्दारी से ही करें यही अपेक्षा हैं। हर महीने पहली तारीख को पुलिस अफसरों की बैठक होती है, और इस मीटिंग में उन्हें अपनी बहादूरी का सबूत प्रस्तुत करना पड़ता है। यदि इस बैठक में किसी प्रकार का आंकडा पेश नहीं किया गया तो यह सेना की ईमान्दारी पर प्रश्न चिन्ह लग सकता है। इसलिए अधिकारी चाहता है कि बैठक में कुछ न कुछ आंकडे पेश किए जाये कि हमने इतने डाकू पकड़े और इतने डाकूओं को मारा। यही पुलिस फर्जी एनकाउंटर के नाम पर न जाने कितने बेकसूर लोगों के जीवन लेते हैं। एनकाउंटर के लिए सब इंस्पेक्टर झाजी चार से छह बन्दूकधारी सिपाही को लेकर जाते हैं।" काली जिस चीज़ की तलाश में वहाँ आया था, वह तो नहीं मिली, मगर यहाँ पहली बार उसने देखा कि संभोग या बलात्कार क्या चीज़ है, लौंडेबाजी क्या चीज़ है। एक अजीब-सा उत्तेजक सनसनाता अनुभव। दो दिन के बाद वह लगभग लौटने ही वाला था कि आहट हुई। वे सचमुच किसी आदमी को ले आ रहे थे जो लगभग नशे की-सी हालत में पुतले-सा चल रहा था। झाजी ने दूर से खड़े होकर इशारा किया। एक सिपाही ने निशाना साधा—धाँय। धाँय। धाँय, पक्षी चीत्कार करते उड़ गये। वह आदमी हलका-सा छटपटाया फिर शान्त। अब बाकी लोग उसकी टाँग पकड़कर खींचते हुए ले जा रहे थे।"[4] जैसे हम अपने अखबारों से कभी कभी सुनते हैं कि पुलिस एनकाउंटर में करीब चार डाकू मारे गये और कुछ लोगों को गिरफतार किए गये, लेकिन कभी कभी हकीकत वास्तविक घटना से कोसों दूर रहती है जैसे रचनाकार ने यहाँ दिखाया है। दूसरे सन्दर्भ में उपन्यास में ही दिखाया है कि हमारे देश की पुलिस पर इलाहाबाद उच्च न्यायालय के चीफ जस्टिस के मूँह से टिप्पणी करवायी गयी है। उनके अनुसार पुलिस अपराधियों का सबसे बड़ा संगठित गिरोह है। न जाने कब हमारी पुलिस को यह बात समझ में आयेगी कि डाकू समस्या अपने बुनियादी रूप में एक मानवीय समस्या है कि मारपीट, एनकाउंटर की आड़ में हत्या और डकैतों की तरह अपहरण कर उनसे ब्लैक मेलिंग करना जख्म पर मरहम लगाना न होकर उसे खरोंचना है। उन्हें आत्मसमर्पण का मौका दिया जाना चाहिए ताकि वे एक सम्मानित ज़िंदगी में वापस आकर समाज की बेहतरी के लिए कुछ कर सकें। लेकिन कुमार के कहने पर कि आत्मसमर्पण ही एकमात्र रास्ता है, और मुकदमा

चलेगा और कुछ सालों की सज़ा ही तो होगी, और बचाने की कोशिश करेंगे, तो काली ठीक तरह से जानता है और जवाब देता है कि, "एनकाउंटर के नाम पर मारकर फोटो खिंचवाने का शौक हो ते अलग बात है, दूजे मुकदमे और सजा के बाद मेरी जाति नहीं बदल जायेगी, हालात नहीं बदल जायेंगे, मैं फिर उसी दलदल में सड़ूँगा।"[5]

सरकार तथा अन्य स्वैच्छिक सामाजिक संस्थाओं द्वारा आदिवासियों के उद्धार लक्ष्य करते हुए चाहे कितनी भी योजनाएँ कार्यान्वित की जायें, इसका सकारात्मक असर आदिवासियों को कभी नहीं पड़ता, यहीं नहीं ऐसी परियोजनाओं का गुण भोगने वाला और कई अन्य वर्ग ही होते है। इन लोगों को लक्ष्य करते हुए जो भी आर्थिक या अन्य प्रकार की योजनाएँ बनाएँ इन के यहाँ नहीं मिलती। काली के शब्दों में "हम थारु वैसी ही कंगाल की ज़िंदगी जी रहे हैं– औरत भी, मर्द भी। इतिहास अगर कुछ रहा भी हो तो, सड़-गलकर बदबू दे रहा है। बदबू को ठक़ने के लिए हमने तरह-तरह के तरीके अपनाए– थारू गाय का दूध नहीं पीते, थारु हिरण का मांस नहीं खा सकते वगैरह-वगैरह, मगर लाज थी कि उघरती ही गयी। अच्छा हुआ कि सरकार ने हमें ट्राइबल्स मान लिया।"[6] काली कम से कम आश्वस्त होता है कि अपने जन जाति को संविधान में ट्राइबल्स के रूप में मान्यता दी गयी है। यहाँ रचनाकार स्पष्ट करता है कि इन्हें बचाने या इनका उद्धारण करने में कोई तैयार नहीं होते। सरकार की ओर से बहुत सारे वादे और योजनाओं की एक बड़ी श्रृंखला ही इनके लिए तैयार की गयी है, लेकिन ये सारी गतिविधियाँ व्यर्थ होती जा रही हैं। दुर्भाग्य की बात यह है कि इनकी रक्षा के लिए जिन वर्दी धारियों को पुलिस के नाम पर तैनात किया गया है यहाँ सिर्फ एक वर्दीधारी से नहीं बल्कि काखी पहननेवाले दो वर्दीधारियों से एकसाथ पिसता जा रहा है। डाकुओं और पुलिस दोनों की वर्दी काखी ही है, और ये बेचारे इन वर्दीवालों से एकसमान पीड़ित हैं। अपने जंगल में एक पहरेदार के समान अपनी थारु जाति के संघर्ष की आवाज़ बुलन्द करते हुए, न्याय व्यवस्था से रूपायित अन्यायों के खिलाफ लड़ने के लिए हमेशा के लिए अकेला काली निड़र होकर खड़ा रहता है।

## सन्दर्भ ग्रन्थ

1. जंगल जहाँ शुरू होता है, संजीव, राधाकृष्ण प्रकाशन, पृ. 93।
2. वही, पृ. 9।
3. वही, पृ. 27।
4. वही, पृ. 129।
5. वही, पृ. 139।
6. वही, पृ. 137।
7. भारतीय समाज में प्रतिरोध की परम्परा, मैनेजर पाण्डेय, वाणी प्रकाशन, 2013, पृ. 142।
8. आज के सवाल और साहित्य- मनोज पाण्डेय, विश्वभारती प्रकाशन, 2015 पृ. 61, 373।
9. हिन्दी उपन्यास राष्ट्र और हाशिया, शंभूनाथ, वाणी प्रकाशन। 2016, पृ. 294।

# स्त्री का राजनैतिक पहल

## *हेना*

भारत देश या राष्ट्र की बात जब आती है, तब विद्यानिवास मिश्र जी की व्यंग्यात्मक उक्ति हमारा ध्यान बरबस आकर्षित करती है–

"पिछले बीस वर्षों में ऐसी विचित्र उलट-फेर हुई है कि राष्ट्र राज्य के नीचे तला गया है और राज्य कुर्सी के नीचे चला गया है। ऐसी स्थिति में राष्ट्र के भी ऊपर जिस मातृभूमि का स्थान था, उसकी तो कोई चर्चा ही नहीं है। है तो हाशिये में।"[1]

पुरुष सत्तात्मक राजनैतिक व्यवस्था के अखाड़े में आज विकृतियों का जमाव ही जमाव है। राजनीति के नाम पर मूल्यहीन एवं आदर्शहीन शक्ति के गठबंधनों का दलदल ही फैलता जा रहा है। पिछले कुछ दशकों से तीस प्रतिशत आरक्षण की माँग को लेकर संसद में जो नाटकबाजी चली आ रही है, इससे इतना तो स्पष्ट हो जाता है कि पुरुष वर्चस्ववादी राजनीति के क्षेत्र में स्त्री का प्रवेश दूर दूर तक सम्भव नहीं है। इन्हीं परिदृश्यों के बीच मैत्रेयी पुष्पा की ग्रामीण अनपढ़ स्त्री राजनीति के अभेद्य चक्रव्यूह में प्रवेश का साहस करती है। मैत्रेयी पुष्पा के उपन्यासों में जो राजनैतिक सन्दर्भ आये हैं, वे यही संकेत करते हैं कि राजनीति दूर से देखने या घृणा की वस्तु नहीं है बल्कि सामाजिक परिवर्तन का सशक्त माध्यम है। 'इदन्नमम' की मंदा, 'अल्मा कबूतरी' की अल्मा, 'चाक' की सारंग राजनैतिक चेतना से युक्त स्त्रियाँ हैं। 'चाक' के विषय में खगेंद्र ठाकुर का कथन है– "पूरे उपन्यास में पार्टियों के, राजनीतिक नेताओं के, राजनीतिक नारेबाजी के नहीं होते हुए भी 'चाक' आज के युग का महत्त्वपूर्ण राजनैतिक उपन्यास है।"[2] मैत्रेयी पुष्पा की पैनी दृष्टि ने देश की वर्तमान राजनीति की विसंगतियों को पहचाना है। जनतांत्रिक व्यवस्था की असंगतियों, नेताओं के ढोंग, चुनावी तिड़कम सभी उनके उपन्यासों में अवतरित होते हैं। मैत्रेयी पुष्पा के उपन्यासों में वर्तमान राजनीति के बाह्य आवरणों को भेदकर भीतरी तहों में पहुँचने और राजनीति की छवि में आमूलचूल परिवर्तन की तीव्र आकांक्षा दीख पड़ती है।

हमारे देश में शासन की लोकतांत्रिक प्रणाली प्रचलित है। दुनिया के लगभग सभी देश जनतांत्रिक शासन व्यवस्था की ओर बढ़ रहे हैं। किन्तु लोकतन्त्र सिर्फ राजनीति या शासन की प्रणाली नहीं है। यह मानव जीवन के सभी पहलुओं में व्याप्त होनेवाला दर्शन है। किन्तु आज यह सिर्फ राजनीति का शब्द बनकर रह गया है। इतना ही नहीं लोकतन्त्र अपनी वास्तविक अर्थवत्ता भी खोता जा रहा है। राजकिशोर का कथन है– "इस सीमित दायरे में भी इतनी विकृतियाँ आ घुली हैं कि सिर्फ लोकतन्त्र का ढाँचा भर बचा है, उसका स्वत्व क्षीण होते-होते नदारद हो चुका है। चुनाव एक तकनीकी मामला है, जिसमें सफलता को हमेशा एक ऐसे तरीके से परिभाषित किया जाता है जो प्रतिनिधित्व को संदिग्ध बना देता है।"[3] मैत्रेयी पुष्पा लोकतन्त्र

के इन्हीं आधारभूत तत्वों पर प्रश्नचिह्न लगाती हैं।

वोटों की राजनीति ने चुनाव का स्वरूप ही बदल दिया। लोगों के वोटों के महत्त्व के कारण मन्त्री पद प्राप्त करने हेतु राजनेता जनता के सामने आदर्शों का पाखण्ड फैलाते हैं। दिखावे का व्यवहार करते हैं। मूल्यों, आदर्शों, सच्चाई और ईमानदारी के स्थान पर इसका ढोंग करते हैं। नेताओं के इस आचरण का खुलासा मैत्रेयी पुष्पा 'इदन्नमम' में करती हैं– "वे स्वभाव से मधुर और स्वाभिमान से स्निग्ध होते हैं। आत्माभिमान को ठेस चोट पहुँचानेवाली पानी की बूँद को नहीं रुकने-ठहरने देते अपने मन पर। बोल-कुबोल, रिस-गुस्सा, मेहर-कृपा को तोल जोखकर, देख परखकर बाँटते हैं। वादें-इरादों में नीर-क्षीर का अन्तर रखते हैं। अवसर ही आधार होता है इनके हर कदम का।

– वे सभी क्या करें? राजा बनने के लिए प्रजातन्त्र के चलते प्रजा का सेवक होने का स्वाँग भरना पड़ता है। उनकी विवशता है यह।"[4]

राजनैतिक पार्टियों की आपसी कलह और खेंचा-तानी में आम आदमी ही पिसता है। जन कल्याण के स्थान पर ये पार्टियाँ अपनी राजनैतिक छवि बनाने में लगी रहती हैं। अपने स्वार्थ के लिए वे देश की जनता की आवश्यकताओं से खिलवाड़ करते हैं। विकास का कोई कार्य राजनीतिक पार्टी के शासनकाल में शु डिग्री होता है, सरकार बदलते ही वह कार्य ठप्प हो जाता है। दूसरी राजनीतिक पार्टी के नेता इस विकास कार्य को पूरा करने में कोई रुचि नहीं दिखाते। देश के विकास के मार्ग को अवरुद्ध कर अपनी-अपनी पार्टियों को जिताना ही इनका उद्देश्य रह जाता है। राजनैतिक अवसरवादिता का शिकार 'इदन्नमम्' का अस्पताल होता है। दादा इस विषय में बतलाते हैं– "नुकीले खिचडी बालों को सहलाते हुए बोले, "मातौन दुरभाग तो यही है कि जिस सरकार ने अस्पताल बनाया था, तब के बाद सत्ता में आयी ही नहीं। जिस विरोधी पार्टी ने दंगा कराया था वह उस अस्पताल को क्यों चलने देगी? उनका बस चले तो बोंडरी समेत गिरवा दें। किवाड़-टाटी जलवा दें। राजकाज में बस यही रह गया है अब।"[5]

मैत्रेयी पुष्पा भारत देश की राजनैतिक पैंतरेबाजी की परत-दर-परत खोल कर रखती हैं। सामान्य जन इन यथार्थों से परिचित होते हुए भी कुछ कर पाने में असमर्थ होते हैं। राजनेता लम्बे संघर्ष के बाद ही नेता के रूप में उभरते हैं। अपनी दोगली नीतियों, आचरण और वक्तव्य के विरोधाभास, खोखले आदर्शों और स्वार्थ की अमानवीयता सब कुछ मैत्रेयी पुष्पा रोचक ढंग से प्रकट करती हैं। 'इदन्नमम' में राजनीतिक पार्टियों की गुटबाजियों और विरोध का शिकार होता है बऊ का बेटा महेंद्र। महेन्द अपनी गाँव की भलाई के लिए जी जान से प्रयत्न कर अस्पताल का भवन बनवाता है। किन्तु इस भवन के उद्घाटन के दिन ही राजनीतिक पार्टियों द्वारा उकसाये गये दंगे में महेंद्र की जान चली जाती है। दादा कहते हैं– "वे लोग, जीभ जुबान से लोकसभा-विधानसभा में लड़ते हैं। स्याही-कलम से अखबारों में, और करम-आचरण से हम औरों के बीच मचवाते हैं महाभारत। इन्हीं सब की भरपाई कर रहे हैं हम लोग। कुपरिनाम भोग रहे हैं।

- वे एकालाप सा करते हुए खोखली हँसी हँस दिए– लो यहाँ मार-काट मचवाकर सोग मनाते हैं दिल्ली-लखनाऊ में। आँसु बहाते हैं लोक सभाओं में। हमारे विनास का ढोल पीटते हैं अखबारों में। किते भाग्यी हैं हम। जाँच-कमीशन बैठे जाता है तुरन्त।"[6] मैत्रेयी पुष्पा यहाँ राजनेताओं की असलियत को सामने रखती हैं। ग्रामीण प्रदेशों में होनेवाले विनाश को वे

मीडिया में बड़े ज़ो-ज़ोर से प्रस्तुत करते हैं। टी.वी. पर शोक करते हैं। जाँच कमीशन बैठा कर अपने कर्तव्य इतिश्री कर लेते हैं। इस विनाशों के विष को इन दीन-हीन लोगों को लम्बे समय तक पीना पड़ता है। गाँववालों पर पड़नेवाली विपत्ती पर घड़ियाली आँसू तो बहाते हैं पर किसी प्रकार की वास्तविक सहायता वे नहीं करते हैं।

जब कोई पार्टी चुनाव में हारती है तो पार्टी प्रवक्ता बड़े सहज ढ़ंग से कहते पाये जाते हैं– चुनाव प्रचार ठीक ढ़ग से नहीं किया गया या चुनाव प्रचार में कुछ कमियाँ रह गयीं थी... वगैरह। यह कभी नहीं कहा जाता की हमने जनता की सेवा का कार्य नहीं किया। राजनीति में और जनतांत्रिक व्यवस्था में सबसे अधिक महत्त्व चुनाव का होता है। चुनाव के माध्यम से आम आदमी के हाथ में शासन की सत्ता आती है। शासन के लिए उचित प्रतिनिधि का चुनाव भी इसी माध्यम से होता है। लेकिन जनतन्त्र के आधारभूत सिद्धान्त पर अमल करने के स्थान पर नेता चुनाव को ही लक्ष्य मानकर चलने लगे हैं। जनता के प्रतिनिधि गाँव-प्रदेश के विकास के लिए कुछ विशेष नहीं करते किन्तु चुनाव पास आते ही ज़ोर-शोर से निर्मण कार्य होने लगता है। चुनाव समाप्त होने और प्रतिनिधि चुने जाने के बाद फिर से सारा काम बन्द हो जाता है। 'इदन्नमम' में मोती के प्रधान चुनाव के समय की अवस्था बतलाते हैं कि चुनाव से कुछ दिन पहले खबर आयी कि बिजली की व्यवस्था होनेवाली है। इंजिनीयर अफसर गाँव में आने लगे। गाँव नापा जाने लगा लोगों के बाड़े बखरी, पेड़ सब ढहाई गयी, गड्ढे खोदे गये, खम्भे लगाये गये। लेकिन चुनाव के खतम होते ही– "चुनाव गया, रौशनी गयी, फिर किसी के ध्यान में नहीं चमका वह गाँव। लोग अवाक् रह गये। आपस में क्या पूछें किसी से, जानता ही कौन था कि क्यों आँखें फेर ली अहलकारों ने क्यों विमुख हो गये नेता लोग, क्यों भूल गये कि हम प्रकाश के छलावे देने को खम्भे गाड़ नेता लोग, जिसकी एवज में मड़इयाँ ढहाई थीं, पेड़ काटे थे, हरियाली सुखा आये थे। उन ग्रामवासियों की आँखें जल-जलकर बुझ रही होंगी।"[7]

मैत्रेयी पुष्पा ने चुनावी राजनीति के यथार्थ स्वरूप को 'चाक' में व्यंग्य और हास्य की शैली में प्रस्तुत किया है। चुनाव के समय फतेसिंह का चातुर्य अपने पूरे उफान पर होता है– "पिछली बार क्यों हारे रामजी लाम्हन? फेतेसिंह वोटरों को पहले ही समेट ले गया था। दाऊजी के दर्सनों को-तुर्क आदमी। सिनेमा लगी बस में बैठकर लोग चक्क हो गये। गर्मी के मौसम में बस सिमला पहाड़। तोफा तेलिन को निमोनिया हो गया, पसलियाँ चढ़ गयी। पर तोफा ने लोगों के संग दाऊजी को भूल फत्ते के जैकारे डटकर बोले। चुनाव चिन्ह-लोटा लोटा लोटा। और लौटकर बस सीधे लैन लगाकर घुसा दिये भीतर। आदमी का मन बदलते देर लगती है भला? नाते-रिश्तेदार ही आँखों में भरमा लें। पालिटिक्स में भाई बड़ी सावधानी बरतनी पड़ती है।"[8] फत्तेसिंह को पता था गंगाराम का वोट नहीं मिलेगा। लेकिन इसलिए उसने जी खोलकर गंगाराम को दा डिग्री पिलाकर चुनाव के समय तक बेहोश रखा। इसी प्रकार कुँवर सिंह ने चुनाव के अवसर पर लोगों को वैष्णव देवी की जात के लिए ले जाने का आयोजन किया था। नीची जात का होने पर भी कुँवरसिंह के साथ उच्चवर्ग के लोग भी शामिल हो गये थे। रास्ते में अखबार में चुनाव स्थगित होने की खबर पढ़ते ही गाड़ी लौट पड़ी थी।

मैत्रेयी पुष्पा चुनावी चालबाजियों को व्यंग्यात्मक लहजे में उभारकर उसके पीछे के कटु सत्य से हमारा साक्षात्कार करातीं हैं। चुनाव के अजूबों में एक था भवानीदास की बहू सीमा का आना। सीमा शहरी पढ़ी-लिखी लड़की थी। शादी के पाँच वर्षों में सिर्फ तीन बार गाँव आयी थी।

अब चुनाव से कुछ पहले गाँव पहुँची है। गाँववालों को रिझाने का सारा सामान लेकर। शहरी लिबास त्याग कर घूँघट, सीधा पल्ला, चूडियाँ, बिछिया पहनकर आयी है। हर किसी के लिए सौगात लाई है। "लाला बाग-बाग होकर कहते हैं– हरी की माँ, हमारी सीमा सखी-सहेली नहीं बना रही, वोट बटोर रही है।"[9] लाला के पोते की डस्टौन, जो कि जन्म के दूसरे दिन किया जाता है डेढ़ साल में किया जा रहा है। डिस्टौन के बहाने गाँववालों को एकत्र कर दावत दी जा रही है। ये दिखावे चुनाव के लिए ही हो रहा है।

राजनीति आज आदर्शों और मूल्यों के पाखण्डों से भी आगे पहुँच गयी है। धन और आतंक राजनीति के दो आधार बनते जा रहा हैं। या तो धन के माध्यम से लोगों को अपने पक्ष में किया जाता है या आतंक दिखाकर। 'गुनाह-बेगुनाह' में मैत्रेयी पुष्पा भविष्य के राजनेताओं का चित्र प्रस्तुत करती हैं। "वे तमाम चर्चित-अचर्चित पार्टियों की झंडियों के साथ काले शीशेवाले बन्द खिड़कियों के भीतर जो बैठे हैं, बेशकीमती कपड़े में सजे, इत्र से महकते हुए भला इनको रोकना किससे बस है की बात है! नौजवान हाथों की ऊँगलियों में रत्न जड़ी अंगूठियाँ, गले में सोने की मोटी जंजीर से लटकी रिद्धि-सिद्धवाली नन्ही-नन्ही मूर्तियाँ और हथेलियों के बीच फँसी आधुनिक पिस्तल। ये निशानी है भविष्य में आनेवाले विधानसभा और संसद के कर्णधारों की।"[10] जनतन्त्र की महिमामय शासन व्यवस्था का स्वरूप निरन्तर बदलता जा रहा है। सर्वसम्मति से जनता के प्रतिनिधियों का चुनाव और उनके द्वारा सुचा डिग्री रूप से शासन चलाने का आदर्श स्वरूप राजनैतिक पैंतरेबाजियों के फलस्वरूप पूर्ण रूप से नष्ट हो चुका है। हिंसा और उससे उत्पन्न आतंक ही आज राजनेताओं के हाथों के उपकरण हैं जिनके माध्यम से वे चुनाव जीतते हैं। 'अल्मा कबूतरी' में धीरज जब सूरजभान के नौकरी पर लगता है तब सारे भेद उसके सामने धीरे-धीरे खुलते हैं। डकैतों को छुड़वाना, शहर में मकान खाली करवाना इस प्रकार के गुण्डागर्दी का काम ही सूरजभान की जागीर थी और यही उसकी राजनीतिक योग्यता भी– "बाद में मालूम हुआ ये भेद नहीं, आम जानकारी की बातें हैं। आतंक इन्हीं से बनता है, वरन् जनता डरे! आतंक ही योग्यता है। सूरजभान ने कांग्रेस की सभा में बम न फोड़ा होता तो राजनीति में उसकी भर्ती होती? परसराम को पार्टी में पदवी तब मिली, जब उसने बीजेपी के दो नेताओं को चाकू से हलाल कर दिया था। उस समय वे पार्टियों से बँधे नेता नहीं, धन्धे के धर्मानुयायी थे। ज़रूरत के मुताबिक आपरेशन ब्लूस्टार, ब्लैक स्टार और रेड्स्टार चला लेते थे। साथी लड़के टोली के रूप में होते, वे आज जिसके नारे बोलते, कल उसको ही छुरा दिखाते। आज जिसके कहने पर छुरा दिखाया था, कल उसी के वोटरोंवाली हरिजन बस्तियों में आग लगा देते। फ्रीलांसर किसी का ताबेदार नहीं होता।"[11] गुण्डागर्दी चोरी मवालीगिरी लूटपाट करनेवाले ही धीरे-धीरे राजनीति में प्रवेश कर रहे हैं।

राजनीतिक प्रतिबद्धता के कारण ही श्रीराम शास्त्री की हत्या भी हो जाती है। इस घटना की राजनीतिक विडम्बना की ओर मैत्रेयी पुष्पा संकेत करती हैं। पूरे जंगल को दहला देनेवाला डाकू था श्रीराम शास्त्री, जब तक डाकू था न पुलिस उसे पकड़ सकी न ही कोई भी उसका बाल भी बाँका कर सका लेकिन मन्त्री बन कर राजनीति में आने पर ही उसकी हत्या होती है। शायद जंगल से भी ज़्यादा भयानक है राजनीति का बीहड़।

राजनीति में अपराधियों का प्रवेश जितना भयावह है उससे कहीं अधिक भयावह है राजनीति का अपराधों की ओर प्रवृत्त होना सत्ता और कुर्सी के लिए जघन्य से जघन्य अपराध

करने और करवाने से न कतरानेवाले राजनेताओं की संख्या राजनीति में बढ़ती जा रही है। अपराधी प्रवृत्ति की बढ़ोत्तरी के साथ ही राजनीति का स्वरूप विकृत होता चला गया। इसका एक और प्रभाव जो सामने आया वह था अपराधियों का राजनीति में प्रवेश। सुभाष शर्मा राजनीति के अपराधीकरण के दूसरे चरण के रूप में इसे देखते हैं वे बतलाते हैं– "सो दूसरे चरण में बहुतेरे अपराधियों ने चुनाव के मैदान में कूदकर अपना लँगोट हवा में लहरा दिया और उनके धन बल तथा बाहुबल के आगे ईमानदार उम्मीदवारों ने तौबा-तौबा कर दी। इस प्रकार अपराध का राजनीतीकरण हो गया। अब इसका ऐसा असर पड़ा कि चुने जाने पर इस अपराधी देशभक्तों को पुलिस सलाम करने लगी, उन्हें सुरक्षा मुहैया कराने लगी जबकि चुनाव के पूर्व पुलिस वारंट लिए उन्हें खोजती रही थी। यह है जनतन्त्र का नकारात्मक नतीजा।"[12] मैत्रेयी पुष्पा ने इस राजनैतिक प्रक्रिया को गहराई से पहचाना है।

हमारे देश के राजनैतिक परिदृश्य की विडम्बना यही है कि कई हत्याओं, चोरियों लूटमार को करनेवाले डाकू अब जंगलों को छोड़कर राजनीति में अपना आतंक फैला रहे हैं। ऐसे ही कल के डाकू और आज के मन्त्री है श्रीरामशास्त्री– "श्रीराम शास्त्री! डाकू श्रीराम शास्त्री का कायकल्प पिछले चुनावों के ज़रिए श्रीरामशास्त्री के रूप में हुआ है। जनतन्त्र ने प्रमाणित कर दिया, किसी भी नागरिक के लिए उसके द्वार खुले हैं। श्रीरामशास्त्री स्वयं बरसों से कहता चला आ रहा था कि इस बुलन्द दरवाज़े से उसके जैसे कई समाज-विरोधी माने जानेवाले तत्व सत्ता के साम्राज्य में घुसपैठ बना चुके हैं। फिर उसने तो कई बार देश की सेवा में लिप्त पुलिस को अमूल्य सेवाएँ दी हैं। राजनैतिक लोगों के काले चेहरे चमकाने में मदद की है। पार्टियों की खस्ता हालत सुधारने के लिए धन और चुनाव को बुलट के दम पर अपने पक्ष में करने के लिए बल प्रदान किया है। सत्तर बूथों पर कब्जा किया था।

- उसी अहसास के बदले धर्म.... ने श्रीराम को अपनी पार्टी का टिकट दिया और जीत जाने पर प्रदेश के मन्त्री पद पर श्रीराम शास्त्री बनाकर आसीन किया।"[13]

अपराधियों, कातिलों का राजनीति में बेधड़क प्रवेश हो रहा है। डाकू पुलिस राजनेताओं के माध्यम से रूपान्तरित हो नेता बन जाते हैं। डाकुओं के राजनीति में आने को मैत्रेयी पुष्पा ने व्यंग्य के रूप में प्रस्तुत किया है। बीहड़ जंगल में डाकुओं का बर्बर कानून चलता है। श्रीराम शास्त्री मानता है कि बीहड़ में जो होना है उससे कुछ भिन्न नहीं होता है इस जनतांत्रिक राजनीति में। श्रीराम शास्त्री के नाम पर पूरा इलाका थर-थर काँपता है। लेकिन संसद की राजनैतिक पैंतरेबाजी के सामने श्रीराम शास्त्री के सिट्टी-पिट्टी गुम हो जाती है। जंगल में दिलेरी के साथ सबके सामने जुर्म करते थे किन्तु अब राजनीति में लुक-छिप कर धोखे-धड़ी से जुर्म करना होता है। "और श्रीराम को यह भी मालूम है कि डकैत जीवन के खून नज़र अंदाज़ किया जा रहे हैं, पर इस पदवी से पटकने के लिए लोग एक झापड़ को ही खंजर मानकर विधानसभा के आगे धरना दे देंगे। माना कि यहाँ गुनाह और भी आसानी से माफ हो जाते हैं, लेकिन जिसका बोलबाला हो। अभी इन लोगों की निगाह में वे मन्त्री से ज़्यादा डाकू हैं। जबकि गुनाह करने का मन ही नहीं रहा, यहाँ गुनाह भी साले भड़ियायी की तरह किए जाते हैं।"[14]

भारतीय संवेदना एवं चिन्तन जिस धुरी पर चक्कर लगाती है वह वास्तव में धर्म ही है। साथ ही जाति व्यवस्था न मिट सकने वाली व्यवस्था प्रणाली है। अतः राजनीति के अगुआ इन दोनों का उपयोग राजनैतिक स्वार्थों के लिए करते हैं। 'अल्मा कबूतरी' में धीरज जिस सूरजभान

के लिए काम करनेवाला है। वह इसी प्रकार का राजनेता है– "यह मौका नहीं था कि धीरज पिता को याद दिलाता कि एक बार इन्हीं जोरावरों ने प्रस्ताव भेजा था– तुम पढ़े-लिखे लड़के हो। फुर्तीले और ताकतवर हो। दंगों का सीजन चल रहा है, तुम्हारी हमें ज़रूरत है। अभी हमारे पास छटनी और भर्ती का समय था, क्योंकि चुनाव अभियान अगले छह महीने में निश्चित ही चलाना होगा।"[15] इसी प्रकार सीताराम चेयरमैन एक ओर मस्जिद गिराने का ठेका लिये हुए है और दूसरी ओर मन्दिर तुड़वाने का एडवांस जेब में रखे घूमता है। इसके विपरीत कभी राजनेता चुनाव जीतने के लिए धर्म का आश्रय भी लेते हैं। नेताओं का साधु-सन्यासियों-महात्माओं से बड़ा गहरा गठबंधन रहता है। 'इदन्नमम' में प्रदेश के मन्त्री राजा साहब कायलेवाले महाराज के भक्त हैं।

राजनीति में स्त्री के आरक्षण की व्यववस्था स्त्री के सशक्तिकरण के उद्देश्य से की गयी है। स्त्री यदि सत्ता के केन्द्र में आती है तो स्त्री की सामाजिक स्थिति में बहुत कुछ परिवर्तन हो सकता है। किन्तु अपने अस्तित्व के प्रति चेतनशील न होने के कारण जो स्त्रियाँ राजनीति में उतरकर आती है वे प्रायः पुरुषों के हाथ की कठपुतली होती हैं और पुरुषसत्ता को उत्तरोत्तर दृढ़ बनाने में ही सहायक होती हैं। पुरुष सत्तात्मक मानसिकता को ओढ़े हुए सुप्तावस्था में जीती इन स्त्रियों के माध्यम से पुरुष ही राजकाज चलाते हैं। 'त्रिया-हठ' में मामी चुनाव लड़ रही हैं। देवेश यथार्थ को प्रकट करता है– "देवेश ने प्रत्युत्तर में देर नहीं लगाई, बोला- तुम्हारी पीढ़ी के घाघ अपनी घातें न चलाएँ तो ज़रूर भला हो सकता है। देख लो भाभी चुनाव में उतरी है। मामा ने उतारी है, जानते हैं कि अनपढ़ है, कहाँ जायेगी प्रधान बनकर, बात-बात में पति से पूछेगी। उन्होंने केहर की बहू को इस पद के लिए खड़ा क्यों नहीं किया? वह तो बी.ए. तक पढ़ी है। प्राइवेट ही सही पढ़ी तो है। मामा को डर लगा होगा कि पढ़ी-लिखी बहू अपना राजकाज खुद चलाने लगी तो उनके हाथ क्या रह जायेगा।"[16] 'चाक' में भवानीप्रसाद की बहू सोमा पढ़ी-लिखी है, किन्तु उसमें राजनैतिक चेतना का अभाव है वह तो सिर्फ अपने ससुर को जिताने के लिए दिखावे की आत्मीयता लेकर गाँव आती है।

मैत्रेयी पुष्पा मनुष्य के सामाजिक सांस्कृतिक विकास हेतु उसकी राजनैतिक पहल को महत्त्वपूर्ण मानती है। राजनीति की विकृतियों को दूर करने के लिए स्वस्थ राजनीति का विकास आवश्यक है। राजनीति की शक्ति और पहुँच को वे भलीभाँति समझती है। इसी कारण उनके उपन्यास राजनीति केन्द्रित न होने पर भी राजनीति से अछूते नहीं रहते हैं। 'इदन्नमम', 'चाक' और 'अल्मा कबूतरी' आदि उपन्यास की नायिकाएँ राजनीति में सीधे-प्रवेश करती हैं। अपने अस्तित्व के निर्माण व्यक्तित्व की पहचान और उच्चतम लक्ष्य की प्राप्ति के लिए राजनीति के साधन का प्रयोग भी करती हैं।

'इदन्नमम' में मंदा गाँव को बदहाली से मुक्त करने के लिए गाँव के लोगों में राजनैतिक चेतना जागृत करती है। मंदाकिनी अधिक पढ़ी-लिखी नहीं है, न ही वह आधुनिक विचारधारा से ही परिचित है किन्तु मानव जाति की, अपने गाँववालों की भलाई के लिए, उन्हें इस गिरी हुई अवस्था से उठाने के लिए वह उन्हें जागृत करने का प्रयत्न करती है। धार्मिकता ही आज भी ग्रामीण चेतना के केन्द्र में है। अतः पुराणों, रामायण, महाभारत की कथाओं के माध्यम के लोगों की सोई हुई चेतना को मंदा जगाती है। इन आख्यानों का सिर्फ वह गान नहीं करती बल्कि वर्तमान समस्याओं से जोड़कर उसकी व्याख्या भी करती है– "कुछ गुनें, कुछ सोचें,

कुछ विचारें, कुछ करे तब तो सार्थक है बाँचना और सुनना, वरन् अकारथ। तुलसीदास ने क्या गाने के लिए लिख दी थी चौपाइयाँ, दोहे? नहीं, ये तो उस विपत्तिकाल की कथा है जब धरम की हानि हो रही थी, जब असुरों का साम्राज्य था और राम को मनुज वेस धरने के लिए बाध्य होना पड़ा था, सज्जनों की पीर हरने के लिए जन्म लेना पड़ा था। अभिशप्त और त्रस्तों को उबारने के लिए मर्यादा पुरुषोत्तम का आदर्श अपनाया था।

हाँ ऐसे ही समझायेगी वह। इसी तरह अर्थ करेगी। गाँव के ऊपर आयी विपत्ति से जोड़कर बताएगी। आपसी खतरों की आहट बताकर चेताएगी, तब सोचेंगे और सम्भवतः कोशिश भी करें। मन्दाकिनी का मन कोमल हो आया।"[17] मंदाकिनी अपने सोनपुरा गाँव ही नहीं आसपास के गाँवों में भी जाकर रामायण, महाभारत का आख्यान करती है। लोगों को अपने अधिकारों के प्रति सचेत करती है उनके आत्माभिमान को जगाती है।

राजनीति के बीहड़ जंगलों और घिनौनी गलियों में कदम रखना सामान्य आदमी नहीं चाहता है पर श्रीधर की प्रेरणा से सारंग का साहस जाग उठता है। वह भँवर के साथ जाकर चुनाव के लिए पर्चा भर आती है। सारंग का साहस अपूर्व है। पति के विरोध, परिवार टूटने की आशंका और प्रधान जैसे शक्तिशाली सत्ता से शत्रुता के आतंकों के बीच भी उसकी राजनैतिक चेतना जागृत रहती है। अपने उत्कृष्ट राजनैतिक आदर्श के कारण वह राजनीति की चालबाजियों-धोखाबाजियों से दूर रहकर भी अपने राजनैतिक अस्तित्व को कायम करने में सफल होती है। गाँव में विभिन्न व्यक्ति चुनाव जीतने के लिए कई प्रकार की तिकड़म आजमाते हैं। लोगों को तीर्थयात्रा पर ले जाना, मुक्त सामग्रियों का वितरण, शराब पिलाना आदि सब कुछ। भवानी प्रसाद की बहू सीमा अपने ससुर के चुनाव प्रसार के लिए शहर से आती है और आदर्श बहू का स्वांग कर लोगों का दिल जीतने का प्रयास करती है। सभी के लिए शहर से रंगबिरंगी वस्तुएँ भी लाती है। इन सबके विपरीत सारंग का चुनाव अभियान अपने आप में अनूठा है। सारंग सदा गाँव की समस्याओं के प्रति चिन्तित रहती है और उनके लिए आवाज़ भी उठाती है। इसलिए गाँव की सारी स्त्रियाँ उसके साथ जुड़ती चली जा रही है। अपने अपने ससुराल से लड़कियाँ कोई न कोई बहाना करके चुनाव के समय अपने गाँव पहुँच गयी हैं। माइक, जीप आदि का इंतज़ाम है। सारी गाँव की औरतें इकट्ठा हो गयी हैं। यहाँ तक सारंग के विरोधी प्रधान की पत्नी भी प्रधान के रोकने की लाख कोशिशों के बावजूद जुलूस में शामिल हो गयी है। गाँव का परम्परागत वाद्य यन्त्र चिकोड़ा बजाते हुए ख्याली दादू और लोकगीतों का भंडार लेकर कलावती चाची आयी है। नाच-गानों के साथ यह जुलूस जब चौपाल पर पहुँचता है तो गाँव के बुजुर्ग पुरुष नम्बरदार रामजी बाम्हन, भवानीदास भी सारंग को आषीश देते हैं। पागल कहलाने वाली मनोहर की बहू भी नृत्य करती हुई उसमें शामिल है। 'अल्मा कबूतरी' में अल्मा पढ़ी-लिखी होने के बावजूद अपराधी जनजाति की होने के कारण भीषण अत्याचारों के बीच से गुज़रती है। उसके पिता घर, उसका प्रेम, उसकी इज़्ज़त सब कुछ लुट जाती है। किन्तु श्रीराम शास्त्री के पास पहुँचने पर अपने ज्ञान के बल पर राजनीति के क्षेत्र की समझ को विकासित करने का अवसर वह पाती है। श्रीराम शास्त्री की मृत्यु के पश्चात् विधान सभा की सीट के लिए वह खड़ी होती है।

मैत्रेयी पुष्पा ने बड़ी कुशलता के साथ स्त्री राजनीति और पुरुष राजनीति के अन्तर को स्पष्ट करते हुए मानवीयता के उच्च गुणों से निर्देशित राजनीति का एक आदर्श प्रारूप हमारे

सामने प्रस्तुत किया है। जिसमें मशाल स्त्री के हाथ में है। मैत्रेयी पुष्पा का स्त्री के भविष्य के प्रति निश्चित ही सकारात्मक दृष्टिकोण ही उनके उपन्यासों में परिलक्षित होता है।

## सन्दर्भ-सूची


1. विद्यानिवास मिश्र, देश धर्म और साहित्य, पृ. 15।
2. खगेंद्र ठाकुर (संकलित)– स्त्री होने की कथा मैत्रेयी पुष्पा, पृ. 164।
3. राजकिशोर, आलोचन पत्रिका, पृ. 126।
4. मैत्रेयी पुष्पा, इदन्नमम, पृ. 410।
5. मैत्रेयी पुष्पा, इदन्नमम, पृ. 22।
6. मैत्रेयी पुष्पा, इदन्नमम, पृ. 20।
7. मैत्रेयी पुष्पा, इदन्नमम, पृ. 407।
8. मैत्रेयी पुष्पा, चाक, पृ. 275।
9. मैत्रेयी पुष्पा, चाक, पृ. 372।
10. मैत्रेयी पुष्पा, गुनाह बेगुनाह, पृ. 96।
11. मैत्रेयी पुष्पा, अल्मा कबूतरी, पृ. 275।
12. सुभाष शर्मा, आलोचना (पत्रिका), पृ. 131।
13. मैत्रेयी पुष्पा, अल्मा कबूतरी, पृ. 350।
14. मैत्रेयी पुष्पा, अल्मा कबूतरी, पृ. 357।
15. मैत्रेयी पुष्पा, अल्मा कबूतरी, पृ. 275।
16. मैत्रेयी पुष्पा, त्रिया-हठ, पृ. 58।
17. मैत्रेयी पुष्पा, इदन्नमम, पृ. 222।

# समकालीन स्त्री केन्द्रित हिन्दी उपन्यासों में घरेलू हिंसा

*बीना पैली*

कोविड 19 लॉकडाउन के दौरान हमारे समाज में घरेलू हिंसा एक गम्भीर समस्या बन गयी है। लॉकडाउन में घरेलू हिंसा की शिकायते भारत में ही नहीं बल्कि अन्तर्राष्ट्रीय स्तर पर दुगुनी हो गयी है। इस समस्या के समाधान के लिए राष्ट्रीय महिला आयोग (NCW) ने एक व्हाटसएप नंबर (7217735372) शु डिग्री किया है ताकि स्त्रियों और बच्चो को शिकायत दर्ज कराने में आसानी हो। इसी तरह केरल सरकार ने राज्य में घरेलू हिंसा के मामलों की रिपोर्ट करने के लिए एक व्हाटसएप नंबर लॉन्च किया। केरल के मुख्यमन्त्री पिनराई विजयन ने कहा कि 9400080292 पर घरेलू हिंसा से जुड़ी शिकायते की जा सकती है और यह सेवा 24 खंटे उपलब्ध रहेगी। घरेलू हिंसा के मामलों के बढ़ने का एक बड़ा कारण यह हो सकता है कि पहले महिलाएँ अपने माता-पिता के घर, काम की जगहो या यहाँ तक कि सार्वजनिक स्थानों पर भी खुली सांस ले पा रही थी, लेकिन लॉकडाउन के दौरान उन्हें अपने घर में अपराधिक मानसिकता वाले लोगों के साथ रहना पड़ा रहा है।

"घरेलू हिंसा (Domestic Viloence) के विरुद्ध महिला संरक्षण अधिनियम की धारा 2005" में घरेलू हिंसा को परिभाषित किया गया है– "प्रतिवादी का कोई बर्ताव, भूल या किसी और को काम करने के लिए नियुक्त करना, घरेलू हिंसा में माना जायेगा– (1) क्षति पहुँचाया या जख्मी करना या पीड़ित व्यक्ति को स्वास्थ्य, जीवन, अंगों या हित को मानसिक या शारीरिक तौर से खतरे में डालना या ऐसे करने की नीयत रखता और इसमें शारीरिक, यौनिक, मौखिक और भावनात्मक और आर्थिक शोषण शामिल है, या (2) दहेज या अन्य सम्पत्ति या मूल्यवान प्रतिभूति की अवैध माँग को पूरा करने के लिए महिला या उसके रिश्तेदारों को मज़बूर करने के लिए यातना देना, नुकसान पहुँचाना या जोखिम में डालन; या (3) पीड़ित या उसके निकट सम्बन्धियों पर उपरोक्त वाक्याँश (क) या (ख) में सम्मिलित किसी आचरण के द्वारा दी गयी धमकी का प्रभाव होना; या

(4) पीड़ित को शारीरिक या मानसिक तौर पर घायल करना या नुक्सान पहुँचाना" (https//vikaspedia.in.socialwelfare)

शिकायत किया गया कोई व्यवहार या आचरण घरेलू हिंसा के दायरे में आता है या नहीं इसका निर्णय प्रत्येक मामले के तथ्य विशेष के आधार पर किया जाता है। घरेलू हिंसा से महिला संरक्षण अधिनियम 2005, भारत की संसद द्वारा पारित एक अधिनियम है जिसका उद्देश्य घरेलू हिंसा से महिलाओं को बचाना और पीड़ित महिलाओं को कानूनी सहायता उपलब्ध कराना है। यह 26 अक्तूबर 2006 को लागू हुई। (https://hi.m wikipedia.org/wiki)

लॉकडाउन के कारण हो या किसी अन्य कारण से, भारतीय समाज के घरेलू हिंसा आम

बात होती जा रही है। अनपढ़ और निम्न श्रेणी के लोगों के बीच घरेलू हिंसा ज़्यादा दिखाई पड़ता है। इसका कारण शायद अज्ञान और अभाव रहता है। वे खुलेआम भी पत्नी की पिटाई करते हैं। परिवार और पड़ोसी लोग बीच-बचाव करते हैं। ज़्यादातर स्त्रियाँ यह प्रताड़ना सहती है, लेकिन कुछ स्त्रियाँ पतियों को छोड़ भी जाती है। उच्च-मध्यवर्ग के घरेलू हिस्सा आशोसनीय माना जाता है। इसलिए किसी घर में पत्नी पीटी या अवमानित किया जाता है तो वह उसे छुपाकर रखती है। अगर प्रताड़न असहनीय बन जाता तो वह घरवालों को बताती है।

समकालीन उपन्यासों में भी हम घरेलू हिंसा देख सकते हैं। आज की स्त्री प्रताड़न को चुपचाप सहती नहीं, वह उसका प्रतिरोध करती है। "चाक" उपन्यास में रंजीत ने सारंग को खूब पीटा तो चंदन बाप की टाँगों से लिपटकर मन मारने के लिए कहता है। उस समय सारंग कहती है– "बेटा तू अलग हट जा। मत छुए इस आदमी को। यह तेरा बाप नहीं, इस गाँव का राजा बनने जा रहा है। फत्ते प्रधानी सौंप रहा है, सो रौन अजमाना सीख रहे है, अपनी औरत पर।" (चाक-मैत्रेयी पुष्पा, पृ. 166) "कठगुलाब" उपन्यास में एक बार जिम ने बेल्ट लेकर स्मिता पर वार किया तो स्मिता ने भी उसे नीचे पटककर उस पर वार किया और शरण लेने के लिए रॉ (रिलीफ़ फॉर अब्यूज़्ड विमेन) चली गयी। वहाँ उसने जिम से प्रतिकार करने का निश्चय किया।

समकालीन उपन्यासों में छोटी लड़कियों से लेकर बड़ी स्त्रियों तक घरों में यौनिक शोषण का शिकार बनते हुए दिखाई पड़ता है। प्रभा खेतान के "छिन्नमस्ता" उपन्यास में प्रिया बचपन से ही किसी न किसी रूप में शोषित होती रही है। नौ वर्ष की आयु में ही वह अपने बड़े भाई की वासना का शिकार बन जाती है; जिससे वह सहमी और डरी सी रहने लगती है। बाद में वह बोल्ड हों जाती है और अपने भाई से ऊपर से कूदकर आत्महत्या करने की धमकी देती है। वह उसे वादा भी करवाता है कि आगे ऐसा कोई काम नहीं करेंगै। बचपन के इस घटना के बाद उसे कॉलेज में भी अपने ही एक प्रोफसर के द्वारा वासना का शिकार होना पड़ता है, लेकिन समय के साथ-साथ उसका साहस शोषण शक्तियों के लिए चुनौती बन जाता है। "कठगुलाब" की स्मिता अपने जीजा के द्वारा क्रूर बलात्कार का शिकार बन जाता है। अनाथ और विवश स्मिता का संरक्षण करने के बजाय जीजा उसे देह समझकर उसका इस्तेमाल करता है। स्मिता कहती है– "उस बात को भूल जाना उतना आसान नहीं था। हर रात बिस्तर पर लेटते ही क्रोध का दावानल मेरे भीतर धधाक उठता। मुझे उन सबकी हत्या कर डालने पर उक्साना, जिन्होंने मेरी अवमानना में हिस्सा लिया था। जीजा की नमिता की, उन तमाम मर्दों की, जो मुझे देखने आते रहे थे, उस औरत की जिसने मेरे बाल खींच खींचकर सीधे किए थे।" (कठगुलाब, मृदुलागर्ग, पृ. 24) "इदन्नमम" उपन्यास के मन्दाकिनी कैलास मास्टर द्वारा बलात्कार किए जाने पर कुसुमा भाभी उसे समझाती है– "बिन्नू, अपने मन को तनिक भी भय मत लेना। झिझक-हिचक में मत रहना। जो हुआ उसे भूल जाना। डर मत मारना कभी। अच्छा-बुरा घट जाता है बिटिया, उसके कारन मन में गाँठ लगाने से क्या फायदा? जो तुमने किया ही नहीं, उसके लिए अपने को दोषी क्यों मानना। उस कुकरम की भागीदार, मन्दा तुम तो बिल्कुल नहीं। ...." (इदन्नमम, पृ. 94)

समकालीन उपन्यासों की स्त्री घरेलू हिंसा को चुपचाप इसलिए नहीं सहती कि उसे चोट लगे या न लगे मानहानि ज़रूर होती है और पति द्वारा पिटाई खाने पर उसका मन टूट जाता है।

इसलिए किसी भी कारण से पुरुष को स्त्री पर हाथ उठाने का अधिकार नहीं है।

घरेलू हिंसा सम्पूर्ण दुनिया में मौजूद एक भीषण समस्या है। यह स्त्रियों, बच्चों, पुरुषों और बुजुर्गों के प्रति भी होते रहते हैं। भारत में यह ज़्यादातर स्त्रियों और बच्चों के प्रति होते है। दहेज का लालच, स्वार्थी कामुकता, मानसिक दबाव, अनियन्त्रित गुस्सा आदि इसका कारण हो सकते हैं। भारतीय समाज पुरुष प्रधान होने से भी घर के भीतर स्त्रियों पर शारीरिक हमला किया जाता है तथा उन्हें बुनियादी मानवीय अधिकारों से वंचित किया जाता है। इसी तरह बच्चों को भी इस अमानवीय व्यवहार का शिकार बना दिया जाता हैं। पुरुषों द्वारा प्रताड़ित स्त्री को हमारा समाज हमदर्दी से नहीं देखते बल्कि उसे ही दोषी ठहरा देती है। घरेलू हिंसा के खिलाफ सरकार ने 2005 में कानून बना दिया है लेकिन अभी तक इसका समाधान नहीं हो पाया है। इसका समाधान तभी हो सकता है, जब हर पुरुष स्त्री को आदरणीय समझे। उससे प्यार और आदर के साथ व्यवहार करें। उसी तरह हर स्त्री भी पुरुष को समुचित आदर दें। जन पति-पत्नी स्वार्थता को छोड़कर एक दूसरे को खुश रखने की कोशिश करेंगे तो वहाँ घरेलू हिंसा की कोई गुँजाइश ही नहीं रहती। ऐसे वातावरण में पलनेवाले बच्चे भी आत्मविश्वासी और देश के लिए हितकारी बन जाऐंगे। तभी हम कह जायेंगे कि हमारा घर पृथ्वी का स्वर्ग है।

# 'मैं पायल' उपन्यास में किन्नर समाज के वास्तविक जीवन का चित्रण

*पी. के. प्रतिभा*

साहित्य उसे कहा जाता है जिसमें युगबोध के साथ समाज जीवन का यथार्थ चित्रण होता है। किसी भी वंचित इकाई को अपना अधिकार दिलाने में साहित्य की अहं भूमिका होती है। आज विश्व भर में मानव समाज अस्मिताओं के प्रति पहले की अपेक्षा अधिक सक्रिय हैं। भारतवर्ष में भी तमाम वंचितों के अधिकारों की बात उठने लगी है। ऐसा ही वंचित और उपेक्षित समुदाय है किन्नर समुदाय। आज दलित, स्त्री, आदिवासी और अल्पसंख्यक विमर्श साहित्यिक दुनिया में जगह बना चुके हैं। उन्हीं के साथ आजकल एक ऐसे मानवी समूह को भी जगह दिलाई गयी है वह है थर्ड जेंडर जिसे हिजड़ा, किन्नर, कोती, जनखा, छक्का, अलिंगी, अपूर्णलिंगी आदि विविध शाब्दिक संकेतों द्वारा सम्बोधित किया जाता है। पर किन्नरों पर हिन्दी साहित्य जगत में प्रचलित विमर्शों की अपेक्षा कम लेखन हुआ दिखाई पड़ता है। हालाँकि भारतीय संसद और सर्वोच्च न्यायालय ने संवेदनशीलता दिखाते हुए विगत वर्षों में उन्हें कुछ सम्मानजनक नागरिक सुविधाएँ प्रदान की हैं। फिर भी किन्नर समुदाय हाशिये पर हैं और तिरस्कृत जीवन जीने के लिए अभिशप्त हैं। किन्नरों की अवस्था पर प्रकाश डालते हुए लेखक सुशीलकुमार कहते हैं "किन्नर समाज के लेग अपनी अलिंगी देह को लेकर जन्म से मृत्यु तक अपमानित, तिरस्कृत और संघर्षमयी जीवन व्यतीत करते हैं तथा आजीवन अपनी अस्मिता की तलाश में ठोकरें खाते हैं।"[1] किन्नर समुदाय की त्रासदी है कि इन्हें कभी मनुष्य नहीं समझा जाता है। विडम्बना है कि यहाँ अन्य शारीरिक विकृति उपहास का कारण नहीं बनती, लैंगिक विकृति से ग्रस्त शिशु का अस्तित्व परिवार के लिए अवांछनीय बोझ बनता है।

हिन्दी उपन्यास की बात करें तो किन्नरों के जीवन पर दर्जन भर उपन्यास रचे गये। वे निम्लिखित हैं—नीरज माधव का 'यमदीप'(2002), महेन्द्र भीष्म का 'किन्नर कथा' (2011), प्रदीप सौरभ का 'तीसरी ताली' (2011), चित्रा मुद्‌गल का'पोस्ट बॉक्स नं. 203 नालासोपरा' (2016), महेन्द्र भीष्म का 'मैं पायल' (2016), भगवत अनमोल का 'ज़िन्दगी 2017) '50-50), मोनिका देवी के दो उपन्यास 'हाँ मैं किन्नर हूँ कांता भुआ' और'अस्तित्व की तलाश में सिमरन' (2018), अनस्यूया त्यागी का 'मैं भी औरत हूँ', सुनीता परांजपे का 'मौं क्यों नहीं' (अनुवाद), सुभाष अखिल का 'दरमियाना' आदि। इनमें किन्नरों के अस्तित्व को बनाने की कोशिश करनेवाले महान साहित्यकार हैं महेन्द्र भीष्म जो परिवेश और समाज के सरोकारों के प्रति प्रतिबद्ध रचनाकार हैं। उनकी रचनाओं में क्षरित होती मानवीय संवेदनाओं की तलाश देखने को मिलती है। उनका एक प्रमुख उपन्यास है 'मैं पायल'। इसमें किन्नरों की समस्याओं को बहुत बारीकी से उभारा है। यह उनका जीवनीपरक उपन्यास है। इसमें किन्नर का

भोगा हुआ कटु यथार्थ वर्णित है। यह उपन्यास बेहद गहराई से किन्नरों के जीवन की दुखमय, त्रासद, पीड़ादायक और अमानवीय यातनाओं को हमारे सामने प्रस्तुत करता है। प्रस्तुत उपन्यास लखनऊ की किन्नर गुरू पायलसिंह के जीवन संघर्ष पर आधारित है।

उपन्यास का कथ्य एक महानगर लखनऊ में स्थित कस्बे के निम्न मध्यवर्गीय परिवार में चौथी लड़की के जन्म से प्रारम्भ होता है। पुत्र की उम्मीद में रहे पिताजी को कन्या का जन्म वृत्तान्त अप्रिय लगा। वह बच्ची जुगनी का मुख तक देखना पसन्द नहीं करता है। अपनी खानदानी इज़्ज़त उसे सबसे ज्यादा प्रिय है। पायलसिंह के बचपन का नाम जुगनी था। बचपन की स्मृतियों के जुगनी द्वारा वर्णन के साथ कहानी का विकास होता है। सामाजिक अपवाद से बचने के लिए पिता जुगनी को जुगुनूसिंह के रूप में स्कूल भेजने का आदेश देते हैं। पिता ने पत्नी से कहा करता था कि जुगनी को लड़के की वेशभूषा में ही रखना है। लेकिन एक दिन जब पिता को पता चलता है कि वह लड़कियों के कपड़े पहनती है, पाउडर, काजल लगाती है तब पिताजी गुस्से में आकर उसको पीट-पीटकर अधमरी कर देते हैं। इसके पहले अक्सर पिटाई होती थी लेकिन इस बार पिताजी जुगनी को समाप्त करने के लिए गले में फंदा डालकर टाँग देते हैं लेकिन किसी तरह उसकी माँ द्वारा उसे बचा लिया जाता है।

पायल को अपने हिजड़ा होने का अहसास पिता की गाली-गलौज, मार-पिटाई से अधिक होता था। बचपन में अपने पिता से 'हिजड़ा' जैसे शब्द से सम्बोधित करते हुए दिखाया गया है। जिसका उल्लेख इस प्रकार है– "'हिजड़ा' यह शब्द सबसे पहले मैंने उन्हीं के मुख से सुना था। पर तब मैं इस शब्द के मायने से बिल्कुल अनभिज्ञ थी। जैसे करमजली, नासपीटी, हरामजादी आदि विशेषण जो भी मेरेलिएप्रयुक्त होते और जिनका भी मैं अर्थ नहीं जानती थी, बस इतना ही समझती थी कि 'हिजड़ा' भी गाली के रूप में प्रयोग में लाया जानेवाला कोई शब्द होगा।"[2] पिताजी की क्रूरता से तंग आकर वह रेलगाडी के सामने कूदकर आत्महत्या करने के लिए निकलती है। लेकिन वह ऐसा कर नहीं पायी। रेल पटरी पर जाते वक्त पैर में बबूल काँटा घुसने के कारण ध्यान उधर चला गया और वह मृत्यु से बच जाती है। वह रेलगाडी के एक डिब्बे में बैठती है। अकेली युवती के डिब्बे में पाकर मोटा, धोती कुर्तेवाला व्यक्ति पहले तो हमदर्दी दिखाता है और बाद में यौन-शोषण का प्रयास करता है। प्लाटफार्म पर एक पुलिसवाला भी उसका शोषण करने का प्रयास करता है। यहाँ लेखक ने स्त्री हिजड़ों को भी अपनी हवस का शिकार बनाने के लिए प्रयासरत पुरुष मानसिकता की ओर इशारा किया है। घर न जाने का निश्चय करती हुई भूख-प्यास से पीड़ित वह कभी भिखारियों के साथ तो कभी किसी के सामने हाथ फैलाकर भूख मिटाती है। कुछ अच्छे लोग भी उसके हृदय में बस गये थे। जैसे दयालु भिखारी, शरणार्थी परिवार, दोस्त अनवरआदि। वह कोई कामकाज करके अपना जीवन व्यतीत करना चाहती है। बड़ी होने पर सुरक्षा की दृष्टि से उसने कानपुर में रेस्तराँ में, गेट कीपर के रूप में और फिर अप्सरा टॉकीस में काम शुरू करती है। वहाँ एक दिन प्रमोद नाम का लड़का पायल का शोषण करता है। उसको वह काम भी छोड़ना पड़ा। वहाँ से स्त्री वेशभूषा में लखनऊ आती है। यहाँ एक कीर्तन मंडली में नृत्य करते समय बहुत लोग उसे बधाइयाँ देते हैं। लौटते समय एक किन्नर मंडली द्वारा उसका अपहरण होता है। वे उसे गुरुमाई के पास ले जाते हैं। गुरुमाता अपनी कमाई के लिए उसपर दबाव डालती है। वहाँ से बचने की उसने बहुत कोशिश की। उसे भूखा-प्यासा एक कमरे में कैद कर दिया गया। विवश होकर उसे उनकी तरह ताली

पीटने, ढोलक बजाने, नाचने-गाने का गुरुमाई के आदेश को स्वीकार करना पड़ा। धीरे-धीरे वह किन्नर के रूप में रहने लगी। क्योंकि अपने समाज में अपने लोगों के बीच में उसे इज़्ज़त मिलती थी, रुपये-पैसे की भी कमी नहीं थी। लेकिन उसे कोई हिजड़ा, छक्का या अन्य नामों से बुलाता था तो उसे उन लोगों का मुँह नोचने का गुस्सा होता था। एकान्त के क्षण में वह ईश्वर से इस प्रश्न का उत्तर माँगती हुई नज़र आती है– "मैं हृदय में बहुत कुछ जज़्ब किये मन रहती थी, हे ईश्वर, ऐसा कौन-सा पाप मैंने किया जो तूने मुझे इस जीवन में हिजड़ा रूप दिया।"[3] गुरुमाता के यहाँ पप्पू नाम का युवक जो पायल के साथ बदसलूकी करता है। तब बाकी लोग चुप होकर देखते रहे तो पायल कहती है कि हिजड़े हम नहीं, हिजड़े वे हैं जो अन्याय तो देखते रहे और अपराध करे। यहाँ किन्नर ही अपने समुदाय का शोषण करते दिखाई पड़ता है। अपने संघर्ष को जारी रखने के लिए वह काम की तलाश में निकल पड़ती है। उसे आकाशवाणी में काम मिलता है।

पायल में विसंगतियों से लड़ने की अपूर्व क्षमता है। वह माँ को ईश्वर का प्रतिरूप मानती है। माँ ने कभी उसके प्रति भेदभाव नहीं दिखाया, बल्कि उसे भरपूर प्यार दिया। पिता जो हमेशा उसे सताते थे, उनके प्रति भी उसके मन में रोष नहीं है। वह उनकी मजबूरियों को समझती है। वह अवसर मिलने पर भरपूर प्रतिशोध भी लेती है। यह प्रतिशोध वर्षों से उसके अवचेतन में व्यवस्था और शोषण के विरोध में दबा आक्रोश है। पप्पू और गुरुमाई से बदला लेने की ठान लेती है। पप्पू को वह पकड़कर मित्र से मारती है। ट्रेन में मिले प्रौढ़, कांस्टबिल, अनवर की मौत के लिए जिम्मेदार सिपाही जिसके डंडे की चोट से गिरने पर उसके शरीर रेल से कटकर दो टुकडों में बाँट गया था या सबके विरोध में वह क्षोभ प्रकट करती है। फिर वह अच्छी नौकरी करती है और परिवार को आर्थिक सहायता देती है। धीरे-धीरे किन्नर का पेशा अपनाती है और एक सफल किन्नर गुरू भी बनती है।

प्रस्तुत उपन्यास में लेखक ने कई समस्याओं को हमारे सामने प्रस्तुत किया है। तृतीयलिंगी इंसान के साथ हो रहे भेदभावों को उपन्यासकार ने अच्छे ढंग से प्रस्तुत किया है। उनकी आर्थिक असमर्थता, बोरोज़गारी, शिक्षा का अभाव, तकनीकी अकुशलता और सबसे बड़ी समस्या परम्परागत पेशे का अज्ञान उन्हें वेश्यावृत्ति को पेशा बनाने में मज़बूर करता है। किन्नर गुरू की ऐय्याशी का चित्रण भी लेखक ने किया है। पायल जैसे कई लोगों को किस प्रकार ज़बरदस्ती किन्नर बना दिया जाता है उन सभी का पर्दफाश किया गया है। किन्नरों को अपनी निजी ज़िन्दगी में कभी खुशियाँ नहीं मिलती हैं परन्तु वे दूसरों के घर नवजात शिशु के जन्म पर उसे आशीर्वाद देते हैं।

पायल की सबसे बड़ी विशेषता है उसकी परिश्रमशीलता। परिस्थितियाँ बदलने पर आत्मसंघर्ष के द्वारा, अनुभवों को सच्चे मोड़ पर लिए एक किन्नर गुरू के रूप में उपन्यासकार पायल को पाठकों के सामने रखते हैं। इस प्रकार लेखक ने किन्नरों के दुख को महसूस कर उनकी समस्याओं को समाज के सामने लाने का सफलतम प्रयास किया है। लेखक ने समाज द्वारा बनायी गयी उन सभी व्यवस्थाओं पर प्रश्नचिह्न खड़ा किया जिनके चलते 'मैं पायल' यातना, संघर्ष और जिजीविषा की अनवरत यात्रा है। इस निर्मम दुनिया में जीने और अस्तित्व की रक्षा के लिए निरन्तर संघर्ष करनेवाली पायल और किन्नर समुदाय की व्यथा का चित्रण है। साथ ही व्यक्ति के अन्दर छिपी कलुषित प्रवृत्तियाँ, बाल मन की यौन जिज्ञासायें, नैतिक मूल्यों

की निरर्थकता, गरीबी, भूख की त्रासदी, भ्रष्टाचार आदि का भी चित्रण है। पायल का अभीष्ट केवल अपनी मुक्ति नहीं बल्कि उस पूरे समुदाय वर्ग के सम्मान के साथ जीने के अधिकार का प्रश्न है। उपन्यास पायल के माध्यम से पूरे समाज की सोच बदलने की आकांक्षा की महागाथा है। लेखक के मत में तृतीयलिंगी बच्चों की परवरिश भी सही तरीके से की जाये तो समाज में सक्षम होकर जी सकते हैं। समाज में सबको जीने का समान अधिकार है चाहे वह किसी भी लिंग, जाति या धर्म का हो। किन्नरों को भी उनका हक मिलना चाहिए। पढ़े-लिखे समाज के विकास में उनका भी योग मिले। इस प्रकार की सामाजिक, धार्मिक, सांस्कृतिक, राजनीतिक, शैक्षिक, आर्थिक, औद्योगिक जैसे हर क्षेत्र में उनकी उन्नति के लिए, उन्हें स्वावलम्बी बनाने के लिए विशेष अभियान का आयोजन होना ज़रूरी है। किन्नरों को भी समाज की मुख्यधारा में लाना चाहिए।

## सन्दर्भ ग्रन्थ

1. सुशीलकुमार, किन्नरों के जीवन का सच, सब लोग 8 जुलाई, 2019।
2. महेंद्र भीष्म, मैं पायल, पृ. 26।
3. वही, पृ. 82।

# दलित कविता—अमानवीयता के प्रति मानवीयता का विद्रोह

*राजेन्द्रन पटिञ्ञारे करम्मल*

युगों से प्रताडित, शोषित संस्कृति से वंचित मानस जब स्वयं को साहित्य के साथ जोड़ता है तो दलित साहित्य का निर्माण होता है। दलित साहित्य आधुनिक काल में एक आन्दोलन के रूप में उभरकर सामने आया है, जिसमें दलित शब्द व्यापक अर्थ ग्रहण कर लिया है। आज दलित साहित्य का सम्बन्ध सर्वहारा वर्ग के वंचित एवं उपेक्षित जीवन की व्यथा के साथ है। हिन्दी साहित्य के आरम्भ से ही काव्य में दलित चेतना का चित्रण दिखाई देता है। सिद्ध और नाथयोगियों की वाणी, दलित सम्बन्धी सरहपा के विचार, गोरखनाथ के उद्धरण, सन्त नामदेव, एकनाथ, नाभादास, तुकाराम, सन्त कबीर, दादू दयाल मलूकदास, सुन्दरदास आदि तमाम सन्त कवियों की वाणियों में दलित चेतना मुखरित है। साहित्य के विकास के साथ दलित कविता का भी विकास हुआ और वह धीरे-धीरे अपनी धीरता, गम्भीरता और संवेदनशीलता लिए हुए आगे बढ़ती रही।

आधुनिक दलित कविता के प्रमुख हस्ताक्षर के रूप में ओमप्रकाश वाल्मीकी, मोहनदास नैमीशराय, कंवल भारती, माता प्रसाद, लक्ष्मीनारायण "सवधाकर", एन.आर. सागर, दयानन्द बटोही, डॉ. एन. सिंह, डॉ. पुरुषोत्तम सत्यप्रेमी, असंग घोष, कुसुम वियोगी, जयप्रकाश, लीलवान, रजनी तिलक और जयप्रकाश कर्दम के नाम उभर आये है।

दलित कविता अपनी यातनाओं को अतीत और समसामयिक अनुभवों को रेखांकित करती है। अतीत से वर्तमान तक की यात्रा में भोगे यथार्थों को शब्दबद्ध करती है। हाशिएकृत जीवन और परिवेश के साथ जुड़ी रहती है और मुख्यधारा के सामने अपनी ज़िन्दगी की सुरक्षा के लिए प्रतिरोध की स्वर उठाती है। दलित कवि दलितों की स्थिति का उनकी अहमियत का तथा उनके मूल्यों का यथार्थपरक चित्रण करते हैं।

"पैदा हुए, वैसे ही
जैसे होते हैं पैदा
गलियों में कुत्ते बिल्ली।
पैदा हुए, वैसे ही
जैसे होती है खेत में पैदा
सर पतवार
हरी दूब झाड-झंखाड।
पैदा हुए, वैसे ही
जैसे खांड बनाने की प्रक्रिया से

पैदा होता है शीरा
पेट्रोल से तार कोल।
....अंधेरे में वैसे ही
जैसे पैदा हुए
गुमनाम
उपोत्पाद की तरह।"[1]

तार-कोल की उपमा इन पंक्तियों से गूँजित वेदना को तीखापन से अनुभव करती है। उपोत्पाद की तरह उपेक्षित जीवन के सैकड़ों साल यहाँ शब्दरूप में पाठकों को सताते हैं। इस प्रकार ये कविता दलित चेतना या मुक्ति का घोषणापत्र बन गयी है।

प्राचीन कवियों ने जो दलित चेतना को शब्दबद्ध करने का प्रयास किया था, उससे समकालीन दलित कवियों की वाणी बिल्कुल भिन्न इसलिए है कि नयी रचनाओं में प्रतिरोध का स्वर भी जोड़ा गया है। नये कवि केवल यथार्थ का चित्रण ही नहीं करते बल्कि उन यथार्थ स्थिति के कारणभूत तत्वों से विद्रोह की घोषणा करते हैं। इसी कारण प्राचीन रचनाओं में अभिव्यक्त दलित चेतना से अलग नवीन रचनाओं में हाशिएकृत ज़िन्दगी की अस्मिता की खोज ज़्यादा बुलन्द है। यह खोज भाव और भाषा में आक्रामकता, आत्मनिरास, विद्रोह, प्रतिरोध और दया-सहानुभूति का निषेध आदि से भरपूर है। समकालीन युग में सशक्त काव्य चेतना के रूप में दलित कविता के पहचान का यही वजह है।

गलियों में कुत्ते बिल्ली की तरह पैदा होना या आजन्म गुमनाम झेलना जैसी विवशताओं से अपनी पीढ़ियों को बचाने की इच्छा दलित कविताओं में हम सुनते है। यदि प्राचीन वाणी केवल पन्नों में सीमित रही तो नयी वाणी उनसे बाहर, शब्दों से बाहर जाने का प्रयास भी करती है। दलित कवि अब समाज सुधार की प्रक्रियाओं में भी सशक्त सान्निध्य है। उनकी सामाजिक सक्रियता के कारण रचनाएँ ज़्यादा स्वीकृत हो गयी है। समकालीन दलित कविता की भूमिका में प्रतिरोध, विद्रोह और आत्मखोज भरे हुए है। यहाँ कविता सामाजिक शोषण, भेदभाव और वर्जनाओं से मुक्ति और मानव अधिकारों की सशक्त आवाज़ में परिवर्तित हो गयी है। दलित कविता मानवतावादी मूल्यों का संवारक है और अमानवीयता के प्रति मानवीयता का विद्रोह है।

"मैं युद्ध की घोषणा करता हूँ
उन सब युद्धों की घोषणा
जो लड़े जायेंगे, अभी शेष है।"[2]

दलित अब किसी की दया पर नहीं जीना चाहते। युगों से दलित और शोषित जनता में अब चेतना आ गयी है। दलित कविता हमेशा शोषित और पीडित जनता की प्रतिष्ठा समाज में बनाना चाहते है।

"कि शब्द अब
अछूत नहीं
करुणा का पात्र नहीं
याचक-सा दीन नहीं
हरिजन-सा हीन नहीं
कि वह अब दलित-सा

संगठनबद्ध
बुद्ध सा
आप-दीपों-भव बन गया है।"[3]

दलित कवि कहना चाहते हैं कि जनता को अधिकार संवैधानिक रूप से प्राप्त है। दलित जनता को अब किसी की सहानुभूति की आवश्यकता नहीं है। कवि धर्म को इस समाज के शोषण के लिए मुखौटे के रूप में माना है। जिसके अन्दर भ्रष्टाचार, अनाचार, अत्याचार और शोषण पनप रहा है।

"आखिर क्यों
उसी सनातन धर्म के नाम पर
किया जाता है लाचार
आपकी सृष्टि के ब्राह्मण, क्षत्रिय, वैश्यों के द्वारा
शूद्र के रूप में
अनेक-अनेक आत्म-रूपों को
सडांध की बदबू बिखेरती नालियों में
कीडों की तरह बिलबिलाने के लिए
निरन्तर-निरन्तर?
क्या नहीं होता इन शूद्रों-दलितों का जीवन जीवन?
क्यों नहीं होती इनकी आत्मा आत्मा?
क्या नहीं होता इनके "अहम ब्रह्मास्मि का ब्रह्म ब्रह्म
क्या नहीं होता कोई वास्ता इनसे धर्म का?"[4]

यह सत्य है कि दलित कविता लेखन के पीछे हमेशा यथार्थ के उद्घाटन का आग्रह रहा है। इसलिए उसका सौन्दर्यशास्त्र अलग है, जिसका निर्माण उसकी रचनात्मकता और कृतियों के साथ साथ हो रहा है। इस प्रयत्न में दलित कवि नये प्रतीकों और नये बिम्बों का निर्माण कर रहे है। वे पुराने मिथकों को समकालीन सन्दर्भ के अनुकूल परिभाषित भी कर रहे है। दलित कवि की रचनाधर्मिता, पीड़ा एवं वेदना से जुड़ी हुई है। उसकी यात्रा मानवीयता की खोज में है।

## सन्दर्भ

1. ओमप्रकाश वाल्मीकी– उपोत्पाद।
2. डॉ. पुरुषोत्तम सत्यप्रेमी– परतों का दर्द।
3. रमणिका गुप्ता– मूर्छित।
4. ओमप्रकाश वाल्मीकी– उपोत्पाद।

# समकालीन हिन्दी कविता में भूमंडलीकरण

*जे. वासन्ती*

भूमंडलीकरण भारतीय ग्लोबलाइजेशन का भारतीय रूपांतर है। भूमंडलीकरण की अवधारणा बिल्कुल पाश्चात्य है। यह सारी दुनिया को एक छत के नीचे ले आने का प्रयास है। भूमंडलीकरण ने पूँजी के प्रवाह को ही उन्मुक्त किया और उसके साथ साथ सांस्कृतिक सीमाओं को तहस नहस कर डाला। यह भूमंडलीकरण गैर पश्चिमी संस्कृतिवाले देशों के लिए ही सबसे खतरनाक सिद्ध हुआ। जब भूमंडलीकरण ने किसी राष्ट्र के संस्कृति को ही न छोड़ा तो वहाँ का साहित्य कैसे उससे अछूता रह सकता है।

उदय प्रकाश "बचाओ" नामक कविता में कहते हैं–

"बचाना ही तो बचाये जाने चाहिए
गाँव में खेत जंगल में पेड़, शहर में हवा
पेड़ों में घोंसले, अखबारों में सच्चाई
राजनीति में
नैतिकता प्रशासन में मनुष्यता
दाल में हल्दी
बचालो मेरी नानी का पहियाबाला काठ का नीला घोडा
संभालकर रखो अपने लट्टू
पतंगे छुपा दो किसी सुरक्षित जगह पर
देखो हिलता है पृथ्वी पर
अमरूद का अन्तिम पेड़
उड़ते हैं आकाश में पृथ्वी के अन्तिम तोते।"

इस भूमंडलीकरण की अवधारणा में अतिलाभ की लिप्सा है। यह अतिलाभ की लिप्सा एक ऐसे अराजकता का घटाटोप पैदा कर रही है, जिसमें प्रकृति और मनुष्य दोनों की तबाही हो रही है। दोनों निचोडी जा रही हैं। कुछ लोग इस तबाही का कारण नई टेकनॉलजी में देखते हैं और उसे खरिज करते हुए पुराने उत्पादन के साधनों और जीवन शैली को बचाना चाहते हैं। शत्रु नई टेकनॉलजी नहीं पूँजी की सार्वभौम सत्ता है। पुराने उत्पादन के सम्बन्धों साधनों को तो वैसे भी विस्थापित होना है। चिन्ता पुराने को बचाने की नहीं बल्कि उनके साम्राज्यवादी पूँजीवादी विकल्पों को खरिज करके नया वैज्ञानिक जनपक्षीय श्रमपक्षीय विकल्प प्रस्तुत करने की होनी चाहिए। यही विकल्प प्रतिशोध की तरफ ले जाता है।

"इस शाही हाड़ तोड़ती दिनचर्या" नामक कविता में चन्द्रकांत देवताले कहते हैं–

"उन्नीसवीं सदी में ताऊन बड़ा हत्यारा था

आज केंसर है
कल को शायद वह भी नहीं रहेगा
राज गये राजनेता आये
ईश्वर के सभी टेलिफोन कट
अब आदमी के प्रश्नों का उत्तर वे नहीं दे सकते
जो आग को घी पिघलाकर मगन है
या खड़े है एक पाँव पर बरसों से
बीज धुएँ का दरख्त बन गया
मशीन या मसीहा के बूते का नहीं
बहसों के पड़ाव कपट से पट गये
सदाशयता के शब्द छूँछे गये
आदमी को प्रश्न करना ही होगा अब
करोडों आदमियों से
करोंड़ों आदमी आदमी नहीं रह पाए हैं
वे कौनसी चीज़ें हैं और किनके पास
और क्यों सिर्फ उन्हीं के पाश
जो आदमी को उशकी जड़ों से काटकर कुछ और बना देती है।"

आज भूमंडलीकरण का दौर चल रहा है। यह भूमंडलीकरण बहुराष्ट्रीय कंपनियों की देन है। यह भूमंडलीकरण पूँजी, विज्ञान और तकनीक के मेल और सहयोग से अधिक शक्तिशाली बन गया है। निजीकरण और उदारीकरण इसके फल हैं। भूमंडलीय संस्कृति में भूमि घर नहीं बाज़ार है। उपभोक्ता समाज इसी की निर्मिति है। इसमें मनुष्य की परिभाषा बदल गयी है जिसमें खरीदने की क्षमता नहीं है वह मनुष्य नहीं। सामान्यजनता यहाँ गौण बन जाती है।

आज जबकि हर चीज़ का दम सिर्फ बढ़ने की ओर है। आदमी की कीमत में भारी छूट का शोर है। यह भारी छूट बाज़ार का अपना शब्द है। "शीतयुद्ध की समाप्ति पर" नामक कविता में ज्ञानेन्द्रपति कहते हैं–

"अब चिन्ता की कोई बात नहीं
वे निश्चिन्त हैं
विश्वबाज़ार खुला है
आकाश खुला है।"

मुक्त बाज़ार और उपभोक्तावाद इसकी विपत्तियाँ हैं। बाज़ार में सब कुछ खरीदा जा सकता है, दिल और जान भी। यह बाज़ारी व्यवस्था मानवीयता को भ्रष्ट करती है। मनुष्य मनुष्य न रहकर उत्पादक और उपभोक्ता बन जाता है। बाज़ार की अमानवीकरण के ठीक विपरीत मनुष्य को मानवीय बनाने का साधन है साहित्य।

एकान्त श्रीवास्तव "बीज से फूल तक" कविता में लिखते हैं -

"शब्द रहते हैं
जहाँ कोई नहीं होता वहाँ शब्द रहते हैं
हमारे निर्णयों को स्थापित होने से बचाते हुए

हारे लहू में लपट की तरह उठते हुए
शब्द रहते हैं
दुर्दिनों में हमारे खाद
एक अदम्य और अनंत टिक टिक सुनते हुए
शब्द रहते हैं समय के बीच
शब्द रहते हैं समय के पार।"

पिछले दस पन्द्रह बरसों में जितनी तेज़ी से भूमंडलीकरण के दुष्प्रभावों ने भारतीय समाज को अपनी गिरफ्त में लिया है उससे सब हतप्रभ हैं। आधुनिकीकरण की आँधी को तो झेलकर भारतीय समाज जिस तिस रूप में आत्मसात कर गया था किन्तु वैश्वीकरण की आँधी में उसके पैर पूरी तरह उखड़ गये हैं। पुरातन जीवन मूल्यों की धज्जियाँ उड़ रही हैं और नए मूल्यों का अधूरा अधूरा सा स्वीकार हमें दिग्भ्रमित किए हुए हैं। भूमंडलीकरण के नाम पर सीधे साधे हमारा जो अमेरिकीकरण हो रहा है उसे हम तन मन से अपनाकर भी कहीं न कहीं दुःखी और असन्तुष्ट हैं।

दुनिया भर के सम्पन्न वर्गों की बढ़ती एकजुटता और साझी समझ और राजनीति के अर्थ में वैश्वीकरण मज़बूत होता जा रहा है। तीसरी दुनिया की विकास नीति और योजनाओं का जिन अवधारणाओं, सिद्धान्तों, प्राथमिकताओं आदि के आधार पर निर्धारण और परिपालन किया गया, उनमें औद्योगिक देशों की तकनीकों बचत निवेश उद्यम प्रबन्धन तथा मूल्यों का बहुत महत्त्वपूर्ण तथा यहाँ तक कि निर्णायक स्थान दे दिया गया। गरीब मुल्कों का सम्पन्न वर्ग आज़ादी के पहले ही इन मूल्यों और मान्यताओं में रचपच गया था। इस प्रकाइया में भीषण विषमताओं तकनीकी प्रगति केन्द्रीकरण विषमतावर्द्धक परावलम्बन पोषक प्रभावों आम जनों के निर्बलीकरण तथा सशक्त लोगों ओर तबकों की चँहुमुखी समृद्धि और प्रतिष्ठावर्द्धक पर्यावरण प्रदूषण, सांस्कृतिक गिरावट तथा सामाजिक विघटन आदि को अभूतपूर्व बढ़ावा मिला।

कवि भगवत रावत ने इस सर्वमुखी संकट को बहुत नयी किस्म की विकलताओं के साथ अपनी कविताओं को उतारा है। "अशोक" कविता आधुनिक समय का एक शोकगीत है। इस अमानवीकरण की प्रक्रिया का मुकाबला एक कवि कैसे करता है? वह भाषा में उन छोटी छोटी मासूम इच्छाओं को दर्ज करते हुए ही तो करता है जो मनुष्य को अब भी बचा सकती है–

"न जाने कब से मिलना चाह रहा है एक आदमी से
जिसके मिलते ही गले लगने पर
दोनों की कमीज़ की जेब में रखे चश्मों के फ्रेम
दबकर सचमुच टूट जायेंगे।
बातें करते करते बीत जायेगी सारी रात
और खाना रखा रखा ठण्डा हो जायेगा
न जाने कब से लिखना चाह रहा हूँ एक लम्बी चिट्टी
जिसका कोई ओर छोर नहीं होगा
न जाने क्या क्या नहीं लिखा होगा उसमें
और अन्त में
कुछ भी न लिख पाने का अफसोस लिखा होगा।"

नए बाज़ार और उपभोक्तावाद के दौर में अभावग्रस्त परिवार को लीजिए। किस तरह की कुंठा पीड़ा और अवसाद को झेलते हैं।

"मूल्य" नामक कविता में एकान्त श्रीवास्तव कहते हैं

"सिक्कों का मूल्य यहाँ सब जानते हैं
मनुष्य का मूल्य कोई नहीं जानता।"

एकान्त श्रीवास्तव की कविता है "लड़की और आम"-

"लड़की का जन्म हुआ
तो आम का पौधा रोपा गया
आम का पौधा बड़ा हुआ
लड़की बड़ी हुई
आम में बौर आये
लड़की रजस्वला हुई
आम में फल आये
लड़की में बसन्त
लोगों के मुह में पानी आया
फल बाज़ारकर में बिखे
लड़ॉकी बिकी अपने बाज़ार में
जहाँ चखे जाने का कानून था
फल फल थे
उन्हें बिकना ही था
किसी न किसी बाज़ार में
लड़की मगर लड़ीकथी
हाड़-मांस की और जीवित
उसकी इच्छाएँ थीं
कि उसे स्कूल जाना था
कि उसकी डोली उठनी थी
लड़की आम नहीं थी।"

बाज़ार के समय में रहते हुए बाज़ार की सत्ता से इनकार नहीं किया जा सकता। आज के समय का सच बाज़ार है और वह कई दृष्टियों से विचारणीय हो उठता है। वस्तुएँ बोलती हैं, मनुष्य चुप खड़ा है। हाट बाज़ार में आकर्षण होता है। यह लोगों को अपनी ओर खींचता है। खरीद बिक्री से इसका विस्तार होता है तथा इसमें गति आती है।

शंभू बादल की कविता "इश्तहार" में कवि ऐलान करते हैं-

"खुल गया
घुल गया
बाज़रखुल गया
बाज़ार मुक्त हो गया
माने मुक्त बाज़ार खुल गया

कहें कि मार्केट आपने हो गया
अर्थात आपने मार्केट स्टार्ट हो गया।"

आज की स्थिति यह है कि दुनिया में बाज़ार है या बाज़ार में दुनिया। यह तय करना ही कठिन हो गया है। पुराने बाज़ार और आज के बाज़ार में फर्क है। आज बाज़ार में नई नई नीतियाँ अपनाई गयी हैं। इसीलिए शंभू बादल अन्त में कहते हैं– बहुत सारी चीज़ों का नाम लेते हैं जो आकाशरूपी छत के नीचे हैं–

"अपने अपने ढंग से
उपलब्ध है बाज़ार में
मनी हो
बालैक मनी हो
क्रेडिट कार्ट हो
फिर क्या
जो मन
मोबाइल साथ है
समझे सब पास है।"

कबीर ने कहा था कबीरा खड़ा बाज़ार में, तब बाज़ार का मतलब था सरेआम खुली जगह इकट्ठा हुए लोग वहाँ लोग थे धूल थी। लेकिन समकालीन कवि केदारनाथ सिंह जब बाज़ार जाते हैं वहाँ न तो जनता है न धूल। यहाँ आज का अत्याधुनिक बाज़ार है। बाज़ार शीर्षक कविता में वे लिखते हैं–

"बाज़ार में न धूल थी
न जनता
दोनों को साफ कर दिया गया था।"

इनकी "आलू" शीर्षक कविता में तो आलू एक प्रतीक बनकर आता है। लगता है जैसे बाज़ार में आलू नहीं कोई आदमी बिक रहा है।

देखना और पहचानना आज के समय में सबसे ज़रूरी काम है। विवेक की भूमि पर हमें अपनी भूमिका तय करना है। जटिल होते समय के साथ जीवन की प्रक्रिया भी जटिल होती जा रही है। जो कुछ भी अच्छा और सुन्दर है उसे बचाना हमारा दायित्व बनता है। इसलिए "मेरी जिद" नामक कविता में कवि आशीष त्रिपाठी कहते हैं–

"जब बाज़ार मेरे भीतर
बहुत सारी चीज़ों की कर लेगा निशानदेही
बिक सकनेवाली वस्तुओं के रूप में
तभ भी
मेरी कोई दूकान नहीं होगा।"

भारत की सबसे बड़ी विडम्बना यह है कि यह देश पूर्णतः पूँजीवादी देश नहीं बना और औद्योगिक विकास के पहले ही यह हेरफेरवाले पूँजी का शिकारी बन गया। हमारे देश के अर्थशास्त्री और राजनीतिक दल भूमंडलीकरण के पक्ष में हैं। लेकिन कवि लोग हमेशा इसके विरुद्ध सचेत हैं। वे व्यापार सम्बन्धों और समझौतों के विरुद्ध हैं। एकान्त श्रीवास्तव "हस्ताक्षर"

नामक कविता में कहते हैं–

"सिर्फ एक हस्ताक्षर किया जाता है
और छिन जाती है हमारी आँखें
कह जाते हैं हमारे हाथ
सिर्फ एक हस्ताक्षर किया जाता है और खो
और खो देते हैं हम
अपना देश।"

मंगलेश डबराल की कविता है "बाज़ार"। इसमें वे बाज़ार को परिवर्तनशील मानते हैं -

"प्रकृति की तरह बाज़ार भी परिवर्तनशील है
उसका भूगर्भ भी कभी इधर कबी उध्वटें बदलता है
भूकम्प के झटके रोज़ ही यहाँ आते हैं
लेकिन उन्हें महसूस नहीं किया जाता।"

भूमंडलीकरण ने घर को एक स्मृति बना दिया है। घर का अर्थ बदल गया है। अब कवि घर की तलाश में है। "मेरा घर" नामक कविता में एकान्त श्रीवास्तव कहते हैं–

"मेरा घर तोरों के रास्ते में पड़ता था
फूलों के रास्ते में पड़ता था मेरा घर
....
फिर एक दिन मैं घर से निकला
और रास्ता भटक गया
इतने सारे रास्तों में
जाने कहाँ खो गया वह रास्ता
जिससे होकर में पहुँचता था अपने घर
कितने बरस बीत गये उसे ढूँढते हुए
अब कहाँ जाऊँ
किससे पूछूँ
कि मेरा घर तारों के रास्तों पर पड़ता था।"

इस प्रकार समकालीन हिन्दी कविता नवउदारवादी भूमंडलीकरण की संस्कृति के प्रति अपना विरोध दर्ज करती हुई आगे बढ़ रही है।

# वर्तमान का यथार्थः यादों के सहयात्री

## ए. के. बिन्दु

"कंप्यूटर के इस समय में जबकि हर वस्तु रिमोट कंट्रोल के दम पर चलती है हम सामाजिक, धार्मिक, झगड़ों को कंधों पर लाद लेते हैं"। वर्तमान भारतीय चेतना पश्चिम के सांस्कृतिक उपनिवेशवाद का शिकार होती चली जा रही है। इससे भारतीय संस्कृति का ह्रास और एक नयी संस्कृति का विकास हो रहा है। नयी संस्कृति या व्यवस्था में नए वर्गों का उदय हुआ। समाज उच्च, मध्य एवं निम्न वर्गों में विभाजित होने लगा। जिन सामाजिक नैतिक मूल्यों को आधार बनाकर देश की स्वतन्त्रता प्राप्त की गयी, उन्हीं मूल्यों का अवमूल्यन व विघटन स्वतन्त्रता के बाद देखा गया। परिवर्तन की इस स्थिति ने व्यक्ति के आचरण, धार्मिक भावना, नैतिकता के मानदंड, परिवार, समाज, राष्ट्र सभी को प्रभावित किया। इसका असर सबसे ज़्यादा समाज के सम्पन्न वर्ग में देखा जा सकता है। सम्पन्न वर्ग की ज़िन्दगी की इस यथार्थ व्यथा कथा को चित्रित करनेवाली हिन्दी की समकालीन कथा लेखिकाओं में कुसुम अंसल की अपनी खासियत है। समकालीन हिन्दी कहानियों में मध्यवर्ग और निम्न मध्यवर्ग की तुलना में सम्पन्न वर्ग या उच्च वर्ग के वास्तविक और प्रभावकारी चित्रण का अभाव दर्शाया जाता है। कुसुम अंसल ने इस परम्परा को तोड़कर 'धुएँ की ईमानदारी' कहानी संग्रह में सम्पन्न वर्ग की व्यथा कथा का मर्मस्पर्शी चित्रण किया है। इस संग्रह की प्रसिद्ध कहानी 'यादों के सहयात्री' भारतीय यथार्थ से सम्बन्धित एक सही दिशाबोध से हमें परिचित कराती है।

पश्चिम से प्रभावित उपभोगवादी संस्कृति का प्रवेश भारतीय जीवन में बहुत तीव्र गति से बढ़ रहा है। फलतः यह संस्कृति मनुष्य से उसके सगुणों को छीनकर समस्त जीवन में अशान्ति का बीज बोती है। आज भारत में भारतीयता का अन्तधनी हो रहा है। आज की भारतीयता सिर्फ प्रवासियों की स्मृतियों में जीवित है। यादों के सहयात्री' का युवक राघव इसका जीवंत सबूत है। पिता की अन्तिम इच्छा की पूर्ति के लिए उनकी राख़ लेकर 15 साल के बाद जब राघव अमेरिका से भारत आया, उसके मन में अतीत के पृष्ट खुलने लगे। उनकी यादों में एक ओर भारतीय यथार्थ की झांकी है जो उन्हें अपने परिवार से मिला। दूसरी ओर भारतीय यथार्थ में बाधा पहुँचानेवाली अनेक विध्वंसकारक शक्तियाँ हैं। ये शक्तियाँ आज भी सम्प्रदायवाद, आतंकवाद, जातिवाद आदि अनेक नामों से संहार तांडव कर रही हैं। वर्तमान भारत की अनेक बुलन्द समस्याओं का पर्दाफाश लेखिका ने प्रस्तुत कहानी में अंकित किया है।

'यादों के सहयात्री' कहानी का राघव भारत में जन्म लेकर भारतीय संस्कृति के अनुरूप विदेश में अपनी ज़िन्दगी को रूपायित करने मे सफल रहा। उसके रहन-सहन, खान-पान, विश्वास, आचरण सभी में भारतीयता देखी जा सकती है। अमेरिका से आते समय जब हवाई जहाज़ की परिचारिका चाय-कॉफी उंडेल देती है तब उसके मन में माँ के बनाए पराठे और

आम के अचार की फांक कौंध जाती है। 'कैसा स्वाद था उनका, आज भी उसकी स्वादिष्ट याद जैसे जीभ पर ताज़ा थी"। न्यूयोर्क में भी राघव भारतीयता को लाने का प्रयत्न करता था। वह कहता है–"न्यूयोर्क में भी प्रयास करके मैं अपने परिवेश को अपनी भारतीयता को जिलाए रखता था। सूपर बाज़ार से खरीदी पीटा ब्रैड को टोस्टर में गरम करके हम लोग मज़े से खाते"। माँ की मृत्यु के बाद पिता को साथ लेकर अमेरिका में भारतीय चेतना को बरकरार रखने में राघव सक्षम था। माँ के लिए सत्यनारायण की कथा करवाना, पिता के तर्पण के लिए राजघाट जाना, जैसे विश्वासों को लेकर जीनेवाले राघव में भारतीय यथार्थ का रूप लेखिका देखती हैं। नैतिक मर्यादाओं और मूल्यों से राघव कभी हिचकता नहीं। वह भारत आते समय मुरलीधर खन्ना को देखने गया। उनकी अवस्था देखकर उनके लिए सत्यनारायण की कथा करवाने के लिए वह निश्चय करता है। आचरण की सभ्यता, कर्तव्यबोध आदि गुण उनमें विद्यमान थे। ये बाज़ार से मिलनेवाली चीज़ें नहीं, बल्कि भारतीय संस्कृति या चेतना के महत्त्वपूर्ण अंश हैं।

यह निर्विवाद सत्य है कि व्यक्ति से परिवार, परिवार से समाज और समाज से राष्ट्र की उन्नति होती है। मुक्तिबोध के शब्दों में 'समाज में वर्ग हैं, श्रेणियाँ हैं, और श्रेणियों में परिवार है। समाज की अच्छाई-बुराई परिवार के माध्यम से होती है, क्योंकि मनुष्य के चरित्र का विकास परिवार में होता है। बच्चे पलते हैं, इनमें सांस्कृतिक शिक्षा मिलती हैं वे अपनी सारी अच्छाइयाँ, बुराइयाँ, वहाँ से लेते हैं"।[3] यहाँ राघव ने अपने परिवेश से संस्कृति तथा संस्कृतिक मूल्यों को बरकरार रखना सीखा। उनके अनुसार "एक नन्हा सा परिवेश था हमारा, मात्र अपना, जिसमें एक अनकहे प्रेम की बारीक-सी सरिता बहती थी, जिसकी फूहार माँ और बाबूजी से होती हुई मुझ तक आती थी। एक त्यागिनी सी, अनुभूति से भरी हुई, जो सदैव देती है"। ममता, प्रेम, दया, सहानुभूति जैसे गुण परिवार से मिलते हैं। कहानी के ज़रिए लेखिका कहती हैं–"प्रेम ऐसा गुण है जो झुकता है और बदले में कुछ नहीं चाहता"। आज उपभोक्तावादी संस्कृति द्रुतगति से भारतीय परिवार में प्रवेश करने लगी। परिणामतः परिवार, माता-पिता, पुत्र एवं पुत्री की जो व्याख्या थी या जो मिथ था वह टूटा हुआ दृष्टिगोचर हुआ। मानवीय नैतिक मूल्यों का यहाँ कोई स्थान नहीं। निकट के सम्बन्धों में भी तनाव और टूटन की स्थितियाँ यहाँ के व्यस्त जीवन में प्रायः बनती हैं। संश्लिष्ट एवं बहुलतावादी इस नयी संस्कृति में आदमी याँत्रिक रूप से जन्म लेकर सारी ज़िन्दगी यन्त्रवत जीते-जीते एक मशीन बनकर रह गया है। कृत्रिमता और याँत्रिकता सम्बन्धों को कठोर और निर्मम बनाती हैं। सम्बन्धों में दरार उत्पन्न करनेवाली कई बाह्य और आन्तरिक शक्तियाँ सामाजिक व्यवस्था की प्रगति के लिए बाधक है।

आज की उपभोगवादी संस्कृति की चकाचौंध में फँसनेवाले मनुष्य के पास कुछ भी करने के लिए समय नहीं। उनकी व्यक्तिवादी एवं सुविधावादी सोच ने सामाजिक संरचना को बदसूरत बना दिया है। वृद्धों के प्रति तिरस्कार एक वैश्विक सामाजिक समस्या हो गयी है। उपभोगवादी संस्कृति के फलस्वरूप युवा लोग पत्नी और बच्चों तक सीमित एक सामाजिक व्यवस्था का अभिन्न अंग बन गया। कुछ पाने की व्यग्रता में अपने माता-पिता को भी देखने के लिए इनके पास समय नहीं। टोक्यो जैसे बड़े नगर में हर शनिवार माता-पिता को एँटेर्टेन करने के लिए आनेवाले बेटे-बहू-बच्चा असल में किराये के हैं। असली बेटा-बहू ने इन्हें भेजा है। ये माता-पिता भी जानते हैं कि ये इनके बेटा-बहू-बच्चा नहीं है। फिर भी ये आपस में अभिनय करते हैं। सम्पन्न वर्गों के पास पैसा है। पैसे से सबकुछ खरीद सकते हैं। लेकिन यहाँ सम्बन्धों का कोई

स्थान नहीं। लेखिका के अनुसार जापान में एक एजेंसी है जिसे 'एंटरट्रेइनर' या 'हायर फैमिली' कहते हैं। यहाँ अर्थ को चरम लक्ष्य मानने के फलस्वरूप व्यक्ति संवेदनशील होकर अपने शाश्वत सम्बन्धों को नकार रहा है। अतः जहाँ एक ओर बुजुर्ग वर्ग स्वयं को अरक्षित अनुभव कर रहा है, वहीं दूसरी ओर वह स्वयं पारिवारिक स्नेह से वंचित हो रहा है। यह सिर्फ टोक्यो की स्थिति नहीं। भारत में कितने बुजुर्ग लोग वृद्धसदन में शरण लेते हैं, कितने लोग पारिवारिक स्नेह से वंचित रह जाते हैं। ऐसे भीषण वर्तमान यथार्थ की ओर सोचने एवं पहचानने के लिए लेखिका हमें विवश कराती हैं।

भारतीय संस्कृति की अखंडता की जड़ों में कलंक डालनेवाले विध्वंसकारी या विनाशकारी तत्वों में सबसे प्रबल हैं– सम्प्रदायवाद, जातिवाद और आतंकवाद। इन समस्याओं का पर्दाफाश करके हमें अवगत कराने का कार्य इस कहानी में कुसुम अंसल ने किया है। साम्प्रदायिकता भारतवर्ष के सामाजिक, राजनीतिक जीवन का अभिन्न अंग बन गयी है। आर्थिक, राजनीतिक शक्तियों को हथियाने के लिए हमेशा शक्तिशाली वर्ग ने धर्म को हथियार के रूप में प्रयोग किया है, जिसके सहारे वे अपने सम्प्रदाय के लोगों को भड़काकर उपयोग करते हैं। स्वार्थ लोलुप व्यक्ति अपने निजी स्वार्थ की पूर्ति के लिए साम्प्रदायिक विद्वेष फैला रहा है। धर्म का आचरण लेकर साम्प्रदायिकता पनप रही है। यों कहती है– "मसला चाहे कुछ भी था-राजनीतिक या किसी कोलेजी लढाई का, उनका ध्येय तो लढाई थी"। इस कहानी में यूनिवेर्सिटी के एक टीम का दूसरे टीम से जो पराजय हुई, उससे झगड़ा भी शुरू हुआ। "बस, झगड़ा यहीं से शुरू हुआ था। अब स्थिति यह थी कि झगड़ा, खेल, टीम या कोलेज यूनिवेर्सिटी का न रहकर हिन्दू-मुसलमान के बीच बंट गया था"। यहाँ खेल-खिलाड़ी के स्थान पर लड़ाई और लड़नेवाले हैं। मनुष्य-मनुष्य के बीच का सबसे विकृत रूप इस सम्प्रदायभेद में देखा जा सकता है। मित्रता के स्थान पर शत्रुता का बीज बोकर उनसे लाभ उठानेवाली अनेक बाह्य शक्तियाँ हमारे समाज में हैं। समाज की गति इनके इशारे पर है। यहाँ समाज का अपनिर्माण हो रहा है।

विश्वविद्यालयों में राजनीति का जो षड्यन्त्र चल रहा है, इस पर भी कुसुम अंसल ने प्रकाश डाला है। राजनीतिक नेता अपने स्वार्थ की सिद्धि के लिए युवा शक्ति का दुरुपयोग करते हैं और युवकों के भविष्य से खिलवाड़ कर रहे हैं। छात्रों के मन में साम्प्रदायिकता, वर्ग-भेद आदि का बीज बोकर ये लोग इससे लाभ उठाते हैं। परिणामस्वरूप वे हड़तालें करते हैं, तोड़-फोड़ में भी लग जाते हैं, अनेक विध्वंसक कार्य करते हैं–"बहुत से दादा टाइप लोग किसी कॉलेज या यूनिवेर्सिटी के नहीं थे। उनमें से वे विद्यार्थी भी नहीं लगते थे। फिर कौन थे वे लोग?" इनके बीच शान्ति की स्थापना बड़े फैक्टरी के मालिक मुरलीधर खन्ना ने ही किया। कोई नेता या मेयर नहीं। उस समय भीड़ से खिसकनेवाले लोग असल में इस जुलूस की डोरी पकड़नेवाले हैं। यही हमारी नियति है। विवेक जागने पर समाज की अधम शक्तियाँ पलायन करने लगीं। हॉस्टल के मुसलमान छात्रों को भोजन देने का प्रबन्ध खन्ना ने किया। अखबार में यह घटना दूसरे ही रंग में छापा। वरेण्य वर्ग के सभी लोग जनता का शोषण नहीं करते। इसका प्रतीक है खन्ना। मानवीय मूल्यों के हिमायती के रूप में लेखिका ने यहाँ खन्ना का चित्रण किया है। राघव को अमेरिका जाने का प्रबन्ध भी इन्होंने किया। समाज में ऐसे लोग विरले हैं। लेकिन उनका अपना अस्तित्व नहीं हैं। राघव याद करता है कि पाँच बजे हजारों वर्कर इस गेट से निकलते थे, सन्तुष्ट, हँसते हुए, बतियाते हुए। पर अब स्थिति ठीक विपरीत है। "फैक्टरी

तीन साल से बन्द पड़ी है। लेबर से झगड़ा है ...बैंक का देना-लेना है...लफड़े ही लफड़े हैं'। हर कहीं उपभोगवादी संस्कार नज़र आता है। न्याय और नीति की रक्षा करना जिसका जिम्मा होता है, वह भी ऐसे अन्याय करने में नहीं चूकता। हमारे यहाँ आतंकवाद की प्रवृत्ति राजनीति के स्तर पर बहुत अधिक फैल गयी है,।

आज का ज़माना आतंकवाद का ज़माना है। पुराने जमाने में गुंडे-लुच्चे और चोर डाकू आतंकवाद का रास्ता अपनाकर धनार्जन कर लेते थे। पर आज विद्यार्थी नेता अपनी माँगों की पूर्ति के लिए, कर्मचारी यूनियन अपनी माँगों पर आड़े रहते हुए, राजनीतिक नेता सरकार को झुकाने के लिए आतंकवाद का रास्ता अपनाते हैं। आज आतंकवाद अनेक रूपों में प्रकट हो रहा है। बस ट्रेन या हवाई जहाज के यात्रियों को बंधक बनाकर ज़ोर डाला जाता है, इस सिलसिले में निरीह यात्रियों की हत्या करने में भी वे नहीं हिचकते। इस कहानी में कुसुम अंसल ने गोमती कांड का उल्लेख किया है। अलीगढ़ का स्टेशन आनेवाला है। यहाँ के निकट ही गोमतीकाण्ड हुआ था, जिसमें चार यात्रियों को रेलगाड़ी से उतारकर उन्मादी भीड़ ने हत्या कर दी थी। "ये दंगाई कौन है? हिन्दू या मुसलमान?" और भोली-भाली जनता को क्यों मारते हैं? राघव के प्रश्न का यही उत्तर मिला-"असल में ये दंगाई बेकार के फालतू लोग हैं। कुछ परछाइयों की खातिर लड़ रहे हैं। ठीक है कि ये परछाइयाँ कुछ तो काल्पनिक देवी-देवताओं की है, या दंतकथाओं के टुकड़े हैं या सपनों के अपभ्रंश। सच तो यह है कि इन परछाइयों की वास्तविकता कुछ भी नहीं है। ये परछाइयाँ दरअसल कुछ खास लोगों के मस्तिष्क की ईजाद है। शायद इसलिए कि इससे उनका अपना स्वार्थ पूरा होता है। "इलक्शन के समय यही हथकंडे तो काम करती हैं श्रीमान। ये सब चालें हैं जो वोट हथियाने के लिए चली जाती है...और राजनीतिक दाँवपेंच में मारे जाते हैं बेचारे बेगुनाह लोग, जिनका किसी मजहब, झगड़े और किसी राजनीति से कुछ लेना-देना नहीं होता" वर्तमान भारत के इस भीषण यथार्थ का अंकन यहाँ हुआ है। इस सच्चाई को नज़रअंदाज़ नहीं किया जा सकता।

आज आतंकवाद का एक नया रूप उभर आया है, जो सबसे ज़्यादा खतरनाक है। बच्चे इसका शिकार बन जाते हैं। इसलिए ट्रेन में पान-बीड़ी की ट्रे लेनेवाले बच्चे से भी वे डरते हैं। आजकल किसी के साथ सफर करना सुरक्षित नही है। पूरा आतंकवादी लगता है। पहले राघव को भी बेतरतीब ढाढ़ी में देखकर यात्री लोग डरते थे। सभी के मन में भय है। एक दूसरे से डरता है। सब कहीं भय के आवरण छिपे हुए हैं। मनुष्य-मनुष्य के बीच का विश्वास टूट गया है। आज हर देश में, परिवार में आतंकवादी छिपकर बैठा हुआ है। परिवार, समाज या अपने राष्ट्र में असुरक्षा का बोध व्यक्ति के मन -मस्तिष्क में सदैव विद्यमान है।

जातिभेद, वर्गभेद और सम्प्रदायभेद हानिकारक संकीर्णताएँ हैं जो दीमक की तरह भारतीय जीवन और चेतना को भीतर ही भीतर खोखला करती जा रही है। पाश्चात्य सभ्यता, शिक्षा, आधुनिक आवागमन एवं संदेशवाहन के साधनों, नवीन आर्थिक व्यवस्था, नगरीकरण तथा आधुनिकीकरण, औद्योगीकरण, धार्मिक, राजनैतिक एवं सामाजिक आन्दोलन, प्रजातन्त्रीय प्रणाली, क़ानूनों का प्रभाव आदि ऐसे क़ारण हैं, जिनसे प्रभावित होकर व्यक्ति जाति की सीमाएँ तोड़ने लगा। इतना होते हुए भी समाज में अब भी समानता की भावना व्यावहारिक रूप में नहीं दिखाई देती, देशहित और मानवहित इसी में है कि जातिगत भेदभाव का समापन हो। सदैव के लिए यह भेदभाव समाप्त हो गये। खन्ना की नौकरानी जमादारिन की लड़की थी। इस वजह

से सोशल वर्कवाली क्लब के लोग उनके यहाँ से चाय नहीं पीते। खन्ना के द्वारा लेखिका यह कहना चाहती हैं– "मुझे बहुत वाहियात लगती है ये बातें। ये सारी सीमाएँ, ये बँटवारे, दूसरों को हानि पहुँचाना। यह सब और कुछ नहीं अज्ञान का परिणाम है"। यह भी बता दिया गया कि संकुचित मानसिकता से कोई भी कार्य पूरा नहीं होता। यही सामाजिक विद्रूपता हम देख सकते हैं। इन लोगों के नाम बड़े लेकिन दर्शन थोड़े हैं।

भारतीय चेतना के विकास में बाधक इन विनाशकारी तत्वों का पर्दाफाश करके सामाजिक गतिविधियों में जो परिवर्तन हुआ है, उस पर भी लेखिका ने प्रकाश डाला। यहाँ 'इक्का' के स्थान पर रिक्शा का आना परिवर्तन का सूचक है। "इक्का जैसी अजीबोगरीब सवारी जीवन में फिर कहीं देखने को नहीं मिला"। आम आदमी के जीवन में कुछ परिवर्तन अवश्य हुआ। लेकिन परिवेश या परिस्थिति वैसा ही वैसा रहा। अलीगढ़ की गली का जो वातावरण है, वह भारत के कोने-कोने में देखा जा सकता है। सब कहीं बदबू है। जगह-जगह लोगों के थूक, पेशाब आदि से भरी हुई है। जितना भी विकास हो, विज्ञान की प्रगति हो, लेकिन अब भी आवश्यक बदलाव नहीं हुआ है। उपभोगवादी संस्कृति का असर सबसे पहले सम्पन्न वर्ग पर पड़ता है। आर्थिक क्षमता से परिपूर्ण होते हुए भी अधिक धन पाने की इच्छा, सम्बन्धों में बिखराव उत्पन्न करती है। स्वार्थ लोलुप ये मानवीय रिश्ते को तोड़कर कुछ पाने की लालसा में सदैव लालायित है। नयी संस्कृति या नयी व्यवस्था उन्हें दुविधा में डालती है। कुसुम अंसल ने सीधी एवं सरल भाषा में सम्पन्न वर्ग की व्यथा कथा, वर्तमान राजनीति के खोखलेपन, साम्प्रदायिकता, आतंकवाद आदि से ग्रस्त नयी पीढ़ी, जाति-भेद आदि को कुछ व्यंग्यात्मक ढंग से चित्रित किया है।

भारतीय यथार्थ को बनाए रखने में युवा पीढ़ी को प्रतिनिधि बनकर राघव मौजूद है तो पुरानी पीढ़ी के प्रतिनिधि मुरलीधर खन्ना है। लेकिन वर्तमान भारत के मूल्य ह्रास ने खन्ना के अस्तित्व को मिट्टी में मिला दिया। लेकिन अमेरिका में जाकर वहाँ भी भारतीयता को लाने का कार्य राघव ने किया है। उनके बन्धु जगदीश तथा उनकी पत्नी में इस भारतीयता का अभाव भी है। पश्चिमीकरण के इस प्रभाव में वे बहते रहे हैं। भारतीय यथार्थ के स्थान पर थोपे गये यथार्थ पर हम जीते हैं। यहाँ सम्बन्धों का कोई स्थान नहीं। धर्म, विश्वास ये सब खोखले बन गये हैं। भारत में रहते हुए भी यहाँ की मिट्टी, महक, परिवेश, परम्परा आदि से वंचित रह जाते हैं। आज विचार-विचार, समझ-समझ की टकराहट है। अतीत और वर्तमान के बीच टकराहट है। पुरानी और आधुनिकता की टकराहट से राजनैतिक, सामाजिक, सांस्कृतिक, धार्मिक एवं साहित्यिक क्षेत्र में प्रवृत्तियाँ बादल जाती हैं। ऐसे अवसरों पर भारतीयता सिर्फ प्रवासियों में जीवित है। प्रगतिशीलता, आधुनिकता के नाम पर स्वच्छता एवं भोगवादी दृष्टि ने विकृतियों को जन्म दिया, फलस्वरूप हमारी सांस्कृतिक विरासत छिन्न-भिन्न होने लगी, सांस्कृतिक क्षेत्र में एक अजीब सी दिशा शून्यता आ गयी।

वस्तुतः कुसुम अंसल ने प्रस्तुत कहानी के दौरान भारतीय संस्कृति के बदले पनपती पश्चिमी सभ्यता की चकाचौंध में फँसनेवाले सम्पन्न वर्ग की बेबसी का चित्रण किया है। अपने अस्तित्व, परम्परा, सम्बन्धों की संवेदनशीलता आदि को बनाए रखने में तत्पर राघव के द्वारा वर्तमान समाजिक मूल्यों की जरूरतों पर ज़ोर दिया। वर्तमान समाज की ज्वलंत समस्याओं के प्रति हमें जागरूक बनाकर तटस्थ दृष्टि से सोचने-पहचानने के लिए मज़बूर बनाती है यह कहानी।

## सन्दर्भ सूची

1. धुएँ की ईमानदारी-कुसुम अंसल –नेशनल पुब्लिशिंग हाउस।
2. यादों के सहयात्री –कुसुम अंसल– नेशनल पुब्लिशिंग हाउस।
3. नई कविता का आत्मसंघर्ष तथा अन्य निबन्ध –मुक्तिबोध, विश्व भारती प्रकाशन।

# इक्कीसवीं सदी की कविताओं में प्रतिध्वनित दलित नारी चिन्तन : सुशीला डाकभौरे की कविताओं के विशेष सन्दर्भ में

*अनिता पी.एल.*

बलवान हमेशा दुर्बल को हराता है, मानसिक रूप से हो या कायिक रूप से, यह एक शाश्वत सत्य है। इस शाश्वत सत्य के उत्तम उदाहरण के रूप में आज हमारे सामने दलित जीवन खुला पड़ा है। लेकिन उन्हें ऐसे हराने योग्य दुर्बल बनाके रखने में किसका षड्यन्त्र है। इस षड़यन्त्र का पहला पाठ शुरू होता है वेदों या पुराणों से। मनुस्मृति में चार वर्णों के आचार संहिता निहित है। ब्राह्मण, क्षत्रिय, वैश्य षट्कर्मों के अधिकारी है तो शूद्र उन तीनों वर्णों की मात्र सेवा करने के लिए ही अधि कारी था। हिन्दू धर्म की रक्षा करते करते, समाज की एक हिस्से को मिट्टी के नीचे दफन करने की षड्यन्त्र पुरातन काल से ही चलता आ रहा है। वर्ण व्यवस्था ने शूद्रों को केवल आर्थिक रूप से ही नहीं सामाजिक और सांस्कृतिक रूप से भी वंचित रखा। प्रत्यक्ष रूप से इस अछूत समाज का शोषण करने वाला और कोई नहीं हिन्दु समाज की धार्मिक व्यवस्था ही है। लेकिन शोषित, पीड़ित, प्रताड़ित, अवमानित एक जनता कितने साल तक चुप रहेंगे। उस चुप्पी को तोड़कर निकले हुए उनकी आँसू, वेदना, आक्रोश, संघर्ष, विद्रोह आदि ही उनके साहित्य है, वही दलित साहित्य है।

दलित साहित्य प्रगतिशील साहित्य का एक सशक्त रूप है। हिन्दुस्तान में इस विचारधारा का परिचय स्वाधीनता संग्राम के दौरान 1920 के बाद ही होने लगा। डॉ. बाबासाहब आंबेड़कर की विचारधारा का परिचय भी 1920 के बाद होता रहा, और इस विचारधारा से प्रेरित होते हुए महाराष्ट्र में दलित साहित्य का निर्माण होने लगा। दलित कवि, दलित कहानिकार, दलित उपन्यासकार अपनी अलग पहचान देने लगे। साहित्य की यह धारा प्रगतिशील विचारधारा से प्रेरित एवं प्रभावित प्रगतिशील विचारधारा से भिन्न रूप में विकासित होते चली और उसका ठोस रूप 1960 के आसपास दृष्टिगोचर होने लगा।

दलित साहित्य का लक्ष्य एक शोषण मुक्त समाज का निर्माण है। जिस शोषण मुक्त समाज में मनुष्य को भौतिक एवं अभौतिक प्रगति का समान अवसर और अधिकार मिले। दलितों को शिक्षा, कृषि, व्यापार आदि मानवीय अधिकारों से पहले ही वंचित रखा है। दलित साहित्यकार हमेशा अपनी रचनाओं के माध्यम से समाज से लड़ रहे हैं। उनके पास अनुभव और विचार की व्यापक पृष्ठभूमी है। दलित कविता के आदि कवि कहे जाने वाले रैदास से लेकर इक्कीसवीं सदी के कविता तक की विषय को लेकर अध्ययन करने पर एक बात बिलकुल ज़ाहिर होता है कि सम्पूर्ण दलित कविताएँ अपमानित पीढ़ियों की पीड़ा से उपजी है। अपने सम्पूर्ण दुरवस्था

का ज़िम्मेदार वे सामाजिक व्यवस्था को मानते हैं।

इक्कीसवीं सदी को तकनीकी सदी कहा जाता है। यह भी नहीं इक्कीसवीं सदी ने ज्ञान की प्रक्रिया को विस्तार दिया, याने तकनीकी विकास के कारण दलित संवेदना का स्वर सामान्य पाठकों तक पहुँच रहा है। इस बात को हम कभी अनदेखा नहीं कर सकता। इक्कीसवीं सदी की हिन्दी कविता खासकर दलित कविताओं में आक्रोश की अभिव्यक्ति अपनी संवेदना प्रकट करने के लिए ही हुई है। मानवीय अधिकारों के प्रति सजगता और सुविधाभोगी समाज के प्रति आक्रोश इक्कीसवीं सदी की हिन्दी दलित कविता से परिलक्षित होता है। ओमप्रकाश वाल्मीकी, मोहनदास नैमिशराय, राजेश चन्द्र, जयप्रकाश कर्दम, सुशीला डाकभौरे, श्यामलाल शर्मा, कंवल भारती, एन. सिंह, डॉ.दयानन्द बटोही, सूरजपाल चौहान, डॉ. कुसुम वियोगी आदि कवियों ने दलित संवेदना को आत्मसजगता के साथ प्रस्तुति दी है।

दलितों की हालत समाज में हम जानते हैं। तब एक दलित स्त्री की हालत क्या होगी? जातियता, अस्पृश्यता, छुआछूत सब कुछ पालन करने वाले ऊँचे जाति के लोग दलित स्त्री को देखते ही उनके बनाये सारे कायदे, कानून भूल जाते है। स्त्री जाति नीच जाति का हो या उच्च जाति का, स्त्री हमेशा शोषकों के लिए देह मात्र है। सदियों से वह भोग के लिए एक उपकरण मात्र बन गया है। दलित समाज में होने के कारण उन्हें दलित समाज के बाहर ऊँचे जाति के यौन शोषण का शिकार बनना पड़ता है। निरीह लोगों के ऊपर आक्रमण करना वह भी एक दलित स्त्री के ऊपर आक्रमण करना शोषकों के लिए एक दिल्लगी है। दलित स्त्री की दास्तान सुनाने वाली कविताओं में सुशीला डाकभौरे की कविताएँ मशहूर है।

स्त्री हमेशा घर के कायदे, कानून में बंधे हुए है। एक अदृश्य जंजीर उसके पैरों में है। जन्म होते ही उसे घर के चार दीवारों में बाँधित करने की कोशिश पुरुष वर्चस्व का है। तब इसमें कोई सन्देह नहीं है कि एक दलित स्त्री की हालत इससे बदतर होगी। अपने चारों तरफ होनेवाले बातों से वह परिचित है। लेकिन कुछ बोलने के लिए वह हिम्मत जुटा नहीं पाती। क्यों कि सदियों से उन्हें दबाने की, चुप कराने की षड्यन्त्र चल रहा है।।

"आँख, कान, विचार स्वतन्त्र है
बन्धन है सिर्फ पाँव में
कुल की लाज
सीमाओं का दायरा
घर की चौखट तक
मायका हो या ससुराल
दरवाज़े के पीछे
परदे की ओर से
वह देखती है संसार"[1]

पंख कटे हुए पक्षी की तरह वह अपने ही घर में कैद है। पंख फटफटाती रहती है, लेकिन उठ नहीं पाती। वह अपनी पुरखों की ज़िन्दगी देखी है इसलिए चुप्पी साध लेती है। लेकिन कब तक? आने वाले पीढ़ी के लिए उन्हें अपने बंधन को तोड़कर बाहर निकलना होगा, और अपनी आवाज़ बुलन्द करनी होगी। सुशीलाजी एक आशा की किरण प्रस्तुत कविता में आनेवाले पीढ़ी के लिए छोड़ दिया है।

"अब आने वाले पीढ़ियों को
बचाना होगा
रास्ता देना होगा"[2]

जब स्त्री घर की चौखट से बाहर निकलेंगी तब वह अपना अलग संसार बनाएगी। आज की खुद्दार औरत घर की चौखट से, अपने पाँव के बन्धन को तोड़कर, परदे के पीछे से आगे आयी हुई औरत है। पिंजरों में बन्द करके कितने साल तक एक स्त्री को रख सकते हैं। स्वतन्त्रता की चाह आज उनकी शरीर के कण कण में है। जातियता के साथ साथ स्त्री होने का दर्द भी सहन करके करके वह कठोर बन गयी है। वह तो जंगल की आग जैसी है। जंगल की आग एक जगह से शुरू होने पर उसे बुझाना बहुत कठिन है। पूरे जंगल को खतम करने की शक्ति उसमें है। ठीक वैसे ही दलित स्त्री के अन्दर की आग जब बाहर निकलेंगा तब पूरे संसार का नामोनिशान तक नहीं रहेगा।

उतनी तीव्रऔर कठोर बन गयी है उसकी अन्दर की विद्रोही भावनाएँ।

"श्रद्धा शर्म दया धर्म
किसमें खोजते हो
संभालो अपने
पुराने जेवर
थान के थान
परिधान
आज ये खुद्दार औरत
नंगेपन पर उतरकर
परमेश्वर को लजायेगी
पुरुष के सर्वस्व को नकारकर
उसे नीचा दिखाएगी"[3]

पुरुष वर्चस्व समाज के खिलाफ नारी स्वर आज उठ रही है। दलित स्त्री का टकराव पुरुष वर्चस्व समाज से है। जितने भी दलित महिलाएँ है उनकी ज़िन्दगी चक्की में पिसते अन्न की तरह है। ऐसे ही रहने पर उनके ऊपर अमीर लोगं का शोषण चलता रहेगा। यह समाज सिर्फ ऊँचे जाति के लिए ही नहीं बल्कि सब के लिए है। यह बात सिर्फ बात ही रह जाती है। ऐसी समाज में एक दलित स्त्री की हालत क्या होगी। इसलिए कवि आह्वान करती है कि

"स्वयं को पहचानो
चक्की में पिसते अन्न की तरह नहीं
उगते अंकुर की तरह जियो
धरती और आकाश सबका है
हवा प्रकाश किसके वश का है
फिर इन सब पर भी
क्यों नहीं अपना हक जताओ"[4]

परिवार की सम्पूर्ण ज़िम्मेदारी स्त्रियों पर होती है। घर परिवार में उलझे हुए स्त्री कभी दुनिया के बारे में और अपने बारे में नहीं सोचते। लेकिन आज स्त्री अपने घर के चार दीवारों

में कैद नहीं है। देश, समाज के खबरों से अनजान नहीं है। वह अपने ऊपर होनेवाले शोषण को पहचानने लगी है। कभी न हिम्मत हारनेवाली एक निड़र स्त्री की तरह आज वह संसार में उतर रही है। सदियों से स्त्री होने के नाते, दलित होने के नाते जितने भी शोषण सहा वह सब एकतरफ करके, कभी न हारने की शपथ लेकर आज वह हमारे सामने खड़ी है।

"घर परिवार के छोटे घेरे में
घिरी औरत पहुँच रही है
रोज़ी-रोटी तक
जीवन को धन्य मानती
पर देश समाज
और खुद अपने से
बेखबर
पर अब वह सजग है
और सतर्क भी"[5]

आज दलित वर्ग की नारी अपने अधिकारों के प्रति जागरूक हो गयी है। अपने पाँव के बन्धन को तोड़कर वह घर की चौखट से बाहर एक खुद्दार औरत की तरह आगयी है। इक्कीसवीं सदी की दलित कविताओं में सबसे महत्त्वपूर्ण बात नारी स्वतन्त्रता है। आज स्त्रियों में जो खूद्दार देख रही है इसका एक कारण वह अपने अस्मिता को खोज निकाला है। अपने अन्दर की शक्ति को पहचान लिया है। दलित वर्ग की नारी में आक्रोश और विद्रोही भावना ही ज़्यादा नज़र आती है। हमेशा हाशिए पर रहने के लिए अभिशप्त दलितों के अन्दर विद्रोह की चेतना को जागृत करना कवि अपना धर्म समझते हैं।

## सन्दर्भ ग्रन्थ सूची


1. घर की चौखट से बाहर– सुशीला डाकभौरे।
2. घर की चौखट से बाहर– सुशीला डाकभौरे।
3. आज की खुद्दार औरत– सुशीला डाकभौरे।
4. उगते अंकुर की तरह जियो– सुशीला डाकभौरे।
5. उगते अंकुर की तरह जियो– सुशीला डाकभौरे।

# "समर" – नारी के संघर्षमय जीवन का दूसरा नाम

*बिन्दु एम.जी*

नारी को केन्द्र में रखकर कई विषयों पर कहानियाँ लिख चुके है और लिखे जा रहे है। उभरती हुई आधुनिक नारी की जटिल मानसिकता को उसकी समग्रता में अजमाने का प्रयास आधुनिक नारी कहानिकारों ने की है। शारीरिक और मानसिक रूप से नारी और पुरुष भिन्न है। किन्तु वे दोनों मनुष्य नामक जाति के दो विभाग है यह बात कभी कभी हम भूल जाते हैं और नारी को पशु से भी निचले तबके का मानते हैं। हमारा सांस्कृतिक वातावरण, सामाजिक परिवेश, पारिवारिक परिस्थितियाँ ये सब मिलकर नारी मानसिकता की निर्मिती अलग तरीके से की है। बचपनकाल से लेकर वह यह सुनती आ रही है कि पुरुष की आज्ञाकारिणी रहना उसकी ज़िन्दगी का ध्येय है। उसके मन में यह विचार रूढमूल हो गया है कि उसका जन्म और जीवन पुरुष के लिए है। हमारा समाज भी आरम्भ से स्त्रीयों को पुरुष के सामने झुकना सिखाता है मानो उसका अपना कोई अस्तित्व ही नही हो। समाज द्वारा निर्धारित बातों को स्वीकारते स्वीकारते उसका व्यक्तित्व एक ओढ़ा हुआ कृत्रिम व्यक्तित्व बन गया है। वह किसी न किसी की छाया मात्र बनकर जी रही है। उसकी अपनी आशा आकांक्षाएँ है। ये सब उसके ही भीतर दब दबकर मर जाती है। दूसरों की खुशी के लिए वह अपने व्यक्तित्व और अस्तित्व को मिटा देती है। बिना किसी हिचक के, किसी प्रतिशोध के जीवन का सारा बोझ ढोती है वह। समाज से सीधा सम्बन्ध न रखते हुए भी समाज द्वारा उसके लिए बनाए गये नियम का वह अक्षरशः पालन करती है। समाज के हर क्षेत्र में नारी जीवन लगभग इसी परिस्थिति से होकर गुज़र रही है। इसलिए नारी की ज़िन्दगी पुरुष की ज़िन्दगी से भी अधिक संघर्षपूर्ण है।

आधुनिक नारी लेखिकाओं में श्रीमती मेहरुन्निसा परवेस का स्थान प्रमुख है। उनकी कहानियों में नारीजीवन की तकलीफों एवं विवशताओं का मार्मिक चित्रण है। नारी के संघर्षपूर्ण जीवन का समग्रतापूर्ण चित्रण मेहरुन्निसाजी की कहानियों की सबसे बड़ी खूबी है। उनका व्यक्तित्व हमेशा नारी जीवन के साथ जुड़ी रहती थी। आम नारी के त्रासदपूर्ण जीवन को सहजता के साथ उन्होंने अपनी रचनाओं में उतारा है। "समर" मेहरुन्निसाजी का एक बहुचर्चित कहानीसंग्रह है। इसमें संग्रहित कहानियों में उन्होंने आम भारतीय नारी की अनेकमुखी समस्याओं को शब्दबद्ध करने की कोशिश की है। पुस्तक की भूमिका में वे कहती है "समर, हमारे जीवन का समर दरअसल जीवन का दूसरा नाम ही समर है।" मेहरुन्निसाजी समर को ज़िन्दगी के रूप में देखती है। वे बताती है कि निरन्तर हम समर का सामना करते रहते है। हम से यहाँ मतलब नारी जीवन से है। हर एक नारी इसका सामना करती है, जूझती है, जीतती है, हारती है, और रोती भी है।

समर असल में जीवन का एक अंग है। मनुष्य पूरी ज़िन्दगी समर का सामना करते करते

आगे बढ़ते है। वास्तव में समर मनुष्य के लिए एक प्रेरक शक्ति है। वह आगे आनेवाले बड़े समर का सामना करने के लिए मनुष्य को शक्ति प्रदान करता है। इसलिए ज़िन्दगी में समर का होना बहुत ज़रूरी है। परन्तु समर का सामना करते करते कभी न मिलनेवाले विजय का सपना देखकर पूरी ज़िन्दगी पराजित होकर अन्त में मर मिटने को अभिशप्त एक मनुष्य वर्ग हमारे समाज में है। वे हमारे नारी शक्ती ही है। वे हमारे समाज का आधा हिस्सा है। किन्तु समाज से हमेशा निर्लिप्त है।

समर कहानीसंग्रह की कहानियों की नायिकाएँ जीवन के इस समर को अपनी नियती मानकर स्वीकारती है। "समर" नामक कहानी में पुत्रवियोग से तडपनेवाली माँ ज़िन्दगी में आगे आनेवाले समर का इन्तज़ार करती है। वह स्वयम यह स्वीकारती है कि अब समर का सामना करने की क्षमता उसको नही है। वह सोचती है– "'सारी उम्र मैंने ज़िन्दगी से युद्ध किया था, अब नहीं। मैंने हार मान ली है और अपने सारे हथियार नीचे रख दिये। मेरे जीवन का समर समाप्त हुआ।" वह सोचती है कि जन्म से लेकर मर मिटने तक संघर्ष करना और अन्त में हार मानना ही नारी जीवन की नियती है। आगे बढ़ने की लाखों कोशिश वह करती है। कोई फायदा नहीं था। कहानी की माँ अन्त में हार मानने के बदले अपने इस संघर्ष को पुत्र की प्रेयसी पर छोड़ती है। वह कहती है "मेरे जीवन का समरसमाप्त हो चुका है अब नेहा के जीवन का समर शुरू हो गया है"। माँ अपने जीवन के समर को नेहा की आँखों में पुन जीवित देखती है। कभी न खतम होनेवाले उस समर का एहसास उसके अन्दर है। स्त्री चाहे वह माँ हो, पत्नी हो, प्रेयसी हो, बेटी हो, बहिन हो उनके सामने समर का एक ही रूप है। पूरी ज़िन्दगी वह उसका सामना करती रहती है। कभी न अन्त होनेवाले इस समर का सामना करते करते आज स्त्री थक तो चुकी है। किन्तु पराजित होने को वह तैयार नही। इसलिए समर के इस बोझ को पीढ़ी दर पीढ़ी वह ढोती ही रहती है।

भूख की समस्या सबसे बड़ी समस्या है। भूख की समस्या के सामने समर करनेवाली माँ का चित्रण "घुरे का बिरखा" कहानी में है। भोपाल के भाप विस्फोट के सन्दर्भ में लिखी गयी इस कहानी में भाप विस्फोट के दुष्परिणाम का शिकार हाथ पाँव विहीन किसनवा नामक बालक की दुरितपूर्ण जीवन का चित्रण है। कहानी में किसनवा की माँ सदा उसको कोसती है, गाली देती है, बददुआ देती है। पढ़नेवाले पाठक के मन में माँ के प्रती घृणा का भाव जाग उठना स्वाभाविक है। परन्तु सोचना चाहिए कि अपने निस्सहाय पुत्र के साथ ऐसा निर्मम व्यवहार क्यों करती है वह?। इतना कठोर कैसे हो गयी है वह?। उत्तर तो बहुत सरल है। ज़िन्दगी की निर्मम वास्तविकता ने उसको इतना कठोर बना दिया है। लेखिका कहती है– "ज़िन्दगी की कडुवाहट ने, ज़िन्दगी की सच्चाईयों ने उसे चिडचिडा सा बना दिया था। पेट की भूख तो सबको लगती है। इस पेट की आग ही तो है जो इनसान को बड़े बड़े गुनाह करने पर मज़बूर करती है"। किसनवा हर दिन माँ का शापवचन सुनता है। गाली सुनता है। परन्तु कभी भी वह रोता नही है। उसके चेहरे पर दुख का लांछन भी नही होगा। वह अपने जीवन परिस्थिती के साथ उतना तादात्म्य पा लिया था। कहानी में लेखिका खुद एक चरित्र है। वह किसनवा को देखने जाती है। उस छोटे बालक की दुरवस्था का चित्रण उन्होंने ऐसा किया- "वह लड़का नंगा पड़ा था। उसके शरीर पर सर्दी में भी कोई कपड़ा नहीं था। उसके कन्धों पर से दोनों बाहें नहीं थी और कमर के नीचे से दोनों जाँघें भी नहीं थी। पर आँखों में बेपनाह चमक थी और मुसकुराहट बड़ी

लुभावनी सी"। किसनवा हँसता है। रोता नहीं है। वह जानता है कि क्यों माँ उसे कोसती है। किसनवा के इस दुरवस्था के लिए उत्तरदायी समाज के स्वार्थलोलुप अधिकारी वर्ग उसको तथा उसकी माँ को भूल गये है। माँ की एकमात्र सहारा किसनवा अब माँ के लिए बोझ सा बन गया है। कारण उसके सामने ऐसा कोई जीविकोपार्जन नही। किसनवा को अकेला छोड़कर कुछ न कुछ काम करने के लिए वह बाहर जा भी नहीं सकती थी। किसनवा का हाथ पाँव नहीं है। परन्तु उसका दिल और दिमाग है। वह सोचता है और समझता भी है। इसलिए माँ के प्रति उसके मन में कोई शिकायत नहीं है।

"जगार" कहानी की नायिका गोमती भी ज़िन्दगी के साथ समर करनेवाली, बहुत कुछ सहनेवाली नारी है। परन्तु हर सन्दर्भ में अन्याय को चुपचाप सहने को वह तैयार नहीं थी। मौका मिलने पर पूरे समाज के सम्मुख वह स्त्री में निहित शक्ति और क्षमता दिखाती है। नारी के अस्वतन्त्र सीमित दायरे से बाहर निकलकर निडर होकर सम्पूर्ण सामाजिक व्यवस्था को वह ललकारती है। ज़िन्दगी में झेले गये विपरीत परिस्थितियों ने ही गोमती को इतना निडर और निर्भीग बना दिया था। शादी के दिन में ही पति के मालिक के सामने सबकुछ न्योछावर करनी पड़ती है उसको। वह सोचती है– वह एक नौकर की घरवाली है। उसकी अलग से अपनी कोई औकात नहीं थी।

गाँव के सरपंज के चुनाव में हरिजन महिला सीट में चुनाव लड़ने के लिए मालिक गोमती को चुन लेते है। गोमती सरपंज बन गयी। वह अपने अधिकार को पहचानने लगी। भारी सभा के सम्मुख सारे अधिकारी वर्ग को ललकारती है वह। जिस अधिकारी वर्ग के सामने, नेतागिरी के सामने वह घुँघट ओढ़कर आती थी उन्हीं के आगे सिर उठाकर बात करने लगी वह। उसके अन्दर जो घाव है वह बहुत गहरा ही है। मालिक ने जब उसको नागिन पुकारा तो वह कहती है –"इस नागिन के पास केंचुली कहाँ है मालिक। केंचुली तो अपने गाँव में आते ही उतार ली थी। अब तो बस घाव ही घाव है"। ज़िन्दगी भर गोमती ने जो दुख और अपमान सहा है उसी का दर्द इन शब्दों में निहित रहता है। बचपन काल से लेकर उसकी यही दुर्गती रही। छोटी उम्र में पिताकी मृत्यु के बादकाका के देखरेख में वह रहती थी। काका का उसकी ओर कोई प्यार या लगाव नहीं था। उसने गोमती की शादी एक लंगडे से कराता है। शादी के ही दिन मालिक के बलात्कार का शिकार होना पड़ती है उसको। बिना किसी प्रतिशोध के जीती है वह। कारण वह असलियत से अवगत है कि उसको सहारा देने के लिए इस दुनिया में कोई भी नही है। बचपन काल से लेकर उसको यह सीख मिल गयी थी कि अन्याय के विरुद्ध खुलकर आवाज़ उठाना, क्रोध प्रकट करना स्त्री के लिए निषिद्ध है। इसलिए इतना दुख, क्रोध और प्रतिशोध होते हुए भी शान्त भाव से वह मालिक के प्रश्न का उत्तर देती है। मेहरुन्निसाजी कहती है –"औरत का मन तो गहरा माल है। न जाने उसके भीतर कितने कीडे पतंगे, मगरमच्छ, साँप -बिच्छु, कंकड-पत्थर कीचड और भी न जाने कितनों के डंक विष छिपाये दबाये रहती है। उजागर नहीं होने देती। चुप रहती है। जैसे आकाश रोज़ अपना रौद्र रूप दिखाता है– वर्षा, बर्फ, ताप पर धरती चुप रहती है"।

"जीवन मंथन" कहानी की नायिका नन्दिता अपनी ज़न्दगी में बहुत कुछ सहती है। वह लगभग गोमती के चाल पर चलनेवाली औरत है। बेटे के जन्म के कुछ दिन बाद उसका पति ऐक्सिडेण्ड में मर जाता है। यौवनावस्था में ही उसको विधवा का कवच ओढ़नी पड़ती है।

उसका पति अमित्त ने प्यार करके उससे शादी की थी। लेकिन शादी के बाद नन्दिता यह जान लेती है कि अमित्त का अन्य नारियों के साथ अनैतिक सम्बन्ध है। अमित्त के लिए सेक्स एक अनिवार्य बात थी। पत्नी का अर्थ ही उसके लिए यह था कि वह हमेशा बिस्तर पर उपलब्ध रहे। यह सम्बन्ध अमित्त का किसी से भी हो सकता है। महत्त्वपूर्ण वह नही है बलकि उसकी नारी देह है। अमित्त को केवल नारी देह चाहिए, चाहे वह किसी की भी क्यों न हो। इसी कारण अमित्त और नन्दिता के बीच ऐसा कोई सुदृढ आत्मीय सम्बन्ध न था। अमित्त की मृत्यु के बाद उसका बेटा उसके लिए एकमात्र सहारा ही था। लेकिन ससुरालवाले बच्चे पर उसके अधिकार को छीन लेने लगे थे। वह खुद को बिलकुल अकेली महसुस करने लगी। उसके मन में यह विचार उठती है कि वह किसके सहारे जिए। किसको देखें। किस मोह में ज़िन्दा रहें। मेहरुन्निसाजी कहती है– "औरत को लोग बहु, बेटी, और माँ के रूप में देखते है। पर उसके स्वतन्त्र रूप को भूल जाते है कि वह इनसान है। हाडमाँस की औरत है"। कहानी की नन्दिता भी इस बात को सार्थक करती है कि सबसे बढ़कर वह इनसान है। स्त्री होने के कारण इनसान के ऐसे अनेक अधिकारों से उसको वंचित रहना पड़ता है उन्हीं अधिकारों को नन्दिता अपना लेती है। अपनी सहेली शीला की प्रेरणा सेवह अमित्त के मित्रमहेश के साथ शादी करके एक नई ज़िन्दगी शुरू करती है। इस कहानी में नन्दिता सभी झूठी सामाजिक मान्यतओं को ललकारती है। स्वतन्त्र अस्तित्व के लिए नारी की जो चाह है उसको सार्थक बनाती है।

"खेलावडी" कहानी में अपने पुत्र के पितृत्व की स्थापना के लिए लड़नेवाली खेलावडी को दिखाया है। खेलावडी ऐसे विभाग की नारी है जो शरीर बेचकर जीवनयापन करती है। खेलावडियों के इस समुदाय को बाँछडा कहते है। लालमणी एक अच्छी लड़की थी। परिस्थितिवश उसको खेलावडी बनना पड़ती है। ठाकूर उमेरसिंह खानदानी औकात का व्यक्ती है। वह निस्सन्तान है। लालमणी में उसके एक पुत्र का जन्म हुआ। उमेरसिंह की मृत्यु के अवसर पर लालमणी अपने बच्चे के साथ वहाँ पहुँचती है। लेकिन ठाकूर के घरवाले माँ और बेटे को वहाँ से भगाते है। लालमणी उसी रात शास्त्रिजी के यहाँ पहुँचती है और अपने बेटे से उसके पिता के अन्तिम संस्कार कराने की प्रार्थना करती है। शास्त्रिजी की सहमती में श्मशान से सभी लोगों के चले जाने के बाद वह अपने पुत्र से यह अन्तिम संस्कार कराती है।

"सूकी बयडी" कहानी में सूकी बयडी बननेवाली थोरा नामक युवती का चित्रण है। सूखी बयडी का अर्थ है सूखी लकडी। थोरा के पिता नीमडा के तीन बेटियाँ और एक बेटा है। थोरा और होरा दोनों बेटियों की शादी एकसाथ तय हो गया। शादी का खर्च और दहेज– निमडा के पास तो उतना पैसा नहीं था। उसने अपने इकलौते बेटे को ज़मानत के रूप में रखकर पैसा कर्ज लेता है। दोनों बेटियों की शादी कराता है। लेकिन बेटा टाकुओं के संख में फँस जाता है। शादी के प्रथम दिन में ही थोरा का पति उससे कहता है–"तेरी बईणा तो राणी रूपवती है। मेरा भाई बड़ा भाग्यवान है"। थोरा के दिल का सारा प्रकाश बूझ गया। उसको पता चला कि बहिन का रूप उसके पति की आँखों में समा गया है। अपने कंगाल रूप पर उसे दुख हुआ। होरा ने एक पुत्र को जन्म दिया परन्तु थोरा माँ न बन पाई। उसका पति उससे जलने लगा। वह दूसरी शादी करने का निर्णय ले लिया और मोहिनी नामक युवती से शादी करके अलग ज़िन्दगी बिताने लगा। थोरा का उस घर में कोई स्थान नहीं था। उस घर में वह सूखी बयडी ही बन गयी।

आमतौर पर नारी का जीवन सूखी लकडी के समान है। पूरी ज़िन्दगी दूसरों के लिए

जल जलकर राख हो जाती है वह। समाज की अन्धपरम्पराओं, कृत्रिम मूल्यों और निरर्थक मान्यताओं ने नारी की ज़िन्दगी को शुष्क और नीरस बना दिया है। अपने ही घर में, चाहे वह पिता का हो या पति का, भिखारिन या नौकरानी होकर जीने को अभिशप्त है वह। उसका अपना कुछ नही है। उसका शरीर भी दूसरों के कब्जे में है। असल में पुरुष के इच्छानुसार नाचनेवाली गुड़िया है वह।

आज आधुनिक नारी बहुत कुछ बदल गयी है। आज वह खुद को, अपने परिवेश को पहचानने में सक्षम है। वह हमेशा सजग और सतर्क रहती है। इसका मूल कारण नारी का शिक्षित होना ही है। शिक्षित नारी आज अधिक स्वाभिमानी हो उठी है। वह जाग उठी है और प्रतिशोध करने लगी है। परन्तु सदियों की दासता से मुक्त हो जाना इतना सरल कार्य नहीं है। इसके लिए निरन्तर समर करते रहना अनिवार्य है। जीवन के हर पड़ाव पर उसको समर का सामना करना पड़ता है। आज निरन्तर समर करना, संघर्ष करना उसकी जीवनचर्या ही हो गया है। पहले स्त्री छोटे छोटे समर को देखकर भयभीत हो उठती थी, रोती थी। लेकिन आज वह बड़े बड़े समर का निर्भीक होकर सामना कर रही है। आधुनिक नारी के इसी समर को मेहरुन्निसाजी ने ज़िन्दगी नाम दे दिया है। समर कहानी संग्रह की कहानियाँ यह सन्देश हमको देती है कि ज़िन्दगी में समर कभी भी समाप्त नहीं होता। समर का सामना करना और आगे बढ़ना। तभी हमारा सपना साकार हो जायेगा।

समर संग्रह की कहानियों में समर कहानी की माँ, गोमती, नन्दिता, थोरा जैसे नारी पात्र बहुत कुछ सहती है, रोती है, झुलसती है, निराश हो जाती है, पराजित हो जाती है परन्तु वे पीछे हटती नहीं है। जीवन के दुख, दर्द और पराजय का सामना करके वे आगे की ओर बढ़ती है। हर एक समर उनके लिए आगे आनेवाले समर का सामना करने की ऊर्जा ही है। कहानियों के ज़रिए मेहरुन्निसाजी यह कहना चाहती है कि अब तक स्त्री ने जो कुछ हासिल की है सब समर या संघर्ष करते करते ही है। आगे भी वह ऐसा करती रहेगी यह आशावादी दृष्टिकोण समर कहानीसंग्रह की समस्त कहानियों में है।

# निर्वासन बनाम आत्मनिरास

***सजी आर कुरुप***

निर्वासन एक मानसिकता है– व्यक्ति की और समाज की। वैयक्तिक अनुभव के रूप में वह आदमी की अपनी अस्मिता से, भावनाओं से और अहमबोध से बाहर जाने की प्रक्रिया है। एक सामाजिक प्रक्रिया के रूप में वह आदमी को परिवार से, समाज से, देश से और अपनी धरती से दूर करता है। निर्वासित व्यक्ति की भाषा बदलती है, चिन्ताओं का रूपायन और उसका संवेदन साध्य कर देता है। संस्कार बदलता है जो हमारे साथ अपने चारों ओर पनप आया है। मित्रता, बदलती है, जो जीवन यात्रा में हमेशा हमारे साथ थी। दरअसल निर्वासन एक पीड़ानुभव है और संशोधन भी। वह सामाजिक जीवन की एक चिरन्तन समस्या है।

श्री अखिलेश का निर्वासन नामक उपन्यास का अध्ययन एक ऐसा अनुभव है, जो कि हमें जीवन के कुछ अनजाने पहलुओं से परिचित कराता है। अपने स्वत्वबोध के पिंजरे से बाहर जाकर एक दूसरी दुनिया-जहाँ सबकुछ अलग और नया है– की ओर जाने की इच्छा यह उपन्यास हमारे मन में जगाता है। आत्मनिरास को भोगना और स्वयं खो जाना हमारे मन में ज़िन्दगी की नश्वरता का बोध जगाता है। हम जगत् की विराटता भोगते हैं और अहम की ऊँचाई से नीचे गिर जाते हैं। निर्वासन का दूसरा पक्ष बिल्कुल विलोम है। उसमें अहम से मुक्ति और स्वत्व का पहचान मिलता है। मतलब निर्वासन दो प्रकार का अनुभव हमें प्रदान करता है– पहला- सबकुछ खो जाने का और दूसरा सब कुछ पुनःमिलने का। यह एक प्रकार के द्वन्द्व की स्थिति है। हमारे मन में सत्य-असत्य, भूत-वर्तमान, अर्थ-अर्थहीनता, सार और सारहीनता, नया और पुराना, आदि आदि अनेक द्वन्द्वों का अहसास होता है। जीवन में हर मनुष्य इसी व्यथा से पीडित है। कम से कम एक बार हम स्वत्वनाश की पीड़ा भोगता है। इसका कारण जो भी हो, हम अनुभव करते हैं कि हम अपार्थिव हो गये हैं। धरती के एक एक रेतकणों से हम घृणा अनुभव करते हैं।

यह उपन्यास समकालीन समाज के कई मुद्दों को विषय बनाकर रचा गया है। वृद्धजनों के जीवन, सत्ताधारी वर्गों के भ्रष्टाचार, कॉरपरेट दुनिया की कूटनीतियाँ, भोगवादी संस्कृति, अतीत और वर्तमान के सम्बन्ध आदि आदि कई विषयों को एक साथ जुड़ाते हुए इसकी रचना की गयी है। जीवन की विसंगतियों को खोजते रहना और सृजनात्मक भूमिका निभाते हुए कभी कभी समाज के सामने कतिपय समाधान प्रस्तुत करना लेखक की प्रतिबद्धता है। इस दृष्टि में अखिलेश की सफलता निस्सन्देह है।

हिन्दी के आधुनिक रचनाकारों में प्रेमचन्द से लेकर हमें कईयों की रचनाओं में निर्वासन, आत्मनिरास, अस्तित्व की तलाश जैसी प्रवृत्तियों के प्रमाण मिलते हैं। अज्ञेय की शेखर एक जीवनी, नदी के द्वीप, अपने अपने अजनबी, मोहन राकेश के नाटक, आदि में जीवन की यह

विसंगति पूर्ण स्थिति के बयान हैं। स्वातन्त्र्योत्तर भारत की जनता की सबसे बड़ी पीड़ा अपनी अस्मिताखोज से जुड़ी हुई थी। बहुत सारी कविताएँ भी इसको मुख्य विषय बनाकर रची गयी है। इसी परम्परा में अखिलेश का निर्वासन एकदम नया है। इसकी सबसे बड़ी खासियत है कि केवल वैयक्तिक स्वत्व की खोज में सीमित न होकर समाज की और देश की अस्मिता की भी तलाश इसमें की गयी है और उपन्यासकार हमें यह समझाने का प्रयास कर रहे हैं कि समाज की और देश की अस्मिता अब खतरे में है क्योंकि उसको बाहर फेंककर कॉरपरेट दुनिया की भोगवादी मानसिकता को हमारे भीतर थोपने का प्रयास चल रहा है। हम अपने अतीत पर चिन्तित हैं और हमारा वर्तमान दूसरों से हड़प लिया जा रहा है।

इसमें निर्वासन की कई कथाएँ हैं– नायक सूर्यकान्त का निर्वासन, प्रवास जीवन की सफलता में भी मातृभूमि में अपनी परम्परा खोजनेवालों का निर्वासन, परिवार की भोगलालसा से विरक्त होकर पुराने ज़माने के जीवन जीनेवाले चाचा का निर्वासन आदि। इन्हीं कथाओं के द्वारा अपने परिवार से, गाँव से, देश से और उनसे जुड़े हुए तमाम जीवन परिसरों से दूर रहने के लिए विवश मानव का चित्र मुझे सबसे अधिक बेचैन करता रहा। इनके साथ इसमें विनष्ट स्वत्व की खोज भी है।

उपन्यास के नायक का नाम सूर्यकांत है, जो पहले पर्यटन निदेशालय में काम करते थे और भ्रष्टाचारी चेयरमान के आने के बाद उसे नौकरी छोड़ देना पड़ा। प्रथम और दूसरे अध्यायों में इनकी नौकरी खो जाना और कैंसर की मरीज़ बन जाने का डर आदि का बयान है। सूर्यकान्त अपने गाँव और घर से निर्वासित है। मनपसन्द लड़की से शादी करने के कारण घर, माँ-बाप और गाँव को छोड़कर शहर में जीने के लिए विवश भी है। सूर्यकांत की अपने निर्वासित जीवन में होनेवाली एक वापसी इस उपन्यास की कथा का सूत्र है। इस वापसी का कारण एक प्रवासी धनिक है जो बहुत साल पहले भारत को छोड़कर गिरमिटिया मज़दूर बनकर सूरीनाम चले गये थे। वे अपने दादा के गाँव और परिवार की खोज करने का काम सूर्यकान्त को सौंप देते हैं। वे अपने बाबा के जीवन पर एक किताब लिखवाना चाहते हैं और उसके लिए लाखों रुपये खर्च करने को तैयार भी हैं। इस प्रकार न्यूयोर्क में जीनेवाले और कई व्यापार संस्थाएँ चलानेवाले राम अजोर पांडे के लिए भारत के गोसाईगंज नामक गाँव की खोज में सूर्यकांत निकलता है और उसी खोज की यात्रा इस उपन्यास की कथा को आगे ले जाती है।

गौरी के साथ जीने के लिए गाँव छोड़नेवाले सूर्यकांत अपने गाँव, परिवार, माँ बाप, भाई बहन, दादी आदि की यादों से ही नहीं बल्कि गाँव की मिट्टी, बारिश, कोहरे से भरी हुई रात, गाँववालों की बोलियाँ आदि से दूर हो जाने के दुःख से भी पीडित है। गौरी के हाथ पकड़कर, घर पहुँचने पर पिता ने उसे और गौरी को बाहर धकेल दिया और ज़ोर से दरवाज़ा बन्द कर लिया था। उपन्यास में इस कथा सन्दर्भ के अध्याय का शीर्षक रखा है– वह कोहरे वाली रात। इस उपन्यास के पच्चीस अध्यायों को प्रसंगानुसार शीर्षक देकर रचना का नया तरीका अपनाया गया है। दूसरे अध्याय का शीर्षक है पी पी पी, जिसका पूर्णरूप है प्राइवेट पब्लिक पार्टनरशिप। यह पर्यटन निदेशालय की नयी परियोजना है, जहाँ सूर्यकांत उपनिदेशक के रूप में काम कर रहे थे। पर्यटन निदेशालय की पहली परियोजना थी मुक्ति पथ, जो पूर्णतः सरकारी फंडिंग में पूरा करनेवाली थी और बिल्कुल धर्मनिरपेक्ष। इसको निरस्त करके विदेशी सरकार या विदेशी फंडिंग एजेंसी की आर्थिक मदद से यू.पी. की जनता की हिन्दु मानसिकता को बुनियाद

बनाकर पर्यटन को विस्तार देनेवाली नयी परियोजना से अपनी वैयक्तिक अरुचि प्रकट करने पर सूर्यकांत को अपनी नौकरी से लम्बी छुट्टी लेना पड़ता है। यह उसका दूसरा निर्वासन था। जीवन यापन के लिए नया आर्थिक स्रोत खोजना पड़ता है, अवैतनिक छुट्टि के कारण। शादी के कारण घर से बाहर हो जाना सूर्यकांत का पहला निर्वासन का कारण था तो लोकतांत्रिक सरकार की सिस्टम में बाहरी कॉरपरेट शक्तियों के हस्तक्षेप से असहमति प्रकट करने के कारण नौकरी से बाहर जाना दूसरे निर्वासन का कारण हो जाता है।

बाहरी शक्तियों के हस्तक्षेप से वास्तव में हम अपने जगहों से अनजाने ही धकेल लिए जाते हैं। हमारी संस्कृति को, हमारी चिन्तन को और सामाजिक बोध को इस प्रकार हमसे दूर किया जाता है। सूर्यकांत की नौकरी से उसका बाहर जाना वास्तव में उसकी मुक्ति नहीं थी। सत्ताधारी वर्ग उसकी आँखें बाँधकर कहीं घूमने को भेज देता है और उस समय तक उनकी परियोजना का अन्तिम रूप तैयार करके उसको फिर से ज्वायिन करने का आदेश देता है। नौकरी खो जाने पर जीवन यापन के मार्ग के लिए तरसनेवाले सूर्यकांत के सामने जो प्रवासी धनिक प्रत्यक्ष होता है, वह भी अन्त में पर्यटन निदेशालय की परियोजना में भाग लेता है। उपन्यास के अन्तिम दृश्य में पर्यटन निदेशालय के चेयरमान और रामअजोर पांडे की मित्रता का बयान है।

आत्मनिर्वासन और अस्मिताखोज में पाठकों के मन को अन्तिम पृष्ठ तक बाँधे रखने की उपन्यासकार की जादूगरी उपन्यास की गरिमा को बढ़ाती है तो उसकी सामाजिक प्रासंगिकता भी उतनी ही महत्त्वपूर्ण ठहरती है। समकालीन भारत की सबसे बड़ी खतरनाक स्थिती की ओर उपन्यास हमारा ध्यान आकृष्ट करता है। हमारी पब्लिक संस्थाओं को बेचनेवाली सरकारी नीति के कारण पूरे भारत की जनता चिन्तित है। प्राइवेट या कॉरपरेट शक्तियों के लिए रेलवे तक को अब बेच रहा है। धर्म के नाम पर हमारी आँखों को बाँधकर हमें अन्धकार में थकेल दिया जा रहा है। इस स्थिति का प्रत्यक्ष संकेत उपन्यास में है– "इस प्रदेश को एक ऐसी पर्यटन परियोजना की आवश्यकता है जो कमाऊ, राष्ट्रवादी और प्रयोगशील है। जो न केवल इस प्रदेश, वरन्, समूचे संसार के लिए स्तुत्य और अनुकरणीय हो। चेयरमैन साहब ने यह बताकर हमारी आँखें खोल दी हैं कि वह प्रोजेक्ट प्राचीनतम हिन्दु धर्म पर आधारित हो सकता है। आखिर धर्म से ज़्यादा लोकलुभावन और शक्तिशाली दूसरा कुछ भी नहीं हो सकता है।"[1]

सूर्यकांत को नयी नौकरी का और असीम धन का वादा देनेवाला प्रवासी व्यापारी की कहानी भी बहुत हृदयहारी है। उनके दादा के गाँव और परिवार की खोज करने का दायित्व सूर्यकांत को सोंप दिया जाता है। वे अपने दादा के जीवन पर एक किताब बनाना चाहते हैं और उसके लिए लाखों रुपये खर्च करने को तैयार हैं। कुम्हार जाति में भगेलू नामक बाबा का जन्म हुआ था। 125 साल पहले गाँव में जो अकाल हुआ, उससे बचने के लिए वे सुरीनाम जाते हैं और वहाँ एक नये परिवार के साथ पूरा जीवन बिताते हैं। पलायन के वक्त जब उनकी जाति पूछी गयी तो जवाब देने के पहले वह ठिठके और कांपे, फिर बेसाख्ता बोल दिये– "पांडे हूँ सरकार, बाभन!" कुम्हार जाति के कहने पर होनेवाले जुर्म के डर से ब्राह्मण कह दिया और शेष जीवन ब्राह्मण बनकर प्रवास में बिताता है और पत्नी, बाल-बच्चे, सब उसी ब्राह्मण की परम्परा में निर्मित होते हैं। भेगलू का पोता है राम अजोर पांडे, जो सूर्यकांत से गोसाईगंज नामक किसी गाँव में ब्राह्मण परिवार की खोज करने को कहता है जबकि दादा का वास्तविक परिवार कुम्हार

जाति का है। राम अजोर पांडे अब न्यूयोर्क में रहते हैं और कई व्यावसायिक संस्थाएँ चलाते हैं और दुनिया भर सफर करते रहते हैं। बीच बीच में भारत पहुँचते हैं और हर बार अपने बाबा के मूल परिवार और गाँव को ढूँढते रहते है। उनकी अनगिनत सम्पत्ती की खर्च करने के लिए कोई औलाद नहीं पर वे अपनी आगे की परम्परा से ज़्यादा अतीत परम्परा के प्रति चिन्तित है। दो शादी करने पर भी सन्तान नहीं हुआ और अब पांडे पर बाबा हमेशा छाये रहते हैं। वह स्वयं को बाबा की तरह अभिशप्त और दुखियारा महसूस करता है– "मैं उस उम्र में हूँ जब मौत मेरे पास है। इसलिए सवाल यह है कि मेरे मरने के बाद मेरा इस दुनिया में क्या होगा?"[1] अपनी संस्था के एक कर्मचारी लड़के को अपने पुत्र के रूप में स्वीकार करने और सारी संस्थाएँ उनको सौंपने को तैयार हो जाते हैं। पर अन्तिम क्षण में वह उससे भी वंचित हो जाता है। वह विदेशी युवा इनका काम छोड़कर और किसी संस्था में जोयिन करके चला जाता है।

बाबा की स्मृतियाँ ज़्यादा सताने पर वह सरीनाम पहुँचता है और बाबा की तरह रहने लगता है। घर के छोटे मन्दिर में ज़्यादा समय बिताता है। मूर्तियों के पैरों पर सिर टेक कर पड़ा रहता है और प्रायः वहीं नंगे फर्श पर सो जाता है। "आपका रामअजोर आपको अपने परिवार से नहीं मिला सका" ऐसे रहकर बाबा के फोटो के सामने सिर रगडता है। स्वयं बाबा के कपड़े पहनकर बाबा बनने की इच्छा करता है, देशी शराब पीता है जो बाबा बहुत पसन्द करता था। बीडी पीता है, जो बाबा पीता था। बाबा की याद में स्वयं भूलकर उनके परिवार की खोज करनेवाले पांडे इसलिए निराश हो जाता है कि इस देश में एक या दो नहीं, अनगिनत गोसाईगंज है।

गरीबी और भूख से रक्षा पाने के लिए अपनी मिट्टी छोड़ने वाला भगेलू कुम्हार का निर्वासन और उनके पोता रामअजोर द्वारा परिवार का मूल खोजना इस उपन्यास की मुख्य कथा है। अपनी मिट्टी से वंचित होने पर जिस प्रकार हम आश्रय (बेसहारा) हीन बन जाते हैं और उसका दर्द किस प्रकार हमारी आगे की पीढियों को भी सताता रहता है, उसका बयान है यह कथा। धन और वैभव सम्पन्न होने पर भी अस्मिताहीन और विसंगतिपूर्ण जीवन जीनेवाले मनुष्य का नमूना है भगेलू और राम अजोर। अपने गाँव और अपने देश के समान निर्वासन मानव को अपनी जाति भी निरर्थक बना देता है। मानवीयता की वैश्विकता में कुम्हार कौन या ब्राह्मण कौन? जाति या धर्म की सीमा से हम ठीक उसी क्षण मुक्त हो जाते हैं जब उनसे रंगायित सामाजिक परिदृश्य के बाहर हम पहला कदम रखते हैं। फिर उन्हें वापस पाना नामुमकिन है। अथवा धर्मबोध की सीमा से बाहर जाने के बाद फिर उसको प्राप्त करने की इच्छा बेवकूफी है।

यहाँ उपन्यासकार हमारे मन में एक ऐसी दुनिया की और जाने का मोह पैदा करता है जहाँ कोई धर्म या जाति न हो। लेकिन आज राजनीति हमें उसी वैश्विकता से पीछे जाकर धर्म की चारदीवारों में पुनः फँसा लेने का षड्यन्त्र रही है। धर्मनिरपेक्षता का जो महान संदेश हमारे संविधान की गरिमा है, उसे अब चीर फाडकर दूर फेंक दिया जा रहा है। भगेलू कम्हार के पुराने गाँव का नाम भी बहुत औचित्य के साथ रखा है– गोसाईगंज, जिसका मतलब है सन्त की भूमि। भारतवर्ष की परिकल्पना ही उन ऋषि-मुनियों की भूमि के रूप में है जो वाङ्मय के वैदिक स्वरूपों में प्रकृति की उपासना करते थे। वैसे पूरा भारत एक बड़ा गोसाईगंज है जहाँ करोडों गोसाईगंज मिला जुला हुआ है।

समकालीन भारतीय समाज सौ प्रतिशत भोगवाद के पीछे दौड रहा है। हमारे सामने एक ऐसा संसार है जहाँ सबकुछ बेचा जा रहता है और सुख सुविधाओं के मनमोहक बाज़ार हमेशा

हमारा ध्यान आकृष्ट कर रहा है। खून के रिश्तों को भी भूलकर हम बाज़ारी संस्कृति में जी रहे हैं। ज़्यादातर मध्यवर्गीय परिवारों में यही हालत है और पारिवारिक सम्बन्धों में गहरी खाइयाँ होती रहती हैं। निर्वासन की तीसरी कथा ऐसे एक परिवार की है जिसका नायक सूर्यकांत का चाचा है। चाचा और सूर्यकांत के बीच चाचा-बेटा का नहीं, बल्कि मित्र जैसी दोस्ती थी। जब गौरी के साथ अपने घर से बाहर थकेला गया था, उस रात में चाचा ने इनको आसरा दिया था। गोसाई गंज की यात्रा में सूर्यकांत पहले अपने घर पहुँचता है और निर्वासित जीवन के आत्मनिरास को छोड़कर परिवार के प्यार को फिर से प्राप्त करता है। उसके बाद चाचा गोसाईगंज की यात्रा में उसके साथ देता है। लेकिन चाचा के घर पहुँचकर वह दंग रह जाता है क्योंकि "चाचा पहले आप शौकीन इन्सान थे। नयी से नयी, महंगी से महंगीचीज़ें खरीद कर लाते थे। फ़ैमिली के साथ लखनऊ पहुँच जाते थे। वहाँ मल्टीप्लेक्स में मूवी देखते थे और माल से मार्केटिंग करते थे फिर आपको क्या हो गया कि साधु बाबा की कुटी बना कर जोगियों की तरह रहने लगे?"[1]

चाचा स्वयं को मॉडर्न ख्यालात का समझता था और साइंस और टेक्नोलॉजी के रास्ते को अपनाकर अपने परिवार को प्रगति के पथ पर आगे बढ़ाना चाहता था। लेकिन तुरन्त ही उनकी समझ में आया कि "मैं इनको जो नहीं बनाना चाहता था वही बना रहा हूँ।" एक बार चाचा का लिवर बिगड जाने के कारण बिस्तर पकड़ना पड़ा और उन दिनों में पत्नी और सन्तानों की ओर से बहुत बुरा बर्ताव झेलना पड़ा। वे इतने आगे बढ़ गये थे कि उनके पास एक मिनट बैठने को या उनको सही समय दवा देने को समय न निकालकर हमेशा मोबाइल, टीवी, मैगी, बाज़ार आदि में मस्त होकर रहते थे। अपने परिवार को इनसे आदत से बचाना उनके लिए नामुमकिन हो गया और आखिर उन्हें मोडर्निटी में छोड़कर वे खुद प्रकृति की गोदी की ओर लौट रह थे। घर के पीछे नदी के किनारे कई वृक्षों की छाया में अपनी पर्णशाला का निर्माण किया और वहाँ सन्तनुमा जीवन बिताने लगे।

यहाँ निर्वासन का और एक दृश्य है। घर-परिवार के अधुनातन आनन्दों से मन मारकर स्वयं उनसे दूर होनेवाला चाचा उपन्यासकार का ओर एक सन्देश है। बाज़ारवाद या भोगवाद हमारी ज़िन्दगी को जिन विसंगतियों में उलझा जा रहा है, उनसे मुक्ति पाने का सन्देश। चाचा के जोगी जीवन की व्यावहारिकता पर सन्देह होना स्वाभाविक है लेकिन मध्यवर्गीय परिवारों के विसंगतिपूर्ण जीवन से बचने के लिए प्रकृति की ओर या अतीत की ओर मुडने का संकेत इधर मिल रहा है। पत्नी और सन्तान चाचा और उनकी रुचियों के प्रति जो निर्ममता दिखाता है वह समकालीन पारिवारिक जीवन की सबसे बड़ी विसंगति है। यदि हमारे अस्तित्व के रूपायन में परिवार की कोई भूमिका न रही तो विसंगतिजन्य आत्मनिरास से उस परिवेश को छोड़ने के लिए हम विवश हो जाते हैं।

अतीत के प्रति लगाव समकालीन रचनाओं की एक प्रवृत्ति है। इस उपन्यास में भी हम यह अनुभव कर सकते हैं। अतीत की हमारे जीवन में बहुत बड़ी भूमिका है। स्वत्व निर्माण के स्थूल और सूक्ष्म बिन्दुओं में अतीत हमारे साथ खड़ा हो जाता है। जब कभी हम स्वत्व विघटन के शिकार बन जाते हैं तब सबसे पहले अतीत की सुरक्षित गोदी में हम आश्रय पा लेते हैं। संघर्षों के सन्दर्भों में हम प्रायः समाधान अतीत में ढूँढते हैं।

निर्वासन उपन्यास में अतीत के जितने दृश्य हैं, वे हमारे मन में एक खरोंच पैदा करते हैं।

उसका दर्द काफी समय तक बना रहता है। वे पाठक के मन में भी असह्य पीड़ा जगानेवाले अनुभव बन जाते हैं। सूर्यकांत, भगेलू कुम्हार, राम अजोर पांडे और चाचा के वर्तमान जीवन से अतीत जीवन तक की एक यात्रा इस उपन्यास का कथ्यपरक तत्व है। निर्वासन की पीड़ा इन पात्रों के मन में अतीत की स्मृतियाँ जगाती है और गाँव की ओर, परिवार की ओर, देश की ओर और प्रकृति की ओर लौटने के लिए तरसाती है।

शहर, गाँव, देश, विदेश, परिवार, समाज जैसे वैयक्तिक जीवन के नींवाधारों से निर्वासित तीन चार पात्रों की विसंगतिपूर्ण जिन्दगी का बयान यदि इस उपन्यास का स्थूल देह है तो निर्वासन के कारणभूत तत्वों की खोज और उनकी पहचान इस उपन्यास का सूक्ष्म शरीर है। रचनाकार की सर्जनात्मक पीड़ा स्थूलता में न तृप्त होकर पाठकों के सामने एक ऐसे रंगमंच प्रस्तुत करती है जहाँ हर एक पाठक अभिनेता बन जाता है। सामाजिक दायित्व को निभाने की इच्छा रचना के अनदेखे पन्नों में इतनी तीव्रता से भरी हुई है कि पाठक मन आस्वादन छोड़कर कभी कभी प्रतिक्रिया बद्ध रचनात्मकता अपनाने लगता है। यदि रचनाकार की प्रतिक्रिया उसकी रचनाएँ हैं तो पाठकों की प्रतिक्रिया कभी कभी सामाजिक आन्दोलन का रूप धारण कर लेती है। यही फरक है पाठक और सर्जक की रचनाधर्मिता में।

# पाँच आँगनोंवाला घर–उपन्यास में चित्रित राजनैतिक यथार्थ

*मनोज एन.*

हिन्दी उपन्यास में राजनीति का प्रवेश प्रेमचन्द से होता है। उनके उपन्यासों में तत्कालीन राजनैतिक दृष्टि साकार हो उठी है। गाँधीजी और उनके दर्शन से प्रभावित जन आन्दोलन, सुधारवादी दृष्टि, जन जीवन का यथार्थ, शोषण के विभिन्न रूप आदि उनके उपन्यासों के ज़रिए जन-साधारण के सामने स्पष्ट हो उठे हैं। इसके बाद स्वातन्त्र्योत्तर हिन्दी उपन्यासों में भी राजनीति, विभिन्न दर्शन एवं वादों का पभाव हम देख सकते हैं। यशपाल और भीष्म साहनी का उपन्यास इस सन्दर्भ में उल्लेखनीय है।

समकालीन सन्दर्भ में लेखकों ने वादों से मुक्त होकर स्वतन्त्र रूप से वर्तमान यथार्थ को सम्प्रेषित करने का प्रयास किया है। आज की राजनीति व्यावहारिक एवं सत्ता केन्द्रित है। इसमें मूल्यों और दर्शनों का अभाव है। आज के रचनाकारों ने इस प्रकार की राजनीति का यथार्थ चित्रण अपनी रचनाओं का विषय बनाया है। गोविन्द मिश्र ने भी ऐसा कार्य किया है जिन्होंने 1995 में प्रकाशित "पाँच आँगनोंवाला घर" उपन्यास में स्वतन्त्रता संग्राम के समय और उसके बाद के यथार्थ को चित्रित करने का कार्य किया है। पाँच आँगनोंवाला घर ऐसे एक सामाजिक यथार्थ के विभिन्न पहलुओं को अनावृत करने वाला उपन्यास है नहीं तो एक ऐतिहसिक एवं कलात्मक दस्तावेज़ है।

प्रस्तुत उपन्यास में स्वतन्त्रता संग्राम, जनता की कामना, स्वातन्त्रता के बाद देश की राजनीति में आदि मूल्यहीनता आदि को क्रमबद्ध रूप में प्रस्तुत किया गया है। गाँधीजी के दर्शन तथा आदर्श से असन्तुष्ट लोग उस समय में भी कांग्रेज़ में थे। इस प्रकार कांग्रेस में उभरी दो विचारधाराओं को कलात्मक ढंग से इस उपन्यास में मिश्रजी ने प्रस्तुत किया है। विश्व युद्ध में इंग्लैंड की सहायता करने के निर्णय से "कांग्रेज़ में दो धाराएँ उभर आयी। एक वह जिसका मानना था कि उस समय जब इंग्लैड फासिज़्म के खिलाफ युद्ध में फँसा हुआ है, उसे परेशानी में न डाला जाय, दूसरे वह जो सोचती थी कि इसी वक्त आन्दोलन को तेज किया जाय।"[1] लोग स्वतन्त्रता संग्राम में भाग लेना और संग्राम करना अपना कर्तव्य मानते थे। इसके पीछे एक ही लक्ष्य था, वह सुन्दर भविष्य जो स्वतन्त्रता प्राप्ति के साथ मिलनेवाला है। इस उपन्यास में राधेलाल अपनी पत्नी से कहता है– "बहुत दूर नही है लक्ष्य अब। जल्दी ही आज़ादी मिलेगी, और हम बच्चों के साथ पहले की तरह रहेंगे, स्वतन्त्रता की खुली हवा में साँस लेंगे।"[2]

अन्ततः 15 आगस्त 1947 को भारत स्वतन्त्र हुआ और उसे देश-विभाजन के रूप में उसकी कीमत भी चुकानी पड़ी। हिन्दू-मुस्लिम झगडे के कारण देश का वातावरण बिल्कुल बदल गया। सचमुच इसके पीछे देश के नेताओं की स्वार्थपरकता थी। इसका चित्रण इस

उपन्यास में देख सकते हैं– "इन शहरों को देखकर यह किसी को भी समझ में आ सकता था कि हिन्दु-मुस्लिम दंगे देश को... गद्दीपरस्त नेताओं की देन थे, जिनमें जिन्ना मुख्य थे।"[1] विभाजन की इस विभीषिका का चित्रण उपन्यासकार ने प्रस्तुत उपन्यास में किया है। विभाजन के समय मार-काट, लूट-खसोट, जोर-जबरदस्ती तथा नारी का अपमान जैसी पशुता का नग्न-नर्तन हो रहा था। "अँग्रेज़ों, भारत, रूको, अँग्रेज़ों हमें एक रखो। इतिहास से हम कुछ नही सीखते।"[2] विभाजन के कारण यहाँ घटित जो अमानवीयता है उसी पर प्रकाश डाला या है। स्वतन्त्रता मिलते ही गाँधीजी एवं उनके आदर्श पीछे पड़ने लगे। इसका भी चित्रण मिश्रजी ने बहुत बारीकी से किया है, "देश का सबसे बड़ा नेता, इस सदी का सबसे बड़ा आदमी अकेला, उदास और एकाएक दयनीय क्यों दिखने लगा था?"[2]

गाँधीजी की हत्या देश के सारे नैतिक मूल्यों की इत्या थी। गाँधीजी की हत्या के पश्चात के दुखद वातावरण का चित्रण मिश्राजी ने यों किया है, "तभी सनसन करती आती हवा की तरह खबर आयी कि.. गाँधीजी की हत्या हो गयी। देश भर में मातम छा गया। हर शहर में सैकडों लोग ऐसे जिन्हें लगा कि उनके घर का कोई बड़ा-बूढा गुज़र गया।"[1] राजनीति एवं अधिकारीवर्गों की स्वार्थता एवं मूल्य हीनता के कारण समाज में सुधार लाने हेतु बनाई गयी अनेक योजनायें लक्ष्य को छुइं तक नहीं। नेता और अधिकारी लोग रिश्वत लेने, अत्याचार करने तथा साधारण जनता का शोषण करने में लगे तो सामाजिक व्यवस्था पर जनता की आस्था टूटने लगी।

स्वतन्त्रता के बाद के चुनाव के क्षेत्र में भी कृत्रिमता व्यापने लगी। जाति का इस्तेमाल चुनाव जीतने को करने लगा। सब कहीं भ्रष्टाचार व्याप्त होने लगा। इसी कारण देश में सब कहीं गरीबी, महँगाई, बेरोज़गारी जैसी प्रतिकूल परिस्थितियाँ पहले से अधिक व्याप्त होने लगी हैं। इसका सब से अधिक प्रभाव राजनीति में देख सकते हैं। "पाँच आँगनों वाला घर में" इस स्थिति का विस्तृत चित्रण हुआ है, "कितनी जल्दी गवर्नर, मन्त्रियों की ठाठबारी स्टाइल शुरू होती। वे उस रास्ते पर चल पड़े जहाँ वे जनता के प्रतिनिधि नही, शासक बन गये। जनता उन के लिए हेय या सिर्फ वोट के वक्त याद करने की चीज़ होती जा रही हैं।"[2]

ये भ्रष्टाचारी नेता और उनकी राजनीति ही आज की त्रासद स्थिति का मूल कारण है। भ्रष्टाचारी नेता अपने अधिकार को कायम रखने के लिए कहाँ तक कदम उठायें इसका परम उदाहरण है इंदिरा गाँधी द्वारा आपातकाल की घोषणा। इसके परिणाम स्वरूप समाचार पत्रों का तथा अन्य संचार माध्यमों का सेन्सर कर दिया गया। आपातकाल की इस भयावह स्थिति उपन्यास में इस प्रकार चित्रित है, "पूरे देश में आज सबेरे अखबार नहीं आयें। ...जैसे देश के सभी नागरिकों की जीभ काट दी गयी हो।" लेकिन इस अन्याय के खिलाफ आवाज़ उठाने का साहस विरले ही पत्रकारों ने दिखाया। क्योंकि स्वतन्त्रता के बाद उनके नैतिक मूल्य एवं आचरणों में बदलाव आया। जो लोग पत्रकारिता जैसे क्षेत्रों में काम कर रहे हैं, वे ऐसे काम पकड़ेंगे, या ऐसे ढंग अपनायेंगे जिनसे उन्हें "पावर" मिले.... माने काम के बाद का समय वे जो भी सुख-सुविधायें खींच सके हैं, उनका भोग करने के लिए।"

आज धर्म और राजनीति के बीच का अनुचित गठबन्धन देश के कोने-कोने में हो रहा है, धर्म का इस्तेमाल वे अपने कार्य सम्पादन के लिए करते हैं। आज की त्रासदी यह है कि धर्म ने राजनीति को अपने कब्जे में कर लिया है। जब तक राजनीति धार्मिक नेताओं के नियन्त्रण में रहेगी तब तक इससे लाभ उन्हीं लोगों को ही होता है। देश की प्रगति, आम जनता के जीवन

का सुधार ये सब दूर की बात रह जायेगी। इसका चित्रण भी प्रस्तुत उपन्यास में हम देख सकते हैं, "हम जाति-भेद मिटाने चले थे पर हमने उसे इतना गहरा दिया है कि बाकायदे जंग छिपी हुई हैं।"

मिश्रजी अपने उपन्यास के माध्यम से स्वतन्त्रता संग्राम से लेकर आज तक की राजनीतिक गतिविधियों को पाठकों के सामने लाये हैं। आज की विघटित स्थितियों का कारण मूल्यों का विघटन है। सभी राजनीतिक दल जातियों का इस्तेमाल करते हैं। इसलिए धार्मिक नेताओं को राजनीति से दूर रखना अनिवार्य बनता है। पत्र धर्म के आदर्शों को पुनः स्थापित करके आदर्श पत्रकारों को बना लेना है। प्रस्तुत उपन्यास में समाज में तथा देश की राजनीति के क्षेत्र में व्याप्त अवांछनीय स्थितियों का चित्र प्रस्तुत करके पाठकों को सोचने -विचारने के लिए विवश कर दिया गया है। इसलिए यह उपन्यास अब भी प्रासंगिक है। राष्ट्र उस में चित्रित समस्याओं से अब भी मुठभेड करता ही रहता है।

# जब कविता मापक यन्त्र बनता है

*विजयकुमार ए. आर.*

समाज में मूल्य निर्माण निरन्तर होता रहता है। कविता मूल्य को समेटती है और समय की सूचना देती रहती है। यह सूचना देखकर मनुष्य सचेत होता है। कविता में प्रतिष्ठित युगीन यथार्थ- सामाजिक बोध-धारा में सम्मिलित हो जाता है। हमारे समाज में कई प्रकार के नियन्त्रण हैं। व्यक्ति की आज़ादी धीरे-धीरे नष्ट होने लगी है। उसकी अनुभूति और अभिव्यकित अनमेल है तो वह बड़े असमंजस में पड़ जाता है और अपनी सृजनशीलता खो बैठता है। इस अवस्था– से बचने या बचाने का प्रयास समकालीन कविता में देख सकते हैं।

समकालीन कविता एक विचार पद्ध ति है जो उसके स्वत्व विचार से प्रवहित है। अस्वतन्त्रता के वातावरण में ही स्वत्व विचार अधिक होता है। स्त्री पक्ष आलोचना और प्रकृति परकता अधिक सजग रहती हैं।

एक साधारण व्यक्ति अपने वर्तमान को असाधारण वेग के साथ खतम करता जा रहा है। इस अवस्था में दुर्घटना स्वाभाविक परिणति है। यही कारण है कि समकालीन कविता आतंक की सूचना देती है। व्यक्ति जागृति में है लेकिन वह अनजान है कि अपना वजूद नष्ट हो रहा है। समकालीन स्त्री के जीवन की यही विडम्बना है। अनामिका की कविता 'ओढ़नी' नारीजीवन की इस विडम्बना को खोलकर दिखाती है। एक साधारण घर की स्त्री मेट्रिक पास होने के बाद फुलकारी बनाना सीखती है। दुलहन बनने पर माँ उसे इनाम के तौर पर चादर, तकिये के खोल आदि देती है। उन में माँ ने कई बेल- बूटे कढवायी थी। उनमें लिखा था 'गुड लक'। यह एक बधाई है अपनी ज़िन्दगी को जीने के लिए 'गुड लक' से अधिक सार्थक और उपयोगी शब्द माँ के पास शायद नही है।

इतनी प्रगति के बावजूद मनुष्य अपनी जिन्दगी को भाग्य के भरोसे छोड़ते हैं। खतरे को टालना असम्भव है इसीलिए 'गुड लक' बधाई शब्द का उपयोग किया जाता है। समाज के सबसे प्रमुख और सुरक्षित इकाई परिवार के बन्धन है, इसको भाग्य के भरोसे छोड़ना असंगत सा लगता है। परिवार में और परिवार के बाहर भी स्त्री की ओर अत्याचार हो रहे है। अगर परिवार का वातावरण स्वच्छ और सशकत है तो भीतर इतनी असुरक्षा और आतंक नही होगा।

ओढ़नी एक रीतिरिवाज़ का अंश है। जब वह संशय का रूप लेने लगती है, तो खतरा पैदा होता है। परम्परा 'ओढ़नी' की गलत परिभाषा सिखाती है। यह विश्वास सबल है कि 'ओढ़नी' हटाने पर स्त्री अपवित्र हो जाती है। स्त्री के वजूद को छिपाने के लिए ओढ़नी का उपयोग करने लगते है तो खतरा पैदा होता है। यह एक सार्थक सवाल है कि- क्या ओढ़नी के पीछे रहकर स्त्री सुरक्षित है? कविता यही सवाल पैदा करती है। अपनी सुरक्षा और अपने सौभाग्य के लिए दूलहन-

"अपनी वजूद की माटी से
धोती थी रोज इसे दुलहन
और गोदी में बिछाकर सुलाती थी"

यहाँ सामाजिक सूरक्षा के बुनियादी सवाल पैदा होती हैं। अगर व्यक्ति के वजूद का सम्मान हो रहा है तो इसी में ही समाज की सुरक्षा है। अगर स्वतन्त्रता का सही मतलब समझकर परिवार स्त्री को उचित स्थान और सम्मान देती तो समाज सशकत बनता है। एक सशकत परिवार बनता है तो वहाँ दुराव या अत्याचार के लिए जगह नहीं होगा। परिवार के सम्पूर्ण अस्तित्व की रक्षा सशकत समाज को जन्म देती है। इस कविता की शुरूआत में एक बात कही गयी है कि- "मेट्रिक के इम्तिहान के बाद सीखी थी दूलहन ने फुलकारी" यह सीखने के लिए एक साधारण स्त्री मज़बूर हो जाती है। इसका मतलब है आगे की पढ़ाई से स्त्री को दूर रख दिया जाता है। हमारे समाज में यही होता है। स्त्री की जानकारी और समझदारी सीमित रहे ताकि उसका कोई अधिकार न हो। बोलने के अधिकार, बाहर घूमने के अधिकार अपने वजूद को प्रकाशित करने के अधिकार, सभी अधिकारों को छीन लिया जाता है। जाने अनजाने बेड़ियाँ मज़बूत हो जाती है। स्त्री अपनी दुनिया को सीमित ररवे : समाज यही चाहता है।

दुलहन की माँ नें भी यही सीखी थी और वह अपनी बेटी को जो इनाम देती है वह भी एक 'बेल-बूटे' है। वह रिवाज का आचरण करते हुए परम्परा को आगो ले जाना चाहती है।

तकिये के खोलों पर 'गुडलक' कढवाकर देती है इस परम्परा को तोडने का आदेश कविता में नही है फिर भी समकालीन स्त्री की असहायता यहाँ प्रकट होती है।

अपने समय को पहचानकर जो कविता बनती है वह अत्यन्त मार्मिक होती है। वह पूरे समाज को सचेत करती है। वह पितृ- सत्तात्मक परम्परा का अंग बनकर मुक्ति के लिए परिश्रम करती रहती है। एक ओढ़नी स्त्री को शिक्षा से वचित रखती है, इसलिए वह स्वतन्त्र होने का सपना देखती है। परिस्थिति इतना दूषित और विवश है कि स्वतन्त्रता अभिशाप सी लगती है। इस तरह प्रकृति और स्त्री विषयक विचार जटिल है। पुरुष को लुभाने के लिए स्त्री और प्रकृति को हमेशा आकर्षक बने रहने की आवश्यकता थी। लेकिन अब दोनों की स्वाभाविकता नष्ट हो गयी है। यह जो शहर का निर्माण तेज़ी से हो रहा है, सभ्यता का जो नया रूप हर पल बनता जा रहा है। बाहर और भीतर युद्ध होता रहता है इस स्थिति में समकालीन कविता के शब्द एक निस्संग वातावरण में दम घुटते है।

जो देह स्त्री को प्राप्त है उसके भीतर की आत्मा सपना देखती है। दुल्हन को चादर में 'गुड लक' काढकर देना एक स्वाभाविक परिणति है। परतन्त्र रहने के लिए भी बधाई दिया जाता है। परम्परा कहती है कि यही नियति है।

कविता की जो माँ बेटी है वह सभी- समयों और सभ्यताओं की नारियों का प्रतिनिधित्व करती हैं। वे हमारे ही समय में जी रही हैं। हमारे पास जी रही हैं या हमारे परिवार में ही किसी कोने में घुट रही हैं। प्राचीन परम्परा ने उसको बनाया है। कविता में इस यथार्थ की सूचना है जिसके ज़रिए हमें स्त्री के स्वत्व को खोजना है। पुरुष सत्तात्मक व्यवस्था की स्थापना इस तरह धीरे-धीरे हुई थी।

सामाजिक अनुभवों की गर्मी में कविताएँ पलती हैं। वे धीरे-धीरे अध्ययन गृहों को गरम करने लगती है। परिस्थिति और स्त्रीवाद की रचनाएँ ऐसी हैं। प्रकृति के विभिन्न रूपों के सम्यक

समन्वय द्वारा कवियों ने सह्दय की परिकल्पना की है। परिकल्पनाओं के बीच कई अनुभव सुई की तरह चुभते हैं। ऊपर से स्वस्थ और साफ दीखनेवाले समाज के भीतर कविता धीरे-धीरे अपना धर्म निभाती है। वह यथार्थ के विभिन्न रूपों को खोलकर दिखाती है।

स्वच्छ सुन्दर और निर्मल बहाव नदी का अनुभव है। नदी अपने अनुभवों को बाँढती हुई बहती है। किनारे को समृद्ध करती है। दुनिया इतना समृद्ध हो गया कि वह अपनी समृद्धि के कारणों को धीरे-धीरे फूल गयी।

भारत की नदियों की पौराणिकता भी बेजोड़ है। नदियों को लेकर इतना मिथक इतनी कहानियाँ दुनिया में शायद ही कहीं हो। ज्ञानेन्द्र पति 'नदी' और साबुन नामक कविता के द्वरा भूमण्डलीकरण और पारिस्थितिक आघात की चर्चा उपस्थित करते हैं। चर्चा बिलकुल ललित है लेकिन उससे जो विचार पनपता है वह अत्यन्त गम्भीर है। इसलिए कहते हैं कि अनुभवों की गर्मी में कविता पनपती है। पहाड की बेटी नदी अब दुबली हो गयी है। जल की मछलियाँ मरी हुई इच्छाओं की तरह है इतना सूखने का कारण क्या है। अब दुर्दिन आ गया है पहले-

बाघों के जुठारने से तो
कभी दूषित नहीं हुआ
तुम्हारा जल।

जंगल में बहती थी तो नदी कभी मलिन नहीं होती थी। अब शहरें बसने लगे हैं और नदी के किनारे अनेक कारखाने हैं। कारखानों से निकलनेवाले रसायन नदी में मिल गया है। हिमालय से निकलने का गर्व अब समाप्त हो गया है। अब नदी एक साबुन की टिकिये का मुकाबला करने में असमर्थ हो गयी है।

मनुष्य ने परिस्थिति के संरक्षण के लिए अनेक कार्यक्रम बनाये हैं। वह परिस्थिति की गोद में सुरक्षित था। कहते थे कि हमारे नदी पर्वत हमारे शान हैं। हमारा विश्वास है कि नदी का जल विशेष रूप से गंगा- जल सभी मैल कलुष को दूर करता है। लेकिन यहाँ कवि ने जिस गंगा को प्रस्तुत किया है, वह डरी हुई है। एक छोटा सा साबून टिकिया जो सारे मैल को दूर करने का दावा करती है। उसे देख नदी डरती है–

बहुराष्ट्रीय कम्पनी का
वहुप्रचलित साबून है

विज्ञापन उस टिकिया को महा शकितशाली घोषित करते है उसमें दिखाया जाता है कि साबुन "सूपरमैनी" शक्ति वाला मैलासुर का मुकाबला आसानी से करता है।

गंगा दर्शन से ही नागरिक अपना दुख कम करते थे। नदी हर थके हुए जीव को सांत्वना देने के लिए सक्षम थी। अब नदी किनारे में "सूपरमैनी" शकितवाले मैल को दूर करने वाली टिकिया को देखकर खबरा जाती है।

लेकिन ज़ब
गंगातीर/ आ ही खड़ा हुआ है
वह महावीर।
दुर्दान्त कणों और कीटाणुओं को
झागबल से फूः कर
कपड़ों को उज्जर करने का दावेदार

गंगा का जी कांपता है।

बदहाली में भी गंगा नदी में अनेक छोटी छोटी मछली, कछुए, घोंघे और अन्य जलजीवियाँ हैं। नदी का जलजीवियों के साथ- संवेदनात्मक सम्बन्ध है। उनके लिए गंगा का जी कांपता है। थल जीवियों के बारे में सोचकर भी गंगा का जी खबराता है। वह केवल प्यास बुझाने के लिए नही है। अपने भविष्य के बारे में सोचकर उसका जी खबराता है।

"और कल की उसकी अमरित- बूँद आज चंगे को बीमार करनेवाली/और बीमार के लिए तो सचमुच मोक्षदा साबित होनेवाली अकाल ही" नदी में अकाल कितने लोगों की क्षति के लिए कारण बन सकता है।

पहाड की बेटी अब एक दुखी माँ है। वह डरती है। उसका प्रतिद्वन्द्री एक साबुन की टिकिया है। साबून पूँजीवाद की बेटी है। उसका झाग देखकर गंगा भयभीत हो रही है। गंगा की लहरों में अब आतंक है। कवि का हदय एक मापक यन्त्र बनकर इस अजीब संवेदना को नापता है। अब तो उसमें से एक आह निकल पड़ता है।

संवेदना को नापने के लिए पहले नाता जोड़ना है। प्रकृति के साथ मनुष्य की जो मित्रता थी उसकी परिभाषा नये ढंग से दी जा रही है। यह भूमण्डलीकरण का बुरा प्रभाव ही है। विनिमय के साधनों ने विज्ञापन कला को केन्द्र में रखा है। विज्ञापन कला समाज को डराती रहती है। उनमें हीनता बोध- पैदा करती रहती है प्रकृति सहजता खोकर सत्ताहीन हो जाती है। जो नदी पहले समृद्धि और निर्मलता की प्रतीक थी अब आतंक का प्रतीक बन गयी है।

# वी. टी. की कहानियों में चित्रित स्त्री-जीवन

*दीपक के. आर.*

उन्नीसवीं शती में केरल की धार्मिक-कट्टरता और जाति प्रथा की जटिलता को देखकर स्वामी विवेकानन्द ने केरल को एक पागलखाना घोषित किया था। यह सर्वविदित है कि 12वीं शती में भारत में धार्मिक कट्टरता उसके मूर्धन्य पर थी। किन्तु केरल की दशा इससे भी बदत्तर थी। छुआछूत और जातिभेद सारी सीमाओं को लाँघकर केरल के समाज में बुरी तरह फैल गयी थीं। अतः स्वामी विवेकानन्दजी का कथन है कि "केरल एक पागलखाना है" आश्चर्यजनक नहीं था।

धर्म के उत्पीड़नकारी और दमनकारी रूप का असर सबसे अधिक स्त्री जीवन पर ही पड़ता है, यह आज किसी की नज़रों से ओझल नहीं है। 12वीं शती में केरल की दशा भी इससे भिन्न नहीं थी। अतः धार्मिक सुधार का अर्थ परोक्ष रूप से स्त्री-जीवन का सुधार भी था। भारत के नवजागरण का उद्देश्य अकेला नारी जीवन का उद्धार नहीं था और नारी को लिंग (Gender) पर आधारित एक विशेष वर्ग में तब्दील करना उसका लक्ष्य भी नहीं था। किन्तु नवजागरण से सबसे अधिक लाभान्वित हुई थी भारत और विशेष रूप से केरल की स्त्री।

केरल के नवजागरण की एक विशेषता यह है कि इसमें सक्रिय अधिकांश संगठन विशेष जाति से सम्बन्ध रखता था। अपनी-अपनी जाति का सुधार प्रत्येक संगठन का लक्ष्य था। किन्तु इनका एक संचित परिणाम जो उस समय पूरी तरह सकारात्मक रहा था, केरल के समाज पर पड़ा। इन संगठनों में, एस.एन.डी.पी, साधुजनपरिपालनयोगम, नंपूतिरि योगक्षेमसभा, नायर सर्वीस सोसाईटी आदि क़ी भूमिका महत्त्वपूर्ण रही थी। इसके अलावा पंडिट् करुप्पन के नेतृत्व में केरल के मछुआरों का जो उद्धार हुआ था, वह भी उल्लेखनीय है।

उन्नीसवीं शती में केरल की नंपूतिरि (ब्रह्मण) जाति की स्त्रियों की स्थिति भी कुछ बहत्तर नहीं थी। इस जाति के उद्धार के लिए सबसे बड़ा योगदान वी.टी भट्टतिरिपाडु ने दिया था। "रजनीरंग" नामक कहानी संकलन के माध्यम से उन्होंने अपनी जाति की स्त्रियों की दयनीय स्थिति को प्रस्तुत किया था। उनके द्वारा रचित "अडुक्कलयिल् निन्नु अरङ्त्तेक्कु" नाटक का (रसोई घर से मंच की ओर) केरल के इतिहास में महत्त्वपूर्ण स्थान है। इस नाटक ने बहुत सारी नारियों के जीवन पर गम्भीर प्रभाव डाला। वी.टी ने नंपूतिरि समाज में प्रचलित बाल-विवाह, अनमेल-विवाह वृद्ध-विवाह– उन दिनों कन्याओं के साथ वृद्ध नंपूतिरियों का विवाह बहुत अधिक प्रचलित था, आदि का खुलकर विरोध किया और विधवा-विवाह और विजातीय-विवाह का समर्थन किया। उनके अथक प्रयासों के फलस्वरूप अनेक नंपूतिरी स्त्रियों ने "घोषा" (नंपूतिरि स्त्रियाँ बाहर निकलते समय एक ओढ़नी अथवा चादर से अपनी सारी देह ओढ़ती थी। यह ओढ़नी ही "घोषा" है। कन्या होने के बाद इस घोषा सम्प्रदाय का पालन करना

प्रत्येक नंपूतिरी स्त्री के लिए आवश्यक था)। और "मरक्कुडा" (उन दिनों नंपूतिरी स्त्रियाँ बाहर निकलते समय छतरी का इस्तेमाल करती थी, जो समाज में उसकी प्रतिष्ठा का प्रतीक भी था) का बहिष्कार करने का निश्चय किया।

वी.टी. (वेल्लित्तिरुत्तिताषत्तु रामन भट्टतिरिपाड्) का जन्म 1896 में केरल के पोन्नानी के आसपास एक नंपूतिरी (ब्राह्मण) परिवार में हुआ था। बचपन में वेदों का अध्ययन करने के बाद एक मन्दिर में पुजारी के रूप में उन्होंने काम किया। वी.टी की ज़िन्दगी को आमूल परिवर्तित करनेवाली एक घटना इसी समय घटित हुई थी। वी.टी वेदाध्ययन के बाद भी वे सामान्य अक्षरज्ञान से विहीन थे। इसी समय वी.टी का परिचय, तिय्य (ईषव) जाति की एक कन्या से, जिसकी उम्र 12 साल की है, होता है। यह लड़की ही वी.टी को अक्षरों की दुनिया दिखाती है, उसे अक्षर सिखाती है। इस ईषव बालिका और वी. टी के बीच का जो प्रेम है, वह बीच में टूट जाता है। वास्तव में यह प्रेम-सम्बन्ध और उसकी असफलता ने ही अपनी जाति की स्त्रियों के बारे में सोचने की प्रेरणा वी.टी. को दी थी।

केरल की स्त्रियों के इतिहास लिखते समय सबसे महत्त्वपूर्ण स्थान पर आनेवाले पुरुष व्यिकति है वी.टी.। इसका कारण यह है कि उन्होंने स्त्री को सम्बोधित किया, उनसे संवाद किया और उनकी मुक्ति के लिए कोशिश भी की। स्त्री-मुक्ति के लिए पुरुष के नेतृत्व में सम्पन्न आन्दोलन, वी टी द्वारा प्रवर्तित आन्दोलनों की यही विशेषता है। उनकी अन्य विशेषता यह पहचान थी कि स्त्री और नंपूतिरी समुदाय की मुक्ति परस्पर सम्बन्धित है और स्त्री की समस्या पुरुष की समस्या है, समुदाय की समस्या है। इन विशेषताओं के कारण ही केरल के नवजागरण के इतिहास में वी टी के आन्दोलनों का स्थान अत्यन्त महत्त्वपूर्ण बन जाता है। "1

अन्य अनेक समाज सुधारकों की भाँति वी.टी भी साहित्य को सामाजिक परिवर्तन के सशक्त हथियार के रूप में देखते थे। उनकी कहानियों का संकलन "रजनीरंग" का महत्त्व भी इस दृष्टि से है। इस संकलन में प्रकाशित कहानियाँ पहले "पाशुपतम्" नामक पत्रिका में प्रकाशित हुईं थीं, बाद में 1928 में इनका पुस्तक रूप में प्रकाशन हुआ। "नित्य दुखित कन्याओं को पढ़कर समझने के लिए", "पाशुपतम्" में प्रत्येक कहनी इस वाक्य के साथ छापी गयी थी। इन कहानियों का मुख्य विषय स्त्री का जीवन था, उसकी समस्यायें थीं। स्वयं वी टी के विचार में साहित्यिक गरिमा या शिल्प की दृष्टि से ये कहानियाँ उच्चकोटि की नहीं हैं और पुस्तक रूप में प्रकाशित करने के लिए योग्य भी नहीं हैं। वास्तव में नंपूतिरी स्त्रियों को "मरक्कुडा" से बाहर ले आकर पाठकों के सामने प्रस्तुत करना ही उनका उद्देश था। नंपूतिरी समुदाय में प्रचलित रुग्ण एवं जड़ वैवाहिक व्यवस्था की आलोचना करके उनका परिष्कार ही वी टी का उद्देश था। वास्तव में "रजनीरंग" स्त्री पर केन्द्रित मलयालम का पहला कहानी-संकलन है।

वी टी के नाटक का नाम "अडुक्कलयिल निन्नु अरङ्त्तेक्कु" (रसोई से रंगमंच की ओर) वास्तव में बहुत कुछ द्योतक है। वी. टी के जीवन का उद्देश्य और उसकी सफलता प्रस्तुत नाटक में अभिव्यक्त है। नारी को रसोई की दुनिया से बाहर लाने का प्रयास, हाशिए से मुख्यधारा में लाने का प्रयास उन्होंने किया था और उसमें उन्हें सफलता भी मिली थी। इस नाटक का प्रकाशन सन् 1929 में हुआ था। उसके पूर्व ही उनका कहानी-संकलन "रजनीरंग" का प्रकाशन सन् 1928 में हो चुका था। "रजनीरंग" में ही वी.टी के नारी सम्बन्धी दृष्टिकोण व्यक्त हुआ था जिसका विकास आगे चलकर उसके नाटक "अडुक्कलयिल निन्नु अरङ्त्तेक्कु" में देखा जा

सकता है। वास्तव में "रजनीरंग" इस नाटक के लिए एक पूर्वपीठिका थी।

वी.टी के समय में नंपूतिरी समुदाय की वैवाहिक व्यवस्था अत्यन्त जटिल एवं पेचीदा थी। नंपूतिरी समुदाय में अपनी जाति से विवाह करने का अधिकार सिर्फ परिवार की ज्येष्ठ सन्तानों को दिया जाता था। परिवार के कनिष्ठ अपनी जाति से विवाह करने के अधिकार से वंचित थे। ज्येष्ठ सन्तानों को एक से अधिक विवाह करने का अधिकार भी प्राप्त था। फलस्वरूप नंपूतिरी समुदाय में बहुविवाह, अनमेल विवाह, वृद्ध-विवाह, विधवा-विवाह-निषेध आदि अनेक कुरीतियाँ बुरी तरह फैल चुकी थीं जिनके सारे दुष्परिणाम स्त्रियों को झेलना पड़ा था। ज्येष्ठ नंपूतिरियों की तुलना में नंपूतिरी कन्याओं की संख्या बहुत अधिक थी जिसके कारण इस जाति में बहुविवाह का प्रचलन हुआ बूढ़े से बूढ़े नंपूतिरी भी तीन-चार से अधिक विवाह करता था। साठ वर्ष की उम्र में चौदह वर्ष की कन्या से विवाह होना उन दिनों आम बात थी। इसी कारण बाल-विधवाओं की संख्या में भी काफी वृद्धि हुई थी। दहेज प्रथा इस समय की एक अन्य समस्या थी जो नारी-जीवन को बदत्तर बना रही थी। कन्या-दान के लिए दहेज के अभाव में लड़की को बेचने की कुप्रथा भी उस समय प्रचलित थी। सौतिया डाह उन दिनों की एक अन्य पेचीदा समस्या थी। वी.टी ने अपनी कहानियों द्वारा नारी जीवन की इन विभिन्न समस्याओं को पाठक के सामने प्रस्तुत किया।

"अति कठिनम्" (अति कठिन) नामक कहानी में सौतों की अपमानजनक एवं करुण ज़िन्दगी की ओर ईशारा किया गया है। दहेज की व्यवस्था इतनी जटिल और हास्यास्पद है कि घर का ज्येष्ठ अपने किसी रिश्तेदार की बेटी की, उदाहरण के लिए अपनी भानजी की शादी के लिए दहेज जुटाने के लिए खुद दूसरा या तीसरा व्याह रचता था और उस शादी के दहेज से भानजी के दहेज के पैसे जुटाता था। इस कहानी में सौतों के बीच की लड़ाई मार-पीट की नौबत तक आ जाती है। प्रस्तुत कहानी की नायिका सौत के व्यवहार से तंग आकर अन्त में आत्महत्या करती है। प्रस्तुत कहानी के अन्त में वी टी ने जो टिप्पणि दी है वह उल्लेखनीय है। वी टी का कथन है कि उस सौत का मृतदेह दर असल दो-चार विवाह करनेवाले पुरुषों को देखकर दाँत निपोरती है। वी टी इसकी आत्महत्या से भी अविचलित और अप्रभावित रहनेवाली अन्य नंपूतिरी स्त्रियों की निन्दा करते हैं और दूर से ही उनका नमस्कार करते हैं।

"माययो मनमतिभ्रान्तियो" (माया है या मेरे मन का भ्रम) कहानी में बाल-विधवा की दुखद ज़िन्दगी का चित्रण है। कहानी का नायक गुरु की पुत्री से प्रेम करता है लेकिन वह कनिष्ठ होने के कारण उन दोनों का प्रेम विवाह में तब्दील नहीं होता। यहाँ वी टी उस व्यवस्था पर प्रश्नचिह्न डालते हैं, जहाँ एक स्त्री और पुरुष मन से एक दूसरे को चाहते हुए भी शादी करके एक साथ नहीं रह सकते। युवा प्रेमी के बदले उस कन्या का विवाह एक वृद्ध ब्राह्मण से सम्पन्न होता है, जिसकी उम्र साठ वर्ष से ऊपर है और उससे पहले उसने तीन शादियाँ भी की थीं। विवाह के चार दिन के बाद ही पति का निधन हो जाता है, फिर विधवा जीवन बिताने को अभिशप्त हो जाती है कहानी की नायिका। बाद में पूर्व प्रेमी के सामने ही उसकी मृत्यु हो जाती है। प्रस्तुत कहानी की नायिका का यह विचार है कि किसी पूर्वजन्म-पाप के फलस्वरूप ही उसका जन्म नंपूतिरी परिवार में हुआ था, इस बात का प्रमाण है कि नंपूतिरी परिवारों में स्त्री की वास्तविक स्थिति क्या थी। वह अपने को जानवरों से भी गयी-बीती समझती है। रसोई के अन्दर कैद होने के लिए उस समय की नंपूतिरी स्त्री विवश थी। प्रस्तुत कहानी की नायिका भी

सौतों के व्यवहार से तंग आकर घर छोड़ती है। इस कहानी की नायिका अन्त में अपनी जाति की अन्य स्त्रियों को आज़ादी के लिए लड़ने का संदेश देती है।

वी. टी की रचनाओं में विधवा जीवन के जो दयनीय एवं करुण चित्र उपलब्ध होते हैं, वे वास्तव में तत्कालीन नंपूतिरी समुदाय के यथार्थ चित्र ही थे। नंपूतिरी समुदाय में उन दिनों विधवा एक व्यक्तित्व-विहीन इकाई मात्र थी। वास्तव में उसकी स्थिति पशुओं से कुछ भिन्न नहीं थी। वी. टी ने विधवाओं की हालत सुधारने का भरपूर प्रयास अपनी रचनाओं और भाषणों के माध्यम से किया था। उनका मत यही था कि विधवाओं की हालत सुधारने का काम नंपूतिरी पुरुष की तुलना में पढ़ी-लिखी नंपूतिरी स्त्री ही अधिक कर सकती है।

विधवा विवाह का समर्थन वी.टी के लिए सिर्फ एक दिखावा मात्र नहीं था। उसने अपनी विधवा साली उमा की शादी अपने सहयोगी एम.आर बी (मुलङ्त्तु रामन् भट्टतिरिप्पाड्) से करवाया था। कनिष्ठ को स्वजातीय विवाह करने का अधिकार नहीं, इस कानून का उल्लंघन करके उन्होंने अपनी ही जाति की एक कन्या श्रीदेवी से विवाह किया, जिसकी शादी एक बूढ़े नंपूतिरी के साथ तय की गयी थी।

वी. टी ने "हिप् हिप् हुरै" कहानी में नंपूतिरी समुदाय की शादी व्यवस्था और अपने अनैतिक और नाजायज सम्बन्धों को जायज सिद्ध करने के लिए नंपूतिरी पुरुषों द्वारा किए गये प्रयासों पर हँसी उड़ाई है। वी टी ने इस कहानी में इस बात का संकेत किया है कि नंपूतिरी समुदाय में लड़की एक बिकाऊ चीज़ मात्र है। वी टी के विचार में शादी से पूर्व वर और वधु दोनों की मंज़ूरी आवश्यक है। लेकिन लड़की की मंज़ूरी की परवाह किसी को नहीं है। बहुविवाह की आलोचना करते हुए वी.टी कहते हैं कि कनिष्ठ या अवरज अपनी जाति से विवाह करने से ज्येष्ठों के लिए बहुविवाह करने का अवसर नष्ट हो जायेगा। प्रस्तुत कहानी की अडीरी सात विवाह कर चुके हैं। इनके आलावा वह अनेक स्त्रियों के साथ नाजायज सम्बन्ध भी रखता है, वह घोर परम्परावादी भी है। नाजायज सम्बन्धों को वह अपना अधिकार समझता है। वह अपने को बड़ा धार्मिक समझता है। लेकिन उसके असली रूप का पता तब मिलता है जब रात को चोरी-छिपे नाजायज सम्बन्ध के लिए जाते वक्त रंगे हाथों पकड़े जाते हैं। यहाँ वी टी व्यंग्य के सहारे से कामांध नंपूतिरी पुरुष के असली चरित्र का पर्दाफाश करता है।

दहेज प्रथा नंपूतिरी समुदाय की स्त्री पर कितना निकृष्टतम प्रभाव डालता है इसका चित्रण किया गया है "उत्तरम किट्टात्त चोद्यं" (अनुत्तरित प्रश्न) नामक कहानी में। इस कहानी के नंपूतिरी पिता के पाँच बेटियाँ हैं। दो बेटियों के विवाह के बाद तीसरी की शादी के लिए दहेज जुटाने में वह असमर्थ हो जाता है। अन्त में मज़बूर होकर वह अपनी बेटी को बेच लेता है। रुग्ण परम्परा एवं व्यवस्था के कारण नारी पूर्ण अर्थ में एक बिकाऊ चीज़ बन जाती है, प्रस्तुत कहानी द्वारा वी टी ने इस कठोर यथार्थ को हमारे सामने प्रस्तुत किया है। "मनक्कले कार्यस्थन" (परिवार का कामदार) कहानी का प्रतिपाद्य भी इस कहानी से मिलता-जुलता है। घर का कामदार ही एक विधवा नंपूतिरी स्त्री की बेटी का यौनशोषण करता है और उसे अन्त में बाहर ले जाकर बेचता है।

वी. टी ने जहाँ एक ओर नारी की अभिशप्त ज़िन्दगी का चित्रण किया वहाँ दूसरी ओर नंपूतिरी स्त्री के एक नये रूप का चित्रण करने का प्रयास भी किया। अपने प्रेम की अभिव्यक्ति और स्वीकृति करनेवाली नंपूतिरी स्त्री का चित्रण अपनी कहानियों में करके उस समय प्रचलित

नैतिक एवं साहित्यिक मान्यता पर उन्होंने प्रश्नचिह्न लगाया। उसकी कहानी "विषुकेट्टम" की नायिका जो एक अविवाहित कन्या है, अपने प्रेमी को चूमती है। वास्तव में यह चूमना द्वारा वह अपने व्यक्तित्व का ही प्रकाशन करती है। "विषुक्केट्टम्" कहानी के बारे में विचार करते हुए मलयालम के सुप्रसिद्ध लेखक पी. केशवदेव का विचार कि, इससे पहले उसे नहीं पता था कि नंपूतिरी स्त्री भी चूम सकती है, यहाँ उल्लेखनीय है। कहना न होगा कि वी.टी ने नारी हृदय के बिलकुल एक अनछुए पहलू को पाठक के सामने प्रस्तुत किया था। कहना न होगा कि प्रस्तुत कहानी उस समय की नैतिकता के ठेकेदारों को झकझोर किया था। "एन्किल" (तो) कहानी का मुख्य विषय भी प्रेम है। तेनि और कुन्चुणि के बीच के प्रेम के माध्यम से वी. टी ने प्रेम को एक विकल्प के रूप में नंपूतिरी स्त्रियों के सामने प्रस्तुत किया था।

"साक्षात्कारं" (साक्षात्कार) नामक कहानी में कुंचु और तेती के माध्यम से लड़का-लड़की के मिलन के आनन्द को दर्शाने का प्रयास किया है वी टी ने। रसोई और घर के अन्दर कैद नंपूतिरी स्त्री के हृदय की कोमल संवेदनाओं को कहानीकार यहाँ प्रस्तुत करते हैं। नंपूतिरी स्त्री के प्रेम की अभिव्यक्ति ही इस कहानी का विषय है। नंपूतिरी स्त्री का भी हृदय है, उसमें कोल भावनाएँ हैं, उसमें कोमल संवेदनाएँ हैं, वह एक "चीज़" मात्र नहीं है, इन बातों की स्थापना करना वि.टी का उद्देश था। इसलिए कतिपय इतिहासकारों और आलोचकों का यह कथन लेश मात्र भी अतिशयोक्तिपरक नहीं है। वी. टी ने नंपूतिरी को मनुष्य बनाया था।

वि.टी का यह विचार था कि मात्र वेदों के अध्ययन से नंपूतिरी समुदाय का सर्वांगीण विकास नहीं होगा, उनकी कई कहानियों और अन्य रचनाओं में व्यक्त हुआ है। अँग्रेज़ी शिक्षा की अहमियत को उन्होंने पहचान ली थी। उसकी कहानी "एन्किल" (तो) का पात्र कुन्चुणि वेदाध्ययन समाप्त करके अँग्रेज़ी शिक्षा हासिल करना चाहता है। उसके विचार में आजकल अँग्रेज़ी शिक्षा के बिना आगे बढ़ना सम्भव नहीं है। वी टी की एक अन्य कहानी "तुप्पन्टे कथा-एन्टेयुम्" (तुप्पन् की कहानी– मेरी भी) में भी नंपूतिरी बच्चों को बलपूर्वक वेदाध्ययन कराने की पद्धति की आलोचना की गयी है। तुप्पन के लिए ब्रह्मचर्य का पालन करना एक दण्ड-सा प्रतीत होता है। उनकी इन मान्यताओं से यह स्पष्ट हो जाता है कि वी टी ने नंपूतिरी समुदाय को युग के अनुरूप परिवर्तित करने का अथक प्रयास किया था।

वी टी की कहानियों ने नंपूतिरी स्त्रियों के जीवन में काफी दूरगामी प्रभाव डाला था। इन कहानियों को पढ़कर एक नंपूतिरी स्त्री ने खत द्वारा जो प्रतिक्रिया व्यक्त की थी, वह उन सम्पूर्ण नंपूतिरी स्त्रियों का प्रतिनिधित्व करती है जो इन कहानियाँ पढ़कर अपनी हैसियत के बारे में सोचने लगी थीं। खत की कुछ पंक्तियाँ यहाँ उद्धृत हैं। "है रजनीरंग" के रचनाकार, आप ये अबला नंपूतिरी स्त्रियों के लिए जिस आदर और प्यार के साथ कार्यरत है, उसके लिए धन्यवाद अदा करने के लिए भी मैं काबिल नहीं हूँ। मेरी स्थिति तो उस तोती के समान है जो पिंजड़े में बंध है। मैं तो सिर्फ इस पिंजड़े के अन्दर ही कूद सकती हूँ, उडान भरना मेरे लिए सम्भव नहीं है। नंपूतिरी समुदाय की सेवा करने के लिए आपने जो निश्चय किया उसके प्रति मैं अपना आभार और सन्तोष व्यक्त करती हूँ।– प्रिय बहन।"[2]

नंपूतिरी समुदाय खासकर नंपूतिरी समुदाय की स्त्रियों की हालत सुधारने में वी.टी ने जो योगदान दिया था वह काफी महत्त्वपूर्ण है। स्वयं वी.टी का विचार यही है कि आनेवाली पीढियों को रोशनी दिखाने में वह कामयाब हुआ है। उनके शब्दों में, "नंपूतिरी स्त्री "मरक्कुड़ा" के पीछे

इसलिए रहती थी कि ताकि उसे कोई देख न सके। इसका कारण एक प्रकार की जातीय पाबन्दी ही थी। उस मरक्कुड़ा को नंपूतिरी स्त्रियों के हाथों से ही तुड़ाने का काम मैंने किया। उसके बाद नंपूतिरी स्त्री को देखने का अवसर सबको मिला और सबको देखने का अवसर नंपूतिरी स्त्री को। उस आनन्द और स्वातन्त्र्य ने नंपूतिरी स्त्रियों को पुलकित किया था।"[3]

वि. टी के सारे रचनात्मक क्रियाकलापों के पीछे नवजागरण की सही पहचान थी। परिवर्तन और नवजागरण की प्रक्रिया से वे पूरी तरह परिचित थे। इस सन्दर्भ में उनका कथन विशेष उल्लेखनीय है। "हम एक ऐसे समय में जी रहे हैं कि मनुष्य-जीवन के सभी क्षेत्रों में परिवर्तन की माँग हो रहे हैं और इन सभी परिवर्तनों को आलोचना का विषय भी बनाना पड़ता है। दर असल इस प्रक्रिया के आवर्तन केवल आज ही नहीं, इतिहास के प्रत्येक समय में कई बार हुए हैं। इस प्रकार का परिणाम को ही नवजागरण कहा जाता है। युद्ध के लिए हथियारों की आवश्यकता है। नवजागरण का हथियार तो विचार है और लड़ना है रूढ़िवाद से। इस लड़ाई से ही आर्थिक बुद्धिपरक और सांस्कृतिक दृष्टि से उदित होनेवाले नवजागरण की प्रतिष्ठा सम्भव हैं।"[4] इसी प्रसंग में वी टी का यह कथन भी ध्यान देने योग्य है कि जब विज्ञान विकासित हो रहा है तब उस क्षेत्र में प्रवेश करना ही बुद्धिमानी का काम है। इसके विपरीत रूढ़ियों के संकरे मार्ग से पीछे नहीं हटना चाहिए।

यह सही है कि वी.टी का ध्यान मुख्यतः अपने समुदाय और समुदाय की स्त्रियों के उद्धार पर ही केन्द्रित रहा था। मगर वे कोई अंधे धार्मिक विचार से प्रेरित होकर आगे नहीं आये थे। वास्तव में उस समय नंपूतिरी समुदाय जिस पिछडेपन का सामना कर रहा था, उससे उसका सुधार ही वी.टी का लक्ष्य था। यह कथन, जिसका ज़िक्र ऊपर किया जा चुका है कि वी.टी ने नंपूतिरी को मनुष्य बनाने का काम किया था, विशेष स्मरणीय है। निस्सन्देह, आधुनिक केरल के निर्माण में वि.टी का योगदान अत्यन्त महत्त्वपूर्ण रहा है।

## सन्दर्भ ग्रन्थ

1. के.सी. नारायणन्, भूमिका, वीटीयुडे सम्पूर्ण कृतिकल, (वि.टी की सम्पूर्ण कृतियाँ)।
2. नंपूतिरी पेण्किडाङ्लक्कु ओरु एषुत्तु, वि.टी युडे सम्पूर्ण कृतिकल, (एक चिट्ठी नंपूतिरी लड़कियों के नाम पर, वि.टी की सम्पूर्ण कृतियाँ) पृ. 605।
3. अग्नये इदं न मम, वि.टीय युडे सम्पूर्णकृतिकल (वि.टी की सम्पूर्ण कृतियाँ) पृ. 587।
4. इन्नले, इन्नु, नाले (कल, आज, कल) वि.टी युडे सम्पूर्णकृतिकल (वि.टी की सम्पूर्ण कृतियाँ) पृ. 521।

# केरल का दलित नवजागरण : मलयालम उपन्यास 'घातकवधम' के विशेष सन्दर्भ में

*राजन टी. के.*

केरल के दलित जीवन में परिवर्तन लाने में नवजागरण कालीन सहित्य की भूमिका उल्लेखनीय है। उन्नीसवीं शती के उत्तरार्ध में केरल में दलित जीवन को केन्द्र में रख कर कुछ उपन्यासों की रचना हुई थी। 'फुल्मोनी और कोरुना नामक दो स्त्रियों की कहानी' (1858), 'घाताकवधं' (1877), 'पुल्लेली कुंजु' (1882)] 'परंगोडी परिणयम'(1892), 'सरस्वती विजयं' (1892) आदि इनमें कुछ हैं।इन रचनाओं में पुललेलि कुंजु, सरस्वती विजयं, घातकवधम आदि उपनयासों का विशेष महत्त्व है। 'दलित समाज की समस्याओं को इन रचनाओं में प्रस्तुत किया गया है। वे उपन्यास उन्हें आधुनिक मानव की तरह जीने के लिए प्रेरित करते हैं। नवजागरणकाल में लिखी गयी इन रचनाओं में मुख्य रूप से धर्मपरिवर्तन की प्रवृत्ति दिखाई पड़ती है। दलितों को मान- सम्मान के साथ जीने की प्रेरणा इन उपन्यासों के माध्यम से हुई है।

दलित सदियों की वेदना और उत्पीड़न का शिकार बनकर जीवन बिता रहा था। वह सवर्णों की मार-पीट सहकर उनके खेत-जमीनों में काम करता था। पर अपने मालिक के खिलाफ मूँह खोलने की हिम्मत उसको नहीं थी। दलित समाज की इस हालत को 'घातकवधम्' उपन्यास में प्रस्तुत किया गया है। प्रस्तुत उपन्यास पहले अँग्रेजी में ही लिखा गया था। सन 1859 में मिसिस मेरीकॉलिंस ने इसकी रचना की थी। इसमें केरल के दलित समाज की व्यथा-कथा को ही प्रस्तुत किया गया है। इसलिए रचनाकार मिसिस कोलिंस ने इसे अँग्रेज़ी से मलयालम में अनुवाद करना उचित माना। सन 1877 में इसका मलयालम अनुवाद 'विद्यासंग्रहम' पत्रिका में प्रकाशित हुआ। इसमें प्राचीन् तिरुवितांकूर देश में प्रचलित जातीय भेद-भाव के बारे में संकेत किया गया है। साथ ही साथ समानता की भावना जगाने वाले ईसाई धर्म के व्यवहारों की ओर इशारा करता है। जातीय भेद-भाव, उच्च वर्गों का अत्याचार, धर्मांतरण, शिक्षा का महत्त्व आदि बातों की ओर भी इसमें विचार किया गया है।

पौलोस पहले दलित समाज का व्यक्ति था। उसने दलित समाज की पुलय जाति से ईसाई धर्म स्वीकार किया। लेकिन धर्मांतरण के बाद भी उसके जीवन में कोई बद्लाव नहीं हुआ है। क्योंकि ईसाई धर्म के उच्च वर्ग उस के साथ अत्याचार करते थे। विशेष रूप से ईसाइयों का सुरियानी विभाग। उपन्यास में लेखक कोशी कुर्यन के ज़रिए इस तथ्य को हमारे सामने उभारते है। कोशी कुर्यन ईसाई के सुरियानी विभाग का प्रतिनि धि है। अपनी ज़मीन में काम करनेवालों के प्रति उसको सहानुभूति नहीं है। अच्छी तरह से काम न करे तो वह दलितों को गालियाँ देता है। बुरी तरह मार-पीट करता है। उपन्यास में रचनाकार इसके बारे में संकेत करता है। दलित एक दिन खेत में काम करने के लिए नहीं आये। उन्होंने' शाबद' दिन का आचरण किया है।

कहने का तात्पर्य है कि हफ्ते में एक दिन छुट्टी लेने की प्रणाली। ईसाई धर्म में इसका संकेत किया गया है। कोशी को अपने लोगों से इसका पता चला। वह क्रुद्ध हो जाता है। उसका कथन है– "हे, चोर, तुम अपने तंपुरान (मालिक) से कैसा व्यवहार कर रहे हो? मेरी ज़मीन की फसल खराब हो जा रही है, तुम पुलया लोग झूठ बोलकर इधर-उधर् जा रहे हो? तुम लोग मेरा अन्न खा कर कोई काम न कर के लोमडी की तरह चोरी-छिपा कर रहे हो?"[1] तब पुलया लोग छिल्लाकर उत्तर देता है– "तंपुरान, हम ने छह दिन तक अच्छी तरह काम किया है, लेकिन आज का दिन ना तो तंपुरान का है और न हमारा। इस दिन को ईश्वर की पूजा के लिए उन्होंने ही तय किया है'।"[2] यह सुनते ही कोशी उनपर और मार-पीट शुरू करता है। वह बूढे, युवा, बच्चे, स्त्री सब को गालियाँ दे कर मारता है। दलित छिल्लाकर कहता है– "मत मारो तंपुरान, हम तो जानवर नहीं है, हम तो मनुष्य हैं, हमारी भी आत्मा है,"[3] तब कोशी कोप से आक्रोश करता है– "क्या? आत्मा? पुलयों की आत्मा है, क्या? सारे दिन काम न करे तो मैं तुम्हें बन्दी बना दूँगा।"[4] इसके बाद उन्हें बन्दी बना कर मारना शुरू किया गया। तब पौलोस की पत्नी वहाँ अपने बच्चे के साथ आ जाती है। मार-पीट के कारण बच्चे की मृत्यु भी हुई। यहाँ दलितों की ओर होने वाले अत्याचारों का जिक्र किया गया है। साथ ही साथ ईसाई धर्म के लोगों के भेद-भाव के आचरण को भी। यहाँ कोशी कुर्यन ईसाई के सुरियानी विभाग का प्रतिनिधि है। लेकिन ईसाई धर्म का कोई भी गुण उसमें नहीं है। इस्लिए इस उपन्यास में मनुष्य को मनुष्य के रूप में मान –सम्मान के साथ जीने की प्रेरणा देने वाले महान धर्म की कटु आलोचना भी की है। सवर्ण हिन्दू लोगो के समान ईसाई लोग भी दलित समाज के साथ अमानवीय व्यवहार करते हैं। केरल के इतिहास में ईसाई धर्म के बीच होने वाले आन्तरिक संघर्ष् को सूचित किया है। एक ओर सुरियानी सभा के लोग दलितों को मानने को तय्यार नहीं है तो दूसरी ओर एल.एम. एस और सी.एम.एस के कार्यकर्ता दलितों की फलाई के लिए काम करते हैं। सन 1599 में उदयम्पेरूर सुन्नहदोस में यह बताया गया है कि गुलामों के साथ अन्याय न करें। फिर भी सभाओं में इनके साथ अत्याचार एवं अमानवीय व्यवहार करते आ रहे थे। सभा के अन्तरगत गुलाम व्यापार तथा गुलामों को जानवरों की तरह व्यवहार करना आदि जारी रहा। तिरुवल्ला में पुलया जाति से परिवर्तित नये विश्वासियों को गुलाम बनाकर काम कराने की प्रवृत्ति दिखाई पड़ते हैं। उन्हें मानव के रूप में मानने के लिए सिरियन समाज तैय्यार नहीं थे। सन 1906 में पुलया जाति से ईसाई धर्म अपनाए दलित समाज के छात्रों को सुरियानियों के साथ रहने से उन लोगो ने सी.एम.एस. सभा छोड़ देने की घोषणा की। अन्त में पुलया जाति के छात्रों को अलग छात्रावास का प्रबन्ध किया गया। इसके बाद ही सुरियानियों ने अपनी घोषणा से मुँह मोड़ दिया है। यहाँ केरल के उस सामाजिक याथार्थ की ओर लेखिका ने प्रकाश डाला है। उपन्यास में पौलोस पुलय जाति का प्रतिनिधि है। वह अपने समाज पर होने वाले अन्याय और अत्याचार से मुक्त होने के लिए धर्मांतरण करता है। उन दिनों केरल में आये मिशेनरी कार्यकर्ताओं ने अस्पृश्यता एवं जातीयता के चंगुल में फँसे दलितों को देख कर उनकी हालत में परिवर्तन लाने की कोशिश की। उन्होंने दलित समाज को सुधारने का प्रयास किया। दलितों के लिए पाठशालाएँ खोले गये। उन्हें शिक्षा अर्जित करने का प्रोत्साहन दिया। इस के लिए उन्होने अपने गिरिजाघरों के निकट पाठशालाओं की स्थापना की। दलितों को अच्छे कपड़े पहनने को प्रेरित किया। जातीयता को खतम करने के लिए धार्मांतरण की बात उठाई गयी। उन्होंने दलितों को

समझाया कि ईसाई धर्म में अस्पृश्यता, छुआछूत जैसी कुरीतियाँ नहीं हैं। ईसा के सामने सब बराबर है। सब को समानता की दर्जा मिलते हैं। ईसाई मिशेनरी कार्यकर्ताओं ने हिन्दू समाज में व्याप्त जातीयता की कठोरता को खत्म करने के लिए आवाज़ उठाई। गुलामी व्यवस्था के विरुद्ध आन्दोलन चलाया। अनेक दलितों ने इनकी प्रेरणा से ईसाई धर्म स्वीकार किया। इसके बारे में श्री.तुंपमण तोमस का कथन है– "शोषित एवं पीडित जनता के लिए केरल में प्रथम बार एक धार्मिक संस्था ने आवाज उठायी है। ....यूरोप से आये नये विश्वासियों ने केरलीय जन जीवन की वेदना को स्वीकार करके उनके साथ हाथ जोड़ दिया। उनकी झोंपड़ी में रहे। उनकी साथ खाये, पीये,। निम्न जाति के लोगों के लिए यह एक नया अनुभव था। उनके बारे में सोच-विचारने के लिए तथा समानता के साथ व्व्हार करने की स्थिति की कल्पना भी नहीं कर सकते थे।"[5]

'घातकवधम' उपन्यास का मुख्य विषय धर्मांतरण है। किन्तु प्रस्तुत उपन्यास केरल के दलित जीवन में अनेक परिवर्तन लाया है। उपन्यास के प्रारम्भ में ही इसका संकेत मिलता है। कोशी कुर्यन के लोगों ने पौलोस को मार-पीट करने के बाद उसे कडी धूप में पानी में बन्दी बनाकर खड़ा कर दिया। उस समय एक पातिरी वहाँ आया। प्रस्तुत दृश्य को देख कर पातिरी ने कोशी के नौकरों से कहा-"उसे बंधन से मुक्त न करे तो 'ढाणाव' (थाना) से सजा अनुभव करने के लिए तैयार हो जाओ"[6] यह सुनकर कोशी के लोगों ने उसे छोड़ दिया। यहाँ इस विषय पर भी ध्यान देना चाहिये कि नियम के सामने जमीन्दार और श्रमिक सब एक समान है जैसी सोच दलितों के मन में उभर आयी थी। 1861 में अँग्रेज सरकार द्वारा लागू की गयी' क्रिमिनेल प्रोसीजेर कोड 'इसका मूल कारण थी। उसी प्रकार पौलोस के बच्चे की हत्या हुई। कोशी ने बच्चे की हत्या की है। लोगों का विश्वास है कि कोशी को गिरफ्तार कर दिया जायेगा। उसको सजा मिल जायेगा। इस घट्ना से यह तथ्य भी हमारे सामने उद्घाटित हो जाता है कि व्यक्ति निम्न जाति के होने पर भी उसको कानूनी न्याय प्राप्त हो जायेगा। यहाँ कानून भी आम जनता के साथ है। उदयमपेरूर सुन्नहदोस के ज़रिए ही केरल में अस्पृश्यता के खिलाफ प्रथम बार अवाज़ उठायी गयी है। प्रस्तुत उपन्यास के बारे में श्री. तुंपमण तोमस का कथन है कि घातकवधम हमारे जाति-व्यवस्था की कटु आलोचना करके समाप्त हो गया है।

सुरियानी ईसाइयों के मन में व्याप्त जातीय भेद-भाव का चित्र उपन्यास के दूसरे स्थान में देखा जा सकता है। यहाँ मरियम अपनी नानी के साथ पौलोस को देखने चली। पौलोस के घर में जाकर उसका इलाज करती है और रात में घर लौट आती है। तब कोशी दोनों से नाराज़ हो जाता है। वह मरियम से नाराज़ होकर मारने को आता है। तब मरियम कहती है कि वे दोनों ने एक अच्छे ईसाई के इलाज करने चली थीं। तब कोशी कुर्यन कहता है– ओहो, अच्छा ईसाई, ईसाई मार्ग इस तरह के निम्न जाति के लोगों में क्या परिवरतन लाता है? क्या वे जानवरों की तरह काम करने और खाने के लिए मात्र है? उनका ज्ञान केवल खेत के बाहर तक जाना असम्भव है।"[6] कोशी के कथनों को सुनकर मरियम पिता से कहती है कि उसने ही सबसे पहले पौलोस से ईसा के बारे में बताया है। यह सुनकर कोशी कोप से मरियम से कहता है– हा, "तू ने ही उससे इन बातों के सम्बन्ध में कहा है? एक पुलया के पास, उसके निकट तक जाकर बतचीत करने के लिए तुम कौन हो?"[7] आगे वह पूछ्ता है कि "उनके इस बेइज़्ज़त्ती और निरादार् का कारण क्या तुम ही हो? मेरी बेटी नीचों के साथ रहकर अशुद्ध न हो जाये। नहीं,

मेरी बेटी एक सुरियानी है। पुलया हो या चेकोन (ईषवा जाति) हो उसे सुनने के लिए निकट तक ना आ जाये।"[8] तत्कालीन केरलीय समाज में व्याप्त जातीयता की कठोरता का वर्णन यहाँ किया गया है। मिस्सिस कोलिन ने यह सबित किया है कि हिन्दू धर्म में जिस प्रकार सवर्णों ने दलितों की ओर अस्पृश्यता प्रकट की थी उसी प्रकार ईसाई धर्म के लोगों ने भी इनके साथ जातीय भेद-भाव प्रकट कर उन्हें सामाजिक स्तर से अलग रखने का प्रयास किया है। कोलिन ने अपनी रचना में इन सभी समस्याओं को प्रस्तुत करने का प्रयास किया है।

'घातकवधम्' उपन्यास में लेखिका ने जाति व्यवस्था के खिलाफ आवाज़ उठाने का चित्र खींच लिया है। तिरुवितंकूर में सवर्ण हिन्दुओं के समान ईसाई लोगों ने भी दलितों के साथ अन्याय किया है। सुरियानियों ने दलितों को मान-सम्मान के साथ जीने का मौका नहीं दिया है। वे दलितों के साथ भेद-भाव प्रकट करते हैं। उपन्यास वास्तव में ईसाई और हिन्दू धर्म के लोगों के धार्मिक एवं मानसिक परिवर्तन के बारे में संकेत करता है। उपन्यास के अन्त में इसका संकेत मिलता है कि इन सभी लोगों का मानसिक परिवर्तन होता है। पहले पौलोस के साथ अमानवीय व्यवहार करनेवाले कोशी कुर्यन का जिक्र किया गया है। कुर्यन पहले प्रोटेस्टेंट सभा के सदस्य थे। लेकिन कुछ समय के बाद उसने सुरियानी धर्म को स्वीकार किया। सुरियानी बनने के बाद उसकी मानसिकता में परिवर्तन आता है। वह अपने धर्म को उच्च मानकर निम्न जाति के लोगों पर अन्याय करता है। देश के पुलय जैसी निम्न जातियों के प्रति सहानुभूति न दिखाकर उनके साथ बुरा व्यवहार ही प्रकट करता है। मौका मिले तो अपने अधिकारों को उनपर थोपने का प्रयास करता है। बाद में उसका मन परिवर्तित हो जाता है। अपने सुरियानी धर्म को छोड़कर प्रोटेस्टेंट सभा के सदस्य और उस के प्रमुख कार्यकर्ता बन जाते हैं। इसका एक कारण अपने बच्चे की हत्या करने पर भी पौलोस के मन में उसके प्रति विद्वेष नहीं है। दूसरी ओर कुर्यन की पुत्री मरियम एक दिन पानी में डूब जाती है। तब पौलोस उसकी रक्षा करता है। उस अवसर पर पौलोस का कथन है– "तू ने मेरे बेटे की हत्या की। लेकिन आज मैंने तेरी पुत्री की रक्षा की है। अब हम दोनों बराबर है।"[9] प्रस्तुत घटना के बाद कुर्यन कोशी के मन में बद्लाव आ जाता है। उसने अपनी गलतियों को समझ लिया है। मनपरिवर्तन होने से वह पौलोस की खोज में चला जाता है। अन्त में वह पौलोस को देखता है। उसके भाषण सुनकर कोशी पौलोस से माफी माँगता है। वह अपने मन के घातक को वहाँ पर हत्या करता है। बाद में सुरियानी सभा को छोड़कर प्रोटेस्टेंट बन जाता है। उसी प्रकार हिन्दू धर्म के सवर्ण ब्राह्मण् जो उनके पड़ोसी है भी अपने धर्म की उपेक्षा करके प्रोटेस्टेंट् सभा के सदस्य बन जाता है। उसने इसका कारण बताया है कि उनके बड़े भाई की पत्नी की मृत्यु हुई। पुत्री बीमार हो गयी। तब वह पुत्री की बीमारी दूर हो जाय तो काशी जाने का निर्णय लेता है। बेटी की बीमारी दूर हो गयी। वह अपनी बेटी के साथ काशी चला जाता है। ब्राह्मण बीच बीच में दोनोंके बारे में पूछताछ करता था। किन्तु कुछ महीनों के बाद उनके बारे में कोई खबर न मिली। फिर पता चला कि भाई की मृत्यु हुई। बेटी को लेकर एक पातिरी चले गये। ब्राह्मण उस्की खोज में पातिरी के पास चला गया। पातिरी ने कहा कि उसने लड़्की को एक मिशेन स्कूल में भेज दिया है। अन्त में वह लड़्की ईसाई धर्म की सदस्या बन गयी। बाद में कोशी कुर्यन जैसे सुरियानी की पत्नी बन गयी। बीच में ब्राह्मण से मरियम से परिचित हो गया। उससे ईसा के बारे में और कुछ पता चला। अब जीवन की अन्तिम घडी में ईसाई धर्म और उसके महत्त्व पर आकृष्ट होकर उस धर्म को स्वीकारने का

निर्णय लेता है। उपन्यास में इसका चित्र लेखिका ने प्रस्तुत किया है– "पौलोस के हाथों से हाथ जोड़कर खड़े हुए ब्राह्मण् से पातिरी का कथन है–ईसाई धर्म को यह कार्य ही कर सकता है कि वह सब को ईसा के सामने एक जैसा साबित करता है।"[7] इसी प्रकार घातकवधम उपन्यास ने तत्कालीन केरलीय समाज की वास्त्विकता को हमारे सामने खड़ा करके एक सामाजिक सुधार का कार्य किया है। धार्मंतरित दलितों की दयनीय हालत का जिक्र करके उन्हें आधुनिक बनाने का प्रयास भी किया गया है।

मानव मन को सुधारने में शिक्षा की अहं भूमिका है। शिक्षा मानव के सोच-विचार करने की क्षमता को सश्क्त बना देती है, मनुष्य को मान-सम्मान के साथ जीने की प्रेरणा देती है। मिस्सिस कोलिंस के उपन्यास में इसकी ओर विचार किया गया है। घातकवधम में पौलोस पातिरि का चरित्र उल्लेखनीय है। पौलोस ने पुलया जाति से ईसाई धर्म को स्वीकार किया है। फिर भी वह कोशी कुर्यन का गुलाम है। वह उसकी ज़मीन में काम करता है। कोशी उसे बुरी तरह मार-पीट करता है। वह कोशी के उत्पीड़नों को चुपचाप सह्ता है। शाबद दिन में ईसा की प्रार्थना के लिए चले पौलोस को कोशी बुरी तरह मारता है। उसके बच्चे की मृत्यु हुइ। बुरी तरह घायल हुए पौलोस **से मिलने** के लिए कोशी की पुत्री मरियम आती है। वह ईसा के सम्बन्ध में उसको परिचित कराती है। लकिन ईस के बारे में अधिक जानने के लिए पुस्तक **पढ़ना** है। यह उसके सामने सबसे बड़ी समस्या थी। क्योंकि उसको अक्षर ज्ञान नहीं था। इस समस्या को दूर करने के लिए उसने **पढ़ने** का निर्णय लिया। उपन्यास में लेखिका संकेत करती **है कि** पौलोस ने समझ लिया है कि अपने हाथ में जो पुस्तक है वह महात्मा ईसा के महत्व से सम्बन्धित है। इसके बाद उसके मन में यह **सोच** दृढ होने लगी। वह सोच्ता है कि "हाँ, मुझे पढ़ना चाहिए। पर कैसे?मवेशियों को चराने के लिए चले जाने वाले 'चेकोकिडात्तन' (ईष्वा **लड़का**) जो शिक्षित है, मेरे वेतन के आधे भाग मैं उसको दे दूँगा। "इसप्रकार मरियम से बैबिल स्वीकार कर उसका अध्ययन शुरू करता है। अन्त में पौलोस के जीवन में परिवर्तन आता है। शिक्षा की भूमिका प्रस्तुत उपन्यास **की** एक महत्त्वपूर्ण उपलब्धि थी। ईसाई मिशेनरियों ने दलितों को शिक्षा देकर **उनमें** परिवर्तन लाने की कोशिश की। **सबसे** पह्ले पौलोस ने अपनी अंधता को दूर करने का प्रयास किया है। शिक्षा के **ज़रिए** वह खुद परिवर्तित हुआ तथा अपने समाज के लोगों को भी उसने परिवर्तित किया है।

उपन्यास में मरियम का चरित्र भी विशेष उल्लेख्नीय है। मरियम अँग्रेज़ी शिक्षा अर्जित स्त्री है। शिक्षा मिलने से उसमें कुछ **नये** विचार उत्पन्न **हुए हैं।** वह अपने घर के परम्परागत आचारों का उल्लंघन करती है। सुरियानी ईसाई होने पर भी **उसके** मन में जातिभेद **की बात** नहीं है। वह **अपनी ज़मीन** में काम करने वाले दलितों की ओर सहानुभूति प्रकट करती है। वह अपने पिता से उत्पीडित पौलोस की इलाज करती है। उसके साथ बातचीत करती है। वह ईसाई धर्म के महत्त्व को **समझती** है। वह अपने पिता को सुधारने की कोशिश करती है। उपन्यास के एक स्थान पर लेखिका संकेत करती **हैं** –"अप्पा (पिताजी) मैं अप्पा की पुत्री हूँ। पिताजी से मैंने यह सुना है कि पृथ्वी में रह्ने के लिए **सारी** मनुष्य **जाति**यों का सृजन ईश्वर के खून से ही किया है। ईसा ने आज्ञा दी कि तुम सभी जतियों के पास जाओ। उनके कथन में पुलया जाति को भी शामिल किया **गया** है, सही है पिताजी"। यहाँ मरियम का सवाल अपने पिता से नहीं, दलितों की ओर अन्याय करने **वाली** सभी **धार्मिक** संस्थाओं की ओर है। वह अन्य धर्मों की अवहेलना

नहीं करती। वह अपने पिता के अनुगामी मातन से विवाह करती है। शिक्षा की भूमिका प्रस्तुत उपन्यास की एक महत्त्वपूर्ण **उपलब्धि** है।

**मिस्सिस** कोलिन के प्रस्तुत उपन्यास में नारी के स्वतन्त्र अस्तित्व की ओर भी विचर किया गया है। उपन्यास में मरियम की कल्पना नारी पक्ष को उद्घाटित करने के लिए है। मरियम शिक्षित होने के कारण अपने समाज में होने वाले अन्याय के **विरुद्ध** अपना विचार प्रकट करती है। सबसे पहले वह घर से शुरू करती है। वह अपने पिता के अत्याचारों के **विरुद्ध** पिताजी को सुधारने की कोशिश करती है। समाज में सभी लोगों से एक सा व्यवहार करने के लिए वह प्रेरित करती है। अस्पृश्यता **जैसी** सामाजिक कुरीतियों का विरोध करती है। ईसाई धर्म के सामने सब समान हैं। ईसा के सामने सब बराबर **हैं**। इसलिए वह पौलोस के साथ अच्छा व्यवहार करती है। मरियम अपने पिता की बातों को मानने के लिए तैय्यार नहीं है।

नारी की स्वतन्त्रता **उसे** स्वतन्त्र रूप से सोच- विचार करने की प्रेरणा देती है। वह खुद निर्णय लेने की **शक्ति** संभाल लेती है। उपन्यास में मरियम ऐसा एक नारी पात्र है, जिसमें खुद निर्णय लेने की क्षमता है। जब शादी की बात आयी तब वह अपना विचार प्रकट करती है। उसके मन में अपने पुरुष के सम्बन्ध में कुछ कल्पनाएँ **हैं**। यह नारी की सहज कल्पना है। इसलिए वह अपने पिताजी से **असहमति** प्रकट करती है। दूसरी ओर उसकी चिन्ता सास के बारे में है। वह सोचती है कि क्या ससुराल में वह किसी पुस्तक पढ़ सकती?" क्योंकि उस समय केरल में स्त्री को शिक्षा अर्जित करने का अवसर नहीं था। तत्कालीन समाज में इस प्रकार विचार करने **वाली** मरियम का चरित्र उपन्यास की प्रमुखता व्यक्त करता है। संक्षेप में **कहा जा सकता है** कि मिस्सिस कोलिंस का 'घातकवधम 'उपन्यास उन्नीस्वीं शदी **की** एक सश्क्त रचना है। इसमें तत्कालीन केरलीय समाज **का** इतिहास हमारे सामने प्रस्तुत करके मानव मन में एक नयी चेतना जगाने की कोशिश की गयी है। जातीय भेद-भाव, धर्म परिवर्तन, शिक्षा का महत्त्व, समानता एवं बन्धुत्व की भावना, शोषण तथा अत्याचार के खिलाफ दलितों का विद्रोह आदि मुद्दों को चित्रित किया **गया** है जो दलित जीवन की वास्तविकता है। दलित समाज को आधुनिक मानव बनाने की प्रक्रिया में इस उपन्यास की भूमिका उल्लेखनीय है।

# लेखक की मृत्यु और उत्तर-आधुनिक आलोचना की अवधारणा

*सीमा चन्द्रन*

उत्तर आधुनिकतावाद (Postmodernism) बीसवीं शताब्दी के दूसरे भाग में दर्शनशास्त्र, कला, वास्तुशास्त्र और आलोचना के क्षेत्रों में फैला एक सांस्कृतिक आन्दोलन था जिसने अपने से पहले प्रचलित आधुनिकतावाद को चुनौती दी और सांस्कृतिक वातावरण बदल डाला। (postmodernism: definition of postmodernism in Oxford dictionary (American English) (US). oxforddictionaries.com., Ruth Reichl, Cook's November 1989; American Heritage Dictionary's definition of "postmodern") इसने निर्धारित दिशा वाले सामाजिक विकास और वस्तुनिष्ठावाद के विरुद्ध, संशयवाद, व्यक्तिपरकता (subjectivity) और व्यंगोक्ति की ओर रुझान प्रचलित किया।

उत्तर-आधुनिकतावादी जब पहले ही लेखकीय मृत्यु की घोषणा कर चुके हैं तो उत्तर आधुनिकतावादी आलोचकों का हाशियेकृत हो जाना स्वाभाविक ही है। सही मायने में समझे तो उत्तराधुनिकतावादियों की दृष्टि में आलोचक अर्थात् लेखक हाशिये पर नहीं हैं उनकी तो मृत्यु हो चुकी है। कई पाश्चात्य आलोचकों के विचारों में हम इसे पढ़ सकते हैं। मिशेल फूको कहते हैं कि समय आ गया है कि हम समीक्षा और दर्शन के लिखनेवालों के अन्त और अवसान को स्वीकार लें क्योंकि पाठक अब सब अनुभूति से रिक्त हो चुका है। यदि ऐसा सही भी है तो साहित्य यह धर्म बन जाता है कि लेखक को सही दिशा निर्देश देकर इस संक्रमणकाल में अनुभूति की प्रेरणा एवं आस्था का संचार करें। इस परिस्थिति में एक सहृदय आलोचक की आवश्यकता अधिक महसूस करनी चाहिए। एक निष्पक्ष आलोचक की आवश्यकता जितनी आज की तारीख में महसूस हो रही है वैसे कभी नहीं हुई। मेरे ख्याल से सहृदय पाठक एवं लेखक अब भी मौजूद हैं। अतः पूरी तरह से लेखक की मृत्यु को स्वीकारना सही नहीं। ऐसी कोई मशीन नहीं बनी कि बता सकें कि सारे लेखक वाक़ई में अनुभूतिहीन हैं। उत्तर-आधुनिकता के प्रचारक और अपनानेवाले अमेरिका के विचारक कहीं न कहीं आजकल साहित्य की ओर मुड़ रहे हैं। इस रीति का विरोध कर रहे हैं। अमेरिका में एसोसिएशन ऑफ लिटरेरी स्कॉलर्स एण्ड क्रिटिक्स नामक एक संस्था का गठन (1994) किया गया है। यह संस्था साहित्य को अन्य पाठों की तरह एक पाठ नहीं मानती है बल्कि साहित्य के प्रति आस्थावान होकर उत्तर-आधुनिकतावादी अति विचारों का खंडन करती है। सत्य तो यही है कि भूमण्डलीकरण, उपभोक्तृवाद, उत्तर-संरचनावाद, बाज़ारवाद और उत्तर-आधुनिकतावाद की लहर चारों ओर है। पर मानव की सहृदयता से उत्पन्न साहित्य इन सबसे ऊपरी पायदान पर विराजमान है।

उत्तर-आधुनिकतावाद के प्रमुख चिन्तक पॉल द मान, मिशेल फूको, जॉक देरिदा तथा रोलां बार्थ माने जाते हैं। 'द डेथ ऑफ द ऑथर' (1968) में रोलां बार्थ लिखती हैं, 'समय आ गया है कि आलोचना एवं दर्शन लेखक, साहित्यकार के लुप्त होने या उसके अवसान की वास्तविकता को स्वीकार कर लें... एक संस्था के रूप में लेखक की मृत्यु हो चुकी है।' यह विवाद अर्थात् लेखक के खत्म हो जाने और पाठक के केन्द्र में आने के विचार 20वीं शताब्दी के 5 वें दशक से ही सर्वव्याप्त है। पाँचवें दशक में लायनल ट्रिलिंग ने अपने लेख 'लेखक का अन्त' में कहा है कि यह दौर पाठक का है। सच पूछो तो पाश्चात्य देशों में ज्ञान, कला और दर्शन के क्षेत्र में मौत की घोषणा करना एक फैशन सा चल पड़ा था। थॉमस एज़ि और विलियम हेमिल्टन ने 'द रैडिकल थियरी एण्ड द डेथ ऑफ गॉड' (1966) लिखकर ईश्वर की मृत्यु की घोषणा कर डाली थी। जॉक देरिदा ने 'मनुष्य की मृत्यु' (1982), फ्रांसिस फुकुयामा ने 'इतिहास का अन्त' (1991), डैनियल बेल ने 'विचारधारा का अन्त' (1930), गियन्नी वातीमो ने 'आधुनिकता का अन्त' (1991), विक्टर वर्गिन ने 'कला का अन्त' (1986), एल्विन कर्नान ने 'साहित्य की मृत्यु' (1990), रोलां बार्थ ने 'लेखक की मृत्यु' (1968), तथा मिशेल फूको ने 'आलोचक की मृत्यु' की घोषणा कर डाली। ऐसा लगता है कि दुनियाभर में *लॉकडाउण* हो गया जैसे आजकल चल रहा है–कोरोना वायरस की वजह से। कहने का तात्पर्य यह है कि पूरे पाश्चात्य देशों में पाँचवें दशक के बीसवीं शताब्दी में उत्तर आधुनिकता के लक्षण देखे जा सकते हैं। यहाँ हम आधुनिकता की मृत्यु भी देख सकते हैं। आधुनिकता से भिन्न सामाजिक, राजनीतिक एवं आर्थिक देशों में ऐसे परिवर्तन हो रहे थे कि लेखन के द्वारा भी इसे रोका जाना सम्भव नहीं था। यही कारण है कि अन्ततः साहित्य के मौत की भी घोषणा हो गयी। यह नकार का भाव तब पैदा हुआ जब पैरिस शहर में छात्र विद्रोह पर उतर आये। सन् 1968 में यह विद्रोह अपने उच्चतम पड़ाव पर था। औद्योगिकीकरण के आगमन से तथा अत्याधुनिक चीज़ों के निर्माण से बेकारी की समस्या पैदा हुई जिसे सबसे अधिक युवा वर्ग को ही झेलना पड़ा। कारखानों में यन्त्रों के आगमन से मंज़दूरों को छंट कर निकाल दिया गया। इससे लोगों में विक्षोभ और अधिक बढ़ा। इसका सामना सबसे अधिक अमेरिका तथा यूरोपीय देशों को ही करना पड़ा। मानव जाति पर इसका ऐसा असर पड़ा कि उसके सारे आदर्श धरे के धरे रह गये। इस समय का दौर जितना भयानक था उतना ही भय भविष्य से ही पाते हैं किन्तु क्या साहित्य को हम मार सकते थे? इस समय साहित्य का ही तो कर्तव्य था कि वह हमें इन विपरीत परिस्थिति से बाहर निकालें?, सही मार्ग निर्देश करें? उत्तर-आधुनिकता को उसकी इच्छा के अनुसार न स्वीकार कर उत्तर-आधुनिकता को खुद सही मार्ग पर लाना साहित्य का ही धर्म था। उत्तर-आधुनिकता से जुड़े कई ऐसे पहलू हैं जिन्हें इस सन्दर्भ में जानना आवश्यक है।

### बाज़ारी उत्तर-आधुनिकता और साहित्य

'आनेवाले समय में किसी भी देश का महत्त्व सामाजिक सम्बन्धों से नहीं बाज़ार से आंका जायेगा।' *(मिखाइल गोर्बाच्येव, 'पेरेस्त्रोइका' के जन्मदाताका कथन)* अमरीकी राष्ट्रपति जॉर्ज बुश भी इन्फोमेशन को हथियार बनाकर दुनिया में राज करने की बात करते हैं। आज मिखाइल गोर्बाच्येव और जॉर्ज बुश दोनों की बातें सच साबित होती हैं कि सैनिक बल व राजनीति से अधिक शक्तिशाली सूचना ही है। विज्ञापन के ज़रिए एक ऐसा अनावश्यक प्रचार हो रहा है कि

आपस में होड़ मच गयी है। इस प्रतियोगिता में हारकर कोई देश विश्व स्तर पर बाज़ार व्यवस्था कायम नहीं कर सकता। पूँजीवादी देश इस विज्ञापन युगीन बाज़ार व्यवस्था में सबसे आगे हैं। सबसे अधिक लाभ अमेरिका, ब्रिटेन तथा जापान जैसे देश को हो रहा है। इस घिनौनी बाज़ार व्यवस्था ने सर्वप्रथम मनुष्य, उसकी भाषा और संवेदना पर प्रहार किया। अशोक वाजपेयी इस सम्बन्ध में लिखते हैं– 'एक ऐसे समय में जब शब्द पर हर ओर से हमला है, शब्द की रक्षा और उसकी पवित्रता और गरिमा की रक्षा करना कविता का बुनियादी धर्म है।' इस बाज़ारवादी अपसंस्कृति ने उपभोक्तावादी संस्कृति को जन्म दिया है। उपभोक्तावाद के खूनी विचारों और बाज़ारवाद के षड़यन्त्र से हमें साहित्य को आज़ाद कराना होगा। एक तरह से देखा जाये तो उत्तर-आधुनिकतावादियों की साहित्य सम्बन्धी धारणा में विरोधाभास है। साहित्य की मृत्यु की घोषणा करनेवाले खुद उच्च कोटि के साहित्यकार हैं। उदाहरण के लिएः- 'उपन्यास की मौत' (एलियट), 'काव्य एक मरती हुई विधा है' (एडमंड विलसन), 'मानव सम्बन्धों का साहित्य मर गया है' (डी.एच. लारेंस)। एल्विन कर्नान उत्तर-आधुनिकता के ज़रिए साहित्य की मृत्यु की घोषणा करते हैं। वे कहते हैं कि गत तीस वर्षों के दौरान अमेरिका में साहित्य मर गया है। कुछ तो अपने हाथों उसकी मृत्यु हुई और कुछ बाहरी आक्रमणों के कारण। रही-सही कसर सामाजिक तथा तकनीकी तब्दीली ने पूरी कर दी, जिसे हम उत्तर-आधुनिकता की संज्ञा से जानते हैं। *('द डेथ ऑफ लिटरेचर'- एल्विन कर्नान 1990)*। मुख्यतः कहा जा सकता है कि कोई भी विचारधारा किसी एक व्यक्ति की विचारधारा से नहीं बनता बल्कि कई युगों के कई हज़ार व्यक्तियों की सोच व ठोस संरचना से बनती है। अतः उठते हुए विचारों के विद्रोह में भी स्वर उठते हैं। अमेरिका में साहित्य की मृत्यु का घोषणा मार्क्सवाद एवं विरचना के फ्रांसीसी गुरू जॉक देरिदा के प्रभाव में उठाई गयी थी। इसे समझा एडविन एम जौर्ड (जूनियर) ने। उन्होंने साहित्य की मृत्यु के उद्घोषक- एल्विन कर्नान के प्रतिकार स्वरूप कहा कि साहित्य मर नहीं सकता। डिकन्सेट्रक्शन के फ्रांसीसी गुरू के कहने के बावजूद भी साहित्य अपने तथाकथित अवसान के पश्चात् भी जीवित रहेगा।

उत्तर-आधुनिकतावादियों का कहना है कि साहित्य और साहित्यकार का रिश्ता टूट चुका है। वे साहित्य को एक लेखन मात्र मानते हैं जिसमें लोकमंगल, जनहित, शब्द संरचना आदि शब्दों का कोई महत्त्व नहीं। उनके अनुसार लेखक जब जन्म लेता है तो उसकी मृत्यु हो जाती है। पहले साहित्य के अंग के रूप में इतिहास, विज्ञान, कला, दर्शन आदि आते थे पर आज इन सबका मात्र एक छोटा सा अंग साहित्य रह गया है। इसे अंग मात्र मानने की परम्परा चल रही है। उत्तर-आधुनिक विचारक पाठ के अतिरिक्त किसी सत्ता को स्वीकार नहीं करते। उनकी दृष्टि में सभी गल्प या पाठ है। अब साहित्य में पुराने समय की तरह मंगलकामना नहीं की जा सकती है। सब व्यर्थ सा लगने लगेगा। चाहे वह राजनीति की कोई पुस्तक हो, साहित्य की हो, दर्शन की हो या अर्थशास्त्र की सब टेक्स्ट या पाठ है। अतः साहित्य के अस्तित्व पर बाज़ारी उत्तर-आधुनिकता प्रश्न चिह्न खड़ा करती है।

## उत्तर-आधुनिक भाषाई विन्यास

उत्तर-आधुनिकतावादियों का भाषा-चिन्तन पारम्परिक भाषा चिन्तन के विपरीत है। प्राचीन विचारकों ने 'शब्द' एवं 'अर्थ' का अटूट सम्बन्ध बतलाया। काव्य की परिभाषा इतनी व्यापक

हुई कि 'शब्दार्थो सहितम् काव्यम्' की घोषणा की गयी। गोस्वामी तुलसीदास भी कहते हैं कि 'गिरी अरथ जल-बीचि सम कहिय न भिन्न भिन्न'। अर्थात् 'शब्द' और 'अर्थ' के बिना शब्द सिर्फ *शोर* है। परन्तु उत्तर-आधुनिकतावादी विचारक शब्द और अर्थ में कोई मूलभूत सम्बन्ध नहीं मानते। वे तो कहते हैं कि अपनी कल्पना अनुसार किसी भी शब्द का अर्थ गढ़ा जा सकता है। क्या लोगों का अपनी बुद्धि के अनुसार अर्थ को मापना सम्प्रेषण की समस्या पैदा नहीं करेगा? साथ ही भाषिक अराजकता नहीं फैलेगी? अतः शब्द और अर्थ की नई उत्तर-आधुनिक परिभाषा, चिन्ता का विषय है। इस विषय में चिन्ता जॉर्ज कर्नाड ने भी व्यक्त की है, 'यह एक खतरनाक समय है। शब्द की गरिमा नष्ट हो रही है। पात्र छिन्न-भिन्न हो रहे हैं और स्मृतियाँ अस्त-व्यस्त, और कोई भी यह कहकर अपने को तसल्ली नहीं दे सकता कि स्थितियाँ बदलेंगी।' जार्ज कर्नाड की यह चिन्ता स्वाभाविक है, परन्तु 'शब्द' व 'अर्थ' की इस हालत को साहित्यकार और चिन्तक गम्भीरता से ले रहे हैं। उत्तर आधुनिकतावादी जहाँ यह मानते हैं कि यह युग 'विरचना' है इसे पूरी तरह स्वीकारा नहीं जा सकता क्योंकि भाषा और साहित्य की प्रवाहमयता को किसी खास विचारधारा में नहीं बाँधा जा सकता। यदि हम मान भी लें कि रचना का स्थान *डिकन्स्ट्रेक्शन* ने ले लिया है तो यह भी मानना होगा कि तुरन्त वहीं से *रीकन्स्ट्रेक्शन* शुरू हो गया है। अर्थात् *विरचना* का अर्थ है *नवरचना* (नवनिर्माण) की शुरुआत।

## पाठ या टेस्ट का चिन्तन व उत्तर-आधुनिकता

संरचनावाद के तत्वों में हम पाते हैं कि पाठ और रचनाकार के बीच थोड़ा सम्बन्ध हैं परन्तु उत्तर-आधुनिकता के समय में प्रतिपादित विसंरचनावादी अवधारणा ने पाठ या रचना या कलाकृति एवं रचनाकार के बीच इसे रहे-सहे सम्बन्ध को भी समाप्त कर दिया है। अजय तिवारी इसे अपने शब्दों में यूँ वयक्त करते हैं– 'जैसे उत्पादन के बाद 'माल' मजदूर से विच्छिन्न हो जाता है, वैसे व्यक्त होने के बाद कलाकृति कलाकार से विच्छिन्न हो जाती है। माल उपभोक्ता का हो जाता है रचना पाठक की लेकिन इस प्रक्रिया की सबसे निर्णायक कड़ी है व्यवसाय, जो 'माल' और 'कला' दोनों को उत्पादक से उपभोक्ता तक पहुँचाने की सारी सुविधाएँ और शर्तें तय करता है। इस कड़ी को आँख से ओझल करके उत्तर-आधुनिकतावादियों ने जिस व्यक्तित्व रहित कला का समर्थन किया, वह बाज़ार की निर्वैयक्तिक और निरंकुश शक्तियों को ही औचित्य प्रदान करता है।' परन्तु क्या व्यापार का सम्बन्ध मुनाफाखोरी से नहीं है और क्या साहित्य का सम्बन्ध भावनाओं के उदात्तीकरण से नहीं है तो क्या ये उपमा सही ठहराई जा सकती है यद्यपि हम विरचना के सिद्धान्तों के कारण इन दोनों को जोड़कर देख लें किन्तु साहित्य के शाश्वत मानक को ठुकरा नहीं सकते। उत्तर-आधुनिकतावादी विचारक कहते हैं कि 'दर्शन को साहित्य की तरह और साहित्य को दर्शन की तरह पढ़ना चाहिए। इसप्रकार वे दोनों को गल्प या पाठ की तरह पढ़ने पर ज़ोर देते हैं। ऐसा करके उपनिवेशवादी मानसिकता से बचा जा सकता है। कोई विषय ऐसा न हो जो सत्य कथन का दावा करते हुए पाठक को अपनी बात मनवाने की उपनिवेशी प्रवृत्ति को प्रचारित करे।' इस तरह तो विषय विशेष अपनी पहचान खो देगा। उसके अपने अनुशासानकित व्यवस्था को वह खो देगा। क्योंकि उपनिवेशीव्यवस्था और अन्य विषय अनुरूप व्यव्स्थाएँ अलग-अलग अस्तित्व रखतीं हैं।

उत्तर-आधुनिक विचारकों का मानना है कि लेखक चाहे उसे किसी भी अर्थ में लिख रहा

हो, पाठक उसे अपने अर्थ में पढ़ने और प्रस्तुत करने में स्वतन्त्र हैं। देरिदा और और अन्य विचारकों ने इसे स्पेसिंग कहा है। हिन्दी में इसे व्योम नाम दिया जाता है। कुछ हद तक यह ठीक है। लेखक कुछ और कहना चाहता है किन्तु पाठक अपनी परिस्थिति के अनुसार द्विविचार से अपना अभिप्राय व दूसरा अर्थ निकाल लेता है। उदाहरण के लिए रामचरितमानस, रामायण, महाभारत के अनेक पहलुओं को ऐसे लिया गया है। अर्थ व शब्द में एकरूपता और तार्किक संयोजन होना आवश्यक है।

निष्कर्ष रूप में कह सकते हैं कि लेखक को ज़िन्दा रखते हुए पाठ को पाठक अपना विस्तार दें। माँ की कोख से बाहर आकर भी शिशु को माँ के बगैर रहना मुश्किल हो जाता है। उसकी छवि उसके साथ ज़िन्दगी भर रहती है।

# संघर्ष भरी दास्तान का दस्तावेज़: 'ए जिन्दगी तुझे सलाम'

*मेरली. के. पुन्नूस*

डॉ. के. वनजा जी हँसमुख और मिलनसार व्यक्तित्व की धनी हैं। एक ऐसी शख्सियत जिन्होंने अपने बुलन्द मनसूबे की बदौलत समाज एवं साहित्यक जगत में अपनी एक ठोस पहचान बनाई। वे आवभगत प्रिय हैं। छात्रों के लिए एक आदर्श राहगीर एवं प्रेरणास्रोत। उनका जीवन यही सीख हमें देता है कि हौसले बुलन्द हो और कर गुजरने की हिम्मत हो तो सफलता हमारे कदम चूमेगी। प्रिय गुरुवर वनजा जी को आगामी जीवन की सभी शुभकामनायें।

समकालीन हिन्दी साहित्य समाज की वैयक्तिक कुंठाओं और आकांक्षाओं के परे उपेक्षित, दबे-कुचलों की आकांक्षाओं की अभिव्यक्ति है। उनके शब्दों को वाणी देने का कार्य किया जा रहा है जिन्हें अब तक समाज की मुख्य धारा से जोड़ा ही नहीं गया। समाज के प्रति प्रतिबद्ध साहित्यकार भगवानदास मोरवाल के विचार इसप्रकार हैं कि 'उनकी यही कोशिश रहेगी कि वैयक्तिक आकांक्षाओं से मुक्त होते हुए अपने समाज के, वह भी हाशिए के लोगों विशेषकर उपेक्षित, दबे-कुचलों की आकांक्षाओं को पहले से कहीं अधिक स्पेस दिया जाये। इसे बड़ी शिद्दत के साथ महसूस किया जाने लगा और स्त्री, दलित, आदिवासी के साथ-साथ किन्नर समाज की आह, समस्याओं, उनके संघर्ष को साहित्य के द्वारा उघाडा गया। इस सच्चाई से अवगत कराया गया कि वे भी इंसान हैं, उनके प्रति भी समाज को संवेदनशील होना है। इस ओर पहला कदम नीरजा माधव द्वारा उठाया गया। उनका उपन्यास यमदीप प्रकाशित हुआ। इसके बाद 'मैं भी औरत हूँ' (अनुसूया त्यागी), 'मैं पायल', 'किन्नर कथा' (महेंद्र भीष्म), 'तीसरी ताली' (प्रदीप सौरभ), 'गुलाम मंडी' (निर्मला भुराड़िया), 'पोस्ट बॉक्स नं. 203 नाला सोपारा' (चित्रा मुदगल), 'जिन्दगी 50-50'(भगवंत अनमोल), 'मैं क्यों नहीं?'(अनुः सुनीता परांजपे), 'दरमियाना' (सुभाष अखिल), 'श्रापित किन्नर' (डॉ. .मुक्ति शर्मा), 'अस्तित्व की तलाश में सिमरन' (मोनिका देवी), और 'ऐ ज़िन्दगी तुझे सलाम '(हरभजन सिंह मेहरोत्रा) उपन्यास प्रकाशित हुए। साहित्यिक गतिविधियों से इनकी स्तिथि बेहतर हुई है। समाज ने इस ओर सोचना शुरू किया है। तृतीय लिंग के रूप में इनकी पहचान बनी है। हर क्षेत्र में अवसर प्रदान किये जा रहें हैं। हरभजन सिंह मेहरोत्रा का उपन्यास 'ऐ ज़िन्दगी तुझे सलाम' 2020 में प्रकाशित हुआ। यह उपन्यास एक सकारात्मक सोच के साथ आगे बढ़ता है।

प्रस्तुत उपन्यास के केंन्द्र में रोशनी उर्फ़ मधु नामक किन्नर हैं। एक पगली द्वारा जन्मी गयी, रूपा वाल्मीकी जो कि एक सफाई कर्मचारी हैं उसके द्वारा गोद ली गयी, मुन्ना और मुबीन ने उसे वहाँ से चुरा लिया। जब उन्हें उसके किन्नर होने का पता लगा तो रुखसार बीबी को सौंपा। उसकी मदद से वह निर्मला गुरु के डेरे में पहुँची। रज्जो किन्नर ने उसकी माँ की जिम्मेदारी निभाई

लेकिन दुर्घटना में असमय ही उसकी और निर्मला गुरु की मौत हो जाने से वह फिर असहाय और अनाथ बन जाती है। सुल्ताना के गुरु बनने पर वह तमाम नियन्त्रण रोशनी पर लगाती है और धन्धे पर जाने को उसे उकसाती है। ऐसे विपरीत परिस्थितियों में वह अपना हौसला नहीं हारती, बल्कि अपने बुलन्द मनसूबे और संघर्ष द्वारा डिस्ट्रिक्ट मजिस्ट्रेट का पद हासिल करती है। उसकी सेवा उसके समाज और देश के लिए समर्पित हैं– "समाज के लिए कुछ अच्छा करने या सेवा जैसे भाव उसके अन्दर उठकर उसे उकसाते रहते। अपने आपको उसी समाज में अर्पित कर देना चाहती थी जिसने उस जैसी अनेकों को ठुकराया था। खत्म कर देना चाहती है अपने और उनके बीच पनपे भेद-भाव को।"[1] अपने जीवन के द्वारा उसने साबित कर दिया कि अवसर मिलने पर भी वे अन्य इंसानों की तरह कुछ कर गुज़रने की हिम्मत रखते हैं। फिर जैविक विकलांगता के आधार पर उन्हें समाज से परे रखना कहाँ का न्याय हैं? उनकी स्थिति में बदलाव लाने में सुप्रीम कोर्ट की अहम् भूमिका रही है।सुप्रीम कोर्ट द्वारा उन्हें तीसरे लिंग के रूप में स्वीकारे जाने पर कई अवसर मिले इसका फायदा उठाकर अन्य किन्नर भी समाज की मुख्यधारा से जुड़ पाए हैं। लेखक ने इस सन्दर्भ में शबनम मौसी का जिक्र किया है। इसके अलावा विलासपुर के शेलीराय किन्नर जो फैशन डिजाइनर का कोर्स करके समाज में अच्छा काम कर रही है और तामिल नाडू में एक किन्नर द्वारा पुलिस सब इंस्पेक्टर बनने की सूचना भी दी है।

डिस्ट्रिक्ट मजिस्ट्रेट का पद मिलते ही वह अपनी धाक जमा लेती है। नियुक्ति होते ही नगर के अपने विभागों के उच्चस्थ अधिकारियों की एक मीटिंग बुलाती है। उनके सामने अपना परिचय देते हुए बेझिझक अपने किन्नर होने का खुलासा करती है– "मैं बहुत ही साधारण और निकृष्ट समझनेवाली बिरादरी की एक नुमाइन्दा हूँ। मैं रोशनी....एक किन्नर हूँ। इसमें कोई सन्देह नहीं कि मेरे बारे में आपको पता नहीं था। लेकिन मैं स्वयं आपसे मुखातिब होना चाहती थी।[2] अपने अतीत से प्रेरणा पाकर वह आगे बढ़ती रही है। उसमे कुछ कर गुज़रने की जुनून और ईमानदारी है। उसने कभी भी अपने अधिकारों का गलत इस्तेमाल नहीं किया। कोई अड़चन आने पर वह अपने अधीनस्थ अधिकारियों से पूछकर कार्य करती है। इस प्रकार एक प्रकार का तालमेल उनके बीचबना रहता है। शहर में शान्ति और साफ-सफाई बनाये रखना उसका लक्ष्य है। पी.एम द्वारा स्वच्छ भारत का अभियान चलाया गया। लेकिन उसने देखा कि कोई भी मन से इसमें शरीख नहीं हैं। हर कोई दिखावे के लिए कर रहे है, अपनी फोटो खिचवा रहे हैं। ऐसे माहौल में वह खुद झाड़ू लेकर सड़क में उतरती है और उसकी देखा- देखी में अन्य लोग भी उसके साथ लग जाते हैं। सही राह दिखाने के लिए कुछ लोग उसके पाँव छूते हैं।इसप्रकार वह उनके लिए मार्गदर्शक बनती है। किन्नर होने पर भी जनता एवं अधिकारी वर्ग उसका आदर करते हैं।

रोशनी के यहाँ तक पहुँचने के लिए सहारा बनते हैं, उसकी गोद ली माँ रूपा, किन्नर रज्जो, निर्मला, उसके सर अभिज्ञान और उसकी दोस्त नविता। शास्त्री नगर में अपने पति कलुआ उर्फ़ मनोज वाल्मीकि के साथ रहती है रूपा। कलुआ रिक्शा चलाता है। कमाये पैसे वह दारू और जुवे में खर्च कर देता है। गृहस्थी का भार रूपा को ही ढोना पड़ता है। उसने दो बच्चे जन्मे लेकिन वे अधिक दिन तक जी नहीं पाए। जब एक पगली को बच्चा हुआ तो उसने अपने पति और समाज की परवाह किये बिना पगली की बच्ची को गोद लिया। इसके लिए सभी उसकी प्रशंसा करते हैं। उसके पड़ोसी सुभद्रा, उसकी बेटी आरती बच्ची को पालने में उसकी

मदद करते हैं। लेकिन जैसे ही सरस्वती दाई से उन्हें पता लगता हैं कि वह बच्ची एक किन्नर है तब उनकी मानसिकता उभर आती हैं– "पगलिया की तरह उसे भी सब पगली समझने लगे हैं। कोई यह नहीं सोचता इसमे बच्ची का क्या दोष। कोन-सी ऐसी अछूत बीमारी लग गयी है जिससे मुहल्ले-समाज से दूर किया जा रहा है। बिना गोड़-हाथ के बच्चे के साथ दया दिखाते हैं तो हिजड़ों के साथ किस खातिर नफरत....।"[3] लेखक ने यहाँ किन्नरों के प्रति समाज की घिनौनी मानसिकता को उभारा है। रूपा अपने फैसले पर अडिग रहती है। कलुए के विरोध के बावजूद भी वह बच्ची को नहीं त्यागती बल्कि अपना घर छोड़कर चली जाती है। कलुआ मन ही मन रूपा से प्यार करता है और पागलों की तरह उसकी तालाश में रात भर घूमता रहा। Iअब निरीश्वर कलुए को भगवान की याद आयी। हर सोमवार को रूपा बाबा आन्देश्वर के दर्शन को जाया करती थी। वह भी उसकी याद में उस ओर गया। तहे दिल से ईश्वर की प्रार्थना की। उसने वहाँ रूपा और बच्ची को पा लिया। रूपा ने किन्नर को गोद लेकर हिम्मत का काम किया था। जिसके साथ समाज इंसानों सा सलूक नहीं करता उसे नयी जिन्दगी देकर अच्छी परवरिश करने लगी थीI वह नहीं चाहती थी कि यह बच्ची भी उसकी तरह रेंगती हुई जिन्दगी गुजारेI उसकी सोच का प्रभाव लोगों पर भी पड़ा। अब सब उसके साथ थे–"एक बिना पहचान के बच्चे को जिसे हिजड़ा समझकर समाज भी तिरस्कार कर देता है उसे अपना नाम देकर रंजीत नगर कच्ची बस्ती ही नहीं वरन पूरे समाज में वो काम अंजाम दिया है कि सब बौने हो गये हैं। जो लोग रूपा के खिलाफ चले गये थे सब कुछ भूलकर उसके साथ खड़े हो गये हैं।"[4] सब उसकी खुशी में शरीक हुए। बड़े धूम-धाम के साथ रूपा बच्ची मधु का नामकरण करती है। अन्य किन्नरों से बच्ची को बचाती है, किन्नरों के डेरे में जाकर अपनी बच्ची की सुरक्षा की भीख माँगती है। किन्नर गुरु जानकी उसे दिलासा देती है कि किसी किन्नर से उसकी बच्ची को कोई आपत्ति नहीं होगी, वह निश्चिन्त होकर अपने घर जाये। किन्नर उसके घर आकर बच्ची को आशीर्वाद भी देते हैं। लेकिन अधिक दिनों तक उनकी खुशी टिक नहीं पातीIदशहरा मेले के दौरान मधु की चोरी हो जाती है। इस सदमे को रूपा बर्दाशत नहीं कर पाती और पगला जाती है।

उपन्यास में उपन्यासकार ने आगे किन्नरों की दयनीय स्थिति का चित्रण किया है। आभाव ग्रस्त जीवन उनकी नियती है। इसे किन्नर गुरु निर्मला और उनके डेरे के द्वारा चित्रित करने का कार्य किया है। निर्मला गुरु के डेरे में सोलह किन्नर है। वे भीख नहीं माँगते, गलत रास्ते से पैसा नहीं कमाते। इसके लिए निर्मला गुरु की ओर से सख्त मनाही है। केवल गाना, बजाना, नाचना और बधाईयाँ देने का काम करती हैं। सभ्य समाज जहाँ अपने घराने की शान के लिए ऐसे बच्चों की उपेक्षा करने को तैयार हो जाते हैं वहीं ऐसी उपेक्षा झेलने वाले बच्चों को स्वीकार कर सभ्य कहे जाने वाले समाज के लिए मिसाल बनते है। खबरें मिल रही हैं कि इंदौर, पंजाब में लावारिस बच्ची को किन्नरों ने गोद लिया और पालन-पोषण कर रही हैं। मधु उर्फ़ रोशनी जब इनके डेरे में पहुँचती है तब उसकी देख-भाल की जिम्मेदारी निर्मला गुरु रज्जो को सौपती है। रज्जो बच्ची का पूरा ख्याल रखती है, उसे पढ़ा-लिखाकर अपने पैरों पर खड़ा करना रज्जो के जीवन का मकसद बन जाता है। निर्मला गुरु भी इसमें उसका साथ देती है। रोशनी के फ़ीस भरने के लिए रज्जो को पैसे देती है। रोशनी को धन्धे में नहीं लगातीI पढ़ाई पर पूरा ध्यान लगाने को कहती है। रज्जो भी उसकी इच्छाओ का पूरा ध्यान रखती है। रोशनी रज्जो के बारे में सोचती है–जानती है वह, रज्जो मौसी ने माँ की तरह परवरिश ही नहीं की अपनी पूरी जिन्दगी उसके बेहतर के लिए लगा

दी। वरना इतनी महँगी पढ़ाई कराना हर एक के बस का थोड़े ही है। अपना गुजारा जैसे-तैसे कर रही है पर उसके लिए अमीर बन जाती है।"[5] वह निर्मला गुरु और रज्जो की कद्र करती है। वह तन-मन से पढ़ाई में जुट जाती है। दसवीं कक्षा में पाँच सौ अंक प्राप्त कर पूरे महाराष्ट्र में उसने अपने सफलता का परचम लहराया था। पूरे किन्नर समाज के लिए वह आदर्श बन गयी थी। रोशनी की तरह निर्मला गुरु ने सलीमा को भी पढ़ाने की कोशिश की थी, लेकिन उसका मन पढ़ाई में बिल्कुल नहीं लगा और वह पाँचवीं कक्षा तक ही पढ़ पाई। लेकिन पहले से ही रोशनी सलीमा से भिन्न रही है। उसका मन पढ़ाई में ही रमता है। जब वह छोटी थी तब एक बार रज्जो के साथ बधाई देने किसी घर गयी। लेकिन यह सब उसे रास नहीं आया। रज्जो माँ ने भी उसे इन बातों के लिए कभी नहीं उकसाया। ग्यारहवीं कक्षा में उसने सैंट मेरी स्कूल ऑफ बाम्बे में दाखिला लिया। हेड मिस्ट्रेस ने विज्ञान और गणित जैसे विषय लेने को कहा था। नए स्कूल में भी अध्यापकों ने उसकी प्रशंसा की, उसे सहारा दिया विशेषकर अभिज्ञान सर ने। जब कक्षा के दूसरे दोस्त उससे दूरी बनाते तब नविता का साथ रोशनी को मिलता रहा। लेकिन स्कूल में उसे उसके किन्नर होने का अहसास भी कदम-कदम पर दिलाया जाता। जब पहली बार वह नए स्कूल में आयी तो कार्यालय के बाबू के शब्द उसके कानों में पड़े थे कि' हमारे स्कूल में अब हिजड़े पढ़ेंगे'। उसने इस बात का कोई जवाब नहीं दिया था। आर्थिक विपन्नता के कारण दूसरे बच्चों की अपेक्षा रोशनी अच्छे कपड़े नहीं पहन पाती थी, इससे उसके मन में हीनभावना पैदा हो गयी थी। लेकिन ऐसे मौके पर वह हिम्मत से काम लेती। स्कूल के वार्षिक समारोह में अपने नृत्य के द्वारा वह सबकी चहेती बन गयीI नृत्य की शिक्षा उसने मुम्बई सेण्ट्रल की एक नृत्यशाला स्कूल में ली थी। इस खुशी में रज्जो माँ ने उसे मोबाइल खरीदकर दी थी। दुर्घटना में निर्मला गुरु और रज्जो माँ की अचानक मृत्यु होने पर अभिज्ञान सर, उसके दोस्त रोशनी से मिलने आते हैं और डेरे की गुरु सुल्ताना से उसे आगे पढ़ाने की सलाह देते हैं। आगे भी उनका सहारा रोशनी को मिलता है। उनके कहने पर डेरे की नयी गुरु सुल्ताना पढ़ाने को राजी तो हो जाती है लेकिन उसे धन्धे पर जाना ही पड़ता है और पैसे भी देने पड़ते हैं। तब रानी चाची उसका सहारा बनती है। रानी चाची द्वारा नगर के विधायक से सुल्ताना की शिकायत किये जाने पर उसे डेरे से हटा दिया जाता है। अब रोशनी को दोहरा संघर्ष करना पड़ता है। सुबह वह स्कूल जाती है और दुपहर के बाद धन्धे पर। लेकिन उसकी मेहनत रंग लाती है, लोक सेवा आयोग से चयनित होकर रोशनी डिस्ट्रिक्ट मजिस्ट्रेट बनती है और उसकी दोस्त नविता पुलिस अधीक्षक।

किन्नरों के जन्म के साथ ही उन्हें परिवार से निष्कासितकिया जाता है। आजीवन वे इस पीड़ा से उभर नहीं पाते। निर्मला गुरु के डेरे में आये किन्नरों की यही दास्तान है। सभी खाते-पीते घराने के हैं। लेकिन माता-पिता द्वारा छोड़े गये, दर-दर की ठोकरें खाने को अभिशप्त है। रानी चाची का जिक्र यहाँ लेखक ने किया है। रानी किन्नर पांचभाई-बहनों में सबसे छोटी थी Iजब उसके पिता को पता लगा कि यह किन्नर है तो उसे मारने लगा, लेकिन डॉक्टर और नर्स की वजह से नहीं मार पाया। रानी चाची की माँ दिन -रात उसके बारे में सोचते हुए रोती रहती। पिता द्वारा उसपर होने वाले अत्याचार बढ़ गये तो उसने अपना घर छोड़ दिया। कुछ सालों तक अपने नाना-नानी के पास रही। मामा की क्रूरता के कारण उन्होंने उसे किन्नरों के यहं छोड़ दिया। कलकत्ते के अड्डे में उसे बहुत कुछ झेलना पड़ा। वहाँ से भागकर बम्बई आयी और तब से निर्मला गुरु के डेरे में है। रज्जो किन्नर की कहानी भी इससे भिन्न नहीं थी। रोशनी भी यही

सोचती है कि उसके माता-पिता ने उसके किन्नर होने पर ही उसे छोड़ा होगा। रज्जो रोशनी के बारे में सोचती है–"इसे बनाने में भगवान से कोई चूक हो गयी है जो हमारी बिरादरी में आ गयीI बाहर वाले तो हेय दृष्टि रखते ही हैं। जन्म देने वाले माँ -बाप ही सड़े-गले अंग की तरह काट कर फेंक देते हैं।"[5] यहाँ आकर उन्हें प्यार मिला, अपनापन मिला। लेकिन रोशनी की बात अलग थी। रूपा तो उसके लिए पागल हो गयी। रोशनी ने उनका पता लगाया था। उसके गोद लिए पिता कलुए की मौत तीन साल पहले हो गयी है, उसकी माँ का कोई पता नहीं है। आगे चलकर रोशनी भी एक किन्नर को गोद लेती है। कानपुर के जरौली में एक गंदे नाले के पास झाड़ियों में नवजात शिशु को फेंका गया, कुत्ते उसे नोच रहे थे। उसे अस्पताल पहुँचाया गया। बच्चा बचगया था। इसकी सूचना रोशनी को समाचार-पत्र से मिली थी।

लेखक ने यह भी दिखाने का कार्य किया है कि अवसर पाकर चाहे किन्नर अपनी क्षमता के बलबूते पर समाज की मुख्य धारा से जुड़ भी जाये तो भी समाज के नज़रिए में कोई बदलाव नहीं आता। रोशनी डिस्ट्रिक्ट मजिस्ट्रेट बन जाती है। उसकी पक्की सहेली नविता की शादी में दिल्ली जाती है। नविता के फेरे हो जाने पर उसकी बुआ रोशनी के पास आकर उसे आशीर्वाद देने को कहती है। बुआ को जवाब देते हुए रोशनी कहती है कि वह तो नविता की दोस्त है। तब बुआ जवाब में कहती है कि दूसरे खुसरों को अब कहाँ से बुलाये और दोनों पर वारे गये पैसे भी उसकी ओर नेग के तौर पर बढ़ाती है। तब नविता उन्हें समझाते हुए कहती है कि यह नेग नहीं वारे गये पैसे तो नौकर को दिए जाते है और आगे भी रोशनी की बेइज्जती न हो पाए इसके लिए उसे अपने पास बिठा देती है।

उपन्यास में किन्नर समाज के रीति-रिवाज, उनकी संस्कृति का भी चित्रण किया है। अरावन के साथ उनकी शादी का जिक्र किया है। रोशनी को रज्जो के साथ कुवागम गाँव जाने का मौका मिला था। सबने दुल्हन की तरह सज-धजकर पूरनमासी के दिन अरावन से शादी की और अगले दिन विधवा हो जाती हैं। रज्जो ने विस्तार से रोशनी को इस विवाह से जुड़ी सच्चाई से अवगत कराया था। रोशनी जब सोलह साल की हुई तब उसे भी यह प्रथा निभाना पड़ा था। एक दिन का वैवाहिक जीवन बिताकर सभी किन्नर विधवा होकर रोते-चिल्लाते हैं।

किन्नर की मौत पर शोक मनाना पाप समझा जाता है। रोने-धोने से उसे मुक्ति नहीं मिलती और अगले जन्म में भी किन्नर होकर ही जन्मता है। इसी का खुलासा उपन्यास में लक्ष्मी किन्नर करती है। जब निर्मला गुरु और रज्जो की दुर्घटना में मौत होती है तब रोशनी के रोते-बिलखने पर लक्ष्मी कहती है कि ऐसा करना हमारी बिरादरी में अपशकुन माना जाता है। इसलिए वह रानी चाची से उसे समझाने को कहती है और रज्जो को कोसती है कि उसने अपने समाज के रीति-रिवाज बच्ची को नहीं सिखाए। उनकी लाश को आधी रात के बाद जूतों से मारकर घसीटते हुए शमशान में ले जाकर दफनाने का रिवाज है।

किन्नर भी अब इज्जत भरी जिन्दगी जीना चाहते हैं। समाज उसे इन्सान की तरह देखे -समझे यही उसकी मंशा है। वे अपनी पुश्तैनी धन्धा छोड़कर नया धन्धा अपनाने लगे हैं Iउपन्यास में लेखक ने शमीम किन्नर का जिक्र किया है, जो अब रिक्शा चला रहा है और मेहनत, ईमानदारी के साथ जीना चाहता है। कुछ नकली किन्नरों की वजह से इनका जीना दुश्वार हो गया है। इनके चलते समाज के मन में किन्नरों के प्रति नफरत पैदा हो रही है। क्यों कि ये नकली किन्नर समाज में दहशत पैदा करते है और इसका खामियाजा असली किन्नरों

को भुगतना पड़ता है, जो कि वास्तव में व्यवहार से बड़े विनम्र होते हैं। ऐसे प्रसंग भी उपन्यास में देखने को मिलते हैं। रोशनी की दोस्त नविता ने एक बार उससे बताया कि एक दिन कुछ किन्नर उनके घर बिना किसी माँगलिक कार्य के आये गये। उसके पिता ने बिना कुछ कहे पैसे देकर उन्हें रफा-दफा कर दिया। लेकिन कुछ दिनों बाद भी वे आ धमके। उन्होंने हंगामा मचाना शुरू कर दिया। पत्थर फेंककर मारने लगे, घर की खिड़कियों के शीशे टूटे। पुलिस भी आने से आना -कानी कर रही थी। कुछ देर बाद वे चले गये। नविता के पिता कुछ लोगों के साथ डेरे में गये, उनकी शिकायत की तब डेरे वाले हैरान रह गये। क्योंकि वे ऐसी घटिया हरकत नहीं करते। उन्होंने बताया कि कोई बदमाश होंगे जो उनके नाम की वसूली करने आये होंगे। इसीप्रकार एक दिन कुछ किन्नर रूपा के घर आये थे। उसके घर आकर बच्ची को लेने के लिए ज़ोर-जबरदस्ती करने लगे। पहले तो रूपा ने उनके सामने बच्ची को न ले जाने की गुहार लगाई। लेकिन जब वे न माने तो शोर मचाने लगी, आवाज़ सुनकर पड़ोसी वहाँ इकट्ठे हो गये और मजबूरन किन्नरों को वहाँ से जाना पड़ा। उनके जाने के बाद यह तय हुआ कि गेस्ट हाउस के दरबान और अपने पड़ोसी के साथ रूपा किन्नरों के डेरे में जायेगी। दरबान की उनके साथ अच्छी जान-पहचान है, इससे रूपा को फायदा ही होगा। वे जानकी गुरु के डेरे में पहुँचे। वहाँ सोलह किन्नर थे। जानकी ने रूपा को दिलासा दिया कि वह निश्चंत रहे कोई उसकी बच्ची को उसकी अनुमति के बिना नहीं ले जायेगा। आगे बताया कि उनकी ओर से ऐसी हरकतें नहीं की गयी हैं वह पता लगाएगी कि यह किसकी करतानी है। पड़ोसी सुभद्रा के कहने पर वे रूपा के घर आकर मधु उर्फ़ रोशनी को आशीर्वाद देते हैं। लोगों का विश्वास है कि किन्नरों के आशीर्वाद से इंसान का भला होता है और उनके श्राप से इंसान का अनिष्ट। इसप्रकार अब यह बला भी टल गयी थी। रूपा अब चैन के साथ अपनी बच्ची को पाल रही थी।

गोया कि समकालीन साहित्य के द्वारा हशिएकृत लोगों के अधिकारों की गुहार लगाई जा रही है। किन्नर समाज की पीड़ा, समस्याओं की ओर भी साहित्य द्वारा विचार किया जा रहा है। कई सवाल समाज के सामने उठाये जा रहें हैं कि किस गलती की सजा वास्तव में किन्नर को दी जा रही जो गलती उन्होंने नहीं की है। शारीरिक तौर पर विकलांग बच्चों के साथ प्यार भरा व्यवहार किया जाता है वहीं इन्हें पारिवारिक एवं सामाजिक निष्कासन का शिकार होना पड़ता है। इसकी पीड़ा, इंसान के रूप में उनकी पहचान को अख्तियार करने के लिए उनके द्वारा किये गये प्रयास को मधु उर्फ़ रोशनी के द्वारा उघाड़ने का कार्य किया है। अवसर पाने पर रोशनी जैसे किन्नर अपनी क्षमता के बल पर समाज की मुख्या धारा से जुड़ने की हिम्मत रखते हैं। शबनम मौसी जैसे कई मिसाल तो समाज में ही मौजूद हैं। अपनी स्थिति से मुक्ति के लिए संघर्ष ही उनके लिए एकमात्र रास्ता बचा है, इस सच्चाई से अवगत हो वे इस ओर कदम बढ़ा रहे हैं। रोशनी उर्फ़ मधु का सम्पूर्ण जीवन संघर्ष भरा रहा है।

## सन्दर्भ ग्रन्थसूची

1. हरभजन सिंह मेहरोत्रा- ऐ ज़िन्दगी तुझे सलाम, पृ. 130।
2. वही, पृ. 145।
3. वही, पृ. 35-36।
4. वही, पृ. 55।
5. वही, पृ. 110।

# "जब आप" कविता और कवित्त का खुलासा

*प्रदीप सी. पी*

भवानी प्रसाद मिश्र नई कविता का सबसे सहज कवि है। वे ऐसे लिखते हैं जैसे डाली में फूलअपने आप खिलते हैं। उनकी कविता सहजानुभूति का बड़ा ही अद्वितीय रूप है। प्रयोगवादी कविता तथा नई कविता में जो कथ्य की दुर्बोधता, अस्पष्टता, दुरूह भंगिमाओं में जड़ी-जकड़ी प्रतीकात्मकता के दोष पाए और लगाए जाते हैं, उन सभी से भवानीप्रसाद मिश्र जी की कविताएँ काफी हद तक मुक्त हैं। मानवीय सहानुभूति का व्यापक स्तर ही उनके काव्य का बड़ा वैशिष्ट्य है। उन्होंने जो जीवन जिया और भोगा है, उसको अनुभावात्मक धरातल पर अपनी आत्मा में संजित किया और भाव उमड़ आने पर उसकी मुक्त अभिव्यक्ति भी की है। गम्भीर से गम्भीर तथ्य को हल्की-फुल्की सहजता से व्यक्त कर देना मिश्र जी की कविता की और एक विशेषता है। सही अनुभवों पर कविता बनाना बड़े सामर्थ्य का काम है। उन्होंने सरल, सहज और सबके समझने लायक भाषा में कविता करके अपने सामर्थ्य को दिखाया। उनकी काव्यभाषा बोलचाल की भाषा है।

"जब आप" उनकी एक छोटी-सी कविता है। प्रस्तुत कविता में उन्होंने अपने कवित्त का खुलासा किया है। अपनी कविता के ज़रिए भवानीप्रसाद मिश्र जी कहते हैं कोई भी व्यक्ति उनको कवि कहते हैं तो वे उसे मानते हैं लेकिन कवि अपने को एक अच्छे कवि नहीं मानते हैं। क्योंकि–

"मैं जिसे कवि मानता हूँ
वह मैं नहीं हूँ एक कोई दूसरा व्यक्ति है"

कवि इसका कारण भी बता देता है कि मैं कवि नहीं बन सकता। कारण वह स्वयं पहचान पाते हैं कि वे कवि नहीं बल्कि केवल एक छाया मात्र है। और यह भी कह देता है कि वह कवि व्यक्तित्व उनकी पकड़ में भी नहीं आता। एक मामूली आदमी होने के नाते एक अच्छे कवि का कवित्त इसलिए अपनी पकड़ में नहीं आता–

"क्योंकि क्षणिक है साधारणतया मेरे मन में भी
कवित्त का आभास"

यानी कि कविता लिखने की क्षमता या कवित्त का आभास उनमें क्षणिक है। जब कभी यह क्षमता उनमें आती है वह ज़्यादा समय तक टिक नहीं पाता।

कवि भवानी प्रसाद मिश्र जी इस प्रकार अपने को एक मामूली कवि समझते हैं। क्योंकि वे भी हमारे समान एक आम आदमी हैं, एक साधारण-सा आदमी जिसमें खामियाँ और खूबियाँ मौजूद हैं। आगे वे कहते हैं समाज के प्रत्येक व्यक्ति के समान मैं भी एक साधारण नागरिक हूँ जो कई सम्बन्धोंवाला है तथा जिसे जीवन के उतार-चढ़ाव एवं सुख-दुःख को भोगना पड़ता है। वे कहते हैं–

"आसपास और अपने भीतर प्रायः जिसको अनुभव
कर पाता हूँ वह तो एक साधारण नागरिक है
कई सम्बन्धों वाला
सारा काला-पीला जिसे भिन्न-भिन्न भाओं से
पीना पड़ाता है"

इस प्रकार एक व्यक्ति अपनी सारी कमियों को पहचानकर अपने में स्थित "स्व" को देख पाता है तो वह मामूली बात नहीं। एक अच्छे सहज एवं प्रतिबद्ध कवि को ही वैसा कर सकता है।

कवि अपनी ज़िन्दगी का सारा पीलापन और कालिमा रूपी कठिनाइयों को भिन्न-भिन्न भाओं से भोगते हुए भी नहीं मान लेते हैं कि-

"यह नहीं कहूँगा पीना पड़ता है गिरे गिरे मन से"

यानि कि वे अपने जीवन को उसकी सम्पूर्णता में आत्मसात करते हैं। लेकिन ऊबे हुए मन से नहीं- "क्योंकि जीता तो मैं प्राण पण से हूँ प्रतिक्षण"

अर्थात् एक अच्छी ज़िन्दगी के लिए अपने सब कुछ त्याग कर जीनेवाले, जीवन के हर पल को कविता के लिए न्योछावर कर देने वाले कवि हैं वह। ऐसे जीने से ही उनमें से उभरकर आता है वह कवि की छाया व्यक्तित्व। वे कहते हैं–

"इसी सब में से छनकर
उतर आता है मेरे भीतर वह छाया व्यक्ति
काल्पनिक आदमी जिसकी शक्ति मुझसे कभी-कभी
कविता लिखवा लेती है"

अर्थात् एक प्रवाहमान जीवन के अप्रत्याशित क्षणों में मन के भीतर से कभी-कभी उभर आनेवाले उस कवि व्यक्तित्व की छाया और उसकी शक्ति उनसे कविता लिखवा लेती है। वास्तव में एक व्यक्ति में कवित्व का आभास हर क्षण नहीं होता। लेकिन जब आता है तब कविता की सृष्टि होती है। यानि कविता लिखने के लिए मज़बूर हो जाते हैं। अन्त में अपने कवि बनने या होने की अप्रत्याशित स्थिति को वे इस प्रकार अभिव्यक्त करते हैं–

"लिखता मैं प्रायः हूँ मगर जानता हुआ प्रायः ही
रह जाता है मेरा लिखना कविता होने से।"

इस प्रकार एक मामूली आदमी के स्तर से अपने भीतर के कवि व्यक्तित्व पहचान लेने वाले कवि को मिश्रजी की इस कविता से हम परिचित हो जाते हैं। वे इस कविता के ज़रिए यह स्थापित करते हैं कि कविता लिखी नहीं जाती बल्कि हो जाती है। वे खुद नहीं लिखते मगर उनसे लिखवा लेती है। और लिख चुकने पर उस काल्पनिक आदमी की शक्ति रह जाती है या रुक जाती है। अर्थात् कविता होने के बाद वे पुनः एक साधारण नागरिक बन जाते हैं।

ऐसे एक सहज साधारण कवि के स्वत्व को पूरी जीवंतता के साथ चित्रित करके भवानीप्रसाद मिश्र जी ने अपने में स्थित कवित्त का खुलापन सरल शब्दों में अभिव्यक्त किया। इस प्रकार सहजरूप से खुलकर कहनेवाले कवि सच्चे अर्थों में महान कवि ही हैं।

## सन्दर्भ

कविता, "जब आप" (भवानीप्रसाद मिश्र के "व्यक्तिगत" से)

# समकालीन आदिवासी कविता और अस्तित्व बोध

*लैजा पी जे*

भारत सांस्कृतिक विविधताओं का देश है। यहाँ पर विभिन्न जातियाँ निवास करती है जिनमें आदिवासियों का महत्त्वपूर्ण स्थान है। आदिवासी कौन है इसको लेकर विद्वानों में मतभेद पाया जाता है। आदिवासी शब्द दो शब्दों से मिलकर बना है– 'आदि' और 'वासी'। 'आदि' का अर्थ है 'मूल' और 'वासी' का अर्थ है 'निवासी'। अतः आदिवासी ही हमारे देश के मूल निवासी है। अर्थात् आदिकाल से देश में रहने वाली जाति है आदिवासी। भारत के अधिकांश लोग उन्हें अनुसूचित जनजाति के नाम से जानते हैं। आदिवासी हमारी प्राचीन संस्कृति के परिचायक है जो समाज से अलग रहने के कारण पिछड़ गये हैं। वे सभ्य जगत से दूर घने जंगलों, ऊँचे पर्वतों और दुर्गम घाटियों में निवास करते हैं तथा जल, जंगल, जमीन से जुड़े हुए हैं। जंगल आदिवासियों के रहने के स्थान के अलावा जीविका का साधन भी है। आदिवासियों की परम्परागत अर्थव्यवस्था मूलतः जंगलों पर निर्भर है। इसलिए उनकी संस्कृति भी वनों से काफी प्रभावित है। वनों से आदिवासियों का महज आर्थिक सम्बन्ध ही नहीं, वरन् मनोवैज्ञानिक सम्बन्ध भी है। लेकिन आज सभ्य समाज द्वारा जंगलों में हस्तक्षेप से धीरे-धीरे जंगल की अर्थव्यवस्था समाप्त होने की कगार पर है। देश में आदिवासियों की मुख्य समस्या विस्थापन रही है। वे पहले भी खदेड़े जाते रहे हैं, आज भी खदेड़े जा रहे हैं। जल-जंगल- जमीन इन तीन महत्त्वपूर्ण मूल अधिकारों से वे वंचित हो रहे हैं और विडम्बना यह है कि यह सब उनके विकास या स्थिति में सुधार के नाम पर हो रहा है। वर्तमान समय में आदिवासी समाज सामाजिक, राजनीतिक, आर्थिक, धार्मिक, सांस्कृतिक अस्तित्व के संकट से गुजर रही है जिसे बचाने के लिए आदिवासी समुदाय संघर्षरत है।

प्रारम्भिक दौर में हिन्दी साहित्य में आदिवासी साहित्य की अधिकता नहीं दिखाई देती है। जो थोड़ा-बहुत लिखा गया उसमें आदिवासी जीवन की जाँच-पड़ताल बहुत ही सतही दृष्टि से ही की गयी थी। लेकिन सन् 1960 के बाद हिन्दी में हाशिए के लोगों पर काफी संख्या में रचनाएँ हुई है। हिन्दी के रचनाकारों ने इसी क्रम में आदिवासियों के जीवन को भी रचना का विषय बनाया है। इन रचनाकारों में दो प्रकार के रचनाकार माने जाते हैं। एक वे रचनाकार जो गैर आदिवासी हैं पर अपनी रचनाओं में सहानुभूति के साथ आदिवासी जनों की संस्कृति, उनके जीवन की समस्याओं और संघर्षों को लेखन का विषय बनाया है। दूसरे वे रचनाकार हैं जो आदिवासी परिवार में ही पैदा हुए हैं और जो पूरी प्रामाणिकता, जीवन्तता और अनुभव के आधार पर भोगे हुए यथार्थ को अभिव्यक्ति दे रहे हैं। वाहरू सोनवणे का कहना है कि स्वयं आदिवासी द्वारा आदिवासी लेखन करना ही उचित है क्योंकि गैर आदिवासी द्वारा रचित साहित्य में आदिवासी समाज का अपना जीवन संघर्ष, मानसिक संघर्ष आदि को समुचित न्याय मिलना

सम्भव नहीं है। इसी सन्दर्भ में उनकी एक कविता है 'स्टेज'–

"हम स्टेज पर गये ही नहीं,
जो हमारे नाम पर बनाई गयी थी,
हमें बुलाया भी नहीं गया,
उंगली के इशारे से,
हमारी जगह हमें दिखा दी गयी,
हम वही बैठ गये,
हमें खूब शाबाशी मिली,
और वे स्टेज पर खड़े होकर,
हमारा दुख हमें ही बताते रहे,
हमारा दुख अपना ही रहा,
जो कभी उनका हुआ ही नहीं,
हम बड़बड़ाए अपनी शंकाए जताई,
वे कान देकर सुनते रहे और हुँकारे, ..
हमारे कान पकड़कर हमें धमकाया,
माफी माँगो .... नहीं तो....।"

यह कविता आदिवासी लेखन में उभर रही चेतना को और उस लेखन की ज़रूरत को रेखांकित करती है।

आदिवासी मूलतः प्रकृति पूजक है। प्रकृति की गोद में रहने वाले आदिवासियों का प्रकृति प्रेम विलक्षण तथा उनकी प्रकृति निष्ठा दृढ़ है। प्रकृति के सान्निध्य में ही उसको स्वतन्त्रता का अनुभव होता है। विकास के नाम पर उनको उनकी ही ज़मीन से बेदखल किया जा रहा है। आदिवासी साहित्य का लक्ष्य एक ओर आदिवासी समाज के अस्तित्व एवं अस्मिता के संघर्ष को चित्रित करना है, वहीं दूसरी ओर अपने जल, जंगल. जमीन को वर्तमान समाज के तथाकथित सभ्य समाज से बचाना है। इसलिए हरिराम मीणा ने 'बेदखल होते हुए' कविता में प्रतिरोध यों व्यक्त किया है–

"पृथ्वी की सारी सभ्यता
एक भीमकाय रोड रोलर की मानिन्द
लुढकती आ रही है हमारी जानिब
और हम बदहवास भाग रहे हैं
खोह और गुफाओं की ओर
खोज रहे हैं किसी चट्टान का आसरा
धँस रहे हैं
घने पेड़.और झुरमुटों में
लहूलुहान और भौचक्के
बेदखल होते हुए
हमारी अपनी पुश्तैनी ज़मीनों से।"

आदिवासियों को अपनी पुश्तैनी जमीन से किस तरह कोसों दूर करते हैं उसके बारे में

कवि ने कहा है।

आदिवासी लेखकों की कविता, कहानी सभी में प्रकृति की अनुगूँज सुनाई पड़ती है। निर्मला पुतुल ने 'बूढ़ी पृथ्वी का दुख' नामक कविता में पर्यावरण के ह्रास का चित्रण किया है। मनुष्य पर्यावरण के साथ कैसा खिलवाड़ कर रहा है, इसे व्यक्त किया है–

"क्या तुमने कभी सुना है
सपनों में चमकती कुल्हाड़ियों के भय से
पेड़ों की चीत्कार?
कुल्हाड़ियों के वार सहते
किसी पेड़.की हिलती टहनियों में
दिखाई पड़े हैं तुम्हें
बचाव के लिए पुकारते हजारों– हजार हाथ?....
सुना है कभी रात के सन्नाटे में अंधेरे से मुँह ढाँप
किस कदर रोती है नदियाँ?"

मनुष्य ने कई जंगल ध्वस्त किए हैं जिससे पर्यावरण के साथ-साथ मनुष्य खुद भी संकट में फँसता जा रहा है। प्रकृति से छेड़छाड़ इन कवियों को किसी तरह मंजूर नहीं। ग्रेस कुजूर कहती है–

"न छेड़ो प्रकृति को
अन्यथा यही प्रकृति
एक दिन
माँगेगी
हमसे
तुमसे
अपनी तरुणाई का
एक-एक क्षण
और करेगी
भयंकर... बगावत
और तब
न तुम होंगे
न हम होंगे।"

आदिवासी समाज मनुष्य और प्रकृति के सन्तुलन को समझता है। इसीलिए वे विकास की अवधारणा को नकारते हैं ताकि प्रकृति सन्तुलन बिगड़ न जाये। वे प्रकृति पर विजय पाने की अपेक्षा उसके साथ सामंजस्य बनाकर सहअस्तित्व भाव से रहना चाहते हैं। पुतुल की एक कविता है 'तुम्हारे अहसान लेने से पहले सोचना पड़ेगा हमें' नामक कविता में विकास को नकारती हुई कहती है–

"अगर हमारे विकास का मतलब
हमारी बस्तियों को उजाड़कर कल-कारखाने बनाना है
तालाबों को बाँधकर राजमार्ग

जंगलों का सफाया कर ऑफिसर्स कॉलनियाँ बसानी हैं
और पुनर्वास के नाम पर हमें
हमारे ही शहर की सीमा से बाहर
हाशिए पर धकेलना है
तो तुम्हारे तथाकथित विकास की मुख्यधारा में
शामिल होने के लिए
सौ बार सोचना पड़ेगा हमें।"

यह अकाट्य तथ्य है कि मुख्यधारा में लाने, आधुनिक और सभ्य बनाने के नाम पर स्थानीय एवं क्षेत्रीय बोलियों और भाषाओं का नामोनिशान मिट जाता है। सभ्य लोग आदिवासियों की भाषा को जंगली एवं अपरिष्कृत घोषित करता है। भाषा पर जताई जाने वाली इस वर्चस्व के खिलाफ निर्मला पुतुल 'प्रश्न' कविता में आवाज़ उठाती है–

"अबूझ भाषा में
बुछाओ मत पहेलियाँ
मैं समझती हूँ भाषा की कपट
इसलिए तुम्हारी मायावी दुनिया से बाहर
सीधे-सीधे अपनी भाषा में
बात करना चाहती हूँ
वैसे भी तुम्हारे गढ़े मुहावरे
और शब्दों के जादुई इन्द्रजाल ने
बहुत नुकसान किया है हमारा।"

आदिवासी लोग कभी भी अपनी भाषा को छोड़ने के लिए तैयार नहीं है।

आदिवासी स्त्रियों का जीवन संघर्ष से भरा है। घर की चारदीवारी में उसे आनेक संघर्षों से जूझना पड़ता है। पुरुष की दृष्टि में स्त्री सिर्फ दिन भर काम करने वाली और रात में पुरुष की कामवासनाओं को तृप्त करने वाला एक मशीन मात्र है। इससे परे स्त्री की संवेदनाओं को, उसकी इच्छाओं को, उसकी पीड़ा को जानने की कोशिश नहीं करता है। इसलिए निर्मला प्रतिरोधी भाषा में यों जाहिर करती है–

"क्या तुम जानते हो
एक स्त्री के समस्त रिश्ते का व्याकरण
बता सकते हो तुम
एक स्त्री को स्त्री-दृष्टि से देखते
उसके स्त्रीत्व की परिभाषा?
अगर नहीं
तो फिर क्या जानते हो तुम
रसोई और बिस्तर के
गणित से परे
एक स्त्री के बारे में...?"

पुरुष मेधा समाज हमेशा स्त्री को अपने अधीन में रखता आया है। घर का सारा काम स्त्री

को एक मशीन की तरह करना पड़ता है। उसके अस्तित्व को मानने वाला कोई नहीं। सरिता बड़ाइक की कविता में इसके विरुद्ध प्रतिरोध व्यक्त किया है–

"मैं न तो बिजली हूँ
कि स्विच दबाया
तो जम गयी
नहीं मैं रेडियो- टीवी हूँ
कि ऑन किया
तो बज उठी
प्राण हूँ मैं
संवेदना हूँ
यथोचित शक्ति हूँ।"

सभी लोग सामाजिक अधिकार के हकदार हैं। लेकिन आदिवासियों को अपने मौलिक अधिकारों से वंचित होकर रहना पड़ता है। उन्हें समाज ने हमेशा हाशिए के बाहर रखना चाहा। अब वे लोग अपने अधिकारों के प्रति वाकिफ होने लगे। अब वे व्यवस्था के खिलाफ आवाज उठाने लगे। 'धीरे-धीरे' नामक कविता में निर्मला ने इसी बात की ओर इशारा किया है–

"अकसर चुप रहने वाला आदमी
कभी न कभी बोलेगा ज़रूर सिर उठाकर
चुप्पी टूटेगी एक दिन धीरे-धीरे उसकी
धीरे-धीरे सख्त होंगे उसके इरादे
और तनेंगी मुट्ठियाँ आकाश में व्यवस्था के खिलाफ
भीतर ईजाद करते कई-कई खतरनाक शस्त्र।"

अपने अस्तित्व को बनाए रखने के लिए वे लड़ने को भी तैयार है। लड़कर मरने के लिए आह्वान देता है अनुज लुगुन की कविता 'हमारी अर्थी शाही हो नहीं सकती' कविता की पंक्तियाँ–

"ओ मेरी युद्धरत दोस्त
तुम कभी हारना मत
हम लड़ते हुए मारे जायेंगे
उन जंगली पगडंडियों में
उन चौराहों में
उन घाटों में
जहाँ जीवन सबसे अधिक सम्भव होगा।"

दरअसल वर्तमान समय में आदिवासी जमात पर छाया यह संकट कोई नया नहीं है वरन् सभ्यता के आरम्भिक समय से ही उन्हें लगातार छला गया है। तमाम विपरीत परिस्थितियों को सहते हुए भी औपनिवेशिक सत्ता की रणनीति एवं वैश्वीकरण के कुचक्रों के बीच वे अपने अस्तित्व को कायम रखने में सक्षम हो रहे हैं। आदिवासी साहित्य में आदिवासियों की चेतना उजागर हो रही है।

# हिन्दी कहानियों में आम आदमी

*जोयिस टोम*

साहित्य का असली हकदार कौन है– अधिकारी वर्ग, स्वयं साहित्यकार या सर्वहारा हाशियेकृत जनसाधारण। मामला विवादास्पद है। प्रारम्भिक दौर से लेकर अब तक की अपनी यात्रा में साहित्य राजधर्मी का रहा है, समाज सेवी रहा है और लेखकों की स्वांतसुखाय उपलब्धि भी। प्रत्येक दर की अपनी अपनी खूबियाँ-खामियाँ, यह अलग बात है। फिर भी साहित्य जब समाजसेवी होता है, हाशियेकृत अवाम की आवाज़ बनता है तो विश्वबन्धुत्व की लोकमंगल कारी भावना का वह महत्त्वपूर्ण साधन बनता है। जहाँ तक हिन्दी कहानी की बात है प्रेमचंद की काहानियों में अनुगूँजित सर्वहारा आम आदमी की वाणी नई कहानी के प्रारम्भिक दौर तक आते-आते फीका पड़कर हाशियेकृत की हो जाती है। फिर स्वातन्त्र्योत्तर विध्वंसकारी वारदातों के साथ शिक्षित मध्यवर्ग का उदय भी हो जाता है। लेकिन हिन्दी कहानी पचासोत्तर के समय में निष्क्रियता का आवरण तोड़कर सक्रिय होकर आगे बढ़ी और समकालीन कहानी में आकार प्रतिरोध का नया तेवरअपना लेती है। उसमें नए हाशिकृत याने कि अवाम की चेतना सक्रिय है। यह लेख उस अवाम की संघर्ष चेतना को उजागर करने का विनम्र प्रयास है।

## आम आदमी की परिकल्पना

अँग्रेज़ी में आम आदमी का समानार्थी शब्द हैं'common man' जिसका मतलब हैं- 'one man who has no title'। यानि जिसका कोई खास नाम या पहचान नहीं, वही आम आदमी है। तारा पाँचाल की राय में "जो भी अपनी ज़िन्दगी को मामुली से मामुली और निचले स्तर पर चलाने के लिए बहुत कुछ ईमानदारी से जीते हैं, खटते हैं और मेहनत करने पर भी मज़लुम और मजबुर का जीवन जीते हैं। ये लोग ही आम आदमी की श्रेणी में आते हैं।" ज्ञानप्रकाश विवेक की राय में "सबसे ज्यादा जो आर्थिक दृष्टि से कमज़ोर हैं, वही आम आदमी हैं"। कमलेश्वर ने लिखा हैं कि "आदमी वह हैं जो कहीं भी किसी भी क्षेत्र का नियन्ता नहीं है पर हर किसी क्षेत्र की आधारशिला है।" आम आदमी के परिप्रेक्ष्य में समकालीन हिन्दी कविता को परखते हुए मृदुल जोशी ने लिखा है– "हतदर्प हताश और जीवन संघर्ष में अनवरत जूझते शोषित व्यक्ति को ही हम आम आदमी की वर्गीकृत सीमा के अन्दर पाते हैं।" मीनाक्षी पाहवा की राय् में आम आदमी वह है–"जो अपने ही अधिकारों को प्राप्त करने के लिए निरन्तर संघर्षरत हो, जो हमेशा प्रभुत्व का निशाना बनता रहे, जो हमेशा हारता भी रहे लेकिन जीने की हौसला भी न छोड़े, जो जीवन की असंगतियों-विसंगतियों को झेलकर भी जीवन के प्रति आस्था न छोड़े वही आम आदमी है।"

विद्वानों ने ज्यादातर आर्थिक परिवेश को आम आदमी की हैसियत का आधार माना है।

लेकिन इसके कुछ और पहलुएँ भी हैं जिन्हें छोड़ा नहीं जा सकता। श्री बजरंग तिवारी ने समाज में मौजुद कई उदाहरण प्रस्तुत कर आम आदमी की परिकल्पना का एक विशाल दायरा खींचा हैं– "संघर्षशील आम जन की परिभाषा संकुचित नहीं है। इसमें किसान तो आते ही है, भूमिहीन मज़दूर, शहरी श्रमिक भी शामिल हैं। साथ ही इसमें पितृसत्ता, जाति और गरीबी की झेलती प्रतिकूल परिस्थितियों में फँसी स्त्रियाँ हैं, सरकार विकास अभियान में फँसे आदिवासी हैं, परिवार, समाज और समूचे परिवेश में व्याप्त संवेदनहीनता, क्रूरता झेलते बच्चे हैं। कठिन परिश्रम करते पहाडी लोग हैं और सब कुछ दाँव पर लगा देनेवाले नक्सल संगठनों के सदस्य भी हैं।" इन्हों ने शारीरिक व मानसिक कमज़ोरियों तथा समाजिक एवं सांस्कृतिक पिछडेपन को जोड़कर आम आदमी को पूर्ण इकाई बनाया है। संक्षेपतः शारीरिक व मानसिक, आर्थिक, सामाजिक एवं सांस्कृतिक पिछडेपन के शिकार जन साधारण ही आम आदमी है जो अपनी बुनियादी ज़रूरतें जैसे अन्न, कपड़ा, मकान आदि के खातिर नित संघर्षरत है। वे पूरे समाज में निस्सारता, निरीहता, सादगी एवं निहत्थेपन का पुंज है।

साहित्य समाज का यथातथ्य नहीं है। प्रेमचन्द के शब्दों में "अगर हम यथार्थ को हूबहू खींचकर रख दें तो उसमें कला कहाँ है। कला केवल यथार्थ की नकल का नाम नहीं है। कला दिखती तो यथार्थ है लेकिन यथार्थ होती नहीं। उसकी खूबी यही है कि यथार्थ न होते हुए भी यथार्थ मालूम हो।" अतः साहित्य में तथा यथार्थ में अन्तर है। आम आदमी के परिप्रेक्ष्य में भी यह लागू है। सहित्यकार समाज से तथ्य को स्वीकारते है; तदनुकूल पात्रों की सृजना करते हैं, जिनके साथ पाठकों का साधारणीकरण सम्भव हो और उन्हें विचाराभिव्यंजना समेत पाठकों के सम्मुख परोसते हैं। जाहिर है कि साहित्य में आम आदमी के रूपायन में सृजनकार की खास भूमिका रहती है, जो आम आदमी की जय-परजयों को निर्धारित करती है। गोया आम आदमी की साहित्यिक एवं सामाजिक अभिव्यक्ति में बुनियादी फरक हैं। समाज में संघर्षरत अस्मिताहीन आम आदमी हाशिये पर खड़ा है। लेकिन साहित्य में लेखकीय गरिमा उसे एक खासियत प्रदान करती है। नतीजतन वह सहानुभूति एवं विद्रोह की अलग-अलग संवेदनाओं के तहत अस्मितासीन व्यक्तित्व बन जाता है। वह लड़ाई लड़ जाता है।

संघर्ष के लिए अँग्रेज़ी में 'conflict', 'struggle' आदि शब्द प्रयुक्त हैं। अतःसंघर्ष द्वंद्व है या प्रतिकूल वातावरण में प्रत्येक मानव मन का वैचारिक एवं वैकारिक प्रतिक्रिया है। श्री देवेन्द्र इस्सर लिखते हैं– "सृजन और संहार की शक्तियाँ प्रत्येक युग में परस्पर संघर्ष में रही हैं। और इसमें निरन्तर प्रगति भी होती रही है" जाहिर है कि संघर्ष समाज को विकास की तरफ ले जाता है। यह संघर्ष साहित्यिक स्तर की भी बुनियाद है जो समाज एवं साहित्य के बीच मिलन सेतु है। डॉ.महीप सिंह की राय में साहित्य "व्यापक परिवर्तनकामी, स्वल्प परिवर्तनकामी, यथास्थितिकामी और परिवर्तन विरोधी शक्तियों की आपसी टकराहट का वह दस्तावेज़ बनता है" जो परिवर्तन को शब्द देता है। दर असल यह टकराहट, द्वन्द्व, या संघर्ष ही साहित्य को गति प्रदान करता है–"किसी न किसी तरह के द्वन्द्व या संघर्ष की स्थिति के बिना रचना में गति नहीं आती।"

संघर्ष के कई आयाम है जैसे व्यक्ति संघर्ष एवं समाज संघर्ष। एक भरी सभा में एक नन्हा सा बच्चा जब गिरता है, वह रोने लगता है। रोने की वजह अक्सर दर्द नहीं होता बल्कि अपने स्वत्व को लगी ठेस है। उससे उपजी आत्मवेदना रुदन बतौर बाहर निकलती है। यह व्यक्ति

संघर्ष के लिए उदाहरण है। जो दुर्बल है अपने संघर्ष पर दूसरों की बलि चढ़ाता है जैसे ऑफीस में उच्च अधिकारी की डाँट-फटकार का गुस्सा बीवी-बच्चे या जानवरों पर उतारना। जो बेसहारा है संघर्ष उसके लिए अपने ही भीतर की दर्दनाक अनुभूति है। नतीजतन जीवन जड तुल्य बन जाता है। सबल डाँट का बदला डाँट, मार का बदला मार से देता है। कहानियों में वैयक्तिक संघर्षों के कई दस्तावेज़ हैं। प्रेमचन्द की 'पूस की रात' कहानी के हल्कू द्वारा खेत को नीलगायों से चरा दिये जाना, अमरकांत की 'ज़िन्दगी और जोंक' कहानी का 'रजुआ' दूसरों को चिढ़ाकर गाली सुनना और उससे अपनी पहचान कायम रखना, कमलेश्वर की 'खोई हुई दिशाएँ' कहानी के नायक द्वारा अपनी पत्नी से अपनी पहचान पूछे जाना, जितेन्द्र भाटिया की 'शहादतनामा' कहानी के नायक द्वारा अमरजीत की मौत की असलियत छिपा देना, मृदुला गर्ग की 'हरी बिन्दी' की नायिका की नीली चुडीदार के साथ हरी बिन्दी लगा देना, ओमप्रकाश वाल्मीकि की 'रिहाई' कहानी छुटकू की तरह अन्यायी के सिर पर पत्थर दे मारना सभी वैयक्तिक संघर्ष के लिए उदाहरण हैं। ये सारे संघर्ष वैयक्तिक होकर भी साहित्य में सामाजिक बनकर उपस्थित हैं। अतः पाठकगण कहानी में अपनी प्रतिछवि पाने लगते हैं। इस तरह साहित्य एवं उसमें परिलक्षित संघर्ष समाज सापेक्ष बन जाता है।

जो संघर्ष समाज सापेक्ष है, वह जनसंघर्ष है। इसके तहत संघर्ष के ज़रिये समाज में बदलाव या परिवर्तन का मकसद कार्यरत है। समाज एक नियत व्यवस्था का नाम है। मौजूदा पूँजीवादी व्यवस्था की कई विडम्बनाएँ हैं। समाज वर्ग, जाति, धर्म, विचारधारा, संस्कृति, भाषा जैसे अलग अलग दायरों में फँसा हुआ है। भारत की विशाल राजनीतिक तथा सामाजिक एकता के धागे से पिरोकर भी इन विभजनों की अपनी अहमियत हैं। क्योंकि ये सब विभिन्न सांस्कृतिक एवं वैचारिक विरासत के नागरिकों के अलग अलग पुंज है। इसलिये इनके बीच आपसी संघर्ष सहज है। इसके कई आयाम है जैसे वर्ग संघर्ष, जाति संघर्ष, लिंग संघर्ष, धर्म संघर्ष आदि। पाकिस्तान-श्रीलंका का जातीय संघर्ष, सिंगूर, नन्दिग्राम में भूमि के लिए संघर्ष, अपनी संस्कृति को कायम रखने के लिए तथा अपने कानूनन अधिकारों के लिए आदिवासियों का संघर्ष, कश्मीर की स्वतन्त्रता एवं आज़ादी के लिए लड़ाई, खालिस्थान वाद, हिन्दु-मुस्लिम उग्रवाद आदि भी तथाकथित जनसंघर्ष के लिए उदाहरण हैं। जनसंघर्ष एक ऐसा हथियार है, जो समाज को जितना आगे ले सकता है, उतना पीछे भी। मनुष्य में सहज ही एक पशुतावृत्ति मौजूद है। मानवीयता उसे कमज़ोर कर देती है। हालाँकि अनुकूल वातावरण में वह बाहर निकलती है जिससे खून खराबा सम्भव हो जाता है। हिन्दू मुस्लिम दंगों में इसका बुरा असर दिखाई देता है। इसलिये जनसंघर्ष गम्भीर मसला है। श्री रामशरण जोशि की राय में "आतंकवाद में भी जनसंघर्ष की भावनाएँ वा कोशिशें प्रतिबिम्बित होती हैं। बगैर जनसमर्थन वा हिस्सेदारी के आतंकवादी अभियानों को लम्बे समय तक चलाये रखना लगभग असम्भव है।"

संक्षेप में संघर्ष परस्पर विरोधी शक्तियों के बीच का द्वन्द्व है। यह जितना आन्तरिक एवं भौतिक है उतना वैकारिक एवं वैचारिक भी। यह परिवर्तन का मूल है।

चेतना के लिए अँग्रेज़ी में consiousness शब्द प्रयुक्त है। consiousness, conscious शब्द से उद्‌भूत है। इसका अर्थ है–awake and aware of one's surroundings and identity अतः प्रत्येक मानव का अपने स्वत्व एवं परिवेश से अवगत होना या जागृत होना तथा प्रतिरोध के लिए सज्ज होना चेतना है। कार्ल मार्क्स के द्वन्द्वात्मक

भौतीकवाद के अनुसार चेतना पदार्थ की उपज है। यानी वाद- विवादों के संवाद से चेतना जागृत होती है। मृदुला गर्ग की राय में "चेतना का सम्बन्ध वर्ग, वर्ण, धर्म, या लिंग से नहीं, दृष्टि से है, जो अनुभूती की ऐतिहासिक, सामाजिक और वैयक्तिक यात्रा में से विकासित होती है।" अतः चेतना, दृष्टि की उपज है, जो मनुष्य को अपनी अनुभूतियों एवं विचारों से उपलब्ध होती है।

प्रत्येक मानव को अपने ज्ञान का एक बड़ा हिस्सा अपनी सामाजिक, वैचारिक एवं सांस्कृतिक विरासत के तौर पर मिलता है। थोड़ा बहुत वह अपने आसपास से और समसामयिक जीवन यथार्थों से हासिल करता है। इन दोनों के बीच निरन्तर संघर्ष से उसे जो नया ज्ञान या पहचान होती है, चेतना उसी का नाम है। संक्षेप में चेतना विचार-भावादियों के संघर्ष की उपलब्धि है, जिसमें प्रत्येक की सामाजिक, वैचारिक एवं सांस्कृतिक विरासत की खास भूमिका रहती है। चेतना और संघर्ष, दोनों अन्योन्याश्रित हैं। संघर्ष चेतना की और चेतना विद्रोह की जननी है।

प्रत्येक दार्शनिक अपनी अद्वितीय धिषणा बल के ज़रिये अपने समसामयिक समाज की अलग अलग व्याख्याएँ देते रहे हैं। ये कभी आम आदमी के पक्ष में हैं तो कभी विपक्षीय बन जाती हैं। हालाँकि आम आदमी की संघर्ष चेतना के रूपायन में इनकी बड़ी भूमिकाहोती है। आम आदमी की संघर्ष चेतना में कार्यरत दर्शनों में मार्क्सवाद, अम्बेद्करवाद और नारीवाद का अलग योगदान है।

## मार्क्सवाद

"समाज को समझने और बदलने तथा शोषण हीन समाज का निर्माण करने के विज्ञान का नाम मार्क्सवाद है।" मार्क्सवादी दर्शन अर्थ एवं श्रम पर आधारित है। मार्क्स के अनुसार बहुजन समाज उच्चवर्ग, मध्यवर्ग, निम्नवर्ग आदि तीन बुनियादी स्तरों में विभजित है। पहला वर्ग शोषकों का है। वे पूँजी के अधिकारी है। दूसरा वर्ग शिक्षित तथा औहदे प्राप्त पीढ़ी का है और अन्तिम वर्ग सर्वहारा का है जो अपनी मेहनत के ज़रिये सब कुछ पैदा करते हैं। उच्चर्ग एवं मध्यवर्गों द्वारा निम्नवर्ग का शोषण होता रहता है। मार्क्स की राय में वर्गों की उपस्थिति प्रागैतिहासिक काल से नहीं है। बल्कि सामाजिक विकास के दौरान सत्तासीन हुए हैं। मार्क्स इतिहास को साक्षी मानता है–"आदिम साम्यवादी युग् में किसी प्रकार के वर्ग नहीं थे। सभी व्यक्ति समान आकांक्षाओं और आवश्यकताओं से प्रेरित थे। इन आकांक्षाओं और आवश्यकताओं की पूर्ति के लिए व्यक्ति समान कार्यों का सम्पादन करते थे। इसके बाद निरन्तर दास, सामंत और पूँजीवादी युगों में वर्ग बने रहे। इन वर्गों में स्थाई भेद के कारण संघर्ष होते रहे।" इस तरह मार्क्स ने संघर्ष के ज़रिये सामाजिक विकास की अवधारणा प्रस्तुत की है। उनकी राय में संघर्ष एक गतिशील प्रणाली है, जो समता सम्पन्न समाज की प्रतिस्थापना में ही समाप्त होती है। वह समाज वर्गहीन होगा। पूँजी वैयक्तिक न होकर पूरे समाज की उपलब्धि मानी जायेगी। वर्गहीन समाज की स्थापना वर्गसंघर्ष से ही सम्भव होती है। उच्चवर्ग एवं निम्नवर्ग यानी शोषक एवं शोषितों के बीच निरन्तर संघर्ष होता रहता है। पूजीपति इसलिये शोषण करते हैं ताकि पूँजी बढ़ती जाये। शोषित इसलिये शोषित है कि उनके महनत के अलावा और कोई चारा नहीं रहता। मार्क्सवाद के अनुसार इस बदहालत से उबरने के लिए सर्वप्रथम मेहनतकश आम आदमी को संगठित होना चाहिये। संगठित होने से एक वर्गवादी चेतना का उदय होता है,

जो विद्रोह एवं क्राँति की प्रेरणा देती है। वह पूँजीवादी सत्ता के खिलाफ लड़ने की ताकत प्रदान करती है। नतीजतन समाज में समता और शान्ति अमल होती है।

मार्क्स की राय में दुनिया के सभी पदार्थ परिवर्तनशील हैं। इस परिवर्तन का आधार पदार्थों के आपसी संघंष ही है। इसे द्वन्द्वात्मक भौतीकवाद कहा गया है। परिवर्तन की अवस्था में एक वस्तु दूसरे वस्तू में बदल जाती है। पुराने वस्तु पर नयापन आ जाता है। द्वन्द्वात्मक भौतीकवाद के अनुसार यह प्रक्रिया प्रगति और विकास की परिचायक होती है। "द्वन्द्वत्मक भौतिकवाद विकास की प्रक्रिया को आधार बनाता है। सृष्टि निरन्तर विकासशील है और यह विकास की प्रक्रियाभौतिक पदार्थों अथवा प्रक्रियाओं के पूर्ण सम्बन्ध की ही अवस्था में होती है। परिवर्तन की अवस्था में एक वस्तु दूसरे वस्तु में बदल जाती है। विकास की प्रक्रिया अनंत है। एक वस्तु की जगह दूसरी वस्तु आ जाती है और यह प्रक्रिया निरन्तर चलती है। द्वन्द्वत्मक भौतीकवाद के अनुसार यह प्रक्रिया प्रगति और विकास की परिचायक है, जो निरन्तर बढ़ती और विकासित होती है। भौतिक जगत विकास का ही स्वरूप है, जिसमें व्यक्ति के आर्थिक जीवन के साथ उसकी सामाजिक पृष्टभूमि अन्तर्निहित होता है। सभी वस्तुओं की निषेधात्मक और विधेयात्मक स्थितियाँ होती है।" इस तरह मार्क्स ने संघर्ष को अपने सिद्धाँत की तथा परिवर्तन की धुरी मान ली है।

उच्चवर्ग एवं निम्नवर्ग, विरोधी शक्तियाँ है। इन विरोधी शक्तियों के आपसी संघर्ष वर्गसंघर्ष हैं। वर्ग संघर्ष के दौरान जो नई वर्गव्यवस्था होगी, वह समतासम्पन्न होगी लेकिन यह अवस्था भी स्थायी नहीं है। नए वर्ग पर जब सत्ता केन्द्रित होती है धीरे-धीरे उसकी अन्दाज़ में परिवर्तन आने लगता है। वह पूँजीवाद को प्रश्रय देने लगता है। केवल अपने विकास पर ध्यान देने लगता है। नतीजतन दूसरे वर्ग की प्रगति में बाधा पड़ने लगती है और असमानता पलने लगती हैं। इससे नयी चेतना जन्म लेती है और संघर्ष के नये आयाम जुड़ने लगते हैं। इस तरह मार्क्स के अनुसार संघर्ष एक गतिशील प्रणाली है जो परिवर्तन का पूर्वाभास देता है।

मार्क्स ने एक सपना देखा जिसमें आर्थिक विभिन्नताओं से परे समाज के सभी नागरिक समान अधिकारी हो। सपने को हकीकत में बदलने के लिए मेहनतकश आम आदमी से उसकी विरासत-मेहनत तथा संघर्ष को ज़रिया बनाया गया; और ऐसे एक सिद्धान्त का रूपायन किया जिसके तहत श्रम तथा संघर्ष के लगातार इस्तेमाल से पूँजीवादी व्यवस्था के कायापलट का बमुश्किल काम काफी अनिवार्य हो जाता है। मार्क्सवाद ने मेहनतकश आम आदमी को उसके वजूद का एहसास दिलाया। कदम से कदम मिलाकर स्वयं प्रगति की तरफ बढ़ने का हौसला दिया। आर्थिकता एवं भौतिकता की सीमारेखाएँ हैं फिर भी आम आदमी को मुक्ति का सपना दिखाने में मार्क्स्वाद की अहम भूमिका है।

## दलित चिन्तन

आर्थिक धरातल एवं भौतीकवादी दृष्टिकोण मार्क्सवाद को सार्वलौकिक उपादेयता प्रदान करता है। लेकिन भारतवर्ष का विशेष सन्दर्भ थोड़ा भिन्न है। भारतीय समाज जातिपरक विभाजन के खेमे में है, जिसकी जड़ें भारत की मृणमय संस्कृति तक फैली हुई है। इसलिये जातिप्रथा की आदि एवं व्याप्ति का सही दिशांकन करना बमुश्किल है।

'आदिम वैदिक समाज ब्राह्मण, क्षत्रिय, वैश्य, शूद्र आदि चार बुनियादी वर्गों में विभजित

था।' विभाजन कर्म के आधार पर हुए थे। ये गाँवों में बसते थे। कुछ लोग गाँव के बाहर भी रहते थे जो विभाजन के बाहर थे। ज़माने के साथ विभाजन का आधार भी बदल गया। जाति कर्म के आधार पर नहीं बल्कि जन्म के आधार पर माने जाने लगे। इस तरह समाज में असमानताएँ पलने लगी। ब्राह्मण का बेटा वह चाहे निरक्षर हो, ब्राह्मण बनने लगा और शूद्र का बेटा शूद्र। नतीजतन धर्म रूढी में परिवर्तित होता गया। वह शोषकों के हाथ का सबसे तीखा हथियार बनता गया।

गाँव के बाहर जो बसते थे वे अछूत माने जाते थे। उनकी परम्परा को आज दलित शब्द से अभिहित किया जाता है। अछूत से दलित तक की यात्रा को डॉ. दिनेश राम ने इस प्रकार अभिव्यक्त किया है–'वर्ष 1933 में महात्मा गाँधी ने इन्हें 'हरिजन' नाम दिया जिनका हरिजनों ने जमकर विरोध किया। फलस्वरूप अछूतों ने अलग अलग अपना नामकरण किया आदि-द्रविड, आदि-आन्ध्र, आदि कर्णाटक और आदि-हिन्दु इत्यादि। अपने संघर्ष के दौरान अछूतों के लिए 'दलित' शब्द का इस्तेमाल सबसे पहले जोतिबा फूले ने ही किया। यह शब्द आज अधिकाँश क्षेत्रों में अछूतों के लिए ग्राह्य हो गया। अँग्रेज़ों ने अपनी सुविधा के लिए इस वर्ग को औट केस्ट (out caste) 'एक्स्टीरिअर केस्ट' (exterior caste) और डिप्रेस्ड केस्ट (dipressed caste) का नाम दिया। इन सब नामों के अतिरिक्त एक नाम अनुसूचित जाति, अनुसूचित जनजाति भी है जो संविधान द्वारा दिया गया है। आज अछूतों के लिए सर्वाधिक ग्राह्य और प्रचलित नाम है 'दलित' जो धीरे-धीरे पूरे भारतवर्ष में अछूतों द्वारा स्वीकार किया जा रहा है।

स्वयं अपने जन्म को रोकना किसी से सम्भव नहीं। कोई भी व्यक्ति अपनी विरासत को नहीं बदल सकता। जन्म तथा विरासत प्रत्येक पर थोपे गये हैं। किसी के लिए वह मुबारख है तो किसी के सम्मुख मुसीबत। दलितों के लिए दोनों मुसीबत ही है जो उनके जीने की अभिलाषा को ठंडा कर देती हैं। इसी वजह वह समाजनिकाला बन जाता है जिसमें उसका कोई कसूर नहीं है। इस दर्द भरे एहसास को अंकित करते हुए डॉ. शिवकुमार मिश्र लिखते हैं– वह कौनसी बात है जो आदमी को सर्वाधिक दंश देती है। यथार्थ अनुभव बतता है कि आदमी को सबसे बड़ा दर्द तभी होता है जब उसमें और दूसरों में उन कारणों के तहत फरक किया जाता है जिसमें उनका कोई वश नही है। "दलित चिन्तन का उद्देश्य इस नाजायज़ बोझ को दलितों के कन्धे से उतारना है।" आधुनिक भारत में दलित चिन्तन का आरम्भ महात्मा जोतिबा फूले से होता है।" जातिप्रथा का मूल-वर्णाश्रम व्यवस्था- पर उन्होंने अपने विचारों की तीर चलाई। वर्णाश्रम व्यवस्था के विभिन्न इकाइयाँ जैसे कर्मफल, पुनर्जन्म, मोक्ष का सिद्धाँत आदि की कडी आलोचना की। उनकी राय में ये दलितों को गुलाम रखने के उद्देश्य में सवर्णों द्वारा रचित साजिश है। उन्हों ने वेद, पुराण, स्मृति जैसे ग्रन्थों का तिरस्कार किया। पूरे समाज के लिए प्रगतिशील मूल्यों के नये विकल्प को प्रस्तुत किया–"अपने आन्दोलन में जोतिबा फूले वर्णाश्रम व्यवस्था का विरोध कर रहे थे तो उसके बरक्स एक नई समाज व्यवस्था का विकल्प भी प्रस्तुत कर रहे थे जिसमें आधुनिक प्रगतिशील मूल्यों -स्वतन्त्रता, समानता और बन्धुत्व, की बात कही गयी है। उन्होंने एक ऐसी समाज की कल्पना की जहाँ किसी भी प्रकार का जातिभेद, सम्प्रदायभेद न हो और जहाँ मानवाधिकार को सुरक्षित रहने की गैरंटी हो।"

महात्मा जोतिबा फूले ने दलितों को शिक्षित होने का आह्वान दिया। उन्होंने अपने विचारों

को प्रचारित करने के लिए साहित्यकार की भी भूमिका निभाई है। त्रितीय रत्ना, गुलामगिरि आदि उनकी प्रमुख रचनाएँ हैं। सार्वजनिक सभा की स्थापना में उनका महत्त्वपूर्ण योगदान है। दलित आन्दोलन के सन्दर्भ में जोतिबा फूले के बाद डॉ. भीमराउ अम्बेदकर का नाम प्रमुख है। उन्होंने पूर्वजों की विचार्धारा को आगे बढ़ाया। उन्होंने दलितों को शिक्षित होने, संगठित होने तथा संघर्ष करने का आह्वान दिया। उन्होंने भारतीय संविधान को अपने योगदानों से सम्पन्न बनाया। उन्होंने भारतीय संविधान में देश के सारे अल्पसंख्यक समाजों के लिए आरक्षण की सुविधा प्रदान कर दी जो दलितों के लिए काफी गुणदायक रही। उन्होंने दलितोत्थान के लिए राज्यसमाजवाद की वकालत की। विधान सभा में कानून मन्त्री के रूप में अम्बेदकर ने दलितों के लिए आवाज़ उठायी लेकिन हिन्दु कोड बिल पर अपनी असहमति दिखाते हुए उन्हें त्यागपत्र देना पड़ा। 1959 में हिन्दु धर्म की विडम्बनाओं के प्रति विद्रोह स्वरूप अपने हज़ारों अनुगामियों के साथ उन्होंने बौद्ध धर्म का वरण किया। डॉ.अम्बेदकर ने एक ऐसे वर्णविहीन समाज की कल्पना कीजिसमें आधुनिक मानवीय तथा वैज्ञानिक मूल्यों का समावेश हो, जिसका आदर्श स्वतन्त्रता, समानता, भ्रातृत्व का था। उनके मत में जनतन्त्र केवल सरकार का ही एक रूप नहीं है बल्कि मौलिक रूप से वह संगठित ढंग से रहने की रीति है। वह परस्पर आदान-प्रदान का अनुभव है। वह आवश्यक तौर पर अपने साथियों के प्रति आदर तथा सत्कार की भावना है। अम्बेदकर के अनुसार बिना सामाजिक रसतन्त्र के सरकार और राजनीति की भूमिकाएँ अधूरी होती हैं। उन्होंने गरीबी के उन्मूलन के लिए उत्पादन में वृद्धि तथा राष्ट्र के बहिर्मुखि विकास के लिए राष्ट्रीयकरण की नीति की वकालत की। वे भूमि का राष्ट्रीयकरण कर उत्पादन की प्रणाली को एक सामूहिक पद्धति बनाने के पक्षधर थे। उनके अनुसार जब तक राज्य खेती और उद्योग के क्षेत्र में समाज के गरीब तबकों के लिए आर्थिक संसाधन नहीं जुड़ा पायेगा, तब तक आर्थिक समृद्धि का होना कठिन है। समाज में आर्थिक और सामाजिक परिवर्तन के लिए वे राज्य की अहम भूमिका मानते थे।

डॉ. अम्बेदकर सामाजिक न्याय के प्रबल समर्थक थे। उनके अनुसार- "सामाज न्याय का पैमाना मात्र भौतिक उन्नति नहीं है, मात्र शारीरिक भूख प्यास मिटाना नहीं है, कुछ सुख-सुविधाएँ और सरकारी नौकरियाँ देना नहीं है, बल्कि इससे भी अथिक महत्त्वपूर्ण बात यह है कि भारत के लोगों अथवा सभी वर्गों और धर्मों के लोगों के उन मानवीय मूल्यों तथा अधिकारों को स्थापित करना है। जिनसे समाज की व्यवस्थान्यायोचित बने और राष्ट्रीय समरसता की दिशा में अभिवृद्धि हो।" उनके विचार मात्र अमुक जनविभाग पर केन्द्रित नहीं बल्कि समस्त शोषित एवं दमितों के लिए थे। फिर भी विचार के मूल में जतिगत असमानता का उन्मूलन ही प्रमुख था। उनका असर ज्यादतर दलित समाज तक सीमित रखने की वजह यही है। सुभाष गातडे की राय में– "अम्बेदकर के आन्दोलन का सबसे स्पष्ट प्रभाव यही रहा है कि सभी दलित जातियों में शिक्षा के प्रति रुचि बढ़ी। इन पढ़े-लिखे दलितों में कईओं ने सरकारी नौकरी, सार्वजनिक उद्यम, और अध्यापक का पेशा अपनाया। इस समज का अच्छा-खासा हिस्सा अब पहली पीढ़ी की तरह मध्यवर्ग नहीं है।" फिर भी दलितों के मन में सदियों की गुलामी की छींटें मौजूद है। दलितोद्धार अब भी गहन समस्या है।

दलित चिन्तन सदियों की गुलामी का विस्फोटन है। समाज में इंसान की हैसियत से जीने के दलित मन की कामनाओं को यह वाणी देता है। पढ़-लिखकर अपने पैरों पर खड़े होने के

लिए और संगठित होकर समाज से समान अधिकार पाने के काबिल बनने का आह्वान देता है। स्वयं शोषक न बने, किसी के शोषण का शिकार भी न बने, दलित चिन्तन ऐसी संवेदना प्रदान करता है। आम आदमी को अपने आप से तथा समाज से नित संघर्षरत रहने का सन्देश देता है। नारीवाद नारी पूरे मानव कुल की आधी आबादी है। फिर भी दोयम दर्जे का नागरिक माना जाता है। मातृसत्ता की जगह पितृसत्ता की प्रतिस्थापना से लेकर नारी की यही दुर्दशा है। पर आधुनिक युग में नारी अपने परिवेश से सजग होने लगी है। समाज में एक नागरिक के रूप में अपनी भूमिका को समझने लगी है। अपने पैरों पर खड़े होने की क्षमता हासिल करने लगी है। नारी का यह आत्मज्ञान ही दर असल नारीवाद है।

नारीवाद का सैद्धानतिक विरासत पाश्चात्य की है। अपनी सार्वलौकिकता उसे भारत तक खींच लायी है हालाँकि भारतीय नारीवाद तथा पाश्चात्य नारीवाद में खास अन्तर है। नारीवाद के उग्र नारीवाद, उदार नारीवाद, समाजवादी नारीवाद आदि प्रभेदों में पश्चात्य उग्रनरीवाद को प्रश्रय देते हैं, जो पुरुष विरोधी है। "उग्र नारीवाद का पूरा चिन्तन पुरुषविरोधी है।" भारत की सामाजिक व्यवस्था की नींव परिवार पर है, जहाँ पुरुष और नारी की अपनी अपनी अलग अलग भूमिकाएँ हैं। पुरुष से हट्कर नारी की और नारी से परे पुरुष की उपस्थिति पूरे समाज के सन्तुलन को बिगाड सकती है। इसलिये भारतीय नारी चिन्तन ने ज्यादातर उदारता को प्रश्रय दिया, जो संगत है। –"पश्चिम में नारीमुक्ति अंदोलन पुरुष और पुरुषों के वर्चस्व के खिलाफ था, वहीं भारतीय सन्दर्भ में नारीमुक्ति अभियान समाज की जर्जरित और दोहरे मानदंडों की पोषक मान्यताओं के विरोध में चलाया।" भारतीय सन्दर्भ में नारीमुक्ति का अर्थ नारी की पुरुष से मुक्ति का नहीं, बल्कि उन सड़ी-गली रूढियों से मानवमात्र की मुक्ति है, जिसमें पुरुष भी उतनी प्रभावित है जितनी नारी। नारीमुक्ति का अर्थ नकारात्मक कदापि नहीं बल्कि सकारात्मक है। वास्तव में यह एक परिवेश तथा मानसिकता का प्रतिरोध है जो पितृसत्तत्मक समाज एवं पुरुष मानसिकता की देन है।

पितृसत्तात्मक समाज ने नारी को कभी अपनी परिधि से बाहर निकलने का मौका नहीं दिया। कभी पाशविकता, कभी भावुकता तो कभी दिमागी मूल्यबोध का शिकार बनाकर वह नारी का उपभोग करता रहा। नारी के कोमल पहलुओं को मान्यता देते हुए उसे आर्या, सुभगा, पूज्या, पतिव्रता, सति-सावित्री, साध्वी, आदि उपाधियों के खेमे से बाहर न आने दिया। नारी भी उस दिमागी प्रवंचना से अनजाने में सिकुडती चली आयी। जब कभी किसी मेधावी औरत को गलती महसूस हुई, तो उसे पछाडने में भी पुरुषवर्चस्विता कभी पीछे नहीं रही। उसके लिए कुलटा, छिनाल, कर्कश, व्यभिचारिणी, शूद्रा, जैसे शब्दों का भी यथावसर प्रयोग करता रहा। इस वजह से स्त्री अस्मिता मात्र पुरुष के खेमे में सिमटती रही। "पितृसत्तात्मक व्यवस्था के शोषण का यह आलम था कि स्त्री एक जीवित सम्पत्ति में बदल गयी, जिसे जब चाहे तब कैश किया जा सकता था। यहाँ तक कि खरीदा बेचा जा सकता था।" पुरुषसत्ता की इस रहस्यमयी चाल को समझने में नारी अक्सर असमर्थ रही। उसके पास न सत्ता की सुविधा थी न शिक्षा की उपलब्धि। वह अपने पैरों पर लगी बेडी को पाजेब समझकर चूमती आयी। अगली पीढ़ी को वजूद के बतौर उसे सौंपती आयी। गोया नारी को गुलामी का चकमा विरासत में मिलने लगा था। उसका मन सर्वंसहा होता गया। नारी मुक्ति का सब से बड़ा गतिरोध यह मानसिकता है– "नारी मुक्ति की राह की सबसे बड़ी बाधा नारी के मन-मस्तिष्क में पुरुषवादी मूल्यों का वह अनुकूलन है, जो

उसके शोषण को सहज, स्वाभाविक व उचित ठहराकर नारी दासत्व को परम्परा, मर्यादा, शील, कुल-सम्मान व पतिव्रता जैसे पवित्र मूल्यों के आवरण में प्रस्तुत करता है।" स्त्री को पुरुषवादी मूल्यबोध से मुक्त कराना नारीवाद का उद्देश्य है।

भारतीय नारी चिन्तन पुरुष के खिलाफ नहीं है। उसके अनुसार पुरुष भी व्यवस्था का उपादान है। अपने पूर्वजों के बनाये गये रास्ते पर रगडता एक मोहर मात्र है। वह शिकारी नहीं स्वयम शिकार है। समाज में जिस तरह नारी बनाई जाती है, ठीक उसी तरह पुरुष भी बनाया जाता है। विख्यात नारी चिन्तक सिमोन द बोअर की राय में– "उसकी नियति में तो पुरुष होना ही लिखा है। अतः अनिच्छा से भी वह शोषक हो जाता है और स्त्री शोषित। स्त्री अहेरी के जाल में फसी हुई एक शिकार। कभी वह विद्रोह करती है, क्रूर हो जाती है किन्तु अन्याय और दमन की साझेदारी तो है ही, अतः गलती वास्तव में पुरुषों की ही बनाई व्यवस्था की है।" गोया नारीवाद पुरुष की निस्सहायता समझता है। भारतीय नारी चिन्तक भी इस तथ्य को मानते है– "नारीवाद पुरुष का विरोधी नहीं है, उस पुरुष प्रवृत्ति का विरोध यह करता है, जो नारी को व्यक्ति नहीं वस्तुरूप में देखता है।" गीता सोलंकी की राय में– "पूरा दोष न पुरुषों का है, न स्त्रियों का। सच्चाई यह है कि परिवेश, संस्कार, पुरुषप्रधान समाज की मानसिकता ने स्त्री-पुरुष दोनों की विचारधारा को निश्चित दायरे में बाँध दिया है।" अतः नारीचिन्तन ने दोहरे दायित्व को अपनाया है। नारी को उसके शोषण के बाडे से निकालना तथा उसके सहयात्री, पुरुष को उसकी गलतियों का एहसास दिलाना। लेकिन यह काम आसान नहीं है।

अपने दुमुखे दायित्व निभाने के लिए नारी को चाहिये कि वह स्वयं सुषुप्ति से जागे, स्वावलम्बी बने और अपना नया इतिहास रचे। आर्थिक स्वावलम्बन नारीमुक्ति का अहम मुद्दा है। आर्थिक स्वावलम्बन से नारी स्वयमेव पुरुषवर्चस्विता से बाहर निकल सकती है–"स्त्री अगर आर्थिक दृष्टि से स्वावलम्बी हो तो उसपर ज़ुल्म नहीं होंगे और होंगे भी तो बहुत कम होंगे। स्वावलम्बी बनने से स्त्री का स्वाभिमान बढ़ता है उसका आत्मसम्मान भी।" स्वावलम्बन स्त्री में स्वाभिमान पैदा करता है। स्वाभिमान उसे चेतना सम्पन्न बनाता है। चेतना उसे सक्षम बनाती है और संगठित होने की प्रेरणा देती है। स्त्री शक्तीकरण के लिए स्वाभिमान, स्वावलम्बन तथा संगठन ज़रूरी है।

भारत के मध्यवर्गीय एवं निम्नमध्यवर्गीय नारी जीवन में नारीवादी चिन्तन का प्रभाव अवश्य पड़ा है। इनके मन में पारिवार के प्रति गहन आस्था है। अपने जीवन में ये औरतें पुरुष से बस इतनी ही कामना करती हैं कि वे जितना स्वयं को मानव समझता है उतना उन्हें भी समझे। घर व बच्चों की ज़िम्मेदारियों को उस पर थोपने के बगैर वह भी थोड़ा हिस्सा बाँटे। अपने कर्मक्षेत्रों में समान वेतन पाने में उसे ज़रा मदद करे। अपनी शारीरिक कमज़ोरी का लाभ वह स्वयं न उठाये और किसी को न उठाने दे। सर्वोपरि पुरुष के कदम से कदम मिलाने की उसकी क्षमता का अंगीकार करे। बस अपनी पहचान में भारतीय नारी जीवन खुश है।

वैसे भी बराबरी के वैधानिक अधिकार भारतीय नारी को प्राप्त है, आवश्यकता उन्हें सामाजिक मान्यता एवं व्यावहारिकता प्रदान करने की है। उसके लिए आवश्यक है कि पुरुष अपनी सोच बदले। पुरुषमानसिकता में सुधार के बिना समाज में सुधार असम्भव है। जिस प्रकार पुरुष अपनी जीवनशैली, अपना रोज़गार स्वयं निश्चित करता है, उसी प्रकार स्त्री को भी करने दे। एक ही छत के नीचे आपसी ताल-मेल का सन्तुलन करके रहना अधिक सुखद

होता है, (बनिस्बत स्त्री को अपने अनुसार चलाने के अहंकार को पुष्ट करने के लिए तैयार न रहे।) पुरुष स्त्री के लिए सच्चा सहचर बन जाये, सच-मुच सुख-दुख का सहभागी बनकर उसके विकास में बाधक बनने के बरक्स सहायक बने तो सारे द्वन्द्व तथा अलगाव स्वयमेव समाप्त हो जायेंगे।

नारीवाद का प्रखर स्वर प्रतिशोध का नहीं, प्रतिरोध का है। पुरुषवर्चस्विता के खिलाफ तथा खुद की हीनताबोध के खिलाफ निरन्तर संघर्षरत रहने के लिए नारीवाद आह्वान देता है। नित संघर्ष से वह स्वयं काबिल बने, आर्थिक स्वावलम्बन से आत्म को पहचानें। पर कहीं अपने विकास संघर्ष के दौरान वह पुरुष का प्रतिस्पर्ध न बनें बल्कि पुरुष मानसिकता पर सीमित रहें ताकि आगामी पीढ़ियों के सम्मुख स्वयं दोषी न रहे। गोया नारीवाद नारी एवं उसके नितसंघर्ष को प्रश्रय देता है।

## विभिन्न कहानी आन्दोलनऔर आम आदमी

हिन्दी कहानी जगत विभिन्न आन्दोलनों से सम्पन्न है जैसे प्रगतिवादी कहानी, नई कहानी, सचेतन कहानी, अकहानी समांतर कहानी, सहज कहानी, सक्रिय कहानी, जनवादी कहानी और समकालीन कहानी। सभी अन्दोलनों की अपनी अपनी खूबियाँ और खामियाँ हैं। खास तौर पर आम आदमी की कसौटी पर इनकी तुलना विवादास्पद है।

पूर्व प्रेमचन्द युगीन कहानियाँ मनोरंजन पर केन्द्रित थीं। इसलिये आम आदमी एवं उनका संघर्ष नहीं के बराबर थे फिर भी माधवप्रसाद सप्रे की 'एक टोकरी भर मिट्टी' जैसी कहानियाँ अपवाद है। किशोरीलाल गोस्वामी, अचार्य रामचन्द्र शुक्ल, बंगमहिला, चन्द्रधर शर्मा गुलेरी आदि उस दौर के प्रमुख कहानीकार थे।

प्रेमचन्द की कहानियों में मेहनतकश आम आदमी एक सम्पूर्ण इकाई बनकर कहानी जगत पर उतरता है। कहानियाँ किसान-मज़दूरों को वाणी देती हैं। इस दौर का एक और महान कहानीकार जयशंकर प्रसाद है। उनकी कहानियाँ ज्यादातर ऐतिहासिक, दार्शनिक तथा भावात्मक थीं। इसलिये ज्यादातर आम आदमी से दूर। आचार्य चतुर्सेन शास्त्री, रायकृष्णदास, बेचेन शर्मा उग्र, वाचस्पति पाठक, विनोदशंकर व्यास, विश्वंभरनाथ जिज्जा, जि.पि. श्रीवास्तव, राजा राधिकारमण सिंह, विश्वम्भर्नाथ शर्मा कौशिक, पंडित ज्वालादत्त शर्मा, गोविन्दवल्लभ पंत, सुदर्शन, वृन्दावनलाल वर्मा, भगवती प्रसाद वाजपेयी आदि अन्य प्रमुख कहानीकार हैं। प्रेमचन्द के बाद प्रगतिवादी दौर में कहानी मार्क्सवाद पर केन्द्रित होती है। आम आदमी को 'सर्वहारा' की उपाधी मिलने लगती है। फिर कहानी मनो वैज्ञानिक धरातल को अपनाती है, लेकिन यह आशाजनक नहीं रहा। यश्पाल जैनेन्द्र कुमार, अज्ञेय, इलाचन्द्र जोशी, उपेन्द्रनाथ अश्क आदि क्षेत्र के प्रमुख कहानीकार हैं।

स्वतन्त्रताप्राप्ति के साथ हुए भीषण मार-काट, निराशा तथा बेकारीने अस्तित्ववादी दर्शन की तरफ लेखकों का ध्यान आकृष्ट किया। यह नयी कहानी की शुरुआत थी। नयी कहानी आन्दोलन ज्यादतर शिक्षित मध्यवर्गीय जीवन याथार्थों पर केन्द्रित था। मोहन राकेश, राजेन्द्र यादव, कमलेश्वर, निर्मल वर्म, राँगेय राघव, मार्कण्डेय, फणीस्वरनाथ रेणु, धर्मवीर भारती, अमरकांत, रामकुमार, भीष्म साहनी, शिवप्रसाद सिंह, शेखर जोशी, कृष्णा सोबती, आदि नई कहानी आन्दोलन के प्रमुख कहानीकार हैं।

1960 के बाद हिन्दी कहानी जगत पर अकहानी आन्दोलन का आविर्भाव हुआ। सेक्स और निरर्थकता बोध को 'नये मूल्य' का नाम देकर कहानी में पिरोने की कोशिश की गयी। गंगा प्रसाद विमल, जगदीश चतुर्वेदी, रवीन्द्र कलिया, दूधनाथ सिंह, प्रयाग शुक्ल, सुधा अरोडा, रमेश बक्षी, ज्ञानरंजन, श्रीकांत वर्मा, विजय मोहन सिंह, विश्वेश्वर आदि इस आन्दोलन के प्रवर्तक रहे। कहानी क्षेत्र में अपनी अस्मिता को मज़बूत बनाने के इरादे से 1964 में सचेतन कहानी का आविर्भाव हुआ। लेकिन वह भी अल्पायू रहा। महीप सिंह, मनहर चौहान, सुरेन्द्र अरोडा, राम कुमार भ्रमर आदि इस आन्दोलन के प्रवर्तक रहे। सचेतन कहानी के बाद श्री अमृत राय के नेतृत्व में सहज कहानी तथा राकेश वत्स के नेतृत्व में सक्रिय कहानी अदि आन्दोलन चले। दोनों कोई विशेष प्रभाव छोड़ नहीं पाए।

अकहानी की प्रतिक्रिया स्वरूप कमलेश्वर के नेतृत्व में 1964 के आसपास समांतर कहानी आन्दोलन भी शुरू हुआ था। समांतर कहानी का प्रमुख मुद्दा आम आदमी का रहा। इसमें मध्यवर्गीय एवं निम्न वर्गीय स्थितियों तथा उनकी समस्याओं-विषमताओं का अंकन हुआ। समान्तर कहानी का प्रचार मुख्यतः सारिका पत्रिका के माध्यम से हुआ। पत्रिका के रुकने के साथ आन्दोलन भी समाप्त हो गया। कमलेश्वर, कामता नाथ, रमेश उपाध्याय, मधुकर सिंह, धर्मेन्द्र गुप्त, इब्राहिम शरीफ, से.रा.यत्री, सुधीर, सतीश जमाली, दामोदर सदन, श्रवण कुमार, नरेन्द्र कोहली, हिमाँशु जोशी, मणि मधुकर, निरुपमा सेवती, मृदुला गर्ग आदि का नाम उल्लेखनीय हैं। हिन्दी कहानी जगत में आम आदमी के पक्ष में आये सभी आन्दोलन विवादों के घेरे रहे। "अकहानी असामान्य और अतिरंजनापूर्ण चरित्रों के इर्द-गिर्द बुनी गयी। सचेतन कहानी में सभी वर्गों के पात्र चित्रित हुए लेकिन मामूली आदमी ने सचेतन साहित्यकारों को बहुत अधिक आकर्षित नहीं किया। फिर आया मामूली आदमी (आम आदमी) की हड्डियों पर अपने स्वार्थ का कबाब सेंकने वाला समांतर कहानी आन्दोलन। इस आदमी के केन्द्र में स्थित आम आदमी खोजकर निकाला हुआ और बहुत कुछ गठा हुआ था।" प्रगतिवादी कहानी पर नारेबाज़ी का दोष पहले से लगा हुआ था। समांतर कहनी भी इसका अपवाद न रही। आम आदमी के दावे पर आये समांतर कहानी आन्दोलन पर सबसे अधिक आरोप लगाया गया। इस आन्दोलन के ढोंग पर श्री भैरवप्रसाद की उक्ति उल्लेखनीय है–"दिखाने को तो दिखाओ कि आम आदमी की पक्षधर है, लेकिन किसके विरोध में यह पक्षधरता है, इस सवाल से साफ बच जाओ। फिर पक्षधरता का क्या मतलब हो सकता है, सिवाय हवा में लाठी भाँजने के। यह दृश्य कितना अद्भुत है कि आम आदमी की लाठी तो बड़े ज़ोरों से भाँजते रहे है लेकिन किसी को चोट नहीं लगती। आम आदमी को इतना बड़ा धोखा कोई पूँजीपति के चाकर कवि ही दे सकते है। इनका काम ही क्रान्ति-क्रान्ति चिल्लाकर क्रान्ति की पीठ में छुरा भोंकना है।" पंकज बिष्ट ने खुलकर बताया है कि-"समांतर कहानी में लफ्फाजी होती है और कहानियाँ पत्रकारिता के दबाव में लिखी जाती हैं।" यह सच है कि इन अलग अलग आन्दोलनों ने एक हद तक कहानी सहित्य को विकास की ओर बढ़ाने के साथ उसकी डिग्निटी को फीका भी कर दिया है। कहानी लेखन को पेशेवर बना दिया। जीविकोपार्जन स्वरूप किसी न किसी आन्दोलन से जुड़े रहने के लिए कहानीकारों को मजबूर कर दिया। नतीजतन कहानी में से कृत्रिमता की बू आने लगी। इस मौका परस्ती अन्दाज़ को सूचित करते हुए मधुरेश लिखते हैं–"हिन्दी कहानी सम्बन्धी आन्दोलन ने जहाँ रचनात्मक सक्रियता और ऊर्जा का माहौल बनाया वहीं लोगों को

ऐसा लगता था कि इन छोटे-छोटे आन्दोलनों में बहकर कहानी अपनी मूल गंतव्य से सरक गयी है। कहानी इस यथार्थ का अंकन नहीं कर पा रहीं है जिससे प्रतिबद्ध होकर उसने अपनी विकास-यात्रा शुरू की थी और जिसके लिए प्रेमचन्द ने उसके लगभग आरम्भ में ही अनथक संघर्ष करके उसे एक प्रौढ परिपक्व रूप दिया था। जो लोग इन आन्दोलनों में शामिल थे, वे तो अच्छी बुरी कहानियाँ लिखकर अपने आप को कहानी सम्बन्धी चर्चा पर बने रहे, लेकिन बहुत से ऐसे लोग थे जो आन्दोलन से जुड़े न होने पर भी सार्थक और महत्त्वपूर्ण लेखन कर रहे थे। आन्दोलनों की गहमा-गहमी इन लोगों को हाशिये पर ठेल दिया या कभी-कभी अपनी ज़रूरतों के तहत उनका इस्तेमाल किया गया।" प्रत्येक लेखक का अपना अलग दृष्टिकोण होता है जो, उसे अलग अस्मिता प्रदान करता है। अपने अलग दृष्टिकोण के सहारे ही वह प्रत्येक समस्या पर विचार कर सकता है। इसलिये एक ही समस्या पर लेखकों की अलग अलग मत हो सकते हैं। लेकिन इन अभिमतों में कहीं किसी बात पर सहमती भी सम्भव है। इन वैचारिक विभिन्नताओं का नज़रन्दाज़ करते हुए लेखकों को किसी नारे के पीछे अपने को जुड़ा पाने के लिए गुलाम बनना अनिवार्य बन जाता है। याने लेखक को समझौता करना पड़ता है। अपने ज़मीर से मूँह मोडना पड़ता है। फलस्वरूप उसकी रचना में कृत्रिमता आने लगती है। वह अपने आप को दोहराने लगता है। यह लेखक का पतन है। यह उसे पाठकों से अलगाता है। कुछ हस्तियाँ ऐसे भी हैं जिन्होंने केवल अपनी आत्मा की सुनी है। उनकी संवेदना सीधे पाठक से हृदय संवाद कर पायी है हाशिये पर खड़े होकर भी उनकी लेखनी सार्थक हुई। ऐसे लेखकों की एक परम्परा हिन्दी कहानी जगत पर मौजूद है जिसके शुभारम्भ प्रेमचन्द से होता है। उन्होंने अन्य लेखकों की तुलना में अपने-आपको सदा आम आदमी के संघर्ष से जुड़ा रखा। विभिन्न आन्दोलनों से परे उनकी कहानियों में आम आदमी का प्रतिफलन ढूँढ़ना समीचीन है।

## हिन्दी कहानियों में आम आदमी का संघर्ष

प्रेमचन्द के प्रारम्भिक दौर की कहानियाँ आदर्शवादी है, लेकिन धीरे-धीरे वे यथार्थवाद को अपना लेते हैं। वे कला एवं यथार्थ का समन्वय चाहते थे। उनकी कहानियों के पात्र शोषण के माहौल से अवगत हैं, विरोध करने में काबिल हैं, लेकिन तत्कालीन जीवन यथार्थ की तरह अपने विद्रोह में पराजित हो जाते हैं। ठाकुर का कुआँ की 'गंगी', मृतक भोज की 'कावेरी', सवा सेर गेहूँ का'शंकर'आदि उदाहरण हैं। लेकिन अन्तिम दौर तक आते आते विद्रोह का नकारात्मक अन्दाज़ भी विद्यमान है, जो 'कफन', 'पूस की रात'जैसी कहानियों में दिखायी देता है।

यशपाल की कहानियों मेंयथार्थवाद की प्रखरता है। उनकी कहानियों में कल्पना और विचार भी शरीक है। ज्यादातर कहानियँ विचाराभिव्यक्ति के लिए गठी हुई महसूस होती हैं। फिर भी आम आदमी के जीवन यथार्थ की बहुआयामी प्रस्फुटीकरण उनकी कहानियों में मिलता हैं। दुख, दुख का अधिकार, परदा, दुखी-दुखी, हिंसा, कोयलेवाली मोटरवाली, आदमी का बच्चा, अभिशप्त जैसी कहानियाँ उदाहरण हैं।

फणीश्वरनाथ रेणू की कहानियाँ आम आदमी के रागात्मक जीवन की दस्तावेज़ हैं। उनके पात्र जीवन की अभावग्रस्तता को सहजता से अपनाते हैं। इसलिये उनके सम्मुख कोई समस्या गम्भीर नहीं दिखती। रसप्रिया, तीसरी कसम उर्फ मारे गये गुल्फाम, संवदिया, उच्चाटन, एक आदिम रात्री की महक, आदि कहानियाँ उल्लेखनीय हैं। भीष्म साहनी की कहानियों के मानव

सहज मानव है। इसलिये आम आदमी के जीवन संघर्ष सहज ही चित्रित है। अपने यथार्थवादी अन्दाज़ की वजह उनका आम आदमी ज्यादातर सहानुभूति के दायरे में आते हैं। वाङ्चू, सागमीट, अमृतसर आ गया है, पाली, चीफ की दावत आदि प्रमुख कहानियाँ हैं। कमलेश्वर की ज्यादातर कहानियाँ मध्य वर्गीय समस्याओं पर केन्द्रित हैं। फिर भी अपनी ज़िन्दगी जीने में मजबूर आम जनसंघर्ष का चित्रण हुआ है। माँस का दरिया, देवा की माँ जैसी कहानियाँ उदाहरण हैं। अमरकांत की 'ज़िन्दगी और जोंक' कहानी में जीने की अदम्य आकाँक्षा चित्रित है। ज़िन्दगी चाहे जितनी भी उपेक्षा भरी हो अमरकांत का आम आदमी उसे जीना चाहते हैं। दोपहर का भोजन, डिप्टी कलेक्टरी, नौकर, मौत का नगर, फर्क, घर, मकान जैसी कहानियाँ उदाहरण हैं। शेखर जोशी की कहानियाँ अलग किस्म की हैं। उनकी कहानियों में मेहनतकश आम आदमी व्यवस्था का विरोध करते हैं। मूल्य सम्बन्धी अपना स्पष्ट विचार रखते हैं। कहानी ऐसे व्यक्तियों पर केन्द्रित होती हैं, जो आदर्शवान होने की खातिर समाज में तिरस्कृत है। मेहनतकश आम आदमी का बड़ा हिस्सा मौकापरस्ती की राह पकड़ते हुए चित्रित हैं। प्रतिकूल माहौल में उनके नायक स्वयं चुप्पी साधने में मजबूर हो जाते हैं। यह गत्यंतरण का मोड है। नौरंगी बीमार है, उस्ताद, हलवाहा, बदबू, कविप्रिया आदि प्रमुख कहानियाँ हैं।

पूर्व पीढ़ी की कहानियाँ सहानुभूति की फोर्मुला पर लिखी गयी हैं। उनमें आम आदमी का जीवन संघर्ष ही ज्यादातर चित्रित हैं। मौजूदा व्यवस्था के खिलाफ या शोषण के खिलाफ कोई खास प्रतिक्रिया करने में वे असमर्थ हैं। सनातन सामाजिक मूल्य की उनमें गहरी पैठहै। परिवर्तन को अपनाने में वे नाकाबिलभी। इसलिये ज्यादातर वे चुप्पी साधते हैं।

## समकालीन परिवेश

समकालीन परिवेश काफी घटना बहुल रहा है। भारत की संवैधानिक, सामाजिक, सांस्कृतिक एकता को ठेस पहुँचाते हुए साम्प्रदायिक दंगे, भ्रष्टाचार, विघटनवाद आदि की अनेक मिसाल सामने आयी। ऑपरेशन ब्लूस्टार, इन्दिरा गान्धी की हत्या, राजिव गान्धी वध, सिख विरोधी मारकाट, अयोध्याकांड, चरार-ए-शरीफ पर हमला, संसद पर हमला, गोध्रा कांड, बेस्ट बेकरी हत्या कांड, अक्षर धाम मन्दिर पर हमला, कार्गिल की लड़ाई आदि प्रमुख खटनाएँ हैं। विघटनवाद को प्रवेग देते हुए छ्त्तीसगढ, उत्तरांचल एवं झारखंड आदि नये राज्यों का निर्माण हुआ।

भ्रष्टाचार के नये-नये अध्यायों को इतिहास में जोड़ते हुए अनेकों घटनायें पर्दे के बाहर आयीं। जे.एम.एम.मुकदमा, यूरिया घोटाला, सेंट किट्स झूठी अभिलेखा, तेहल्का मुकदमा आदि प्रमुख घटनायें हैं। विवेच्य काल सीमा में कई प्राकृतिक दुर्घटनाएँ भी घटित हुई जैसे भोपाल विषवायु त्रासदी, महाराष्ट्र में भूचाल, गुजरात में प्लेग की वापसी, उडीसा में तूफानी हमला, गुजरात में भूचाल, सुनामी का हमला आदि।

आर्थिक उदारीकरण के नाम पर आयातित सामग्रियों को कर मुक्त कर दिये गये। उपभोग वाद को गम्भीर मौका मिला। किसानों पर इसका बुरा असर हुआ। बहुराष्ट्रीय कंपनियों के दलालों के बहकावे में आकर अपनी पुश्तैनी खेती एवं बीजों को छोड़कर बहुराष्ट्रीय कंपनियों द्वारा बेचे गये बीजो को बोने लगे। नतीजतन पारम्परिक खेती खतम हुयी। नये रोपे बीज कीडों से लड़ने में नाकाम हुए। उसे रासायनिक खाद भी बड़ी मात्रा में चाहिये। किसान कर्ज लेने के

लिए मजबूर हुए। फसल की मात्रा कम बनी रही। हर साल खेती के लिए बीज दोबारा खरीदना पड़ा। इस तरह कर्ज बढ़ता गया और आमदनी घट्ती गयी। मजबूरन किसान शरणार्थी बनकर शहर की तरफ चलने लगे। आसराहीन हो आत्महत्या करने लगे।

पाश्चात्य संस्कृति का गहरा असर समाज पर पड़ने लगा। पत्रिकाओं के गुटसापेक्ष राजनीति की वजह आम आदमी हाशिये पर होने लगा। आर्थिक बढ़ोत्तरी के दावे के बावजूद मुद्रास्फीति हाथ से फिसलती चली गयी। अभिजन एवं आमजन के बीच अन्तर बढ़ता चला गया। महँगाई से भ्रष्टाचार एवं अराजकवृत्ति को बढ़ावा मिला।

समकालीन परिवेश पूरी तरह आम आदमी के खिलाफ है। आम आदमी समाज में अपने आप को असुरक्षित महसूस करने लगे। मूल्य सम्बन्धी अवधारणा को बदलने में वे मजबूर हो गये। समाज के प्रति प्रतिबद्ध कहानीकार इस बदली हुई संवेदना को परखने लगे। नतीजतन ऐसी कहानियाँ उभर आयी जो आम आदमी के पक्ष में हैं।

## दलित संघर्ष

दलित कहानियाँ दलित चेतना का निदर्शन हैं। ये सचेत दलित मन की कामनाओं का अंकन करती हैं। उनका संघर्ष सामाजिक, राजनीतिक, आर्थिक, धार्मिक, शारीरिक व मानसिक जैसे पाँच बुनियादी स्तरों में विभाजित है। राजनीतिक शोषण के अन्तर्गत मोहनदासनैमिशराय का 'अपना गाँव', सुशीला टाकभौरे की 'सिलिया', सूरजपाल चौहान की 'साजिश', पुरुषोत्तम सत्यप्रेमी की'प्रतिरोध', गौरीशंकर नागदंश की 'जंगल में आग', दयानन्द बटोही की'सुरंग', ओम प्रकाश वाल्मीकी की'ब्रह्मास्त्र' जैसी कहानियों पर विचार किया गया है। 'सिलिया' कहानी में भोपाल के एक जानेमाने युवा-नेता दलितोद्धार की खातिर दलित कन्या से शादी करना चाहता है। शर्त सिर्फ इतना हैकि लड्की कम से कम मेट्रिक हो। गाँव में सिलिया पर दबाव बढ्ता है, इसलिये कि वही इलाके की एकमात्र दलित कन्या है जिसने मेट्रिक पास की है। लेकिन सिलिया तथा उनके माता-पिता साजिश समझ पाते हैं। वे प्रस्ताव ठुकरा देते हैं।

सूरज पाल चौहान की 'साजिश' कहानी में ट्रेंस्पोर्ट के कारोबार की खातिर लोण माँगने आये नत्थू को बैंक मैनेजर पिगरी लोण लेने को प्रेरित करता है। इसलिये कि सुअरों को पालना नत्थू का पुश्तैनी धन्धा है। लेकिन बैंक मैनेजर का इरादा कुछ और हैं। ये अछूत अपने खानदानी धन्धा अगर छोड़ दें तो आनेवाली सवर्ण पीढियों के घरों की गन्दगी कौन साफ करेगा? मौजूदा सामाजिक गुलाम वृत्ती को कायम रखने का यह प्रयास नत्थू एवं उसकी पत्नी के सम्मुख असफल होती है। वे दलितों को इकट्ठा कर बैंक मैनेजर के खिलाफ लड्ते हैं।

धार्मिक कुप्रथाओं के खिलाफ आवाज़ उठाती दलित कहानियाँ अनेक हैं। धर्म एक सनातन परम्परा है। इसलिये जन साधारण के मन में धर्म की गहरी पैठ है। अक्सर यह शोषकों के हाथों का बर्छा है। कभी गलत जानकर भी समाज के रिवाज़ों की खातिर उसे मानने में मानव मजबूर हो जाता है। ओम प्रकाश वाल्मीकि की 'ब्रह्मास्त्र' कहानी का 'अरविन्द' सवर्ण है और 'कंवल' दलित डोम। दोनों में गहरी मित्रता है। लेकिन अरविन्द की बारात में डोम के जाने की मनाही है। फैसला शादी करानेवाले पण्डित का है, जिसे कौन टाल पाता है। आखिर कँवल के बिना बारात निकालने में अरविन्द मजबूर हो जाता है। फिर भी पण्डित की शोषणनीति पर काफी कीचड ओढ़ा गया है। सूरजपाल चौहान की 'बस्ति के लोग', 'कारज', संजीव की 'जब नशा

फड़ता है' आदि अन्य प्रमुख कहानियाँ हैं।

दलितत्व के पीछे आर्थिक शोषण का विशाल दायरा है। इसे उकेरने में दलित कहानियाँ सफल हैं। ओमप्रकाश वाल्मीकि की 'पच्चीस चौका डेढ सौ' कहानी के 'सुदीप' का पिता बरसो से शोषित है। पच्चीस चौका डेढ सौ का गलत पहाडा सिखाकर चौधरी उनके श्रम तथा मज़दूरी हड़प रहा हैं। अनपढ़ गँवार वह कैसे समझ सकता है? लेकिन बेटा सुदीप पढ़ता है और नौकरी पाकर अपनी पहली तनख्वाह को पच्चीस-पच्चीस के अलग-अलग चार पुलिन्दे बनाकर पिता की गलती सुधारता है। उसे आजीवन गुलामी से मुक्ति दिलाता है। यह समूल परिवर्तन की तरफ इशारा करती है। रत्नकुमार साँभरिया का 'डंक', ओं प्रकाश वाल्मीकि की 'रिहाई' आदि अन्य मिसाल हैं।

दलित जीवन में शारीरिक शोषण एक हकीकत है। कहानियों मे इसका विरोध प्रकट है। कुसुम वियोगी का 'अन्तिम बयान'और कुसुम मेखवाल का 'अंगारा' में बलात्कार के शिकार औरतें बलात्कारी के 'पुरुषत्व'को ही काट गिराती है। बी.एल. नायर की 'चतुरी चमार की चाट' में दलितत्व की हीनता बोध पर विचार किया गया है। हीनताबोध की वजह चतुरी अपनी चाट की ढेली पर अपना नाम लिखा देता है ताकि किसी सवर्ण का धर्म गलती से भी न भंग हो जाये। प्रेम कपाडिया का 'हरिजन', कावेरी की 'सुमंगली', गौरीशंकर नागदंश की 'जंगल में आग' जैसी कहानियाँ कुछ और मिसाल हैं।

दलित कहानियाँ, सक्रिय विद्रोह की कहानियाँ है। सवर्ण संस्कृती के खिलाफ अपना विद्वेष पूरी ऊष्मलता के साथ कहानियों में उतारने में कहानीकार सचेत है। वे ईण्ट का जवाब पत्थर से देना ज्यादा पसन्द करते हैं। फिर भी समस्या की सही समझ दिलाती कहानियों की कमी नहीं है। अपना अलग समाज पालने की चिन्ता जितना सबल है, उतना शिक्षा और आरक्षण की सुविधासे ओहदे प्राप्त दलित ब्राह्मणों की आलोचना करने की कोशिश भी। आखिरकार दलितों का संघर्ष समता के लिए है; समाज में इंसान होकर जीने के लिए हैं।

## समकालीन कहानियों में नारी का संघर्ष

दुनिया में ऐसी कोई जगह नहीं जहाँ नारी का शोषण नही होता। लेकिन आम आदमी के विशेष सन्दर्भ में निम्न मध्यावर्गीय एवं निम्नवर्गीय नारियों पर केन्द्रित कहानियों को ही चुना गया हैं। नारी समाज वर्गपरक, जातिपरक, लिंगपरक आदि तीनों प्रकार से शोषित है। समकालीन परिवेश में संघर्षरत नारी जीवन की कई मिसालें विद्यमान है। परम्परा एवं रूढ़ियों के खिलाफ संघर्ष, पुरुषवर्चस्विता के खिलाफ संघर्ष, यौन शोषण के खिलाफ संघर्ष, परिवार में संघर्षरत औरत, भ्रष्टाचार के खिलाफ नारी का संघर्ष, भूख से सन्त्रस्त नारी मन का संघर्ष् आदि नारी का जीवन संघर्ष कई आयामों में व्याप्त है। पति चाहे जितना भी निकम्मा निकले, उसके लिए रोटी परोसना ये औरतें अपना फर्ज़ मानती हैं। मार-पीट तथा अपमान की हद पार होने पर अपने लिए दूसरा पति ढूँढना इनके लिए कोई बड़ी बात नहीं। मत्स्येंद्र शुक्ल की'चाल', राकेष वत्स की'सावित्री', नमिता सिंह की'दर्द'जैसी कहानियाँ उदाहरण हैं। परिवार इनके लिए बोझ नहीं बल्कि अहम हिस्सा है। घर का काम फिर बाहर का काम;उसके बाद दोबारा घर का काम। इस तरह काम से काम की तरह उनकी ज़िन्दगी गुज़रती है। लेकिन उन्हें कहीं कोइ अतिरिक्त श्रम व शोषण का एहसास नहीं। पतिकी मार मानो उनके जीवन का एक

हिस्सा ही हो। जब कभी पिटाई सीमा लांघती है, या तो ये पलट्कर वार करती हैं या दूसरा घर ढूंढ लेती हैं। परिवार एवं बच्चों से अलग उनका कोई संघर्ष विरल है। लेकिन परिवार में माँ-बाप या साँस-ससुर द्वारा शोषण ये गलत मानती हैं। रामदरश मिश्र की 'मुक्ति', उदय प्रकाश की'बलि', राजी सेठ की 'योगदीक्षा', शिवमूर्ति की 'तिरिया चरित्तर' जैसी कहानियाँ उदाहरण हैं। यौन शोषण निम्नवर्गीय नारीजीवन की दर्दनाक हकीकत है। घर के भीतर और बाहर नारी का बलात्कार होता है। समकालीन कहानियाँ इस भीषण नृशंसता के खिलाफ विद्रोह छेड देती हैं। शिवमूर्ती की 'तिरिया चरित्तर' कहानी की विमली बलात्कारी ससुर को जलाने दौडती है। चित्रा मुदगल की 'जब तक बिमलाएँ हैं' कहानी की बिमला अपनी नन्ही छोरी के बलत्कारी को अदालत में सज़ा दिलाती है। 'अंगारा', 'अन्तिम बयान' जैसी कहानियों में दमित नारी अपने-अपने बलात्कारियों के पुरुषत्व काट फेंकती हैं। चन्द अनोखी कहानियाँ ऐसी भी है जिनमें पुरुष की आदिम क्षुधा को शाँत करती विद्रोही नारी स्वयं वेश्यावृत्ति अपना लेती हैं। गोविन्द मिश्र की'खुद के खिलाफ', सन्तोष श्रीवास्तव की 'यहाँ सपने बिकते हैं' आदि उदाहरण हैं। भ्रष्टाचार के खिलाफ आवाज़ उठाती औरतों का चित्रण भी मयस्सर है जैसे संजीव की 'धनुष-टंकार' की 'सुरसती'। वह मैनेजमेंट की उपभोगनीति के खिलाफ अनशन करने बैठती है। लेकिन यूनियान वालों को मैनेजमेंट के चेले पाकर निर्धारित समय के पहले ही वह् अनशन तोड देती है। शिवमूर्ति की'कसाईबाडा', 'अकाल दण्ड', मृदुला गर्ग की 'अगली सुबह', मनोष राइ की'शिलान्यास' आदि अन्य मिसाल हैं।

औरत सब कहीं शोषित हैं। लेकिन उच्च वर्गीय तथा मध्यवर्गीय औरतें और निम्न वर्गीय मेहनत्कश औरतों के बीच बुनियादी फरक है। उच्च वर्गीय एवं मध्यवर्गीय औरतों के लिए संघर्ष, जीवन का एहसास दिलाती है यानी संघर्ष ही जीवन है। लेकिन निम्नवर्गीय मेहनतकश आम आदमी के सामने जीवन स्वयं एक फैला हुआ संघर्ष है। रोज़ी-रोटी की चिन्ता पल-पल सताती है। फिर भी जीवन की कठिनाइयों को ये बड़ी सहजता से अपना पाती हैं। मौके पर विरोध करती है, बेमौके में छुप्पी साधती हैं। कठिनाइयों को ये औरतें मेहनत से जीत लेती हैं। वही मुक्ती का मन्त्र है जिनकी पूँछ पकड़्कर इनका गुज़ारा हो सकता है।

## संघर्ष के कुछ और आयाम

बेहतर उम्मीदों की खातिर अपने पले-बड़े माहौल से दूर कहीं जमने के लिए मजबूर अवाम के संघर्ष बहुस्तरीय हैं। मत्स्येन्द्र शुक्ल की 'कूड़ा' कहानी में कूड़ा-कचरा बीननेवाले लोगों के संघर्षमय जीवन चित्रित है। सडक के किनारे जहाँ भी थोड़ा जगह खाली मिले, इनके लिए वही बसेरा हैं। समाज के सभ्य प्राणियों को उनके बदबूदार जीवन शैली बर्दाश्त नहीं। इसलिये हर कहीं से निकाल दिये जाते है ये लोग। फिर भी ये जीवन को जीने योग्य मानते है। जब तक तन में बल है तब तक मन में हल है।

भारत-पाक विभाजन का ज़खम अभी तक भरा नहींहै। साम्प्रदायिकता अब भी अहम मुद्दा है। देखते-देखते कोई अपनी ज़मीन पर पराया हो सकता है। स्वयं प्रकाश की'पार्टीशन', 'क्या तुमने कहीं कोइ सरदार भिखारी देखाहै', अदि कहानियाँ इस दुरवस्था का पर्दाफाश करती हैं। सांस्कृतिक अलगाव की वजह कहीं का न होते आम आदमी की हकीकत संजीव की 'हिमरेखा', उदयप्रकाश की'बलि'आदि कहानियों में मिलती है।

आम आदमी के सामने बुढापा अभिशाप समान है। हाँफ-हाँफकर थकता बदन, बेकार बेटा, शादी की उम्र की लड़की और सेवानिवृत्ती से हाथ से फिसलती नौकरी! कैलाश कल्पित की 'पिता' कहानी के 'बैजनाथ दुबे' को अपनी मौत स्वयं रचने के लिए इतनी वजह काफी थी। सेवानिवृत्ती के दो दिन पहले वह चलती रेल गाडी के सामने कूद्‌कर आत्महत्या करता है ताकि अपनी जगह बेटे को नौकरी मिले। संजीव की 'प्रेत मुक्ति', अमर गोस्वमि की 'बाबुलाल का परिवार', स्वयं प्रकाश की 'तीसरी चिट्ठी', डॉ.सि.बि भारती की 'भूख' जैसी कहानियाँ पारिवारिक बोझ को उठा पाने में असमर्थ वृद्धजन जीवन की कहानियाँ हैं। उन्हें आराम कहाँ! हृदयेश की 'जो भड़क रहे हैं', असगर वजाहत की 'बच्चोंवाली गाड़ी' आदि पेट की राह में वृद्धजन संघर्ष को प्रस्तुत करती हैं। उदय प्रकाश की 'छप्पन तोले का करधन', मिथिलेस्वर की 'हरिहर काका', 'जी का जंजाल' जैसी कहानियाँ परिवार में फालतू बनते बुढों की करुण संघर्ष को दर्शाती हैं। शारीरिक कमज़ोरी तथा समाज की उपेक्षा भरी दृष्टि बाधा डालती है फिर भी आम वृद्धजन अपनी आखिरी साँस तक मेहनत करते रहने के पक्ष में हैं।

समकालीन कहानियों में मूल्य तथा यथार्थ के बीच फँसते शिक्षित आम युवा पीढ़ी का संघर्ष अहम मुद्दा है। नफीसा अफ्रीदी की'आत्महंता', शिवमूर्ति की 'भरतनाट्‌यम', संजीव की 'अल्लाहरखा दर्गाह और मूरतें', ओम प्रकाश वाल्मीकी की 'सलाम', असगर वजाहत की 'केक', अब्दुल बिस्मिल्लह की 'दूसरे मोर्चे पर', उदय प्रकाश की 'पोल गोमरा का स्कूटर'आदि कहानियाँ उदाहरण हैं। समाज के सम्मुख स्वयं पराजित होकर भी शिक्षित युवा पीढ़ी कहानियों में मूल्य को ही चुनते हैं। खुद्‌परस्त समाज उनके उम्मीदों को पछाडने में हर कहीं मौजूद है। बच्चों के संघर्ष पर केन्द्रित कहानियाँ भी लिखी गयी हैं। ओम प्रकाश वाल्मीकी की 'कहाँ जाये सतीश', 'रिहाई', चित्रा मुद्‌गल की 'बेईमान', 'मामला आगे बढ़ेगा अभी', असगर वजाहत की 'ऊसर में बबूल', पंकज बिष्ट की 'टुण्ड्रा प्रदेश' आदि उदाहरण हैं। बच्चे शोषण को सीधा देखते हैं। सरल ढंग से समझते हैं। इसलिये उनकी प्रतिक्रिया सहज है। माता-पिता के खूनी का और बीवी की दलाली करते पिता का सिर फोडने में उन्हें किसी की नसीहत की ज़रूरत नहीं। बेईमान समाज में बेईमानी कैसे करनी है, यह बताने की ज़रूरत नहीं।

समय के साथ सँवेदना बदलती है। कहानियाँ यह साबित करती हैं। पूर्व पीढ़ी की एवं समकालीन कहानियों में यह अन्तर प्रकट है। प्रेमचन्द की 'पूस की रात' कहानी के 'हल्कू' की हार को नरेन्द्र निर्मोही के 'पर्नोट'का 'सत्तो' जीत लेता है। सवा सेर गेहूँ के 'शंकर' और उसके बेटे की निस्सहायता ओम प्रकाश वाल्मीकि की 'पच्चीस चौका डेढ सौ' कहानी के 'सुदीप' की समझदारी में तब्दील हो जाती है। 'कफन' के निर्लज्ज'घीसू' के माथे पर असगर वजाहत की 'ऊसर में बबूल' का बेटा 'सिडकू' लाठी दे मारता है। 'चीफ की दावत' की ममतामयी माँ अपने गहने बेचकर बेटों को पढ़ाती है, लेकिन 'छप्पन तोले का करधन', 'जी का जंजाल' कहानियों की माएँ जीते जी अपनी सँपत्ति बेटों के नाम करने से डरती हैं। अमरकांत की 'डिप्टी कलक्टरी' के पिता इस उम्मीद में जीते हैं कि बेटा आज नहीं तो कल डिप्टी कलक्टर बन जायेगा। लेकिन कैलाश कल्पित की 'पिता' कहानी के पिता उम्मीद खो चुके हैं। वे आत्महत्या कर अपनी नौकरी बेटे को दिलाते है। मार्कण्डेय की 'महुए का पेड़' की बूढी दादी कटे हुए महुए के पेड़ के सामने से काशी चली जाती हैं। लेकिन मधुकर सिंह की 'कटहल का पेड़' की धनेसर महतो अपने रोपे पेड़' जिसे वह अपना नहीं कह पाती, स्वयं काट गिराती है।

कमलेश्वर की 'माँस का दरिया' कहानी की 'जुगनू' जीवन को पहाड समझने में मजबूर थी, लेकिन जगदम्बा प्रसाद दिक्षित की 'मुहब्बत' कहानी में उसे सच्चा आशिक मिलता है जो 'वो टाइप का आदमी नहीं है'।

भीष्म साहनी की 'साग-मीट', अमरकांत की 'नौकर' कहानियों की 'जी हुज़ूरी की मजबूरी' मृदुला गर्ग की 'उसका विद्रोह' में आकर बदलती है। उस कहानी का नौकर बर्तन धोते हुए ऊँची आवाज़ में गाना गाता है, जिसकी उस घर में कडी मनाही है। शेखर जोशी की 'बदबू' की समझदार चुप्पी को संजीव की 'चुनौती' कहानी का मज़दूर 'कामतानाथ' तोड़ता है। इस तरह समकालीन कहानियों में विद्रोह का नया अन्दाज़ द्रिष्टिगोचर है। लेकिन इसका दूसरा पक्ष भी है।

अमरकांत की सिद्धेस्वरियों की परम्परा लगातार कहानियों में मौजूद है। नीरजा माधव की 'चुप चन्देरा रोना नहीं', अमर गोस्वामी की 'बाबू लाल का परिवार', नमिता सिंह का 'दर्द', ओम प्रकाश वाल्मीकि की 'अम्मा' जैसी कहानियाँ उदाहरण हैं। रेणू की 'तीसरी कसम' का हीरामन चित्रा मुदगल की 'जिनावर' कहानी में आकर उपभोगवादी बनता है। अमरकांत के 'कर्मपरायण नौकर' की परम्परा उदयप्रकाश की 'हीरालाल का भूत' कहानी में कायम है। 'बदबू' कहानी के समझदार मज़दूर संजीव की 'आविष्कार' कहानी तक आते आते अपना ही कार्खाना गिराने के लिए लड़ता है। और असगर वजाहत की 'ऊसर में बबूल' कहानी का 'सिडकू का पिता' प्रेमचन्द के घीसू-माधव की याद दिलाता है।

जाहिर है कि समकालीन कहानियों में प्रमुखतः दो शैली की सँवेदनाएँ मौजूद है—एक सहानुभूति की दूसरी विद्रोह की। एक जीवन संघर्षों पर ज़ोर देती है तो दूसरी उससे उबरने की सम्भावनाओं पर अतः प्रतिक्रिया पर ज़ोर देती है। दोनों परस्पर पूरक हैं। दलित तथा नारी केन्द्रित कहानियों में ज्यादातर मेहनतकशआम आदमी का विद्रोहात्मक तेवर चित्रित है। वर्गपरक शोषण पर तथा वृदध्जन, शिक्षित युवाजन, बालजन समस्याओं पर केन्द्रित कहानियाँ ज्यादातर जीने की लड़ाइयों को वाणी देती हैं।

समकालीन प्रारम्भिक दौर की कहानियाँ जितनी सक्रिय हैं उतनी शेष की नहीं। अन्तिम दौर तक आते आते विद्रोह का अन्दाज़ बदल जाता है। स्वयं प्रकाश की 'अविनाश मोटू उर्फ आम आदमी' के अविनाश मोटू को दलाली का पैसा नहीं पचता है, पर वह दूसरों का लेना मना नहीं करता। उदयप्रकाश की 'और अन्त में प्रार्थना' के डॉ. दिनेश मनोहर वाकणकर स्वयं गद्दारी नहीं कर सकता पर दूसरों को करने दे सकता है। स्वयं प्रकाश की 'बाबूलाल तेली की नाक' कहानी का बाबूलाल समाज में उपहास बनकर जीना अपनी नियति मानता है। अपने साथ कम अन्याय होने के वास्ते वह खुशी मनाता है। ये कहानियाँ ऐसी समवेदना देती है मानो मौजूदा माहौल वैयक्तिक आदर्शों का हो।

दलित कहानियों को छोड़कर बहुत विरले ही कहानियाँ संगठित मोर्चे पर उम्मीद रखती हैं। लेकिन कहीं कहीं दलित कहानियाँ भी अपना अलग समाज गठाने की संवेदना प्रस्तुत करती है जैसे मोहनदास नैमिशराय का 'अपना गाँव'। लेकिन उधर भी दलित समाज से अलग होते दलित ब्राह्मणों के चित्रण अनेक हैं। ओम प्रकाश वत्मीकी की 'सलाम' कहानी में जातिगत विभाजन के भीतर साम्प्रदायिक विभाजन की समस्या चित्रित है। अन्य कहानियाँ ज्यादातर फुटकल वैयक्तिक प्रतिरोधों को प्रश्रय देती है जो चिन्तनीय है।

संक्षेप में मेहनतकश आम आदमी के प्रति प्रतिबद्ध साहित्यकारों की एक परम्परा कहानी जगत में मौजूद है जिन्होंने परिवर्तन को सूक्ष्मता से महसूसकर उन्हें कहानियों में उतारे हैं। ऐसे पात्रो को प्रस्तुत किया है, जो आम आदमी के साथ सीधा सम्बन्ध रख पाते हैं। अभिव्यक्ति के अन्दाज़ चाहे अलग अलग हो, मूल संवेदना एक है–मेहनतकश आम आदमी एवं उनके जीवन के संघर्ष। अतः वर्गगत, जातिगत, लिंगगत विभाजनों से परे मेहनतकश आम आदमी का बुनियादी संघर्ष आखिर जीने के लिए है।

## सन्दर्भ ग्रंथ सूची


1. oxford dictionary
2. तारा पांचाल, समकालीन हिन्दी कहानी, मीनाक्षी पाहवा, पृ. 167।
3. ज्ञान प्रकाश विवेक।
4. कमलेश्वर, 1977 की हिन्दी कहानी की भूमिका, सं. ऋषिकुमार चतुरवेदि।
5. मृदुल जोशी, समकालीन हिन्दी कविता में आम आदमी, पृ. 16।
6. मीनाक्षी पाहवा, समकालीन हिन्दी कहानी, आम आदमी के सन्दर्भ में, पृ. 2।
7. बजरंग बिहारी तिवारी, संघर्षशील जन की कहानियों का फलक, हंस, आगस्त 2006।
8. प्रेमचन्द, भूमिका, पृ. 6।
9. ओक्सफोर्ड डिक्शनरि।
10. श्री देवेन्द्र इस्सर, मूल्य संक्रान्ति और युग चेतना, समकालीन सहित्य चिन्तन, सं. डॉ. रामदरश मिश्र, डॉ.महीप सिन्ह, पृ.12।
11. डॉ, महीप सिन्हा, साहित्य और सामाजिक परिवर्तन, समकालीन सहित्य चिन्तन, सं. डॉ. रामदरश मिश्र, डॉ. महीप सिन्हा, पृ. 23।
12. डॉ. देवराज, साहित्य और संघर्षशीलता, समकालीन सहित्य चिन्तन, सं.डॉ.रामदरश मिश्र, डॉ.महीप सिन्ह, पृ. 9।
13. श्री रामशरण जोशी, समयांतर, फरवरी, 2008, पृ. 2।
14. ऑक्स्फोर्ड दिक्षनरि।
15. मृदुला गर्ग, मर्द आलोचना, आधुनिक हिन्दी कहानी, नारी चेतना, पृ. 206।
16. राम विलास शर्मा, मार्क्सवाद और प्रगतिशील साहित्य, पृ. 265।
17. राम विलास शर्मा, मार्क्सवाद और प्रगतिशील साहित्य, पृ. 265।
18. राजेन्द्र मिश्र, समकालीन साहित्य और विचारधारायें, पृ. 66।
19. एस आबिद हुस्सैन, the national culture of india
20. डॉ.शिव्वकुमार मिश्र, वर्ग और वर्ण सन्दर्भ : दलित विमर्श, वर्तमान साहित्य, पृ. 11।
21. दिंनेश राम, समकालीन हिन्दी कहानी और अम्बेदकरवादी आन्दोलन, पृ.
22. दिनेश राम, समकालीन हिन्दी कहानी और अम्बेदकरवादी आन्दोलन, पृ. 30।
23. डॉ. बि. आर. जाटव, गाँधी लोहिया अम्बेदकर, पृ. 87।
24. दिनेश राम, समकालीन हिन्दी कहानी और अम्बेदकरवाद।
25. सुभाष गातडे, नये फायदे, पुरानी गुलामी, वर्तमान साहित्य, मार्च, 2009।
26. ओमप्रकाश शर्मा, समकालीन महिला लेखन, पृ. 35।
27. गीता सोलंकी, नारीचेतना और कृष्णा सोबती के उपन्यास, पृ. 29।
28. वीना यादव, हिन्दी कहनी में स्त्री अस्मिता की अभिव्यक्ति, पृ. 3।
29. गीता सोलंकी, नारी चेतना और कृष्ना सोबती के उपन्यास, पृ. 30।
30. सीमोन द बोआर, स्त्री उपेक्षिता, 342।

31. डॉ, सौ मंगल कप्पीकेरे, साठोत्तरी हिन्दी लेखिकाओं में नारी, पृ. 56।
32. गीता सोलंकी, वारी चेतना और कृष्णा सोबती के उपन्यास, पृ. 37।
33. रमणिका गुप्ता, स्त्री-विमर्श कलम और कुदाल के बहाने, पृ. 15।
34. डॉ. वेदप्रकाश अमिताभ, हिन्दी कहानी का समकालीन परिदश्य, पृ. 23।
35. भैरवप्रसाद गुप्त, साहित्य में आम आदमी, अवकाश, पृ. 67।
36. पंकज बिष्ट, जनवादी कहानी, सं. रमेश उपाध्याय, पृ. 82।
37. मधुरेश, हिन्दी कहानी का विकास, पृ. 135।

# आदिवासी कविता में पारिस्थितिक बोध

*श्यामकुमार एस*

आदिवासी संस्कृति प्रकृति से जुड़ी रहती है। पर्यावरण का संरक्षण करने का महान कार्य प्रकृति पुत्र आदिवासी जनजातियाँ बड़ी सहजता से करती हैं। यही कारण है कि उन्हें आज भी प्रकृति पुत्र की संज्ञा से अभिहित किया जाता है। आदिवासी जनजातियों और प्रकृति का अभिन्न नाता है। उनका सम्पूर्ण जीवन ही प्रकृति से प्रभावित है। बरसों से वे जंगल में अपना जीवनयापन कर रहे हैं। आज भी आदिवासियों में अधिकांश लोग आधुनिक सभ्यता से दूर अपने वनों, घाटियों, नदी-नालों, पशु-पक्षियों तथा रूढियों और संस्कारों से जुड़ी हुई आदिम संस्कृति में जी रहे हैं। इसलिए उन्हें वनवासी नामक सम्बोधन भी प्रचलित हैं। अर्थात मानव और प्रकृति का निश्चल सम्बन्ध आदिवासी संस्कृति का मूलाधार है।

प्रकृति के प्रति उनका लगाव व्यक्त करनेवाले भगवान गव्हाडे की कविता है 'आदिवासी संस्कृति'। इसमें वे अपने घर, संसार, धर्मसबको प्रकृति ही मानते हैं–

"हमारा घर जंगल-जमीन
हमारा संसार खेत-खलिहान
हमारी सन्तान पशु-पक्षी धन
हमारा आँगन हरे-भरे धान
.... हमारा धर्म प्रकृति सुरक्षा के लिए बलिदान"।[1]

आदिवासी लोग दीन हैं, हीन है, अनपढ़ है। लेकिन वे अपनी संस्कृति को कायम रखकर जीते है। वे अपने जंगलों से, नदियों से, पहाडों से मिट्टी से, गीतों से, फसलों से सब से प्यार करते हैं। गाय, बकरी, सुअर आदि पशु भी उनके रिश्तेदार है। वे उनसे भी प्रेम करते है। निर्मल पुतुला अपनी कविता' आदिवासी स्त्रियों' में कहती हैं कि जब आदिवासी स्त्री अपने केश में पलाश के फूल खोंसकर नाचती है तब असमय में भी वसन्त आ जाता है–

"जुड़े से खोंसकर पलाश के फूल
जब नाचती कतारबद्ध मांदल की थाप पर
आ जा तब असमय वसन्त
वे करती प्रेम जंगलों से, नदियों से, पहाड़ों से
मिट्टी से, गीतों से, फसलों से
उनके नाते-रिशते की परिधि में आते
गाय, बकरी, सुअर भी
घर की परिधि से बाहर भी
दूर क्षितिज तक फैली होती

उनका दुनिया"।[2]

'वैश्वीकरण की असली शक्ल' शीर्षक कविता में भगवान गव्हाडे कहते हैं कि हर एक आदिवासी की आत्मा पेड़ के तने में बसी है। उनके शरीर के एक एक अंग उस पेड़. के एक एक अंग ही है। उतना आत्मीय सम्बन्ध है आदिवासी और वृक्षों के बीच–

"पेड़ों के तने में बसी है
हर एक आदमी की आत्मा
टहनियों में दौड़ता
खौलता हुआ लहू
हर पत्ते- पत्ते में
लहराती है उसकी साँसें
फूल की महक में धड़कता है उसका मासूम दिल"।[3]

'जल, ज़मीन और जंगल' शीर्षक कविता में सरिता बड़ाइक कहती हैं कि हम जितना भी आधुनिक बन जायें और चाँद को छू भी सकें लेकिन आखिर हमें जल, जमीन और जंगल की ओर लौढना पड़ेगा क्यों कि यह हमारी संस्कृति की धरोहार है–

"कितना भी हो जायें आधुनिक
या छू लें चाँद
आखिर लौटना होगा
जल ज़मीन और जंगल
ओखली ढेकी और हल
यही हमारी संस्कृति की
धरोहार"।[4]

प्रकृति से जुड़ी संस्कृति पर अपना लगाव इस प्रकार व्यक्त करती हैं कि आदिवासी कवयित्री निर्मला पुतुल। वह ऐसे लोगों के साथ जाना या ऐसे लोगों के साथ जीना भी नहीं चाहती जिन्होंने अभी तक एक पेड़ नहीं लगाया। क्योंकि पेड़ लगाना उन्हें पालना आदिवासियों की संस्कृति का हिस्सा है।

"और उसके हाथों में मत देना मेरा हाथ
जिसके हाथों ने कभी कोई
पेड़ नहीं लगाए"।[5]

प्रकृति के हर बदलाव को जानते है आदिवासी। प्रकृति के संरक्षण के नाम पर बाहर के कई लोग जंगल जाते हैं कई प्रकार के सुझाव करते हैं। लेकिन आदिवासी कवि ग्रेस कुज़ूर कहती हैं कि वे जंगल के बारे में कुछ भी नहीं जानती सभी बाहरी दिखावा ही है। कवि उन लोगों से पूछती हैं–

"पर्वतों की फिज़ाओं में
आती आवाज़ों को
कभी सुना है तुमने
जिनकी गुफाओं में
प्रकृति सोती है"।[6]

प्रकृति के साथ जीकर उसके हर एक धड़क को पहचानने की ताकत है उसमें। प्रकृति के बारे में वह सब कुछ जानता है।

आदिवासी कवि महादेव टोप्पो कहते हैं कि यदि कोई महायुद्ध आये तो मैं अपना धन, दौलत बचाने की कोशिश नहीं करूँगा। मैं अपने जंगलीपन को बचाने की कोशिश करूँगा। जंगलीपन माने हर एक आदिवासी के सम्बन्ध में अपनी संस्कृति है। यह आनेवाली पीढ़ी के लिए भी लाभ दायक होगा।

"अब यदि छिडेगा कोई महायुद्ध
मैं धन-दौलत कुछ नहीं बचाऊँगा
बचाऊँगा अपना और पुरखों का / जंगलीपन
क्यों कि तब मनुष्य का
सम्पूर्ण अस्तित्व हो जायेगा खतम
तो यही आदिवासीपन ही
जंगलीपन / बचाएगा / बनाएगा / सिरजेगा
चौथे महायुद्ध के बाद जन्मे मनुष्य को"।[7]

आदिवासी प्रकृति की गोद में जन्म लेकर जंगल में पहाड़ की तराईयों और नदी की धाराओं में तय कर अपना जीवन बिताता है–

"प्रकृति की गोद में बसा
वह आदमी काला मतमैल
बियाबान जंगलों में
पहाड की तराईयों में
सरिता की धाराओं में
तयकर रहा है
जीवन का सफर"।[8]

आदिवासी कवि अनुज लुगुन 'ओ जंगल' शीर्षक कविता के द्वारा यह बताते हैं कि जंगल ही हमें जीवन देता है उनके सामने पूर्ण रूप से अपने आपको समर्पित करना चाहता है।

"मैं पंछी तुम्हारी दाल का
तुम्हें एक पेड़ की तरह
प्यार करता हूँ / उसमें घोंसला बनाता हूँ
मेरा घर तुम्हारी कोख में है और / तुम्हारे प्यार के तिनके से
बुना है मेरा घर / तुम्हारी कोख में मेरा प्यार भरा
स्पर्श और चुंबन है / हमने बनायी है हमेशा इसी तरह
प्यार भरी एक दुनिया / ओ मेरे जंगल
ओ मेरी अनन्या / आलिंगबद्ध है हम
तुम मुझे देती जीवन / और मैं तुम्हें समर्पण"।[9]

आदिवासी कवि अपनी प्रियतमा से ज़्यादा अपनी मिट्टी को प्यार करती है। अपनी मिट्टी के सौन्दर्य को देखते वक्त वह प्रियतमा को भूल जाती है–

"मै ज़मीन को कस कर

अपने पैरों के नीचे पकड़ लेता हूँ
और भूल जाता हूँ
अपनी प्रियतमा को कविता लिखना
मैं इसी वक्त
उस पहाड से प्यार कर रहा होता हूँ
जिसके सर पर बादल मंडरा रहे है"।[10]

इस प्रकार आदिवासी संस्कृति में प्रकृति के प्रति उसकी संस्कारगत आत्मीयता हम देख सकते हैं। आदिवासियों ने अपने जीवन विकास में इस धरती और प्रकृति से आत्मीय सहयोग प्राप्त किया है। देश के हरित वनों के शीतल-स्निग्ध छाया में ही उन्होंने अपने घर बनाये और बहुत थोड़े श्रम से ही प्राप्त आहार पर शान्ति पूर्वक जीवन व्यतीत करते रहे हैं। प्रकृति के जीवन से उन्हें अपने जीवन की सभी सुविधाएँ मिली और उसी के सम्पर्क सहयोग से उनका जीवन विकासित होता गया। आदिवासियों के जीवन में तथा उनकी अर्थ व्यवस्था में वन का प्रमुख स्थान है। आज भी भारत के लगभग 50 प्रतिशत से ज़्यादा आदिवासी जनजाति जंगलों से जुड़े रहते हैं। लेकिन आज सरकार ठेकेदारों से मिलकर विभिन्न योजनाओं के नाम पर वनों की कटाई ज़ोर से कर रही है। यह कटाई व्यक्तिगत हितों की रक्षा के लिए हो या उद्योग या आवास निर्माण बनाने के लिए या फिर बाँध आदि सार्वजनिक हितों की पूर्ति के लिए की जा रही है। इसके कारण वन का क्षेत्र कम होता जा रहा है। आदिवासियों के जीवन वन से खूब जुड़े हुए थे। वे इस वन से हर्र, बहेरा, लाख, तेंदू, पत्ता आदि सारी चीज़ें संग्रहित करके अपने जीवन बिताते थे। लेकिन वन संरक्षण– अधिनियम के कारण अब इन साधनों को वे संग्रहीत नहीं कर पा रहे हैं। ये लोग वन से संग्रहीत बाज़ार में बिक्री के लिए ले जानेवाली चीज़ों को उनका सही मूल्य नहीं मिलता। इन चीज़ों की बिक्री से प्राप्त होनेवाला अधिकांश लाभ तो निजी ठेकेदारों के हिस्सों में चला जाता है। वनों से प्राप्त होनेवाली चीज़ों को उपयोगी बनाने की आधुनिक कला का ज्ञान इन्हें न होने के कारण साहूकारों, ठेकेदारों को कच्चा माल कम दामों में बेच देते हैं और ये बड़े लोग इससे अधिक लाभ पाते हैं।

आज वन कटाई के कारण वन्य प्राणी भी अप्रत्यक्ष हो रहे हैं। ये वन्य प्राणी आदिवासियों के जीवन के अभिन्न अंग रहे थे। इस प्रकार समाज ने उनकी जीविका के साधनों को इनसे छीन लिया है। भारतीयों के अनुसार प्रकृति हमारी माँ है। मनुष्य अपने स्वार्थ लाभ के लिए प्रकृति पर, भूमि पर दिन ब दिन अत्याचाअर करता रहा है। लेकिन ये सब किसी शिकायत के बिना भूमि सहती है। कवयित्री निर्मला पुतुल कहती हैं कि तुम मनुष्य हो या नहीं उसमें मुझे सन्देह है। तुम मनुष्य नहीं होंगे, यदि मनुष्य हो तो इसी प्रकार का अत्याचार प्रकृति पर नहीं करता–

"भाग-दौड़ की जिन्दगी से / थोड़ा-सा वक्त चुराकर
बतियाता है कभी / कभी शिकायत न करनेवाला
गुमसुम बूढ़ी पृथ्वी से उसका दुःख
अगर नहीं / तो क्षमा करना
मुझे तुम्हारे आदमी होने पर सन्देह है"।[11]

स्वतन्त्रता प्राप्ति के बाद शासकों ने जंगल को केवल लाभ की वस्तु बना दी। अधिकारियों और ठेकेदारों ने मिलकर उसे बर्बाद कर दिया। अल्पलाभ के लिए मनुष्य सम्पूर्ण जैववैविध्य

का विनाश कर रहा है। प्रकृति के इस प्रकार के शोषण का चित्रण है 'ग्रेस कुज़ूर, के 'एक और जनी शिकार' शीर्षक कविता–

"कहाँ है वह फुटकल का गाछ
जहाँ चढ़ती थी मैं / साग तोड़ने
और गाती थी तुम्हारे गीत
जाने किधर है / कोमल पतत्तियों वाला
कोयनार का गाछ / जिसके नीचे तुम
बजाया करता थे / मांदर और बांसुरी?"।[12]

वनों को काटने के कारण गर्मी तो बढ़ रही है। मनुष्य तथा अन्य जीव जन्तुओं को इस भूमि पर रहना मुश्किल हो गया है। हरिराम मीणा के' विगत समय का झोंका 'शीर्षक कविता इस समस्या को उभरती है–

"घूणी तपती ज्येष्ठ की दुपहरी
सूरज की भट्टी में से आते लू के थपेड़े
दूर समतलों में उठते रेत के भरभूडे
भबह्क रहे पत्थर
झुलस रहे जंगल"।[13]

प्रकृति को इस प्रकार शोषण किया जाये तो हमारी आनेवाली पीढ़ी एक बूँद पानी के लिए जरूर तडप जायेगी। इसलिए कवि हमसे कहते हैं कि तुम एक वृक्ष काटते तो उसकी जगह दूसरा वृक्ष लगाना ज़रूरी है–

"एक बूँद पानी के लिए / तड़प-तड़प जायेगी
हमारी पीढ़ियाँ / इसलिए
मैं सच कहती हूँ / हे समय के पहरेदारों!
तुमने अवश्य सुना होगा / एक वृक्ष की जगह
लगाओ दूसरा वृक्ष"।[14]

भारतीयों के लिए गंगा नदी पवित्र है। लेकिन वह पवित्रता आज नष्ट हो चुकी है। ग़ंगा को कई प्रकार से प्रदूषित किया जा रहा है। आसपास के शहर की सारी गन्दगी नदी की ओर बहती जाती है। लेकिन 'गंगा' सब कुछ चुपचाप सहती है। इस प्रदूषण को सहकर सदा वह रोती है लेकिन कोई भी उसकी सिसकियाँ सुनता नहीं है–

"छला जिसने तुम्हें तुम्हारी ही
मुक्ति के नाम पर
रही रोती सदा रात के सन्नाटे में
अंधेरे से मुँह ढांप
पर सुनी नहीं किसी ने तुम्हारी सिसकियाँ ...."।[15]

निर्मला पुतुल ने 'जंगल, नदी, पहाड़ और गुमसुम बूढ़ी पृथ्वी का दुःख' शीर्षक कविता में नदियों के प्रदूषण से उत्पन्न नदी का दुःख इस प्रकार व्यक्त किया है–

"सुना है कभी
रात के सन्नाटे में

अंधेरे में मुँह ढांप
किस कदर रोती है नदियाँ?"[16]

विकास के नाम पर आज प्रकृति के अतिदारुण दोहन-शोषण हो रहा है। इसके नाम पर वनों का नाश, पेड़ों का काटना, जानवरों का मारना, बड़े-बड़े कारखानों का निर्माण करना आदि चलता आ रहा है। उससे कई प्रकार के प्रदूषण भी उत्पन्न होते हैं। इस पर सख्त प्रतिरोध व्यक्त करते हैं आदिवासी कवि अनुज लुगुन। वे कहते हैं कि जंगलों पर जो अन्याय चल रहे हैं उसके विरुद्ध जंगल के न्याय के लिए लड़ने को हम तैयार हैं–

"हमारी जीवन यहीं से पकती हैं
और हम तियार होते हैं
लड़ने के लिए
जंगलों के न्याय के पक्ष में"।[17]

महादेव टोप्पो पूछते हैं कि जंगल पर इस प्रकार के अत्याचार होने पर जंगल का कवि किस प्रकार चुपचाप होकर बैठेंगा। वे अपना-अपना धनुष उठाकर इसका विरोध करेंगे–

"जंगल के हरेपन को / बचाने की खातिर
जंगल का कवि / मांदर बजायेगा
बांसुरी बजायेगा / चढा कर प्रत्यंचा पर कलम"।[18]

पेड़ अनेक जीव जन्तुओं का वास स्थान है। उन्हें काटने से जीवन, आवास स्थान सब कुछ खतरे में पड़ जाते हैं। इस प्रकार पेड़ काटने से मनुष्य को ही नहीं प्रकृति के सभी जीव के लिए दोष है। इस पर सख्त प्रतिरोध करनेवाले निर्मला पुतुल की पंक्तियाँ हैं–

"कुल्हाड़ियों के वार सहते
किसी पेड़ की हिलती टहनियों में
दिखाई पड़े है तुम्हें
बचाव के लिए पुकारते हज़ारों-हज़ार हाथ?"[19]

प्रकृति पर हो रहे अत्याचारों एवं शोषण के खिलाफ अपना प्रतिरोध व्यक्त करती है आदिवासी कवयित्री निर्मला पुतुल। वे इशारा करती हैं कि यदि हम ये सब शोषण चुपचाप सह लेते तो कल ज़रूर ही हमारी खामोशी का जवाब देना पड़ेगा–

"देखो! अपनी बस्ती के सीमांत पर
जहाँ धराशायी हो रहे हैं पेड़
कुलहाडियों के सामने असहाय
रोज नंगी होती बस्तियाँ
एक रोज माँगेगी तुमसे
तुम्हारी खामोशी का जवाब"।[20]

# पोस्ट बॉक्स नं. 203 नाला सोपारा में ट्रांसजेण्डर विमर्श

*संजीव कुमार के.*

"डर, हिकारत, अछूता
हीन, उपेक्षित....
देखकर हमें कुछ यूँ,
है जहाँ सारा, नजरें फेर लेता....
क्या खूब सूझी, तुझे भी ऐ खुदा,
इक कहर है तेरा यह भी, 'अधूरी देह' देना....
-गीतिका वेदिका की कृति 'अधुरी देह' से

इक्कीसवीं सदी विमर्शों की सदी है। चाहे वह नारी विमर्श हो, दलित विमर्श हो, या आदिवासी विमर्श हो। इन विमर्शों के समान्तर एक नया विमर्श अपनी उपस्थिति दर्जा कर रहा है– वह है जेण्डर विमर्श। विश्व में दो लिंग के अलावा एक अन्य प्रजाति के लोग रहते हैं, जो न ही पुरुष के श्रेणी में आते हैं और न ही स्त्री श्रेणी के अन्तर्गत। जिन्हें हम हिजड़ा, जेण्डर, नपुम्सक, खोजा आदि उपनामों से सम्बोधित करते हैं।

चित्रा मुद्गल व्दारा लिखित 'पोस्ट बॉक्स नं.203 नाला सोपारा' (2016) उपन्यास में एक तृतीय लिंगी बालक की वेदना और संवेदना को बताया गया है। यह उपन्यास पत्रकारिता शैली में लिखा गया है। पूरा उपन्यास माँ-बेटे के बीच के संवाद पत्र के माध्यम से है। बिनोद उर्फ बिन्नी उर्फ बिमली जन्म से नपुसंकलिगं है, उनके घरवाले समाज के भय के कारण उसे हिजड़ों के हाथ में सौंप देता है। माँ घरवालों से छुपकर पोस्ट बॉक्स व्दारा आये पत्र के माध्यम से अपने बच्चे के साथ बात करती है। बिन्नी कई शिकायत अपनी माँ से करती है।– "तूने, मेरी बा, तूने और पप्पा ने मिलकर मुझे कसाइयों के हाथ मासूम बकरी सा सौंप दिया। मेरी सुरक्षा के लिए कोई कानूनी कार्रवाई क्यों नहीं की? मनसुख भाई जैसे पुलिस अधीक्षक पप्पा के गहरे दोस्त के रहते हुए? वो अपने आप मुझे बचाने के लिए तो आ नहीं सकते थे। मेरे आंगिक दोष की बात पप्पा ने उनसे बाँटी जो नहीं होगी। वरना वह मुझे बचाना जरुर आ जाते"[1]। विनोद के मन में दुनिया को लेकर ही नहीं बल्कि खुद के बारे में भी बहुत अधिक सवाल हैं। वह अपने माँ से पूछता है–"मंजुल के गोद में सम्भालते हुए मैंने तुझसे प्रश्न किया था, 'मेरे नुन्नू क्यों नहीं है, बा?' तो तूने मुझे बहलाया था। 'बच्चे के जन्मते ही आटे का नुन्नू बनाकर लगाना पड़ता है। नर्स भूल गयी तूझे लगाना। लगवा देंगे तुझे भी"[2]। विनोद की ओर से लिखी चिट्टियों के माध्यम से हिजड़े जीवन की अनगिनत त्रासदियों को प्रस्तुत कर गम्भीर संवेदनशीलता का परिचय देती है चित्रा जी।

बिन्नी के माँ-बाप ने उसे कई डॉक्टरों को दिखाया था। लेकिन किसीसे कोई लाभ नहीं

हुआ। वह अपनी शारीरिक विकृति के साथ बड़ा होता जाता है। हिजड़ों की नायिका चंपाबाई बिन्नी को अपने साथ ले जाने के लिए कई बार उसके घर आकर धमकती देती है। कुछ समय तक उसके पिता चंपाबाई को खाली हाथ भेजने में सफल हो जाता है। अन्त में चंपाबाई पूरी जानकारी ईकट्ठा करके घर आती है, धमकाती है, बिन्नी को उसके साथ ले जाती है। विनोद अपनी स्कूल के दोस्त ईशान को फोन करता है, उनकी आवाज़ सुनकर चौक जाता है और कहता है– "तू.... तू ज़िन्दा है विनोद? तू जिन्दा कैसे हो सकता है? स्कूल में तेरे पप्पा ने खबर दी थी। तू अब इस दुनिया में नहीं रहा। तू अब स्कूल नहीं आ सकता। तेरे गाँव में एक भयानक जीप दुर्घटना में तेरी मृत्यु हो चुकी है। स्कूल का तू होशियार विध्यार्थी था ना? दूसरी सुबह स्कूल की असम्बली में हमारी सीनियर इंचार्ज मैम ने तेरी आकस्मिक दुखद मृत्यु की घोषणा की थी। तेरी स्मृति में हम लोगों ने एक मिनट का मौन रखा था।"[3] विनोद के पिता उनकी असलियत छुपाने के लिए उसकी झूठी मृत्यु की खबर फैलाता है। हिजड़ों को सर्वप्रथम परिवार से विस्थापन का दंश भुगतना पड़ता है। समाज में हरएक माता-पिता के सम्बन्ध में यह एक कटु सत्य है कि यदि उनके बच्चे शारीरिक या मानसिक रूप से अपाहिज है तो उसे स्वीकार करते हैं, किन्तु यदि बच्चे यौनिक कमी के हैं तो उसे त्याग देते हैं।

चंपा को सौंप जाते समय बिनोद की उम्र चौदह की थी। वह पढ़-लिखकर अपने पैरों पर खड़े होने की जिद अपने घर छोड़ने के बाद भी नहीं छोड़ता। हिजड़ा समाज में विनोद बिमली बनाती जाती है। विनोद कहता है–"जिस दिन चंपाबाई को सुपुर्द कर दिया गया, कसाईखाने के कपाट खुल गया। गाली हो गाया मैं। हिजड़ा, हिजड़ा, हिजड़ा! गलियों की गाली। हिजड़ा कह देने भर से नासूर छटक जायेंगे देह से"?[4] विनोद अपने लिए प्रयुक्त शब्द 'हिजड़ा', उसे अच्छा नहीं लगता। ये शब्द उसे मन ही मन अपमानित करता है।

जहाँ हिजड़ों की समस्याओं के लिए समाज को दोषी ठहराया गया है, वहीं खुद किन्नर समुदाय को भी है। जिस उपेक्षित, अपमानित, अभिशप्त जीवन को वे झेलते हैं, वे आनेवाली पीढ़ी को भी उसी जीवन की ओर ले जाते है। इस कृत्य के पीछे एक ही लक्ष्य है– अपनी मण्डली की शक्ति बढ़ाना। "यह भीतर से खोखले और डरे हुए लोगों की जमाते है। ये चाहते हैं, जिस विशेष परिभाषा से उन्हें मंडित किया गया है, उसी रूप में ही सही, उनकी भी एक संगठित उपस्थिति समाज में बने। उनकी ताकत में इजाफा हो। ढूंढ़ते फिरते हैं, जननांग, विकलांग को, इसीलिए। कहीं से कोई टोह मिल जाये। गुरु परम्परा से दीक्षित कर बनाए रखना चाहते हैं उस एकता को जो उन्हें आपस में जोड़े रहे। अब आप ही बताएँ बा, उन्हें समाज की मुख्यधारा में क्यों नहीं स्वीकार्य होना चाहिए"?[5]

बिनोद से बिमली बनी दिया बिन्नी हिजड़ों की डेरे पर रहते हुए फरीदाबाद में सुबह-सुबह गाड़ियाँ धोने का काम करता। बिनोद कभी भी उस पेशे को नहीं अपनाता है, जिसपर हिजड़ा समुदाय पलते हैं, भिक्षावृत्ति, नाच, मसलन बधाई माँगना आदि। बाद में स्थानीय विधायकजी की मदद से कम्पूटर संचालन का कोर्स पास करके, उनके दफ्तर में नौकरी करने लगता है। "ईस अवमनना को झेलने से इंकार कीजिए। कुली बनिए। मिस्त्री बनिए, ईट-गारा ढोइए, जो चाहे, सो कीजिए, पाएंगे मेहनत के कौर की तृप्ति"[6]। विनोद की प्रेरणा से उसके अड्डे पर रहनेवाली पूनम जोशी कुछ विरोधों के बावजूद उनके जैसे काम करने के लिए तैयार हो जाती है।

अपन्यास राजनीतिक लोगों के षड्यन्त्र का भी चित्रण करता है। ये लोग भी हिजड़ों को मानवीय गरिमा दिलाने में नहीं, बल्कि उसे आरक्षण का लालच देकर उन्हें वोट बैंक के रूप में इस्तेमाल करते हैं। स्थानीय विधायक अपनी पार्टी व्दारा चलाये हिजड़ा आन्दोलन के सामने विनोद को खड़ा करता है। लेकिन विनोद जानता है कि आरक्षण हिजड़ा बिरादरी की समस्या का इलाज नहीं है। विनोद विधायकजी की पार्टी के मंच पर खड़े होकर हिजड़ों की स्वाभिमान और आत्मनिर्भरता पर ज़ोर देता है। विनोद कहता है– "किन्नर बिरादरी का संघर्ष उन्हें मनुष्य माने जाने का संघर्ष है। फिर अदर्स में क्यों ढकेला जा रहा है। अदर्स को खत्म कर देना चाहिए, सरकार को। देखिए, मेरा मानना यह है, अपना लिंग उन्हें चुनने की स्वतन्त्रता दीजिए। यही मैं सोचता रहा हूँ। मानता भी आया हूँ। आज आप सबके सामने वही सब दोहरा रहा हूँ। विमर्श कीजिए इस मुद्दे पर...."[7] ऐसे कानून की व्यवस्था होनी चहिए, जो जननांग दोषियों के समाज से बहिष्कृत किये जाने की प्रक्रिया को रोक ले। अर्थ यह है कि सरकार जननांग दोषियों को परिवार और अपने सम्बन्धियों के साथ रहने को प्रोत्साहित करे और समाज में अवसर प्रदान करने के कानून का निर्माण करें। "पुरानी पहचान को मिटाए बिना नयी पहचान सम्भव नहीं। सख्त कानून बना दिया जाये। कन्या भ्रूण हत्या पाप है, अपराध है। कन्याभ्रूण हत्या के दोषी माता-पिता अपराधी हैं। उससे कम दंडनीय अपराध नहीं जननांग दोषी बच्चों का त्याग"[8]। आज संवैधानिक लड़ाई में बहुत कुछ जीत लिया गया है। सर्वोच्च न्यायालय ने 15 अप्रैल 2014 को हिजड़ों के पक्ष में अपना ऐतिहासिक निर्णय दिया। तदनुसार उन्हें तृतिय लिंग (थर्ड जेण्डर) के रूप में समाज में सम्मानजनक ढंग से जीने का अधिकार दे दिया गया है। समाजिक लड़ाई अब भी ज़ारी हैं।

चित्रा मुद्गल द्वारा लिखित 'पोस्ट बॉक्स नं. 203 नाला सोपारा' उपन्यास के अध्ययन से यह ज्ञात होता है कि उपेक्षित वर्गों में भी हिजड़े सर्वाधिक उपेक्षित वर्ग है। हिजड़े समुदाय की आर्थिक, राजनैतिक, सामाजिक एवं जैविक संरचना पक्षों को बहुत ही गहनता से यह अन्दास प्रस्तुत करता है। इन समुदाय के उत्थान के लिए यह समुदाय और समाज की मुख्यधारा के लोग दोनों को एक दुसरे के समीप आने की आवश्यकता है। उनके अधिकारों के संरक्षण के साथ उन्हें समाज से जुड़ने के लिए अवसर प्रदान करना चाहिए।

## सन्दर्भ सूची


1. चित्रा मुद्गल, पोस्ट बॉक्स नं.203 नाला सोपारा, पृ. 11।
2. वही, पृ. 13।
3. वही, पृ. 31।
4. वही, पृ. 42।
5. वही, पृ. 50।
6. वही, पृ. 187।
7. वही, पृ. 195।
8. वही, पृ. 178।

# दलित चेतना और दलित नारी

*वीणा.जे.*

सामाजिक और राजनीतिक क्षेत्रों में उठी हुई हलचल साहित्य की विभिन्न विधाओं में प्रत्यक्षतःया परोक्षतः अवश्य व्यक्त होती है। बदली हुई परिस्थितियाँ हमारी भाव सत्ता और विचार में तनाव पैदा करती हैं और उनके अनुरूप हमारे चिन्तन और लेखन की दिशा बदलती है। पिछले कुछ वर्षों में दलित चेतना, दलित आन्दोलन, दलित साहित्य के संघर्ष ने आलोचकों, पाठकों, साहित्यकारों और सामाजिक चिन्तकों का ध्यान सर्वाधिक आकृष्ट किया है। इसने जनमानस को इतना अधिक प्रभावित किया है कि यह साहित्य की विभिन्न विधाओं में अभिव्यक्त हुई है साथ ही सामाजिक राजनीतिक परिप्रेक्ष्य में दलित साहित्य ने अपना विशेष स्वरूप भी ग्रहण किया है। श्री जगन्नाथ पंडित के शब्दों में कहे तो "दलित चेतना और दलित साहित्य सवर्ण मानसिकता और दलित विरोधी गतिविधियों के प्रतिरोध का साहित्य है यह दलितों और दलित चेतना से जुड़े रचनाकारों का एक सर्जनात्मक प्रयास है।"[1]

दलित चेतना पर विचार करने से पहले हमें 'दलित'शब्द पर ध्यान देना चाहिए। इस 'दलित' शब्द की व्याख्या तो बहुतों ने की है। महात्मा गाँधी ने 'अस्पृश्यों' और 'दलितों' को हरिजन संज्ञा से विभूषित किया है जिसे दलित अस्वीकार करते हैं। वे यह पूछते हैं कि दलित 'हरि' के जन हैं तो बाकी क्या पशुजन हैं? डॉ. सोहन लाल सुमनाक्षर दलित शब्द की व्याख्या यों देते हैं– "दलित शब्द आक्रोश, चीख, वेदना, पीड़ा, चुभन, घुटन और छटपटाहट का प्रतीक है।"[2] मोहनदास नैमिशराय के अनुसार 'दलित' शब्द मार्क्स प्रणीत सर्वहारा शब्द के लिए समानार्थी है। लेकिन इन दोनों शब्दों में पर्याप्त अन्तर भी है। दलित की व्याप्ति अधिक है, तो सर्वहारा की सीमित। दलित के अन्तर्गत सामाजिक, धार्मिक, आर्थिक, राजनीतिक शोषण का अन्तर्भाव होता है, तो सर्वहारा को दलित कहने के लिए बाध्य नहीं हो सकता। अर्थात सर्वहारा की सीमाओं में आर्थिक विषमता का शिकार वर्ग आता है, जबकि दलित विशेष तौर पर सामाजिक विषमता का शिकार होता है।

आत्म विश्लेषण, अस्मिता की तलाश, जीवन -मूल्यों की खोज, मानवीय सरोकारों की पड़ताल आदि दलित संस्कृति के मूलाधार हैं। इन सवालों से ही दलित चेतना का उद्गम है और दलित साहित्य भी इसी पर आधारित है। दलित साहित्य की जितनी भी परिभाषाएँ हैं, उनका एकमात्र स्वर है -सामाजिक परिवर्तन। अंबेडकरवादी विचार ही इसकी एकमात्र प्रेरणा है। बाबुराव बागुल के शब्दों में कहें तो "मनुष्य की मुक्ति को स्वीकार करने वाला साहित्य ही दलित साहित्य है।"[3] दलित साहित्य की दृष्टि में अतीत एक स्याह पृष्ठ है जहाँ सिर्फ घृणा है, द्वेष है, उदात्त मानवीय सम्बन्धों की गरिमा का विखंडन है। हर एक प्रसंग, घटना, दैहिक वासना बनकर रह गयी है। दलित साहित्य अतीत के इस खोखलेपन से परिचित है। अतीत के

आदर्श उसे झूठे और छद्म दिखाई पड़ते हैं जिसे उतार कर फेंकना चाहता है। दलित साहित्य ने उन्हीं उदास भावों को मुखरता से अभिव्यक्त किया है।

युग-युगों से प्रताड़ित, शोषित, साहित्यिक संस्कृति से वंचित मानस जब स्वयं को साहित्य के साथ जोड़ता है तो दलित साहित्य उसकी निजता को पहचानने की अभिव्यक्ति बन जाता है। हाशिए पर कर दिए गये इस समूह की पीड़ा जब शब्द बन कर सामने आती है तो सामाजिकता की पराकाष्ठा होती है। सदियों से दबा आक्रोश शब्द की आग बनकर फूटता है तब भाषा और कला की परिस्थितियाँ उसे सीमाबद्ध करने में असमर्थ हो जाती हैं। दलित-लेखन केवल दलितों के अधिकार एवं मूल्य तक ही सीमित नहीं है बल्कि सामाजिक सन्दर्भों के साथ जुड़कर समूचे समाज की अस्मिता और मूल्यों की पहचान बनता है।

आज का दलित लेखक समाज की वह इकाई है जिसने शिक्षा तथा नौकरियों में मिले संवैधानिक अधिकारों के कारण अपनी बौद्धिक और सांस्कृतिक क्षमता का विकास किया है। यह पीढ़ी अपने समाज की दयनीय स्थिति को शब्द दे रहा है। महाराष्ट्र में दलित साहित्य आन्दोलन सन् 1960-65 के दौरान शुरू हुआ था। हिन्दी प्रदेश में भी यद्यपि इसकी मौजूदगी सातवें दशक के आसपास ही मिलती है, जब उत्तर भारत के कुछ स्थानों पर दलित रचनाकारों ने अपनी पीड़ा को अंबेडकरी चेतना से जोड़ना प्रारम्भ किया किन्तु एक संगठित आन्दोलन के रूप में यह नवें दशक से शुरू होता दिखाई देता है। दोनों की चिन्ताएँ एक जैसी हैं। आजकल दलित लेखक और गैर- दलित लेखक की चर्चा चल रही है। किसकी रचनाओं में ज्यादा सच या संवेदना है, इसके बारे में काफी दिनों से बहस चल रही है। इसके सम्बन्ध में हिन्दी के वरिष्ठ समीक्षक मैनेजर पांडे का कहना है कि राख ही जानती है जलने का दर्द, दलित होने की पीड़ा सिर्फ दलित जानता है। कुछ भी हो आज हाशिए पर धकेल दिए गये एक पूरे समाज का वर्चस्व इन दलित-गैरदलित रचनाकारों की रचनाओं के द्वारा पूरी दुनिया के सामने उपस्थित है। दलितों को भी यहाँ पूरी सुविधाओं के साथ अन्य सभी मानवों की तरह जीने का हक है, यह सच आज सबके सामने है।

दलित मुक्ति चेतना का विस्तार भारतीय जाति आधारित समाज की व्यवस्था के वर्ण-जाति-स्त्री दासता की संस्कृति के प्रतिरोध के रूप में हुआ। दलित स्त्री उसके तिहरे शोषण की उन क्रूरतम, हिंसात्मक प्रवृत्तियों को उजागर करके पितृसत्ता, धर्मसत्ता और वर्चस्व के समीकरण को चुनौती देती है। दलित स्त्री-लेखन की मुखरता, स्वाधीनता का संघर्ष और परिवर्तनवादी सोच इसकी महत्त्वपूर्ण केन्द्रीय विषय वस्तु है। उसकी अस्मिता का संघर्ष दोहरा, तिहरा है और मुक्ति की तलाश अधिक जटिल है। गौतम बुद्ध, ज्योतिबा फुले, सावित्रीबाई फुले और डॉ. आंबेडकर की वजह से प्रेरित दलित साहित्य का स्त्रीवादी स्वर समतामूलक समाज रचना के लिए प्रसिद्ध है।

शायद ही दुनिया के किसी और देश में आधी से ज्यादा जनसंख्या को शूद्र और अछूत, अन्त्यज और चांडाल करार देकर उनके लिए निरन्तर कठोर धर्म शास्त्रीय प्रावधान किए गये हों। आज भी राज्य पर धर्म की अधिसत्ता कायम हो जाती है तो अस्पृश्यों, स्त्रियों और शूद्रों को त्रासदी झेलते हुए जिन्दगी गुजारनी पड़ती है। दलित लेखिकाओं की बात कहे तो उन्होंने स्त्री- जीवन की त्रासदी की अभिव्यक्ति के लिए आत्म कथन का माध्यम चुना। इसलिए दलित स्त्री के तिहरे शोषण को आत्मकथन के विस्तृत पटल पर चित्रित करना, दलित लेखिकाओं के

लिए सम्भव हो सका। स्त्री होने के कारण लिंग आधारित, दलित होने के कारण जाति आधारित और गरीबी के कारण वर्गगत शोषण के चलते तिहरे शोषण को झेल रही दलित स्त्री ने अतीत की घटनाओं को कभी क्रमबद्ध तरीके से, तो कभी प्रसंगानुरूप सन्दर्भ के रूप में बड़े ही अनोखे ढंग से अभिव्यक्ति दी है।

दलित स्त्री को कई चुनौतियों का सामना करना पड़ता है। दलित स्त्री के जीवन में शिक्षित होने के लिए संघर्ष, जातिगत पहचान की वजह से प्रगति के हर कदम पर आने वाली कठिनाइयों से जूझना, आर्थिक सबलता के लिए कठिन प्रयास, भूख से लड़ाई, स्त्री होने के कारण घर और बाहर होने वाली अवहेलना, अपमान और शोषण की तिहरी मार को झेलने के प्रसंगों, घटनाओं, संघर्षों का चित्रण लेखिकाओं ने प्रमुख रूप से किया है। लगभग आत्मकथनों में सबसे महत्त्वपूर्ण पहलू है पुरुष सत्तात्मक समाज में स्त्री का निरन्तर शोषण, उसके अस्तित्व और अस्मिता को कुचला जाना और इनके विरोध में स्त्री का संघर्ष। मध्यवर्गीय हो अथवा निम्न वर्गीय मजदूर हो अथवा सामाजिक कार्यकर्ता या कॉलेज में अध्यापिका उसे दलित और स्त्री होने की पीड़ा साथ-साथ झेलनी पड़ी है। अन्याय, गुलामी, दरिद्रता, वंचना ने स्त्री के जीवन को एक-सी भयावहता, दीनता, लाचारी और कुचले जाने की पीड़ा से भर दिया। डॉक्टर बाबा साहेब आंबेडकर ने अपने भाषण में स्त्रियों के लिए कहा था कि भगवान की पूजा अर्चना में जिस तरह औरतें आगे रहती हैं उसी तरह बच्चों को शिक्षित करने के लिए भी औरतों को ही आगे आना होगा और अपने बच्चों को शिक्षित करने की जिम्मेदारी लें। अज्ञानता की पूजा जल्दी ही खत्म करनी चाहिए। इन क्रान्तिकारी विचारों को सुन-पढ़कर दलित समुदाय में क्रान्ति की लहर उठने लगी। गाँव-गाँव में दलित माता-पिता अपनी गरीबी के बावजूद बच्चों को पढ़ा लिखा कर अंबेडकर जैसा बनाने के सपने बुनने लगे थे।

दलित स्त्री केवल व्यक्तिगत अनुभव का ही बयान नहीं करना चाहती है बल्कि वह उसके सामाजिक, आर्थिक और सांस्कृतिक सन्दर्भों को भी उजागर करना चाहती है। अस्तित्व की खोज में अस्तित्व की सामाजिक मान्यता को भी सतह पर लाना चाहती है। दलित महिला के शोषण और गैर दलित महिला के शोषण में काफी अन्तर है। दलित महिला का शोषण तिहरे रूप में हो रहा है; अस्पृश्यता की तपिश, गरीबी और पितृसत्ता की मार को एक साथ झेलती है जबकि गैर-दलित गरीब महिला आर्थिक और यौन शोषण को झेलती है।

आर्थिक तौर पर देखें तो भारतीय समाज में आर्थिक रूप से सबसे कमज़ोर तबका शायद दलित महिला का ही है। उनकी आर्थिक स्थिति पर गौर करें तो वह सबसे निचले स्तर पर नज़र आती है। देहातों में सबसे अधिक कामगर मज़दूर दलित महिलाएँ ही हैं। आज भी भारत की कई जगहों में देवदासी और जोगिनी प्रथायें चल रही है। दूसरी महत्त्वपूर्ण समस्या जिसका सामना दलित स्त्री को करना पड़ता है, वह है लगातार हिंसा और नृशंसता का। अधिकांश दलित महिलाएँ खेतिहर मज़दूर हैं जो बहुत कम मज़दूरी पर काम करती हैं। उनके लिए हर रोज़ बेरोज़गारी का सामना करना आम बात है। साक्षरता और शिक्षा के अभाव में जीने के लिए उन्हें मज़दूरी करनी पड़ती है। गाँव और कस्बों में दोनों जगह एक-सी स्थिति है। नीची जाति के होने तथा आर्थिक रूप से उच्च जाति के जवानों पर आश्रित होने के कारण उन्हें बलात्कार और हर तरह की हिंसा का शिकार होना पड़ता है। वह सामाजिक और धार्मिक रीति-रिवाज की भी शिकार बनती है। आज उसे विकास प्रक्रिया से भी पूरी तरह काट कर दूर हाशिए पर फेंकने

की साजिश रची जा रही है।

दलित महिला घर और बाहर दोनों जगह शोषण के शिकार होती है। घर में पति उसका शारीरिक, मानसिक आर्थिक एवं भावनात्मक शोषण करता है। सवर्ण ब्राह्मणी संस्कृति संस्कारों से ग्रस्त दलित पुरुष भी दहेज, पुत्रमोह आदि कुरीतियों को आत्मसात किए हुए हैं। इसलिए दलित महिलाएँ दहेज उत्पीड़न के शिकार भी हो रही हैं। शराबी पति की मार पिटाई तो रोज़-रोज़ की बात है।

भारतीय संहिता के प्राचीन ग्रन्थ मनुस्मृति में भी दलित औरत के पक्ष में कोई भी बात कहीं नहीं गयी है। दलित, शूद्र और स्त्री के लिए मनुस्मृति ने न केवल ज्ञान के द्वार बन्द रखे थे बल्कि वेद मन्त्रों के उच्चारण करने या सुनने मात्र पर जीभ काटने और पिघलता सीसा कानों में डालने की कड़ी सजा के प्रावधान भी करके रखे थे। मनुस्मृति में दलितों को सम्पत्ति रखने पर प्रतिबंध तो लगाया ही गया, स्त्रियों के ऊपर श्रेणी क्रम से शारीरिक शोषण का विधान भी दिया गया है। इसके लिए उसे सभी अधिकारों से भी वंचित कर दिया गया। दलित स्त्री को सामाजिक, आर्थिक, धार्मिक और शैक्षणिक अधिकारों से वंचित किए जाने के पीछे मनुस्मृतिकार का मकसद स्पष्ट था कि वह केवल गुलाम बनी रहे। किसी प्रकार का विरोध करने पर कड़ी सजा के प्रावधान किये गये।

आज दलित महिलाओं के सामने बहुत सी चुनौतियाँ हैं। शैक्षिक विकास के कार्यक्रम के साथ ही श्रमिक महिलाओं की आर्थिक सहायता के कार्यक्रमों का होना बहुत जरूरी है। इन्हीं दो आधारों को मजबूत करके उन्हें नृशंसतावों से मुक्त किया जा सकता है। आर्थिक स्वतन्त्रता के साथ ही सामाजिक, धार्मिक मान्यताओं के शिकार होने से बचाया जाना, कानूनी प्रावधानों को जल्दी से लागू करना और उनके प्रति हीन दृष्टिकोण को बदले जाने की जरूरत है। स्त्री आरक्षण तो मिल गया लेकिन वह दलित महिलाओं के लिए कितना सार्थक होगा यह समय ही बताएगा! राजनीतिक संगठनों में देश की राजनीतिक प्रक्रिया में दलित महिलाओं की हिस्सेदारी भी उतनी ही आवश्यक है। दलित महिलाओं को संगठित करने के लिए उनके संगठनों को मज़बूत किया जाना चाहिए। इन सबसे ऊपर दलित महिलाओं को चाहिए कि वे स्वयं को संगठित करें और अपने राजनीतिक, सामाजिक और आर्थिक अधिकारों के लिए लड़ें और वे अपने ऊपर हो रही सभी प्रकार की नृशंस हिंसाओं को और न सहें, अब वह खुद एक साथ खड़े होकर कहें कि बस बहुत हो चुका।

## सन्दर्भ

1. दलित साहित्य : अवधारणा और स्वरूप, जगन्नाथ पंडित, पृ. 21।
2. दलित साहित्य और उसकी सीमाएँ, डॉ.सोहनलाल सुमनाक्षर, पृ. 10।
3. दलित साहित्य : आज का क्रान्ति विज्ञान, बाबूराव बागूल, पृ. 25।

# समकालीन हिन्दी कविता में ट्रान्सजेण्डर

*सीना कुरियन*

समकालीन साहित्य प्रतिरोध का साहित्य है। उपेक्षित जनसमुदायों को वाणी देना समकालीन साहित्य की महत्त्वपूर्ण विशेषता है। ऐसा ही उपेक्षित जनसमुदाय है किन्नर। किन्नरों को कई नामों से पुकार जाता है। इनमें प्रमुख है हिजड़ा। वह तो उर्दू शब्द है जो अरबी के हिज्र शब्द से लिया गया है। बंगला में इन्हें हिजरा, हिजला, हिजरी से सम्बोधित किया जाता है। तेलुगु में उन्हें नपुंसुकुडू, कोज्जा अथवा मादा, तमिल में अली, अरावनी, अरवन्नी, अरूवनी। पंजाबी में खुसरा, जंखा, सिंधी में खदरा, गुजराती में पवैया, मराठी में जिजडा, छक्का आदि नामों से जाना जाता है। महात्मा गाँधी ने अछूतों के लिए एक सम्मान सूचक शब्द हरिजन का उपयोग किया है ठीक उसी प्रकार हिजड़ों को सम्मान देकर किन्नर कहा जाने लगा।

हिन्दू, जैन, बौद्ध धर्मग्रन्थों और आमतौर पर भारतीय संस्कृत और यहाँ तक के कामसूत्र में भी ट्रांसजेंडर के बारे में कई जगह उल्लेख किया गया है। महाभारत में शिखंडी नामक पात्र का उल्लेख मिलता है। अर्जुन ने अपने अज्ञातवास का एक साल किन्नर का रूप धारण कर बृहन्नला के नाम से बिताया था। कौटिल्य ने अर्थशास्त्र में किन्नरों का उल्लेख किया है। ऐतिहासिक तथ्यों के अनुसार हिन्दू और मुस्लिम शासकों द्वारा किन्नरों का इस्तेमाल खास तौर पर अन्तःपुर और हरम में रानियों की पहरेदारी के लिए किया जाता था। अलाउद्दीन खिलजी के शासनकाल में किन्नर वरिष्ठ अधिकारी रहे थे। इस प्रकार देखें तो पुराण में किन्नरों को सम्मान दिया गया है। लेकिन आधुनिक युग में इन्हें जीने के लिए मजबूर किया जा रहा है।

वास्तव में हिजड़े या किन्नर इंसान की वह अवस्था है जब भी गर्भ में शरीर के विकास क्रम में किसी एक लिंग का निर्धारण होते या तो विकास की प्रक्रिया रुक जाती है या कुछ समय बाद दूसरे लिंग का विकास होने लगता है। इस प्रकार हिजड़े या किन्नर के अंग पुरुषों के अंग या महिला के अंग या तो अविकासित अवस्था में होते हैं, या फिर पुरुषों के अंग या महिला के अंग का मिलावटी स्वरूप हो जाता है। उसे हम हिजड़ा या किन्नर कहते हैं। पारिवारिक उत्सवों एवं पर्वों पर इनकी उपस्थिति को प्रायः संदिग्ध दृष्टि से देखा जाता है। ट्रेनों, बसों और बाज़ारों में बड़े गहनों, चमकीले कपड़े व चेहरे पर बहुत सारे मेकअप से सजे हुए लोगों को देखा जा सकता है। जिनका मुख्य धन्धा एक तरह की वसूली है। कुछ लोग बच्चों के जन्म पर, विवाह आयोजन जैसे अन्य कार्यक्रमों में नाच-गाकर पैसा कमाते हैं। अगर उनको मुँहमाँगी रकम न दे तो गालियाँ देने में हिचकते नहीं।

किन्नरों की सबसे बड़ी समस्या समाज द्वारा उन्हें अस्वीकार किया जाना है। समाज उसे घृणा की दृष्टि से देखता है। किन्नर भी हमारे जैसे इंसान हैं यह स्वीकार करने के लिए हम तो तैयार नहीं हैं। सामाजिक उपेक्षा और आर्थिक साधनों की कमी के कारण दूसरों से पैसा

वसूल करना इनका मुख्य धन्धा बन गया। शास्त्रों में उनकी उपस्थिति भले ही शुभ शकुन के रूप में उल्लिखित होता है समाज में उनके प्रति मानवीयता, सहिष्णुता, नैतिकता और सहृदता जैसे मूल्यों का घोर अभाव है। जिस प्रकार बलात्कृत स्त्री अपने किसी अपराध के बिना दोहरा दण्ड भुगती है, अपने अपमान एवं यातना के साथ परिवार और समाज की उपेक्षा का दंड भोगना पड़ता है ठीक उसी प्रकार है किन्नरों की स्थिति। किन्नरों के साथ बलात्कार, उत्पीड़न, शारीरिक शोषण और छेड़खानी जैसे अपराध निरन्तर होते रहते हैं। हमारे समाज में बलात्कृत स्त्रियों को घर से नहीं निकालते। लेकिन किन्नरों को माँ-बाप समाज से डरकर घर से निकाल देते हैं। यही उनकी नियति है। उनके जीवन को लेकर अनेक साहित्य लिखे गये हैं। हिन्दी साहित्य में उपन्यास, कहानी, कविता और आत्मकथा के माध्यम से किन्नरों की संवेदनाओं को पेश किया जा चुका है। इसके द्वारा उनके जीवन को समझना और उसकी समस्याओं से अवगत होकर उसे सुलझाने का कार्य करना सम्भव होता है।

पारिवारिक उत्सवों एवं पर्वों पर हिजड़ों को बुलाया जाता है। पुराण में इन्हें शुभ अवसर पर घर बुलाना और देखना बहुत अच्छा कार्य माना गया है। इनका आशीर्वाद और दुआयें पाना शुभ कार्य मानते हैं। इसलिए वहाँ उन्हें बुलाया जाता है। यही उनकी आजीविका है रोज़ी रोटी है। रवि रश्मि अनुभूति की 'हिजड़े' कविता में कवि कहते हैं–

'हिजड़े समाज का हिस्सा है, उनको भी प्यार करो
कुछ हो जो घर में शुभ तो, उनको भी याद करो
उनकी दुआओं से होते है शुभ, कई कार्य भी
आशीर्वाद और दुआओं के लिए, उनकी भी पुकार करो'

लोगों के मन में ऐसा विश्वास है उनके आशीर्वाद से सब ठीक हो जायेंगे। ये लोग दूसरों के जन्म को खुशी मानते समय खुद के जन्म पर अकेले आंसू बहाने में विवश हैं। यह हम लोग समझते नहीं।

सत्या शर्मा कीर्ति के 'सुनो न माँ' कविता में एक हिजड़े बालक की मानसिक स्थिति को चित्रित किया गया है। वह भी हर मानव की तरह अपनी माँ की कोख से जन्म लेता है। हिजड़े के रूप में जन्म लेने में उसका कोई कसूर नहीं है।

"दिया तो था तुमने ही जन्म मुझे
फिर दोष लोग मुझमें क्यों ढूंढ रहे माँ"

हम ने तो सुना है एक माँ ही अपने बच्चे की हृदय वेदना को अच्छी तरह समझती है। एक हिजड़े बालक को समाज तिरस्कार पूर्ण भाव से देखता हैं। यह एक माँ तो जानती है। लेकिन समाज से डर ने के कारण वे अपने बच्चे के साथ नहीं होने नहीं देते। फिर भी में तुम्हारी नमन करती हूँ क्योंकि तूने ही मुझे जन्म दिया है। ऐसा विचार है एक किन्नर बच्चे के मन में।

पूजा बंसल ने 'किन्नर व्यथा' कविता में एक किन्नर बालक की व्यथा को यों चित्रित किया है–

"ईश्वर की लीला ने जाने, क्यूँ पक्षपात
नारी नर से अलग जात का क्यूँ निर्माण
गुनाह बताओ उस बच्चे का, उसने क्या अपराध किया"

जिस परिवार में उनका जन्म होता है वहाँ से लेकर समाज के अन्य हिस्सों में थर्ड जेन्डर

लोगों को सिर्फ उपेक्षा और तिरस्कार के अतिरिक्त कुछ और नसीब नहीं होता

चन्द्रधर शुक्ल की 'किन्नर एक : रूप अनेक' कविता में किन्नरों के जीवन संघर्ष का चित्रण है–

"उसका क्या दोष
विधाता ने
उसे किन्नर बनाया"

हिजड़े स्वयं अपने आपको अर्धनारीश्वर भगवान शिव के अवतार मानते है। सत्या शर्मा कीर्ति की 'अर्धनारीश्वर' कविता इस दृष्टि से विचारणीय है–

"कौन हूँ मैं
क्या अस्तित्व है मेरा
हूँ ईश्वर की भूल या
रहस्यमयी प्रकृति का प्रतिफल...."

जब कोई विकलांग हो तो उसके किसी एक अंग की कमी के कारण अपने घर से या समाज से दूर हम रखते नहीं। अपने ही घर में चिकित्सा देते हैं, उनकी देखभाल करते है। तब लैंगिक विकलांगता से ग्रस्त व्यक्ति को क्यों उपेक्षित किया जाता है? इन्हें भी अन्य विकलांगों की तरह समाज में सामान्य रूप से स्वीकार किया जाना चाहिए। उन्हें भी आरक्षण देना चाहिए।

मानव समाज तथा कथित चरम विकास के युग में प्रवेश कर स्वयं को गौरवान्वित अनुभव कर रहा है, किन्तु किन्नर वर्ग अब भी मुख्य धारा के लोगों के साथ नहीं जुड़ सका है, इसके कारण तो अनेक हैं। डॉ. शैलेष गुप्त वीर के 'दस क्षणिकाएँ' कविता में व्यक्त किया है–

"लैंगिक- विकृतियों का
उपहास मत उड़ाओ,
उन्हें मुख्यधारा में लाओ"

किन्नर समुदाय को भारत में 'तृतीय लिंग' या 'थेड़ जेंडर' के रूप में हाल ही में मान्यता प्राप्त हुए थी। लेकिन अभी भी समाज में थेड़ जेंडरों की दशा में कोई परिवर्तन नहीं आया है। वे आर्थिक एवं सामाजिक स्तर पर पिछड़े हुए हैं। इन्हें अब भी हीन और तिरस्कृत नजर से देखा जा रहा है। डॉ. विष्णुकांत अशोक ने 'तृतीय लिंग' कविता में इसका उल्लेख किया है–

"यूँ तो वे हमारे ही समाज अनचाहे अंग हैं,
हर खुशी में शामिल वे हमारे संग संग हैं
प्रकृति की अजीब विडम्बना देखो यारों,
छोड़ दिया जिनको अपनों ने, समाज ने,।
हिजड़े नहीं हैं वो, अब तृतीय लिंग हैं"।

किसी व्यक्ति को पुरुष या स्त्री के रूप में पहचानने या परिभाषित किए जाने के लिए स्पष्ट यौनांगों का होना आवश्यक है। इसके लिए जननांग की अनिमियतता महत्त्वपूर्ण है, ऐसे मानव

हिजड़े कहे जाते हैं, जो लैंगिक रूप से न नर होते हैं न मादा। आम तौर पर न तो पुरुष और न ही महिला इसे तृतीय लिंग कहा जाता है।

एक हिजड़े के रूप में जन्म लेने में एक बच्चे का कोई कसूर नहीं है। समाज उसे नफरत की दृष्टि से देखता है। समाज में जीने के लिए उसे बहुत ही यातनाएँ सहनी पड़ती हैं। डॉ.

कर्मानन्द आर्य ने 'हिजड़ा होने की धुन' कविता में उन लोगों के मानसिक को संघर्ष अत्यन्त मार्मिक ढंग से व्यक्त किया है।

"मैं दो लिंगों के बीच
उभयलिंगी अमीबा
कोई हम सा
जाने क्यों नहीं होना चाहता खूबसूरत दुनिया में"

सभ्य समाज के लोग पहले इन्हें हिजड़ा कहते थे। हिजड़ों को न तो पुरुष और न ही स्त्री के रूप में स्वीकारते हैं। वे दो आत्माओं के बीच उभयलिंगी अमीबा के रूप में हैं। हिजड़े अपने को स्त्री– पुरुष से अलग श्रेणी में रखे जाने का विरोध करते हैं। क्योंकि इस प्रकार की श्रेणी में रखे जाये तो वे अहसास करते हैं वे समाज से अलग हैं, असामान्य हैं। डॉ. विजेंद्र प्रताप सिंह की 'अस्तित्व की पहचान' कविता में

"अस्तित्व को तरसते रहे,
लड़ते रहे, लड़ते रहे,
तब जाकर खुली इंसाफ की जुबान,
अब मिली हमें भी पहचान
अंकीधान में हम भी है
हैं अब हम नागरिक देश के"

भारतीय समाज की मूल संरचना में दो ही लिंग हैं स्त्री और पुरुष। यहाँ जन्म से ही इस लिंग का निर्धारण हो जाता है। इसी वर्ग के साथ समाज में एक और लिंग है जिसे समाज थेड़ जेंडर के अन्तर्गत रखकर जानता और पहचानता है। यह वर्ग समाज में हमेशा विद्यमान रहा है। लेकिन हमेशा इनकी उपेक्षा की जाती है, इसे हिकारत से देखा गया है। ये लोग न तो स्त्री है, न पुरुष वे इन दोनों के मिश्रण हैं या द्विलिंगी हैं। पुरोबी ए भंडारी की कविता 'मैं द्विलिंगी हूँ' कविता में इनकी पीड़ाओं को यों चित्रित किया है–

"मैं द्विलिंगी, समाज पृथक
प्रताड़ित, शोषित, तिरस्कृत।
सुविधाओं से वंचित हूँ।
अपमानों से सिंचित हूँ।
जनमानस का हंसी पात्र
बिन गिनती, बस जीव मात्र।
आधी मादा, आधा नर"।

हिजड़े की उपस्थिति नाच गाने व ताली बजाने तक ही सुशोभित **होती** है। जब कोई हिजड़े की मृत्यु हो जाये तो उस शव को रात में श्मशान ले जाता है। फिर इस लाश को जूतों से मारते हैं। ये लोग अपने सामाजिक अधिकार, समानता, सम्मान, सामाजिक न्याय से **वंचित** रहते हैं। सपना माँगलिक की कविता 'हिजड़े की व्यथा' कविता में हिजड़े की दुरवस्था का चित्रण किया **गया** है–

"है तन अधूरा मन अधूरा, ना कुछ मुझमें पूरा
ताली गाली लगती फिर भी, जलता इससे चूल्हा

जितना श्रापित मेरा जीवन, दुखद अधिक मर जाना
जूते चप्पल मार लाश को, कहते लौट न आना"

क्योंकि इसी शरीर के कारण ही उन्हें अभिशप्त और नरकीय जीवन गुजरना पड़ा। मृत्यु के साथ ही उन्हें अपमानित जीवन से मुक्ति मिलती है।

समकालीन साहित्य में स्त्री-विमर्श, दलित विमर्श, आदिवासी विमर्श, प्रवासी विमर्श आदि के साथ साहित्यकार तीसरी सत्ता पर कलम उठाने के लिए बाध्य हो गया है। इसलिए ज्योति शर्मा ने अपनी कविता 'व्यथा-कथा' में इस प्रकार कहा है–

"आज आधुनिक समाज में
मेरे विमर्श की बहुत माँग है
ये बात नहीं दुर्लभ हूँ मैं
परन्तु समाज से ठुकराया
एक अभिव्यक्त प्राणी रहा हूँ मैं"।

शिक्षा के अभाव में किसी भी व्यक्ति और समाज का सशक्तीकरण सम्भव नहीं है। संगीता सिंह भावन की 'मेरे हमदम' कविता में इस प्रकार बताती है–

"पढ़-लिखकर भी बना हुआ हूँ बेब्स और लाचार
लैंगिक विकलांगता,
क्यों बना इतना बड़ा अभिशाप॥
हूँ हुनरमंद मैं भी आम जन की तरह पर
सामाजिक-आर्थिक असुरक्षा से,।
बन बैठा हूँ बेबस और बेरोजगार"

हिजड़ों की बेरोजगारी में उनका अशिक्षित होना भी एक कारण है। हिजड़ों की शिक्षा की कोई व्यवस्था नहीं है समाज में और अन्त में हिजड़ों को अपने स्तर पर ही काम देखकर जिन्दा रहना पड़ता है।

समाज में हिजड़ा समुदाय की स्थिति अत्यन्त दयनीय है। वे लोग समाज और सरकार द्वारा उपेक्षित हैं। आगे कवि विजेंद्र प्रताप सिंह कहते हैं–

"थेर्ड जेंडर
यही होगा अब हमारा
वोटर कार्ड, राशन कार्ड और नेम प्लेट पर
स्थायी अस्तित्व और नाम,
अब तृतीय लिंगी है हमारी पहचान,
अब मिली है हमको भी पहचान"

थेर्ड जेंडर को समाज में स्थान नहीं मिल रहा है। वे हमेशा के लिए हाशीएकृत और तिरस्कृत है। समाज और सरकार से यह समुदाय उपेक्षित है। आधार कार्ड में उनकी उपस्थिति दर्ज करने का निर्णय भारत सरकार ने हाल ही में किया है। अभी तक उनका अस्तित्व स्थापित नहीं हुआ है।

अविनाश मिश्र की 'किन्नर भी इंसान हैं ' कविता में यों कहते हैं

"किन्नर भी इंसान है

हम सबको समान हैं
हीन भावना क्यों रखते हो,
ऊँच-नीच क्यों कहते हो,
अपने से अलग क्यों करते हो
अत्याचार क्यों करते हो,
हम जैसी ही पहचान है
किन्नर नहीं इंसान है"

यहाँ किन्नरों की मानसिकता को व्यक्त किया गया है।

इक्कीसवीं सदी में हमारा देश विकास की ओर जा रहा है वहीं दलितों, आदिवासियों और किन्नरों को समाज में आज भी त्रासदीपूर्ण जीवन जीने के लिए विवश है। इन विवशताओं के बीच हमारे देश में शबनम मौसी नामक किन्नर विधायक बनी। यह बहुत महत्त्वपूर्ण बात है। उसी प्रकार जोइला मंडल पहली ट्रांसजेंडर जज बनी। इस प्रकार पिछले कुछ वर्षों में किन्नर समाज को मुख्यधारा में लाने के लिए कुछ प्रयास किए जा रहे हैं। पहली बार इंदिरा गाँधी राष्ट्रीय मुक्त विश्वविद्यालय, नई दिल्ली ने किन्नर विधयार्थियों को प्रवेश की व्यवस्था की है। आज कल हमारे कॉलेजों और विश्वविध्यालयों में प्रवेश फॉमोम में स्त्री और पुरुष के अलावा एक तीसरा कॉलम थेड़ जेंडरों के लिए बनाया गया है। इसी प्रकार केरल के कोच्ची मेट्रो में 23 ट्रंसजेंडरों को नियुक्ति मिली है। यह देश की पहली मेट्रो सेवा है जिसमें ट्रंसजेंडरों को रोजगार दिया गया है। यह इसका प्रमाण है कि हिजड़ों के प्रति समाज का दृष्टिकोण जल्द ही बदल जायेगा। उन्हें समाज की मुख्यधारा में स्थान एवं प्रतिष्ठा मिल जायेंगे।

तीसरे जेंडर की उपस्थिति यदि धरती पर है तो उसके जीवन को भी हमें जानना- पढ़ना चाहिए। उसके लिए समाज में जगह होनी चाहिए। उसके पास बुद्धि है, सोच समझ है दया, मोह, ममता, मैत्री, करुणा, सौहार्द जैसे उत्तम मानवीय गुण हैं। यदि हम इन गुणों को पहचान सकें तो बहुत सम्भव है कि उनके व्यवहार में जो असन्तुलन दिखाई देता है हाव-भाव, बोलचाल में जैसी हास्यास्पद चेष्टायएँ दिखाई देती हैं वे ना मिलें। भारत के विभिन्न प्रान्तों में किन्नरों की स्थिति, संस्कृति और उनसे जुड़ी परम्पराएँ अलग-अलग हैं। उन्हें समाज की मुख्यधारा में लाना और उनके प्रति समाज में सद्भावना लाना वर्तमान समय की बहुत बड़ी चुनौती है।

# हिन्दी एवं अँग्रेज़ी के विभाजन साहित्य में स्त्री

***रूबी एल्सा जेकब***

15 अगस्त 1947 को भारत का विभाजन हो गया। विभाजन के ऐन वक्त और बाद में जो नरसंहार हुआ, वह भारतीय इतिहास की एक करुण त्रासद घटना है। मौत का ड़र गहराता गया और लोगों को अपनी जन्मभूमि छोड़कर भागने को मजबूर होना पड़ा। एक झटके ने सभ्यता और संस्कृति, राष्ट्र और क़ौम सम्बन्धी अवधारणाओं में ऐसी तब्दीली ला दी कि लोग हतप्रभ-सा देखते रह गये। भारत की वर्तमान सामाजिक, साँस्कृतिक और राजनीतिक हालत के कारणों की खोज में जब जुटते हैं तो पाते हैं कि उनकी जड़ें विभाजन की त्रासदी से होती हुई इतिहास में दूर तक फैली हुई है।

विभाजन है ही ऐसा सुलगता दस्तावेज़ जिसकी एक व्याख्या या एक विश्लेषण सम्भव नहीं है। इसकी कई व्याख्याएँ हो सकती हैं और हुई भी। कई दृष्टियों से उसका विश्लेषण किये जाने की गुंजाइश है। इस तरह की व्याख्याएँ और विश्लेषण, साम्प्रदायिक सन्दर्भों और स्थितियों के हवाले देकर ज्यादातर राजनीतिक आधारों पर किये गये हैं। इस समय की स्थितियों का समीक्षक, स्वतन्त्रता सेनानी डॉ. राम मनोहर लोहिया ने इन शब्दों में कहा है– "हिन्दुओं और मुसलमानों के बीच दंगों के सिलसिले को समाप्त करने के लिए देश का विभाजन हुआ। देश के विभाजन के कारण वही चीज़ ऐसी भयंकर सूरत में प्रदर्शित हुई, जिससे बचने के लिए विभाजन को स्वीकार किया गया था। छः लाख बच्चे, औरतें और मर्द मारे गये। उन्हें मारने, बलात्कार और अत्याचार के लज्जापूर्ण और क्रूरतापूर्ण ढंग, पागलों की तरह अपनाये गये। डेढ़ करोड़ लोग उजड़े और पुनः बसने के लिए उन्हें ऐसे इलाकों में आबाद होना पड़ा, जहाँ न स्वागत करनेवाला कोई शुभचिन्तक था, न कोई पूछने वाला हितैषी। इतिहास में यह सबसे बड़े स्थानांतरण की मिसाल थी। विश्व इतिहास में ऐसा कभी नहीं हुआ। आज भी लोग आकलन करते हैं कि हिन्दुओं ने अधिक पशुता का प्रदर्शन किया था या मुसलमानों ने । (गिल्टी मैन ऑफ़ इंडियाज़ पार्टिशन– डॉ. राम मनोहर लोहिया– पृ. 33) देश विभाजन के सन्दर्भ में प्रसिद्ध अँग्रेज़ी रचनाकार, लारीकोलिंस और डोमेनिक ला पियर लिखते हैं– "अमृतसर से लाहौर तक विचित्र क़यामत का दृश्य था। 45 मील के इस रास्ते में प्रत्येक दम पर लोगों की बेबसी और बर्बरता का ही प्रमाण मिलता था। हर कदम पर मरे हुए लोगों की लाशें और बदन के हिस्से बिखरे हुए थे। गिद्धों ने इतना पेट भर खाया था कि उनसे उड़ा नहीं जाता था और कुत्ते भी आदमी के मांस से सन्तुष्ट हो चुके थे, केवल गुरदे और कलेजी खाकर लाशों के सड़ने के लिए छोड़ देते थे"। (फ्रीडम एट मिटनाईट– लॉरीकोलेंस, 1975– पृ. 379) यह एक विचित्र विरोधाभास है कि जिस दिन हमें आज़ादी मिली, उसी दिन देश का विभाजन भी हुआ। वे मूल्य और मान्यताएँ जिनके लिए स्वाधीनता संग्राम के लिए संघर्ष करते रहे, विभाजन के दिनों में और

इसके बाद हम उन मूल्यों और मान्यताओं की धज्जियाँ उड़ते देखते रहे। इससे हमारा व्यवहार और कार्यकलाप, आचरण और दृष्टिकोण, संवेदनाएँ और रिश्ते दूर तक प्रभावित हुए और आज भी हम इससे मुक्त नहीं हो पाते हैं कि इनकी जड़ें विभाजन में कहीं जुड़ी हैं।

हत्या, रक्तपात और बलात्कार जैसी वारदातों से मानवता कराह उठी। सर्वत्र भय, सन्त्रास, आतंक का माहौल छा गया। उर्वशी बुटालिया ने विभाजन की विभीषिका को इन शब्दों में अंकित किया है– "विभाजन के परिणाम स्वरूप एक करोड़ बीस लाख लोग विस्थापित हो गये थे। करीब दस लाख लोग मारे गये। लगभग पचहत्तर हज़ार औरतों को दूसरे धर्म के आदमियों द्वारा अपहृत किया गया, भगा ले जाया गया, उनके साथ बलात्कार किया गया, घरों को जलाया गया, गाँव उजाड़ दिए गये।" (खामोशी के उस पार : उर्वशी बुटालिया– पृ. 50) अराजकता और आतंक के कारण दिशाएँ खामोश हो गयी थीं। न्यूयार्क टाइम्स के संवाददाता राबर्ट ट्रमबुल ने लिखा था : "मैंने सैकड़ों लोगों की लाशें देखी हैं और सबसे ज्यादा निर्मम दृश्य मैंने उन हज़ारों हिन्दुस्तानियों का देखा जिनकी आँखें निकाल ली गयीं थी या हाथ-पाँव काट दिए गये थे। आमतौर पर मर्दों, औरतों और बच्चों को डंडों और पत्थरों से बुरी तरह घायल करके मरने के लिए छोड़ दिया जाता था, गर्मी और मक्खियों की वजह से उनकी मृत्यु की पीड़ा और बढ़ जाती थी"। (बारह बजे रात के– कॉलिंस और लापियर– पृ. 241) हालत बद से बदतर होती जा रही थी।

द्विराष्ट्र सिद्धान्त के आधार पर हिन्दुस्तान को दो टुकड़ों में विभकत कर भारत-पाक दो राष्ट्रों का निर्माण हुआ किन्तु इसके लिए जो कीमत चुकानी पड़ी इसकी कल्पना राजनेताओं एवं सामान्य जनता को नहीं थी। विभाजन काल के दरम्यान खून की नदियाँ बही, माँ-बहनों की अस्मत लूटी गयी, विस्थापन, अपहरण एवं जन-संहार की असहनीय यातना व वेदना सहन करनी पड़ी– इन सबसे साहित्यकार की संवेदनशीलता कुछ समय के लिए कुंठित ज़रूर हो गयी थी लेकिन लगभग सात-आठ वर्षों बाद उनके मन की पीड़ा एवं विचारों का आवेग समकालीन कथाकारों की लेखनी से उपन्यास एवं अन्य साहित्यिक विधाओं के रूप में प्रस्फुटित हो गया।

विभाजन, निःसन्देह इतिहास की एक बहुत बड़ी त्रासदी है। इतिहास के सुनहरे पन्ने पर काले धब्बे के समान होनेवाली इस घटना ने स्वतन्त्रता के इतिहास को ही रक्त-रंजित बना दिया। भारत के इतिहास की एक अत्यन्त नृशंश विनाशकारी घटना से कई साहित्यकार काफ़ी प्रभावित किए। इस घटना ने भारतीय जनजीवन को सामाजिक, राजनीतिक, धार्मिक तथा आर्थिक सभी स्तरों पर प्रभावित हुए। कुछ साहित्यकारों ने उस परिवेश को देखा है, सुना है और कुछ ने स्वयं भोगा भी है। इसी कारण उसका काफ़ी गहरा असर, उनके मन-मानस पर हुआ है। साहित्यिक विधाओं में सबसे प्रभावशाली विधा, उपन्यास रही है। हिन्दी एवं अँग्रेज़ी उपन्यासकारों ने इस त्रासदी के विविध पक्षों को अभिव्यक्त करके विभाजन के संकट का संवेदनात्मक तथा बौद्धिक दृष्टि को सामने लाने की कोशिश की है। भारतीय विभाजन को विषय बनाये इन उपन्यासों में ऊपर से निचली परतों तक धँसी हुई रंग-रेखाओं से दहला देनेवाले सन्नाटे और हाहाकार की तस्वीरें उभरती हैं।

## भारत विभाजन और तत्कालीन स्त्री

अँग्रेज़ों की 'फूट डालो, राज करो' नीति का दहशती नतीजा यह है कि गरिमामयी भारतीय संस्कृति की छत्रछाया में पल्लवित-पुष्पित दोनों जातियाँ पशुता के स्तर पर उतर आयीं। साम्प्रदायिकता के जुनून में मनुष्य, मनुष्य न रहकर क्रूर हिंसक और बर्बर पशु बन गया। विभाजन काल में हुए साम्प्रदायिक दंगों में स्त्री सबसे अधिक बलात्कार, हत्याओं और लूट का शिकार हुई। स्त्रियों की इज़्ज़त को गाजर-मूली की तरह उखाड़कर फेंक देने की क्रिया हिन्दुस्तान की आज़ादी में जैसी दिखायी पड़ी है, वह अभूतपूर्व है। भारतीय आज़ादी के मकान की नींव में सिर्फ़ शहीदों की रक्त-रंजित आत्माएँ ही नहीं पड़ी हुई हैं बल्कि उससे कहीं बढ़कर स्त्रियों की अस्मत भी रखी गयी है।

विभाजन की वजह से एक दर्दनाक माहौल सब तरफ़ फैल गया। इस समय अपहृत स्त्रियों के नाज़ुक वर्जित अंगों पर 'पाकिस्तान ज़िन्दाबाद' और 'हिन्दुस्तान ज़िन्दाबाद' लिखने का मानो रिवाज़ ही चल गया था। स्त्री को शारीरिक यातना के साथ ही मानसिक यन्त्रणा भी खूब दी गयी थी। उसकी आवाज़ को सुनने के लिए पुरुष वर्ग के पास कान नहीं थे, उसके घाव देखने के लिए उनके पास आँखें नहीं थे। आहत, त्रस्त नारीवर्ग अपनी पीड़ा को सिसकियों में अस्फुट स्वर में व्यक्त तो करती थी लेकिन बर्बरता, क्रूरता और अमानुषिकता के कारण पुरुष वर्ग मानवीय पक्षधरता से दूर चला गया था।

दुनिया को सुन्दर बनानेवाली, पुरुष को जन्म देनेवाली, दुख में बराबर का कंधा देनेवाली, निष्पाप मुस्कान से पुरुष की परेशानी सुननेवाली स्त्री-पुरुष रचित समाज में किस तरह उपेक्षित है, इसका एहसास भारतीय विभाजन पर आधारित हिन्दी एवं अँग्रेज़ी उपन्यास बखूबी करवाते हैं। भीड़ के बीचोंबीच चुटिया से खींचकर जवान निर्वस्त्र लड़कियों को नीलाम किया गया, यह क्रूरता की आखिरी सीमा है, पशुता का सबसे बड़ा सबूत है। बँटवारे के दौरान स्त्रियों और बच्चों पर छा गये संकट को समझकर उन पर आपदाएँ टूटने से पहले ही बहुत से हिन्दू-सिख परिवारवालों ने उन्हें मार डाला। रावलपिंडी जिले का छोटा-सा गाँव, थोआ खालसा में करीब नब्बे औरतों ने कुएँ में कूदकर जान दी, तीस के करीब औरतों को उनके घरवालों ने काट डाला।

विभाजन से जुड़ी विभीषिकाओं में शिकार हो जाने के कारण अनेक औरतें गर्भवती हो गयीं। शरणार्थी कैंपों में इन लोगों ने बच्चों को जन्म दे दिया। विभाजन ने लोगों की नैतिकता के सारे नियम बदल दिये। बहुत से लोग शरणार्थी लड़कियों को चरित्रहीन समझकर उनका दुरुपयोग करने पर तुले हुए। अनेक औरतें, हालात से समझौता करके वेश्याएँ बन जाने के लिए विवश हुई।

विभाजन काल में हुए साम्प्रदायिक दंगों में स्त्री सबसे अधिक बलात्कार, हत्याओं और लूट का शिकार हुई। कई स्थानों पर औरतों के साथ ऐसा पैशाचिक नृत्य खेला गया कि संसार-भर की दैवी प्रवृत्तियाँ दाँतों तले उँगली दबाने लगी। विभाजन के समय हिन्दू-मुसलमानों के बीच प्रतिहिंसा की भावना इतनी बलवती हो गयी कि वे परस्पर स्त्रियों की गोदी से बच्चों को छीनकर पीस देते थे और औरतों के साथ अमानवीय व्यवहार किया करते थे। उन्हें अंगच्छेद करके उनकी नंगी जुलूस निकालने में भी नहीं हिचकिचाते थे।

विभाजन की त्रासदी की सर्वाधिक शिकार हुई, स्त्री। संवेदनशील साहित्यकारों ने स्त्री

उत्पीड़न और शोषण का बहुत ही मर्मांतक वर्णन किया है। एक बात जो इस सन्दर्भ में उभरकर आती है वह यह है कि चाहे हिन्दू हो या मुस्लिम या सिख या और कोई सभी स्त्रियों का पुरुष प्रधान समाज में बेरहमी से शोषण, यौन उत्पीड़न और संहार हुआ है। कितनी निर्दोष निरपराध स्त्रियों के साथ सामूहिक बलात्कार करके उन्हें मौत के घाट उतार दिया गया। आखिर, उनका दोष क्या था?

## हिन्दी और अँग्रेज़ी विभाजन साहित्य में स्त्री

इतिहास और साँस्कृतिक क्षेत्र में उत्पन्न उस बड़ी घटना से हिन्दी और अँग्रेज़ी साहित्यकार प्रभावित हुए। विभाजन के दौर का अग्निकांड विभाजन के बाद जगह बदल-बदलकर सामने आ रहा है और साहित्य की विविध विधाओं में अभिव्यक्त हो रहा है। बँटवारे के कारण स्त्रियों पर हुई विभीषिकाओं और दहशतों के दिल दहलानेवाले वर्णनों के साथ-साथ विभाजनोपरांत भारत में उनकी समस्याओं का दस्तावेज़ हैं, हिन्दी और अँग्रेज़ी विभाजन साहित्य। ये सभी उपन्यास स्त्री–समस्याओं के एक ही सतह पर ठहरे हुए नहीं हैं, कई आयामों को अपने भीतर समेटे हुए हैं। विभाजन से निर्मित क्रूर मानसिकता का बयान करनेवाले इन उपन्यासों में औरतों पर हुई घिनौनी वारदातों का दिल दहलानेवाला वर्णन हैं।

देश विभाजन के कारण जो ज़बरदस्त परिवर्तन हुआ जिसका यथार्थ चित्रण कई लेखकों ने अपनी रचनाओं में किया है। ज़्यादातर उपन्यास ऐसे हैं जिनमें प्रत्यक्ष अनुभव की आँच है। वे इतने सच्चे, वास्तविक और ठेठ यथार्थ है कि बँटवारे से ग्रस्त हर आदमी उनका साक्ष्य दे सकता है। आज़ादी के बदले में विभाजन की त्रासदी और साम्प्रदायिकता की समस्या ही हमें मिली। इसी समस्या का चित्रण हिन्दी उपन्यास साहित्य में अधिक प्रखर रूप में मिलता है। इसी त्रासदी का सर्वप्रथम चित्रण देवेन्द्र सत्यार्थी ने अपने उपन्यास **कठपुतली** (1954) में किया है जिसमें साम्प्रदायिक दंगों में मारे गये हज़ारों व्यक्तियों का चित्रण है, विस्थापितों के बच्चों-स्त्रियों के साथ हुए अमानुष अत्याचार का चित्रण हुआ है।

यज्ञदत्त शर्मा कृत '**इंसान**' उपन्यास में स्त्रियों तथा बच्चों पर हुए अत्याचारों का वर्णन है। बहुत से मासूम बच्चों को धर्म के दीवानों ने चीर डाला। बालिकाओं के अंग-भंग करके, हाथों को पीछे बाँधकर उनकी नंगी जुलूसें निकाले गये। धर्मांधों ने स्त्रियों को जड़-पदार्थों से भी हेय समझा। घरवालों के सामने उनकी बहु-बेटियों को अपने हवस का शिकार बनाकर निगल लिया।

अमृतराय रचित '**बीज**' उपन्यास में विभाजन के नाम पर हुए कुकृत्यों का बयान है। बहशियों ने लड़कियों को नोंच डाला। उनकी अस्मतें, फसल की तरह खेतों में बिछी हुई थीं और एक के बाद दूसरा जानवर उन्हें चर रहा था।

**तट के बंधन** सन् 1955 में प्रकाशित विष्णु प्रभाकर का एक ऐसा उपन्यास है जिसमें नारी समाज पर हुए अमानवीय बर्बरतापूर्ण और क्रूर अत्याचारों का चित्रण किया गया है। डॉ. रणवीर रांग्रा के शब्दों में– " '**तट के बंधन**' में देश विभाजन को आधार बनाकर आधुनिक नारी की विविध समस्याओं को उठाया गया है, पर बहुत भटके बिना कथानक शीघ्र ही भारत और पाकिस्तान में फँसी नारियों की शारीरिक और मानसिक यातनाओं पर आ टिकता है" (तट के बंधन– विष्णु प्रभाकर, पृ .78) इस उपन्यास में मालती, शशि, नीलम, ललिता जैसी नारी

अपने स्वत्व को बचाए रखने के लिए हर सम्भव प्रयत्न करती हैं लेकिन नियति उनके साथ अपनी क्रूरता का खेल खेलने से बाज नहीं आती। भारत एवं पाकिस्तान सरकारों ने यह समझौता किया था कि भारत में रह रही मुसलमान स्त्रियों को पाकिस्तान तथा पाकिस्तान में रह रही हिन्दू स्त्रियों को भारत भेजा जाये। ये स्त्रियाँ विशेषकर वे थीं जो या तो शरणार्थी शिविरों में थीं या जिनको दंगाइयों ने बंधक बना लिया था। ऐसे अनगिनत मामले प्रकाश में आये कि जिन स्त्रियों को जाति के आधार पर भारत या पाकिस्तान भेजा गया, वहाँ उनके घरवाले या माता–पिता स्वीकारने को ही तैयार नहीं थे और कहते थे कि वह तो भ्रष्ट हो चुकी है। कुछ लोगों में तो अपनी पत्नियों को पहचानकर भी साथ रखने से इंकार कर दिया। ऐसी स्त्रियों को अपना जीवनयापन करने का एक ही रास्ता सूझा। वे या तो तवायफ़ के कोठे को आबाद करने लगीं या अपने जिस्म को भेड़ियों से नुचवाने के लिए मजबूर हो गयीं। कुछ अपने आप इन अंधी सुरंगों में चली गयीं तो कुछ को दलालों और समाज के ठेकेदारों ने यहाँ पहुँचा दिया जहाँ से लौटना इनके लिए सम्भव ही नहीं था। कुछ स्त्रियों को दो-दो बार शरणार्थी बनना पड़ा। एक बार धर्म और राजनीति के नाम पर और दूसरी बार दोनों देशों के कठोर एवं अमानवीय समझौतों के नाम पर। उपन्यास के पात्र, अनीता की वेदना को लेखक मानों वाणी दी है– अनीता फूट-फूटकर रोने लगीः वह मर क्यों नहीं गयी। क्यों न मर सकी? क्या-क्या उसने नहीं देखा? भयंकर हत्याकांड, वासना के वीभत्स, नग्न नृत्य। उसने अपनी प्रिय सखी गीता को बलात्कार होते देखा, लेकिन मौत को उस पर दया नहीं आयी। यहाँ तक कि एक बार अनीता अपने जीवन की इतिश्री करने के लिए जलते खंडहर में कूद पड़ी लेकिन बच गयी। एक दिन उसको बेचने का सौदा भी हो गया क्योंकि आग में कूदने के कारण उसके शरीर का दाहिना हिस्सा बुरी तरह जल गया था।

नीलम और जमना की स्थिति एक समान है। दोनों का अपहरण किया गया है और जमना उर्फ़ गुलेखाँ को तो अपहृत करके इसे दूसरे धर्म स्वीकार करने के लिए मजबूर भी। नीलम, जमना के साथ हुए अमानवीय व्यवहार से क्षुब्ध है। उसके अनुसार– "मुल्क के लिए इंसान कुछ भी नहीं है। दिलों को तोड़ना शायद उसे समझौते की शर्त है।" (पृ. 156) और जमना का यह कहना– "जानती हो, कितनी बुलबुलें हमारी आज़ादी की नींव में दफनाई गयी हैं" (पृ.100) यह बात यहाँ स्पष्ट हो जाती है कि नारी के मन में आज़ादी की भी एक पीड़ा छिपी है। जमना उर्फ़ गुलेखाँ अत्यन्त पीड़ा को महसूस करते हुए कहती है– "फर्क सिर्फ़ इतना है कि खून आज़ादी के दुश्मनों ने बहाया था। अस्मत आज़ादी पानेवालों ने लूटी है"। (पृ.100) इस उपन्यास में देखा जाये तो स्त्री की दुर्दशा की ओर लेखक ने हमारी आत्मा को झकझोरा है। पहली बात तो उसे लाचार बनाया गया, उसकी अस्मत लूटी गयी और यदि उसने कहीं अपनी परिस्थितियों से समझौता कर लिया और बसने का प्रयास किया तो उसकी बसी-बसाई जिन्दगी को उखाड़ने का इंतज़ाम किया गया और सरकारी निर्णयों के अनुसार फिर से उजड़ना ही उसकी नियति बन गयी थी। वास्तव में विभाजन के समय हिन्दू और मुस्लिम 'स्त्री' को मांस के एक पुतले के रूप में देखा गया। स्त्री वर्ग को सबसे अधिक विभाजन से उत्पन्न विषम परिस्थितियों का शिकार बनना पड़ा। नीलम, गुलेखाँ जैसे अनगिनत स्त्रियों को बँटवारे की त्रासद स्थितियों से गुज़रना पड़ा। **तट के बंधन** उपन्यास द्वारा विष्णु प्रभाकर ने विभाजन की बलिवेदी पर अपने प्राणों की तिलांजलि देनेवाली स्त्रियों की करुण कथा को बड़ी ही शिद्दत के

साथ प्रस्तुत किया है।

**नष्ट नीड़**, उषादेवी मित्रा का सन् 1955 में प्रकाशित एक लघुकाय उपन्यास है जिसमें सुनन्दा नामक स्त्री की करुण कथा को बड़ी ही मार्मिकता के साथ दर्शाया गया है। सुनन्दा, एक कुलीन परिवार की सुशिक्षिता, संस्कार सम्पन्न नारी है। उसका विवाह रवींद्र नामक एक धनाढ्य युवक के साथ हुआ था। देश-विभाजन के समय हालात बहुत खौफ था लेकिन रवींद्र को अपनी पत्नी से ज़्यादा सम्पत्ति प्यारी थी। वह सुनन्दा की परवाह किये बिना अपनी दौलत की हिफाज़त के लिए चला गया। दंगाइयों ने सुनन्दा को अकेला पाकर उस पर हमला बोल दिया। विभाजन की जिस त्रासद स्थिति से गुज़री थी उसका दिल थर्रा देनेवाला वर्णन करते हुए कहती है– "जिस स्त्री की आँखों के सामने उसकी सन्तान को दो टुकड़े कर डाला गया हो और नेत्रों में तप्त लोहे की सीकों का प्रवेश कर दिया हो, पिता को खम्भों से बाँध दिया हो और माता को कन्या की दुर्दशा देखने के लिए साक्षी स्वरूप सामने खड़ा कर दिया हो। पति के हाथ– पैर काटकर फेंक दिये हो और तब सबके सामने उस पर अत्याचार की मुहर छापने लग गया हो। ऐसी नारी के मन की वेदना, दाहकारी अग्नि को सोच सकने की और सहानुभूति के साथ अनुभव करने की चेष्टा कभी की है"। (**नष्ट नीड़**– उषादेवी मित्रा : पृ. 116) सुनन्दा जैसी अनगिनत स्त्रियों को विभाजन के कारण अपना जीवन होम करना पड़ा, तिल-तिल अपने आपको मिटाने के लिए विवश होना पड़ा।

बारह सौ पृष्ठों में समाहित **झूठा सच** एक बृहदाकार उपन्यास है जो दो खंडों में विभक्त है। उपन्यास के प्रथम खंड **वतन और देश** में सन् 1942 से सन् 1947 तक के कालखंड को समेटा गया है जिसमें लेखक ने साम्प्रदायिक शक्तियों को बढ़ावा देनेवाली स्थितियों का मर्मस्पर्शी चित्रण किया है। उपन्यास के दूसरे खंड **देश का भविष्य** में सन् 1947 से सन् 1957 तक में आज़ादी के बाद का चित्र प्रस्तुत किया है। वर्षों से हिल– मिलकर साथ रहनेवाले मनुष्यों को धर्म और राजनीति के गलत सन्दर्भ में किस तरह बाँट देते हैं, किस तरह मानवता की लाश पर पाशविकता अट्टहास करती है, यह यशपाल कृत '**झूठा सच**' उपन्यास का केन्द्र कथ्य है। इसमें पाकिस्तान बनने से उत्पन्न हिन्दू-मुस्लिम वैमनस्य, दंगे एवं जन– निष्क्रमण से जुड़ी वहशीपन, बर्बादी और स्त्री-उत्पीड़न की कथा है। इस उपन्यास में कहीं लाशें पड़ी हैं जिनमें गिद्ध मंडरा रहे हैं, कहीं असह्य बोझ से लदी गाड़ियाँ हैं, कहीं साम्प्रदायिक नारों की गूँज है तो कहीं आग की लपटें, कहीं उजड़ी जनता की पुकारें हैं तो कहीं अपमानित स्त्रियों की चीत्कार है।

लाखों की तादाद में लोग अपने वतन से विस्थापित होकर पराए देश की ओर जाते वक्त घटित रक्त– रंजित अमानवीय और क्रूर इतिहास, उपन्यास के प्रथम खंड '**वतन और देश**' का मुख्य कथ्य है। लाहौर के भोलापांधे की गली के एक हिन्दू मध्यवर्गीय परिवार को केन्द्र में रखकर उसके माध्यम से विभाजन का पूरा आख्यान प्रस्तुत हुआ है। जुलाई 1947 के पहले सप्ताह में यह लगने लगा कि लाहौर, पाकिस्तान में जा सकता है। विस्थापितों के जत्थे लाहौर आने लगे। इसी बीच, कांग्रेज़ और मुस्लिम लीग विभाजन-सिद्धान्त को स्वीकार कर लिया और पंजाब को बाँटने का निर्णय लिया। पंजाब के लगभग बीचोंबीच होने के कारण लाहौर पर कांग्रेज़ और लीग का दावा था।

यशपाल कृत '**झूठा सच**' उपन्यास की नायिका, तारा को ससुराल से एक गुण्डा उठाकर

ले जाता है और उसका क्रूर बलात्कार होता है। इस उपन्यास के कई स्त्री पात्र, विभाजन से जुड़ी त्रासद स्थितियों को भोगती हैं। पुरुष समाज का सारा पौरुष स्त्री को गाली देने, उसे रौंदने, भोगने और उत्पीड़ित करने में ही व्यतीत होता है। औरत के शरीर की तो बरबादी है, औरत तो खैर बकरी है, जो चाहे छीन ले जाये। स्त्रियों से समाज बद से बदतर व्यवहार करते हैं। उनके साथ नृशंस बलात्कार किया जाता है और विरोध करनेवालों को क्रूरतापूर्वक मार दिया जाता है। एक गुण्डे द्वारा तारा का बलात्कार, डॉ. शोभा के साथ सड़क पर सामूहिक रूप से बलात्कार और उसकी हत्या, नग्न मुसलमान औरतों का खुली सड़क में नीलामी, नग्न हिन्दू युवतियों को बन्दी बनाना, नग्न स्त्री के शव का ताजिये के समान नगाड़ों और बाजों के साथ जुलूस निकालना जैसी दानवी प्रवृत्तियों का हृदय-विदारक दृश्य उपन्यास में है।

**'झूठा सच'** के मिर्ज़ा नामक पात्र के अनुसार, लोगों को धर्म के आधार पर अपनी पुश्तैनी जगहों से अलग करना, जिस्म को माँस के हड्डियों से अलग करने के समान है। पूरे लाहौर में दंगे फूट पड़े जिसमें इस उपन्यास के पात्र जयदेव पुरी और उसकी बहन, तारा के बयान से विभाजन से उत्पन्न विभीषिकाओं से जुड़े क्रूर और नृशंस दृश्य, पाठकों के सामने खुलते हैं। तारा को ससुराल से गुंडे उठाकर ले जाने के कारण और जयदेव पुरी परिवार से दूर होने के कारण परिवारवालों से बिछुड़ गये। लाहौर से माँ-बाप को ले जाने के लिए पुरी द्वारा की गयी यात्रा के ज़रिए विभीषिकाएँ सामने आ जाती हैं।

विस्थापित हो रही आबादी से रेलगाड़ियाँ लबालब भरी हुई थी। चीखों-चिल्लाहटों और रोने की आवाज़ों से सारे स्टेशन गूँज रहे थे। लोग, गाड़ियों की ढलवां छतों पर भी बैठे हुए थे। शाहदरा स्टेशन पर एक हज़ार से अधिक लोगों की हत्या करके रेलगाड़ी, लाहौर की ओर भेज दी गयी। सरहिन्द स्टेशन पर हुए मारकांड के कारण फर्श लाल-काला हो गया था और चारों ओर लाशें बिखरी पड़ी थी। रेलगाड़ियों पर आक्रमण हुए, यात्रियों को खींचकर नीचे गिराने लगे। भय से रम्भाती एक बुढ़िया के खुले मुँह और गले को एक बर्छे से फाड़ डाला गया। क्षण-भर में आधी गाड़ी खाली हो गयी और पुरी की आँखों के सामने अंधेरा छा गया। फिरोज़पुर स्टेशन पर 4-5 जाटों के गिरफ्त में आतंक से सहमे हुए दो मुसलमान लड़कियों को देखकर पुरी का दिल भर आया। उन जाटों के हाथों में खून से सने बर्छे थे। स्त्रियों के अंगच्छेद करने और उन्हें नंगी करके जुलूस निकालने की खबरें सुनकर पुरी का मस्तिष्क जड़– सा हो गया। रास्ते में एक लड़की को भरी भीड़ के सामने निर्वस्त्र करके उसे सरेआम नीलाम करने के दृश्य से पुरी, आतंकित हो जाता है। उन्हें लगा कि भारत विभाजन से स्त्रीजाति ही सबसे करुण और दयनीय बन गयी। विभाजन के ख्याल-मात्र से उत्तेजित लोग, स्त्री की अस्मत को चीरकर फाड़ डालने में गर्व का अनुभव करते थे।

'**झूठा-सच**' उपन्यास के प्रथम भाग, ' **वतन और देश**' का अन्त ट्रक ड्राइवर के इन मार्मिक शब्दों से होता है कि, "रब ने जिन्हें एक बनाया था, रब के बन्दों ने अपने वहम और ज़ुल्म से उसे दो कर दिया"। (पृ. 539)

द्रोणवीर कोहली कृत '**वाह कैंप**' एक ऐसी औपन्यासिक कृति है जो बँटवारा से उत्पन्न कलंक के कोलाहल को तेजस्विता और निजता के साथ प्रस्तुत करती है। इसका कथाधार, तक्षशिला की प्राचीन नगरी और सिक्खों के पवित्र धार्मिक-स्थल पंजा साहब के बीच 'वाह' नामक गाँव में स्थित रिफ्यूजी कैंप है जो देश-विभाजन के वक्त पश्चिमोत्तर भारत का सबसे

बड़ा शरणार्थी शिविर था। चारों तरफ़ से हो रहे आक्रमणों की खबर सुनकर लोग भयभीत हुए। एक गाँव में आये हमलावरों ने धर्मांतरण के लिए लोगों पर प्रभाव डाला और बहुत ही निर्लज्जता से औरतों के चुनाव कर रहे थे। यह देखकर स्त्रियों गुरुद्वारे के भीतर चली गयीं और उन सब ने कुएँ में कूदकर आत्महत्या कर ली। हर दिन हालात बिगड़ रही थी। देश– विभाजन एक ऐसी राजनीतिक घटना साबित हुई जिसका भीषण परिणाम आम आदमी को भुगतना पड़ा, विशेषकर निम्न मध्यवर्गीय लोगों को। राजनेताओं के वायदे, झूठे साबित हुए तथा लोगों के सपने भंग हो गये। विभाजन का परिणाम बाहरी रूप में हिंसा, मारकाट, भीषण हत्याकांड एवं बलात्कार के रूप में निकला और आन्तरिक रूप में नफ़रत, शंका, सन्देह, धोखा, विद्वेष और अविश्वास के रूप में प्रकट हुआ।

'**कठपुतली**' उपन्यास द्वारा देवेन्द्र सत्यार्थी ने भी देश-विभाजन से जुड़ी समस्याओं का वर्णन किया है। साम्प्रदायिक उन्माद की ज्वाला तेज़ पकड़ने लगी और अँग्रेज़ों ने भारतवासियों को कठपुतलियों की तरह नचाया। कठपुतलियाँ एक-दूसरे को ताक रही है जैसे सब दूसरों को खत्म करने पर आमादा हों। देखते ही देखते भारत के तेवर बिगड़ रहे हैं और बिहार और नोआखाली में हुए फसादों का बदला लाहौर में लेने के लिए कठपुतलियाँ तैयार हो गयी। लाहौर, जो कभी फैशन और अटक-मटक का शहर था, अब लाशों का शहर बनते जा रहा था। '**कठपुतली**' उपन्यास का तेज कौर नामक पात्र पाकिस्तान के लायलपुर से शुरू हुए सबसे बड़ी काफिले में शामिल थी। उन्होंने अपनी डायरी में विस्थापितों की हालत को सफलतापूर्वक प्रस्तुत कर दिया। उनकी राय में "यह काफिला, इंसानियत का मीलों लम्बा सरगम है जिसका एक सिरा अतीत की धुंधली परम्पराओं को छू रहा है तो दूसरा भविष्य के आंचल को पा लेना चाहता है"। (पृ. 203) ढोल की आवाज़ सुनकर लोग, आक्रमण की आशंका से ड़र जाते थे। काफ़िले में शामिल बहुत लोग बीच रास्ते में दम तोड़े लेकिन उनके साथी आगे चलते रहे। छत्तीस घंटे तक यह काफ़िला रावी के पुल से गुज़रते रहे। थके-सहमे, अभागे लोगों अपने वतन छोड़कर दूसरे देश में प्रवेश किया। विभाजन का सर्वग्राही तूफ़ान अपने साथ रक्तपात, बलात्कार, आगजनी जैसी क्रूर, अमानवीय घटनाओं को लेकर ही नहीं आया था, लाखों लोगों को अपने जन्मस्थानों से विस्थापित कर उन्हें निरीह, दिशाहीन पत्तों की तरह बिखेर भी दिया गया था।

गुरुचरण दास रचित '**कहानी एक परिवार की**' उपन्यास विभाजन की त्रासदी और विषम परिस्थितियों की अद्भुत गाथा है। लायलपुर के मशहूर वकील, दीवानन्द और परिवार के इर्द-गिर्द चलनेवाली इस कथा में भारत विभाजन से उत्पन्न विस्थापन की त्रासदी के साथ साम्प्रदायिक जुनून और उसके तले बर्बाद होते लोगों की नियति का चित्रण है। अधमरे मुसलमानों को लेकर एक रेलगाड़ी लायलपुर पहुँचने पर वहाँ आतंक फैल गया। दीवानन्द उर्फ़ बाऊजी भी परिस्थितियों से विवश होकर सपरिवार रेलवे स्टेशन की तरफ़ रवाना हो गये। लेकिन स्टेशन पहुँचने पर पुलिस के नेतृत्व में चल रही गोलाबारी देखकर वे लोग वहाँ से भाग जाते हैं और मुस्लिम बलूच रेजिमेंट की सुरक्षा में आ रहे छह मील लम्बे काफ़िले में बाऊजी के परिवार भी शामिल हो गये।

बाऊजी के मित्र, डॉ. देशराज जो काफ़िले में शामिल था, ने अपनी डायरी में विस्थापितों के अनुभव को दर्ज कर दिया। इसमें तरकाबाद के रेलवे क्रॉसिंग पर हुए आक्रमण का वर्णन

इस प्रकार है– "करीब तीन-चौथाई काफ़िला रेलवे लाईन पार चुका था, अचानक गेट बन्द कर दिया गया और हथियार बन्द मुसलमानों की भीड़ पीछे छूट गये काफ़िले पर टूट पड़ी। यह लूटपाट और मारकाट मचाने के लिए पूर्व नियोजित साजिश थी। उपद्रव शुरू होते ही लोग सब जगह भागने लगे, अनेकों को कुल्हाड़ी और गंडासों से काट डाला। औरतों को निर्वस्त्र घुमाया गया। लड़कियों को जबरन उठा ले गये। बलूची सेना मूकदर्शक बनी सब देखती रही। पूरी सुबह हमला जारी रहा, दोपहर तक मैदान में लाशें बिछ गयीं। हमले में ज़िन्दा बच गये लोगों से लाशें हटाकर ट्रकों में भरा और चिनाब नदी में ले जाकर फेंक दिया गया।" (पृ. 80) जिलाधिकारी हमीद वहाँ पहुँचकर लोगों को खालसा कैंप में ले गया। उस रात, पुलिस ने उन पर हमला बोल दिया। वह सेना को उकसाने लगा कि काफ़िर को मारना ही जन्नत जाने के लिए सबसे वैध तरीका है। लोगों पर अंधाधुंध गोलियाँ चलाने लगे। कुछ लोग जान बचाने के लिए पास के कुएँ में छलाँग लगाने से डूब मरे। शरणार्थियों की सुरक्षा के लिए हिन्दू गोरखा सैन्य को बुलाया गया।

बाऊजी के परिवार और डॉ. देशराज को हामिद, श्रीराम मिल्स लेकर गये लेकिन उसी रात सिंध पुलिस आ गयी और सब लोगों को मिल परिसर में बुलाया गया। लड़कियों के साथ छेड़छाड़ किये पुलिस अधिकारी पर एक नौजवान ने वार किये और पुलिस ने फायरिंग शुरू कर दी। आगे की पंक्ति में खड़े लोग ज़मीन पर ढेर होते जा रहे थे और पीछे खड़े लोग अपने बेटियों की अस्मत बचाने के लिए उन्हें ज़हर देने लगे। बाऊजी के परिवार, एक बेटी की जान गँवाकर उस दुख में आगे बढ़े और लाहौर की तरफ़ जानेवाले काफ़िले में जा मिले। पचास हज़ार से ज़्यादा लोगों के उस काफ़िले में बहुत-सी औरतों ने बलात्कार से बचने के लिए तीन-तीन सलवार कमीज़ें पहन रखी थीं। कुछ औरतें जबरन अस्मत लूट जाने की स्थिति में पीने के लिए ज़हर की शीशियाँ लेकर चल रही थीं। सब लोग लगातार सतर्कता बरत रहे थे।

डॉ. देशराज ने रास्ते में हुई दो घटनाओं का अंकन भी किया। तहसील समुद्री के नहर पर बने पुल पर काफ़िले के आगे चल रहे दल पर आक्रमण हुआ। सैनिकों के विरोध के बावजूद भी करीब साठ लोग मारे गये और दर्जन लड़कियों की अस्मत लूटी गयी। कीमती सामानों की तलाश में कुछ महिलाओं को निर्वस्त्र कर दिया गया। कुछ लोग जान बचाने के लिए नहर में कूदे और डूब मरे। दूसरा हमला, रेलगाड़ी से जुड़ा था। यह घटना लाहौर के पास शाहदरा और बादामी बाग स्टेशनों के बीच हुई। यह हमला पास घटित होने से काफ़िले में भी दहशत फैल गयी। विभाजन की मार सबसे अधिक स्त्री-वर्ग को सहनी पड़ी थी। स्त्री-वर्ग को असहनीय, अकथनीय, अकल्पनीय पीड़ा, प्रताड़ना, अपहरण, बलात्कार, बहिष्कार, दुत्कार और अस्वीकार के कठिन दौर से गुज़रना पड़ा। पुरुष वर्ग की बर्बरता, असहिष्णुता, अमानवीयता एवं हैवानियत की शिकार सबसे अधिक स्त्री ही बनी।

सन् 1947 की आज़ादी के साथ-साथ जो भीषण राजनीतिक उथल-पुथल या त्रासदी सामने आयी उस विभीषिका व विनाश लीला का तथ्यात्मक वर्णन उन सभी उपन्यासों में मिलता है जो विभाजन के पश्चात्, दौरान या कुछ समय बाद इस विषय को लेकर लिखे गये। 'पार्टिशन' के विषय को लेकर अँग्रेज़ी भाषा में लिखे गये उपन्यासों को उँगलियों पर गिना जा सकता है। अधिकतर उपन्यासकार जिन्होंने इस विषय को अपना केन्द्रबिन्दु मानकर रचनाएँ लिखीं– वे या तो स्वयं भुक्तभोगी थे या फिर कहीं न कहीं उस प्रदेश से सम्बन्धित थे या फिर

इस घटना से बेहद प्रभावित थे। **ट्रेन टू पाकिस्तान**, **सनलाइट ऑन ए ब्रोकन कॉलम**, **ए बेंड इन द गैंजेस**, **द रेप**, **आज़ादी**, **ऐशेज़ एण्ड पेटल्स**, **अ फाइन फैमिली**, **डिफिक्ल्ट डॉटर्स**, **व्हाट द बॉडी रिमेम्बर्स**, **द डार्क डान्सर** जैसे अँग्रेज़ी उपन्यास, बड़ी शिद्दत के साथ स्त्री-विषयक त्रासदी को उभारा गया है। लेखकों ने विभाजन की विभीषिका के सबब उपजी विषम-विकट परिस्थितियों में स्त्री चित्रण को काफ़ी विस्तार में जाकर पूरी संजीदगी के साथ अंकित किया गया है। इन उपन्यासों में स्त्रीवर्ग के प्रति की गयी ज़्यादती को सिद्धहस्त शब्द शिल्पियों ने पूरी संवेदना के साथ तटस्थ भाव से चित्रांकित किया है।

1947 के अगस्त और सितंबर का काल, मानवीय इतिहास का ऐसा ही भयावह काल है जब महाकाल के करालकल में असंख्य मानव कवलित हो गये थे। इस मानवीय त्रासदी का तथ्यात्मक वर्णन कई उपन्यासकारों ने किया है लेकिन इस पर सर्वप्रथम और वास्तविकता के निकट लिखी हुई अँग्रेज़ी कृति का नाम है– **ट्रेन टू पाकिस्तान**। खुशवंत सिंह ने इसमें विभाजन का आँखों देखा वर्णन किया है। भारत-पाक सीमा के पास मनोमाजरा नाम के गाँव में लेखक का जन्म हुआ था जहाँ हिन्दू, मुसलमान और सिख अत्यन्त सौमनस्य के साथ रहते थे। उनके बीच मजहब की दीवार नहीं थी बल्कि उनकी आत्माओं को जोड़नेवाला सेतु था। 1947 की गर्मियों तक यहाँ के हालात शान्त थे। पाकिस्तान से आनेवाली रेलगाड़ी ने– जिसमें सैकड़ों हिन्दुओं और सिखों के शव रखे हुए थे, मनोमाजरा के शान्तिमय जीवन को एक करारा धक्का दिया। लोगों के मन में संशय और अविश्वास के काले बादल छाने लगे। फिर भी भाईचारे का भाव उन लोगों ने बरकरार रखने की पूरी कोशिश की। मनोमाजरा में जो परिवर्तन की आँधी आती है वह शान्ति, सद्भावना, पारस्परिक सौमनस्य और मानवीय मूल्यों के कोमल हरे-भरे पौधों को लांघकर साम्प्रदायिक वैमनस्य और हिंसा की आग में जलनेवाले पंजाब का एक हिस्सा बन जाता है।

**सनलाइट ऑन ए ब्रोकेन कॉलम**, भारत विभाजन पर लिखा हुआ पहला ऐसा उपन्यास है जिसे एक मुसलमान लेखिका ने लिखा है। आतिया हुसैन ने जो साम्प्रदायिक तनाव और शत्रुता का वर्णन किया है उससे यह स्पष्ट हो जाता है कि अँग्रेज़ों के भारत छोड़कर जाने के पहले से ही हिन्दू, सिख और मुस्लिम आदि बड़ी संख्यावाले सम्प्रदायों में पारस्परिक शत्रुता, घृणा और द्वेष की भावना पनपने लगी थी। जिसका परिणाम आगे चलकर देश के विभाजन के रूप में सामने आता है। आतिया हुसैन ने उपन्यास के अन्तिम भाग में विभाजन के परिणामस्वरूप होनेवाली हिंसात्मक व दानवी हरकतों और घटनाओं का विवरण दिया है।

मनोहर मालगाँवकर का **ए बेंड इन द गैंजस** नामक उपन्यास भारतीय स्वातन्त्र्ता और तदुपरान्त होनेवाली त्रासदी और हिंसात्मक गतिविधियों पर आधारित है। पंजाब में इस कहानी का मुख्य पात्र, देवीदयाल की जुबाँ से ही हम इस अभूतपूर्व साम्प्रदायिक कलह, कटुता और कत्लेआम का वर्णन सुनते हैं। लेखक ने इस बात को स्पष्ट रूप से दिखाया है कि मनुष्यों ने किस तरह बड़े पैमाने पर नर-संहार करके, स्त्रियों और कम उम्र लड़कियों के साथ बलात्कार करके मानवता के चेहरे पर कालिख लगायी है। इस उपन्यास के दसवें परिच्छेद के बाद देश-विभाजन मुख्य विषय के रूप में उभरकर आता है।

**द रेप** राज गिल लिखित एक ऐसा उपन्यास है जिसमें देश के विभाजन की त्रासदी को पश्चिमी पंजाब के एक गाँव की पृष्ठभूमि में अंकित किया गया है। दलीपजीत के माध्यम से

राज गिल ने बड़े पैमाने पर होनेवाली आगजनी, कत्लेआ, लूट-पाट, बलात्कार, अपहरण आदि का– जो रावलपिंड, गुड़गाँ, मुल्तान शहरों में हुआ था– उसका विस्तृत वर्णन किया है। जो साम्प्रदायिक घटनाएँ पाकिस्तान में घटती है वे ही भारत में भी दुहरायी जाती हैं। दलीपजीत के बहुत से लोगों को देखकर ये अनुभव हुआ कि लोग निष्करुण, पाशविक और घृण्य बन गये हैं। वे धन-दौलत लूटन, स्त्रियों के साथ बलात्कार करना और लड़ाई करना तथा लोगों की हत्या करना चाहते हैं। वे इंसानियत भूल चुके हैं। उसको यह जानकर धक्का लगता है कि उसकी प्रेमिका की इज़्ज़त को लूटनेवाला और कोई नहीं बल्कि खुद उसके पिता है क्योंकि वह एक मुसलमान लड़की है। अपने चारों ओर चारित्रिक अधपतन की घटनाओं से उसका मानसिक सन्तुलन खोने जैसे महसूस करते हैं। **द रेप** शीर्ष, प्रतीकात्मक है। रेप का अर्थ केवल शारीरिक शोषण या बलात्कार के अर्थ ही नहीं बल्कि हर नैतिक छल या शोषण रेप ही है।

विभाजन को एक भयंकर मानव त्रासदी के रूप में **आज़ादी** उपन्यास में चित्रित करते हैं। वैयक्तिक स्तर पर **आज़ादी** सियालकोट निवासी लाला काशीराम और उनके परिवार की कहानी है लेकिन सामान्य स्तर पर वह विभाजन से पीड़ित, त्रस्त जनता की करुण कथा है। चमन नहाल ने बड़ी ही निष्पक्षता से देश-विभाजन की त्रासदी का यथातथ्य वर्णन किया है। गर्भवती महिलाओं के भ्रूण की निर्मम हत्या, बालिकाओं, युवतियों के स्तनों को काटकर उनका प्रदर्शन, महिलाओं को नग्न कर उनका जुलूस निकालना, उनके साथ सामूहिक बलात्कार और उसकी हत्या करना जैसे राक्षसीय हरकतों का वर्णन उपन्यासकार ने किया है जिसे पढ़कर रूह काँप उठती है।

**डिफिक्ल्ट डॉटर्स** मंजू कपूर द्वारा भारत-पाक विभाजन पर लिखा हुआ अत्याधुनिक उपन्यास है। अपने विभिन्न पात्रों द्वारा आँखों देखा वर्णन दिया है। उपन्यास का पात्र, इन्दुमति का वर्णन इस प्रकार है– "अमृतसर में हम लोगों ने खून की दरिया को बहते देखा। लोग आपस में सिरों को काटकर फेंक रहे थे। स्त्रियों के साथ बलात्कार करके उनके वक्ष को काटकर उनकी नग्न लाशों को फेंक दिया"। (पृ. 290)

विभाजन की सर्वव्यापी विभीषिका के अनेक दुखद परिणामों का विवेचन हिन्दी एवं अँग्रेज़ी उपन्यासकारों ने अपनी रचनाओं द्वारा किया है। हिन्दी एवं अँग्रेज़ी उपन्यासों का तुलनात्मक अध्ययन करने के बाद यह तथ्य उभरकर सामने आता है कि विभाजन की विभीषिका से स्त्री वर्ग को सबसे अधिक पीड़ा, व्यथा, वेदना, अवमानना और उत्पीड़न सहना पड़ा है।

## विस्थापिता स्त्री

विभाजन की त्रासदी से सन्त्रस्त स्त्रियों को अपने वतन या घर-परिवार से विस्थापित होने के कारण जो यातना सहनी पड़ी, उनका अध्ययन अलग-अलग उपन्यासों की पृष्ठभूमि में किया गया है।

**तट के बंधन** में नीलम और गुलेखाँ को अपहरण व विस्थापन की पीड़ा सहनी पड़ीं। नीलम एक सुसंस्कृत परिवार की बेटी होने पर भी एक डाकू के घर में बन्दिनी का जीवन बिताने के लिए बाध्य होगयी। **नष्ट नीड़** की सुनन्दा भी विस्थापन की पीड़ा सह लेती है। **ट्रेन टू पाकिस्तान** में जग्गा की प्रेयसी, नूरां गर्भवती हालत में विस्थापित होकर पाकिस्तान जाने केलिए मजबूर हुई। **काले कोस** उपन्यास की गोविंदी को भी विस्थापित होना पड़ा। **और इंसान**

**मर गया**, **कितने पाकिस्तान** में भी विस्थापन की क्रूर परिणति देख सकते हैं। **समझौता एक्सप्रेस** में बीवी मुहम्मद अपने शौहर शिकोह मालिक के साथ हिन्दुस्तान से विस्थापित होकर पाकिस्तान जाती है और रास्ते में बीवी की जो दशा होती है, वह विस्थापिता के दुर्भाग्य की कहानी है।

### अपहृता स्त्री

विभाजन से उद्भवित साम्प्रदायिक दंगों में एक सम्प्रदाय के लोग दूसरे सम्प्रदाय की बहू-बेटियों का अपहरण कर उनकी इज़्जत के साथ खेलते थे। **तट के बंधन** में नीलम और गुलेखाँ दोनों का अपहरण होता है। दोनों को उस व्यक्ति से सम्बन्ध रखना पड़ते हैं जिन्होंने उन लोगों को अपहृत किये थे। **नष्ट नीड़** में सुनन्दा का अपहरण दंगाइयों द्वारा किया जाता है। उनके साथ हुए अत्याचारों के बावजूद भी सुनन्दा का मन पवित्र है। **काले कोस**, गोविंदी के अपहरण की कहानी है। **द आइस कैंडी मैन** में अठारह वर्षीय 'आया' का अपहरण किया जाता है और इसके बाद उसका धर्मांतरण करके उसका नाम भी बदल दिया जाता है। **समझौता एक्सप्रेस** के बीवी मुहम्मद अपने शौहर के साथ पाकिस्तान जाते वक्त रास्ते में दंगाई उसके पति को लूट लेते हैं और उसे उठा ले जाते हैं। **आज़ादी** उपन्यास में अनेक स्त्रियों के अपहरण और उनके साथ व्यक्तिगत सामूहिक बलात्कार के कई दृश्य हैं। **झूठा सच** के तारा भी एक गुण्डे द्वारा अपहृत कर ली जाती है और तारा का बलात्कार होता है।

### बलात्कृता स्त्री

**तट के बंधन** उपन्यास में नीलम और गुलेखाँ असामाजिक तत्वों द्वारा अपहृत की जाती है तथा उनके साथ बलात्कार किया जाता है। **झूठा सच** की तारा को एक गुण्डा उठाकर ले जाता है और उसका क्रूर बलात्कार करता है। **समझौता एक्सप्रेस** में बीवी मुहम्म देश-विभाजन के समय अपने शौहर के साथ पाकिस्तान की ओर पलायन करते वक्त उसका अपहरण हुआ और बाबा सिंह की कामवासना का शिकार होती है और फिर रणजीत सिंह और उसके छोटे भाई रामेश्वर सिंह के हाथ से उसे बेच दिया जाता है। इस तरह उसे कई पुरुषों की कामवासना का शिकार बनना पड़ता है और वह सभी बलात्कृता स्त्रियों का प्रतीक बन जाती है जिनका यौन शोषण हुआ है चाहे वे किसी भी सम्प्रदाय के हों। **द रेप** उपन्यास में स्त्रियों के साथ तरह-तरह के दुर्व्यवहार का वर्णन है जैसे नग्नावस्था में गलियों में घुमाना, उनके साथ सामूहिक बलात्कार करना आदि। लैला नाम की मुस्लिम लड़की का जिसे दलीपजीत प्यार करता है, उसका बलात्कार दलीपजीत के पिता द्वारा होता है। **द आइस कैंडी मैन** की आया का बलात्कार विभाजन के दौरान एक हिन्दू स्त्री होने के नाते कुल्फीवाला से होता है और यह उनके लिए बहुत ही कष्टदायक अवस्था थी।

स्त्री जो बहन, पुत्री, माता, प्रेयसी, पत्नी के रूप में अपना निश्छल, प्रेम सबको बाँटनेवाली स्त्री के साथ किया गया अशोभनीय आचरण अक्षम्य है। स्त्री चाहे हिन्दू समुदाय की रही हो या मुस्लिम समुदाय किंवा सिख समुदाय की– पीड़ा, शोषण, अत्याचार और प्रताड़ना की शिकार उसे होना ही पड़ा। यह एक ऐसा बदनुमा दाग है जिसे मिटाया नहीं जा सकता। मजलूस एवं समय की मारी अबलाओं के साथ अत्याचारियों ने जो शारीरिक, मानसिक यातना पहुँचाई वह

कम दर्दनाक नहीं है। आखिर स्त्री को उसके किस अपराध की सज़ा मिल रही थी? यह प्रश्न आज भी हमारे समक्ष खड़ा है कि स्त्री को उसके किस गुनाह की सज़ा दी गयी थी? यह बात शाश्वत विरोधाभास के रूप में उभर कर आती है कि एक ओर स्त्री देह की शुचिता को सभी धर्मों और सम्प्रदायों में महत्त्वपूर्ण स्थान दिया गया है, दूसरी ओर जब भी धार्मिक और साम्प्रदायिक संघर्ष हुए हैं, पुरुषों ने स्त्री की पवित्रता को दूषित करने के लिए हर सम्भव प्रयत्न किया है। प्रायः ऐसा देखा गया है कि साम्प्रदायिक दंगों के दौरान स्त्री पर काफी अन्यायपूर्ण व्यवहार होता है। दंगों के समय जो भीड़ इकट्ठा होती है, उसका कोई चरित्र नहीं होता मगर यह भी सच है कि साम्प्रदायिक दंगे के समय 'यह भीड़' विरोधी धर्म की औरतों को ही अपनी मर्दानगी का शिकार बनाती है।

विभाजन, उपमहाद्वीप की सबसे बड़ी ट्रेजडी थी। हड़बड़ी में जबसे इसे पेंसिल की नोंक से काट डाला गया तब से लेकर समकालीन लेखन तक की यात्रा में आज़ादी की यह रक्तरंजित लथड़े बराबर उपन्यासों का विषय बन गया। विभाजन से जुड़ी स्त्रियों के जीवन की सभी विभीषिकाओं को अपने उपन्यासों द्वारा प्रस्तुत करके मनुष्यता के भाल पर अंकित हुए कलंक की अमिट रेखा को दर्शाने में हिन्दी एवं अँग्रेज़ी विभाजन उपन्यासों के लेखक सफल हुए। स्त्री चाहे किसी भी वर्ग या सम्प्रदाय की हो, उनकी दशा समाज में एक जैसी है। पुरुष प्रधान समाज ने स्त्री को बराबरी का दर्जा कभी नहीं दिया या तो उसे देवी और शक्ति के रूप में महिमामंडित करके उनके पैरों में दिव्यता की बेड़ियाँ पहनायी या फिर उसे पैर की जूती समझा। जो लोग भारत की आज़ादी को मात्र सत्य, अहिंसा तथा शान्ति से प्राप्त वस्तु समझते हैं, उन्हें अपने विचार में परिवर्तन लाना होगा कि भारत की स्वतन्त्रता, रक्तहीन क्रांन्ति से प्राप्त नहीं हुई है, उसके मूल्य के रूप में राष्ट्र को जो 'महारक्तदान' करना पड़ा, उसे भुलाया नहीं जा सकता। इस रक्तदान में स्त्रियों की भूमिका बहुत महत्त्वपूर्ण है।

## सन्दर्भ


1. गिल्टी मैन ऑफ़ इंडियाज़ पार्टिशन, डॉ. राम मनोहर लोहिया, पृ. 33।
2. फ्रीडम एट मिटनाईट, लॉरीकोलेंस, 1975, पृ. 379।
3. खामोशी के उस पार : उर्वशी बुटालिया, पृ. 50।
4. बारह बजे रात के, कॉलिंस और लापियर, पृ. 241।
5. तट के बंधन, विष्णु प्रभाकर, पृ. 78।
6. तट के बंधन, विष्णु प्रभाकर, पृ. 156।
7. तट के बंधन, विष्णु प्रभाकर, पृ. 100।
8. तट के बंधन, विष्णु प्रभाकर, पृ. 100।
9. नष्ट नीड़, उषादेवी मित्रा, पृ. 116।
10. झूठा-सच (वतन और देश), यशपाल, पृ. 539।
11. कठपुतली, देवेन्द्र सत्यार्थी, पृ. 203।
12. कहानी एक परिवार की, गुरुचरण दास, पृ. 80।
13. डिफिकल्ट डॉटर्स, मंजू कपूर, पृ. 290।

# एक कहानी यह भी में अभिव्यक्त नारी जीवन

*तेरेसा टिनसी टी. जी.*

अन्य साहित्यिक विधाओं की तुलना में आत्मकथाओं की संख्या बहुत कम थी। समकालीन दौर में इसमें बदलाव हम देख सकते हैं क्योंकि आत्मकथाओं की संख्या बढ़ी है। अपने जीवन के बारे में खुलकर लिखने के लिए बहुत हिम्मत की ज़रूरत है। अपने जीवन को बिना किसी झूठ के पाठकों के सामने प्रस्तुत करना आसान बात नहीं है। पुरुष लेखकों की तुलना में स्त्रियों को अपनी आत्मकथा लिखने के लिए दोहरी हिम्मत की ज़रूरत है। स्त्री को समाज के साथ साथ परिवार के सवालों का भी सामना करना पड़ता है। साहित्य जगत के प्रमुख लेखकों के जीवन के बारे में जानने के लिए पाठक उत्सुक होते हैं, खासकर उन सेखकों की जिनकी रचनायें वे पढ़ चुके होते हैं। लेखकों ने किन किन समस्याओं का सामना कियाऔर किस तरह प्रतिरोध व्यक्त किया ये सब पाठकों के लिए प्रेरणादायक हैं। हिन्दी साहित्य की प्रमुख लेखिका मन्नू भंडारी जिन्होंने अपनी कहानियों और उपन्यासों के ज़रिए पाठकों को प्रेरित किया उन्होंने आत्मकथा लिखकर अपने जीवन यथार्थ को साहित्य जगत में उजागर किया। अपनी कहानी को पाठकों तक पहुँचाने की हिम्मत उनमें थी। मन्नू भंडारी ने अपनी आत्मकथा का नाम एक कहानी यह भी इसलिए रखा क्योंकि कहानी की तरह इसमें भी उनके जीवन के एक पहलू को ही प्रस्तुत किया है। यह आत्मकथा उनके लेखकीय व्यक्तित्व और लेखन यात्रा पर केन्द्रित है।

इस आत्मकथा में लेखिका ने नारी शोषण के विभिन्न पहलुओं को उजागर किया है। लेखिका ने इसमें सामाजिक शोषण, पारिवारिक शोषण, धार्मिक शोषण, नौकरी पेशा नारी की समस्यायें, साहित्यिक राजनीतिक आदि पर प्रकाश डाला है। परिवार में एक माँ, बहन, पत्नी आदि के रूप में हमेशा स्त्री का शोषण हो रहा है। मन्नू जैन परिवार से जुड़ी थी, फिर भी उनका परिवार धार्मिक रूढ़ियों से दूर था। उनके पिताजी सख्त आदमी थे साथ ही संवेदनशील और कोमल व्यक्ति भी थे। पिताजी के सख्त व्यवहार का असर उनके परिवार पर पड़ा। इनके परिवार में औरतों को खुलकर बोलने का मौका नहीं दिया जाता था। एक बार इनके घर पर कुछ मेहमान आये तो मन्नू ने उन लोगों से बाह्याडम्बर पर बहस किया। मन्नू का इस प्रकार अपना विचार प्रकट करना लोगों को पसन्द नहीं आया। उस ज़माने में पर्दाप्रथा का प्रचलन था। स्वतन्त्र विचार रखनेवाला व्यक्ति होने के कारण पिता ने अपनी बेटी की शादी बिना पर्दे के करवायी थी। रंग के आधार पर भेदभाव इनके घर पर होता था। मन्नू सांवली और उनकी छोटी बहन गोरी थी। हमारे समाज में अक्सर लड़कियों की सुन्दरता गोरेपन के आधार पर आंकी जाती है। गोरी लड़की को सुन्दर और काली लड़की को असुन्दर मानी जाती है। समाज की इसी सोच की वजह से सांवली लड़कियों की ज़िन्दगी अंधकारमय हो जाती है। लोगों की इसी सोच की आड़ में बाज़ार में सुन्दरता बढ़ानेवाली चीज़ों की बिक्री बढ़ रही है। हुनर से ज़्यादा सुन्दरता

को महत्त्व दिया जाता है। मन्नू के घर पर भी हमेशा बहन की प्रशंसा होती थी।

माँ के रूप में होनेवाले शोषण का ज़िक्र लेखिका ने इसमें किया हे। मन्नू ने माँ के अस्तित्व और व्यक्तित्व पर भी विचार किया है। वे लिखती हैं–"हमारी बेपढ़ी-लिखी माँ सबेरे से शाम तक हम सबकी इच्छाओं और पिताजी की आज्ञाओं का पालन करने के लिए सदैव तत्पर।"[1] हमेशा स्त्री को यही समझाया जाता है कि शादी करके बच्चे पैदा करना और पति का खयाल रखना मात्र उसका कर्तव्य है। खाना बनाना, कपड़े साफ करना, घर की देखभाल करना यही सब स्त्री का कर्तव्य माना जाता है। समाज की इसी सोच में बदलाव लाना ज़रूरी है। मन्नू की माँ एक आदर्श औरत थी। आदर्शप्रियता के खिलाफ होते हुए भी मन्नू परिवार या विवाह संस्था के खिलाफ नहीं थी। इसलिए इन्होंने अपने पारिवारिक जीवन में कई समझौते किये थे। लड़की होने की वजह से इनके घर पर कई पाबन्दियाँ थीं। भाई लोग कहीं पर भी आ जा सकते थे। लड़कियों का बाहर जाना मना था। समाज में हमेशा लड़के और लड़कियों के लिए अलग अलग नियम है। लड़कियों को अपनी खुशी के अनुसार कुछ भी करने का मौका नहीं दिया जाता था। मन्नू की बहन की शादी बहुत कम उम्र में हुई थी। मायकेवाले हमेशा लड़कियों की शादी जल्दी करवाके अपनी ज़िम्मेदारियों से मुक्त होना चाहते हैं। इसलिए लड़कियों को हमेशा यही सलाह दी जाती है कि जो करना है शादी के बाद पति की मर्ज़ी से कर लें। अकसर यही होता है कि शादी से पहले और बाद में लड़कियों के सपने मात्र सपने बनकर रह जाते हैं।

राजेन्द्र यादव और मन्नू के रिश्ते का खुलासा करते हुए लेखिका ने अपनी पारिवारिक जीवन यातनाओं को पाठकों के सामने प्रस्तुत किया है। हमेशा हम देखते हैं कि पति पत्नी दोनों काम करनेवाले हो तो पति सिर्फ बाहर का काम करता है। पत्नी को घर और बाहर दोनों का काम संभालना पड़ता है। मन्नू की राय में राजेन्द्र यादव एक गैर ज़िम्मेदार पति साबित हुआ। हर बात पर मन्नू को ही झुकना पड़ा। जिस प्यार और इज़्जत की कल्पना मन्नू ने की वह उसे कभी नहीं मिली। लेखिका के अनुसार– "यह मैं अच्छी तरह जानती हूँ कि आज की हर स्त्री घर परिवार के अतिरिक्त और बाहर न जाने कितनी ज़िम्मेदारियाँ निभाती हैं। उसमें अपनी ऊर्जा खर्च करती है लेकिन अपने साथी का सहयोग .... मेरे साथ क्या हुआ कि मैं सिर्फ खर्च करती रही और अब स्थिति ऐसी आयी कि मैं बिलकुल खोखली हो गयी।"[2] पति पत्नी के बीच बढ़ते तनाव की वजह से उनके पारिवारिक जीवन में दरार आ चुकी थी। मन्नू एक अध्यापिका बनी। इसी समय रचना बेटी का जन्म हुआ। राजेन्द्र में अहंभाव और हीनताग्रन्थि दोनों थी इसी वजह से दोनों में फासला बढ़ता गया। मन्नू सब कुछ एक साथ संभाल नहीं पा रही थी इसलिए उसने रचना बेटी को मौसी के घर भेज दिया। अपने परिवार और भाई बहनों की ज़िम्मेदारी भी मन्नू पर थी। घर पर चल रही आर्थिक कठिनाई का बोझ भी मन्नू पर थी। परिवार के अलावा साहित्यिक जगत में भी राजेन्द्र ने मन्नू का शोषण किया। एक उपन्यास जो मन्नू ने लिखा वह दोनों का हो गया। एक ही विधा में काम करनेवाले पति पत्नी की सफलता अलग मापदंडों से आंकी जाती है। पति की सफलता उसका अपना और पत्नी की सफलता दोनों का हो जाता है। प्रतिभासम्पन्न पत्नी के लिए संघर्ष ज़्यादा कठिन हो जाता है, विशेष रूप से अपनी रचनात्मकता को बनाये रखने के लिए।

मन्नू एक पत्नी होने के साथ साथ एक कामकाजी महिला भी थी। नौकरीपेशा नारी की समस्याओं का ज़िक्र लेखिका ने इस आत्मकथा में किया है। नौकरी करनेवाली नारी के पैसों

पर पति अपना हक समझने लगता है। पत्नी की इच्छा कोई मायने नहीं रखती है। घर में शान्ति बनाये रखने के लिए नारी को समझौता करना ही पड़ता है। नारी अपनी तनख्वाह से क्या करना चाहती है, इस पर कोई ध्यान नहीं देता है। आर्थिक अस्वतन्त्रता जो सदियों से चली आ रही है वह आज भी हमारे समाज में मौजूद है। नारी आज भी किसी की मर्ज़ी के अनुसार पैसा खर्च करने के लिए विवश है। घर और नौकरी के बीच से समय निकालकर ही मन्नू को साहित्यलेखन करना पड़ता था। धीरे-धीरे लेखन में अड़चनें आने लगीं। लेखिका की तनावपूर्ण स्थिति लेखन पर असर करने लगी। पति के साथ अनबन तथा लेखन में अड़चनें देखकर लेखिका होस्टल में रहने लगी। इसी बीच बच्ची की मानसिकता पर आधारित उनकी रचना आपका बंटी प्रकाशित हुई। परिवार से मन्नू को कभी भी प्रोत्साहन नहीं मिला। एक रचनाशील, प्रतिभासम्पन्न स्त्री के लिए ऐसी विषम परिस्थितियों में समाज और साहित्य जगत के लिए कुछ यादगार रचना करना आसान बात नहीं थी। नारी चाहे घरेलू हो या कामकाजी उनके साथ होनेवाले शोषण में कोई अन्तर नहीं है। शोषण के तरीके और क्षेत्र अलग हो सकते हैं लेकिन कोई भी नारी इससे मुक्त नहीं है। घरेलू ज़िम्मेदारियों के बोझतले नारी इस कदर दब जाती है कि उसे अपने सपने पूरे करने का समय और मौका नहीं मिलता है। दोयम दर्जे की हैसियत से वह कभी ऊपर उठ ही नहीं पा रही है। ज़माना चाहे जितना भी बदले समाज और परिवार की सोच में आज भी बदलाव नहीं है। जब इनकी रचना 'आपका बंटी' छपी थी तब कुछ लोगों ने इनकी प्रशंसा की और कुछ लोगों ने इनकी भर्त्सना की। समाज में हमेशा माँ की छवि त्यागमयी मानी जाती है। मन्नू ने बच्ची के लिए सब कुछ त्यागा नहीं इसलिए कुछ लोग इनसे नाराज़ थे। परिवार और समाज में बराबरी का हिस्सा चाहने में गलत क्या है। मन्नू ने जब बासु चैटर्जी के लिए एक अनुवाद किया था तब उसने नारी को पुरुष के बाहों में अर्पित किया। जब वह फिल्म बनी तब निदेशक ने नारी को पुरुष के चरणों में अर्पित किया। हमारे समाज में अकसर यही होता है। नारी की हैसियत पुरुष के चरणों में मानी जाती है। जो पुरुष समाज में स्त्री स्वातन्त्र्य की बड़ी बड़ी बातें करते हैं वे भी नारी के प्रति गलत सोच रखते हैं। इस तरह के लोगों का व्यवहार घर और समाज में अलग होते हैं। उत्तर भारत में त्योहारों और पूजा पाठ में नारी को पुरुष के चरणों को छूकर आशीर्वाद लेने की प्रथा है। इसके बारे में पुरुषों का कहना है कि पत्नियों की इच्छा के लिए वे इन प्रथाओं का पालन करते हैं। करवाचौथ जैसी प्रथायें इसका उदाहरण है। नारी पर हाथ उठानेवाले लोग भी हमारे समाज में मौजूद है।

हमारे समाज में कुछ मर्द ऐसे भी है जो शादीशुदा होकर भी दूसरी औरतों के साथ रिश्ता रखते हैं। ऐसे मौकों पर भी औरतों को ही लोग गलत मानते हैं। पत्नियों से लोग कहेंगे कि उनकी वजह से पति लोग बाहर मुँह मारने जाते हैं। दूसरी औरत को भी लोग गलत बोलेंगे। लेकिन पूरूष को कुछ नहीं कहेंगे। राजेन्द्र और मन्नू की शादी में भी दूसरी औरत का साया था। राजेन्द्र मीता नाम की लड़की से प्यार करता था। लेखन के अलावा राजेन्द्र के पास और कोई काम नहीं था इसलिए वे घर की ज़िम्मेदारी भी नहीं लेते थे। मन्नू के कुछ कहने पर वह हमेशा लेखन का बहाना बनाता था। राजेन्द्र ने कभी भी मन्नू को वह प्यार और इज़्ज़त नहीं दी जिसकी उम्मीद में मन्नू ने राजेन्द्र से शादी की थी। अन्त में मन्नू ने राजेन्द्र से अलग होने का फैसला किया।

कई समस्याओं से गुज़रते हुए भी मन्नू ने हार नहीं मानी। इस आत्मकथा में मन्नू का

प्रतिरोधी स्वर भी हम देख सकते हैं। इनका पहला प्रतिरोध था परिवार के खिलाफ जाकर राजेन्द्र से शादी करना। मन्नू के परिवारवाले इस शादी के खिलाफ थे। उस समय मनपसन्द पति चुनना एक बहुत बड़ी चुनौती थी। फिर भी मन्नू ने वह हिम्मत दिखायी। उसी तरह शादी के बाद मन्नू को कई फैसले लेने पड़े जो आसान नहीं था। राजेन्द्र के साथ खुशहाल ज़िन्दगी के सपने टूटने पर मन्नू ने राजेन्द्र से अलग होने का फैसला किया। सबसे पहले राजेन्द्र से दूसरे घर देखने को कहा गया। राजेन्द्र से दूर होने के लिए मन्नू ने उज्जैन जाने का फैसला किया। राजेन्द्र फिर भी मन्नू से मिलने और बात करने की कोशिश करता था। लेखिका के अनुसार–"यह भी हो सकता है कि उम्र के इस पड़ाव पर आकर इन्हें भी अब हर कीमत पर घर और पत्नी की आवश्यकता महसूस हो रही हो।"[3] अन्त में दोनों ने पूरी तरह से अलग होने का फैसला किया और सबको इस बारे में बताया। अपने अनबनों के बीच भी मन्नू राजेन्द्र के लेखन की दाद देती है। अपने वैवाहिक जीवन के बीच मन्नू के अन्दर की लेखिका खत्म हो गयी और स्त्री जाग गयी। एक लेखिका से ज़्यादा एक स्त्री के रूप में अपना हक और इज़्ज़त पाना चाहती थी। वह खुलकर सांस लेना चाहती थी। पति को छोड़कर जानेवाली औरतों को समाज में इज़्ज़त नहीं मिलती है।

इस आत्मकथा में लेखिका ने परिवार और समाज के साथ साथ साहित्यिक राजनीति का भी खुलासा किया है। जिन लोगों के बारे में सोचकर मन्नू गर्व महसूस करती थी धीरे-धीरे उन लोगों का असली चेहरा लेखिका के सामने आया। कई लेखक ऐसे भी थे जो सिर्फ नाम कमाना चाहते थे। ज़्यादातर लोग एक दूसरे को किनारा करके अपना नाम रोशन करना चाहते थे। लेखिका ने अपने समय के साहित्यिक परिदृश्य को पाठकों के सामने प्रस्तुत किया है। राजेन्द्र और राकेश की दोस्ती और दुश्मनी के बारे में भी लेखिका लिखती है। राजेन्द्र और राकेश पहले अपनी रचनाओं पर बहस करते थे और गहरी दोस्ती भी रखते थे। लेकिन धीरे-धीरे दोस्ती में दरार पड़ गयी और एक दूसरे को नीचा दिखाने लगे। तत्कालीन राजनीति का भी चित्रण इस में लेखिका ने किया है। मन्नू के लेखन पर यही आरोप लगा कि वह व्यावसायिक लेखन कर रही है। लेखिका किसी भी हालत में राजनीति के सामने घुटने टेकने को तैयार नहीं थी। इसी बीच भारत में आपातकाल की घोषणा हुई। बाद में जनता पार्टी अधिकार में आ गयी। तत्कालीन परिस्थितियों को देखकर लेखिका ने महाभोज लिखा। इसका नाट्यरूपांतरण भी किया। मन्नू का व्यवहार, उनकी राजनीति, समसामयिक और सामाजिक हलचलों के प्रति उनका दृष्टिकोण आदि ने महाभोज जैसी रचना लिखने के लिए उनके लिए सहायक सिद्ध हुई। इंदिरा गाँधी की मौत के बाद देश में दंगा फैल गया। मन्नू जब पुस्तक मेला के लिए विदेश गयी तब उन्होंने देखा कि वहाँ पर भारत के नकारात्मक पक्ष को ही दिखाया जा रहा है। मन्नू की एक विशेषता यह भी थी कि वह विदेश में भी मातृभाषा को ही महत्त्व देती थी।

इस आत्मकथा में लेखिका ने अपना परिवार, खास दोस्त, और खास रिश्तों का ज़िक्र किया है। लेखिका ने निर्मला जैन, मैत्रेयी पुष्पा आदि को भी याद की है। इनके दोस्तों ने ही संकट के समय में इन्हें सहारा दिया था। लेखिका लिखती है–"यह तो मेरे मित्रों, पारिवारियों परिचितों का स्नेह ही मुझे थामे रहा.... वरना कोई आश्चर्य नहीं कि मैं लगभग टूट ही जाती। "[4]मन्नू के अनुसार उन्होंने इन दोस्तों का सकारात्मक पक्ष ही प्रस्तुत किया है। उनके अनुसार दोस्तों का चारित्रिक विश्लेषण करना उनका लक्ष्य नहीं है बल्कि आत्मकथा में दोस्तों को याद

करना मात्र लेखिका का लक्ष्य है। लेखिका लिखती है –"जुड़ावहीन ज़िन्दगी ने जहाँ जहाँ और जब जब मुझे तोड़ा इन संबलों ने ही मुझे जैसे जोड़े रखा ज़िन्दगी से भी और लेखन से भी।"[5]

यह आत्मकथा लेखिका के जीवन संघर्षों का दस्तावेज़ है। इसे पढ़ने के बाद पाठकों के मन में लेखिका के प्रति सहानुभूति और इज़्ज़त पैदा होगी। अपना परिवेश और सपनों का खुलासा करते हुए लेखिका ने अपनी अस्मिता की लड़ाई को सामने रखा है। वाकई में यह एक प्रेरणादायक आत्मकथा है।

## सन्दर्भ ग्रन्थ

1. मन्नू भंडारी, एक कहानी यह भी, पृ. 15।
2. वही, पृ. 177।
3. वही, पृ. 194।
4. वही, पृ. 177।
5. वही, पृ. 110।

# भवानीप्रसाद मिश्र की कविताओं में गाँधी चिन्तन

*सुस्मिता घई*

गाँधी चिन्तन वस्तुतः एक व्यावहारिक चिन्तन है। गाँधीजी का व्यक्तित्व एक व्यावहारिक कर्मयोगी का रहा है। उन्होंने राजनीतिक एवं सामाजिक स्तर पर भारतीय जन मानस को नयी ऊर्जा प्रदान की। गाँधी जी ने तत्कालीन समय के अनुरूप अपने चिन्तन को रूप दिया। फिर भी इसमें इतनी शक्ति निहित है कि जहाँ एक ओर यह वर्तमान समस्याओं के समाधान का साधन प्रस्तुत करता है वहीं दूसरी ओर भविष्य के लिए भी सफ़ल कार्यक्रमों की रूपरेखा प्रस्तुत करता है। वे आधुनिक युग के सबसे बड़े मनीषी रहे। उनके जीवनादर्श को एक शब्द में सर्वोदय की संज्ञा दे सकते हैं। उनका चिन्तन भारतीय ज्ञान विज्ञान एवं संस्कृति का निचोड़ है।

गाँधी अनुभव से जुड़ा व्यक्तित्व है। वह जितना मानवीय है उतना ही पारदर्शी नैतिकता से प्रकाशित है। भवानीप्रसाद मिश्र जी का जीवन तथा रचना गाँधीदर्शन से ओतप्रोत है। एक विशिष्ट जीवन दर्शन को अपनाने के कारण अपने उद्देश्य के प्रति उन को किसी संशय या भटकाव से ग्रस्त होना नहीं पड़ा। इस विशिष्ट दर्शन के साथ एकाकार होकर उन्होंने अपने साहित्य की रचना की। मिश्रजी के अनुसार "गाँधी कोई काल्पनिक पुरुष नहीं है, वह एक ऐतिहासिक सत्य है।" डॉ. विजयेन्द्र स्नातक का कथन है कि"महात्मा गाँधी ने अपने कर्म-सौन्दर्य और जीवन दर्शन से बीसवीं शताब्दी के पूर्वार्ध को जिस गम्भीरता के साथ प्रभावित किया था उसका असर भारत में ही नहीं, भारत के बाहर के देशों में भी भली-भाँति देखा जा सकता है। भारत वर्ष में गाँधी युग अपनी नवीन उत्सर्ग चेतना के कारण एक विशेष वातावरण का परिचायक बन गया था। गाँधी एक व्यक्ति न रहकर समस्त राष्ट्र में व्याप्त एक शुद्ध सात्विक वातावरण का पर्याय माना जाने लगा था। मिश्र जी ने अपने गाँधी विषयक कविताओं में इस वातावरण को ध्वनित और गूँजित करने का सफल प्रयास किया है।"[1]

मिश्र जी का पूरा सृजन संसार ही गाँधीमय है। उनका यह विचार सिर्फ गाँधी पंचशती में ही नहीं बल्कि गीत फरोश से लेकर उनके निबन्ध कुछ नीति कुछ राजनीति जैसी बहुत सी रचनाओं में देखा जा सकता है। यह नहीं कि उन्होंने सिर्फ अपने साहित्य में ही गाँधी के विचारों को लिया है बल्कि उनका पूरा जीवन भी गाँधी दर्शन से प्रभावित है। उनकी रचनाओं में सहज जीवन और संवेदनाओं की अभिव्यक्ति हुई है। गाँधीजी का हर पक्ष उनके भीतर देखा जा सकता है। इसको खाली प्रभाव न कहकर गाँधीजी के संस्कारों का प्रभाव कहना उचित होगा।

भवानीप्रसाद मिश्र जी का लेखन सिर्फ कविता तक सीमित नहीं रहा। उन्होंने कविता के साथ-साथ निबन्ध और संस्मरण आदि लिखकर साहित्य में अपना एक महत्त्वपूर्ण स्थान बनाया। उनकी भाषा के सम्बन्ध में कहे तो वह सम्प्रेषणीय तथा सरल है, जो आसानी से किसी को भी अपने वश में कर लेने की शक्ति रखती है। "जिन्होंनेमुझेरचा" और "कुछ नीति और कुछ राजनीति" में उनके बहुत से निबन्ध संग्रहीत है जो उनके विचारों को सटीक ढंग से व्यक्त

करनेवाले हैं।

गाँधी को लेकर लिखे बहुत से निबन्ध कुछ नीति और कुछ राजनीति में संलग्न है। यह उनका मूल्यपरक चिन्तन भी है। इन लेखों में वर्तमान संस्कृति और उससे उपजे प्रश्नों की ओर रचनाकर हमारा ध्यान आकृष्ट करता है। इस वैज्ञानिक युग के नूतन अविष्कारों ने पूरे विश्व की संस्कृति को परिवर्तित किया है। कम्प्यूटरीकरण, विज्ञानीकरण जैसे आधुनिक आविष्कारों ने आज कृषि, लघु उद्योग, व्यवसाय आदि के प्रतिमानों की कसौटी को बदल दिया है। आधुनिकीकरण से जहाँ तक मानव समाज को बहुत सी सुविधाओं की उपलब्धि हुई वहीं इन सुविधाओं से हुई वृद्धि ने गहरी खाईयों को भी खोद डाली है। परिणाम स्वरूप अधिक चुनौतियों का सामना आज मानव समाज को करना पड़ रहा है जिसका अन्त सुनिश्चित नहीं है। आज प्रत्येक देश अपनी अपनी आकांक्षा की पूर्ति या पूरे विश्व पर अपना शासन चलाने के लिए, विभिन्न तकनीक के प्रयोग से हथियार बना रहे हैं, सम्पूर्ण मानव जाति को ही खत्म करने लायक अणुयुग की तैयारी में है। इस स्थिति की ओर रचनाकार अपनी रचनाओं के माध्यम से हमारा ध्यान आकर्षित कर रहा है। इसके कारण आज एक ऐसी स्थिति बन गयी है कि हमने अपनी संस्कृति को भुला दिया है। नहीं तो अनदेखा करते हुए आगे बढ़ रहे हैं। आज की पीढ़ी भटकाव की राह पर है उसमें विचारधारा की कमी महसूस हो रही है। वह इस अंधे युग में अपने को महज एक मशीन जैसा मान कर चल रही है, जो सिर्फ चाबी देने पर नाचने वाली एक कठपुतली के समान हो गयी है। इन सब समस्याओं के हल के रूप में गाँधी दर्शन या उनके चिन्तन को रचनाकार हमारे समक्ष लाकर खड़ा करता है। यह सोचने के लिए भी हमें विवश कर देते हैं कि हमारे पास पहले से विद्यमान उस श्रेष्ठ विचारधारा को अनदेखा करते हुए हम भटक रहे है। उस उच्चतम आदर्श को अपनाने के लिए रचनाकार आह्वान दे रहा है। इस आधुनिक तथा पाश्चात्य सभ्यता के बारे में गाँधीजी ने पहले से ही समझ लिया था कि यह मानव समुदाय के लिए खतरनाक है। इसीलिए वे आज की सभ्यता के बारे में कहते हैं कि "शरीर का सुख *कैसे मिले, यही आज की सभ्यता* ढूँढ़ती है।"[2]

इस विनाशकारी विज्ञान को लेकर भी उन्होंने हमें पहले से ही सचेत किया था। इस सन्दर्भ में मिश्रजी लिखते हैं कि "गाँधीजी ने देख लिया था कि विज्ञान की सहायता से ऐसे न्यूक्लियर हथियार तैयार किये जा रहे हैं जो इस के सिवा कि युद्ध की पूरी तरह से अमान्य किया जाये, कोई दूसरा विकल्प हमारे सामने नहीं छोड़ते।"[3] उनका सारा जीवन अहिंसा के प्रयोगों में बीता और अन्त में वे इस नतीजे पर पहुँचे कि मानव समाज से हिंसा को निशेष न करें तो उस का अस्तित्व ही खतरे में पड़ जायेगा।

भवानीप्रसादमिश्र की कविताओं में भी गाँधी के विचारधाराओं का प्रभाव देख सकते हैं। गाँधीजी मानते थे कि सच्चा भारत गाँव में बसता है। हम सबको गाँव की ओर लौट जाना है। गाँव को लेकर मिश्रजी ने रचना की है। बढ़ते औद्योगिकीकरण की वजह से भारतीय उद्योग धन्धे नष्ट हो रहे हैं। कुटीर उद्योग, कृषि उद्योग आदि की जगह औद्योगिक दूनिया का विकास हो रहा है। कुटीर उद्योग एवं कृषि पर आधारित भारतीय अर्थ व्यवस्था पर घोर प्रहार पड़ रहा है। देशी उद्योग बन्द हो गये हैं जिसके परिणामस्वरूप गाँवों में गरीबी की स्थिति से लोगों की हालत बदतर हो रही है। गाँव नामक उनकी कविता में इसी अभावग्रस्तता का मार्मिक चित्रण देख सकते हैं। उनका कथन है–"अभावग्रस्त शिशु माँ की छाती से चिपटे हैं और माँ चक्की पीस रही है। गाँव इस में झोपड़ी है, घर नहीं है।" कवि के शब्दों में-

"गाँव इसमें झोपड़ी है, घर नहीं है /झोपड़ी की फट कियाँ हैं, पर नहीं है
धूल उठती है, धूएँ से दम घुटता है/ मानवों के हाथ में मानव लुटा है
सो रहा है शिशु कि माँ चक्की लिए है / पेट पापी के लिए पक्की किये है
फट रही छाती।"[4]

मिश्र जी का यह ग्राम्य वर्णन भारतीय ग्रामों की दुःखद स्थिति का यथार्थ चित्रण कर रहा है। 'दैनिक' कविता में आज की अमानवीय, असन्तुलित और अमर्यादित जीवन स्थितियों पर तीखा व्यंग्य है। रोज-रोज होनेवाली क्रूर घटनाओं, अभावों की खबरों को लेकर छपनेवाले अखबार और उसे पढ़कर, गौरव से इन घटनाओं का वर्णन करनेवाले आज के नव मानव, जो सुसंस्कृत हो कर भी अशिक्षित है, असभ्य है। कवि इसी भयानक स्थिति पर प्रश्न चिन्ह लगा रहा है–

"आज का हमारा दैनिक कितना अपठय है?
आज का हमारा मानव कितना सुसंस्कृत है,
कितना महान, है कितना असभ्य है।"[5]

गाँधी पंच शती में कवि ने राष्ट्रपिता गाँधी को अपनी श्रद्धांजलि अर्पित की है। दूसरे सप्तक के वकतव्य में उन्होंने कहा था-"दर्शन में अद्वैत का वाद में गाँधी का और टेकनीक में सहज लक्ष्य ही मेरे बन जायें ऐसी कोशिश है।"[6] दर्शन शीर्षक कविता में कवि ने गाँधीजी को सहजता के साथ उतारा है–

"देह तुम्हारी क्षीण, किन्तु बलहीन नहीं हो,
तुमसे आत्मा लब्ध हुई तुम दीन नहीं हो।
साधारण सारुप किन्तु दीपित श्री ऐसी
इन आँखों को किसी देह में दिखीन जैसी।
पलकें उठती हैं तो लगता है किरुकासब,
अंगुली उठती है तो लगता है किझुका सब।
तुम्हें देख कर लगता है भारत को देखा
आजादी की अंकित है, भारत पर रेखा।"[7]

मिश्र जी गाँधी को एक साधारण, सामान्य मानव के रूप में देखते हैं। उनके ऊपर आरोपित उस देवत्व को वे इनकार रहे हैं। गाँधीजी की दृष्टि में अहिंसा, सत्य, प्रेम और समता के द्वारा ही विश्वकल्याण सम्भव है। वास्तव में गाँधी दर्शन का मूल मन्त्र ही सत्य और अहिंसा के माध्यम से विजय को पाना है। गाँधीजी हमेशा क्रान्ति का विरोधी रहा। शत्रु का मुकाबला शस्त्र से नहीं, अहिंसा से करने के पक्षपाती रहे। इस विचार को कवि भी सही मानता है और कहता है कि–

"अगर तुम्हें लड़ना है तो लड़ो / हम नहीं लड़ेंगे।
तुम हमारी सीमा में बढ़ो / हम नहीं बढ़ेंगे।
मगर अपनी सीमा में हम रहेंगे अचल,
सहेंगे हम, तुम बरसाओ गोलियाँ,
हर एक इंच नयी जमीन पर तुम्हें लाशें मिलेंगी
लाशें जिन्होंने जिन्दा रहते गोली नही चलाई।"[8]

आज पूरे विश्व में क्रान्तिकारी विचारधारा पनप रही है। जो मानव को भीतर ही भीतर अमानवीय बना रहा है। कवि कहता है कि अगर युद्ध के खिलाफ हमारा अपना देश, गाँधी का

देश नैतिक साह्स और आत्मबल के आधार पर अहिंसा का प्रचार कर सकता है–

"मैं तो कहता हूँ कि आज भी
अगर देश गाँधी का कह देह मन लड़ेंगे
हमने अपनी सेना तोड़ी खत्म कर दिया लश्कर अपना
जिसको आना हो वह आये
किन्तु उसे आना होगा हर एक इंच पर
लाश बिछा कर शस्त्र हीन लोगों के दल की
और अगर भारत की जनता तयकर डाले
आनेवाले इसी तरह भी तर आयेगा
तो दुनिया के शस्त्रवादियों का दिमाग चकरा जायेगा।"[9]

गाँधीजी ने देशवासियों के बीच एकता और अखंडता को बनाये रखने के लिए हिन्दी का समर्थन दिया था। इस सन्दर्भ में कवि लिखता है–

"मेरे फूल बहुत बतियाना अँग्रेजी में बन्द करो
यदि माली समझा नहीं निरर्थक मरजाओगे
और अगर वह समझ गया तो कलम तुम्हारी वह बाँधेगा
और वक्त के पहले ही तुम झर जाओगे।"[10]

मिश्र जी भी गाँधीजी की तरह भारतीय सभ्यता और संस्कृति के हिमायती है। वे इस विदेशी आधुनिकता को नकारते हैं। 'बुनी हुई रस्सी' नामक कविता संग्रह में वे फैशन और आधुनिकता के नाम पर अपनी वैभवशाली संस्कृति को नष्ट कर रहे युवा पीढ़ी से अपने अस्तित्व की पहचान को बनाए रखने को कहते हैं–

"जैसी रातों में हम/ रात भर जागते हैं
और नाचते गाते हैं / पता ही नहीं चलता उसका
वैसी रातों में / बस्ती के किस कोने में
जाकर सो जाता है वह तब / कौन जाने
और जब हम लौटते हैं / मनाकर जश्न
वह हमारी तरह जैसे देखता है / जैसे हम लौटे हो
किसी को दफना कर / अच्छा नहीं है वह आदमी।"[11]

कवि कहना चाहता है कि इस तरह का जश्न मनाना अपनी सुसंस्कृति को दफन करने के बराबर है। भवानीप्रसादमिश्र की कविता तत्कालीन समस्याओं को उजागर करने वाली है। अतः यह समसामयिक है। आज की इस दुनिया में या इस प्रौद्योगिक समाज में गाँधी जितना समकालीन है उतना ही उनका जीवन दर्शन। फर्क बस इतना है कि लोग इस सत्य को समझ नहीं रहे हैं या फिर वे समझना नहीं चाहते। आज की इस सामाजिक व्यवस्था में व्यक्ति की वह अस्मिता नष्ट हो गयी है जिस के जरिए वह पहले ऐसी बनी बनाई कठोर व्यवस्था में परिवर्तन लाता था। आज व्यक्ति व्यक्ति के बीच में बढ़ते फर्क के कारण वे एक दूसरे से घुलमिल नहीं पाता। कोई किसी कोशक्ति के बल पर गुलाम बनाता जा रहा है। इस तरह मानव जाति आपस में विभाजित हो रही है जिसके परिणमस्वरूप मानव से मानव का ही विश्वास उठता जा रहा है। इसी भीषण स्थिति से सावधान होने के लिए कवि कहता है–

"घुलमिल जाना आदमी को आदमी से
होनहीं पाता उतना किसी भी / सभ्यता में किसी भी संस्कृति में
और इसलिए / हम जब बनते हैं / तो बनते हैं ज़्यादातर
गुलाम / अनुयायी / निरंकुश नेता / या विद्रोही।"[12]

अतः कह सकते हैं कि मानवतावादी दृष्टिकोण आज नितांत आवश्यक बन गयी है। इस नित-नित परिवर्तित दुनिया में मानव का सहज मानव रहना एक चुनौती भरा काम है। स्वार्थ पर आधारित आज की युवापीढ़ी सिर्फ मनोरंजन चाहता है। किसी भी प्रकार के सिद्धान्त या मूल्यों का तिरस्कार कर रहा है। इस स्थिति से जागने का संदेश रचनाकार दे रहा है, जो सिर्फ और सिर्फ गाँधीजी के अमूल्यचिन्तन से ही सम्भव है। क्योंकि बाकी सभी विचार धाराएँ विनाश के कगार पर है। आज के इस वैज्ञानिक युग में भारतीय दर्शन की सर्वत्र विशिष्टताओं को साथ में लेकर गाँधीचिन्तन विकास की गति छू रहा है। इस गति को तीव्र बनाने का एक मात्र रास्ता उसे अपने जीवन में उतारना ही होगा। इस लिए कवि कहता है कि–

"जीना चाहिए सहज / बनना चाहिए मगर बड़ा नहीं
आदमी का बनना असल में / उसकी रुचियों का बनना है
दया और करुणा और ममता / कोई ऐसी चीज़ें नहीं हैं
जिन्हें हम मुट्ठी में धरें / या जेबों में भरें फिरें
और फेंके जहाँ-तहाँ लोगों पर।"[13]

अतः कवि का मानना है कि मनुष्य को सहज बनना है। आदमी का आदमी बनना बड़ा कठिन है। आदमी का सही अर्थ है– दूसरों के दुःख दर्द को समझना और सहभागी बनना। तभी मानव श्रेष्ठ बन पायेगा। गाँधी जी भी यही चाहते थे। आज के वर्तमान युग में गाँधी जी के विचारों की बड़ी महत्ता जान पड़ती है क्योंकि वर्तमान व्यक्ति स्वार्थ से लिप्त हो चुका है, उसके ऊपर केवल उसी का ही ज़ोर चल रहा है। इस प्रकार की दर्दनाक स्थिति का सामना करने के लिए गाँधी जी द्वारा प्रतिपादित उस अमूल्य चिन्तन कि आवश्यकता जान पड़ती है जो इस सम्पूर्ण विश्व को विनाश के कगार से बचा सकता है।

## सन्दर्भग्रन्थ सूची


1. भवानी भाई, विजयेन्द्र स्नातक, पृ. 270।
2. हिन्द स्वराज, महात्मा गाँधी, पृ. 19।
3. कुछ नीति कुछ राजनीति, भवानीप्रसाद मिश्र, पृ. 23।
4. गीत फरोश, भवानीप्रसाद मिश्र, पृ. 36।
5. वही, पृ. 113।
6. दूसरा सप्तक (वक्तव्य– भवानीप्रसाद मिश्र, पृ. 5।
7. गाँधी पंचशती, भवानीप्रसाद मिश्र, पृ. 11।
8. वही, पृ. 243।
9. वही, पृ. 218।
10. वही, पृ. 246।
11. बुनी हुई रस्सी, भवानीप्रसाद मिश्र, पृ. 76।
12. खुशबू के शिलालेख, भवानीप्रसाद मिश्र, पृ. 91।
13. वही, पृ. 97।

# 'झीनी झीनी बीनी चदरिया' में अभिव्यक्त बनारसी बुनकरों की जिन्दगी का ताना-बाना

*अनीष शंकर पी.एस.*

अब्दुल बिस्मिल्लाह का उपन्यास 'झीनी झीनी बीनी चदरिया' बनारसी बुनकरों के जीवन के यथार्थ की गाथा है। उपन्यासकार ने इस उपन्यास के माध्यम से बनारस के सामाजिक, सांस्कृतिक, राजनीतिक आर्थिक एवं धार्मिक जीवन को प्रस्तुत किया है। बनारस साड़ी, त्योहार और हस्तकला आदि के लिए प्रसिद्ध है। अब्दुल बिस्मिल्लाह ने अपने इस उपन्यास में बनारस के ऐतिहासिक, वर्तमान कालीन चित्र के साथ-साथ बनारसी साड़ी बुननेवाले मुसलमान बुनकरों की जिन्दगी पर प्रकाश डाला है। उनके जीवन संघर्ष की निरन्तरता ही इस उपन्यास का मूल विषय है।

**बनारस का सामाजिक जीवन**

संस्कृति वास्तव में मानव की विकास यात्रा की उपलब्धि है। बाहर से आये एक व्यक्ति के लिए यह देश विभिन्न धर्मों एवं संस्कृतियों का संगम स्थान है। लेकिन भारत को अन्य देशों से भिन्न बनाने वाला तत्व इन विविधताओं के बीच वर्तमान एकता ही है। भारत के प्रथम राष्ट्रपति डॉ. राजेंद्र प्रसाद अपने लेख 'साहित्य, शिक्षा और संस्कृति' में लिखते हैं, "कोई विदेशी जो भारत से बिल्कुल अपरिचित हो एक छोर से दूसरे छोर तक सफर करे तो उसको इस देश में इतनी विभिन्नताएँ देखने में आयेंगी कि वह कह उठेगा कि यह एक देश है नहीं कई देशों का एक समूह है।" यह वैविध्य हम एक छोटे इलाके में भी देख सकते हैं। अब्दुल बिस्मिल्लाह के 'झीनी-झीनी बीनी चदरिया' में बनारस के माध्यम से भारत की विशेषता को प्रस्तुत किया गया है। उन्होंने इस उपन्यास में भारत की एक विशेष जनपद-बनारसी साड़ी बुननेवाले बुनकर समाज की संस्कृति की विशेषताओं पर प्रकाश डाला है। बनारस में बुनकारी का काम छितन बाबा ने शुरू किया था। यहाँ उन्होंने विभिन्न प्रदेशों के लोगों को मिलाकर पाँच मोहल्ले बनाए थे। आज बनारसी बुनकर उनके मोहल्ले के नाम पर जाने जाते हैं। उपन्यासकार लिखते हैं, "एक समाज दुनिया का है। एक समाज भारत का है। एक सामाज हिन्दुओं का है। एक समाज मुसलमानों का है। और एक समाज बनारस के जुलाहों का है। यह समाज कई अर्थों में दुनिया के हर समाज से अलग है।" प्रस्तुत उपन्यास का मुख्य विषय इस कुटीर उद्योग से अपनी आजीविका चलाने वाले बनारस के बुनकर समाज और उनके संघर्ष की कहानी है।

कला के सन्दर्भ में यह जगह विश्व भर में प्रसिद्ध है। लेकिन सामाजिक और आर्थिक दृष्टि से देखे तो वे कमजोर भी हैं। वह समाज दो वर्गों में विभाजित है। एक वर्ग बुनकरों का है जिनमें से अधिकांश लोग अमानवीय परिस्थितियों में जी रहे हैं। भारत के अधिकांश

मुसलमान छोटी पूँजी के व्यापारी, मजदूर या अन्य कुटीर उद्योगों से जीवनयापन करने वाले हैं। अपने परिवार की आर्थिक कठिनाइयों के कारण बच्चों को अल्प आयु से ही मेहनत करना पड़ता है। बनारस में भी इस स्थिति में कोई अन्तर नहीं है। शिक्षा की अनिवार्यता से अनभिज्ञ होने के कारण अधिकांश लोग तृतीय और चौथी श्रेणियों के मजदूर के रूप में बदल जाते हैं। उसमें रिक्षा चलाने वाले, बुनकर एवं अन्य मजदूर भी शामिल हैं। मतान, लत्तीफ, अलिमुन आदि इस वर्ग के प्रतिनिधि हैं। दूसरा वर्ग गिरस्ते और कोठीवालों का है। उन्हें पूँजीपति और परोपजीवि समझना चाहिए। हाजी अमीरुल्लाह, हाजी नजीर, सेठ गजाधर प्रसाद आदि इस वर्ग में आनेवाले हैं। यह अपने मेहनत से नहीं, बल्कि श्रमजीवि वर्ग के शोषण से ही जीता है।

## शोषण के विविध आयाम

शोषण समाज का एक अभिशाप है। पूँजीवादी देशों में इसका रूप भयानक है। लेकिन तीसरी दुनिया के देशों में इसका आक्रामक रूप हम देख सकते हैं। स्वतन्त्रता प्राप्ति के बाद भारत में इस स्थिति में कोई परिवर्तन नहीं आया है। प्रजातन्त्र के आधार पर चलने वाले भारतीय समाज में भी इसका विकृत रूप विद्यमान है। यहाँ धनी लोग अधिक धनी बनते जाते हैं और गरीब और भी गिरीब। 'झीनी-झीनी बीनी चदरिया' बनारसी साड़ी बुनने वाले लाखों मुसलमान बुनकरों की अमानवीय जीवन परिस्थितियों एवं उसके शोषण करने वाले उच्च वर्ग के मुसलमानों और राजनीतिक लोगों के शोषण तन्त्र का प्रामाणिक दस्तावेज है। बनारस के गरीब बुनकर गंदी गली में, रासायनिक पदार्थों और अन्य प्रदूषण भरे वातावरण में बीमारी के साथ संघर्ष करके हारे हुए जीवन जीने के लिए विवश हैं। वे लोग एक ओर गिरसते और कोठीवालों से पीड़ित हैं दूसरी ओर सरकार की योजनाओं की पराजय के कारण परेशान हैं। इस उपन्यास के हारे हुए विद्रोही बुनकर मतीन का पढ़ा-लिखा लड़का इकबाल का एक सवाल बनारसी बुनकरों की समस्याओं का सूचक ही है। वह कहता है, "सिर्फ करघे की मदद से तकरीबन पच्चीस-तीस करोड़ों रूपए की रेशमी साड़ियाँ आप लोगों की मेहनत से यहाँ तैयार होती है। पर आपको क्या मिलता है बदले में? सिर्फ एक लूँगी! भैंस का गोश्त! नंगा धडगा जाहिल बच्चे! टी. बी. के बीमारी से छड़ापड़ाती हुई औरत!"

बनारसी साड़ी महलों और ऊँचे घरों में रहने वाली औरतों को आकर्षक बनाती है। लेकिन इन बुनकरों की स्त्रियाँ अभाव भरे वातावरण में गंदे और फटे हुए कपड़े पहनती हैं। उनकी औरतों को बनारसी साड़ी पहनने का भाग्य नहीं है। उपन्यासकार ने प्रतिदिन अपने हाथों से कीमती साड़ी बुननेवाले बुनकरों की औरतों की साड़ी पहनने की इच्छा और न होने की विवशता अधिक मार्मिक ढंग से प्रस्तुत किया है। यह आग्रह सहज एवं स्वाभाविक है। इस निस्सहाय स्थिति का वर्णन इकबाल के माध्यम से उपन्यासकार ने किया है। वह बेचने के लिए रखी साड़ी माँ को देना चाहता है। वह अपनी माँ को बनारसी साड़ी पहनकर देखना चाहता है। "छि! दुनिया भर के लिए साड़ी बिनकर देने वाले घर की औरत को एक सस्ते दामवाली बनारसी साड़ी भी नसीब नहीं। पूरी उम्र काट गयी सूती धोतियाँ और छींट की सलवार-कमीज़ पर। अरे जैसे इतना कर्ज है, वैसे ही कुछ कर्ज और चढ़ जाता और क्या। आज कैसी तो चमक थी, अम्मा की आँखों में। साड़ी पर किस तरह उसकी उँगलियाँ फिर रही थी, जैसे कोई भूखा बच्चा रोटी पर अपना हाथ फेरे।" पश्चाताप से उत्पन्न इस अनुभूति का चित्रण अधिक मार्मिक

है। मेहनतकश लोग यहाँ बेकार की जिन्दगी जी रहे हैं। कोई काम न करने वाले लोग भोग का आस्वादन करते हैं। यह उपन्यास इस सामाजिक असन्तुलन और उसी से उत्पन्न वर्ग संघर्ष की कहानी है।

ऊँच-नीच का भेदभाव शोषण के लिए कारण बन जाता है। अब्दुल बिस्मिल्लाह ने उपन्यास में इस दमन रीति का खुलासा किया है। बनारस के गरीब बुनकर अपनी इच्छा के अनुसार काम नहीं कर सकते। इन निस्सहाय वर्गों को उच्च वर्ग के द्वारा बनाए गये सामाजिक नियमों के आधार पर जीना ही पड़ता है। उन्हें अन्य जगह से कतान खरीदना और बाज़ार में साड़ी बेचना मना कर दिया है। बनारस के बुनकर लोग केवल हाजी साहब जैसे उच्च वर्ग व्यक्तियों से कतान खरीद सकते हैं, जो उस पूरे व्यवसाय का नियन्त्रण करते हैं। एक बुनकर बुनने वाली साड़ी गिरस्ते वाले सस्ते में उन्ही से खरीदते हैं। बाद में इसको कई गुना दामों में बेचते हैं। कमरतोड़ मेहनत के बाद इन बुनकरों को कुछ भी नहीं मिलता है। उनको करघा, जांगर और मेहनत ही अपना है। इसलिए उपन्यास का विद्रोही पात्र मतीन सोचता है, "कितनी भी सफाई से विनो नब्बे रुपये से ज्यादा मजदूरी नहीं मिलने की। हफ्ते भर सिर्फ नब्बे रूपए। से कभी पांच रूपैया दाग कर तो कभी तीन रूपए मती का कभी रफू का तो कभी तेरी कट जाता है।" इस प्रकार कटौती होने के कारण इन बुनकरों को जीने के लिए कर्ज़ उठाना पड़ता है। इस कर्ज का भुगतान वे कभी नहीं कर सकते हैं। इसके खिलाफ वे लोग कभी आवाज नहीं उठा सकते हैं। क्योंकि राजनीतिक, धार्मिक, सामाजिक क्षेत्र में वे लोग बहुत ही पिछड़े हैं। मतीन इस शोषण के खिलाफ लड़ना चाहता है। वह एक को-ऑपरेटिव सोसायटी बनाकर बुनकरों को इकट्ठा करना चाहता है। वह विश्वास करता है कि इसके माध्यम से अपने घरों में बीननेवाली साड़ी बाजार में आसानी से बेच सकता है। को-ऑपरेटिव सोसाइटी है तो सरकार की ओर से उन्हें धनराशि भी मिल जाती है। इसके लिए तीस सदस्यों वाली एक को-ऑपरेटिव सोसायटी बनाकर बैंक में एक खाता खोलना चाहिए। मतीन ने कठिन मेहनत करके तीस लोगों को इकट्ठा किया। मतीन उनके हस्ताक्षर वाली कागजों को लेकर बैंक में गया। तब उसको मालूम हुआ है कि उन्हीं के हस्ताक्षर वाले कागज का नकली रूप बनाकर हाजी साहब ने पहले ही सोसाइटी बनाया और सरकार की ओर से मिली धनराशि को अपनी ही सोसाइटी के विकास के लिए उपयोग किया। इस प्रकार उच्च वर्ग के लोगों ने इन गरीबों को विकास के मार्ग से हटा दिया है। एक व्यक्ति या सोसाइटी को सरकार द्वारा घोषित धनराशि अनेक प्रकार के जाँच-पड़ताल के बाद ही प्राप्त होता है। इसके लिए अवश्य ही कुछ समय भी चाहिए। लेकिन एक नकली सोसाइटी को इतनी जल्दी बिना कोई जाँच के बगैर वह धनराशि मिल जाये तो वह भ्रष्टाचार है। अगर कानून का उल्लंघन करनेवाले हाजी अम्मीरुल्लाह जैसे धन और अधिकार वाले हैं तो कौन पूछेगा? समाज में व्याप्त यह असन्तुलन ही देश की विकास गति में बाधा उत्पन्न करता है। यह उस समाज में अनगिनत शोषण के लिए पृष्ठभूमि तैयार करता है।

हाजी साहब ने सरकार की ओर से मिली धनराशि से पावरलूम बिठा लिया था। तब करघे पर काम करने वाले आम बुनकरों की स्थिति और भी दयनीय बन चुकी थी। गिरस्ते वाले कहते हैं, "एक साड़ी को एक बुनकर कम से कम चार दिनों से तैयार करता था। अब एक पावरलूम अगर बिजली रही तो एक दिन में चार साड़ियाँ तैयार करता है।" तब साड़ी की बिक्री करने वाले लोग इन पावर लूम पर अधिक विश्वास करते हैं। तब करघे पर काम करने वाले बुनकरों को

अपने माल को कम दाम में बेचना पड़ता है। हाजी साहब और दलाल लोग इस वक्त इन लोगों का खूब शोषण करते हैं। उन्हें कर्ज लेना पड़ता है। जिन्दगी भर गुलामी का भार उठाना पड़ता है। इसके अलावा साड़ी के दाम के बदले हाजी साहब जैसे लोग चेक देते हैं। वे लोग उन्हें एक महीने के बाद भुननेवाला चेक देते हैं। अगर बुनकर लोग नकद रूपए माँगे तो मिलते हैं पच्चीस रूपए की और कटौती। यह एक त्रासदी है कि कभी-कभी इन बुनकरों को चेक के असली दाम से कम दाम में बेचना पड़ता है। क्योंकि महीने के खर्च और कर्ज उन्हें परेशान करते हैं।

महँगाई के समय बुनकरों की जिन्दगी और भी दयनीय बन जाती है। घर और व्यवसाय के लिए आवश्यक चीजों के दाम में आने वाली वृद्धि उनके जीवन के बजट को झकझोर देता है। "झीनी झीनी बीनी चदरिया" में महँगाई के समय की जिन्दगी को प्रस्तुत किया है। कर्नाटक राज्य में रेशम के उत्पादन में हुई कमी रेशम की कीमत आसमान छूने का कारण बन जाता है। इस महँगाई ने आम बुनकर की जिन्दगी में जहर डाली है। अब उन्हें रोजी रोटी के लिए कर्ज लेना पड़ता है। महँगाई और औद्योगीकरण दोनों ने बनारसी बुनकरों की ज़िंदगी को बर्बाद किया। अब उन्हें करघा, कतान, कपड़ा, इलाज आदि के लिए कर्ज उठाना ही पड़ता है। मतीन का यह सोच बनारसी बुनकरों की वास्तविक जीवन का परिचय देता है, "भाका था भी कोई ज़िंदगी है। कितनी मेहनत से साड़ी बीनो, फिर उसे बाज़ार में जाओ और वहाँ क्या मिलता है? चेक! जो महीने भर बाद भुनता है। सोसाइटी के जरिए बड़े बड़े की साड़ियाँ ही बिकती है, गरीब का भला कौन पूछता है।" यह सवाल वास्तव में भारतीय हस्तकला के भीतर का है। भारतीय संस्कृति का विकासक्रम इन्हीं कलाकारों में हम देख सकते हैं। उसमें विरासत की सुगंध है, ईमानदारी की झलक भी विद्यमान है। अभाव, शोषण और सरकारी योजनाओं का पराजय इन्हीं उद्योगों का इतिहास बनाएगी। इन कलाकारों को बचाने का दायित्व उपन्यास में मतीन ने उठाया है।

उपन्यास में एक और उदाहरण भी देखा जा सकता है। हाजी हबीबुल्लाह ने अपने अस्पताल के विस्तार के लिए बुनकर बशीर के मकान पर कब्ज़ा कर लिया। वह बलपूर्वक बशीर को उनके घर से निकाल देता है। इसके खिलाफ बशीर जैसे साधारण बुनकर कुछ नहीं कर सकते। अपने मकान और ज़मीन के बदले उसको मिला ही क्या है? एक छोटी सी झोंपड़ी जिसमें कोई सुविधा नहीं है। इस शोषण के कारण बुनकर लोग अपने घर-परिवार का सही पालन नहीं कर सकते हैं। इसलिए वे अपने बच्चों को स्कूल नहीं भेज सकते। वे भी कम उम्र में काम करने के लिए विवश हो जाते हैं। आर्थिक क्षेत्र का यह असन्तुलित वितरण और अशिक्षा के कारण वे लोग आसानी से शोषण के शिकार बन जाते हैं।

बनारस के अधिकांश बुनकर यह सोचते हैं कि इस तरह के दयनीय वातावरण में जीने से ज़्यादा अच्छा है उस जगह को छोड़ना। लेकिन कहाँ जायेंगे? इसलिए यह सोच, सोच ही रह गया है। लेकिन मतीन अपने समाज की दयनीय स्थिति के कारण बनारस छोड़कर मऊ जाना चाहता है। यह एक पराजित व्यक्ति का पलायन भी है। लेकिन उसका विश्वास था कि बाकी जगह बनारस से बहत्तर थे। लेकिन मऊ में जीते समय उसको मालूम हुआ है कि शोषण हर जगह में एक जैसा है। इसलिए वह बनारस वापस आता है। मतीन का यह पलायन और मउ में वापस आना आदि के माध्यम से लेखक यह कहना चाहते हैं कि गरीबों की ज़िन्दगी भारत में सब कहीं एक जैसा है। उन्हें अभाव, गंदगी और शोषण को जीवन का एक हिस्सा समझ कर

जीना चाहिए। अब मतीन चुप है। लेकिन अधिक समय तक वह अन्याय का सहन नहीं कर सकता था। उसके स्वभाव की मुख्य विशेषता अन्याय के खिलाफ संघर्ष करना ही है। इसलिए उसकी यह चुप्पी का अनेक अर्थ भी है।

अब्दुल बिस्मिल्लाह ने वर्ग संघर्ष की आवश्यकता पर विचार किया है। लेकिन उस समाज में हाजी अम्मीरुल्लाह और गजाधर प्रसाद जैसे उच्च वर्ग सभी प्रकार के भोग विलास को अनुभव करके आगे बढ़ रहे हैं। मतीन, लत्तीफ और अलिमुन जैसे बुनकर सभी प्रकार के अभाव के साथ जीने के लिए विवश है। इस समाज में एक वर्ग के पास शिक्षा, धन एवं अधिकार है। राजनीति और धर्म उसकी मदद कर रहे हैं। लेकिन दूसरा वर्ग इन सभी के अभाव के कारण उपेक्षित हैं, शोषित भी। उच्च वर्ग एकत्रित है और उनके लिए नेता भी है। लेकिन ये बुनकर इसके अभाव के कारण बिखरे हुए हैं। इन्हें एकत्रित करना मुश्किल है। इस समाज में एक सक्रिय मध्यवर्ग का अभाव है। जो इन दोनों के बीच का अन्तर समाप्त कर सकता था। शिक्षा को पाने से ये लोग एक हद तक अपनी इस पतित हालत के साथ लड़ सकते हैं। यह समझ कर ही मतीन ने अपने बेटे इकबाल को स्कूल भेजा। बाद में इकबाल इन बुनकरों का ज़ुबान बन गया है। यह वास्तव में एक नया वर्ग का उदय है। इकबाल ने नारी की शिक्षा को भी महत्त्व दिया है। मतीन का विश्वास है कि शिक्षा की जादू सब कहीं फैलने से इस शोषण भरी स्थिति से सुधार मिल जायेगी। इस उपन्यास का अन्त भी इस प्रगतिशील सोच के साथ ही हुआ है। यह वास्तव में उपन्यासकार की पारदर्शिता का ही परिणाम है।

## बनारस का धार्मिक जीवन

बनारस हिन्दुओं और मुसलमानों के लिए एक महत्त्वपूर्ण तीर्थ स्थान है। हिन्दुओं के लिए यह मोक्ष का द्वार है। काशी विश्वनाथ का मन्दिर और गंगा का सानिध्य उसके महत्त्व को और भी बढ़ाते हैं। कुंभ मेला के लिए यह जगह विश्व भर में अधिक विख्यात है। बनारस के हिन्दू समुदाय के जीवन को भी उपन्यासकार ने प्रस्तुत किया है। होली को उसके रंग के साथ मनाने वाले हिन्दुओं का चित्रण हम देख सकते हैं। काशी के मृत्युंजय महादेव वहाँ के हिन्दुओं के लिए बहुत ही महत्त्वपूर्ण है। विशेष अवसर पर विशेष प्रकार की पूजा होती है। उपन्यासकार लिखते हैं, "एक दिन पहले रात भर रत जमा होता था और स्त्रियाँ रात भर कजरी गाया करती थी। दूसरे दिन ईश्वर गंगी और शंखू धरा पर गौनाहारियो का मेला लगा करता था जहाँ स्त्रियाँ कजरी गाती हुई जाती थी और नजर के छैले इनाम बाँटते थे।"

बनारस के बुनकरों में अधिकांश लोग मुसलमान हैं जो ईश्वर के प्रति समर्पित भक्ति और उसके रसूलों के प्रति विशेष ध्यान देने वाले हैं। वे लोग अपने सब कुछ मस्जिद को समर्पित करने के लिए भी तैयार है। इन वर्गों ने उन्हें विश्वास दिलाया है कि ऐसे ना करता तो जुर्म ही होगा। इस्लाम धर्म के प्रत्येक महीने चाँद से आरम्भ होता है। प्रत्येक महीने में मेले भी होते हैं। मेला एवं त्यौहार एक विशेष जन समुदाय या संस्कृति का परिचायक है। यहाँ मनोरंजन के साथ-साथ उनके रोज़मरे की आवश्यक सामग्री का क्रय-विक्रय भी होता है। इस उपन्यास में विभिन्न महीनों में मनाए जानेवाले विभिन्न प्रकार के मेलों का वर्णन हम देख सकते हैं। यह उपन्यास का केन्द्र भारतीय मुसलमान होने के कारण उस समुदाय के मेले का वर्णन ही मिलता हैं।

यहाँ के मुसलमानों के लिए यह मेला सबसे महत्त्वपूर्ण है। उपन्यासकार लिखते हैं, "सुबरात के दिन है। घर में हलवे बन रहे हैं। मोहल्ले की लड़कियाँ साटन की सलवार और लयूरेक्स की पेरानी पहनकर बालों में अपनी-अपनी भाभियों से अफ़शां के बलबूते बनवा कर इधर उधर चहक रही हैं। लड़के पटाके छोड़ रहे हैं। आनन्द का एक समुद्र है, जो चितनपुरा से लेकर मदनपुरा तक में उमड़ा हुआ है।" इसी प्रकार वे लोग बकरीद, रमज़ान, मोहर्रम आदि को भी खूब मनाते हैं। रमजान मुसलमानों के लिए अधिक महत्त्वपूर्ण है। रमजान के समय रोजा रखना प्रत्येक व्यक्ति का फर्ज होता है। उपन्यासकार लिखते हैं, "बनारस के अधिकांश बुनकरों ने विशेषकर स्त्रियों ने– दूसरे दिन से ही रोजा रखना शुरू कर दिया है। हो सकता है कहीं चाँद दिखाई ही पड़ गया हो। एक रोजा अगर छूट गया तो हजार रोजे टूटने का गुनाह होगा।" बकरीद के समय घर-धर में तरह-तरह के पकवान बनाते हैं। गिरस्तेवाले अपने कारीगरों को मिठाईया बाँट देते हैं और इस पर्व को जश्न के रूप में मनाते हैं। त्योहार, पर्व, जन्म, विवाह के समय विभिन्न प्रकार के लोकगीत गाया करते हैं। उपन्यास के नसीबन बुआ लोकगीतों गाया करती थी। विभिन्न अवसरों में शायरी करने वाली प्रथा बनारस में है।

## धर्म और नारी

उपन्यासकार ने बनारस की स्त्रियों की त्रासद पूर्ण ज़िन्दगी पर प्रकाश डाला है। वहाँ स्त्रियों को समाज और परिवार में उचित स्थान नहीं मिल रहा है। उसे केवल अपने प्रतिदिन की आवश्यकताओं के लिए लायक एक उपकरण के रूप में व्यवहार कर रहे हैं। कोई भी व्यक्ति उसकी बातों और आवश्यकताओं को महत्त्व नहीं दे रहे हैं। उसे समाज एक आवश्यक अंग के रूप में नहीं समझते हैं। धर्म पर अधिक महत्त्व देने के कारण बनारस के मुसलमान समुदाय के बच्चों को स्कूल नहीं भेजते। वे अपने लड़कों को मदरसे भेजते हैं। लेकिन लड़कियाँ केवल घर बैठकर कुरआन का पाठ करती है। अपनी अशिक्षा के कारण वे लोग अनेक प्रकार के शोषण के शिकार बनती जा रही हैं।

सभी धर्म में स्त्री गरीबी, धार्मिक कट्टरता, अज्ञान और अंधविश्वास के कारण अत्यधिक शोषित, उपेक्षित और पीड़ित है। बनारसी बुनकरों की स्त्री की स्थिति इससे भिन्न नहीं है। उन्हें एक साथ घर संभालना है, कतान फेरना है, साड़ियों में रंग डालते समय विभिन्न प्रकार के रासायनिक पदार्थों के साथ सम्पर्क करना भी है। इसलिए वे आसानी से विभिन्न प्रकार की बीमारियों के शिकार भी बन जाती हैं। उपन्यासकार के अनुसार बनारस के बिनकारी के साथ सम्पर्क रखनेवाली अधिकतर स्त्रियाँ टी.बी. जैसे भयानक बीमारियों की शिकार हैं। इलाज की सही व्यवस्था भी वहाँ नहीं है। इसलिए वे अल्पायु में ही मृत्यु के हाथ में फँस जाती हैं। वे लोग अज्ञता के कारण दवा से ज़्यादा मन्त्र-तन्त्र पर ही विश्वास करते हैं। उपन्यास में बलात्कार की शिकार होने की वजह से पागल बन गयी लत्तीफ की बेटी रहनुआ को उसके घरवाले इलाज कराने के लिए अस्पताल ले जाने के बजाय मखदूम शाह ले गया। वहाँ मन्त्र तन्त्र के आधार पर मरीजों का इलाज करते हैं। बाद में रहनुमा और पागल बन जाती है। धर्म के नियम की कट्टरता, अंधविश्वास एवं स्त्री के स्वास्थ्य के प्रति समाज की उदासीन भावना के कारण वह समाज में नारकीय जीवन जीने के लिए विवश बन जाती है।

तलाक एक साधारण घटना के रूप में इस उपन्यास में हम देख सकते हैं। उसे कम उम्र

में ही उससे दुगुने या तिगुने उम्रवाले के साथ शादी करवाते हैं। उपन्यासकार के अनुसार बनारस में मुसलमान समुदाय में तलाकशुदा और विधवा किशोरियों की संख्या भी बहुत अधिक है। इसलिए उपन्यास की अलीमुन का यह सवाल बहुत ही महत्त्वपूर्ण है। वह कहती है, "औरत जात की आखिर हैसियत ही क्या है? जब चाहो चूतड़ पर लात मार कर निकाल दो। औरत का और इस्तेमाल ही क्या है? कतान फेरे; हैडी-चुकी करें, साथ में सोए, बच्चे जने और पाव दबाए। इसमें से अगर किसी भी काम में हील-हवेली हो तो कानून-इस्लाम का पालन करो और बोल दो कि मैं तुम्हें तलाक देता हूँ। तलाक! तलाक! तलाक! बिरादरी में महर का झंझट भी नहीं है।"

उपन्यास के अनुसार बनारस में व्यापक रूप में शरीयत नियम के दुरुपयोग होते हैं। इसलिए स्त्री का कम उम्र में शादी और तलाक सामान्य बात बन गयी है। उपन्यास की रहनुमा, अख्तरूनिया, नजबुनिया आदि इस नियम का शिकार है। एक दिन लतीफ ने ताड़ी के नशे में अपनी पत्नी कमरून उनको तलाक दी; लेकिन होश आये तो लतीफ को अपनी गलती समझ में आयी। वह उसे पुनः प्राप्त करना चाहता है। लेकिन शरीयत नियम के अनुसार वह उतना आसान कार्य नहीं हैं। उस नियम के अनुसार उसको पुनः प्राप्त करने के लिए कमरून की दूसरी शादी होनी चाहिए। अब्दुल बिस्मिल्लह लिखते हैं, "पहले किसी से उसका निकाह हो, वह कम से कम एक रात उस आदमी के साथ बीवी की तरह रहे और फिर वह आदमी उसे तलाक दे दे; तभी वह दूसरा निकाह पढ़कर लतीफ के साथ बीवी बनकर रह सकती है– वरना नहीं।" परोक्ष रूप में देखा जाये तो इस अन्यायपूर्ण नियम के बीच पीसनेवाली नारी दिखाई पड़ती है। वह एक तरफ पति द्वारा की गयी तलाक का अपमान झेलती है और दूसरी तरफ दूसरे पुरुष के साथ सहवास का दंग। उच्च वर्ग निम्न वर्ग की स्त्रियों को केवल यौन उपकरण के रूप में देखते हैं। इसलिए बलात्कार भी साधारण सी बात बन गयी है। हाजी साहब का बेटा शरफुद्दीन ने घर में अकेली रहती रहनुमा का बलात्कार करता है। इसके आघात में वह लड़की पागल बन जाती है। लेकिन कोई उसके खिलाफ आवाज़ नहीं उठाते। क्योंकि सारी न्याय व्यवस्था उन्हीं लोगों की इच्छा के अनुसार ही चलती है। निम्न वर्ग की स्त्रियाँ इस प्रकार की तंग पूर्ण ज़िन्दगी जीने के लिए विवश हैं।

इस उपन्यास में छोटी-छोटी लड़कियों पर अपने यौन दाह बुझानेवाले पुरोहितों पर भी तीखा व्यंग्य किया गया है। मदरसे में पढ़ने आती छोटी-छोटी लड़कियों को अपनी काम पूर्ति का साधन बनाने वाले मौलवियों का चित्रण भी उपन्यासकार ने किया है। बनारस के हिन्दू समाज में भी इस प्रकार के शोषण हम देख सकते हैं। विश्वनाथ के मन्दिर में गंगा की तरफ़ खुलने वाला एक सुरंग भी है। सुरंगों में छिपे पांडे लोग पूजा के लिए आयी लड़कियों एवं जवान औरतों को अपनी कामवासना के शिकार बनाते हैं। उसके बाद उसका कत्ल करके गंगा में बहा देते हैं।

साम्प्रदायिकता फैलते समय स्त्रियाँ अनगिनत शोषण का शिकार बन जाती हैं। इस उपन्यस में दंगे होते समय प्रत्येक समुदाय के लोग दूसरे समुदाय की स्त्रियों पर हमला करके उसे अपमानित करके अपनी 'वीरता' का प्रदर्शन करते हैं। उस समय धर्मावलम्बी लोग और दंगे रोकने के लिए आये पुलिसवाले और सरकार के अन्य कर्मचारी भी स्त्रियों का बलात्कार करते हैं। इस प्रकार बनारस की स्त्रियों की जिन्दगी शोषण और अभाव के साथ आगे बढ़ रही है।

## राजनीतिक शोषण

राजनीति प्रजातांत्रिक व्यवस्था का आधार है। राजनीति के अभाव में शासन व्यवस्था बिगड़ जाती है। इसका मूल उद्देश्य मानव की उन्नति है। राजनीति में होने वाले दरार या विघटन देश में आतंक एवं भ्रष्टाचार फैलाने का कारण बन जाता है। भारत में राजनीति ने भाषा, जाति, धर्म आदि के प्रभाव में आकर अपनी पारदर्शिता और उत्तरदायित्व को नष्ट कर दिया है। आज छल-कपट और पक्षधरता आदि भारतीय राजनीति का मूल मन्त्र बन गये हैं।

उपन्यासकार ने 'झीनी-झीनी बीनी चदरिया' में इस प्रकार की भ्रष्ट राजनीति पर प्रकाश डाला है। आजकल की राजनीति खानदान के आधार पर ही चल रही है। भारत के बहुत अधिक राजनीतिक दल किसी-न-किसी परिवार का ही है। उपन्यास का हाजी अमीरुल्लाह अपने बेटे को एम.एल.ए. और अपने दोस्त गजाधर प्रसाद के बेटे कामता प्रसाद को एम.पी. बनाने की तैयारी करते हैं। उनका उद्देश्य यह है कि जिससे सरकार द्वारा घोषित योजनाओं का उपयोग वे लोग अपनी इच्छा के अनुसार कर सकते हैं। इस लक्ष्य को प्राप्त करने के लिए वे लोग धर्म का गलत इस्तेमाल करते हैं। इसका परिणाम है आजकल भारत में व्याप्त सामुदायिक दंगे। उपन्यासकार लिखते हैं, "सैकड़ों जानें गये। सरकारी भाषा में संवेदनशील मोहल्लों में बारह दिनों तक लगातार कर्फ्यू जारी रहा चौबीस घंटों का। भीतर लोग पानी बिना मर गये। लाशें सड़ गयीं, लेकिन दफनाने की छूट नहीं मिली। लोग खिड़कियों से पुर्जी फेंकने लगे कि उनके बच्चे भूखों मर रहे हैं, कर्फ्यू में छूट दी जाये; उनकी प्रार्थनाओं पर कोई ध्यान नहीं दिया गया।"

उपन्यास के अल्ताफ रहमान, कामता प्रसाद और शरफुद्दीन ने हमेशा साम्प्रदायिक दंगों को वोट बैंक में परिवर्तित करने के उद्देश्य में अपनाने वाले विविध तौर-तरीकों पर तीखा व्यंग्य प्रस्तुत किया है। अल्ताफरहमान ने 'कौमी एकता' अखबार के द्वारा जनसंघ और आर.एस. एस. को बेनकाब करके मुसलमानों में जातीय उत्साह भरने की कोशिश भी की है। दूसरी तरफ से हाजीसाहब ने जनता को दिखाने के लिए एक बड़े मुशायरा का आयोजन किया है। उसने हिन्दू-मुस्लिम एकता के बैनर और शान्ति मोर्चा आदि के जरिए यह साबित करना चाह है कि हिन्दू-मुस्लिम एकता अब पक्का एवं कायम हो गयी है। उपन्यासकार लिखते है, "दंगे के बाद इन लोगों ने कई दिन शान्ति मोर्चा भी निकलवाए थे, जिसमें हिन्दू-मुस्लिम भाई-भाई के नारे जोरदार लगाए गये। अब इस मुशायरे के जरिए यह साबित किया जायेगा कि शहर में वाकई हिन्दू मुस्लिम एकता कायम हो गयी है।" देखने की बात यह है कि इन साम्प्रदायिक दंगों में मरने वाले नब्बे प्रतिशत लोग गरीब ही है। राजनीतिक लोग पुरोहित वर्ग अपनी-अपनी जगह में सुरक्षित हैं। वे लोग साम्प्रदायिकता का बीज बोते हैं और उसका फल भी काटते हैं। लेकिन इस चाल को न समझकर इन्हीं पर विश्वास करनेवाले आम आदमी को अपनी जान, सम्पत्ति, मान आदि नष्ट हो जाती हैं।

जब धर्म में अधिकार का मोह उत्पन्न होता है या राजनीति और धर्म का उद्देश्य एक हो जाता है वहाँ प्रजातन्त्र समाप्त हो जाता है। धर्म केन्द्रित राजनीति में न धर्म को कोई स्थान है न राजनीति को। वहाँ अधिकार ही मुख्य है। उपन्यास के अल्ताफरहमान और गजाधर बाबू की प्रवृत्तियों से यह व्यक्त हो जाता है कि राजनीति और धर्म में उच्च वर्ग के लिए स्थिर शत्रु नहीं है और मित्र भी। वे लोग अपने द्वारा किया गया विभाजन आम जनता में कायम रखना भी चाहते हैं क्योंकि वे उनके वोट बैंक हैं। उपन्यासकार के अनुसार बनारस का यह अविकासित

वातावरण इस भ्रष्ट राजनीति का ही परिणाम है। वे हमें याद दिलाते हैं कि यह बुनकरों की जगह पूरे भारत का एक परिच्छेद ही है। राजनीतिक लोगों के धोखे का एक और उदाहरण भी उपन्यासकार ने पेश किया है। रेशम की कीमत में आयी वृद्धि बुनकरों के जीवन में परेशानियाँ उत्पन्न करती है। राजनीतिक लोग इसको एक अवसर के रूप में उपयोग करने लगे। सम्मेलनों के आयोजन करके जनता को विश्वास दिलाते रहे कि उनका लक्ष्य बुनकरों के जीवन की वृद्धि ही है। लेकिन सम्मेलन में मुख्य समस्या को कोई महत्त्व नहीं दिया गया है।

## साम्प्रदायिकता की आन्तरिक जड़ता

'झीनी-झीनी बीनी चदरिया' में अब्दुल बिस्मिल्लाह ने धर्म और साम्प्रदायिकता के बीच के सम्बन्ध को व्यक्त किया है। उन्होंने इसमें मुसलमानों की कुछ कमजोरियों पर भी प्रकाश डाला है। उसमें अधिकतर लोग अपने धर्म पर अटूट आस्था रखने वाले हैं। आज भी भारत के कुछ मुसलमान ऐसे हैं जो अब भी पाकिस्तान के समर्थक हैं। इस उपन्यास का एक पात्र है किक्की पानवाला। वह मुसलमानों को आकर्षित करने के लिए अपनी दुकान में मक्का, मदीना जैसे पुण्य स्थानों का चित्र रखता है। वह इसके अलावा रेडियो द्वारा भारत-पाक टेस्ट क्रिकेट मैच का सीधा प्रसारण भी सुनाता है। वे पाकिस्तान की जीत को चाहनेवाले हैं। उपन्यासकार ने उन लोगों की पतित मानसिकता पर तीखा प्रहार किया है, "बैंकसरकारवा आउट गोवा के नहीं? गवस्करवा बहुत पहलिवे आऊट हो गोवा। .... सर्त बदिए। देख लियो पाकिस्तान ज़रूर से जीतिए। और काफी रन से।" जब पाकिस्तान जीतता है तब किक्की पानवाला सब को मुफ्त पान बाँटता है नहीं तो दुकान बन्द कर देता है। लोग इस क्रिकेट मैच के स्कोर को युद्ध के समान देखते हैं। उपन्यासकार लिखते हैं, "लड़के सीखते हैं और मैच पकड़ लेता है। आज हिन्दुस्तान झट हियोवाले को हरा के रहना हैं।" अन्त में लोगों का यह ज़ोर से नया रूप धारण करता है। बच्चे उनके स्वर में भारत के जीतने पर भारतीय क्रिकेट टीम को गालियाँ लगाते हैं।

साम्प्रदायिकता का दूसरा रूप धार्मिक त्योहारों के समय देख सकते हैं। अब्दुल बिस्मिल्लाह ने लिखा है कि मऊ और मदनपुरा जैसे मोहल्ले में हुए दंगों में धर्म के बुरे प्रभाव व्यक्त हैं। जहाँ मुसलमानों की आबादी बहुत ज़्यादा है, वहाँ के हिन्दू लोग दुर्गा पूजा के समय उसकी मूर्ति लेकर गलियों से गुजरना चाहते हैं। उसी तरह मुसलमान भी ताजिए का जुलूस निकालते समय जहाँ हिन्दुओं के अधिक आबादी है वहाँ से गुज़रना चाहते हैं। इसका परिणाम है साम्प्रदायिक दंगा। जब दुर्गा की मूर्ति लेकर गली में प्रवेश करते हैं तब मुसलमान लोग अपने छत्तों में छिपकर पत्थर ईंट आदि फेंकते हैं। जवाबी कार्रवाई भी शुरू हो जाती है और दंगा उसका भयानक रूप धारण करता है। यहाँ मानव की उन्नति के उद्देश्य में आये सारे धर्म पूरी मानवराशि के लिए घातक बनते जा रहे हैं। जब धर्म से मानवीयत नष्ट होती है वहाँ साम्प्रदायिकता जन्म लेती है। उपन्यासकार लिखते हैं, "छुरे निकाल आते हैं। बन्दूके निकाल आती है। कई घरों में कई दुकानों में आग लगा दी जाती है। सड़क पर जो भी दिखाई देता है, मार डाला जाता है। खून ही खून!" इसके अलावा दूसरे धर्म वाली औरतों का सामूहिक बलात्कार भी करते हैं। वर्तमानकालीन भारत की स्थिति भी इससे भिन्न नहीं है।

आज आतंकवादियों को धर्म के साथ जुड़ा हुआ दिखाई देता है। यह धार्मिक संस्थाओं के अस्तित्व पर प्रश्नचिन्ह डालता है। कुछ लोग अपने अधिकार को बनाये रखने के लिए धर्म का

गलत इस्तेमाल करते हैं। इस धार्मिक अंधेपन में दया और मानवीयता दोनों नहीं के बराबर हैं। इसलिए उसी की सहायता से चलने वाले राजनीतिक दलों, नेता लोग बाद में उसी का गुलाम भी बन जाते हैं। दंगे फैलते समय एक धर्म के लोग दूसरे धर्म की स्त्रियों पर हमला करते हैं। इससे भी खतरनाक है संचार माध्यमों की साम्प्रदायिक पहचान। वे लोग गलत समाचार फैलाकर जनता में अंधेपन बनाये रखना चाहते हैं और उसके माध्यम से वे अपने माध्यमों के प्रचार-प्रसार बढ़ाना चाहते हैं। इसलिए सच्चाई हमेशा साधारण लोगों से दूर ही रहते हैं। उपन्यासकार ने संचार माध्यमों की इस साम्प्रदायिक चेहरे पर तीखा प्रहार करते हुए लिखते हैं, "लेकिन अखबारों ने यह समाचार नहीं छपा कि कर्फ्यू के दौरान बशीर मियाँ के घर को पानी मिला और ना मतीन के घर को आटा।" उपन्यासकार ने यह व्यक्त किया है कि साम्प्रदायिकता का केवल एक ही धर्म होता है वह है हिंसा का। प्रगतिशील समाज को साम्प्रदायिकता के इस भयानक रूप को समझना चाहिए।

**परिवर्तन का आग्रह**

परिवर्तन की चाह इस उपन्यास में आदि से लेकर वर्तनमान है। उपन्यास के पहले अंक में मतीन ने इस प्रवृत्ति को शुरू किया था। वे अपने समाज को हर तरह के शोषण से मुक्त कराना चाहता है। लेकिन उसको पराजय का सामना करना पड़ता है। मतीन की यह पराजय समाज के सोच-विचार में परिवरतन लायी है। उपन्यास के दूसरे भाग में इसका भार मतीन का बेटा इकबाल संभालता है। मतीन ने अपने बेटे को अन्य बुनकरों के जैसे साड़ी बुनना नहीं सिखाया। मतीन को यह मालूम है कि बुनकरों की इस दयनीय स्थिति का कारण अशिक्षा और अज्ञता है। इसलिए वह उसे एक पढ़ा-लिखा व्यक्ति और अफसर बनाना चाहता है। उसकी इस सोच ने बहाँ के युवा बर्ग में एक नयी चेतना भर दी। उपन्यासकार लिखते हैं, "मतीन चाहता है कि इकबाल उसकी तरह करघे का कारीगर न बने। वह उसे जुलाहा नहीं बनाना चाहता। उसकी धारणा है कि जुलाहा बनकर कोई तरक्की नहीं कर सकता। अरे बहुत होगा वह 'अंसारी' हो जायेगा और क्या? लेकिन बनारस का अंसारी होना भी जुलाहा होने से ज़्यादा बड़ी चीज़ नहीं है इसलिए वह चाहता है कि इकबाल पढ़-लिखकर बाबू बनें। बाबू यानी क्लार्क नहीं बल्कि अफसर।" मतीन की इस सोच ने बुनकरों को उज्ज्वल भविष्य का सपना देखना सिखाया। शिक्षा को प्राप्त करना एक विद्रोह है। मतीन का विद्रोह निशब्द ही था। लेकिन इकबाल विद्रोह का सक्रिय रूप है। वह जागरण का प्रतीक भी है। वह समाज को प्रगतिशील बनाता है। उपन्यास के अन्त में इकबाल बुनकरों को संगठित करके इस पतित व्यवस्था के खिलाफ संघर्ष करने के लिए प्रेरित करता है और वह कहता है, "यह कटौती, यह साजिश, यह बद-इंतज़ामी खत्म होनी चाहिए। हमारे बापों ने भले सबकुछ बर्दाश्त किया, पर हम नहीं करेंगे। हम एहतेआज ॥ प्रतिरोध ॥ करेंगे। तब नई पीढ़ी में संघर, के आसार दिखाई देने लगते हैं, तब भी कबीर की बानी सुनाई पड़ती है।"

अब्दुल बिस्मिल्लाह ने 'झीनी झीनी बीनी चदरिया' में बनारसी बुनकरों की जीवन शैली तथा उनके जीवन की अलग संस्कृति का चित्र बहुत ही सूक्ष्मता के साथ प्रस्तुत किया है। इस उपन्यास की जीवंतता दरअसल उसमें अभिव्यक्त सामाज और संस्कृति ही है। उपन्यास में कथित विषय के साथ ही शिल्पपरक नवीनता भी दिखाई देती है। उपन्यास का कथ्य बिल्कुल

नवीन एवं अनछुए है। पूरा उपन्यास एक नई संवेदना को लेकर समकालीन सन्दर्भ के साथ अपने सरोकार को प्रमाणित करके उपस्थित है। यह सचमुच रचनाकार के सामाजिक दायित्व का प्रतिमान बनकर पाठक मन को दरअसल आंदोलित ही नहीं आलोचना के काबिल भी बना देता है।

## सन्दर्भ

झीनी झीनी बीनी चदरिया– अब्दुल बिस्मिल्लाह, राजकमल प्रकाशन प्र. लि., नई दिल्ली, सं. 1986

# समकालीन हिन्दी कविताओं में पारिस्थितिक सजगता

***मनीष के गोपिनाथ***

विकासित मस्तिष्क के कारण मानव अपने जीवन को परिवेशों से संघर्ष करके सुन्दर और सुखमय बनाने की कोशिश करता रहता है, औद्योगिक क्रान्ति के साथ साथ नए-नए आविष्कारों ने मनुष्य जीवन में विज्ञान का महाविस्फोट कर दिया। उस के बाद औपनिवेशिक वातावरण का समय था और उस की उपज के रूप में दूसरा विश्व युद्ध भी हुआ। इस युद्ध ने मानव जाति की परिकल्पनाओं को बदल डाला। मनुष्य अस्तित्व पर प्रश्नचिह्न डालने वाला यह बदलाव आर्थिक, सांस्कृतिक क्षेत्र में मात्र नहीं बल्कि साहित्य में भी पेश होने लगा। इस ने वास्तव में विकास नामक शब्द के बारे में उपलब्ध धारणा को समस्या में डाल दिया। वादों के परे होकर चिन्तन मनन करने के लिए आज-कल के पारिस्थितिकी सम्बन्धी साहित्य ने प्रकृति को केन्द्रबिंन्दु बनाया है। इंसान और प्रकृति के बीच के खोए हुए सम्बन्धों को फिर से बनाए रखने का कार्य भी समकालीन साहित्य की देन मानी जाती है।

साम्राज्यवाद, उपनिवेशवाद, भूमण्डलीकरण आदि ने मनुष्य जीवन में स्वार्थ, लाभ और उपभोक्तावादी मानसिकता को बनाया। याने कि उपभोक्तावादी संस्कृति व्यक्ति केन्द्रित साम्राज्यवाद की देन है। भारत जैसी तीसरी दुनिया का देश विश्व व्यापार का केन्द्र स्थान है या नवउपनिवेशिकता का शिकार है। उत्तराधुनिक सन्दर्भ में यह स्वाभाविक बात है। लेकिन प्रकृति या पर्यावरण को इस का मूल्य चुकाना पड़ा। लाभकेन्द्रित उत्तराधुनिकता को लीलाधर की इन पंक्तियों ने सरलता से पेश किया है– *"चीजों के बारे में सोचना अब सरल नहीं रह गया है क्योंकि चीजें भी अब हमारे बारे में सोचने लग गयी हैं यहाँ तक कि आप की चप्पल आपको अच्छा आदमी समझने लगी है।"*

समकालीन समय जटिल है। अन्तर्विरोधों से भरे समकालीन यथार्थों को उसी तरह प्रस्तुत करने में समकालीन साहित्यकार सतर्क हैं। औद्योगिक प्रगति के साथ प्रकृति को भी अधीन करने की पुरुषमेधा मनोवृत्ति के प्रति समकालीन कवियों ने अपना प्रतिरोध व्यक्त किया है। हेमंत कुकरेती, राजेश जोशी, चन्द्रकांत देवताले, मंगलेश डबराल, पवन करण, ज्ञानेन्द्र पति, कुमार अंबुज, निर्मला पुतुल, राजेश जोशी, अशोक वाजपेयी, अरुण कमल आदि कवियों ने पारिस्थितिकी को अपने लेखन का विषय बनाया। इसे भौम साक्षरता भी कहना असंगत नहीं।

कुमार अंबुज अपनी **'परछाई'** नामक कविता में साम्राज्यवाद के बारे में कहते हैं–

*"तमाम नदियाँ, पहाडों और पेड़ गिरती है काली चिमनी की धाओं भरी परछाई"*

यहाँ कवि के अनुसार प्रकृति में साम्राज्यवाद की परछाई छा गयी है। नए सौन्दर्य बोध से भरी चित्रात्मकता इन पंक्तियों में ले आकर कुमार अंबुज ने ओद्योगीकरण की बुरी हालत को पेश किया है। ज्ञानेन्द्र पति ने भी इसी प्रकार बदलते परिवेश को **'नदी और नगर'** नामक कविता

में प्रस्तुत करने का कार्य किया है। उनका कहना है–

*"नदी के किनारे नगर बसते हैं नगर बसने के बाद नगर के किनारे से नदी बहती हैं।"*

नदी या पहाडों के बारे में हम ने कभी किसी भी तरह के अनुमान भी नहीं लगाये थे कि इस तरह उन का नाम बदल जायेगा। इस छोटी सी कविता का एक और विशेषता यह भी है कि विकास के खतरे को बहुत सुन्दर ढंग से कवि ने यहाँ दिखाया है। शिशुपाल सिंह समकालीन कवियों में प्रमुख माने जाते हैं। उन्होंने अपने लेखन में इक्को पोलिटिक्स को भी बिना किसी शंका से पेश किया है। उन्होंने अपनी **'नहीं चाहती मुझे और एक लातूर'** नामक कविता में इस विचार को पेश किया है। उनके अनुसार विकास साम्राज्यवादी षडयन्त्र है उसे जनता तक ले आते हैं राजनीतिक नेता गण। उनकी कविता यों है–

*"फैल रहा हूँ प्रदूषण, विकृति और विक्षोप यथास्थिति में कहाँ मुक्ति कब तक चलेंगे यह निर्माण चक्र नहीं चाहिए मुझे एक और लातूर।"*

हमारे चारों ओर विकास के नाम पर निर्माण ही निर्माण होता रहता है। इसकी वजह से हर जीव जन्तुओं को जीने के लिए पलायन करना पड़ता है। शुद्ध वायू और शुद्ध पानी भी दुकानों में जाकर खरीदना पड़ता है। आज भारत में भी इसी तरह के समाचार आने लगे हैं। इसलिए कवियों को कहना पड़ता है– नहीं चाहिए विकास।

भौगोलिक प्रदूषण के कारण वैश्विक तापमान बढ़ता है। इसका नतीजा है ओसोण डिप्लीशण। परिणामस्वरूप अंटार्टिका की बर्फ भयानक रूप से पिघने लगी। परिस्थिति और मनुष्य में असन्तुलित सम्बन्ध के कारण में यह सम्भव हुआ। बदलता मौसम इसका प्रत्यक्ष नमूना माना जाता है। मंगलेश डबराल एक ऐसे कवि हैं जो प्रदूषण और वैश्विक तापमान पर उठती आशंका को अपनी हर कविता में प्रस्तुत करने का प्रयास करते रहते हैं। उनकी एक प्रमुख कविता है– **'अनुपस्थित'** जिस में वे कहते हैं–

*"यहाँ बचपन में गिरी थी वर्फ पहाड पेड़ आँगन सीढ़ियों पर उन पर चलते हुए हम रोज रास्ता बनाते थे बाद में जब मैं बड़ा हुआ देखा बर्फ को पिघलते हुए कुछ देर चमकता रहा पानी अतः उसे उडा दिया धूप ने।"*

प्रकृति से अलग होकर कोनक्रीट की दीवारों के भीतर साँस लेने वाले समकालीन मनुष्य जीवन को महेन्द्र सिंह ने 'उनकी आवाज' नामक कविता में इस तरह प्रस्तुत किया है–

*"जहाँ नहीं होते पेड़ नहीं होती हरियाली नहीं होते झरने नहीं कूकती कोयल नहीं गाता पपीहा पेड़-पौधों से दूर सिमेण्ट कोनक्रीट के जंगल में तुम रह सकते हो अकेले।"*

प्रकृति से अलग होकर के याँत्रिक वातावरण ने आज के मानव को यन्त्र बना दिया है। यह उनके हर आचार विचार में प्रकट होता है। यह उत्तराधुनिक मनुष्य की त्रासदी बन गया है। लाभ और पैसों की लालच उसे अपसंस्कृति की ओर ले जाती है। प्रकृति की सम्पन्नता को पैसे के बल पर नहीं खरीदा जा सकता। यह समझने में असफल है युवा पीढ़ी।

अनादिकाल से प्रकृति या पर्यावरण की पूजा करने वाली विरट संस्कृति है हमारी। लेकिन आज पूजा हो या प्रार्थाना हो प्रकृति किसी भी तरह से विषय नहीं बन जाती है। उत्तराधुनिक सन्दर्भ में हर व्यक्ति प्रकृति से जुड़ी विचारधाराओं से अलग होकर जीना चाहता है। समाज के परे होकर व्यक्तिवादी है समकालीन मनुष्य और स्वयं बुद्धिजीवि बन जाना उनके जीवन की त्रासदी बन गयी है। मनुष्य जीवन के विकास परिणामों की सांस्कृतिक ऐतिहासिक प्रक्रिया दर्शनों

से जुड़ी है। उत्तराधुनिक मनुष्य किसी भी दर्शन में भरोसा नहीं करता। वह केवल विज्ञापनों में प्रस्तुत होने वाले नारों का अनुकरण करता रहता है। विज्ञापनों का नारा है– *"इस्तेमाल करो फिर फेंक दो।"*

साहित्यकार समाज का प्रतिनिधि मात्र नहीं समाज की सही ढंग से आलोचना भी करने वाले भी हैं। उनकी उत्तरदायित्व भरी रचनाएँ हमें चेतावनी देती हैं कि हम विनाश की ओर जा रहे हैं। भौतिक विचारधारा पर विश्वास रखने वाले कार्ल मर्क्स का यह कथन आज भी यहाँ प्रासंगिक है– *जिस तरह प्रकृति या पर्यावरण हमें मिला है उसे, उसी तरह आगे आनेवाली पीढ़ी को देना हमारा दायित्व है।*

# स्त्री को जीने के लिए शादी ज़रूरी है– ऐ लड़की और समय सर्गम के विशेष सन्दर्भ में

***प्रत्युषा. एस. नायर***

भारतीय साहित्य का सर्वोच्च सम्मान 'ज्ञानपीठ पुरस्कार' प्राप्त कृष्णा सोबती का साहित्य उनकी अन्त : दृष्टि का ही प्रतिबिम्ब है। समय के साथ समय की माँग को उसके अन्दरूनी हालात को पहचानने का प्रयत्न कृष्णा जी के साहित्य की नींव है। 1991 में लिखी दीर्घ कहानी 'ऐ लड़की' में अम्मू और लड़की के बीच के संवाद में आये हुए मुद्दों का उत्तर उसकी परिपक्व दृष्टि का परिणाम है। वह 2000 में रचे गये 'समय सरगम' में साकार हुआ है। 'ऐ लड़की' में समाज, संस्कृति, धर्म, परम्परा एवं रूढ़ियों के प्रति विद्रोह का आह्वान है, इसमें विद्रोह की सक्रियता नहीं। विद्रोह की क्रियाशीलता 'समय सरगम' में देखने को मिलती है। अस्तित्व की सोच 'ऐ लड़की' में है तो अस्मिता की पहचान 'समय सरगम' में है। अन्तर्मन के परम्परागत मनुष्य एवं बाह्य मन के आधुनिक मनुष्य के बीच का संघर्ष 'ऐ लड़की' में है तो 'समय सरगम' में इस प्रकार का कोई भी संघर्ष नहीं। वहाँ एक प्रकार की स्थिरता है, लेखन से आत्मसात की गयी कृष्णा जी की रचना दृष्टि का आत्मविश्वास वहाँ दिखाई देता है।

'ऐ लड़की' में आनेवाला प्रमुख मुद्दा है– 'औरत की जिन्दगीमें शादी का होना क्या ज़रूरी हैं?' "संग-संग जीने से कुछ रह जाता है, कुछ बह जाता है। अकेले में न कुछ रहता, न कुछ बहता है।" (पृ. 109) यह कहनेवाली अम्मी का विचार है कि "गृहस्थ में पाँव रखकर स्त्री का जो मंथन मर्दन होता है वह भूचाल के झटकों से कम नहीं होता। औरत सहन कर लेती है क्योंकि उसे सहन करना पड़ता।"

यहाँ अम्मू की बातों में स्थिरता का अभाव है। वह तो अपनी अविवाहित लड़की को विवाह की ओर लाना चाहती है साथ ही अपने वैवाहिक जीवन को अस्वतन्त्र भी मानती है। अम्मू में विवाह को लेकर द्वंद्व है। विवाह का महत्त्व बतानेवाली अम्मू आगे अपनी अविवाहित लड़की से कहती है "तुम किसी के अधीन नहीं, स्वाधीन हो। लड़की, यह ताकत है। सामर्थ्य, शक्ति, समझ रही हो न?" (पृ. 50) 'समय सरगम' की नायिका आरण्या को अविवाहित जीवन में निराशा का अनुभव कभी भी नहीं हुआ था। आरण्या के अनुसार "अकेले होने पर अपने से दूर नहीं होते। अपने में खोजती हैं, उन सम्भावनाओं को जो मूल्यवान है। आप अपने नज़दीक होते है।" (समय सरगम, पृ. 82)

स्त्री के लिए अविवाहित जीवन की समस्या के साथ आनेवाला सवाल है अकेलेपन का। अम्मू कहती है– "सुनो, बेटा-बेटियाँ, नाती-नातिन, पुत्र-पौत्र– मेरा सब परिवार सजा हुआ है, फिर भी अकेली हूँ " (पृ. 57) सभी के होते हुए भी विवाहित स्त्री अकेली है। लेकिन आरण्या ने अकेले जीने का निर्णय खुद लिया है। वह तो ज़िन्दगी को जीने की कला जानती

है। वह कहती है– "सन्तुष्ट हूँ कि जीवित हूँ।" (पृ. 8) कृष्णा सोबती अकेलेपन को व्यक्ति के आन्तरिक वैभव का प्रतीक मानती है। कृष्णा जी कहती हैं– "किसी भी व्यक्ति की अपनी नितांत निज की 'स्पेस' को अगर आप अकेलेपन से जोड़ेंगी तो रचना और रचनाकार का बहुत कुछ गड़बड़ा जायेगा। इतना तो हम सभी जानते हैं कि रचनाएँ अकेले में ही लिखी जाती हैं, लेकिन रचना जब लिखी नहीं जा रही होती तो वह एक बड़ी दुनिया से जुड़ी होती है .... अकेलेपन 'भरे पूरे' का ही विपरीत नहीं– अकेलेपन व्यक्ति के आन्तरिक वैभव का भी प्रतीक है।" (साक्षात्कार–रचनावली कौशिक नया ज्ञानोदय, दिसम्बर 2017, पृ. 14) अकेलेपन को जीवन की माननेवाली आरण्या अपनी ज़िम्मेदारी समझती है। आत्मविश्लेषण एवं आत्ममंथन करनेवाली आरण्या कभी भी स्वयं को विचलित होने नहीं देती है। आरण्या कहती है– "मैं अपने निज के समय को गुंजान रखना चाहती हूँ। जो भी प्रतिफलित है, सिरजित है, अक्षरों की क्यारी में उसी को अंकित करना चाहती हूँ।" (स.स., पृ. 57) आरण्या आगे व्यक्त करती है– "अकेले, अकेलों की अपनी जीवन- शैली हैं। करते रहते हैं स्व-निर्णय और आराम" (स.स. पृ. 108)

कृष्णा जी के नारी पात्र ताकत और प्रौढ़ता दर्शानेवाले हैं। इस सम्बन्ध में राजेन्द्र यादव का कथन है– "उनकी रचनाओं की नारी 'चीज़' के पढ़ से व्यक्ति के पढ़ तक आने के एक क्रमिक प्रक्रिया है।" (औरों के अपने, राजेन्द्र यादव, पृ. 39) नारी की ताकत का समर्थन करनेवाली है 'ऐ लड़की' की अम्मू। मृत्यु-शैय्या से वह अपनी बेटी को जीवन के सत्य से परिचित कराने का प्रयत्न करती है।

अम्मू का स्वाभिमानी अन्तर्मन कहता है– "लड़की! मैं तुम सब की माँ ज़रूर हूँ पर अलग हूँ। मैं, मैं हूँ। मैं तुम नहीं और तुम मैं नहीं।" (ऐ लड़की, पृ. 74) 'समय सरगम' में आरण्या कहती है " उम्र कभी धोखे में नहीं आती। उसके पास संचित होता है जिए हुए का सत्यांश। अनुभव....वही श्रेष्ठ है जो अपने जीने और रहने के पास है। निकट है।" (समय सरगम, पृ. 121) अम्मू कहती है– "लड़की, अपने आप में होना परम है श्रेष्ठ है ....गृहस्थी में सारी शोभा नामों की है। यह इसकी पत्नी है, बहू है, माँ है, नानी है, दादी है फिर वही खाना, पहनना और गहना! लड़की, वह नाम की ही महारानी है।" (ऐ लड़की, पृ. 57) कृष्णा जी लिखती हैं– "मैं हूँ। आज अस्तित्ववाद की यह ध्वनि हमारे प्रबुद्ध लोकमानस में व्याप्त सबसे तीखी और तेज़ आहट है। जहाँ समाज के प्रभुत्व में व्यक्ति की समाज के अंग होने में थी, वहाँ आज मानव की चेतना निज की एकान्तिकता संजोने में है। इसी के साथ जुड़ी है– वह मौन अभिव्यक्ति भी जिसे सामाजिक सन्दर्भ में हम व्यक्ति की प्रतिष्ठा का नाम देते हैं।" (कृष्णा सोबती, सोबती एक सोहबत, पृ. 392)

'ऐ लड़की' की अम्मू और 'समय सरगम' का ईशान भारतीय संस्कृति की परिवार प्रणाली पर आकर्षित है। अम्मू कहती हैं– "किसी ने दुनिया में भेजने से पहले मुझसे पूछ ही लिया तो मैं लौटकर यहीं आऊँगी। इस घर में तुम्हारे पूर्वजों की संचित समिधा है। मेरा अपना बनाया हुआ परिवार यहाँ सुरक्षित है तो भला मैं क्यों किसी दूसरे घर का दरवाज़ा ढूँढ़ने लगी।" (पृ. 74)

ईशान पारिवारिक जीवन के महत्त्व के बारे में आरण्या से कहती हैं– "आरण्या, पारिवारिक सम्बन्ध गहरे होते हैं। छोटे-छोटे दबावों के बावजूद उनमें बहुत-कुछ अच्छा और मूल्यवान होता है।" (समय सरगम, पृ. 64) ईशान के अनुसार परिवार सुरक्षा का नीड़ है। संयुक्त

परिवार का अनुभव न होने के कारण आरण्या इस सम्बन्ध में ईशान से सहमत नहीं।

ईशान और आरण्या की दोस्ती स्त्री-पुरुष सम्बन्धों की सामाजिक नैतिकता के सभी दायरों को तोड़ डालती है। यह दोनों पात्र सामाजिक एवं व्यक्तिगत आचरण के नियमों का पालन नहीं करता है। अविवाहित आरण्या ईशान के साथ रहने का निर्णय लेती है। अपने व्यक्तित्व की परवाह करते हुए वह जीवन जी रही है। आरण्या की तरह 'ऐ लड़की' में लड़की चित्रा भी जीवन भर अविवाहित रहने का निर्णय लेती है। दोनों नारी पात्र जीवन में स्वतन्त्रता को महत्त्वपूर्ण स्थान देनेवाले हैं। रूढ़ियों से लिपटकर जीने के विरुद्ध हैं दोनों स्त्री पात्र। अपने स्वतन्त्र जीवन एवं विचारों में किसी का भी हस्तक्षेप चाहता नहीं। आरण्या और ईशान एक साथ घूमने जाते हैं। आरण्या पारिवारिक जीवन की समस्याओं से मुक्त है। उसके अनुसार परिवार के अन्दर व्यक्ति के व्यक्तित्व का विकास होता ही नहीं। आरण्या अपने फ्लैट के बिक जाने पर किराये के घर में रहना चाहती है। अकेली बूढ़ी औरत को किराये का घर देने के लिए कोई भी तैयार नहीं है तो ईशान का निमन्त्रण स्वीकार करके वह ईशान के साथ रहने लगती है। परम्परा और आधुनिकता के बीच का संघर्ष' ऐ लड़की' की अम्मू के चरित्र में है।' समय सरगम' की आरण्या समयानुकूल नवीन मार्ग खोजने में विशवास रखती है।

'समय सरगम' की आरण्या की जीवन दृष्टि 'ऐ लड़की' की अम्मू से बिलकुल भिन्न है। आरण्या खुले स्वतन्त्र वातावरण में वर्तमान में जीती है। न मिलनेवाली चीज़ों की प्रतीक्षा में थकावट का अनुभव आरण्या में नहीं है। अकेलेपन एवं वृद्ध जीवन की परेशानियों के बारे में बात करनेवाले वृद्धों से भिन्न है आरण्या का चरित्र। वह अपने जीवन में हमेशा कुछ करते रहना चाहती है। जीवन भर अस्वतन्त्र रही अम्मू। अम्मू का जीवन वह अपनेलिए नहीं दूसरों के लिए जिया था। अम्मू कहती है– "इस परिवार को मैंने घड़ी मुताबिक चलाया, पर अपना निज का कोई काम न सँवारा। लड़की, इस समय इस बात का बड़ा कन्ट है मुझे ....चाहती थी पहाड़ियों की चोटियों पर चढ़ूँ। शिखरों पर पहुँचूँ। पर यह बात घर की दिनचर्या में कहीं न जुड़ती थी। किसे कहती? तुम्हारे पिताजी को?" (ऐ लड़की, पृ. 58)। व्यक्तिगत आज़ादी के सम्बन्ध में कृष्णा सोबती अपनी राय व्यक्त करती है– "अगर हमने स्वयं अर्जित हुई व्यक्तिगत आज़ादी को, जीया नहीं तो कुठनभरी पसोपेरा और कुण्ठाओं के भार से हम आजीवन भद्र लोक स्पेशल भंगिमा ही ओढ़े रहेंगे।" (कृष्णा सोबती, 'सोबती एक सोहबत', पृ. 401)

आरण्या अपने आपको एक ज़िम्मेदार नागरिक मानती है। समाज में व्याप्त समस्याओं से यह परेशान है। प्रदूषण के सम्बन्ध में वह कहती है– "आज भी ज्ञापन देने जा रही है नगरपालिका को कि हमारे प्राचीन फेफड़ों का भी कुछ खयाल करें। शहर का घुआँ हमारी आत्माओं को काला कर रहा है।" (समय सरगम, पृ. 3)। सड़क पर कूडे-कीचड़ डालनेवाले समाज की उदासीनता के प्रति आरण्या व्याकुल हो जाती है। अम्मू सामाजिक जीवन में अपनी अलग पहचान बनाने में असमर्थ निकली। इस असमर्थता में भी जीवन के सम्बन्ध में पूरी जानकारी अम्मू को है। अम्मू कहती है– "पहले इंसान बनाता है। जमा करता है। यह मेरा है यह भी मेरा है। फिर धीरे-धीरे मुट्ठी खुल जाती है। देह तो एक वरण है। पहना तो इसलोक में चले आये। उतार दिया तो परलोक। परलोक दूसरों का लोक। अपना नहीं।" (ऐ लड़की, पृ. 93) अपना विशाल दृष्टिकोण व्यक्त करते हुए आरण्या कहती है– "अपना कुलधर्म अधिकारों की लड़ाई है और आपका ज्ञान प्रज्ञा से जीवों की सुलह-सफाई है। पूरा देश उलझा है जातीय

स्मृति की खलबली में, मैं द्विज हूँ, मैं ब्राह्मण हूँ। मैं क्षत्रीय, मैं राजपूत, मैं अराजपूत, मैं जाट-गूजर, मैं कमजोरवर्गी, मैं दलित, मैं अनुसूचित। ठहरिए-ठहरिए भारतीयता कहाँ हैं?" (समय सरगम, पृ. 12-13) कृष्णा सोबती अपना जीवन नज़रिया इसप्रकार प्रस्तुत करती हैं "आज हम दोहरी दुनिया में दो स्तरों में जीने के आदि हो चुके हैं, हो रहा है। एक दुनिया हमारे अन्तर्मन की, अन्दर की। दूसरी बाहर की, समाज की। राजनीति और तन्त्र की। बाहर से अन्दर की ओर पलायन और अन्दर से बाहर का अलगाव दोनों के अस्तित्व एक नहीं, दो हैं। आमने सामने से ही इनमें टकराहटें पैदा होती हैं।" (कृष्णा सोबती सोबती एक सोहबत, पृ. 397)

'ऐ लड़की' की अम्मू ऐसे घर से सम्बन्धित है जहाँ लड़कों को ज़्यादा स्थान है। स्त्री-पुरुष भेद-भाव के सम्बन्ध में अम्मू कहती है– "मैं अपने भाई की तरह पढ़ती तो क्या बनती! क्या होती मैं और क्या होते मेरे बच्चे! सच तो यह है कि लड़कियों को तैयार ही जानकारी के लिए किया जाता है– भाई पढ़ रहा है, जाओ दूध दे आओ। भाई सो रहा है, जाओ कंबल ओढ़ा दो। जल्दी से भाई को थाली परस दो। उसे भूख लगी है। भाई खा चुका है। लो, अब तुम भी खा लो। अम्मू कुछ देर खामोश हो जाती हैं।" (ऐ लड़की, पृ. 68) समाज द्वारा बना बनाये नियम के अनुसार पुरुष शासक है, स्त्री दासी। जीवन भर दासी बनकर जीने की विवशता अम्मू के पात्र में है। 'समय सरगम' में आरण्या भी लड़के लड़की के बीच के भेद-भाव की ओर दृष्टि डालती है "पुरानी व्यवस्था अब भी कायम है नए बदलाओं के साथ। लड़के और लड़की में भेद! परिवार में पुत्री और पुत्र का अबोला द्वंद्व जारी है। गर्भ में ही पुत्रियों की हत्या और पुत्रों की संरक्षण-साधना।" (समय सरगम, पृ. 92) बेटी के जन्म को पुण्य माननेवाली है 'ऐ लड़की' की अम्मू। अम्मू के शब्दों में कहें तो "अपना समरूप उत्पन्न करना माँ के लिए बड़ा महत्त्वकारी है। पुण्य है। बेटी को पैदा होते ही माँ सदाजीविहो जाती है। वह कभी नहीं मरती। हो उठाती है निरन्तरा। वह आज है। कल भी रहेगी, माँ से बेटी तक। बेटी से उसकी बेटी, उसकी बेटी से अगली बेटी। अगली से भी अगली। वह सृष्टि का स्त्रोत है।" (ऐ लड़की, पृ. 56-57)

'ऐ लड़की' और 'समय सरगम' के विश्लेषण के पश्चात हम इस निष्कर्ष तक पहुँच जाऐंगे कि अम्मू हो, लड़की हो, आरण्या हो या ईशान सभी में कृष्णा सोबती का ही व्यक्तित्व झलकता है। ऐ लड़की' लिखने की प्रेरणा के सम्बन्ध में कृष्णा जी ने एक साक्षात्कार में इसप्रकार कहा है जब मेरी माँ अपने अन्तिम समय अस्पताल में पड़ी थी, कहा करती थी 'यह प्रकाश जलता रहेगा' वास्तव में 'ऐ लड़की' लिखते समय यही वाक्य मेरे मन में था। आरण्या भी कृष्णा जी के समान लेखिका हैं। कृष्णा जी भी मयूर विहार दिल्ली में अपने मित्र शिवसिंह के फ्लैट में रहती थी। कृष्णा जी में अब भी आरण्या जैसी लचक है, स्फूर्ती है आरण्या के माध्यम से कृष्णा जी लिखती हैं–

> "फुर्ती से उठी। कपड़ों में थोड़ा फेर-बदल किया।
> जर्सी डाली। शाल ओढ़ा। खिड़कियाँ-दरवाजे बन्द किए।....
> क्यों न सीढ़ियों से ऊपर पहुँच जाया जाये! साँस फूल जायेगा।
> यह न भूलो कि तुम्हारी रफ्तार धीमी हो चुकी।....
> कोई फिक्र नहीं। फिर पैदा होंगे। पैदा होनेवालों की कमी नहीं।

हम जैसों को तो आवागमन से छुटकारा नहीं पाना है। इस जन्म की प्रस्तुति का कुछ बेहतर करने के लिए दुबारा जन्म लेना ही होगा।" (समय सरगम, पृ. 127)

# औरत की चीख – 'गोरख पांडे की बन्द खिड़कियों से टकराकर' कविता में

*ब्लसी वी*

स्त्री मुक्ति, नारी आन्दोलन, स्त्री सशक्तीकरण, बराबरी का हक.... सदियों से ये सभी नारे हम सुनते आ रहे हैं। जहाँ जहाँ स्वतन्त्रता पर बात चलती है वहाँ वहाँ स्त्री स्वतन्त्रता ही प्रमुख विषय बनती है। इस विषय पर बहस चलती है, गोष्ठियाँ आयोजित की जाती हैं, जुलूस निकाली जाती है और क्या कुछ नहीं। पर सोचने की बात है कि यह कहाँ तक अर्थपूर्ण है या कमियाब है? वास्तव में, बात यह है कि नारी कभी स्वतन्त्र हुई नहीं और न ही कभी होगी भी। मेरी इस बात से अधिकतर लोगों को असहमति हो सकती है लेकिन खुद एक नारी होने के नाते मैं यह दावे के साथ कह सकती हूँ कि स्त्री आज भी किसी न किसी प्रकार अस्वतन्त्र, पीड़ित अथवा शोषित है– शारीरिक मानसिक और आर्थिक तौर पर, वह चाहे घर पर हो या बाहर।

जहाँ तक भारत की बात है, यहाँ स्त्री की कुछ विचित्र संकल्पना है। यहाँ कुछ ज़्यादा ही स्त्री को आदर्शों से जोड़ा गया है। वह दया, ममता, स्नेह, करुणा आदि का मूर्त रूप मानी जाती है या फिर यो कहिए कि मूर्त रूप बनाई गयी है। उसे हमेशा मूल्यों, संस्कारों और परम्पराओं की बेड़ियों से बाँधी जाती है जिसकी वजह से वह 'सर्वं सह' का पर्याय बन चुकी है और जब वह इन सभी से मुक्त होने का प्रयास करती है तो किसी दूसरे तरीके से फिर कैद हो जाती है।

यह सब है वास्तविकता की बात। फिर भी कहना पड़ेगा कि इस मुद्दे पर लगातार प्रतिरोध का शब्द उभर रहा है जिसकी वजह से कहीं न कहीं इन समस्याओं का समाधान ढूँढने का प्रयास होता जा रहा है। किसी हद तक अपने पर होते शोषण को समझने की और उसके खिलाफ आवाज़ उठाने की प्रेरणा स्त्रियों में आ गयी है। समय के साथ साथ उनके मन में चुनौतियों से जूझने की शक्ति आ गयी और वे विरोध भी करने लगी हैं।

हिन्दी के रचनाकारों ने स्त्री की त्रासदी को बहखूबी से पेश किया है। जनवादी कवि के रूप में माने जाने वाले क्रान्तिकारी कवि गोरख पांडे जिनकी अगाध आस्था मार्क्सवाद से रही, उन्होंने बरसों पहले ही जब नारीवादी आन्दोलन इतना मजबूत नहीं रहा, आधुनिक भारत में जीती नारी की बदहालत और बदनीयत का चित्रण 'बन्द खिड़कियों से टकराकर' शीर्षक कविता में किया। उन्होने पूरी संवेदना के साथ औरत की ऐतिहासिक पीड़ा को जिस प्रकार से चित्रित किया वैसा चित्रण हिन्दी कविता में बहुत ही कम हुआ है। इस कविता में पाण्डेजी ने औरत की पीड़ा का चित्रण तो किया ही है साथ ही साथ पूरे पुरुष समाज को कटघरे में खड़ा कर दिया है।

स्त्री का शोषण उसके परिवार से ही शुरू होता है। जिस प्रकार मनुस्मृति के तीसरे अध्याय में कहा गया है–"पिता रक्षति कौमारे भर्ता रक्षति यौवने।

रक्षन्ति स्थविरे पुत्रा न स्त्री स्वातन्त्र्यमर्हति।"[1]

इस प्रस्ताव को मन में रखकर ही शायद गोरखजी ने भी यह कविता लिखी होगी जिसका शीर्षक ही बना "बन्द खिड़कियों से टकराकर"। एक स्त्री के पैदा होते ही उसकी टकराहट भी शुरू हो जाती है। सुरक्षा के नाम पर पुरुष उसे घर के अन्दर दबोच लेता है। कहा जाता है कि घर सबसे सुरक्षित स्थान है। लेकिन इसी घर के अन्दर उसकी गुलामी शुरू होती है। यहाँ उसे सिखाया जाता है कि उसे किस प्रकार 'स्त्री' बनना है। समाज द्वारा उसकी सीमाएँ निर्धारित की जाती हैं। उसे क्या बोलना है, क्या पहनना है, क्या सीखना है, यहाँ तक कि क्या खाना है यह भी पुरुष समाज के निर्णय के मुताबिक होता है। उसके लिए अनुशासन बनाया जाता है और बराबर यह जाँचा जाता है कि उस अनुशासन से वह बाहर निकली नहीं। समाज नारी के व्यक्तित्व में कभी विश्वास नहीं रखता है। उसे बहुत सीमित दायरे में रखकर पत्नीत्व और मातृत्व उसका लक्ष्य मनवाया जाता है। यहाँ सबसे विडम्बना की बात यह है कि खुद स्त्री भी इस संरचना में शामिल रहती है। तब से लेकर दीवारें खड़ी होने लगती हैं। इसीलिए कवि कहते हैं–

"घर घर में दीवार हैं
दीवारों में बन्द खिड़कियाँ हैं
बन्द खिड़कियों से टकराकर
अपना सिर
लहूलुहान गिर पड़ी है वह"।[2]

हर घर में प्रत्येक स्त्री यह घुटन महसूस करती है और वह बाहर निकलना चाहती है। लेकिन उसे लड़ना पड़ता है, अपने परिवारवालों से, अपने समाज से और हर बार वह चोट खाकर गिर पड़ती है। उसे बार बार यह सिखाया जाता है कि चार दीवारों के अन्दर उसे मुक्ति है, वहाँ उसे कुछ भी करने की आज़ादी है और उसका उत्तम उदाहरण है पुरुष वर्ग की गैर मौजूदगी में महिला दिवस का मनाया जाना। पाठशालाओं में यहाँ तक की कॉलेजों में भी लड़कों को हटाकर लड़कियों को दरवाज़ों में बन्द उत्सव मनाने का अवसर मिलता है जो फिर यही उद्घोषित करता है कि स्त्री की स्वतन्त्रता पुरुष सत्तात्मक वर्ग के हाथों में ही है।

ताज़्जुब की बात है, इसके बावजूद भी भारत में स्त्री को लक्ष्मी, सीता, सावित्री, माता, ममता, देवी, आदि की दर्जा दी जाती है, जिसे खुद स्त्री भी एक अलंकार के रूप में मानती हैं। वह यह समझ नहीं पाती कि ये मोहक शब्द उसके गले की हार के समान नहीं, बल्कि फांसी के फंदे समान इस्तेमाल किया जा रहा है। एक स्त्री के लिए विवाह को उसकी ज़िन्दगी का प्रथम लक्ष्य माना गया है। समाज का विश्वास कुछ इस प्रकार है कि विवाह से ही उसका जन्म सार्थक बनती है और कुछ बड़ा होते ही उसका विवाह कराने में सब जुड़ जाते हैं। भारत में विवाह का तरीका भी कुछ विचित्र ही होता है। यह एक प्रकार का व्यापार ही है। कवि भी यही कहना चाहते हैं, जब स्त्री नयी बहू बनकर घर लायी जाती है तो उसे 'सपनों की रानी', 'कुल की इज्जद', 'आधी दुनिया' जैसे शब्दों से पुकारा जाता है लेकिन एक घर की बेटी से दूसरे घर की बहू बनने में उसे दूकान की बिकाऊ वस्तु बननी पड़ती है जिस पर कई लोग आ कर नाप तोलकर, कीमत डालते है। दहेज के साथ लक्ष्मी का प्रवेश होता है, तब स्त्री की अर्चना होती है और दहेज कम होने पर चिता पर जलायी जाती है। कहने का तात्पर्य यह है कि स्त्री की देवी मानकर पूजा भी की जाती है और उसे आस्था के नाम सती भी बनना पड़ता है। यहाँ

पति की चिता पर नहीं बल्कि समाज द्वारा निर्मित नियन्त्रणों की चिता पर वह सती बन जाती है।

वर्तमान परिस्थिति के लिए अनिवार्य कुछ बातें कवि कह जाते हैं। आज सदियों बाद स्त्री अपने आप को स्वतन्त्र मानती है। समाज उसे हर हक प्रधान करता है जो पुरुष को प्राप्त है। वे कहते हैं–

"कानून समान है
वह स्वतन्त्र भी है
बड़े बड़ों की नज़रों में तो
धन का एक यन्त्र भी है
भूल रहे वे
सबके ऊपर वह मनुष्य है।"[3]

गोरख जी यहाँ उस समाज से और स्वयं स्त्री से प्रश्न करते हैं। कवि उस स्वतन्त्रता का पर्दाफाश करना चाहते हैं जहाँ स्त्री कमाती तो है पर उसे अपनी कमाई पर ही कोई हक नहीं होता। वह केवल धन कमाने का एक यन्त्र बन गयी है। ऐसी ही एक स्त्री का चित्रण मन्नू भंडारीजी ने अपने नाटक 'बिना दीवारों के घर' में शोभा के ज़रिए किया हैं। आज अधिकतर घरों में स्त्रियों की यही स्थिति है। उसे बाहर का काम भी करना पड़ता है साथ ही घर भी संभालना पड़ता है। यदि वह कुछ आराम चाहती है तो उसे बार बार याद दिलाया जाता है कि पति और बच्चों को संभालना ही उसका प्रथम कर्तव्य है। वह चाहे तो नौकरी छोड़ सकती है जिसके लिए उसने दिनरात मेहनत किया था, अपने आप को काबिल बनाया था। लोग तो यह भी भूल जाते हैं कि कुछ समय पहले तक उसकी कमाई पर भी घर चला था। नारी की कमाई पर उसकी पूजा करनेवालों से उसे इस्तेमाल करनेवालों से और उसका शोषण करनेवालों से कवि का केवल यही कहना है कि यह भूल नहीं जाना चाहिए कि आखिर वह भी इंसान है। उसे भी अपनी मर्ज़ी से जीने का अधिकार है। वह भी प्यार और लिहाज का हकदार है।

कविता जब अन्त होती है तो कवि पूरे समाज को विशेषकर पुरुष वर्ग को कटघरे में खड़ा कर देते हैं। वे कहते हैं कि औरत का घुट घुटकर जीना भी कोई जीना नहीं होता। वे इस समाज को चेतावनी देते हैं कि जब औरत गिरती है तो आदि दुनिया ही गिर जाती है और यह पतन मनुष्यता का ही पतन।

"घर घर में दीवार हैं
दीवारों से टकराकर
गिरती है वह
गिरती है आधी दुनिया
सारी मनुष्यता गिरती हैं
हम जो ज़िन्दा है
हम सब अपराधी है
हम दंडित हैं।"[4]

कविता में पाण्डेजी इस पुरुषवर्चस्ववादी समाज को अपराधी मानते हुए उसे दंडित करने का आह्वान करते हैं साथ ही स्त्री को इन बंधनों से मुक्त होकर आज़ादी की खुली हवा महसूस करने की प्रेरणा भी दे रहे हैं। उसे अपनी अस्मिता को पहचानना है। पुरुष जिस स्वतन्त्रता की

परिभाषा उसे देता है उससे उसे तृप्त नहीं होना चाहिए। उसे किसी भी प्रकार पुरुष द्वारा थोपी गयी मान्यताओं का अनुकरण करने की आवश्यकता नहीं है। उसमें बंधन तोड़ने और मुक्त होने की क्षमता है, बस उसे पहचानकर आगे बढ़ना हैं।

## सन्दर्भ


1. https://www.amarujala.com/kavya/irshaad/gorakh-pandey-famous-poem-band-khirkiyon-se-takrakar
2. https://www.amarujala.com/kavya/irshaad/gorakh-pandey-famous-poem-band-khirkiyon-se-takrakar
3. https://www.amarujala.com/kavya/irshaad/gorakh-pandey-famous-poem-band-khirkiyon-se-takrakar

# आतंकवाद की गिरफ़्त में दम घुटती स्त्री

## सन्दर्भः मनीषा कुलश्रेष्ठ कृत शिगाफ़

*विजी. वी*

आतंकवाद समकालीन दौर की सबसे जटिल समस्या है जो पूरी मानव जाति के विकास को अवरुद्ध करता हुआ हमारी अर्थव्यवस्था पर प्रहार करता हुआ राष्ट्र के स्वस्थ वातावरण में ज़हर घोलता हुआ समाज में अपनी जड़ें फैला रहा है। आतंकवादी गुट हमारी युवा पीढ़ी को तरह-तरह के लालच देकर अपने वश में कर देता है। खासकर औरतों को उनकी संवेदनाओं के साथ खिलवाड़ कर उनकी मजबूरियों का फ़ायदा उठाकर अपने फंदे में फँसाता है और उन्हें अपनी स्वार्थसिद्धि का औज़ार बनाता है। नतीजा यह निकलता है कि आतंकवाद के बहकावे में आकर औरतों की ज़िन्दगी बर्बाद होती है। मासूम बच्चे भी इससे अछूता नहीं हैं। अनैतिक लक्ष्यों की प्राप्ति के लिए निर्दोष जनता की बेरहम हत्या करने के लिए भी आतंकवादियों को कोई हिचक नहीं है। समकालीन साहित्यकार की पैनी दृष्टि अपने समय की नब्ज़ को पकड़ने और पहचानने का सामर्थ्य रखती है। विषय की नवीनता समकालीन कथा साहित्य के दायरे को अन्य विधाओं की तुलना में ज़्यादा विस्तृत बनाती है। कतिपय कथाकार ऐसे हैं जिन्होंने आतंकवाद के बहुआयामी पक्षों को लेकर साहित्य का सृजन किया है और आतंकवाद के दुष्परिणामों को उसकी समग्रता के साथ विश्लेषित करने का प्रयास भी किया है।

सन् 2010 में प्रकाशित **शिगाफ़** में मनीषा कुलश्रेष्ठ ने आतंकवाद में झुलसती कश्मीरी स्त्री की व्यथा को रचनात्मक अभियक्ति दी है। उपन्यास का स्त्री पात्र अमिता के माध्यम से उन्होंने आतंकवाद की दहशत से विस्थापित कश्मीरी पण्डितों की दर्दनाक ज़िन्दगी को उकेरा है। उपन्यास में लेखिका बयान देती है–"विस्थापन का दर्द महज़ एक सांस्कृतिक, सामाजिक विरासत से कट जाने का दर्द ही नहीं है बल्कि अपनी खुली जड़ें लिए भटकते और कहीं जम न पाने की विवशता भी है"[1] विस्थापितों की इसी लाचारी को कश्मीर से निर्वासन के बाद सैनसबैस्टियन (स्पेन) में रह रही अमिता अपने ब्लॉग में लगातार अंकित करती रहती है।

ब्लॉग शैली में आगे बढ़ते उपन्यास में अमिता का परिचय यों प्रस्तुत है– "मेरा नाम अमिता है। मैं भारतीय हूँ। एक विस्थापित कश्मीरी हिन्दू परिवार से हूँ। मुझे स्पेन आये हुए एक साल बीत चुका हूँ। आने के बाद ही से मैं यहाँ स्पेन के उत्तर में पाम्पलोना के निकट बसे, एक छोटे शहर सैनसबैस्टियन में रह रही हूँ।"[2]

कश्मीर से सुदूर स्पेन में रहने के बावजूद अमिता की संवेदनाएँ कश्मीर से गहरे में जुड़ी हुई हैं। उसके जेहन में अपने पुश्तैनी घर, परिजनों की यादें और विस्थापन से जुड़ी घटनाएँ हमेशा जीवन्त हैं। इसी संवेदनात्मक जुड़ाव के चलते वह पराए देश में हमेशा अकेलापन और अजनबीपन महसूस करती है। अपने सुनेपन को भरने के लिए वह विस्थापन के अपने

अनुभवों को लेकर इंटरनेट पर ब्लॉग लिखती है और इस पर लोगों की प्रतिक्रियाएँ भी पढ़ती है। अमिता की मानसिकता इन शब्दों में स्पष्ट है–"...अपने आपको बचाए रखने के लिए मैं लिखती हूँ। बिखरने से बचाने के लिए।"[3] विस्थापन के अपने अनुभवों को लेकर कश्मीर पर किताब लिखने का इरादा भी उसके मन में है। लेकिन अमिता भारत लौटना कतई चाहती नहीं है। इसलिए अपनी पढ़ाई पूरा होने पर वह स्पेन में ही रहने का किसी-न-किसी बहाना ढूँढ़ निकालती है। क्योंकि अमिता का मत है–"लौटने की मुझे जल्दी नहीं है। सच पूछो तो मेरा मन ही नहीं है... मुझे नहीं लौटना है भारत। एक ऐसा देश, जहाँ धर्म और आस्था के नाम पर किसी को भी बरगलाया जा सकता है।"[4] फिर भी स्पेन के शहर की गलियों में घूमते वक्त उसे भारत की गलियों की याद आती है। इन गलियों में अमिता जो दृश्य देखती है वह उसके मन को बुरी तरह कचोटता है। अमिता अपने ब्लॉग में लिपिबद्ध करती है– "इन्हीं गलियों में आसपास की दीवारों पर मैंने नस्लवादी टिप्पणियों के साथ स्वास्तिक चिन्हों को भी देखा। ये हर जगह नहीं हैं।.. लेकिन मैंने कई जगह इन्हें बने देखा, बिल्डिंगों पर, अक्सर प्रवासियों के विरोध में लिखे नारों के साथ। मुझे नहीं पता था, स्पेन में यह समस्या भी है। इतने जीवंत और मेहमाननवाज़ लोगों के बीच भी पुराना यूरोपियन कट्टरवाद अब भी कहीं-कहीं ज़िन्दा है।"[5] यह दृश्य देखकर उसे कश्मीर की याद आती है और वह पहचान लेती है–"....केवल हम ही नहीं हैं जो पीछे की तरह लौट रहे हैं, बर्बरयुग में। धर्म, नस्ल, रंग और विचारधारा के नाम पर पूरी दुनिया जल रही है। "[६] अमिता को स्पेन के सबसे बड़े प्रकाशक इयान बांड के प्रकाशन संस्थान में नौकरी मिलती है। इयान बांड से मुलाकात के वक्त अमिता अपनी ज़िन्दगी की जो हकीकत पेश करती है, उससे आतंकवाद के ख़ौफ़ से तितर-बितर हुए बेकसूरों के कसैले जीवन यथार्थ का नंगा चित्र हमारे सामने उभर आता है–"मेरे दादा जी और एक चाचा को दहशतगर्दों ने मार दिया था। उसके बाद हम जम्मू चले आये, वहाँ रिफ्यूजी कैम्प में रहे, जहाँ दो महीने के भीतर ही मेरी माँ और दादी भी बीमार होकर मर गयीं। पिता और भाई आजकल दिल्ली में हैं और मैं यहाँ ....।"[7]

उपन्यास में अमिता द्वारा अपने ब्लॉग में लिखी कविता के ज़रिए मनीषा कुलश्रेष्ठ ने विस्थापित कश्मीरी पंडितों की कसक को ही नहीं बल्कि अपनी ज़मीन से उजड़ते बेसहारों की विवशता की गहरी छानबीन भी की है–

"मैं आज निर्वासित हूँ ...क्योंकि तुमने चुना था निहत्थों को मारना।
मैं आज निर्वासित हूँ ...मैंने चुना सम्मान से जीना ...हथियार न उठाना।
मैं आज निर्वासित हूँ ... क्योंकि पूरा संसार चुप रहा ... महज कुछ लोग ही तो मर रहे थे।
मैं आज निर्वासित हूँ ... क्योंकि मेरा भारतीय होने में विश्वास था।"[8]

आतंकवादी हमले कश्मीरी पंडितों की ज़िन्दगी में मुसीबतों की कतार खड़ा कर देते हैं। अमिता और उसके परिजनों को भी इन समस्याओं से गुज़रना पड़ता है। जब आतंकवादियों के हाथों से अमिता के दादा का क़त्ल हो जाता है तब धमकियों के कारण अमिता के पिता अपने परिवार के साथ श्रीनगर से सदा के लिए जुदा होकर जम्मू में पनाह लेते हैं। दादा की मृत्यु के सदमे से अमिता की दादी मतिभ्रंश का शिकार बन जाती है। यूनिवर्सिटी की अपनी नौकरी पर जल्द ही वापस लौटने की उम्मीद पाल कर अमिता के पिता सपरिवार वहाँ एक लॉज में रहते हैं। लेकिन उनकी उम्मीद, उम्मीद बनकर ही रह जाती है। भारी किराया और जम्मू के बढ़ते तापमान के चलते वहाँ रहना उन लोगों के लिए असम्भव बन जाता है। बाद में अमिता के

परिवार से परिचित व्यक्ति अपने घर में उन लोगों को पूरे पन्द्रह दिन मुफ़्त में रहने का सारा बन्दोबस्त तो करता है। लेकिन वहाँ का माहौल अमिता के परिवार के लिए बिलकुल दम घुटने वाला ही था। अमिता याद करती है–"हम पाँच लोग थे, वे छह और घर महज दो कमरों का था। अश्वत्थ पापा के साथ बाहर सहन में सोता था... मैं गर्मी में दादी और माँ के साथ। मच्छर और उमस हमारे लिए नए थे।"[9] बाद में अमिता के परिवार को जम्मू के एकदम बाहर की कॉलोनी में किराए पर घर मिल जाता है। वहाँ मकान मालिक अमिता के साथ मनमानी करता है। इसी वजह से अमिता के परिवार को रिफ्यूजी कैंप में आसरा लेना पड़ता है। वहीं पर महीने भर तेज़ चलती लू में भटकती, अपना गाँव हब्बाकदल ढूँढ़ती दादी अन्तिम साँस लेती हैं। दुःखों के पहाड़ को मन में दबाकर अमिता की माँ भी चल बसती हैं। वहाँ से अमिता और उसका भाई अश्वत्थ को लेकर पिता दिल्ली पहुँचते हैं।

उपन्यास में एक ओर विस्थापित कश्मीरी पंडितों की मुश्किलों का विस्तार से ज़िक्र हुआ है तो दूसरी ओर कश्मीरी पंडितों के प्रति राजनीतिक व्यवस्था के नकारात्मक रुख पर तीखा प्रहार भी हुआ है। दूरदर्शन के कश्मीरी चैनल में एनकाउंटर में मारे गये कश्मीरियों के लिए अलगाववादी पार्टी के नेताओं द्वारा उपवास और भूख हड़ताल की खबर सुनकर अमिता की मणि मौसी की पोती की सगाई में एकत्रित बन्धुजनों की प्रतिक्रियाएँ इसकी ज्वलंत मिसाल हैं–"कश्मीर में एथनिक क्लीजिंग के पैरोकार यही थे जो आज उपवास रख रहे हैं। हिटलर मानो गाँधी का चोला पहनकर आ गया हो। ....जितना शोर राजनेताओं और बुद्धिजीवियों ने गोधराकांड के शिकार कुछ सौ लोगों के लिए मचाया है, उसका आधा भी कश्मीर में मारे गये हज़ारों हिन्दुओं के लिए मचाया गया होता तो...लगता कि हम भी अपने देश के अपने हैं। .... सच पूछो तो हम देश की लिजलिजी नीतियों के मारे हुए हैं। इसीलिए कश्मीरी पंडित, किसी राजनीतिक पार्टी पर भरोसा नहीं कर पाता।"[10]

**शिगाफ़** में लेखिका ने आतंकवाद की चपेट में बुरी तरह पिसती कश्मीरी मुसलमान औरतों की पेचीदा जीवन स्थितियों की उनके संघर्ष की गहरी पड़ताल की है। कश्मीर पर पुस्तक लिखने का निर्णय लेकर अमिता स्पेन से भारत लौट आती है और अपनी इच्छा को पिता के सामने प्रस्तुत करती है। कश्मीर जाने से पहले खरीदारी के दौरान दिल्ली के पालिका बाज़ार में पहुँची अमिता की भेंट कश्मीरी सेल्स गर्ल नसीम से होती है। जो आतंकवाद से जन्मी असुरक्षा से बचने के लिए रोज़गार की तलाश में दिल्ली पहुँची तलाकशुदा औरत थी। खुद से ज़्यादा अपने बेटे के धुंधले भविष्य के प्रति वह चिन्तित थी। बेटे की ज़िन्दगी को पुख्ता आधार प्रदान करने के लिए दूसरी शादी करने को भी वह तैयार हो जाती है। इंटरनेट के' सैकेंड मैरिज डॉट कॉम' के ज़रिए परिचित रिज़वान दो बेटियों के पिता होने पर भी नसीम के बेटे को स्वीकारने के लिए तैयार नहीं था। इसलिए वह नसीम को भी नकारता है। अगले दोनों शादीशुदा थे। उन लोगों की दृष्टि में नसीम की पहचान 'दूसरी पत्नी के तौर पर एक कश्मीरी जवान जिस्म' तक सीमित थी। मजबूरीवश आखिर वह एक शादीशुदा मुसलमान अर्थात् अपने दुकानमालिक की दूसरी पत्नी बनकर अपना गुज़ारा सम्भव बनाती है और अपने बेटे के भविष्य को सुरक्षित रखने का प्रयास भी करती है। नसीम कश्मीर वापस लौटना नहीं चाहती है। वजह यह है कि, नसीम के शब्दों में–".... मेरा क्या है वहाँ, न शौहर, न माँ-बाप। वहाँ काम भी कुछ नहीं है। आये दिन की जान की आफत। महँगाई इतनी कि बस ...नौकरी नहीं मिलती उस पर परदेदारी

अलग से और डर ...ऐसा कि औरतें सोए बिना महीनों से रह रही हैं कि अब आँख सुर्ख हो जाती है मगर नींद ... गुम।"[11]

नसीम की दिल दहलानेवाली कहानी अमिता को उलझन में डाल देती है। वह अपनी बेचैनी को अपने ब्लॉग में स्पष्ट करती है–"मेरे कश्मीर की मुसलमान औरत...मैं उनके बारे में जानकर तकलीफ में हूँ। ...सोचती हूँ, बिना जलावतन हुए भी यह कैसी बेदर्द जलावतनी थी नसीम की। और जो वहीं रह रही हैं ...उनकी हर रोज़ जिस्म से रूह की जलावतनी। कौन ज्यादा दुख में है– हम, जो वहाँ से भगा दी गयीं... मार दी गयीं... जला दी गयीं... या वो वहाँ लगातार भाग रही हैं अपने वर्तमान से, रोज़ मर रही हैं ...? पता नहीं! .... मेहनतकश, सुन्दर कश्मीरी औरतें.... आज हताश हैं। अनिश्चितता और अभाव ने उसके चेहरे पर डर की बदसूरत लकीरें खींचकर रख दी हैं। कभी वे मुक्त होंगी? अब कब डल झील में तैरते शिकारों में उनके गीत गूँजेंगे?"[12]

अमिता की सहेली अध्यापक रहमान अन्दलीब की बेटी यास्मीन की ज़िन्दगी भी मर्मस्पर्शी है। कश्मीर पहुँची अमिता से मुलाकात के वक्त रहमान सर यास्मीन की डायरी उसको सौंप देते हैं। डायरी के पन्नों में यास्मीन के दुःख-दर्द पर्त-दर-पर्त अनावृत होते हैं। अपने पिता के प्रगतिशील विचारों से प्रेरित यास्मीन शिक्षा अर्जित कर ज़िन्दगी की राहों में आगे बढ़ने का ख़्वाब पालती है। लेकिन आतंकवाद के ज़हरीले साये उसकी ख्वाहिशों को धराशायी कर देते हैं। दहशतगर्दियों के झुंड यास्मीन के गाँव में डेरा डालकर आतंक मचा देते हैं और अपनी योजनाओं की पूर्ति के लिए यास्मीन के परिवार के सदस्यों को डरा-धमकाकर पैसे वसूलते हैं। जाँच-पड़ताल के लिए आये आर्मी के अफ़सर भी उनके साथ भद्दा सुलूक करते हैं और उनको लूटते हैं। आर्थिक अभाव के कारण अपना पुश्तैनी घर गँवाकर यास्मीन का परिवार श्रीनगर में आकर बसता है। औरतों के साथ आतंकवादियों के अमानवीय आचरण की ख़बर से घबराकर परिवारवाले यास्मीन पर अपनी पढ़ाई अधूरी छोड़ने की ज़िद करते हैं। उनके दबाव से दर्ज़ी कामिल के साथ यास्मीन अपनी नीरस वैवाहिक ज़िन्दगी शुरू तो कर देती है। किन्तु कामिल से तलाक मिलने की हर सम्भव कोशिश भी करती है। इसकी वजह यह है कि कामिल अपनी एक पत्नी को दफना चुका था और यास्मीन के भाई फ़रहान को यह रिश्ता मंजूर नहीं था। कामिल के प्रति यास्मीन के मन में किसी प्रकार का आकर्षण नहीं के बराबर था। कामिल के साथ के जीवन से वह बिलकुल ऊब चुकी थी। इसके कारण कामिल का अपने भाई की बेवा के साथ अवैध सम्बन्ध की जानकारी होने के बावजूद वह चुप बनी रहती है। यास्मीन वसीम से बेइन्तहा प्यार करती थी जो उसके पिता का शागिर्द था। लेकिन बाद में आतंकवादी बने वसीम के बीज को अपनी कोख में वहन करने के बावजूद अमन और खुशहाली से रहित वसीम की आज़ादी की परिकल्पना को वह साफ इनकार कर देती है। जंग के बाद के तनावग्रस्त दिनों में रोज़मर्रा की ज़रूरी सामान खरीदने के लिए बाहर निकली यास्मीन ग्रेनेडों की बौछारों से घायल हो जाती है। बेहोश यास्मीन कई दिनों तक मौत से जूझती रहती है। आखिर इलाज के अभाव में मौत के घाट उतर जाती है। उपन्यास में यास्मीन की अन्तिम घड़ी की कैफ़ियत देते हुए रहमान सर अमिता से कहते हैं–"....बमों से तहस-नहस उस गाँव में डॉक्टर नहीं था। मैं उसे शहर ले आया। शहर में भी बमों से फटे और अपंग लोगों के लिए डॉक्टर कहाँ मिलते थे। वह दो दिन तक हमारे घर में मौत से बहस करती रही। एक डॉक्टर तीसरे दिन आया मगर मौत का

सर्टिफिकेट लिखकर चला गया। उसके जाने के बाद, कई दिनों तक हमारे घर में बारूद की महक बची रही।"[13]

यास्मीन की मृत्यु और उसकी डायरी वसीम जैसे कट्टर अलगाववादी पर गहरा असर डालती हैं। वह आज़ादी सम्बन्धी अपने दृष्टिकोण पर पुनः सोच-विचार करने के लिए तैयार हो जाता है–"तुम्हारी ये डायरी अमिता ने दी है। यह तुम्हारी आवाज़ बनकर मेरे साथ रहेगी। मैं आज़ादी की जंग और आज़ादी के नारे के मायनों पर दुबारा सोचूँगा। आज़ादी की कद्र करता हूँ मैं। मगर मुझे नहीं पता था कि मैं 'सफरे आज़ादी' की कीमत तुम्हें खोकर चुकाऊँगा। खुद जीता हूँ मगर लगता है आसपास सब एक बड़ी कब्र में तब्दील हो रहा है। पहली बार ...मैं तन्हा छूट जाने के ख़ौफ़ से हिरासाँ हूँ।"[14] स्पष्ट है कि यास्मीन का निश्छल प्रेम, उसका प्रभावी व्यक्तित्व और उसकी मृत्यु वसीम में सकारात्मक परिवर्तन लाते हैं। अमिता के ब्लॉग में भी वसीम के इस बदलाव का संकेत है–"कल रात बी.बी.सी.पर 'वसीम क़य्यूम ख़ान' का इंटरव्यू देखा। वह वादी में अमन की बात कर रहा था। कश्मीर के मौज़ूदा हालात और फौज को हटाए जाने की बात और विस्थापित हिन्दुओं को फिर ऊधमपुर के क़रीब बसाने की शुरुआत के प्रति खुशी और सहमति जाहिर करता हुआ, कश्मीर में मुसलमानों के ह्यूमन राइट्स की बात कर रहा था।"[15] इस पर लिखी गयी प्रतिक्रियाएँ भी ध्यान देने योग्य हैं–"एक मेमने की खाल ओढ़े भेड़िया... वह इस्लाम, शान्ति तथा धर्मनिरपेक्षता का पैरोकार बना बैठा था एक अमेरिकी पत्रकार के सामने। मानवाधिकारों की और निर्दोष मुसलमानों की नष्ट हो रही ज़िन्दगियों की बात कर रहा था। क्या सब भूल गये हैं कि यह वही वसीम था जो पी.ओ.के. से मिलिटेंसी ट्रेनिंग कैम्प में ट्रेनिंग लेकर लौटा था? वसीम एक अलगाववादी ...जो अहिंसा और शान्ति का पुजारी बनकर 'राजनेता' बनने की चाह में मेमने की खाल ओढ़ आया था।"[16] एक विदेशी पत्रकार की प्रतिक्रिया है–"कश्मीर में आतंक का बदसूरत चेहरा बहुत डरावना हो चुका है। लेकिन वसीम क़य्यूम ख़ान की विचारधारा कश्मीरियों के हक में है– चाहे वे हिन्दू हों कि मुसलमान।"[17] इस तरह की टिप्पणियाँ वसीम के व्यक्तित्व की विभिन्न पहलुओं से पाठकों का सीधा साक्षात्कार कराती हैं।

यास्मीन की तरह जुलेख़ा की प्रेमकथा भी उपन्यास में नया आयाम जोड़ती है। ज़ख्मी दहशतगर्द जुबैर को अपने घर में शरण देने के फलस्वरूप गाँववालों के मन में जुलेख़ा के पिता अब्दुल पर मुखबिर होने का सन्देह पैदा होता है। सुरक्षाकर्मियों को आतंकवादियों से सम्बन्धित जानकारी देने में असहमति प्रकट किए अब्दुल पर गोलबाज़ी होती है। इलाज के खर्च में घर और ज़मीन उसके हाथों से छूट जाते हैं। बाद में अपने परिवार की सुरक्षा और आर्थिक तंगी से छुटकारा पाने के लिए अब्दुल जुबैर के आतंकवादी गिरोह का साथ देते हैं। धीरे-धीरे उसके घर का तहखाना आतंकवादियों की शरणस्थली बन जाता है। जुबैर के गिरोह का जवान लड़का सगीर अहमद जुलेख़ा के प्रति आकर्षित हो जाता है। जुबैर की मृत्यु के पश्चात् सगीर आतंकवादी ग्रुप का मुखिया बन जाता है। फ़ौजियों के हमले से बचकर गाँव के बाहर के ठिकाने पर छिपकर रहते सगीर को उसके प्रेम में अंधी बनी जुलेख़ा हथियार और बारूद सप्लाई करने में सहायता करती है। फ़ौज से परेशान होकर अब्दुल मुजफ्फराबाद भाग जाता है। इसी वजह से पुलिस भी जुलेख़ा के परिवार को तंग करती है। जुलेख़ा का मँगेतर सिपाही आसिफ सगीर को पकड़ने के लिए जुलेख़ा की मदद माँगता है और उसे समझाने की कोशिश भी करता

है–"मज़हब के नाम पर मासूमों का खून मज़हब नहीं।"[18] आसिफ जुलेख़ा को भी सही रास्ते पर ले आने का प्रयास करता है। लेकिन उसका प्रयत्न बेकार साबित होता है। आखिर जुलेख़ा सगीर की स्वार्थ पूर्ति के लिए अपनी जान तक से हाथ धो बैठती और दुनिया की नज़र में पहली फिदायीन का दर्जा प्राप्त करती है। अपनी माँ रशीदा के सख्त विरोध के बावजूद गाँववालों की उपेक्षा, पुलिस और फ़ौज के अत्याचार से सन्त्रस्त जुलेख़ा सगीर के साथ चैन की ज़िन्दगी बिताना चाहती थी। तद्वारा अपने परिजनों को भी वह सुखद जीवन प्रदान करना चाहती थी। लेकिन सगीर के मोहजाल में फँसकर वह अपनी ज़िन्दगी तबाह कर देती है। जुलेख़ा के मरने के बाद भी उसके नाम पर पुलिस और फ़ौज उसके परिवारवालों को सताती हैं। जुलेख़ा के परिवारवालों से उससे संबद्ध ख़बर इकट्ठा करने के लिए उसके गाँव पहुँची अमिता से जुलेख़ा की माँ रशीदा और बड़ी बहन रिज़वाना की शिकायतें इसका सशक्त प्रमाण हैं। रशीदा के मुताबिक–"....बहुत बुरा वक्त झेला है हमने! जुलेख़ा को गये साल हो गये मगर पुलिस अब तक आती रही है।"[19] रिज़वाना अमिता को अपना दुखड़ा सुनाती है–"वह तो एक सादादिल लड़की थी। न उसे आज़ाद कश्मीर से कोई मतलब था। ....सगीर से निकाह करेगी या वह कभी मिलिटेंट बनेगी, ऐसा उसने कभी कुछ नहीं कहा। बस, फौजियों के सताने के डर से वह भाग गयी। आगे हमें नहीं पता, लेकिन उसके नाम पर हमें हर तरह से तंग किया गया।"[20]

यहाँ अमिता की खासियत यह है कि वह अपने जीवन में हुए विस्थापन को कश्मीर की असलियत से संवाद कर कश्मीरी अवाम के दुःख-दर्द को आत्मसात कर नए सिरे से व्याख्यायित करती है। पर अन्य सभी स्त्रियाँ आतंकवाद से सीधा कोई वास्ता न होने के बावजूद अपने मन में सैकड़ों घाव ढोकर अपनी की ज़मीन पर विस्थापित जीवन जीने के लिए अभिशप्त हैं। पर्दे के पीछे रहकर उन्हें अपने इशारे से नचानेवाले दुश्मन के बारे में वे बिलकुल अनजान हैं।

कश्मीर को ज़मीन का स्वर्ग माना जाता है। लेकिन आतंकवाद ने कश्मीर की ज़िन्दगी को दोज़ख़ बना दिया। कश्मीर की धरती पर अशान्ति और दहशत फैला दीं। लेकिन कश्मीर की सांस्कृतिक विरासत पर लेखिका पूरा एतवार रखती है और यह आशा पालती है कि कश्मीर में एक-न-एक दिन सुकून ज़रूर स्थापित होगा और जनता के मन में बन्धुत्व का भाव ज़रूर जन्म लेगा। अपनी आशावादी दृष्टि को लेखिका अमिता के ब्लॉग की प्रतिक्रिया के रूप में व्यक्त करती है–"मुझे यकीन है कि हमारा कल्चर जिन्हें हम कश्मीरियत कहते हैं, वह इतनी कमज़ोर नहीं है कि कट्टरपंथी इसे कुचल दें। तुम लोग लौटोगे तो वक्त के बीतने के साथ इसकी चमक लौट आयेगी और यह फिर अमन और भाईचारे से गुलज़ार होगा।"[21] उपन्यास में संवाददाता ज़मान के विचारों में भी लेखिका की यही सोच स्पष्ट मुखरित होती है। अलगाववादी वसीम से मिलवाने का अनुरोध लेकर अपने पास पहुँची अमिता से ज़मान कहता है–"आपके आने की खबर पाकर मैं खुश हुआ था। ....एक कश्मीरी हिन्दू लड़की विदेश से भारत लौटी है और फिर कश्मीर ...ख्वाब देखने लगा था। पंडित वापस आ रहे हैं। .... मैं अब भी यकीन रखता हूँ कि सारी तबाही के बावजूद कश्मीर में फिर वही संस्कृति लौटेगी। बस, एक छोटे या बड़े वक़्फ़े के बाद।"[22]

ज़ाहिर है, मनीषा कुलश्रेष्ठ कृत **शिगाफ़** उपन्यास को आतंकवाद की गिरफ़्त में दम घुटती, अपनी ही ज़मीन में हर पल विस्थापन से मुठभेड़ करती स्त्री की अन्तहीन पीड़ा की

दास्तान कहा जाये तो अतिशयोक्ति न होगी। उपन्यास के ज़रिए लेखिका एक ओर यह जताना चाहती है कि किसी भी धर्म हिंसात्मक वृत्तियों को प्रश्रय नहीं देता तो दूसरी ओर आतंकवाद को धर्म का जामा पहनाकर आम जनता के जीवन को दूभर बनानेवाली उनके मन में दरार पैदा करनेवाली समाजविरोधी ताकतों के प्रति पाठकों को सजग बनाने की सार्थक पहल भी करती है।

## सन्दर्भ

1. मनीषा कुलश्रेष्ठ, शिगाफ़, फ्लैप से।
2. वही, पृ. 13।
3. वही, पृ. 28।
4. वही, पृ. 14।
5. वही, पृ. 15-16।
6. वही, पृ. 16।
7. वही, पृ. 28।
8. वही, पृ. 29।
9. वही, पृ. 69।
10. वही, पृ. 71-72।
11. वही, पृ. 78।
12. वही, पृ. 79।
13. वही, पृ. 126।
14. वही, पृ. 228।
15. वही, पृ. 20।
16. वही, पृ. 21।
17. वही।
18. वही, पृ. 190।
19. वही, पृ. 203।
20. वही, पृ. 206।
21. वही, पृ. 57।
22. वही, पृ. 138।

# समकालीन हिन्दी कविता में गाँव का स्मृति-बोध

*धन्या के. पी.*

बढ़ते बाज़ारवाद के आतंक से पूरी दुनिया आज आक्रांत है। जीवन के प्रत्येक क्षेत्र में प्रत्यक्ष हो या अप्रत्यक्ष इसकी उपस्थिति हमें चकित कर देती है। दुनिया भूमंडलीय होने से संस्कृति की सहजता लुप्त हो गयी। गाँव गाँव तक ये बदलाव आ गये। भूमंडलीकरण के इस प्रभुत्ववादी समय स्थानीय अस्मिता का विलुप्त हो जाना बेहद पीड़ा भरने वाली बात है। वैश्विक संस्कृति की पकड़ इतनी गहरी हुई है गाँवों की गन्ध, खेतों की हरीतिमा, लोकगीत की धुन सब लापते जा रहे हैं। ऐसे में हिन्दी का समकालीन साहित्य विशेषकर कविता लोक संस्कृति को स्मृति में सहलाती है और दुनिया का ग्लोबल होने की त्रासदी और विडम्बना का तीखा अहसास भी कराती है। वैश्वीकरण के इस सन्दर्भ में कविता कुछ करने को बाध्य है। क्योंकि अन्य साहित्यिक विधाओं की अपेक्षा कविता में प्रतिरोध की क्षमता काफ़ी है।

नब्बोत्तर हिन्दी कविता ने अपनी काव्य भूमि को आंचलिक, जनपदीय एवं स्थानीय वातावरण से सन्तुष्ट किया है। अर्थात कविताएँ अपने इलाकों से प्रेरित हुईं। जनपदीय भू दृश्य विशेषकर गाँव, खेत, पहाड़ आदि के प्रति विशेष लगाव और तीव्र आग्रह समकालीन कविता की धुरी में है। गाँव की जीवनानुभूति में गहरे रूप से जुड़ी रहती हैं ऐसी कविताएँ। लोक जीवन की तलाश करनेवाली ये कविताएँ स्थानीय सुगन्ध से भरपूर हैं और यही कविताएँ कवियों को अलग पहचान भी देती हैं। आलोचक चन्द्रशेखर के अनुसार "रनवें दशक के कुछ कवियों ने अपने को आँचलिक, स्थानीय अथवा जनपदीय भूगोल एवं लोक संवेदना से सम्पृक्त किया। यह ग्रामीण जीवन का लोक था। ... यह वह लोक था जहाँ प्रकृति और मनुष्येतर प्राणियों का भी सान्निध्य प्राप्त था। इस लोक में खेती-किसानी की बातें थीं। फूल ही नहीं उसकी कई किस्में थीं– अलग-अलग नामों से। स्थानीय ताल-पोखरे, नदियाँ थीं और थे पहाड़।"[1]

समकालीन कविता में गाँव एक केन्द्रीय मुद्दा है। गाँव का नोस्टालजिक रूप कविता को बहुत ही आत्मीय बना देता है। खेतीबारी, सोंधी मिट्टी, किसान, बैल, हल, लोकगीत, झोंपड़ियाँ, नदियाँ, तालाब, पगडंडियाँ, छोटी-छोटी दुकानें जैसे अनुभव मंडलों से घिरे गाँव की स्मृतियाँ कवि के हृदय को छू लेती हैं। लेकिन अतीत का जो गंवानुभव है वह अब नहीं रहा। कहीं न कहीं हम इससे छूट गये हैं। मनुष्य की लालसा और बाज़ार संस्कृति का निवेश आदि ने गंवानुभव में गहरा आघात लगाया। परिणामस्वरूप गाँव का चेहरा विकृत होने लगा। नब्बोत्तर कविताएँ ग्राम केन्द्रित इसलिए बन गयीं कि महानगर की उष्ण भूमि में ज़िन्दगी से तालमेल स्थापित करने में कवि असफल हुए। गाँव के प्रति अनुरक्ति और सम्मोहन का भाव कवियों में होने का प्रमुख कारण कवि के मन में रची बसी गाँव-स्मृतियाँ हैं। लेकिन जब वह गाँव लौट आता है तब गाँव वैसा नहीं रहा जा रहा जैसा उन्होंने आखिरी बार देखा था। क्योंकि वर्तमान

विकास की योजनाएँ गाँव को निगल चुकी हैं। कवि यह चाहते हैं कि अपना गाँव कभी न उजड़े। समकालीन कविता की एक प्रमुखता यह है कि ग्रामीण जीवन का लोक इसमें सक्रिय होता नज़र आता है।

आज दुनिया को ग्लोबल गाँव में बदलाने की साजिश की जा रही है। लेकिन यह पूरे विश्व को हमारी कल्पना के गाँव बनने की तैयारी नहीं बल्कि आर्थिक सन्दर्भ में गुलाम बनाने का षड्यन्त्र है। ग्लोबल गाँव पर निर्मल वर्मा का कथन इस सन्दर्भ को याद दिलाता है– "हमारी दुनिया सचमुच एक गाँव में बदल गयी है। पर क्या यह वैसा ही गाँव है जिसे गाँधीजी ने अपने अन्तिम वर्षों में हिन्दु स्वराज का हवाला देते हुए, अपनी कल्पना का गाँव कहा था, जिसमें मनुष्य अपनी आत्मा के अनुरूप पर तत्व और अनात्म से मुक्त जीवन बिता सके?"[2] विश्व गाँव की अवधारणा असल में गाँव की मृत्यु को सूचित करती है। कविता इस साजिश पर इतना क्षुब्ध है कि प्रतिरोध जाहिर करके अपनी गाँव-वापसी चाहती है। इसलिए उसे वापसी की कविता कहना निरर्थक नहीं होगा। इसमें अपने गाँव की ओर, घर की ओर, अतीत की ओर, स्मृति की ओर, प्रकृति की ओर वापसी की चाहें भरी हुई हैं। आलोचक चंचल चौहान के अनुसार "कविता की वापसी के बाद कुछ समय तक कविता में जड़ों की ओर वापसी दिखाई दी। कवि अपने वर्तमान से क्षुब्ध हो और भविष्य का कोई स्वप्न या विज़न रहा ही न हो तो ऐसे में अतीत की ओर वापसी के अलावा कोई और रास्ता नहीं सूझता।"[3] समकालीन संकीर्णता भरी स्थिति में गाँव को बचाये रखने का दायित्व कवियों ने अपने ऊपर ले लिया है। रामचन्द्र शुक्ल जी का कथन इस अवसर पर याद देने योग्य है–"ज्यों-ज्यों हमारी वृत्तियों पर सभ्यता के नये नये आवरण चढ़ते जायेंगे त्यों-त्यों एक ओर तो कविता की आवश्यकता बढ़ती जायेगी, दूसरी ओर कवि-कर्म कठिन होता जायेगा।"[4]

महानगर की ऊबी ज़िन्दगी में अपने को अकेला पाता कवि गाँव के गृहातुर स्मृति-बोध में सांस लेता है। अपनी मिट्टी की यादें उन्हें भावविह्वल बनाती हैं। लीलाधर मंडलोई की कविता में धरती के उस टुकडे की ओर वापसी है साथ ही गाँव के बदलाव में आशंका की भी आहत ध्वनि है–

"मैं हर बार लौटता हूँ
धरती के इस टुकड़े पर
जहाँ ईंट के भट्ठे लगे हैं
पहले यहाँ मेरा खेत था।"[5]

गाँव लौटने पर कवि की स्मृति में आहत इसलिए होती है कि अब गाँव का वह टुकड़ा जो उसके दिल को सदा लुभाता रहा था स्मृतिशेष बन गया है। वह इसलिए कि बाहर की संस्कृति ने उसके प्रिय टुकड़े को निगल कर दिया था। बहुराष्ट्रीय कंपनियों की धरती नज़र जब गाँव पर पड़ी है गँवानुभव में कलंक हुआ। नागरिकता के स्पर्श से कांक्रीट जंगल में परिवर्तित गाँव की असलियत को जनार्दन मिश्र की कविता इस प्रकार रेखांकित करती है–

"ऐसे में बेबस दिखने लगे हैं गाँव
भूमि सिसक रही है, पहाड़ चटक रहे हैं,
पेड़ कट रहे हैं, नदियाँ सूख रही हैं, बाग उजड़ रहे हैं
और कोई लुटेर उन गाँवों को सीमेंट कंक्रीट में

तब्दील करने की ठान रहा।"[6]

समकालीन कविता में गाँव-बोध का सही पता हमें लीलाधर मंडलोई की "मैं इतना अपढ़ जितनी सरकार" कविता में मिलता है। कविता में अपनी मिट्टी में नंगे पाँव चलने का, अपने इलाके की जनता के बीच में रहकर उनकी ही बोली में बोलने का कवि मन लोक-जीवन के साथ विचरण कर रहा है।

"मैं चलता हूँ नंगे पाँव अपनी धरती पर
रहता हूँ अपने लोगों के बीच
बोलता रहता हूँ अपनी गँवई बोली।"[7]

लेकिन गाँव की स्मृतियाँ मन में संजोकर जब गाँव आ जाता है तब स्मृति-दंश होता है। क्योंकि हाइटेक युग में गाँव भी विस्थापित है। गँवानुभव में आहत हुआ एक कवि मन है हेमन्त कुकरेती का। उनकी कविता में गाँव की पगडंडियाँ, नदियाँ, खेत, अन्न की खुशबू सबकुछ अपने अतीतानुभवों से जुड़ी हैं। बचपन की ऐसी सुखद स्मृतियाँ आज नष्ट हो जाने की स्थिति में कवि अस्वस्थ होता है।

"गाँव की पगडंडी से दिख रही है
एक हाँफती हुई नदी
चीड़ चुप हैं
पीली पत्तियों पर फिसलकर
मैं पहुँच गया हूँ
अपने बचपन में
वहाँ खलिहानों में
अन्न की खुशबू बची है
चलते हुए आदमी
टूटे हुए हल में बदलते देख
अभी टूटी है मेरी नींद।"[8]

पगडंडियाँ जो हैं गाँव की ही एक खास पहचान है। वह पृथ्वी की कितनी छोटी इकाई है फिर भी प्रत्येक की स्मृति में एक सुखदानुभूति है। उन पगडंडियों से हमारा सम्बन्ध इतना आत्मीय है कि हमारे पाँव पड़ते ही पगडंडियाँ आनन्द विभोर हो जाती हैं। कविता में ये छोटी पगड़ंडियाँ भी अनुपम छवि के साथ प्रस्तुत होती हैं। कवि को वही पगडंडियाँ अपने उल्लसित सुमधुर बचपन की ओर वापसी है। थोटी-छोटी पगडंडियाँ जिस पर पत्ते झर गये हैं, फूल गिरे हुए हैं जिससे कवि अपने अतीत में आया जाया करते थे। लेकिन वह आज स्मृति की भूमि में सुरक्षित है। क्योंकि आजकल उन्हें तोड़ मरोड़ कर विशाल सड़कें बनायी जा रही हैं। अब इन्हें नक्शे में ढूँढना पड़ता है। एकान्त श्रीवास्तव की कविता देखिए–

"नक्शे में ढूँढो धूल-धूसरित रास्ते
जिन पर चलकर हम बड़े हुए..."[9]

उसी प्रकार कुमार विकल की "घर वापसी" कविता भी असल में गँवानुभवों, प्रकृत्यानुभवों का बड़ा स्मृति क्षेत्र है।

"मैं अपने घर लौटूँगा

पचपन वर्ष के कवि वृक्ष में
जो कविता उग रही है
उसे सम्हालने के लिए
संवारने के लिए।"[10]

गाँव का जो बिम्ब उभर आता है खेती और उससे जुड़ने वाला किसान जीवन भी अभिव्यक्त किये बिना नहीं रह सकता। कृषि भारत की पैतृक समृद्ध सम्पत्ति रही है। लेकिन कालांतर में भूमाफ़ियों का आगमन, भूमंडलीकरण का ग्राम्य जीवन में प्रवेश आदि ने किसानी संस्कृति को उलट-पलट कर दिया। समकालीन कविता ने खेती करनेवाले किसान से लेकर खेती नहीं करने वाले किसान तक जीवन की विडम्बनाओं का सही अंकन किया है। एकान्त श्रीवास्तव की अधिकांश कविताएँ मिट्टी, बीज, अन्न आदि की मनोरम छवि प्रस्तुत करती है। "अन्न हैं मेरे शब्द" की कविताएँ अन्न और किसान का आत्मीय सम्बन्ध दिखाती हैं। फसल काटने के पहले किसान के सपने में आनेवाले अन्न की उपस्थिति देखिए

"अन्न धरती की ऊष्मा में पकते हैं
और कटने से बहुत पहले
पहुँच जाते हैं चुपके से किसान की नींद में
कि देशो हम आ गये
तुम्हारी तिथि और स्वागत की
तैयारियों को गलत साबित करके।"[11]

प्रयाग शुक्ल की माटी कविता में वे माटी की खुश्बू में मुग्ध हैं–

"माटी की बिंधा सुन रहा हूँ
बीजों के कसमसाने की आहट
गहराई में जाती जड़ों के साथ
उतर रहा हूँ
....
अपनी माटी में रमा भरा हूँ
केवल ममत्व से।"[12]

किसान जीवन के खुरदुरी यथार्थ का चित्रण भी कवियों ने नहीं छोड़ा है। अपने खेतों से बेदखल होने पर आत्महत्या करने वाले किसानों पर राजेश जोशी की "विकल्प" कविता चर्चित है। किसानों की ज़मीन लूटने आये कारपरेटों की ओर संकेत करती है यह कविता। आत्महत्या करने के बजाय इस दुर्दशा के विरुद्ध लड़ने का आह्वान देते हैं कवि-

"संकट बढ़ रहा है
छोटे छोटे खेत अब नहीं दिखेंगे इस धरती पर
कारपोरेट आ रहे हैं कारपोरेट आ रहे हैं
सौंप दो उन्हें अपनी छोटी छोटी ज़मीनें
मर्ज़ी से नहीं तो ज़बरदस्ती छीन लेंगे वे
कारपोरेट आ रहे हैं
ज़मीन सौंप देने के सिवा कोई और विकल्प नहीं तुम्हारे पास।"[13]

निलय उपाध्याय की खेती नहीं करनेवाला किसान खेती छोड़कर नगर में विस्थापित किसान जीवन का प्रतिफलन है। गाँव के प्रतीक रूप में उपस्थित इन बेचारे किसानों को खेती में भारी नुकसान, आर्थिक उदारीकरण की साजिशों ने मज़दूर रूप में परिवर्तित किया। निलय जी की कविता इसका प्रमाण है–

"सड़क के किनारे दोनों ओर पसरे खेत उसे नहीं दीखते
उसे नहीं दिखाई देते फसलों पर टंगे ओस कण
उसे नहीं सुनाई देती चिड़ियों की चहचह
उसे सुनाई देती है... देर से पहुँचने
और ज़रा ज़रा सी बात पर मालिक की डाँट
....
कि डूब गयी है... सदियों से खेती के तट पर बंधी उसकी नाव
कि खेती नहीं करने से चलता है खेती करने वालों का काम।"[14]

मूलभूत आवश्यकताओं के लिए विकास अनिवार्य माना जाता है। लेकिन असीम विकास योजनाओं के फलस्वरूप गाँव महानगर बनता था। हाइटेक दुनिया के सिंबल के रूप में मेट्रो रेल, बहुराष्ट्रीय कंपनियों के बड़े-बड़े शॉपिंग माल आदि निर्मित किये जा रहे हैं जिससे गाँव की अस्मिता रुदन करती है। ऐसे में समकालीन कविता गृहातुर स्मृति बोध, हरियाली, ईमानदारी और संवेदना को बचाने के लिए श्रमरत है। उदयप्रकाश की 'बचाओ' कविता इससे स्फूर्त है।

"बचाना ही तो बचाये रखना चाहिए
गाँव में खेत, जेगल में पेड़, शहर में हवा
पेड़ों में घोंसले, अखबारों में सच्चाई, राजनीति में।"[15]

अतः कहा जा सकता है कि कविता का जो कठिन समय है अर्थात विश्व बाज़ार एवं सूचना तन्त्र का समय है जहाँ पूरा विश्व एक गाँव के रूप में बदल रहा है वहाँ कविता निश्चय ही प्रतिरोध की नयी चेतना से जुड़ रही है। समकालीन कविता यह चाहती है कि हमारा गाँव-गाँव रहे और जंगल, पहाड़, खेत सबके सब वैसे ही बचा रहे। वास्तव में समकालीन कविता आधुनिक यन्त्रों के सम्मुख कुदाल और हल को खड़ा करके महानगर की याँत्रिक नीरस ज़िन्दगी के समक्ष मधुर गँवानुभव खड़ा करके वर्तमान की जटिल विसंगतियों के सामने अपने अतीत की स्मृतियों में रमते हुए अपनी जड़ की ओर वापसी की लम्बी आहें भरती हैं।

## सन्दर्भ


1. वागर्थ, दिसम्बर, 2012, पृ. 51-51।
2. निर्मल वर्मा, कला का जोखिम, पृ. 19।
3. सं. लीलाधर मंडलोई, कविता के सौ वर्ष, पृ. 434।
4. सं. रामचन्द्र तिवारी कविता क्या है, रामचन्द्र शुक्ल, पृ. 82।
5. लीलाधर मंडलोई, केत, लिखे में दुक्ख, पृ. 37।
6. जनार्दन मिश्र, मेरे गाँव में, समकालीन भारतीय साहित्य मार्च अप्रैल 2013, पृ. 104।
7. लीलाधर मंडलोई, मैं इतना अपढ़ जितनी सरकार, काल बांका तिरछा, पृ. 78।
8. हेमंत कुकरेती, गूँज, चाँद पर नाव, पृ. 42।
9. एकान्त श्रीवास्तव, नक्शे में ढूँढो वह गाँव, मिट्टी से कहूँगा धन्यवाद, पृ. 80।

10. कुमार विकल, घर वापसी, सम्पूर्ण कविताएँ, पृ. 199-200।
11. एकान्त श्रीवास्तव अन्न 1, अन्न हैं मेरे शब्द, पृ. 26।
12. प्रयाग शुक्ल, माटी, कुछ आकाश, पृ. 26।
13. राजेश जोशी, कथादेश मई 2012, पृ. 130।
14. निलय उपाध्याय, खेती नहीं करने वाला किसान, कथादेश मई 2012, पृ. 132।
15. उदय प्रकाश, बचाओ, रात में हारमोनियम, पृ. 22।

# उदय प्रकाश की रचनाओं में गाँधी-चिन्तन

*तनूजा ताहा*

साहित्य कालातीत सांस्कृतिक पहचान है। प्रत्योक काल के सामाजिक जीवन की अभिव्यक्ति साहित्यकार की सामाजिक दृष्टि एवं रचना दृष्टि पर आधारित होती है। समय के प्रति प्रतिबद्धता समकालीन रचनाकारों में वशेष रूप से पाई जाती है। उनमें बहुचर्चित रनाकार हैं उदय प्रकाश। वे कहानीकार, कवि एवं निबन्धकार के रूप में हमारा बीच में मौजूद हैं। उनकी रचनाओं में आज भूमंडलीकृत परिस्थितियों के परिणाम स्वरूप उत्पन्न वातावरण मौजूद है। उन डरावने वातावरणों से अर्थात् सर्वत्र व्याप्त अंधेरे से बच जाने के समाधान या विकल्प बनकर अधिकांश रचनाओं में गाँधी-चिन्तन की उपस्थिति दिखती है। गाँधीजी हमारे युग के कर्मयोगी पुरुष हैं। उन्होंने अपने जीवन काल में ही स्पष्ट किया था कि "गाँधी-चिन्तन" नाम की कोई वस्तु है ही नहीं और मैं अपने पीछे कोई सम्प्रदाय छोड़ जाना नहीं चाहता हूँ। मैंने तो जो शाश्वत सत्य है, उसको अपने नित्य के जीवन और प्रश्नों पर अपने ढंग से उतारने का प्रयास किया है"[1] जिस शाश्वत सत्य को उन्होंने अपने जीवन में उतारना चाहा उसे ही हम गाँधीवाद कहते हैं। उक्त गाँधीवाद को सम्पूर्ण जीवन-दर्शन के रूप में हमें भी अपनाना चाहिए। इसलिए उदय प्रकाश जी ने कहा है– "बाइबिल, कुरान या गीता की तरह गाँधीवाणी हमारी श्रद्धा की वस्तु तो है।"[2] आज गाँधी-चिन्तन हमारे लिए एक विकल्प बन गया है।

गाँधी-चिन्तन इस नव उपनिवेश के खिलाफ लड़ने का सशक्त हथियार है। उनके विचार समकालीनता के दस्तावेज़ हैं। बहुलता, सहजता, स्थानीयता, स्वातन्त्र्य मानवीयता, अहिंसा जैसे महान मूल्यों एवं आदर्शों से ही आज की उपभोग-संस्कृति को पराजित किया जा सकता है। अतः गाँधीजी को उदय प्रकाश एक विकल्प के रूप में स्वीकार करते हैं। उनकी कहानियों एवं कविताओं में इस चिन्तन की झांकियाँ भरी पड़ी हैं। "पॉल गोमरा का स्कूटर" में स्कूटर गाँधीजी के चखी का प्रतीक है। उपनिवेश के समय में स्वदेशी आन्दोलन के लिए स्वदेशी वस्त्र का उपयोग मुख्य एजेंड था। आज नव उपनिवेशवादी बाज़ारु संस्कृति के खिलाफ लड़ने के लिए प्रतीकात्मक रूप में गाँधीजी के चखी के स्थान पर स्कूटर प्रयुक्त है। गाँधीजी के स्वदेशी आन्दोलन और उपनिवेश विरोधी सारे विचारों और औजारों को पालगोमरा याने रामगोपाल अपने चिन्तन एवं कर्म में प्रयुक्त करता है। इसलिए यह कहानी नव उपनिवेशवाद का प्रतिरोधी स्वर बनकर हमसे संवाद करती है।

आज की सच्चाई यह है कि जिसके पास ताकत नहीं है वह अपनी अस्मिता तक नहीं बचा पाता। इंसान की अपनी बहुत सारी आकांक्षाएँ होती हैं। उसको साकार करने के लिए वह निरन्तर सक्रिय भी रहता है। पर उसके साथ घोर अन्याय भी होता है तो उसे न्याय के लिए लड़ना पड़ता है। इस प्रकार न्याय के लिए लड़नेवाले एक युवक का कहानी है "मोहनदास"।

मोहनदास ने निम्न जाति के और बिलकुल गरीब होते हुए भी उच्च शिक्षा प्राप्त की, ऊँची श्रेणी में। कठिन परिश्रम के बाद उसे नौकरी ते मीली लेकिन नियुक्ति नहीं हुई। नियुक्ति के लिए वह दफ्तरों में चक्कर काटता रहा। पर बाद में उसे पता चला कि उसकी जगह पर उसके नाम और पते पर बिसनाथ नामक कोई दूसरा काम कर रहा है। मोहनदास ने अपने को असली और उस दूसरे आदमी को नकली सिद्ध करने का बहुत सारा प्रयत्न किया। लेकिन उसको इस प्रयत्न में कठोर शारीरिक एवं मानसिक कठिनाइयों का सामना करना पड़ा। "मोहनदास" नाम उदय जी ने जान-बूझकर दिया, उसके घर के सारे सदस्यों के नाम काबा, पुतली, देवदास सब गाँधी परिवार के नाम हैं। यह तो यथार्थ को व्यक्त करने का डिवाइज़ है। इसके पीछे का लाजिक क्या है? उसके बारे में उदय जी बताते हैं– "गाँधी अन्तिम आदमी को बात करते थे।"[3] यहाँ अन्तिम आदमी मोहनदास है। गाँधीजी ने कहा है कि जो कदम आप उठाते हैं उनसे समाज के अन्तिम आदमी के दुःख को भी दूर करना है।

यह कहानी सत्य-घटना पर आधारित है। कहानी के बाहर के मोहनदास को अभी न्याय नहीं मिल पाया है। इसका कारण यह है कि लोकतन्त्र असफल हो चुका है। न्याय के लिए मोहनदास लड़ रहा है, लेकिन हथियार नहीं उठाता। क्योंकि गाँधीजी ने सिखाया था कि हथियार के बल से अहिंसा का बल ज़्यादा ताकतवर होता है। मोहनदास के ऊपर होनेवाले अत्याचार एवं नैतिक पतन के सन्दर्भ में हमें गाँधीजी की तरफ देखना होगा। क्योंकि लोकतन्त्र, मानवतावाद और कल्याणकारी राज्य का भविष्य गाँधी एवं गाँधीवाद में सुरक्षित है। दुनिया का भविष्य मात्र गाँधीवाद में सुरक्षित है।

पाश्चात्य देशों में गाँधीजी का बड़ा आदर होता है। लेकिन भारत में? यह सोचने का विषय है। अमेरिका में एटनबेरो की "गाँधी" फिल्म जब दिखाई गयी तो "गाँधी" उन्हें महामानव लगा। अमेरिका नौसेना की एक कर्मचारी 27 वर्षीय लेसली कोल तो गाँधी के व्यक्तित्व से इतना अभिभूत हुआ कि उसने नौसेना की नौकरी छोड़ दी। नतीजे में उसका कोर्ट-मार्शन हुआ और 235 डॉलर जुर्माबे में भरने पड़े। उन दिनों अमेरिका के स्कूली बच्चे और युवा विश्वयुद्ध के खतरों और पूँजीवाद की तकनीकी सभ्यता की कोख से जन्मी "मनुष्यहीनता" के सामने गाँधी को एक नए विकल्प के रूप में देख रहे थे। उन्हीं दिनों एक भारतीय पत्रकार को सडक पर एक मज़बूत कद-ताठी के नीग्रो ने रोक लिया और पूछा ऐ तुम क्या भारतीय हो, तुम गाँधी को जानते हो? घबराकर भारतीय ने पूछा कौन सा गाँधी? उसने निराश से सिर हिलाया "ओह! तो तुम बूढ़े गाँधी जी को नहीं जानते?" यह प्रश्न यदि हम खुद से ही पूछें कि क्या हम अपने गाँधी को सचमुच जानते हैं?

गाँधी जी कहते थे– "अहिंसा और डंडा लेकर पैदल घूमते थे।"[5] अहिंसा सबसे बड़ा अस्त्र है। यह भारतीयों का मन्त्र है। नानी पालखीवाला के मुताबिक– "मानव के पास जो सबसे बड़ी शक्ति है, वह है अहिंसा। वह शक्तिशाली से शक्तिशाली अस्त्र है, जिसे आदमी ने अपनी पटुता के बल पर, सर्वाधिक संहारक हथियार से अधिक प्रभावशाली साधन बना दिया है।"[6]

गाँधी जी अहिंसा को विज्ञान के रूप में मानते थे। क्योंकि विज्ञान में असफलता की चिन्ता नहीं है, उसी प्रकार अहिंसा एक राम-बाण है। जो किसी भी समय में असफल नहीं होता। क्योंकि वह आन्तरिक शुद्धि एवं सत्य का मेरुदंड ही है। सरोज कुमार शुक्ल के अनुसार– "अहिंसा का मुख्य अर्थ यह है कि हम विरोधी रुख को नरम बनाएँ और उसे द्रवित कर दें तथा

उसकी वेदनाओं को इस प्रकार झंकृत कर दें कि वह स्वयं "अहिंसा" का सबसे बड़ा समर्थक हो जाये।"[7]

समकालीन साहित्य गाँधीजी एवं गाँव को अनिवार्य शर्त के रूप में मानता है। क्योंकि ये दोनों हम से दूसरे हो रहे हैं। गाँधीजी ने भारत की आत्मा को गाँव में देखा। उन्होंने कहा कि हमें अपने गाँव में रहनेवाले मेहनती किसानों से जो तपते सूरज के तले, झुके कंधे के साथ, अनाज पैदा करते हैं, अपनापन कायम करना होगा। वे भी अपनी ओर से अपनी तरफ से दोस्ती का हाथ बढ़ाएंगे। काम करके थके-मारे किसान को देखकर उदय जी कहते हैं–

"एक सूरत बैल
हॉफ रहा है
उसके पुट्ठों
चमक रहा है पसीना
थके हुए नथुनों से
गिर रहा है
सफेद झाग
सफेद रंग
धीरे-धीरे
सारो मैदान में
जमा हो गया है।"[8]

बैल यहाँ किसान का प्रतीक है। थके हुए किसान का पसीना सारे खेत में जमा हो गया। इस पसीने से सींचे अनाज को हम किसी संकोच के बिना खाते हैं। लेकिन उनके प्रति सरकार एवं जनता उदासीन हैं। उनको प्यार एवं सांत्वना की ज़रूरत है। गाँधीजी की दृष्टि में प्रेम की परिधि का विस्तार तब तक करते रहना चाहिए जब तक उसमें पूरा गाँव समाहित न हो जाये क्योंकि भारत गाँवों में बसता है।

"और अन्त में प्रार्थना" कहानी के मुख्य पात्र डॉ. वाकण्डकर के चरित्र में गाँधीजी का प्रभाव हम देख सकते हैं। गाँधीजी का कहना था "सर्वप्रथम हमें उनके बीच जाकर उनके साथ रहना होगा और दुखों में शरीक होना होगा। .. रहन-सहन के स्तर में सुधार करना होगा। हमें उनके लिए साफ पानी की व्यवस्था भी करनी होगी। .. तब ही हम देश की जनता के सच्चे प्रतिनिधि बन सकेंगे।"[9] गाँधीजी से प्रभावित होने से उदय प्रकाश की रचनाओं में मुख्य पात्र के आचार-विचार एवं व्यवहार में गाँधी के आदर्श एवं चिन्तन प्रकट हैं। वाकण्डकर तबादला होकर ढिंगर आदिवासी गाँव में आते हैं। स्थानीय लोगों का कहना था कि कस्बे के सरकारी आस्पताल में डॉ. वाकण्डकर के आने के पहले कोई आदिवासी नहीं आता था। वे वहाँ आने से डरते थे। उनके बीच आम मान्यता यह थी कि "जब पुलिस चौकी का दारोगा खाकी वर्दी उतारकर कोट-पैंट पहन लेता है तो यह डॉक्टर बन जाता है और आदमी अगर आस्पताल में जाता है तो वह उसका अंडा और कलेजा चुरा लेता है।"[10]

ढिगर गाँव में हैजा फैल गया। डॉ. वाकण्डकर हैजा प्रभावित गाँवों में घूमने लगा। पाँच-छह गाँवों के बीच पानी के लिए जो एक तालाब था, पह प्रदूषित हो गया था। तत्काल कोई रोक थाम या व्यवस्था नहीं की गयी तो महामारी और ज़्यादा फैल जायेगी। उन्होंने आदिवासियों से बात

की। पता चला कि उन्नीस सौ बयालीस के बाद इस इलाके में पहली बार हैजा आ गया है। उस समय अँग्रेज़ी सरकार थी। यहाँ के कल्क्टर श्री फिलप्स ने महामारी रोकने के लिए व्यवस्थित प्रशासनिक कदम उठाए ताकि अधिक लोग नहीं मरे। लेकिन रचनाकार वर्तमान ढिंगर गाँव की स्थिति पेश करके हमारी व्यवस्था पर व्यंग्य करते हुए पूछते हैं– "बताओं, तुम्हीं बताओ, क्या मैं छोटे छोटे निर्दोष आदिवासी बच्चों और औरतों को यों ही कंटेमिनिटेड पानी पीकर मरने देता?[11] डॉ. वाकण्डकर ने प्राथमिक स्वास्थ्य केन्द्र में उपलब्ध एकमात्र, कीटाणुशासक पोटेशियम परमैंगेनट का पैकेट उठाये और व गोपीनाथ यादव के साथ प्रदूषित तालाब की ओर चल पड़े। तालाब तो बदबू से भरा हुआ था। डॉ. वाकण्डकर ने चुप होकर तालाब के कोने में कीटाणुनाशक के पैकेट को पानी में मिला दिया। ऐसा करना हर भारतीय का धर्म है। डॉ. वाकण्डकर आदिवासी एवं साम्प्रदायिक दंगे के उपरांत मर गये मुसलमानी युवक के लिए लड़ रहे थे। अर्थात् प्रचलित व्यवस्था के विरुद्ध लड़ रहे थे। सचमुच डॉ. वाकण्डकर गाँधीजी के समान स्वार्थ को छोड़कर आत्मबल के ज़रिए समाज की समस्याओं को हल करने के लिए प्रयत्न कर रहे थे। आखिर गाँधीजी के समान ही अपने समाज से वाकण्डकर भी तिरस्कृत हुए।

भारतीय नव उपनिवेशवादी शक्तियों का गुलाम बन रहे हैं। "पीली छत्तरीवाली लड़की" कहानी वर्तमान भारत की सच्ची तस्वीर प्रस्तुत कर रही है। युवा पीढ़ी को लेकर चिन्ता ग्रस्त कहानीकार इस सच्चाई की ओर इशारा कर रहे हैं कि आज की युवापीढ़ी ठीक रास्ते पर नहीं है। वे पेप्सी पीकर, हमेशा मोबाइल पर बातें करते हुए एक हाथ से किसी लड़की को थमाते, सलमान खान या राहरुख खान को अपना आदर्श मानकर जीनेवाले हैं। साम्प्रदायिक दंगे एवं हिंसात्मक वृत्तियों से देश खंडित हो रहा है।

नयी आर्थिक व्यवस्था किसान एवं मज़दूरों को हताश बना रही है। इसके परिणाम स्वरूप खेती-बाडी गायब हो रही है। आदमी भोगी बन गया है। पश्चिमी सभ्यता भारतीय को निगल रही है। ऐसे खौफनाक माहौल में गाँधी के बगैर कौन हमें बचाएगा? उदय प्रकाश प्रश्न करते हैं– "वह आज़ादी किसके लिए थी, जो साबरमती के बूढे सन्त ने अपने करिश्मे से बिना तलवार और ढाल के "वैष्णव जन तो तेने कहिए जे पीर पराई जाण रे" गाते हुए पचास से कुछ साल पहले पैदा की थी? क्या उस सन्त को इसलिए पिस्तौल से उडा दिया गया था, जिससे वह भविष्य में कभी कोई करिश्मा पैदा न कर पाए?"[12] उदय जी संकोच के बिना बताते हैं कि गाँधी जी का पुनः आना अनिवार्य है। अर्थात् गाँधी के चिन्तनों से ही हमारे देश का सुधार सम्भव है। "क्या पश्चिम की कंपनियों के राज के खिलाफ इस बार गदर लिए होगा? क्या इस बार "इसडिंडया कम्पनी सरकार की फौज उस स्वाधीनता संग्राम को 1857 की तरह फिर कुचल डालेगी और फिर उसके बाद क्या कोई अधनंग, लंगोटी लगानेवाले, वंचितों और दरिद्रों का एक नया प्रतीक फिर कहीं स्टोरियों, दलालों, अपराधियों और ठंगों के इस भ्रष्ट ब्राह्मण बनिया बाज़ार व्यवस्था को निहत्थे चुनौती देगा? इस मार्केट एंपायर में जो सूरज एक बार फिर नहीं डूबता दिखाई देता, वह बंगाल की खाडी या हिन्दी डूबा दी जायेगी अर्थात् गाँधीजी की पल-पल में ज़रूरत होती है। वे हमारे आज के नायक एवं भविष्य के नाटक होंगों"[13] "इस अवसर पर इरफान हबीब के शब्दों में शब्द मिलाकर हम कह सकते हैं कि ... अगली सदी गाँधी की होगी। वे भविष्य के हमारे नायक हैं।"[14]

मतलब कि गाँधीजी के स्वराज का महत्त्व और स्वदेशीकरण की याद दिलाते हुए उनकी

प्रासंगिकता की ओर उदय जी इशारा कर रहे हैं। अपनी मिट्टी की गंध से उर्वर गाँधी चिन्तन बहुस्वरता की स्वीकृति, सहिष्णुता तथा अन्तिम जन पर केन्द्रित भविष्य-दृष्टि पर खड़ा हुआ है। वही भारत की रीढ़ की हड्डी बन सकता है। उससे हट जाने की गहन-त्रासदी को भारत वासी भोग रहे हैं। उससे मुक्ति तभी सभव है जब भारत की जनता अपनी सहज एवं सरल परन्तु व्यावहारिकता की दृष्टि से कठिन-गाँधी-चिन्तन को अपने अन्त स्थान में स्थान देगी। तात्पर्य यह है कि गाँधीजी के द्वारा ही भारत में स्वदेशी राष्ट्रीयता का विकास सम्भव होगा। वहाँ प्रत्येक की संस्कृति अस्मिता का स्थान रहेगा और सादगीपूर्ण पृथ्वीबोध से सम्पन्न धार्मिक एवं जातिभेद से परे, अहिंसा पर केन्द्रित मैत्री-पूर्ण जीवन सम्भव होगा।

## सन्दर्भ ग्रन्थसूची


1. अन्तिम जन, जनवरी 2013, अंक, पृ. 31।
2. उदय प्रकाश, नयी सदी का पंचतन्त्र, पृ. 270।
3. शीतलवाणी, आगस्त-अक्तूबर 2012, पृ. 82।
4. उदय प्रकाश, नयी सदी का पंचतन्त्र, पृ. 273।
5. उदय प्रकाश, अबूत्तर कबूत्तर, गाँधी, पृ. 78।
6. डॉ. लक्ष्मीलाल सिधवी (सं), नाना पालखीवाल, आज का भारत, पृ. 159।
7. अन्तिम जन, अकं-1, जनवरी 2013, पृ. 30।
8. उदय प्रकाश, सुनो कारीगर, पृ. 14।
9. उदय प्रकाश, अरेबा-परेबा और अन्त में प्रार्थना, पृ. 213।
10. वही, पृ. 214।
11. वही, पृ. 229।
12. उदय प्रकाश, पीली छत्तरीवाली लड़की, पृ. 99।
13. वही, पृ. 99।
14. विजय बहादुर सिंह, उपन्यास समय और सम्पेदना, पृ. 187।

# समकालीन हिन्दी कथा साहित्य में स्त्री और मानवाधिकार

*हेमा नारायणन*

डॉ. हरिदास रामजी शोण्डे सुदर्शन के अनुसार 'अधिकार का अभिप्राय राज्य द्वारा व्यक्ति को दी गयी कुछ कार्य करने की स्वतन्त्रता अथवा सकारात्मक सुविधा है जिससे व्यक्ति अपनी शारीरिक मानसिक एवं नैतिक शक्तियों का पूर्ण विकास कर सकें'। मानवाधिकार नियम व्यवस्था से जुड़ा है। यह मात्र मानव जीवन पर सीमित नहीं है। इसमें धरती, आकाश, वायू, वनस्पति आदि सबके अधिकार आते हैं। इन सबकी अनुपस्थिति में मानव जीवन असम्भव है। प्रत्येक देश के हर व्यक्ति को स्वस्थ एवं सुरक्षित ज़िन्दगी प्रदान करना इसका लक्ष्य है।

10 दिसम्बर 1948 में संयुक्त राष्ट्र संघ द्वारा मानवाधिकारों का सार्वभौमिक घोषणा पत्र निकाला गया है। इसमें लिंग भेदभाव के बिना सबको समान अधिकार की घोषणा की गयी है। भारत के सभी सदस्यों के हित के लिए निर्मित नियम व्यवस्था है भारतीय संविधान। इसमें स्त्री के अधिकारों की चर्चा भी है। मानवाधिकार के प्रमुख प्रतिमान के रूप में समानता को लिया जा सकता है। यह जाति, धर्म व आर्थिक स्थिति के भेद के बिना हर नागरिक को जीवन का विकास और सम्मान जनक सुविधायें प्राप्त करने का अधिकार है। भारतीय संविधान के अनुच्छेद 14 के अनुसार हर व्यक्ति कानून की दृष्टि में समान है। अनुच्छेद 15 के अनुसार धर्म, जाति, लिंग, जन्मस्थान आदि के आधार पर मानव के बीच कोई अलगाव न होना चाहिए। समाज में हर एक नागरिक समान है। सार्वजनिक स्थलों, दूकान, हॉटल आदि पर कोई भेद-भाव न होना चाहिए।

पितृसत्तात्मक व्यवस्था की वजह से समाज की हर एक इकाई में लिंगभेदभाव हम देख सकते हैं। इस व्यवस्था में स्त्री एक भोग्या या सेविका है। समकालीन सन्दर्भ में स्त्री अपनी मानुषी रूप की तलाश करती है। इसके लिए वह अपने अधिकारों से अवगत होना बहुत अनिवार्य है। मानवाधिकार इस लिंगाधिष्ठित भेदभाव का विरोध करते हुए स्त्री-पुरुष समानता की माँग करता है। पितृसत्तात्मक व्यवस्था के विभिन्न शोषणों को रोकने के लिए कई नियमों का निर्माण भी किया गया है। लेकिन दुर्भाग्य की बात यह है कि ज़्यादातर लोग इससे अनभिज्ञ हैं। इसलिए वे प्रतिरोधहीन बनकर इन सबको झेल रहे हैं। समकालीन हिन्दी साहित्य सम्पूर्ण जीवों की चर्चा करता है। विभिन्न विधाओं के ज़रिए मानव जीवन में नयी चेतना लाना तथा अपने अधिकारों से अवगत एक विवेक सम्पन्न मानवराशि का निर्माण करना इसका प्रमुख लक्ष्य है। इसलिए इससे परिचित होनेवाले लोग अपने अधिकारों के साथ-साथ दूसरों के अधिकार के लिए भी आवाज़ उठाते हैं।

अपने अधिकारों से अनभिज्ञ लोगों का चित्रण हिन्दी कथा साहित्य में है। चित्रा मुद्गल के 'आवां' उपन्यास की पंदरीबाई इसके लिए एक उदाहरण है। वह जयहिन्द आयल मिल में काम

करती है। प्रसूति की छुट्टियों से वह वंचित होती है। कम्पनी ने बच्चा पैदा होने के दस हफ्ते के भीतर ही काम में प्रवेश करने का आदेश दिया। अपने अधिकारों से अनजान होकर वह नौकरी में प्रवेश करती है। इसलिए उसकी पेट की गीले टांगे टूट जाती है। नमिता सिंह की कहानी 'एक बेताल कथा और' की नायिका कल्पना दहेज प्रथा की शिकार थी। दहेज के नाम पर कल्पना को अपने ससुराल में विभिन्न शोषण झेलना पड़ा। अन्त में उसकी हत्या हो जाती है। चन्द्रकिरण सौनरेक्सा की आत्मकथा 'पिंजरे की मैना' में नेपालचंद की बड़ी बेटी दहेज पीड़ा से त्रस्त होती है। 'अन्या से अनन्या' में प्रभा खेतान की माँ अपनी बेटियों के दहेज के लिए सामान इकट्ठा करती है। भारतीय संविधान के दहेज प्रथा निषेध अधिनियम 1961 के अनुसार दहेज लेना देना माँगने की प्रेरणा करना आदि के लिए न्यूनतम पाँच वर्ष की कैद तथा 15000 रुपये का जुर्माना भोगना पड़ता है।

हिन्दू विवाह अधिनियम 1954 के अनुसार विवाह के लिए स्त्री-पुरुष दोनों की सहमति अनिवार्य है। इसके अनुसार पती या पत्नी ज़िन्दा है तो विवाह विच्छेद किये बिना दूसरी शादी करना दंडनीय अपराध है। 'इदन्नमम' में सगुणा के बाप उसकी सहमति के बिना ज़बरदस्ती से उसकी शादी करवाना चाहता है। अपने अधिकारों से अनजान सगुणा आत्महत्या करती है। मैत्रैयी पुष्पा की आत्मकथा 'कस्तूरी कुण्डल बसै' में कस्तूरी की शादी घरवालों की ज़बरदस्ती से होती है। बालविवाह निषेध अधिनियम 1929 द्वारा बालविवाह मना किया गया है। बालविवाह में जाने-अनजाने भागीदार होनेवाले लोग, रोकने की कोशिश न करनेवाले लोग को भी दंड भोगना पड़ता है। चन्द्रकिरण सौनरेक्सा अपनी आत्मकथा में यह स्पष्ट करती है कि उनके दादा की दोनों शादियाँ तथा पिता की पहली शादि बालविवाह थीं। कौसल्या बैसन्त्री की दादी, मैत्रेयी पुष्पा का मित्र युवराज आदि लोग बालविवाह करते हैं।

भारतीय अनुच्छेद 19 के अनुसार हर एक नागरिक को अपने विचार व्यक्त करने का, भाषण देने का और अन्य व्यक्तियों के विचार का प्रचार करने की स्वतन्त्रता है। अपने विचार के प्रचार हेतु शान्तिपूर्वक सम्मेलन, जुलूस, प्रदर्शन आदि करने का, जनता के हित को ध्यान में रखकर समुदायों, संघों का निर्माण करने का, भारत में कहीं भ्रमण करने का, रहने का, व्यवसाय शुरू करने का अधिकार है। 'पिंजरे की मैना' में चन्द्रकिरण सौनरेक्सा यह निराशा प्रस्तुत करती हैं कि प्रतिभावान लेखिका होकर भी अभिव्यक्ति की पूर्ण स्वतन्त्रता उसको नहीं थी। उसके पति ईर्ष्यालू, शंकालू तथा लड़ाकू थे। खुली सभा में कविता सुनाना चन्द्रकिरण का भाई पसन्द नहीं करता था। डर से उसने उपनाम को ले लिया। मैत्रेयी पुष्पा की माँ कस्तूरी जैसे लोग इस असमानता का खुला विरोध करती है। वह खुली सभा में मर्दों के बीच बैठकर अपना मत प्रकट करती है। मानवाधिकार से अनभिज्ञ इन लोगों को शोषण के शिकार होने पड़े। इसका नतीजा यह हुआ है कि अपनी ज़िन्दगी के खुशबु हमेशा के लिए नष्ट हो गयी। अपनी ज़िन्दगी को बनाये रखना तथा उसको सार्थक बनाना हर एक व्यक्ति का कर्तव्य है। मानवाधिकार इसके लिए प्रोत्साहन देता है।

'खुदा की वपसी' की फरज़ाना धार्मिक व्यवस्था से अनजान थी। समाज में स्त्री को धार्मिक प्रशिक्षण कभी नहीं मिलता था। इसलिए फरज़ाना भी शोषण की शिकार बन गयी। लेकिन वह आगे धार्मिक नियमों से परिचित हो गयी। उन्होंने समझ लिया कि उनकी शादी गैर कानूनी थी। वह इस प्रकार सोचती है कि- "यदि शादि इतनी महत्त्वपूर्ण थी, तो फिर शादि,

तलाक, मर्द-औरत के सम्बन्ध पर धर्म और कानून का ज्ञान क्यों नहीं दिया, क्यों अंधे कुए में धकेल दिया। "हर एक व्यक्ति को स्वाभिमान के साथ जीने के लिए अपने अधिकारों से अवगत होना चाहिए। नहीं तो दूसरे लोग हमारा शोषण करेंगे।

भारतीय संविधान के अनुच्छेद 25 द्वारा हर एक नागरिक को अपनी इच्छानुसार धार्मिक आचरण और प्रचार की पूर्ण स्वतन्त्रता है। चन्द्रकिरण के दादा आर्यसमाजी और उसकी पत्नी राजकुँवर सनातनी थी। राजकुँवर अपने धार्मिक विश्वासों पर अटल रहती है। वह अपने अधिकार से सजग है और उससे अपना अलग स्वत्व बनाती है।

'आवां' उपन्यास की सुनन्दा ने प्रसूति की छुट्टियों के लिए प्रार्थना पत्र दी थी। कम्पनी ने कुंवरी माँ कहकर उनका शोषण करने की कोशिश की थी। सुनन्दा यह जानती थी कि प्रसूति की छुट्टियाँ और शादि के बीच कोई सम्बन्ध नहीं है। इसलिए वह पूछती हैकि-"कुँवरी माँ क्या ब्याहता माँ के ही समान जचकी के घोर कष्टों से होकर नहीं गुज़राती? उसे आराम की ज़रूरत नहीं होती" कानूनी सुविधाओं से अवगत सुनन्दा यहाँ अपने आपको शोषण से बचाती है। चित्रा मुद्गल की 'प्रेतयोनी' कहानी की नीतु अपने अधिकारों के प्रति सजग नारी है। उस पर एक ड्राइवर ने हमला करने की कोशिश की। लेकिन वह सतर्कता से उसके हाथों से बचकर पुलिसथाने पर पहुँचती है और उसके खिलाफ शिकायत भी देती है।

हिन्दू उत्तराधिकार अधिनियम 1956 तथा भारतीय उत्तराधिकार अधिनियम 1925 स्त्री को सम्पत्ति के उत्तराधिकरी के रूप में घोषित किया गया है। 'इदन्नमम' की बाऊ यह जानती है कि अपनी पोती मंदा को उसके पिता की सम्पत्ति पर हक है। मंदा की माँ के दूसरे पति द्वारा यह सम्पत्ति हटपने की सम्भावना है। इसलिए वह अपने बुढापे में भी यह अधिकार प्राप्त करने के लिए मुकदमा चलाती है। वह अपनी पोती के भविष्य के प्रति उत्सुक है। 'गुड़िया भीतर गूड़िया' में मैत्रेयी पुष्पा की माँ कस्तूरी की सम्पत्ति रिश्तेदारों ने माँगा। क्योंकि मैत्रेयी पुष्पा इकलोती बेटी थी। रिशतेदारों की दृष्टि में स्त्री को सम्पत्ति पर कोई अधिकार नहीं है। लेकिन मैत्रेयी पुष्पा अपने अधिकारों से सजग थीं। इसलिए उन्होंने किसी को सम्पत्ति नहीं दी। दीपक शर्मा की 'गेम चेन्चर' कहानी में दमयंति अपनी सम्पत्ति पति को देने के लिए तैयार नहीं होती क्योंकि वह जानती है कि उस पर सिर्फ उसका ही अधिकार है। चन्द्रकिरण सौनरेक्सा तथा सुशीला टाकभौरे ने अपनी आत्मकथाओं में यह कहा है कि उनकी कमाई उनके पति लोगों ने हटप लिया। इस आर्थिक शोषण को समझकर उन्होंने इसका प्रतिरोध भी किया है। वे अपनी कमाई अपने नाम पर रखना शुरू करती हैं। प्रभा खेतान अपनी कमाई के वजह से कार, फ्लैट आदि खरीदती है। आर्थिक स्वावलम्बन के लिए वे मानवाधिकार का इस्तेमाल करती हैं।

भारतीय संविधान अनुच्छेद 17 के द्वारा अस्पृश्यता का अन्त किया गया है। अस्पृश्यता को ज़ारी रखना दंडनीय अपराध है। लेकिन समाज के हर एक कोने में इसका असर हम देख सकते हैं। दलित लोगों को समाज हीन दृष्टि से देखता है। समाज में समानता स्थापित करने के लिए तथा उनको भी प्रगति की ओर लाने के लिए भारत सरकार ने उनको आरक्षण की सुविधा दी है। लेकिन कुछ लोग इसका विरोध भी करते हैं। 'इदमन्नमम के भृगुदेव यों सोचता हैं कि- "यह तो निश्चित है कि जब तक आरक्षण रहेगा, हमारी जातियों को उपेक्षा सहनी पड़ेगी और कुंठायें झेलनी होंगी।" भृगुदेव इसका विरोध करता है। लेकिन अनिता भारती की 'एक थी कोटीवाली' की गीता जैसे लोग इस मौका का फायदा उठाती है। गीता दलित युवती थी। आरक्षण की सुविधा

से वह एक अध्यापिका बन जाती है। लेकिन उनके मन में किसी प्रकार की हीनभावना नहीं थी। इसलिए वह अन्य लोगों के समान सोचती है, कपड़ा पहनती है। किसी को यह नहीं पता था कि वह एक दलित है। शौक्षिक क्षेत्र में मौजूद जाति व्यवस्था को देख कर वह इसका विरोध करते हुए कहती है कि-"ये क्या जात-पांत की बातें लग रखी हैं? काया तुम शिक्षक कहलाने लायक हो? पूरा द्रोणाचार्य तुम्हारे मन में बैठा है।" उनकी दृष्टि में यह नौकरी उनका अधिकार है। इसके ज़रिए एक विवेक सम्पन्न पीढ़ी का निर्माण करने की उम्मीद उनके मन में है।

समाज में बड़े पैमाने में आदिवासी लोगों पर शोषण चल रहे हैं। जंगल को काँटना, उन्हें मज़दूर बनाना, उचित वेतन न देना आदि उनमें कुछ हैं। हादसे में रमणिका गुप्ता यह व्यक्त करती है कि उन्होंने अपनी ज़िन्दगी आदिवासी लोगों के हित के लिए समर्पित किया है। उन्होंने शोषित आदिवासी लोगों के लिए यूनियन बनाया और उन्हें प्रतिरोधशील बनाया। रमणिका गुप्ता के शब्दों में- "आदिवासियों का एक बड़ा प्रदर्शन और तीर-कमान और डुगडुगी के साथ एक रैली (लगभग 1500 आदिवासी) हज़ारीबाग में हुई। ....अपने बलबूते पर अच्छूत आदिवासियों की यह पहली कामयाब रैली थी।" आदिवासियों के अधिकारों के लिए रमणिका गुप्ता ने कई दिनों तक अनशन किया, पुलिस संघर्षों में मार खाया। भारतीय संविधान के अनुच्छेद 32 तथा समान पारिश्रमिक अधिनियम 1976 के अनुसार स्त्री-पुरुषों को वेतन की समानता ज़ारी किया है। रमणिका गुप्ता की आत्मकथा हादसे में यह देखा जा सकता है कि आदिवासी स्त्रियों को पुरुषों के समान वेतन नहीं मिलता है। रमणिका गुप्ता उनके अधिकार के लिए आवाज़ उठाती है। इदन्नमम की मंदा भी आदिवासी लोगों में आत्मविश्वास जगाने की कोशिश करती है। उनकी दृष्टि में सभी शोषण का आधार आत्मविश्वास की कमी है। ये स्त्रीगण अपने अधिकार के लिए नहीं बल्कि शोषित सहजीवियों के लिए आवाज़ उठाती हैं।

मानवाधिकार से सजग स्त्री चेतना सम्पन्न है। वह अपने शोषण के खिलाफ प्रतिरोध करने के साथ ही साथ दूसरों के शोषण के खिलाफ अंगुली उठाती है। निस्वार्थ भावना से दूसरों के हित के लिए काम करना वाकई स्त्री की विशाल दृष्टि का फल है। यह विशाल नज़रिए से वह मानव सीमा को पार करती हुई प्रकृति की ओर पहुँचती है। प्रकृति के तमाम शोषण के खिलाफ वह आवाज़ उठाती है। मृदुला गर्ग की 'मेरे देश की मिट्टी अहा' नामक कहानी में लल्ली प्रकृति की सुरक्षा के लिए मानवाधिकार का इस्तेमान करती है। वह जानती है कि प्रकृति जीवन है। उसके बिना मानव के लिए कोई अस्तित्व नहीं है। यह दुनिया में मौजूद सभी चर-अचर की उपस्थिति यहाँ बहुत अनिवार्य है। इसलिए वह कहती है कि-"पर्यावरण के हिफाजत के लिए मैं कुछ भी करने को तैयार हूँ।" पूरे गाँव के बीमारी का कारण गाँव में स्थित करखाना है, यह समझकर लल्ली ने कचहरी से स्टेओर्डर ले लिया और कारखाना बन्द करवाया। उनकी सोच पूरे विश्व की हितकामी है।

'पिंजरे की मैना' के नेपाल चंद ऐसा पात्र है उसने मानवाधिकार के ज़रिए दूसरी स्त्री को शोषण से बचाया। चन्द्रकिरण सोनरेक्सा की माँ की शादी उसकी मौसी ने एक बूढे के साथ करवाना चाहा। चन्द्रकिरण सोनरेक्सा की माँ जानकी इस रिश्ता से नफरत करती थी। उनका दुख समझकर नेपाल चंद ने उसकी शादी रामफल से करवाया। मौसी से नेपालचंद कहता है कि- "तुम्हारी भाँजी नाबालिक बच्ची नहीं है। बालिग औरत है। अपनी मर्जी से यह शादि हुई। पुलिस को ज़रूर बुलाओ मेरी बहू तुम्हारी असलियत बतायेंगी....।" नेपालचंद यह जानता था

कि नारी की सहमति के बिना उसकी शादी करवाना अपराध है। जानकी की यह शादि विधवा पुनर्विवाह था। विधवा पुनर्विवाह अधिनियम 1856 द्वारा विधवा विवाह को प्रोत्साहन दिया गया है। नेपालचन्द्र विधवा विवाह के लिए प्रोत्साहन करता है। पूरे विश्व के हित के लिए मानवाधिकार से अवगत नेपाल चंद जैसे पुरुष लोगों की ज़रूरत है। मानवाधिकार से सजग स्त्री-पुरुष दोनों मिलकर ही यह दुनिया के सकारात्मक परिवर्तन ला सकता है।

# समकालीन हिन्दी कहानियाँ और पारिस्थितिक स्त्रीवाद

*जी सुजिदा*

समकालीन हिन्दी कहानी का दायरा व्यापक है। समकालीन कहानी कई विमर्शों को साथ लेकर आगे बढ़ रही है। स्त्री-विमर्श, दलित विमर्श, आदिवासी विमर्श, पारिस्थितिक विमर्श को केन्द्र में रखकर आज कई कहानियाँ लिखी जा रही हैं। समकालीन साहित्य की बात की जाये तो वह बहुलता पर आधारित है, इसलिए समकालीन साहित्य में कई विमर्श मुखरित हो रहे हैं। विमर्श का हर एक दायरा समाज के हर तबके से उभरता है। जैसा कि हम सब जानते हैं कि साहित्य समाज का दस्तावेज है, सो समाज का प्रत्येक जीता-जागता, देखा-अनदेखा, सच-झूठ सब की गूँज साहित्य की धमनियों से परखी जा सकती है।

समाज में औद्योगिकीकरण ने विकास के नाम पर जो शोषण किया है, उसका ब्योरा साहित्य में भली-भान्ति दिखाई देता है। औद्योगिकीकरण ने विकास के नाम पर पूरे परिवेश को अपने अधीन कर लिया है। जिसमें संस्कृति व सभ्यता भी अधीनस्थ हो गयी हैं। हमारी संस्कृति सर्जनात्मक है। इसमें किसी के विनाश की सोच नहीं है। वह सबको साथ लेकर चलने वाली है। लेकिन औद्योगिकीकरण की संस्कृति ने इस सोच पर पर्दा डाल दिया है। औद्योगिकीकरण की इस नीति में पुरुष समर्थ है। वह इस पुरुषवर्चस्वादी समाज में और अधिक बलवान बन गया है। गोया वह अपने अधिकार में आने वाले हर एक का शोषण कर रहा है। इस दौर के चलते आज प्रकृति और स्त्री दोनों एक साथ संकट की स्थिति से गुजर रही हैं। दोनों का शोषण पुरुष खुलेआम कर रहा है।

स्त्री ने इस संकटपूर्ण अवस्था को समझ लिया है, ऐसा इसलिए सम्भव है क्योंकि स्त्री और प्रकृति दोनों समानधर्मा है। दोनों की संवेदना एक है इसलिए वह अपने साथ शोषित हो रही इस प्रकृति को बचाने के लिए उठ खड़ी हुई है। उसने अपने आप को, पृथ्वी को, पृथ्वी की अन्य शोषित जातियों को, नस्लों को, जीव जन्तुओं को, गरीबों को इस पूँजीवादी सत्ता की गलत व्यवस्था से बचाने का जिम्मा लिया है। आज यह एक आन्दोलन के रूप में विश्वभर में ज़ोर पकड़ने लगा है। समकालीन विमर्शों में यह एक प्रमुख विमर्श बन कर उभरा है। यह स्त्री-विमर्श और पारिस्थितिक विमर्श को मिलाकर एक नए विमर्श में परिणित हो गया है। इसे इकोफ़ेमिनिज्म अथवा पारिस्थितिक स्त्रीवाद नाम से अभिहित किया गया है। पाश्चात्य देशों में इकोफ़ेमिनिज्म पर अधिक काम हुआ है। प्रमुख रूप से फ्रान्स्वा द यूबोन, एलन सर्वाले, मेरि मेल्लोर, नेस्त्रा किन्ग, कार्न वार्न, आदि विद्वानों ने इस पर विचार विमर्श किया है। इस सदर्भ में 'रेचल' कर्स्न का नाम भी बहुचर्चित रहा है। वहीं उत्तर भारत की वंदना शिवा ने स्त्री और प्रकृति को एक साथ रखकर परखा है। अमेरिका और भारत में वंदना शिवा द्वारा पारिस्थितिक स्त्रीवाद पर गहन कार्य हो रहा है।

हिन्दी में सर्वप्रथम 'डा के वनजा' ने 'इकोफ़ेमिनिज्म' नामक पुस्तक लिखी। उसमें उन्होनें इकोफ़ेमेनिज्म को बड़ी ही बारीकी से परखने की कोशिश की है। उन्होनें पारिस्थितिक स्त्रीवाद को यूँ परिभाषित किया है 'पृथ्वी और स्त्री को तथा अन्य उपेक्षित वर्गों को पितृसत्तात्मक पूँजीवादी शोषण से बचाने के लिए प्रकृति के साथ मिलकर जीने की जो नवीन विचारधारा फ़ेमिनिज्म और पारिस्थितिक दोनों के संयोग से रूपायित हुई उसे इकोफ़ेमिनिज्म कहा जा सकता है।

समकालीन कहानियों की यदि बात की जाये तो कहानियों में इस विमर्श को रेखांकित किया जा रहा है। क्षमा शर्मा की कहानियाँ इस क्षेत्र में खरी उतरती हैं। उनकी कहानियों के पात्र प्रकृति से पगे हैं उनके पात्रों की खासियत यह है कि वे हर प्राणी से संवेदना रखने वाले हैं उनकी ही एक कहानी 'मम्मी आ रही है' में मम्मी का प्यार केवल अपने बच्चों तक सीमित नहीं है वह हर जीव से प्यार करती है, उनकी देखभाल करती है। कहानी से 'अकसर मम्मी चिड़ियों काउओं, गाय, भैंस, कुत्ते, पेड़ फ़ूल सबकी दुद्शा पर विचलित हो जाती। किसी के लिए रोटी बनाती, किसी को दाना डालती। सर्दी में किसी कुत्ते के लिए फ़्तूरी सिलती। बिल्ली के लिए दूध का इंतजाम करती। ठिठुरती सर्दी में गाय को गुड खिलाती। मुरझाते पौधे में पानी देती। 'मम्मी का प्रकृति के हर प्राणी से स्नेह व्यापक है। क्षमा शर्मा की ही अगली कहानी' दादी' में भी दादी का प्यार जीव-जन्तुओं से अधिक दिखाई देता है। दादी हर दिन पार्क जाती है, वह पार्क में जा कर कुतों और कबूतरों से हमदर्दी दिखाती है– कहानी से "दादी घर के बाहर की दुकान से बाजरा खरीदकर लाती है। कुत्तों के लिए ब्रेड खरीदती है। वे इतने दिनों से भूखे हैं, उससे सहा नहीं जा रहा।" एक अन्य कहानी "मां" भी इस सन्दर्भ में समीचीन लगता है। इस कहानी में माँ यानी नायिका देखती है कि कदम्ब का पेड़ कट कर गिर चुका है तो वह तडप उठती है। वह उसे पुनः जीवित करने का प्रयास करती है और सफ़ल भी होती है। वह समाज का ध्यान इस कटे पेड़ की तरफ़ लाना चाहती है। वह इस सत्य का उद्घाटन करना चाहती है कि यदि हमने प्रकृति से नाता तोड दिया तो मानव राशी का अस्तित्व मिट जायेगा। वह उस कटे हुए कदम्ब का सहारा बनती है। उसे सहलाती है, दुलारती है। पुनर्जीवित होने तक उसका साथ नहीं छोड़ती। वह उस माँ की तरह हो जाती है, जिसका बच्चा बीमार हो जाता है। वैसी ही छटपटाहट, वैसी ही बैचेनी। कहानी से- 'जिस तरह बच्चे को पालते-पोसते हैं, नहलाते-धुलाते हैं। बीमार पड़ने पर डाक्टर के पास ले जाते है। समय पर दवा देते हैं। उसके ठीक होने पर खुशियाँ मनाते हैं। पेड़ भी तो अपना बच्चा होता है, जब वह नन्हा सा पौधा है, जब वह बड़ा होता है, जब उस पर पहली कली खिलती है, पहला फ़ल लगता है, पतझार में पत्ते झरते हैं फ़िर नई कोंपलें आती हैं, एक पेड़ हमारे घर का सदस्य ही तो हो जाता है।' वह उसकी देखभाल में अपना सब काम भूल जाती है। उसके दिन का कार्यक्रम उस घायल पेड़ से शुरू होने लगा। "अब हर रोज़ का कार्यक्रम हो गया है। रोज़ उस घायल पेड़ के पास से गुज़रनाउसके ऊपर हाथ फ़ेरनापूछना बेटा ठीक तो हो। रैसक्यू रैमेडी डालनाउससे अनुग्रह करना, अरे इतनी देर क्यों कर रहे हो। जल्दी से कोपलें निकालो बेटा, कितना अच्छा लगेगा। जब नन्हीं-नन्हीं चमकीली पत्तियाँ फ़िर लहलहाएगीं और एक सुबह तने के चारों ओर हरे-हरे कोपलें दिखाई देती है। जल्दी ही वे पत्ते बन जाते हैं। हरे पत्ते माने कि पेड़ की तबीयत ठीक है। वह बच गया है। उसका नाम मन्नू है।' पेड़ के गिर जाने पर और बाद में उसके कट जाने का भय, उसके छोटे-छोटे कर उसको ले

जाने का भय लेखिका को सालता है। वह उसके अहसानों को गिनवाती भी है–"इसने न जाने कितनी आक्सीजन दी, कितने कार्बन को सोखापता नहीं कितने पक्षियों का इस पर घर था। कितने तोते इस पर आते-आते बैठते थे। कितनी गिलहरियाँ इस पर धमा-चोकडी मचाती थी। गिरगिट किसी बूढे की तरह अपनी गर्दन लम्बी करके हिलाते थे। कितनी बुलबुलें इस पर मीठे राग गाती थी। कितनी रंग-बिरंगी तितलियाँ इसका हाल-चाल पुछती थी और आज अकाल मृत्यु तोतो क्या इसे ऐसे ही खत्म हो जाने दूँ कोई इसके किए अहसान याद भी रखे तो भी क्या किसी जीते-जागते को हम यों ही मर जाने देंगें" क्षमा शर्मा की 'लड़की जो देखती पलटकर' नामक संग्रह में कई कहानियाँ प्रकृति से सरोकार रखने वाली है। ईकोफ्रेड्ली, सेमल डाट काम, धूप है कि खिल उठी आदि प्रमुख है।

गीतांजली श्री की कहानियाँ भी इस सन्दर्भ में विशेष महत्त्व रखती हैं। कहानी 'यहाँ हाथी रहते थे' में नायिका सोचती है कि हमने कभी प्रकृति को समझा ही नहीं। असल में सत्य तो यह है कि प्रकृति से हमने ममता सीखी थी जो आज हम भूल चूके हैं। कहानी से-'पेड़ों को बचाने यह घर उसने खरीदा होगा। साइड पर सेमल का पेड़, बरामदे में चमेली की पुरानी खमदार डाल, सामने कचनार, और आम बारहमासी नींबू और नीम्। पुराने पेड़ जिनकी जड़े यहीं थी, किस मुनाफ़े के लिए उन्हें समूल उखाडें? हम समझ रहे हैं हम उन्हें गोद लेंगे, असल तो उन्होंने गोद ले लिया है, ममता हम से नहीं उनसे फ़ल फ़ूल रही है।" याने कि मानव राशी को गोद में लेने का हक प्रकृति का है। लेकिन आज मानव का व्यवहार इतना निर्दयी हो गया है कि वह प्रकृति को घायल कर रहा है। अब तो लगता है कि हम प्रकृति से नहीं, बल्कि प्रकृति हम से जीवित है। कितना व्यंग्य भरा जीवन हम आज व्यतीत कर रहे हैं, इस बात पर हमें ज़रा भी शर्म नहीं आती। उनकी एक अन्य कहानी 'इतना आसमान' भी औरत और प्रकृति के बीच के सम्बन्ध को रेखांकित करती है। इसमें औरत आसमान से जुड़ी हुई दिखाई देती है। नायिका अपने अन्दर आसमान देखती है 'सारे में, सारे में, आसमान औरत देखती ही रह गयी। पेड़ों में, पीले फ़ूलों में, झील में, चट्टानों में, हवा में, लहरदानों में, घास के परों में, मिट्टी के पायतानों में, सारे में आसमान औरत देखती चली गयी।' इस प्रकार स्त्री और प्रकृति का रिश्ता गहरा है।

इन्दूबाली की कहानी 'मैं खरगोश होना चाहती हूँ" भी प्रकृति से जुड़ी कहानी है। इसमें प्रकृति और स्त्री के बीच के सरोकार को बखूबी पेश किया गया है। कहानी में नायिका खरगोश होना चाहती है। वह मुक्त हो कर प्रकृति में घुलमिल जाना चाहती है। कहानी से 'वह तो खरगोश की तरह मुक्त हरी-भरी घास पर पूर्ण तृप्ति से दौडना चाहती थी और थक कर सपनों में खोकर सो जाना चाहती है। वह हर पल खरगोश हो जाना चाहती थी। सभी बुराईयों से दूर, किसी को सताना नहीं चाहती थी, न दर्द देना चाहती थी, न लेना चाहती थी, न बुरा कहना चाहती थी, न सुनना चाहती थी। वह तो पूरे मन से बस खरगोश की तरह फ़ूलों की सुंगध और प्रकृति की हरियाली लदी तरलता में डूब जाना चाहती थी।' यानि स्त्री की संवेदना प्रकृति से मिली है, वह किसी के विनाश की सोच नहीं रखती। वह सबको एक साथ लेकर समाज में आगे बढ़ना चाहती है। एक सन्तुलन का भाव इस विमर्श का अभिन्न तत्व है।

मृदुला गर्ग की कहानियाँ भी इस विमर्श की गवाह है। उनकी एक प्रमुख कहानी 'इक्कीसवीं सदी का पेड़" इस सन्दर्भ में विशेष महत्त्व रखने वाली कहानी है। कहानी में गर्ग बताती हैं कि किस तरह आज का मानव स्वार्थी व दरिंदा बन गया है। उसे अपने आस-पास

के पेड़ों को देखने तक का समय नहीं है। चीन से आयी चिड़ियों की ओर भी लेखिका इशारा करती है। उनका यहाँ अपनी नई नस्ल के साथ बसना कितना कष्टदायक है। इक्कीसवीं सदी का पेड़" बुर्जग पेड़ है, वह गवाह है जवान पेड़ों की मौत का। इन्सानों व प्रकृति के बीच का सांझा सबंध नष्ट चुका है– 'चिड़ियाँ कह रही थी, शहर के बारिशों को पेड़ों की ज़रुरत नहीं रहीं, ठंडी गाड़ियों में चलनेवालों को पेड़ों से क्या काम? फ़िर ये इंसानी टिडियाँ किस शहर से आयी हैं? इस शहर के अन्दर कितने शहर बसते हैं> नहीं< लोगों को पेड़ों की जरुरत तो है, पर उनसे इन्सानियत नहीं रही। इस कदर बेदिली। ऐसी बेमुरव्व्त मौत। इतना बेदर्द इस्तेमाल'। कहानी में लेखिका पारिस्थिति पर आये संकट को बयान करती हैं। उनकी एक अन्य कहानी 'बीच का मौसम' भी विशेष उल्लेखनीय है। इसमें लेखिका चिड़ियों के बारे में चिन्तित हैं, चिड़ियाँ बेकसूर हैं लेकिन सजा उन्हे मिलती है। कहानी में पम्मी कहती भी है 'हाय बेचारी चिड़ियों का क्या कसूर था। खाडी युद्ध में लड़े आदमी। समुद्र में तेल फ़ैलाया आदमियों ने और मरी ये बेकसूर चिड़ियाँ। कल टीवी पर देखा था कैसे तडप रहीं थी, तेल में लिथडे बेचारी। रेचल कर्स्न का "मौन बसतं" [1962] भी इन चिड़ियों के दर्द की कहानी वयान करता है। पर्यावरण को शोषण से मुक्त करवाने की माँग करने वाली उनकी कहानियाँ बर्फ़ बनी बारिश, मेरे देश की मिट्टी, कली में सत आदि प्रमुख है। उनकी कहानियों में स्त्री के माध्यम से पूँजीवादी सत्ता के कारण शोषित हो रही प्रकृति को मुक्त करवाने का आवह्न है। इस प्रकार कुछ प्रमुख कहानियों का जिक्र ही यहाँ हुआ है, जिसमें पारिस्थितिक स्त्रीवाद के तहत स्त्री द्वारा प्रकृति के शोषण के खिलाफ़ आवाज उठाई गयी है।

हाल ही में हमने सोलह वर्ष की लड़की ग्रेटा तुन्ब्रगा का नाम तो सुना ही होगा। जिसने स्काटहाम में प्रकृति के शोषण के खिलाफ़ आवाज उठाई। उसने प्रमुख नेताओं से सवाल किया कि वे इस तरह बेफ़िक्र हो कर कैसे रह सकते हैं? क्योंकि अन्तरिक्ष की स्थिति इतनी बिगड चुकी है कि प्रदूषण प्रकृति पर हावी हो गया है। उसने इस स्थिति को समझाते हुए बताया कि अन्तरिक्ष में कार्बन का माप 450 परमाणु पर मिलियन होना चाहिए था, लेकिन अब 407 हो गया है। जिस पर किसी को कोई चिन्ता ही नहीं है। हमारा अन्तरिक्ष खतरनाक अवस्था से गुजर रहा है। इस सत्य को समझते ही ग्रेटा ने आन्दोलन की शुरुवात कर दी। उसने यह भी जोड़ा कि आज की पीढ़ी ने अगामी पीढ़ी के धोखा दिया है। इसके लिए युवा पीढ़ी आपको कभी माफ़ नहीं करेगी। युवा पीढ़ी की प्रतिनिधि के रूप में ग्रेटा सामने आयी। हाल ही की इस घटना ने हमें सचेत कर दिया कि मानव राशी पर आने वाला संकट कितना भंयकर है। आने वाली पीढ़ी के भविष्य अन्धकार बन जायेगा। आगामी पीढ़ी की इस सोच के लिए पारिस्थितिक स्त्रीवाद कन्धे से कन्धा मिलाकर खड़ी होती है। अस्तु समकालीन हिन्दी कहानियों में पारिस्थितिक स्त्रीवाद अपनी जड जमा चुका है।

संक्षेपत; कहा जाये तो यह सारी कहानियाँ प्रकृति के शोषण के खिलाफ़ आवाज उठाती हैं। कहानी की स्त्री पात्र प्रकृति को बचाने की जदोजहद करती हैं। उनका दृष्टिकोण द्वन्द्व का नहीं है, वहाँ समन्वय की दृष्टि है। पारिस्थितिक स्त्रीवादी विमर्श ममता, अहिंसा को मानता है, स्त्री अपने साथ शोषण के शिकार बने अन्य वर्ग को भी बचाने की मुहिम चकाती है। इसमें वह पुरुष को अलग नहीं मानती। माना कि पूँजीवादी सत्ता के नेतृत्व में पुरुष आ जाता है तो भी स्त्री पुरुष का विरोध नहीं करती, वह उसे भी पूँजीवादी सत्ता के चंगुल से बचा कर एक नव

समाज का निर्माण करती है। वह नवसमाज जिसमें प्रकृति भी हमारी सांझा हो और हम प्रकृति के आंचल से बंधे मिले।

गोया पारिस्थितिक स्त्रीवाद का साहित्य में स्थान अनूठा है, क्योंकि इसका लक्ष्य आज के विकट राजनैतिक, सांस्कृतिक, धार्मिक, आर्थिक माहौल में स्त्री व प्रकृति को गठित करना है। मृदुला गर्ग, राजेश जोशी, स्वयंप्रकाश, बटरोही, क्षमा शर्मा और गीतांजलि श्री की कहानियाँ इस विमर्श से जुड़कर साहित्य जगत में एक नई राह खोलने में समर्थ हो रही हैं।

## सन्दर्भ

1. क्षमा शर्मा, बात अभी खत्म नहीं हुई, लड़की जो देखती पलटकर।
2. मृदुला गर्ग, समागम।
3. गीतांजलि श्री, यहाँ हाथी रहते थे।
4. डॉ. के वनजा, इकोफ़ेमिनिज्म।

# प्रकृति, मानव तथा सभ्यता– *गरीब* के परिप्रेक्ष्य में

*सुस्मिता पद्मांगदन*

समकालीन दौर के सशक्त कवियों में एकान्त श्रीवास्तव जी का स्थान महत्त्वपूर्ण है। उनकी कविताएँ मानवीय संवेदनाओं को जगाने के साथ ही सभ्यता समीक्षा में भी सक्षम हैं। 'नया ज्ञानोदय' के मार्च 2020 वाले अंक में प्रकाशित एकान्त श्रीवास्तव जी की कविता 'गरीब' ने मुझे बहुत ही प्रभावित किया है। इस छोटी-सी कविता में कवि द्वारा उठाया गया गरीब वाला मुद्दा वर्तमान वास्तविकता का आयीना दिखाता है। दिलचस्प बात यह है कि इस कविता में अभिव्यक्त गरीब का सरोकार समाज के मध्य वर्ग से है।

बीसवीं सदी के आरम्भ में हिन्द स्वराज में महात्मा गाँधी जी ने बहुत पते की बात कही थी कि सभ्यता का लक्ष्य एवं उसकी कोशिश शरीर सुख की प्राप्ति तक सीमित है। लेकिन अफ़सोस तो यह है कि वह सुख इंसान को मिल भी नहीं पाता। अपने वर्तमान पर सरसरी निगाह डालने की देर है कि गाँधी जी के विचारों की सत्यता खुद-ब-खुद सिद्ध हो जाती है। आज का मानव सुख- सुविधाओं को हासिल करने की जद्दोजहद में जिन्दगी की अनमोल घड़ियाँ खोता जा रहा है। वास्तविकता तो यह है कि एक अजीब किस्म की यान्त्रिकता के तले वह दबता जा रहा है। जी- तोड़ मेहनत करते हुए अपना बैंक बैलेंस बढ़ाने की लालसा में जिन्दगी की छोटी सी छोटी खुशियों से वंचित रहने के लिए अभिशप्त है– आज का मनुष्य। यही गरीब मनुष्य एकान्त श्रीवास्तव जी की कविता में भी व्याप्त है। कवि का यों कहना कि-"बहुत अमीरी भी/ धीरे-धीरे गरीब करती जाती है", वर्तमान वास्तविकता का दस्तावेज़ प्रस्तुत करती है। यह सही है कि रोटी की जरूरत के आगे सब कुछ पीछे छूट जाता है। परन्तु वर्तमान मध्यवर्ग प्राथमिक जरूरतों की पूर्ति के लिए नहीं वरन् ऐश-ओ- आराम के पीछे मारा- मारा फिरता है। प्रश्न यह है कि ऐसा करते हुए क्या वह सुखी है? इसका उत्तर गाँधीजी का हिन्द स्वराज देता है–"यह सभ्यता दूसरों का नाश करने वाली और खुद नाशवान है।" इस कथन की पुष्टि हेतु एक उदाहरण लाज़िमी है। आज के तथाकथित स्मार्ट मानव का ऑक्सीजन है उसका स्मार्टफोन। एक वक्त का खाना छुए और देखे बगैर वह पूरा दिन काट सकता है, परन्तु अपने स्मार्टफोन को देखे-छुए बगैर एक पल भी नहीं रह सकता। इसकी लत उसे इस कदर लग चुकी है जिन्दगी की वास्तविकताओं से वह कट गया है। उसकी संवेदनाएँ, मानव सहज ऊष्मलता मानो सूख चुकी है। श्रीवास्तव जी की माने तो आज की रोशनी की चकाचौंध ने हमसे वह अंधेरा ही छीन लिया-"जिनमें छुपी है हमारी नींद/ पत्तों में फल की तरह/ सपनों की खुशबू से भरी हुई"। संवेदनशील पाठक की गृहातुरता को जगाने में सक्षम ये पंक्तियाँ क्या वाकई यह सोचने के लिए मज़बूर नहीं करती कि- "गरीब हम तब थे या अब"?

उस ज़माने की कल्पना करना यहाँ वाजिब प्रतीत होता है जब वस्तुओं की भरमार नहीं

थी, परन्तु व्यक्ति चैन की नींद सो लेता था। आज वस्तुओं की अंबार तो है लेकिन मनुष्य साँसें मुश्किल से ले पाता है, नींद का तो खैर सवाल ही नहीं उठता। कहने का तात्पर्य यह है कि बाज़ार तन्त्र के तहत चल रही उपभोक्तावादी संस्कृति ने एक खौफ़नाक माहौल खड़ा कर रखा है। व्यक्ति को बाज़ार की ऐसी लत पड़ चुकी है कि वह अपना शारीरिक व मानसिक सन्तुलन तक खो बैठा है। एक ऐसा सांस्कृतिक माहौल बनाने की नींव खड़ी की जा चुकी है जिसमें पाशवीयता को पनपने की खुली छूट है। यह बात किसी से भी छिपी हुई नहीं है कि ब्लूव्हेल जैसे खतरनाक प्रतीयमान खेल बालमन को किस तरह भ्रष्ट करते जा रहे हैं। क्या यह तथाकथित सभ्यता की मेहरबानी नहीं है? गाँधी जी की चेतावनी कि इससे सब का नाश सुनिश्चित है, चीख- चीख कर हमें आगाह करने की कोशिश कर रही है कि बाज़ार की चकाचौंध की चपेट से खुद को बचाए रखें। परन्तु आभास से भरी दुनिया में कैद, मनुष्य ने इस यथार्थ से मानो अपना मुँह मोड़ लिया है।

मार्च 2019 को 'कथादेश' में ज्ञान चतुर्वेदी जी का एक स्तम्भ लेख छपा था-मुझे डिस्टर्ब ना करो प्रकृति। इसमें मानव तथा प्रकृति के बीच में आयी दूरी की वास्तविकता को इस तरह उकेरा गया है कि पाठक का हृदय बेचैन हो उठता है। बारिश, हवा, फूल आदि मनुष्य से सवाल करते हैं, तिस पर मानव का यों जवाब देना कि मैं अजनबियों से बात नहीं करता! यह प्रसंग उस दर्दनाक सच्चाई से मुखातिब कराने की कोशिश करता है जिससे दूर भागने का प्रशिक्षण दे रही है– आज की याँत्रिक सभ्यता। गाँधी जी का कहना कितना प्रासंगिक है "आज लोगों को पैसे का और भोग का लालच देकर गुलाम बनाया जा रहा है"। भूमंडलीकरण की बदौलत पैदा हुई यह मानसिक गुलामी मनुष्य को अपनी मिट्टी से, प्रकृति से इतना दूर कर देती है कि वह सुख-सुविधाओं के असंख्य साधन जुटाकर भी खुश नहीं रह पाता। प्रसाद जी ने भी अपने महाकाव्य कामायनी के माध्यम से यही कहना चाहा है कि प्रकृति से तादात्म्य स्थापित करके ही मनुष्य वास्तविक आनन्द की अनुभूति कर सकता है। तब यह सवाल उठना लाज़िमी है कि ऐसे में क्या किया जाये? उत्तर स्वरूप एकान्त जी की ये पंक्तियाँ संगत लगती हैं–"उन दिनों को हमें याद रखना चाहिए/ जब हमारे पास/ एक दीये जितनी रोशनी थी/ जिसमें पढ़ा जा सकता था एक पाठ/ और जिसमें आँख भी नहीं चौंधियाती थीं।"

यह सच है कि तकनीकी क्रान्ति से सारी दुनिया बाज़ार में तब्दील हो चुकी है। परन्तु बाज़ार की संस्कृति ने जिस सांस्कृतिक साम्राज्यवाद को पनाह दी है उसने पर्यावरण, मनुष्य की जीवन- शैली तथा उसके मानसिक जगत् पर धावा बोल दिया है। इन्हीं सब का नतीजा है कि भारतीय संस्कृति में भी उपभोक्तावाद की घुसपैठ हो चुकी है। मसलन, महर्षि पतंजलि द्वारा प्रतिपादित योग, आज भरत ठाकुर, शिल्पाशेट्टी तथा नामी-गिरामी बाबाओं की मार्फत बिकाऊ बन चुका है। सूर्य नमस्कार भी सूर्य को देखकर नहीं वरन्यूट्यूब के सामने किया जाता है। वाह रे!मेरे आधुनिक मानव, तेरी लीलाएँ अपरंपार है!

खैर, एकान्त जी की कविता गरीब संवेदना के साथ-साथ ज्ञान तंतुओं के असंख्य तार छेडने में कामयाब हुई है। प्रकृति से मनुष्य का पुनः मिलन वक्त की माँग है। गाँधी जी ने अरसों पहले यही प्रयास किया था, जब उन्होंने कहा था कि-"हाथ-पैरों का इस्तेमाल करने में ही सच्चा सुख है, उसी में तंदुरुस्ती है।" वातानुकूलित कमरों की ठंडक में, लैपटॉप की रोशनी तले अपनी आँखें एवं दिमाग को चलाने वालों को प्रकृति से जुड़ने के लिए प्रेरित करने की

उनकी यह कोशिश यकीनन काबिल-ए-तारीफ़ है। प्रिय गुरुवर डॉ. के. वनजा जी ने भी अपनी आलोचनात्मक पुस्तकों यथा- साहित्य का पारिस्थितिक दर्शन, इको-फेमिनिज़्म में इसी मुद्दे पर गहन व गम्भीर विचार प्रस्तुत किए हैं। अस्तित्व हेतु मनुष्य का प्रकृति से जुड़ना नितांत आवश्यक है। एकान्त श्रीवास्तव जी की कविता गरीब हो या फिर डॉ.के.वनजाजी की समीक्षा-दृष्टि, इसी बात की गवाही देती है कि हिन्दी का साहित्य एवं समीक्षा जगत् इस विषय को लेकर काफ़ी जागरूक है।

# आज की कहानी की डरावनी संस्कृति

*जेस्ना रहीम*

भारत का इतिहास हर एक को स्वीकारने का है। चाहे वह किसी विचारधारा जैसे मार्क्सवाद, अस्तित्ववाद, तार्किक मानवीयता (radical humanism), नक्सलवाद हो या बाहरी शक्तियँ जैसे आर्य, मुगल, औपनिवेशिक शक्तियाँ हो। लेकिन भारत कभी भी कट्टरता को स्वीकारता नहीं है। इसलिए वह औपनिवेशिक शक्तियों के विरोध करके आज़ादी का झंडा फहराने में सफल हुआ। लेकिन आज हमें नवऔपनिवेशिक शक्तियों ने गुलाम बनाके रखा है। यह शोषण प्रत्यक्ष नहीं परोक्ष है। नव उपनिवेश की मुख्य योजना है भूमणडलीकरण। इसके कारण आज हम विश्वपूँजी के नियन्त्रण में हैं। भूमण्डलीकरण का वास्तविक लक्ष्य विश्व व्यापी स्तर पर सभी देशों की अर्थव्यवस्थाओं, सभ्यताओं के परस्पर अबाधित सम्मिश्रण है। अन्तर्राष्ट्रीय मुद्राकोष, विश्वबैंक तथा विश्वव्यापार संगठन जैसी संस्थाओं के गठन करके इसको कार्यान्वित करने की कोशिश की गयी है। लेकिन अमेरिका ने विकासित राष्ट्रों में अपना अधिकार इस्तेमाल करके एक नयी भूमण्डलीकरण की प्रक्रिया लागू की, उससे पूरा विश्व उनके हिसाब से चलने लगा। Globalisation and its Discontents' का लेखक जोसफ.ई. स्टिग्लिस ने यों लिखा -"Many neoliberal economists, confronted with surging support for populists in Europe and the U.S remain convinced that everyone really is benefitting from globalization, they just don't know it. But if the problem is one of the psychology, not economics income data suggest that it is the neoliberals who would benefit from the therapy" मतलब नवउदारवाद, उदारीकरण, निजीकरण के हम पूर्ण रूप से गुलाम बन गये। फलस्वरूप हम उपभोग, ब्रांड या बाज़ारू संस्कृति के शिकार होने लगे। यह हमारी अर्थव्यवस्था को पूरी तरह नाश की ओर ले जाता है। प्याज़ को लेकर सोच-विचार तक बिकाऊ की चीज़ बन गया है। सूरज पालिवाल के अनुसार- "पूँजीपति अपना हित पहले देखता है, वह अपना बाज़ार पहले तलाशता है और लोगों की इच्छा को अपनी तरफ मोड़ता है"।

समकालीन कहानियों में भी इसका प्रभाव पड़ा। भूमण्डलीकरण के दौर में देश के हर एक जीव-जन्तु का इस्तेमाल किया जा रहा है, इसका चित्रण आज की कहानियों में देखा जा सकता है। पानी और प्रकृति ही नहीं, बल्कि हर एक प्राणी भी इसका शिकार बन रहा है। संजय कुंतन की कहानी 'बॉस की पार्टी' में भूमण्डलीकरण के प्रभाव से हमारी संस्कृति में होने वाले बदलाव को व्यक्त किया गया है। निजीकरण ने विदेशी कंपनियों के लिए भारतीय बाज़ार का रास्ता आसानी से खोल दिया। मल्टी नैशनल कंपनियों ने हमारे देश के पढ़े-लिखे नौजवानों को कैसे

गुलाम बनाके रखा है, इसका चित्रण व्यंग्य के साथ इस कहानी में प्रस्तुत है। इसका नायक 'देवेश कुमार' एक मल्टी नैशनल कम्पनी में काम करता है। एक निम्न मध्यवर्गीय हिन्दी प्रदेश में पला देवेश–जिसे बॉस 'एच एम टी' यानी हिन्दी मीडियम टाइप बुलाता है– से पूरी तरह अपनी ईमानदारी मिटाना सम्भव नहीं था। इसलिए अन्य सहकर्मचारियों की तरह अपने बॉस की हर हरकत पर सिर हिलाने के लिए वह तैय्यार नहीं होता। यह उसके प्रमोशन के लिए बाधा बन जाती है। ऐसी दिखावटी संस्कृति में जीने के लिए उनको सबसे पहले चाहिए थी 'हँसी', मतलब 'दिखावटी हँसी'। इसके बारे में लेखक यों बताते हैं–किसी गहरे आघात से जैसे कुछ लोगों की यादश्त चली जाती है, उसी तरह उसकी हँसी चली गयी थी।"

अपनी इस दिखावटी हँसी को लागू करने के लिए वह अपने बॉस की बर्थ डे पार्टी में जाता है और खूब मेहनत करके हँसने की कोशिश कर रहा है। लेकिन उसकी हँसी ऐसी थी कि- "कभी कुत्ते की तरह भौंकने लगते थे, कभी सुअर की तरह गुर्राने लगते थे।" एक चेतावनी के रूप में लेखक इस हँसी को व्यक्त करते हैं कि भूमण्डलीकृत संस्कृति का यही परिणाम होगा। बॉस के बारे में देवेश के कथन से लेखक यह भी बताने की कोशिश करते हैं– "वह कार्टूनों को ही पसन्द करता है"। मतलब अपनी संस्कृति से अलग होकर विदेशी संस्कृति अपनाने की कोशिश हमें कार्टून बनायेगी।

इस कहानी में आधुनिक भूमण्डलीकृत भारत के नमूना के रूप में 'गुड़गाँव' की कॉल सेंटरों की ज़िन्दगी दिखाया गया है– "यहाँ कॉल सेंटर थे, जिसमें नैजवान रोज दस से पन्द्रह घंटे तक काम करते थे। वे सात समुन्दर पार के किसी बैंक का हिसाब रखते थे। फोन पर वे मशीनी भाषा बोलते थे। ..."

नीलम कुलश्रेष्ठ की कहानी 'बड़ी मछली' लोगों को धोखा देकर पैसा कमाने वाली कंपनियों की ओर इशारा करती है। विदेश में स्थित किसी कम्पनी का नाम लेकर खुद को उस कम्पनी का 'ऐजेन्ट' बताकर लोगों को भटकाने वाली औरत है 'मिसिस चचलानी'। वह इंडियाना इंटरनैशनल एक्पोर्ट' कम्पनी की मालिकिन है। जहाँ हैंडीक्राफ्ट्स का व्यापार होता है। अखबारों में उनके एक्स्पोर्ट बिज़नेस का विज्ञापन देखकर एक विधवा औरत अपनी बनायी कुछ हैंडीक्राफ्ट्स लेकर आती है। उस औरत को विश्वास दिलाने के लिए किसी अखबार में झूठे इंटरव्यू देने का नाटक करती है और उस औरत को पैरिस से बहुत बड़े सेल का आर्डर देने का वादा भी करती है। बेचारी औरत अपनी सहेलियों के साथ मिलाकर अपने बनाये कुछ सामानों का नमूना भेजता है। लेकिन उसके बाद गायब होने वाली मिसिस चचलानी उनकी इन चीज़ों को किसी और को देकर एक प्रदर्शिनी भी तैयार करती है। जब यह औरत मिसिस चचलानी से मिलने के लिए उसकी ऑफिस जाती है तब उसे अपनी सेक्रेटरी से फोन पर बात करती हुई सुनती है–"शहर के सभी लोकल पेपर्स में आज ही हमारा वही पुराना एड भिजवा दो, 'लेडीस यू कैन सेट अप योर ओन एक्स्पोर्ट बिजनेस'..."।

यह कहानी बयान करती है कि कुटीर व्यवसाय का म्ल्टी नैशनल कंपनियाँ किस प्रकार लाभ उठाती है।

उदारीकरण पर व्यंग्य करने वाली कहानी है, महेश कटारे की 'पहरुआ'। ट्रैक्टर खरीदने के लिए बैंक से फायनेंस देने वाले किसान और उसके दुष्परिणामों की कहानी है यह। डेढ लाख का ट्रैक्टर किश्तों में खरीदने से ढाई लाख का हो जायेगा। तंग आकर अपनी खेती बेचने

वाले किसान को मार्मिक ढंग से लेखक ने चित्रित किया है। पूरी तरह विश्व बैंक के नियन्त्रण में फँसी सरकार देश की जनताओं से कुछ न कुछ कारण बताकर पैसे लेती है और अपना बोझ उतारने की कोशिश करती है। यह टैक्स के रूप में हमारे सामने आता है। इसपर लेखक व्यंग्य करते हुए कहते हैं, "लिया है तो मगर औरों ने। पचा गये वो! हवा में उठते हैं, कालीनों पर चलते हैं– उनका लिया भरना तुम्हें है। देखना किसी दिन तुम्हारे खेत –आँगन के नीम और जाने किस-किस पर किसकी तख्ती ठोंक दी जायेगी..."।

भूमंडलीकृत बाज़ारवाद के कारण उपभोक्तावाद को ही बढ़ावा मिल रहा है। इसके कारण बाज़ार और उपभोग का आदर्श नष्ट होने लगा। शंभूनाथ के शब्दों में "उपभोक्तावादी समाज का आदर्श वह व्यक्ति नहीं है जो सरल और ईमानदार है। वह है जो खूब झूठ कृत्रिमता और ढोंग जी सके। कुछ भी बेच सके कुछ भी खरीद सके। कभी तर्क में न जाये।" उपभोक्तावाद के कारण लोग अब बाज़ार में केवल ज़रूरी चीज़ों के लिए नहीं जाते, वे उन चीज़ों के लिए जाते हैं जो चमकीली है। अपनी कहानी 'ईदगाह' में प्रेमचंद ने इसकी चेतावनी दी थी।

इसप्रकार भूमण्डलीकरण ने हमारी आर्थिक व्यवस्था को पूरी तरह दबाकर रखा है। गरीब को और गरीब बनाने वाली यह प्रणाली हमारी सांस्कृतिक, आर्थिक, सामाजिक स्थिति- गतियों को तोड-मरोड करके एक नयी संस्कृति बनाने की कोशिश कर रही है। यह नयी संस्कृति हमारा ब्रेन ड्रेन करके निर्जीव बना रही है। यह गुलामीपन स्वतन्त्रता के पहले से भी भयानक है। भूमण्डलीकरण की बुराइयों को छोड़कर भलाइयों को स्वीकारने से हमारे जैसे विकासोन्मुख देशों की भलायी होगी।

## सन्दर्भ


1. जोसफ. ई. स्टिग्लिस, Project Syndicate/The world's opinion page नामक वेबसाइट, अगस्त 5, 2016।
2. सूरज पालिवाल, हिन्दी में भूमण्डलीकरण का प्रभाव और प्रतिरोध।
3. संजय कुंतन, 'बॉस की पार्टी'।
4. नीलम कुलश्रेष्ठ, 'बड़ी मछली'।
5. महेश कटारे, 'पहरुआ'।
6. शंभूनाथ, 'संस्कृति की उत्तर कथा'।

# अज्ञेय की समीक्षा-दृष्टि

*प्रसरा. एस*

सृष्टि एक निरन्तर प्रक्रिया है। जो मानव द्वारा सम्पन्न होती है। साहित्य मनुष्य की उत्कृष्टतम सृष्टियों में एक है। समय और समाज के अनुसार वह गतिशील रहता है। इस गतिशीलता को बनाए रखने के लिए समीक्षा की भी आवश्यकता है। समीक्षा सृष्टि के साथ जन्म लेती है। मानव सृष्टि-कर्ता है, उसके साथ उसमें समीक्षा करने की निपुणता भी हमेशा बनी रहती है। साहित्य समीक्षा रचना का मूल्यांकन कर उसमें निहित विभिन्न तत्वों को उजागर करने की कला है। समय और परिवेश के अनुसार रचना के साथ-साथ समीक्षा के भी रूप और भाव में परिवर्तन आते रहते हैं। इसीलिए युगानुरूप समीक्षा के प्रतिमान बदलते रहते हैं। हिन्दी साहित्य में इसप्रकार विभिन्न समीक्षा सम्प्रदायों का विकास हुआ है। आधुनिक काल में नए भावबोध पर आधारित समीक्षा-पद्धति का उदय हुआ है, जिसके केन्द्र में प्रमुख रूप से प्रयोगवाद और नई कविता रही थी। आधुनिक भावबोध से ओतप्रोत कविताओं के विश्लेषण के लिए पुरानी समीक्षा-पद्धतियाँ अपर्याप्त निकलीं तो नई समीक्षा-पद्धति की ज़रूरत महसूस हो गयी थी। इस सन्दर्भ में अज्ञेय की समीक्षा-दृष्टि की चर्चाएँ महत्त्वपूर्ण निकलती है।' तारसप्तक', 'दूसरा सप्तक', 'तीसरा सप्तक' आदि के प्रकाशन के साथ सच्चिदानन्द हीरानन्द वात्स्यायन 'अज्ञेय' की काव्य सम्बन्धी मान्यताओं पर विचार-विमर्श होने लगी थी। पाठकों को अपनी कविताओं के तह तक, या उसके मूल सौन्दर्य तक पहुँचने को एक राह दिखाने के लिए ही अज्ञेय ने काव्य सम्बन्धी अपनी धारणाओं को व्यक्त किया था।

अज्ञेय ने अपनी पूरी रचना-प्रक्रिया द्वारा उस परम अभिव्यक्ति की तलाश की है, जो सबको अपने आप में समेटती है। उनकी परम अभिव्यक्ति है– 'असाध्य वीणा', जिसमें उन्होंने अपने अस्तित्व से सम्बद्ध सभी चराचरों के चैतन्य को समेटा है। उस चैतन्य तक पहुँचने के लिए उन्होंने जिन-जिन चरणों को पार किया है उन सब से प्राप्त ज्ञान और अनुभवों की अभिव्यक्ति है वास्तव में उनकी समीक्षा। सर्जक, आस्वादक और आलोचक को अपने कर्तव्य से अवगत कराते हुए पूर्ण समर्पण के साथ दायित्व निभाने के सूत्र बताने का वे प्रयास करते हैं। अज्ञेय की रचना और समीक्षा संस्कृति एवं परम्परा से रस लेकर विकासित होती हैं। उनके अनुसार 'कला सम्पूर्णता की ओर जाने का प्रयास है', तो अपनी जडों पर खड़े होकर ही सम्पूर्णता की ओर बढ़ पायेंगे।

संस्कृति मानव के समग्र विकास के लिए अनिवार्य एवं अपरिहार्य तत्व है। वह हमें त्यागने-स्वीकारने का विवेक देती है। वह मानव से बड़ी एक आदर्श को प्रस्तुत करती है। अज्ञेय संस्कृति की परिभाषा यों देते हैं– "संस्कृति की एक परिभाषा : वह जीवन परिपाटी जो इस स्थिति को पहचानते हुए यह सम्भव बनाए कि मानव अपनी विवेकाश्रित अर्हताओं को

निष्पन्न करता हुआ अपने विवेकातीत कर्म का मार्ग खुला रख सके, उस कर्म से ऐसा कुछ प्राप्त करता चल सके जिसे अपना विवेक भी समृद्धि के रूप में पहचानता रहे।" यह विवेक मानव को स्वाधीनता-बोध, नियति-बोध, मूल्य-बोध, गति-बोध और काल-बोध से ही प्राप्त होता है। संस्कृति मूल्यों पर आधारित है और मूल्यों का निर्माण मानव करता है। वह काल और समाज के अनुकूल मूल्यों का निर्माण करता है। व्यक्ति जिन मूल्यों पर आस्था रखता है, उसका जीवन उन मूल्यों को प्रतिबिम्बित करता है। मूल्यबोध और नैतिकता-बोध से युक्त समाज और संस्कृति ही इतिहास में टिक सकती है। सबसे बड़ा मूल्य जीवन है, जीवन को चैतन्य प्रदान करने के लिए स्वाधीनता और सर्जकत्व की आवश्यकता है। जिस समाज में स्वाधीनता और सर्जकत्व सदा बनी रहती है, वहाँ स्वस्थ संस्कृति पनपती है। इसलिए मूल्य और संस्कृति का निरन्तर पुनर्मूल्यांकन होते रहना चाहिए। इस प्रकार बाह्य और आभ्यंतर जगत का निरन्तर परिष्कार और पुरानी संस्कृति का नए सन्दर्भ में मूल्यांकन साहित्य और उसकी आलोचना में होते रहना चाहिए।

निरन्तर मूल्यांकन और विवेकपूर्ण ग्रहण-त्याग के कारण भारतीय संस्कृति में सर्जना करने की शक्ति निहित है। उसके मूल में धर्म और आध्यात्मिकता है, जिसका मूलाधार है सत्यम् शिवम् सुन्दरम्। भारत में धर्म, दर्शन, साहित्य, कला, भाषा, शासन, नीति, शास्त्र आदि सभी में विविधता है और इन सबकी समग्रता से उत्पन्न एकता भारतीय संस्कृति की शक्ति है। भारतीय संस्कृति का इतिहास निरन्तर समन्वय की चेष्टा है। अज्ञेय की राय में– "भारत की संस्कृति तो है ही समन्वित संस्कृति : पहले आयात या कहीं-कहीं आरोप, फिर मिश्रण, फिर बाह्य प्रभाव को आत्मसात करके उसी से अन्तः प्रेरणा की प्राप्ति, फिर उसी का प्रतिभा-प्रसूत प्रस्फुटन-बाहर के दाय से संस्कृतियों का संवर्धन बराबर इस तरह होता रहा है और हमारी सभी कलाएँ ही क्यों, धर्म, दर्शन, आचार, दर्शन सभी– इसी प्रकार संवर्धित और परिवर्तित होते रहे हैं।" सभी को साथ लेकर चलने की जो शक्ति उसमें है वह उसे निरन्तर नया करती है। इस भारतीय संस्कृति का अज्ञेय और उनकी रचनाओं पर गहरा प्रभाव पड़ा है। भारतीय संस्कृति की महत्त्वपूर्ण विशेषता है भारतीयता, जिसका अज्ञेय ने पूरी आत्मीयता के साथ आत्मसात् किया है।

भारतीयता एक विशिष्ट आध्यात्मिक गुण है, जो मानवता का निचोड़ है। जड़ परम्परा और रूढ़ी के प्रति विद्रोह प्रकट करती हुई वह हमें आगे की दिशा देखने की प्रेरणा देती है। भारतीयता महान परम्पराओं की निथुरी है, जिसका प्रमुख गुण है सनातन की भावना। परम्परा को स्वीकारते हुए वर्तमानता को सूक्ष्मता और सौन्दर्य प्रदान करने वाला तत्व है भारतीयता। अज्ञेय साहित्य में परम्परा के महत्त्व को स्वीकार करते हैं, क्योंकि वे जानते हैं कि उसके बिना जीवन का कोई अस्तित्व नहीं बनता और साहित्य अन्ततः जीवन की ही व्याख्या है। अज्ञेय की रचनाएँ भारतीय परम्परा के चैतन्य से सजीव हैं, उनके शब्दों में कहें तो– "जिस मिट्टी से मैं बना हूँ वह मेरे देश की है, उसमें जिन्होंने मुझे गढ़ा उनकी सधी उंगलियों में दसियों शतियों के संस्कार क्रियाशील थे।" अतीत का जीवन्त प्रवाह वर्तमान को स्वच्छ और सजीव बनाता है। परम्परा से अलग होकर कोई भी आधुनिक नहीं बन सकता। आधुनिकता वास्तव में एक नई संस्कृति है, जो परम्परा का कभी भी विरोध नहीं करता। अज्ञेय की राय में आधुनिकता परम्परा से प्राप्त चेतना का संस्कार करता है। साहित्य की भी एक विशाल परम्परा मिलती है, जिसमें रचनाकार को समाज के प्रति उत्तरदायी माना है। अज्ञेय भारतीय और पाश्चात्य साहित्यिक

परम्परा का गहरा ज्ञान अवश्य रखते हैं, जिनसे ही उनके रचनाकार मन का विकास हुआ है। उनके स्वतन्त्र मौलिक दृष्टि के रूपायन के पीछे उनके पूर्वकालीन साहित्यिक परम्परा और समकालीन साहित्यिक परम्परा का ज्ञान और प्रभाव रहा है। वे जानते थे कि पुराने रचनाकारों को नकारकर या पुरानी रचनाओं को समझे बिना अपना स्वतन्त्र अस्तित्व नहीं हो पाएगा। पुरानी रचनाओं का नए सन्दर्भ में मूल्यांकन उसकी निरन्तरता को बनाए रखती है। नए रचनाकारों के लिए स्रोत और प्रेरणा दोनों साहित्यिक परम्परा में मिलते हैं। अज्ञेय लिखते हैं– "लोक साहित्य की वाचिक परम्परा में ही सुरक्षित नानी की कहानियों, परी कथाओं, और पशु-पक्षियों के दृष्टांतों का सदावर्त भंडार ऐसा है कि आज भी हम लगातार उससे अपने साहित्य की पूर्ती करते हैं।" अपने मतवाद के कारण इस विशाल साहित्यिक परम्परा से रचनाकारों का दूर रहना अत्यन्त दौर्भाग्य की बात है। रचनाकार को एक ही समय मौलिकता को सुरक्षित रख, निर्वयक्तिक बनाने में परम्परा के ज्ञान का अत्यन्त महत्त्व होता है।

साहित्यकार अपनी रचना से एक प्रकार का आत्मीय सम्बन्ध रखता है। वह अपने को पूर्णतया समर्पित करता हुआ रचना करता है। यदि इस समर्पण के परिणामस्वरूप रचना में सर्जक की वैयक्तिकता का अंश आ जाता तो वह अपने महान दायित्व से विमुख हो जाती है। अज्ञेय मानते हैं कि रचनाकार के लिए वैयक्तिक और सामाजिक दोनों अनुभव प्रमुख हैं। प्रत्येक घटना उसे नया अनुभव देता है, जिसका रचना के समय वह आवश्यकता के अनुसार प्रयोग करता है। रचनाकार अपने अनुभवों को समाज के अनुभवों के साथ मिलाकर एक नये 'समाज' की रचना करता है। आस्वादक और आलोचक रचना की भाषा के जरिये रचनाकार द्वारा रचित नए समाज तक पहुँचने का प्रयास करता है। इसप्रकार दूसरों तक पहुँचना प्रत्येक रचनाकार का दायित्व होता है, जिसके लिए उसे अपने अहं को त्यागना चाहिए। अज्ञेय कहते हैं– "लेखक होने के नाते दूसरे तक पहुँचना– उसके भीतर पैठकर उसे अपने भीतर पैठने देना– मैंने अनिवार्य माना है।" वे मानते हैं कि कला आत्मदान है और अहं को पुष्ट करने के लिए उसका विलयन अनिवार्य है। रचना पूर्ण होते ही उस से रचनाकार का सम्बन्ध समाप्त हो जाता है, वह पाठक का बन जाती है। रचना में व्यक्तित्व की आवश्यकता को समझते हुए रचनाकार को निर्वैयक्तिक रहने का आह्वान अज्ञेय की दृष्टि को महत्त्वपूर्ण बनाता है। रचनाकार की दृष्टि के रूप में उसका व्यक्तित्व रचना में उभर आना चाहिए। इसका परिणाम यह होता है कि उस रचना का प्रत्येक काल के अनुसार पुनर्मूल्यांकन होता रहेगा, क्योंकि वह बिल्कुल स्वतन्त्र है। अज्ञेय परम्परा और वैयक्तिक प्रज्ञा के साथ साहित्य में काल-बोध की अनिवार्यता पर भी ज़ोर देते हैं। रचनाकार अतीत-वर्तमान-भविष्य में जीनेवाला 'त्रिकाल जीवी' होना चाहिए, जिसके लिए उसे इतिहास की जानकारी भी अत्यन्त आवश्यक है।

परम्परा की जागरूकता के लिए ऐतिहासिक चेतना एक अनिवार्य तत्व है। अज्ञेय के शब्दों में कहें तो– "अतीत और वर्तमान के दुहरे अस्तित्व की, उनकी पृथक वर्तमानता और उनकी एकसूत्रता की, निरन्तर अनुभूति ही ऐतिहासिक चेतना है।" बीतेपन की वर्तमानता की अनुभूति रचनाकार की दृष्टि को रूपायित करती है। जीवन में संशोधन और पुनर्निर्माण के लिए ऐतिहासिक चेतना की अत्यन्त आवश्यकता है। अज्ञेय अपनी रचनाओं में इतिहास की तलाश अवश्य करते हैं। 'असाध्यवीणा' को समझने और उसको प्रियंवद के साथ मिलाने में इतिहास की तलाश अत्यन्त सिद्ध होता है, जैसे :

"वज्रकीर्ति ने मन्त्रपूत जिस
अतिप्राचीन किरीटी-तरु से इसे गढ़ा था-
उसके कानों में हिम-शिखर रहस्य कहा करते थे अपने,
कन्धों पर बादल सोते थे,
उसके....
....
वीणा पूरी हुई, साथ साधना, साथ ही जीवन-लीला।
धीरे-धीरे झुक उस पर, तारों पर मस्तक टेक दिया।"

अज्ञेय की ऐतिहासिक चेतना भारतीय कालबोध के आधार पर रूपायित हुई है। भारतीय मनीषा समय को 'चक्र' के रूप में देखती है। भारतीय कालचक्र में अतीत और भविष्य दोनों चिरंतन वर्तमान में गुंफित होते हैं। वर्तमान वीणा से उत्पन्न आशा है। उस अतीत की ओर हमें कवि ले जाते हैं जहाँ वीणा गढित हुई थी। वह हमें वर्तमान की सम्भावनाओं और भविष्य की आशापूर्ती की ओर ले जाता है। इस प्रकार 'त्रिशंकु' में भी उन्होंने इतिहास की चेतना के अभाव से उत्पन्न वर्तमान निराशा को चित्रित किया है। अज्ञेय मानव को पहला इतिहास-जीवी प्राणी मानते हैं। इसीलिए कालबोध से उत्पन्न इतिहास-बोध का उनके जीवन में अत्यन्त महत्त्व होता है। अज्ञेय काल की अनंतता को स्वीकार करते हैं, वे कहते हैं– "भारतीय व्यक्ति अनंतकाल में रहता है। उसके लिए वर्तमान काल एक असुविधाजनक धार है जो भूत और भविष्य को मिलाने वाले उसके बनाए हुए पुल के नीचे से बहती है।" हमारा हर अनुभव देह और मन की स्मृति में छप जाते हैं। काल के प्रवाह के साथ स्मृति में छपी प्रत्येक घटना की पुनर्रचना होती है। साहित्यकार भी अपनी स्मृति में से निकालकर विभिन्न तथ्यों और तत्वों को रचना में पिरोता है, बीते समय के अनुभव और स्मृतियाँ अवचेतन में सुरक्षित हैं और सृजन के समय वे स्वतः अभिव्यक्त हो जाती हैं। इसलिए रचनाकार के लिए इतिहास-बोध एक अपरिहार्य तत्व है। अतीत की संवेदनाओं को लेकर वर्तमान को गति प्रदान कर भविष्य को भी आशाजनित सम्भावनाओं की ओर ले जाने का कार्य जो रचना करती है, जिस रचना में इतिहास प्राप्त होता है, वह रचना कालजयी बन जाती है। अतः अतीत के जीवंत क्षणों का वर्तमान सन्दर्भ में व्याख्या करना और इसप्रकार एक ऐतिहासिक परम्परा को बनाए रखना साहित्यकार का दायित्व है। अज्ञेय की दृष्टि में जो इतिहास है वह आत्म और संस्कार की बुनियाद पर प्रतिष्ठित है।

रचना की आत्मा उसकी भाषा में सुरक्षित रहती है। साहित्य का सबसे सशक्त पक्ष है भाषा और विभिन्न भाषिक इकाइयाँ। अज्ञेय रचना में भाषा को सर्वाधिक महत्त्व देते हैं। वे सृजन प्रक्रिया को बौद्धिकता के स्तर पर ले जाते हैं। उनके अनुसार सृजन प्रक्रिया के तीन चरण होते हैं– संवेदनशील सर्जक-हृदय द्वारा भावानुभव का संग्रह, भोग एवं मुक्ति। सृजन से पूर्व रचनाकार एक अन्तःप्रक्रिया से गुज़रता है। सत्य की अनुभूति का साक्षात् सर्वप्रथम होता है। उसके बाद शब्द और अर्थ के माध्यम से अनुभूत सत्य को अभिव्यक्त करने की तीव्र इच्छा होती है। लेखक का सृजन-संघर्ष विचारों से नहीं, शब्द और भाषा से जुड़ा रहता है। उनके द्वारा ही वह अप्रस्तुत और अमूर्त भावों की अभिव्यक्ति करता है। उसी में उसकी मौलिकता की कसौटी है। अज्ञेय कहते हैं– "कवि के सामने हमेशा चमत्कार की सृष्टि की समस्या बनी रहती है– वह शब्दों को निरन्तर नया संस्कार देता चलता है और वे संस्कार क्रमशः सार्वजनिक

मानस में पैठ कर फिर ऐसे हो जाते हैं कि उस रूप में कवि के काम नहीं रहते।" कविता शब्दों से बनती है, पाठक शब्दों से ही उसके अर्थ, भाव और वैचारिक तल तक पहुँचता है। अज्ञेय रचना कर्म के सामाजिक दायित्व के प्रति सजग थे। शब्दों को निरन्तर नया संस्कार देना कवि का उत्तरदायित्व है। यह संस्कार सार्वजनिक मानस तक पहुँचाने के बाद कवि का काम और उस का संघर्ष समाप्त हो जाता है।

अज्ञेय हमेशा रचना-कर्म की स्वाधीनता के लिए संघर्ष करते रहे। क्योंकि साहित्य-सृजन के लिए विभिन्न तत्वों का समायोजन करने के लिए स्वाधीनता और परिवेश के प्रति जागरूकता की आवश्यकता है। सृजन-प्रक्रिया में रचनाकार की परिस्थिति और सर्जित कृति के परिवेश का भी महत्त्व होता है। रचनाकर परिस्थिति से जिसका चयन करता है वही प्रमुख है। आत्म-सत्य का अन्वेषण करनेवाला रचनाकर अपने परिवेश की चेतना को हमेशा महसूस करता है। उसी से प्राप्त ऊर्जा से वह आत्म-सत्य के अन्वेषन के प्रयोग रूपी माध्यम का उपयोग करता है और उन माध्यमों की विशेषताओं को परखने का भी प्रयास करता है। सामान्य दृष्टि से अधिक, उस से कहीं दूर तक, अधिक गहराई तक और उसके प्रतिकूल दिशा में देखना या सोचना ही सर्जन या रचना है। सामान्य का असामान्य रूप में प्रस्तुति ही रचना है।

सृजन प्रक्रिया का सबसे महत्त्वपूर्ण क्षण अभिव्यक्ति का क्षण है। रचना के भावों और अनुभूतियों को व्यक्त करने के लिए उचित भाषा की अनिवार्यता है, रचनाकार के लिए उचित भाषा का चयन चुनौती भरी प्रक्रिया है। सर्जनात्मक भाषा वास्तव में सर्जनात्मक समाज से उपजती है। अज्ञेय भाषा को मानव की सर्वश्रेष्ठ रचना मानते हैं। भाषा सर्जन का आधार और मानव व्यापार का माध्यम है। रचनाकार हमेशा समाज द्वारा 'दी हुई' भाषा का ही प्रयोग करता है, वह उस भाषा का निरन्तर विस्तार करता हुआ जीवंत बनाता रहता है और रचना के लिए उसे ढालकर प्रयोग करता है। भाषा को अनुभव की सच्चाई के साथ जोड़ना रचनाकार का धर्म होता है। यथार्थ की पहचान भाषा या उसका प्रतीक करता है। भाषा मानव को बनाती है, मानव की चेतना को वह प्रतिबिम्बित करती है। भाषा सम्प्रेषण का सशक्त और अपरिहार्य माध्यम है, उसी से मानव की 'आत्म' और आत्मा का विकास होता है। अज्ञेय की राय में– "भाषा से सम्प्रेषण का आरम्भ होता है, उसी से अनुभव के आदान-प्रदान का आरम्भ होता है, परम्परा का आरम्भ होता है, विद्या का आरम्भ होता है, विज्ञान का आरम्भ होता है। और विकास की इस सारी श्रृंखला की पहली कड़ी है प्रतीक।" अर्थात् भाषा ही वह चीज़ है जिससे मानव के सम्पूर्ण मानसिक-बौद्धिक चेतना का रूपायन होता है। अज्ञेय साहित्यिक भाषा को बोलचाल की भाषा के निकट लाने की बात करते हैं, यहाँ बोलचाल की भाषा से तात्पर्य सरल भाषा से नहीं बल्कि सहज भाषा से है। भाषा कल्पवृक्ष है, उससे जो कुछ माँगा जाता है वह दे देती है, वह हमारी संस्कृति का रूपायन करती है। इसलिए शब्दों में निरन्तर नया अर्थ भरकर भाषा को सदा सर्जनात्मक बनाए रखने का दायित्व प्रत्येक रचनाकार को निभाना होगा, क्योंकि 'कवि-भाषा के प्रत्येक शब्द का हज़ारों वर्ष का संस्कार होता है'। इसप्रकार निर्मित सर्जनात्मक भाषा हमेशा इतिहास रचती है।

अज्ञेय रचना की भाषायी परिकल्पना पर ज़ोर देते हुए सृजन-प्रक्रिया से लेकर सम्प्रेषण तक की विभिन्न स्थितियों को उजागर करते हैं। वे रचना में काल के अनुसार नए उपमानों, प्रतीकों, बिम्बों, छंद और लय के प्रयोगों पर बल देते हैं जो सम्प्रेषण की प्रक्रिया को प्रवाहमान

बना देने के लिए अत्यन्त आवश्यक है। मौन को भी वे अभिव्यंजना का सशक्त साधन मानते हैं। इसप्रकार संरचना के विभिन्न पक्षों को नवीन और जीवंत बनाते हुए सम्प्रेषण की प्रक्रिया को रचनाकार सफल बना सकते हैं। सम्प्रेषण की प्रक्रिया में रचनाकार, रचना और पाठक के बीच सन्तुलन या समरसता ज़रूरी है, क्योंकि इन में से किसी एक को कम महत्त्व देना सम्प्रेषण की पूर्णता में बाधा उत्पन्न करती है। आधुनिक काल-बोध को व्यक्त करने में साहित्य पराजित हो जाता है तो पाठक-समाज तक वह पहुँच न पाता, इस पर अज्ञेय बहुत चिन्तित थे। इसीलिए उन्होंने बार-बार सम्प्रेषण की प्रक्रिया पर ज़ोर दिया है। साहित्य को दृष्टिगम्य और श्रवणगम्य से परे बोधगम्य होना चाहिए, जिस के लिए वस्तु की सम्प्रेषणीयता पर विशेष ध्यान देना अनिवार्य है। सम्प्रेषण वास्तव में पाठक समाज के बीच होता है। अज्ञेय के शब्दों में कहें तो– "साहित्यिक सम्प्रेषण का माध्यम वह समाज है जिस में सम्प्रेषण की यह प्रक्रिया सम्पन्न होती है।" इसलिए सम्प्रेषण की प्रक्रिया की पूर्णता के लिए वह समाज भी एक हद तक उत्तरदायी है जहाँ यह सम्प्रेषण होती है। एक संस्कारी समाज में यह प्रक्रिया पूरी होती है। आस्वाद-वर्ग का ज्ञान और अनुभव भी सम्प्रेषण एवं साधारणीकरण की प्रक्रिया को प्रभावित करते हैं, तभी रचनाकार, रचना और पाठक के बीच संवाद की स्थिति निष्पन्न हो पाएगी। रचना की सार्थकता एवं पूर्णता सम्प्रेषण के हर क्षण में बनती रहती है। अतः कह सकते हैं कि प्रेषणीयता बुनियादी साहित्यिक मूल्य और सम्प्रेषण साहित्यकार का बुनियादी कर्म है।

संक्षेप में कहें तो अज्ञेय अपनी समीक्षात्मक दृष्टि में रचना और रचना-प्रक्रिया के विभिन्न सोपानों को अत्यन्त महत्त्व देते हैं। सच्चा साहित्य युग-द्रष्टा और युग का साक्षी होता है। इसलिए रचनाकार को अपनी जीवन-साधना के साथ सृजनात्मक शक्ति को भी आगे बढ़ाना चाहिए। कृति में निहित रचनात्मक तत्वों एवं जीवन मूल्यों को परखने का दायित्व समीक्षा निभाती है। रचना के मूल्यांकन-विवेचन के लिए युगानुरूप उचित प्रतिमानों का निर्माण करना चाहिए। सर्वमान्य एवं सर्वस्वीकृत प्रतिमानों के अभाव में, देश-काल के अनुरूप साहित्य के बदलते स्वभाव के साथ विद्वानों ने तरह-तरह की साहित्यिक कसौटियों का निर्माण किया है। अज्ञेय इन सब की परख करते हुए रचना और समीक्षा के लिए अत्यन्त आवश्यक तत्वों पर प्रकाश डालते हुए साहित्य के लिए नए प्रतिमानों को प्रस्तुत करने का प्रयास करते हैं। वे भारतीय भूमी पर खड़े रहकर संस्कृति, परम्परा, वैयक्तिक प्रज्ञा, निर्वैयक्तिकता, इतिहास-बोध आदि को रचना में महत्त्व देने की बात को आगे रखते हैं। इन सभी तत्वों को मिलाकर जिस कृति का सृजन होता है उसकी भाषा की श्रेष्ठता और प्रेषणीय कला के सौष्ठव पर भी वे ज़ोर देते हैं। भारतीय परिवेश के सभी पक्षों को उन्होंने अपनी दृष्टि में समेटा है। उनकी दृष्टि अत्यन्त समग्र, विस्तृत और गहरी है। इसीलिए उनकी समीक्षा-दृष्टि, देश-काल की सीमा को पार करती हुई सभी साहित्य के लिए प्रेरणा प्रदान करती है। उनके द्वारा निर्धारित साहित्य के प्रमुख एवं आवश्यक तत्वों का महत्त्व हमेशा बना रहेगा। अतः अज्ञेय की समीक्षा-दृष्टि कालाधीन एवं कालातीत साहित्य के लिए नई कसौटियों की स्थापना का प्रयास अवश्य करती है।

## सन्दर्भ

1. अज्ञेय, अज्ञेय रचनावली खंड 9, पृ. 174।
2. अज्ञेय, 'आत्मनेपद', पृ. 75।

3. अज्ञेय, अज्ञेय रचनावली खंड 9, पृ. 352।
4. अज्ञेय, 'केन्द्र और परिधि', पृ. 263।
5. अज्ञेय, अज्ञेय रचनावली खंड 9, पृ. 59।
6. अज्ञेय, 'त्रिशंकु', पृ. 60।
7. अज्ञेय, 'असाध्य वीणा', पृ. 97।
8. अज्ञेय, 'प्राची प्रतीची', पृ. 176।
9. अज्ञेय, 'दूसरा सप्तक', भूमिका।
10. अज्ञेय, 'आलवाल', पृ. 93।
11. अज्ञेय, 'अज्ञेय आलोचना संचयन', पृ. 364।

# स्त्री यात्रा साहित्य का सैद्धान्तिक आयाम

*शिल्पा शिवन*

यात्रा का मानव जीवन से गहरा सम्बन्ध है। यात्रा प्रत्येक के लिए अलग-अलग अनुभव है। बुनियादी तौर पर मानव यायावरी वृत्ति रखने वाला है। व्यक्ति जीवन में जन्म से मृत्यु तक अनवरत यात्राएँ होती रहती हैं। अपने जीवन में की गयी किसी यात्रा के अनुभूतियों एवं अनुभवों का यायावर द्वारा प्रस्तुत आकर्षक दस्तावेज है यात्रा साहित्य। यात्रा साहित्य को अँग्रेजी में 'Travelogue' कहते है। कार्ल तोम्प्सन ने यात्रा साहित्य को इस प्रकार परिभाषित किया है, "The first person narrative of travel, which claims to be a true record of the author own experiences." समकालीन समय में यात्रा साहित्य ने प्रथक विधा का दर्जा पा लिया है और इसका जनमानस पर प्रभाव भी बहुत बड़ा है। जब से मनुष्य ने यात्रा आरम्भ की है तब से मौखिक रूप से सही यात्रा साहित्य कायम है और जब तक मनुष्य यात्रा करेगा तब तक यह साहित्य विधा भी रहेगी। हिन्दी साहित्य में यात्रा साहित्य विधा का सम्यक विकास भारतेन्दु युग से शुरू हुआ है। बीसवीं सदी तक यात्रा साहित्य के क्षेत्र में स्त्री यात्रा साहित्य कम ही है क्योंकि स्त्रियाँ यात्राएँ कम ही करती थीं। मनोरंजन के लिए यात्रा करने की संस्कृति पुरुषों द्वारा बनी और इसका रस भी पुरुष ही ले रहा था। वर्तमान समय यात्रा करते रहने को चाहती हैं कई स्त्रियाँ। अतः यात्रा करनेवाली स्त्रियों की संख्या बढ़ रही है। अपनी ज्ञान सीमा बढ़ाने हेतु यात्रा के महत्त्व को वे समझने लगीं। यात्रा करने के साथ यात्रानुभवों को दूसरे से बाँटने के लिए भी स्त्री यात्रा साहित्य का लेखन आज बड़े पैमाने पर होने लगा है। हिन्दी यात्रा साहित्य के इतिहास में यात्रिक (शिवानी), सागर पार का संसार (शशिप्रभा शास्त्री), लहरों का लय (रमणिका गुप्ता), सफ़र सुहाने (पुष्पा भारती), कहानियाँ सुनाती यात्राएँ (कुसुम अंसल), किस्सा हर सफ़र का (कुसुम खेमानी), बुद्ध का कमंडल लद्दाख (कृष्णा सोबती), बादलों में बारूद(मधु कांकरिया), अवाक् (गगन गिल), जहाँ फव्वारे लहू रोते हैं (नासिरा शर्मा), बनमाली गो तुमि पर जनमे होइयो राधा (गरिमा श्रीवास्तव), आज़ादी मेरा ब्रांड (अनुराधा बेनीवाल), चीन के दिन (रेशमी झा), एक रंग होता है नीला (मीरा सीकरी), इक्कीस पत्तियों का गुलाब(अमृता प्रीतम) आदि महत्त्वपूर्ण कड़ियाँ हैं।

यात्रा साहित्य लेखन की विरासत अतिविस्तृत है। पुराणों, वेदों, उपनिषदों में कई यात्राओं का उल्लेख मिलता है। हिन्दी यात्रा साहित्य का पहला रूप हस्तलिखित ग्रन्थों के रूप में प्राप्त है। आगे इस विधा का सम्यक विकास भारतेन्दु और द्विवेदी युग की विभिन्न पत्र पत्रिकाओं से होकर हुआ है। पाश्चात्य साहित्य के इतिहास में यात्रा साहित्य का और स्त्री यात्रा साहित्य का एहम स्थान है। हिन्दी साहित्य में स्त्रियों के यात्रा साहित्य की परम्परा नई है।

स्त्री यात्रा साहित्य की सबसे बड़ी उपलब्धि है इतिहास, भूगोल का सही ज्ञान प्रदान करना।

स्त्री यात्री किसी देश की सडकों से नहीं, वरन् प्रत्येक देश की आत्मा से संचार करता है। अमुक देश के इतिहास, भूगोल, संस्कृति, राजनीति, नृ-तत्व शास्त्र आदि से यात्री का परिचय होता है उसी को वह अपनी अनुभूतियों के साथ मिलाकर साहित्यिक रूप देता है।

स्त्री यात्रा साहित्य की एक खासियत यह भी है कि बिना पाँव हिले विविध देशों का दर्शन। वास्तव में स्त्री यात्रा साहित्य पढ़ने का मतलब है आँखों से सैर करना। स्त्री यात्रा साहित्य घर बैठे हमारा सैर कराता है। यात्रा साहित्य पढ़ने से यह लाभ होता है कि हम पहाड़ की चोटी तक न पहुँच सकते तो कमर तक तो पहुँच ही जायेंगे जो ज़मीन पर रहने से कहीं बेहतर है।

स्त्री यात्रा साहित्य ने लोक, कस्बाई और नगर जीवन के सच को जहाँ एक ओर लिपिबद्ध किया है तो वहीं संस्कृति के अछूते आयामों को प्रकाशित किया है। रोमांचपूर्ण अनुभवों का यथार्थ रेखांकन, देशों की राज्य व्यवस्था और राजनीति का अंकन, धार्मिक-ऐतिहासिक स्थानों का चित्रण स्त्री यात्रा साहित्य में मिलता है। असल में स्त्री यात्रा साहित्य सांस्कृतिक आदान प्रदान का सशक्त औजार है।

स्त्री यात्रा साहित्य का उद्देश्य बहु आयामी है। वह लोक कल्याण की भावना से ओतप्रोत है। स्त्री यात्रा साहित्य वसुधैव कुटुम्बकम की भावना को उजागर करता है। उसमें व्यष्टि से समष्टि तक जीवन के अनेक रूप एक साथ मुखर होते हैं। पाठकों को उल्लासित करने के साथ साथ सूचनाएँ प्रदान करने का उद्देश्य स्त्री यात्रा साहित्य निभाता है।

प्रत्येक देश के इतिहास, राजनीति एवं अर्थ व्यवस्था यात्रा साहित्य के सैद्धान्तिक तत्व हैं। कुसुम अंसल ने अपनी यात्रा में देश विदेश के इतिहास की परख की ओर रुचि रखा है तो नासिरा शर्मा ने अपने पूरे यात्रावृत्त में ईरान, इराक़, अफ़गानिस्तान आदि की राजनीतिक गतिविधियों को पाठकों तक पहुँचाने का प्रयास किया है। वहीं रमणिका गुप्ता ने 'लहरों की लय' में यात्रा स्थान की आर्थिक संरचना एवं मजदूरों की स्थिति पर बल दिया है। स्त्री यात्रियों के इतिहास चित्रण में तिथियों का बोलबाला नहीं है। अतीत को एक कथा सरीके महिला यात्रियों ने प्रस्तुत किया है। स्त्री यात्रा साहित्य विश्व फलक में इतिहास, राजनीति एवं आर्थिक जानकारियों का सच्चा एवं आँखों देखा सर्जनात्मक चित्र का प्रतिरूप है।

वर्तमान युग में भौतिक आग्रहों से प्रेरित उपभोग संस्कृति में उदात्त मूल्यों का ह्रास होता जा रहा है। विश्व भयानक सांस्कृतिक संकट से गुज़र रहा है। सांस्कृतिक राष्ट्रवाद के इस समय धर्म एवं संस्कृति आतंकवादियों के हाथ में है। इससे निपटने का एक तरीका है साहित्य। साहित्य और संस्कृति दोनों का लक्ष्य मानव का चरम उत्थान और सार्थक जीवन का नियोजन है। स्त्री यात्रा साहित्य में वर्णित देश विदेश के अनुष्ठानों, त्योहारों, संस्कारों, जीवन की दैनन्दिन वृत्तियों, लोक संस्कृतियों आदि से सांस्कृतिक एकता का स्वर मुखरित होता है। यह विश्व संरचना के तौर पर कितना वैविध्यपूर्ण एवं प्रकृति का कितना सुन्दर निर्माण हुआ है उसका सही चित्र स्त्री यात्रियों ने दिखाया है।

स्त्री यात्रा साहित्य मात्र दृश्यों का आँखों देखा ब्यौरा नहीं है, उसकी अनुभूति पक्ष प्रबल है। जब स्त्रियाँ यात्रा करती हैं तो वे भूगोल को कदमों से नापने के साथ साथ मन से भी यात्रा करती हैं। स्त्री की दृष्टि मात्र प्राकृतिक सुषमता पर ही नहीं प्रत्येक देश के हशियेकृत समाज जैसे स्त्री, आदिवासी, परिस्थिति पर भी जाती है। यात्रा साहित्य के मार्फ़त पारिस्थितिक शोषण के खिलाफ आवाज़ बुलन्द करने की कोशिश स्त्री यात्रियों ने की है।

स्त्री की यात्राएँ सांस्कृतिक यात्रा ही नहीं एक तरह से अन्तर्यात्रा ही है। यात्रा के प्रति दबी स्त्री इच्छाएँ एवं जीवन के विविध सरोकारों से ओतप्रोत है स्त्री यात्रा साहित्य। स्त्री की यात्राएँ सांस्कृतिक यात्रा ही नहीं एक तरह से अन्तर्यात्रा ही है। वर्तमान समय में स्त्री जीवन के हर मोड़ पर बदलाव परिलक्षित है। आज वह हर मंच का प्रयोग करके आगे बढ़ रही है। घर की चार दीवारों से मुक्त होकर बिना दीवारों की एक दुनिया यात्रा के द्वारा स्त्री अपने लिए बना रही है। स्वच्छन्द रूप से की गयी स्त्री की यात्राएँ वास्तव में स्त्री-विमर्श का एक अंग ही है। पुरुषों द्वारा लिखा गया यात्रा साहित्य की तुलना में स्त्री यात्रा साहित्य में अनुभूति प्रधानता, आत्मीयता, स्वाभाविक सरल भाषा आदि गुण देखा जा सकता है। यात्रा साहित्य एक ऐसी विधा है जिसके लिए कायिक परिश्रम वांछनीय है। यात्रा साहित्य लिखने के लिए बाहर चलना या यात्रा करना अनिवार्य है। यात्रा और यात्रा साहित्य दोनों स्त्रियों के लिए कई दृष्टियों से उपयोगी है।

यात्रा के खतरों से जूझती औरतों को देश-विदेशों में देखा जा सकता है। पुरुष प्रधान समाज ने स्त्री की यात्रा को दुष्कर बना दिया है। यात्रा के दौरान उसे कई तरह के विपरीतों से जूझना पड़ता है। इसलिए आम स्त्रियाँ यात्रा का आनन्द नहीं ले पाती हैं। दैनन्दिन की यात्राओं में सार्वजनिक स्पेस में उसे पुरुष के घिनौनी हरकतों का सामना करना पड़ता है। यात्रा के दौरान स्त्री पर होनेवाले अत्याचारों के आंकड़े खौफनाक है। वस्तुतः स्त्री की यात्राएँ एक संकीर्ण, बन्द दिमागवाले बीमार समाज के सड़े हुए विचारों की शिकार हैं। इस स्थिति में बदलाव लाने में स्त्री की यात्राएँ एवं यात्रा साहित्य सक्षम है। 'आज़ादी मेरा ब्रांड' यात्रावृत्त में लेखिका अनुराधा बेनीवाल ने इसी तथ्य का उल्लेख किया है "तुम चलोगी तो तुम्हारी बेटी भी चलोगी और मेरी बेटी भी। फिर हम सबकी बेटियाँ चलेंगी। और जब साथ चलेंगी तो आज़ाद, बेफिक्र और बेपरवाह ही चलेंगी, दुनिया को हमारी चलने की आदत हो जायेगी। अगर नहीं होगी तो आदत डलवानी पड़ेगी, लेकिन डर कर घर में मत रह जाना।"

स्त्री यात्रा साहित्य की संरचना पक्ष अद्वितीय है। स्त्री यात्रा साहित्य की भाषा मोटे तौर पर बोलचाल की भाषा ही है। इसमें अलंकारों, छंदों, बिम्बों आदि की बोझिलता नहीं है। शैली के तौर पर भी स्त्री यात्रा साहित्य में नए नए प्रयोग देखे जा सकते हैं।

इस प्रकार हम देखते हैं कि यात्रा साहित्य विधा हस्तालिखीय ग्रन्थों से लेकर महिला लेखन तक काफी सीढियाँ चढ़कर अपना एक बृहद इतिहास बुनकर सुशोभनीय ढंग से आगे बढ़ रहा है। वर्तमान समय में यात्रा साहित्य की पहुँच बहुत ऊपर है। सामजिक माध्यमों में यात्रा के अनुभवों को बाँटने के लिए ब्लाग की सुविधा उपस्थित है। विभिन्न भाषाओं में मात्र यात्रा के लिए पत्रिकाएँ भी निकल रही हैं। अतः वर्तमान समय में यात्रा साहित्य अत्यन्त लोकप्रिय विधा बन गया है।

## सन्दर्भ सूची

Carl Thompson, Travel Writing, P.No : 18
अनुराधा बेनीवाल, आजादी मेरा ब्रैंड, पृ. 26

# आदिवासी साहित्य का दर्शन

*राधिका. सी.आर*

आदिवासी देश के मूलनिवासी हैं। अपनी विशिष्ट समाज व्यवस्था को कायम रखनेवाले इस समूह को अपनी स्वतन्त्र संस्कृति है, दर्शन है, इतिहास है, विरासत है, और इन सबको अभिव्यक्त करने के लिए उनकी मातृभाषाएँ भी हैं।

जब एक समुदाय साक्षर होता है, सजग होता है, तब वह कई तरीकों से अपने ऊपर होनेवाली कई समस्याओं के बारे में सोचना आरम्भ करता है। आदिवासी समाज भी शिक्षा के प्रचार प्रसार के कारण अपने अस्तित्व और अस्मिता के बारे में सोचते हुए अपनी पहचान को कायम रखने की कोशिश कर रही है। सामाजिक राजनीतिक क्षेत्रों के आलावा साहित्य के क्षेत्रों में भी वह अपनी हैसियत दिखाने की कोशिश कर रहा है। साहित्य जीवन को देखने समझने का अलग दृष्टिकोण एवं अनुभव देकर मनुष्य की दृष्टि सम्पन्न बनाता है। क्योंकि "समाज के मन को संस्कारित करने का बहुत बड़ा सामर्थ्य साहित्य में है। सामाजिक सुधार का सामर्थ्य भी साहित्य में है। साहित्य नव-समाज-निर्माण के लिए क्रान्ति ला सकता है। आदिवासी साहित्य में भी यही प्रयास देखा जा सकता है वह आदिवासी वातावरण में विकासित अपने नज़रिये से अपने जीवन दर्शन से है।"

आदिवासी साहित्य आदिवासी समाज की बहुरूपी समस्याओं को लेकर आगे बढ़ता है। इस साहित्य के माध्यम से देश-विदेश के आदिवासी समाज की भावनाओं को समझने और समझाने का कार्य भी हो सकता है। आदिवासी साहित्य को विभिन्न नामों से पूरी दुनिया में जाना जाता है। यूरोप और अमेरिका में इसे नेटिव अमेरिकन लिटरेचर, स्लेव लिटरेचर, अफ्रीकन-अमेरिकन लिटरेचर, अफ्रीकन देशों में ब्लैक लिटरेचर और ऑस्ट्रेलिया में एबोरिजिनल लिटरेचर, तो अँग्रेज़ी में इंडीनस लिटरेचर, फर्स्टपीपुल लिटरेचर और ट्राइब लिटरेचर कहते हैं। भारत में इसे हिन्दी एवं अन्य भारतीय भाषाओं में सामान्यतया "आदिवासी साहित्य" ही कहा जाता है।

आदिवासी साहित्य कल्पना का साहित्य नहीं है। यह सृष्टि, धरती और प्रकृति के साथ आदिवासियों के रिश्ते का जीवंत साहित्य है। इसलिए आदिवासियों के साहित्य का मुख्य स्रोत उनका इतिहास, प्रकृति से साहचर्य और उनकी सांस्कृतिक परम्परा में निहित है। आदिवासी साहित्य सिर्फ किसी व्यक्ति विशेष की रचना ही नहीं, अपितु आदिवासियों के सामाजिक और सामुदायिक अनुभव जनित साहित्य है। इसलिए कहा जा सकता है कि आदिवासी साहित्य किसी एक भाषा या भौगोलिक सीमा से बंधा हुआ नहीं है। यह विशेष मानसिक, सांस्कृतिक, भौगोलिक, सामाजिक तथा ऐतिहासिक सन्दर्भों में, विशिष्ट जीवन-शैली के वातावरण में पनपता हुआ है। अनेक विद्वानों ने अपने अपने मतानुसार आदिवासी साहित्य को परिभाषा में बाँधने का प्रयास किया है। जैसे ही आदिवासी लेखक महादेव टोप्पो ने कहा है कि– "किसी भी भाषा समूह

या समुदाय का साहित्य उसके समग्र जीवन का शब्द चित्र है और अगर यह भाषा आदिवासी समुदाय से जुड़ी है तो निश्चय ही इस साहित्य का नाम अन्य साहित्य की तरह आदिवासी साहित्य होगा।" डॉ. गंगा सहाय मीणा के अनुसार "आदिवासी साहित्य की शुरुआत सन 1221 के बादा हुआ आर्थिक उदारीकरण, विदेशी कंपनियों के निवेश और पसरते बाज़ारवाद से आदिवासियों और उनकी प्राकृतिक सम्पदाओं पर हस्तक्षेप बढ़ा। तब प्राकृतिक संसाधनों के दोहन के विरोध में शिक्षितों के माध्यम से राष्ट्रीय स्तर पर पैदा हुई रचनात्मक ऊर्जा को आदिवसी साहित्य की संज्ञा दी गयी।" रमणिका गुप्ता भी आदिवासी साहित्य को आदिवासियों और गैर आदिवासियों के बीच पैदा हुई एक चेतना के रूप में मानती हैं। वे कहती हैं कि "दूसरों द्वारा अपने दुःख की चर्चा की बजाय अपना दुःख खुद व्यक्त करने की चेतना के साथ ही जगी सदियों की चुप्पी तोड़कर प्रस्थापितों द्वारा घेरे गये दायरे और लक्ष्मण रेखाएँ तोड़ने की चेतना।"

वंदना टेटे के अनुसार "आदिवासी साहित्य मूलतः सर्जनात्मकता का साहित्य है। यह इंसान के उस दर्शन को अभिव्यक्त करने वाला साहित्य है, जो मानता है कि प्रकृति-सृष्टि में जो कुछ भी है, जड़-चेतन, सभी कुछ सुन्दर है। वह दुनिया को बचाने के लिए सृजन कर रहा है।"

उपर्युक्त सभी परिभाषाओं के आधार पर कहा जा सकता है कि आदिवासी साहित्य जीवन का साहित्य है, कल्पना और मनोरंजन का किस्सा नहीं। यह साहित्य वाचिक तौर पर अपनी मूल आदिवासी भाषाओं में बहुत समृद्ध और विपुल है। जिसमें आदिवासी दर्शन होगा, वही सच्चे मायनों में आदिवासी साहित्य होगा। आदिम समूहों में वर्ग रहित, भेदभाव रहित, जाति रहित, समाज व्यवस्था करना ही आदिवासी साहित्य का उद्देश्य है। आदिवासी साहित्य का बुनियादी शर्त उसमें आदिवासी दर्शन के तत्वों का होना है।

आदिवासियों के जीवन व समाज से सम्बन्धित प्रत्येक विशेषता, परम्पराएँ, जैसे प्रकृति के सान्निध्य में रहना, मानवेतर प्राणी जगत के साथ सह-अस्तित्व, अपने आप में खुलापन, सामूहिकता, सहभागिता, आदिवासी संस्कृति, जीवन-शैली, उनकी अपनी समस्याएँ, स्वतन्त्रता, जल, जंगल, ज़मीन, अपनी मातृभाषा अपना इतिहास, लोककथाएँ, मुहावरे, मिथक, विकास की अपनी परिभाषा इत्यादि सब आदिवासी दर्शन के अन्तर्गत निहित हैं। याने कि आदिवासी दर्शन ही वह तत्व है, जो आदिवासी समाज और साहित्य को शेष समाज और साहित्य से अलग करता है।

डॉ. गंगा सहाय मीणा के अनुसार "आदिवासी दर्शन सह अस्तित्व, समता, सामूहिकता, सहभागिता और सामंजस्य को अपना आधार मानते हुए रचाव और बचाव पर यकीन करता है, इसलिए इसमें स्वानुभूति और सहानुभूति के स्थान पर सामूहिक अनुभूति का प्रबल स्वर संगीत सुना जा सकता है। याने कि आदिवासी दर्शन को न तो वर्गीकृत कर सकते हैं न ही किसी मानक से नाप सकते हैं, अर्थात् किसी भी वर्गीकरण या विभाजन के पक्ष में नहीं है, उनके समाज में समरूपता और समानता है। आदिवासी दर्शन के तत्वों का निर्वाह करने वाले साहित्य को ही आदिवासी दर्शन और आदिवासी साहित्य के रूप में स्वीकार करते हैं।

आदिवासी दर्शन का पहला और अनिवार्य तत्व है उसका प्रकृति के ताल-लय और संगीत का अनुगामी होना। इसमें प्रकृति और प्रेम के आत्मीय सम्बन्ध और उसकी गरिमा का सम्मान करने का भाव है। आदिवासियों ने कभी प्रकृति को किसी भी तरह का कोई नुकसान नहीं पहुँचाया है। वे हमेशा प्रकृति पूजक रहे हैं। डॉ. उमेशचन्द्र शुक्ल आदिवासी जीवन

की विशेषताओं को रेखांकित करते हुए लिखते हैं– "जल, जंगल, ज़मीन इनकी थाती है। जंगली फूल की तरह इनका विकास होता है। सहज भावाभिव्यक्ति इनकी पहचान है। प्रकृति और संस्कृति का पारस्परिक सन्तुलन, सामाजिक समानता, आर्थिक सहभागिता, सर्वसंम्मती मूलक जनतन्त्र, धार्मिक सहिष्णुता, सामूहिक कलात्मक अभिरुचि और अभिव्यक्ति, आदिवासी समुदाय की विशेषताएँ है। हवा की तरह ही जल, जंगल और जीना इनकी दृष्टि में व्यक्तिगत सम्पत्ति न होकर सामुदायिक संसाधन है। आज भी आदिवासी समाज प्रकृति के साथ ताल-मेल से रहते आये हैं। सामूहिक ज़िन्दगी जीनेवाले, प्रकृति प्रेमी, प्रकृति के सहयात्री और सहयोगी भी है। इसलिए कहा जा सकता है कि आदिवासी दर्शन का महत्त्वपूर्ण तत्व है प्रकृति पर निर्भर जीवन।

आदिवासी दर्शन परलोक के बजाय समूचे जीवन-जगत को महत्त्वपूर्ण मानता है। वह अपने पुरख के प्रति आभार का भाव रखता है। उनके अनुसार का हर प्राणी और उसका जीवन बराबर महत्त्वपूर्ण है। वह मानता है कि धरती में मनुष्य का जितना महत्त्व है उतना ही पशु-पक्षियों, नदियों, पहाड़, वनस्पति, कीट-पतंग, नालों, वृक्षों, प्रकृति के प्रत्येक जड़-चेतन का भी है। इस दर्शन में रूपायित दृष्टिकोण को लेकर वंदना टेटे ने लिखा कि "सृष्टि सर्वोच्च नियामक सत्ता है। सम्पूर्ण सजीव और निर्जीव जगत तथा प्रकृति सबका अस्तित्व एक सामान है। मनुष्य का धरती, प्रकृति और सृष्टि के साथ सहजीवी सम्बन्ध है। याने कि इनका दृष्टिकोण उपयोगितावादी है और विचारधारा है जियो और जीने दो" की।

आदिवासी दर्शन पूरी दुनिया में फैल रही बाज़ारवादी लालसा और उससे उपजी धनलोलुपता और हिंसा का नकार करता है। क्योंकि बाज़ारवाद या भूमंडलीकरण की नीतियाँ आर्थिक साम्राज्यवाद की ऐसी नीतियाँ हैं जो दुनिया को सिर्फ उत्पाद और उपभोक्ता के रूप में मानती हैं। बाज़ार में उनकी पहचान, भाईचारा, व आज़ादी को चोट पहुँचाया गया। विकास के नाम पर क्यों न हो विकास से इनकी पुश्तैनी धन्धे खत्म करने, रोज़गार के अवसर छीनने तथा, स्वास्थ्य, शिक्षा, आवास जैसी मूलभूत आवश्यकताओं को नष्ट करने की प्रक्रिया चल रही है। बज़ारोन्मुख विकास के इसी कारपोरेट-दर्शन की विसंगति को रेखांकित करते हुए फैसल अनुराह लिखते हैं कि "विकास के लिए जिन नीतियों की वकालत की जा रही है, वे न केवल प्रकृति के साथ साहचर्य को तोड़ती हैं बल्कि प्रकृति और आदिवासी समाज के बीच जीवंत सम्बन्धों को नुक्सान भी पहुँचाती है। आदिवासी और प्रकृति एक ही सिक्के के दो पहलु है। प्रकृति पर होनेवाले अत्याचारों का दुष्परिणाम आदिवासियों पर भी हावी होता है। इन सबके बीच अपनी अस्मिता को बनाए रखने के लिए ही इन्होंने कलम उठा ली अपने आदिवासी दर्शन को आधार मानते हुए।

आदिवासी दर्शन की और एक खास बात है जीवन के प्रति आनन्दमयी अदम्य जिजीविषा। वर्तमान समय में निराशा और कुंठा का माहौल सब कहीं है। इस सन्दर्भ में आदिवासी दर्शन जीवन को आनन्दमय नज़रिए से देखने और जीने की वकालत करता है। सांस्कृतिक वैविध्य के साथ सहजता और सरलता का अनूठा मेल जो है वह आदिवासी जीवन को आनन्दमयी बनाया रखता है। वहाँ न पैसे की लालच है और न मुनाफे कमाने की अंधी दौड़। बल्कि अपने सुखमय जीवन के लिए सृष्टि और समष्टि के प्रति कृतज्ञता का भाव है। आदिवासियों की कार्य योजना सामूहिक सहयोगिता एवं अनुशासन पर टिकी हुई है। इसी सामूहिक सहयोगिता के

सन्दर्भ में गोपीनाथ महन्ती कहते हैं कि इस कारण से इस समाज की ज़रूरतें बिल्कुल सामान्य व सीमातीत हैं। वे प्रकृति से भी उतना ही ग्रहण करते हैं, जितने की आवश्यकता होती है और वह भी सामूहिक रूप से। सन्दर्भ चाहे शिकार का हो या फिर वनोपज का।

समतापूर्ण विश्वास, श्रम, संगीत, व जीवनराग से उपजे आदिवासी दर्शन में श्रेष्ट और निकृष्ट का कोई विभाजन नहीं है। सुन्दर असुन्दर जैसी कोई मान्यता नहीं है। इस दर्शन में प्रत्येक चीज़ अभिराम है। इनके समाज में निराशा, कुंठा और विद्वेष का भाव नहीं, वह सहजीवन, समानता, प्रकृति प्रेम व श्रेष्ट जीवन मूल्यों पर आधारित है। इस कारण से समाज में ऊँच-नीच का भेदभाव नहीं है। इस सन्दर्भ में रमणिका गुप्ता जी का कथन महत्त्वपूर्ण है– “हमें उनसे बहुत कुछ सीखना है, प्रकृति के साथ जीना सीखना है, मनुष्य के साथ मिलकर भाईचारे से जीना सीखना है, हमें उनसे सीखना है मनुष्य की अभिव्यक्ति की आज़ादी, बराबरी की भावना और बेफिक्र होकर जीना। हमें सीखना है सम्पत्ति का संग्रहण न करना, धन न जुटाने की आदत अपनाना। दूसरों के लिए, समाज के लिए जीने का सूत्र जानना है उनसे। ये सारे मूल्य उनमें हैं, जिन्हें हम अपनी व्यक्तिवादी संकीर्ण संस्कृति से नष्ट कर रहे हैं। इससे स्पष्ट है कि धरती को बचाने के लिए आज नहीं तो कल आदिवासियों के जीवन दर्शन को अपनाना ही होगा। क्योंकि लालच पर आधारित अर्थव्यवस्था का ज़ारी रखने से दुनिया नहीं बचेगी।

आज देश दिनों दिन विकास की तरफ बढ़ता जा रहा है। विकास का लक्ष्य हमेशा मानव कल्याण है। विकास का मतलब है अपने इच्छानुसार जीवन जी पाना। अपनी सत्ता, अपनी पहचान की सचेतन अभिव्यक्ति करने का अवसर, याने कि विकास से तात्पर्य अपनी तलाश है, अपने स्व को पाने और स्थापित करने का आनन्द है। इससे ही अपने आप होने की योग्यता का विस्तार सम्भव हो जायेगा। वह चाहे व्यक्ति का हो या समुदाय का। लेकिन वर्तमान समय में विकास का मतलब बड़े उद्योगों, बहुराष्ट्रीय कंपनियों, विशाल बाँध परियोजना और खाती-पीती, महंगी पोशकों आदि जीवन की सुख-सुविधाएँ भोगती आबादी को विकास का पर्याय मान लिया गया है। इस प्रकार स्वार्थ-पूर्ण विकास योजनाओं से आज पर्यावरण हो इतना ज़्यादा नुक्सान पहुँचाया है जिसके भयंकर परिणाम हम झेल रहे हैं।

आज धरती पर प्रदूषण का जो घना संकट आया है वह काल का रूप लेकर ही पधारा है। स्वपराक्रम से प्रदूषणों से मुक्ति किस तरह पा सकते हैं इसकी युक्ति आदिवासी जीवन दर्शन से सीखनी पड़ेगी। क्योंकि आदिवासी जहाँ भी रहते हैं, पर्यावरण को क्षति पहुँचाने वाले विकास के तरीकों का विरोध करते हैं। पर्यावरण की जैव विविधता के संरक्षण में काफी मदद भी की गयी है। पर्यावरण की रक्षा में ही सबकी भलाई है।

इंसानों को प्रकृति के साथ छेड़छाड किए बिना तालमेल के साथ अब चलने का समय आ चूका है। आदिवासियों जैसा प्रकृति के साथ जीना, सह अस्तित्व को स्वीकारना, भेदभाव को खत्म करना, वर्तमान समय की आवश्यकता है। आदिवासी जीवन दर्शन को समझाना आज की अनिवार्यता है। नहीं तो हमारी पृथ्वी निकट भविष्य में समाप्त हो जाने की सम्भावना है। इसलिए हमारे जीवन जीने की पद्धति बदलनी पड़ेगी। प्रकृति को समृद्ध करते हुए व्यक्ति को समृद्ध करने के दर्शन को अपनाना आज के युग की माँग है।

## सन्दर्भ

1. डॉ. रमणिका गुप्ता, आदिवासी साहित्य यात्रा, पृ. 28।
2. कुमार कमलेश, आदिवासी विमर्श, पृ. 104।
3. महादेव टोप्पो, सभ्यों के बीच आदिवासी, पृ. 73।
4. गंगा सहाय मीणा, बहुजन वार्षिकी अप्रैल 2013, पृ. 43।
5. सं. रमणिका गुप्ता, आदिवासी साहित्य यात्रा, पृ. 6।
6. सं. गंगा सहाय मीणा, आदिवासी चिन्तन की भूमिका, पृ. 43।
7. सं. गंगा सहाय मीणा, आदिवासी चिन्दन की भूमिका, पृ. 108।
8. सं. डॉ. उषा कीर्ति राणवत, आदिवासी केन्द्रित हिन्दी साहित्य, पृ. 295-296।
9. वंदना टेटे, आदिवासी साहित्य परम्परा और प्रयोजन, पृ. 84।
10. सं. उर्मिलेश, उदारीकरण और विकास का सच, पृ. 205।
11. वीरभारत तलवार झारखण्ड के आदिवासियों के बीच एक एक्टिविस्ट के नोट्स, पृ. 389।
12. सं. उषा कीर्ति राणवत, आदिवासी केन्द्रित हिन्दी साहित्य, पृ. 32।

# निर्मला पुतुल की कविताओं का प्रतिरोधी स्वर

**सैजू के**

आज हिन्दी साहित्य में आदिवासी साहित्य अपनी अस्मिता खड़ा करने की कोशिश में है। इस दृष्टि से हिन्दी के आदिवासी साहित्य का पहला महत्त्वपूर्ण नाम निर्मला पुतुल का ही है। दलित साहित्य के विकास में जो स्थान ओमप्रकाश वाल्मीकि को है, वही आदिवासी कविता के विकास में निर्मला पुतुल को माना जाता है। सन 2004 में प्रकाशित उनके दो कविता संग्रह– अपने घर की तलाश में, नगाड़े की तरह बजते शब्द, ने उनको एक प्रमुख आदिवासी कवयित्रि के रूप में हिन्दी साहित्य में प्रतिष्ठित किया। निर्मला पुतुल की कविताओं के माध्यम से ही पहली बार हिन्दी संसार आदिवासी जीवन के वास्तविक अनुभवों से परिचित हुआ।

निर्मला पुतुल की कविताओं की मुख्य विशेषता आदिवासी जीवन का सत्यापन है। प्रतिरोध उनका अस्त्र है। समकालीन सन्दर्भ में शोषक काफी सम्पन्न तथा शोषित ओर अधिक दरिद्र बनता जा रहा है। इस सामाजिक सच्चाई का अनावरण तथा उनके प्रति आक्रमण ही निर्मला पुतुल की कविताओं की आत्मा है।

## श्रम पर आधारित आदिवासी संस्कृति

आदिवासी संस्कृति श्रम पर आधारित संस्कृति है। श्रम का सर्वाधिक सम्मान आदिवासी समाज ही करता है। एक समय में आदिवासी परम्परा में स्त्रियों को भी बराबरी का अधिकार था। स्त्रियाँ न सिर्फ जंगलों एवं खेतों में होनेवाले कार्यों में समान रूप से भागीदार थीं, बल्कि सामुदायिक फ़ैसलों में भी अपना मत रखने के लिए स्वतन्त्र थीं। पितृसत्तात्मक समाज में कवयित्रि प्रतिरोध के साथ अपने आदिवासी समाज की स्त्रियों के श्रम मूलक शोषण की बखिया उधेड़कर रख देती हैं। यह श्रम मूलक शोषण अर्थगत भी है और यौनगत भी। श्रम के अर्थगत शोषण के अन्तर्गत कठोर श्रम के बाद भी उचित वेतन नहीं मिलने का है। आदिवासी स्त्रियाँ दिन भर चटाई पत्तल झाड़ू इत्यादि वस्तुओं का निर्माण तो करती है किन्तु पारिश्रमिक के तौर पर इतना भी नहीं मिलता कि जिससे भरपेट भोजन कर सके। बहामुनि शीर्षक कविता में इसी दर्द को उकेरती हुई कवयित्रि लिखती हैं–

> "तुम्हारे हाथों बने पत्तल पर भरते हैं पेट हज़ारों
> पर हज़ारों पत्तल भर नहीं पाते तुम्हारा पेट।"[1]

श्रम के इस अर्थगत शोषण के अतिरिक्त यौनगत स्त्री शोषण का चित्रण भी निर्मला पुतुल की कविताओं में देख सकते हैं। "ढेपचा के बाबू" की सुगिया जैसी अनेक आदिवासी स्त्रियाँ भूख की मार से त्रस्त होकर या फिर उज्ज्वल भविष्य की तलाश हेतु बंगाल, दिल्ली, असम आदि शहरों में रोज़गार हेतु पलायन कर दी जाती है। जहाँ पर उनका यौन शोषण होता है। "चुड़्का

सोरेन से" शीर्षक कविता में इसी सन्दर्भ को उकेरा गया है।

"पिछले साल
धनकटनी में खाली पेट बंगाल गयी पड़ोस की बुधनी
किसका पेट सजाकर लौटी है गाँव।"[2]

कवयित्रि इस सवाल का जवाब भी देती है। वह भी प्रतिरोधी स्वर के साथ। दिलावर सिंह जैसे बाहरी घुसपैठिए लोग शादी पटाई, रोजगार आदि की माँग दिखाकर आदिवासी स्त्रियों को आनन्द भोगियों के हाथ या फाक्टरियों में झोंक देते है। जहाँ पर उनका यौन शोषण होता है। इन लोगों को पहचानने और इनसे सावधान रहने की अपील करती हुई लिखती हैं–

"शाम घिरते ही अपनी बस्तियों में आये
उन खतरनाक शहरी जानवरों को पहचानो
चूडका सोरेन
पहचानो
पाँव पसारे जो तुम्हारे ही घर में घुसकर बैठे हैं।"[3]

## अस्मिता का बोध

निर्मला पुतुल की कविताओं में आदिवासी अस्मिता का प्रश्न उठाया गया है। "सब कुछ अप्रिय है उनकी नज़र में" कविता में उल्लेख है कि उच्चवर्गों के नजरों में आदिवासियों का काला रंग, आदिवासियों की भाषा, रीति रिवाज़, चाल चलन, वेश भूषा आदि सब कुछ अप्रिय है। आदिवासियों के हाथ का छुआ पानी तक नहीं पीते, अपने घरों में प्रवेश भी नहीं करने देते। मुख्यधारा के लोगों के अनुसार उन्हें जंगलीपन को छोड़कर सभ्य बनना है। इसके विरुद्ध कवयित्रि कहती हैं–

"मेरा सब कुछ अप्रिय है उनकी नज़र में
प्रिय है तो बस
मेरे पसीने से पुष्ट हुए अनाज के दाने
जंगल के फूल फल लकड़ियाँ
खेतों में उगी सब्जियाँ
घर कि मुर्गियाँ"[4]

शोषक वर्ग आदिवासियों को पिछड़ा मानते हूए, उनके समस्त क्रिया कलापों एवं आचार व्यवहार को उपेक्षित दृष्टि से देखता है। परन्तु उनकी उत्पादकता का उपयोग अपने हित में करता है। आदिवासियों के श्रम का शोषण उनकी अस्मिता के प्रश्न के गम्भीर रूप प्रदान करता है। इस सन्दर्भ में प्रसिद्ध आदिवासी विद्वान रामदयाल मुँडा ने आदिवासी अस्मिता के संकट को रेखांकित करते हुए यों कहा है कि– "किसी समुदाय की संस्कृति, उसके जीवन के पूरे दायरे में अर्जित मूल्यबोध की पूँजी होती है और उसके लिए पहचान के संकट का सवाल तब आता है, जब वह देखता है कि उस पर आक्रमण हो रहा है, जब उसकी पहचान के विघटित होने का भय उसे आतंकित करता है।"[5]

निर्मला पुतुल संथाल आदिवासी समुदाय से है। झारखंड के जिस अंचल में वे निवास करती है, वह संथाल परगना कहलाता है। अब संथालों की स्थिति चिन्ताजनक हो रही है। वे

कहती हैं–

> "संथाल परगना
> अब नहीं रह गया संथाल परगना
> बहुत कम बचे रह गये हैं
> अपनी भाषा और वेशभूषा में यहाँ के लोग"[6]

निर्मला जी की कविताओं में आदिवासी अस्मिता का स्वर मुखरित है। आदिवासी जन समाज का हाशिएकरण उनकी काव्य संवेदना को गहरे रूप से आन्दोलित करती है–

> "वे चाहते हैं हमसे
> कि हम कभी कोई सवाल नहीं करे उनसे
> उनकी नज़र से देखें सब कुछ
> उनकी ही भाषा में बोलें"[7]

किसी समुदाय की अस्मिता पर अधिकार करने या उसे अनुकूलित करने के लिए सर्वाधिक आवश्यकता उस समुदाय की जीवन दृष्टि और भाषा पर वर्चस्व कायम करने की होती है। आज आदिवासी समुदाय इन दोनों तत्वों के ह्रास का सामना कर रहा है। एक तरफ आदिवासी जीवन दृष्टि को बिलकुल महत्त्वहीन माना जाता है, दूसरी तरफ उनकी भाषा को अनुपयोगी। ऐसे में आदिवासी समुदाय की अस्मिता पर संकट आना स्वाभाविक सी बात है।

## स्त्री पुरुष असमानता

स्त्री के स्वतन्त्र अस्तित्व एवं अस्मिता के प्रति जाग्रति का भाव निर्मला जी को सशक्त प्रतिरोध करती स्त्रीवादी कवयित्रि के समक्ष खड़ा करता है। लिंग आधारित असमानताओं के प्रति वे प्रतिरोध करती हैं। वे अपनी नजरों से ही दुनिया को आंकती हैं। कवयित्रि मुक्ति की घोषणा करते हुए कहती हैं–

> "मैं स्वयं को स्वयं की दृष्टि से देखते हुए
> मुक्त होना चाहती हूँ अपनी जाति से
> अपनी कल्पना में हर रोज़
> एक ही समय में स्वयं को
> हर बेचैन स्त्री तलाशती है
> घर, प्रेम और जाति से अलग
> अपनी एक ज़मीन
> जो सिर्फ उसकी अपनी हो
> एक उन्मुक्त आकाश।"[8]

यह एक खासियत है कि निर्मला जी की कविताओं का जिसके शब्द में चुनौती, संघर्ष और विरोध की थाप है। नगाड़े की तरह बजते हैं शब्द। 'क्या तुम जानते हो' नामक कविता में कवयित्रि पूरी मार्मिकता के साथ इस तथ्य को रूपायित करती है कि- मात्र देह नहीं है स्त्री। हाँड़ मांस के शरीर के अतिरिक्त वह एक भावना भी है जो संवेदना के तंतुओं से जुड़ना चाहती है। किन्तु उसका यह अपेक्षित जुड़ाव आज तक उपेक्षित ही है। क्यूँ कि वह आज भी नेत्रों का ही विषय बनी हुई है। जब तक वह हृदय प्रवेश का विषय न बनेगी तब तक उसके प्रति

देहवादी दृष्टि बनी रहेगी और जब तक यह देहवादी दृष्टि बनी रहेगी तब तक स्त्री, भावना का विषय न बन पाएगी।

"तन के भूगोल से परे
एक स्त्री के
मन की गांठें खोलकर
कभी पढ़ा है तुमने
अगर नहीं
तो फिर जानते क्या हो तुम
रसोई और बिस्तर के गणित से परे
एक स्त्री के बारे में।"[9]

यह न जानना ही उस स्त्री दर्द का प्रमुख कारण है जिसका दंश वह अनादिकाल से झेलती आ रही है। वह दर्द है– असमानता और परतन्त्रता के साथ वस्तु रूप में पहचान। स्त्री के साथ दोयम दर्जे का व्यवहार किया जाता है। स्त्री को घर एवं बच्चों तक की परिधि में सीमित माना जाता है। इस विडम्बना के प्रति वह अपना तीव्र आक्रोश व्यक्त करती है–

"यह कैसी विडम्बना है
कि हम सहज अभ्यस्त है
एक मानक पुरुष दृष्टि से देखने को
स्वयं की दुनिया
मैं स्वयं को स्वयं की दृष्टि से देखते
मुक्त होना चाहती हूँ अपनी जाति से।"[10]

## संस्कृति और परम्परा का बचाव

आदिवासी लोग अपनी संस्कृति को बनाए रखना चाहती है। निर्मला जी अपनी भाषा, संस्कृति और परम्परा को बचाना चाहती हैं। उनकी कविताएँ थोड़े बहुत अन्तर से संवेदनात्मक घनत्व की दृष्टि से एक ही वृत्त रचती है। उनकी भाषा में उनकी संस्कृति निहित है। उनकी कविताएँ सच को सच और झूठ को झूठ कहने की क्षमता रखती हैं।

"मैं कविता नहीं
शब्दों में खुद को रचते देखती हूँ
चाहती हूँ मैं नगाड़े की तरह बजे
मेरे शब्द।"[11]

## पारिस्थितिक सजगता

पर्यावरण संरक्षण और प्रकृति प्रेम भी उनकी कविताओं में अन्तर्निहित है। आदिवासी जीवन और प्रकृति के बीच अटूट सम्बन्ध है। इसके रक्षा हेतु अपने सर्वस्व समर्पित करने को तैयार है। 'आओ मिलकर बचाएँ' शीर्षक कविता में इसी पर्यावरण संरक्षण का स्वर अभिव्यक्त हुआ है।

"बचाएँ डूबने से

जंगल की ताज़ा हवा
नदियों की निर्मलता
पहाड़ों का मौन।"[12]

इसी आत्मीयता और प्रेममूलक एवं संरक्षणपरक अवधारणा के कारण ही स्त्री उस स्थान पर अपना विवाह नहीं करना चाहती जहाँ जंगल, नदी और पेड़ न हो। जैसे–

"जंगल, नदी, पहाड़ नहीं हो जहाँ
वहाँ मत कर आना मेरा लगन
और उसके हाथ में मत देना मेरा हाथ
जिसके हाथों ने कभी कोई पेड़ नहीं लगाए।"[13]

ऐसी मान्यताओं और संस्कारों से ही आदिवासी जीवन शैली और प्रकृति के बीच प्रेममूलक और सहजीविता का सम्बन्ध रहा है। मगर आज कल सभ्य कहे जानेवाली तथाकथित विकासित संस्कृतियों के साथ प्रकृति का सम्बन्ध संघर्षमूलक ही रहा है। इस वर्चस्व की जंग में प्रकृति निरन्तर लहूलुहान होती जा रही है। लहूलुहान होने की इस पीड़ा को 'बूढ़ी पृथ्वी का दुख' शीर्षक कविता में कहती है–

"क्या तुमने कभी सुना है
सपनों में चमकती कुल्हाड़ियों के भय से
पेड़ों की चीत्कार?
सुना है कभी
रात के सन्नाटे में अंधेरे से मुँह ढ़ाप
किस कदर रोती है नदियाँ।"[14]

## व्यवस्था के प्रति विद्रोह

लोग व्यवस्था के चंगुल में फँसे हुए हैं। भूमंडलीकरण के आर्थिक, राजनीतिक तथा सामाजिक आशय के दौर में सत्ता आदिवासी जन जीवन के इतिहास में संकट पैदा कर रही है। जिसकी ज़मीन होती है, उसी की ही सम्पत्ति पर अधिकार होना है। मगर ऐसा नहीं है। सत्ता आदिवासियों को अपनी ज़मीन से बेदखल करती है। वास्तविकता का यह बोध उन्हें चौका देती है। वे सावधान भी हैं, सजग और सक्रिय भी। निर्मला जी भीतरी और बाहरी अंधेरों से घिरे हाशिएकृत वर्ग की नियति को बदलना चाहती हैं। वे बार-बार आदिवासियों को सचेत करती हैं–

"उठो कि अपने अंधेरे के खिलाफ
उठो पीछे चल रही साजिश के खिलाफ
उठो कि, तुम जहाँ हो वहाँ से उठो
जैसे तूफान से बवंडर उठता है
उठती है जैसी राख़ में चिंगारी।"[15]

इन पंक्तियों में व्यवस्था के प्रति आक्रोश एवं विद्रोही स्वर विद्यमान है।

## सामाजिक कुरीतियों, विसंगतियों तथा अंधविश्वास

निर्मला जी की कविताएँ व्यापक सामाजिक संघर्ष की हैं। उन्होंने अपनी कविताओं के ज़रिए सामाजिक विडम्बनाओं को तार तार उधेड़ते हुए वर्ग विषमता और असमानता को रेखांकित किया है। वे अपने समाज के अंधर्विरोधों को पहचानती हैं, साथ ही राजनीति के फरेब को भी भली भांति जानती हैं। 'खून को पानी कैसे लिख दूँ' जैसी कविताओं में कवयित्रि सामाजिक विसंगतियों को सूचित करती हैं। नाम बदले हैं, नए राज्य के मुखिया बदले हैं लेकिन इस लोकतन्त्र में जो नहीं बदली वह है असहमति के किसी भी स्वर के प्रति संवेदनशील सहिष्णुता। वे कहती हैं–

"न जताएँ कभी असहमति
न करें कभी कोई विरोध
हस्तक्षेप न करें अनेक कामों में
अपनी परिधि में रहे हरदम
बिना इजाज़त झाँके नहीं इधर उधर।"[16]

आदिवासी जन समाज का इतिहास अपराजेय वीरता का इतिहास है। तिलका माझी, सिद्धो कान्हु, बिरसा मुँडा, उलगुलान की औरतें सबने अपने अपने स्तर पर अँग्रेज़ी साम्राज्यवाद पर चुनौती दी है। शताब्दियाँ बीत जाने पर भी आदिवासी जनसमाज अपने अंधविश्वास एवं अन्तर्विरोधों से मुक्त नहीं हो पाया। घड़ा उतार की प्रथा हो या स्त्री जीवन से जुड़े अंधविश्वास निर्मला जी उनका लगातार विरोध करती रही। क्यूँकि इन प्रतिगामी प्रथाओं के कारण ही समाज में परिवर्तन या मुक्ति सम्भव नहीं हो पा रहा है। इसके साथ ही सम्पत्ति का अधिकार माँगने पर डायन करार देकर मारने पीटने और घर से निकाल देने जैसे अमानवीय कृत्यों पर भी कवयित्रि सख्त प्रतिरोध दर्ज करती हैं। वह 'ढेपचा के बाबू' शीर्षक कविता में डायन करार दिए जाने के अंधविश्वास पर प्रकाश डालती हैं–

"एक दिन तो गज़ब ही हो गया
लखना के बेटे को साँप ने काँटा
तो सबके सब आ धमके हम पर
कहने लगे डायन हैं हम
कुछ कर दिया है उसके बच्चे को।"[17]

अतः कहा जा सकता है कि निर्मला पुतुल की कविताएँ सवालों की बौछार करती हुई अन्याय के विरुद्ध प्रतिरोध करती कविताएँ हैं। वह हर एक पाठक के मतिष्क पर प्रशन चिन्ह खड़ा करती है। सोचने के लिए विवश कर देती। निर्मला पुतुल की कविताओं के सम्बन्ध में अरुण कमल ने कहा है– "यह ऐसी कविताएँ हैं जिनमें एक साथ आदिवासी लोक गीतों की सांद्र मादकता, आधुनिक भावबोध और प्रतिरोध की गम्भीर वाणी गुंफित हो।"[18]

इनकी कविताओं में स्वानुभूति के दर्द की गंध आती है। वह अपने शब्दों को ऐसी फेंकती हैं कि पाठक समाज रूपी नगाड़े पर गिरकर गूँजने लगता है। निर्मला पुतुल की कविताएँ सिर्फ आदिवासियों की दयनीय दशा का चित्रण मात्र नहीं हैं बल्कि बेहतर भविष्य की उम्मीदों से भी भरी हैं। तमाम समस्याओं एवं चुनौतियों के बावजूद, उनका स्वरूप आशावादी है। इसलिए वे कहती हैं–

"आओ, मिलकर बचाएँ
कि इस दौर में भी बचाने को
बहुत कुछ बचा है, अब भी हमारे पास।"[19]

अन्ततः हम यह कह सकते हैं कि निर्मला पुतुल कि कविताएँ प्रतिरोधी स्वर से भरे आदिवासी मन की उपज है, जो अपने समाज को तथा पूरी दुनिया को बेहतर और खुशहाल रूप में देखना चाहती हैं।

## सन्दर्भ ग्रन्थ सूची


1. निर्मला पुतुल, बाहामुनि, पृ. 12।
2. निर्मला पुतुल, चुडका सोरेन, पृ. 21।
3. वही, पृ. 22।
4. निर्मला पुतुल, मेरा सब कुछ अप्रिय हैं उनकी नज़र में, पृ. 73।
5. राम दयाल मुँडा,आदिवासी अस्तित्व और झारखंडी अस्मिता के सवाल, पृ. 29।
6. निर्मला पुतुल, संथाल परगना, पृ. 26।
7. निर्मला पुतुल, खून को पानी कैसे लिख दूँ, पृ. 34।
8. निर्मला पुतुल, अपनी ज़मीन तलाशती बेचैन स्त्री, पृ. 09।
9. निर्मला पुतुल, क्या तुम जानते हो, पृ. 08।
10. निर्मला पुतुल, अपनी ज़मीन तलाशती बेचैन स्त्री, पृ. 09।
11. निर्मला पुतुल, मैं चाहती हूँ, पृ. 92।
12. निर्मला पुतुल, आओ मिलकर बचाएँ, पृ. 76, 77।
13. निर्मला पुतुल, उतनी दूर मत ब्याहना, पृ. 49, 50।
14. निर्मला पुतुल, बूढ़ी पृथ्वी का दुख, पृ. 31, 32।
15. निर्मला पुतुल, बिटिया मुर्मू के लिए, पृ. 14।
16. निर्मला पुतुल खून को पानी कैसे लिख दूँ, पृ. 33।
17. निर्मला पुतुल, ढेपचा के बाबू, पृ. 40।
18. नया ज्ञानोदय (अप्रैल 2017), पृ. 12।
19. निर्मला पुतुल, आओ मिलकर बचाएँ, पृ. 76।

# समकालीन कविता में स्त्री भाषा

*रेवती. एस*

आज कविता तथा अन्य सृजनात्मक क्षेत्र में नारीवाद का स्वर बुलन्द है। नारी की स्वतन्त्रता पर बल देनेवाले विचार को समकालीन दौर में काफी प्रोत्साहन मिला है। इसके पीछे स्वतन्त्रता हनन के विरुद्ध की अदम्य इच्छा है और शताब्दियों से चले आनेवाले शोषण के खिलाफ लड़ने का साहस है समाज के अमानवीय शोषण तन्त्रों से नारी की मुक्ति चाहनेवाले इसको नयी दिशा दे रहे है।

सामंतवाद और उसके पीछे पूँजीवाद का तांडव अब दुनिया भर सशक्त हो रहा है। आज की यह व्यवस्था पहले की व्यवस्था से अधिक अमानवीय, अधिक क्रूर, अधिक शोषणकारी एवं उपभोक्तावादी है। स्त्री-विमर्श केवल स्त्री की मुक्ति की ही नहीं, बल्कि पूरे समाज की आज़ादी और स्त्री-पुरुष की समानता में निर्मित सामाजिक स्वस्थता चाहता है।

स्वतन्त्रता प्राप्ति के बाद नारी चेतना का जागरण हुआ है। शनै-शनै वे अपने अधिकार स्वर एवं अस्मिता के प्रति जागरूक और जूझा डिग्री होती गयी हैं। उन्हें अपनी दयनीयता और हीनता का बोध सालता है तो महानता उच्चरता के प्रति चेतित भी करता है। शोषित नारी, विद्रोह की ज्वाला को अपने में छिपाए नारी, मुक्ति के लिए प्राणवन से जूझती नारी ऐसे कई आयाम आज उभरकर सामने आ रहे हैं। इस के लिए वे नई भाषा की तलाश कर रही हैं।

भाषा की संरचना में परम्परागत शिशन-केन्द्रित के पुरुष वर्चस्व को चुनौती देते हुए एक ऐसी भाषा की तलाश करता था जो शुद्धतम स्त्री अनुभवों को बताए। एलैन थू वालटर ने ऐसे ही लेखन को स्त्री का एकान्त कहा। ऐसा एकान्त जहाँ पुरुष की भाषा उपस्थिति न हो सके। यहीं से स्त्री केन्द्र की अवधारणा परिपक्व हुई। स्त्री केन्द्रित चिन्तन की निर्णायक विशेषता भाषा में पुरुष वर्चस्ववाद के इस ढाँचे को तोड़ने की है। भाषा के स्तरों एवं संरचना जो पुरुष वर्चस्ववाद का कारक है– को तोड़े बिना स्त्री को वाणी नहीं मिलती।

स्त्रियों को अलग भाषा की ज़रूरत क्यों। इस प्रश्न का उत्तर देते हुए वर्जीनिय़ा वुल्फ ने अपने लेख बूमेन एंड फिक्शन में लिखा है– "किन्तु आज भी यह सच है कि इससे पहले कि एक स्त्री वह लिख सके जो वह लिखना चाहती है, उसे कई तरह की परेशानियों का सामना करना पड़ता है। सबसे पहले तकनिकी और शिल्प, जो प्रकटतः बहुत सरल, वास्तव में बहुत अस्पष्ट है स्त्री के स्वर कठिनाई से पेश आती है कि वाक्य गठन के प्रचलित रूप उसे अनुकूल नहीं लगते। यह पुरुष निर्मित वाक्य है जो स्त्री के उपयोग के लिहाज से बहुत शिथिल, बहुत भारी, बहुत औपचारिक है।"[1]

स्त्री की भाषा की खोज या विश्लेषण की पहली शर्त है कि स्त्री के पाठ को परम्परागत ढंग से न पढ़ जाये। स्त्री पाठ में निहित अस्पष्ट अर्थों को उद्घाटित करना चाहिए। स्त्री का पाठ

पढ़ते समय परिवेश मूल्यों और विश्वासों का बेहतर ज्ञान होना चाहिए, बगैर इसके स्त्री पाठ समझ में नहीं आयेगा। स्त्री के पाठ को पढ़ना, संवाद करना और संवाद के क्रम में ही अर्थ का सृजन होता है।

स्त्री भाषा में पितृसत्तात्मक समाज के दोहरे मापदण्डों, पितृक मूल्यों, लिंग भेद की राजनीति और स्त्री उत्पीड़न के अन्तर्निहित कारणों को समझने की भी गहरी दृष्टि प्राप्त होती है। उसने केन्द्रीय वर्चस्व, प्रभुत्व को चुनौती दी है, पितृसत्तात्मक नैतिकताओं को छिन्न-भिन्न किया है, उन प्रतिमानों की पड़ताल की है जो पितृक यानी स्त्री विरोधी हैं तथा इस लिंग भेद पर आधारित भाषा को तोडकर नई भाषा गढने की चेष्टा की है। सीमोन द बो उबार, केट मिलट, बैटी फरीडन, दूरीगैरे आदि ने स्त्री पाठ के प्रश्न को उठाकर विश्व चिन्तन में एक नई भाषा को जन्म दिया, पितृक मूल्यों को पहली बार समस्याग्रस्त ठहराया था। पश्चिम में देश की इस शुरुआत ने दुनिया में नारीवादी आन्दोलन को प्रभावित किया।

स्त्री जीवन की तमाम आहों को शब्दबद्ध करनेवाली कविता है समकालीन कविता। भ्रूणावस्था से लेकर जनाजा तक स्त्रियों की दर्द को, समस्याओं को दर्ज करके विद्रोह प्रकट करना समकालीन कवियों का लक्ष्य बन चुका है। हमारी परम्परागत शिक्षा प्रणाली, तथा पारिवारिक, सामाजिक, राजनीतिक, आर्थिक, तथा संस्कृतिक माहौल स्त्री की पतित स्थिति का एक महत्त्वपूर्ण कारण बन जाता है। इसके खिलाफ अपनी भाषा को तलाशते हुए स्त्री उन तमाम सत्ताओं का प्रतिरोध कर रही है जो उसे हाशिए पर ढकेल रही है।

"वुमन" स वर्ड में एनी लेक्लर्क ने जब कहा कि हमें भाषा की खोज करनी होगी अन्यथा हम नष्ट हो जायेंगी। तो वे दर असल उस भाषा से बाहर एक ऐसी भाषा को खोजने की बात कह रही है जिसमें स्त्रीत्व की रक्षा हो सके। समकालीन स्त्री-विमर्श में ऐसी भाषा को ही गढने की कोशिश कर रही है।

स्त्रियाँ पुरुषों की तुलना में ज़्यादा खामोश, कम से दखल अंदाजी करनेवाली, ज्यादातर इशारों की सांकेतिक भाषा में बोलती हैं। वे पुरुषों से ज़्यादा क्रियाओं का प्रयोग करती हैं वातचीत में प्रतिस्पर्धा के बजाय सहयोग की रणनीति अपनाती हैं। देरिदा के शब्दों में कहें तो यह "यस सर" की भाषा है जिसका प्रयोग स्त्रियाँ करती हैं। इसे बदलने के लिए स्त्री भाषा श्रमबद्ध है।

औरत बचपन से लेकर भेदभाव का पाठ सुनकर आ रही है। आरम्भिक दिनों से लेकर अन्त तक। इसका संकेत करते हुए सावित्री डाग कहती हैं–

"बचपन में ही
के हाथ में थमा दी थी
जीवन मेरे हाथ में झाड़ू
जब बड़ी हुई
पुरुष के पाँव की जूती या शय्या का श्रृंगार
गालियाँ खाती और पॉव दबाती मैं।"

आज हम उन्नति के आसमान छू रहे हैं, लेकिन नारी जीवन आज भी संकट में है। नारी-भ्रूण हत्या के विरुद्ध क्यों कानून बनाना पड़ा? समाज का रवैया तो आज भी पुरानी डगर पर चल रहा है। इस पर सवाल उठाते हुए निर्मला गर्ग अपना प्रतिरोध दर्ज करती हैं–

"क्या ले जाऊँ नवजात बच्ची के लिए मैं?

थोड़े से फूल-किसी फुलवारी से?
थोड़े से वाक्य-किसी कविता से
और यह विश्वास कि बड़ी होकर
देखेगी दुनिया को
वह अपनी नज़र से
तोड़ेंगी जंजीरें
माँगेगी आज़ादी
आज़ादी से कम कुछ, कुछ भी नहीं"[3]

पुरुषवर्चस्ववादी व्यवस्था के अनुसार औरत का काम घर संभालना और बच्चों को पालना है। सदियों से स्त्री अपना घर तलाश रही है पर अभी तक कोई ऐसी ज़मीन उसे नहीं मिली, जिसे वह अपना कह सकें। पुरुष हमेशा उसे अपना गुलाम बनाकर रखना चाहता है। इस अत्याचार को सुनीता जैन मार्मिक भाषा के ज़रिए व्यक्त करना चाहती है–

"गिलास भर पानी की देरी पर
तमकता है हिंसक जानवरसा
नहीं धुलते कपड़े या थाली में
नहीं जुटा पाती, उसकी रुचि
उलट देता है थाली चेहरे पर।"[4]

स्त्री हमेशा सब सहन करती है खासकर माँ पत्नी का किरधार। इसे बदलने का वक्त गुज़र चुका है आज की पीढ़ी इस तरह सब नियती समझकर सहने के लिए तैयार नहीं होती। वे खुले आम इसका विरोध करती हुई कहती हैं–

"माँ
तुमने अपने आपको मिटाकर
क्या पा? बोलो।
मैं
तुम्हारे रास्ते पर चलकर
खुद को खोना नहीं चाहती
बल्कि
तुम्हारी खोई हुई पहचान
तुम्हें वापस दिलाना चाहती हूँ।"[5]

इसी तरह अपने हक के लिए लड़ना आज की पीढ़ी जानती है वे चिल्ला चिल्लाकर सब व्यवस्था को चुनौती देती हैं–

"पर मेरी बेटियाँ
पहचानती है मेरी गलतियाँ
वे चिल्ला रही हैं पूरे ज़ोर से
सडक पर संसद में, सभाओं में, उनसे नहीं होगी भावुकता की भूल
वे बदलेगी सारी व्यवस्था समूल
वे मेरी सीमित सपनों में संशोधन लाएँगी और

चुप्पी को निर्भय उद्‌बोधन में बदल देंगी।"[6]

नारी को सिर्फ अपने परिवार से ही नहीं समाज के सभी क्षेत्रों में स्वतन्त्रता मिलना अनिवार्य है। स्त्री की मुक्ति का दायित्व खुद उसके ऊपर है। इसे शब्दबद्ध करते हुए निर्मला पुतुल कहती है–

"उठो कि
अपने अंधेरे के खिलाफ उठो
उठो अपने पीछे चल रही साजिश के
खिलाफ
उठो कि
तुम जहाँ हो वहीं से उठो
जैसे तूफान से बाँधडर उठता है
उठती है राख में दबी चिनगारी।"[7]

स्त्री जागरण के बिना अपने चारों तरफ के अंधकार को दूर करना असम्भव है। आगे न बढ़ने के लिए स्त्रियों के पंख काटनेवाली सामाजिक नीतियाँ आज भी लागू हैं। इसे वाणी दे रही हैं नग्मा जावेद–

"कविता में मैं
अपने जीवन के
उतार रही हूँ
कुछ पन्ने हैं
यह पन्ने मुझे-उस दौर की याद दिलाती हैं
जब
मेरे पंख काट डाले थे
बहेलिये ने।"[8]

अपने अस्तित्व की पहचान से ही नारी इन तमाम बन्धनों से मुक्त हो पायेगी। इस के लिए आत्मपहचान की ज़रूरत है। वे अपनी भाषा का इस्तेमाल करते हुए इसे तलाशती है–

"मुक्ति के चाहत को
सपनों की दुनिया से
बाहर लाना होगा
मुक्ति के चाहत को
बस चाहत ही बने रहने देना
बूढ़ा कर देगा
मुक्ति की चाहत को अदम्य लालसा ही नहीं
दुर्निवार ज़रूरत बनना होगा
उसे एक आदत में
ढलना होगा
कविता का लिबास उतारकर
उसे रोज़मर्रा की

ज़रूरत बनना ही होगा।"[9]

आज नारी अपने "स्व" के प्रति पूर्ण जागरूक और सचेतन है। साथ ही बौद्धिक दृष्टि से इतनी सक्षम कि तार्किक और तात्विक दृष्टि से वर्तमान स्थितियों का विश्लेषण कर नये युग, नये समाज, नयी व्यवस्था की स्थापना कर सके। वे स्वस्थ सामाजिक संरचना में व्यक्ति और परिवार की महत्त्वपूर्ण भूमिका को भलि भांति समझती हैं। अपनी यातना और दमन के इतिहास को समझने के साथ साथ वर्चस्व के वर्तमान रूपों और प्रयत्नों के विरुद्ध वह मुखर और सक्रिय है और एक-एक पहलू को कायदे से समझने को कहती है–

"एक दिन हमने कहा
हम भी इनसान हैं
हमें कायदे पढ़ो एक-एक अक्षर
सुनी हमें अनहद की तरह
और समझो जैसे समझी जाती है
नयी-नयी सीखी हुई भाषा।"[10]

आत्मबोध का स्वर आम निरीक्षण का भी है जिसमें भावों का उत्ताप अपनी पूरी जीवंतता के साथ निहित है। कवयित्री ने बड़ी संजीदगी और ललक के साथ अन्तर्मन को भावभीनी अभिव्यक्ति दी है। इसमें उद्वेग या उबाल नहीं खुद को खोजने की प्रक्रिया की सहज छटपटाहट है।

"क्या तुम जानते हो
एक स्त्री के समस्त रिश्ते का व्याकरण
बता सकते हो तुम
एक स्त्री को स्त्री दृष्टि से देखते
उसके स्त्रीत्व की परिभाषा?
अगर नहीं
तो फिर जानते क्या हो तुम
रसोई और बिस्तर के गणित से परे
एक स्त्री के बारे में?"

जहाँ स्त्री उपेक्षित और प्रताड़ित है वहाँ अस्मिता बोध का प्रश्न आता है। अस्मिता का संघर्ष वर्चस्ववाद के खिलाफ है।

उपभोक्तावादी संस्कृति के दौर में नारी छवि का प्रश्न महत्त्वपूर्ण है। इस नए परिदृश्य में नारी कुछ बदली दिख रही है। उपभोक्तवाद के बढ़ते वर्चस्ववाले समय में एक और नारी की मुक्ति छवि मीडिया द्वारा प्रचरित हो रही है, तो दूसरी ओर बहुराष्ट्रीय कंपनियों द्वारा नारी के श्रम और अस्तित्व को मूल्यहीन बनाने की नीति सामने आ रही है। व्यवसाय चलाना है तो स्त्री चाहिए। विज्ञापन, माडलिंग, फैशन, सिनेमा और फोनोग्राफी व्यवसाय तक में ही तो स्त्री चाहिए। दफ्तरों में भी तो स्त्री का इस्तेमाल होता है–

"सूरज चमकता है उनके दफ्तरों के बाहर
मौसम बदलते हैं उनकी खिडकियों से दूर
हवा नहीं छूती उन्हें कितने ही साल

पकते हैं बाल धूप के बिना ही
दफ्तरों में कैद लड़कियों के।"[12]

अपने पैर पर खड़े होने के बावजूद भी औरत आर्थिक शोषण का शिकार है। बेरोज़ होते हुए भी पुरुष उस पर हुकुम चलाता है इसका विरोध एवं अपने आक्रोश को नारी वाणी दे रही है। इस तरह के आर्थिक वैषम्य का शिकार निम्नवर्ग की महिलाओं को बनना पड़ता है–

आज वह
पिटकर आयी है
पैरों पर जैसे
ईंट बाँधी है
पहले वह चुप रहती है
फिर जैसे फटता
भीतर का अग्नि पर्वत
कमबख्त से नौकरी तो होती नहीं
मारता है हरदम
पैसे की आग
लगी रहती है कहता है तू
पैसा जोड़ती है रंडीठ
मुझे नीं देती
बीबी जी.... न कुछ करता है, न मरता
खाना तो देती हूँ
अब दा डिग्री भी दूँ लाकर?
....
सुनो, मधु किश्वर, और
फेमिनिस्ट सब भारत की
यह निम्नवर्ग की महिला है।"[13]

यह समाज का ऐसा अन्तर्विरोध है जो लैंगिक राजनीति को ही नहीं भाषा के पितृसत्तात्मक सामाजिक, सांस्कृतिक दृष्टिकोण को भी स्पष्ट करता है। भाषा में स्त्री विरोधी चेतना कैसे काम करती है। संस्कृत का नाट्य शास्त्र, रस सिद्धान्त, साधारणीकरण, नायिका भेद निरूपण आदि इसे अच्छी तरह उद्घाटित करता है। अतः स्त्री-विमर्श में भाषा के इस पितृ सत्तात्मक इतिहास को तोड़ा गया है। तत्कालीन परिवेश के खिलाफ कवि की प्रतिक्रियात्मक अभिव्यक्ति है। रचनात्मक उद्देश्य उपेक्षित एवं वंचित लोगों की पीड़ाओं, समस्याओं और प्रश्नों की अभिव्यक्ति है–

"मेरी माँ की जांघ
मेरी बहन की पीठ
और मेरी बेटी की छातियों को उधेड़ देता है
मेरी खुली आँखों के सामने
मेरे वोट से लेकर प्रजनन शक्ति
तक को नष्ट कर देता है।"[14]

राजनीतिक खोखलेपन का खुला चित्रण यहाँ किया गया है। जो एक नारी को सुरक्षा देने में असमर्थ है। इसलिए तो बलात्कार और वेश्या वृत्ति आज बढ़ रहे हैं। समाज में कहीं भी उसे स्थान नहीं मिलता है और वह संज्ञाहीन बनकर रहने के लिए विवश हो जाती है–

"न माँ
न बहन
न पत्नी
सब कुछ करीब-करीब
टूटे गये आलाप की तरह
वेश्या ऐसी संज्ञा है
जो सम्बन्धवाचक नही हो पाती
जिसमें विशेषण नहीं लगाते।"[15]

वासना के कितने बीभत्स रूप समाज में व्याप्त हैं। व्यक्ति कितना पतित है, जो अपनी पुत्रि या पौत्री की उम्र की अबोध बालिका को अपने ध्वंस का शिकार बनाता है। अनामिका इसका मार्मिक चित्रण इस तरह करती है–

"अंकल, तुम सारी बहुत हो
अच्छा एक चौकलेट खिला दो
अंकल, तुम्हारी भी बेटी है?
अच्छा बोलो, उसका क्या नाम?
वह भी मेरे-जैसी मज़ेदार है क्या बोलो तो।"[16]

इन पंक्तियों में प्रस्तुत सवाल हृदय हिला देनेवाले हैं यह संवाद एक या दो बालिका का न होकर ऐसी असंख्य बालिकाओं का है जो या तो बलात् या फिर किसी विवशता में यह कार्य करने को बाध्य है।

बच्चे से लेकर बूढ़ा तक उपयोगीवादी संस्कृति का शिकार है। बूढा होते ही उसे नज़र अंदाज़ करने लगता है बोझ समझने लगता है। कितनी माएँ इसी लापरवाही की शिकार हैं। नारीवादी कलम इन जुल्मों का भी ब्यौरा प्रस्तुत कर रही है–

"अपने अन्तिम दिन भी
सुबह सवेरे
स्वयं ही फोन मिलाकर
बेटों से गिडगिड करती
जी खबराब है चार बजे से
आज जल्दी
और उसके आने-आने तक
धरती पर छूटे मुँह से
दाँत गिरानी
याद मुझे आती है उसकी।"[17]

नारी कविता में सामाजिक व्यवस्था के प्रति अक्रोश व्यक्त करती है। पुरुष वर्चस्ववादी ने नारी जीवन की सारी रोशनी छीनकर उसे अंधेरों के हवाले कर दिया है। लड़कियों पर हज़ार

बन्दश निगाहों के सौ-सौ पहरे-बचपन से ही उनके व्यक्तित्व को बैना बनाने की साजिश रची जाती है। इसके खिलाफ अपनी चुप्पी को वाणी देने के लिए कवयित्री कहती हैं–

"एक साजिश रची गये
बारूदी सुरंगों बिछाकर
उडा दी जाये
चुप्पी की दुनिया।"[18]

ऐसे पुरुषवर्चस्ववादी नियम का प्रतिरोध भाषा से दर्ज कर रही है–

"न बिखूँगी, चट्टान हूँ मैं
तोड़ने की कोशिश
कर लो
चाहे जितनी
निखर उठूँगी हर बार
शिल्पकारी की मूर्ती बन।"[19]

स्त्री को कमज़ोर समझनेवाले हर नियमों को जलाकर राख करने के लिए स्त्री भाषा आज आह्वान दे रही है। इसके लिए कवि विद्रोह की भाषा प्रकट करते हैं–

"मैं कमज़ोर कविताएँ
लिखना नहीं चाहती
मैं
अन्दर से धुआँ तो कबाड़ से
गर्मी पैदा कर
बीज पकाना चाहती हूँ
जंगल जलाना चाहती हूँ।"[20]

इनसान की हैसियत से जीने की कामना को भी कवयित्री मार्मिक ढंग से प्रस्तुत करती हैं। उम्मीद से भरी भाषा में वे यों प्रकट करती हैं–

"रीता की बेटियाँ
ज़मीन पर ज़िदा रहती हैं
न सपनों में जीती हैं
न कल्पना में उड़ती हैं
न चिन्ता ज़रूर करती है
बस
जीना चाहती हैं।"[21]

स्त्री जीवन अपने-आप में युद्ध है। उसे इनसाफ मिलना है तो अपने स्वतन्त्रता और अधिकार के प्रति उसे संकल्प बद्ध रहना होगा। स्त्री को अपने-आप में मज़बूत बनाने के लिए कवयित्रियाँ सशक्त भाषा का गढन कर रही हैं–

"संकल्प चाहिए
अद्‌भुत अन्तहीन
इस सान्द्र, क्रूरता भरे अंधेरे में

जीना ही क्या कम है
एक स्त्री के लिए
जो वह
रचने लगी
कविता।"[22]

स्त्री को हमेशा परम्परा के नाम रीति-रिवाज़ के नाम पर दबाया गया है। कई पैराणिक पात्रों का उल्लेख करते हुए स्त्री कैसा होना है इसका पाठ समाज सिखाता है। इस मिथक प्रतीकों का इनकार करते हुए नकार की भाषा को अपनाते हुए पुरुष वर्चस्व समाज से कवयित्री कहती हैं–

"अब कोई सीता न देगी अग्नि परीक्षा यहाँ
राम यदि विश्वास हो तो आकर
हाथ थाम लो
तुम पुरुष हो, वह स्त्री बस इसलिए
सीता को अग्नि की वेदी परीक्षण
अपनी महानता का प्रमाण दे दिया तुमने।
लग दिया दाँव पर पत्नी को दस-दस बलिष्ठ हाथों में
अब कोई द्रौपती धॉव पर न लगाई जायेगी
यह तुम्हारी व्यक्तिगत सम्पत्ति नारि कि
जब चाहा, जहाँ चाहा उठाकर दे दिया।"[23]

इस तरह देखा जाये तो ज़ाहिर है कि स्त्री को अपनी भाषा गढने के लिए पुरुष सत्ताकेन्द्रित भाषा से लगातार टकराना होगा। शिशन केन्द्रित शब्द और वाक्य जो सार्वजनिक और व्यक्तिगत स्तर पर स्त्री को निर्वाक बनाते हैं उसके मकडजाल को काटना होगा। कुछ लोगों की धारणा है कि इस तरह से भाषा से सायास शब्दों को नहीं निकाला जा सकता। भाषा का निर्माण एक लम्बी सामाजिक प्रक्रिया का अंग है अगर स्त्रीवादी विमर्श के मुद्दे ज़िन्दा रहें तो भाषा स्वयं विकास के क्रम में पुराने और रूढ़ पितृसत्तात्मकता को व्यंजित करनेवाले शब्दों को छोड़ देगी। किन्तु स्त्रीवादियों ने इस स्वाभाविक विकास के भरोसे भाषा के निर्माण की प्रक्रिया को न छोड़कर एक अलग भाषा के निर्माण की चेष्टा की है।

समकालीन सन्दर्भ में नारी की अनेक अभिव्यक्तियाँ रूपायित हुई हैं। हर वर्ग, हर क्षेत्र, नारी सम्बन्धी समस्यायें नारी भ्रूण की हत्या से लेकर वृद्धाओं की उपेक्षा, विधवा समस्या, कार्यालय स्थल पर उसकी अवमानना एवं शोषण, स्त्री से इतर प्रकृति दर्शन, आध्यात्म तथा दुनिया की हर चीज़ व पक्ष पर इन कवयित्रियों ने निःसंकोच लेखनी उठायी है। राजनीतिक, सामाजिक, आर्थिक शोषण एवं आधुनिक जीवन की तमाम विसंगतियाँ तथा विडम्बनाएँ आज स्त्री भाषा का विषय बन रही हैं।

## सन्दर्भ

1. World Virgria women & Fiction, The feninits exptiave, Edn Comeron.... वर्जीनिय वूल्फ, पृ. 50।
2. मधुमती, जनवरी, 2003।
3. हंस, जनवरी, 2000।

4. संवेतना, सितम्बर, 1996।
5. नग्मा जावेदा, साक्षी है मेरी आँखें, पृ. 32।
6. ममता कालिया, खाँटी घरेलू औरत, पृ, 78।
7. निर्मला वर्मा, अपनी घर की तलाश में, पृ. 10।
8. नग्मा जावेद, स्त्री है मेरी आँखें, पृ. 9।
9. कात्यायनी, जादू नहीं कविता, पृ. 174।
10. अनामिका, खुरदरी हथेलियाँ, पृ. 13, 4।
11. निर्मला पुतुल, नगाडे की तरह बजते शब्द, पृ. 7।
12. गगन गिल, एक दिन लौटेगी लड़की, पृ. 14।
13. सुनीता जैन, यहीं कहीं पर, पृ. 297।
14. आलोक धन्वा, दुनिया रोज़ बनती है, पृ. 33।
15. अंशु मलिक, वेश्या, पृ. 22।
16. अनामिका, चौदह बरस की कुछ सेक्स, पृ. 69, 70।
17. सुनीता जैन, यहीं कहीं पर, पृ. 126, 127।
18. कात्यायनी, सात भाइयों की बीच चंपा, पृ. 41।
19. मधुमती, जनवरी 2003।
20. इन्द्र जैन, यहाँ कुछ हुआ तो था, पृ. 47।
21. रमणिका गुप्ता, भीड़ स्तर में चलने लगी है, पृ. 58।
22. कात्यायनी, इस पैरुषपूर्ण समय में, पृ. 55।
23. दीप्ति मिश्र, है तो है, पृ. 52, 53।

# आडुजीवितम– एक विश्लेषणात्मक अध्ययन

*सोणिता एस. सराफ*

समकालीनता एक प्रगतिशील दृष्टिकोण है जिससे तात्पर्य है समय के साथ सार्थक सरोकार, अर्थात मानवकल्याण के उद्देश्य से अपने समय की विसंगतियों को पहचानना और उसके प्रति प्रतिरोध ज़ाहिर करना। समकालीन साहित्य समाज, संस्कृति, व्यक्ति आदि के प्रति सदैव जागरूकता रखनेवाला साहित्य है। इसके व्यापक परिप्रेक्ष्य में सामाजिक समुदायों एवं समूहों द्वारा अपने अस्तित्व को बनाए रखने के लिए किए जा रहे विभिन्न संघर्षों को नए दृष्टिकोण से देखने एवं उसे ऐतिहासिक दृष्टि एवं नवीन रूप से वर्तमान समय में व्याख्यायित करने की चेतना दिखाई पड़ती है। वह इंसानी ज़िन्दगी को बेहाल कर देने वाली समस्याओं, मानव व्यक्तित्व को कुंद कर देने वाली शक्तियों और मनुष्य की दुःप्रवृत्तियों की पहचान करती हुई उससे बाहर निकालने के मार्ग को खोजती भी है। यह भी उल्लेखनीय है कि समकालीन साहित्य में उससे पहले के साहित्य में जो लोग या वर्ग हाशिये में थे, उन सबको केन्द्र में लाते हुए उनके प्रतिरोध एवं जिजीविषा को सामने लाने का प्रयास किया गया है। यह प्रयास स्त्री, दलित, पर्यावरण, कृषक, प्रवासी जैसे सभी वर्ग की समस्याओं की आवाज़ बनकर सामने आयी। इसमें प्रवासी साहित्य एक ऐसा विषय है, जो बाह्य रूप से भले ही सुनहरा लगता है पर इसकी गहराइयों में झाँकने पर कई अनकही परतें खुल जाती हैं। प्रवासी साहित्य में उन लोगों के जीवन यथार्थ का चित्रण किया जाता है, जो अपनी जन्मभूमि से दूर किसी दूसरे देश या बेगानी धरती पर जाकर बस जाते हैं। 'प्रवास' वास्तव में परिस्थिति विशेष पर आधारित होता है। इसका कारण किसी देश की सामाजिक, राजनीतिक और आर्थिक परिस्थितियाँ भी हो सकती हैं। बेगानी धरती पर रहते हुए भी उनके मन में स्वदेश के प्रति एक प्रकार का लगाव होता है जो उन्हें सदैव जन्मभूमि से जोड़ कर रखता है। इन्हीं संवेदनाओं से अवगत कराते हुए प्रवासी साहित्य उनकी आशा, आस्था, विश्वास, निराशा, संघर्ष, व्यथा आदि से परिपूर्ण चित्र प्रस्तुत करता है। प्रत्येक भाषा के साहित्य की हर एक विधा में प्रवासी जीवन के विभिन्न पहलुओं का पर्दाफ़ाश किया गया है। असंख्य लोगों के प्रवास के कारण मलयालम साहित्य में भी इसका विशेष योगदान है। मलयालम साहित्यकारों में 'बेन्यामिन' प्रवासी साहित्य की दिशा में ख्यातिप्राप्त रचनाकार है। उन्होंने 'आडुजीवितम' नामक उपन्यास द्वारा प्रवासी जीवन का जो आयीना दिखाया है, वह प्रवासी जीवन से सम्बन्धित सभी अवधारणाओं को तहस-नहस करने वाला है।

'बेन्यामिन अथवा बेन्नी डैनियल' मलयालम साहित्य के श्रेष्ठ एवं प्रतिष्ठित लघु कहानीकार एवं उपन्यासकार हैं। उनका जन्म सन् 1971 में दक्षिण केरल के नेटूर, कुलनडा में हुआ था। साहित्य के क्षेत्र से उनका किसी प्रकार का सम्बन्ध न होने के बावजूद वे इंजीनियर से धीरे-धीरे साहित्य लेखन की ओर अग्रसर हुए। 21 वर्ष की आयु में रोज़गार के लिए सउदी अरेबिया में

बसना वास्तव में साहित्य के क्षेत्र में उनके रुझान को बढ़ाने की दिशा में एक महत्त्वपूर्ण कदम सिद्ध हुआ। इस दौरान उन्होंने अपना काफी समय नई पुस्तकें पढ़ने में और उन पुस्तकों ने उन्हें किस प्रकार प्रभावित किया इसे अपने मित्रों को लम्बे पत्र लिखकर बताने में लगाया। आगे चलकर लेखक खुद यह कहते हैं कि साहित्य लेखन की दिशा में यह पत्र लेखन ही उनका पहला पड़ाव रहा। आडुजीवितम, प्रवाचकनमारुडे रेंडाम पुस्तकम, अक्कपोरिंटे इरुपतु नस्राणी वर्षंगल, मंजावेयिल मरंगल, इरुंड वनस्थलिकल आदि उनकी कुछ उल्लेखनीय रचनाएँ हैं। इस प्रकार अब तक छह उपन्यास एवं लघु कहानी संकलन सहित उनकी 15 पुस्तकें प्रकाशित हो चुकी हैं। उन्हें 'केरल साहित्य अकादमी पुरस्कार' (2009), 'मैन एशियन लिटररी पुरस्कार' (2012), 'पद्मप्रभा साहित्यिक पुरस्कार' (2015), 'जेसीबी प्रैस फॉर लिट्रेचर' (2018), 'मुट्ठत्तु वर्की पुरस्कार' (2019) आदि से सम्मानित किया गया है। उनकी कई रचानाओं का विभिन्न भाषाओं में अनुवाद भी किया जा रहा हैं, जिसकी पठनीयता ने आज उन्हें प्रादेशिक रचनाकार से विश्व स्तरीय रचनाकार घोषित कर दिया है।

बेन्यामिन उस कोटि के उपन्यासकार हैं जो बदलती परिवेश को ध्यान में रखते हुए तत्कालीन समाज की अपेक्षा एवं प्रवृत्ति के अनुसार अपने आपको ढालने में सक्षम है। उनकी सोच थी कि दुनिया बदल गयी है, आधुनिकता को व्यक्त कराने वाली भाषा, सोच एवं भावनाओं से इस बदली दुनिया की संवेदनाओं को महसूस नहीं कराया जा सकता। इसलिए इस विचार के साथ साहित्य हेतु पुनर्निर्धारित अवधाराणाओं के चंगुल में न पड़कर उन्होंने अपनी रचनाओं में सीधी एवं सरल भाषा का प्रयोग किया ताकि यह अधिक से अधिक लोगों तक आसानी से पहुँच सकें। परिणामस्वरूप यही उनकी सबसे बड़ी खासियत सिद्ध हुई और उनकी रचानाओं को बच्चों से लेकर बुजुर्गों तक सामान रूप से पढ़ा जाता है। उनका मानना हैं विवरण जितना सरल एवं जटिलतारहित होगा, पाठक उतने ही उसकी ओर खींचे चले आयेंगे। उन्होंने सदैव अपने रचनाकौशल को एक ही दिशा में सीमित न करके पाठकों की अपेक्षाओं पर खरे उतरते हुए विभिन्न विषयों में झाँकने का प्रयास किया है। उनका मानना हैं कि केरल से गल्फ जैसे देशों में जाकर बसने वालों का लम्बा इतिहास होने के बावजूद उनके जीवन का परिचय देने वाले साहित्य की संख्या नगण्य है। 'आडुजीवितम' प्रवासी जीवन पर आधारित उनकी विख्यात एवं प्रतिष्ठित रचना है। इस उपन्यास को मलयालम साहित्य में ही नव लहर लाने में अग्रदूत होने के साथ-साथ युवा पीढ़ी में साहित्य के प्रति उत्सुकता पैदा कराने का भी श्रेय दिया जाता है। इस उपन्यास की सबसे बड़ी विशेषता है कि यह काल्पनिक न होकर वास्तविक घटना पर आधारित है। 'नजीब' नामक केन्द्रीय पात्र के माध्यम से रोज़गार की तलाश एवं बेहतर आर्थिक स्थिति को प्राप्त करने की लालसा में बेगानी धरती पर बसने वाले भारतीय लोगों के संघर्ष एवं अतिजीवन का यथार्थ प्रस्तुत किया गया है। 'नजीब' उन सभी का प्रतिनिधित्व करता है, जो बेहतर जीवन स्थिति का सपना लेकर मज़बूरन विदेश चला जाता है और फिर वहाँ इस प्रकार फँस जाता है कि उससे निकल पाना ही उनका एकमात्र सपना बनकर रह जाता है।

आडुजीवितम उपन्यास नजीब की कहानी है, या फिर यह कहना उचित होगा कि इस उपन्यास में नजीब की ज़िन्दगी का एक अध्याय ही प्रस्तुत किया है। सभी केरल वासियों की तरह नजीब भी अपने परिवार को छोड़कर रोज़गार के लिए रियाद जाता है। लेकित उन्हें यह अन्दाजा भी नहीं था कि वहाँ जाकर उनकी पूरी ज़िन्दगी ही उथल-पुथल हो जायेगी। नजीब को एक रेगिस्तान

में बकरी, भेड़ एवं ऊँट की देखभाल करने वाले गड़रिए के काम पर लगा दिया जाता है। लेकिन वह गड़रिया नाम मात्र के लिए था वास्तव में वहाँ उसकी स्थिति किसी गुलाम से भी बदतर थी। अरबाब, जिन के लिए नजीब काम करता था, वह बहुत ही निर्दय एवं बेरहम व्यक्ति था। अरबाब ने दिन रात, धूप-वर्षा हर समय उससे काम करवाया और उसे सभी प्रकार की आधारभूत सुविधाओं से भी कोसों दूर रखा। नजीब का जीवन अरबाब, बकरी, भेड़, ऊँट, एकाकीपन आदि के इर्द-गिर्द ही घूमने लगा। वह हर प्रकार की मानवीय संवेदना एवं आवश्यकताओं से वंचित था, यहाँ तक कि वह किसी इंसान से बात करने के लिए भी तरसने लगा। अरबाब इस प्रकार उससे डरा फुसलाकर काम करवाता था कि नजीब कभी वहाँ से निकल नहीं सकता था। यदि कभी उसने भागने की भी कोशिश की तो वह रेगिस्तान इतना विशाल था कि एक नहीं तो अरबाब उसे पकड़ लेता, या फिर रास्ता भटककर वह कहीं ओर फँस जाता। इस नए जीवन के साथ घुलने मिलने के अलावा उसके पास कोई चारा ही नहीं था। फिर भी नजीब को अल्लाह के प्रति भरपूर विशवास था। वह मरना नहीं चाहता था, पर सही समय का इंतज़ार करता गया और आखिर में एक दिन अरबाब के चंगुल से निकल ही जाता है। तब भी मुश्किलों ने उसका पीछा नहीं छोड़ा। उसे सामना करना था घने मरुस्थल का। उपन्यास के अन्त में नजीब सही सलामत इन सभी जोखिमों को पार कर निकल जाने में सफल होता है। इस उपन्यास में ऐसे कई मुद्दे हैं, जिन के सम्बन्ध में गम्भीर रूप से सोचने एवं समझने की आवश्यकता हैः

## प्रवासी जीवन का पर्दाफ़ाश

प्रवास कई कारणों से किया जाता है। कभी कोई नवीन अवसरों की तलाश में बढ़िया ज़िन्दगी व्यतीत करने के लिए अपनी मर्जी से करते हैं तो कभी कोई दो जून रोटी एवं अपने परिवार एवं बच्चों के उज्वल भविष्य के लिए मज़बूरन अपनी धरती को छोड़कर दूसरे देश की धरती पर जाकर बस जाते हैं। लेकिन यह भी सच्चाई है कि परदेस में जाने वाले हर किसी की ज़िन्दगी एक समान सुख एवं समृद्धि से परिपूर्ण नहीं होती है। इस उपन्यास में नजीब भी इसी का शिकार है। नजीब को जब किसी दोस्त से यह पता चला कि, यदि कोई गल्फ जाना चाहे तो एक वीज़ा तैयार है, उसका भी दिल बहक गया। वह सोचने लगा "कब से इस पानी में दम घुटने वाली जिन्दगी जी रहा हूँ। एक बार जाने में क्या हर्ज़ है। बहुत सारे दिनों के लिए थोड़ी न जाना है। बचे कुचे कर्ज उतारने है। घर में एक ओर कमरा बनवाना है। बस सभी साधारण से मलयालियों की साधारण से सपने"। नजीब अपनी आर्थिक स्थिति में थोड़ा सा सुधार लाना चाहता था। उसकी बीवी पेट से थी, फिर भी इस बात को सुनकर वह भी खुश हो जाती है और खुद अपने पति की जाने की तैयारी में साथ दे देती है। उनका मानना था कि गल्फ जाने पर सबकी ज़िन्दगी में एक दम से सुधार आ जायेगा और इसे अपना गौरव के साथ भी जोड़ देते हैं। ऐसी अवधारणा है कि परिवार में से कोई अगर विदेश में है तो समाज में उन्हें एक प्रकार का सम्मान दिया जाता है। इसी का फायदा उठाकर ऐसे कई लोग भी सामने आते हैं, जो वीज़ा की व्यवस्था कर देने का वादा करके फरार हो जाते हैं। नजीब को भी अपने मन में इस बात को लेकर थोड़ी चिन्ता अवश्य थी। फिर भी वह किसी प्रकार जाने की पूरी व्यवस्था कर देता है। नजीब अपनी बीवी के गहने और घर के कागज़ात गिरवी रखकर, किसी किसी लोगों से पैसा उधार लेकर पैसा इकट्ठा करके अपने जाने की व्यवस्था आखिर में कर ही लेता है। दरअसल ये लोग विदेश में बसने वाले लोगों की

ज़िन्दगी का एक ही पहलू देखा है। ये लोग उस बेरहम एवं भयावह पहलू से अवगत है ही नहीं, जो उन्हें कहीं का भी नहीं रहने देता है। रियाद पहुँचकर जब तक वह समझ पाता कि उसका जीवन अंधकार की ओर जा रहा है, बहुत देर हो चुकी थी। अरबाब ने उसे दूर रेगिस्तान में ले जाकर भेड़, बकरियों के बीच बाँध दिया था। वहाँ पर उस के लिए न रहने का कोई प्रबन्ध था और उसे सभी प्रकार की मूलभूत सुविधाओं से भी वंचित रखा गया। यह कहना सही होगा कि वहाँ इंसान से ज़्यादा जानवरों की स्थिति बेहत्तर थी। बकरियों को समय पर खाना, पीना, आराम, सैर सब की व्यवस्था थी पर नजीब के हिस्से में खूबूस (रोटी) के अलावा और कुछ भी नहीं था। पहले पहले उसने भी वहाँ से भाग निकलने के बारे में सोचा लेकिन दिमाग में आया, "भाग सकता हूँ.... पर आखिर कहाँ तक भाग पाउँगा? किस रास्ते? कोन सी दिशा में? किस देश में? मैं कुछ नहीं जानता..."। प्रवासी जीवन के उस दूसरे पहलू में नजीबी की भी भूमिका पक्की हो गयी थी। अरबाब उसे मार पीटकर, बन्दूक दिखाकर डरा धमकाकर एक मिनट की भी आराम दिए बिना काम कराता गया। लेकिन नजीब की किसी भी जरूरतों का उन्होंने बिलकुल ख्याल नहीं रखा। शुरुआती दिनों में अरबाब के साथ साथ उसे भेड़ों का भी अत्याचार एवं टोक्करें सहनी पड़ती थीं। नजीब के पास बात करने के लिए भी कोई नहीं था। धीरे-धीरे वह उन परिस्थितियों को मजबूरन अपनाने लगा। भेड़, बकरी उसके सगे सम्बन्धी बनने लगे। फिर भी अल्लाह के प्रति उसके मन में असीम श्रद्धा थी। नजीब सोचता है, "बाद में अक्सर मुझे हैरानी होती थी कि कैसे कोई एक घूँट पानी और आराम के बिना इस झुलसाने वाली गर्मी में इतनी देर रह पाता है। किसी भी मुश्किल में जीने की अदम्य इच्छा एवं अल्लाह के प्रति असीम श्रद्धा ने ही मुझे उस वक्त ज़िन्दा रखा"। नजीम मरना नहीं चाहता था, उसमें विशवास था कि अल्लाह ज़रूर उसकी मदद करेंगे। आखिरकार जीत उसके विश्वास की ही हुई। लेकिन नजीब के साथ जाने वाला हकीम इस दौड़ में पीछे रह गया। वह अपने अरबाब से तो बच निकला, लेकिन भीषण मरुस्थल से अपनी लड़ाई में उसको हार माननी ही पड़ी। उसका जीवन का अन्त वहीं पर हुआ। ऐसे कई लोग होते हैं जिनका जीवनकाल इस प्रकार से समाप्त हो जाता है लेकिन उनके बारे में न अपनों को पता चलता है न किसी और को। नजीब के साथ जो विरूपी इंसान रहता था उनकी भी यही स्थिति रही। साथ में रहते हुए भी नजीब को बिलकुल भी भनक नहीं लगी कि उस विरूपी को अरबाब ने मार दिया है। नजीब खुद यही सोचकर उसे कोसता रहा कि वह अकेले भाग गया। एक बार कोई इस जाल में फँस गया फिर निकलना एक सपना बनकर रह जाती है।

### निर्दयी अरबाब

विदेश जाने की वीज़ा का प्रबन्ध करना ही लोगों के लिए बहुत मुश्किल काम है। फिर भी वे अपना सब कुछ दाँव पर लगाकर किसी एजेंसी की मदद से वीज़ा एवं टिकट का प्रबन्ध करके विदेश जा बसते हैं। वहाँ उन्हें वीज़ा भेजने वाले स्पॉन्सर या अरबाब के अधीन काम करना पड़ता है। विदेश आते ही सबसे पहले अरबाब उनका पासपोर्ट पर कब्जा कर देता है जो शोषण की ओर उसका सबसे बड़ा षड्यन्त्र है। पासपोर्ट के बिना कोई भी वापस लौट नहीं सकता, इसी का फायदा उठाकर उन पर अत्याचार किया जाता है। आम तौर पर यही होता है कि स्पान्सर अपने वीज़ा पर आये लोगों को खुद हवाई अड्डे से अपने साथ लेकर जाते हैं। नजीब के मामले में हुआ यह कि वह दुर्भाग्य से अपने इस अरबाब के पास फँस गया था।

दुर्भाग्य से उनके पास जो स्पॉन्सर आया उन्हीं के साथ नजीब और हकीम चल पड़े और दोनों अलग अलग जगह पर गडरिए के काम पर लग गये। नजीब और हकीम दोनों का अरबाब बहुत ही निष्ठुर थे। नजीब पर पहले दिन से ही अत्याचार शुरू हो गया था, कभी बिना इजाज़त के थोड़े से दूध पीने के जुल्म में तो कभी शौच करने के बाद धोने के लिए पानी लेने के जुल्म में और कभी कभी अनुभव के अभाव के कारण भेड़, बकरियों की ठीक से देखभाल न करने की जुल्म। यही नहीं नजीब जब भी बकरियों को चराने लेकर जाता, अरबाब पहले ही चेतावनी दे देता था कि उसकी नज़र सदैव उसपर होगी इसलिए भागने के लिए किसी प्रकार की होशियारी करने के बारे में सोचना भी मत। चराने के लिए जाते ही अरबाब बाईनोकुलर लेकर बैठ जाता था कि कहीं वह भाग न जाये। नजीब कहता है, "हकीम का अरबाब मेरे अरबाब से भी ज़्यादा बावला था। उस पर किए जाने वाले अत्याचारों के बारे में वह कभी कभी आकर मुझे बता देता था। चेहरे पर गर्म पानी डालना, बाल जड़ से उखाड़ देना, पिछवाड़े में रॉड घुसाना, छाती पर लात मारना, चारे के पानी में सिर डुबाना जैसे उसके अरबाब के मनोरंजन थे अनेकानेक।"

अरबाब वर्ग के लोग बहुत स्वार्थी स्वभाव के होते हैं। उन्हें सिर्फ अपने काम से मतलब है। मात्र इंसान नहीं जानवर भी इनके शोषण का शिकार है। बकरियों को कभी भी उनके बच्छड़ों के साथ रहने नहीं देता है। बच्छड़ों को जन्म देते ही दोनों को अलग करके दूर किया जाता है और सभी प्रकार की मातृ भावनाओं से भी वंचित किया जाता है। अरबाब को सिर्फ अपनी फायदे से मतलब है। वह चाहे इंसान हो या जानवर। एक बार नजीब कहता है, "अरबाब ने मुझे तम्बू में बुलाया। अन्दर बैठने भी कहा। मैं हैरान हो गया। आज रात हमारे बड़े अरबाब की बेटी की शादी है। इसलिए हम दोनों यहाँ पर नहीं रहेंगे। तुम्हें बिना सोए बकरियों का ध्यान रखना है। सियार आयेगा। सांप आयेगा। चोर भी आ सकते हैं। तुम्हें सब कुछ संभालना है। सुबह तुम्हारे लिए खाने में खूबूस, बिरियाणी और मजबूस ला देंगे। सुन लिया न। तुम मेरे सबसे विश्वसनीय सेवक हो। तुम जैसा अच्छा नौकर मुझे आज तक नहीं मिला है। बाकी सब कामचोर थे। तुम बहुत अच्छे हो। मुझे तुम पसन्द हो। अल्लाह तुम्हारी रक्षा करेंगे।" यह वही अरबाब है जिसने नजीब को एक बछड़े को उसकी माँ का दूध पिलाने के जुल्म में खूब मारा-पीटा था। उसमें किसी के प्रति कोई लगाव नहीं है। उपर्युक्त वार्तालाप का मात्र एक ही नीयत था नजीब की वफादारी का शोषण करना। कभी यदि कैसे भी हिम्मत बटोरकर उनके खिलाफ आवाज़ उठाने पर अरबाब लोग अपने सेवक का जान भी लेने से नहीं हिचकते हैं। नजीब के साथ रहने वाले उस विरूप की मौत ही इसका सबसे बड़ा उदाहरण है। शायद उस बेचारे ने भी भाग जाने की कोशिश की होगी जो सबसे बड़ा अपराध है और उसे मृत्यु दंड की सज़ा सुनाई गयी।

## बकरी सा जीवन

नजीब बहुत से सपनों के साथ विदेश गया था। साधारण लोगों के लिए विदेश उर्वर भूमि है, जहाँ उनकी सारी समस्याओं का हल एक दम से निकल जाता है। प्रवास के लिए तैयार प्रत्येक व्यक्ति इसी विचार से निकल पड़ता है कि थोड़ा बहुत पैसा कमाकर वापस अपनों के पास आ जायेंगे। लेकिन प्रवास एक ऐसी गाँठ है, जिसे सुलझाना बहुत ही मुश्किल है। रियाद पहुँचकर अरबाब के साथ जाते समय नजीब सोचता है, "मैं अपने अरबाब की गाडी में बैठा हूँ। उनके हाथ में मेरा भविष्य सुरक्षित एवं उज्वल है। फिर समय के बारे में सोचकर क्यों परेशान होना....?"

नजीब को अपने अरबाब पर पूरा विश्वास था पर अरबाब के बेरहम व्यवहार से पहले दिन ही यह साबित हो चुका था कि यह सिर्फ उसका एक वेहम है, जो उस दिन दूर हो भी गया।

नजीब बकरी, भेड़ आदि के बारे में कुछ नहीं जानता था। वह खुद कहता है कि उसने बकरी अवश्य देखी है लेकिन उसे कैसे पाला जाता है, दूध कैसे निकाला जाता है आदि के सम्बन्ध में उसका ज्ञान शून्य है। विरूपी के गायब होने के बाद सभी काम नजीब को अकेले करना पड़ा। इस काम की अज्ञानता के कारण और जानवर भी किसी अनजान व्यक्ति के साथ शीघ्रता नहीं खुल मिल पाते हैं, इसका भी असर उसके काम पर पड़ा। इसका परिणाम यह हुआ कि नजीब को बकरियों के पीछे पीछे भागना पड़ा और उनके बहुत सारी टोकरें भी खानी पड़ी। इसी के साथ अरबाब की मार पीट अलग से। लेकिन नजीब हार मानने वालों में से नहीं था उसने आखिर में यह कला सीख ही लेती है। पहले बकरियों की देखभाल करना नजीब के लिए मात्र एक काम था लेकिन मानव स्वाभाव ही ऐसा है कि उनको किसी के साथ भी कुछ दिनों के लिए रहने दो, वे उनके साथ एक प्रकार के रिश्ते में जुड़ जाते हैं। नजीब के साथ भी यही हुआ। चलते चलते वह उन बकरियों के साथ अपनी एक अलग दुनिया बनाने लगा। बीच बीच में बकरियों के साथ थोड़ा नोकजोक जरूर होती थी। पर इन सब से उनके बीच एक अपनापन पनप रहा था। एक बार जब बकरी के टोकर से नजीब घायल हुआ, गिडगिडाकर कहने से भी निर्दयी अरबाब ने उसे एक वक्त का आराम नहीं दिया। वहीं दूसरी तरफ बकरियों से कुछ न कहने के बावजूद उन बेजुबान पशुओं ने उसकी स्थिति को समझा। तब खुद नजीब को यह एहसास हुआ कि, "सच कहे तो मुझे लगता है कभी कभी बकरियों को भी इंसान से ज़्यादा बातें समझ में आती हैं। जो भी हो उस दिन रमणी मेरे खातिर चुपचाप खड़ी रही।" फिर नजीब के मन में उन बकरियों के प्रति लाड, प्यार, लगाव जैसी भावनाएँ उमड़ने लगीं। उसने हर एक बकरी को प्रत्येक-प्रत्येक नाम दिया और वह कहता है, "मैं उनसे मेरे अपनों के जैसे बातें करता रहा। उसमें मेरे आंसू, मेरा दर्द, मेरा दुःख, मेरी भावना, मेरे सपने थे। मैं नहीं जानता कि वे कुछ समझ पा रहे हैं कि नहीं। पर वे मुझे सुनेंगे। आँखें उठाकर मेरी तरफ देखेंगे। मेरे साथ आंसू बहायेंगे। मेरे लिए यही काफी था।" यहाँ तक नजीब यह मानने लगा कि वह खुद भी उन्हीं में से एक है। एक दफा उस मसरे में एक इंसान को देखकर नजीब बहुत खुश हो उठता है। उसकी मन में उम्मीद की किरण जाग उठती है। लेकिन जब उसी इंसान ने नजीब पर बिलकुल ध्यान नहीं दिया वह खुद पर खुद यहीं सोचकर तसल्ली कर ली कि, "मुझसे पहले यहाँ मेरे जैसे कितने ही 'बक्रे' फँस चुके होंगे। शायद उनमें किसी को बचाने की कोशिश का अंजाम उनके मन को अखर रहा होगा।" इस सन्दर्भ में नजीब ने परिस्थितियों के दबाव से फँस जाने वाले उन वेचारी बकरियों की ओर इशारा करते हुए खुद बक्रा जैसे महसूस करने का बोध दिला रहा था।

बकरियों के साथ रहते-रहते नजीब बकरियों के जीवन से भलीभांति वाकिफ हो चुका था। दिन रात उसका रहन सहन सब उन्हीं के साथ था, यहाँ तक कि उसकी कामुक ज़रूरतों के लिए भी सहारा बकरी ही थे। जिस प्रकार नजीब अपना दुःख उन बकरियों में साझा करता था, उन बकरियों पर होने वाले आत्याचार के प्रति उसने भी सदैव ध्यान दिया। एक बार उसने अपनी आँखों से एक बछड़े को पैदा होते देखा, और तब उसके मन में भी भावनायें जाग उठीं। उसने उस बछड़े को नबील नाम दिया जो उसने अपने खुद के बच्चे के लिए सोच रखा था। उसे लगा कि उसके बच्चे का जन्म का समाचार अल्लाह ने इस प्रकार उस तक पहुँचाया है। नजीब

ने नबील को बहुत नासों से पाला। परन्तु जब अरबाब ने उसी नबील को लैंगिक रूप से अशक्त करने का फैसला लिया, नजीब पूरी तरह टूट गया। लाख कोशिशों के बावजूद भी नजीब नबील को बचाने में असमर्थ रहा। वह खुद महसूस करने लगा कि उसकी खुद की मर्दानगी भी उसमें बह गयी है। उसकी सभी सम्वेदनाएँ भी उनसे जुड़ गयी थीं। नजीब पूरी तरह से अपने आपको उन बकरियों में से एक मानने लग गया था और वह इस बोध से कोसों दूर जाने लगा था कि उनसे अलग उसका एक अस्तित्व है, वह एक इंसान है। इस प्रकार का और कई सन्दर्भ हैं जहाँ नजीब अपने आपको उन बकरियों में से एक घोषित करता है। एक बार हकीम से इस अरबाब से हमेशा हमेशा के लिए छुटकारा पाने की बात सुनकर वह बहुत खुश हो उठता है, लेकिन बाद में इस सम्बन्ध में कुछ पता न चलने पर वह निराश होकर सोचने लगता है, "आखिरकार वापस उन्हीं दिनों की ओर। न किसी उम्मीद के वे दिन। न किसी सपने के वे दिन। केवल बकरी सा जीवन।" हुआ यह कि नजीब उस ज़िन्दगी के साथ तादात्म्य स्थापित करने में लग गया था, वह उस ज़िन्दगी से ऊब गया था।

अन्त में वहाँ से बच निकलने के बावजूद नजीब के मन में अपने परिवार वालों से ज़्यादा उन बकरियों का विचार रहता था। रियाद जाने के लिए निकलते समय जिस प्रकार अपनी बीवी और होने वाले बच्चे के बारे में सोचकर व्याकुल होता था, वही भावना अब भी है, लेकिन इस बार यह उन बकरियों के लिए थी। भाग जाने से पहले नजीब बहुत प्यार से सभी जानवरों से अलविदा लेता है और उनसे कहता है, "मेरे प्यारे भाइयों, मैं जा रहा हूँ। अगर अब मैं यहाँ रहा तो मर जाऊँगा। मुझे यहाँ से बच निकलना है। कभी भी तुम लोगों से नहीं बल्कि अपने इस दुर्भाग्य से दूर। मुझे तुम सब बहुत पसन्द हो। तुम लोग न होते तो मैं कब का मर गया होता। तुम ही लोग, तुम लोगों के प्यार ने ही मुझे अब तक ज़िन्दा रखा। मैं चाहे दुनिया में कहीं पर भी रहूँ, मेरी मुश्किल घड़ी में मेरे साथ देने वाले तुम लोगों को मैं हमेशा याद रखूंगा। प्यार भी करूँगा। इस मसरे के दुरभाग्य में अलाह ही मुझे लाया था। अब वे ही मुझे यहाँ से बचा रहे हैं। मैं उनसे विनती करूँगा कि तुम्हें भी इस दुर्भाग्य से बचाएँ। बकरियों, मेरे दोस्तों, मेरे भाईयों, मेरे सम्बन्धियों, आप लोगों को अलविदा।" यह भी उल्लेखनीय है कि मरुस्थल की तीव्रता से जूझते हुए अपनी ज़िन्दगी के आखिरी क्षणों में भी नजीब अपनों से ज़्यादा उन बकरियों को ही याद करता है। यह उसके जीवन की वास्तविकता बन चुकी थी।

## शोषण एवं अत्याचार के दिन

परदेस वास्तव में लोगों के लिए एक प्रकार का मायाजाल है। वहाँ जाने वाला प्रत्येक इंसान अपने साथ पूरे परिवार का सपना लेकर जाता है। लेकिन प्रवास के लिए जाने वाले प्रत्येक व्यक्ति को पहले पहल यह समझना चाहिए कि परदेस भारत से बिलकुल अलग है। वहाँ नियम और कायदे के साथ जीने वाले लोग हैं। कोइ भी चूक हो जाये, उसे सलाहों के पीछे चक्कर काटना पड़ता है। इसलिए वहाँ रहने के लिए सावधानी बरतनी बहुत ज़रूरी है। लेकिन कई अरबाब वर्ग ऐसे भी होते हैं जो लोगों को नौकरी के लिए अपने साथ ले जाकर गुलाम बनाकर रख देते हैं। उन पर हर प्रकार के अत्याचार एवं शोषण करते हैं।

केरला से जाने वाले ज़्यादातर लोग मजदूरी के वीज़ा पर जाने वाले हैं और इन लोगों के मन में अपने अरबाब के सम्बन्ध में बहुत सारी उम्मीदें होती हैं। वीज़ा, टिकट आदि के लिए

पैसा जुटाकर गल्फ राज्यों तक पहुँचना ही उनके लिए बहुत बड़ी बात है। इसलिए उन राज्यों में जाकर उनको एक एहसास होता है कि उन्होंने कई मुश्किलों का एक पहला कदम पार कर दिया है। नजीब रियाद पहुँचकर गर्व से सोचता है, "मैं ग्ल्फवाला हो गया हूँ। मुझे भी एक अरबाब मिल चुका है। मेरे आगे जाने वाला इंसान मेरे सपनों का संरक्षक है। मेरे सभी सपनों को साकार करवाने वाला मेरे आँखों देखा ईश्वर!" वह अपने सभी सपने अरबाब पर न्योछावर कर देता है। परन्तु वास्तविकता से जब तक अवगत हो जाता, बहुत देर हो चुकी होती है। यह स्वीकार करने में विलम्ब कर देता है कि परदेस सभी के जीवन में एक समान खुशियाँ नहीं लाता है। किसी किसी को यह नरक से भी बदत्तर साबित हो जाता है। नजीब सोचता है, "क्या क्या सपने थे मेरे। एसी गाडी, एसी कमरा, मलमल बिस्तर। उसके आगे टीवी। अब इस तरह की खुली हवा में सोना हास्यास्पद नहीं तो क्या है? गल्फ में रहने वाले किसी भी मलयाली की ज़िन्दगी में, ज़िन्दगी और सपने के बीच का इस बड़े अन्तर को इतनी जल्दी कोई नहीं समझ पाया होगा।" उसके सभी सपने बिखर गये थे। नजीब की दिनचर्या था सुबह उठकर बकरियों को चरने ले कर जाना है, उन्हें घासभूस, पानी वगैरह देना है, सफाई करनी है आदि जिसमें उसका पूरा दिन निकल जाता था। लेकिन हास्यस्पद यह है नजीब को उन जानवरों से भी बदत्तर स्थिति में पाला जाता था। नजीब को समय पर खाना और सोना तक नसीब नहीं होता था। यहाँ तक कि पीने के लिए पानी भी सोच सोच कर चोरी छिपे पीना पड़ता था। यहाँ तक कि शौच एवं नहाने के लिए भी पानी लेना दंडनीय अपराध था। अरबाब कहता है, "आइन्दा ऐसी ज़रूरतों के लिए पानी छूना भी मत। छुआ तो मैं तुम्हें मार डालूँगा।" इसी के साथ नजीब को अरबाब से बात-बात पर ताने सुनने पड़ते थे या मार खानी पड़ती थी। नजीब के लिए भाषा भी एक बड़ी समस्या थी। अरबाब और नजीब दोनों ही एक दूसरे की बातें समझने में असमर्थ थे। फिर भी कई बार बात न समझ पाने के कारण नजीब को अरबाब से मार ज़रूर खानी पड़ती थी।

नजीब का शोषण हर तरफ से हो रहा था। हर प्रकार से उसकी परिक्षा ली जा रही थी। उस विशाल रेंगिस्थान में नजीब को हर प्रकार की मौसमी स्थिति का अनुभव करना पड़ा। झुलसने वाली गरमी हो या मूसलदार बारिश या फिर कड़क सर्दी उसे सभी परिस्थीतियों में बिना किसी आराम के काम करना पड़ता था। पर यह ज़रूर था कि बारिश के मौसम में उसे आपने आपको साफ़ करने का मौक़ा मिल जाता था। लेकिन वहीं सर्दी में उसे भेड़ों के साथ रहकर अपना बचाव करना पड़ता और गर्मियों में थोड़ी सी छाव के लिए अल्लाह से दुआ करना पड़ता था। प्रत्येक इंसान में किसी व्यक्ति से बात करने की इच्छा सदैव रहती है। परन्तु नजीब के लिए यह एक अपराध था। कभी कभार हकीम से मिलने पर उससे एक दफा बात करना भी गुनाह माना जाता था। इस स्थिति में नजीब के लिए आश्रय अल्लाह, बकरी या फिर कभी कभी उगने वाले पेड़ पौधे ही रह गये। उसको अपनी सारी व्यथाएँ उन्हीं के साथ साझा करने के अलावा कोई विकल्प ही नहीं था।

इंसान ही नहीं बल्कि जानवरों के प्रति होने वाला शोषण भी कम नहीं है। बकरियों को बछड़ा पैदा होते ही अरबाब अपने स्वार्थ के कारण उन्हें अलग अलग कर देता था। विडम्बना यह भी है कि सभी बकरियों से दूध निकालकर सब एक साथ मिलाकर बछड़ों को अलग से पिलाया जाता है, ताकि किसी भी बछड़े को अपनी माँ के प्रति किसी प्रकार का लगाव न हो। लेकिन नजीब प्रयास करता था कि नबील को अपनी माँ का प्यार मिले। लेकिन जब भी नबील

को उसकी माँ के पास दूध पिलाने ले जाता है, उस दिन नजीब अरबाब के दंड का पात्र बन जाता है। शोषण का दूसरा प्रकार बहुत ही घिनौना था। अरबाब को भलीभांति मालूम है कि कोन सी बकरी बड़ी होकर कैसी बनेगी। इसलिए उस तजुरबे के बल पर चुन चुनकर बकरियों की लैंगिकता को नष्ट कराया जाता है और उन्हें काटने के लिए बेच देते हैं। इसी प्रकार भेड़ों का भी शोषण होता है। गर्मी कितनी भी रहें, जब मशीन से उनके ऊन छोटा करने की बारी आयी, अरबाब इस बात से घबरा गया कि कहीं मशीन से ज़्यादा ऊन न कट जायें और कहीं इस कारण उन्हें बाज़ार में बिकने के लिए मुश्किल न आयें। शोषण मनुष्य और जानवर दोनों का एक सामान हर सम्भव तरीके से होता है।

### जीने की लालसा एवं ईश्वर के प्रति अनंत विश्वास

प्रवासी जीवन में फँस जाने वाले प्रत्येक की ज़िन्दगी का एकमात्र आलम्बन ईश्वर होता है। वह हर घड़ी, हर क्षण, हर मुश्किल में अपना आश्रय ईश्वर को ही मानता है। क्योंकि कहीं न कहीं उनको भी यह बोध अवश्य है कि उन हालातों से यदि कोई उनको बचा सकता है, वह मात्र ईश्वर है। नजीब अरबाब से बचना चाहते हुए भी उसको वहाँ से बच निकलने के लिए एक भी रास्ता नज़र नहीं आता है। इसलिए नजीब को मजबूरन उस प्रकार की ज़िन्दगी अपनाना पड़ता है। लेकिन वह सदैव अल्लाह पर अपना भरोसा बनाया रखता है। उसे यकीन था कि कभी न कभी उसे ऐसा कोई मौक़ा मिल जायेगा जिससे वह इस यातना से पूरी तरह निकल पायेगा। उसने अपनी बेबसी में भी अल्लाह का नाम लेकर स्वयं को हिम्मत देता रहा। वह कहता है, "उस वक्त किसी भी मुश्किल में जीने की लालसा एवं अल्लाह के प्रति असीम श्रद्धा ने ही मुझे ज़िन्दा रखा।" इसी विश्वास ने उसे सभी अत्याचारों को सहने के लिए सक्षम बनाया।

नजीब ने कभी भी अल्लाह को अपनी इस दुविधा के लिए ज़िम्मेदार नहीं माना है। बल्कि वह हमेशा अल्लाह से उसे इन कठिनाइयों से बाहर निकलने के लिए प्रार्थना करता रहता है। कभी कभी न चाहते हुए भी पीड़ा के कारण यदि मुह से कुछ निकल भी जाता है तो बाद में वह स्वयं पछताकर माफी भी माँग लेता है। एक बार मसरे में आये एक पाकिस्तानी से नजीब की मुलाक़ात हुई। नजीब उस के मदद से वहाँ से निकल जाना चाहता था। लेकिन उस पाकिस्तानी ने नजीब पर बिलकुल ध्यान नहीं दिया और उसकी किसी भी इशारे का जावाब भी नहीं दिया। इससे क्रुद्ध होकर नजीब ने मन ही मन उस पाकिस्तानी को बहुत कोसा जिसके लिए बाद में वह सोचता है, "सबसे दयालु अल्लाह, मेरे तकदीर में आपके द्वारा लिखी इन मुसीबतों का सामना मुझे खुद करना पड़ेगा। इस वजह से उस बेगुनाह इंसान को कोसने और उन पर नाराज़ होने के लिए आप मुझे माफ़ कीजिए।" वह किसी के बारे में भी बुरा नहीं सोचना चाहता था। चलते चलते वह सभी में अच्छाई देखने लगा। फिर भी किसी से बात करने की मनुष्य की आधारभूत ज़रुरत से भी वह वंचित था। उस एकाकीपन में उसे जानवर और पेड़-पौधों का ही साथ मिला। अपनी सारी व्यथाओं को उसने इन सब से साझा कर खुद को तसल्ली देता था।

भगवान से कुछ न कुछ माँगते रहना मानव स्वभाव है। वह अपनी ज़रूरत एवं सन्दर्भ के अनुसार समय समय पर आग्रह करता रहता है। लेकिन कभी कभी इस प्रकार की चीजों के आग्रह करने के लिए हम मज़बूर हो जाते हैं कि लोग सुनकर चकित रह जाते हैं। नजीब के सन्दर्भ में ही देखें, स्वदेश में जो पानी नजीब को बहुलता से मिलता था, वहीं परदेस जाकर दुर्लभ हुआ। यहाँ

तक कि उसे अपने आपको साफ़ रखने के लिए भी पानी नसीब नहीं हो रहा था। गर्मी के दौरान एक बूँद छाया के लिए तरसना पड़ता था। वह कहता है, "आप लोगों को क्या लगता है, उन दिनों मेरा सबसे बड़ा सपना, आग्रह, प्रार्थाना क्या होगा? यहाँ से बच निकलना? पीने के लिए थोड़ा सा पानी? कुछ अच्छा खाना? मेरे बच्चे को एक बार देखना? मेरी सैनू से एक बार बात करना? इनमें से कोई भी नहीं था। कुछ देर कहीं किसी छाया में बैठना, यही मेरी सबसे बड़ी इच्छा थी।" जिन चीजों को जीवन में ज़्यादा अहमियत नहीं देते वही चीजें बाद में अमूल्य लगने लगती है। परिस्थितियाँ ही लोगों को बहुत कुछ सिखा देती हैं। किसी विकल्प के अभाव में नजीब ने अल्लाह को अपना सर्वस्व मानता गया जिससे उसे जीने के लिए ऊर्जा मिलती रही। नजीब अल्लाह से मिन्नतें करता है, "इस गुलामी से मुक्ति पाने के लिए मेरी सहायता कीजिए। मैं नहीं जानता कि अल्लाह ने मेरी प्रर्थाना सुनी कि नहीं। लेकिन इस विश्वास से मैंने जो आत्मविश्वास का अनुभव किया ये सिर्फ मैं ही जानता हूँ।" नजीब का भरोसा था कि अल्लाह उसकी सहायता के लिए एक दरवाज़ा कभी भी खोल देगा और उसे वहाँ से बचाएगा। यही उसकी ताकत थी।

कहीं-कहीं ऐसा सन्दर्भ भी है जहाँ नजीब को अल्लाह की कृपा का सच्चा अनुभव भी हुआ है। अनेक प्रसंग आया जिससे वह कई प्रकार के आपत्तियों से मरते मरते बच निकला। मसरे से भाग कर जब वह एक मुसीबत में फँस गया था, तब वहाँ नजीब, हकीम एवं इब्राहिम खातरी के अलावा एक चौथे व्यक्ति की उपस्थिति का अनुभव हुआ। वह आज तक यह समझ नहीं पाया है कि उस दिन उसे मौत के मूँह से निकालकर बचाने वाला कौन था। यह अवश्य है कि हकीम एवं इब्राहिम खातरी इस जंग में कहीं बीच में ही हार गये लेकिन नजीब को सफल रूप से इसे पार करने के लिए हिम्मत देनेवालों में अल्लाह का बहुत बड़ा हाथ है।

नजीब की ज़िन्दगी में अल्लाह के अलावा कुंजिका नामक इंसान का भी विशेष योगदान है। कुंजिका उन गल्फ मलयालियों का प्रतीक है जो प्रवास में फँस गये लोगों की ज़िन्दगी में भगवान समान है। वे दूसरों के संवेदना, व्यथा, दर्द, दुःख आदि समझते हैं और उन लोगों के मदद के लिए हर मुमकिन प्रयास करता है। अरबाब से भाग आये नजीब की सेवा कुंजिका ने ही किया की थी।

## जन्मभूमि एवं अपनों की यादें

प्रवासी जीवन में सभी को अपनों से दूर होने के दर्द से एक समान गुज़रना पड़ता है। वे अपनी भूमि की हरियाली, तालाब, मौसम, पर्व, त्यौहार सभी प्रकार की प्राकृतिक सुन्दरताओं से वंचित होता है। प्रवास में रह कर वे लोग अपने परिवार के साथ इन सब को भी याद करते रहते हैं। इसमें परिवार से दूरी सबसे दर्दनाक है। कुछ खुशनसीब लोग फिर भी पत्र या फोन से अपनों से सम्पर्क कर पाते हैं लेकिन नजीब के जैसे लोगों की ज़िन्दगी में ऐसी कोई एक भी कड़ी नहीं रहती जो उन्हें अपनों से जोड़ कर रख दें। यह कहना उचित होगा कि वे अपने परिवार से जड़ से अलग हो जाते हैं। उनके चले जाने के बाद परिवार वालों को उनके बारे में कभी कोई जानकारी कुछ मिल जाये, यही बड़ी बात होगी। नजीब के साथ रहने वाला विरूपी का जीवन वहीं पर ख़त्म हो गया था। हकीम की भी वही स्थिति रही। लेकिन न कोई पूछने वाला है और साथ में रोने के लिए कोई भी नहीं। एक बार जाकर फँस गया फिर वे सभी प्रकार के सम्बन्धों से बिछुड़ जाता है। उनके अन्तिम क्षणों में भी परिवार के किसी से मिलना नसीब नहीं होता है। हकीम के

गुज़र जाने के बाद नजीब इस प्रकार बिखर जाता है कि वह कहता है, "हकीम के बिना मुझे कहीं नहीं जाना। नहीं करना है अपना बचाव। हम एक साथ आये थे। मैं उसके बिना गाँव नहीं जा सकता हूँ। मैं उसकी माँ के सवालों और बहन की नज़रों का सामना नहीं कर पाऊँगा। मुझे यहीं छोड़ दो। मुझे भी उसके साथ जाना है।" क्योंकि घर वाले यह सुनकर पूरी तरह से टूट जायेंगे। वे खुद यह सोचने लगेंगे कि कैसे जान बूझकर मौत के मुँह में दखेलने की गलती कर बैठे। नजीब जब रियाद जाने के लिए निकला, उसकी बीवी सैनु गर्भवती थी। उसे यह तक नहीं पता होता कि उसका बच्चा सही सलामत पैदा हुआ भी कि नहीं। कभी अगर किस्मत से घर वालों से बात करने का मौक़ा मिला तब भी वे उनकी यातनाओं को किसी को बताये बगैर आपने आप तक ही रखता है। वे कभी नहीं चाहते कि उनको इस बारे में भनक भी पड़े। बीच में कहीं नजीब पत्र लिखने का प्रयास अवश्य करता है लेकिन उसमें कहीं भी उसकी किसी भी पीड़ा का ज़िक्र नहीं करता है।

यही स्थिति परिवार वालों के साथ भी होती है। उन्हें भी चिन्ता खाती रहती है। जाने वाले के बारे में कोई अतापता नहीं होता है। यही नहीं समाज में ही ऐसे गायब होने वालों के बारे में कई प्रकार की अफवाहें भी फैलायी जाती हैं। सभी मुश्किलों से बचकर जेल जाने से पहले नजीब अपनी पत्नी सैनू से बात करता है, बहुत रोने के बाद सैनु कहती है, "हमारा बेटा नबीन इस साल से स्कूल जाने लगा है। आपको उसे नहीं देखना? जी आप कब आयेंगे..? जी... और.... और हमारी माँ पिछले साल गुज़र गयी। आपके बारे में कुछ पता न चलने से चिन्ता करते करते....।" यही होती है सब की ज़िन्दगी।

## जेल में आज़ादी

इस उपन्यास की शुरुआत में ही नजीब कहता है, "मुश्किल लगेगा मगर यह निर्णय लिया गया था कि फिलहाल मेरे जो हालात है उसमें ज़िन्दगी जीने का सबसे बहत्तर उपाय जेल है। हाँ, जीने की लालसा की वजह से ही मैं खुद जेल पहुँच गया था। अगर कोई खुद जेल जाने के लिए वजह गड रहा है तो उसने पहले कितना दर्द भोगा होगा क्या आप इसका अंदाज़ा लगा सकते हैं?" अरबाब से दूर जेल में वे अपने आपको महफूस महसूस करते हैं। जेल में वे स्वतन्त्र थे। उन पर किसी प्रकार का कोई दबाव नहीं था। समय पर खाना, पीना सभी प्रकार की सुविधाओं से सुसज्जित स्थान था। यही नहीं उन्हें अपने लोगों के साथ जो उनकी भाषा समझते हैं, उनके साथ अपना दर्द बाँट सकता है। उनसे बात कर सकता था। नजीब के लिए भी बहुत बड़ी बात है कि उन्हें बात करने के लिए, उन्हें सुनने के लिए कोई मिला। कई सालों से वह इसी के लिए तरस रहा था।

जेल में एक ही दिक्कत थी। हफ्ते में एक दिन अरबाब के लिए उनसे बच निकलकर भाग जाने वाले मज़दूर की पहचान करने के लिए दिया जाता था। यह दिन सब के लिए एक डरावना सपना है। एक बार अगर वह पकड़ में आया तो उसकी ज़िन्दगी फिर से उसी प्रकार नरक समान हो जायेगी। शायद एक बार बचने के कारण पहले से भी बदत्तर भी हो सकता है। पहचानते ही अरबाब वहीं उन्हें मार पीटकर खींचकर लेके जाता है। जेल में उस दिन अरबाब को किसी प्रकार की रोक-टोक नहीं है। वह खींचकर उन्हें वापस उसी पशुतुल्य जीवन में दखेल देता है। हमीद भी इसी का शिकार बन जाता है। अरबाब को दूर से देखते ही वह चिल्लाकर रो देता है। कभी कभी कोई निष्ठुर अरबाब उनपर और भी कई झूठे इलज़ाम लगा देता है। मगर इसमें भी नजीब

को अल्लाह ने बचा लिया। असलियत में नजीब गलती से उस अरबाब के पास फँस गया था। वास्तव में नजीब का वीज़ा उस अरबाब द्वारा नहीं भेजा गया था इसलिए नजीब को पहचानकर भी अरबाब उसे अपने साथ नहीं ले जा पाया। जेल में हफ्ते में एक और दिन खुशी के लिए था। उस दिन अनधिकृत रूप से रहने वाले लोगों को सरकारी खर्च पर वापस स्वदेश भेजा जाता है। यह सभी के लिए उम्मीद से भरा दिन होता है। इससे पहले कि हमीद का नाम आया, अरबाब उसे ले गया था। लेकिन नजीब को इससे फायदा हुआ। नजीब वापस अपनों के पास पहुँच गया।

## मनोवैज्ञानिक पक्ष

इस उपन्यास के द्वारा प्रवास में रहने वाले लोगों की मानसिकता की भी पहचान हुई है। नजीब पहले पहल यह खुद स्वीकार कर लेता है कि अब उसकी ज़िन्दगी यही है। उसको इसी परिस्थिति में जीना है। लेकिन कभी कभी उसका मन विचलित हो उठता है और तब उसे वापस जाने का दिल करता है। लेकिन तब भी वह इस बात से भलीभांति अवगत है कि यदि भाग भी जाये तो वह उस विशाल मरुस्थल से बच नहीं पायेगा। नजीब कहता है, "अब मुझे कतई अपनी जिन्दगी मुश्किल सी नहीं लगती है। मुझे क्या करना है– सुबह उठना है, थोड़ा दूध निकालना है, बकरी और ऊँट को खाना देना है, बकरियों को लेकर चरने जाना है, वापस आना है, थोड़ा खूबूस खाना है, कड़ी धुप और कड़ी अँधेरे में सोना है, कोई चिन्ता नहीं, कोई परेशानी नहीं, कोई सपने नहीं। और क्या चाहिए। दुनिया के बारे में मुझे कुछ पता नहीं चलता है। मैं अपना परिवार, घर, गाँव को भूल चुका हूँ। वे सब किसी और जन्म में, किसी और ज़माने में मेरे अपने थे। उनके जीवन, दुःख एवं तकलीफ का मुझ पर कोई असर ही नहीं होता है।" वास्तव में नजीब अपने आपको इन परिथितियों से जूझने के लिए तैयार कर रहा था। उसका दुःख देखने वाला वहाँ कोई नहीं था। जो था उनके साथ उसने अपना एक नया संसार बसा लिया था। नजीब अपने आप इस स्थिति के साथ तदात्मय स्थापित करने का प्रयास कर रहा था।

मगर जब भी उसे ऐसा कोई मौक़ा मिल जाता जिससे यह निश्चित है कि वह इस नरक से बच निकलने में सफल होगा, उसके मन में दबाकर रखे वे सभी भावनाएँ एक साथ उमड़ आती हैं। जब हकीम ने नजीब को सूचना दी कि वे एक साथ वहाँ से भागने वाले हैं नजीब सोचता है, "मैंने झूठ कहा था कि मुझे गाँव, घर की याद नहीं आती। सफ़ेद झूठ। मुझे सब याद था। बस सब कुछ परिस्थियों की राख में ढक गया था। लेकिन एक मौके की सूचना मिलते ही उन्हें अधिक तीव्र जलते हुए महसूस कर रहा हूँ।" कभी भी मरने के बारे में न सोचने वाला नजीब, इस एक मौके को गवाह देने के डर से भी खुदखुशी करने के बारे में सोचने लगा। वह डरता था कहीं हकीम अकेला न भाग जाये। नजीब अपने मन को परिस्थितियों के अनुकूल बना रहा था ताकि उसे अपना दर्द कम महसूस हो। लेकिन इसका मतलब यह कभी नहीं है कि वह अपनों को भूल गया या फिर वापस जाना ही नहीं चाहता है।

आडुजीवितम प्रवासी जीवन के सभी पहलुओं को सही मायने में प्रस्तुत करने में सफल उपन्यास है। लेखक ने इस प्रकार इसकी रचना की है कि वास्तविकता के साथ कहाँ और किस सन्दर्भ में काल्पनिकता को जोड़ा गया है, पाठक इस बात को समझने में असमर्थ है और उपन्यास का प्रत्येक पहलु वास्तविक ही प्रतीत होता है। इसे एक सफल लेखक की खासियत भी कह सकते हैं।

# केदारनाथ सिंह की कविताओं में लोक धर्मिता

*अश्वती एस.*

गौरव पूर्ण रचनाकार अपने रचना के माध्यम से मनुष्य को और अधिक मनुष्य बनाने का दायित्व निभानेवाले होते हैं। यह हर किसी रचनाकार से सम्भव नहीं। प्रतिभावान ही कर सकते हैं। हिन्दी कविता के क्षेत्र में ऐसा एक प्रतिभावान रचनाकार हैं कवि केदारनाथ सिंह। कवि कर्म सांस्कृतिक कर्म है। वह समाज की जीर्णता के खिलाफ लेखनी चलाते हुए नये समाज का गठन करता है। वह लोक धर्मी होता है। जन साधारण के जीवन स्पन्दनों से ऊर्जा ग्रहण करके जन पक्ष में खड़े होकर उन्हें सुसंस्कृत एवं राष्ट्र निर्माण के अभिन्न अंग बनाने का दायित्व निभाता है।

केदारनाथ सिंह जी की कविताओं से गुज़रते समय उनकी लोक पक्षधरता अनायास अनावृत हो उठती है। 'अकाल में सारस' की एक कविता है 'अकाल में दूब' उसमें कवि आम आदमी के मन में जिजीविषा पैदा करने की कोशिश करते हुए कहते हैं,

"है– अभी बहुत कुछ है
अगर बची है दूब"[1] ('अकाल में सारस', पृ. 20)

समाज के अभावग्रस्त, पीड़ित, उपेक्षित, शोषित एवं आश्रयहीन जन मानस में आशा एवं आस्था के अलोक कर देने का प्रयास करते हुए कवि अपनी लोकधर्मिता प्रमाणित करते हैं।

वैसे ही 'एक और अकाल' कविता में मानव जीवन में हुई मनुष्यता के अकाल का भयावह चित्र प्रस्तुत किया गया है। उत्तराधुनिक सन्दर्भ में मनुष्य की संस्कृति अपसंस्कृति में बदल गयी है। व्यक्ति के लिए व्यक्ति ही महत्त्वपूर्ण हो गया है। व्यक्ति-व्यक्ति का संबद्ध टूट गया है। वह अपने को अकेला और अजनबी महसूस करता है। यहाँ तक कि महानगर में जनता संवेदन हीन होती जा रही है। यह कवि के लिए सबसे बड़ी त्रासदी बन गयी है कि वे जिस महानगर में रहते हैं वहाँ एक दूसरा अकाल पड़ गया जो मानवीयता का अकाल है। इस यथार्थ का खुलासा कवि यों व्यक्त करता है,

"मैं एक-एक से मिला
मैंने एक-एक से बात की
मुझे आश्चर्य हुआ
लोगों को तो लोग
जानते तक नहीं थे।"[2] ('अकाल में सारस', पृ. 74)

'अंगूठे का निशान' कविता में आदमी आदमी के शोषण करने की भीषण स्थिति का चित्रण है। एक साधारण आदमी अपनी गरीबी के कारण पढ़-लिख नहीं पाया। वह हस्ताक्षर की जगह अँगूठे का निशान लगाता है। लेकिन पढ़ा लिखा इंसान इसका अनुचित लाभ उठाकर उस आम आदमी का शोषण करता है। अँगूठे के निशान में उसका अस्तित्व ही मिट जाता है।

आम आदमी के अँगूठे का निशान जो सारे हस्ताक्षरों को अँगूठे दिखाते हुए एक सोख्ते में नौ दो ग्यारह हो जाता है, जैसा कि गुमनाम साधारण आदमी होता है। कवि कहते हैं–

"सारे हस्ताक्षरों को
अँगूठा दिखाते हुए
धीरे से बोला
एक अँगूठे का निशान
और एक सोख्ते में
गायब हो गया।"[3] ('अकाल में सारस', पृ. 12)

'पर्वस्नान', 'अड़ियल साँस' और 'न होने की गंध' इन तीनों कविताओं में जीवन और मृत्यु के सह अस्तित्व से उत्पन्न तनाव एवं दोयम स्थितियों का सटीक चित्रण हुआ है। इन कविताओं में जीवन और मृत्यु को एक साथ देखा जा सकता है। एक उदाहरण द्रष्टव्य है–

"डाक्टर वापस जा चुका था
और हालाँकि वह वापस जा चुका था
पर अभी सबको उम्मीद थी
कि कहीं कुछ है
जो बचा रह गया है नष्ट होने से
जो बचा रह जाता है
लोग उसी को कहते हैं जीवन
कई बार उसी को
काई
घास
या पत्थर भी कह देते हैं लोग
लोग जो भी कहते हैं
उसमें कुछ न कुछ
होता है।"[4] ('अकाल में सारस', पृ. 42-43)

लोकधर्मी कवि केदारनाथ सिंह भारतीय संस्कृति तथा पुण्य नदी गंगा के प्रति श्रद्धा, गर्व एवं अनुराग रखनेवाले हैं। गंगा के प्रति तो अपनी कृतज्ञता उनके द्वारा कई बार व्यक्त की गयी है। उनकी दृष्टि में संस्कृति का इतिहास, चेतना के विकास का इतिहास है और नदी तो चेतना का प्रतिबिम्ब ही है। "एक लम्बे अन्तराल के बाद गंगा को देखकर" कविता में कवि प्रकृति और मनुष्य के अटूट सम्बन्ध की ओर इशारा करते हैं। प्रकृति और मनुष्य को आपसी सम्मान के साथ जीना चाहिए क्योंकि प्रकृति के बिना मनुष्य नहीं। स्वच्छ प्रकृति में ही मानवीयता पनपती है, इसलिए मल्लाह के माध्यम से गंगा को राम राम कहलाता है।

"अब बूढ़ा ज़रा हिला
उसने अपना जाल उठाया
कन्धे पर रखा
चलने से पहले एक बार फिर
गंगा की ओर देखा

और मुस्कुराया
यह एक थके हुए बूढ़े मल्लाह की मुस्कान थी
जिसमें कोई पछतावा नहीं था
अगर थी तो एक सच्ची
और गहरी कृतज्ञता
बहते हुए चंचल जल के प्रति
मानो उसकी आँखें कहती हों–
अब हो गयी शाम
अच्छा भाई पानी
राम! राम!"[5] ('अकाल में सारस', पृ. 37)

उपयोगितवाद के इस दौर में आम आदमी का जीवन दुष्कर होता जा रहा है। वर्तमान घिनौनी सामाजिक व्यवस्था में आमजनता निर्धनता की सीमा पार करके जीवन को कायम रखने हेतु छटपटा रही है। इन्द्रधनुषी, सतरंगी, कल्पनावाली नयी संस्कृति उस आम आदमी को स्वार्थता हेतु अभिशप्त जीवन बिताने के लिए विवश करती आ रही है। 'बनता हुआ घर' कविता में आम आदमी की दुर्दशा देखिए–

"और भई वह,
कैसा जादू है
कि ईंट धीरे-धीरे
बड़ी होती जा रही है
धीरे-धीरे ईंट से भी
छोटा होता जा रहा है
वह!"[6] ('अकाल में सारस', पृ. 93)

पूँजीवादी वर्ग-व्यवस्था आम आदमी की दुर्दशा करती है। यहाँ 'ईंट' पूँजीवादी और दरिद्र जनता दोनों का प्रतीक है। आर्थिक वैषम्य को कमतर शब्दों में व्यक्त किया गया है।

'चेहरा' कविता में एक उदास गडरिये के जीवंत चेहरे की स्वाभाविकता की ओर पाठकों का ध्यान आकृष्ट किया गया है–

"कि इतने दिनों बाद भी
मुझे क्यों याद है
एक बूढे उदास गड़रिये का चेहरा
जिसे मैंने एक दिन नदी में
पड़ा हुआ देखा था
जहाँ उसकी भेड़ें पानी पी रही थीं

मैंने देखा
उस चहरे की झुर्रियों में
अब भी जगह थी
जहाँ एक चिड़िया
घोंसला बना सकती थी"[7] ('अकाल में सारस', पृ. 100)

'अकाल में सारस' संकलन की कई कविताओं में वृद्ध-जीवन के वैषम्य को दिखाया गया

है। केदारनाथ जी वृद्धों को भारतीय संस्कृति के जीवंत प्रतीक मानते हैं। 'एक कालजयी कृति-सी' और 'टहलते हुए बूढ़े' में वृद्ध-विमर्श को स्पष्ट किया गया है। 'एक कालजयी कृति-सी' कविता की कुछ पंक्तियाँ देखिये–

"कि वह नन्हीं-सी बुढ़िया
एक कालजयी कृति-सी
वहीं
उसी खम्भे से पीठ टिकाये हुए
उसी तरह बैठी रहे
अनन्त काल तक।"[8] ('अकाल में सारस', पृ. 86)

'सूर्यास्त के बाद एक अंधेरी बस्ती से गुज़रते हुए' शीर्षक कविता वस्तुतः गाँव की एक रात की कविता है। ग्रामीण रात्रि का इतना सूक्ष्म विवरण विरले ही मिलता है। दूध, शक्ति एवं समृद्धि तथा दिया, समस्याओं के विरूद्ध संघर्ष के प्रतीक हैं। 'डिबिया में साँस' भरना अमरता का प्रतीक है।

"दूध की धार की
धीमी-धीमी चोटें
दिये की लौ की पहली कँपकँपी
आत्मा में भर लो
x x x x x x
इससे पहले कि भूख का हाँका पड़े
और अंधेरा तुम्हें चींथ डाले
भर लो
इस पूरे ब्रह्माण्ड को
एक छोटी सी साँस की
डिबिया में भर लो।"[9] ('अकाल में सारस', पृ. 16-17)

लोकधर्म में भाषा का बड़ा महत्त्व है। उसे जीवंत रखने में भाषा की महती भूमिका है। केदार जी ने मातृभाषा के महत्त्व को व्यक्त किया है। वे कहते हैं कि जैसे चींटियाँ बिलों में लौटती हैं, कठफोटवा काठ के पास लौटता है, वायुयान हवाई अड्डे की ओर लौटते हैं, वैसे मै अपनी भाषा की ओर लौटता हूँ। अपनी भाषा के प्रति कवि की गहरी आस्था उक्त पंक्तियों में स्पष्ट हो जाती है। देखिए–

"ओ मेरी भाषा
में लौटता हूँ तुम में
जब चुप रहते-रहते
अकड़ जाती है मेरी जीभ
दुखने लगती है
मेरी आत्मा"[10] ('अकाल में सारस', पृ. 11)

कहने का मतलब यह हुआ कि कवि केदार जन-जन के अन्तरंग की धड़कनों को अपने में समाहित है। उनकी पक्षधारा किसी विचारधारा से नहीं बल्कि जन-जन से है। उन्होंने जन -जन की भाषा में उनके जीवन यथार्थ को व्यक्त करते हुए अपनी लोकधर्मिता ज़ाहिर की है।

# ‘उसके हिस्से का सच’ : समलैंगिक स्त्री जीवन की नई गाथा

*अभिरामी एम. एस.*

प्रचलित सामाजिक विचार संहिताओं के कारण लम्बे समय से स्त्री शोषण की शिकार बनी हुई है। अर्थात् समाज ने जिसे पुरुषसत्तात्मक कहा या और कुछ उसी के हिसाब से अपने आप को बनवाने में, बदलने में स्त्री तैयार बैठी थी। उन्हें अलग प्रजाति मानने की कोशिश बराबर की गयी। मगर जातिगत स्वतन्त्रता देने पर हमेशा असुविधा प्रकट करता रहा। इतिहास गवाह है कि समय और परिश्रम स्त्री मानसिकता में बदलाव लाये हैं और उन्हीं के तहत नारी जीवन की परिस्थितियाँ आज बहुत आगे बढ़ चुकी हैं।

अमृता ठाकुर की कहानी ‘उसके हिस्से का सच’ में स्त्री की नई सोच का पुट है, जिसमें वह अपनी स्वतन्त्रता की घोषणा अपनी नई अभिलाषा से कर रही है। उसका यह साहस प्रचलित सामाजिक मान्यताओं को तोड़नेवाला है जिसे अलगाव के स्वर से अभिहित किया गया—‘समलैंगिक स्त्री यानि लेसबियन’। स्त्री से ही वैकारिक, शारीरिक एवं मानसिक आकर्षण और लैंगिक तृष्णा प्रकट करनेवाली स्त्री ही ‘लेस्बियन’ है। आज के समय में यह अपने स्वत्व बोध को अभिव्यक्ति देनेवाला विशेष व्यक्तित्व है। कहानी में कल्पना और संजना एक दुसरे के प्रति आकर्षित हैं। जबकि कल्पना संजना के घर की नौकरानी है। अन्य पात्र जैसे, अहाना और नीतू के बीच हुए संवाद से इनके रिश्ते को लेकर जानकारी पाठक को मिलती है।

पुरुष वर्चस्ववादी प्रथा ने हमेशा स्त्री को दूसरा दर्जा देने की कोशिश की है। प्रचलित सामाजिक मान्यताओं, विश्वासों एवं आचरणों ने उसे ऐसा बनाया ताकि स्त्री हमेशा परजीवी बनकर अपनी ज़िन्दगी व्यतीत करे। पितृसत्तात्मक समाज स्त्री को सामान्य व्यक्ति मानना ही छोड़कर हाड़-मांस का पुतला मानता है। कल्पना कहती है—“....बस सबको सोना चाहिए, शादी-वादी कोई नहीं बोलता। आदमी लोग का प्यार खाली पैरों के बीच होता है। उधर का काम हो गया तो बस सब प्यार मोहब्बत मिट्टी में” आज शारीरिक एवं मानसिक दृष्टि से अपने अधिकार का प्रदर्शन करनेवाले पुरुष से हटकर स्त्री अपनी एक अलग दुनिया बनाती नज़र आती है। कहानी में कल्पना विधवा है, बेसहारा है और दो बच्चों की माँ है। भावनात्मक सुरक्षा की तलाश में वह अपनी ग्रामीण जीवन शैली को पीछे छोड़कर शहर आ जाती है। वह कई मर्दों के साथ शारीरिक सम्बन्ध बनाती है। जब कहीं से भी उसे वह सुरक्षा प्राप्त नहीं होती तब संजना के साथ समलैंगिक सम्बन्ध बनाने में वह हिचकती नहीं है।-“नहीं केवल आर्थिक सुरक्षा नहीं कहूँगी, भावनात्मक और एक हद तक शारीरिक भी। मुझे लगता है पुरुष के साथ सम्बन्ध बनाने में उसे हमेशा असुरक्षित महसूस होता होगा, अपनी ज़रुरत पूरी हो जाने के बाद कब उसे वो छोड़ के चला जाये, कोई भरोसा नहीं, शायद बच्चे भी आड़े आते होंगे।यहाँ ये सारी समस्या

नहीं है। कल्पना उसी सुरक्षा की तलाश में भटक रही थी और संजना के मिलने पर उसे लग रहा है कि उसकी ये तलाश ख़त्म हो गयी।" ये दोनों महिलाएँ समाज द्वारा पूर्व निर्धारित स्त्री छवि के हिसाब से पेश आती हैं मगर मानसिक दृष्टि से वैयक्तिक संघर्षों का सामना भी करती हैं। संजना समाज में संस्कार युक्त बहुमान्य व्यक्तित्व है जबकि कल्पना साधारण अनपढ़ ग्रामीण स्त्री की प्रतीक है। जैसे कहानी में कल्पना की खास जिक्र है –"वो तो बेचारी एक औरत ही थी और वो भी उस वर्ग की जिसकी आवाज़ व्यवस्था के कानों तक पहुँचने से पहले गुम हो जाती है।" संजना अपनी माननीय छवि को बनाए रखने की कोशिश करती है जबकि कल्पना सामाजिक सीमाओं को लांघकर उसे अपनाने की कोशिश।

समाज में स्त्री-पुरुष सम्बन्ध सहज है, स्वाभाविक है। सदियों से इस सम्बन्ध को पूर्ण स्वीकृति देने से इतर स्त्री -पुरुष सम्बन्धों को अस्वाभाविक एवं खिनौनी हरकत माननेवाली प्रथा का प्रचलन हुआ। कहानी में नीतू इस बात की पुष्टि देती है– "संजना के रिश्तेदारों ने उससे अपना रिलेशन ख़त्म कर लिया है। शायद इसी लिए क्योंकि वो नार्मल नहीं है, या कह सकती हो उनके हिसाब से नार्मल नहीं है। तुम्हें पता है ना कि वो लेसबियन है। तुमने भी देखा होगा कई बार अपनी बहन का जिक्र करते हुए वो कितनी भावुक हो जाती है।" स्त्री का स्त्री के प्रति आकर्षित होना उतना अस्वाभाविक नहीं जितना माना जाता है। स्त्री की स्वतन्त्र लैंगिकता से आगे बढ़ कर ये आकर्षण एक नई वैचारिक पृष्ठभूमि तक पहुँच जाती हैं। रमणिका गुप्ता के शब्दों में–"हर स्त्री मनुष्य है, किन्तु हर मनुष्य स्त्री नहीं" जिस सामाजिक व्यवस्था ने स्त्री योनि में जन्म लेने के कारण उसे दोयम दर्जे का माना, वहीं पर समलैंगिक स्त्री बनकर जीना कोई खतरे से खाली नहीं है। जबकि पुरुष आधिपत्य से अपने आप को छुड़ाकर सहभागी के रूप में स्त्री का स्त्री को ही चुनना एक ऐतिहासिक कदम है।

स्त्री को अपने अस्तित्व को लेकर पहचान खुद करनी है। पूर्व निर्धारित सीमाओं को लांघने के लिए उसे खुद आवाज़ उठानी है। सामाजिक मान्यताओं के हिसाब से अपनी इच्छाओं की खुली प्रस्तुति स्त्री को कुलटा साबित करने का कारण बन जाती है। आज अपनी शारीरिक स्वतन्त्रता को लेकर स्त्री खुलापन महसूस कर रही है–"हम ये क्यों मान लेते हैं कि औरत है तो उसे, अपने शरीर की ज़रूरतों को अपने नियन्त्रण में रखना चाहिए, उसे जाहिर नहीं करना चाहिए। अगर ऐसा नहीं कर पा रही थी तो वो गलत है।" कहानी में समलैंगिक स्त्री संसर्ग को सकारात्मक ढंग से प्रस्तुत करने की कोशिश की गयी है। संजना अपनी शारीरिक ज़रुरतों के लिए कल्पना को अपनाती है मगर बाद में उसका अनियन्त्रित प्रेम उसे असह्य मालूम पड़ता है। समाज के सामने अपनी पूजनीय छवि को बनाये रखने के लिए वह कल्पना को घर से बाहर निकालना चाहती है, जबकि कल्पना अपनी खोई हुई भावनात्मक सुरक्षा की तलाश में है।

स्त्री को अपनी अस्मिता एवं पहचान खुद खोज निकालने की ज़रुरत है। कहा जाता है कि एक स्त्री ही स्त्री को अच्छी तरह समझ सकती है। सामाजिक और शारीरिक रूप से स्त्रियों पर चल रहे पुरुष आधिपत्य से वैचारिक एवं शारीरिक रूप से मुक्ति ही समलैंगिक स्त्री की माँग में है। जो आनेवाले समय में बहुत ही क्रान्तिकारी बदलाव समाज में लानेवाली है।

# दीपशिखा की भाषा

***प्रसाद एम.***

हिन्दी साहित्य के आधुनिक काल में जब महादेवी जी का आविर्भाव हुआ तब कविता के प्रांगण में नवयुग के स्वर्ण चरण पदविन्यास कर रहे थे। महादेवी ने अपनी कविता के हीरक तारों से उसे अलंकृत किया। आधुनिक काव्य-कला का साज श्रृंगार करने का श्रेय महादेवी को ही देना चाहिए। उनकी भाषिक-अभिव्यक्ति में भारतीय दर्शन, उपनिषद-संस्कृति, प्रकृति आदि सबका सार्थक सहयोग देखा जा सकता है। प्रकृति के माध्यम से महादेवी जी ने अपनी समस्त आशा, निराशा, सुख, दुःख, विरह, मिलन, नश्वरता-अनश्वरता, आत्मा-परमात्मा, जीव-ब्रह्म, जागरण, कर्मण्यता आदि के गीत गाए हैं। उनकी रचनाएँ 'एक ही विराट से उत्पन्न सहोदर' की भावना का द्योतक हैं। इसलिए उनकी काव्य भाषा में भी कोमल, भावुक, विश्व-प्रेम की भंगिमा प्रकट है।

प्रत्येक साहित्यकार की सफलता कृति के कथ्यगत महत्त्व पर ही नहीं शिल्पगत विशेषताओं पर भी निर्भर है। कृति विशेष में अनवरत सुन्दर भावों को वहन करने के लिए उचित भाषा और उनकी शैली अत्यन्त आवश्यक है। महादेवी की पद्य तथा गद्य दोनों रचनाएँ भाषा शैली की दृष्टि से अनुपम हैं। स्वानुभूत मार्मिक स्पंदनों से मुखरित होने के कारण उनकी कृतियाँ प्रेषणीयता में अनन्य रहती हैं।

महादेवी ने हमेशा विषयानुकूल भाषा शैली का प्रयोग किया है। उनके द्वारा प्रयुक्त ध्वनि-संयोग, शब्द-संरचना, वाक्यों की बनावट आदि अभिप्रेत अर्थ को व्यंजित करने में समर्थ है। उनकी भाषा ऐसे शब्दों से प्रस्फुटित है जो अपनी प्रभविष्णुता तथा प्रभावशीलता में अद्वतीय है तथा उपयोग की विविधता के साथ-साथ विभिन्न अर्थों का बोध करानेवाली शब्द शक्तियों से परिपूर्ण है।

भारतीय संस्कृति का गुण गान करते समय महादेवी जी की भाषा संस्कृत गर्भित हो जाती है। नारी समस्या पर विचार करते समय उनकी भाषा जोश भरी एवं ओज गुण से परिपूर्ण हो गयी है। दार्शनिक विचारों को व्यक्त करते वक्त उनकी भाषा प्रौढ़ बनती है तो सामान्य स्थलों पर ललित तथा अभिधामूलक। सन्दर्भ के अनुकूल उनकी शैली लक्षण और व्यंजना का भी आश्रय लेती है। वस्तुतः अभिव्यक्ति में वैविध्य महादेवी की भाषा की विशिष्टता है।" वह ललित, गम्भीर, संस्कृतनिष्ट, तद्भव तथा देशज शब्दों के प्रयोग भरे अलंकृत काव्यमयी एवं चित्रमयी है। भाषा उनकी अत्यन्त परिष्कृत, मधुर एवं अत्यन्त कोमल है। उसमें कहीं भी कर्कशता का चिह्न नहीं।"

व्याकरण की जानकारी उन्हें कम नहीं है, पर कलात्मकता की रक्षा के लिए नहीं उन्होंने व्याकरण-प्रज्ञा की किंचित उपशा कहीं कहीं की है।

## संस्कृत गर्भित भाषा

महादेवी वर्मा संस्कृत भाषा की मेधावी लेखिका हैं। अतः उनकी भाषा में संस्कृत शब्दावली की अधिकता है। भारतीय संस्कृति की व्याख्या करते समय उनकी भाषा अत्यन्त गठित, संस्कृत निष्ठ है। देखिए–

"यह मन्दिर का दीप
इसे नीरव जलने दो
रजत शंख-घड़ियाल
स्वर्ण वंशी-वीणा स्वर
गये आरती वेला को
शत शत ले से भर, जब था कल कण्ठों का मेला"[1]

महादेवी वर्मा ने तत्सम शब्दों का प्रयोग काफी मात्रा में किया है, जैसे धूप-अर्घ्य, नैवेद्य, अपरिमित, प्रतिध्वनि, स्पन्दन, दृगजल, कल्प-युगवाणी आदि।

छायावादी युग में सूक्ष्म एवं अमूर्त की अभिव्यंजना के साथ शैली अवश्य दुरूह होगयी, पर भाषा की शक्ति और सौन्दर्य में हुई। माधुर्य-गुण व्यंजित खड़ीबोली का रूप इस काल में ही प्रयोग में आया। महादेवी वर्मा की भाषा इसका स्पष्ट उदहारण है। संस्कृतमय भाषा में सरसता है।

दीपशिखा की पंक्तियों की अन्तर्गलियों में स्त्री के गरिमामय व्यक्तित्व की शक्ति का उल्लेख तथा नारी सौन्दर्य को प्रकृति के चिर नवीन सामंजस्य भी मिलते हैं–

## अलंकृत काव्य भाषा

काव्यालंकारों के मूल में सूक्ष्म एवं स्थूल सौम्य-सौन्दर्य विद्यमान रहता है। सौम्य-सौन्दर्य से उद्‌भासित अलंकारों का प्रत्येक कवि भावाभिव्यक्ति की रमणीयता, अनुभूति की स्पष्टता, मार्मिकता एवं सम्प्रेषणीयता के लिए भाव तथा युग के अनुकूल सामर्थ्यानुसार प्रयोग आदिकाल से करता रहा है। छायावादी कवियों ने भी युग-चेतना के अनुकूल अन्तर्मुखी रागात्मक-सूक्ष्मानुभुतियों की अभिव्यक्ति के लिए अलंकारों का प्रयोग किया है। महादेवी के गीतों में अलंकारों का अक्षय रूप देखा जा सकता है।

उनके गीतों में सादृश्य, साधर्म्य और प्रभाव साम्य पर आधारित अलंकारों का परम्परागत एवं नवीन रूपों में सौन्दर्यात्मक प्रयोग मिलता है। उपमा के नव्य विधान, रूपक, रूपकातिशयोक्ति, अन्योक्ति, समासोक्ति, मानवीकरण, विशेषण विपर्यय आदि विभिन्न सौन्दर्यमूलक आयामों में अलंकर योजना इनके गीतों में पाई जाती है–

"तरल मोती से नयन भरे!
मानस से ले, उठे स्नेह-घन
कसक-विद्यु पुलकों के हिमकण,
धि-स्वामी की छाँह पलक की सीपी में उतारे।"[2]

उपर्युक्त पंक्तियों में आँसू के लिए मोती, पलक के लिए सीप का मूर्त अप्रस्तुत-विधान महादेवी जी ने ऐसे स्थलों पर भी किया है परन्तु उनकी कलपना-शक्ति एवं काव्य प्रतिभा का चरमोत्कर्ष इन पंक्तियों में अधिक स्पष्ट हो पाया है। इसी भांति अन्य स्थलों पर भी चन्द्र,

रजनी, संध्या, दिन, रात्रि, ज्योत्सना आदि का सौन्दर्य बोध भी सादृश्य एवं साधर्म्य के द्वारा मूर्त अप्रस्तुतों से कराया गया है।

प्रकृति के गत्यात्मक सौन्दर्य के अतिरिक्त मानवीकरण एवं रूपक रूप में भी प्रकृति के अनेक प्रभावक चित्र महादेवी जी ने अंकित किये हैं–

"तू धूल-भरा ही आया!
ओ चंचल जीवन-बाल!
मृत्यु जननी ने अंक लगाया!
साधों ने पथ के कण मदिरा से सींचे.... !"[3]

अलंकारों की अक्षय बरसात महादेवी की कविताओं का वैशिष्ट्य है। नीलाकाश के लिए नीलम-मन्दिर, विद्युत् के लिए हीरक-प्रतिमा और जुगनू के लिए सजल इन्द्रमणि का वर्ण-साम्य सौन्दर्य से युक्त अलंकर विधान सहज पावस निशि का साक्षात्कार करा देता है।

महादेवी वर्मा ने काव्येतर कलाओं के मूर्त उपकरणों का अलंकरण विधान अपनी मौलिक कल्पनाशक्ति के संयोग से अति भावव्यंजक रूप में किया है। इसी भांति संगीत कला के उपकरण वीणा और वंशी का मूर्त अप्रस्तुत विधान मानव शरीर के लिए लाया गया है–

"गूँजती क्यों प्राण-वंशी?
शून्यता तेरे हृदय की
आज किसकी साँस भरती?
प्यास को वरदान करती,
स्वर लहरियों में बिखरती
आज मूक आभाव किसने कर दिया लयवान वंशी?"[4]

महादेवी वर्मा ने प्रकृति सौन्दर्य को आत्मसात कर उसके माध्यम से अति कलात्मक एवं हृदयग्राह्य रूप में अपनी सूक्ष्म भावानुभूतियों, नवजागरण चेतना, जीवन-जगत् के प्रति दृष्टिकोण आदि को व्यंजित करने में अद्‌भुत सफलता प्राप्त की है।

भावानुभूति की स्पष्टता, साधना की सफलता और काव्यकला की प्रौढ़ता से मंडित दीपशिखा के गीतों में अमूर्त प्रस्तुति के लिए मूर्त अप्रस्तुत का विधान सहज ही प्रभाव साम्य के साथ संकेतात्मकता, चित्रात्मकता आदि के गुणों से सम्पन्न हो गया है–

"सिन्धु का उच्छवास घन है,
तडित्, तम का विकल मन है,
भीती क्या नभ है व्यथा का
आँसुओं से सिक्त अंचल!"[5]

## प्रतीकात्मकता

प्रतीक पद्धति के माध्यम से हृदय की सूक्ष्मानुभूतियों की रमणीय अभिव्यक्ति छायावाद की अन्य प्रमुख विशेषता है। छायावादी कवियों ने सभी सम्भाव्य क्षेत्रों (प्रकृति, संस्कृति और व्यावहारिक मानव जगत्) से प्रतीकों का ग्रहण करते समय अपनी सूक्ष्म सौन्दर्य-चेतना, काव्य-प्रतिभा और मौलिक अप्रस्तुत-विधायिनी कल्पना शक्ति का अद्‌भुत परिचय दिया है। परम्परागत प्रतीकों के माध्यम से भावाभिव्यक्ति के साथ भाव एवं सन्दर्भानुकूल नवीन प्रतीक विधान भी

छायावादी कविता में प्रचुर हुआ है। महादेवी जी की रचनाओं में प्रकृति के क्षेत्र से प्रतीकों का चयन अन्य क्षेत्रों की अपेक्षा सर्वाधिक मिलता है। सत्य तो यह है कि महादेवी के प्रतीक वैभव को भली-भांति जाने बिना उनके जीवन-दर्शन को नहीं समझा जा सकता। प्रकृति के अतिरिक्त संस्कृति, व्यावहारिक जीवन-जगत् के क्षेत्रों से प्रतीक चयन इनके गीतों में मिलता है। यद्यपि इन्होंने परम्परागत प्रतीकों को लेकर उनको नव्य अर्थ-स्पन्दनों से स्पन्दित कर दिया है तथापि स्वयं निर्मित मौलिक प्रतीकों का विधान भी इनकी काव्य रचनाओं में पर्याप्त हुआ है।

**प्रकृति से गृहीत प्रतीक**

छायावादी कवयित्री महादेवी वर्मा ने प्राकृति के अन्तरतम में प्रवेश कर उसके सूक्ष्म सौन्दर्य का रसात्मक मूर्त अनुभव मानवीकरण, रूपक आदि अलंकरण रूपों के अतिरिक्त प्रकृति से तादात्म्य स्थापित कर प्रतीक रूप में करवाया है। इनके गीतों में प्रकृति-सौन्दर्य के अनेक रूपों का प्रतीक रूप में चयन किया गया है जिनमें से पुष्प, वात, लहर, झरना, सागर, नदी, पर्वत, मेघ, रात्रि, उषा, मधु आदि के प्रति इनका अधिक आकर्षण पाया जाता है।

"पथ न भूले, एक पग भी,
घर न खोये, लघु विहग भी।"[6]

उपर्युक्त पंक्तियों में सामाजिक वैषम्य से पीड़ित भोले-भाले वर्ग को व्यंजित किया गया है। 'विहग' वस्तुतः अति भावव्यंजक प्रतीक है। इससे सामाजिक अन्याय के कारण दलित, पीड़ित मानव वर्ग की मार्मिक अभिव्यक्ति सहज ही हो जाती है।

"मेघ सी घिर झर चली मैं!
फूल की रंगीन स्मित में
अनुकरण से बाँध वेला,
बाँट अगणित अंकुरों में"[7]

महादेवी वर्मा ने साधक के प्रेम, वियोग, दुःख, सांसारिक आकर्षण, अतीन्द्रियता, सात्विकता, कोमलता, क्षणभंगुरता, सामाजिक वैषम्य, अभ्युदय आदि की रसात्मक एवं रमणीय अभिव्यक्ति के लिए 'फूल' का अनेक रूपों में प्रयोग किया है और अपने उद्देश्य में भी वे पूर्णतः सफल रही हैं।

जीवन के उल्लास, आनन्द, हर्ष, सुख आदि की व्यंजना और साधक जीवन के उन्माद, उत्साह, आशा आदि की अभिव्यक्ति के लिए प्रतीक रूप में 'मधु', 'मधुर' का भावोद्योतक मार्मिक प्रस्तुति पर्याप्त रूप से इनके गीतों में पायी जाती है–

"हास का मधु-दूत भेजो,
रोष की भ्रू-भंगिमा पतझार का चाह सह जो!"[8]

प्रतीकों की प्रस्तुत करिश्मा में असंदिग्ध कहा जा सकता है कि असीम प्रिय की प्राप्ति अनेक सांसारिक एवं मानसिक कष्टों को सफलतापूर्वक धैर्य के साथ सहन करने पर ही होती है। ये तो उसकी परीक्षा लेते हैं। असीम प्रिय भी अपने भक्त की सदैव परीक्षा लेता है।

अपने लक्ष्य प्राप्ति की ओर अग्रसर साधक आत्मा की दृढ़ता को कवयित्री ने अपने गीतों में प्रकृति से गृहीत प्रतीकों के माध्यम से अभिव्यक्ति दी है–

"घेर ले छाया अमा बन"[9]

यहाँ 'अमा' गहन अज्ञान और सांसारिक विघ्न-बाधा का प्रतीक बनकर आया है। विपरीत सांसारिक वातावरण में भी साधक आत्म धैर्य के साथ अपने लक्ष्य की ओर सतत् बढ़ने का दृढ़ संकल्प किये हुए हैं। इस भाव की व्यंजना यहाँ सहज ही हो जाती है। 'अज्ञान' की व्यंजना के लिए 'तम' का प्रतीक रूप में विधान इनके गीतों में पर्याप्त हुआ है।

अज्ञान की असीमता के लिए अन्तहीन विभावरी, विरह-ताप के लिए अंगार, जीवन के लिए तरी, साधना के मार्ग एवं अलक्षित लक्ष्य के लिए तिमिर की तटिनी, लक्ष्य के लिए क्षितिज की कूल रेखा का रूपकाश्रित प्रतीक लाया गया है।

इस भाँति प्रकृति के मृदु-कोमल एवं कठोर रूपों से प्रतीकों का चयन कर साधक आत्मा की भावनाओं सांसारिक एवं मानसिक विघ्न-बाधा, प्रतिकूल परिस्थितियों एवं षड्-विकारों को मूर्त्त अभिव्यक्ति देने में पर्याप्त सफलता मिली है। जीवन जगत की नश्वरता को प्रकृति से गृहीत निम्न उदाहरण में सहज-संवेद्य बना दिया है– "हृदय की कोमल मृदु प्रेममय भावनाओं, प्रिय विरह में प्रवाहित अश्रु, नेत्रों के सौन्दर्य के अतिरिक्त प्रकृति सौन्दर्य का रूपानुभाव कराने के लिए कवयित्री ने मोती, हीरे, नीलम, विद्रुम आदि का प्रतीक रूप में वर्णसाम्य एवं प्रभावसाम्य के आश्रित कलात्मक भावव्यंजक अप्रस्तुत विधान है। इससे इनके गीतों में गरिमा के गुण का सहज ही समावेश हो गया है।"

## संस्कृति के क्षेत्र से गृहीत प्रतीक

पूरण, दर्शन, धर्म, समाज का अन्तर्भाव संस्कृति के क्षेत्र में हो जाता है। संस्कृति से प्रेम होने के कारण महादेवी वर्मा ने संस्कृति के क्षेत्रों से प्रतीकों का चयन विभिन्न रूपों में किया है। महादेवी वर्मा ने गीतों में रहस्यवाद के सोपानों, साधक आत्मा के मधुर रागात्मक अमूर्त भावों, जीवन-जगत-ब्रह्मा से संबद्ध दार्शनिक सिद्धान्तों, साधना मार्ग की विपत्तियों, साधक आत्मा की कष्ट सहिष्णुता, दृढ़ता, आस्था, प्रकृति सौन्दर्य आदि को संस्कृति के क्षेत्र से गृहीत प्रतीकात्मक अप्रस्तुत विधान के माध्यम से सहज सम्प्रेषणीय बना दिया है–

"सब बुझे दीपक जला लूँ!
घिर रहा तम आज दीपक-रागिनी अपनी जगा लूँ!"[10]

प्रकृति सौन्दर्य को सांस्कृतिक प्रतीकों के माध्यम से इन्द्रिय गोचर बनाने में तो महादेवी जी को पूर्ण सफलता मिली है।

"रजत शंख-घड़ियाल स्वर्ण वंशी-वीणा-स्वर"[11]

## दीपशिखा में दीपक

दीपक उनका प्रिय प्रतीक है। अलंकारों की दीपावली से सज्जित काव्य भाषा दीपशिखा की खासियत है। प्रारम्भिक कृतियों की तुलना में उनकी दीपशिखा शैल्पिक दृष्टि से अत्यन्त प्रौढ़ तथा उत्कृष्ट सिद्ध हुआ है। विरह-मिलन, सुख-दुःख, हर्ष-विषाद आदि विपरीत भावों में समानानुभूति को भी कवयित्री ने मूर्त अलंकारों के माध्यम से अभिव्यक्ति दी है।

दीपक के समान स्वयं जलकर अपने 'अहम्' का मंथन करने से समाज की प्रगति के लिए महादेवी आहुति बनती हैं। 'मोम' का चित्र इधर सक्षम एवं सर्वथा उपयोगी लगता है। 'दीप' तो मन की अक्षय ज्वाला का अनमोल संबल लेकर प्रस्तुत होता है।

'दीपक' को विवेक की अर्थ-भंगिमा के रूप में प्रस्तुत कर उन्होंने असामान्य कवि-वैभव दर्शाया है।

## चित्रात्मकता एवं बिम्ब-विधान

काव्य-बिम्ब ऐन्द्रियग्राह्य चित्र निर्माण की क्षमता के द्वारा सूक्ष्मातिसूक्ष्म भावानुभूतियों को प्रत्यक्ष-सा कर देता है। काव्य-बिम्ब में प्रत्यक्ष-अप्रत्यक्ष, स्थूल-सूक्ष्म और वक्र-व्यंजक किसी न किसी रूप में कवि कल्पना प्रेरित साम्य सौन्दर्य ही सक्रिय रहता है। इसी साम्य भावना के कारण भाव-जगत में विद्यमान अमूर्त भावानुभूतियों को मूर्तित करने का सामर्थ्य इसमें आ जाता है। वस्तुतः काव्य बिम्ब शब्दार्थ की तूलिका द्वारा सहज कवि कल्पना से स्फूर्त किसी भी भावानुभूति का मानस-पटल पर ऐन्द्रियग्राह्य चित्र अंकित कर देता है।

प्रायः कविता के क्षेत्र में काव्य-बिम्ब शिल्प-विधान के अभिन्न अंग रूप में ही आता है। काव्य-बिम्ब की उपादेयता वास्तु-पदार्थ दृश्य से उत्पन्न भाव-विशेष का पुनः मानसिक प्रत्यक्षीकरण कराने के साथ किसी प्रगाढ़ अनुभूति के सन्दर्भ में उसे भावव्यंजक एवं सम्प्रेषणीय बनाने में है। छायावादी काव्य में कल्पना प्रेम और सूक्ष्म भावानुभूतियों के फलस्वरूप काव्य-बिम्ब का विधान पूर्ववर्ती काव्य साहित्य की तुलना में अधिक मिलता है।

महादेवी वर्मा के गीतों में भी इस प्रकार के अनेक मार्मिक उदहारण उपलब्ध होते हैं कि परम्परागत बिम्बों के जीर्णोद्धार के साथ नवीन भावबोध के अनुकूल भावव्यंजक, रमणीय, सूक्ष्म सौन्दर्य चेतना से स्पंदित लाक्षणिक, व्यंजक, सरल, विराट विविध रूपों में विभिन्न क्षेत्रों से काव्य-बिम्ब का विधान किया गया है। संस्कृत काव्य में व्यवहृत बिम्ब को महादेवी वर्मा ने नवीन युग बोध एवं भावबोध के सन्दर्भ में रखकर नूतन अर्थ-सन्दर्भो और अर्थ-छवियों से मंडित किया है।

> "सुनहले सजीले रंगीले छबीले
> हसित कंटकित अश्रु-मकरंद-गीले,
> बिखरते रहे स्वप्न के फूल अनगिन!"[12]

उपर्युक्त पंक्तियों में स्वप्न के अनगिन फूलों से पूर्ण विशेषणों का प्रयोग दृष्टव्य है। मोती के समान स्वच्छ और निर्मल भाषा में इनके शब्दचित्र अनायास ही हृदय को मथ डालते हैं। इनका काव्य एक अनोखी चित्रशाला है। इनके छंद अधिकतर शब्द चित्र हैं। दृढ सुष्ठु रेखाओं से अंकित चित्रशाला का एक रेखा बिम्ब देखिये–

> "आंसुओं के देश में
> जो कहा रुक-रुक पवन ने
> जो सुना झुक-झुक गगन ने
> साँझ जो लिखती अधूरा,
> प्रात रंग पाता न पूरा,
> आँक डाला वह दृगों ने एक सजल निमेष में"[13]

सूक्ष्म संवेदनात्मक मानस विषयी बिम्ब की सृष्टि करने में महादेवी की प्रत्येक पंक्ति के हल्के संकेत परस्पर संश्लिष्ट होकर सम्पूर्ण बिम्ब को उभारने में सहायक होते हैं।

केदारनाथ सिंह के विचार से "बिम्ब केवल वास्तु का चित्रण या प्रतिबिम्ब ही प्रस्तुत नहीं

करता वरन् वह अपनी सत्ता से कवि की किसी विशेष मनोदशा और दृष्टिकोण को भी सूचित करता है।"

काव्य निर्माण में संवेदना भाव, विचार अनिवार्य तत्व हैं ये ही बिम्ब निर्माण के लिए आवश्यक हैं। महादेवी वर्मा के काव्य का सौन्दर्य बिम्बों के विविध रूपों के संकलन में उतना नहीं दिखाई देता जितना कि बिम्बों की एकान्तिकता और भावों की वैयक्तिक सघनता में दृष्टिगोचर होता है। उनकी कविता में केवल उस चेतना की आराधना प्रमुख रूप से मिलती है जो जीवन के हर्ष-विमर्शों का संचालक है।

महादेवी के काव्य में बिम्ब वैविध्य और समृद्धि का मूल कारण इनके निरीक्षण की व्यापकता, व्यापक अनुभूति, शब्द सौष्ठव, काल्पंनिक चित्र विधान के अतिरिक्त व्यक्तित्व की विस्तृति और अनुभव की गहनता भी है।

संक्षेप में कहा जाये तो दीपशिखा की भाषा काव्य-जगत के अक्षय अलंकार, बिम्ब, प्रतीक आदि से सम्पन्न है। महादेवी जी के यहाँ एक ओर चित्रकला की गोद में काव्यकला खेलती है और दूसरी ओर काव्य-कला की अमूर्तता। रेखा और रंग के सहारे चित्रित उनके चित्रों में दीपक, शतदल, बादल आदि का प्रयोग वैसे ही है जैसे उनके गीतों में। महादेवी के काव्य में हमें शाश्वत धर्म-बिम्ब योजना का सुन्दर निदर्शन मिलता है। प्रस्तुति के वैविध्य, नूतनता, आलंकारिकता, गतिशीलता, समृद्धि आदि तत्वों को ग्रहण कर महादेवी जी ने अपने काव्य बिम्बों को वैशिष्ट्य प्रदान किया है।

# लेखक परिचय


अरुणकमल, नासिरगंज, रोहतास, बिहार, मो. 9931443866

चित्रामुद्गल, मेधा अपार्टमेन्ट, मयूरविहार, फेज-1, नई दिल्ली-91, मो. 9873123237

अनामिका, सत्यवती कॉलेज, नई दिल्ली, मो. 9810737469

एन. मोहनन, मकयिरम, यू सी कॉलेज, पी.ओ., आलुवा, मो. 9447056148

असगर वजाहत, नई दिल्ली, मो. 9818149015

श्रीप्रकाश शुक्ल, हिन्दी विभाग, बनारस हिन्दू विश्वविद्यालय, वाराणसी, मो. 9415890513

प्रतिभा मुदलियार, हिन्दी विभाग, मैसूर विश्वविद्यालय, मानस गंगोत्री, मैसूर, मो. 9844119370

गंगासहाय मीणा, भारतीय भाषा केन्द्र जे.एन.यू, मो. 9868489548

अनुपमा तिवारी, हिन्दी विभाग, आंध्र विश्वविद्यालय, विशाखापट्टणम, मो. 8142623426

अंजली एस., खत्तर, मो. 97433754560

सुगिदा जी., पोस्ट डाक्टरल फेलो, हिन्दी विभाग, कुसाट, मो. 9526229121

पवन भारती गोस्वामी, हिन्दी अधिकारी, पत्तनन्यास, मुम्बई, मो. 7456080801

के. वनजा, अभिरामम, सुरभीरोड, इडपल्ली पी.ओ, कोच्ची, मो. 9495839796

विजय बहादुर सिंह, निराला नगर, भोपाल, मो. 9425030392

सुधीश पचौरी, हिन्दुस्थान अपार्टमेंट, मयूर विहार, फेज-1, मो. 9811713296

शंभूनाथ, सम्पादक, भारतीय भाषा परिषद्, कोलकत्ता, मो. 9007757887

राजेश जोशी, निराला नगर, भोपाल, मो. 9424579277

मैत्रेयी पुष्पा, नई दिल्ली, मो. 9910412680

गगन गिल, ग्रीनमेडोस, ग्रेटर नोइडा–201308, मो. 9810860993

नमिता सिंह, अवंति काफेस -1, रामघाटरोड, अलीगढ-1, मो.

उषा गांगुली, रंगकर्मी, कोलकत्ता

अजय तिवारी, प्रोफ़ेसर (सेवानिवृत्त), दिल्ली विश्वविद्यालय, मो. 9717170693

चित्तरंजन मिश्र, आचार्य एवं अध्यक्ष, हिन्दी विभाग, दीनदयाल उपाध्याय गोरखपुर विश्वविद्यालय, गोरखपुर, मो. 9415314472

कैलाशचन्द्र पंत, मन्त्री राष्ट्रभाषा परिषद्, भोपाल, प्रधान सम्पादक वागर्थ, मो. 9826046792

सुधाकर सिंह, (सेवानिवृत्त आचार्य), हिन्दी विभाग, बी.एच.यूवाराणसी, मो. 7982497890

गोपेश्वर सिंह, प्रोफ़ेसर, हिन्दी विभाग, दिल्ली विश्वविद्यालय, दिल्ली, मो. 8826723389

क्षमा शर्मा, हिन्दुस्थान अपार्टमेंट. मयूर विहार फेस-1, नई दिल्ली-91, मो. 9818258822

कमल कुमार, डी-38, प्रेस एन्क्लेव, साकेत, नई दिल्ली-17, मो. 9810093217

रामबक्ष, (आचार्य सेवानिवृत्त), भारतीय भाषा केन्द्र, जे.एन.यू, नई दिल्ली, मो. 9868429470

रोहिणी अग्रवाल, आचार्य, एम.डी.एस. विश्वविद्यालय, रोहतक, हरियाना, मो. 9416053847

रंजना अरगड़े, (आचार्य सेवा निवृत्त), गुजरात विश्वविद्यालय, अहमदाबाद, मो. 9426700943
गरिमा श्रीवास्तव, आचार्य, भारतीय भाषा केन्द्र जे.एन.यू, नई दिल्ली, मो. 9968971716
बी. सत्यनारायणा, (आचार्य सेवानिवृत्त), हिन्दी विभाग, उस्मानिया विश्वविद्यालय, हैदराबाद, मो. 9848377956
एम वेंकटेश्वर, (आचार्य सेवानिवृत्त), इफ्लू, हैदराबाद, मो. 9849048156
दयाशंकर त्रिपाठी, आचार्य, हिन्दी विभाग, एस.पी. विश्वविद्यालय, आनन्द, गुजरात, मो. 9427549364
रविरंजन, आचार्य, हिन्दी विभाग, केन्द्रीय विश्वविद्यालय, हैदराबाद, मो.9000606742
रवि अनु, (आचार्य से वानिवृत्त), हिन्दी विभाग, पंजाबी विश्वविद्यालय, पट्टयाला, मो. 9814018180
चन्द्रशेखर रेड्डुडी, (आचार्य सेवानिवृत्त), हिन्दी विभाग, एस. वी विश्वविद्यालय, तिरुपती, मो. 9849670868
आलोक गुप्त, आचार्य एवं अध्यक्ष, हिन्दी विभाग, केन्द्रीय विश्वविद्यालय, गुजरात, अहम्मदाबाद, मो. 9824488950
बैजनाथ प्रसाद, आचार्य, पंजाब, विश्वविद्यालय, चंडीगढ़, मो. 9463704082
शिवनारायण, सम्पादक, नई धारा, पाटना, बीहार, मो. 9304869416
इन्दू वीरेंद्र, आचार्य एवं अध्यक्षा, हिन्दी विभाग, जामिया मिलिया इस्लामिया विश्वविद्यालय, नई दिल्ली, मो. 9810896990
अल्पना मिश्र, हिन्दी विभाग, दिल्ली विश्वविद्यालय, दिल्ली, मो. 9911378341
विवेक निराला, बी-21, अग्निपथ कॉलोनी, तेज बहादुर सप्रू, मार्ग सिविल लाइन्स, इलाहाबाद–211001, मो. 9415289529
अग्नि शेखर, सम्बल, भवानी नगर, जानीपुर, जम्मू-180007, मो. 9697003775
करुणाशंकर उपाध्याय, आचार्य एवं अध्यक्ष, हिन्दी विभाग, मुम्बई विश्वविद्यालय, मुम्बई मो. 9869511876
मुन्ना तिवारी, आचार्य, हिन्दी विभाग, बुंदेलखंड विश्वविद्यालय, झांसी, मो. 9415661811
राजीव रंजन गिरी, 680–वेस्ट परमानन्द, नई दिल्ली, मो. 9868175601
एस.वी.एस.एस. नारायण राजू, अध्यक्ष, हिन्दी विभाग, केन्द्रीय विश्वविद्यालय, तमिलनाडु, तिरुवरूर, मो. 74187155584
नामदेव, मो. 9810526252
प्रभाकर सिंह, हिन्दी विभाग, बी.एच.यू, वाराणसी, मो. 9450623078
विश्वासी एक्का, आचार्य, सरकारी आर.एम.डी. कॉलेज, अम्बिकापुर, छत्तीसगढ़, मो. 9340382843
संजय लक्ष्मण मादार, आचार्य एवं अध्यक्ष, उच्च शिक्षा एवं शोध संस्थान, दक्षिण भारत हिन्दी प्रचार सभा, धारवाड़ा, मो. 9526858257
जयशंकर बाबू, हिन्दी विभाग, केन्द्रीय विश्वविद्यालय, पोंण्डीचेरी, मो. 9442071407
अनितानायर, मो. 9950431950
वै.पी. सिंह, निदेशक, अयोध्या शोध संस्थान, लखनऊ, उत्तरप्रदेश, मो. 9565915634
रामाशंकर कुशवाहा, हिन्दी विभाग, दयालसिंह कॉलेज, दिल्ली विश्वविद्यालय, दिल्ली, मो. 9862020092
जगन्नाथ रेड्डी, हिन्दी विभाग, अण्णामलै विश्वविद्यालय, अण्णामलै, मो. 9442424331
आभागुप्ता, हिन्दी विभाग, बी.एच.यू, वाराणसी, मो. 94950690955

अनुशब्द, हिन्दी विभाग, केन्द्रीय विश्वविद्यालय, तेजपुर, आसाम, मो. 8876049200
मोबिन ज़हरोद्दीन, हिन्दी विभाग, गाँधीग्राम विश्वविद्यालय, डिंडीगल मथुरा, मो. 9284272685
राजकुमार मीणा, हिन्दी विभाग, बी.एच.यू, वाराणसी, मो. 9497796637
डॉ. वी. वी. विश्वम्, हिन्दी विद्यापठ, वषुतक्काड़, तिरवनन्तपुरम, केरल, मोबाईल 9446662694
अब्दुलजलील बी.के., कुल सचिव (सेवानिवृत्त), अलीगढ मुस्लिम विश्वविद्यालय, मो. 8281029108
शिवकुमार पी. जे., (आचार्य सेवानिवृत्त), हिन्दी विभाग, यूनिवर्सिटी कॉलेज, तिरुवनंतपुरम मो. 9496815902
विनयचन्द्रन एम. एस. (आचार्य सेवानिवृत्त) हिन्दी विभाग यूनिवर्सिटी कॉलेज तिरुवनंतपुरम मो. 9447657301
प्रमोद कोवाप्रत्त, आचार्य, हिन्दी विभाग, कालिकट विश्वविद्यालय, केरल, मो. 94477887384
जयचन्द्रन आर., आचार्य, हिन्दी विभाग, केरल विश्वविद्यालय, तिरुवनंतपुरम, मो. 9400472375
जयश्री एस.आर., सहआचार्य, हिन्दी विभाग, केरल विश्वविद्यालय, तिरुवनंतपुरम, मो. 9446183785
षीनाईप्पन, (आचार्य सेवानिवृत्त), सेंट थॉमस कॉलेज, कोषांचेरी, पत्तनमतिट्टा, मो. 9249932945
जयश्री बी., हिन्दी विभाग, एम.जी कॉलेज, तिरुवनंतपुरम, मो. 94477965369
सुमा एस., हिन्दी विभाग, सरकारी कॉलेज, तिरूवन्तपुरम, मो. 8921015572
सुब्रमण्यन वी.के., हिन्दी विभाग, कालिकट विश्वविद्यालय, केरल, मो. 9446157542
राधिका पी., आचार्य एवं अध्यक्षा, उच्च शिक्षा एवं शोध संस्थान, दक्षिण भारत हिन्दी प्रचार सभा, हैदराबाद, मो. 9746156060
इब्राहिमकुट्टी पी.एच., सहआचार्य, हिन्दी विभाग, कालड़ी विश्वविद्यालय, केरल, मो.7293278410
हेरमन पी.जे., सहआचार्य, हिन्दी विभाग, केरल विश्वविद्यालय, मो. 9446291350
हेना, हिन्दी विभाग, सरकारीब्रेन्नन कॉलेज, तलश्शेरी, मो. 9446353031
बीनापैली, हिन्दी विभाग, सेंटपिटेर्स कॉलेज, कोलंजेरी मो. 9349255745
प्रतिभा.पी.के, हिन्दी विभाग, सरकारी कॉलेज, पटाम्बी, मो. 9497689139
राजेंद्रनपड़ीन्जारेकरममल, हिन्दी विभाग, केरल वर्मा कॉलेज, त्रिशूर, मो. 9400796947
बिन्दु एम.जी, हिन्दी विभाग, महाराजास कॉलेज, एरनाकुलम, मो. 9446582653
मनोज एन., सरकारी संस्कृत कॉलेज, तिरूवन्तपुरम, मो. 9446695123
विजयकुमार ए.आर., हिन्दी विभाग, सेंटमेरीस कॉलेज, सुल्तानबत्तेरी, मो. 9495931017
सजीआरकुरूप, हिन्दी विभाग, महाराजास कॉलेज, एरनाकुलम, मो. 9447475407
वासन्ती जे., हिन्दी विभाग, सरकारी ब्रेन्नन कॉलेज, तलश्शेरी, मो. 9895112994
बिन्दु ए.के., हिन्दी विभाग, महाराजास कॉलेज, एरनाकुलम, मो. 9447980447
अनिता पी.एल., हिन्दी विभाग, महाराजास कॉलेज, एरनाकुलम, मो. 9388036491
दीपक के.आर., हिन्दी विभाग, केरल विश्वविद्यालय, मो. 9447616483
राजन. टी.के., हिन्दी विभाग, दूरस्थ शिक्षा केन्द्र, केरल विश्वविद्यालय, मो. 9947092605
सीमाचन्द्रन, हिन्दी विभाग, केन्द्रीय विश्वविद्यालय, केरल, कासरगोड, मो. 9946142526
मेरलीकेपुन्नूस, हिन्दी विभाग, सेंट स्टीफेन्स कॉलेज, उषवूर, कोट्टयम, मो. 9447589516
प्रदीप सी.पी., सरकारी विद्यालय, कुप्पाडी, सुल्ताबत्तेरी, मो. 9961805831
लैजा पी.जे., हिन्दी विभाग, कतोलिकेटकॉलेज, पत्तनंतिट्टा, मो. 9961134814
जोईसटॉम, हिन्दी विभाग, पावनात्मा कॉलेज, मुरिक्काशेरि, मो. 9446776348

संजीव कुमार के., हिन्दी विभाग, एम.इ.एस कॉलेज, कोडुंगलुर, मो. 9497251102
श्यामकुमार एस., हिन्दी विभाग, बिशपमूर कॉलेज मावेलिक्करा, मो. 9809061231
वीणा जे., हिन्दी विभाग, एस.एन वनिता कॉलेज, कोल्लम, मो. 9495531959
सीना कुरियन, हिन्दी विभाग, सेंट मैकिल्स कॉलेज, चेरत्तला, मो. 8547637591
रूबी एल्सा जेकब, हिन्दी विभाग, यू.सी. कॉलेज, आलुवा, मो. 8137972333
तेरेसा टिन्सी, हिन्दी विभाग, के.एम.एम. कॉलेज, कन्नूर, मो.9 497276480
सुस्मिता घई, वरिष्ठ अनुवादक अधिकारी, राजभाषा विभाग, गृह मन्त्रालय नई दिल्ली, मो. 8588986336
अनीष शंकर पी.एस., हिन्दी विभाग, निर्मला कॉलेज, मूवाट्टुपुषा, मो. 9744471589
मनीष के. गोपीनाथ, कल्लिक्कल, एम.एन रोड, मूवाट्टुपुषा, मो. 9961823537
प्रत्युषा एस. नायर, यू.जी.सी, पी.डि.एफ़, हिन्दी विभाग, कुसाट, मो. 8129640544
ब्लसी वी., हिन्दी विभाग, सेंटजोसफ कॉलेज, आलप्पुषा, मो. 9747231808
विजी वी., सहायक आचार्य (अनुबंध), हिन्दी विभाग, कुसाट, मो. 9947531488
धन्या के.पी., हिन्दी विभाग, सरकारी कॉलेज, पेरिगोम, पय्यानूर, कन्नूर, मो. 9188438841
हेमा नारायण, सहायक आचार्य (अनुबंध), हिन्दी विभाग, कुसाट, मो. 8086232720
तनूजा ताहा, तस्नीमा मंज़िल, करूवाट्टापी. ओ, आलप्पुषा, मो. 9526814437
सुस्मिता पद्मंगदन, शोध छात्रा, हिन्दी विभाग, कोच्चिन विज्ञान एवं प्रौद्योगिकी विश्वविद्यालय, कोच्चिन, मो. 9847423623
जेस्ना रहीम, शोध छात्रा, हिन्दी विभाग, कोच्चिन विज्ञान एवं प्रौद्योगिकी विश्वविद्यालय, कोच्चिन, मो. 9526900114
प्रसरा एस., शोध छात्रा, हिन्दी विभाग, कोच्चिन विज्ञान एवं प्रौद्योगिकी विश्वविद्यालय, कोच्चिन, मो. 9497490543
शिल्पा शिवन, शोध छात्रा, हिन्दी विभाग, कोच्चिन विज्ञान एवं प्रौद्योगिकी विश्वविद्यालय, कोच्चिन, मो. 9562230569
राधिका सी.आर., शोध छात्रा, हिन्दी विभाग, कोच्चिन विज्ञान एवं प्रौद्योगिकी विश्वविद्यालय, कोच्चिन, मो. 9656360438
षैजू के., शोध छात्र, हिन्दी विभाग, कोच्चिन विज्ञान एवं प्रौद्योगिकी विश्वविद्यालय, कोच्चिन, मो. 9656398746
रेवती एस., शोध छात्रा, हिन्दी विभाग, कोच्चिन विज्ञान एवं प्रौद्योगिकी विश्वविद्यालय, कोच्चिन, मो. 9544950848
सोणिता एस. सराफ, जूनियर हिन्दी ट्रांसलेटर, नेशनल इंस्टिट्यूट ऑफ़ ोसियन टेक्नोलॉजी, चेन्नई, मो. 9746757712
अश्वती एस., शोध छात्रा, हिन्दी विभाग, केरल विश्व विद्यालय, मो. 8281334101
अभिरामी एम.एस., शोध छात्रा, हिन्दी विभाग, कोच्चिन विज्ञान एवं प्रौद्योगिकी विश्वविद्यालय, कोच्चिन, मो. 8111912685
प्रसाद एम., शोध छात्र, हिन्दी विभाग, कोच्चिन विज्ञान ए ौद्योगिकी विश्वविद्यालय, कोच्चिन, मो. 9072577687